DAS GROSSE LEXIKON ZUR BIBEL

DAS GROSSE LEXIKON ZUR
BIBEL

ALTES UND NEUES TESTAMENT

Herausgegeben von Klaus Koch, Eckart Otto,
Jürgen Roloff und Hans Schmoldt

Mit 138 Abbildungen und 6 Karten

tosa

Lizenzausgabe mit Genehmigung des Philipp Reclam jun. Verlag GmbH & Co. KG, Stuttgart, für Tosa Verlag, Wien
Karten und Zeichnungen: Theodor Schwarz, Urbach
Covergestaltung: Joseph Koó
Druck: Delo Tiskarna, Slovenia

Besuchen Sie uns auf unserer Homepage unter
www.tosa-verlag.com

Inhalt

Vorwort

Dieses Lexikon will als knappes, leicht zu handhabendes Nachschlagewerk informieren über alle in der Bibel selbst sowie in ihrem unmittelbaren historischen Umfeld in Erscheinung tretenden Personen, Stätten, Sachthemen und Aussagenkomplexe. Es will ferner, soweit es in dem gegebenen Rahmen möglich ist, Aufschluß geben über die Arbeit der modernen Bibelwissenschaft. Eine Reihe von Artikeln wurde deshalb geläufigen Begriffen der Auslegungsmethodik sowie Schwerpunkten der gegenwärtigen wissenschaftlichen Diskussion gewidmet. Schließlich soll auch der Aspekt der Wirkungsgeschichte dadurch zu Wort kommen, daß auf die vielfältigen Nachwirkungen und Folgen biblischer Motive und Ereignisse sowohl im kirchlich-theologischen Raum als auch in den Bereichen von Geschichte, Kunst und Literatur verwiesen wird.
Anders als die zahlreich vorhandenen großen wissenschaftlichen Nachschlagewerke zur Bibel wendet sich *Reclams Bibellexikon* nicht in erster Linie an den historisch und theologisch vorgebildeten Fachmann. Zu dem weiteren Kreis, den wir ansprechen möchten, gehört neben dem bibellesenden Gemeindeglied der dem kirchlichen Umgang mit der Bibel fernstehende Leser, der sachliche Aufschlüsse über biblische Probleme sucht, ebenso wie der Urlauber, der seine Reise in biblische Länder durch entsprechende Informationen vertiefen möchte. Im Interesse dieses Benutzerkreises wurden äußerste Knappheit und Klarheit der Darstellung angestrebt. Es war unsere Absicht, komplizierte Sachverhalte durch Beschränkung auf das wirklich Wesentliche durchsichtig zu machen. Auf die Diskussion kontroverser Positionen in der Forschung war, ebenso wie auf die Darstellung der Forschungsgeschichte, bis auf wenige begründete Ausnahmefälle zu verzichten. Wenn es den Autoren nicht in allen Fällen gelungen sein sollte, das durch dieses Programm von ihnen geforderte Maß an wissenschaftlicher Enthaltsamkeit aufzubringen, so bitten wir den Leser um nachsichtiges Verständnis.
Zurückhaltung haben wir uns auch hinsichtlich der Literaturangaben auferlegt. Sie beschränken sich im allgemeinen auf leicht zugängliche Standardliteratur und Textausgaben. In den Artikeln über biblische Bücher wird jeweils, soweit vorhanden, ein ohne Griechisch- oder Hebräischkenntnisse verständlicher Kommentar genannt.
Ein Problem bildeten die mitunter stark voneinander abweichenden Schreibweisen biblischer Namen und Begriffe in den gebräuchlichen deutschen Bibelübersetzungen. Es durch die pauschale Übernahme der Schreibweise einer bestimmten Übersetzung – etwa der Lutherbibel – zu umgehen, erschien uns schon deshalb nicht sachgemäß, weil wir dadurch leicht den Anschein einer Beschränkung auf eine konfessionelle Tradition hätten erwekken können. Hier bot sich eine Lösung an, die nach unserer Meinung der heutigen ökumenischen Situation, die durch das Zueinanderfinden der Konfessionen über der gemeinsamen Bibel gekennzeichnet ist, besser entspricht: Die Schreibweise des Lexikons folgt, bis auf wenige, sachlich begründete Ausnahmen, dem *Ökumenischen Verzeichnis der biblischen Eigennamen nach den Loccumer Richtlinien,* das im Jahre 1971 durch eine evangelisch-katholische Kommission erarbeitet und für den Gebrauch in beiden Kirchen empfohlen worden ist. Diese neue, ökumenische Schreibweise hat sich, nach zögernden Anfängen, in den letzten Jahren immer stärker in der theologischen Fachliteratur durchgesetzt. Sie mag allerdings – und das ist der Nachteil, der in Kauf zu nehmen war – für manchen Leser eine Verfremdung bisher vertrauter Namen und Begriffe mit sich bringen. Da aber die tra-

ditionellen katholischen und evangelischen Schreibweisen unter den Verweisstichworten erscheinen, ist eine schnelle Orientierung in jedem Fall gewährleistet.
Wichtig war uns die Einheitlichkeit der Konzeption und ihrer Durchführung. Sie konnte dadurch erreicht werden, daß die Herausgeber, die in ständigem engen Kontakt miteinander standen, die Mehrzahl der Artikel selbst verfaßten. Zu unserer Freude haben sich auch die übrigen Mitarbeiter schnell und bereitwillig dem Gesamtkonzept angepaßt. Wir bringen den Umstand, daß es sich nicht um eine Sammlung voneinander unabhängiger Beiträge individueller Verfasser, sondern um eine Gemeinschaftsarbeit handelt, dadurch zum Ausdruck, daß wir bei von mehreren Verfassern geschriebenen Artikeln auf eine gesonderte Kennzeichnung des auf jeden von ihnen zurückgehenden Teils verzichten. In der Regel verläuft in diesen Fällen allerdings die Trennungslinie zwischen dem alttestamentlichen und neutestamentlichen Artikelteil.

Im Namen der Herausgeber:
Jürgen Roloff

Nur wenige Jahre nach der vierten, überarbeiteten Auflage (1987) ist abermals eine Neuauflage von *Reclams Bibellexikon* erforderlich geworden. Das anhaltende Interesse an diesem Werk und auch die breite Zustimmung zu Konzeption und Darstellung empfinden wir als ebenso erfreulich wie ermutigend.
Für die vorliegende Neubearbeitung wurden die Artikel wiederum durchgesehen, neuere wissenschaftliche Entwicklungen, Fragestellungen und Ergebnisse wurden berücksichtigt, Fehlendes wurde ergänzt und manches zu knapp Dargestellte durch Erweiterungen, so hoffen wir, besser verständlich gemacht. Die Literaturangaben wurden aktualisiert und zum Teil neu eingefügt.

Im Namen der Herausgeber:
Jürgen Roloff

Die Autoren

Herausgeber *Signatur*

Dr. Klaus Koch — K.
ordentlicher Professor für Altes Testament und altorientalische Religionsgeschichte an der Universität Hamburg

Dr. Eckart Otto — O.
ordentlicher Professor für Altes Testament und Biblische Archäologie an der Universität Mainz

Dr. Jürgen Roloff — R.
ordentlicher Professor für Neues Testament an der Universität Erlangen-Nürnberg

Dr. Hans Schmoldt — S.
Pastor in Norderstedt

Mitarbeiter

Dr. Jürgen Ebach — J.E.
ordentlicher Professor für Biblische Exegese und Theologie an der Universität – Gesamthochschule Paderborn

Dr. Martin Krause — M.K.
wissenschaftlicher Oberrat am Alttestamentlichen Seminar der Universität Hamburg

Dr. Helmut Merkel — H.M.
ordentlicher Professor für Neues Testament an der Universität Osnabrück

Dr. Martin Metzger
ordentlicher Professor für Altes Testament und Palästinakunde an der Universität Kiel

Dr. Udo Rüterswörden — U.R.
Privatdozent für Altes Testament an der Universität Kiel

Gustav S. Wendt — G.W.
wissenschaftlicher Mitarbeiter am Institut für neutestamentliche Textforschung an der Universität Münster

Abkürzungen der biblischen Bücher und anderer Schriften

Altes Testament

Die Geschichtsbücher

Das erste Buch Mose (Genesis)	1Mose
Das zweite Buch Mose (Exodus)	2Mose
Das dritte Buch Mose (Leviticus)	3Mose
Das vierte Buch Mose (Numeri)	4Mose
Das fünfte Buch Mose (Deuteronomium)	5Mose
Das Buch Josua	Jos
Das Buch der Richter	Richt
Das Buch Rut	Rut
Das erste Buch Samuel	1Sam
Das zweite Buch Samuel	2Sam
Das erste Buch der Könige	1Kön
Das zweite Buch der Könige	2Kön
Das erste Buch der Chronik	1Chr
Das zweite Buch der Chronik	2Chr
Das Buch Esra	Esr
Das Buch Nehemia	Neh
Das Buch Tobit	Tob
Das Buch Judit	Jdt
Das Buch Ester	Est
Das erste Buch der Makkabäer	1Makk
Das zweite Buch der Makkabäer	2Makk

Die »Schriften«

Das Buch Ijob	Ijob
Die Psalmen	Ps
Die Sprüche	Spr
Der Prediger	Pred
Das Hohelied	Hld
Das Buch der Weisheit	Weish
Das Buch Jesus Sirach	Sir

Die Profetischen Bücher

Das Buch Jesaja	Jes
Das Buch Jeremia	Jer
Die Klagelieder des Jeremia	Klgl
Das Buch Baruch	Bar
Das Buch Ezechiel	Ez
Das Buch Daniel	Dan
Das Buch Hosea	Hos
Das Buch Joel	Joel
Das Buch Amos	Am
Das Buch Obadja	Obd
Das Buch Jona	Jon
Das Buch Micha	Mich
Das Buch Nahum	Nah
Das Buch Habakuk	Hab
Das Buch Zefanja	Zef
Das Buch Haggai	Hag
Das Buch Sacharja	Sach
Das Buch Maleachi	Mal

Neues Testament

Die Evangelien

Das Evangelium nach Matthäus	Mt
Das Evangelium nach Markus	Mk
Das Evangelium nach Lukas	Lk
Das Evangelium nach Johannes	Joh
Die Apostelgeschichte	Apg

Die Briefe des Paulus

Der Brief an die Römer	Röm
Der erste Brief an die Korinther	1Kor
Der zweite Brief an die Korinther	2Kor
Der Brief an die Galater	Gal
Der Brief an die Epheser	Eph
Der Brief an die Philipper	Phil
Der Brief an die Kolosser	Kol
Der erste Brief an die Thessalonicher	1Thess
Der zweite Brief an die Thessalonicher	2Thess
Der erste Brief an Timotheus	1Tim
Der zweite Brief an Timotheus	2Tim
Der Brief an Titus	Tit
Der Brief an Philemon	Phlm

Die übrigen Briefe

Der Brief an die Hebräer	Hebr
Der Brief des Jakobus	Jak
Der erste Brief des Petrus	1Petr
Der zweite Brief des Petrus	2Petr
Der erste Brief des Johannes	1Joh

Der zweite Brief des Johannes	2Joh
Der dritte Brief des Johannes	3Joh
Der Brief des Judas	Jud
Die Offenbarung des Johannes	Offb
Das dritte Buch der Makkabäer	3Makk
Das vierte Buch der Makkabäer	4Makk
Die Psalmen Salomos	PsSal
Die Sektenregel von Qumran	1QS

Außerkanonisches jüdisches Schrifttum

Das dritte Buch Esra	3Esr
Das vierte Buch Esra	4Esr
Das äthiopische Henochbuch	Hen
Das Buch der Jubiläen	Jub

Frühchristliche Schriften

Didache (Die Lehre der zwölf Apostel)	Did
Der erste Brief des Klemens	1Klem
Der zweite Brief des Klemens	2Klem

Allgemeine Abkürzungen

abendländ.	abendländisch
Abschn.	Abschnitt
ägypt.	ägyptisch
akkad.	akkadisch
alemann.	alemannisch
altoriental.	altorientalisch
alttest.	alttestamentlich
ammonit.	ammonitisch
antiochen.	antiochenisch
arab.	arabisch
aram.	aramäisch
assyr.	assyrisch
AT	Altes Testament
äthiop.	äthiopisch
babylon.	babylonisch
Bd.	Band
benjaminit.	benjaminitisch
bes.	besonders
bibl.	biblisch
byzantin.	byzantinisch
bzw.	beziehungsweise
chald.	chaldäisch
christl.	christlich
d. Ä.	der Ältere
d. Gr.	der Große
d. h.	das heißt
d. i.	das ist
dt.	deutsch
edomit.	edomitisch
eigtl.	eigentlich
elam.	elamisch
elatin.	elatinisch
engl.	englisch
erl.	erläutert
europ.	europäisch
ev.	evangelisch
f., ff.	folgende, fortfolgende
Fragm.	Fragment
fränk.	fränkisch
französ.	französisch
g	Gramm
galil.	galiläisch
geb.	geboren
gegr.	gegründet
germ.	germanisch
gest.	gestorben
got.	gotisch
griech.	griechisch
hebr.	hebräisch
heidn.	heidnisch
hellenist.	hellenistisch
hetit.	hetitisch
hrsg., Hrsg.	herausgegeben, Herausgeber
indogerm.	indogermanisch
iran.	iranisch
iroschott.	iroschottisch
islam.	islamisch
israelit.	israelitisch
Jh.	Jahrhundert
Jt.	Jahrtausend
jud.	judäisch
jüd.	jüdisch
kanaan.	kanaanäisch
Kap.	Kapitel
kath.	katholisch
kg	Kilogramm
kleinasiat.	kleinasiatisch
km	Kilometer
kopt.	koptisch
korinth.	korinthisch
kursächs.	kursächsisch
l	Liter
lat.	lateinisch
lib.	libyisch
Lit.	Literatur
luth.	lutherisch
m	Meter
mazedon.	mazedonisch
med.	medisch
moabit.	moabitisch
nabat.	nabatäisch
n. Chr.	nach Christus
Neudr.	Neudruck

neutest.	neutestamentlich
nördl.	nördlich
NT	Neues Testament
oriental.	orientalisch
ostfränk.	ostfränkisch
östl.	östlich
palästin.	palästinisch
par	Verweis auf (z. T. nicht gesondert aufgeführte synoptische Parallelstelle(n)
parth.	parthisch
pers.	persisch
philist.	philistäisch
phöniz.	phönizisch
Pl.	Plural
prot.	protestantisch
ptolem.	ptolemäisch
qm	Quadratmeter
röm.	römisch
roman.	romanisch
seleukid.	seleukidisch
semit.	semitisch
Sg.	Singular
skandinav.	skandinavisch
sog.	sogenannt
südl.	südlich
sumer.	sumerisch
syr.	syrisch
tyr.	tyrisch
u. a.	und andere(s); unter anderem
u. ä.	und ähnliches
übers.	übersetzt
u. d. M.	unter dem Meeresspiegel
ü. d. M.	über dem Meeresspiegel
u. ö.	und öfter
usw.	und so weiter
V.	Vers
v. Chr.	vor Christus
vgl.	vergleiche
vorderasiat.	vorderasiatisch
westl.	westlich
z. B.	zum Beispiel
z. T.	zum Teil
zypriot.	zypriotisch

Darüber hinaus wird innerhalb eines Artikels das jeweils thematische Stichwort durch seinen Anfangsbuchstaben abgekürzt.

Abkürzungen für häufiger angeführte Literatur

ANET	Ancient Near Eastern Texts relating of the Old Testament, ed. by J. B. Pritchard, ^{2}1955
AOB	Altorientalische Bilder zum Alten Testament, hrsg. von H. Greßmann, ^{2}1927
AOT	Altorientalische Texte zum Alten Testament, hrsg. von H. Greßmann, ^{2}1926
ATD	Das Alte Testament Deutsch. Neues Göttinger Bibelwerk, hrsg. von A. Weiser
Bultmann, Theologie	R. Bultmann, Theologie des Neuen Testaments, hrsg. von O. Merk, ^{9}1984 (UTB 630)
Donner, GI	H. Donner, Geschichte des Volkes Israel und seiner Nachbarn in Grundzügen, 2 Tle., 1984/86 (ATD Erg.-R. 4,1; 4,2)
Goppelt, Theologie I/II	L. Goppelt, Theologie des Neuen Testaments, hrsg. von J. Roloff. 2 Bde., 1975/76 (Taschenbuchausg. in einem Band, ^{3}1978 = 1985)
Herrmann, GI	S. Herrmann, Geschichte Israels in alttestamentlicher Zeit, 1973
Kautzsch I/II	Die Apokryphen und Pseudepigraphen des Alten Testaments, übers. und hrsg. von E. Kautzsch, 2 Bde., ^{2}1921
NEB	Die Neue Echter Bibel. Kommentar zum Alten Testament mit Einheitsübersetzung, hrsg. von J. Plöger und J. Schreiner
Noth, GI	M. Noth, Geschichte Israels, ^{7}1969
NTD	Das Neue Testament Deutsch. Neues Göttinger Bibelwerk, hrsg. von G. Friedrich und P. Stuhlmacher
v. Rad, Theologie I/II	G. v. Rad, Theologie des Alten Testaments, 2 Bde., ^{6}1970/75
RGG I-VI	Die Religion in Geschichte und Gegenwart, hrsg. von K. Galling, 6 Bde., ^{3}1957–62
Rießler	Altjüdisches Schrifttum außerhalb der Bibel, übers. und erl. von P. Rießler, ^{2}1966
RTAT	Religionsgeschichtliches Textbuch zum Alten Testament, hrsg. von W. Beyerlin, 1975
Schneemelcher I/II	Neutestamentliche Apokryphen in deutscher Übersetzung, hrsg. von W. Schneemelcher, 2 Bde., ^{5}1987/89
ZAW	Zeitschrift für die alttestamentliche Wissenschaft (1881 ff.)
ZBKAT	Zürcher Bibelkommentare. Altes Testament
ZNW	Zeitschrift für die neutestamentliche Wissenschaft und die Kunde der älteren Kirche (1900 ff.)

A

A und O, eigtl. Alpha und Omega, die Anfangs- und Endbuchstaben des griech. Alphabets. Den Sinn dieser geheimnisvollen Selbstbezeichnung Gottes und Christi (Offb 1,8) deutet Offb 1,17: »Ich bin der Erste und der Letzte«. R.

Aaron (Aaroniden). A. gilt im AT als Begleiter des → Mose und der Priester (2Mose 4,14–16). In den vorexilischen Schichten des AT begleitet er Mose in Ägypten (2Mose 5–14) sowie am → Gottesberg und → Sinai (2Mose 18,12; 24,1f.9–11) und unterstützt ihn in der Schlacht gegen die → Amalekiter (2Mose 17,8ff.). Andererseits wird er in Opposition zu Mose gezeichnet, wenn er das → Goldene Kalb herstellt (2Mose 32) und sich mit → Mirjam gegen Mose auflehnt (4Mose 12).
In exilisch-nachexilischer Überlieferung gilt A. als der erste → Hohepriester (2Mose 28; 3Mose 8–10) und Ahnherr der aaronidischen Priesterschaft (Aaroniden) von Jerusalem. Nur wer seinen Stammbaum auf A. zurückführen kann, gilt als rechtmäßiger Priester (Esr 7,1–5).
Im NT gilt A. als Vorbild des im Hebräerbrief mit priesterlichen Zügen gekennzeichneten Christus (Hebr 5,4; 9,4; → Melchisedek).
Die Forschung vermutet in A. als historischer Gestalt den Priester eines vorisraelit. Kultes, auf den die Gruppe des → Auszugs aus Ägypten traf. O.

Ab → Monat.

Ab-/Abi, Vorsilbe in Personennamen wie *Abraham* (»[göttlicher] Vater«); vgl. *abu* in arab. Namen. K.

Abaddon (hebr., »Abgrund, Ort der Toten«), Offb 9,11 personifiziert als Name des Beherrschers der Unterwelt. R.

Abarim, Gebirge östl. des Toten Meeres, eine Station (proto-)israelit. Gruppen vor der Einwanderung in das Kulturland (4Mose 27,12; 33,47). K.

Abba (aram., »[mein] Vater«); ursprünglich Lallwort aus der Sprache des Kleinkinds, das in der Umgangssprache gebräuchlich war, als Anrede Gottes in der Gebetssprache jedoch kaum vorkam. »A.« erscheint als Anrede Gottes im → Gebet Jesu in Getsemani (Mk 14,36) und – zur heiligen Formel erstarrt – in Gebeten der griech. sprechenden Urgemeinde (Röm 8,15; Gal 4,6). Die wahrscheinlichste Erklärung dafür ist, daß Jesus die Gebetsanrede »A.« geprägt und sie, als Ausdruck einer unmittelbar vertrauenden Nähe zu → Gott als dem → Vater, seine Jünger gelehrt hat. Vermutlich geht auch die Anrede des → Vaterunsers (Lk 11,2; Mt 6,9) auf die ursprüngliche Form »A.« zurück. R.

Lit.: J. Jeremias, A., in: Abba. Studien zur neutest. Theologie und Zeitgeschichte, 1966, 15–82.

Abbild → Ebenbild.

Abdemelech → Ebed-Melech.

Abdenago → Abed-Nego.

Abdon. 1. Levitenstadt nordöstl. von Akko. **2.** Personenname, u.a. für den letzten Kleinen → Richter im 11. Jh. v. Chr. (Richt 12,13–15), der wohl mit → *Bedan* (1Sam 12,11) identisch ist. K.

Abed/Obed/Abdi-, erster Teil von Personennamen (»Knecht [eines Gottes]«); vgl. *abd* in arab. Namen. K.

Abed-Nego, babylon. Name für Daniels Freund Asarja (Dan 1,7; 2,49 u.ö.), vermutlich entstellt aus *Abed-Nebo* »Knecht des (babylon. Gottes) Nebo«. K.

Abel (»Fluß; Aue«). **1.** Mehrfach Ortsname. **2.** Personenname; → Kain. K.

Abend, gewöhnlich Beginn des → Tages; als Himmelsrichtung: Westen. K.

Abendmahl. 1. Bezeichnung – 2. Quellen – 3. Historischer Hintergrund – 4. Weitere Entwicklung.
1. Unter »A.« versteht man (im Anschluß an Luther) die besondere sakrale → Mahlzeit, die

das Urchristentum unter Berufung auf das letzte gemeinsame Mahl Jesu mit seinen Jüngern (Mk 14,22–25; Mt 26,26–29; Lk 22,15–20; 1 Kor 11,23–26) beging und die im Ansatz der Entwicklung christl. Gottesdienstformen stand. Das NT verwendet dafür auch die Bezeichnungen »Brotbrechen« (Apg 2,42.46; 20,7.11; 1Kor 10,16) und »Herrenmahl« (1Kor 11,20). Eine weitere gebräuchliche Bezeichnung ist »Eucharistie« (griech., »Danksagung«).

2. Die drei ersten Evangelien schildern das letzte Mahl Jesu als Paschamahl (Mk 14,12ff., Mt 26,17ff.; Lk 22,7ff.). Ob zu Recht, ist historisch nicht ganz eindeutig: Dagegen spricht die Datierung des Johannesevangeliums (Jesus stirbt am Vortag des → Pascha), auch die Unwahrscheinlichkeit der Annahme der Gefangennahme und des Verhörs Jesu in der Paschanacht. Vor allem fehlt den ältesten A.s-Traditionen jede Beziehung auf das Paschamahl. Sie setzen lediglich die Situation eines jüd. Festmahls voraus: Die Gäste liegen im Halbkreis zu Tische, der Hausvater eröffnet die Mahlzeit, indem er mit einer Gebetsformel das als Hauptelement der Mahlzeit verstandene Brot bricht und den Gästen weiterreicht, um so die Mahlgemeinschaft zu konstituieren. Nun werden die verschiedenen Schüsseln aufgetragen. Nach dem Essen (vgl. 1Kor 11,25) spricht der Hausvater oder ein besonders geehrter Gast einen Segensspruch über einem Becher Wein (dem Segensbecher, vgl. 1Kor 10,16), der dann unter den Gästen die Runde macht und das Mahl beschließt. Den ältesten Bestand der A.s-Worte bilden demgemäß das Brotwort, das das Brotbrechen am Anfang begleitete, und das Becherwort, das dem Segensbecher am Schluß zugeordnet war. Hinzu kam vermutlich das eschatologische Wort (Ausblick auf die erneuerte Mahlgemeinschaft in der Gottesherrschaft), das nach Mk 14,25 (vgl. 1Kor 11,26) am Schluß stand, möglicherweise jedoch ursprünglich an den Anfang gehörte (vgl. Lk 22,16.18).

3. Während die Herkunft der Deuteworte aus dem letzten Mahl Jesu kaum bestritten wird, ist die Rekonstruktion des genaueren Wortlauts und damit die Erschließung des ursprünglichen Sinns des Mahles nur annäherungsweise möglich. Als Ausgangspunkt dafür dienen die beiden ältesten Fassungen in 1Kor 11,23ff. und Mk 14,22ff. Löst man aus ihnen die Erweiterungen heraus, die im liturgischen Gebrauch des urchristl. Gemeindegottesdienstes entstanden sind, so ergibt sich als älteste Form des Brotwortes: »Dies [ist] mein Leib«, während das Becherwort gelautet haben dürfte: »Dies [ist] mein Blut für die vielen.« Die hier vorauszusetzenden aram. Begriffe legen weder den Gedanken an isolierte Substanzen noch an ein Verzehren von Leib und Blut nahe: Leib (aram. *gufa)* ist die Person in ihrer Lebendigkeit und Ganzheit, während Blut (aram. *d^ema*) die sich im Sterben verströmende Lebenskraft bezeichnet. So dürften die Deuteworte ursprünglich Hinweise auf den unmittelbar bevorstehenden Tod Jesu und seine Bedeutung für die Seinen gewesen sein: Jesus gibt sich selbst mit der Ganzheit seines Lebens in den Tod. So wie die Jünger in der Mahlhandlung das Brot und den Kelch aus seiner Hand empfangen, eignet er ihnen sein Sterben zu. Was das A. über ein bloßes → Gleichnis hinaushebt, ist das Motiv der Mahlgemeinschaft. Jesu Mahlhandlung enthält die Zusage, daß seine Tischgemeinschaft mit den Seinen, in der sich schon bisher die Herrschaft Gottes ereignet hatte (Mk 2,15–17; 6,35–44; Mt 11,19), durch sein Sterben nicht aufgehoben, sondern im Gegenteil von Gott her als fortdauernde heilvolle Gemeinschaft bekräftigt ist. Was gedeutet wird, sind also letztlich nicht die Gaben Brot und Wein, sondern die Gemeinschaft der mit Jesus zum Mahl Versammelten.

4. Schon bald nach Ostern bildete sich eine feste Ordnung der A.s-Feier heraus mit den Bestandteilen Heiliger Kuß (als Zeichen der Gemeinschaft), → Maranata-Ruf (1Kor 16,21ff.), Erinnerung an den Tod des Herrn (Anamnese) und Dankgebet über den Gaben (daher die Bezeichnung »Eucharistie« für die gesamte Mahlhandlung). Zugleich verstärkt sich im griech. sprechenden Urchristentum (z. B. in Korinth) die Neigung, das A. als Empfang heiliger, dem Menschen göttliche Kraft vermittelnder Speise zu verstehen, was durch die Abtrennung von der gemeindlichen Sättigungsmahlzeit (→ Liebesmahl) gefördert wird. In 1Kor 11,17–34 stellt Paulus demgegenüber noch einmal den Gedanken der Gemeinschaft im Mahl als bestimmend heraus: Ein A. ohne brüderliches Verhalten »ist kein Herrenmahl« und zieht Gottes Gericht auf sich. Der Gedanke des A.s als Opfer ist dem NT fremd. Er erscheint erstmals in einer röm. Kirchenordnung um 200 n. Chr., um in der klassischen kath. Meßlehre weiterentwickelt zu werden. Wenn in den letzten Jahren im interkonfessionellen Dialog zwischen den Kirchen die Lehrdifferenzen über das Abendmahl weitgehend überwunden werden konnten, so hat das wesentlich mit der Wiederentdeckung der Bedeutung des A.s im NT zu tun. R.

Lit.: J. Jeremias, Die Abendmahlsworte Jesu, [4]1967; F. Hahn, Der urchristl. Gottesdienst, 1970; H. Patsch, A. und historischer Jesus, 1972; J. Roloff, Neukirchener Arbeitsbücher – NT, 1977, § 15; H.-J. Klauck, Herrenmahl und hellenist. Kult, [2]1986.

Abendopfer → Opfer.

Aberglaube. Während echter Glaube im bibl. Sinn mit → Erkenntnis verbunden ist, ist A. schlechthin irrationale Furcht vor undurchschaubaren Mächten und ein daraus resultierender »Afterkult«. Der Umkreis dessen, was als A. beurteilt wird, nimmt in der israelit. Religion zu. Zu allen Zeiten gehören dazu: a) der Totenkult – nach bibl. Überzeugung kommt Toten keine Wirkung auf Lebende zu; b) → Götzendienst – auch Wesen, die überirdisch vorhanden sein mögen, wird, verglichen mit Jahwe, kein entscheidender Einfluß zugestanden; c) bestimmte mantische Praktiken (im Zusammenhang mit b); sie gelten hier als → Wahrsagerei und werden abgewiesen, ebenso → Zauberei, schwarze Magie. Erst im Laufe der Zeit werden als A. verurteilt: d) bestimmte Formen von → Amuletten zum persönlichen Schutz. e) Durch die Profeten werden zahlreiche, bis dahin als legitim betrachtete kultische Riten disqualifiziert, weil sie den Menschen zu falscher Sicherheit und zur Ausflucht vor ethischen Aufgaben führen. Hierher gehören Gegenstände von Fruchtbarkeitsriten wie → Ascheren und → Mazzeben, aber auch das Kinderopfer an → Moloch u.a.
Im NT setzt sich die Abwehr von A. fort. Auf dem Hintergrund der Kultkritik Jesu werden für Paulus Einrichtungen der israelit. Religion wie → Beschneidung, → Neumond und → Sabbat zu Erscheinungen einer durch Christus überholten Religionsstufe. Wer sie weiter für unabdingbar hält, gibt seine christl. Freiheit auf und bindet sich an nutzlos oder schädlich gewordene Riten. K.

Abessan → Ibzan.

Abfall, politischer Treuebruch oder militärische Gehorsamsverweigerung. Von der Überzeugung her, daß Israel ausschließlich an seinen Gott gebunden ist, wird jede kultische Verehrung anderer Götter als A. gebrandmarkt. – Für das NT ist A. die Verleugnung Jesu als des Heilands und das Verlassen der kirchlichen Gemeinschaft. K.

Abgabe. Israel kannte seit früher Zeit Natural-A.n an die Priester (Erstlinge, Zehnte, Opferanteile); nach dem Exil kam dazu eine → Tempelsteuer. Mit dem Aufkommen des Königtums mußten Natural-A.n an den Staat geleistet werden, später auch → Steuern für Tribute und seit der Perserzeit Steuern an die Macht, der Juda unterstand. S.

Abgötterei → Götzendienst.

Abgrund (hebr. *sch^{e}ol*). Nach alttest. Auffassung befindet sich unter der Erdscheibe das Urmeer, die Tiefe (1Mose 1,2; → Weltbild). Später wird A. mit der unterirdischen Totenwelt (Röm 10,7) und der dort ebenso befindlichen → Hölle (Lk 8,31) gleichgesetzt. K.

Abia → Abija.

Abiam → Abija.

Abib → Monat.

Abigajil. 1. Gemahlin König Davids, die wegen ihrer diplomatischen Klugheit berühmt war (1Sam 25; 27,3; 30,5.18). **2.** → Abigal. K.

Abigal, eine (Halb-)Schwester Davids (2Sam 17,25). S.

Abihu, sagenhafter Stammvater eines Priestergeschlechts, das mit den mächtigen → Aaroniden in Streit geriet und vom Priesterdienst ausgeschlossen wurde (2Mose 24,1; 3Mose 10). K.

Abija, König von Juda (910–908 v.Chr.), bekriegt erfolgreich das Nordreich Israel (2Chr 13), wird jedoch wegen kultischer Laxheit gerügt (1Kön 15,1–8). K.

Abilene, syr. Fürstentum unter röm. Herrschaft, westl. von Damaskus (Lk 3,1). K.

Abimelech. 1. König von → Gerar, bei dem sich Isaak (1Mose 26), nach einer späteren Tradition

Abraham (1Mose 20; 21,22–34) ansiedelte. Möglicherweise war A. kein Philister (so 1Mose 26), sondern ein Kanaanäer. **2.** Mann der Richterzeit, der sich nach Ermordung seiner Brüder in → Sichem zum König ausrufen ließ, nach drei Jahren die unbotmäßig gewordene Stadt zerstörte und bei einer Belagerung getötet wurde (Richt 9). S.

Abin → Abihu.

Abiram/Abiron → Datan und Abiram.

Abisai → Abischai.

Abischag, junge israelit. Schönheit, die für den alten David als Bettgenossin ausgesucht wird, ihn aber nicht mehr »erwärmen« kann. Nach dessen Tod vom Prinzen → Adonija begehrt, wird sie Anlaß zu dessen Ermordung (1Kön 1; 2). K.

Abischai, ein Verwandter und Feldherr Davids wie sein Bruder → Joab. A. gilt als ebenso mutig wie rücksichtslos (1Sam 26,6; 2Sam 23,18). Sein Eifer für die Sache Davids brachte diesen bisweilen in innenpolitische Schwierigkeiten (2Sam 3,39; 16,9f.; 19,22f.). K.

Abjatar, Sohn → Ahimelechs, Priester aus Nob, der als einziger einem Blutbad Sauls entging (1Sam 22,20). Er schloß sich David an, nahm im Streit um Davids Nachfolge Partei für → Adonija (1Kön 1,7) und wurde deshalb von Salomo verbannt (1Kön 2,26). S.

Ablösen → Erlösung, → Lösegeld.

Abner, Feldherr → Sauls, mit diesem verwandt. Nach dessen Tod sorgt A. dafür, daß Sauls Sohn → Eschbaal im israelit. Norden König wird. A. erkennt bald dessen mangelnde Regierungsfähigkeit und knüpft insgeheim Verbindungen zu dem im Südreich Juda zur Herrschaft gelangten → David an. Ehe es zur endgültigen Abmachung kommt, wird A. wegen einer Blutrache ermordet (2Sam 2; 3). K.

Abraham (eine dialektische Nebenform des Namens ist *Abram*), der erste Erzvater Israels. Von ihm wird in 1Mose 11,10–25,10 berichtet, einem weitgehend aus Sagen bestehenden Erzählungskomplex, der in einem mehrstufigen Überlieferungsvorgang zusammengewachsen ist. Nach dem bibl. Bericht stammt A. aus der Gegend am Eufrat und wandert auf Befehl Gottes mit seiner Frau Sara und seinem Neffen Lot nach Palästina aus (1Mose 12,1–5), wo ihm nach der Trennung von Lot (1Mose 13) und der Begegnung mit → Melchisedek (1Mose 14) Gott erscheint und große Nachkommenschaft verheißt (1Mose 15), ihm eine Bundeszusage gibt und die Pflicht der Beschneidung auferlegt (1Mose 17). Von Saras Magd Hagar wird ihm → Ismael (1Mose 16), später, nach einer Gotteserscheinung bei → Hebron (1Mose 18,1–15) und einem Aufenthalt bei → Abimelech (1Mose 20), von Sara → Isaak geboren (1Mose 21,1–7). Daraufhin verstößt er Hagar (1Mose 21,8–21). Um seinen Gehorsam zu prüfen, befiehlt Gott ihm, Isaak zu opfern (1Mose 22). Nach Saras Tod kauft er für sie einen Begräbnisplatz bei Hebron (1Mose 23) und läßt aus seiner Heimat eine Frau für Isaak holen (1Mose 24).
Historisch dürfte A. ein Kleinviehnomade aus dem mittleren Eufratgebiet (Haran, wohl nicht → Ur) gewesen sein. Für den ihm begegnenden, später »Gott A.s« genannten Gott (z.B. 1Mose 31,53) stiftete A. einen Kult (→ Gottesbezeichnung). Dieser Kult wurde in → Mamre gepflegt (1Mose 18). Erst nachträglich ist A. genealogisch mit Isaak und sein Gott mit Jahwe verknüpft worden.
Der → Jahwist stellte in 1Mose 12,1–7 die A.-Erzählungen und damit alle folgende Geschichte der Erzväter und des Volkes Israel unter das Thema der Verheißung: Jahwe sagt dem A. große Nachkommenschaft, den Besitz des Landes Palästina und Segensmacht für die Völker zu. Grundlegend wird ferner der → Glaube A.s in dem vielleicht sehr alten Abschnitt 1Mose 15,1–6 dargestellt. Daher gilt A. im NT als Typus des glaubenden Menschen (z.B. Röm 4; Hebr 11,8–19). S.

Lit.: G. v. Rad, Das erste Buch Mose, [9]1972; Herrmann, GI, 63–81; Donner, GI, 73–84.

Abrahams Apokalypse, Erzählung von der Bekehrung Abrahams mit apokalyptischem Ausblick auf die Zukunft seines Geschlechts; um 100 n.Chr. entstanden. K.

Text: Rießler, 13–39.

Abrahams Schoß. Im Jenseits gilt Abraham, der erste Gläubige, als Geber eines Gastmahls für

Isaaks Opferung. Fußbodenmosaik in der Synagoge von Bet Alfa (5. Jh. n. Chr.)

die seligen Frommen. Der geehrteste Gast liegt in seinem Schoß (Lk 16,22; vgl. Mt 8,11). K.

Abrahams Testament, apokalyptische Schrift über Himmelsreise und Tod Abrahams (2. Jh. n. Chr.?). K.
Text: Rießler, 1091–1103.

Abram → Abraham.

Abrek, Aufforderung zur Verehrung → Josefs (1Mose 41,43), wahrscheinlich von ägypt. *ibrk* »fallt nieder« abgeleitet, ein Hinweis auf ägypt. Kolorit der → Josefserzählung. O.

Absalom → Abschalom.

Abschalom, dritter Sohn → Davids mit der → Maacha. Die Schändung seiner Schwester → Tamar durch → Amnon rächend, tötet er diesen Bruder, der ihm in der Thronfolge voranstand (2Sam 13–14). In der weiteren Entwicklung nutzte A. die Widerstände gegen die in Jerusalem sich konstituierende Zentralgewalt in der Landbevölkerung für einen Aufstand gegen David aus (2Sam 15–19). Aktiv unterstützt durch die Nordstämme, gelang ihm bei neutraler Haltung des Stammes Juda die Einnahme von Jerusalem und Vertreibung Davids. Im Ostjordanland unterlag dann aber der in der besonderen Kampfform des Waldkampfes ungeübte Heerbann der Bauern unter A.s Führung der besser ausgebildeten Söldnertruppe Davids. A. fiel in dieser Schlacht. O.

Abschiedsrede, verbreitete literarische Gattung im Judentum und Urchristentum: Ein Gottesmann nimmt vor seinem Tode Abschied von den Seinen und tut ihnen seinen letzten Willen kund (→ Testamente). Standardmotive der A. sind: Rückblick auf das vergangene Wirken, Deutung der Zukunft, Tröstung der Anhängerschaft und Anweisungen für ihr Verhalten. Bestimmende Modelle waren die Abschiedsworte der Erzväter (1Mose 27,27ff.; 49,1–27) und des Mose (5Mose 33,1–29). A.n Jesu enthalten das Lukasevangelium (22,24–37) und – am bekanntesten → das Johannesevangelium (13,31–17,26).

Eine A. des Paulus bietet Apg 20,17–35. Auch der 2. Timotheusbrief (→ Pastoralbriefe) ist als briefliche A. des Paulus stilisiert. R.

Abwehrriten → Apotropäische Riten.

Achämeniden, Geschlecht des → Kyros, das durch dessen Gründung des pers. Reiches zum Königsgeschlecht aufstieg und aus dem in der Folge die pers. Könige → Darius, → Xerxes (Ahasveros) und → Artaxerxes (Artachschasta) hervorgingen. Mit Darius III. verloren die A. ihre Herrschaft über den Orient an → Alexander d. Gr. O.

Achaia, seit 146 v. Chr. röm. Provinz in Griechenland. Hauptstadt: → Korinth. Seit 44 n. Chr. Verwaltung durch einen vom röm. Senat ernannten Prokonsul (→ Gallio, Apg 18,12). R.

Achan, Judäer, der sich bei der Eroberung Jerichos an Banngut verging (Jos 7,1.18–26) und deshalb mit seiner Familie im Tal von → Achor gesteinigt wurde. Die Achan-Erzählung haftet an einer Steinhalde in diesem Tal, die als sein Grab galt (Jos 7,26). O.

Achat → Edelsteine.

Achikar, historisch sonst nicht belegte Hauptfigur im A.-Roman, der unter den aram. Papyri von → Elefantine gefunden wurde. A. wird dort als Kanzler der assyr. Könige → Sanherib und → Asarhaddon vorgestellt, der, von seinem Sohn und Nachfolger Nadin verleumdet, zum Tode verurteilt, aber aufgrund seiner Weisheit gerettet wird. Im → Tobitbuch wird A. unter dem Namen »Achior« zum Neffen des Tobias (Tob 1,21 u.ö.). O.

Text: AOT, 454–457.

Achimelech → Ahimelech.

Achinoam → Ahinoam.

Achior. 1. Anführer der Ammoniter unter → Holofernes (Jdt 5,5–6; 11,9; 14,5–10). Er warnt diesen vor den Juden und ihrem Gott. Nach der Niederlage des Holofernes tritt er zum Judentum über. A. gilt als Typ des frommen Heiden, der sich zum Gott der Juden bekehrt. **2.** → Achikar. O.

Achisch, philist. König von → Gat und Lehnsherr Davids, bei dem dieser Zuflucht vor Saul suchte (1Sam 21,11; 27,1f.). Er regierte wohl noch zur Zeit Salomos (1Kön 2,39f.). O.

Achitophel → Ahitofel.

Achor, Tal südl. von Jericho, dessen genaue Lokalisierung umstritten ist. A. gilt als Stätte der Steinigung → Achans und als Tal des Grauens, das aber eschatologisch zu einer »Pforte der Hoffnung« umgewandelt werden soll (Hos 2,17; ähnlich Jes 65,10). O.

Achschaf, kanaan. Königsstadt (Jos 11,1; 12,20), die nach der Landnahme im Gebiet des Stammes → Ascher lag (Jos 19,25) und im Gebiet um → Akko zu suchen ist. O.

Achtzehngebet, aus 18 Segenssprüchen bestehendes Gebet, seit dem 1. Jh. n. Chr. zusammen mit dem → *Sch^{e}ma Jisrael* Grundbestandteil des Synagogen-Gottesdienstes: Jeder Jude mußte es dreimal täglich beten. Um die Wende zum 2. Jh. n. Chr. wurde eine Bitte gegen die Häretiker (wahrscheinlich Judenchristen) hinzugefügt, so daß es seither faktisch 19 Sprüche umfaßt. In einigen zentralen Motiven (Betonung der Heiligkeit Gottes; Bitte um das Kommen seiner Herrschaft) berührt sich das A. eng mit dem → Vaterunser. R.

Text: Rießler, 7–10.

Ackerbau, in Palästina seit dem 7. Jt. v. Chr. nachgewiesen. Mit der Landnahme erwarben die Israeliten von den Kanaanäern die Kenntnis landwirtschaftlicher Nutzpflanzen und Technologie; Ackerbau wurde zur Hauptquelle des Lebensunterhaltes. Jahreszeitlich bedingt, ist landwirtschaftliche Nutzung nur zwischen Oktober und Juni möglich, dazu sind ebene Flächen selten, was früh zur Technik der Terrassenfeldwirtschaft führte. Arbeitsgeräte waren Pflug (zunächst Bronze, in der späten Eisenzeit Eisen), Hacke, Pflanzstock und Sichel. Zum Dreschen verwendete man Dreschschlitten oder ließ Großvieh auf das Getreide treten, das anschließend geworfelt wurde. Pflügen und Aussaat begannen Ende Oktober (Gerste, Weizen, Flachs); die Ernte dauerte von April bis Mitte Juni. Da die landwirtschaftliche Produktion weitgehend kleinbäuerlich organisiert war, wurde meist nur für den eigenen Bedarf A. betrieben. O.

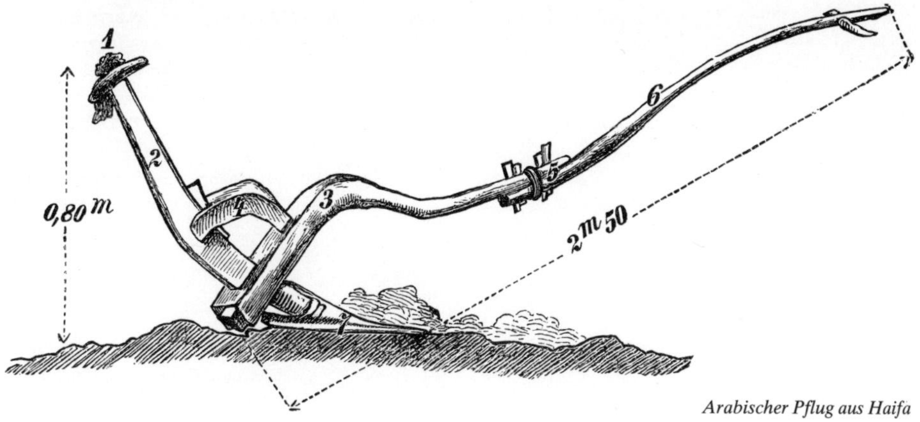

Arabischer Pflug aus Haifa

Ackerbauriten. Mit dem Ackerbau als wesentlicher Quelle des Lebensunterhaltes übernahm Israel von den Kanaanäern auch Riten, die die (gottgegebene) Fruchtbarkeit des Bodens garantieren sollten. Erstlingsopfer (2Mose 34,26), die von jedem Ernteertrag gebracht wurden, waren Eingeständnis, daß die Ernte von Jahwe hervorgebracht war. Die drei großen Ackerbaufeste Mazzot (Gerstenernte), Wochenfest (Ende der Weizenernte) und Lesefest (Erntedank) waren zunächst Dank des Volkes für die Ernte, bekamen aber später andere Bedeutung (Pascha, Laubhüttenfest). (→ Fest, → Hochzeit, heilige.) O.

Adad → Hadad.

Adadremmon → Hadad-Rimmon.

Adam, Ort an einer Jordanfurt nahe der Einmündung des → Jabbok (Jos 3,16; Hos 6,7). O.

Adam (hebr.), »Mensch«, zugleich Bezeichnung für den Stammvater des menschlichen Geschlechts. Als Eigenname wird A. jedoch in der Bibel nie verwandt. Häufig ist der kollektive Gebrauch in der Bedeutung »Menschheit«. Der Zusammenhang des Namens mit dem hebr. Wort *adama* »Erde« ist erwägenswert.

Nach dem älteren Schöpfungsbericht des → Jahwisten in 1Mose 2–3 formt Gott als erstes Geschöpf A. aus (Ton-)Staub und macht ihn lebendig, indem er ihm seinen Atem einhaucht. Jahwe erteilt ihm den Auftrag, die Erde zu bebauen. Als Lebensgehilfin wird Eva aus einer seiner Rippen geschaffen; A. als Mensch umfaßt also beide Geschlechter. Nach dem jüngeren Schöpfungsbericht der → Priesterschrift in 1Mose 1 wird A. als letztes Geschöpf, und zwar in der Zweiheit von Mann und Frau, im selben Schöpfungsakt von Gott als sein Ebenbild geschaffen. A. hat eine exzeptionelle Stellung, weil er beauftragt ist, über die Erde zu herrschen. Und er steht zu Gott in einer besonderen Beziehung, die Verantwortung für die Schöpfung in sich birgt (1Mose 1,28f.).

Im NT zeichnet Paulus (Röm 5,12–21, 1Kor 15,22f.45f.) unter Anspielung auf die Sündenfallgeschichte A. als negatives Gegenbild zu Christus und als Repräsentanten der vorchristl. Menschheit: Durch seinen Ungehorsam sind → Sünde und Tod in die Welt gekommen, während Christus durch seinen Gehorsam → Gerechtigkeit und Leben gebracht hat. Hier liegt der Ausgangspunkt der kirchlichen Lehre von der Erbsünde (→ Sünde). R.

Lit.: O. Betz, Adam I, in: Theologische Realenzyklopädie I, 1977, 414–424.

Adama → Adma.

Adambücher. Um die Zeitenwende entstanden mehrere jüd. Legenden, die das Leben Adams und Evas ausmalten. Die bekannteste ist die als lat. Übersetzung mit christl. Überarbeitung erhaltene *Vita Adae et Evae* (in der griech. Übersetzung: Mose-Apokalypse). Darin wird die Geschichte des ersten Menschenpaares von der

Schöpfung bis zum Tode erzählt. Da in dieser Erzählung der Tempel des → Herodes vorausgesetzt wird, ist ihre Entstehung in die Zeit zwischen 20 v.Chr. und 70 n.Chr. anzusetzen. O.

Text: Rießler, 668–681.

Adar/Hadar → Hadad, → Monat.

Adarezer → Hadad-Eser.

Addo → Iddo.

Adler, in der Antike häufig Tiersymbol für eine Gottheit. In der Bibel vielfach Beispiel für Schnelligkeit (z.B. Ez 17,3; Offb 12,14) und Kraft (Ps 103,5; Jes 40,31). – »A.« steht auch für den Aasgeier, ein unreines Tier, das man nicht verzehren darf (3Mose 11,13). (→ Tierwelt.) R.

Adma, Stadt, wahrscheinlich am Südende des Toten Meeres gelegen, die in die Katastrophe von Sodom und Gomorra hineingezogen worden sein soll (5Mose 29,22; Hos 11,8). O.

Adonai, abgeleitete Form von semit. *adon* → »Herr«, tritt zunehmend an die Stelle des Gottesnamens → »Jahwe«. O.

Adoni-Besek, kanaan. König, der von den Judäern bei Besek besiegt und verstümmelt wurde (Richt 1,5–7). Der historische Gehalt dieser Überlieferung liegt im dunkeln. O.

Adonija, vierter Sohn → Davids, der nach dem Tode seiner älteren Brüder der rechtmäßige Thronanwärter war und zu Lebzeiten des alten David die öffentliche Bestätigung dieses Rechtes zu erlangen suchte, was aber von den Befürwortern der Thronfolge Salomos vereitelt wurde, die dessen Einsetzung zum König bewirkten (1Kön 1). Als A. erneut seinen Anspruch geltend machen wollte, ließ Salomo ihn töten (1Kön 2,13–25). S.

Adoniram, Aufseher der Fronarbeiter unter David (2Sam 20,24) und Salomo (1Kön 4,6; 5,28). Als Unterhändler → Rehabeams wurde er von Anhängern → Jerobeams auf der Reichsversammlung von Sichem gesteinigt (1Kön 12,18). O.

Adonis, griech. Form von semit. *adon* »Herr«, phöniz. Vegetationsgott, der als sterbender und auferstehender Gott auch in Israel verehrt wurde. Das Aufkeimen bestimmter Pflanzen in kleinen Gärtchen versinnbildlichte seine Auferstehung (Jes 17,9–11). O.

Adoni-Zedek, König von Jerusalem, der von Josua bei → Gibeon geschlagen wurde (Jos 10,1–11). Die Identität mit → Adoni-Besek (so die Septuaginta) ist umstritten. O.

Adoption von fremden Kindern ist in Israel nicht bekannt, wohl aber die von Verwandten (1Mose 48,5; Est 2,7). Bei fehlender Verwandtschaft wird die Erbfolge durch die Leviratsehe (→ Levirat) gesichert. Bei der Gottessohnschaft des Königs (2Sam 7,14), des Volkes Israel (Hos 11,1; Röm 9,4) und der sich zu Christus Bekennenden (Gal 4,5; Röm 8,15) handelt es sich um A. im übertragenen Sinne. M.K.

Adrammelech und Anammelech. Die im 8. Jh. v. Chr. von den Assyrern nach Nordisrael verschleppten Syrer verehren A. und A. Beide erhalten wie → Moloch Kinderopfer (2Kön 17,31) und entsprechen wohl dem syr. Wettergott Hadad-Milki und dem babylon. Himmelsgott Anu-malik (oder der Liebesgöttin Anat?). K.

Adramyttium, Hafenstadt an der Nordwestecke Kleinasiens (Apg 27,2). R.

Adria. Nach antikem Sprachgebrauch wurden auch die Gewässer zwischen Sizilien und Kreta zum Adriatischen Meer gerechnet. Das Schiff, auf dem Paulus als Gefangener nach Rom gebracht werden sollte, geriet in diesem Bereich in Seenot (Apg 27,27). R.

Adullam, kanaan. Königsstadt. Sie wird von Israel eingenommen und später eine Festung jud. Könige (2Chr 11,7). K.

Advent (lat.), »Ankunft (des Herrschers)«, bibl. auf die Wiederkunft (→ Parusie) Christi bezogen. Später wird auch die Menschwerdung Christi als sein Herrschaftsantritt verstanden. Beide Aspekte verbinden sich in der dem Weihnachtsfest vorausgehenden Kirchenjahreszeit des A.s. K.

Aelia Capitolina → Jerusalem.

Afarsach, vermutlich ein pers. Beamtentitel (Esr 4,9; 5,6; 6,6; Lutherbibel: »Beamte«). S.

Afek. 1. Kanaan. Königsstadt in der Scharonebene (Jos 12,18), die mit *tell ras-el'ain* identifiziert wird. Auf den Ruinen von A. erbaute Herodes die Stadt → Antipatris (Apg 23,31). Neuere Grabungen ergeben eine Besiedlung seit dem 3. Jt. v.Chr. **2.** Stadt im Golan, die Schauplatz einer Schlacht Israels gegen die Aramäer war (1Kön 20,26–30). O.

Affe → Tierwelt.

Agabus, urchristl. Profet aus Jerusalem, weissagte in → Antiochia eine unter dem Kaiser Claudius tatsächlich eingetroffene Hungersnot (Apg 11,27–30) und kündigte die Gefangennahme des Paulus an (Apg 21,10f.). R.

Agag, König von Amalek. Nach seiner Besiegung um 1000 v.Chr. verfeinden sich wegen seiner Hinrichtung der König Saul und der Seher Samuel (1Sam 15). K.

Agape → Liebe, → Liebesmahl.

Agar → Hagar.

Aggaeus → Haggai.

Agnus Dei (lat.), »Lamm Gottes«; nach Joh 1,29 ist Jesus das »Lamm Gottes, das die Sünde der Welt trägt«. Von daher Bezeichnung eines der Abendmahlsausteilung vorausgehenden Teiles des Gottesdienstes. R.

Agrapha (griech., »ungeschriebene«), Bezeichnung für außerhalb des NT überlieferte Jesusworte. R.

Lit.: J. Jeremias, Unbekannte Jesusworte, [4]1965; K. Beyschlag, Die verborgene Überlieferung von Christus, 1969.

Agrippa → Herodes und seine Dynastie.

Agur, arab. König des Landes Massa (?) aus unbekanntem Jh. Er gilt als Verfasser der Sammlung Spr 30. Der Name ist auch in südarab. Quellen belegt. K.

Ägypten. 1. Name, Geographie – 2. Geschichte – 3. Religion – 4. Ä. und Israel.

1. Der Name »Ä.« (alttest. *Mizrajim*) geht über das Griechische zurück auf einen Beinamen der Stadt Memphis. Die Ägypter nannten Ä. »das Schwarze« im Gegensatz zur »roten« Wüste. Bis zur Gegenwart entscheidender Faktor Ä.s ist der Nil, von dessen jährlichen Überschwemmungen die Fruchtbarkeit abhängig ist. Zu unterscheiden sind Niltal (Ober-Ä.) und -delta (Unter-Ä.). Die Abgeschlossenheit des Landes erlaubt eine von außen weitgehend unabhängige Entwicklung.

2. Im Neolithikum siedeln Bauern und Viehzüchter im Niltal, ihre Kultur zieht Nomaden an. Am Beginn der geschichtlichen Zeit (um 3000 v.Chr.) steht die Vereinigung von Ober- und Unter-Ä. In dieser Zeit wird die → Schrift entwickelt. Das Alte Reich (etwa 2800–2300) ist

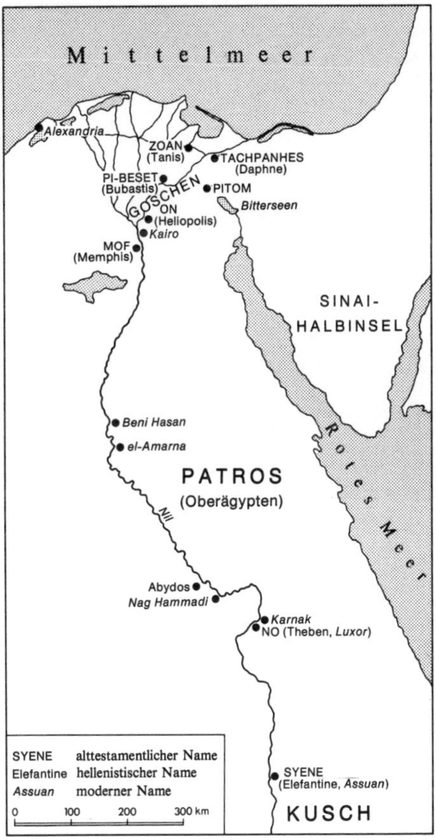

die Zeit der Pyramiden. In einer Zwischenzeit zerfällt das Reich, erst im Mittleren Reich (1991–1778) gelingt die Einigung. Ä. greift nach Süden aus, Beziehungen zu → Syrien/ → Palästina werden verstärkt. Nach erneuter Schwächung beginnt um 1650 für über 100 Jahre die Herrschaft der aus Asien eingedrungenen → Hyksos. Ihnen verdankt Ä. eine Öffnung gegenüber der Umwelt. Nach ihrer Vertreibung beginnt mit der 18. Dynastie (die Einteilung in Dynastien geht auf den Priester Manetho – um 300 v. Chr. – zurück) das Neue Reich (etwa 1550–1100). Mehrere Feldzüge sichern die Herrschaft in Syrien/Palästina und stärken das Heer, das in Gegensatz gerät zur konservativen Priester- und Beamtenschaft. Der Konflikt spitzt sich zu unter Amenophis III. und IV. (→ Echnaton). Die Priester der Hauptstadt Theben werden entmachtet, → Amarna wird neue Residenz. Die → Hetiter verringern Ä.s Einfluß in Syrien, in Ä. ergreift das Militär die Macht (um 1320), die Reste der Amarnazeit werden beseitigt. Ä. wird geschwächt durch Kämpfe Ramses' II. (13. Jh.) mit den Hetitern und Ramses III. mit den von Nordosten den Ostmittelmeerraum überziehenden Seevölkern (→ Philister).

Die syr.-palästin. Staaten werden selbständig, in Ä. zerbricht die zentrale Macht. Es folgen ausländische Herrscher, zunächst aus Libyen (950), dann aus → Äthiopien (730), schließlich → Assyrien (671). Zwar erlangt Psammetich wieder die Selbständigkeit, seinem Nachfolger Necho (609–594) gelingt zur Zeit des Niedergangs Assyriens eine erneute Expansion nach Syrien (→ 4.), der Machtverfall Ä.s ist aber nicht aufzuhalten. Es gerät 525 unter pers. Herrschaft, die (nach zwischenzeitlicher Selbständigkeit 410–341) 330 von → Alexander und der Diadochendynastie der Ptolemäer, später von → Rom abgelöst wird. Vom 2. Jh. n. Chr. an wird Ä. christl. bis zur islam. Eroberung im 7. Jh.

3. Im Altertum ist Ä. berühmt wegen der Vielzahl und der Tiergestalt seiner Götter. Es war indes stets ein Anliegen der Theologen Ä.s, Verbindungen zwischen den Göttern zu ziehen und sie letztlich als Erscheinungsformen eines Gottes zu deuten. Dieser Hauptgott wechselt in der Geschichte. Im Alten Reich ist es zunächst der König selbst. Ausdruck seiner Macht sind die gewaltigen Pyramiden der 4. Dynastie. Von der 5. Dynastie an wird der Sonnengott Re zum Weltgott. Ihm zugeordnet ist Maat, ein zentraler Begriff der Ordnung und → Gerechtigkeit. Zugleich wird der Totenkult mächtig, mit ihm Osiris, der gestorbene und in der Unterwelt weiterlebende Gott. → Echnatons Reform erhebt die Sonnenscheibe Aton zum Reichsgott, in der Spätzeit erlangt Amun von Theben diese Funktion. Neben der Theologie steht der Volksglaube, den Amulette und Votivinschriften bezeugen. Die Literatur der ältesten Zeit steht mit dem Totenglauben in Verbindung. Es handelt sich um Pyramiden- und Sargtexte sowie Totenbücher. Wichtig sind in späterer Zeit (neben historischen und Wirtschaftstexten) Mythen und Lehren (→ Weisheit).

4. Das Thema Ä. und Israel ist Teil der vom 3. bis in die Mitte des 1. Jt.s wechselnd intensiven politischen und kulturellen Beziehungen Ä.s zu Syrien/Palästina. Auf einer Stele Merneptahs (etwa 1219) wird → Israel zum erstenmal genannt, und zwar als vernichtete Gruppe in → Palästina. Seine genaue zeitliche Ansetzung ist unklar, weil das AT keinen Königsnamen gebraucht, sondern allein den Titel »Pharao« (ägypt., »großes Haus«). In diese Zeit fällt der Auszug Israels aus Ä. → Salomo unterhält freundschaftliche Beziehungen zu Ä., eine seiner Frauen ist eine ägypt. Königstochter (1Kön 9,16). Militäraktionen gegen Israel unternehmen die Könige Schoschenk (alttest. Schischak, 1Kön 14,25f.) um 925 v. Chr. und Necho II. (2Kön 23,28f. → Joschija) 609 v. Chr. Gegen den Versuch, Ä. politisch gegen → Babylonien auszuspielen, wendet sich → Jeremia (Jer 37,5–10). In pers. Zeit siedeln Juden in → Elefantine, in griech.-röm. Zeit in ganz Ä., vor allem in → Alexandrien.

Literarischer Einfluß Ä.s auf das AT ist vor allem spürbar in den Komplexen → Weisheit, → Schöpfung und → Königtum Gottes. J.E.

Lit.: W. Helck / E. Otto, Kleines Wörterbuch der Ägyptologie, 1956; E. Otto, Ä., [4]1966; W. Wolf, Das alte Ä., 1971.

Ägypterevangelium. 1. Apokryphes gnostisches Evangelium aus dem 2. Jh., nur in wenigen Fragmenten in Kirchenväterschriften überliefert (*Text:* Hennecke/Schneemelcher I, 109–117). **2.** Nicht identisch damit ist das bei → Nag Hammadi gefundene Ä., eine gnostische Abhandlung. R.

König Sethos I. (1304–1290 v. Chr.) räuchert vor dem Gott Sokar. Flachrelief aus dem Totentempel des ägyptischen Königs in Abydos

Ahab, bedeutender König des Nordreichs Israel (871–852 v. Chr.; 1Kön 16,29–22,40). Seine geschickte Bündnispolitik zeigte sich darin, daß er die Feindseligkeiten mit Juda beilegte und seine Tochter Atalja mit dem Kronprinzen Joram verheiratete, daß er maßgeblich am Zustandekommen einer syr.-palästin. Koalition zur Abwehr → Assyriens beteiligt war und daß er die Königstochter Isebel aus dem phöniz. → Tyrus heiratete. Für sie baute er in der Hauptstadt Samaria einen Tempel des → Baal. Es kam zu einem Konflikt mit dem Profeten → Elija, als A. auf dem Berg Karmel den Kult des Baal erhalten wollte (1Kön 18) und als A. einen Justizmord an Nabot veranlaßte (1Kön 21). – A. wurde später zum Urbild des Bösewichts, bis hin zu Melvilles *Moby Dick*. S.

Ahas (741–725 v. Chr.), König von Juda. Als er sich weigert, mit dem israelit. Nordreich und Syrien ein Bündnis gegen → Assyrien zu schließen, wird Juda von diesen Staaten angegriffen. Statt auf → Jesaja (7,1ff.) zu hören und allein auf Jahwe zu vertrauen, ruft er den assyr. Großkönig Tiglat-Pileser III. zu Hilfe. Damit wird Juda freiwillig ein Vasallenstaat Assurs. A. muß den assyr. Kult im Tempel von Jerusalem einführen (2Kön 16,10–18). A.s Beurteilung in den bibl. Geschichtsbüchern ist entsprechend negativ (2Kön 16,2–4; 2Chr 28,1ff.). S.

Ahasja. 1. König des Nordreichs Israel (852–851 v. Chr.; 2Kön 1), der sich nach einem Unfall an den Gott der Philisterstadt → Ekron wandte, was ein Drohwort des → Elija zur Folge hatte. **2.** König des Südreichs Juda (845 v. Chr.; 2Kön 8–9), wurde, als er seinen Onkel Joram, den König von Israel, besuchte, bei der Revolution → Jehus getötet. S.

Ahasveros → Xerxes.

Ahaz → Ahas.

Ahi-, Vorsilbe in Personennamen: »(mein) Bruder (ist der Gott X)«. K.

Ahia → Ahija.

Ahija, Personenname. Berühmtester Träger ist um 900 v. Chr. der israelit. Profet A. von Schilo. A. gibt dem Königtum des ersten nordisraelit. Königs Jerobeam die religiöse Weihe, kündigt ihm später aber die Ausrottung seiner Dynastie an, die dann auch eintrifft (1Kön 14,10). K.

Ahikam, Minister des Königs Joschija um 620 v. Chr., vertrat eine Politik der Unterwerfung gegenüber der Großmacht Babylon und unterstützte den Profeten Jeremia (2Kön 22; Jer 26,24). K.

Ahimelech, Oberpriester von Nob, der mit den dortigen Priestern um 1000 v. Chr. von Saul umgebracht wurde, weil er dessen Nebenbuhler → David unterstützt hatte (1Sam 22). K.

Ahinoam, Name von Frauen: **1.** des Königs Saul (1Sam 14,50); **2.** Davids (1Sam 25,43). K.

Ahion → Ijon.

Ahitofel, Ratgeber im Ministerrat Davids. Seine Ratschläge werden geachtet, »wie wenn man Gott befragt« (2Sam 16,23). Beim Aufstand → Abschaloms tritt er auf dessen Seite. A. nimmt sich das Leben, als jener den Feldzugsplan A.s ausschlägt. Vielleicht war A. ein Großvater → Batsebas und hatte sich deshalb von David abgewandt (2Sam 11,3; 23,34). K.

Ahnenkult. Der Israelit ist überzeugt, daß die Toten als Geister schattenhaft weiterleben (→ Totengeist); er nimmt vermutlich an, daß der Tote seine individuelle Existenz allmählich verliert und in großen Sippen- und Stammesahnen aufgeht (zu den Vätern »versammelt wird«). Diese aber kümmern sich stets um ihre Nachfahren. Als der Staat Israel zusammenbricht, beginnt z. B. die Stammutter Rahel in ihrem Grab zu weinen (Jer 31,15; Mt 2,18f.). Von solchen Auffassungen her sucht man in der israelit. Spätzeit die Gräber der Ahnen zu lokalisieren und als Wallfahrtsstätten auszubauen, was für die Patriarchengräber in → Hebron noch heute gilt. Vielleicht schreibt man großen Ahnen wie Abraham und Mose die Stellung himmlischer Fürbitter zu. Eine eigentlich göttliche Verehrung haben verstorbene Ahnen in Israel jedoch nie erhalten. K.

Ahoth → Ehud.

Ai/Ajja, eigtl. »Ruinenhügel«, Ortslage südöstl. von Bet-El. Nach Jos 8 soll die Stadt durch Josua eingenommen und zerstört worden sein. Die

Ausgrabungen haben zwar ergeben, daß sich hier im 3. Jt. v.Chr. eine Stadt mit einem Heiligtum befand, sie ist jedoch schon vor 2000 zerstört worden. Erst über ein Jt. später wird in israelit. Zeit wieder eine Siedlung angelegt (→ Jericho). K.

Aion, griech. Begriff für »Weltzeit« oder »Zeitwelt« mit Identität des chronologischen wie des kosmischen Aspekts; lat. *aeon.* In den Bibelübersetzungen wird A. meist irreführend mit »Ewigkeit« oder »Welt« wiedergegeben. Die Überzeugung, daß die Weltgeschichte in Aionen eingeteilt ist, deren Ablauf und Terminierung seit Uranfang festliegen, ist vielleicht pers. Ursprungs. In Israel dringt sie erst im 2./1. Jh. v.Chr. durch die → Apokalyptik ein. Hier wird die gegenwärtige ungerechte Weltzeit als »dieser A.«, beherrscht vom Satan als »Fürst dieser Welt« (dieses Ä.s), in scharfem Kontrast zum »kommenden A.«, dem Reich Gottes, gesehen, das dereinst ewige Gerechtigkeit für die menschliche Gesellschaft realisieren wird. Auch der kommende A. ist seit Anbeginn vorhanden, freilich jetzt noch verborgen und allein im überirdischen Bereich vorzufinden. Doch die »Zeichen der Zeit« deuten darauf hin, daß der gegenwärtige A. sich abgenutzt hat und das Weltende bevorsteht. K.

Aja 1. Ein Horiter (1Mose 36,24). **2.** Ein Schwiegervater Sauls (2Sam 3,7). **3.** → Ai. S.

Ajalon. 1. Das Tal von A., durch den ein wichtiger Verbindungsweg von der Küstenebene auf das Gebirge Efraim führt, war wiederholt Schlachtfeld in der Geschichte Palästinas (Jos 10,6–15; 1Makk 4,1–25). **2.** Stadt im Tal von A., die, bereits in der Korrespondenz von → Amarna erwähnt, zur Zeit Davids unter israelit. Herrschaft kam. Nach der Reichsteilung fiel A. vorübergehend an die Philister (2Chron 28,18) und wurde erst unter Joschija wieder jud. (Jos 19,42). O.

Ajin, En- (hebr., »Quelle«), oft (Teil eines) Ortsname(ns). K.

Akaba, heutige jordan. Hafenstadt, in der Bibel nicht erwähnt. Der Golf von A. heißt → »Schilfmeer« (z.B. 2Mose 23,31), eine Benennung, die aber auch für andere Meeresarme gebraucht wird. K.

Golf von Akaba

Akazie → Pflanzenwelt.

Akiba, gest. 135 n.Chr., einer der wichtigsten jüd. Gesetzeslehrer der Zeit nach der Zerstörung des Tempels, gehört zu den geistigen Vätern der → Mischna. Er hielt → Bar-Kochba für den Messias und starb unter → Hadrian den Märtyrertod, weil er sich dem Verbot des Gesetzesstudiums nicht beugte. R.

Akkad, babylon. Stadt unbekannter Lage, aus der die um 2250 v.Chr. politisch sehr einflußreiche Dynastie Sargons I. stammt (1Mose 10,10). A. wird später Name für Nordbabylonien. *Akkadisch* heißt die semit. Sprache der Babylonier und Assyrer. K.

Akko, nordpalästin. Hafenstadt. Ursprünglich kanaan., wurde sie nie völlig israelisiert. Der Makkabäer Jonatan wird in A. 143 v.Chr. heimtückisch umgebracht (1Makk 10–12). In griech.-röm. Zeit *Ptolemais* genannt, bildet sich hier früh eine christl. Gemeinde (Apg 21,7). K.

Alabaster (griech. *alabastron*), an sich ein durchsichtiger Gips, aber nach griech. Sprachgebrauch Bezeichnung für jedes henkellose Salbgefäß, gleich welchen Materials; so ist Mk 14,3 par; Lk 7,37 ein Glasfläschchen gemeint, das man beim Öffnen am Hals abbrach. S.

Alexander der Große, mazedon. König (336–323 v.Chr.). Von → Griechenland aus eroberte er das pers. Weltreich bis hin nach Indien und Ägypten. Dadurch wurden griech. Sprache und Kultur im eroberten Raum verbreitet (→ Hellenismus). Das führte in Israel 150 Jahre später zu Religionskonflikten (→ Hasmonäer). – Im AT finden sich nur Anspielungen auf A. und sein Reich: Sach 9,1–8; Dan 2,33.40; 7,7.11 (→ Vier Weltreiche); 8,5–8.21f.; 11,3–4. – A. wurde in den späteren jüd. und christl. Überlieferungen mehr und mehr positiv als König vom Typ Salomos gewertet, was sich schon bei → Josefus anbahnt. K.

Alexandria, von Alexander d.Gr. gegründete Stadt im Nildelta, Residenz der → Ptolemäer bis hin zu → Kleopatra, größte Handelsstadt der antiken Welt, Sitz des Museion, der ersten staatlichen Forschungsstätte der Welt, die mit ihrer Verbindung von Forschung und Lehre zum Urbild späterer Universitäten wurde. A. hatte eine starke jüd. Bevölkerungsgruppe (angeblich 1 Million) und wurde früh zu einem Zentrum des Christentums. Möglicherweise ist der → Hebräerbrief dort entstanden. R.

Alfäus. 1. Vater des Zöllners Levi (Mk 2,14). **2.** Vater des zum Zwölferkreis gehörenden Jesusjüngers Jakobus (Mk 3,18; Apg 1,13). R.

Alkimus, Führer der hellenist.-griechenfreundlichen Partei im Jerusalem der Makkabäerzeit und Hoherpriester 163–159 v.Chr. (2Makk 14,3.7). Von Judas → Makkabäus aus dem Amt getrieben (→ Hasmonäer), wurde er von → Demetrius I. erneut eingesetzt. Sein Tod wurde als Strafe für den Versuch, die Mauer zwischen Tempelvorhof und Vorhof der Heiden niederzureißen, interpretiert. O.

Allegorie, Erzählung, in der eine Reihe von Zügen durch Metaphern ersetzt worden sind, so daß sie bei wörtlichem Verständnis keinen klaren Sinn zu geben vermag. Ziel der A. ist es, durch die metaphorische Verfremdung die Tiefendimension des Erzählten aufzudecken (z.B. Ez 17,2–24). Verstehen kann sie allerdings nur, wer den Sinn der Metaphern kennt; darum wirkt die A. nicht kommunikativ, sondern exklusiv, sie hat ihren Ort vorzugsweise in Gemeinschaften, die ein besonderes Geheimwissen tradieren, z.B. in apokalyptischen Zirkeln. Jesus hat keine A. gebildet, hingegen hat die nachösterliche Gemeinde eine Reihe seiner → Gleichnisse allegorisch erklärt (z.B. Mk 4,13–20 par; Mt 13,37–43). R.

Allerheiligstes → Tempel, → Heilig.

Almosen, finanzielle Unterstützung mittelloser Menschen. Vor allem chronisch Kranke, Witwen und Waisen waren, wenn nicht die Großfamilie für sie sorgte, mangels anderer Fürsorgeeinrichtungen auf A. angewiesen. Das A. galt im Judentum, zusammen mit Gebet und Fasten (Mt 6,1–18), als wichtige Frömmigkeitsübung, durch die man sich vor Gott Verdienste und Anspruch auf Lohn erwarb (Tob 4,7–12). Auch in der Praxis des Urchristentums hatte das A. seinen festen Platz (Mt 6,2ff.; Apg 10,4.31), wenn auch das Motiv des Verdienstes hier stark zurücktrat hinter dem der Solidarität der von Gott aneinander gewiesenen Glieder der Heilsgemeinde (z.B. 2Kor 8–9) (→ Armenpflege). R.

Aloe → Pflanzenwelt.

Alphabetische Lieder, Texte der religiösen Dichtung des AT, in denen die Anfangsbuchstaben der Verse oder Strophen dem hebr. Alphabet folgen (z. B. Ps 25; 111; 112; 119; Klagelieder); diese Form sollte wohl als Gedächtnisstütze oder als Erweis der Kunstfertigkeit des Verfassers dienen. S.

Altar. Der A. (hebr. *mizbᵉach* »Schlachtstätte«) dient dem Opfer. Im vorstaatlichen Israel war nach dem A.-Gesetz in 2Mose 20,24–26 der A. als Erdaufschüttung oder als Aufschichtung unbehauener Steine gebildet. Daneben ist der A. als einfacher Opferstein belegt (Richt 6,20f. u. ö.). In Jerusalem ist die für die Eisenzeit charakteristische Form des *Hörner-A.s* belegt, der aus behauenen Steinen mit vier an den Ecken nach oben ragenden Hörnern besteht (1Kön 1,50; 2,28). Derartige A.-Formen sind u. a. in → Sichem als Haus-A. und jüngst in → Beerscheba als A. eines Heiligtums ausgegraben worden. Mit dem → Tempel wurde im → Jerusalem Salomos ein eherner Brandopfer-A. (1Kön 8,22.64) errichtet. Nach 2Chron 4,1 hatte er die Maße von 10 x 10 x 5 m und war wohl aus behauenen Steinen mit daraufliegendem Rost gebaut. Diese Form des A.s, die im Gegensatz zum vorstaatlichen A.-Gesetz Israels steht, ist wohl von den jebusitischen Kanaanäern Jerusalems übernommen worden und deutet den großen Einfluß kanaan. Religion in Jerusalem an.
Der A. vor der → Stiftshütte (2Mose 27,1–8) ist als transportabler Hörner-A. aus Holz, der mit

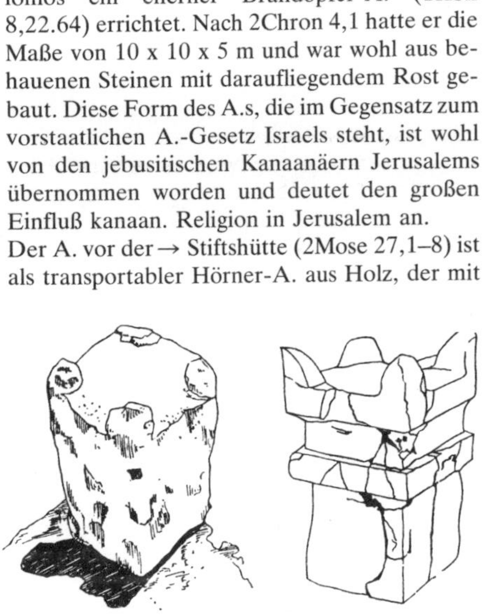

Räucheraltäre mit Hörnern aus Geser und Megiddo

Kanaanäischer Altar aus Megiddo

Bronze verblendet ist, in den Maßen 2,5 x 2,5 x 1,5 m vorgestellt. Er ist wie der stufenturmartige A. der Tempelvision des Ezechiel in Ez 43,13–17 eine theoretische Konstruktion. Auf den 515 v. Chr. errichteten A. des zweiten → Tempels ist aus dieser Beschreibung kaum zu schließen. Auf diesen nachexilischen A. ließ 167 v. Chr. Antiochus IV. einen Aufsatz, den »Greuel der Verwüstung«, errichten (1Makk 1,54). In Aufnahme des A.-Gesetzes des frühen Israel wurde dieser A. mit der heidn. Erweiterung im Zuge einer Tempelreinigung wenige Jahre später abgeschafft und, der Forderung von 2Mose 20,24–26 entsprechend, ein A. aus unbehauenen Steinen errichtet, der schließlich durch einen gewaltigen herodianischen A. in den Maßen von 25 x 25 x 7,5 m abgelöst wurde. O.

Altes Testament. 1. Der Kanon, Entstehung und Umfang – 2. Mosebücher als Gesetz – 3. Propheten- und Geschichtsbücher – 4. Hagiographen – 5. Wertung in den christl. Kirchen.
Der umfangreiche erste Teil der Bibel, der Heiligen Schrift der christl. Kirchen, trägt die Bezeichnung »Altes Testament«, d. h. alter → Bund (lat. *testamentum*), nämlich mit dem Volk

Israel. Dem folgt ein zweiter Teil mit dem auf Jesus Christus ausgerichteten »Neuen Testament«, d. h. neuen Bund, nämlich mit allen Menschen. Das hebr. (und aram.) abgefaßte AT bildet zugleich die Heilige Schrift des Judentums, das dafür aber keinen einheitlichen Namen benutzt, sondern meist die Sammelbezeichnung »Gesetz/Profeten/Schriften« (hebr. *tora/n^ebiim/k^e-tubim,* abgekürzt nach ihren Anfangsbuchstaben *tanak*).

1. Im AT sind Schriften verschiedenartiger Literaturgattungen gesammelt, deren Entstehung sich über ein Jt. erstreckte. Es enthält die Überreste der vorchristl. israelit. Literatur, die nur so weit erhalten blieb, wie sie um religiöser Bedürfnisse willen zum → Kanon, d.h. dem für die religiöse Gemeinschaft maßgeblichen Schrifttum, erklärt wurde. Die Bedürfnisse haben im Laufe der Jh.e sich erst ausgebildet und verändert, so daß die Zusammenfügung zum AT ein in verschiedenen Stufen verlaufender, langwieriger Prozeß gewesen ist, der im Bereich des Christentums bis heute zu keinem allgemein anerkannten Ergebnis (für die Zahl der dazugehörigen Bücher) geführt hat. Sämtliche Schriften, die in das AT aufgenommen wurden, waren längst selbständig in Umlauf, oft zu anderen als religiösen Zwecken, ehe sie kanonisch wurden. Zwischen dem Zeitpunkt der Entstehung eines alttest. Buches und dem seiner Kanonisierung ist also zu unterscheiden.

2. Zuerst sind die 5 Mosebücher, hebr. *tora* »Gesetz« oder griech. *Pentateuch* »5-Bücher-Werk« genannt, in den Rang einer Heiligen Schrift erhoben worden. Sie stehen deshalb am Anfang jeder Bibelausgabe. Für das Judentum ist dieser Teil die eigentliche Heilige Schrift, ihren anderen Teilen rangmäßig übergeordnet. Schon hier erfolgte die Kanonisierung schrittweise.

Im Herbst des Jahres 621 v. Chr. wurde bei der Reform des Königs → Joschija das deuteronomische Gesetz und damit der Grundbestand des 5. Mosebuches (→ *Deuteronomium*) durch einen Bundesschluß am Tempel zum Staatsgesetz erhoben. Das geschah, weil dieses Gesetzbuch das Programm einer neuartigen staatlichen und kultischen Verfassung Israels als »heiligen Volkes« enthält und für die damalige Zeit revolutionäre Folgerungen aus der Einzigkeit des Gottes Jahwe für die Einheit der Kultbegehungen und für eine ausgewogene Gewaltenteilung zwischen König, Priester und Profet zieht. Schon unter dem Nachfolger Jojakim wurde vermutlich das Gesetz wieder außer Kraft gesetzt. Doch die Katastrophe von Staat und Tempel 587/586 v.Chr. wird von vielen Israeliten auf die Mißachtung des Deuteronomiums zurückgeführt (so im Geschichtswerk der → Deuteronomisten), und bei den in der palästin. Heimat verbliebenen Judäern gewinnt das Buch nunmehr ein kanonisches Ansehen.

Unter den nach Babylonien ins → Exil geführten Priestern kommt es zu einer Sammlung kultischer Überlieferungen und Gesetze in der sog. → Priesterschrift. Sie werden wegen des Zusammenbruchs der kultischen Institutionen fixiert, angesichts eines drohenden Traditionsverlustes. Damit wird der Grund dazu gelegt, daß künftig die Rezitation des Heiligen Buches kultische Begehungen zu einem guten Teil ersetzt. Die Priesterschrift bietet eine ideale Darstellung der Mosezeit als Programm für den erhofften Wiederaufbau Israels. Sie wird später durch die älteren Schriftwerke des → Jahwisten und → Elohisten zum *Tetrateuch* (»4-Bücher-Werk«), dem jetzigen 1. bis 4. Mosebuch, aufgefüllt. Mit Hilfe der damals den Nahen Osten beherrschenden pers. Macht gelingt es → Esra, das Exilwerk im Jahre 458 (oder 398) v. Chr. als Staatsgesetz für die Angehörigen der Jahwereligion in Palästina einzuführen. Kurze Zeit später wird unter uns unbekannten Umständen das in Palästina geschätzte Deuteronomium mit dem Gesetz des Esra verbunden; so entsteht die Tora als die erste Stufe eines Kanons.

3. Zwischen 400 und 200 v. Chr. scheinen die profetischen Bücher dem Kanon als zweiter Teil zugefügt worden zu sein. Als Profeten werden im Hebräischen nicht nur jene drei oder vier großen und zwölf kleinen Profetenbücher bezeichnet, die in christl. Bibelausgaben unter dieser Überschrift erscheinen, sondern auch das sog. deuteronomistische Geschichtswerk, also Josua, Richter, 1. und 2. Samuel, 1. und 2. Könige; die Hauptmasse dessen also, was in christl. Bibeln unter der Überschrift »Geschichtsbücher« erscheint. Diese Bücher gelten ebenfalls von Profeten verfaßt. Vielleicht zählte auch der Psalter, der früh als heilig betrachtet wurde, zum Profetenteil, da → David als sein Verfasser und auch als Profet galt. Dieser zweite Teil wurde von einzelnen spätisraelit. Religionsparteien wie den → Sadduzäern und → Samaritanern nicht als kanonisch akzeptiert. Doch in den meisten Synagogen der Zeit setzte er sich durch, und die Heilige Schrift bestand bis in neutest. Zeit hinein aus »Gesetz und Profeten«.

4. In den letzten beiden vorchristl. Jh.en wird außerdem in den meisten Synagogen ein weiterer Teil dem Kanon angegliedert, die Hagiographen (»Heiligen Schriften«) oder *kᵉtubim* (hebr.). Hier handelt es sich um verschiedenartige Literaturformen von religiösen Gesängen, Geschichtsbüchern, Weisheitslehren, Zukunftsentwürfen bis hin zu Liebesdichtung (Hoheslied). Allgemeine Anerkennung finden bald Psalmen, Ijob, Sprüche, Rut, Klagelieder, Chronik, Esra, Nehemia, Daniel. Umstritten, aber schließlich von den Rabbinen akzeptiert, sind Hoheslied, Prediger, Ester. Die meisten umstrittenen Schriften werden von den Rabbinen jedoch abgelehnt und gelten als »apokryph«, d.h. als verborgen und illegitim, obwohl sie in religiösen Richtungen der vorchristl. Zeit und in außerpalästin. Synagogen (Ägypten oder Syrien) längst als kanonisch in Gebrauch sind. Als die Rabbinen die Abgrenzung des Kanons um 100 n.Chr. für das sich bildende Judentum vollziehen, hatte die griech. sprechende christl. Großkirche längst den umfangreicheren Kanon der ägypt. Synagogen übernommen, der dann auch zur Grundlage der maßgeblichen Bibelausgabe der röm.-kath. Kirche, der Vulgata, wurde. Die ev. Kirchen haben dagegen in der Reformationszeit mit der (heute u.a. durch neuere Textfunde fragwürdig gewordenen) Behauptung, daß nur Bücher mit hebr. (und aram.) Urtext normativ sein können, das AT auf den bei den Juden geltenden Umfang reduziert und deshalb Tobit, Judit, 1. und 2. Makkabäer, Weisheit, Jesus Sirach und Baruch als apokryph ausgeschieden, während sie in kath. Bibelausgaben nach altchristl. Brauch integrierender Bestandteil des AT sind.

Die morgenländ. Kirchen haben (aus den Synagogen Syriens und Kleinasiens?) weitere Schriften in ihr AT aufgenommen, die von der modernen Bibelwissenschaft als Pseudepigraphen bezeichnet werden. Darunter sind mehrere Apokalypsen (z.B. »äthiopischer«, 1Hen; »syrischer«, 2Bar), aber auch Bücher wie die → Jubiläen, die → Testamente der zwölf Patriarchen u.a. Viele als apokryph oder pseudepigraph von der Großkirche eingestufte Bücher sind für die Vorgeschichte des Christentums wie für die Sekte von → Qumran von großer Bedeutung. Die → Apokryphen und Pseudepigraphen des AT stammen aus spätisraelit. Zeit zwischen 200 v. Chr. und 100 n.Chr. In dieser Epoche war das Israelitentum so sehr in Religionsparteien aufgesplittert, daß nur ein einziges Buch aus dieser Epoche, nämlich Daniel, sich überall als kanonisch durchsetzen konnte, vermutlich deshalb, weil man in Daniel den Untergang des röm. Reiches vorausgesagt ansah, unter dessen Herrschaft damals der gesamte Mittelmeerraum stand.

5. Im Lauf der letzten zwei Jt.e wurde das AT mehrfach von einzelnen christl. Gruppen als bloße Vorstufe des NT aus der Heiligen Schrift ausgeschieden, ohne daß solche Versuche auf die Dauer sich durchsetzten, da bestimmte christl. Lehren wie die Schöpfung oder das göttliche Vorsehungswalten nicht im NT, sondern allein im AT ausführlich behandelt werden. Die unverkennbaren Unterschiede zwischen alt- und neutest. Religion führen theologisch häufig zu komplementären Begriffspaaren, sei es, daß das AT als Kult- und Nationalreligion, das NT als spirituelle Universalreligion eingestuft wird; oder das AT als »Weissagung« und Buch der Hoffnung, das NT als »Erfüllung« des christlichen Heils; oder das AT als göttliches Gesetz – insbesondere in den 10 Geboten mit dem allen Menschen eingeborenen »Naturgesetz« identisch –, das NT dagegen als gnadenhaftes »Evangelium«, das die Befreiung aus dem Schuldspruch des Gewissens durch Jesu Tod verkündet. Eine zureichende Bestimmung des Verhältnisses beider Testamente wird sich durch so einfache Antithesen nicht erreichen lassen, sondern nur durch eine theologische Theorie von fortschreitender Offenbarung Gottes, also einem geschichtlichen Anwachsen der Gotteserkenntnis und des damit in Wechselwirkung stehenden menschlichen Selbstverständnisses. K.

Lit.: O. Kaiser, Einleitung in das AT, [5]1984; K. Koch, Das Buch der Bücher, [2]1970; H. v. Campenhausen, Die Entstehung der christl. Bibel, 1968.

Älteste. Kollegien von Ä.n werden im AT als leitende Organe a) von Ortschaften, b) von Stämmen und c) von Gesamt-Israel erwähnt. Ä. handeln stellvertretend für die soziale Gruppe, die sie repräsentieren, und zwar in politischen (2Sam 5), kultischen (2Mose 24) und rechtlichen Fragen (5Mose 19). Strittig ist die Herkunft des Ältestenamtes: Stammt es aus der nomadischen

Sippenordnung oder ist es aus den vorisraelit.-kanaan. Städten übernommen?
Mit der Ausbildung einer Beamtenschaft während der Königszeit verlieren die Ä.n-Kollegien an Einfluß, gewinnen aber in exilisch-nachexilischer Zeit als wohl einzige intakt gebliebene Institution wieder an Bedeutung (Jer 29,1; Ez 14,1; Esr 5,9; 6,7 u. ö.). Eine Fortsetzung findet die Institution der Ä.n in dem → Hohen Rat.
Im NT werden Ä. als Gegner Jesu (Mt 16,21 u.ö.) und als Verfolger der ersten Christen (Apg 4,5) genannt. In der Jerusalemer Urgemeinde gab es nach jüd. Vorbild Ä. (griech. »Presbyter«, Apg 11,30; 15,2; 16,4; 21,18 ff.), nicht aber in den paulinischen Gemeinden. Dort bildete sich dieses Amt erst in nachapostolischer Zeit aus (1Petr 5,1 ff.; 1Tim 4,14). Die 24 Ä.n, die nach Offb 4,4; 5,8 u. ö. den Thron Gottes umgeben, sind vermutlich hervorgehobene Glieder des himmlischen Hofstaates Gottes. Als solche haben sie kultische Funktionen. M. K. / H. M.

Lit.: H. v. Campenhausen, Kirchliches Amt und geistliche Vollmacht in den ersten drei Jahrhunderten, ²1963, 82ff.

Amalek (Amalekiter), Nomadenstamm auf der nördl. Sinaihalbinsel, in der Frühzeit Israels dessen ständiger Feind (z. B. Richt 3,13; 6,3), nach 2Mose 17,8–16 von Mose, nach 1Sam 15 von Saul besiegt, von David endgültig unterworfen (2Sam 8,12). S.

Aman → Haman.

Amana. 1. Gebirge, wahrscheinlich Teil des Antilibanon (Hld 4,8). **2.** Fluß bei Damaskus, heute Barada. K.

Amarna, *tell el-amarna,* in Mittelägypten gelegener Ruinenhügel der altägypt. Stadt *Achet-Aton,* die unter dem König → Echnaton (Amenophis IV., 14. Jh. v.Chr.) im Zuge religiöser Reformen Reichshauptstadt wurde. Für das AT wichtig ist das 1887 ausgegrabene Tontafelarchiv der *Amarnabriefe.* Es enthält diplomatische Korrespondenz der Könige Amenophis III. und IV., u. a. mit Herrschern in Babylonien und Assyrien, vor allem aber mit Vasallen im damals ägypt. Syrien/Palästina. Als Absender erscheinen u. a. die Stadtkönige von Jerusalem, Hebron, Megiddo, Aschkelon, Tyrus, Sidon, Byblos, Ugarit. Die in Keilschrift verfaßten Briefe erhellen die politische und soziale Situation im Syrien/Palästina des 14. Jh.s. Die Hapiru-Gruppen, von deren Übergriffen auf die Stadtstaaten in den Briefen die Rede ist, können mit den späteren → Hebräern in Verbindung gebracht werden. J.E.

Amasa, Personenname, so für einen Heerführer → Abschaloms (2Sam 17,25), der von David übernommen wird (2Sam 19,14). Als er beim Aufstand Schebas versagt, wird er von Joab ermordet (2Sam 20,1–13). K.

Amasias → Amazja.

Amazja. 1. König von Juda (801–773 v. Chr., 2Kön 12,22; 14,1 u. ö.), schlug die Edomiter. Durch den Erfolg ermuntert, provozierte er einen Krieg mit dem Nordreich Israel, den er verlor. Jerusalem wurde in der Folge geplündert und die Mauern teilweise geschleift. Wegen dieser Niederlage wurde A. in → Lachisch ermordet. **2.** A., Priester von Bet-El zur Zeit des Amos, der diesen des Landes verwies (Am 7,10–17). O.

Ameise → Tierwelt.

Amen (hebr., »so geschehe es«), im AT als Ausdruck der Zustimmung verwendet (Jer 28,6 u. ö.). Im jüd. wie im urchristl. Gebet ist es entweder Abschluß von Lobpreisformeln (→Doxologie) oder Antwort der Gemeinde auf das Gebet des Vorbeters. Die Einleitung von Jesusworten mit »A.« (Mt 6,2; 16,28; Mk 3,28; 10,15 u. ö.) drückt aus, daß Jesus selbst die Wahrheit seines Wortes verbürgt. Bei Johannes ist dieses einleitende »A.« liturgisch verdoppelt (Joh 1,51 u. ö.). Offb 3,14 wird Jesus selbst als »A.« bezeichnet, d. h. als der, der abschließend die Zuverlässigkeit der Verheißung Gottes bezeugt. H. M.

Amen-em-ope, Verfasser einer spätägypt. Lehre der → Weisheit (um 900 v. Chr.), die in der Weisheitsschule von Jerusalem übernommen wurde und als Auszug in Spr 22,17–23,12 in hebr. Übersetzung vorliegt. O.

Amenophis IV. → Echnaton.

Amethyst → Edelsteine.

Ammon (Ammoniter), ein aram. Stamm, der im 12. Jh. v.Chr. am Oberlauf des Jabbok seßhaft wurde und einen Staat mit dem Zentrum → Rabba gründete. Der Ausdehnungsdrang der Ammoniter nach Westen brachte sie schon früh mit den Israeliten des Ostjordanlandes in Konflikt, so unter → Jiftach (Richt 10–11) und → Saul (1Sam 11), bis David sie unterwarf (2Sam 10,1–11,1; 12,26–31). Nach dem Tode Salomos scheint A. seine Selbständigkeit zurückerlangt zu haben, mußte aber den Assyrern Tribut zahlen und wurde 582 von den Babyloniern unterworfen; danach stand A. unter pers., griech. und röm. Oberhoheit. S.

Amnon, ältester Sohn Davids. Er vergewaltigte seine Halbschwester → Tamar (2Sam 13), was → Abschalom, seinem Bruder und Konkurrenten in der Thronfolge, als Anlaß zu seiner Ermordung diente. O.

Amon, König von Juda (641–640 v.Chr.), der nach zweijähriger Regierungszeit ermordet wurde (2Kön 21,19–26). O.

Amoriter, im AT Bezeichnung vorisraelit. Bewohner → Kanaans. Einerseits Sammelname für die → Kanaanäer (Jos 7,7; Richt 1,34f. u.ö.), sind die A. an anderen Stellen (so 5Mose 7,1; Jos 24,11) eine besondere Bevölkerungsgruppe (wie → Hetiter oder Kanaanäer). Diese Bedeutung hängt zusammen mit einem syr. Staat *Amurru*, der im 14. und 13. Jh. v.Chr. bezeugt ist.

Nicht vollständig geklärt ist die Frage, inwieweit der alttest. Volksname »A.« mit dem → akkad. Wort *amurru(m)* zusammenhängt, einer Bezeichnung für den Westen, womit zunächst Westmesopotamien mit syr. Wüste, später ganz Syrien gemeint sein kann. Daneben ist *amurru(m)* Sammelname für Nomaden verschiedener Herkunft. Diese letzte Bedeutung veranlaßt einige Forscher, die Träger einer großen nomadischen Wanderbewegung im Vorderen Orient um die Wende vom 3. zum 2. Jt. v.Chr. als »A.« zu bezeichnen. J.E.

Amos. 1. Der erste der Schriftprofeten, d. h. der erste, dessen Sprüche gesammelt in einem eigenen Buch (→ Amosbuch) vorliegen. Er stammte aus Tekoa im Südreich, wo er einen landwirtschaftlichen Beruf ausübte (Am 1,1; 7,14), bis er um 750 v.Chr., einer Zeit der wirtschaftlichen Blüte, auf Geheiß Jahwes im Nordreich auftritt. Hier übte er radikale Kritik vor allem an dem asozialen Verhalten der führenden Kreise, durch das die Schicht der verarmten Kleinbauern ihres Landbesitzes, ihrer Freiheit und damit ihrer Rechts- und Kultfähigkeit beraubt wurden. Im Namen Jahwes, den A. nicht nur als Grund der Geschichte Israels, sondern der Weltgeschichte überhaupt erkannt hat, weissagte er als Folge dieses gesellschaftzerstörenden Verhaltens den Untergang des gesamten Volkes. Wegen dieser radikalen Unheilsbotschaft wurde A. nach dem vieldiskutierten Bericht Am 7,10–17 durch den am Reichsheiligtum von Bet-El tätigen Priester → Amazja aus dem Nordreich ausgewiesen. **2.** → Amoz. M.K.

Amosbuch. Das A. steht an dritter Stelle des → Zwölfprofetenbuches. Es umfaßt 9 Kapitel, die sich wie folgt gliedern lassen: Kap. 1–2: ein Völkergedicht aus acht gleichförmig aufgebauten Sprüchen, das Nachbarvölkern und Juda und Israel Unheil ankündigt. Kap. 3–6: etwa 25 Einzelsprüche verschiedener Gattungen (Leichenlied, Wehelied, Diskussionswort, Mahnung, vor allem aber Unheilsprofezeiungen), die vornehmlich das soziale und religiös-kultische Fehlverhalten der führenden Schichten der israelit. Gesellschaft und die sich daraus unausweichlich ergebenden katastrophalen Folgen zum Inhalt haben. Kap. 7–9 umfassen neben einigen Unheil ankündigenden Sprüchen (8,4ff.; 9,5f.) fünf im Ich-Stil gehaltene Unheilsvisionen (7,1–3.4–6.7–9; 8,1–3; 9,1–4) und den in der dritten Person verfaßten Bericht über die Auseinandersetzung zwischen → Amos und dem Priester → Amazja am Heiligtum Bet-El (7,10–17). Zwei Heil ankündigende Sprüche bilden den Abschluß des Buches (9,11f. 13–15).

Das A. geht in seiner vorliegenden Gestalt nicht auf den Profeten selbst zurück (vgl. 1,1; 7,10–17). Es ist vielmehr als Endprodukt eines mehrschichtigen Wachstumsprozesses anzusehen, der mit der Sammlung der mündlich verkündeten Einzelsprüche begann. Abgesehen von den Texten, die von Amos in der dritten Person reden, wird die Verfasserschaft durch Amos vor allem in bezug auf die Tyrus-, Edom- und Judastrophe des Völkergedichtes, die Heil verkündenden und die das A. gliedernden hymnischen Sprüche (4,13; 5,8f.; 9,5f.) angezweifelt. M.K.

Lit.: A. Weiser, Das Buch der zwölf Kleinen Propheten, ^{6}1974 (ATD 24); H. W. Wolff, Dodekapropheton. 2. Joel/A., ^{2}1975; L. Markert, Amos/A., in: Theologische Realenzyklopädie II, 1978, 471–487; A. Deissler, Zwölf Propheten I, ^{2}1985 (NEB).

Amoz, Vater des Profeten Jesaja (2Kön 19,2; Jes 1,1); nicht identisch mit → Amos. M.K.

Amphiktyonie (griech., »Umwohnerschaft«), im alten Griechenland und Italien ein Zusammenschluß von sechs oder zwölf Städten zur ein- oder zweimonatlich wechselnden Pflege eines zentralen Heiligtums. Gegenüber der häufig vertretenen These, das vorstaatliche Israel sei als Zwölfstämmeverband in Form einer A. organisiert gewesen, setzt sich heute mehr die Auffassung durch, daß man das Zwölferschema der Stämme Israels als ideale Konstruktion anzusehen hat. → Israel (2a), → Stamm (Stämme) Israels. S.

Amphipolis, Hauptstadt der Provinz Mazedonien; Station auf der 2. Missionsreise des Paulus (Apg 17,1). H.M.

Amrafel, König von → Sinear, der mit anderen Bundesgenossen gegen Sodom und Gomorra gezogen sein soll und → Lot gefangennahm (1Mose 14,1.9). Der historische Hintergrund dieser Überlieferung ist dunkel. Eine Gleichsetzung von A. mit dem babylon. König → Hammurabi ist möglich. O.

Amram, gilt einerseits als Enkel des → Levi und Vater von → Mose, → Mirjam und → Aaron (2Mose 6,18.20; 4Mose 3,19 u.ö.), andererseits auch als Stammvater des Levitengeschlechts der Amramiten (4Mose 3,27). O.

Amt → Kirchenorganisation, → Kultpersonal, → Verwaltung.

Amulett, Gegenstand, der dem Schutz vor Dämonen oder der Spende segenswirkender Kraft dienen soll. Ausgrabungen in Palästina haben auch aus israelit. Zeit weibliche Figürchen, ägyptisierende Skarabäen und anderes zutage gefördert. Von jahwetreuen Kreisen werden bestimmte Formen von Amuletten als Zeichen des → Aberglaubens angesehen (2Makk 12,40). O.

Anak, Anakiter, riesenhaft gedachte Vorbewohner Hebrons und seiner Umgebung (z.B. 4Mose 13,22); vereinzelt hielten sie sich im Gebiet der Philister auf (Jos 11,22). S.

Anamelech/Anammelech → Adrammelech.

Anamnese → Abendmahl.

Anani → Hanani.

Ananias → Hananias, → Hananja.

Anat, westsemit. Liebes- und Kriegsgöttin, die, wie u.a. der Ortsname → Anatot zeigt, auch im vorisraelit. Palästina der Kanaanäer verehrt wurde. Über ihre Stellung im westsemit. Pantheon sind wir vor allem durch den Baal-Anat-Zyklus aus → Ugarit informiert. Im Götterpantheon Ugarits galt sie als Schwester des → Baal, gegen dessen Feinde sie kämpfte und den sie nach seinem Tode in der Unterwelt suchte. In der israelit. Militärkolonie von → Elefantine wird A. als Gefährtin Jahwes verstanden und als personifizierter Jahwewille verehrt. O.

Anathema (griech., »Weihegeschenk«); im griech. AT meist das Geweihte oder Verfluchte

Anat

(4Mose 21,3; Jos 6,17; Richt 1,17), bei Paulus »verflucht« (Röm 9,3; 1Kor 12,3; 16,22; Gal 1,8). »A.« wird später zum feierlichen kirchenamtlichen Ausdruck der Exkommunikation. H.M.

Anatot, Ort im Gebiet des Stammes → Benjamin und Heimat des Profeten → Jeremia (Jer 1,1 u.ö.). Wahrscheinlich mit dem 5 km nordöstl. von Jerusalem gelegenen Ort *ras el-charrube* identisch. O.

Anbetung → Gebet.

Andreas, Bruder des Simon → Petrus und, mit jenem zusammen, von Jesus als Jünger berufen (Mk 1,16ff.). Nach späterer legendarischer Überlieferung Missionar in Südrußland und gekreuzigter Märtyrer (Andreaskreuz!). R.

Andreasakten → Apostelakten.

Andronikus, Judenchrist in Rom, der wohl bereits zu den konstituierenden Gliedern der dortigen Gemeinde gehört hat. Paulus bezeichnet ihn als »Mitgefangenen« und als Mann, der »unter den Aposteln hervorragte« (Röm 16,7). H.M.

Äneas, Mann aus Lod, den Petrus nach legendarischer Überlieferung von einer Lähmung heilte (Apg 9,32ff.). H.M.

Angesicht, im Hebräischen die zugewandte Seite des Menschen, Gottes oder eines Gegenstandes. Die Verwendung des Ausdrucks »A. Gottes« geht teilweise auf außerisraelit. Religionen, die Götterbilder kannten, zurück (z.B. »das A. Gottes suchen« = den Tempel aufsuchen), teilweise auf das Hofzeremoniell; von diesem ist die Vorstellung übernommen, daß Gott dem Gerechten sein gnädiges A. zuwendet, während er es vor dem Frevler im Zorn verbirgt. – Nach dem NT wird der Glaubende in der Endzeit das A. Gottes schauen (Offb 22,4). S.

Animismus, Bezeichnung einer religionswissenschaftlichen Theorie (lat. *anima* »Seele«), nach der bei allen Völkern ein Glaube an die Beseeltheit aller Dinge, auch der »unbelebten« Natur, einem → Polytheismus vorausging. Von da aus wird gelegentlich (zu Unrecht) die hebr. Auffassung von der → Seele gedeutet. K.

Anker, als Schiffsgerät in Apg 27,29.30.40 erwähnt; in Hebr 6,19 Sinnbild für die Sicherheit der christl. Hoffnung aufgrund des hohenpriesterlichen Dienstes Jesu. H.M.

Anklage → Gerichtsbarkeit in Israel.

Anna → Hanna.

Annalen (von lat. *libri annales* »Jahrbücher«), Geschichtswerke, in denen die Ereignisse schmucklos und streng nach dem Ablauf der Jahre aufgezählt werden; demgegenüber bezeichnet man Geschichtswerke, die größere Zeiträume umfassen, meistens als »Chroniken«. Im AT gehören zu den letzteren wohl die »Chronik« (wörtlich: »das Buch der Tagesereignisse«) der Könige von Israel und die der Könige von Juda, auf die in den Königsbüchern oft verwiesen wird (z.B. 1Kön 14,19; 15,23), während A.-Stücke in 2Sam 8,1–14 und 2Sam 10,6–19; 12,26–31 vorliegen. S.

Annas → Hannas.

Änon, nach Joh 3,23 Wirkungsstätte Johannes des Täufers, nicht sicher lokalisierbar, vielleicht östl. des Jordans im *wadi el-charrar.* R.

Anon → Hanun.

Anrufen, stehender Ausdruck für das Gebet als Ruf am Heiligtum nach Jahwes Hilfe in der Not. Die frühen Christen wurden als diejenigen, »die den Namen Christi anrufen«, bezeichnet (Apg 9,14; Röm 10,13). O.

Anstoß, Hindernis, auf das man stößt und das Widerstand herausfordert. Den »Stein des A.es«, den Gott in Zion gelegt hat (Jes 8,14), deutet das NT auf Christus. – Einander keinen A. zu geben gehört zu den Grundforderungen christl. → Ethik (Röm 14,13; 1Kor 8,9). R.

Anthropologie. 1. Grenzen des Begriffs A. für die Erfassung des bibl. Menschenverständnisses – 2. Die alttest. Sicht vom Menschen als handelndem Wesen – 3. Anthropologische Aussagen im Kontext von Schöpfungsüberlieferungen – 4. Physiologische Aspekte der A. im AT.

1. Der Begriff der A. ist nur begrenzt zur Kennzeichnung des bibl. Menschenverständnisses zu verwenden. Dieser erst im 16. Jh. aufgekommene Begriff steht kennzeichnend für eine geistesgeschichtliche Bewegung der Konzentration auf den Menschen in verschiedenen Wissenschaftszweigen, die Folge einer Infragestellung des ontologisch-heilsgeschichtlichen Horizonts christl.-dogmatischen Weltverständnisses und der Ableitung des Menschenverständnisses aus diesem universalen Horizont ist. Diese Entwicklung der Reduktion erreicht einen Höhepunkt in der Ableitung auch der Religion aus der A. Dagegen ist für die bibl. Sicht des Menschen seine Abhängigkeit von Gott als Schöpfer und Herrn der Geschichte konstitutiv. Nur von Gott her läßt sich sagen, was der Mensch ist.

2. Der Mensch ist für alttest. Denken nicht durch eine abstrakte Wesensbeschreibung zu erfassen, sondern nur durch seine Handlungen: Der Mensch ist, was er tut. Die Taten konstituieren sein Schicksal, indem sie als Machtsphäre auf den tätigen Menschen zurückwirken. Dieser → Tat-Ergehen-Zusammenhang ist die anthropologische Grundkonstitution, von der aus der Mensch in seiner Beziehung zur sozialen Gemeinschaft und zu Gott bestimmt ist. Die Qualifizierung einer Tat als gut und böse geschieht nicht von außen durch Herantragen eines Gesetzesmaßstabes, sie hängt vielmehr davon ab, ob die Tat der sozialen Gemeinschaft, in welcher der Mensch lebt, dienlich oder abträglich ist. Insofern ist der Mensch überhaupt nur als Glied einer Gemeinschaft denkbar.

Aber die Fähigkeit zu gemeinschaftstreuem Verhalten (→ Gerechtigkeit) haben die Glieder des Volkes Israel nicht aus eigener Kraft, sondern von Gott. Im → Kult am Heiligtum wird dem Menschen rituell diese Fähigkeit übertragen, so daß erst die kultische Übertragung der Befähigung zu gemeinschaftstreuem Verhalten die soziale Gemeinschaft begründet und ihr Fortbestand durch Gott gesichert wird. Ist aber sinnvolles Leben des einzelnen nur im Rahmen einer Gemeinschaft, auf die sein Verhalten als gemeinschaftstreu bezogen ist, möglich, so wird im Kult auch erst sinnvolles menschliches Leben konstituiert. Das israelit. Menschenverständnis ist also durch die dreifache Abstufung von Gott über die soziale Gemeinschaft hin zum Individuum bestimmt.

3. Im Rahmen dieses Menschenverständnisses ist Israel insbesondere im Zusammenhang von Überlieferungen der → Schöpfung zu Wesensaussagen über den Menschen in seinem Verhältnis zu Gott vorgestoßen, so vor allem in den Schöpfungsberichten in 1Mose 1 (→ Priesterschrift), 1Mose 2–3 (→ Jahwist) und Ps 8.

Da Israel seine Schöpfungsüberlieferung erst in staatlicher Zeit nach einem intensiven Bekanntwerden mit kanaan. Schöpfungsmythologien ausbildete, handelt es sich bei dieser Überlieferung um einen relativen Spätling in der israelit. Religionsgeschichte. Während das in (2) charakterisierte israelit. Menschenverständnis an der Volksgemeinschaft Israel als Jahwes Bundespartner orientiert war, gelangt Israel in der Schöpfungsüberlieferung zu universaleren, auf alle Menschen als Geschöpfe Jahwes bezogenen Aussagen. In 1Mose 1 und Ps 8 wird das Wesen des Menschen in seiner Gottebenbildlichkeit (→ Ebenbild) charakterisiert (1Mose 1,26f.; Ps 8,6). Dadurch ist der Mensch einerseits weit aus der übrigen Schöpfung herausgehoben, andererseits aber ist sein Abstand von Jahwe durch sein Geschaffensein bestimmt. Das Motiv der Gottebenbildlichkeit ist auch in altoriental. Königstitulaturen belegt und drückt auch hier Nähe und Abstand des Königs zur Gottheit aus. Dieses königliche Motiv ist in Israel demokratisiert und auf alle Menschen in ihrem Verhältnis zu Jahwe, dem Schöpfer der Erde, angewendet worden. Diese Wesensbestimmung des Menschen als gottesebenbildliches Geschöpf wird inhaltlich gefüllt durch die Aussage, daß der Mensch Herrscher über die übrige Schöpfung sein soll (1Mose 1,26.28; Ps 8,7–9). Die jahwistische Schöpfungserzählung in 1Mose 2–3 hebt die Sonderstellung des Menschen in der Schöpfung dadurch hervor, daß nur dem Menschen als dem Erstgeschaffenen der göttliche Lebensodem eingeblasen wird. Die Herrschaft des Menschen über die übrige Schöpfung kommt in dem Motiv der Benennung der Tiere durch den Menschen (1Mose 2,19f.) zum Ausdruck.

4. Eine Trennung von → Geist und → Leib ist dem Israeliten fremd. Der meist mit »Seele« übersetzte hebr. Begriff *näfäsch,* der in seiner Grundbedeutung die Kehle bezeichnet, meint vielmehr das Lebensprinzip im Menschen, das an allen geistigen und vitalen Funktionen des Körpers beteiligt ist und dessen Verlassen des Körpers den Tod bedeutet. Bevorzugter Träger dieser Lebenskraft ist das Blut. Das Herz gilt nicht nur als Sitz der Empfindungen, sondern auch des Willens und des Verstandes. Die Nieren werden aufgrund ihrer besonders tiefen Lagerung als

Sitz für den Menschen unerforschlicher geistiger Vorgänge verstanden, die nur Jahwe zu prüfen vermag. O.

Lit.: H. W. Wolff, A. des AT, 1973.

Anthropomorphismus (von griech. *anthropos* »Mensch« und *morphe* »Gestalt«), die Übertragung menschlichen Fühlens und Verhaltens auf → Gott oder göttliche Wesen. S.

Antichrist, in der Endzeit auftretender Gegner des Messias (1Joh 2,18ff.; 4,3f.; 2Joh 7). Nach apokalyptischer Vorstellung spitzt sich die Auseinandersetzung zwischen Gott und den ihm feindlichen Mächten in der Endzeit in der Weise zu, daß seinen endzeitlichen Gesandten dämonische Widersacher entgegentreten, die sich Macht über Welt und Menschen anmaßen. Mit dem Auftreten solcher Widersacher rechneten sowohl Paulus (2Thess 2,3: »der Mensch der Gesetzlosigkeit«) als auch die Offenbarung (Offb 13,1–10). Später hat man den A. oft mit historischen Persönlichkeiten (z.B. Nero, Mohammed, dem Papst) gleichgesetzt und in deren Auftreten Anzeichen des Weltendes gesehen. R.

Antijudaismus, die feindselige Ausgrenzung der Juden aus der sie umgebenden nichtjüd. Gesellschaft, findet sich bereits in der Antike. Seit dem 2. Jh. v. Chr. kam es zu zahlreichen Judenverfolgungen. Ursache des A. war zunächst die Exklusivität der in der Treue zum → Gesetz begründeten jüd. religiösen Lebenspraxis (Est 3,8.13). Heute versteht man unter A. jedoch primär die aus der christl. Tradition begründete Judenfeindschaft, die darauf beruht, daß die Kirche ihre eigene Identität in Abgrenzung vom Judentum bestimmte und sich als diesem überlegen darstellte. Zentrale Motive der Polemik waren die pauschale Schuldzuweisung für die Tötung Jesu, die Verweigerung der Anerkennung Jesu als Messias und – vor allem im Protestantismus – die jüd. »Gesetzlichkeit«. Ansätze des A. finden sich bereits im NT (Mt 27,25; Joh 8,44; Offb 2,9; 3,9). R.

Antike und Christentum. 1. Der Eintritt des C.s in die antike Welt – 2. Die Auseinandersetzung mit den antiken Religionen – 3. C. und antike Philosophie.

1. Der Eintritt des C.s in die antike Welt, d.h. in den von griech. Sprache und Kultur geprägten geistigen Raum (→ Hellenismus), vollzog sich in einer nur wenige Jahrzehnte umfassenden Entwicklung von großer Dynamik. Zwar waren auch im Judentum seit dem 1. Jh. v. Chr. vielfältige Kräfte lebendig, die auf eine Durchbrechung seines engen völkischen und kulturellen Rahmens abzielten, doch gelang es erst dem C., eine wirklich umfassende Begegnung der bibl. Tradition mit der A. herbeizuführen. Jesus hatte eine solche Begegnung nicht gesucht: Er beschränkte sein Wirken auf die jüd. Gebiete Galiläas und ließ die hellenist. Städte (→ Sepphoris, → Tiberias) aus. Auch die Urgemeinde in Jerusalem beschränkte ihre Missionstätigkeit auf das Judentum. Erst in der Gemeinde von Antiochia in Syrien wurden durch die Aufnahme der Heidenmission die Weichen für die Begegnung von C. und A. gestellt. Aus ihr ging → Paulus hervor (Apg 13,1–3), der nicht nur durch seine ausgedehnten Missionsreisen dem C. in den Metropolen → Kleinasiens (Ephesus) und → Griechenlands (Thessalonich; Korinth) eine Basis schuf, sondern darüber hinaus in seiner Verkündigung eine Sprache entwickelte, in der sich das C. dem antiken Menschen verständlich machen konnte. Wenn die → Apostelgeschichte Paulus in Athen als philosophischen Wanderprediger mit den Griechen über die Offenbarung des unsichtbaren Gottes diskutieren läßt (Apg 17,16–34), so umreißt sie damit paradigmatisch die Aufgabe, vor die sich das C. im Gefolge des Paulus gestellt sah.

2. Ein wichtiges Motiv der Auseinandersetzung mit den antiken Religionen ist der Monotheismus: Nicht anders als das Judentum stellt das C. der Vielzahl der heidn. Götter und Kulte den einen wahren Gott gegenüber (1Kor 8,5f.; 1Thess 1,9), der, als der Schöpfer, menschlicher Verfügbarkeit entzogen ist und der kultischen Verehrung nicht bedarf. In seiner Ablehnung des Kultisch-Rituellen ging das C. jedoch noch weit über das Judentum hinaus; daß es die Trennung zwischen den Bereichen des Sakralen und des Profanen aufhob, trug ihm vielfach den Vorwurf des Atheismus ein. Ihm galt die ganze Schöpfung grundsätzlich als von Gott geheiligter Raum und die Gott gehorsame Lebensführung in ihr als Gottesdienst (Röm 12,1f.).

Wesentlich zur raschen Ausbreitung des C.s trug der Umstand bei, daß die antiken Religionen weitgehend ihre Glaubwürdigkeit verloren hatten; obwohl noch getragen von einer breiten Volksfrömmigkeit, war ihre Pflege in den gebildeten Kreisen der antiken Welt zu einer gesellschaftlichen Konvention und musealen Angelegenheit geworden. Antworten auf die existentiellen Fragen der Zeit erwartete man von ihnen nicht mehr. Sie zu geben vermochte jedoch das C. So nahm es von der Christologie her Stellung gegen die in der Spätantike verbreitete Grundstimmung der Weltangst und Schicksalsverfallenheit, indem es Christus als den Herrn verkündigte, der das Gefängnis des Kosmos aufbrach und die den Menschen knechtenden Mächte entmächtigte (Phil 2,9ff.; Eph 4,8). Auch die sich in der röm. Reichsideologie manifestierende Hoffnung auf ein universales Friedensreich vermochte das C. aufzunehmen und vom Gedanken der Versöhnung durch Christus her in einen weiteren Rahmen zu stellen (2Kor 5,19; Eph 2,17).

3. Zwar wird im NT die Auseinandersetzung mit der antiken Philosophie noch nicht direkt geführt – es enthält lediglich zwei Zitate aus antiken Schriftstellern (Apg 17,28; Tit 1,12) –, doch sind in ihm schon die Themen vorbereitet, die in der philosophischen Debatte des 2. und 3. Jh.s bestimmend werden sollten: a) Die *Gotteslehre:* Daß Gott den Kosmos aus dem Nichts erschaffen habe, war zwar eine antikem Denken fremde Aussage; hingegen ergab die Vorstellung, daß Gott ihn durch seine ständige Fürsorge in sinnvoller Ordnung erhält, Berührungspunkte mit der Ordnungsvorstellung der stoischen Philosophie. b) Die *Geschichtsauffassung:* Die Botschaft, daß an einem geschichtlichen Ort und zu einer geschichtlichen Zeit der allmächtige Gott als Mensch gelebt hat und gestorben ist und daß damit eine Mitte der Geschichte gesetzt ist, die durch alles vorangegangene Geschehen vorbereitet war und von der aus alles weitere Geschehen bestimmt ist, bedeutete eine totale Infragestellung der antiken Geschichtsauffassung, die weder von einem linearen Fortgang der Geschichte noch von ihrem Ziel etwas wußte, sondern grundsätzlich mit der Wiederkehr des Gleichen rechnete. c) Der *Wahrheitsbegriff:* Das C. sieht in Jesus Christus die endgültige Offenbarung der Wahrheit Gottes (Joh 14,6), neben der es keine andere Wahrheit geben kann. Aus diesem Unbedingtheitsanspruch ergab sich, daß sich das C. nicht, wie andere antike philosophische Systeme, als ein auf seine Stichhaltigkeit überprüfbarer Beitrag zur Wahrheitssuche verstehen konnte. Die christl. Philosophen des 2. und 3. Jh.s, die sog. Apologeten, bemühten sich statt dessen um den Nachweis, daß das C. die abschließende Antwort auf alle von der antiken Philosophie gestellten Fragen sei.

Im übrigen war das Interesse des C.s an der antiken Philosophie der wesentliche Grund für die Erhaltung und Verbreitung der Werke der griech. Schriftsteller bis in die Neuzeit hinein.

R.

Lit.: P.Wendland, Die hellenist.-röm. Kultur in ihren Beziehungen zum Judentum und C., [4]1972 ([1]1907); C. Schneider, Geistesgeschichte des antiken C.s I/II, 1954; O. Gigon, Die antike Kultur und das C., 1969.

Antilibanon, ein östl. vom Libanon parallel zu ihm verlaufender Gebirgszug; die Bibel erwähnt ihn nicht als ganzen, sondern nur seine einzelnen Teile: Senir (Nordteil), Amana (Mittelteil), Hermon (Südteil) (Hld 4,8). S.

Antilope → Tierwelt.

Antiochia. 1. Stadt in Syrien, am Orontes; in neutest. Zeit neben → Rom und → Alexandria die dritte Weltstadt, Provinzhauptstadt der röm. Provinz Syrien mit etwa 500 000 Einwohnern, davon 10 % Juden. Schon früh entstand in A. durch das Wirken der aus Jerusalem vertriebenen hellenist. Judenchristen eine christl. Gemeinde, in die auch ehemalige Heiden ohne Beschneidung aufgenommen wurden (Apg 11,19f.) und die sich darum innerhalb weniger Jahre zum weit ausstrahlenden Zentrum des hellenist. Christentums entwickeln konnte. In den Jahren zwischen etwa 40 und 48 n. Chr. waren → Barnabas und → Paulus ihre führenden Gestalten. Von A. aus unternahmen sie die 1. Missionsreise in das südl. Kleinasien. Auf dem → Apostelkonzil (48/49) verhandelten sie als Vertreter der Gemeinde von A. mit der Jerusalemer → Urgemeinde. Wenig später kam es in A. zu einem Konflikt zwischen → Petrus und → Paulus um die Frage der Tischgemeinschaft zwischen Judenchristen und Heidenchristen (Gal 2,11–14) und, in dessen Gefolge, zwischen Paulus und der dortigen Gemeinde. **2.** Kleinasiat. Stadt in der Landschaft Pisidien, in der Paulus auf der 1. Missionsreise eine Gemeinde gründete (Apg 13).

R.

Antiochus, häufiger Name von Königen des syr.-vorderasiat. Seleukidenreiches (→ Seleukus). Wichtig sind vor allem: **1.** A. III. (223–187 v. Chr.), der nach dem Sieg über die ägypt. Ptolemäer (200 v. Chr.) die Herrschaft über Palästina gewann und dem Judentum freundlich gesonnen war. Wegen seiner militärischen Erfolge erhielt er den Beinamen »der Große« (Dan 11,10–19; 1Makk 8,6ff.). **2.** A. IV. Epiphanes (griech., »der Offenbare Gott«, 175–164 v. Chr.), der sich mit Nachdruck um die religiöse Gleichschaltung des Seleukidenreiches bemühte und darum die jüd. Religion abzuschaffen suchte. Als er 169 v.Chr. im Jerusalemer Tempel mit Gewalt das Standbild des olympischen Zeus (Dan 12,11: »der Greuel der Verwüstung«) aufstellen und dessen Kult einführen ließ, kam es zum Aufstand der gesetzestreuen jüd. Landbevölkerung unter der Führung der → Hasmonäer, der zur totalen religiösen Restauration führte. R.

Antipas → Herodes und seine Dynastie.

Antipater → Herodes und seine Dynastie.

Antipatris, Ort an der Straße von Jerusalem nach Cäsarea, 20 km nordöstl. von → Lod. Die röm. Kohorte, die Paulus als Gefangenen nach Cäsarea geleitete, kehrte dort um, da für die weitere Begleitung eine Reitergruppe ausreichte (Apg 23,31f.). R.

Antisemitismus, im späten 19. Jh. entstandener Begriff, der den Judenhaß in ein pseudowissenschaftliches Gewand kleidete. Er bezieht sich nicht auf die Gesamtheit der semit. Völker, sondern allein auf die Juden, wobei Motive des christl. → Antijudaismus durch eine rassistische Ideologie überlagert werden. R.

Antonia, nach → Antonius benannte Burg in → Jerusalem, nördl. des Tempelplatzes, zur Zeit Jesu Sitz einer röm. Wachttruppe zur Beobachtung des Tempels. Daß die A., wie früher meist angenommen, Ort der Verurteilung Jesu durch Pilatus (Mk 15,16) war, ist unwahrscheinlich. R.

Antonius, Marcus, röm. Feldherr und (zusammen mit Octavian und Lepidus) Triumvir, 42–30 v. Chr. Beherrscher des Orients, half seinem Günstling → Herodes auf den Thron Judäas und bestätigte die von Cäsar den Juden gewährten Privilegien. R.

Apfelbaum → Pflanzenwelt.

Aphek → Afek.

Apodiktisches Recht → Gesetz.

Apokalypsen, spätisraelit.-urchristl. Literaturgattung, nach dem letzten Buch der Bibel, der (geheimen) → Offenbarung (griech. *apokalypsis*) des Johannes benannt. Dazu gehören weiter als jüngstes Buch des kanonischen AT das → Danielbuch sowie eine Reihe von (→ Apokryphen und) Pseudepigraphen des AT wie des NT. In ihnen herrschen Visionsschilderungen vor, die im Unterschied zu profetischen Visionen (Jes 6) als lange Problemdiskussionen zwischen dem Seher und seinem Gott oder einem Interpretationsengel gestaltet sind. Ihr Thema ist der vorherrschend negative Verlauf der bisherigen Menschheitsgeschichte, aber auch deren künftige Entwicklung bis zur Realisierung des Reiches Gottes. Wichtig ist die besondere Rolle Israels innerhalb des Gesamtgeschehens. Die Aussagen sind durch eine geheimnisvolle Symbol- und Rätselsprache verschlüsselt. So kann das röm. Weltreich als vierflügeliger Adler erscheinen, der Messias dagegen als Löwe, der aus einem Wald hervorstürzt (4Esr 11f.). Der Teufel kann als Drache am Himmel, das Gottesvolk als gebärendes Weib veranschaulicht werden (Offb 12). Zu den Visionen treten Deutungsabschnitte, die aber zahlreiche Einzelheiten in der Schwebe lassen. So wird z.B. in Dan 2 eine Abfolge von vier Reichen angekündigt, aber nicht namentlich angeführt. Jede A. hat darüber hinaus ermahnende Abschnitte, die zum Ausharren in den letzten schweren Zeiten aufrufen (vgl. Offb 1–3).

A. sind pseudonym. Die Schauungen werden entweder Männern der Urzeit wie Adam (→ Adambücher), Henoch (→ Henochbücher), Abraham (→ Abrahams Apokalypse), Mose (→ Jubiläen) oder Männern der Exilzeit wie Daniel, Baruch (→ Baruchschriften), Esra (→ Esrabuch, nichtkanonisch) zugeschrieben. Auch das einer heidn. Sibylle zugeschriebene Buch der → Sibyllinen ist in gewisser Hinsicht hier einzuordnen. Christl. A. werden gern Aposteln wie Petrus (→ Petrusapokalypse) oder Paulus (Paulusapokalypse) zugeschrieben. Funde von → Nag Hammadi liefern A. in einer eigenartigen jüd.-heidn.-christl. Mischung. K.

Apokalyptik, moderner Kunstausdruck für die den → Apokalypsen zugrunde liegende geistige Strömung im spätisraelit.-urchristl. Raum. Seit dem 2. Jh. n.Chr. wird die A. vom offiziellen → rabbinischen Judentum wie von den großen christl. Kirchen als religiös bedenklich verurteilt und ausgeschieden. Das Schrifttum der A. ist deshalb weitgehend verloren oder nur fragmentarisch erhalten. Nichtsdestoweniger war um die Zeitenwende ihr Einfluß wohl auf Jesus selbst, aber auch auf das palästin. Urchristentum beträchtlich. In der Kirchengeschichte sind in politischen oder religiösen Krisenzeiten mehrfach apokalyptische Ideen neu aufgetaucht, ebenso in Seitenströmungen des Judentums und des Islams.

Die A. greift rund 300 Jahre nach dem Ende der Schriftprofetie den Hauptgedanken profetischer Eschatologie wieder auf, wonach Gottes eigentliche Offenbarung an die Menschen noch zukünftig bevorsteht. Doch die aphoristischen profetischen Äußerungen über eine bevorstehende Katastrophe Israels und eine nachfolgende bessere Heilszeit, die bisweilen unter die Herrschaft eines Messias gestellt war, wird von der A. in ein festes Schema zeitlicher Abfolge gebracht, des national-israelit. Rahmens entkleidet und gesamtmenschlich verstanden sowie den veränderten Verhältnissen griech. oder röm. Weltherrschaft gegenübergestellt. Zugleich werden historische, geographische, astrologische Überlieferungen der Zeit aufgegriffen.

Daraus entsteht eine dramatische Geschichtsschau, die ein unaufhaltsames Gefälle der gegenwärtig herrschenden ungerechten Verhältnisse auf Weltuntergang und Jüngstes Gericht hin nachweisen will. Die Schrecken der Endzeit werden kommen und sich von Jahrzehnt zu Jahrzehnt steigern. Die religiösen, moralischen, rechtlichen, aber auch politischen Ordnungen der Völker und Staaten werden zusammenbrechen und die Tyrannei eines gesetzlosen und hybriden Antimessias oder → Antichrists an ihre Stelle treten. Apokalyptische Reiter verbreiten Krieg, Hunger und Pest (Offb 6). Selbst die Natur wird in Mitleidenschaft gezogen, die Gestirne verfinstern sich, verändern ihren Lauf, Bäume lassen Blut träufeln usw. Ist der Höhepunkt des Schreckens erreicht, werden göttliche Gestalten auf Erden erscheinen, der jetzigen Weltzeit (→ Aion) sowie allen Bedingungen gegenwärtigen Menschseins und irdischer Herrschaft ein Ende bereiten. Unter kosmischen Erschütterungen kommt es zur → Auferstehung der Toten und einem Gericht über alle Menschen. Die Gerechten gehen dann ein in die Seligkeit, die Ungerechten dagegen werden zu Höllenqualen verurteilt. Diese Teile der Apokalypsen, welche die bevorstehenden Unheilsgeschichten enthalten, haben das landläufige Verständnis von »apokalyptisch« als pessimistischer Zukunftsprognose geprägt.

Doch das eigentliche Anliegen der A. ist nicht Untergang, sondern Welterneuerung, ein neuer → Aion oder das auf Erden verwirklichte → Reich Gottes.

Als Gott am Anfang die Welt schuf, hatte er schon das Endziel, eine zweite bessere Welt und eine endzeitlich gerechte Menschheit, im Blick. In der Sprache der A. heißt das, daß das Reich Gottes und seine Einrichtungen in der himmlischen Welt schon lange bereitliegen. Im Eschaton wird dann das Reich Gottes »kommen«, d. h. sich auf Erden innerhalb einer erneuerten und einheitlich gewordenen Menschheitsgesellschaft durchsetzen. Der Abstand zwischen Gott und Mensch, sofern er auf Entfremdung durch Sünde beruht, fällt dann dahin. Gott wird unter ihnen wohnen (Offb 21,3). Aber auch die Schranken zwischen Mensch und Mensch fallen dahin, die Organisation eines Staates wird überflüssig, Arbeit zum Vergnügen, und die Güter der Schöpfung stehen zum Genuß bereit. Tod, Trauer, Leid und Mühsal sind vergangen (Offb 21,4). Anstelle ungerechter Herrschaft tritt das Walten eines → Menschensohns, der als der Menschliche schlechthin alle anderen Menschen in sich repräsentiert und ihre ewige Gerechtigkeit manifestiert. In ihm und durch ihn wird die selige Menschheit zu einem neuen ewigen Leben verklärt oder verherrlicht. Die Natur wird dem Menschen in anderer Weise nützlich sein als bisher und ihre Produkte im Überfluß liefern.

Einzelne Apokalypsen erwarten vor der eschatologischen Wende schon eine vorläufige Heilsepoche, ein tausendjähriges Reich oder Millennium (Offb 20), das dann nochmals durch einen Aufstand teuflischer Mächte abgelöst wird.

Die Erwartung von Weltuntergang und Welterneuerung schöpft die Apokalyptik aus der Betrachtung bisherigen Geschichtslaufs am Leitfaden israelit. Überlieferungen, insbesondere der profetischen Bücher. So wird Eschatologie mit einer Theorie der Weltgeschichte verknüpft. Um deutlich werden zu lassen, daß das künftige Reich Gottes mit seinen Institutionen gewiß eintrifft, ist ein Rückgriff auf den Schöpfungsvorgang als den Ursprung aller Geschichte und seine göttlichen Intentionen wichtig. Um zu erweisen, daß demnächst Wehen der Endzeit aufgrund der rhythmischen Gesetze aller Geschichte bevorstehen, wird die Weltzeit seit Adam in Heils- und Unheilsepochen eingeteilt, deren positive und negative Kennzeichen sich im Laufe der Jahrhunderte gegenseitig steigern. Die Apokalyptiker selbst sehen sich an der Schwelle zu einer letzten, nicht überbietbaren Unheilsperiode stehen. Wie alles Bisherige ist deren Verlauf und Befristung von Uranfangszeiten her festgelegt. Über diese bisherigen Gesetzmäßigkeiten von Geschichte führt die danach folgende Heilszeit jedoch hinaus, weil der Schöpfergott dann unmittelbar eingreift und die Grenzen der Zeit aufhebt.

Die Vorstellungen spätisraelit.-urchristl. A. sind im Zusammenhang mit den allgemeinen religiösen und philosophischen Tendenzen des östl. Mittelmeerraums um die Zeitenwende zu sehen. Im Iran finden sich verwandte Apokalypsen, die hellenist. Orakelliteratur bringt ähnliche Gedanken zum Ausdruck. Die gegenseitigen Abhängigkeitsverhältnisse sind noch ungeklärt.

Die Ideen der A. sind in einer dunklen, symbolträchtigen, für moderne Leser schwer verständlichen Sprache niedergelegt. Apokalyptische Bücher haben mehrfach in der Kirchengeschichte zu schwärmerischen Erwartungen des Weltendes oder zu revolutionären Aktionen angeregt. Insofern ist die Reserve offizieller jüd. und christl. Kreise gegenüber jeder Form von A. verständlich. Dennoch ist nicht zu übersehen, daß die A. wie keine andere Strömung dem Christentum das »Prinzip Hoffnung« (Ernst Bloch) eingepflanzt hat. Auch der Gedanke einer nicht umkehrbaren, zielgerichteten Weltgeschichte, die alle Menschen und Völker verbindet, sind von hier aus in die Theologie und abendländische Geistesgeschichte eingegangen. K.

Lit.: J. Schreiner, Alttest.-jüd. A., 1969; K. Koch, Ratlos vor der A., 1970.

Apokalyptische Zahl. Aus der Gleichsetzung von Buchstaben mit bestimmten Zahlen ergab sich für die → Apokalyptik die Möglichkeit der spekulativen Ausdeutung von Zahlenangaben, so z. B. bei Personennamen. Am bekanntesten ist die a. Z. 666 (Offb 13,18), die nach Überzeugung der meisten Forscher auf die mythische Gestalt des wiederkommenden Kaisers → Nero (*Nero redivivus*) verweist. O./R.

Apokryphen und Pseudepigraphen (griech., »›verborgene‹ und ›unechte‹ Bücher«), Bezeichnung für Schriften, deren Zugehörigkeit zum AT oder NT umstritten ist.

In den letzten 500 Jahren v.Chr. hat die israelit. Religion erst die 5 Mosebücher, dann die Profetenbücher und Psalmen kanonisiert, d.h. zur Heiligen Schrift, zur maßgeblichen »Richtschnur« für Rechtspraxis und Gottesdienst erklärt. Ab 200 v.Chr. werden diesem Urbestand des AT (»Gesetz und Profeten«) allmählich ein Kreis poetischer oder lehrhafter Schriften angegliedert. Nach Landschaften und religiösen Richtungen ist die Auswahl der Bücher, die für heilig erachtet werden, unterschiedlich (→ Altes Testament). Als sich im 1. Jh. n.Chr. das → rabbinische Judentum bildet, setzt es die Zahl der Heiligen Schriften auf 22 fest (dabei werden 1. und 2. Samuel, 1. und 2. Könige, 1. und 2. Chronik, die 12 »kleinen« Profeten sowie die Megillot Rut, Hoheslied, Prediger, Klagelieder, Ester als je ein Buch gezählt). Die übrige altisraelit. religiöse Literatur wird aus dem Gebrauch in der Synagoge ausgeschlossen (palästin.-rabbinischer Kanon).

Inzwischen hatten die entstehenden christl. Gemeinden rings um das Mittelmeer bereits das AT sich als Heilige Schrift zu eigen gemacht, und zwar in dem Umfang, der in der jeweiligen Gegend in der vorrabbinischen Synagoge gebräuchlich war. Der Kanon der Juden von Alexandrien setzte sich in der griech. sprechenden Großkirche und der röm.-kath. Kirche durch. Dazu gehören über die palästin. Sammlung hinaus die Bücher Tobit (Tobias), Judit, 1. und 2. Makkabäer, Sapientia oder Weisheit Salomos, Jesus Sirach, 1. Baruch mit Epistula Jeremias sowie Erweiterungen zu Daniel und Ester. Diese Bücher sind deshalb in jeder kath. Bibelausgabe enthalten. Die Kirchen der Reformation dagegen reduzieren ihr AT auf Schriften, deren hebr.-aram. Urtext vorhanden und nachprüfbar ist, und beschränken sich deshalb auf den rabbinischen Kanon. Die überzähligen Bücher der kath. Bibel werden von Luther unter der Überschrift »A.n« dem AT beigegeben mit dem Vermerk: »Das sind Bücher, so der Heiligen

gehalten und doch nützlich und gut zu lesen sind.« In vielen ev. Bibelausgaben werden sie jedoch ausgelassen. Auch die offizielle kath. Bibel, die Vulgata, enthält im Anhang A.n, nämlich das Gebet Manasses sowie 3. und 4. Esra. Diese kath. A.n stimmen mit den ev. also nicht überein und fehlen zumeist in den kath. Volksbibeln.
Im 18. Jh. n. Chr. werden aus dem Bereich der Ostkirchen, vor allem aus Syrien, Ägypten, Äthiopien, Bibelhandschriften bekannt mit alttest. Büchern, deren Text den westl. Kirchen bis dahin nicht bekannt war. Für sie bürgert sich die Bezeichnung »P.« ein. Zu ihnen gehören zahlreiche → Apokalypsen und → Testamente bibl. Gottesmänner, aber auch Geschichtserzählungen wie Aristeasbrief, Martyrium Jesajas, 3. und 4. Makkabäer sowie Liedsammlungen (→ Psalmen Salomos). Durch neue Textfunde vermehrt sich die Zahl der P. laufend. Bei vielen dieser Schriften ist zweifelhaft, ob sie je irgendwo kanonisches Ansehen hatten. Vermutlich waren die meisten von ihnen bloße Erbauungsschriften, so z. B. ein Teil der → Qumranschriften.
Viele A. und P. stammen aus der Zeit von 200 v. bis 200 n. Chr. Für den historischen wie den religionsgeschichtlichen Übergang von AT zu NT sind sie von hoher Bedeutung, weil sie Auskunft geben über die Auslegung und Weiterbildung alttest. Ansätze um die Zeit Jesu. K.

Dt. Übersetzungen bei Rießler und z.T. Kautzsch.

Apollonia, Stadt in Mazedonien (Apg 17,1), die Paulus auf der 2. Missionsreise auf dem Weg von Philippi nach Thessalonich berührte. R.

Apollonios (griech., »der dem Apoll Zugehörige«), häufiger hellenist. Name, so von zwei Statthaltern des Seleukidenreiches (2Makk 3; 1Makk 10). – Der Wundertäter und Wanderprediger A. von Tyana wurde zuweilen mit Jesus verglichen. R.

Apollos (Kurzform von »Apollonios«), aus der Anhängerschaft → Johannes des Täufers hervorgegangener (Apg 18,24 f.) urchristl. Missionar, Mitarbeiter des Paulus in → Korinth und → Ephesus (1Kor 3,6; 4,6). R.

Apostel (griech., »Gesandter«), Träger des für den Anfang der Kirche grundlegenden Amtes. Die Einsetzung in das A.-Amt (Apostolat) erfolgte durch eine Berufung durch den auferstandenen Christus (1Kor 9,1; Gal 1,1), die von den Berufenen in Analogie zu alttest. Profetenberufungen gedeutet wurde (Gal 1,15; vgl. Jer 1,5). Inhaltlich war diese Berufung Beauftragung mit dem Evangelium (Gal 1,1.16; Röm 1,1), d.h. der Stellvertretung des Auferstandenen durch die Verkündigung seines die ganze Welt beanspruchenden Wortes. Die Berufung von A.n endete mit dem Abschluß der Ostererscheinungen; → Paulus war der letzte in der Reihe (1Kor 15,8), die mit → Petrus, dem ersten Auferstehungszeugen, begonnen hatte (1Kor 15,5). Wer sonst zu dem Kreis der A. gehörte, ist unsicher, denn nicht alle Auferstehungszeugen waren auch A. (1Kor 15,6). Mit großer Wahrscheinlichkeit wird man an die »Zwölf«, → Barnabas, den Herrenbruder → Jakobus sowie an Andronikus und Junias (Röm 16,7) zu denken haben.
Neben den A.n im eigentlichen Sinn gab es zeitweilig in der Frühzeit des Urchristentums wandernde Geistträger und Lehrer, die sich »A.« nannten. Zu ihnen gehörten die »Lügenapostel«, die in der von Paulus gegründeten Gemeinde von → Korinth durch ihre pneumatischen Fähigkeiten (»Apostelzeichen«, 2Kor 12,12) und ihre enthusiastische Verkündigung Einfluß gewannen. Paulus nennt sie ironisch auch »Überapostel« (2Kor 11,5; 12,11). Schließlich wurden von Gemeinden mit bestimmten Aufgaben, wie der Kollektenüberbringung nach Jerusalem (2Kor 8,23), beauftragte Abgesandte »Gemeinde-A.« genannt.
Für die folgenden Generationen wurden die A. immer mehr zu Garanten der die Kirche tragenden Tradition. Damit hängt zusammen, daß Lukas die Einsetzung der A. konsequent in das Erdenwirken Jesu zurückdatiert und die → Zwölf mit den A.n gleichsetzt (Lk 6,13): Sie sind für ihn die Augenzeugen, die die richtige Überlieferung der Worte und Taten Jesu verbürgen (Apg 1,22). Weil Paulus diesem Kriterium nicht entspricht, bezeichnet ihn Lukas in der → Apostelgeschichte nicht als A. In der volkstümlichen Vorstellung der »12 A.« wirkt die lukanische Konzeption bis heute weiter. Die später entwickelte Theorie der → apostolischen Sukzession, d.h. der Weitergabe des kirchlichen Leitungsamtes in direkter Folge von den A.n her, hat im NT keinen Anhalt. Sie kündigt sich erstmals in 1Klem 44,2 an. R.

Lit.: G. Klein, Die zwölf A. Ursprung und Gehalt einer Idee, 1961; J. Roloff, Apostolat – Verkündigung – Kirche, 1965.

Apostelakten (von lat. *acta* »Taten«), im 2. und 3. Jh. entstandene apokryphe Schriften, die in romanhafter Weise von den Taten und Schicksalen einzelner Apostel erzählen. Uns sind mehr oder weniger fragmentarisch 5 große A. überliefert: die Johannes-, Petrus-, Paulus-, Andreas- und Thomasakten. Sie alle sind einerseits beeinflußt von der neutest. → Apostelgeschichte, aus der sie vielfach Einzelheiten aufnehmen, um sie phantasievoll weiterzuentfalten; andererseits aber stehen sie hinsichtlich ihres Stils und ihrer erzählerischen Absicht deutlich in der Nachfolge des hellenist. → Romans, denn wie jener wollen sie durch dieAneinanderreihung spannender, erregender und rührender »Taten« ihrer Helden volkstümliche Unterhaltung liefern. Neben den Wundern, welche die Apostel tun, spielen ihnen widerfahrende wunderbare Dinge eine große Rolle: sie geraten an Menschenfresser, an redende Tiere usw. Den Abschluß bildet stets ein Martyriumsbericht. Neben asketischen Tendenzen fehlen auch erotische Züge nicht. Teilweise, so in den Thomasakten, liegen gnostische Einflüsse vor. Als historische Quellen für das Leben der Apostel sind die A. gänzlich wertlos. R.
Text: Schneemelcher II, 71–367.

Apostelgeschichte, neutest. Geschichtsbuch, das vom Verfasser des → Lukasevangeliums als dessen Fortsetzung vermutlich zwischen 90 und 100 n.Chr. geschrieben worden ist. Der erst später zugefügte Titel »A.« ist nicht ganz zutreffend: Zwar stehen die → Apostel → Petrus und → Paulus weithin im Mittelpunkt des Buches, doch ist die Darstellung ihrer Geschichte bzw. ihrer Taten keineswegs sein Ziel. Im übrigen gilt Paulus gerade für Lukas nicht als Apostel. Das literarische Programm markiert vielmehr die das Buch eröffnende Weisung des auferstandenen Jesus an seine Jünger: »Ihr sollt dadurch Kraft empfangen, daß der Heilige Geist auf euch kommen wird, und ihr sollt meine Zeugen sein in Jerusalem, in ganz Judäa und Samaria und bis zu den Enden der Erde!« (1,8.) Lukas will in der A. den Weg nachzeichnen, den die Urkirche mit ihrem Christuszeugnis unter der Leitung des Heiligen Geistes geführt worden ist, von den Anfängen in Jerusalem (1,15–5,42) über die ersten missionarischen Vorstöße nach Samaria und in angrenzende Gebiete (6,1–9,31) bis hin zur machtvollen Ausbreitung der Heidenmission (10,1–19,20), die im Weg des gefangenen Paulus in die Welthauptstadt Rom (19,21–28,31) ihr von Gott gesetztes Ziel erreicht. Dabei geht es nicht nur um die äußere Darstellung der dramatischen Expansion des Urchristentums zwischen 30 und 60 n.Chr., in deren Verlauf es von einer kleinen jüd. Sondergruppe zur weltweiten Bewegung wurde, sondern auch und vor allem um deren theologische Bewältigung. Lukas will nämlich zeigen, daß die Kirche sich darum vom Judentum lösen und ihre anfängliche Bindung an die Heilige Stadt → Jerusalem aufgeben mußte, weil Israel sie verwarf und sich ihrem Zeugnis von Jesus Christus verschloß. Er will ferner deutlich machen, daß der Heilige Geist es selbst war, der ihr die Türen zur Heidenmission aufstieß (z.B. Kap. 10–11). Die weltweite Kirche aus Juden und Heiden hat nunmehr das Erbe Israels angetreten, das Heidenchristentum, das zu Ausgang des 1. Jh.s die Szene beherrscht, ist nicht Ergebnis eines illegitimen Abfalls, sondern das legitime Ziel der Heilsgeschichte.

Diese theologisch reflektierte Darstellung urchristl. Geschichte steht innerhalb des NT einzigartig da. Lukas hat nach dem Zurücktreten der urchristl. Naherwartung des unmittelbar hereinbrechenden Weltendes als erster die Bedeutung der Geschichte als Raum der Heilsverwirklichung erkannt. Zwar hat er weder, wie man ihm zuweilen mißdeutend unterstellte, die Geschichte der Kirche zur unmittelbaren linearen Fortsetzung der Geschichte Jesu gemacht, noch hat er die Enderwartung der frühen Christenheit völlig preisgegeben; er hat jedoch gezeigt, daß die Geschichte der Kirche als Folge der Erscheinung Jesu in der Welt verstanden werden muß. Er ist damit zum Vater der theologischen Kirchengeschichtsschreibung geworden.

Die Darstellungsmittel des Lukas sind sowohl der alttest. als auch der profanen hellenist. Geschichtsschreibung entlehnt. Eine wichtige Rolle spielen die zahlreichen Reden, die er den handelnden Personen als Deutungen des Geschehens in den Mund legt. Sie sind, obwohl sie im einzelnen altes Traditionsmaterial enthalten, in der vorliegenden Form sein Werk.

Viel diskutiert wird die Frage der historischen Zuverlässigkeit der A. Lukas stand den dargestellten Vorgängen wohl zeitlich fern. Daß er, wie die kirchliche Tradition behauptet, Schüler und Begleiter des Paulus gewesen sei (Kol 4,14; Phlm 24), ist unwahrscheinlich, da sein Paulusbild von dem, das sich aus den echten Paulusbriefen erheben läßt, an wichtigen Punkten abweicht. Er scheint jedoch für viele Einzelheiten zuverlässige Informationen besessen zu haben, vor allem für die Vorgänge im Verlauf der paulinischen Mission. Die Benutzung einer aus Antiochia stammenden schriftlichen Quelle ist zumindest wahrscheinlich; so dürften die in der Wir-Form gehaltenen Abschnitte (16,10–17; 20,5–15; 21,1–18; 27,1–28,16) z.T. auf ein in Antiochia aufbewahrtes Reise-Itinerar aus dem Pauluskreis zurückgehen.

Inhalt: Der Prolog (1,1–14) berichtet vom Auftrag des Auferstandenen an die Jünger bei der Himmelfahrt und umreißt damit zugleich das Programm des Buches. Teil I (1,15–5,42) schildert die Anfänge der Gemeinde in Jerusalem als ideale Ursprungszeit. Im Zentrum steht das Kommen des Geistes an Pfingsten (2,1–13). Teil II (6,1–9,31) handelt von der ersten Periode der Ausbreitung der Kirche in Samaria und den angrenzenden Gebieten, die durch die Vertreibung der → Hellenisten aus Jerusalem ausgelöst wird (8,1ff). Teil III (10,1–15,35) wendet sich den Anfängen der Heidenmission (Zentrum: Antiochia) zu. Seinen Auftakt bildet die Bekehrung des Kornelius in Cäsarea (10,1–11,18), seinen Abschluß die feierliche Bestätigung der gesetzesfreien Mission durch das Apostelkonzil (15,1–33). Teil IV (15,36–19,20) beschreibt die missionarische Tätigkeit des Paulus in Kleinasien und Griechenland. Teil V (19,21–28,31) zeichnet den Weg des Paulus als Zeuge des Evangeliums von Jerusalem nach Rom nach. R.

Lit.: E. Haenchen, Die A., [7]1977; M. Hengel, Zur urchristl. Geschichtsschreibung, 1979; J. Roloff, Die A., 1981 (NTD 5).

Apostelkonzil, Verhandlung (48/49 n. Chr.) zwischen den Jerusalemer Aposteln und Abgesandten der Gemeinde von → Antiochia (Paulus, Barnabas) über die Heidenmission. Die Quellen (Gal 2,1 ff.; Apg 15,1 ff.) bieten je ein unterschiedliches Bild: Nach Paulus gab es ein hartes Ringen, das zu uneingeschränkter Anerkennung seines gesetzesfreien Evangeliums führte. Heiden- und Judenchristen sind gleichberechtigt; ihre Verbundenheit wollte Paulus durch die Kollekte ausdrücken (Gal 2,10; → Armenpflege). Nach der späteren Darstellung der Apostelgeschichte wurde das A. nur durch einige Außenseiter notwendig. Die Apostel standen ganz auf der Seite des Paulus. Dieser soll dem Aposteldekret (Apg 15,28 f.), einer vom Herrenbruder → Jakobus erlassenen Anordnung, zugestimmt haben, die für die Heidenchristen ein Minimum jüd. Ritualgebote verbindlich machte; doch wird erst Lukas diese judenchristl. Regelung mit dem A. verbunden haben. H. M.

Apostolische Sukzession. Der Begriff taucht erstmals in den Kämpfen zwischen »Rechtgläubigkeit« und »Ketzerei« im 2. Jh. auf: Gnostiker wollten ihre Lehre durch eine bis auf die Apostel zurückgehende Kette von Gewährsleuten sichern. Dagegen beanspruchte die Kirche die wahre A. S. und belegte sie durch Bischofslisten. Bei Irenäus (um 180) bahnt sich ein sakramentales Verständnis der A. S. an. Das NT kennt höchstens Ansätze dieser Vorstellung (1Tim 4,14; 2Tim 1,6). H.M.

Apostolische Väter, Sammelname für verschiedene Schriften der nachapostolischen Zeit. Sie lassen erkennen, wie sich die Urkirche zur Alten Kirche entwickelt. Die Naherwartung des Endes tritt stärker zurück, eine Lehre über die Gottheit Christi wird entfaltet, das Bischofsamt wird betont, die Ethik wird gesetzlich.

1. Der *1. Klemensbrief* (96 n.Chr.) ist ein Schreiben der röm. Gemeinde an die korinth., in der Streit um das bischöfliche Amt ausgebrochen war. Die Aufsässigen werden zur Unterordnung ermahnt: Das Amt ist von Gott eingesetzt. Christl., alttest.-jüd. und hellenist.-philosophisches Denken vereinigen sich hier (→ Klemensschriften). **2.** Der sog. *2. Klemensbrief* ist die Predigt eines röm. Presbyters (um 150 n.Chr.). Sie schildert die Wohltat Christi, der als Gott zu bekennen ist, und ruft zum Bekenntnis durch die Tat auf. **3.** Die 7 Briefe des Bischofs → *Ignatius von Antiochia* wurden um 115 auf dem Weg in das Martyrium geschrieben. Wichtig ist die Aufnahme der paulinisch-johanneischen Präexistenzchristologie, die »Sakramentsmystik« (das Abendmahl als »Medizin für Unverweslichkeit«) und die Betonung des monarchischen Bischofsamts. **4.** Die → *Lehre der 12 Apostel (Didache)* (um 100/150 n. Chr.) bietet ethische Lehren, die auf eine jüd. Grundschrift zurückgehen, liturgische und disziplinäre Anweisungen. **5.** Der *Hirt des Hermas* ist eine frühchristl. Apokalypse (um 150 n. Chr.), die das Problem der Christensünde und -buße behandelt. Eine einmalige Bußmöglichkeit für Sünden nach der Taufe wird angeboten (anders Hebr 6,4 ff.). **6.** Der *Barnabasbrief* (um 140 n. Chr.) handelt über die Bedeutung des AT, das allegorisch ausgelegt wird, und gibt ethische Weisungen. **7.** Der Brief des Bischofs → *Polykarp von Smyrna* (um 110/140 n. Chr.) enthält Mahnungen zum rechten Glauben und christl. Wandel. – Manchmal werden noch → Papias von Hierapolis (um 140 n. Chr.) und der Apologet Quadratus zu den A. V.n gerechnet. H.M.

Text: J. A. Fischer (Hrsg.), Die A.n V., 1959; K. Wengst, Didache (Apostellehre), Barnabasbrief, Zweiter Klemensbrief, Schrift an Diognet, 1984. – *Lit.:* W. Bauer / M. Dibelius / R. Knopf / H. Windisch, Die A.n V., in: Handbuch zum NT, Erg.-Bd., 1923.

Apostolischer Segen, dreigliedrige Segensformel aus 2Kor 13,13. H.M.

Apotropäische Riten, dienen der Abwehr von dämonischen, unheilbringenden Kräften. So soll im Ritus des → Passa der Nomaden die Lebenskraft des Blutes, das am Eingang der Behausung angebracht wird, bösen Dämonen den Eingang verwehren (2Mose 12,23). Ysop und Zedernholz verstärken jeweils die Abwehrkraft. O.

Appii Forum → Forum Appii.

Aquila und Priszilla (Prisca), judenchristl. Ehepaar aus → Rom, durch die Judenverfolgung des Kaisers Claudius (49 n. Chr.) nach Korinth vertrieben, wo Paulus bei ihnen wohnte und in ihrem Handwerksbetrieb seinen Lebensunterhalt verdiente (Apg 18,3). An der weiteren Missionsarbeit des Paulus waren sie intensiv beteiligt (1Kor 16,19; Röm 16,3; Apg 18,26). R.

Araba, Bezeichnung für den südl. Jordangraben und dessen Fortsetzung bis zum Golf des Roten Meeres. O.

Araber, Arabien. Als A. bezeichnet das AT die Bewohner der südl. und südöstl. an Palästina grenzenden Wüsten (Jes 13,20; Jer 3,2). Mit ihnen wußte sich Israel stammverwandt (1Mose 10; 25). Das bedeutendste arab. Reich ist im 11. bis 2. Jh. v.Chr. das von → Saba. Von dort soll eine Königin → Salomo besucht haben (1Kön 10). Arab. Kamelkarawanen importierten nach Israel Zucker, Weihrauch, Gold, Edelsteine. Die in Neh 4 genannten A. dürften in Südjuda eingedrungene und dort seßhaft gewordene Nomaden sein. Im 2. Jh. wurde die Vorherrschaft Sabas durch die nordarab. → Nabatäer abgelöst. Diese vor allem sind im NT als A. bezeichnet (Apg 2,11; Gal 1,17). J.E.

Arach → Erech.

Arad. Festung und Jahweheiligtum aus dem 9. Jh. v. Chr.

Arad, als kanaan. Königsstadt in 4Mose 21,1; 33,40 erwähnt. Ausgrabungen auf dem *tell arad* ergaben bereits für das 4. Jt. eine größere Ansiedlung. Nach einer Siedlungslücke zwischen etwa 2700 und 1000 v. Chr. wurde unter Salomo eine israelit. Garnison in die Stadt gelegt, die in den folgenden Jh.en stetig ausgebaut wurde. A. wurde durch → Sanherib zerstört (701 v. Chr.). Bedeutsam ist die Ausgrabung eines Jahwetempels, der in seinem dreiteiligen Aufbau dem → Tempel von Jerusalem ähnelt und wohl im 10. Jh. errichtet worden ist. O.

Arak el-Emir, heutiger Name einer zwischen Jericho und Amman gelegenen Festung Tyros des Finanzhauses der Tobiaden (→ Tobias), 260 bis 160 v. Chr. Hebr. Inschriften und Palastruinen sind noch erhalten. K.

Aramäer, semit. Nomadenstämme (1Mose 10,22), die gegen Ende des 2. Jt.s v. Chr. in die Eufratebene einwandern. Nach Am 9,7 und Jes 22,6 läßt sich das untere Zweistromland als ihre Heimat bestimmen (Qir, Elam). 5Mose 26,5 (»Mein Vater war ein umherirrender A.«) leitet die Israeliten von den A.n her, wie auch in 1Mose 24,10; 28,2–5; 31,20 die Verwandten der Patriarchen A. sind. Seit etwa 1200 v. Chr. bedrängen A.-Schübe die syr. Staatenwelt, es kommt zu Kleinstaatenbildungen der A.: Aram-Naharajim (→ Mesopotamien), Sam'al-Sendschirli (älteste erhaltene Inschriften in → Aramäisch), Hamat u. a. → David unterwirft die syr. A. (2Sam 8,3ff.; 10,6ff.), die aber unter Salomo wieder von Israel abfallen und sich zu einem Reich mit Zentrum Damaskus zusammenschließen (1Köln 11,23ff.). Es wird seit dem 9. Jh. zum gefährlichen Gegner Israels. Im 8. Jh. sucht Aram-Damaskus erfolglos, sich mit Israel und Juda gegen die Assyrer zu verbünden (2Kön 16; Jes 7): 732 v. Chr. hat im Assyrersturm die Selbständigkeit der A. ein Ende. G. W.

Aramäisch, nordwestsemit. Sprache, deren bibl. Dialekt wenige Texte umfaßt: 1Mose 31,47; Dan 2,4b–7,28; Esr 4,8–6,18; 7,12–26; Jer 10,11. Inschriftlich seit dem 8. Jh. v. Chr. in Syrien belegt (»A.« nach dem Staate Aram-Damaskus), verbreitete es sich dank seiner einfachen Schrift. In Persien bildete sich das A. zum Reichs-A. aus, von dem sich u. a. das Biblisch-A. und das Jüdisch-A. in verschiedenen Dialekten (zu diesen zählt auch die Sprache Jesu, Mk 5,41; 15,34, und der Urgemeinde, 1Kor 16,22) herleiten. Bedeutsam für die Kirchengeschichte wurde das ostaram. Syrisch. G. W.

Aram-Naharajim → Mesopotamien.

Aran → Haran.

Ararat, Gebirgsland, auf dem die Arche Noahs nach der Sintflut gelandet sein soll (1Mose 8,4). A. entspricht der akkad. Landschaft → *Urartu* zwischen Wan- und Urmiasee. Später Name für einen Berg in der östl. Türkei (5198 m). K.

Aratus, berühmter hellenist. Dichter des 3. Jh.s v.Chr. Aus einem Preis auf den Weltgott Zeus wird Apg 17,28 zitiert. K.

Arauna/Ornan, nach 2Sam 24,23 (nichtsem.) Name des vorisraelit. Königs von Jerusalem, den David unterworfen hat und dem er eine heilige Tenne abkauft, um einen Altar für Jahwe zu errichten. Salomo baut um 950 v. Chr. auf dem Platz seinen Tempel. K.

Arawna → Arauna.

Arbeit. Nach altoriental. Vorstellung ist dem Menschen die A. aufgebürdet, die die Götter nicht selbst tun wollen. Dem Griechen ist Muße erstrebenswert, körperliche A. kommt den niederen Klassen zu. Demgegenüber gehört für das AT A. zum Menschsein (2Mose 20,9). Der paradiesische Zustand von 1Mose 2 ist nicht Nichtstun, sondern, in Fortführung der → Schöpfung, Nutzung und Bewahrung der Natur (V. 15). Erst der → Sündenfall in 1Mose 3 stört den Einklang mit der Natur, die A. ist zur Last geworden. Die alttest. Sicht der Notwendigkeit der A. für jeden Menschen setzt sich im NT (1Kor 15,58; 1Thess 4,11; Jesus selbst ist Arbeiter, Mk 6,3) und im Judentum fort. J.E.

Lit.: W. Bienert, Die A. nach der Lehre der Bibel, 1954.

Archad → Akkad.

Archäologie. 1. Definition – 2. Aufgaben und Methoden der bibl. A. – 3. Ertrag für die Bibelwissenschaft.

1. A. (griech., »die Lehre von den Altertümern«) hat zum Ziel, die materiellen Hinterlassenschaften der Vergangenheit ans Tageslicht zu bringen, zu dokumentieren und zu interpretieren. Erst im Laufe des 19. und 20. Jh.s wurden hierfür wissenschaftliche Methoden entwickelt. Für vorliterarische Epochen ist die A. die einzige, für Epochen, für die schriftliches Quellenmaterial zur Verfügung steht, eine zusätzliche Erkenntnisquelle für die Geschichtsschreibung. Da für Palästina und Syrien schriftliche Quellen erst vom 18. Jh. v. Chr. an zur Verfügung stehen (Texte von → Mari, ägypt. Ächtungstexte), sind wir für die Zeit davor in bezug auf Siedlungsgeographie und Kulturgeschichte ausschließlich auf die A. angewiesen.

2. Die bibl. A. hat die Aufgabe, die Ergebnisse archäologischer Forschung für das Verstehen der Bibel auszuwerten. Bis ins 19. Jh. gründet sich die bibl. A. ausschließlich auf literarische Quellen, wobei die Aussagen der Bibel über Realien gesammelt und systematisiert wurden. Erst durch die Ausgrabungstätigkeit im Vorderen Orient kamen diese Realien ans Licht. Von vornherein bestanden enge Beziehungen zwischen der A. des Vorderen Orients, insbesondere der A. Palästinas und Syriens, und der Bibelwissenschaft. Archäologische Tätigkeit im Vorderen Orient begann u.a. mit der Absicht, den Spuren der bibl. Geschichte nachzugehen. Inzwischen hat sich die A. des Vorderen Orients zu einem eigenen Wissenschaftszweig mit eigenen Methoden und eigener Zielsetzung entwikkelt. Das Verhältnis zwischen Bibelwissenschaft und A. ist ein Spezialfall des Verhältnisses zwischen literarischer Überlieferung und den Ergebnissen archäologischer Forschung. Eine vorschnelle, methodisch nicht abgesicherte Kombination von archäologischen Befunden und literarischen Aussagen führt leicht zu Fehlschlüssen und Fehlinterpretationen. Darum ist es notwendig, archäologische Befunde zunächst unabhängig von literarischen Aussagen allein mit den Methoden archäologischer Forschung zu interpretieren und die Texte mit den Methoden wissenschaftlicher Exegese zu bearbeiten, um dann in einem dritten und vierten Schritt die Ergebnisse archäologischer Forschung für die Interpretation von Texten und umgekehrt die wissenschaftlich interpretierten Texte für das Verständnis archäologischer Befunde fruchtbar zu machen.

Beispiel: Ausgrabungen in → Jericho (1907–09 durch E. Sellin und C. Watzinger; 1930–36 durch J. Garstang) erfolgten u. a. mit dem Ziel, Probleme der Einnahme Jerichos durch die Israeliten zu klären. Als man auf zerstörte Lehmziegelmauern stieß, kombinierte man vorschnell den archäologischen Befund von den bibl. Textaussagen her. Ohne methodisch gesicherte Datierung des Grabungsbefundes und ohne zureichende kritische Textinterpretation kam man zu einem doppelten Trugschluß. Von den Textaussagen her datierte man die zerstörten Lehmziegelmauern in die späte Bronzezeit (1600–1200 v.Chr.) und sah umgekehrt in dem so interpretierten archäologischen Befund eine Bestätigung für die alttest. Aussage von der Zerstörung Jerichos bei der Einwanderung der Israeliten. M. Noth hingegen kam in seinem Josua-Kommentar (²1953) auf Grund literarkritischer, überlieferungs- und formgeschichtlicher Überlegungen zu dem Ergebnis, daß es sich in Jos 3–6 um eine Reihe von → ätiologischen Sagen handele, welche die bereits geschehene Zerstörung Jerichos nachträglich interpretieren. Durch Anwendung exakter Grabungsmethoden kam K. M. Kenyon (1952–57) zu dem Resultat, daß die Mauern, die man zuvor für spätbronzezeitlich gehalten hatte, in die frühe Bronzezeit (3.Jt.) zu datieren sind. Diese unabhängig voneinander gewonnenen Ergebnisse literarischer und archäologischer Forschung ergänzen und bestätigen einander.

Tonsarg aus Byblos

Zu den Aufgabenbereichen der A. im einzelnen gehören a) die Aufnahme und Sicherung der obenerdig erhaltenen Überreste der Vergangenheit, b) die Ausgrabungstätigkeit sowie deren Dokumentation und Publikation, c) die Oberflächenforschung, d) die Topographie und Siedlungsgeographie, e) die Auswertung der unter a) bis c) erzielten Ergebnisse sowie die Korrelation zwischen Ausgrabungsbefunden und literarischer Überlieferung.

a) An der Oberfläche anstehende Reste der Vergangenheit sind in großer Anzahl aus dem Mittelalter, aus byzantin. und röm. Zeit (z.B. Ruinenfeld von Dscherasch / → Gerasa, Umfassungsmauern des herodianischen → Tempels, Theater in Amman), jedoch nur in Ausnahmefällen aus altoriental. Zeit (ammonit. Grenzbefestigungstürme im Ostjordanland), erhalten. Darum gehören Ausgrabungen zum Hauptaufgabengebiet der A. des Vorderen Orients.

b) Die Arbeitsmöglichkeit, die Aufgabenstellung und die Methoden der Ausgrabung sind wesentlich bedingt durch die Struktur eines altoriental. Siedlungshügels (arab. *tell,* Pl. *tulul*), die wiederum mit der Bauweise in altoriental. Zeit zusammenhängt. Die Mauern eines Hauses bestanden in altoriental. Zeit in der Regel aus einem nur wenige Lagen hohen Steinfundament mit aufgehendem Mauerwerk aus luftgetrockneten Lehmziegeln. Eine Lage von Balken, mit Reisig oder Schilf abgedeckt und mit Lehmverstrich versehen, bildete das Flachdach. Bei einer Zerstörung durch Brand bildete sich über der Begehungsfläche zunächst eine Brand- und Aschenschicht, sodann stürzten das Dach und Teile der Lehmziegelmauern ein. Durch natürlichen Zerfall zersetzten sich die Reste der Lehmziegelmauern zu amorphem Lehmziegelschutt, der sich über den Grundmauern anhäufte. Beim Wiederaufbau eines Gebäudes oder einer Stadt wurden die Schuttmassen eingeebnet und die Neubauten darauf errichtet. Dieser Vorgang von Zerstörung und Wiederaufbau auf älteren Schuttschichten wiederholte sich im Laufe der Geschichte des öfteren, so daß sich Schicht über Schicht lagerte und der Tell immer höher wuchs. So erhebt sich z.B. der Siedlungshügel von → Jericho 19 m über der Ebene und besteht aus über 30 Siedlungsschichten.

Ziel einer wissenschaftlichen Ausgrabung ist es, Schicht für Schicht freizulegen und dabei die architektonischen Überreste und die Kleinfunde einer bestimmten Schicht einander zuzuordnen. Eine Siedlungsschicht besteht in der Regel aus mehreren Materialschichten (Brandschicht, Lehmziegelschuttschicht, Dachversturzschicht, Wehschicht). Dabei kommt den Materialschichten, die zwei Siedlungsschichten voneinander trennen und abgrenzen (Brandschichten, gestampfte oder festgetretene Fußböden, Pflasterungen), besondere Bedeutung zu. Funde, die sich oberhalb einer Trennschicht befinden, sind der jüngeren, Funde unterhalb der Trennschicht der älteren Siedlungsschicht zuzurechnen. Durch die Abfolge der Schichten ergibt sich zunächst eine relative Chronologie, wobei jeweils die überlagerte Siedlungsschicht älter sein muß als die überlagernde. Nur in seltenen Fällen kann in Palästina eine Schicht durch datierbare Inschriftenfunde chronologisch fixiert werden. Eine genauere chronologische Einordnung der Siedlungsschichten wird möglich durch die Typologie der Kleinfunde, insbesondere der → Keramik. Von pers. Zeit an tragen Münzen zur Datierung von Schichten bei.

Die Grabung erfolgt methodisch in der Regel in rechteckigen Arealen (5 x 5 m, 10 x 5 m oder 10 x 20 m), zwischen denen jeweils ein Steg stehenbleibt, an dessen Schnittprofilen sich die verschiedenen Schichten und Ablagerungen abzeichnen, wodurch sich das Verhältnis der Schichten voneinander ablesen läßt.

Um Grabungsergebnisse zu fixieren und der Wissenschaft zugänglich zu machen, ist eine sorgfältige Dokumentation der Grabungsergebnisse unabdingbar, zumal der Ausgräber genötigt ist, jüngere Schichten zu zerstören, wenn er ältere freilegen will. Darum werden die Grabungsbefunde einer jeden Schicht maßstabgerecht gezeichnet, beschrieben und fotografiert und die zugehörigen Kleinfunde eingemessen. Auch die vertikalen Profile der Zwischenstege werden gezeichnet und beschrieben. Durch Aneinanderfügen der Profilzeichnungen läßt sich die Schichtenabfolge der verschiedenen Areale koordinieren. Am Ende einer Ausgrabung bleibt die Aufgabe, die Grabungsergebnisse zu publizieren, eine Siedlungsgeschichte der Grabungsstätte von der ältesten bis zur jüngsten Epoche zu erstellen und die Grabungsergebnisse in den Gesamtzusammenhang der Kulturgeschichte des Alten Orients zu stellen.

c) Bei den zahlreichen Siedlungshügeln, die noch nicht ausgegraben werden können, bietet die

Spätbronzezeitliche und früheisenzeitliche Schichten der Grabung von Kamid el-Loz (Libanon)

Oberflächenforschung vorläufige Anhaltspunkte für die Siedlungsgeschichte. Keramikscherben, die von der Oberfläche aufgelesen werden, geben erste Aufschlüsse in bezug auf die Kulturperioden, in denen die betreffende Ortslage besiedelt war.

d) Bei der historischen Topographie geht es um das Problem, die vorfindlichen Siedlungshügel mit Orten, die aus altoriental. Quellen bekannt sind, zu identifizieren. Die meisten Tulul tragen heute arab. Namen, die nur gelegentlich an die altoriental. Namen anklingen (z.B.: *chirbet selun* = Schilo; *betin* = Bet-El; *tell ed-damije* = Adama), häufig jedoch Neubildungen sind und nichts mit den altoriental. Namen gemein haben (*el-kuds* = Jerusalem; *tell ed-duwer* = Lachisch; *tell el-mutesellim* = Megiddo; *tell balata* = Sichem). Nicht selten ist der Name gewandert, so daß eine neuere Siedlung den altoriental. Namen trägt, während der alte Siedlungshügel eine neue Bezeichnung erhalten hat. So haftet z.B. der Name »Anatot« (Heimat des Profeten Jeremia) an der heutigen Siedlung *anata,* während der 800 m südwestl. davon gelegene altoriental. Siedlungshügel heute *ras el-charrube* heißt. Zur Festlegung einer altoriental. Siedlung sind zunächst einmal die Angaben, die sich aus schriftlichen Quellen hinsichtlich der Lage des Ortes entnehmen lassen, heranzuziehen, so z.B. Siedlungslisten des AT, Angaben über Ortslagen in altoriental. Texten (z.B. in ägypt. Feldzugslisten, in den Amarnabriefen, in assyr. und babylon. Feldzugsberichten), die Geschichtswerke des Josefus, das Onomastikon des Eusebios sowie Pilgerberichte des Mittelalters. Aus diesen Quellen ergeben sich Hinweise über die geographische Lage von Ortschaften und über die Perioden, in denen sie besiedelt waren. Diese Anhaltspunkte sind zu kombinieren mit den Ergebnissen von Ausgrabungen und Oberflächenforschungen, die Auskunft über die Siedlungsperioden einer vorfindlichen Ortslage geben.

3. Die A. liefert zunächst einmal Beiträge zur Realienkunde der Bibel. So geben Ausgrabungen in Palästina direkte Kunde von der Anlage einer altoriental. Stadt (→ Mauer, → Tor, → Turm, → Palast), von der Anlage eines → Hauses und dessen Einrichtungen, von Gebrauchsgegenständen des täglichen Lebens (→ Werkzeug, → Lampen, → Schmuck), des Handels (→ Maße und Gewichte, → Münzen), des Krieges (→ Waffen) und des Kultes (→ Kultgeräte). Zu den Realienfunden kommen Darstellungen von Szenen aus dem täglichen Leben auf Reliefs, Wandbildern und in vollplastischer Darstellung. Ausgrabungen von Tempelanlagen und deren

Ausgrabungen des eisenzeitlichen Tores von Beerscheba (8. Jh. v. Chr.)

Einrichtungen (→ Tempel, → Arad, → Lachisch, → Megiddo, → Bet-Schean, → Ugarit), Darstellungen von Kulthandlungen und von mythologischen Szenen auf Reliefs, Wandbildern und Rollsiegeln sowie Götterdarstellungen und Kultbilder liefern direkte Beiträge zur Religionsgeschichte des Alten Orients und damit zur Umwelt des AT. Bei Ausgrabungen in Palästina treten direkte Bezüge zum AT und NT zutage (Burg → Sauls in → Gibea; Festungsanlagen → Salomos in → Megiddo, → Gezer und → Hazor; Zitadelle und »Elfenbeinpalast«, 1Kön 22,39, der Omriden in → Samaria; → Schiloach-Kanal → Hiskias in → Jerusalem; Festungsanlagen und → Ostraka aus → Lachisch; Befestigungsanlagen auf dem Südosthügel von → Jerusalem aus makkabäischer Zeit; Gräber der → Tobiaden in → Arak el-Emir; herodianische Bauten in → Hebron, → Cäsarea, → Samaria, auf dem Herodeion, auf → Masada, in → Jericho; Umfassungsmauern des herodianischen Tempels in Jerusalem; Unterkünfte der Aufständischen im ersten jüd. Aufstand und im → Bar-Kochba-Aufstand in Masada). Ausgrabungen im Zweistromland, im Irak und in Ägypten lassen die Umwelt Israels ins Licht treten und geben alttest. Aussagen über Ägypten, Assur, Babylon, Persien erst rechtes Profil. Ausgrabungen aus der Umwelt des AT ergaben vielfach direkte Bezüge zur Geschichte Israels (Palästinaliste Schoschenks I.; Darstellung des Tributs → Jehus an → Salmanassar III. auf dem »Schwarzen Obelisken« aus Ninive; Belagerung und Einnahme von → Lachisch durch → Sanherib auf Wandreliefs in Ninive; Wegführung von Tempelgeräten beim ersten jüd. Aufstand auf dem Triumphbogen des → Titus in Rom). – Durch Flächengrabungen und genaue Beobachtungen wird es möglich, Auskunft über soziologische Verhältnisse in bibl. Zeit zu gewinnen. Doch steckt diese Art der Forschung erst in den Anfängen. – Schließlich liefert die A. Beiträge zur Topographie und zur Siedlungsgeschichte des Vorderen Orients (→ Palästina), die wiederum entscheidende Grundlagen für die Geschichte → Israels liefern.

M.M.

Lit.: K. Galling, Bibl. Reallexikon, 1937; K.M. Kenyon, A. im Heiligen Land, [2]1976; A. Negev (Hrsg.), Archäologisches Lexikon zur Bibel, 1972; H. Donner, Einführung in die Landeskunde Palästinas, 1976.

Arche. Nach 1Mose 6–9 hat Noah mit seiner Familie und Paaren einer jeden Tierart in einem rechteckigen Schiff vor der Sintflut sich gerettet, das etwa 150 m lang, 25 m breit und 15 m hoch war. In einem ähnlichen Schiff rettet sich der babylon. Sintflutheld des → Gilgamesch-Epos.

K.

Lit.: A. Parrot, Sintflut und A. Noah, 1955.

Archelaus → Herodes und seine Dynastie.

Archippus, Mitempfänger des → Philemonbriefes, später in → Kolossä tätig (Kol 4,17). R.

Archisynagogos → Oberster der Synagoge.

Areopag, Ort der Predigt des Paulus in Athen (Apg 17,19). Gemeint ist damit wohl der Areshügel westl. der Akropolis und nicht, wie zuweilen vermutet, das Gebäude der (ebenfalls A. genannten) Behörde für Erziehung und Wissenschaft. R.

Aretas/Haretas, häufiger Name nabatäischer Könige (→ Nabatäer). **1.** A. I. setzte 169 v. Chr. den flüchtigen Hohenpriester Jason gefangen (2Makk 5,8). **2.** A. IV., Schwiegervater des Herodes Antipas (9 v. – 40. n.Chr.), konnte vorübergehend seine Herrschaft bis nach Damaskus ausdehnen (2Kor 11,32f.; Apg 9,23ff.). R.

Areuna → Arauna.

Arfad → Arpad.

Ärgernis → Anstoß.

Argob, ostjordan. Gegend am Jarmuk. Einst vom Amoriterkönig Og beherrscht, wird A. vom Stamm Manasse erobert (5Mose 3,4.13). K.

Ariël (hebr., »Feuerherd Gottes« oder »Löwe Gottes«), Ehrenname des Altars zu Jerusalem (oder der Stadt; Jes 29,1; Ez 43,15f.). In jüd. Auslegung als »Licht Gottes« verstanden, wird daraus ein Luftgeist in Shakespeares *Sturm* und Goethes *Faust*. K.

Arimathäa, Herkunftsort des Ratsherrn Josef, der für das Begräbnis Jesu sorgte (Mk 15,43). A. wurde schon in der Antike mit dem alttest. *Ramatajim-Zofim* (1Sam 1,1) östl. von Jafo identifiziert. H.M.

Aristarch, Mazedonier aus Thessalonich, Begleiter des Paulus auf der 3. Missionsreise (Apg 19,29; 20,4) und auf der Reise nach Rom (Apg 27,2). R.

Aristeasbrief, eine Erzählung über die Übersetzung der 5 Mosebücher ins Griech. Auf Befehl des ägypt. Königs Ptolemäus II. (285–247 v.Chr.) soll Aristeas 72 Gelehrte aus Jerusalem geholt haben, die eine einheitliche griech. Fassung erstellten. Dazwischen sind Gespräche über ethisch-religiöse Fragen eingestreut; der tiefere Sinn der Speisegebote wird klargemacht. Die Schrift ist eine Fiktion, die um 100 v.Chr. zur Verherrlichung des jüd. Gesetzes angefertigt wurde. H.M.

Text: Rießler, 193–233.

Aristobul(os). 1. Hellenisierter Israelit, wohl aus Alexandria im 2. Jh. v. Chr.; von ihm sind Fragmente einer philosophischen Interpretation der Mosebücher erhalten. **2.** Vielleicht ist A. (1) mit einem Prinzenerzieher identisch (2Makk 1,10). **3.** A. I. (»Judas, Hoherpriester«), König von Judäa (→ Hasmonäer). **4.** A. II., jud. König (→ Hasmonäer). **5.** Christlicher Vorsteher (Röm 16,10). K.

Text zu (1): Rießler, 179–185.

Arjoch. 1. König von Ellasar, der mit einem hetit. und babylon. König gegen südpalästin. Städte zu Felde zieht (1Mose 14,1). Der Name entstammt der Sprache der → Horiter und meint vielleicht einen sonst nicht belegten König von Larsa in Babylonien. **2.** Andere babylon. oder elam. Würdenträger (Jdt 1,6; Dan 2,14f.24f.). K.

Arm, hebr. gleichbedeutend mit »Kraft; Gewandtheit«. »A. Gottes« steht daher oft für göttliche Rettungstaten (z.B. Ps 77,16). K.

Armenpflege. Im alten Israel gab es keine organisierte A.; Familie und Sippe waren für die Armen verantwortlich. Trotz gewisser Ansätze im → Deuteronomium blieb die A. dem einzelnen überlassen (→ Almosen). Die Urgemeinde dagegen lebte – ähnlich wie die Sekte von → Qumran – in → Gütergemeinschaft und setzte besondere Armenpfleger ein (Apg 6,1ff.). Für die Armen in Jerusalem sammelte Paulus eine Kollekte (1Kor 16,1ff.; 2Kor 8–9). H.M.

Armut wird in der Bibel zwar als unvermeidliche gesellschaftliche Gegebenheit angesehen (5Mose 15,11; Mk 14,7), doch gilt ihre Linderung und Bekämpfung als elementare religiöse Pflicht. Zahlreiche Gesetzesbestimmungen schützen den Armen, so das Verbot wucherischer Zinsen und die Anordnung des alle 3 Jahre fälligen Armenzehnten und des Schulderlasses im Sabbatjahr (5Mose 15,1ff.). Aus dem Bewußtsein heraus, daß Jahwe selbst für die Armen eintritt und ihnen Recht schafft, übten die Profeten scharfe Kritik am unsozialen Verhalten der Reichen (z.B. Am 2,6–8; 5,11–13). In nachexilischer Zeit wurde die A. Inbegriff einer positiv gewerteten Lebenshaltung: Während der Reiche hochmütig auf seinen Besitz baut, erwartet der Arme Hilfe und Rettung allein von Jahwe (z.B. Ps 37; 40; 140) und wird darum nicht enttäuscht werden. So sind auch im Urchristentum A. und Frömmigkeit weitgehend synonym (Mt 11,5; Lk 4,18). Die Jerusalemer Urgemeinde bezeichnete sich selbst als die »Armen« (Gal 2,10; → Ebioniten). Besonders ausgeprägt ist das Interesse für die Armen im → Lukasevangelium (z.B. 1,46–55; 6,20; 16,19ff.). A. als asketische Haltung war dem NT jedoch noch fremd. R.

Arnon, aus dem ostjordan. Gebirge kommender Fluß, der ins Tote Meer mündet; sein tief in die Felsen eingeschnittener Lauf war schwer passierbar und bildete deshalb lange Zeit die Grenze zwischen Israel und Moab (4Mose 21,13). K.

Arod → Arad.

Aroër. 1. Amorit., dann israelit. Stadt am → Arnon, 850 v.Chr. von den Moabitern erobert. **2.** Andere Ortschaften (Richt 11,33; Jos 13,25). K.

Arpachschad. 1. Personifizierte babylon. Völkerschaft (1Mose 10f.), in deren Name → »Chaldäer« (hebr. *kasdim*) steckt. **2.** → Arphaxad. K.

Arpad, syr. Stadt 30 km nördl. von Aleppo, von den Assyrern 740 v.Chr. eingenommen und zur Provinzhauptstadt gemacht (2Kön 18,34; Jes 10,9 u.ö.). K.

Arphachsad → Arpachschad.

Arphaxad, med. König (Jdt 1,1.5.13.15); sonst unbekannt. K.

Artapanos, hellenisierter Israelit um 200 v.Chr. A. stellt die bibl. Geschichte in griech. Sprache dar und leitet die ägypt. Religion von Mose ab. K.

Text: Rießler, 186–191.

Artarxerses → Artaxerxes.

Artaxerxes (griech.), **Artachschasta** (hebr.), Name zweier pers. Großkönige. **1.** A. I. (465 bis 424 v.Chr.) schloß Frieden mit Griechenland (449) und sorgte für die Wiederherstellung der jüd. Religionsgemeinschaft in Palästina durch Entsendung von → Esra und → Nehemia. **2.** A. II. (404–358 v.Chr.). Seine Regierung war wenig glücklich. Manche Forscher halten ihn für den König, der Esra (danach: 398) nach Jerusalem sandte, um die Grenzprovinz zu stabilisieren. K.

Artemis, griech. Göttin des freien Naturlebens und der Jagd, Tochter des Zeus und Zwillingsschwester des Apollon (lat. Diana). Unter ihrem Namen wurden freilich schon früh unterschiedliche Lokalgottheiten zusammengefaßt. So ist die A. von → Ephesus (Apg 19,23 ff.) ursprünglich

Artemisstatue aus Ephesus (2. Jh. n. Chr.)

die kleinasiat. Große Göttin gewesen; sie galt als Fruchtbarkeitsgöttin und wurde mit einer Vielzahl von halbkugelförmigen Gebilden behängt dargestellt, die nach älterer Auffassung als Brüste galten, durch neuere Forschung jedoch als Stierhoden identifiziert wurden. R.

Arthasastha → Artaxerxes.

Arwad, phöniz. Stadt auf der Insel gleichen Namens zwischen → Laodizea und → Tripolis (die bereits im 14. Jh. v.Chr. ein wichtiger Handelsplatz war; Ez 27,8.11). O.

Arzt. In den altoriental. Kulturen wurden ärztliche Aufgaben neben den Ärzten auch von Priestern wahrgenommen, da Krankheiten eine religiöse Dimension hatten. Sie wurden entweder auf Dämoneneinfluß oder auf sündhaftes Verhalten des Kranken zurückgeführt, so daß neben ärztlichen Heilmitteln auch rituelle Dämonenabwehr oder Entsühnung notwendig war. So mußten auch in Israel die Priester etwas von Medizin verstehen (3Mose 13). Daneben sind in Israel auch nichtpriesterliche Ärzte belegt (Jes 3,7; Jer 8,22), deren Konsultation freilich als gegen Jahwe gerichteter Akt verstanden werden konnte (2Chr 16,12). O.

As → Münzen.

Asa, König von Juda (908–868 v. Chr.), gegen den → Bascha von Israel einen anfangs erfolgreichen Krieg führte. Nachdem A. aber → Ben-Hadad von Damaskus zum Angriff auf das Nordreich gewinnen konnte, wurde Bascha zum Rückzug gezwungen. Ferner wird von einer Kultreform des A. berichtet (1Kön 15,9–24). O.

Asaël, ein Bruder des Heerführers → Joab und Held Davids (2Sam 2,18; 23,24). O.

Asaf, bedeutendste nachexilische Gilde der Tempelsänger, in den → Chronikbüchern dem levitischen Geschlecht Gerson untergeordnet. Der Ahnherr A. wird zum Musikmeister Davids (1Chr 6,24–28). O.

Asahel → Asaël.

Asarhaddon (im AT *Esar-haddon*), assyr. König (681–669 v.Chr.). Er übernahm das Erbe seines Vaters → Sanherib, nachdem er sich gegen seine älteren Brüder durchsetzen konnte. Darauf spielt 2Kön 19,37; Jes 37,38 an. Er vermochte die assyr. Macht gegen Elam und in Syrien-Palästina zu behaupten; → Manasse von Juda war ihm tributpflichtig (vgl. auch Esr 4,2). Im Jahre 671 eroberte A. sogar einen großen Teil → Ägyptens. Auf einem erneuten Feldzug nach Ägypten starb er 669 v.Chr. J.E.

Asarja, mehrfach im AT vorkommender Männername, z. B. ein König von Juda (→ Usija) und ein Freund Daniels (Dan 1,6–19; 2,17). S.

Asarja, Gebet des, gehört zu den apokryphen Zusätzen des Danielbuches und steht in der griech. und der lat. Bibel eingeschoben zwischen Dan 3,23 und Dan 3,24. Der ursprünglich selbständige Hymnus wird dem im Feuerofen leidenden A. in den Mund gelegt. O.

Asasel, wahrscheinlich der Eigenname eines Wüstendämons, dem ein Bock in die Wüste getrieben wurde. Dieser uralte, bereits vorisraelit. Ritus wird am nachexilischen → Versöhnungstag zu einem Entsühnungsritus, in dem durch einen Priester die Sünden des Volkes auf den Sündenbock übertragen werden (3Mose 16). In der → Apokalyptik wird A. zum Anführer der von Jahwe abgefallenen Engel. In Hebr 13,11ff. wird Christus mit dem Bock für A. verglichen. O.

Ascensio Isaiae → Jesajas Martyrium und Himmelfahrt.

Aschdod. Die Hafenstadt A. ist die nördlichste der fünf Philisterstädte, die aber schon vor den → Philistern bewohnt war (vgl. Jos 11,22). A. hatte in philistäischer Zeit ein bekanntes Heiligtum des → Dagon (1Sam 5,2ff.). 711 v.Chr. wurde A. Hauptstadt einer assyr. Provinz. Nach ihrer Eroberung durch den Pharao Psammetich I. (vgl. Jer 25,20) verliert sich das weitere Schicksal der Stadt für einige Jahrhunderte im dunkeln. Im 2. Jh. wird sie von den → Hasmonäern eingenommen und zerstört. 55 v.Chr. wird sie erneut von den Römern aufgebaut. Hier wirkte → Philippus (Apg 8,40). Seit 1962 wird A. ausgegraben. O.

Asche, galt als Zeichen von Vernichtung und Tod. Die Leichen der Feinde wurden deshalb zum Zeichen ihrer völligen Vernichtung zu A. verbrannt; auch wurde A. als Zeichen von Trauer aufs Haupt gestreut. Die A. von Opfern galt als heilig. O.

Ascher, einer der zwölf Stämme Israels, der auf dem Westteil des Berglandes von Galiläa wohnte und in der Frühzeit wahrscheinlich den Kanaanäern fronpflichtig war (vgl. Richt 1,32). Als Ahnherr dieses Stammes galt ein Sohn Jakobs von Silpa, der Magd Leas (1Mose 30,12–13). S.

Aschera, westsemit. Göttin, in → Ugarit Partnerin → Els und Göttermutter. Sie ist Fruchtbarkeitsgöttin, steht aber auch in Beziehung zum Meer. Ihr Kult, im AT verboten, wurde auch in Israel geübt. Nach ihrer Stellung zum Kult der A. und anderen kanaan. Kulten werden Könige von → Israel und → Juda in den Königsbüchern beurteilt (z.B. 1Kön 15,13; 2Kön 23,4). Neben der Göttin ist im AT als A. ein mit ihrem Kult verbundener Holzpfahl bezeichnet. Solche Ascheren sollen in Israel zerstört werden (2Mose 34,13; 5Mose 7,5 u.ö.), werden aber immer wieder als Objekte des Götzendienstes genannt (z.B. Richt 6,25; 1Kön 14,15; Jer 17,2). J.E.
Lit.: H. Gese, Die Religionen Altsyriens, 1970, 149–155.

Aschima, syr. Gottheit, die nach der Deportation von Israeliten des Nordreichs nach 721 v.Chr. von den durch die Assyrer angesiedelten Umsiedlern aus → Hamat mitgebracht wurde (2Kön 17,30). O.

Aschkelon, bereits im 19. Jh. v.Chr. in ägypt. Inschriften nachgewiesene Stadt an der Südküste Palästinas, die im 12. Jh. von den → Philistern eingenommen wurde. Israel konnte niemals in den Besitz dieser Stadt gelangen (Jos 13,3). O.

Aschkenas, nach der Völkertafel in 1Mose 10,3 ein Enkel → Jafets. »A.« bezeichnet im Ursprung möglicherweise die → Skythen. Der Name »A.« ging später in die Bezeichnung »Aschkenasim« für die dt. und osteurop. Juden ein. O.

Aschmodai, böser Geist im Buche → Tobit, der nacheinander sieben Männer tötete, sobald Sara ihre Braut wurde (Tob 7). Als pers. Dämon wurde er schon von → Zarathustra bekämpft. O.

Aschtarot, Name einer oder zweier Städte östl. des Sees Gennesaret (5Mose 1,4; Jos 9,10; 13,31), zwischen Israel und Aram lange umkämpft. K.

Asdod → Aschdod.

Aseka, Ort 30 km südwestl. von Jerusalem, der, von → Rehabeam befestigt, sich 587 v.Chr. lange gegen die Belagerung durch die Babylonier verteidigen konnte (Jer 34,7). O.

Asenat/Aseneth, ägypt. Name der Frau des → Josef (1Mose 41,45); → Josef und Asenat. O.

Aser → Ascher.

Aseroth → Aschtarot, → Hazerot.

Asiarch, Bezeichnung von städtischen Abgeordneten des Provinziallandtages von → Asien, die zugleich für die Anordnung von Festspielen und die Verwaltung von Provinztempeln verantwortlich waren (Apg 19,31) und den Titel »Hoherpriester« tragen konnten. R.

Asidäer → Chasidäer.

Asien, in der Bibel nicht der asiat. Kontinent, sondern entweder das Seleukidenreich, d.h. Klein- und Vorderasien bis zum Indus (so in den Makkabäerbüchern), oder (so durchweg im NT) die röm. Provinz *Asia proconsularis,* d.h. der westl. Teil → Kleinasiens mit der Metropole → Ephesus. R.

Asima → Aschima.

Asion Gaber → Ezjon-Geber.

Askalon → Aschkelon.

Askese. Das AT fordert selten religiös motivierte Enthaltsamkeit, z.B. Fasten am Versöhnungstag (3Mose 16,29ff.). Erst im hellenist. Judentum kam es zu leibfeindlicher A. (→ Qumran, → Philo). Jesus war kein Asket (Mt 11,19) und verlangte von seinen Jüngern keine A. (Mk 2,19). In der Urkirche findet sich an asketischen Motiven neben dem → Fasten (Mt 6,16ff.) in einzelnen Gruppen auch eine eschatologisch motivierte → Ehelosigkeit (Mt 19,12; Offb 14,4). Eine leibfeindliche A. wird jedoch abgelehnt (1Tim 4,3ff.). H.M.

Asmodi → Aschmodai.

Asphalt → Pech.

Asser → Ascher.

Assos, kleinasiat. Küstenstadt, Reiseetappe des Paulus (Apg 20,13). R.

Assuan → Elefantine.

Assumptio Mosis → Moses Himmelfahrt.

Assur, älteste Hauptstadt des Assyrerreichs, am Westufer des Tigris gelegen (1Mose 2,14). Zwischen 1903 und 1914 wurde A. von dt. Archäologen z.T. freigelegt. Auch der Gott der Stadt trug den Namen »A.«, er wurde zum Reichsgott der Assyrer, die für ihn die Weltherrschaft beanspruchten. Hier liegt ein religiöser Grund für die ständigen Kriege Assyriens. Der Name von Stadt und Gott wurde auch als Bezeichnung des assyr. Reiches und seiner Macht gebraucht, so 1Mose 10,11; Jes 14,25; Mich 5,4 u.ö. Schließlich gilt nach 1Mose 10,22 A. als Sohn Sems und Stammvater der Assyrer. (→ Babylonien und Assyrien.) J.E.

Assurbanipal, assyr. König (669 – um 630 v.Chr.). Wie seine Vorgänger führte er ständige Kriege (vgl. Esr 4,10). In Syrien und Südkleinasien konnte er die assyr. Macht behaupten; nach langen Kämpfen bezwang er das zur Selbständigkeit drängende Babylon und das mit ihm verbündete Elam. In Ägypten hatte die assyr. Herrschaft (→ Asarhaddon) jedoch keinen Bestand. Gegen Ende seiner Regierung begann der Niedergang des Reiches, das nach A.s Tod (um 630) nur noch kurze Zeit bestand. – Ungewöhnlich war A.s Interesse an Literatur und Wissenschaft. Oft rühmte er sich, die schwierige Keilschrift selbst schreiben und lesen zu können. Die von ihm angelegte, z.T. erhaltene → Bibliothek in → Ninive ist für unsere Kenntnis der Geschichte und Kultur → Babyloniens und Assyriens von unschätzbarer Bedeutung. J.E.

Assyrien, Name eines Landes am oberen Tigris, heute Nordteil des Irak; → Assur, → Babylonien und Assyrien. K.

Astarte, bedeutende Göttin der → Kanaanäer, deren Kult auch in Israel ausgeübt wurde (1Kön 11,5; 2Kön 23,13). Der Pl. »A.n« ist eine Bezeichnung für Göttinnen allgemein (Richt 2,13). Auf eine vorisraelit. Verehrung der A. in Palästina verweist der Ortsname → Aschtarot. In → Ugarit wird A. mit → Ischtar gleichgesetzt; dort tritt sie neben → Anat auf, deren Rolle sie in der Zeit des AT übernimmt. Ihre Verbreitung reicht bis nach → Ägypten. A. gilt gewöhnlich als Göttin der Sexualität und Fruchtbarkeit. U.R.

Astralreligion. Die Anfänge der Astronomie liegen in den Beobachtungen und Aufzeichnungen babylon. und assyr. Priester über den Lauf der Gestirne. Sie rühren daher, daß schon seit der Mitte des 2. Jt.s v.Chr. die zweistromländischen Gottheiten zunehmend in den Planeten und Sternbildern verehrt werden, durch die sie nach damaliger Überzeugung repräsentiert werden. Den Babyloniern ist eine Entsprechung himmlischer und irdischer Geographie wichtig. Länder und Hauptstädte haben ihre Entsprechung in den Bildern des Sternenhimmels, dort gibt es ein himmlisches Babylon usw. Je mehr sich ab 500 v.Chr. die babylon. Astronomie in allen Kulturen der Mittelmeerwelt ausbreitet, desto mehr werden nichtbabylon. Religionen ebenfalls astralorientiert. Die Sonne steigt als Beweger des Sternenhimmels zum Rang einer höchsten Gottheit auf, was noch im Beginn unserer Wochenzählung mit dem Sonntag nachwirkt. Auch in spätisraelit. Schriften gewinnt der Sternenlauf gelegentlich besondere Bedeutung, etwa im astronomischen Teil des 1. (äthiop.) → Henoch. K.

Astrologie. Babylon.-assyr. Sternkunde bezweckt, aus den dem irdischen Geschehen vorauseilenden »Revolutionen« der entsprechenden Gestirne künftiges menschliches Schicksal vorauszusagen. Zuerst bemüht man sich nur um die Schicksale von Ländern und Königen. Allmählich erst kommt Sterndeutung zur Anwendung auf den individuellen Lebensweg, indem ein Horoskop nach der Geburtsstunde gestellt wird. Mit der schnell sich ausbreitenden Astronomie wird die A. um die Zeitenwende in allen gebildeten Kreisen, insbesondere auch bei den röm. Kaisern, als Gipfel aller Wissenschaften angesehen. Dies führt zum schicksalsergebenen Fatalismus. Das Christentum hat anfangs gewisse astrologische Theorien akzeptiert (→ Weisen aus dem Morgenland, Mt 2), dann aber mehr und mehr um der Freiheit Gottes und des Menschen willen einen erbitterten Kampf gegen alle A. geführt und sie als → Aberglauben verdammt. K.

Asyl, Zufluchtstätte für Verfolgte. In Israel sollten die A.e – der Altar (2Mose 21,13–14) und einige A.-Städte (4Mose 35,9–29; 5Mose 19,1–13; Jos 20) – vor allem den Totschläger, nicht den Mörder (vgl. 1Kön 2,28–34) vor der Blutrache schützen. Als A. diente der Altar auch bei politischen Vergehen (1Kön 1,50–51). S.

Atalja, Tochter König Ahabs von Israel, mit → Joram von Juda verheiratet. Sie versucht, den Kult des tyr. Baal in Jerusalem einzuführen. Nachdem ihr Sohn Ahasja gefallen ist, reißt sie die Herrschaft an sich und läßt alle Davididen töten. Nur ihr Enkel → Joasch entkommt und stürzt sie sechs Jahre später, 840 v.Chr. (2Kön 11). K.

Atarot (»Umzäunung«), Name mehrerer Orte. Am wichtigsten A. 12 km östl. des Toten Meeres (4Mose 32,3). Vom moabit. König → Mescha wird es im 9. Jh. v.Chr. Israel entrissen. K.

Athalja → Atalja.

Atheismus. »Die Toren sprechen in ihrem Herzen: Es ist kein Gott«, klagt der Psalmist (Ps 14,1; 53,2). Vermutlich wird hier kein theoretisches Leugnen des Daseins Gottes getadelt, sondern ein Absehen von der Wirklichkeit und dem Willen Gottes im praktischen Verhalten, also eine Meinung »Gott ist nicht da und kümmert sich nicht um den Menschen«. Gott ist, wenngleich unsichtbar, so doch nach bibl. Auffassung für jeden Vernünftigen erfahrbar (→ Erfahrung, religiöse). Ein prinzipieller Atheismus setzt die neuzeitliche Auffassung von der Naturgesetzlichkeit als unpersönlicher »Maschinerie« voraus und war im Altertum unbekannt. So erklärt sich, daß damals die Religion der Bibel von heidn. Gegnern des A. verdächtigt wurde. Denn in der griech. Sprache heißt A., der Vielheit des Göttlichen nicht die schuldige Achtung erweisen. Ein entsprechender Vorwurf richtet sich ebenso gegen Sokrates wie gegen Juden und Christen. K.

Athen, Hauptstadt → Griechenlands und vielbesuchtes geistiges Zentrum der Antike. Nach Apg 17 hat Paulus auf dem → Areopag eine philosophisch untermauerte Rede gehalten. Seine Verkündigung blieb jedoch dort ohne Echo. Zur Gründung einer christl. Gemeinde kam es offenbar in apostolischer Zeit noch nicht. K.

Äthiopien (alttest. *Kusch*, → Kuschiten), im Altertum das südl. an → Ägypten grenzende Nubien. Es gilt im AT als eines der Weltenden (1Mose 2,13; Est 1,1). Als Herkunftsland der 25. Dynastie (→ Ägypten) tritt Ä. im 8. Jh. v.Chr. politisch ins Blickfeld Israels (Jes 11,11; 18; 20,3–6). Im NT ist Ä. das seit etwa 300 v.Chr. selbständige Südostnubien (Apg 8,26ff.). Ä. ist heute ein Staat mit gemischter Bevölkerung (Neger, → Hamiten) verschiedener Religionen (Naturreligionen, Christentum, Islam). J.E.

Ätiologie, Erklärung und Legitimation politischer, kultischer, beruflicher Einrichtungen und Riten oder auffallender Naturerscheinungen aus einer einmaligen Setzung durch Götter oder große Heroen der Vergangenheit. Im Alten Orient werden Ä.n meist als Mythen, im AT durchweg als Sagen vorgetragen. So steht hinter der Paradieseserzählung 1Mose 2,4ff. z.B. eine ätiologische Sage über die Entstehung des geschlechtlichen Zueinanders von Mann und Frau, hinter der Erzählung vom Untergang von Sodom und Gomorra 1Mose 19 eine Ä. des Toten Meeres, hinter dem Traum Jakobs 1Mose 28,10ff. eine Kult-Ä. über das Heiligtum in → Bet-El. K.

Attalia, kleinasiat. Hafenstadt, die Paulus gegen Ende seiner 1. Missionsreise besuchte (Apg 14,25). H.M.

Audition, Offenbarungsempfang des Profeten durch inneres Hören von göttlichen Worten (Jes 40,6; Jer 2,1) und zukünftigem Geschehen (Jer 4,19ff.). Bisweilen wird die A. von einer → Vision begleitet (Jer 1,11). M.K.

Auerochse → Tierwelt.

Auferstehung. 1. A. im Judentum – 2. Die Berichte von der A. Jesu – 3. Die Bedeutung der A. Jesu.

1. Die Vorstellung einer A. der Toten hat sich im Judentum nur zögernd entwickelt. Der alttest. Glaube war welt- und diesseitsorientiert; das Heil, das der Fromme von Gott erwartete, erfüllte sich in einem sinnvollen, alle Möglichkeiten des Daseins ausschöpfenden Erdenleben (1Mose 25,8). Der Tote war aus der Gemeinschaft mit Gott ausgeschieden; über sein weiteres Schicksal spekulierte man nicht (Ps 116,3f.; 6,6f.). Auch die mythische Vorstellung einer Entsprechung zwischen dem naturhaften Kreislauf von Werden und Vergehen und dem menschlichen Schicksal, wie sie sich in der kanaan. Religion fand, wurde von Israel verworfen (die früher als Weissagung der Auferstehung Christi verstandene Stelle Hos 6,1–3 ist in Wirklichkeit eine profetische Kritik kanaan. Vorstellungen). – Die ersten Ansätze der A.s-Vorstellung ergaben sich von der Gottesvorstellung her: Entzug der Gemeinschaft Gottes ist für Mensch und Volk gleichbedeutend mit Tod, ihre Wiederherstellung mit Auferweckung vom Tode. In diesem Sinne wird in Jes 26,19; Ez 37 die erneute Zuwendung Gottes zu seinem Volk bildhaft als Totenauferweckung dargestellt. Die Erwartung einer jenseits des leiblichen Todes liegenden A. findet sich erstmals in der unter dem Eindruck der geschichtlichen Katastrophen der Makkabäerkämpfe entstandenen Danielapokalypse (→ Daniel): »Und viele von denen, die schlafen im Erdenstaube, werden erwachen, die einen zu ewigem Leben, die anderen zu Schmach, zu ewigem Abscheu« (Dan 12,1f.). Die A. ist hier Voraussetzung des Gerichts, das man als abschließenden Erweis der Gerechtigkeit und Treue Gottes erwartete; sie soll die noch ausstehende Erfüllung des göttlichen Handelns am Menschen in Zorn und Gnade bringen. In der → Apokalyptik (Hen 11; 91,10; 92,3–5; 4Esr 7,26–44; Bar 30,1–5) werden diese Gedanken weitergeführt, vielleicht unter iran. Einfluß. Auch die → Pharisäer vertraten, im Gegensatz zu den → Sadduzäern, diese vom Gottesgedanken her begründete A.s-Hoffnung. Jesus ist ihnen darin gefolgt, wenn er die A. aus der bleibenden Treue des lebendigen Gottes zu den von ihm Erwählten über den Tod hinaus begründete (Mk 12,18–27).

2. Die älteste und wichtigste Bezeugung der A. Jesu findet sich in einer wohl auf die Jerusalemer Urgemeinde zurückgehenden Glaubensformel, die Paulus in 1Kor 15,3–5 zitiert: »Christus ist gestorben für unsere Sünden nach den Schriften und begraben worden; er ist auferweckt worden am dritten Tage nach den Schriften und ist Kefas erschienen, danach den Zwölfen.« Der Ursprung des christl. A.s-Glaubens liegt demnach darin, daß Kefas (→ Petrus) und die Jünger des engsten Kreises um Jesus nach dessen gewaltsamem Tod in einem unerwarteten Widerfahrnis die Gewißheit erhielten, Gott habe ihn auferweckt.

Insgesamt jünger sind die A.s-Berichte der Evangelien. Trotz starker Verschiedenheiten im einzelnen lassen sie sich auf drei Grundtypen zurückführen: a) Grabesgeschichten, die vom Auffinden des leeren Grabes Jesu durch Frauen aus seinem Jüngerkreis am Tag nach dem Paschafest berichten. Ihre ursprüngliche Form, die in Mk 16,1–8 vorliegt, wurde später durch die Einfügung einer Erscheinung Jesu am leeren Grab (Mt 28,9f.; Joh 20,11–18), durch die Nennung weiterer Zeugen (Joh 20,3–9; Petrus und der Lieblingsjünger am leeren Grab!) sowie durch die – zur Abwehr jüd. Verdächtigungen erzählte – Episode von den Grabeswächtern (Mt 28,11–15) erweitert. Als historischer Kern wird wahrscheinlich gelten können, daß man das Grab Jesu tatsächlich leer gefunden hat. b) Erscheinungen zur Beauftragung und Sendung des Jüngerkreises: Mt 28,16–20; Lk 24,44–53; Joh 20,19–23; 21,1–23). Und zwar weist die ältere Schicht dieser Berichte (Joh 21) nach Galiläa, wo anscheinend der Ort der ersten Erscheinungen gewesen ist. Erst später erzählte man dann auch von Erscheinungen in Jerusalem, dem Ort des leeren Grabes. c) Den geringsten geschichtlichen Wert haben die stark erbaulich stilisierten Erzählungen von Erscheinungen des Auferstandenen vor einzelnen (Lk 24,13–35; Joh 20,24–29).

Durchgängige Merkmale der A.s-Berichte sind: a) Die A. wird strikt als ein von Gott ausgehendes, Jesu Werk und Sendung bestätigendes Geschehen bezeugt. b) Der Auferstandene ist mit dem Irdischen identisch. c) Das Widerfahrnis der Schau des Auferstandenen ist zugleich Berufung und Sendung der Jünger (→ Apostel). d) Weder der Vorgang der A. selbst noch die äußere Erscheinung des Auferstandenen werden beschrieben (einzige Ausnahme: Lk 24,36–43, wo durch Betonung der Leiblichkeit der → Doketismus abgewehrt werden soll).

3. Die A. Jesu war Ausgangspunkt der gesamten

christl. Verkündigung. Sie wurde, ganz im Rahmen der jüd. Denkvoraussetzungen Jesu und seiner Jünger, als die Tat begriffen, durch die Gott dem von ihm Erwählten die Treue hielt. Weg und Geschick Jesu bis hin zum Kreuz waren durch sie von Gott her endgültig beglaubigt worden als die für die ganze Menschheit entscheidende Geschichte. Denn die A. Jesu galt nicht als isoliertes Schicksal eines einzelnen, sondern als Vorwegnahme des auf die ganze Welt zukommenden endzeitlichen Geschehens (1Kor 15,20). Der Auferweckung Jesu wird in der nahen Endzeit die Auferweckung der Christen folgen (1Kor 15,23f.) (→ Eschatologie). Diese wird im NT, analog der A. Jesu, als leibhaft vorgestellt (1Kor 15,20–49). Während die griech. Philosophie, im Anschluß an Platon, die Unsterblichkeit der Seele nach ihrer Trennung vom Leib lehrt, erwartet das NT die A. des Menschen in leib-seelischer Ganzheit durch einen neuen Schöpfungsakt Gottes, der seinen Geschöpfen die Treue hält. R.

Lit.: H. v. Campenhausen, Der Ablauf der Osterereignisse und das leere Grab, [3]1966; H. Graß, Ostergeschehen und Osterberichte, [2]1962; U. Wilckens, A., 1970.

Aufseher, dt. Übersetzung von verschiedenen hebr. und griech. Titeln religiöser wie politischer Art. K.

Auge, Organ des Sehens, das als besonders kostbar und beschützenswert gilt (5Mose 32,10; Spr 7,2). Das A. gibt einerseits die äußeren Eindrücke nach innen weiter; so folgt das Herz den A.n nach (Ijob 31,7) und ist das A. des Leibes Licht (Mt 6,22f.). Andererseits spiegelt es das Innenleben wider; es ist gütig (Spr 22,9), hoffärtig (Jes 10,12), abgöttisch (Ez 6,9) und voll des Ehebruchs (2Petr 2,14). M.K.

Augustus, Beiname des ersten röm. → Kaisers. Gaius Octavius Caesar (63 v. – 14 n. Chr.), seit 31 v.Chr. Alleinherrscher, befriedete das von Kriegen gequälte Rom und sicherte die Provinzen. Nach der Vergöttlichung seines Adoptivvaters Caesar nannte er sich »Sohn des göttlichen Caesar«; 27 v.Chr. legte er sich die Bezeichnung »A.« (»der Erhabene«) zu, die bis dahin Göttern vorbehalten war. Alle späteren Kaiser übernahmen diesen Titel. Offb. 13,1 bekämpft solche religiösen Ansprüche. H.M.

Auran → Hauran.

Ausgang und Eingang, Verlassen des Hauses zur Arbeit einerseits und Rückkehr am Feierabend andererseits. »A. und E.« faßt die gesamte berufliche und sonstige alltägliche Tätigkeit zusammen. Kultisch kann »A. und E.« auch Weggang vom Heiligtum und Rückkehr dorthin bedeuten (Ps 121,8). K.

Ausländer → Fremde.

Aussaat → Maße und Gewichte.

Aussatz. Unter »A.« versteht die Bibel nicht die Leprakrankheit, sondern verschiedene Formen von – wieder heilendem oder heilbarem – Ausschlag an der Haut des Menschen (3Mose 13). Es war Aufgabe der Priester, festzustellen, ob A. vorlag oder nicht. Der vom A. Befallene galt als kultisch unrein und mußte sich von den Gesunden fernhalten. S.

Ausschließung → Exkommunikation.

Aussendung → Mission.

Auszug. 1. Historische Rekonstruktion des A.s – 2. Die bibl. Überlieferung vom A.

1. Die historische Rekonstruktion der mit dem A. aus → Ägypten verbundenen Ereignisse ist dadurch erschwert, daß es unabhängig von der bibl. Überlieferung keine historischen Dokumente gibt, die den A. direkt bezeugen. Doch lassen einige Motive in 1Mose 37–50 und 2Mose 1–15 in Verbindung mit ägypt. Überlieferungen noch eine umrißhafte Rekonstruktion der historischen Ereignisse des A.s zu.

Die → Josefserzählung berichtet, daß Josef seinen Vater → Jakob und seine Brüder nach Ägypten kommen ließ und der Pharao ihnen das »Land → Goschen« als Wohngebiet zuwies (1Mose 45,10; 47,4.6 u.ö.). Da die Begründung und Beschreibung der Umstände der Übersiedlung von Israels Vorfahren nach Ägypten in der Josefserzählung mit Sicherheit novellistisch-unhistorisch ist, gilt es, außerbibl. Dokumente zur Erklärung heranzuziehen: Ägypt. Inschriften aus dem 14./13. Jh. v.Chr. berichten, daß Halbnomaden mit ihrem Vieh in akuter Hungersnot aus der Wüste kamen, um in Ägypten Nahrung zu finden. Von einem ähnlichen Vorgang wird bibl. in 1Mose 12,10ff. berichtet. So ist die Annahme berechtigt, daß während einer Hungersnot die halbnomadischen Vorfahren der Israeliten in Ägypten Aufnahme fanden. In 2Mose 1,11 wird berichtet, daß diese Halbnomaden zu Fronarbeit herangezogen wurden, um sich an der Erbauung der Städte→ Pitom und→ Ramses zu beteiligen. Diese historisch zuverlässige Notiz läßt den Schluß zu, daß → Ramses II. (um 1290–25 v. Chr.) der Pharao der Bedrückung war, da außerbibl. Zeugnisse darauf weisen, daß unter seiner Regierung diese Städte erbaut wurden. Für an Freiheit gewöhnte Halbnomaden war Fronarbeit ein schwer zu ertragender Zwang. Darin wird der historische Anlaß für die Flucht der Vorfahren Israels aus Ägypten begründet sein, die also am ehesten in das ausgehende 13. Jh. zu datieren ist.

Die bibl. Überlieferung sieht in → Mose den Führer der Fluchtgruppe. Da seine Verbindung zu den → Midianitern (2Mose 2,11ff.) schwerlich erfunden ist und eine Flucht durch die Wüste ohne freundschaftlichen Kontakt zu den Nomaden der Wüste kaum erfolgreich sein konnte, ist in Mose als Führer der Auszugsgruppe eine durchaus wahrscheinliche historische Erinnerung zu sehen.

Auch das Erlebnis, daß die verfolgenden Ägypter in ihrem Versuch, die Auszugsgruppe an der Flucht zu hindern, scheiterten, ist nur schwerlich als Erfindung zu deuten, da diese Erinnerung in den ältesten Überlieferungsgeschichten des AT bezeugt wird. Die Interpretation dieses Scheiterns als ein Ereignis, das durch das wunderhafte Eingreifen Jahwes hervorgerufen ist, ist bereits eine theologisierende Deutung, so daß über den tatsächlichen historischen Hergang der Verfolgung und ihres Scheiterns keine Aussagen mehr gemacht werden können.

Dem entspricht es auch, daß der Ort des Meerwunders (→ Schilfmeer) nicht mehr überzeugend lokalisiert werden kann. Eine jüngere Schicht des AT (→ Priesterschrift) lokalisiert das Ereignis in einer Bucht des Mittelmeers, etwa 10 km westl. von Pelusium (2Mose 14,2).

Unhistorisch ist die das AT beherrschende Anschauung, daß ganz→ Israel in Ägypten war und somit auch am A. teilnahm. Während eine »Leagruppe« schon in Palästina war, stieß eine »Rahelgruppe«, aus Ägypten kommend, in den mittelpalästin. Raum vor und wurde hier ansässig. Die bibl. Überlieferung hat später Ägyptenaufenthalt und A. auf alle israelit. Stämme ausgeweitet.

2. Der überlieferungsgeschichtliche Kern der A.s-Überlieferung ist die Formel von Jahwe, dem Gott, »der Israel aus Ägypten herausgeführt« hat (2Mose 20,2; 2Sam 7,6; 1Kön 8,16 u.ö.). Die älteste inhaltlich ausgeführte Überlieferung ist das→ Mirjamlied in 2Mose 15,21, das davon singt, daß Jahwe hoch erhaben ist, weil er Roß und Reiter der Ägypter ins Meer warf.

Eine erzählerische Ausgestaltung hat das Meerwunder bereits in der Erzählung des → Jahwisten in 2Mose 14 erfahren: Durch einen starken Ostwind läßt Jahwe das Meer zurückweichen. Die durch den Gottesschrecken verwirrten Ägypter fliehen in das Meer und versinken in den zurückkehrenden Fluten. In der nachexilischen Priesterschrift ist das Wunder durch die Vorstellung gesteigert, daß das Meer während des Durchzugs zur Linken und zur Rechten wie eine Mauer stand, um dann über den verfolgenden Ägyptern zusammenzuschlagen.

Die Meerwunder-Überlieferung setzt eine Flucht der Israeliten aus Ägypten voraus (2Mose 14,5a). Die Erzählung von den ägypt. Plagen ist eine davon unabhängige Überlieferung, die mit einer Entlassung und gar Vertreibung der Israeliten durch die Ägypter nach der Tötung der Erstgeburten der Ägypter (2Mose 12,29ff.) rechnet (→ Plagenerzählungen). Diese Überlieferung ist im Mazzotfest (→ Fest) rezitiert worden und hat ihr Ziel in der Begründung des Ritus der Opferung der → Erstgeburt (2Mose 13,11) und des Essens von ungesäuertem Brot (2Mose 12,34.39; 13,3ff.) am Mazzotfest. O.

Lit.: Noth, GI, 105ff.; Herrmann, GI, 82ff.; W.H. Schmidt, Exodus, Sinai und Mose, 1983.

Ava → Awa.

Ave Maria, aus Lk 1,28.42 und Bittformeln an Maria zusammengesetzter »Englischer Gruß«, jetzige Form seit dem 16. Jh. n. Chr. K.

Awa/Iwa. 1. Vermutlich syr. Stadt (2Kön 17,24). **2.** Vorisraelit. Bevölkerungsgruppe (Jos 13,3; 18,23). K.

Aza → Ai.

Azahel → Hasaël.

B

Baal (»Herr, Besitzer«), kommt als Bezeichnung für kanaan. Gottheiten in drei Bereichen vor: 1. Am häufigsten bezeichnet »B.« eine Gottheit, die jeweils an einen ganz bestimmten Ort gebunden ist. Erwähnt wird z.B. der B. von Ofra (Richt 6,25–32); der B. des Karmel (1Kön 18,19–40), von → Elija bekämpft; der B. von Tyrus, dessen Kult Ahab in Samaria eingeführt hatte (1Kön 16,31f.) und dessen Tempel Jehu zerstörte (2Kön 10,18–28). 2. Bei Hosea und in seinem Gefolge bei Jeremia findet sich die Anklage gegen den mit Fruchtbarkeitsriten verbundenen B.s-Kult der Israeliten (z.B. Hos 2,5; Jer 2,23), der hier die Bedeutung »Götzendienst« annimmt. 3. Im Anschluß an Hosea und Jeremia sprechen das → Deuteronomistische und dann das → Chronistische Geschichtswerk vom B.s-Kult – wobei meistens die Pluralform »Baale« gebraucht wird –, um den Abfall der Israeliten von Jahwe zu bezeichnen (z.B. Richt 2,11.13; 1Sam 12,10; 2Chr 33,3). Dabei wird neben B. mehrfach eine weibliche Gottheit genannt: → Aschera (z.B. 1Kön 18,19; 2Kön 23,4) und – stets im Plural – → Astarte (z.B. Richt 2,13; 10,6).

Die im AT erwähnten einzelnen ortsgebundenen B.e sind vermutlich als Erscheinungsformen *eines* Gottes mit Namen »B.« zu verstehen, der im kanaan. Bereich (→ Ugarit) eine große Rolle spielte. Er wurde vor allem als Gott des Wetters und der → Fruchtbarkeit verehrt, der stirbt und aufersteht: Mit seinem Tode welkt die Natur dahin; wenn er ins Leben zurückkehrt, blüht sie wieder auf. Mit »B.« zusammengesetzte Personennamen zeigen, daß in früher Zeit auch Jahwe B. genannt wurde. Die abwertende Verwendung des Wortes als »Götze« führte aber dazu, daß die jüd. Schriftgelehrten den Namensbestandteil »B.« durch »Boschet« (»Schande«) ersetzten, z.B. *Eschbaal* durch *Ischboschet.* S.

Baala. 1. Stadt im Norden Judas (Jos 15,11). **2.** Stadt im Süden Judas (Jos 19,3; in 1Chr 4,29 »Bilha«). **3.** → Kirjat. S.

Baalat, Stadt im Gebiet von → Dan (Jos 19,44), die möglicherweise mit der von Salomo befestigten Stadt B. (1Kön 9,18) identisch ist. Die Ortslage ist unbekannt. O.

Baal-Berit (»Herr des Bundes«), Bezeichnung eines Gottes im vorisraelit. → Sichem. O.

Baal-Sebub (»Fliegen-Baal«), soll nach 2Kön 1,2–16 ein in → Ekron verehrter Gott sein, doch wird es sich um eine hebr. Verballhornung von *Baal-Zebul* (»Baal, der Erhabene«) handeln. B. wurde später zum → Beelzebub. O.

Baal-Zafon (»Herr des Nordberges«), Epitheton des → Baal von → Ugarit, der auf dem → Zafon seinen Wohnsitz hat. B. wird als Gott der Schiffahrt bis nach Ägypten verehrt. O.

Baasa → Bascha.

Babylon, südl. Bagdad am → Eufrat gelegene Hauptstadt Babyloniens (→ Babylonien und Assyrien). Der zuvor unbedeutende Ort stieg unter → Hammurabi zur Metropole auf und behielt diesen Rang – auch in Zeiten assyr. Vorherrschaft – bis zur pers. Eroberung (539 v. Chr.). → Alexander d. Gr. konnte seinen Plan, B. zur Reichshauptstadt zu machen, nicht mehr verwirklichen. Unter den → Seleukiden löste das neugegründete Seleukia B. als Zentrum Mesopotamiens ab. Bereits in röm. Zeit war B. nur noch ein Ruinenfeld. Ausgrabungen der Dt. Orient-Gesellschaft unter der Leitung von R. Koldewey legten 1899–1917 große Teile des Stadtbildes aus der Zeit → Nebukadnezzars (605–562 v. Chr.) frei. Zu den eindrucksvollsten Zeugnissen altoriental. Architektur gehören die gewaltigen Stadtmauern, die prächtige, mit Emailleziegeln geschmückte Prozessionsstraße mit dem Ischtar-Tor (z. T. jetzt im Pergamon-Museum, Berlin) und der Tempelturm (→ Babylon. Turm). Auch die zu den Sieben Weltwundern gezählten und der sagenhaften Semiramis zugeschriebenen »Hängenden Gärten« (Terrassenanlagen) gehören in die Zeit Nebukadnezzars.

Im AT wird die überragende politische und kulturelle Bedeutung B.s an vielen Stellen deutlich. Es ist die erste in der Bibel namentlich genannte Stadt (1Mose 10,10). Die Turmbau-Erzählung (1Mose 11,1–9) zeigt B. als Ort der bewunderten Zivilisation, aber auch des übersteigerten Selbstbewußtseins und des gegen Gott gerichteten Hochmuts. Zudem war B. Hauptstadt der

Macht, welche die Existenz des selbständigen → Juda auslöschte. So wurde es zum Inbegriff der stolzen und bösen Macht (Jes 13; 14). Von daher ist »B.« im NT Deckname des als Weltmacht an seine Stelle getretenen → Rom (1Petr 5,13; Offb 14,8; 18,2ff.). J.E.

Babylonien und Assyrien. 1. Geographie, Namen – 2. Geschichte: a) Frühgeschichte, Sumer und Akkad; b) Das 2. Jt.; c) Das assyr. Weltreich; d) Neubabylonier, Perser – 3. Sprache, Kultur, Religion – 4. B., A. und Israel.

1. Geographisch war B. der südl. Teil des Zweistromlandes (Mesopotamien), des Schwemmlandes von Eufrat und Tigris, A. sein nördl. Teil. Die Namen kommen von den Stadtzentren Babylon und Assur. Die historischen Begriffe »B.« und »A.« bezeichnen die zeitweilig weit über den genannten Bereich hinausgehenden Reiche von B. und A.

2. Wechselvoll ist die Geschichte des Zweistromlandes. Reiche folgten einander, oft begründet und beendet durch Wanderungen und Einfälle von Nomaden aus den Wüsten im Westen (→ Amoriter) und von Bergvölkern aus dem Norden und Osten. Die Bevölkerung war stets uneinheitlich, neben soziologisch und sprachlich sich unterscheidenden semit. Gruppen standen vom 4. bis 2. Jt. die nichtsemit. Sumerer.

a) Feste Siedlungen in B. und A. bestanden mindestens seit dem 5. Jt. v. Chr. Um die Mitte des 4. Jt.s wandern die Sumerer ein, deren Herkunft im Dunkel liegt. Ihre bedeutendsten Leistungen liegen auf kulturellem Gebiet (→ 3); die politi-

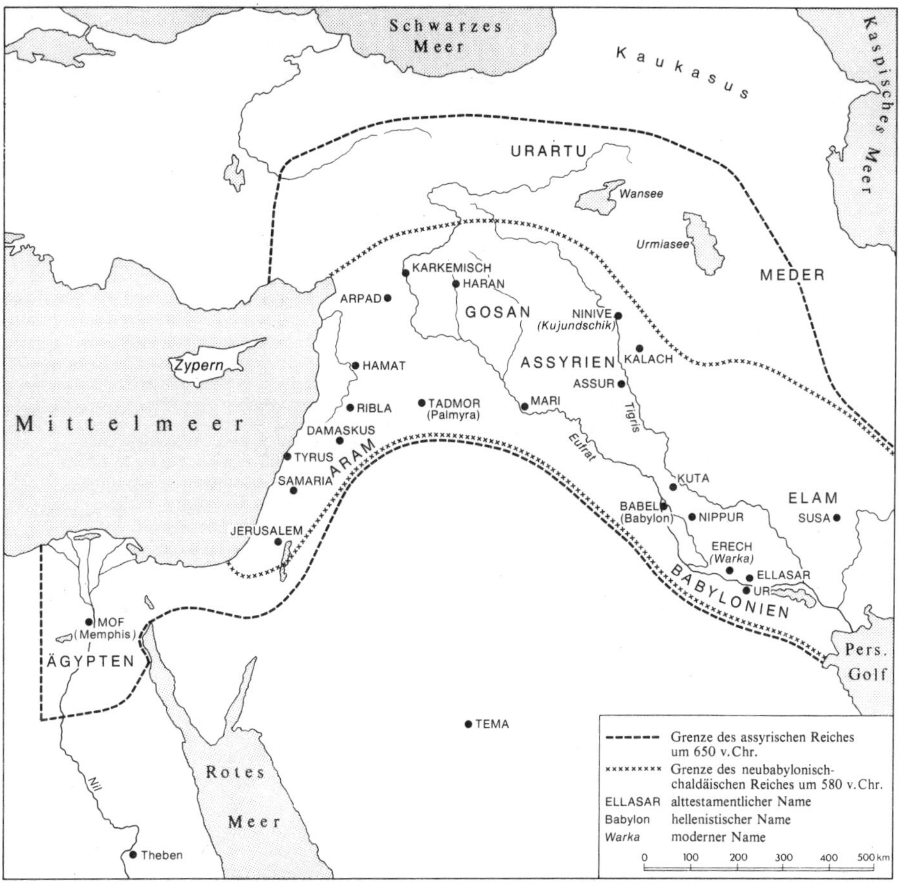

sche Struktur war gekennzeichnet durch einen losen Verband von Stadtstaaten (ihre Zentren im Süden von B. waren Ur, Uruk, Nippur, Eridu, Kisch); an der Spitze stand jeweils der Stadtfürst (*ensi*). Die Wirtschaft ist zentral organisiert durch die Tempelverwaltung, Privateigentum gibt es nicht.

Im 24. Jh. gewannen Semiten in B. die Oberhand und gründeten unter Sargon I. ein Großreich, das B. und A. umfaßte und vielleicht bis zum Mittelmeer und nach Anatolien ausgriff. Die neugegründete Hauptstadt Akkad im Norden B.s (genaue Lage unbekannt) gab der Dynastie Sargons den Namen. Das Reich der Akkader brach im 22. Jh. unter dem von Nordosten einfallenden Bergvolk der Gutäer zusammen; für etwa 200 Jahre dominierten noch einmal die Sumerer. Wichtig wurden die Städte Lagasch (unter dem *ensi* Gudea wirtschaftliche und kulturelle Blüte) und Ur (unter der »3. Dynastie« um 2000 v. Chr. Machtausdehnung bis nach A.).

b) Auseinandersetzungen von Kleinstaaten standen am Anfang des 2. Jt.s. Diese »Zwischenzeit« endete mit dem Aufstieg der 1. Dynastie von Babylon, deren bedeutendster Herrscher → Hammurabi (1728–1686 v. Chr.) ist. Etwa gleichzeitig stieg unter Schamschi-Adad I. A. zur Großmacht auf, unterlag aber schließlich Hammurabi. Das »altbabylon. Reich« endete durch einen Einfall der → Hetiter, denen eine längerfristige Machtausübung in B. jedoch nicht gelang. Die Macht fiel bis ins 12. Jh. erneut einem Bergvolk zu, den Kassiten. Der politische Einfluß B.s und A.s sank; die dominierenden Kräfte jener Zeit waren → Ägypten, → Hetiter und Horiter.

c) Um 1300 v. Chr. begann der Aufstieg A.s zur Weltmacht. Tiglat-Pileser I. erreichte um 1100 das Mittelmeer. A. war in den Kämpfen gegen die → Aramäer siegreich und eroberte B. Nach einer Schwächeperiode begannen unter Assurnasirpal II. und → Salmanassar III. im 9. Jh. neue Expansionen. Für fast 300 Jahre war A. die stärkste Macht Vorderasiens. Seine Herrscher traten an, dem Reichsgott Assur die Weltherrschaft zu erobern. Diesem Ziel diente auch die berüchtigte Grausamkeit der Kriegführung, deren wirksamstes Mittel Deportationen der Oberschicht besiegter Völker war. Zahlreiche Feldzüge führten nach Syrien/Palästina; → Israel und → Juda gerieten in assyr. Abhängigkeit (→ 4). B. ist mit kurzer Unterbrechung Teil des assyr. Reiches, dem → Asarhaddon 671 sogar → Ägypten einverleibt. Bald darauf erzwang → Nabopolassar in B. die Unabhängigkeit; verbündet mit den Medern aus dem iran. Hochland, eroberte er die assyr. Hauptstädte Assur und Ninive (612).

d) Das Erbe A.s trat das »neubabylon. Reich« an. Unter → Nebukadnezzar erreichte es den Gipfel seiner Macht. Babylon wurde prächtig ausgebaut. Im Westen schlug Nebukadnezzar Aufstände nieder, in diesen Kriegen endete die Selbständigkeit Judas (→ 4). Doch auch dieses Großreich hatte keinen Bestand; es erlag einem neuen Ansturm aus dem Nordosten. Die Perser setzten sich im med. Reich durch und eroberten unter → Kyros Kleinasien, A. und B. (539), das bis zum Siegeszug → Alexanders d. Gr. pers. blieb. Sein Plan, Babylon zum Zentrum eines Orient und Okzident umfassenden Weltreiches zu machen, scheiterte; Alexander starb 323 in Babylon. Sein Reich zerfiel, die Zentren der Macht verlagerten sich nach Westen.

3. Die Sprachen B.s und A.s sind mit Ausnahme des selbständigen Sumerischen semit. Dialekte, die mit dem Sammelnamen »Akkadisch« bezeichnet werden. Akkadisch war als Diplomatensprache im 2. Jt. in ganz Vorderasien verbreitet und wurde erst in der 2. Hälfte des 1. Jt.s vom → Aramäischen in dieser Rolle abgelöst. Ähnliche Bedeutung hatte die von den Sumerern entwickelte und von Babyloniern und Assyrern übernommene Keilschrift (→ Schrift).

Von großem Einfluß auf die Kultur des Altertums waren Religion, Recht, Literatur (zum AT → 4), Kunst, Technik (Architektur, Bewässerungs- und Kriegstechnik) und Wissenschaft (vor allem die Astronomie und -logie), letztere weit über die Zeit der politischen Macht hinaus. In der Religion nahmen Astral- und Wettergötter eine zentrale Stellung ein, wichtig waren aber auch eine Vielzahl von Krankheits- und Schutzdämonen. Stadtgötter gelangten zeitweilig in den Rang von Reichsgöttern, so Enlil von Nippur bei den Sumerern, Marduk mit dem Aufstieg Babylons und Assur, der Reichsgott von A.

4. Alter und Bedeutung der Kultur und Zivilisation B.s und A.s spiegeln sich im AT wider. Die ältesten Städte und Reiche der Erde wußte man dort (1Mose 10,8–12; steht hinter »Nimrod« der assyr. König des 13. Jh.s, Tukulti-Ninurta?); am Eufrat liegt die Heimat → Abrahams (1Mose 11f.). Wichtige Themenkreise des AT stehen in Beziehung zu B. und A., so das Recht (→ Gesetz), die → Schöpfung und Sintflut (→ Gilgamesch), ferner Sühneriten und die Vorstellung vom Gotteskrieg, vielleicht auch die Profetie. Ebenso wichtig ist der Einfluß A.s und B.s auf die Geschichte Israels. In einer Schwächeperiode der Großmächte war die Errichtung des Reiches → Davids möglich, mit dem Aufstieg der Assyrer gerät Palästina unter den Einfluß dieser Macht. → Ahab von Israel konnte in einer Koalition den Assyrer → Salmanassar III. abwehren (853), doch schon sein Nachfolger → Jehu wurde tributpflichtig, später ebenso → Ahas von Juda. 722 endete die Geschichte des Nordreiches Israel, → Samaria wurde zerstört, die Bevölkerung zum großen Teil deportiert. Ihr weiteres Schicksal verliert sich im Dunkel. Juda überlebte das Assyrerreich, wurde aber von B. abhängig. Nebukadnezzar zerstörte → Jerusalem (587/586) und deportierte, wie schon 10 Jahre zuvor, vor allem die Oberschicht. Es begann das Babylon. → Exil, das erst durch den Perser → Kyros beendet wurde. In B. verbleibende Juden wirkten aber noch in nachchristl. Zeit durch die Gelehrtenschulen, aus denen der Babylon. → Talmud hervorging. J.E.

Lit.: H. Schmökel, Ur, Assur und Babylon, o. J.; H. Schmökel (Hrsg.), Kulturgeschichte des alten Orient, 1954; W. v. Soden, Herrscher im alten Orient, 1961; Fischer Weltgeschichte, Bd. 2–4: Die altoriental. Reiche, 1965–67.

Babylonischer Turm. Innerhalb der → Urgeschichte des → Jahwisten erzählt 1Mose 11,1–9 vom Versuch der noch an einem Ort (Sinear = → Babylonien) wohnenden, mit *einer* Sprache begabten Menschheit, mit einem Städtebau sich einen Namen zu machen und mit einem gewaltigen Turm den Himmel zu erreichen. Jahwe verwirrt die Sprache der Menschheit und zerstreut sie über die Erde, der Bau bleibt unvollendet. Die Erzählung will die Vielfalt der Völker und Sprachen erklären. In V. 9 ist der Name der Stadt, Babel, genannt und mit dem hebr. Wort *balal* »verwirren« gedeutet.
Der Stoff der Erzählung stammt aus Babylon. Zu denken ist an den gewaltigen Tempelturm (Zikkurat) → Marduks, Etemenanki. Er wurde von → Nebukadnezzar II. (lange nach dem Jahwisten) vollendet, doch wesentlich früher (unter Nebukadnezzar I. im 12. Jh. v. Chr.?) begonnen. Ein babylon. Spottlied auf den zunächst geschei-

Die Zikkurat des Mondgottes Nanna in Ur, erbaut von König Urnammu (2250–2233 v. Chr.). Nordost-Fassade mit den Aufgängen

terten Plan mag dem Jahwisten vorgelegen haben, die Einarbeitung in die Urgeschichte und die Deutung von Jahwes Handeln her ist sein Werk. J.E.

Lit.: A. Parrot, Der Turm zu Babel, in: Bibel und Archäologie I, 1955, 61–108; G. v. Rad, Das erste Buch Mose, [9]1972 (ATD 2–4), 112–116.

Babylonisches Exil → Exil.

Bach Ägyptens (arab. *wadi el-arisch*), Grenzwadi zwischen Ägypten und Palästina, bildete die Südgrenze Judas und als solche des zu Israel gerechneten Gebietes (1Mose 15,18 u. ö.). O.

Backen. Das B. des Brotes war die tägliche Morgenarbeit der Hausfrau oder ihrer Sklavinnen (daneben gab es auch Berufsbäcker: »Bäckergasse« in Jerusalem, Jer 37,21; der Oberbäcker am ägypt. Hof, 1Mose 40,1f.), indem die aus Mehl mit Wasser, Salz und Sauerteig gekneteten Fladen entweder in Glutasche oder auf einer Backplatte aus Ton oder Eisen, unter der ein Feuer brannte, gelegt oder an die Innenfläche des von unten erhitzten Backofens (→ Ofen) geklebt wurden. S.

Bad. Das Baden ist im heißen Orient ein selbstverständlicher Brauch. Gebadet wird in der Wanne auf dem Dach des Hauses (2Sam 11,2) oder im Garten (Susanna 15); Badezimmer – obwohl bei den Ägyptern und Babyloniern und auch in Palästina bekannt – erwähnt die Bibel nicht. Öffentliche Bäder gab es in Palästina erst in röm. Zeit (→ Betesda); ob man die Thermalquellen am Toten Meer und die von → Tiberias und → Gadara schon in vorröm. Zeit benutzte, bleibt ungewiß. S.

Baësa → Bascha.

Bagoas. 1. Kämmerer des → Holofernes (Jdt 12,11.13 u. ö.). **2.** → Bigwai. O.

Bahurim, Ort im Gebiet Benjamins (2Sam 3,16), auf dem Weg von Jerusalem zum Jordan (2Sam 16,5; 17,18). O.

Bakastrauch → Pflanzenwelt.

Bala → Bilha.

Balaath → Baalat.

Balak, König von → Moab, der nach 4Mose 22–24 den Seher → Bileam beauftragte, Israel zu verfluchen. Der historische Kern dieser Überlieferung liegt in Auseinandersetzungen zwischen Moab und Israel in vorstaatlicher Zeit. O.

Baldad → Bildad.

Balsam → Pflanzenwelt.

Baltassar/Balthasar → Beltschazzar, → Weise aus dem Morgenland.

Bann, etwas für Gott Ausgesondertes. In den Kriegen der Frühzeit Israels wurden die besiegten Gegner, ihre Städte und ihre Habe »gebannt«, Gott geweiht, d. h. vernichtet (z. B. 4Mose 21,1f.; Jos 6,17–21; 10,28–40). Wer Gebanntes an sich nahm, verfiel dem Tode (Jos 7). Später schränkte Saul das B.-Gebot ein (1Sam 15). In profetischen Texten kommt »bannen« auch im übertragenen Sinne vor: Vernichtung eines Volkes durch das andere (z. B. Jes 37,11; Jer 50,21.26) oder durch Jahwe (Jes 34,2.5). In priesterlich-juristischen Texten bezeichnet »B.« die Todesverfallenheit des Frevlers (z. B. 2Mose 22,19; 5Mose 13,13–18) oder das durch ein Gelübde als Gabe für Gott Geweihte, das den Priestern zukam (z. B. Ez 44,29). S.

Banner (Lutherbibel: »Panier«). **1.** Feldzeichen (Standarte) einer militärischen Einheit, das zu deren Sammlung dient. **2.** Das B. der Gottheit als deren Repräsentation soll den Sieg über die Feinde bewirken (2Mose 17,15f.). Die Gestalt des Jahwe-B.s ist nicht mehr zu erhellen. O.

Bär → Tierwelt.

Barabbas (»Sohn des Abbas«), in einigen alten Handschriften *Jesus Barabbas,* nach Mk 15,7 gefangener jüd. Aufrührer, auf Bitten des Volkes von Pilatus anstelle Jesu zum Paschafest freigegeben. Da der Brauch einer solchen Amnestie sonst nicht bezeugt ist, könnte es sich um ein erzählerisches Motiv zur Demonstration der Mitschuld der Juden am Tode Jesu handeln. R.

Barachias → Berechja.

Barak. 1. B., von der Profetin → Debora zum Führer im Kampf gegen den König → Sisera bestellt, siegt am Berge → Tabor (Richt 4; 5). **2.** → Bedan. O.

Barbar, im griech. Sprachgebrauch abschätzige Bezeichnung für den Nichtgriechen als den unverständlich Redenden. Umgekehrt wird in hellenist.-jüd. Schriften »B.« für den Nichtjuden verwendet (2Makk 2,21; vgl. Apg 28,2.4). O.

Barfuß. Zum Zeichen der Demut, geht man b., so stets im Heiligtum, bei der Trauer oder dem Betreten eines fremden Hauses. O.

Bar-Jesus (»Sohn des Jeschua«), jüd. Zauberer, mit dem Paulus auf Zypern zusammenstieß (Apg 13,6–12), wahrscheinlich Astrologe (Beiname: *Elymas* »Seher«). R.

Bar-Kochba (»Sternensohn«), durch → Akiba geprägter Ehrenname, eigtl. *Simeon,* Anführer des jüd. Aufstands unter Hadrian (132–135 n. Chr.), der die endgültige Zerstörung Jerusalems nach sich zog. B.-K. fand bei der Verteidigung von Bet-Ter den Tod. Briefe B.-K.s wurden bei Ausgrabungen in der jud. Wüste gefunden. H.M.

Barmherzigkeit, dt. Übersetzung für verschiedene bibl. Begriffe. Im AT liegt meist das hebr. *rachamim* zugrunde, eigtl. »das Verwandtschaftsgefühl, die Sippensolidarität«. Von Gott ausgesagt, meint es die Bereitschaft, dem erwählten Volk ohne Vorbedingungen hilfreich beizustehen.
Im NT ist menschliche Barmherzigkeit (griech. *eleos*) Mitleid mit dem notleidenden Menschen. Göttliche B. ist Zuwendung der transzendenten Macht zum Leidenden, aber auch zu dem in Sünde verstrickten und deshalb verlorenen Menschen; B. kommt eindrucksvoll im Gleichnis vom verlorenen Sohn zum Ausdruck (Lk 15,11–32). K.

Barnabas, Beiname unklarer Bedeutung (nach Apg 4,36: »Sohn des Trostes«, vermutlich jedoch: »Sohn der Profetie«), den der zypriot. Levit Josef trug, einer der führenden Männer der Gemeinde von → Antiochia (Apg 13,1–3; 15,2.12) und Partner des Paulus auf der 1. Missionsreise (Apg 13–14). Nach Apg 4,36; 11,22 hatte B. auch enge Verbindung zur Jerusalemer Urgemeinde. Paulus trennte sich von ihm aufgrund von Meinungsverschiedenheiten, die im Anschluß an das → Apostelkonzil (Gal 2,1–10; Apg 15) hinsichtlich der Tischgemeinschaft von Juden- und Heidenchristen entstanden waren (Gal 2,13; Apg 15,37–39). R.

Barnabasbrief, fälschlich dem → Barnabas zugeschriebener, zu Anfang des 2. Jh.s in Alexandria entstandener Traktat, der den → Apostolischen Vätern zugerechnet wird. In ihm wird das AT

Bronzemünzen Bar-Kochbas (134 n. Chr.). Inschrift: »Simeon« (rechts) – »Jahr 3 der Freiheit Israels« (links)

durch allegorische Deutung christl. interpretiert. R.

Text: H. Windisch, Der B., in: Handbuch zum NT, Erg.-Bd. 3, 1920.

Barsabbas, Vatername von: **1.** Josef Justus, der als Gegenkandidat des Matthias bei der Nachwahl für den Zwölferkreis fungierte (Apg 1,23); **2.** Judas, der in Apg 15,22 genannt wird. R.

Barsillai. 1. Ostjordan. Grundbesitzer. Beim Aufstand des → Abschalom versorgt B. den flüchtenden David, wofür dieser sich nach seinem Sieg dankbar erweist (2Sam 17,27; 19; 1Kön 2,7). **2.** Ahn eines umstrittenen Priestergeschlechts in nachexilischer Zeit (Esr 2,61; Neh 7,63). K.

Bart. Während Ägypter und Philister sich glatt rasieren, trägt der Israelit einen Kinn- oder Schnurrbart. Bei Trauer oder Bußriten rauft man sich den B. oder schneidet ihn ab. Einem anderen Mann ihn abzuschneiden war schwere Schändung. K.

Bartholomäus (»Sohn des Talmai«), nach Mk 3,18 par; Apg 1,13 Glied des Zwölferkreises, oft fälschlich mit → Natanael (Joh 1,45) gleichgesetzt. R.

Bartimäus (»Sohn des Timäus«), blinder Bettler aus Jericho, nach Mk 10,46–52 von Jesus geheilt. R.

Baruch, Schreiber (Sekretär?) und Freund des Profeten → Jeremia. Ihm fällt wohl eine maßgebliche Rolle bei der Gestaltung des → Jeremiabuches zu. Mit dem Profeten teilt B. dessen wechselvolles Schicksal. Als Jeremia mit Redeverbot belegt ist, liest B. sein Buch mit den Unheilsweissagungen öffentlich vor und begibt sich in Todesgefahr (Jer 36). Mit Jeremia nach Ägypten verschleppt, kündet dieser ihm das entsagungsvolle Wort Jer 45,5: »Du begehrst Großes für dich? Begehre es nicht! . . . dein Leben gebe ich dir zur Beute allerorten, wohin du gehst.« – Später hat man den Titel »Schreiber« als → Schriftgelehrter verstanden und B. als ersten Vertreter dieses Standes verehrt. K.

Baruchschriften. An den Namen → Baruchs, des Mitarbeiters Jeremias, heften sich in späteren Jh.en Werke, für die der Untergang Jerusalems 587/586 v. Chr. zentrales Problem der Gotteserkenntnis ist:
1. Das 1. Buch B. (2./1. Jh. v. Chr.) findet sich in den kath. (nicht den ev.) Bibeln hinter Jeremia und den Klageliedern. Nach einem Sündenbekenntnis der Verbannten wird Bar 3,9–4,4 der Weg der Weisheit gepriesen, den Gott durch das Gesetz allein Israel unter allen Völkern eröffnet hat (»alle, die an sie sich halten, gewinnen das Leben«). Im Schlußteil erschaut das personifizierte Jerusalem die eschatologische Heimkehr seiner Kinder.
2. Der 2. oder syr. B. (Zeit Jesu) ist eine nur in einer syr. Bibelhandschrift vollständig erhaltene Apokalypse. In 7 Visionen werden die Epochen der Geschichte zwischen Adam und dem Kommen des Messias charakterisiert, am Schluß folgt eine Ermahnung zur Glaubenstreue.
3. Der 4. oder griech. B. (2. Jh. n. Chr.) schildert eine Reise Baruchs durch 5 bis 7 Himmel, in deren Mittelpunkt die Schau des Paradieses steht. K.

Texte zu (2): Kautzsch II, 404–446; Rießler, 55–113; zu (3): Kautzsch II, 446–457; Rießler, 40–54.

Basan/Batanai, die heutigen Golan-Höhen, Gebirgsabfall und Hochebene östl. des Sees Gennesaret. Wie die gewaltigen Eichen war auch das kräftige Rindvieh von B. (Am 4,1) sprichwörtlich. In vorisraelit. Zeit soll hier ein sagenhafter König → Og residiert haben (4Mose 21,33). Vermutlich hat erst David B. unterworfen. K.

Bascha, König des Nordreichs Israel (906–883 v. Chr.), erlangte die Herrschaft durch den Sturz des Königs → Nadab, des Sohnes → Jerobeams I., rottete dessen ganze Familie aus und kämpfte erfolglos gegen das Südreich Juda und das mit diesem verbündete Aramäerreich von Damaskus (1Kön 15,16–22.27–34; 16,1–7). S.

Basilisk → Tierwelt.

Bat → Maße und Gewichte.

Batseba, Frau des → Urija, mit der David Ehebruch beging und die ihm den Salomo gebar (2Sam 11–12). Gemeinsam mit → Natan erreichte sie, daß Salomo der Thronfolger Davids wurde (1Kön 1). S.

Bauer → Ackerbau.

Baum. B.e gelten als dauerhafte Wesen mit geheimnisvoller Lebenskraft, was an den mythischen B. des Lebens (→ Lebensbaum) und der Erkenntnis im Paradies (1Mose 2; 3) besonders deutlich wird. Zu jeder → Kulthöhe in vorexilischer Zeit gehören B.e (Eiche, Terebinthe, Tamariske, Palme, Granatapfelbaum) oder zumindest ein behauener Holzpfahl als → Aschere. Zu den B.-Arten → Pflanzenwelt. K.

Bauopfer. Bei der Grundsteinlegung oder Weihe eines Gebäudes oder einer Stadtmauer werden bei vielen Völkern B. dargebracht. Nach 1Kön 16,34 kostete der Wiederaufbau von Jericho den Erbauer zwei seiner Söhne. Ist an ein Kinderopfer gedacht? K.

Beamte → Verwaltung.

Becher. In Palästina sind zahlreiche Trinkgeräte aus Stein, Ton, Leder, Holz, Gold, Silber, meist schalenförmig mit Standfuß oder Standring, ausgegraben worden. Im Kult findet der B. vielfache Verwendung: zur Besprengung, zum Weingenuß beim Opferschmaus oder als Fluch beim Gottesurteil (4Mose 5,11ff.). In nachexilischer Zeit wird der B. des Segens beim Mahl des → Pascha wichtig. Daran knüpft der Brauch im christl. → Abendmahl an: »Dieser Becher ist das Neue Testament in meinem Blute« (1Kor 11,25). K.

Becherweissagung, eine Form des → Orakels, indem man Öl in einen Becher mit Wasser goß und aus den Formen des Öls die Zukunft deutete; auf die B. wird in 1Mose 44,5 angespielt. S.

Becken, dt. Übersetzung verschiedener Ausdrücke für: **1.** Schüsseln (in Haushalt und Tempel); **2.** ein → Musikinstrument. K.

Bedan, nach dem Urtext von 1Sam 12,11 Name eines → Richters, den man in → Abdon oder in → Barak abzuändern pflegt. S.

Bedellion → Pflanzenwelt, → Opfer.

Beduinen → Nomaden.

Beelzebub, im NT Name eines Dämonenfürsten, der in den meisten griech. Handschriften »Bee(l)zebul« lautet und dessen erster Teil die aram. Form des Wortes → *Baal* (»Herr«) ist. Vielleicht geht der Name zurück auf *Baal-Zebul* (»Baal, der Erhabene«), den Gott der Philisterstadt Ekron (2Kön 1), dessen Name hebr. zu *Baal-Sebub* (»Fliegen-Baal«) entstellt wurde. Diese Namensform wirkte in der christl. Tradition weiter; so wird in Goethes *Faust* Mephistopheles als »Fliegengott« bezeichnet. S.

Beer- (hebr., »Brunnen von ...«) oft Anfang von Ortsnamen. K.

Beerot, wohl das heutige *el-bire,* 20 km nördl. von Jerusalem. Die von → Horitern bewohnte Stadt (Jos 9,17) behauptete sich lang gegen Israel und wurde erst durch Saul unterworfen. K.

Beerscheba (»Siebenbrunnen« oder »Schwurbrunnen«), Stadt mit einem Heiligtum im Negeb. Die Isaaksippe hatte ihre Sommerweiden im Bereich dieser Stadt (1Mose 26,12–33) und besuchte ein vorisraelit. Heiligtum bei B., an dem der kanaan. »Gott der Ewigkeit« (1Mose 21,33) verehrt wurde. Hier kam es zu einer Begegnung mit der Abrahamsippe (1Mose 21,22–33), die zu einer Verbindung der beiden Sippen führte. Die Überlieferung israelit. Königszeit spiegelt die Bedeutung des südl. Grenzheiligtums von B., das von dem Profeten → Amos neben den Grenzheiligtümern von → Bet-El und → Gilgal kritisiert wurde (Am 5,5; 8,14).
Seit 1969 wird B. auf dem *tell es-seba* ausgegraben. Die früheste Besiedlung dieser Ortslage weist in das 4. Jt. des Chalkolithikums. Es folgt ein Besiedlungsabbruch mit einer dörflichen Neubesiedlung in der frühen Eisenzeit des vorstaatlichen Israel. Im 10. Jh. v. Chr. wird B. zu einem stark befestigten Verwaltungszentrum in Juda ausgebaut. Nach einer Zerstörung im 9. Jh. wurde die Stadt erneut aufgebaut. Aus dieser Zeit wurden Lagerhäuser und ein Gebäude, das als Residenz eines Gouverneurs zu interpretieren ist, freigelegt. In einem Lagerhaus eingemauert wurden Teile eines Hörneraltars (→ Altar) gefunden. Ob sich darin eine Kultreform mit der Aufhebung lokaler Heiligtümer zugunsten der Zentralisierung des Jahwekultes am Tempel von Jerusalem widerspiegelt, die den Königen → Hiskija oder → Joschija zuzuschreiben ist, ist ge-

Beerscheba. Eisenzeitliches Lagerhaus (8. Jh. v. Chr.)

genwärtig noch umstritten. Auch die Datierung des Unterganges dieser Stadt B. ist umstritten. Der Ausgräber Y. Aharoni verbindet das Ende des vorexilischen B. mit dem Feldzug des assyr. Königs → Sanherib (701 v. Chr.). In hellenist. und röm. Zeit wurde in B. eine Festung zur Sicherung der Südgrenze errichtet, die möglicherweise in pers. Zeit zurückgeht. O.

Lit.: Y. Aharoni, Beer-Sheba I, 1973; Z. Herzog, Beer-Shebá II, 1984.

Beerseba → Beerscheba.

Begierde, vorwiegend das böse Verlangen, das durch seine Grenzenlosigkeit das Verhältnis zur Gemeinschaft und zu Gott zerstört. Paulus wertet die B. als Beweis für die Herrschaft der → Sünde über den Menschen (Röm 1,24–32; 7,7f.). R.

Begräbnis, für Israel ein notwendiger Akt der Pietät, den man auch dem Feind zukommen ließ, weil man glaubte, daß nur dem Begrabenen ein ungeschmälertes Weiterleben nach dem Tode möglich sei. Das B. fand – möglichst am Sterbetag, wie heute noch im Orient – in Verbindung mit einer Reihe von → Trauerbräuchen statt. Der Tote, dem man die Augen geschlossen und den man – wenigstens in röm. Zeit – gewaschen hatte, wurde auf einer Bahre zum → Grab getragen und in seinen Kleidern – Leichentücher benutzte man erst in röm. Zeit – bestattet, und zwar gewöhnlich ohne → Sarg. Dem Toten gab man allerlei Gegenstände mit in das Grab, anfangs Zierat und Geschirr für Nahrung, später – in hellenist. Zeit, als sich die konkret-materialistische Auffassung vom Leben nach dem Tode gewandelt hatte – nur noch viele Öllämpchen. Die Gräber lagen in der Regel außerhalb der Siedlungen und nach Möglichkeit als Totenstädte (Nekropolen) geschlossen beieinander. B.se innerhalb der Siedlungsgemeinschaft – z. B. solche verstorbener Kinder in Tonkrügen – gab es nur selten; lediglich die Vornehmen und die Fürstengeschlechter hatten ein Familiengrab auf dem eigenen Hof. Die Leichenverbrennung kam mit Ausnahme weniger Fälle von Nichtisraeliten in Palästina nicht vor. – Jesus läßt einem in die → Nachfolge Berufenen nicht Zeit, seinen Vater zu begraben (Mt 9,22): gegenüber der eschatologischen Dringlichkeit des Dienstes am → Reich Gottes muß auch die Pietätspflicht des Sohnes zurückstehen. S./R.

Behemot, Wasserungeheuer, das mit dem Nilpferd (Gewicht bis 3000 kg) gleichgesetzt werden kann (Ijob 40,15ff.). Der Name ist vielleicht ägypt. In der → Apokalyptik wird B. zum → Drachen der Endzeit in der Wüste. K.

Beinkleider, wurden in Israel nur von den Priestern getragen; → Priesterkleidung. O.

Beisaß (hebr. *toschab*), Luther übersetzt meist »Gast«. Gemeint ist (in nachexilischer Zeit) ein Stand ohne eigenen Grundbesitz (Handwerker?, Lohnarbeiter?), der in einem Ort fest ansässig ist und wohl im Miet- oder Pachtverhältnis zu einem Einheimischen steht (3Mose 22,10). Rechtlich steht er unter dem Fremdling, aber über dem → Sklaven. »B.« ist in 1Petr 2,11 ein Bild für das Dasein der Christen in dieser Welt. K.

Beispielerzählung(en), Untergruppe der → Gleichnisse. Sie veranschaulichen in erzählender Form wünschenswerte (Lk 18,9–14) oder abzulehnende Verhaltensweisen (Lk 12,13–21). Bekannteste bibl. B. ist die Erzählung vom barmherzigen Samariter (Lk 10,29–37). R.

Beistand → Paraklet.

Bekehrung. B. heißt im AT meist nicht Konversion von einer Religion zur anderen, sondern wird den eigenen Religionsgenossen zugemutet. Die Profeten fordern B. als Umkehr von einer im Volke eingerissenen Lebenshaltung, die von vordergründigem Eigennutz bestimmt ist, und Hinwendung zu dem »Weg«, der Gottes und des Nächsten beim Verhalten im Alltag eingedenk ist. Das Ausbleiben von B. im Volk führt die nationale Katastrophe unausweichlich herauf (so schon Am 4,6ff.). B. schließt Sinnesänderung und daraus folgende gute Werke in sich; wer sich bekehrt, begreift die Wendung als von Gott gewirkt, der gesprochen hat: »Kehre um zu mir, denn ich habe dich erlöst!« (Jes 44,22.) In nachexilischer Zeit wird strikte Befolgung des Gesetzes Ziel der B., ihr Zweck hingegen Erlangung eschatologischen Heils (so im Schrifttum von → Qumran).

Im NT kann sowohl die Gewinnung der Juden wie der Heiden für Christus B. genannt werden. Und zwar gehören hier → Buße und B. als zwei Aspekte des gleichen Vorgangs unmittelbar zusammen: Bezeichnet »Buße« den entscheidenden, die gesamte Person betreffenden Akt der Umkehr, so nimmt das Wort »B.« stärker die dadurch bewirkte neue Lebenshaltung in ihrem Kontrast zum Bisherigen in den Blick. B. ist immer zugleich Abwendung von den heidn. Götzen bzw. den den Menschen beherrschenden Mächten und Hinwendung zum lebendigen Gott und Christus (1Thess 1,9; Apg 14,15; 26,18). Sie bedeutet eine radikale Umwertung aller Werte (Phil 3,7). Beispielhafte Bedeutung für das frühe Christentum hatte die Lebenswende des Paulus vor → Damaskus (Apg 9,1–22), die freilich über die B. hinaus zugleich → Berufung zum besonderen Dienst des → Apostels war (Gal 1,15f.). K./R.

Bekenntnis → Sündenbekenntnis.

Bel (hebr. *baal* »Herr«), Titel babylon. Hochgötter, vor allem des Hochgottes → Marduk, dessen Eigenname in den letzten Jh.en v. Chr. durch den *B.*-Titel verdrängt wird. K.

Bel zu Babel, Anhang zum → Danielbuch, der in kath. Bibeln als Kap. 14 gezählt wird, in prot. Bibeln unter den → Apokryphen steht. Inhalt: Die babylon. Priester behaupten, daß der Gott → Bel die täglichen Opfergaben wunderbar verzehre. Ihre Praktiken aber und damit die Ohnmacht des Heidengottes werden durch Daniel entlarvt. K.

Belial, ursprünglich »Bosheit«, »Verderben«, (z. B. 5Mose 13,14; Ps 18,5), im Spätjudentum personifiziert zur gottfeindlichen Macht, Bezeichnung des Satans (2Kor 6,15). R.

Belsazer → Belschazzar.

Belschazzar. Nach dem Buch Daniel war B. Sohn → Nebukadnezzars und letzter babylon. König, historisch war er jedoch Sohn → Nabonids und Mitregent seines Vaters, nicht selbst König. Nach Dan 5 erlebt B. bei einem rauschenden Gastmahl mit lästerlicher Selbstüberhebung das → *Mene Tekel* an der Wand. K.

Beltschazzar, der Name, der → Daniel am Hof des Königs von Babylon gegeben wurde (Dan 1,7). S.

Ben (hebr. »Sohn«), Vorsilbe in Personennamen. O.

Benadad → Ben-Hadad.

Benaja, einer der dreißig Helden → Davids (2Sam 23,20–23) und später Kommandant der Söldnertruppe → Krethi und Plethi. Als Parteigänger → Salomos stieg er unter diesem zum Führer des Heerbannes auf. O.

Benediktus, der nach seinem Anfang (lat., »Gelobet sei . . . «) benannte Lobgesang des Zacharias (Lk 1,68–79), der als Schlußgesang der Laudes (Morgengebet) in die kirchliche Liturgie eingegangen ist. R.

Ben-Hadad, aram. Könige. **1.** B. I. (gest. um 875 v. Chr.) führte, verbündet mit → Asa von Juda, Krieg gegen → Bascha von Israel (1Kön 15,16ff.). Von ihm ist eine Stele für den tyr. Gott Melkart erhalten. **2.** B. II., Sohn B.s I., führte erfolglos Krieg gegen → Ahab von Israel. Später verbündet mit Ahab und → Josafat von Juda in der Schlacht von → Karkar (853 v. Chr.), konnte er den Vormarsch des assyr. Königs → Salmanassar III. nach Westen zum Stehen bringen. Auf Geheiß → Elischas wurde er von → Hasael ermordet (2Kön 8,14f.). **3.** B. III., Sohn Hasaels, wurde 790 v. Chr. in einem Zweifrontenkrieg mit → Hamat und Israel von → Joasch geschlagen (2Kön 13,24f.). O.

Benjamin (hebr. *binjamin* »Sohn des Südens«). **1.** Als *banu jamina* wohl in der Korrespondenz aus → Mari belegt. **2.** Ahn (Eponym) des Stammes B. als jüngster der Söhne → Jakobs mit → Rahel (1Mose 30,24; 35,16ff.). **3.** Der Stamm B. drang im ausgehenden 13. Jh. v. Chr. mit → Efraim aus der syr. Wüste ins Westjordanland vor (→ Landnahme) und wurde im Gebiet zwischen Jordan und → Bet-Horon seßhaft. Die Landnahme-Erzählungen B.s in Jos 2–9 wurden die für ganz Israel gültige Überlieferung der Landnahme. B. geriet in vorstaatlicher Zeit in Abhängigkeit von Efraim (Richt 5,14) und verlor um 1100 v. Chr. völlig die Eigenständigkeit (Richt 19–21). Der Aufstieg B.s zu einem führenden Stamm → Israels begann mit der Wahl des B.iten → Saul zum König (1Sam 11,15), nach dessen Tod B. wiederholt Widerstand gegen → David leistete (2Sam 20,1–22 u. ö.). Auf dem Landtag von → Sichem unter → Rehabeam schloß sich B. aber dem Südreich → Juda an und bildete die Grenze zum Nordreich. **4.** Verschiedene Personen (1Chr 7,10; Esr 10,32; Neh 3,23; 12,34). O.

Lit.: K. D. Schunck, B., 1963.

Berachja → Berechja.

Berechja. Vater des Profeten → Sacharja (Sach 1,1). Wenn Mt 23,35 von der Ermordung Sacharjas, des Sohnes B.s, spricht, so liegt damit wohl eine Verwechslung vor; gemeint ist vermutlich der 2Chr 24,20–22 erwähnte Priester Sacharja. R.

Berenike, Tochter → Herodes Agrippas I., lebte mit ihrem Bruder Herodes Agrippa II. zusammen (Apg 25,13; 26,30); später Geliebte des röm. Kaisers → Titus. R.

Berg. Wo im AT, abgesehen vom → Sinai-Horeb, B.e mit religiöser Bedeutung genannt werden, handelt es sich um Traditionen, die von den Kanaanäern übernommen wurden. So waren die auf B.en gelegenen Jahwe-Heiligtümer ursprünglich kanaan. Kultstätten (z. B. Tabor, Garizim), und kanaan. ist ebenfalls die Vorstellung von einem B. als Wohnsitz Gottes (z. B. Ez 28,14) im Norden, die auf den Tempelberg von Jerusalem übertragen wurde (z. B. Ps 48,3).
Im NT ist der B. der typische Ort der Selbst-Offenbarung Gottes bzw. Jesu (Mk 9,2ff.; Mt 5,1, → Bergpredigt; 28,16f.). S./R.

Bergbau, in → Palästina nur in geringem Umfange belegt, da das Gebiet arm an Metallen ist. Archäologisch sind Kupfer- und Eisenbergwerke auf der Sinaihalbinsel, im Ostjordanland und im Libanongebirge nachgewiesen. Von → Salomo wurde vermutlich eine Kupfermine bei → Ezjon-Geber ausgebeutet. Eine ausführliche Beschreibung des B.s in alttest. Zeit gibt Ijob 28,1–11. O.

Berggötter → Jahwe.

Bergpredigt, von der Situationsangabe in Mt 5,1 abgeleitete traditionelle Bezeichnung der ersten großen Jesusrede im Matthäusevangelium (Kap. 5–7). Die Angabe, daß Jesus auf einem Berg zu Volk und Jüngern gesprochen habe, beruht nicht auf historischer Erinnerung, sondern ist symbolisch: Der »Berg« gilt im Judentum seit der Gesetzgebung am → Sinai als Ort der Offenbarung und des Gesetzes. Jesus proklamiert hier nach Meinung des Matthäus die neue Ordnung für das Gottesvolk der Heilszeit. Formal ist die B. keine echte Rede, sondern eine Sammlung von Jesusworten zu verschiedenen Themen, deren Grundbestand auf die → Logienquelle (Q) zurückgehen dürfte, wie die weitgehende Entsprechung zu der sog. »Feldrede« Lk 6,20–49 ergibt (→ Synoptiker).

Inhalt und Gliederung: a) Die 9 Seligpreisungen (5,3–12) bilden die programmatische Einleitung, es handelt sich um die Grundordnung der Gottesherrschaft. b) Es folgen eine Reihe von Bildworten von der Aufgabe der Jüngerschaft und ihrer Bedeutung für die Welt (5,13–16). c) Den Schwerpunkt bildet der Abschnitt über die Gesetzesauslegung Jesu (5,17–48); auf eine grundsätzliche Bestimmung des Verhältnisses Jesu zum alttest. Gesetz (5,17–20) folgen 6 Gegensatzsprüche (Antithesen), die an zentralen Beispielen zeigen, wie Jesus das alttest. Gesetz überbietet bzw. den hinter ihm stehenden unbedingten Willen Gottes, des Schöpfers, wiederherstellt. Dem, was »zu den Alten« gesagt ist, stellt Jesus sein vollmächtiges »Ich aber sage euch . . . !« gegenüber. d) In 6,1–18 wird anhand von drei Beispielen (Almosengeben, Beten und Fasten) die Frömmigkeitspraxis der Jesusjünger dargestellt. Wichtigster Teil dieses Abschnitts: das → Vaterunser als Modell des neuen Betens der Jünger (6,9–13). e) Vom Verhältnis der Jünger Jesu zum Besitz handeln 6,19–34. f) Es folgen verschiedene Mahnungen und Weisungen sowie, als Zusammenfassung der Gesetzesauslegung Jesu, die sog. → Goldene Regel (7,1–12). g) Der Abschluß (7,13–27) enthält Warnungen vor falschen Profeten und vor einem bloßen Hören, welches das Tun vergißt.

Abschnitt c) bereitet der Auslegung seit jeher die größten Schwierigkeiten; die Frage nach Sinn, Durchführbarkeit und Geltungsbereich der radikalen Weisungen Jesu ist das eigentliche Problem der B. Handelt es sich hier um eine besondere Ethik (»evangelische Räte«) für die »vollkommenen Christen« (so der klassische kath. Lösungsversuch)? Werden hier nur Richtlinien für die Gesinnung der Christen gegeben ohne Anspruch auf konkrete Verwirklichung im gesellschaftlichen und öffentlichen Bereich (so der klassische prot. Lösungsversuch)? Handelt es sich um einen unbedingten Anspruch, der auf die totale Infragestellung der gegebenen gesellschaftlichen Lebensformen hinausläuft (so L. Tolstoj, K. Marx, K. Kautsky)? Oder gibt Jesus hier nur Grundsätze einer »Interimsethik« (A. Schweitzer) für die kurze Frist bis zum Einbruch des Weltendes? Man wird allen diesen Theorien gegenüber den theologischen Ansatz der Gesetzesinterpretation der B. betonen müssen. Jesus entwirft keine neue Gesellschaftsordnung; er legt vielmehr den ursprünglichen Sinn des Gesetzes wieder frei: es ist Proklamation des guten, heilvollen Willens des Schöpfers gegenüber seiner Schöpfung, der durch den Kompromiß des mosaischen Gesetzes (Mk 10,5) verdunkelt worden war. R.

Lit.: J. Jeremias, Die B., [5]1965; G. Eichholz, Auslegung der B., [3]1975; G. Strecker, Die B., 1984.

Berit → Bund.

Beröa. 1. Ort in Syrien (2Makk 13,4). **2.** Stadt in Mazedonien, in der Paulus erfolgreich missionierte (Apg 17,10.13). R.

Berotai, aram. Stadt, die von David geplündert wurde (2Sam 8,8), möglicherweise mit *brital* identisch. O.

Beroth → Beerot, → Berotai.

Berufung. Das Wort »B.« meint im christl. Sprachgebrauch die von Gott oder im Namen Gottes ergehende Beauftragung eines Menschen, die ihn aus seiner bisherigen Existenz herausnimmt und in den Dienst Gottes stellt. Solche B.en überliefert das AT bei einigen Profeten (Jes 6; Jer 1; Ez 1–3), bei Mose (2Mose 3–4) und dem → »Richter« Gideon (Richt 6,11–24), wobei die B.s-Berichte – mit Ausnahme von Jes 6 – als gemeinsamen Zug das Widerstreben des Berufenen gegen seine B. enthalten (ähnlich bei Saul, 1Sam 9,21); eine Sonderform ist die B. des → Elischa durch → Elija in dessen → Nachfolge (1Kön 19,19–21).

Das NT kennt vielfach B.en im Sinne der mit einem bestimmten Widerfahrnis verbundenen Auftragserteilung. So geht der Bericht von der Taufe Jesu wohl auf eine B.s-Vision mit gleichzeitiger Geistbegabung zurück (Mk 1,10–12). Paulus deutet seine B. zum → Apostel in Analogie zu alttest. Profeten-B.en (Gal 1,15f.; Röm 1,1), wobei allerdings der auferstandene Christus der Berufende ist. Ebenso weiß sich der Ver-

fasser der → Offenbarung des Johannes durch eine Christusvision zum Profeten berufen (Offb 1,9–19).
Darüber hinaus ist die ganze christl. Gemeinde als das Gottesvolk der Endzeit durch die Taufe berufen, das widerfahrene Heil durch Wort und Tat der Welt zu bezeugen (1Petr 1,15; 2,9). S./R.

Berzellai → Barsillai.

Beschneidung, die operative Entfernung der Vorhaut des männlichen Gliedes, war im Altertum als fester Brauch bei den Ägyptern, Edomitern, Ammonitern, Moabitern (Jer 9,24–25) und Israeliten üblich, nicht aber bei den Assyrern und Babyloniern und den Philistern.
Die B. ist ursprünglich ein → Initiationsritus, eine bei der Pubertät vollzogene Weihe zur Mannbarkeit; allerdings läßt sich der genaue Sinn des Brauches nicht mehr ermitteln, denn hygienische Gründe dürften nur von untergeordneter Bedeutung gewesen sein. Vielleicht war die B. ursprünglich als ein Opfer der Vorhaut gedacht, mit der die Fruchtbarkeit des Mannes gesichert werden sollte. Anscheinend seit dem → Exil, in dem sich die B. zu einem wesentlichen Unterscheidungsmerkmal gegenüber der heidn. Umwelt entwickelte, wurde es für die Israeliten Pflicht, schon am Kleinkind, acht Tage nach der Geburt, die B. vorzunehmen (der Abschn. 1Mose 17,9–14 verlegt diese Vorschrift in die Patriarchenzeit zurück). In hellenist. Zeit, als → Antiochus IV. die B. unter Todesstrafe verbot, ließen sich zahlreiche Juden die Vorhaut auf künstlichem Weg wiederherstellen.
Paulus kämpfte leidenschaftlich und erfolgreich gegen jene judenchristl. Kreise, die für die → Heidenchristen die B. verlangten (Gal 2,3; 5,2), und forderte – in Anlehnung an alttest. Sprachgebrauch (z. B. 5Mose 10,16) – die »geistliche« B. (Phil 3,3; vgl. Kol 2,11). S.

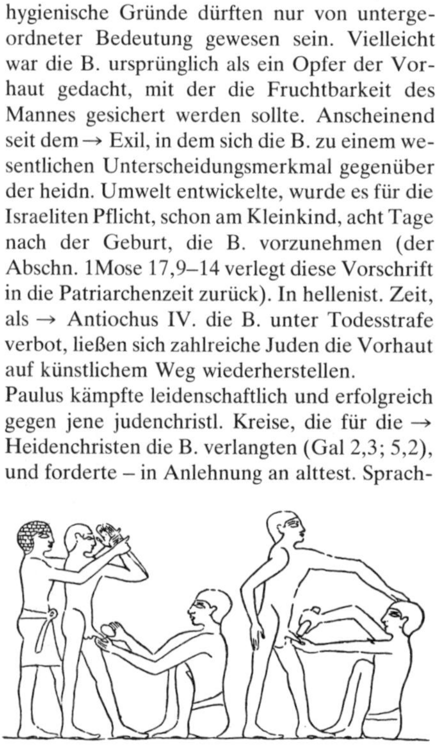

Beschneidung. Nach einer ägyptischen Darstellung aus einem Grab bei Sakkara (um 2500 v. Chr.)

Beschwörung, ritueller Akt, der durch Rede und Handlung Unheil abwenden und Heil herbeiführen soll. In Babylonien und Assyrien existiert eine ausgeprägte B.s-Literatur. Im AT wird z. B. in Ps 58,6 auf eine B. angespielt. Bei der Totenbeschwörung soll der Geist eines Verstorbenen Zukünftiges voraussagen (1Sam 28). Da eine B. zwingende Wirkung – auch auf die Gottheit – hat, ist diese Praktik in Israel verboten (5Mose 18,11). U.R.

Beseleel → Bezalel.

Besessenheit, nach antikem Volksglauben Ursache vieler nervlicher und psychischer Krankheiten, wie z. B. der Epilepsie (Mk 9,14–29). Ihre Heilung erfolgte durch die Austreibung des im Menschen wohnenden Dämons. Vor allem das Markusevangelium deutet die Heilerfolge Jesu als Siege über die → Dämonen. R.

Besprengen. Beim Opfer wurde das Blut des geschlachteten Tieres an den Altar gesprengt, gespritzt oder geschüttet, weil es als Gott gehörig nicht Teil des Opfers sein konnte. Das B. von Menschen mit Blut, Wasser oder Öl diente der Entsündigung und der Weihe; in 2Mose 24,6–8 ist das Blut-B. Teil des Bundesschlusses. S.

Bestechung. In einem Rechtsprozeß war in Israel B. verboten (2Mose 23,8 u. ö.). Das zahlreich überlieferte Verbot der B. zeigt, daß die großen sozialen Differenzen in der israelit. Gesellschaft zu häufigen B.en führten. O.

Bet- (hebr., »Haus von«), oft Anfang von Ortsnamen. K.

Bet-Abara → Betanien.

Betanien. 1. Heimat des Lazarus und seiner Schwester Maria und Marta (Joh 11,1.18), heute *azarije* »Lazarusdorf«, 3 km östl. von Jerusalem. Während seiner letzten Tage hält Jesus sich hier häufiger auf (Mk 11,11). **2.** Platz am Ostufer des Jordans, wo → Johannes der Täufer u. a. Jesus taufte, in jungen Handschriften zu *Bet-Abara* verändert (Joh 1,28). Die Identität mit der heute aufgezeigten Taufstelle ist unsicher. K.

Bet-El (hebr., »Haus Gottes«), Bezeichnung eines Heiligtums 17 km nördl. von Jerusalem, die wohl in der frühen Königszeit Israels auf die nahe gelegene Stadt Lus (arab. *betin*) übertragen wurde.
Das Heiligtum B. ist am ehesten mit dem etwa 1 km südöstl. von *betin* gelegenen *burdsch betin* zu identifizieren. B. hat eine möglicherweise bis in die jüngere → Steinzeit (Neolithikum) zurückreichende Geschichte, in der die → Massebe von B. (1Mose 28) als Wohnung der Gottheit galt. In kanaan. Zeit wurde in B. ein El Bet-El verehrt. Im vorstaatlichen Israel stand B. zunächst im Schatten des Heiligtums von → Sichem. Von hier wurde die Tradition des Erzvaters → Jakob auf B. übertragen (1Mose 35,1–7.14f.). Mit dem Erstarken des Stammes Efraim gewann auch B. zunehmend an Bedeutung. So wurde nach der Reichsteilung das Heiligtum von B. mit einem Stierbild als Symbol des Gottes des → Auszugs neben dem von → Dan zum Reichsheiligtum des Nordreiches Israel (1Kön 12,25ff.). Im 8. Jh. v. Chr. bekämpfen die Profeten → Amos und → Hosea den Staatskult in B. Nach der assyr. Eroberung im Jahre 724 v. Chr. wirkt ein Jahwe-Priester weiter in B. Im 7. Jh. v. Chr. wird das Heiligtum von B. durch → Joschija (2Kön 23,15) zerstört. Die Geschichte der Stadt Lus/B. ist durch amerikan. Grabungen erhellt worden. Nach einem Heiligtum des Chalkolithikums begann die Besiedlung B.s gegen Ende des 4. Jt.s. In der mittleren Bronzezeit (19. Jh. v. Chr.) erhielt B. eine Stadtmauer. Eine von den Ausgräbern auf 1240–35 datierte Zerstörung des spätbronzezeitlichen B.s wird von ihnen mit der Eroberung im Zuge der → Landnahme → Israels verbunden. Doch ist die Einnahme B.s durch efraimitische Sippen (Richt 1,22ff.) eher mit einer ins 12. Jh. v. Chr. zu datierenden Brandschicht B.s zu verbinden. O.

Betesda (in einigen Handschriften, wohl fälschlich, *Bezata* oder *Betsaida*), Doppelteich mit heilkräftigen Quellen, nördl. des Tempelplatzes in Jerusalem (Joh 5,2). Er war – wie neuere Ausgrabungen ergaben – von vier Säulenhallen umgeben, eine fünfte verlief zwischen den zwei Wasserbecken. R.

Betfage, zu Jerusalem gehöriger Ort am Westhang des → Ölbergs; nach Mk 11,1 par ließ Jesus dort einen Esel für den Einzug in Jerusalem holen. H.M.

Beth- → Bet-.

Bethanien → Betanien.

Bethaven/Bet-Awen/Beth-Awen → Bet-El.

Blick auf Betlehem. Im Hintergrund links das Herodeion, Sommerpalast und vermutlich auch Grabstätte Herodes' d. Gr., auf einer künstlich planierten Bergkuppe errichtet

Bethel → Bet-El.

Bethesda → Betesda.

Bethlehem → Betlehem.

Bet-Horon, zwei miteinander zusammenhängende Ortslagen des unteren B. und des oberen B. im Tal von → Ajalon an der Grenze der Stämme Efraim und Benjamin (Jos 16,5). Das obere B. hatte eine beherrschende Position über die durch das Tal von Ajalon führenden Verbindungen weg von der Küstenebene ins Gebirge Efraim. → Salomo baute beide Ortslagen zu Festungen aus (1Kön 9,17). O.

Beth-Peor → Pegor.

Bethphage → Betfage.

Bethsaida → Betsaida, → Betesda.

Bethsura → Bet-Zur.

Betlehem, Ort des Stammes Juda, 8 km südl. von Jerusalem, bedeutsam geworden als Heimat → Davids (1Sam 16; auch die Erzählung von → Rut spielt bei B.). Deshalb wurde später das Kommen eines machtvollen Friedensfürsten aus B. erwartet (Mich 5,1–3). Wahrscheinlich ist B. erst aufgrund dieser Erwartung zum Geburtsort Jesu erklärt worden. – Die im 4. Jh. erbaute Geburtskirche steht auf einer Kuppe, wo seit dem 2. Jh. eine Höhle als Geburtsstätte Jesu gilt. S.

Betsaida. 1. Ort am See Gennesaret; von Jesus wegen seines Unglaubens verflucht (Mt 11,21 par); Heimat der Jünger Andreas, Simon und Philippus (Joh 1,44; 12,21). **2.** → Betesda. H.M.

Bet-Schean (arab. *tell el-hösn*), Ort im südöstl. Galiläa am östl. Ende der Ebene → Jesreel an der Verkehrsverbindung von Ägypten nach Syrien und Mesopotamien. B., gesichert seit dem Chalkolithikum (4. Jt. v. Chr.) besiedelt, erreicht als kanaan. Stadtstaat den Höhepunkt seiner Bedeutung in der Spätbronzezeit (→ Palästina). Von Thutmosis III. (1490–36 v. Chr.) erobert, wurde B. eine ägypt. Garnison. Sie kam nach 1200 v. Chr. wohl unter den Einfluß der → Philister (1Sam 31,8–10). Mit der → Landnahme der

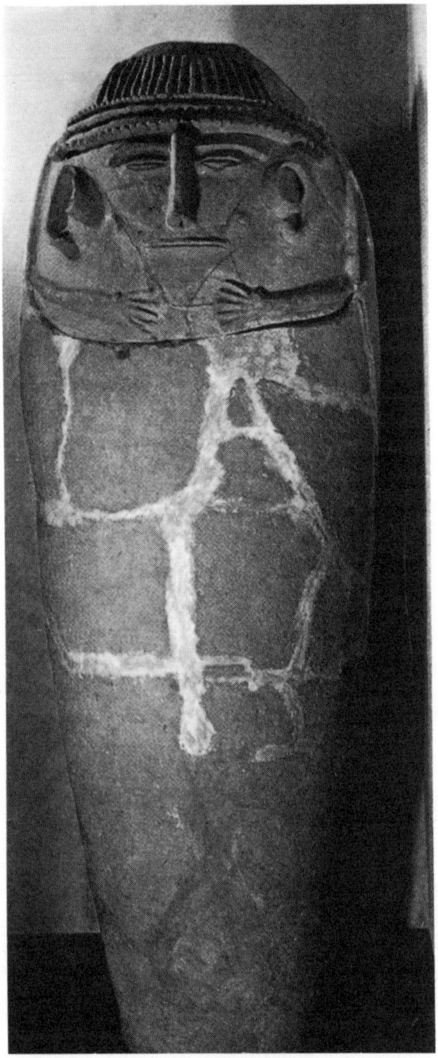

Tonsarkophag aus Bet-Schean (12./11. Jh. v. Chr.)

Israeliten erhob zunächst der Stamm → Issachar Anspruch auf B., der mit dem Erstarken des Stammes → Manasse auf diesen überging (Jos 17,11.16; Richt 1,27). Dennoch wurde B. erst unter David dem israelit. Staatsverband eingegliedert. Mit der Reichsteilung verliert B. an Bedeutung und ist um 700 v. Chr. kaum besiedelt. In hellenist. Zeit wird B. als Skythopolis neu be-

siedelt. 47 v. Chr. wird B. selbständige Polis und schließt sich der → Dekapolis an.
Seit 1921 ist B. Stätte einer Ausgrabung, die u. a. auf die Anlagen spätbronzezeitlicher bis früheisenzeitlicher → Tempel stieß. O.

Bet-Schemesch, »Haus der Sonne«, Name von Städten mit Sonnenkult. **1.** Stadt südwestl. des Sees Gennesaret. **2.** Zwischen Nord- und Südisrael und den Philistern oft umstrittene Stadt, 25 km westl. von Jerusalem, in der bei Ausgrabungen interessante Gegenstände aus dem 2. Jt. v. Chr. gefunden wurden, die Verbindungen nach Ägypten wie nach → Ugarit zeigen. K.

Bett. In der Frühzeit Israels schlief man auf dem Boden unter seinem Mantel (2Mose 22,26), später kam – zunächst bei den Wohlhabenden – das B., ein hölzernes Gestell, auf, das am Tage zum Sitzen oder Liegen beim Essen diente (z.B. 2Sam 11,2; Am 3,12; Mk 4,21). S.

Bettler. Im AT werden B. selten (z. B. Ps 109,10), im NT vor allem Blinde und Gelähmte als B. erwähnt (z. B. Mk 10,46; Apg 3,2). S.

Betuël, Neffe Abrahams und Schwiegervater seines Sohnes Isaak (1Mose 24), in der Gegend des mittleren Eufrats ansässiger Aramäer. K.

Betulia, das Zentrum der Handlung des Buches Judit. Eine Ortschaft dieses Namens ist unbekannt; vermutlich handelt es sich um einen Decknamen. S.

Bet-Zur, strategisch wichtige Festung an der Straße von Hebron nach Jerusalem (2Chr 11,7; 1Makk 4,29). K.

Beute. Was einem geschlagenen Feind abgenommen oder in einer eroberten Stadt gefunden wurde, galt, soweit es nicht durch → Bann zum Eigentum Gottes erklärt war, als Eigentum der Sieger; sie diente zur Belohnung und für den Unterhalt der Kämpfer. Nach 4Mose 31,21–24 mußte die B. vor dem Gebrauch kultisch gereinigt werden. S.

Beutel (hebr. *kis* und *z^e^ror,* griech. *ballantion*). Der um den Hals oder am Gürtel getragene B., wohl aus Leder, diente hauptsächlich zur Aufbewahrung von Geld (z.B. 1Mose 42,35; Jes 46,6; Lk 10,4) und Gewichtssteinen (z.B. Mich 6,11). B. mit größeren Summen wurden versiegelt (Ijob 14,17), daher der Ausdruck »B. des Lebens« (1Sam 25,29). S.

Bezalel, nach 2Mose 31; 35–38 der Werkmeister, der zusammen mit Oholiab die Stiftshütte und ihre Geräte herstellte. S.

Bibel, das Heilige Buch der Christenheit, bestehend aus → Altem und → Neuem Testament. Der Name geht zurück auf griech. *biblia* »Bücher«, den Plural von *biblion* »Buch«, und dieses wiederum über *biblon, byblon* auf den Namen der phöniz. Hafenstadt → Byblos, aus der im Altertum vornehmlich der → Papyrus, das Papier, nach Griechenland eingeführt wurde. S.

Bibel, Bedeutung in der Kirche. Sämtliche christl. Kirchen berufen sich für ihre dogmatische und ethische Lehre auf die B. als autoritative Quelle, als ein durch Inspiration und Offenbarung mitgeteiltes göttliches Wort, das mehr ist als das menschliche Wort der »Apostel und Profeten«. Die Art der Bezugnahme ist unterschiedlich. Wieweit bibl. Aussagen wörtlich zu nehmen sind, wieweit allegorisch aufzufassen, ist ebenso umstritten wie das Verhältnis von zeitgebundenen Anschauungen und ewigen Wahrheiten. Die röm.-kath. Kirche sieht neben der B. in der mündlichen Tradition der Apostel, die das päpstliche Lehramt weitergibt, eine zweite Offenbarungsquelle. Die prot. Kirchen dagegen berufen sich »allein auf die Schrift« als Norm des Glaubens und Lebens. Freilich wird dieser Grundsatz in liberalen Richtungen so gedeutet, daß nur eine der Vernunft und der gegenwärtigen Erfahrungen entsprechende Meinung der Bibel verbindlich ist. Anders der sog. Biblizismus, der das Programm vertritt, daß christl. Lehren nur so weit legitim sind, als sie sich mit bibl. Aussagen decken. Auch in der religiösen Praxis hat zu allen Zeiten die B. eine wichtige Stellung eingenommen. Zu jeder gottesdienstlichen Handlung gehört die Verlesung von Schriftabschnitten (Perikopen), der Predigt liegt weithin ein Bibeltext zugrunde, Schriftabschnitte (Psalmen, Vaterunser) werden als öffentliche und private Gebete verwendet oder bilden die Grundlagen der Meditation. Vom bibl. Sprachgut ist die gesamte kirchliche Sprache geprägt, bisweilen so sehr, daß sie sich (als »Sprache Kanaans«) von der Umgangssprache allzu weit entfernt. K.

Bibel und Religionsgeschichte. 1. Allgemeines – 2. Gottesverständnis – 3. Anthropologie – 4. Die Gestalt Jesu Christi – 5. Die Sonderstellung der B.

1. Die B. stellt kein einheitliches Werk dar, sondern eine Sammlung verschiedener Literaturgattungen, die im Laufe von über einem Jt. vor allem in Palästina entstanden sind. Sämtliche bibl. Bücher weisen mehr oder weniger enge Verwandtschaft zu anderen außerisraelit. und außerchristl. Literaturwerken des Altertums auf. Alttest. Gesetzbücher haben in Babylonien Parallelen (z.B. *Codex Hammurabi*) wie auch die Psalmen; Weisheitsbücher in ägypt. Weisheitslehren, neutest. Briefe in spätantiken Kunstbriefen oder der Diatribe damaliger Vulgärphilosophie.

Der literarischen Verwandtschaft entsprechen, soziologisch gesehen, ähnliche kultische Verhältnisse. Kultstätten, Opfer und Kultbegehungen werden durch Israel von kanaan. Vorbewohnern übernommen, der Jerusalemer Tempel wird durch Salomo nach phöniz. Muster errichtet, urchristl. Gemeinden organisieren sich ähnlich wie die *thiasoi* hellenist. Kultvereine u. ä. Es nimmt deshalb nicht wunder, daß auch die Gottes- und Menschenauffassung der B. sich vielfach mit Auffassungen der Nachbarreligionen berührt. Was in der B. als Offenbarung Gottes niedergelegt ist, konnte – historisch gesehen – in dieser Form nur auf der Länderbrücke zwischen Asien und Afrika im 1. Jt. v. Chr. und kurz danach laut werden und basiert auf den Entwicklungen einer seit 3000 v. Chr. nachweisbaren, vielverzweigten altoriental. R. samt ihren griech.-röm. Nachwirkungen.

Dennoch weist die Religion der B. ein unverkennbares Eigenprofil auf. Anstöße der religionsgeschichtlichen Umwelt werden wieder und wieder aufgenommen, aber von der Überzeugung her, daß es nur einen Gott als dynamischen Grund alles Wirklichen gibt, einem gewaltigen Reduktionsprozeß unterworfen und zu einer Form von persönlicher und verantwortlicher Religion umgeschmolzen, wie sie vordem unbekannt war. Das hat in der Folge dazu geführt, daß die Religion der B. in einem Siegeslauf von wenigen Jh.en alle verwandten Religionen des Altertums überwunden und in die »Rumpelkammer der Geschichte« (H. Gunkel) verwiesen hat.

2. Die Eigentümlichkeit bibl. Religion tritt besonders in ihrem Gottesverständnis im Laufe der Zeit zutage. Der Ausschließlichkeitsanspruch Jahwes und seine Alleinverehrung wird in alttest. Überlieferungen von Anfang an, d. h. vom Ende des 2. Jt.s v. Chr. an, betont. Das ist in dieser Form einzigartig, und doch nicht ohne Analogien in der Umwelt. Zwar haben alle Versuche, die Gottesverehrung israelit. Frühzeit mit dem solaren Monotheismus des ägypt. Ketzerkönigs → Echnaton zu verbinden, sich als unhaltbar erwiesen. Wohl aber ist, wenn nicht die Entstehung, so doch die Ausformulierung der israelit. Eingott-Verehrung von ägypt. Ideen der ursprünglichen Einzigkeit des Schöpfergottes Ptah von Memphis ebenso beeinflußt wie von kanaan. Konzeptionen der Einheit aller Götter in → El (»El« wird deshalb zum Beinamen Jahwes), vielleicht sogar von hetitischen → Bund-Formularen für die Beziehung zwischen Großkönig und Vasallen.

Dennoch ist die Exklusivität des Monotheismus in der B. einzigartig. Zu ihr gehört die Bildlosigkeit der Gottesverehrung (→ Bild und Bilderverbot) und der Ausschluß jeder Theogonie, während die altoriental. Religionen in Götterbild und Mythos der Götterentstehung ihr Zentrum haben. In Israel wird Gott primär als Macht schöpferischer Sprache erfahren. Was immer geschieht, entspricht einem vorgängigen → Wort Gottes. Gott durchwaltet die Wirklichkeit im ständigen Fortschreiten von → Verheißung zu Erfüllung, er erweist sich damit als Grundkraft einer Natur und Gesellschaft umspannenden Geschichte. Der Kult wird dem zugeordnet; anderswo mythisch gefüllt, hat er im AT vornehmlich die Aufgabe, an die von Gott gewirkte → Heilsgeschichte zu erinnern. Gott enthüllt sich dadurch gleichsam als personhafte, willentliche, zielbewußte Macht, die den Menschen und sein Leben umfängt, neben der unpersönliche Größen wie Schicksal oder Natur keinen Raum haben. Es ist folgerichtig, wenn aus dieser durch eine jahrhundertelange religiöse Erfahrung bestärkten Überzeugung die Profeten und die Apokalyptik dann zum Entwurf einer → Eschatologie weiterschreiten. Das führt über altoriental. Erbe hinaus und findet erst in der Religion Zarathustras (→ Iran) etwas von fern Vergleichbares.

3. Der sich mehr und mehr von der Umwelt absetzenden Gotteslehre entspricht die damit untrennbar verbundene Anthropologie. Im Gegenüber zu dem einen Gott erweist sich menschliche Verantwortung zunehmend als einheitlich. Der Mensch findet sich nicht mehr im Spannungsfeld vielfältiger, sich oft widersprechender numinoser Ansprüche von naturhaften oder gesellschaftlichen Potenzen vor wie im Polytheismus der Umgebung, sondern sieht sich umgriffen von einer dynamischen Grundkraft des Wirklichen. Sie äußert sich durch Worte, die deshalb den Menschen, der Sprache versteht, vor allen anderen Geschöpfen auszeichnet, ihn zum Ebenbild Gottes bestimmen. Deshalb wird aber von ihm erwartet, seinerseits heilig zu sein und zu handeln, wie Gott heilig ist. Dann soll ihm Freiheit des Lebens in → Ruhe zuteil werden, wie sie Gott auszeichnet. Die in den Nachbarkulturen ausgebildete Auffassung vom → Tat-Ergehen-Zusammenhang und von menschlicher → Gerechtigkeit erhält im bibl. Rahmen eine einmalige Zuspitzung und wird zum Grundgerüst für das Verständnis der Geschichte des einzelnen wie der Gesellschaft. Auch menschliche Gruppen wie Sippe und Volk erhalten von daher ein religiöses Eigengewicht als gemeinschaftliche Partner im Gegenüber zum göttlichen Sprechen. Die Aufrechterhaltung solcher Gemeinschaften wird zum handlungsleitenden Ziel für den Menschen. Stärker als in Nachbarreligionen kommuniziert das Individuum immer zugleich auch in bestimmten Gemeinschaften mit Gott. Die → Apokalyptik unternimmt es, von der Voraussetzung des einen Gottes her die Menschheit als Einheit in einer durch die Zeiten hindurch letztlich einheitlichen Geschichte zu denken. Dieser Versuch wird vom Judentum abgewiesen, vom Christentum aufgenommen.

4. Die christl. B. enthält über die jüd. hinaus im NT einen Teil, der sich um die Gestalt Jesu Christi rankt. Durch den einen Menschen Jesus gibt sich der eine Gott der einen Menschheit nicht nur durch Worte – wie bisher in Israel –, sondern als fleischgewordenes Wort und als lebendiges Prinzip der Liebe kund. Gottes Lehre und Anthropologie werden dadurch dialektisch erweitert. Gott ist zwar weltumspannend und allmächtig, scheint aber zugleich im Leiden eines ohnmächtigen Menschen am Kreuz selbst (zeitweise) ohnmächtig gegenüber menschlicher Bosheit zu werden. Der Mensch hingegen ist Gottes Bild in dieser sichtbaren Welt und zugleich Sünder, d.h. von dämonischer Sucht zur Selbstzerstörung besetzt. Doch der Prozeß der Gottesgeschichte wird solche Dialektik eines Tages aufheben. Dafür bürgt die → Auferstehung Jesu als Hindurchschreiten von der sichtbaren zur unsichtbaren Welt, von Todverfallenheit zum ewigen Leben. Zwar haben andere Religionen der Zeitenwende Mythen über sterbende und auferstehende Gottheiten ausgebildet, um von dort aus vielleicht ebenfalls ewiges Leben für die Gläubigen zu begründen. Doch die Leibhaftigkeit der Erscheinung Jesu stellt solche Spekulationen weit in den Schatten bzw. prägt sie zu einer überzeugenden Wahrheit. In der Nachfolge Jesu konzentriert sich Religion auf ein durch Glaube und Liebe bestimmtes Leben, was zu einer völlig anderen Form von Religion führt, in der z. B. jeder → Kult in den Hintergrund tritt.

5. Im Blick auf die R. des altoriental. und hellenist. Altertums erweist sich also die B. zwar als Sonderling, nicht aber als Fremdling. Wahrheitsmomente früherer und zeitgenössischer Religionen kritisch übernehmend, hat die B. durch die verschiedenartigsten Autoren ihre Eigenprägung gefunden und dann gleichsam rückwirkend die Kulturen des Altertums von der Wahrheit Gottes überzeugt. Im Unterschied zum kirchlichen »Offenbarungspositivismus« späterer Jahrhunderte behauptet kein bibl. Schriftsteller, daß israelit.-urchristl. Gottesglaube mit anderen Religionen nichts gemein habe. Vielmehr ist der eine Gott der B. auch hinter fremden Kulten am Werk, wenngleich verhüllt (Mal 1,11; 5Mose 4,19; Röm 1,20f.). Dies aber bedeutet keineswegs, daß alle religiöse Wahrheit relativ und alle Kulte und Religionen gleichberechtigt sind. Es gibt durchaus frevelhaften → Götzendienst, der zu verabscheuen ist. Das nötigt zu ständig neuen Unterscheidungen innerhalb von Religionen, denen man begegnet. Einige Beispiele: Der Gott → Baal der → Kanaanäer gilt tatsächlich als ein Scheusal, ihr Gott El dagegen erweist sich mit dem Jahwe des AT identisch. Wenn im → Iran ein Gott des Himmels verehrt wird, kann seit Esra der Jahweverehrer darin den eigenen Gott wiedererkennen; wenn aber die Hellenisten den Tempel in Jerusalem zum Kult eines olympischen oder himmlischen Zeus umprägen wollen, entbrennt zu Recht der Aufstand der → Hasmonäer. Das wiederum schließt aber nicht aus, daß hellenist. Philosophen zutreffende Gotteserkenntnis geäußert haben (Apg 17,22ff.). Das Verhältnis B. und R. wird durch die archäologischen Entdeckungen von Jahrzehnt zu Jahrzehnt weiter erhellt. In der Bibelwissenschaft ist das Gebiet aber noch kaum systematisch in Angriff genommen. K.

Lit.: W. F. Albright, Von der Steinzeit zum Christentum. Monotheismus und geschichtliches Werden, 1969 (engl. [1]1946); K. Koch, Der Tod des Religionsstifters, in: Kerygma und Dogma 8, 1962, 100–123.

Bibelgesellschaften, gemeinnützige Vereinigungen zur Verbreitung der Bibel in aller Welt. Die ersten B. entstanden als Frucht des Pietismus und der Erweckungsbewegungen im europ. Protestantismus im 18. und 19. Jh.: 1710 die v. Cansteinsche Bibelanstalt in Halle, 1804 die Britische und Ausländische Bibelanstalt in London, 1812 die Württembergische Bibelanstalt in Stuttgart (seit 1976 zur Deutschen Bibelstiftung erweitert). Heute bestehen allein in der Bundesrepublik Deutschland 24 prot. B., die im *Evangelischen Bibelwerk* (Sitz Stuttgart) zusammengefaßt sind. Ihre Hauptaufgaben sind neben der Weitergabe von Bibeln und Bibelteilen mit missionarischer Zielsetzung die Übersetzung und der Druck bibl. Texte in den Ursprachen Hebräisch und Griechisch. Jährlich werden von den rund 100 im *Weltbund der Bibelgesellschaften* (United Bible Societies; gegr. 1946, Sitz Stuttgart) zusammengeschlossenen B. mehr als 500 Übersetzungsprojekte gemeinsam mit anderen christl. Organisationen in aller Welt verwirklicht.

Vor allem in den letzten Jahrzehnten entwickelten sich vergleichbare Organisationen und Aktivitäten auch auf kath. Seite. So wurde 1933 in Stuttgart die *Katholische Bibelbewegung* gegründet (1938 umbenannt in *Katholisches Bibelwerk*). Die *Katholische Bibelföderation* (World Catholic Federation of the Biblical Apostolate; gegr. 1969, Sitz Stuttgart) fördert und koordiniert die Arbeit der kath. Bibelinstitutionen auf der ganzen Welt und unterstützt in enger Zusammenarbeit mit dem Weltbund der B. vor allem die Übersetzung, den Druck und die Verbreitung der Bibel in den Ländern der Dritten Welt. R.

Bibelillustration(en). Daß es bereits im hellenist. Judentum Handschriften des griech. AT (→ Septuaginta) mit Abbildungen gegeben habe, ist zwar in der Forschung mehrfach vermutet worden, ein schlüssiger Beweis dafür konnte jedoch bislang nicht beigebracht werden (→ Malerei). Hingegen gibt es vom 4. Jh. an vielfältiges Material, das die Geschichte der christl. B. belegt. Das wohl älteste Beispiel bietet eine in *Quedlinburg* aufgefundene fragmentarische altlat. Handschrift aus der 2. Hälfte des 4. Jh.s, die 14 Bilder zu den Samuel- und Königsbüchern enthält. Die frühesten bekannten Bilder zum NT bietet der *Codex Rossanensis,* ein griech. Lektionar aus der Kathedrale von Rossano (Süditalien; 6. Jh.). Wichtig sind ferner die 48 Bilder der sog. *Wiener Genesis* (6. Jh.) sowie die 26 Illustrationen (darunter die älteste Darstellung der Kreuzigung Christi) des sog. *Rabula-Codex,* einer syr. Evangelienhandschrift (6. Jh.). Vorherrschend war zunächst der die Tradition der röm. Malerei fortsetzende byzantin. Stil. Für ihn ist einerseits das Bemühen um drastischen Realismus, andererseits das Fortleben antiker ikonographischer Typen kennzeichnend: So gehen die besonders häufigen Bilder der vier Evangelisten auf heidn. Darstellungen antiker Dichter (Euripides, Sophokles, Aristophanes und Menander) oder Philosophen (Platon, Aristoteles, Zenon und Epikur) zurück. Neben Bildern finden sich bereits ornamentale Kopfleisten am Anfang der einzelnen Bücher sowie verzierte Initialen.

Im 7./8. Jh. bildet sich in Großbritannien und in den von der iroschott. Mission beeinflußten Gebieten Mitteleuropas ein neuer Stil der B. aus. An die Stelle realistischer Darstellung tritt nun strenge Stilisierung mit Betonung geometrischer Formen, auf der üppigen Ausgestaltung der Initialen liegt dabei das größte Gewicht. Wichtigstes Beispiel dieses Stils ist das *Evangeliar von Lindisfarne* (Britisches Museum, London).

Im dt. Raum erlebt die B. im Hochmittelalter in den Benediktinerklöstern einen beachtlichen Aufschwung. Führend waren die Schulen von Reichenau (Evangeliar Ottos III.; München), Trier, Echternach, Fulda, Regensburg und Hildesheim. Die älteste durchgehend illustrierte Gesamtbibel aus dem dt. Raum ist die 150 Bilder enthaltende *Gumpertsbibel* (12. Jh.; Universitätsbibliothek Erlangen). Im Spätmittelalter entstehen eine Reihe von Bilderbibeln, d. h. von Bibeln, in denen die Abbildungen den Vorrang haben, der Text besteht nur aus die Bilder begleitenden knappen Auszügen bzw. Paraphrasen.

Eine entscheidende Wende brachte die Erfindung technischer Reproduktionsmöglichkeiten im 15. Jh. Zunächst entstanden Blockbücher, in denen Text und Bild in den Holzstock geschnit-

Codex Rossanensis (6. Jh. n. Chr.). Jesus und Barabbas vor Pilatus

Lindisfarne-Evangeliar (7./8. Jh. n. Chr.). Der Evangelist Matthäus

ten waren, wobei naturgemäß der Text stark beschränkt werden mußte. Der Holzschnitt setzte sich auch als Illustrationsverfahren für die ersten in beweglichem Satz gedruckten Bibeln durch. Vor allem in Bibelausgaben der Reformationszeit kam dem Bild eine wichtige Rolle zu. Bereits Luthers Übersetzung des NT von 1522 enthielt eine Reihe von Holzschnitten, die sich u. a. auf Dürers Zyklus zur Johannesoffenbarung stützten. Für die Gesamtausgabe der dt. Bibel von 1534 hatte Luther selbst den Platz der 117 Holzschnitte im Text bestimmt. Inhaltlich herrscht in jener Zeit neben der lehrhaften Tendenz die Polemik vor; die Bilder enthalten Anspielungen auf zeitgenössische Vorgänge und Kontroversen (z.B. Darstellung des Papstes als → Antichrist).

In der Zeit zwischen 1600 und 1900 war der Kupferstich die bevorzugte Methode der B. Er erlaubte, dem Geschmack des Barock entsprechend, Abbildungen mit üppigen ornamentalen Details. Neben der Neigung zum Prunkhaften ist für jene Epoche ein Hervortreten des wissenschaftlich-didaktischen Elements kennzeichnend: Karten und archäologische Darstellungen werden eingefügt. Unter den dt. Kupferstich-Bibeln war besonders verbreitet die 1641 in Nürnberg erschienene sog. *Ernestinische Bibel.*

Im 19. Jh. setzten sich klassizistische und romantische Strömungen in der B. durch. Besondere Popularität erlangten die in blutleerem Nazarenerstil gehaltenen B. von F. Schnorr von Carolsfeld (1853–60). Im frühen 20. Jh. beherrschten historisierende Tendenzen das Feld. Nur vereinzelt zeigten sich Ansätze aus dem Geist zeitgenössischer Kunst (M. Chagall, O. Kokoschka).

R.

Bibelkonkordanz. Eine B. verzeichnet nach dem Alphabet die wichtigen oder sämtliche bibl. Wörter und Begriffe nach den Belegstellen in der Reihenfolge der bibl. Bücher. Sie dient dem schnellen Auffinden sprachlich und sachlich verwandter Stellen. Zugrunde liegt entweder der Originaltext oder jeweils eine bestimmte → Bibelübersetzung. An neuen dt. B.en seien genannt zur Zürcher Bibel die *Zürcher B.* v. Huber/Schmid (1969), zur Lutherbibel die *Calwer B.* (1922) sowie zur neuen revidierten Fassung von 1956/64 die *Bremer bibl. Handkonkordanz* (1976) und *Bibel von A–Z, Wortkonkordanz zur revidierten Lutherbibel* (1969). K.

Bibelkritik, Bibelwissenschaft. 1. Allgemeines – 2. Textkritik – 3. Literarkritik – 4. Formgeschichte – 5. Überlieferungs- und Redaktionsgeschichte – 6. Linguistische, religionsgeschichtliche und archäologische Aspekte der B.

1. Die historisch-kritische B. ist gegenwärtig durch die Abfolge methodisch-kontrollierter Arbeitsschritte gekennzeichnet, die Textkritik, Literarkritik, Formgeschichte, Überlieferungsgeschichte und Redaktionsgeschichte umfassen. Hinzu kommen linguistische, religionsgeschichtliche und archäologische Erwägungen. Diese Methodenabfolge moderner exegetischer Textanalyse ist Zusammenfassung und Verdichtung der Forschungsgeschichte der B. der letzten drei Jahrhunderte und nur aus der Forschungsgeschichte heraus verständlich.

2. Die Textkritik hat zum Ziel, durch Erkennen von Abschreibfehlern und Korrekturen lehranstößiger Textstellen den ursprünglichen, schriftlichen Text in der Gestalt seiner Kanonisierung in der Zeit zwischen dem 1. Jh. v. Chr. und dem 4. Jh. n. Chr. annäherungsweise wieder herzustellen. Die Textkritik geht vom Vergleich der hebr. und griech. Handschriften und der → Bibelübersetzungen aus, um die ursprüngliche Textgestalt zu rekonstruieren und die Entstehung abweichender Lesarten zu erklären.

Ansätze zur Textkritik begleiten den gelehrten Umgang mit der Bibel von ihren Anfängen an und haben bereits bei den → Masoreten eine beeindruckende methodische Perfektion erreicht, obwohl es diesen eher um die Sicherung eines je vorgefundenen Textbestandes als um eine kritisch-rekonstruierende Hinterfragung dieses Textbestandes ging. Ist auch die christl. Auslegung in Altertum und Mittelalter durch – allerdings methodisch kaum organisierte – textkritische Erwägungen begleitet, so erhalten diese durch das reformatorische Schriftprinzip »sola scriptura« in der Frage nach der ursprünglichen Gestalt der Schrift und im Humanismus in der Befreiung der Schrift als antiker Quelle von einer verzeichnenden Auslegungsgeschichte eine wichtige Bedeutung in der B. Ein weiterer Aufschwung der Textkritik wurde durch kath. Theologen der Gegenreformation eingeleitet (J. Bonfrère, J. Morinus, R. Simon u. a.), die die Unzuverlässigkeit des reformatorischen Schriftprinzips zur Grundlegung von Lehraussagen nachweisen wollten. Dieser Ansatz wird von Auslegern reformatorischer Kirchen im Vorfelde der

Aufklärung zu einem Argument gegen die Inspirationslehre der Orthodoxien dieser Kirchen (L. Cappellus u. a.). Als es in der Aufklärung aber nicht mehr nur um die Befreiung der Texte von einer falschen Auslegungsgeschichte, sondern um die Kritik der Texte selber ging, verlor die Textkritik zunehmend ihren emanzipatorischen Aspekt und wurde zu einem Schritt exegetischer Methode in der B. im beschriebenen Sinne, deren wissenschaftlicher Fortschritt sich auf dem Felde neuer Handschriftenfunde – einschneidend die Funde von → Qumran – abspielt. Die Textkritik weitete sich im 20. Jh. über den Aspekt der analytischen Rekonstruktion ursprünglicher Textgestalt zu einer synthetisch-beschreibenden Textgeschichte aus, die die Geschichte des Textes durch die Jahrhunderte als Spiegel seiner theologischen Deutung nachzeichnet.

3. Die Literarkritik geht aus vom textkritisch rekonstruierten Text und will die Geschichte der verschrifteten Überlieferung von der Kanonisierung zurückgehend bis zur Erstverschriftung klären, indem sie fragt, ob ein Text möglicherweise aus mehreren, ursprünglich voneinander unabhängig überlieferten Quellen redigiert oder durch literarische Eingriffe (Zusätze, Streichungen usw.) verändert wurde. Die Literarkritik war von ihren Anfängen an eine auf Kritik zielende Geistesbeschäftigung. Nach vorbotenartigen Anfängen in der Reformationszeit bei Karlstadt und Calvin nahm die Literarkritik im Kontext der kath. B. der Gegenreformation unter A. Masius, B. Pereira und R. Simon einen beachtlichen Aufschwung und wurde auch unter dem Einfluß des jüd. Gelehrten B. Spinoza weitergeführt. Die Literarkritik hat sich in dieser Epoche an der Frage nach der mosaischen Verfasserschaft der → Mosebücher entzündet. Im 18. Jh. brachen die Erkenntnisse der Aufklärung vornehmlich unter der Führung von J. S. Semler in die ev. B. ein. Einen Höhepunkt erreichte die Literarkritik in der alttest. Wissenschaft in der 2. Hälfte des 19. Jh.s mit J. Wellhausen, dem eine bis heute weithin akzeptierte Lösung der Quellenfrage in den Mosebüchern gelang, die in der Erkenntnis gipfelte, daß das Gesetz nicht auf Mose zurückgehe, sondern Spätling der israelit. Religionsgeschichte sei. Hier wird noch der emanzipatorisch-aufklärerische Impuls der Literarkritik spürbar, insofern sie ermöglichte, das im ausgehenden 19. Jh. bedrängende Problem des Verhältnisses von Sittlichkeit und Gesetz in der israelit. Religion zu lösen.

4. Die literarkritische Frage nach der Gestalt des erstverschrifteten Textes wird in der Formgeschichte zur Frage nach der mündlich überlieferten Vorgeschichte weitergeführt. Die Formgeschichte fragt nach der Gattung der der Verschriftung vorausliegenden, mündlich tradierten Überlieferungen. Da die Gattungen wie Sage, Prophetenspruch oder Hymnus eine charakteristische Sprachform haben, die in stets wiederkehrender Situation verwendet wurde, ist aufgrund der Gattung der soziologische Ort der Verwendung, ihr »Sitz im Leben«, zu erschließen. Die Formgeschichte schlägt also den Bogen von der Analyse der verschrifteten Überlieferung in der Literarkritik zur Analyse der Geschichte der mündlichen Überlieferung in der Überlieferungsgeschichte.

Die formgeschichtliche Methode in der alttest. Wissenschaft geht auf H. Gunkel zurück, der vom neuromantischen Klima um die Jahrhundertwende beeinflußt wurde. So war entscheidender Impuls für das Bemühen, hinter die schriftliche Überlieferung zurückzufragen, die auf Herder zurückgehende Anschauung, daß sich göttliche Nähe und Offenbarung gerade in den noch unverstellten Anfängen menschlicher Natürlichkeit ereignen. Hatte Gunkel auch eine Literaturgeschichte des AT gefordert, die die Geschichte der alttest. Überlieferungen in ihren Gattungen im mündlichen und schriftlichen Überlieferungsprozeß umfaßt, so hat seine Arbeit in der Durchführung ihre Grenze darin, daß sie sich einerseits auf die Beschreibung der Gattungen beschränkte, ohne die Tiefe des mündlichen Überlieferungsprozesses methodisch in den Blick zu nehmen, und andererseits in den Quellenverfassern, die die mündlichen Überlieferungen aufnahmen, nur Sammler sehen konnte, ohne deren theologische Intentionen methodisch zu erheben.

5. Darin führen die überlieferungs- und redaktionsgeschichtlichen Fragestellungen weiter. Die Überlieferungsgeschichte hat die Analyse der Geschichte der mündlichen Überlieferungen von ihrer Entstehung bis zur Verschriftung zum Ziel. Für diese Perspektive war entscheidend, daß G. v. Rad den Entwicklungsprozeß des den Mosebüchern zugrunde liegenden Geschichtsschemas der Geschichte Israels von den Erzvätern bis zur Landnahme von einem wenige Verse umfassenden Credo bis zur Verschriftung in der Quelle des → Jahwisten analysierte. Diese Analyse wurde durch M. Noth verfeinert und mit der Problemstellung einer Geschichtsschreibung der Frühgeschichte Israels verkoppelt. Entsprechend wird durch die überlieferungsgeschichtliche Forschung in der Profetenexegese der Blick dafür geschärft, daß nicht nur die auf die Profeten zurückgehenden ältesten Sprüche theologisch relevant sind, sondern auch deren spätere Umprägungen, Zusätze u. ä., die Spiegelbild der Entwicklung der israelit. Religion sind. In dem bereits angeführten Arbeitsvorhaben hat G. v. Rad auch die Redaktionsarbeit des Jahwisten auf ihre theologischen Leitgedanken befragt und damit die Fragestellung der Redaktionsgeschichte berührt. In ihr geht es darum, die theologischen Leitideen und Intentionen im Überlieferungsprozeß der schriftlichen Überlieferung von der Erstverschriftung bis zur Endgestalt des Textes zu erheben. Die Redaktionsgeschichte korrespondiert als synthetischer Arbeitsschritt der analytisch vorgehenden Literarkritik.

6. Zunehmend setzen sich in der B. auch Methoden der Linguistik durch. So gilt es zum einen, mit Mitteln der Semantik den Zusammenhang von Sprache und in ihr impliziertem Welt- und Lebensverständnis zu erheben, zum anderen, in der Textlinguistik durch genauere Analyse von Textstrukturen im Rahmen einer Gattung den Stellenwert von Einzelaussagen sowie die Gesamtintention einer Überlieferung deutlicher zu erheben. Darüber hinaus sind Aspekte der Sprach- und Literatursoziologie einzubeziehen.

Eine weitere Ebene moderner B. liegt in der religionsgeschichtlichen Vermittlung von Motiven der israelit. Religion mit ihrer Umwelt. Diese Arbeitsweise ist begründet in der Erkenntnis, daß die israelit. Religion des AT vielfältige Wurzeln in vor- und außerisraelit. Religionen hat und auch durch diese in ihrer Entwicklung kontinuierlich beeinflußt ist.

Schließlich sind die vielfältigen Ergebnisse der palästin. → Archäologie in die B. einzubeziehen. Dabei ist es methodisch von grundlegender Bedeutung, daß exegetische und archäologische Analyse bis zum Abschluß des jeweiligen Interpretationsprozesses unabhängig voneinander betrieben werden, damit nicht vorschnell der exegetische Befund vom archäologischen und umgekehrt umgeprägt wird. Vielmehr sind die unabhängig voneinander gewonnenen Ergebnisse zu konfrontieren und wechselseitig zu interpretieren. Die Archäologie ist über die Funktion hinaus, kritische Korrektivinstanz der literarischen Analyse zu sein, unentbehrlich, wenn es gilt, das soziale Gehäuse von Überlieferungsprozessen zu rekonstruieren. Die Archäologie gibt Aufschluß über die gesellschaftlichen Verhältnisse in Israel und gibt damit wesentliches Anschauungsmaterial zum Verständnis der in diese Gesellschaft eingebundenen Entwicklung der Religion Israels in ihrer Überlieferung des AT.

O.

Lit.: Zur Forschungsgeschichte: H.-J. Kraus, Geschichte der historisch-kritischen Erforschung des AT, [2]1982; zur Methodenlehre: H. Barth / O. H. Steck, Exegese des AT, [10]1984; J. Roloff, Neukirchener Arbeitsbücher – NT, 1977, §§ 1–3.

Bibeltext (Geschichte und Erforschung). Die Bibel ist eine Sammlung von Büchern, die in einem Zeitraum von über einem Jt. unabhängig voneinander entstanden waren und von denen jedes seine eigene literarische Entstehungsgeschichte hatte (s. Artikel zu den einzelnen Büchern). Sie alle aber sind ursprünglich auf Papyrus oder Pergament (→ Handschrift) niedergeschrieben und durch Jh.e wieder und wieder abgeschrieben worden. Leider ist uns von keinem bibl. Buch ein Originalmanuskript erhalten. Das älteste Dokument mit einem Bruchstück des AT (2Mose) stammt aus den Qumranfunden (→ Qumran) und datiert aus der Zeit von 250 v. Chr., der älteste Papyrus mit einem Abschnitt aus dem Johannesevangelium des NT, um 120 n. Chr. niedergeschrieben, ist in Ägypten aufgetaucht und befindet sich heute in Manchester. Doch ein vollständiger Text des AT ist erst in einer Handschrift aus dem Jahre 1008 erhalten, dem *Codex Leningradensis,* der der wissenschaftlichen Druckausgabe des hebr.-aram. AT zugrunde liegt (*Biblia Hebraica Stuttgartensia*). Der gesamte Text des NT ist durch den *Codex Vaticanus* (um 325 n. Chr.) und *Codex Sinaiticus* (um 350 n. Chr.) erstmals zu belegen. Obwohl viel früher entstanden als das Neue, ist also das Alte Testament in einer zuverlässigen Textfassung erst rund ein halbes Jt. später zu belegen. Das hängt damit zusammen, daß die christl. Kirchen das AT nur in Übersetzungen benutzten und der hebr.-aram. Urtext des AT allein in jüd. Synagogen gebraucht und abgeschrieben wurde. Dort aber herrschte die Vorschrift, daß jedes

51 זְכֹ֣ר אֲ֭דֹנָיa חֶרְפַּ֣ת עֲבָדֶ֑יךָb שְׂאֵתִ֥י בְ֝חֵיקִ֗י כָּל־רַבִּ֥יםc עַמִּֽים׃ — בֿ[22]. ל וכל קריא חלוף עמים רבים

52 אֲשֶׁ֤ר חֵרְפ֖וּ אוֹיְבֶ֥יךָ ׀ יְהוָ֑ה אֲשֶׁ֥ר חֵ֝רְפ֗וּ עִקְּב֥וֹת מְשִׁיחֶֽךָ׃ — ז מל[23]

53 בָּר֖וּךְa יְהוָ֥ה לְ֝עוֹלָ֗ם אָ֘מֵ֥ן ׀ וְאָמֵֽן׃

90 1 תְּפִלָּ֗ה לְמֹ֥שֶׁה אִֽישׁ־הָאֱלֹ֫הִ֥ים — יז . ו ול בסיפ[1]

אֲֽדֹנָ֗י מָע֣וֹןa אַ֭תָּה הָיִ֥יתָ לָּ֗נוּ בְּדֹ֣רb וָדֹֽר׃ [אַתָּה אֵל]d׃ — ד וכל שם קריה ואנש דכות

2 בְּטֶ֤רֶם ׀ הָ֘רִ֤ים יֻלָּ֗דוּ וַתְּח֣וֹלֵלa אֶ֣רֶץ וְתֵבֵ֑ל וּֽמֵעוֹלָ֥םb עַד־c ע֝וֹלָ֗ם — ל . ל . ג ב מל וחד חס[2]

3 תָּשֵׁ֣ב אֱ֭נוֹשׁ עַד־דַּכָּ֑א וַ֝תֹּ֗אמֶרa שׁ֣וּבוּ בְנֵי־אָדָֽם׃ [בַלָּֽיְלָה]c׃ — ד[3] . ג[4]

4 כִּ֤יa אֶ֪לֶף שָׁנִ֡ים בְּֽעֵינֶ֗יךָ כְּי֣וֹם אֶ֭תְמוֹל כִּ֣י יַעֲבֹ֑רb וְאַשְׁמוּרָ֥הc בַלָּֽיְלָהd — גה בטע ר״פ בסיפ . טו . יא[5] . ג . ל

5 זְ֭רַמְתָּםa שֵׁנָ֣הb יִהְי֑וּ בַּ֝בֹּ֗קֶרc כֶּחָצִ֥יר יַחֲלֹֽף׃ — ל . ד וחס[6]

6 בַּ֭בֹּקֶר יָצִ֣יץ וְחָלָ֑ף לָ֝עֶ֗רֶבa יְמוֹלֵ֥ל וְיָבֵֽשׁ׃ — ל ומל . ה

7 כִּֽי־כָלִ֥ינוּ בְאַפֶּ֑ךָ וּבַחֲמָתְךָ֥ נִבְהָֽלְנוּ׃

8 שַׁתָּ֣ה עֲוֺנֹתֵ֣ינוּ לְנֶגְדֶּ֑ךָ עֲ֝לֻמֵ֗נוּa לִמְא֥וֹר פָּנֶֽיךָ׃ — שתה ק . ב[7] . ל[8]

9 כִּ֣י כָל־a יָ֭מֵינוּ פָּנ֣וּ בְעֶבְרָתֶ֑ךָ כִּלִּ֥ינוּb שָׁ֝נֵ֗ינוּc כְמוֹ־הֶֽגֶהcd׃ — ג בליש[9]

10 יְמֵֽי־שְׁנוֹתֵ֨ינוּa בָהֶ֥םb שִׁבְעִ֪ים שָׁנָ֡ה וְאִ֤ם בִּגְבוּרֹ֨ת ׀ שְׁמ֘וֹנִ֤ים שָׁנָ֗ה — ו[10] מל וכל ד״ה דכות במ א
וְ֭רָהְבָּםc עָמָ֣ל וָאָ֑וֶן כִּי־גָ֥זd חִ֝֗ישׁ וַנָּעֻֽפָה׃

11 מִֽי־י֭וֹדֵעַ עֹ֣ז אַפֶּ֑ךָ וּ֝כְיִרְאָתְךָ֗a עֶבְרָתֶֽךָ׃ — י מל וכל תדמק דכות במ ג חס . ל

12 לִמְנ֣וֹת יָ֭מֵינוּ כֵּ֣ן הוֹדַ֑ע וְ֝נָבִ֗אa לְבַ֣בa חָכְמָֽה׃ — ה[11] . ג[12] חס וחד מן ז בלשון נביאיה . ל

13 שׁוּבָ֣ה יְ֭הוָה עַד־מָתָ֑י וְ֝הִנָּחֵ֗ם עַל־עֲבָדֶֽיךָa׃ — ה בטע . ב[13]

14 שַׂבְּעֵ֣נוּa בַבֹּ֣קֶר חַסְדֶּ֑ךָ וּ֥נְרַנְּנָ֥ה וְ֝נִשְׂמְחָ֗ה בְּכָל־יָמֵֽינוּ׃ — ד

15 שַׂ֭מְּחֵנוּa כִּימ֣וֹת עִנִּיתָ֑נוּ שְׁ֝נ֗וֹת רָאִ֥ינוּ רָעָֽה׃ — ל ומל[14]

[22] Mm 3351. [23] Mm 3348. **Ps 90** [1] Mm 3890. [2] Mm 3352. [3] Mm 163. [4] Mm 1185. [5] Mm 1630. [6] Mm 3476. [7] Mm 3353. [8] וחד למאד 2 Ch 16,14. [9] Mp sub loco. [10] Mm 43. [11] Mm 90. [12] Mm 2582. [13] Mm 3354. [14] מל וחד ימות Dt 32,7, cf Mp sub loco.

51 a mlt Mss יהוה ‖ b mlt Mss 𝔊^min 𝔖 עַבְדֶּךָ ‖ c > 𝔊; α′ (Hier) *ἀδικίας*, 𝔖 *rnjhwn d* = רִבֵי? prp דִּבַּת (vel כְּלִמַּת pro כל־ר׳) ‖ **53** a > 2 Mss ‖ **Ps 90,1** a pc Mss 𝔊 מעוז ‖ b mlt Mss 𝔖 לְדֹר ‖ **2** a 𝔊(α′σ′ Hier 𝔗) —לַל ‖ b mlt Mss 𝔏𝔙 מ׳ ‖ c mlt Mss 𝔖𝔙 וְעַד ‖ d 𝔊 *μή* = אַל et cj c 3; cf 4a ‖ **3** a l וְתֹאמַר cf α′ Hier ‖ **4** a prb tr post 2 ‖ b l prb עָבַר cf 𝔊𝔖 ‖ c—c frt dl ‖ d σ′(𝔖𝔗) *καὶ ὡς φυλακή*; l כְּא׳ ‖ **5** a 𝔖 *šrbthwn* aeva eorum; l frt זְרַעְתָּם ‖ b 𝔊 *ἔτη*, 𝔖 *šnt*' annus; l frt שָׁנָה שָׁנָה ‖ c prb dl (ex 6) et cj יהיו c b ‖ **6** a nonn Mss 𝔖 וְל׳, 𝔊 + *ἀποπέσοι* = יִבּוֹל ‖ **8** a mlt Mss α′σ′ Hier עלמינו ‖ **9** a frt dl ‖ b 𝔊 *ἐξελίπομεν* = כָּלִינוּ; l כָּלוּ cf 𝔖 *wgmrw* ‖ c—c 𝔊 *ὡς ἀράχνη(ν) ἐμελέτων*; prp בְּתוּגָה ‖ d 𝔖 *gwgj* aranea ‖ **10** a—a frt dl m cs ‖ b frt l גָּבְהָם cf a—a vel dl ‖ c l frt וְרֻבָּם cf Vrs ‖ d 𝔗 *'dw* = גָּזוּ ‖ **11** a 𝔊 *καὶ ἀπὸ τοῦ φόβου σου* = וּמִי׳; prp וּמִי רֹאֶה תֹּךְ ‖ **12** a—a l frt וְנָבֹא בְלֵב cf α′σ′ε′ Hier 𝔖 ‖ **13** a pc Mss עַבְדֶּךָ ‖ **14** a 𝔊 *ἐνεπλήσθημεν* = שָׂבַעְנוּ ‖ **15** a 𝔊 *εὐφράνθημεν* = שָׂמַחְנוּ.

»Biblia Hebraica Stuttgartensia«. Eine Seite aus der neuesten Ausgabe des hebräischen Alten Testaments (1977)

Codex Syro-Sinaiticus, eine wichtige altsyrische Bibelhandschrift (5. Jh. n. Chr.)

Exemplar der Heiligen Schrift, das Verschleißerscheinungen zeigte, alsbald feierlich zu bestatten sei. So blieben nur jünger und jünger werdende Abschriften erhalten. Nur Zufallsfunde spielen der Bibelwissenschaft ältere Handschriften in die Hände (→ Handschriftenfunde).

Obwohl die Abschriften bibl. Bücher meist von Berufskopisten durchgeführt wurden und – insbesondere beim AT – nachträglich auf Fehler geprüft wurden, war es unvermeidlich, daß sich im Laufe der Jh.e durch Schreib- und Hörfehler (bei Diktat) Mißverständnisse und Textvarianten eingeschlichen haben. Gelegentlich, wenn auch selten, sind ganze Zeilen bibl. Schriften sinnlos entstellt und unübersetzbar geworden. Die Notwendigkeit, für den gottesdienstlichen Gebrauch die Heilige Schrift überall zur Verfügung zu haben, hat zur Ausbildung von Abschreibeschulen geführt, in denen sich landschaftlich oder konfessionell bedingte Auffassungen vom richtigen Text ausbildeten. Das ist besonders für das AT wichtig, wo sich die Rabbinen für die sog. masoretische Textfassung einsetzten, die aber keineswegs in allen Stücken dem historisch ursprünglichen Text entspricht, wie insbesondere die Handschriften aus Qumran erweisen. Als um 1500 das hebr.-aram. AT und das griech. NT erstmals in Druckausgabe veröffentlicht wurden, dienten verhältnismäßig junge und minderwertige Handschriften als Vorlage. Für die röm.-kath. Kirche war das relativ unerheblich, weil für sie die offizielle lat. Übersetzung der Bibel als die maßgebliche Fassung gilt. Schwerwiegender wurde jedoch die zunehmend bekannt werdende Zahl von Textvarianten für die ev. Kirchen, denen in altprot. Zeit der Urtext jeder bibl. Schrift bis auf Punkt und Komma für inspiriert galt. Seit dem 18. Jh. setzte deshalb eine systematische Suche nach alten Handschriften in Bibliotheken, Klöstern und Ausgrabungsfeldern ein, die z. T. zu abenteuerlichen und sensationellen Entdeckungen führte (→ Handschriftenfunde). Zug um Zug wurden Methoden der → Textkritik ausgebildet.

Im Zusammenhang mit der kritischen Wiederherstellung der ursprünglichen Textgrundlage der Bibel, die heute für jeden Exegeten zum selbstverständlichen Aufgabengebiet gehört, nehmen auch alte Übersetzungen einen wichtigen Rang ein. Das AT ist schon ab dem 2. Jh. v.

Chr. ins Griech. übersetzt worden (→ Septuaginta). Von diesen griech. Übersetzungen sind sehr viel ältere Handschriften erhalten als von der hebr. Urfassung, und diese griech. Fassungen weisen oft auf eine andersartige hebr. Vorlage zurück (etwa in den Büchern 1. und 2.Könige, Jeremia, Daniel), die sich der wissenschaftlichen Exegese oft als ursprünglicher und zuverlässiger erweist als die masoretische Standardüberlieferung des hebr.-aram. Textes. Doch nicht nur die griech. Übersetzungen, sondern ebenso alte aram., syr., kopt., äthiop., armen., lat. und arab. Übersetzungen bibl. Schriften sind zur Rekonstruktion des bibl. Urtextes unentbehrlich.

Ergebnis der Erforschung des B.s ist heute, daß wir für die Textweitergabe der bibl. Schriften durch die Jh.e Material zur Verfügung haben, das jedes andere Schrifttum des Altertums (z. B. die Überlieferung der philosophischen Werke Platons) quantitativ wie qualitativ weit übertrifft. Der Urtext aller neutest. Schriften steht Zeile um Zeile praktisch fest. Das gleiche gilt im AT für den Urtext der fünf Bücher Mose, während bei anderen alttest. Schriften, z. B. Hosea und Ijob, bei einzelnen Versen noch erhebliche Unklarheiten bestehen, die sich dann in unterschiedlichen Übersetzungen auch dem Laien widerspiegeln. Theologisch bedeutet dies, daß für die Wahrheit der bibl. Aussagen (die »Inspiration« der Autoren oder, besser, des Überlieferungsvorgangs) eine zuverlässige Textgrundlage zur Verfügung steht, die aber nicht dahin gepreßt werden darf, daß jedes einzelne Wort oder gar jedes Schriftzeichen als inspiriert gelten könnte (→ Inspiration). K.

Lit.: E. Würthwein, Der Text des AT, [4]1973; B. M. Metzger, Der Text des NT, 1966.

Bibelübersetzung(en). 1. Antike jüd. B. – 2. Altkirchliche B. – 3. Dt. B. – 4. B. in andere moderne Sprachen.

1. Die Geschichte der B. ist nahezu so lang wie die der Bibel selbst. Bereits in den letzten Jh.en v. Chr., als das Aramäische als Umgangssprache in Palästina das Hebräische mehr und mehr verdrängte (→ Sprache), entstanden die → Targume, aram. Paraphrasen des hebr. AT-Textes, die im Synagogengottesdienst verlesen wurden. Zur gleichen Zeit entstand in der ausgedehnten jüd. → Diaspora das Bedürfnis nach griech. Übersetzungen des AT. Die bei weitem bedeutendste und einflußreichste von ihnen ist die zwischen dem 3. und 1. Jh. v. Chr. in Alexandria entstandene → *Septuaginta.* Ihr Name (dt. »siebzig«) bezieht sich auf die Entstehungslegende, wonach 70 (oder 72) jüd. Schriftgelehrte sie angefertigt hätten. Die Septuaginta wurde zur Bibel des griechischsprachigen Urchristentums; die meisten AT-Zitate im NT sind ihr entnommen. Dies führte dazu, daß das Judentum, um sich gegen das auf die Septuaginta gegründete christl. Verständnis des AT abzugrenzen, diese verwarf und statt dessen eine Reihe von neuen griech. Übersetzungen hervorbrachte. Die wichtigsten von ihnen sind – nach den Übersetzern benannt – *Aquila* (um 130 n. Chr.; eine sklavisch am hebr. Text bleibende Übersetzung), *Theodotion* (2. Jh.; eine freie Revision der Septuaginta) und *Symmachus* (2. Jh.; eine sich durch gutes Griechisch auszeichnende Übertragung).

2. Unter den B. der alten Kirche stehen die ins Lateinische bedeutungsmäßig an erster Stelle. Vom 2. Jh. n. Chr. an entstanden, zunächst in Nordafrika, dann auch in den übrigen lateinischsprachigen Gebieten des → Römerreichs (Italien, Spanien, Gallien), dem unmittelbaren kirchlichen Bedarf folgend, zahlreiche anonyme Übersetzungen von Teilen der Bibel. Ihr Kennzeichen war weithin Willkür und mangelnde philologische Exaktheit; so wurde das AT nicht aus dem hebr. Original, sondern aus der Septuaginta übertragen. Innerhalb dieser wild gewachsenen Übersetzungstradition kam es immerhin zu einer gewissen Standardisierung, vor allem durch die gottesdienstliche Praxis. Von daher ist es berechtigt, wenn die Forschung die altlat. Versionen unter der Bezeichnung *Vetus Latina* (lat., »die altlat. [Bibel]«) zusammenfaßt.

383 beauftragte Papst Damasus den damals berühmtesten Bibelwissenschaftler (Eusebius) Hieronymus mit einer Revision der lat. Bibel, deren Ziel die Herstellung eines einheitlichen und allgemein gültigen Textes sein sollte. Hieronymus hat diese Aufgabe nicht in allen Teilen mit der gleichen Gründlichkeit zu erfüllen vermocht. Zwar zog er für das AT den hebr. Urtext heran – dies gilt vor allem für die mehrfach und mit besonderer Sorgfalt von ihm bearbeiteten Psalmen –, doch ließ er vielfach auch Widersprüchlichkeiten und Fehler der altlat. Tradition stehen. Der Ertrag dieser Revision war die *Vulgata,* die nicht nur zum maßgeblichen Bibeltext der röm.-kath. Kirche wurde, sondern auch die kirchliche Terminologie entscheidend prägte.

Ihr Latein war darüber hinaus die Grundlage der Gelehrtensprache des Mittelalters. Sogar auf die Entwicklung der roman. Sprachen aus dem Lateinischen ist ihr Einfluß unverkennbar.

Von großer Bedeutung waren in den ersten Jh.en des Christentums die syr. B. Im 2. Jh. liegen die ersten Ansätze zur altsyr. Bibel (*Vetus Syra*). In enger Beziehung zu ihr steht das um 170 entstandene berühmte *Diatessaron* Tatians, die älteste → Evangelienharmonie. Zwischen dem 3. und 4. Jh. entstand unter der Bezeichnung *Peschitta* (»die Einfache«) eine Revision der altsyr. Bibel, die sich in der syr. Kirche allgemein durchsetzte.

In Ägypten entstanden in frühchristl. Zeit mehrere B. in kopt. Sprache, der Spätform des Altägyptischen.

3. Die früheste B. in eine germ. Sprache war die got. Bibel des Bischofs Ulfilas, die im 4. Jh. im Gebiet der unteren Donau entstand. Seit der Zeit Karls d. Gr. gab es Übersetzungen einzelner bibl. Bücher – vor allem der Evangelien und der Psalmen – ins Althochdeutsche. Unter ihnen sind wichtig die Monsee-Wiener Fragmente, Reste einer zweisprachigen (lat. und alemann.) Ausgabe des Matthäusevangeliums (8. Jh.), eine in Fulda entstandene ostfränk. Übersetzung der Evangelienharmonie Tatians (9. Jh.) sowie die Übersetzung der Psalmen durch Notker Labeo von St. Gallen (um 1000). Insgesamt war die dt. Bibel im Mittelalter nur sehr wenig verbreitet. Das änderte sich jedoch ziemlich schlagartig mit dem Aufkommen des Buchdrucks im 15. Jh. Der Drucker Johann Mentelin in Straßburg veröffentlichte 1466 eine vollständige B. Diesem ersten Bibeldruck in einer modernen europ. Sprache lag eine bereits etwas früher in Böhmen oder Bayern entstandene oberdt. Übersetzung der Vulgata zugrunde. Die gleiche Übersetzung wurde in vorreformatorischer Zeit durch 13 weitere Drucke verbreitet. Daneben entstanden in der 2. Hälfte des 16. Jh.s noch vier niederdt. B.

War Luther demnach also keineswegs der erste Autor einer dt. B., so war sein Werk doch von unvergleichlicher Bedeutung. Der reformatorische theologische Impuls, der in der Bibel das für die Kirche allein normative Wort Gottes suchte, verband sich bei ihm mit dem humanistischen Streben nach philologisch exakter Erschließung der originalen Quellen sowie mit einer elementaren sprachlichen Gestaltungskraft. Während seines Aufenthaltes auf der Wartburg (1521/22)

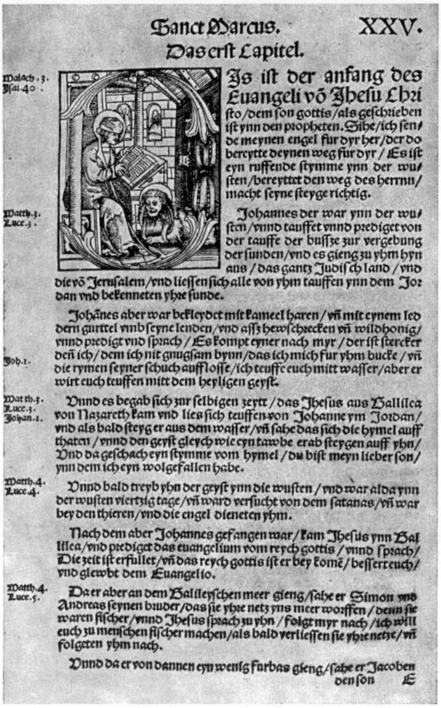
Sanct Marcus. XXV.
Das erst Capitel.
Malach. 3. Isai. 40. Es ist der anfang des
Euangeli võ Jhesu Chri
sto/dem son gottis/als geschrieben
ist ynn den propheten. Sihe/ich sen/
de meynen engel fur dyr her/der do
bereytte deynen weg fur dyr / Es ist
eyn ruffende stymme ynn der wu/
sten/bereyttet den weg des herrnn/
macht seyne steyge richtig.
Matth. 3. Luce. 3. Johannes der war ynn der wu/
sten/vnnd tauffet vnnd prediget von
der tauffe der bussze zur vergebung
der sunden/vnd es gieng zu yhm hyn
aus / das gantz Judisch land / vnd
die võ Jerusalem/vnd liessen sich alle von yhm tauffen ynn dem Jor
dan vnd bekenneten yhre sunde.
Johãnes aber war bekleydet mit kameel haren/vñ mit eynem led
dern gurttel vmb seyne lenden/vnd assz hewschrecken vñ wildhonig/
vnnd predigt vnd sprach / Es kompt eyner nach myr / der ist stercker
Joh. 1. deñ ich/dem ich nit gnugsam bynn/das ich mich fur yhm bucke / vñ
die rymen seyner schuch auff losse/ich teuffe euch mitt wasser/aber er
wirt euch teuffen mitt dem heyligen geyst.
Matth. 3. Luce. 3. Johan. 1. Vnnd es begab sich zur selbigen zeytt / das Jhesus aus Gallilea
von Nazareth kam vnd lies sich teuffen von Johanne ym Jordan/
vnd als bald steyg er aus dem wasser/vñ sahe das sich die hymel auff
thaten / vnnd den geyst gleych wie eyn tawbe erab steygen auff yhn/
Vnd da geschach eyn stymme vom hymel / du bist meyn lieber son/
ynn dem ich eyn wolgefallen habe.
Matth. 4. Luce. 4. Vnnd bald treyb yhn der geyst ynn die wusten / vnd war alda ynn
der wusten viertzig tage/vñ ward versucht von dem satanas/vñ war
bey den thieren/vnd die engel dieneten yhm.
Nach dem aber Johannes gefangen war/kam Jhesus ynn Gal
lilea/vnd prediget das euangelium vom reych gottis / vnnd sprach/
Die zeit ist erfullet/vñ das reych gottis ist er bey komẽ/bessert euch/
vnd glewbt dem Euangelio.
Matth. 4. Luce. 5. Da er aber an dem Galileyschen meer gieng/sahe er Simon vnd
Andreas seynen bruder/das sie yhre netz yns meer worffen / denn sie
waren fischer/vnnd Jhesus sprach zu yhn / folgt myr nach / ich will
euch zu menschen fischer machen/als bald verliessen sie yhre netze/vñ
folgeten yhm nach.
Vnnd da er von dannen eyn wenig furbas gieng/sahe er Jacoben
den son E

»Das Newe Testament Deutzsch«. Eine Seite aus der ersten Ausgabe von Luthers Übersetzung des Neuen Testaments vom September 1522

schuf er in 3 Monaten den ersten Entwurf seiner Übersetzung des NT. Zugrunde lag die erst kurz vorher erschienene Ausgabe des griech. NT von Erasmus von Rotterdam. Am 21. September 1522 erschien in Wittenberg *Das Newe Testament Deutzsch* (sog. Septembertestament). Das aus dem hebr. Urtext übersetzte AT wurde 1534 veröffentlicht. Luther feilte und verbesserte an seiner B. unermüdlich weiter. Die Ausgabe letzter Hand erschien 1545 (*Die gantze Heilige Schrifft Deudsch*; Neudr. München 1972). Luthers Bibel wurde für Jh.e die Bibel des dt. Protestantismus schlechthin. Ihr Einfluß auf die Weiterentwicklung der dt. Sprache war beträchtlich: Die von Luther zugrunde gelegte kursächs. Hof- und Kanzleisprache wurde zur allgemeinen dt. Hoch- und Schriftsprache.

Im Laufe der Jh.e mußte die Lutherbibel immer wieder durch Revisionen der sich verändernden dt. Sprache angepaßt werden. Während die Re-

visionen von 1892 und 1912 sich auf die vorsichtige Ersetzung unverständlich gewordener Worte und Wendungen beschränkten, griff die von 1954/56 stärker in den Text ein, indem sie die Ergebnisse der modernen Forschung einbrachte und Fehlübersetzungen Luthers beseitigte. Die Revision des NT von 1975, die weithin eine wenig glückliche Neuübersetzung war, stieß auf erhebliche Kritik und wurde darum bereits 1984 durch eine weitere Revision ersetzt, die dem ursprünglichen Sprachduktus der Lutherbibel wieder näherkommt.
Seit dem 16. Jh. erschienen auch zahlreiche kath. B. Von ihnen fanden besonders weite Verbreitung die *Mainzer Bibel* (1630) sowie die B. von H. Braun und J. F. Allioli (1830–32).
Heute stehen zahlreiche B. zur Verfügung, die sich hinsichtlich ihres Profils und ihrer Ausrichtung auf unterschiedliche Leserkreise oft erheblich unterscheiden. Die *Zürcher Bibel* (1931) ist eine sprachliche Qualität und wissenschaftliche Zuverlässigkeit verbindende Neuübersetzung. Problematisch ist hingegen die in fundamentalistischen Kreisen viel benutzte *Elberfelder Bibel* von C. Brockhaus (1871). Sie weicht wissenschaftlichen Einsichten aus, und die vorgebliche Treue zum Urtext führt zu einem holprigen, schwer verständlichen Übersetzungsdeutsch. In betont schlichter moderner Umgangssprache wendet sich eine von Journalisten und Theologen erstellte Übersetzung des NT (*Die gute Nachricht,* 1971) vorwiegend an kirchlicher Sprache fernstehende Menschen. Bei diesem in vieler Hinsicht geglückten Versuch geht es freilich nicht ohne gewaltsame, die Distanz zwischen den bibl. Autoren und der Gegenwart aufhebende Modernisierungen und sprachliche Verflachungen ab. An anspruchsvollere Leser wendet sich die mit einem zuverlässigen Kurzkommentar versehene Übersetzung des NT von U. Wilckens (1970). Ein an moderner Literatur geschultes Stilempfinden zeichnet die Übersetzung einzelner neutest. Schriften von W. Jens aus (*Am Anfang der Stall – am Ende der Galgen. Das Matthäus-Evangelium*, 1972; *Das A und das O. Die Offenbarung des Johannes*, ^{3}1988; *Die Zeit ist erfüllt. Das Markus-Evangelium*, 1990). Literarischen Rang hat auch die Übertragung des AT von M. Buber und F. Rosenzweig (1954ff.) in ein dem hebr. Sprachduktus angenähertes Deutsch.
Von besonderer Bedeutung ist die sog. *Einheitsübersetzung* (1980) als offizielle B. des deutschsprachigen Katholizismus, die teilweise (Psalmen; NT) unter Mitarbeit ev. Theologen entstanden ist. Sie verbindet sprachliche Modernität, wissenschaftliche Sorgfalt und Rücksicht auf gottesdienstliche Belange in vorbildlicher Weise.
4. Eine der Lutherbibel analoge Bedeutung hatte für den engl. Sprachraum die unter der Regierungszeit von Jakob I. 1611 veröffentlichte *King James Version* (auch *Authorized Version*). Eine Neuübersetzung, die sich nur noch lose an die King James Version anlehnt, ist die *Revised Standard Version* (1952), die heute in Nordamerika im kirchlichen Gebrauch führend ist. Eine noch konsequentere Neuübersetzung auf hohem wissenschaftlichen und sprachlichen Niveau ist die 1970 abgeschlossene, in Großbritannien erschienene *New English Bible.*
Unter den zahlreichen französ. B. ragen heraus auf prot. Seite die Übertragung von P. R. Olivetan (1535), zu der J. Calvin ein Vorwort und eine Einführung in das NT beisteuerte, sowie auf kath. Seite die des Jansenisten L. I. le Maistre (1695). Große Beachtung fand in der Gegenwart die von den Professoren der École Biblique in Jerusalem erstellte und mit Kommentaren versehene *Jerusalemer Bibel* (1948–54, Neubearb. 1973ff.).
Insgesamt wurden die Bibel oder Teile von ihr bis heute in mehr als 1600 Sprachen übersetzt. R.

Bibliothek. B.en sammeln religiöse und literarische Schriftwerke und leihen sie gegebenenfalls aus. Im altoriental. Umkreis Israels sind seit dem 3. Jt. v. Chr. B.en nachzuweisen. Am bekanntesten ist die Palast-B. des assyr. Königs Assurbanipal (7. Jh. v. Chr.) in Ninive, wo babylon. Parallelüberlieferungen zu Bibeltexten (z. B. Sintflut) entdeckt wurden. In Jerusalem soll Nehemia eine B. angelegt haben, »in die er die Bücher der Könige und Profeten, die Schriften Davids und die Urkunden der Könige über die Weihgeschenke zusammentrug«, die Hasmonäer nehmen den Brauch wieder auf (2Makk 2,13–15). Die Gemeinde von → Qumran hat eifrig religiöses Schrifttum gesammelt und es in jenen Höhlen verborgen, in denen es seit 1947 überraschend wieder entdeckt worden ist. K.

Biene → Tierwelt.

Bigwai (Bagoas). Nachfolger → Nehemias als Statthalter der Provinz Juda war der Perser B. (um 420–395 v. Chr.). Zu seiner Zeit ermordete der Hohepriester Johanan seinen Bruder im Tempel, woraufhin B. sieben Jahre lang den Kultus einschränkte. An B. wandten sich mit Erfolg die Judäer von → Elefantine, als sie ihren zerstörten Tempel auf der Nilinsel wiederaufbauen wollten. K.

Bild und Bilderverbot. Zum → Dekalog gehört der Satz: »Du sollst dir kein Bildnis machen, kein Abbild von dem, was im Himmel droben oder unten auf Erden oder im Wasser unter der Erde ist« (2Mose 20,4). Die Formulierung ist verhältnismäßig jung (7. Jh. v. Chr.?). Umstritten ist, ob sie B.er Jahwes selbst oder anderer Götter meint. Deutlich ist aber, daß der benutzte hebr. Begriff *päsäl* nicht gestaltgetreue Abbildung, sondern jeden konkreten Kultgegenstand bedeutet, der eine Gottheit vertritt und deshalb stellvertretend für sie Opfer empfängt, gewaschen, bekleidet, geküßt oder in Prozessionen umhergetragen wird. In allen Kulturen der Umwelt Israels war dies eine religiöse Selbstverständlichkeit; in der Regel steht im Tempel das B. des betreffenden Gottes, wobei freilich nirgends dem B. Fetischcharakter zugeschrieben wird, es also mit dem Dasein der Gottheit völlig zusammenfällt. Vielmehr waltet ein von der Gottheit ausgehendes Fluidum im B. Zu den hervorstechenden Einzigartigkeiten der Jahwereligion, die religionsgeschichtlich kaum zu erklären sind, gehört es, daß sie sich von Anfang an gegen eine zentrale Stellung des B.es im Kult sperrt. Alte Verbote betreffen zunächst gegossene, versilberte oder vergoldete B.er (2Mose 34,17; 20,23). Heilige Gegenstände wie → Lade, → Efod (Richt 17f.), → Mazzeben, → Ascheren, → Goldenes Kalb u. a. verkörpern eine Gegenwart Jahwes für die Kultgenossen und werden entsprechend verehrt. B.er wie das der → Ehernen Schlange, Terafim und vielleicht der → Keruben im Allerheiligsten dienen sogar einer sichtbaren Vergegenwärtigung dienstbarer »Geister« Gottes im Heiligtum. Das B.er-Verbot wird jedoch von Israel zunehmend strenger genommen. In nachexilischer Zeit verschwinden sämtliche eben genannten B.er aus dem zweiten Tempel. Doch bleibt es bis in nachchristl. Zeit möglich, Gräber und Synagogen, wo kein eigentlicher Kult stattfindet, mit Reliefs, Fresken und Mosaiken zu zieren (s. die Ausgrabungen von → Kafarnaum, Bet-Alfa, → Dura-Europos). B.er fremder Gottheiten werden zunehmend nicht nur als greulicher Aberglaube gebrandmarkt, sondern auch als lächerlich verspottet (Jes 44; Ps 115; Weish 15, Bar 6; Apg 7,43; 15,20; 17,29; Röm 1,23; 2,22).
Das B.er-Verbot hatte zweifellos eine Entfaltung bildender Kunst in Israel und im Urchristentum gehemmt. Es gründet nicht in einer Überzeugung, nach der Gott nur transzendente immaterielle Geistigkeit ist, sondern will dem Menschen eine Verfügbarkeit über Gott verwehren, vielleicht auch das Festlegen auf ein statisches Gottesverständnis. Keineswegs ausgeschlossen, vielmehr gefordert ist es, im Menschen das → Ebenbild Gottes zu sehen (hierfür nie der Begriff *päsäl*). Judentum und Islam haben das B.er-Verbot radikalisiert und Menschen- und Tier-B.er überhaupt untersagt. K.

Bildad, aus → Suach, einer der Freunde des → Ijob (Ijob 2,11). S.

Bilderverbot → Bild und Bilderverbot.

Bileam, Bileamsprüche. B. ist eine Gestalt der Landnahmezeit, über die das AT am ausführlichsten in 4Mose 22–24, wo mehrere Überlieferungen miteinander verknüpft sind, berichtet: Der Moabiterkönig Balak beauftragt B., Israel zu verfluchen, doch auf Befehl Gottes segnet er es in vier Sprüchen. Die beiden älteren weissagen (vgl. → Vaticinium ex eventu), daß ein König – wohl Saul – seine Feinde besiegen (24,3–9) und ein anderer – wohl David – Israels Nachbarvölker unterwerfen werde (24,15–19). Die beiden jüngeren Sprüche preisen Israels Sonderstellung (23,7–10) und den Schutz Gottes für sein Volk (23,18–24). Nach einer anderen Tradition kämpft B. mit den Midianitern gegen Israel (4Mose 31,8.16; Jos 13,22). S.

Bilha. 1. Sklavin der Rahel, die dem Jakob die Söhne Dan und Naftali gebar (1Mose 30,3–8) und von Ruben geschändet wurde (1Mose 35,22). **2.** → Baala. S.

Binsen → Pflanzenwelt.

Bischof (von griech. *episkopos* »Aufseher«), Verantwortlicher für die innere und äußere Leitung einer Ortsgemeinde. Im Urchristentum haben sich, mit Ausnahme des Apostolats (→ Apostel), nur sehr langsam feste, an bestimmte Personen gebundene Ämter herausgebildet. Die ersten B.e gab es in Gemeinden des paulinischen Missionsgebietes (Phil 1,1; Apg 20,28), und zwar erscheinen sie zunächst in der Mehrzahl, als Glieder des Leitungsgremiums. Vielfach waren in neutest. Zeit die Übergänge zum → Ältestenamt, das aus der Synagoge übernommen wurde, noch fließend (so → Pastoralbriefe, 1. Petrusbrief). Den für die Leitung einer Gemeinde oder eines Kirchengebietes alleinverantwortlichen B. (d. h. den monarchischen Episkopat) gibt es erst seit dem Anfang des 2. Jh.s (→ Ignatius von Antiochia). R.

Bithynien, röm. Provinz im Nordwesten Kleinasiens am Schwarzen Meer. Nach 1Petr 1,1 gab es dort bereits im ausgehenden 1. Jh. christl. Gemeinden. R.

Bitte → Gebet.

Blei, ein schon früh bekanntes Metall, das in Palästina nicht vorkam und über Tyrus eingeführt wurde (Hes 27,12); es diente u. a. zum Ausgießen der in den Felsen gehauenen Buchstaben einer Inschrift (Ijob 19,24) und wurde wohl auch für das → Lot verwendet. S.

Bleischnur → Lot.

Blendung, als Strafe in Israel unbekannt (Spr 30,17 meint wohl die Verweigerung des Grabes), wird als Racheakt durch Nichtisraeliten erwähnt (Richt 16,21; 1Sam 11,2; 2Kön 25,7). S.

Blindheit, eine in Palästina häufige, durch das Klima bedingte Erscheinung, die als → Gebrechen kultunfähig machte; im übertragenen Sinne ist mit B. das Unvermögen gemeint, den Willen und das Handeln Gottes zu erkennen (z. B. Jes 29,9; 56,10; Mt 23,16–22). S.

Blindschleiche → Tierwelt.

Blitz, gilt im AT – ähnlich wie bei den Gewittergottheiten der Umwelt – als Waffe Gottes und gehörte daher zu den Begleiterscheinungen der → Theophanie (z. B. 2Mose 19,16; Ps 18,15); im NT werden die Ankunft des → Menschensohnes (Mt 24,27) und sein Gericht wegen ihrer Plötzlichkeit mit dem B. verglichen. S.

Blumen. In Palästina gibt es zahlreiche B.-Arten, von denen die Bibel allerdings nur ganz wenige erwähnt. Da die B. rasch verwelken, sind sie ein Bild der Vergänglichkeit des Menschen (z. B. Ps 103,15f.). Der Tempel Salomos war mit B.-Ornamenten geschmückt (1Kön 6,18.29). Namentlich wird mehrfach die Lilie genannt und wegen ihrer Schönheit und ihres Duftes gepriesen (z. B. Hld 2,1.2.16). Sie diente auch als Muster für Säulenkapitelle (1Kön 7,19) und als Bild für die Pracht des zukünftigen Heils (Hos 14,6). Das hebr. Wort *schoschanna,* das man mit »Lilie« übersetzt und das in der älteren Lutherbibel mit »Rose« wiedergegeben wurde, könnte auch ein allgemeiner Name für mehrere B.-Arten sein. Dasselbe gilt für die »Lilien auf dem Felde« in der Bergpredigt (Mt 6,28–29). Mit »Lilie« bezeichnet die Lutherbibel noch eine andere Blume (Jes 35,1; Hld 2,1), die in der Zürcher Bibel wohl sachgemäßer »Narzisse« heißt. Die Zyperblume und den Safran (→ Pflanzenwelt) erwähnt das AT wegen der aus ihnen gewonnenen Duftstoffe. S.

Blut. Wie in vielen Religionen gilt im AT B. von Menschen und Tieren – ähnlich wie Atem – als Sitz ihrer Lebenskraft (hebr. *näfäsch,* meist als → »Seele« übersetzt; 3Mose 17,11). B. steht mit Gott in direkter Verbindung, weil dieser die Lebenskraft schlechthin ist, ohne daß leider der Bezug zwischen Gott und B. irgendwo erläutert wird. B.-Vergießen ist deshalb nur sehr eingeschränkt, nur mit göttlicher Zustimmung zulässig, dann aber höchst wirksam. Schlachtung von Tieren war ursprünglich nur als Opferakt möglich. Ihr B. wurde dann an den Altar mittels einer Schale gesprengt, mit Fingern gespritzt oder ausgeschüttet und damit Gott (rück-)übereignet. Apotropäisch (→ Apotropäische Riten) wird B. an Hauspfosten beim Pascha gestrichen (2Mose 12,7). Priester werden durch B. geweiht (2Mose 29,20), schuldige Menschen durch Hingabe von B. als verwirktem Leben entsühnt (3Mose 17,11). Bei einem Bundesschluß macht B. die Partner gleichsam zu B.s-Verwandten (2Mose 24,8). Erst das → Deuteronomium gibt profane Schlachtung frei, verlangt aber Ausgießen des B.es auf die Erde (5Mose 12,15ff.). Jeder B.-Genuß ist bei Todesstrafe untersagt (weshalb das

Judentum noch heute das Schächten zur Pflicht macht). Noch im Apostelkonzil zeigte das → Urchristentum seine Bindung an dieses Brauchtum (Apg 15,20.29).
Vergießen menschlichen B.es ist nur bei einem von Gott zugelassenen Krieg oder einer von ihm gebotenen Todesstrafe zulässig. Alles »wilde« Töten läßt B.-Schuld als unsichtbare Unheilssphäre über Täter und Land kommen und führt unausweichlich in den Untergang. Durch → B.-Rache muß in solchen Fällen sippeneigenes B. zurückgeholt werden. So archaisch diese Regelungen wirken, in ihnen verschafft sich die hohe Achtung vor allem Leben sichtbaren Ausdruck.
Im NT wird das durch die Kreuzigung Jesu Christi vergossene B. zu einem wichtigen Thema als Grund christl. Heils. Jesu B. hat stärker als jeder Tierritus im AT stellvertretend für die Sünden der Menschen Sühne geschaffen (Hebr 9,11ff.). Zugleich hat es den neuen → Bund Gottes mit allen Menschen besiegelt, was beim Weingenuß im → Abendmahl in der Gemeinde versinnbildlicht wird (Mt 26,28; 1Kor 11,25; Joh 6,54–56). K.

Blutacker, ein Feld unbekannter Lage in Jerusalem, das als Begräbnisplatz für Ausländer diente und im NT mit dem Tode des Judas → Iskariot in Verbindung gebracht wird; nach Mt 27,3–10 trug es zuvor den Namen »Töpfersacker« und hieß dann »B.«, weil die Hohenpriester es mit dem »Blutgeld« des Judas kauften; nach Apg 1,18–19 erhielt es den Namen »B.«, weil Judas, der es erworben hatte, dort umkam. S.

Blutbräutigam. Nach 2Mose 4,24–26 wurde der Beschnittene »B.« genannt. Diese Notiz ist allerdings in ihren Einzelheiten völlig dunkel; so bleibt unklar, ob hier Mose oder sein Sohn der »B.« ist. S.

Blutegel → Tierwelt.

Blutfluß. Mit »B.« wird ein hebr. Wort für die Menstruation der Frau wiedergegeben (3Mose 15,19–30), das aber auch Samen- oder Schleimflüsse beim Mann bezeichnet (3Mose 15,2–15); alle derartigen Ausflüsse machten unrein. S.

Blutgeld, Bezeichnung des Lohnes, den Judas → Iskariot für seinen Verrat erhielt (Mt 27,6). S.

Blutrache, die Ahndung einer Untat am Täter (oder an den Mitgliedern seiner Sippe), zu deren Vollzug die Mitglieder der von der Untat getroffenen Sippe verpflichtet sind. Die B. ist ein legitimes Mittel der Rechtspflege in Gesellschaften ohne staatliche Institutionen zum Schutz von Leben und Ehre des einzelnen. So kennt auch das AT die B. (z. B. 2Sam 3,27; vgl. → Löser), sucht sie aber durch Gesetzesbestimmungen auf die Vergeltung absichtlichen Mordes und auf den Mörder selbst einzugrenzen (→ Asyl) und die Familie des Täters von der B. auszunehmen (5Mose 24,16). S.

Blutschande, Bezeichnung für den Beischlaf mit eng Verwandten, sofern dieser als sittenwidrig angesehen wird; das AT verbietet den Beischlaf innerhalb bestimmter Verwandtschaftsgrade unter Androhung der Todesstrafe (3Mose 18,6–17; 20,11–12.17). S.

Boanerges → Donnerskinder.

Boas. 1. Ehemann der → Rut, gilt als Stammvater Davids und Josefs (Mt 1,5). **2.** Säule am Jerusalemer Tempel (1Kön 7,21; 2Chr 3,17) neben → Jachin. S.

Bock → Tierwelt.

Boden. Das hebr. Wort *adama* (oft auch mit »Erde«, »Land« übersetzt) hängt mit dem Wort → »Adam« zusammen. Schon daran wird die Bedeutung des B.s für den alttest. Menschen deutlich. Dabei ist in erster Linie an den Acker-B. gedacht, das bebaubare Kulturland. Die göttliche Verfluchung des B.s (1Mose 3,17) begründet die Mühsal der → Arbeit. Vom B. vertrieben wird → Kain zum unsteten Nomaden (1Mose 4,12). An seinen Besitz ist die Ausübung der Bürgerrechte gebunden (→ B.-Recht); als Ideal gilt, ihn in → Ruhe zu bebauen. Wie → »Erde« hat auch »B.« im AT religiöse Bedeutung. Der B. ist → Eigentum Jahwes, er, nicht → Baal sorgt für seine Fruchtbarkeit. Er hat ihn den → Erzvätern verheißen und → Israel gegeben (häufige Belege im → Deuteronomium, z. B. 5Mose 4,40). Ausgerissen zu werden vom B. ist ein furchtbarer Fluch (5Mose 28,21). »B.« kann so die Bedeutung »Heimat« haben (Am 7,11.17). J.E.

Bodenrecht. Grundlage des altisraelit. B.s war das → Erbland der Familie, das als → Eigentum Jahwes unverkäuflich war. Ackerbesitz war Voraussetzung zur kultischen, rechtlichen und militärischen Vollberechtigung. In Ackerbaugesetzen (→ Sabbatjahr) war jedoch auch an die Besitzlosen gedacht. Durch die Einführung des Königtums und die Einbeziehung kanaan. Landesteile in Israel und Juda gewann nach dem Vorbild der Sozialordnung der Nachbarvölker eine feudale Komponente (Krongüter, Hauptstädte in Dynastiebesitz, Beamtenlehen) an Bedeutung. Dadurch wurde das altisraelit. B. bedroht; ehemals freie Landbesitzer verarmten oder gerieten gar in Schuldknechtschaft. Profeten traten nachdrücklich für die Wiederherstellung des alten B.s ein, sowohl durch Kritik an feudalistischer Bedrückung (z. B. Am 2,6.8; Jes 5,8) als auch im Entwurf neuer, gerechter Landverteilung (Mich 5,1–5; Ez 40–48). J.E.

Lit.: Herrmann, GI, 295–300.

Bogenlied, Davids Klagelied über den Tod Sauls und Jonatans (2Sam 1,17–27), so genannt wegen des im Lied vorkommenden Wortes »Bogen« (V. 22). S.

Bohne → Pflanzenwelt.

Boschet → Baal.

Böses, Bosheit und Übel. »B.« bezeichnet sowohl negative frevelhafte Taten wie auch von außen dem Menschen zukommendes schädliches Unheil. Zwischen beiden besteht gemäß der Überzeugung vom → Tat-Ergehen-Zusammenhang eine innere Verbindung, denn jede Übeltat zieht notwendig für den Täter Unheil nach sich. Die bibl. Anthropologie setzt dem menschlichen »Herz«, d. h. seinem geistigen Zentrum, einen rätselhaften Hang zum Bösen voraus (1Mose 6,5; Röm 7,19ff.).

Bestimmte neutest. Stellen folgern daraus, daß »diese Weltzeit böse ist« (Gal 1,4) oder es in ihr den Bösen (→ Teufel) als Inbegriff alles Bösen gibt (1Joh 5,18f.). Jesus aber hat das Böse durch grenzenlose Liebe überwunden und befähigt den, der ihm nachfolgt, von Bösem frei zu werden. K.

Bosora, Stadt im → Hauran (1Makk 5,26.28). S.

Bosra → Bozra.

Bote, der Übermittler einer Nachricht. Im AT und fast durchweg auch im NT wird für den B.n eines Menschen (z. B. 1Mose 32,4; Lk 7,24) und den B.n Gottes, den → Engel, dasselbe Wort gebraucht (hebr. *malak,* griech. *angelos*). S.

Botenspruch → Profetenspruch, Profezeiung.

Bozra. 1. Zeitweise Hauptstadt der Edomiter (Jes 34,6; Jer 49,13). **2.** Stadt in Moab (Jer 48,24). **3.** Stadt der Nabatäer im → Hauran (1Makk 5,26.28), später Hauptstadt der röm. Provinz Arabia. **4.** → Bosora. S.

Brandkorn, eine in mehreren Drohworten des AT (z. B. Am 4,9) neben der Vergilbung erwähnte Getreidekrankheit (Lutherbibel: »Dürre und Getreidebrand«). S.

Brandmal, eine durch Feuer entstandene Wunde (3Mose 13,24–28) und das dem Sklaven oder Verbrecher mit Brandeisen aufgeprägte Zeichen; daher das »B. des Gewissens« (1Tim 4,2). S.

Brauchtum, die Gesamtheit der ungeschriebenen Verhaltensregeln einer Gemeinschaft (dabei läßt sich der »Brauch« von der »Sitte« nur schwer unterscheiden). Das B. bestimmte das Leben des antiken Menschen wesentlich; vom B. festgelegt waren z. B. die Formen der Begrüßung, der Feste und Feiern, der Trauerriten und der Kaufverträge. S.

Braut, Bräutigam, das Hochzeitspaar. Die Bibel erwähnt den B. und die B. zuweilen in der konkreten Situation der Hochzeit (der B. der Hochzeit zu Kana Joh 2,9; das Lied des B.s an die B. Hld 4,8–12; 5,1), vor allem aber in bildhafter Rede: So wird das neue Jerusalem (Jes 49,18; 62,5) und im Anschluß daran die Kirche (Offb 21,2.9; 22,17) mit der B. und der Messias (Mt 9,15; 25,1ff.; Joh 3,29) mit dem B. verglichen. S.

Brautführer. Der B. (Richt 14,20) oder »Freund des Bräutigams« (Joh 3,29) war Brautwerber und wichtige Person bei der Hochzeitsfeier. S.

Brautgabe, Brautpreis, der Betrag, den der Bräutigam dem Vater der Braut zu zahlen hatte (1Mose 34,12; 2Mose 22,16); er konnte auch in Form von Kriegsdienst abgeleistet werden (1Sam 18,25; vgl. Jos 15,16; Richt 1,12). S.

Bremse → Tierwelt.

Brief. Das NT enthält 22 B.e (in traditioneller kirchlicher Sprache: Episteln). Sie repräsentieren eine für die Entwicklung des Urchristentums bedeutsame literarische Gattung, deren Begründer → Paulus war. Er schrieb nämlich zur Betreuung der von ihm gegründeten bzw. ihm verbundenen Gemeinden B.e, die nach Umfang und Charakter in der Antike ohne Vergleich sind. Sie enthalten Lehre, Verkündigung, Anweisungen für das Verhalten (→ Paränese), Stellungnahmen zu konkreten Problemen und waren zur öffentlichen Vorlesung im Gemeindegottesdienst bestimmt. Ihr Aufriß folgt einem festen Formschema: a) Der Eingang (Präskript) besteht aus Absenderangabe, Empfängerangabe und → Grußformel (z. B. Röm 1,1–7; 1Kor 1,1–3). b) Eine Danksagung (z. B. Röm 1,8 bis 17) leitet über zum c) Hauptteil (B.-Corpus). d) Den (meist eigenhändig geschriebenen) Schluß bildet eine Grußformel mit Segenswunsch (z. B. 1Kor 16,21–24).
Ältester Paulus-B. und zugleich frühestes literarisches Dokument des Christentums ist der 1. → Thessalonicherbrief (um 50). Ihm folgten der Galater-, die beiden Korinther-, der Philemon-, der Römer- und der Philipperbrief (um 57). Als unecht gelten allgemein der Epheserbrief und die sog. → Pastoralbriefe (1. und 2. Timotheusbrief, Titusbrief) sowie weithin auch der 2. Thessalonicher- und der Kolosserbrief.
Trotz ihres offiziellen Charakters sind die echten Paulus-B.e keine Kunst-B.e, die die B.-Form nur als literarisches Stilmittel benutzen, sondern echte B.e, die einen konkreten Leserkreis in einer bestimmten Situation ansprechen. Anders steht es mit den in der Folge nach ihrem Modell geschaffenen Schreiben, die sich nicht an konkrete Adressaten, sondern an einen allgemeinen Leserkreis wenden, den sog. → Katholischen (d.i. allgemeinen) B.n (Jakobus-, 1. und 2. Petrus-, 1. bis 3. Johannes- und Judasbrief). Auch die → Offenbarung bedient sich der B.-Form (Offb 1,4ff.; 2,1–3,22; 22,21). Der Form des Privat-B.s kommen der Philemonbrief und der 3. Johannesbrief nahe. R.

Lit.: A. Deißmann, Licht vom Osten, [4]1923; O. Roller, Das Formular der paulinischen B.e, 1933; E. Schweizer, Theologische Einleitung in das NT, 1989.

Bronze (hebr. *n*ᵉ*choschät,* von Luther mit »Erz«, »ehern« übersetzt), ist in der Regel eine Legierung aus Zinn und Kupfer, die in der Antike aber auch aus Kupfer und Blei u. ä. bestehen konnte. B. wurde in der frühen Bronzezeit – in Palästina in der Regel importiert – für kultische und künstlerische Gegenstände, seit der Mittleren Bronzezeit auch in Palästina in größerer Menge hergestellt und ebenso für Gebrauchsgegenstände und vor allem Waffen verwendet. Für kultische Gegenstände bleibt auch im eisenzeitlichen Israel B. wichtig. Im salomonischen → Tempel werden die Säulen → Jachin und → Boas, das »eherne Meer« u. a. aus B. hergestellt. O.

Bronzezeit → Palästina.

Brot. Wie noch heute in Palästina bildet in bibl. Zeit ein runder, flacher Fladen, der an die heiße Ofenwand »angeklebt« und dadurch gebacken wird, die übliche Nahrung. Zum Verspeisen wird B. hernach gebrochen. Gemeinsames B.- Essen schafft geheimnisvolle Solidarität (Obd 7; → Abendmahl). Das alltägliche B. wird mit Sauerteig zubereitet, für kultische Zwecke ist ungesäuertes B. (→ Mazzot) notwendig. K.

Brot, ungesäuertes → Mazzot.

Brotbrechen → Abendmahl.

Brotopfer → Opfer.

Bruder. Im bibl. Sprachgebrauch bezeichnet das Wort »B.« nicht nur den Voll- oder Halb-B., sondern – als Ausdruck der Gemeinschaft, der Zusammengehörigkeit – auch den Verwandten (1Mose 16,12), den Stammes- oder Volksgenossen (z. B. 4Mose 36,2), den Freund (Spr 17,17) und den Kollegen (z. B. 2Kön 9,2), den Mitchristen (im NT) und sogar – in der höflichen Anrede – den Fremden (z. B. 1Mose 29,4), darüber hinaus ganz allgemein die Wesensverwandtschaft (»B. der Schakale«, Ijob 30,29). S.

Brüder Jesu → Kindheit Jesu.

Bruderliebe, Anwendung der von Jesus gebotenen unbedingten → Nächstenliebe auf den Bereich der christl. Gemeinde, deren Glieder sich als Glieder einer durch Gott begründeten Bruderschaft verstanden. Vor allem in den Johanneischen Schriften ist die B. zentrales ethisches Prinzip: es kann keine Gottesliebe ohne B. geben. Weil Gott als Liebe den Menschen in Jesus nahegekommen ist, darum heißt Gott lieben ihn als Gott für den Mitmenschen annehmen (1Joh 4,19–21). R.

Brunnen, der Grundwasser-B. (hebr. *b^{e}er*) im Unterschied zur → Zisterne (hebr. *bor*); er wurde entweder gegraben (z.B. 1Mose 26, 15–33; 4Mose 21,16–18) oder als Einfassung einer Quelle angelegt (so stehen in 1Mose 24,11–30.42–45 die Wörter für »B.« und »Quelle« unterschiedslos nebeneinander) und oft mit einem Stein abgedeckt. S.

Brunnenlied → Lied.

Brust, Schlagen an die → Trauer, → Trauerbräuche.

Bubastis, ägypt. Stadt im Ostdelta des Nils, benannt nach der dort verehrten katzengestaltigen Göttin Bastet. Hier gründeten um 950 v. Chr. lib. Söldner die 22. Dynastie (→ Ägypten). Ez 30,17 nennt B. in einem Spruch gegen Ägypten. J.E.

Buch. Die älteste Form des B.es ist die Rolle. In Ägypten läßt sich die Rolle aus → Papyrus bis ins 4. Jt. zurückverfolgen. Daneben verwendete man das dauerhaftere Leder als Schreibmaterial. Im 2. Jh. kam dazu das → Pergament. Die Rolle wurde zur Seite hin aufgerollt und in Spalten (Kolumnen) beschrieben. Das AT erwähnt Rollen z. B. in Jer 36; Ez 2,9–3,3; Ps 40,8. Zur Aufbewahrung dienten vor allem verschließbare Tonkrüge (Jer 32,14 und → Qumran). – Im 1. Jh. n. Chr. kam der Codex auf, ein in Lagen gebundenes, doppelseitig und ebenfalls in Spalten beschriebenes B., der im 2. Jh. n. Chr. die beliebteste B.-Form für christl. Texte wurde, während das Judentum länger an der Rolle festhielt. Das Material der Codices war zunächst Papyrus, später Pergament. Die ältesten uns erhaltenen bibl. Pergamentcodices, der Codex Sinaiticus und der Codex Vaticanus, stammen aus dem 4. Jh. n. Chr. (→ Bibeltext). S.

Buch der Kriege Jahwes, eine nur durch das Zitat in 4Mose 21,14–15 bekannte, verschollene Liedersammlung. S.

Buch der Wackeren, eine zweimal im AT erwähnte Liedersammlung: Aus ihr stammt der Spruch Jos 10,13 und nach 2Sam 1,18f. die Klage Davids über Saul und Jonatan. S.

Buch des Lebens. Nach 2Mose 32,32 sind die Namen aller auf Erden lebenden Menschen von Gott in ein B. eingetragen; daraus gestrichen werden bedeutet Sterben. In späterer Zeit wurde das Motiv eschatologisiert: Das B. des L. galt nun als das Verzeichnis der von Gott zur Teilnahme am endzeitlichen Heil Erwählten (Lk 10,20; Offb 13,8). R.

Buchstabenschrift → Schrift.

Büffel → Tierwelt.

Bul → Monat.

Bund (hebr. *b^{e}rit*), bezeichnet ein gegenseitiges Verpflichtungsverhältnis, in dem wechselnd der Aspekt der Selbstverpflichtung, der Verpflichtung eines anderen oder eine gegenseitige Verpflichtung im Vordergrund stehen kann. Durch den B. kann sowohl eine Beziehung zwischen Menschen, einzelnen wie auch Gruppen, als auch zwischen Mensch und Gott gekennzeichnet werden. So steht im zwischenmenschlichen B. Israels mit → Gibeon (Jos 9,6f.11.15f.) die Selbstverpflichtung, im B. → Isaaks mit → Abimelech (1Mose 26,28f.) die Verpflichtung eines anderen und im B. → Davids mit → Abner (2Sam 3,12f.21) die gegenseitige Verpflichtung im Vordergrund.
Der Jahwe-B. mit Israel ist durch eine von Jahwe ausgehende Sphäre gegenseitig verpflichtender Gemeinschaft gekennzeichnet. Die Überlieferung des Sinai-B.es durch den → Jahwisten in 2Mose 34 zeigt, daß im Jahwe-B. die Selbstverpflichtung Jahwes in der Verheißung (V. 10.11b) mit der Verpflichtung Israels in den Geboten des »kultischen → Dekalogs« (V. 12–26) verbunden ist. Durch den B. wird zwischen Gott und Volk eine Sphäre des gemeinschaftlichen Heils (*scha-*

lom) und der Gemeinschaftstreue (*chäsäd* und *zᵉdaka*) geschaffen, die in Jahwes Verheißung gegründet und für Israel durch die apodiktischen → Gebote als Heilsbereich ausgegrenzt wird: Wer diese Gebote verletzt, verläßt die Heilssphäre des B.es.

Wie der zwischenmenschliche B. neben zahlreichen anderen Praktiken besonders durch ein gemeinsames Mahl der B.es-Partner konstituiert wird, so auch der Jahwe-B. im Gemeinschaftsopfer, bei dem Volk und Jahwe im gemeinsamen Mahl vereint vorgestellt sind (2Mose 24,5 u. ö.). Auch kann der B.es-Schluß durch einen Blutritus, in dem das Blut als Lebenselement B.es-Zeichen ist, bekräftigt werden (2Mose 24,6.8).

Das AT kennt eine Reihe von heilsgeschichtlichen B.es-Schlüssen, u.a. den Abraham-B. (1Mose 15; 17), Sinai-B. (2Mose 19–24; 34), Moab-B. (5Mose 28,69), Josua-B. (Jos 24) und David-B. (Ps 89,20ff.). Doch schwankt die Forschung über die Geschichte des B.es-Gedankens von der These einer religionsgründenden Bedeutung eines historischen Sinai-B.es (Eichrodt) bis zu der These, der B.es-Gedanke sei als Spätling der israelit. Religionsgeschichte erst im 7. Jh. v. Chr. entstanden (Perlitt). Erschwert wird die Forschungslage dadurch, daß mit Mowinckels Erkenntnis, hinter erzählenden B.es-Überlieferungen stünden Kultbegehungen einer B.es-Feier, sich die Geschichte des B.es-Gedankens mit den Problemen der frühen Geschichte und Kultgeschichte Israels verbindet. Mit einiger Wahrscheinlichkeit kann die Überlieferung des Sinai-B.es (2Mose 19–24; 34) als Projektion einer B.es-Feier des Kulturlandes in die Wüstenzeit gelten.

In profetischer Überlieferung ist der B.es-Gedanke eschatologisiert worden: In der Zukunft werde Jahwe nach dem Bruch des B.es mit Israel einen neuen schließen, der den alten B. übertreffen wird, indem das Gesetz Israel ins Herz geschrieben wird und Israel nicht mehr aus der Sphäre gemeinschaftlichen B.es-Heils mit Jahwe ausbricht (Jer 31,31–34).

Das NT gebraucht für »B.« das griech. Wort *diatheke* (»rechtsgültige Anordnung; letztwillige Verfügung«), das vielfach (u. a. von Luther) einseitig und mißverständlich mit → »Testament« übersetzt wird. Und zwar nimmt es die eschatologischen B.es-Aussagen der Profeten auf, um sie zugleich einer entscheidenden Brechung zu unterziehen: Durch das sühnende Sterben Jesu Christi ist der für die Endzeit verheißene B. eingesetzt worden, der die Gestalt einer abschließenden neuen Heilsordnung hat und eine Erneuerung des Gottesverhältnisses bewirkt. Dieser B. bleibt nicht auf Israel beschränkt, sondern gilt allen Menschen, die sich durch Jesus zum Gottesvolk der Endzeit sammeln lassen (Mk 14,24; 1Kor 11,25). Paulus stellt dem »alten« B. vom Sinai, dessen zentrales Merkmal das → Gesetz war, den »neuen« B. in Christus gegenüber, der durch die vom Geist gewirkte Freiheit bestimmt ist (2Kor 3,1–18; Gal 4,24ff.). Gottes Bundschlüsse mit Israel sind durch das Kommen Christi weder aufgekündigt noch gegenstandslos geworden (Röm 9,4), aber Israel ist dem durch sie ermöglichten Gottesverhältnis noch nicht gerecht geworden. Es kann erst zum Heil kommen, wenn es das Gesetz nicht mehr als zum Heil führendes Mittel mißversteht und sich statt dessen im Glauben an Christus der Gnade Gottes öffnet und damit das Angebot des neuen B.es annimmt.

Zentrale Bedeutung hat der Begriff »B.« im → Hebräerbrief (7,1–10,18). Hier wird Christus als Mittler des neuen B.es dargestellt, der mit seinem Selbstopfer das bewirkt, was der alttest. Kultus nicht bewirken konnte, nämlich Tilgung der Sünde für immer und bleibenden Zugang zu Gott für alle Menschen. O./R.

Lit.: S. Mowinckel, Le Décalogue, 1927; D. J. McCarthy, Der Gottesbund im AT, 1967; L. Perlitt, Bundestheologie im AT, 1969; E. Kutsch, Verheißung und Gesetz, 1973; W. Eichrodt, Theologie des AT, I [8]1968, II/III [7]1974; E. Otto, Das Mazzotfest in Gilgal, 1975.

Bundesbuch, Rechtssammlung in 2Mose 20,24–23,12, die im Zuge einer deuteronomistisch-exilischen Überarbeitung in die Sinai-Perikope eingestellt wurde und ihren Namen aus 2Mose 24,7 erhielt. Das B. wurde in staatlicher Zeit aus zwei ursprünglich selbständigen Rechtssammlungen in 2Mose 20,24–22,26 und 2Mose 22,28–23,12 zusammengearbeitet. Die Sammlung 2Mose 20,24–22,26 faßt ursprünglich profane Rechtssammlungen eines Konfliktregelungsrechts der Ortsgerichte (2Mose 21,18–32. 33–22,14) und eines aus der Familie stammenden Todesrechts (2Mose 21,12–17) unter dem Aspekt Jerusalemer Theologie zusammen. Dabei wird Jahwe in der Funktion eines königlichen Rechtshelfers der Armen in der Gesellschaft (2Mose 22,26) durch die vorangestellten Schutzrechte der Sklaven (2Mose 21,2–11) und nachgestellten Schutzrechte der Armen (2Mose 22,20–26*) gezeichnet. Die Sammlung 2Mose 22,28–23,12 integriert profanes Prozeßrecht (2Mose 23,1–3.6–8) in den theologischen Horizont der die Herrschaft Gottes über Mensch und Natur zum Ausdruck bringenden Aussonderungsgebote (2Mose 22,28f.; 23,10–12) und hat ihren Skopus im Ethos der Feindesliebe (2Mose 23,4) als Ausdruck des Gottesgehorsams. Im B. werden diese Sammlungen unter armentheologischem Aspekt als Rahmen (2Mose 21,2–11; 23,10.12) zusammengefügt. O.

Lit.: G. Wanke, B., in: Theologische Realenzyklopädie VII, 1981, 412–415; E. Otto, Der Wandel der Rechtsbegründungen in der Gesellschaftsgeschichte Israels. Eine Rechtsgeschichte des »Bundesbuches« Ex XX 22 – XXIII 13, Leiden 1987.

Bürge, der Garant, Gewährsmann für das Einhalten einer Verpflichtung, die man entweder selbst (1Mose 43,9) oder die ein anderer übernommen hat; vor letzterem – der Bürgschaft für jemand anderen – wird im AT nachdrücklich gewarnt (z. B. Spr 6,1–3; 22,26). S.

Bürgerrecht, römisches. Rom erteilte im 1. Jh. v. Chr. ganz Italien, später auch einzelnen Provinzgebieten und Kolonialstädten (z. B. → Philippi, vgl. Apg 16,21) sein B. Einzelpersonen und Familien konnten auf verschiedenen Wegen das r. B. erwerben, was ihnen gewisse Vorteile einbrachte, u. a. die Möglichkeit, in Prozeßverfahren an den Kaiser zu appellieren (Apg 25,11). So war → Paulus, obwohl als Diasporajude aus Tarsus stammend, röm. Bürger (→ Römer). R.

Bundeslade → Lade.

Buße (eigtl. »Umkehr, Sinnesänderung«), religiös motivierte, alle Lebensäußerungen umfassende Neuorientierung menschlichen Verhaltens. Im NT erscheint vor allem Johannes der Täufer als Bußprediger (Mt 3,2.8.11), indem er unter Hinweis auf das nahe Gericht Abkehr von Ungerechtigkeit und Gehorsam gegen Gottes Willen forderte. Auch Jesus rief zur B. angesichts der Nähe der Gottesherrschaft auf (Mk 1,15; Mt 4,17), wobei er bezeichnenderweise zur Begründung nicht auf Gottes drohendes Ge-

Die Kreuzfahrerburg in Byblos

richt, sondern auf seine heilvolle Zuwendung zum Menschen verwies: Dieses Verständnis von B. veranschaulichen die Gleichnisse vom Finden des Verlorenen (Lk 15): Weil Gott den Sünder sucht und ihm ohne Bedingung seine Gemeinschaft anbietet, darum ist B. als Hinwendung zu ihm jetzt möglich; sie ist nicht Leistung, sondern Geschenk. – In der Urgemeinde bezeichnet »B.« den bewußten Akt der Abkehr vom Heidentum und der Annahme des Evangeliums (1Thess 1,9; 2Kor 12,21), der der Taufe vorausgeht. Nach dem Hebräerbrief (Hebr 6,4–6) ist eine zweite B. unmöglich. – Der heutige volkstümliche Sprachgebrauch, wonach B. eine materielle Wiedergutmachungsleistung für ein Vergehen ist, knüpft an die traditionelle Bußpraxis der kath. Kirche, nicht jedoch an das NT an. R.

Lit.: Goppelt, Theologie I, 129–137; I. Goldhahn-Müller, Die Grenze der Gemeinde, 1989.

Bußpsalmen. Seit dem 6. Jh. n. Chr. werden in der kirchlichen Überlieferung die sieben Psalmen 6; 32; 38; 51; 102; 130; 143 als die für gottesdienstliche Feiern und zur privaten Andacht verwendete Einheit der »B.« zusammengefaßt. S.

Bußtag → Versöhnungstag.

Butter. Das hebr. Wort *chäma,* in der Luther- und Zürcher Bibel meist mit »B.« oder »Sahne« wiedergegeben (z.B. 5Mose 32,14; Jes 7,15), meint wohl nicht nur die B. (so zweifellos in Spr 30,33), sondern auch die Sauer- oder Dickmilch (z.B. 1Mose 18,8). (→ Milch.) S.

Byblos, im AT *Gebal* (Ez 27,9; vgl. auch Jos 13,5), heute *dschebeil,* etwa 40 km nördl. von Beirut, eine der ältesten und bedeutendsten Städte an der phönizischen Mittelmeerküste. Seit dem 5. Jt. v. Chr. besiedelt, war B. im 4. bis 2. Jt. Zentrum des Handels, vor allem mit → Ägypten. Hauptgottheit der Stadt war die »Herrin von B.«.

In B. wurde um 2000 v. Chr. eine besondere → Schrift, die »Byblitische Bilderschrift«, entwickelt, die nur kurz in Gebrauch war. Doch wurde B. auch zu einem Zentrum der Verbreitung der seit dem 2. Jt. entwickelten Alphabetschrift. Das brachten die Griechen dadurch zum Ausdruck, daß sie das Schreibmaterial Papyrus nach der Stadt B. *byblos* nannten. Damit hängt das griech. Wort für »Buch« (*biblion,* später *biblos*) zusammen. Die Bezeichnung → »Bibel« als »Buch der Bücher« geht somit letztlich auf den Städtenamen B. zurück. J.E.

C

Caligula (lat., »Soldatenstiefelchen«), Beiname des durch die Prätorianergarde zur Macht gebrachten röm. → Kaisers Gajus (37–41 n. Chr.). R.

Cantica, liturgischer Ausdruck für diejenigen bibl. Hymnen und Lieder, die nicht im → Psalter stehen (2Mose 15; 5Mose 32; Lk 1,46–55.68–79 u. ö.). K.

Canticum → Hoheslied.

Cäsar, Gajus Julius, röm. Triumvir 60–53 v. Chr. (zusammen mit Pompejus und Crassus) und Diktator 49–44 v. Chr. Verlieh den Juden zum Dank für Unterstützung Privilegien (z. B. Freiheit von der Truppenstellung, eigene Gerichtsbarkeit). (→ Kaiser.) R.

Ruinen der Kreuzfahrerfestung von Cäsarea

Cäsarea (griech., »Cäsar-Stadt«), häufiger Name von Städten, die zu Ehren des Augustus und Tiberius gegründet wurden. **1.** C. am Meer, von Herodes d.Gr. erbaute palästin. Hafenstadt, seit 6 n.Chr. Residenz des röm. Statthalters; im röm. Theater fand sich eine auf Pontius → Pilatus hinweisende Inschrift; Philippus (Apg 8,40) und Petrus (Taufe des ersten Heiden: Apg 10,24–40) wirkten dort; Paulus verbrachte zwei Jahre als Gefangener in C. (Apg 23,23–27,1). **2.** C. Philippi, vom Tetrarchen Philippus erbaute Stadt südl. des Hermon, nahe der Jordanquelle; nach Mk 8,27 par Ort des Messiasbekenntnisses. R.

Chabiru → Hebräer.

Chaldäer, Zweig der → Aramäer. Sie dringen ab 900 v.Chr. in Babylonien ein, reißen um 700 vorübergehend die Herrschaft an sich (→ Merodachbaladan) und gewinnen unter der neubabylon. Dynastie (Nabupolassar, Nebukadnezzar, Nabonid) das Übergewicht im Land. »C.« wird gleichbedeutend mit »Babylonier« (1Mose 11,28ff.). Später wird »C.« zum Begriff für die babylon. Priesterschaft, die Astronomie, Astrologie und Magie im Mittelmeerraum verbreitet (Dan 2,2ff.), und zur Bezeichnung von Sterndeutern und Magiern überhaupt. K./J.E.

Chalkolithikum → Palästina.

Chalzedon → Edelsteine.

Cham → Ham.

Chamäleon → Tierwelt.

Channukka → Fest.

Chaos (griech., »gähnende Kluft«), Bezeichnung für die ungeformte Stoffmasse, die nach einer im Altertum weit verbreiteten Vorstellung den Anfangszustand der Welt bildete. Religionsgeschichtlich wird der Begriff ausgeweitet auf jegliche Vorstellung eines rohen Vorzustandes vor eigentlicher göttlicher Schöpfung. So wird z.B. das → Tohuwabohu von 1Mose 1,2 als

C. gedeutet, wobei umstritten ist, ob dieses C. von Gott geschaffen ist (V. 2 Fortsetzung von V. 1? → Creatio e nihilo?) oder ob es sich um einen Gott gegenüberstehenden Anfangszustand handelt, der am Rande der geschaffenen Welt hinfort bedrohlich bestehenbleibt (V. 1 Überschrift, V. 3 Anfang des Geschehens?).
In der babylon. Mythologie gehen aus einem uranfänglichen Wasserungeheuer die Götter hervor; der stärkste Gott besiegt das Ungeheuer und verwendet es als Material der Weltschöpfung (*Text:* AOT, 108ff.; RTAT, 106ff.). Damit verwandt ist die im AT begegnende Vorstellung vom urzeitlichen Sieg Jahwes über ein widergöttliches Meerwesen (→ Chaosdrachenkampf). K./S.

Chaosdrachenkampf. Neben den in 1Mose 1; 2 belegten Auffassungen von → Schöpfung schimmert im AT eine mythologische Variante durch, nach der Jahwe einen vorzeitlichen Drachen (→ Drache, Leviatan, Meer, Rahab) erledigt und aus seiner Leiche die Erde geschaffen hat (Ps 74,12ff.; 89,9ff.). K.

Charisma → Geistesgabe(n).

Charram → Haran.

Chasidäer (hebr., »die Frommen«), um 180 v.Chr. einsetzende Sammlungsbewegung gesetzestreuer Juden als Reaktion gegen die schleichende Hellenisierung. Aus den C.n gingen später die → Pharisäer hervor. R.

Cherubim → Kerub(im).

Chiliasmus (von griech. *chilioi* »tausend«), die an Offb 20,1–10 anknüpfende Lehre vom tausendjährigen Reich des Messias auf Erden, die, vom 2. Jh. an von kirchlichen Schriftstellern vertreten, bis heute in christl. Sekten fortlebt. R.

Chios, Insel vor der Westküste Kleinasiens (Apg 20,15). R.

Chloë (griech., »die Grünende«), korinth. Frau, deren Familie Kontakte mit Paulus unterhielt (1Kor 1,11). R.

Chor. Einige → Psalmen sind deutlich für einen C. levitischer Sängergilden (Asaf, Korach usw.) bestimmt, andere setzen Wechselgesänge unter Beteiligung von Chören voraus (Ps 24; vgl. Neh 12,31ff.). K.

Chorazin, Stadt in Galiläa (Mt 11,21; Lk 10,13), 3 km nordwestl. von → Kafarnaum. R.

Christen (griech. *christianoi* »die dem Christus anhängenden Leute«). Nach Apg 11,26 wurde diese Bezeichnung den Jesusjüngern erstmals in Antiochia beigelegt, und zwar von Außenstehenden und Gegnern. Die Gemeinde gebrauchte zunächst andere Selbstbezeichnungen (z.B. »die Heiligen«, »die Jünger«, »die Versammlung«), aber wie in anderen Fällen wurde auch hier der von den Gegnern geprägte Name von den Bezeichneten schließlich selbst übernommen. Im NT erscheint er nur noch in Apg 26,28; 1Petr 4,16). R.

Christisch, Bezeichnung einer innergemeindlichen Gruppe in Korinth, die sich auf den erhöhten Christus berief (1Kor 1,12 nach Luthers Übersetzung; der Sinn der Stelle ist allerdings nicht eindeutig). R.

Christologie, theologischer Fachausdruck für die Lehre von Person und Werk → Jesu Christi. R.

Christus → Messias, → Jesus Christus.

Chronik → Annalen.

Chronikbücher, erster Teil des → Chronistischen Geschichtswerks, das den Schluß der hebr. Bibel bildet; wohl im 4. Jh. v.Chr. entstanden. Inhalt: 1Chr 1–9 Stammbäume von Adam bis Saul; 1Chr 10–29 Sauls Tod und Geschichte Davids; 2Chr 1–9 Salomo; 2Chr 10–36 Geschichte lediglich des Südreichs Juda, mit kurzem Ausblick auf das Ende des Exils. Die C. enthalten nur wenig – weitgehend aus den Samuel- und Königsbüchern übernommenes – Material über politische Vorgänge, berichten aber ausführlich über kultische Ordnungen sowie die Aufgaben des Tempelpersonals (1Chr 23–26) und betonen den gottesdienstlichen Gesang. Alle negativen Fakten über David und Salomo, die als Begründer dieser Ordnungen erscheinen, werden unterdrückt. Die C. sind bestrebt, die genaue Entsprechung von menschlicher Tat und Ergehen (→ Vergeltung) für jeden König und seine Generation nachzuweisen, wobei sie unter Umständen entsprechende Taten konstruieren (vgl. 2Chr 26,16–21 mit 2Kön 15,5 oder 2Chr 33,11–20 mit 2Kön 21,10–18). In den Geschichtsbericht sind zahlreiche erbauliche Ansprachen eingeschaltet, die den Jerusalemer Tempel als einzigen legitimen Ursprung des Heils auch gegenüber den → Samaritanern betonen. S.

Lit.: J. Becker, 1Chronik, 1986; 2Chronik, 1988 (NEB).

Chronistisches Geschichtswerk. Die → Chronikbücher und das → Esra- und → Nehemiabuch gehören, wie sich aus Gemeinsamkeiten der Sprache (spätes Hebräisch) und des Inhalts (z.B. Betonung gottesdienstlicher Vorgänge) ergibt, als ein in sich geschlossener Entwurf, das C. G., zusammen. Das C. G. beschreibt in den Chronikbüchern die Geschichte des Volkes Israel und dann die des Südreichs Juda bis zum → Exil und im Esra- und Nehemiabuch die Wiederherstellung des Tempels, der Mauern und der Kultgemeinde von Jerusalem.
Hauptquellen des C. G.s für die Zeit nach dem Exil waren Schriftstücke, die den Bau der Mauern und des Tempels von Jerusalem betreffen (Esr 4,6–6,15), und die Aufzeichnungen → Esras und → Nehemias. Diese Texte sind im C. G. in eine teils nachweislich falsche, teils zweifelhafte zeitliche Ordnung gebracht und mit Rahmentexten versehen worden, die eine stark idealisierende Tendenz zeigen. So wird in Esr 1,1–4,5 entgegen der historischen Wirklichkeit berichtet, die Verbannten seien schon kurz nach 538 v.Chr. geschlossen nach Jerusalem zurückgekehrt; daß mit dem Bau des Tempels erst um 520 begonnen wurde, habe am Widerstand der → Samaritaner gelegen. S.

Chronologie → Zeitrechnung.

Chrysolith → Edelsteine.

Churriter → Horiter.

Chuzas, Beamter des → Herodes Antipas. Seine Frau Johanna gehörte zu den Jüngerinnen Jesu (Lk 8,3). R.

Claudius, röm. Kaiser (41–54 n.Chr.), beeinflußte die Geschichte des Urchristentums durch das sog. *Claudiusedikt,* das die Juden – und damit zugleich die → Judenchristen – als Folge einer durch »einen gewissen Chrestos [Christus?] verursachten Unruhe« (Sueton, *Vita Claudii* 25) aus Rom vertrieb (Apg 18,2). Von da an hatten in der röm. Christengemeinde die → Heidenchristen das Übergewicht, auch wenn die Judenchristen in den Jahren nach 50 wieder zurückwanderten. R.

Clemensbrief → Klemensschriften.

Codex → Buch.

Colonia Aelia Capitolina → Jerusalem.

Creatio e nihilo (lat., »Erschaffung aus dem Nichts«), Begriff für eine Schöpfungsauffassung, nach der Gott vor der Weltentstehung kein → Chaos vorgegeben ist, sondern er schlechthin voraussetzungs- und analogielos schafft. Ob 1Mose1 in diesem Sinn zu verstehen ist, ist umstritten. Der erste sichere bibl. Beleg für C. e. n. findet sich wohl in 2Makk 7,28. K.

Cypern → Zypern.

Cyrus → Kyros.

D

Dabir → Debir.

Dadan → Dedan.

Dagon, ursprünglicher Name *Dagan,* syr. Wettergott, zunächst in der Gegend um → Mari verehrt. In → Ugarit galt → Baal als Sohn D.s. Das AT kennt D. als Gott der → Philister, dessen Ohnmacht Jahwe gegenüber offenbar wird (1Sam 5; vgl. auch Richt 16,23). J.E.

Dalila → Delila.

Dalmanuta, nicht lokalisierbare Ortschaft am See Gennesaret (Mk 8,10); vielleicht identisch mit → Magadan (Mt 15,39). R.

Dalmanutha → Dalmanuta.

Dalmatien, Landstrich an der östl. Adria, Teil der röm. Provinz Illyrien, nach 2Tim 4,10 wirkte der Paulusschüler → Titus dort missionarisch. R.

Damaris, Frau in Athen, zusammen mit dem Ratsherrn Dionysius durch Paulus bekehrt (Apg 17,34). R.

Damaskus, hebr. *dammäschäk,* bedeutende Handelsstadt in Syrien, am Schnittpunkt der großen Karawanenstraßen in einer fruchtbaren Ebene östl. des → Hermon gelegen. Schon in der frühen israelit. Königszeit war D. Mittelpunkt eines mächtigen Aramäerstaates (Jes 17,1–3; 1Kön 11,24f.; Am 1,3–5; 5,27). 732 v.Chr. wurde es nach der Eroberung durch Tiglat-Pileser III. (2Kön 16,9) Teil des Assyrerreiches, gelangte dann unter die Herrschaft Alexanders d.Gr. und wurde 64 v.Chr. von den Römern erobert. Vorübergehend war D. unter der Herrschaft des nabatäischen (arab.) Königs Aretas IV. (2Kor 11,32f.). In dem starken jüd. Bevölkerungsanteil gab es schon früh eine judenchristl. Gruppe (Apg 9,2). Nach seiner Bekehrung vor D. (Apg 9,1–22; Gal 1,15) war → Paulus dort für einige Zeit missionarisch tätig (Gal 1,17; Apg 9,19–22), bis eine dramatische Flucht seinem Wirken ein Ende setzte (2Kor 11,32f.; Apg 9,23–25). R.

Damaskusschrift, 1896 in einer alten Synagoge in Kairo entdeckte Schrift in hebr. Sprache, die Mahnungen, Regeln und Anordnungen für eine Gruppe enthält, die sich als »Gemeinde des neuen Bundes im Lande Damaskus« bezeichnet und, wie nach den Funden von → Qumran deutlich wurde, mit der priesterlichen Sekte der → Essener identisch ist. Es ist umstritten, ob »Land Damaskus« die Stadt → Damaskus und ihr Umland meint oder ein Deckname (für Qumran?) ist. Die D. berührt sich vielfach mit der Sektenregel von Qumran (1QS), dokumentiert jedoch ein späteres Stadium der Entwicklung der Sekte als jene (→ Qumranschriften). R.

Text: E. Lohse, Die Texte aus Qumran, 1964, 63–107.

Damhirsch → Tierwelt.

Dämonen. Für den antiken Menschen ist die Welt unheimlich und voll von Gefährdung. Dazu gehören jene personifizierten bösen Mächte, auf die er Widerfahrnisse wie Krankheit und Tod, Krieg, Mißernte und Unwetter zurückführt und die man heute religionsgeschichtlich mit einem dem Griechischen entlehnten Wort als Dämonen bezeichnet. Der offizielle Jahweglaube mit seinem unmythischen Weltbild (→ Mythos) und seiner Betonung der Allwirksamkeit Jahwes hatte zwar keinen Raum für D., weshalb das AT nur selten und am Rande von ihnen spricht. Doch darf man sich davon nicht täuschen lassen; in den Unterströmungen des Volksglaubens sind jene bösen Geister durch die Jh.e lebendig geblieben. Möglich ist, daß einige von ihnen ursprünglich kanaan. Gottheiten waren, die durch den Jahwekult in den religiösen Untergrund abgedrängt wurden. Darüber hinaus zeigt sich jedoch, daß der alttest.-jüd. Dämonismus sich in vielen Zügen mit dem der mittelmeerisch-antiken Welt eng berührt, so daß wir es hier mit einer weitverzweigten religiösen Unterströmung zu tun haben.
Bevorzugte Aufenthaltsstätte der D. ist die Wüste (4Mose 21,4–9; 5Mose 8,15; Jes 30,6). Gern hausen sie auch in Trümmerstätten, zusammen mit unheimlichen Tieren. Geht man an solchen verwunschenen Stätten vorbei, so pfeift man und

Dämon. Nach einer assyrischen Bronzestatuette (7. Jh. v. Chr.)

schüttelt die von sich gestreckte Hand, um die D. zu vertreiben (Zef 2,15; 1Kön 9,8).
Die wichtigsten der im AT genannten D. sind: die »Schwarzen« (*schedim*), die des Nachts ihr Unwesen treiben (5Mose 32,17; Ps 106,37); die »Haarigen«, bocksgestaltige Feld-D. (3Mose 17,7; 2Kön 23,8); die »Trockenen« (*sijjim*), die wasserlose Plätze bewohnen (Jes 13,21; 34,12; Jer 50,39); der Mittagsdämon (Ps 91,6), der, dem mittelmeerischen Pan verwandt, Sonnenstich und Verwirrung auslöst; Asasel, ein in der Wüste wohnender Dämon, wohl in Bocksgestalt, dem der Sündenbock des Versöhnungstages übereignet wird (3Mose 16,8); Lilit, ein ursprünglich mesopotam. weiblicher D., der in Israel zum Nachtgespenst wurde (Jes 34,14). Ihrer hat sich spätere Phantasie besonders angenommen: Man stellte sie sich mit langem, üppigem Haarwuchs und mit Flügeln vor. Wer allein in einem Haus schläft, läuft Gefahr, von ihr gepackt zu werden. Späteren Rabbinen galt sie als Adams erste Frau und als weiblicher Satan (so auch bei Goethe, *Faust I*, 4115ff.).
Das nachbibl. Judentum hat, wohl unter dem Einfluß des iran. Synkretismus (→ Iran), diese volkstümlichen Vorstellungen zu einem dämonologischen System ausgebaut. Die D. gelten nunmehr als Nachkommen ungehorsamer Engel, die sich mit den Menschentöchtern paarten (1Mose 6,1–4). Unter der Führung eines Oberdämons (Teufel, Beliar, Belial) formieren sie sich zu einem geschlossenen Heer der Finsternis. Auf ihr Werk werden Verführung, Sünde und Krankheit unter den Menschen zurückgeführt. Vor der Macht Gottes und seiner Engel müssen sie jedoch zurückweichen.
Vor diesem Hintergrund sind auch die Aussagen des NT über die D. zu verstehen. Besonders im Markusevangelium gelten die D. als die Widersacher Jesu. Wenn er Kranke, vor allem Besessene, heilt, so gilt dies als Sieg über die D. (Mk 1,27.34; 5,1–20; 7,26.29 u.ö.). Die D. kennen ihn als den → Sohn Gottes (Mk 1,34), aber sie müssen vor seiner Macht zurückweichen. Jesu Gegner allerdings verdächtigen ihn des Bündnisses mit Beelzebul (→ Beelzebub), dem Obersten der D. (Mk 3,22). Trotz des Sieges Jesu über sie versuchen die D., die Glieder der christl. Gemeinde zu verführen und vom Glauben abspenstig zu machen (Eph 2,2; 1Tim 4,1). Aber die Christen sind, wenn sie sich an Christus halten, den Gott zum Herrn über alle Mächte gemacht hat (Phil 2,9ff.), von der Macht der D. befreit. R.

Lit.: O. Böcher, Dämonenfurcht und Dämonenabwehr, 1970.

Dan, einer der zwölf Stämme Israels, der zunächst im Hügelland westl. von Jerusalem, in der → Schefela, siedelte (z.B. Richt 13–16), sich dort aber nicht behaupten konnte und deshalb nach Norden abwanderte. Es gelang ihm, in der fruchtbaren Ebene des oberen Jordan – zwischen Hermon und Hule-See – nach der Eroberung der Stadt Lajisch, die in »D.« umbenannt wurde, Fuß zu fassen (Richt 18), wo er wichtige Handelsstraßen kontrollierte (daher die Charakterisierung in 1Mose 49, 17). Als Ahnherr dieses Stammes gilt ein Sohn des → Jakob und der Bilha (1Mose 30,4–6). S.

Daniel (hebr., »[Gott] El ist [mein] Richter«; Esr 8,2; Neh 10,7; 1Chr 3,1); Personenname. Wichtig sind zwei Namensträger:

1. Ez 14,14.20; 28,3 wird D. mit Noah und Ijob zusammen als Beispiel eines weisen und gerechten Mannes aus grauer Vorzeit erwähnt. Vielleicht ist dieser D. identisch mit dem weisen König D. in der im syr. → Ugarit gefundenen Aqhat-Legende (*Text:* RTAT, 242f.).
2. D. ist der Hauptheld des gleichnamigen alttest. Buches. Zu Beginn der Exilzeit wird er mit anderen Volksgenossen deportiert. Aus königlichem Stamm, wird er am babylon. Königshof erzogen. Obwohl er trotz gegenteiligen Ansinnens den Speisegeboten und dem Monotheismus seiner Religion ungebrochen die Treue hält, erlebt er kraft seiner außergewöhnlichen Weisheit und seiner Fähigkeit zur Traumdeutung bei heidn. Großkönigen eine steile Karriere.
Die D.-Erzählungen zeigen historische Unstimmigkeiten. Sie nennen Belschazzar König, was er nie gewesen ist; lassen Darius I. vor Kyros regieren u.ä.; sie wollen nicht historische Dokumentation bieten, sondern durch die Figur D. verdeutlichen, wie der Gott Israels auch die Geschicke der Weltreiche lenkt. K.

Danielbuch. Das D. gehörte ursprünglich nicht unter die Profetenbücher, sondern stand in der hebr. Bibel als apokalyptisches Buch unter den → Schriften. Die in prot. und jüd. Bibeln bewahrte Fassung stammt aus der Zeit des → Hasmonäeraufstands (167–164 v.Chr.). Kath. Bibeln weisen darüber hinaus deuterokanonische Zusätze auf, die wohl im 1.Jh. v.Chr. hinzugekommen sind.
1. Ältester Teil sind die in → Aramäisch erzählten Legenden Kap. 2–6, die vermutlich aus dem 3. Jh. v.Chr. stammen. Sie haben nachträglich in Kap. 1 einen hebr. Vorbau erhalten. Danach ist Daniel mit der ersten jud. Deportation nach Babylonien gekommen und hat dort unter den Königen des babylon., med. und pers. Weltreichs als Ratgeber gewirkt. Dadurch vermittelt er den drei Reichen göttlichen Beistand.
2. In der Hasmonäerzeit sind die Visionen Kap. 7–12 im Ich-Stil angeschlossen worden. Ihr Thema ist die gottgewollte Sukzession der vier Weltreiche Babylonien, Medien, Persien und der griech. Diadochen, die allesamt nach dem um der Sünde Israels willen notwendigen Ende eines israelit. Staates folgen. Zum ersten Mal in der Bibel wird ein Entwurf der Weltgeschichte vorgetragen (→ Apokalyptik). Sie wird als zunehmender Entartungsprozeß und Entfremdung zwischen Gottheit und Menschheit verstanden, der mit den Griechen einen nicht überbietbaren Tiefpunkt erreicht: Sie werden durch ein Drachenungeheuer, das alles auf Erden zertrampelt, versinnbildlicht (Kap. 7). Ihre Herrschaft wird besonders im »verächtlichen« König Antiochus IV. Epiphanes zur letzten Feindschaft gegen das Volk Gottes. Deshalb endet die Geschichte mit einer Katastrophe; auf sie folgt ein ewiges göttliches Reich unter dem → Menschensohn (7,13f.), das nach den bisherigen »tierischen« Herrschaften die menschliche Gesellschaft zu einem endgültig menschenwürdigen Dasein in steter Gottesverbundenheit führt. Bei diesem Übergang kommt es zur Auferstehung der verstorbenen Gerechten zum ewigen Leben (12,1–3); auch ein Gedanke, der wohl zum ersten Mal hier in der Bibel auftaucht.
3. Wie die meisten → Apokalypsen hat auch das D. sich im Lauf der Zeit um weitere Stoffe vermehrt, die zum Beharren in dem Glauben und der Treue zur israelit. Religion auffordern. Dazu gehören die deuterokanonischen Stücke → Gebet des Asarja und → Gebet der drei Jünglinge im Feuerofen (Kap. 3), weiter die Erzählungen über → Susanna, über → Bel und den Drachen zu Babel (Kap. 13–14 in kath. Bibeln). Anderes gehört zu den → Pseudepigraphen, wie z.B. einige Danielfragmente aus den Funden von Qumran oder syr. und arab. Danielschriften.
4. Das D., eines der jüngsten alttest. Bücher, steht mit seiner universalistischen Ausrichtung – Gott waltet über allen Menschen –, mit seiner Rede vom zukünftigen Menschensohn und von der Auferstehung der Toten dem NT näher als die meisten anderen alttest. Bücher. Wegen seiner weltgeschichtlichen Theorie, bei der bald das vierte Reich auf Rom gedeutet und endlich zu einer Legitimation des mittelalterlichen Heiligen Römischen Reiches Deutscher Nation wurde, ist das D. zu einem der wichtigsten bibl. Bücher und zur Grundlage der Geschichtsauffassung nicht nur in der Theologie, sondern auch in der Geschichtsschreibung bis ins 18. Jh. geworden. K.

Lit.: K. Koch, Spätisraelit. Geschichtsdenken am Beispiel des Buches Daniel, in: Historische Zeitschrift 193, 1961, 1–32; N.W. Porteous, Das D., [2]1968 (ATD 23); K. Koch, Das Buch Daniel, 1980; J.-C. Lebram, Das Buch Daniel, 1984 (ZBKAT 23).

Dank, im Hebräischen gleichbedeutend mit »Lobpreis«, ist Antwort auf das helfende Handeln Gottes (Errettung aus Gefahr und Krankheit). Der D. findet seinen Ausdruck im Gebet (→ Danklied) und im sehr oft damit verbundenen Opfer. S.

Danklied, eine vor allem im Psalter mehrfach vertretene Gattung, worin ein einzelner seinen Dank über eine Rettungstat Gottes ausdrückt (z.B. Ps 30; 32; 116; 138; Jes 38,15–20; Jon 2,3–10). Das D. besteht aus dem Bericht über die vergangene Not des Beters und die Rettung und dem – wohl bei einem Opfer gesprochenen – an Gott gerichteten Dank. – Als »D.er des Volkes« bezeichnet man oft einige Psalmen wie Ps 124; 129. S.

Dareike → Münzen.

Darius/Dareios (hebr.-aram. *Dar^{e}jawesch*), Namen dreier pers. Könige. **1.** Der wichtigste ist D. I. (522–486 v. Chr.). Er hatte bei seiner Thronbesteigung mit Aufständen in verschiedenen Teilen seines Reiches zu kämpfen, die er 521 v. Chr. niederschlagen konnte. Diese Erschütterung des Perserreiches wirkte etwas später in der Verkündigung der Profeten → Haggai und → Sacharja nach (Hag 1,1; 2,10; Sach 1,1; 7,1), die jene Ereignisse als Vorzeichen für den Anbruch der Heilszeit deuteten und deshalb den raschen Wiederaufbau des Tempels forderten. Dazu kam es dann auch, von D. gefördert (Esr 6,1–15). **2.** In Neh 12,22 ist vermutlich D. II. (424–404 v. Chr.) gemeint. **3.** Der in Dan 6,1; 9,1; 11,1 genannte »D. der Meder« ist eine unhistorische Gestalt. S.

Darstellung Jesu im Tempel. Die vom Gesetz vorgeschriebene (3Mose 12,6–8) Reinigung der Wöchnerin am 40. Tage nach der Geburt eines Knaben verbanden Jesu Eltern nach Lk 2,22–24 mit einer Darbringung des Kindes als eines Gott Geweihten (im Sinne von 1Sam 1,11.21–28). R.

Datan und Abiram, zwei Söhne Eliabs aus dem Stamme Ruben, die sich nach 4Mose 16 gegen Mose empörten und zur Strafe – gemeinsam mit → Korach – von der Erde verschlungen wurden; diese Erzählung spiegelt vielleicht frühe Auseinandersetzungen um die Führerschaft in den Stämmen wider. S.

Dathan → Datan und Abiram.

Datierung → Zeitrechnung, → Synchronismus.

David. 1. Quellen zur Geschichte D.s – 2. Geschichte D.s – 3. Nachgeschichte.

1. Die historisch wertvollsten Quellen der Geschichte D.s sind die Überlieferungen von Thronaufstieg und -nachfolge in 1Sam 16 bis 1Kön 2,11. Von geringerem historischem Wert sind die Überlieferungen der → Chronikbücher (1Chr 11–29), die aus theologischem Interesse der nachexilischen Zeit die politischen Aspekte der Geschichte D.s zugunsten kultischer Funktionen unterdrücken.

2. D. wurde als Sohn des → Isai in → Betlehem im Stamme → Juda geboren. Als junger Mann kam er an den Hof → Sauls, wo er aufgrund seiner Erfolge im Kampf gegen die → Philister zum engen Vertrauten des Königs aufstieg. Er erwarb sich eine Volkstümlichkeit, die die des Königs in den Schatten stellte (1Sam 18,7). Saul erkannte darin eine Bedrohung und suchte D. aus seiner Stellung zu verdrängen, später zu töten. Auf der Flucht vor Saul fand D. Unterstützung bei der mit dem saulidischen Krönungsheiligtum → Gilgal verfeindeten Priesterschaft von → Schilo in → Nob. Aus dieser Zeit rührt die Bindung D.s an die Tradition des Heiligtums von Schilo, die in der späteren Überführung der Lade aus Schilo nach → Jerusalem ihren Ausdruck fand. D. führte in der jud. Wüste ein Freibeuterdasein, bis er zum philist. Lehensmann in → Ziklag aufstieg. Durch kluge Politik konnte er sein Ansehen im Stamm Juda, bei Kenitern und Kalebitern so festigen, daß er nach dem Tode Sauls zum König einer Konföderation der Südstämme ausgerufen wurde (2Sam 5,1ff.). Unter dem Druck der Philister verloren die mittelpalästin. Stämme ihr politisches Gewicht, das sich nun nach Süden verlagerte: Nach dem Tode Abners und Eschbaals wurde D. in Personalunion auch König der zehn mittel- und nordpalästin. Stämme. Nach Siegen über die umliegenden Völker konnte D. sein Reich mit dem Zentrum in Jerusalem bis nach Mesopotamien ausweiten. Durch ein Orakel des Profeten → Natan wurde D. als Begründer der Dynastie der Davididen bestätigt (2Sam 7; Ps 89), die über das Südreich → Juda bis zum Verlust der Eigenstaatlichkeit durch die Babylonier (587/586 v.Chr.) in Jerusalem herrschte und damit politische Stabilität garantierte. Das Reich D.s war innenpolitisch aber zunächst durch eine

Reihe von Krisen geschüttelt, in denen sich dynastische Auseinandersetzungen um die Thronfolge mit sozialen Konflikten und politischen Spannungen zwischen den Nord- und Südstämmen verbanden und die sich in Aufständen des → Abschalom und des → Scheba entluden. In diesen Auseinandersetzungen um die Thronfolge konnte sich der in Jerusalem geborene → Salomo durchsetzen.
3. Schon in vorexilischer Zeit galt D. als Dichter von Liedern (Am 6,5). In der Tendenz dieser Tradition lag es, D. zunehmend Psalmen zuzuschreiben. Der den levitischen Tempelsängern der nachexilischen Zeit nahestehende Verfasser des → Chronistischen Geschichtswerkes interpretierte D. als Kultgründer des Tempels von Jerusalem. Neben dieser kultischen Interpretation D.s steht eine profetische Linie, die einen eschatologischen König aus dem Geschlecht Isais erwartete. In der Profetie des 8. Jh.s ist mit der Anknüpfung an den Vater D.s die Geschichte der Davididen als Fehlentwicklung verurteilt (Jes 11,1ff; Mich 5,1ff). Erst der neue Messias wird endgültig die nationale Identität Israels sichern. Daneben ist die Vorstellung belegt, daß D. wiedererstehen wird (Jer 30,9). Im Judentum verknüpft sich mit der Erwartung des eschatologischen D. die Hoffnung auf eine nationale Erneuerung (Ps 17; 18). O.

Lit.: A. Alt, Das Großreich D.s, in: Kleine Schriften II, 1953, 66–75; E. Otto, Silo und Jerusalem, in: Theologische Literatur-Zeitung 101, 1976, 65–76.

Debir, Stadt in Juda (z.B. Jos 15,15–19), deren genaue Lage unbekannt ist; vor ihrer Einnahme durch Israeliten hieß sie nach Jos 15,15 *Kirjat-Sefer,* nach Jos 15,49 *Kirjat-Sanna.* S.

Debora (hebr., »Biene«), weiblicher Name. **1.** Amme der Rebekka (1Mose 35,8). **2.** Profetin (Richt 4,4), die → Barak zum Kampf gegen den kanaan. König → Sisera inspirierte. Ihr wird das Amt eines kleinen → Richters zugeschrieben (Richt 4,5). Sie gilt als Verfasserin des → Deboraliedes. O.

Deboralied, ein Siegeslied (Richt 5,2–31a) des Sieges nord– und mittelpalästin. Stämme über → Sisera, das historisch kaum zutreffend der Profetin → Debora zugeschrieben wird (Richt 5,1), da sie im D. angeredet wird (Richt 5,7.12). Die Form des D.es zeigt das hohe Alter der Herkunft aus vorstaatlicher Zeit. Es steht babylon.-assyr. Kultliedern näher als den aus königlicher Zeit stammenden Hymnen des Psalters. So ist das D. wohl bald nach dem Kampf gegen Sisera um 1100 v.Chr. entstanden. Die Erzählung Richt 4 ist eine Parallelüberlieferung zum D., die die historische Zuverlässigkeit des D.es in den Grundzügen bestätigt. Das D. hat zentrale Bedeutung für die Rekonstruktion der Geschichte des vorstaatlichen Israel. Das Fehlen → Judas in der Aufzählung der Stämme in Richt 5,14–18 weist darauf, daß Juda zu dieser Zeit noch nicht zum Stämmeverband → Israel gehörte. O.

Dedan, ein Volk in Nordwestarabien (1Mose 25,3), dessen Zentrum die Oase D. war und das sich durch Karawanenhandel auszeichnete (z.B. Jes 21,13). S.

Dekalog. 1. Begriff – 2. Ethischer D. – 3. Kultischer D. – 4. Urform der D.e.
1. »D.« (griech. *dekalogos* »Zehnwort«), Bezeichnung für die zehn Gebote, die auf 2Mose 34,28 (vgl. 5Mose 4,13; 10,4), »die zehn Worte«, zurückgeht. Es sind im AT zwei verschiedene D.-Überlieferungen zu unterscheiden, der »ethische D.« in 2Mose 20, parallel 5Mose 5, und der »kultische D.« in 2Mose 34, parallel 2Mose 23.
2. Der »ethische D.« ist in 2Mose 20,2–17 als exilisch-nachexilischer (deuteronomistischer) Zusatz zur Sinai-Überlieferung und in 5Mose 5,6–21 in einer davon nur geringfügig abweichenden Parallelversion überliefert.
Die Zählung der Einzelgebote begegnet erst in jüd. und frühchristl. Überlieferungen. Im Judentum werden die Einleitung (2Mose 20,2) als 1. Gebot, Fremdgötter- und Bilderverbot (2Mose 20,3f.) als 2. Gebot gezählt. In der kath. und ev.-luth. Kirche zählen 2Mose 20,2–4 als 1. Gebot, dafür wird das 10. Gebot (2Mose 20,17) auf zwei Gebote verteilt. Die griech.-orthodoxe und die ev.-reformierten Kirchen zählen Einleitung und Fremdgötterverbot als 1. Gebot, das Bilderverbot als 2. Gebot. Dem sprachlich-historischen Befund wird am ehesten die Zählung des Fremdgötterverbots als 1., des Bilderverbots als 2. Gebot gerecht. Das 1. bis 4. Gebot kreisen um das Gottesverhältnis, während das 5. bis 10. Gebot das Leben der Menschen miteinander regeln. Über Herkunft und Alter des »ethischen D.s« gehen die Meinungen stark auseinander. Während konservativere Exegeten ihn nach wie vor

auf → Mose zurückführen, ist er eher auf die Zeit des → Exils als Ergebnis deuteronomistischer Redaktion ursprünglich selbständiger Gebotsgruppen zurückzuführen. Die ersten vier Gebote gehen auf eine Reihe von Sakralgesetzen, die ihren ältesten Niederschlag in 2Mose 34,12–26* gefunden haben, zurück. Alleinverehrungsanspruch, Bilderverbot und Magieverbot (2Mose 20,7) sichern ursprünglich die Reinheit des Jahwe-Kultes in Israel. Der sich in Vorschriften konkretisierende Gotteswille Jahwes beschränkte sich im Ursprung auf den Kult. Davon geschieden waren profane Normen, die auf Familie und Ortsgerichtsbarkeit zurückgehen. Die ursprünglich selbständige Reihe der kurz formulierten Verbote der Tötung, des Ehebruchs und des Menschendiebstahls (2Mose 20,15) hatte ihren ursprünglichen Ort als vom Pater familias vollzogenes Grenz- und d. h. Todesrecht in der Familie. Die folgenden Gebote in 2Mose 20,16ff. gehörten in die Ortsgerichtsbarkeit und reagierten im Verbot des Falschzeugnisses als ältestem Prozeßrecht auf die Gefährdung der Gerichtsinstitution. Das Verbot, die wirtschaftliche Grundlage der Familie des Nächsten zu zerstören, reagierte auf die zunehmenden sozialen Spannungen in der israelit. Königszeit. Die exilische Redaktion integrierte durch die Zusammenstellung die profanen Gebote in einen theologischen Horizont. Der D. wurde zu einem umfassenden Reformprogramm für das erwartete neue Israel nach dem Exil. Seine theologische Mitte erhielt er im Sabbatgebot, das die Unterstellung der gesamten Alltagswirklichkeit unter die Herrschaft Gottes mit besonderem Akzent auf dem Schutz der Schwachen in der Gesellschaft ausdrückt. Diese Herrschaft will im gehorsamen Tun der Gebote ergriffen werden. Im → Deuteronomium wird das kurzgefaßte Reformprogramm des D.s breit ausgeführt.

3. Der »kultische D.« ist in jeweils überlieferungsgeschichtlich aufgeweiteter Form in die Sinaibund-Überlieferung des → Jahwisten (2Mose 34,12–26*) und → Elohisten (2Mose 23) eingestellt und zählt in der ältesten Fassung folgende 10 Gebote: I. Bundesschlußverbot; II. Fremdgötterverbot; III. Bilderverbot; IV. Mazzotfestgebot; V. Gebot, nicht mit leeren Händen vor Jahwe zu erscheinen; VI. Sabbatgebot; VII. Wochen- und Lesefestgebot; VIII. Verbot, Schlachtopferblut über Gesäuertem darzubringen; IX. Verbot, das Fett des Festopfers bis zum Morgen übernachten zu lassen; X. Verbot, das Böcklein in der Milch der Mutter zu kochen. – Im 1. bis 3. Gebot wird das Gottesverhältnis umrissen, während das 4. bis 10. Gebot das kultisch-religiöse Leben regeln.

4. Fremdgötterverbot, Bilderverbot und Sabbatgebot werden im »ethischen und kultischen D.« überlieferungsgeschichtlich parallel überliefert, obwohl eine unmittelbare Abhängigkeit der D.e voneinander unwahrscheinlich ist. Das deutet darauf hin, daß diese Gebote beiden D.en historisch vorausliegen und wohl die ältesten Gebote sind. O.

Lit.: J. J. Stamm, Der D. im Lichte der neueren Forschung, ²1962; K. Koch, Was ist Formgeschichte?, ³1974; E. Otto, Das Mazzotfest in Gilgal, 1975; H. Schüngel-Straumann, Der D. – Gottes Gebot?, ²1984.

Dekapolis (griech. »Zehnstädtegebiet«), eine Anzahl von hellenist. Städten im Ostjordanland (Mt 4,25; Mk 5,20; 7,31), die seit 63 v. Chr. unmittelbar dem röm. Statthalter von Syrien unterstanden und vermutlich als Städtebund verfaßt waren. Wichtigste Glieder: → Abila, → Gadara, → Gerasa (s. Abb.), → Pella, Philadelphia, Skythopolis, zeitweilig auch → Damaskus. R.

Delila, Geliebte des → Simson, die ihm durch ihre Beharrlichkeit das Geheimnis seiner Kraft entriß (Richt 16,4–21). S.

Demas (Kurzform von »Demetrius«), Begleiter und Mitarbeiter des Paulus (Kol 4,14; Phlm 24; 2Tim 4,10). R.

Demeter, griech. Göttin, Kornmutter und Spenderin der Feldfrucht, wurde im → Mysterienkult von Eleusis verehrt. R.

Demetrius (griech., »der der Demeter Zugehörige«), Name mehrerer seleukid. Herrscher. **1.** D. I. Soter (162–150 v. Chr.), bemühte sich um die Hellenisierung Syrien-Palästinas und bekämpfte die → Hasmonäer (1Makk 7–9; 2Makk 14–15). **2.** D. II. Nikator (145–140, 129–126 v.Chr.) (1Makk 11–14). **3.** D. III. Eukairos (90–88 v. Chr.). R.

Demut. Mit den Worten »D.«, »demütig« werden mehrere Begriffe des bibl. Urtextes wiedergegeben, die »niedrig, gering sein« bedeuten. Sie meinen die gehorsame Unterordnung unter den Willen Gottes im Gegensatz zum Hochmut und

Gerasa. Ovales Forum

zum Stolz (z. B. Spr 18,12). In der Briefliteratur des NT wird auch die demütige Haltung der Christen untereinander gefordert (z. B. Eph 4,2) (→ Dienen). S.

Denar → Münzen.

Denksäule, Denkstein → Mazzebe.

Denkschrift. Der Begriff »D.« wird in der alttest. Wissenschaft für die Literaturform des Rechenschaftsberichtes verwendet. Dementsprechend handelt es sich bei den Aufzeichnungen → Nehemias über seine Tätigkeit und vielleicht auch bei denen → Esras um D.en. Dagegen ist umstritten, ob in dem Abschnitt Jes 6,1–9,6 eine D. Jesajas vorliegt. S.

Derbe, kleinasiat. Stadt am Fuß des Taurusgebirges. Paulus kam zweimal dorthin (Apg 14,6f.20f.; 16,1). H.M.

Deuterojesaja → Jesajabuch.

Deuteronomistisches Geschichtswerk. Das D. G. umfaßt das 5. Mosebuch (→ Deuteronomium), → Josuabuch, → Richterbuch, → Samuelbücher und → Königsbücher; es hat seinen Namen durch die unter dem Einfluß des Deuteronomiums stehende Redaktion des Deuteronomisten erhalten. Das D. G. ist während der Exilzeit in Palästina entstanden und erzählt die Geschichte Israels vom Aufenthalt in → Moab vor der Landnahme des Westjordanlandes bis zur Begnadigung des Königs → Jojachin im Jahre 562 v.Chr. im babylon. → Exil.

Die dem D. G. vorgegebenen Einzelüberlieferungen sind durch die übergreifende Chronologie von 480 Jahren zwischen Auszug aus Ägypten und Baubeginn des salomonischen Tempels (5Mose 1,3; 1Kön 6,1) sowie durch das historische Geschehen an entscheidenden Wendepunkten theologisch kommentierende Reden oder geschichtstheologische Abhandlungen zu einem Geschichtswerk zusammengefaßt (5Mose 1–3; 31; Jos 23; Richt 2,6ff.; 1Sam 12; 1Kön 8,14ff.; 2Kön 17,7ff.; 2Kön 24,3f.). Das D. G. beabsichtigte, aus dem Verlauf der Geschichte von der Landnahme bis zum Exil darzulegen, daß Babyloniens Sieg über Israel und die Zerstörung des Jerusalemer Tempels nicht etwa in der Machtlosigkeit Jahwes, sondern in der Sünde Israels seine Begründung habe. Der Maßstab, an dem gemessen wird, ist das Gesetz im Deuteronomium, insbesondere die Forderung der Kultzentralisation (5Mose 12). Daß aber nicht das Verhalten ganz Israels, sondern nur seiner Könige in Nord- und Südreich gemessen wird, zeigt die Bindung des Deuteronomisten an die Jerusalemer Königsideologie. Nord- und Südreich, so das Fazit des D. G.s, haben trotz bewiesener Langmut Jahwes ihr Schicksal der Niederlage und Verbannung verdient. Es ist umstritten, ob das D. G. einen Hoffnungshorizont für das Israel der Exilzeit eröffnete oder negativ in der Schuld- und Schicksalsfeststellung endete. O.

Lit.: O. Kaiser, Einleitung in das AT, [5]1984.

Deuteronomium. Das D. (5. Buch Mose) erweist sich, abgesehen von einem Anhang in 5Mose 31–34, aufgrund von Spracheigentümlichkeit und theologischem Profil als eine von den übrigen Quellen der → Mosebücher unabhängige literarische Einheit. In die Situation vor dem Tode des → Mose im Ostjordanland gestellt, soll das D. als fiktives Vermächtnis des sterbenden Mose Autorität erhalten. Das D. gliedert sich in 5Mose 12–26 und dessen Rahmung durch Einführungsreden und Schlußmahnungen in 5Mose 1–11; 27–30. Die Frage der Entstehung des D.s wird gegenwärtig in der Forschung sehr kontrovers diskutiert. Sie gewinnt noch Bedeutung dadurch, daß sie verknüpft ist mit dem Problem, ob und in welchem Umfang Gebote des D.s Grundlage der Reform des Königs → Joschija waren. Von einschneidender Bedeutung war die Erkenntnis, daß sich im D. Partien der pluralischen Anrede (»ihr«) mit solchen singularischer Form (»du«) abwechseln. So wird eine ältere Fassung des D.s (»Ur-D.«) am ehesten wohl in den singularischen Abschnitten von 5Mose 6,4–28,69 zu vermuten sein, wobei aber gerade in der Aufnahme ursprünglich selbständig tradierter Gebotsüberlieferungen dieses Ur-D. nur eine Stufe in einer komplexen Überlieferung darstellt. Dieses Ur.-D. ist spätvorexilische Weiterentwicklung des → Bundesbuches. In der Exilszeit wird das Ur.-D. einer umfangreichen deuteronomistischen Überarbeitung und Ergänzung unterzogen und zu einem großen normativen Reformprogramm für das neue Israel nach dem Exil ausgebaut, wobei der → Dekalog die Ordnung für das Gesetzeswerk in 5Mose 12–26 abgab. Ins Zentrum dieses D.s rückte die Forderung nach Zentralisierung des legitimen Tempelkultes in Jerusalem (5Mose 12). O.

Lit.: H. D. Preuss, D., 1982.

Deuterosacharja → Sacharjabuch.

Diadem → Kranz.

Diadochen (griech., »Nachfolger«), Bezeichnung für die Nachfolger → Alexanders d.Gr., die sich dessen Reich teilten und so das hellenist. Staatensystem begründeten; für das AT sind die D.-Dynastien der → Ptolemäer in Ägypten und der → Seleukiden in Syrien von Bedeutung. S.

Diakon (griech., »der [bei der Mahlzeit] Bedienende«), frühchristl. Funktionsbezeichnung, die sich aus der Selbstbezeichnung Jesu als Diener, dessen Sendung im Dasein für andere besteht (Mk 10,45; Lk 22,27), entwickelte. Paulus bezeichnet sich selbst und alle Träger von gemeindlichen Funktionen in diesem Sinne als »Diener«, z.B. 1Kor 3,5; 2Kor 6,4; 11,23. Erst gegen Ende des 1. Jh.s finden sich jedoch in paulinischen Gemeinden D.e als Träger bestimmter, von anderen (d.h. denen der → Bischöfe und → Ältesten) unterschiedener Funktionen (Phil 1,1; 1Tim 3,8.12). Die D.e scheinen neben der Aufwartung beim → Abendmahl vorwiegend mit karitativen Tätigkeiten betraut gewesen zu sein. Lukas deutet anachronistisch in Apg 6,1–7 die Einsetzung der 7 Leiter der griechischsprechenden Gemeinde in Jerusalem (→ Hellenisten) in Analogie zu der Einsetzung von D.en in der Kirche seiner Zeit. R.

Diakonisse. In Röm 16,1 wendet Paulus die Funktionsbezeichnung → »Diakon« auf eine Frau an, die Christin Phöbe aus Kenchreä. Daraus sowie aus 1Tim 3,11 ist zu schließen, daß Frauen im Urchristentum am Diakonenamt weithin beteiligt waren. Ein eigenes D.n-Amt entwickelte sich erst viel später. R.

Diana → Artemis.

Diaspora (griech., »Zerstreuung«; hebr. *galut*), ursprünglich Bezeichnung für die über die ganze antike Welt verstreuten jüd. Ansiedlungen. Für ihre Entstehung waren neben kriegerischen Ereignissen wirtschaftliche Gründe maßgebend. Bereits zur Zeit Davids und Salomos kamen Juden als Kolonisten und Kaufleute in verschiedene Teile Asiens und Afrikas (1Kön 4; 20,34). Für das 5. Jh. v. Chr. ist durch die → Elefantine-Papyri die Existenz einer jüd. Militärkolonie in Ägypten nachgewiesen. Ein entscheidender Markstein waren die Zerstörung Jerusalems 587/586 v. Chr. und das babylon. → Exil; ein Großteil der nach Babylonien Verbannten blieb dort auch nach Ermöglichung der Heimkehr zurück (2Kön 24,14ff.; Jer 52,28ff.), um eine der stärksten und geistig einflußreichsten D.-Gruppen zu bilden: So entstand in Babylonien der Babylon. → Talmud. Ähnlich bedeutend war die D. in Ägypten; zur Zeit Jesu sollen in → Alexandria 1 Million Juden gelebt haben. Weitere jüd. Bevölkerungsschwerpunkte lagen in Syrien (→ Antiochia), Kleinasien (→ Ephesus), → Rom und Nordafrika. Religiöser Mittelpunkt der D. war jeweils die → Synagoge. Die Verbindung mit Jerusalem und seinem Tempel wurde durch die Tempelsteuer sowie durch häufige Wallfahrten zu den großen Festen aufrechterhalten. Im → Römerreich genossen die jüd. D.-Gemeinden weitgehende religiöse und administrative Freiheiten. Für die Ausbreitung des Christentums war die D. von großer Bedeutung (Apg 6,9–11).

Im NT wird der Begriff »D.« mehrfach in übertragenem Sinn gebraucht. So wendet sich der → Jakobusbrief »an die 12 Stämme in der D.« (Jak 1,1), worunter vermutlich verstreute judenchristl. Gruppen gemeint sind. Nach 1Petr 1,1; 2,11 lebt die christl. Gemeinde in einer geistlichen D.-Existenz, für die die Welt nicht die wahre Heimat ist (vgl. Hebr 11,13; 13,14; Phil 3,20). R.

Diasporaliteratur. Die um die Zeitenwende in den Mittelmeerländern verbreitete, Millionen von Anhängern zählende hellenist.-israelit. → Diaspora, in deren Synagogen griech. gesprochen wurde, hatte seit dem 2. Jh. v.Chr. eine reiche religiöse Literatur ausgebildet. Sie verbindet bibl. Gottesglauben mit griech. Geist. Nur spärliche Reste sind erhalten, teilweise unter den → Apokryphen und Pseudepigraphen (so → Weisheit Salomos, → Sibyllinen, 3. → Makkabäerbuch). Die D. nimmt ihren Ausgang von der griech. AT-Übersetzung, der → Septuaginta, deren Entstehung im → Aristeasbrief begründet wird. Darüber hinaus wird die Brücke von der Heilsgeschichte zur ägypt. Religion oder griech. Philosophie durch Schriftsteller wie Artapan, Aristobul, Eupolemos, Ezechiel der Tragiker u.a. dargelegt. Oder es wird bibl. Monotheismus mit philosophischen Argumenten gestützt und die Herrschaft der Vernunft über die Triebe religiös gefördert (4. → Makkabäerbuch). Auch visionäre Himmelsreisen oder endzeitliche Voraussagen werden den Griechen nahegebracht (Sibyllinen, 3. Baruch). Die alten Fragmente hat P. Rießler (*Altjüd. Schrifttum*) übersetzt. Im weiteren Sinn lassen sich auch der Philosoph → Philon und der Geschichtsschreiber → Josefus aus dem 1. Jh. n.Chr. zur D. zählen. K.

Lit.: M. Hengel, Judentum und Hellenismus, 1969.

Dibon. 1. Ort im südl. Ostjordanland, der zeitweilig von Israeliten besiedelt war (4Mose 32,34). Grabungen zwischen 1950 und 1955 ergaben älteste Siedlungsspuren in der frühen Bronzezeit des 3. Jt.s v.Chr. Nach einem Besiedlungsabbruch wurde in der frühen Eisenzeit D. im letzten Viertel des 2. Jt.s von den Moabitern (→ Moab) neu besiedelt und ein moabit. Heiligtum errichtet. Für die Zeit von der Mitte des 9. Jh.s bis zur Zerstörung durch den babylon. König → Nebukadnezzar (582 v.Chr.) läßt sich in D. eine moabit. Zitadelle nachweisen, die wohl von König → Mescha errichtet wurde. D. ist Fundort der → Mescha-Stele. **2.** Ort in Juda (Neh 11,25). O.

Dichtkunst. Die Dichtung oder Poesie unterscheidet sich von der Prosa dadurch, daß die Aussage an eine Form gebunden wird. Das deutlichste – wenn auch nicht überall klar erkennbare – Merkmal hebr. D. ist der → Parallelismus membrorum, eine Stilform, bei der zwei – manchmal drei – zusammengehörige Motive zu einer Einheit zusammengefügt sind. Innerhalb dieses Parallelismus membrorum lassen sich zuweilen Versmaße (Metren) erkennen. So weisen die einzelnen Verse bei dem für das Leichenklagelied verwendeten Qina-Metrum (z.B. Am 5,2) eine Unterteilung in zwei verschieden lange und bei dem für Weisheitssprüche verwendeten Maschal-Metrum (z. B. Spr 2,1) in zwei gleich lange Glieder auf. Umstritten ist die Frage nach der inneren Gliederung der einzelnen Verse, d.h. nach der Gestalt der Versfüße oder Takte, aus denen sich ein Vers zusammensetzt. Hierzu gibt es zwei gegensätzliche Theorien. Nach der einen – sie ist heute fast allgemein anerkannt – enthält jeder Versfuß normalerweise zwei unbetonte Silben

und eine betonte (akzentuierendes System), nach der anderen eine betonte und eine unbetonte (alternierendes, d.h. abwechselndes System).
Wie vermutlich für alle D., so gilt auch für die des AT, daß sie sich – unter dem Zwang des Versmaßes und durch das Bemühen der Dichter um eine gewählte Ausdrucksweise – einer kunstvollen Sprache bedient, die unserem Verstehen manches Hindernis in den Weg legt. Das AT, das nur eine Auswahl der althebr. D. enthält, umfaßt neben kultisch-religiöser auch profane Dichtung, z.B. das → Hohelied. In dichterisch-gebundener Form haben auch die Profeten weitgehend ihre Sprüche vorgetragen, was aber durch die spätere Bearbeitung teilweise verwischt worden ist. S.

Dickmilch → Butter.

Didache → Lehre der zwölf Apostel.

Diebstahl, die widerrechtliche Aneignung einer fremden Sache, wird nach dem alttest. Gesetz mit mehrfacher Ersatzleistung bestraft (2Mose 21,37–22,7), während auf den D. (den Raub) eines Menschen – dieser ist wohl auch im D.-Verbot des → Dekalogs, 2Mose 20,15, gemeint – die Todesstrafe stand (2Mose 21,16). S.

Dienen, Dienst. Ganz allgemein werden rechtlich-politische (2Mose 2,23; 13,3.14 u.ö.) sowie religiöse Abhängigkeitsverhältnisse als D. bezeichnet. Als besonders strukturiert heben sich davon jene neutest. Aussagen ab, die das Verhalten Jesu vom Bild des bei Tisch aufwartenden Sklaven her als D. (*diakonein*) deuten (Mk 10,45; Lk 22,27) und zur Norm für das Verhalten der Jünger untereinander machen: Jesu Verzicht auf Macht und Recht um des Nächsten willen wird so zum Leitprinzip aller kirchlichen Ordnung. Dies wird durch die Bezeichnung der gemeindlichen Leitungsfunktionen als »Dienste« (*diakoniai*) zum Ausdruck gebracht (Apg 6,4; 2Kor 2,4; 5,18 u.ö. → Kirchenorganisation). R.

Lit.: G. K. Schäfer / T. Strohm (Hrsg.), Diakonie – biblische Grundlagen und Orientierungen, 1990.

Diener → Diakon, → Sklave, → Sklaverei.

Diensthaus → Auszug.

Dill (Lutherbibel: »Anis«), Gewürzkraut aus der Familie der Doldengewächse, von den Schriftgelehrten zu den zehntpflichtigen Bodenerzeugnissen gerechnet (Mt 23,23; → Pflanzenwelt). R.

Dina, Tochter → Jakobs mit Lea (1Mose 30,21), deren Entehrung durch Sichem, den Sohn des Fürsten von → Sichem, einen Racheakt ihrer Brüder auslöste (1Mose 34). S.

Dionysius, Athener, der durch die Predigt des Paulus auf dem → Areopag zum Glauben kam (Apg 17,34). Im 6. Jh. galt D. Areopagita als Urheber einer neuplatonischen Literatursammlung. R.

Diorit → Edelsteine.

Diotrephes, Name eines Gemeindeleiters (3Joh 9), der durch seinen Einfluß die Aufnahme der Sendboten des hinter dem 2. und 3. Johannesbrief stehenden »Alten« in seine Gemeinde verhindert. Dieser Konflikt spiegelt vermutlich die Auseinandersetzungen zwischen der ihre Organisation festigenden Ortsgemeinde und dem frühchristl. Profetentum gegen Ende des 1. Jh.s wider. R.

Dirne → Prostitution.

Disteln → Pflanzenwelt.

Dodekapropheton → Zwölfprofetenbuch.

Doëg, Edomiter im Dienste Sauls, der Davids Abmachung mit den Priestern von Nob verriet und letztere auf Befehl Sauls umbrachte (1Sam 21,8; 22,9–22). S.

Dogma (griech.), »philosophischer Grundsatz; allgemeingültiges Gesetz; behördliche Anordnung«; im griech. AT erscheint nur die letzte Bedeutung (Dan 2,13; Est 3,9; 4,8; 2Makk 10,8; 15,36), das NT bezeichnet auch das mosaische Gesetz als D. (Eph 2,15). Der spätere kirchliche Sprachgebrauch (mit der Bedeutung »allgemeinverbindliche Formulierung von Glaubenswahrheiten«) liegt in der Bibel noch nicht vor. R.

Doketismus, die in der → Gnosis übliche Auffassung, Christus habe nur einen Scheinleib besessen. Dahinter steht die dualistische Abwertung der Materie. Schon das Johannesevangelium betont dagegen die echte Menschwerdung des göttlichen Wortes (1,14). 1Joh 4,2f. bekämpft Leute, die die wahrhaftige Erscheinung des Christus im Fleisch leugnen; ähnlich auch 1Tim 2,5ff.; 3,16; 2Tim 2,8. H.M.

Domitian, röm. → Kaiser aus dem Hause der Flavier (81–96 n. Chr.), förderte in seinen letzten Regierungsjahren, vor allem in den östl. Provinzen des Weltreiches, den → Kaiserkult und ließ sich als »Herr und Gott« verehren. Der Widerstand der kleinasiat. Christen gegen diesen totalitären ideologischen Machtanspruch und die daraus resultierende blutige Verfolgung ist der Hintergrund der → Offenbarung des Johannes (bes. Kap. 13). R.

Donner, gilt als Stimme Gottes (z.B. Jer 25,30) und – neben dem Blitz – als Begleiterscheinung der Theophanie (z.B. 2Mose 19,16); zuweilen wird dem D. – statt dem Blitz – die im Gewitter zerstörerisch wirkende Kraft zugeschrieben (Ps 29). S.

Donnerskinder (aram. *boanerges*), von Jesus den Zebedäus-Söhnen Johannes und Jakobus beigelegter Name (Mk 3,17), dessen Bedeutung dunkel ist. R.

Doppeldrachme → Münzen.

Dor, alte Kanaanäerstadt (Richt 1,27) an der Mittelmeerküste südl. des Karmel, wurde mit ihrem Hinterland israelit. Verwaltungsbezirk (1Kön 4,11), später assyr. Provinz. S.

Dorcas/Dorkas → Gazelle.

Dorf, Siedlung mehrerer Hausgemeinschaften, die in vorstaatlicher Zeit Israels unter der Oberhoheit und Zinspflicht einer Stadt oder Burg stand (Richt 18,7). In der Königszeit wurden die D.er in Verwaltung und Gerichtsbarkeit den Bezirksstädten der Gaue unterstellt (Jos 15,21ff. u. ö.). Diese Ordnung hat sich bis in neutest. Zeit erhalten (Mk 8,27). O.

Dornenkrone. Nach der → Leidensgeschichte wurde Jesus im Anschluß an seine Verurteilung durch röm. Soldaten eine D. aufgesetzt (Mk 15,17; Mt 27,29). Sie war vermutlich ein Kranz aus Akanthus, einem stachligen Unkraut. Dabei war die D. wohl weniger Marterinstrument als Spottsymbol. Unter Anspielung auf die Verurteilung Jesu als »Judenkönig« (Mk 15,18.26) und Messiasprätendent wurde ihm eine Travestie des von Königen und Herrschern getragenen Kranzes aufgesetzt. Vielfach vermutete Beziehungen zum Brauchtum des Saturnalienfestes – Jesus wäre demnach von den Soldaten zum Narrenkönig für einen Tag ausgerufen worden – werden vom historischen Befund nicht bestätigt. R.

Dornstrauch → Planzenwelt.

Dotan, Ort nördl. von Samaria, der, wie Grabungen zwischen 1953 und 1960 zeigten, in der Bronzezeit eine blühende Stadt war. Schon im 3. Jt. v. Chr. war D. durch eine starke Stadtmauer gesichert. Bedeutung erlangte D. durch die Lage am »Paß von D.«, der in die Ebene von Jesreel führte und zur Straßenverbindung der Jerusalem über Sichem mit dem Norden Palästinas und zum Straßensystem der Ägypten mit Syrien und Mesopotamien verbindenden *via maris* gehörte (vgl. 1Mose 37,25ff.). O.

Dothan → Dotan.

Doxologie, formelhafter Lobpreis Gottes. Im AT finden sich D.n vor allem in den Psalmen (41,14; 72,18f. u.ö.). Auch in den Apokryphen und in den Schriften von → Qumran sind D.n häufig. Im nachbibl. Judentum wurden D.n für alle Gelegenheiten des Tageslaufs bestimmt. Jede Nennung Gottes wurde mit der D. »der Heilige, gepriesen sei er« verbunden.
Im NT spiegelt sich diese Haltung wider (Röm 1,25; 2Kor 11,31). Aber auch Jesus wird in die D. mit aufgenommen (Röm 15,6; Eph 1,3). Die D. wird Gott »durch Jesus Christus« dargebracht (Röm 1,8; Hebr 13,15). Schließlich wird die ursprünglich nur Gott zukommende D. ganz auf Jesus übertragen (Röm 9,5; 2Petr 3,18; Offb 5,12f.). – Die D. am Schluß des → Vaterunsers ist erst später hinzugewachsen. H.M.

Drache. Das hebr. Wort für »D.« (*tannin*) hat mehrere Bedeutungen, die miteinander in Einklang zu bringen kaum möglich ist; es kann einerseits die Schlange (z.B. 2Mose 7,9.12), das Krokodil (Ez 29,3), ein mächtiges, gefräßiges Tier (Jer 51,34) und ein großes Seetier, vielleicht

Der babylonische Gott Bel-Marduk über dem besiegten Meer; zu seinen Füßen der Drache. Nach einem Siegelzylinder (9. Jh. v. Chr.)

den Walfisch (1Mose 1,21; Ps 148,7), bezeichnen, andererseits aber auch ein mythisches Wesen, das Jahwe in der Vorzeit besiegt haben soll (Ps 74,13; Jes 51,9; Ijob 7,12) und das im AT wahrscheinlich mit den anderen Urzeitmächten → Leviatan, → Meer und → Rahab gleichgesetzt wird. In der Apokalyptik ist der D. der endzeitliche Widersacher Gottes (Jes 27,1), der Teufel (Offb 12; 20,2). S.

Drache zu Babel, volkstümliche Erzählung vom Sieg → Daniels über ein gefährliches Ungeheuer in Babylon und von seiner Errettung aus der Löwengrube, die, zusammen mit der Erzählung vom → Bel, der griech. Fassung des Danielbuches hinzugefügt ist und unter die → Apokryphen gerechnet wird. R.

Drachme → Münzen.

Dreieinigkeit → Trinität.

Drei Männer im Feuerofen → Gesang der drei Männer.

Dreschen, das Zerkleinern des auf der → Tenne ausgebreiteten Getreides nach der Ernte, indem man Ochsen oder Esel darüber trieb (5Mose 25,4) oder sie einen Dreschschlitten oder -wagen

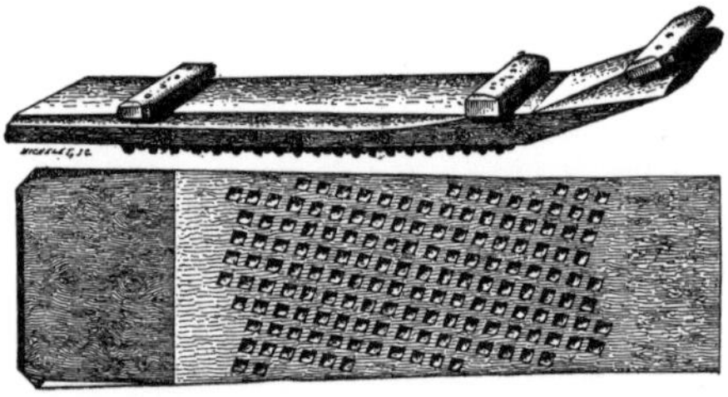

Dreschschlitten

darüber ziehen ließ; dann erfolgte das Worfeln mit der → Worfschaufel. S.

Drohwort → Profetenspruch, → Profezeiung.

Dromedar → Tierwelt.

Drusilla, Tochter Herodes Agrippas I., Frau des Prokurators Felix (Apg 24,24). (→ Herodes und seine Dynastie). R.

Dualismus → Gnosis, → Qumran.

Duftopfer → Opfer.

Duma. 1. Sohn Ismaels (1Mose 25,14); der Name hängt vielleicht zusammen mit einer Oase D. in Arabien (Jes 21,11). **2.** Ort auf dem Gebirge Juda (Jos 15,52). S.

Dura, nach Dan 3,1 eine Ebene in Babylonien, sonst nicht bekannt; vielleicht ist an → Dura-Europos gedacht. S.

Dura-Europos, antike Stadt am Westufer des Eufrat, Anfang des 3. Jh.s v.Chr. unter Seleukos I. gegründet; bedeutende Ausgrabungsfunde sind u.a. eine Synagoge mit bibl. → Malereien und eine christl. Kapelle. S.

Ebal. 1. Berg nördl. von Sichem (Jos 8,33), 940 m hoch, gegenüber dem → Garizim, dem heiligen Berg der → Samaritaner, nach 5Mose 27,13 Berg des Fluches. **2.** → Obal. S.

Ebed-Jahwe → Knecht Gottes.

Ebed-Jahwe-Lieder → Jesajabuch.

Ebed-Melech, äthiop. Kämmerer des Königs Zidkija, der dem Profeten Jeremia das Leben rettete (Jer 38,7–13; 39,15–18). S.

Ebenbild. Zu den zentralen Aussagen christl. Anthropologie gehört die Gottebenbildlichkeit des Menschen. Sie gründet auf 1Mose 1,26ff., der Stelle im → Schöpfungsbericht der → Priesterschrift, die von der Erschaffung des Menschen nach dem Bilde und Gleichnis Gottes handelt (vgl. 1Mose 5,1; 9,6 und Ps 8,5ff.). In → Ägypten und → Babylonien kann der → König als Bild Gottes bezeichnet werden. Er ist damit als Stellvertreter der Gottheit auf Erden ausgewiesen. Vor dem Hintergrund solcher Aussagen ist die alttest. Rede vom Menschen als E. Gottes zu verstehen. Der Mensch, der als → Mann und → Frau, also von vornherein als ein in Gesellschaft lebendes Wesen erschaffen ist, wird in 1Mose 1,28 von Gott direkt angeredet. Ihm gilt der als → Segen an ihn ergehende Auftrag zur Herrschaft über die Erde. In diesem Auftrag wird die Rede von der Gottebenbildlichkeit des Menschen inhaltlich ausgefüllt. Sie liegt also weder allein in den geistigen und sittlichen Fähigkeiten des Menschen noch in einer Gestaltähnlichkeit von Gott und Mensch begründet. Vielmehr ist es die Funktion in der Weltordnung, die den Menschen vom Tier unterscheidet. Seine Funktion erfüllt der Mensch als E. Gottes in der Einlösung des Auftrages von 1Mose 1,28, in kultureller und zivilisatorischer → Arbeit, in verantwortlicher Herrschaft über die Welt.
Im NT wird der erhöhte Christus als E. Gottes bezeichnet (2Kor 4,4; Kol 1,15; Hebr 1,3). Der Mensch wird Bild Gottes, wenn er Christus nachfolgt (2Kor 3,18). Christusgleichheit wird zum Ziel christl. Lebens (Eph 5,22ff.; Kol 3,9f.; vgl. auch Jak 3,9). In der christl. Theologie sind die beiden Begriffe »Bild« und »Gleichnis« Gottes meist auf das geistige Wesen des Menschen bezogen worden. Zwischen kath. und ev. Theologen war umstritten, wieweit das eine und/oder das andere den Menschen im Urstand auszeichnete und durch den Sündenfall verlorengegangen ist. J.E.

Eben-Eser (hebr., »Stein der Hilfe«). **1.** Ort (*chirbet difrin*) bei → Afek, wo die Israeliten vor ihrer Niederlage in der Schlacht gegen die → Philister lagerten (1Sam 4,1). **2.** Ort bei → Mizpa, an dem Samuel nach einem Sieg über die Philister einen Gedenkstein aufstellte (1Sam 7,12); die Lage ist unbekannt. S.

Eber. 1. Gestalt der Vorzeit, Ahnherr der »Söhne E.s«, der Hebräer (1Mose 10,21.24). **2.** andere (z.B. 1Chr 5,13). **3.** Name für Syrien (4Mose 24,24). S.

Ebioniten (hebr., »die Armen«), Bezeichnung einer judenchristl. Gruppe. Der Name knüpft an die Selbstbezeichnung der Jerusalemer Urgemeinde als die »Armen« an (vgl. Röm 15,25f.; 2Kor 9,12; Gal 2,10). Die E. waren keine einheitliche Bewegung. Charakteristisch ist das Festhalten am alttest. Gesetz und an jüd. Riten. Die Jungfrauengeburt lehnten sie ab. H.M.

Ebionitenevangelium, auch *Ebionäerevangelium,* zu Anfang des 2. Jh.s entstandenes apokryphes Evangelium, von dem uns Bruchstücke in einer Schrift des Kirchenvaters Epiphanius überliefert sind. Das griech. verfaßte E. dürfte weitgehend vom Matthäusevangelium abhängig sein. R.

Texte: Schneemelcher I, 138–142.

Ebla. In *tell mardich,* im mittleren Syrien, dem alten E., wurde 1975 ein Archiv von 15 000 Tontafeln ausgegraben. Es läßt erschließen, daß E. im 24. und 23. Jh. v.Chr. nicht nur eine beträchtliche politische Macht darstellte, sondern von einem Volk beherrscht wurde, das in Personennamen, Sprache und Religion den erst ein gutes Jt. später auftauchenden Israeliten (→ Hebräern) näher zu stehen scheint als die Träger der

Kultur von → Ugarit, die bislang als die nächsten Parallelen zur alttest. Kultur galten. K.

Lit.: G. Pettinato, The Royal Archives of Tell Mardikh-Ebla, in: The Biblical Archaeologist 39, 1976, 44–52.

Ecclesiastes → Prediger Salomo.

Ecclesiasticus → Sirachbuch.

Echnaton, Name, den der ägypt. König Amenophis IV. (1353–36 v.Chr.) (→ Ägypten) nach der Verlegung der Reichshauptstadt nach → Amarna annahm. E.s Gattin war Nofretete. Namens- und Residenzwechsel waren Ausdruck radikaler Fortführung der von seinem Vater eingeleiteten religiösen Reformen. Der Kult unter E. trug Züge von Monotheismus, verehrt wurde die Sonnenscheibe Aton. E.s Reformen konnten sich nach seinem Tod nicht behaupten. Eine Nachwirkung findet sich in Ps 104, der E.s Sonnenhymnus vergleichbar ist. Dagegen kann von einer Einwirkung auf Mose keine Rede sein. J.E.

Eckstein. Die Steine an den Ecken des Hauses entscheiden über dessen Festigkeit und waren deshalb von besonderer Qualität (Ijob 38,6; Jer 51,26). Der E. bezeichnet in Jes 28,16 vielleicht den Zion als Schlußstein der Schöpfung (oder Bild für den Glauben?) und wird als Bild für den verkannten Gerechten (Ps 118,22) – danach für Jesus (z.B. Mt 21,42; Apg 4,11) – gebraucht. S.

Eddo → Iddo.

Edelsteine (hebr. *äbän j*[e]*kara*) wurden in Palästina bei Ausgrabungen in einem breiten Spektrum gefunden. Belegt sind Achat, Amethyst, Bergkristall, Chalzedon, Chrysolith, Diorit, Hematit, Jaspis, Karneol, Lapislazuli, Malachit, Nefrit, Obsidian, Onyx, Opal, Pagodit, Safir, Serpentin und Türkis. Die hebr. Bezeichnungen für Edelsteine weichen in der Abgrenzung stark von modernen Benennungen ab, da E. hebr. nach Herkunft oder Aussehen bezeichnet werden, so daß mehrere E.-Arten von ähnlicher Herkunft oder Aussehen unter einer Bezeichnung zusammengefaßt werden können. Als Fundort oder Handelsplätze werden im AT u.a. Ammon (2Sam 12,30), Arabien (1Mose 2,11f.), Edom (Ez 27,16), Ofir (1Kön 10,11), Rama sowie Saba (1Kön 10,1f.) genannt. Edelsteine repräsentieren nach altoriental. Vorstellung Material der himmlischen Welt, so daß in ihnen göttli-

Altarbild mit Echnaton und Nofretete und ihren Kindern unter der Sonnenscheibe. Flachrelief aus Amarna (um 1355 v. Chr.)

che Kräfte vermutet werden. In dieser Vorstellung ist die kultische Verwendung zur Verzierung von Götterbildern (Jes 37,19; Jer 2,27), Efod und Brustschild des Hohenpriesters (2Mose 28,9ff.) und die Herstellung magischer Amulette unter Verwendung von E.n begründet. O.

Eden (hebr., »Wonne«). Nach der mythisch-sagenhaften Überlieferung des AT gab es einen »Gottesgarten« im Osten mit Namen »E.«, in dem der erste Mensch oder das erste Menschenpaar wohnte (Ez 28,13; 1Mose 2,15). Er zeichnete sich durch Wasserreichtum aus (1Mose 2,10–14). Deshalb ist der »Garten E.« ein Bild für das fruchtbare Land im Gegensatz zur Wüste (z.B. Jes 51,3), und der Ausdruck »Bäume von E.« meint besonders prachtvolle Bäume (Ez 31,9). An einer Stelle (1Mose 2,8) ist von einem »Garten *in* E.« die Rede; vielleicht galt »E.« ursprünglich als Name der Landschaft mit dem »Gottesgarten« und wurde dann auf den Garten übertragen. S.

Edom, Volk und Land südl. des Toten Meeres. Die Edomiter standen anfangs in enger Beziehung zu den israelit. Südstämmen; aber seit David, der E. unterwarf, um in den Besitz der Städte Elat und Ezjon-Geber und der Bodenschätze E.s zu kommen, bildete sich ein feindseliges Verhältnis zu Juda heraus, das in der Folgezeit zu wechselvollen Kämpfen führte. Nach der Zerstörung Jerusalems (587 v.Chr.), an der die Edomiter beteiligt waren (z.B. Ps 137,7), drangen sie in das entvölkerte Südjuda ein und wurden um 300 v.Chr. von den nachrückenden Nabatäern auf dieses Gebiet (→ Idumäa) beschränkt. S.

Edreï. 1. Ort in Obergaliläa (Jos 19,37). **2.** Ort im Basan, 50 km östl. vom Südende des Sees Gennesaret (z.B. 4Mose 21,33). S.

Efa. 1. Volk in Arabien (1Mose 25,4). **2.** → Maße und Gewichte. S.

Efod. Der mit »Leibrock« u.ä. übersetzte Kultgegenstand bezeichnet einerseits die Bekleidung eines Gottesbildes (Richt 17f.) oder auch dieses selbst (Richt 8,26f., mit etwa 27 kg Gold angefertigt). Andererseits ist E. Bekleidung des Priesters als Schürze (2Sam 6,14) oder Obergewand (2Mose 28,6ff.) oder Brustbeutel. Ein E. steht in vorstaatlicher Zeit an zentraler Stelle im Heiligtum (1Sam 21,10), zur Orakelbefragung wird er herangeholt und dann vielleicht mit den Lossteinen → Urim und Tummim verbunden. Die genaue Bedeutung ist unklar. Der E. verschwindet, als das Verbot des → Gottesbildes strenger gefaßt wird, bzw. wird zum ornamentalen Priestergewand. K.

Efraim, einer der zwölf Stämme Israels, der auf dem Südteil des gleichnamigen Gebirges in Mittelpalästina wohnte. Seit der Auflösung des Reiches Davids und Salomos war E. der führende Stamm des Nordreichs Israel, und so wurde dieses bei den Profeten oft einfach E. genannt (z.B. Hos 4,17; Jes 7,2). E., das mit dem Untergang des Nordreichs unter assyr. Herrschaft geriet, wurde von → Joschija dem Südreich Juda angegliedert und bildete seit der babylon. Herrschaft einen Teil der Provinz Samaria. – Als Ahnherr dieses Stammes gilt ein Sohn Josefs und Bruder Manasses (1Mose 41,50–52). S.

Efrata/Efrat. 1. Eine Sippe bei oder in Betlehem, aus der David stammte (1Sam 17,12; Rut 1,2), und dann auch Name für Betlehem (Ps 132,6; Mich 5,1; Rut 4,11). **2.** Ort in Efraim oder Benjamin, wo Rahel starb (1Mose 35,16); wurde später fälschlich mit Betlehem identifiziert (1Mose 35,19; 48,7). S.

Eglon. 1. König von Moab, unter dem die Moabiter in das Westjordanland hinübergriffen und der von Ehud ermordet wurde (Richt 3,12–30). **2.** Stadt südl. von Jerusalem (z.B. Jos 10,3). S.

Ehe. 1. Im AT – 2. Im NT.

1. Einen dem dt. Wort »E.« entsprechenden Begriff kennt die hebr. Sprache nicht. E. ist weder eine kultische noch eine öffentliche Angelegenheit, sondern eine Sache der Familien. Durch die Sitte ist jedoch das Zusammenleben von Mann und Frau fest geregelt. Ein Mann »nimmt sich NN zur Frau« und wird ihr Eheherr (*baal*), indem er sie in sein Haus aufnimmt. Ihm obliegt es, sie zu schützen, zu versorgen und ihr beizuwohnen (2Mose 21,10); sie scheidet aus ihrer väterlichen Sippe aus und gehört nunmehr der Sippe des Mannes an. Spätestens vom 8. Jh. v.Chr. an wird die Verbindung von Mann und Frau als Bund verstanden (Hosea, Mal 2,14); dies setzt wohl eine rituelle Schwurhandlung voraus.

In altisraelit. Zeit sucht der Vater seinem Sohn die Braut aus und wird darüber mit deren Vater einig. Leitend ist der Wunsch, das Erbe beisammenzuhalten und angestammte Kulte zu bewahren, weshalb die Frau möglichst aus der eigenen Verwandtschaft gewählt wird (1Mose 24; 27,46ff.). Doch sind E.n mit nahen Verwandten untersagt (3Mose 18), mit Volksfremden nur bedingt zulässig (5Mose 7,1–4; 21,10ff.). Vom Bräutigam wird eine → Braut- oder Heiratsgabe an den Vater der Braut entrichtet (1Sam 18,23ff.). Handelt es sich dabei um Überbleibsel einer archaischen Kauf-E. oder um Entschädigung einer Sippe für Verlust eines Gliedes? Dazu treten als Morgengabe Geschenke des Bräutigams an die Braut. Vermögende Väter geben ihren Töchtern eine Mitgift (Sklavin, Landbesitz) in die Ehe, die deren persönliches Eigentum bleibt. Seit hellenist. Zeit gibt es schriftliche E.-Verträge (Tob 7,14). Die Feier von → Verlobung und → Hochzeit scheint nicht immer üblich gewesen zu sein. Heirat aus Liebe kommt vor (1Mose 29); sonst folgt Liebe der Eheschließung (1Mose 24,67) oder mag ganz ausbleiben.

Ein-E. gebietet die Bibel nirgends ausdrücklich. Das Gesetz 5Mose 21,15 setzt voraus, daß ein Mann normalerweise mit zwei Frauen verheiratet ist. Neben die Hauptfrauen können Nebenfrauen und Sklavinnen treten, insbesondere bei reichen Männern (Salomo nennt 700 Haupt- und 300 Nebenfrauen sein eigen). In nachexilischer Zeit wird die Ein-E. allmählich zur Regel und dem Hohenpriester zur Auflage gemacht.

Vornehmlicher Zweck der E. ist das Zeugen von (männlichen) Kindern, damit die Sippe auf ihrem Erbland weiterlebt. Von da aus erklären sich merkwürdige Sitten wie die Schwager-E. (→ Levirat), aber auch die Freistellung eines Jungvermählten für ein Jahr vom Wehrdienst (5Mose 24,5). Für die E. rechnet der Israelit mit Gottes besonderem schöpferischen Beistand: Jahwe weckt männliche Geschlechtskraft, öffnet den Mutterschoß, gibt gesunde Kinder – oder verweigert sie. Enthaltung von E. als religiöse Pflicht ist dem AT unvorstellbar (→ Ehelosigkeit).

Die Bedeutung der mann-weiblichen Lebensgemeinschaft läßt sich schon aus den Schöpfungserzählungen entnehmen, ohne daß dort auf einen institutionellen Rahmen abgehoben wird (1Mose 1,27; 2,18ff.). Unter den Profeten benutzen insbesondere → Hosea und → Ezechiel den E.-Bund als Muster für das Verhältnis Gottes zum erwählten Volk und Land. Das E.-Symbol ermöglicht, Kategorien persönlicher Zuneigung wie Liebe, Treue, Sehnsucht für das Gottesverhältnis zu benutzen.

2. Im NT wird die Ehe unter einem zweifachen Aspekt gesehen: **a)** Sie gilt als unantastbare und unauflösliche Stiftung Gottes des Schöpfers. So betont Jesus ausdrücklich, daß Gott Mann und Frau zu »einem Fleisch« gemacht, d.h. zu einer totalen Gemeinschaft zusammengefügt habe (Mk 10,7f., unter Aufnahme von 1Mose 2,24), und er verurteilt in seiner radikalen Auslegung des Willens Gottes alle menschlichen Versuche einer Relativierung dieser Setzung Gottes (Mt 5,31f.; 19,9). Paulus (1Kor 7,10) und das übrige NT (Eph 5,22–33) folgen ihm darin. Dabei wird – und das ist gegenüber der Umwelt ein neuer Zug – die umfassende partnerschaftliche Zuordnung von Mann und Frau gefordert. Die patriarchalische Gesellschaftsstruktur der Antike, die dem Mann die absolute Herrschaft in der E. einräumte, wird zwar vorausgesetzt (Kol 3,18; 1Petr 3,1), jedoch gleichsam dadurch von innen her relativiert, daß Mann und Frau zu gegenseitigem Dienst und gegenseitiger Liebe aneinander gewiesen werden (Kol 3,18f.). Überhaupt wird die E. als ein Bereich verstanden, in dem bereits innerhalb dieser vergehenden Welt menschliche Gemeinschaft »im Herrn«, d.h. in dem von Jesus Christus ermöglichten Geist wahrer Liebe praktiziert werden kann (Kol 3,18).

b) Die E. ist jedoch eine Ordnung der alten Schöpfung. Sie wird im → Reich Gottes keinen Bestand mehr haben (Mk 12,25). So kann um des Dienstes an der Gottesherrschaft willen Verzicht auf die Ehe notwendig und geboten sein (Mt 19,12; Mk 10,29f.). Diese eschatologische Motivation, wie sie besonders bei Paulus (1Kor 7,1–8) ausgeprägt ist, ist zu unterscheiden von einer prinzipiellen Abwertung der Sexualität als einer angeblich den Menschen verunreinigenden Daseinsform. Sie findet sich nirgends im NT.

In Eph 5,25–32 wird die von den Profeten geprägte Sicht der Gottesgemeinschaft im Bild der E. auf Christus übertragen: Die unbedingte Bindung der Frau an ihren Mann wird zum Modell für die Bindung der Gemeinde an Christus.

K./R.

Lit.: H. Baltensweiler, Die E. im NT, 1967; H. Greeven u. a., Theologie der E., 1969; G. Friedrich, Sexualität und E., 1977; W. Schrage, Ethik des NT, [2]1989.

Ehebruch. Obwohl → Ehe keine öffentliche Angelegenheit ist, stellt E. ein öffentliches sakrales Delikt dar. »Du sollst nicht ehebrechen«, heißt es im Dekalog 2Mose 20,17. Denn innerhalb der als Bund konstituierten Volksgemeinschaft bildet jede Ehe einen Bund im kleinen, ihr Bruch ist eine Verunreinigung des umfassenden Bundes. Doch bricht ein Mann nur dann die Ehe, wenn er in den Bund eines anderen einbricht, einer verheirateten oder verlobten Frau beiwohnt, nicht durch Geschlechtsverkehr mit einer Unverheirateten. Eine Frau dagegen bricht die Ehe, wenn sie sich mit irgendeinem anderen Partner einläßt. E. wird als Sakralvergehen mit Steinigung oder Verbrennung bestraft. Dennoch scheint E. ein verbreitetes Laster gewesen zu sein. – Für die Profeten betreibt Israel E. gegen Jahwe, wenn es sich mit fremden Großmächten in Bündnisse einläßt oder Fremdgötter verehrt.
Im NT wird E. ebenso streng verurteilt und schließt vom Eingehen in das Reich Gottes aus (1Kor 6,9). In der → Bergpredigt wird schon die Begierde zum E. mit der Tat auf die gleiche Stufe gestellt (Mt 5,28). Jesus verbindet die strenge Verurteilung von Gelüsten jedoch mit dem Erbarmen gegenüber denen, die sich vergangen haben (Joh 8,3–11). K.

Ehelosigkeit. Das Judentum kannte E. als religiöses Ideal nicht. Im Gegenteil: Die → Ehe galt als sittliche Forderung, der man sich nicht ohne Not entziehen durfte. Eine Ausnahme bildete die religiös-asketisch motivierte E. der → Essener. Jesus lebte ehelos; aber er legte die E. seinen Jüngern nicht als allgemeines Gesetz auf. Der Verzicht auf die Ehe um des Reiches Gottes willen war für ihn, ähnlich wie das Verlassen von Ehe und Familie um der Nachfolge willen (Lk 14,26), eine von Gott dem einzelnen gegebene Möglichkeit des Dienens (Mt 19,12). In ihr wird bereits die Struktur des kommenden Reiches vorweggenommen, denn in ihm wird man »nicht mehr heiraten und geheiratet werden« (Mk 12,25). Paulus schließt sich dieser Sicht an, wenn er einerseits die Ehe als normale Lebensform des Christen begreift, andererseits aber die E. als eine wenigen gegebene Gnadengabe herausstellt (1Kor 7). R.

Ehescheidung. Wer an seiner Frau etwas »Häßliches« entdeckt, kann ihr einen Scheidebrief ausstellen und seine Ehe scheiden (5Mose 24,1). In früher Zeit genügt vermutlich die öffentlich ausgesprochene Formel »Du bist nicht mein Weib« (Hos 2,4). Eine Frau hingegen besitzt kein Recht zur E. Leichtfertige E. wird in der späten Profetie getadelt (Mal 2,14–16). Jesus hat dann E. ausdrücklich verurteilt: »Was Gott zusammengefügt hat, soll der Mensch nicht scheiden.« Untersagt wird E. Mk 10,2–12; Lk 16,18 unbedingt; Mt 5,32; 19,9 dagegen mit der Klausel »ausgenommen beim Ehebruch (der Frau)«. K.

Eherne Schlange (hebr. *n^{e}chuschtan*), ein Kultgegenstand des salomonischen Tempels, mit Räucheropfern verehrt, von Hiskija zerschlagen (2Kön 18,4). Dieses kanaan. Kultidol wurde mit der Erzählung 4Mose 21,4–9 durch die Autorität des Mose legitimiert. Derartige Schlangenbildnisse galten als heilkräftig; man sah in ihnen Heilgötter oder deren Symbole (vgl. den Asklepios-Stab, das Zeichen der Ärzte). S.

Ehernes Meer, ein riesiges Becken im Vorhof des Jerusalemer Tempels (1Kön 7,23–26; 2Kön 16,17; 25,13); ursprünglich offenbar ein Abbild der Urflut, wurde es später als Waschbecken gedeutet (2Chr 4,6). S.

Ehre → Herrlichkeit.

Ehud, einer der »Großen → Richter«, der durch die Ermordung des Moabiterkönigs Eglon die Israeliten von dessen Herrschaft befreite (Richt 3,12–30). S.

Eiche → Pflanzenwelt.

Eid, begegnet im AT, abgesehen vom »Reinigungs«-E., mit dem ein Verdächtigter seine Unschuld zu beschwören hat (2Mose 22,9f.), fast nur als Versprechens-E.: Er garantiert die Erfüllung von Zusagen, Verträgen und religiösen Pflichten. Auch Gott bekräftigt seine Zusagen oder Drohungen mit einem E. Der E. ruft, wenn er unwahr ist oder nicht eingehalten wird, einen wirkungsmächtigen → Fluch ins Leben.
Jesus hat seinen Jüngern jede Art von E. untersagt (Mt 5,33–37; vgl. Jak 5,12): Sie sollen so wahrhaftig sein, daß ihre Aussagen keiner E.es-Formeln bedürfen. Dieses Verbot ist jedoch, wie die übrigen radikalen Weisungen Jesu, ein Vorgriff auf das kompromißlose Ethos des →

Reiches Gottes und deshalb unter den Bedingungen der gegenwärtigen Welt nur unvollkommen realisierbar. So hat z.B. Paulus mehrfach in seinen Briefen schwurähnliche Beteuerungsformeln verwendet, in denen er Gott zum Zeugen für die Wahrheit seiner Rede anruft (Röm 1,9; 9,1; 2Kor 1,23). S./R.

Eidechse → Tierwelt.

Eifer. Der hebr. Wortstamm, der im zwischenmenschlichen Bereich die eheliche Eifersucht (4Mose 5,14–15), den eifersüchtigen Neid (1Mose 30,1), das Sichereifern über etwas (Ps 37,1) und das Eintreten für die Sache Gottes (1Kön 19,10) umfaßt (ähnlich werden im NT die griech. Wörter für »E.« und »eifrig« gebraucht), kennzeichnet, auf Gott angewendet, seinen Anspruch auf alleinige Verehrung, der – im Gegensatz zur gleichgültigen Toleranz der Umweltreligionen – bei seinem Volk den Kult anderer Götter nicht duldet (z.B. 5Mose 32,16) und die Abtrünnigkeit Israels ahndet (z.B. Zef 3,8), aber auch Gottes unbeirrbaren Heilswillen, mit dem er sein Volk nach dem Gericht in Schutz nimmt (z.B. Sach 1,14). S.

Eigentum. Gemessen am modernen juristischen E.s-Begriff, wonach es sich um frei verfügbares und veräußerliches Gut handelt, gibt es im AT nur bedingt E. an Grund und Boden. Denn diese sind zwar → Erbland der Familie und Sippe; Eigentümer des Landes ist letztlich aber Jahwe (3Mose 25,23). Individuelles E. an Grund und Boden entsteht erst im Zuge der Feudalisierung der Königszeit (→ Bodenrecht → Gesellschaftsaufbau). Von der Frühzeit an gibt es in Israel E. an Vieh. An ihm wird der Reichtum gemessen (1Mose 13,2; 1Sam 25,2). Daneben gibt es E. an Silber und Gold (1Mose 13,2), was mit dem Aufschwung der → Geldwirtschaft wichtiger wird.
Das NT ist in seiner Einstellung zum E. ausgesprochen kritisch. So ist für Jesus E. etwas, das den Menschen an der Teilhabe des → Reiches Gottes hindert, weil es ihn mit Beschlag belegt (Mk 10,17ff.; Mt 6,21). Die Jerusalemer → Urgemeinde hat zumindest zeitweise → Gütergemeinschaft und damit E.s-Verzicht praktiziert. J.E.

Lit.: M. Hengel, E. und Reichtum in der frühen Kirche, 1973.

Eilebeute → Raubebald-Eilebeute.

Ein, Einheit. Zum Wesen des bibl. Glaubens gehört die Anerkennung der Einzigartigkeit Gottes (5Mose 6,4) und das Bewußtsein der Einheit der Kirche, die durch *einen* Herrn, *einen* Glauben, *eine* Taufe lebt (Eph 4,5) und in der *ein* Geist herrscht (1Kor 12,13). S.

Einfalt (griech. *haplotes*), eigtl. die Ganzheit, Aufrichtigkeit und Redlichkeit, also eine positive menschliche Eigenschaft. R.

Eingang → Ausgang und Eingang.

Eingeboren, nach Abstammung einzig und einzigartig; Hoheitsbezeichnung Jesu in den Johanneischen Schriften (Joh 1,14.18 u.ö.). R.

Eingeweide, das Gedärm (2Sam 20,10; Apg 1,18) und das Innere des Menschen überhaupt; die E. galten als Sitz der Entstehung des Lebens (z.B. 1Mose 15,4; Jes 49,1) und als Sitz der Gefühle (z.B. Jer 4,19), und so hat im NT das griech. Wort für »E.« die Bedeutung des dt. Bildwortes »Herz«: »Mitleid« (z.B. 1Joh 3,17). S.

Einleitungswissenschaft. Die E., deren Anfänge im 18. Jh. liegen, ist heute eine wichtige Teildisziplin der Bibelwissenschaft. Einst sollte mit dem Begriff der E. angezeigt werden, daß historische Beschäftigung mit bibl. Schriften gegenüber der theologischen Auslegung einen nur vorbereitenden, einleitenden Charakter habe. Sie hat im wesentlichen drei Themen: Sie befaßt sich mit der Entstehung der einzelnen bibl. Schriften, ihrem Verfasser, mit Abfassungszeit und -ort, Anlaß und Zweck, Leserkreis, ihrer literarischen Einheitlichkeit und den benutzten Quellen; sie untersucht die textliche Überlieferung dieser Schriften, indem sie das Handschriftenmaterial sichtet, klassifiziert und hinsichtlich seiner Zuverlässigkeit beurteilt (→ Bibeltext, → Textkritik); sie behandelt die Probleme, die mit dem Werden und der Erhaltung der Sammlung bibl. Schriften (→ Kanon) zusammenhängen.
Gemäß der Zweiteilung der Bibelwissenschaft unterscheidet man eine alttest. und eine neutest. E. Die E. ist primär analytisch an dem Verfasser und den Abfassungsumständen bibl. Schriften interessiert. Demgegenüber ist zunehmend die mündliche Vorgeschichte dieser Überlieferungen wichtig geworden und so synthetisch die Per-

spektive eines Überlieferungsprozesses von der Entstehung der mündlichen Einzelüberlieferung über die Verschriftung bis zur Kanonisierung in den Blick zu nehmen. Die E. ist also in eine Geschichte der bibl. Literatur zu überführen.
O./R.

Lit.: Einleitungen in das AT: E. Sellin / G. Fohrer, [11]1969 ([1]1910); O. Eißfeldt, [4]1976 ([1]1934); O. Kaiser, [5]1984 ([1]1968). – Einleitungen in das NT: W. G. Kümmel, [21]1983 ([1]1958); W. Marxsen, [4]1978 ([1]1963); E. Schweizer, Theologische E. in das NT, 1989.

Einweihung des Tempels → Fest.

Einzug in Jerusalem, der von allen 4 Evangelien berichtete Auftakt der mit seiner Hinrichtung endenden letzten Woche Jesu in Jerusalem (Mk 11,1–10; Mt 21,1–9; Lk 19,28–40; Joh 12,12–19). Auf einem Esel reitend, wird Jesus von einer Schar von Anhängern feierlich begrüßt. Die Evangelisten deuten den Vorgang als E. des Messiaskönigs in seine Stadt, durch den sich profetische Weissagung (Sach 9,9) erfüllt.
R.

Einzug Israels → Landnahme, → Israel.

Eisen (hebr. *barsäl*, griech. *sideros*), nach Stein und Bronze das jüngste Material der Antike zur Fertigung von Kunst- und Gebrauchsgegenständen wie Ackerwerkzeug und Waffen. Die E.-Verhüttung beginnt unabhängig voneinander in mehreren Gegenden des Alten Orients schon in der Spätbronzezeit – so auch in Palästina, wo jüngst mehrere voreisenzeitliche E.-Verhüttungsanlagen ausgegraben wurden. Sind in diesen Anlagen nur geringe Mengen hergestellt worden, so wurde das hetitische Bergland im 14. Jh. v. Chr. zu einem ersten Zentrum umfangreicher E.-Produktion. Im allgemeinen Umbruch des Alten Orients im Ausgang der Spätbronzezeit, in dem auch das Hetiterreich und zahlreiche syr.-kanaan. Stadtstaaten zerstört wurden, kam der internationale Handel und damit auch der Handel mit dem für die Bronzeherstellung notwendigen Zinn zum Erliegen. Der Übergang zu E.-Produktion auch in Palästina war eine Reaktion darauf. Seit dem 12. Jh. v. Chr., der frühen → Eisenzeit, nehmen die E.-Funde kontinuierlich zu. O.

Eisenzeit, kulturgeschichtliche Epoche, deren Beginn in → Palästina mit der Konstituierung Israels zusammenfällt. Die E. in Palästina wird in E. I (1300–900 v. Chr.), E II (900–600 v. Chr.) und E. III (600–400 v. Chr.) untergliedert.
O.

Ekbatana (griech.; aram. *Achm*ᵉ*ta,* Esr 6,2), Hauptstadt des Mederreiches, später Sommerresidenz der pers. Könige; heute Hamadan. S.

Ekklesia → Kultgemeinde, → Kirche.

Ekron, einer der fünf Hauptorte der Philister (z.B. Am 1,8) mit einem Heiligtum des → Baal-Sebub, kam unter dem Hasmonäer Jonatan an Juda (1Makk 10,89). E. ist am ehesten mit *chirlut al-muqanna* nordöstl. von → Aschdod zu identifizieren. S.

Ekstase, von griech. *ekstasis* »Austritt (der Seele aus den normalen Lebensverhältnissen)«, ein geistiger Zustand, in dem das Bewußtsein ganz oder teilweise aufgehoben ist und der Mensch von übernatürlichen Kräften ergriffen wird. E. kann durch bestimmte äußere Einflüsse, wie Musik und Rauschdrogen, sowie durch bestimmte Verhaltensweisen und Techniken (Tanz und Meditation) hervorgerufen werden (2Kön 3,15). Ekstatische Erscheinungen sind im AT für das frühe Profetentum bezeugt (1Sam 10,5.11; 19,20; 1Kön 19,11–18). Im Urchristentum war die Glossolalie (→ Zungenreden) eine eindeutig ekstatische Erscheinung (1Kor 12–14).
Eine besondere Form der E. ist die Verzückung, die durch Gott gewirkte Schau übernatürlicher Gegebenheiten in einem Zustand des Außersichseins. Eine in der hellenist. Welt verbreitete Form der Verzückung war die Himmelsreise der Seele, d.h. die Lösung der Seele vom Leib zur Schau der immateriellen oberen Dinge. Das Judentum dagegen, das den Leib-Seele-Dualismus nicht kannte, wußte von Verzückungszuständen in Form leiblicher → Entrückungen. Wie weit profetische Visionen (z.B. Ez 1,1) als Verzückungen gelten können, ist strittig; sicher sind jedoch die Gesichte der Apokalyptiker als literarisch stilisierte Verzückungen zu klassifizieren.
Das Urchristentum rechnete Verzückungen zu den Erfahrungen des Geistes (Apg 10,10; 22,17). Paulus ist jedoch gegenüber der von ihm selbst erlebten Verzückung sehr kritisch: Sie gilt ihm als ein unverrechenbares privates Wider-

fahrnis, das mit der von Schwachheit und Niedrigkeit geprägten geschichtlichen Gestalt christl. Existenz nichts zu tun hat (2Kor 12,1–10). R.

El, semit. Wort für »Gott«, war im kanaan. Bereich (→ Ugarit) Name des höchsten Gottes (er heißt dort auch »König«, »Vater«, »Schöpfer«). Einige Gottesnamen des AT – z. B. »El der Ewigkeit« (1Mose 21,33), »El der → Höchste«, »El von Bet-El« (1Mose 35,7), »El → Schaddai« – bezeichneten ursprünglich wohl (wie → Baal) Erscheinungsformen jenes höchsten Gottes, den Israel mit seinem Gott Jahwe identifizierte (→ Gottesbezeichnung). Dementsprechend wird Jahwe im AT auch sonst des öfteren El genannt, vor allem in poetischen Texten (z. B. Ps 86,15; 95,3). S.

Ela, König des Nordreichs Israel (882–881 v. Chr.), wurde nach kurzer Regierungszeit von Simri getötet (1Kön 16,8–14). S.

Elale, moabit. Stadt nahe Heschbon (Jes 15,4). S.

Elam, Land und Volk östl. von Babylonien mit der Hauptstadt Susa. Im Laufe wechselvoller Auseinandersetzungen mit den Reichen Mesopotamiens kam E. 639 v.Chr. unter assyr., dann med. und schließlich pers. Oberherrschaft. Nach Jer 49,34ff. wird Jahwe einst seinen Thron in E. aufstellen. S.

Elat/Elot (heute *Eilat*), edomit. Hafenstadt am Nordostende des Roten Meeres, kam unter David mit Edom an Juda, ging anscheinend wieder verloren, wurde von Asarja ausgebaut (2Kön 14,22) und fiel unter Ahas endgültig an Edom zurück (2Kön 16,6). Noch in byzantin. und röm. Zeit war E. ein blühender Handelsplatz. S.

Elchanan → Elhanan.

Eldad und Medad, nach 4Mose 11,26–29 zwei Älteste, die Mose während der Wüstenwanderung zum Richteramt berief. S.

Eleale → Elale.

Eleasar, Ahnherr eines führenden Jerusalemer Priestergeschlechts (z. B. 2Mose 6,23; 1Chr 5,29) und andere, z. B. ein Held Davids (2Sam 23,9–10). S.

Elefantine, Elefantine-Urkunden. E. war die südlichste Stadt → Ägyptens, auf einer Nilinsel gelegen, Zentrum des (Elfenbein-)Handels mit Nubien. Sie wurde im 6. Jh. v.Chr. als Grenzbefestigung von israelit. Kolonisten besiedelt. Aus pers. Zeit sind aram. Papyri aus E. erhalten, die Wirtschaft und Kult der Kolonie erhellen. Neben → Jahwe (in der Namensform »Jahu«) wurde eine Göttin und ein weiterer Gott verehrt. Dennoch bestand eine kultische Abhängigkeit von → Jerusalem. J.E.

Elehanan → Elhanan.

Element, Grundbestandteil der Welt (2Petr 3,10.12). Gegen eine Verehrung der die E.e repräsentierenden Elementargeister polemisiert Paulus (Gal 4,3; Kol 2,8.10). R.

Elfenbein. Die Stoßzähne des Elefanten waren ein wichtiger Handelsartikel (Ez 27,15; Offb 18,12) und ein beliebtes Material zur Anfertigung von Luxusgegenständen. So bestand Salomos Thron aus E. (1Kön 10,18), mit E. wurden Paläste verkleidet (1Kön 22,39; Ps 45,9; Am 3,15; archäologische Funde im Palast von Samaria), und es gab Ruhelager aus E. (Am 6,4). Mit E. wird im Hohenlied der Körper des Bräutigams (Hld 5,14) und der Hals der Braut (Hld 7,5) verglichen. S.

Elhanan. 1. Einer der Helden Davids, in einer Parallelüberlieferung zu 1Sam 17 Bezwinger des Goliat (2Sam 21,19); oder ursprünglicher Name Davids? **2.** Ein anderer Held Davids (2Sam 23,24). S.

Eli, Priester in Schilo, bei dem Samuel aufwuchs. Als seine beiden Söhne im Kampf gegen die Philister fielen, starb auch E. (1Sam 1–4). Dies Unheil wird in 1Sam 2,12 ff. auf den Mißbrauch des Priesteramtes durch E.s Söhne zurückgeführt. S.

Eli, eli, l^ema s^abachtani, »Mein Gott, mein Gott, warum hast du mich verlassen?«, Anfangsworte von Ps 22, von Jesus vor seinem Tod am Kreuz gebetet. Luther ersetzte in seiner Übersetzung in vermeintlicher Texttreue diese von Mk 15,34; Mt 27,46 überlieferte, vermutlich authentische hebr.-aram. Mischform durch die rein hebr. Form aus Ps 22,1: »*Eli, eli, lama asabtani*« (→ Kreuzesworte). R.

Elia → Elija.

Eliachim/Eliakim/Eljakim → Jojakim.

Eliëser, ein Knecht Abrahams (1Mose 15,2; der Text ist verstümmelt), ein Ahnherr eines Priestergeschlechts (1Chr 23,15) und ein Profet (2Chr 20,37). S.

Elifas. 1. Ahnherr edomit. Stämme (1Mose 36,4–16). **2.** Einer der drei Freunde des → Ijob aus Teman (Arabien) (z.B. Ijob 2,11). S.

Elihu. 1. Ein Gesprächspartner im → Ijobbuch, dessen Gestalt und Reden (Kap 32–37) nachträglich in das Buch eingefügt wurden. **2.** Ein Vorfahr Samuels (1Sam 1,1) und andere (1Chr 12,21; 26,7). S.

Elija, Profet des 9. Jh.s, der im Nordreich Israel vor allem als Gegenspieler des Königs → Ahab und dessen Frau → Isebel wirkte. Von E. wird in 1Kön 17–19; 21 und 2Kön 1–2 berichtet: Auf E.s Wort hin tritt wegen Ahabs Götzendienstes eine Dürre ein, während der E. von Raben mit Speise versorgt wird, einer Witwe auf wunderbare Weise hilft und ein gestorbenes Kind wieder lebendig macht (1Kön 17), nach einer Begegnung mit Ahab durch ein → Gottesurteil die Kultstätte auf dem Berg Karmel von den Anhängern des → Baal für Jahwe zurückgewinnt und das Ende der Dürre bewirkt (1Kön 18). Auf der Flucht vor Isebel wandert E., von einem Engel mit Speise versorgt, zum Berg Horeb, wo er Zeuge einer Gotteserscheinung wird (1Kön 19). Der Komplex 1Kön 17–19 besteht aus einer Reihe ursprünglicher Einzelerzählungen, die durch mehrere Bearbeiter zusammengefügt worden sind. Wegen des Justizmordes an Nabot kündigt E. den Untergang der Dynastie Ahabs an (1Kön 21) und profezeit dem Sohn Ahabs, Ahasja, den Tod, weil dieser sich bei einer Krankheit statt an Jahwe an den Gott der Philisterstadt Ekron wendet (2Kön 1). Schließlich setzt er → Elischa zu seinem Nachfolger ein (2Kön 2).
Bei einem Teil der E.-Erzählungen (bes. 1Kön 17) handelt es sich zweifellos um legendenhafte Wundergeschichten; bei anderen ist es fraglich, wie weit sie den tatsächlichen Vorgängen entsprechen. Sie zeigen jedoch, daß E. entschlossen für den reinen Jahweglauben eintrat und das Vordringen des Baalkults bekämpfte und daß sein Wirken die Nachwelt tief beeindruckte, weshalb sie sein Bild in den E.-Erzählungen erheblich ausgestaltete.
Die in späteren Zeiten noch weiter zunehmende Hochschätzung E.s führte dazu, daß man ihn als Vorläufer des Tages Jahwes erwartete (Mal 3,23–24; Sir 48,10; vgl. Mk 9,11–12). S.
Lit.: G. Fohrer, E., [2]1968.

Elija-Apokalypse, nur in drei kurzen Fragmenten erhaltene jüd. Schrift, die wohl christl. überarbeitet ist. Sie weissagt das Erscheinen des → Antichrist in der Endzeit und seinen Kampf mit → Elija und → Henoch. R.
Text: Rießler, 114–125.

Elijabuch, jüd. apokalyptische Schrift, die von der Offenbarung der Endzeitereignisse an → Elija handelt. R.
Text: Rießler, 234–240.

Elim, Station der Wüstenwanderung Israels (z.B. 2Mose 15,27); Lage unbekannt. S.

Eliphas → Elifas.

Elisa → Elischa.

Elisabet (hebr. *Eli saba* »Gott ist Fülle«), Mutter → Johannes des Täufers (Lk 1) und Verwandte → Marias, der Mutter Jesu (Lk 1,36). R.

Elischa, Profet im Nordreich Israel (9. Jh. v. Chr.), nach 1Kön 19,19–21 von → Elija zum Nachfolger berufen. Die meist legendenhaften Erzählungen über E. in 2Kön 2–8; 13 schildern ihn als Wundertäter und Nothelfer vor allem im Kreis einer religiösen Gemeinschaft, deren Mitglieder »Profetensöhne« genannt wurden, und in den Kämpfen gegen die → Aramäer von Damaskus. Historisch dürfte zutreffen, daß E. parapsychologische Fähigkeiten besaß und Vorsteher einer »Profetensöhne«-Gemeinschaft (Menschen, die sich mittels rhythmischer Bewegungen in → Ekstase versetzten) in → Gilgal war, und ebenso, daß er sich indirekt an der Revolution → Jehus beteiligte (2Kön 9,1–10) und diese unterstützte, weil er Jehu als Verfechter des reinen Jahweglaubens betrachtete. S.

Eljakim → Jojakim.

Elkana, häufiger Name im AT; am bekanntesten der Vater Samuels (1Sam 1). S.

Elkosch, Heimatort des Profeten Nahum (Nah 1,1); Lage unbekannt. S.

Ellasar. In der sagenhaften Erzählung 1Mose 14,1–12 ist E. der Herrschaftsbereich des Königs Arjoch; die Bedeutung dieser Namen bleibt unklar (babylon., »Stadt Larsa«?). S.

Elle → Maße und Gewichte.

Eloah/Elohim → Gottesbezeichnung.

Elohist. Der E. ist Redaktor einer Quellenschrift oder Bearbeiter einer vorgegebenen Überlieferungsschicht der → Mosebücher. In der Quellentheorie J. Wellhausens und seiner Nachfolger galt der E. als Redaktor einer Quellenschrift (Siglum *E*), die jünger sei als die des → Jahwisten, aber älter als die der → Priesterschrift. Über den Anfang der Quelle bestand keine Einigkeit; er wurde meist in 1Mose 15 oder 1Mose 20 gesucht. Entsprechend offen war die Frage nach dem Abschluß; er wurde u. a. in 4Mose 23 oder Jos 24 angenommen. In der neueren Diskussion der Literaturgeschichte der Mosebücher wird die elohistische Schicht als Interpretationsschicht des Jahwisten gedeutet oder, mit größerem Gewicht, als ursprünglich vom Jahwisten unabhängige Überlieferungen, die im Zuge einer exilischen Bearbeitung der jahwistischen Schicht (Jehowist) in die Mosebücher eingebracht wurden. Fehlen beim E.en die südpalästin. Traditionen des Abraham-Lot-Sagenkranzes und der Wüstenwanderungsüberlieferungen, während die mittelpalästin. Heiligtümer von → Sichem und → Bet-El große Bedeutung haben, so deutet das darauf hin, daß die Überlieferungen des E.en im Nordreich Israel zu lokalisieren sind. Auch spiegeln diese Überlieferungen eine groß angelegte Auseinandersetzung mit kanaan. Religion, die in das Nordreich des 8. Jh.s weist, wobei eine Nähe der elohistischen Überlieferungen zur Profetie dieser Zeit unverkennbar ist und ihnen eine Stellung zwischen den Profeten → Elija und → Hosea einzuräumen ist. O.

Lit.: O. Kaiser, Einleitung in das AT, [5]1984, 101–110.

Elteke, Stadt zwischen Jerusalem und dem Mittelmeer (Jos 19,44), deren genaue Lage unbekannt ist; bei E. besiegte 701 v. Chr. Sanherib eine südpalästin.-ägypt. Koalition. S.

Eltern (das AT hat kein Wort für »E.«, sondern spricht statt dessen von »Vater und Mutter«, wie auch des öfteren das NT). Ehrfurcht und Gehorsam gegen die E. galt als Vorbedingung für ein glückliches Leben und als strenge Pflicht (2Mose 20,12; Mt 15,3–8); wer seine E. schlug oder ihnen fluchte, wurde hingerichtet (2Mose 21,12.17). Daneben findet sich im NT die Aussage, daß der Ruf in die Nachfolge Jesu keine Rücksicht auf die Familienbindung nimmt (Mt 10,34–39). S.

Elul → Monat.

Emath → Hamat.

Emim → Emiter.

Emiter, moabit. Bezeichnung für Ureinwohner des Ostjordanlandes (5Mose 2,10–11). S.

Emmaus (hebr., »warme Quelle«), Dorf etwa 23 km nordwestl. von Jerusalem, das in den Makkabäerkämpfen eine Rolle spielte (1Makk 3,40ff.; 9,50), heute *amwas.* Die Identität mit dem in der Ostergeschichte Lk 24,13 erwähnten E. wird aufgrund der Entfernungsangabe (60 Stadien = 12 km) angezweifelt, doch blieben auch alle anderen Lokalisierungsversuche wenig überzeugend. R.

Emmer → Getreidearten.

Emor → Hamor.

Enach/Enak → Anak.

Ende, Endzeit → Eschatologie, → Naherwartung.

Endgericht → Eschatologie, → Gericht Gottes.

En-Dor, Ort in der Nähe des Tabor (Jos 17,11), wo Saul eine Totenbeschwörerin aufsuchte (1Sam 28). S.

Engaddi → En-Gedi.

En-Gedi, Oase an der Westküste des Toten Meeres (Ez 47,10; Hld 1,14); in einer der Höhlen oberhalb von E. suchte David Zuflucht vor Saul (1Sam 24,1). S.

Engel. 1. Bedeutung – 2. AT – 3. NT.
1. Die hebr./griech. Entsprechung bedeutet → »Bote«; sie wird dt., wo sie sich auf übermenschliche Wesen bezieht, mit »E.« übersetzt.
2. Im vorexilischen AT gibt es den E. Jahwes fast nur in der Einzahl. In Menschengestalt begegnet er Menschen, übermittelt eine Botschaft, oft im Ich Gottes selbst, und verschwindet so überraschend, wie er gekommen (1Mose 16,7ff.; 18; Richt 6,11ff.); er ist demnach bloße Erscheinungsform, momentane Verhüllung Gottes selbst. Von diesem E. unterschieden, gibt es einen ständigen himmlischen Hofstaat als Ratsversammlung um den Thron des Höchsten. Zu ihm gehören die → Gottessöhne, der personifizierte Geist (1Kön 22,19ff.), das Heer des Himmels und dienstbare oder lobpreisende Mischwesen wie → Keruben und → Serafen. In nachexilischer Zeit wird der Begriff »Bote« auf alle diese überirdischen Wesen übertragen und eine himmlische Hierarchie vorausgesetzt. Sie vollzieht unablässig eine Liturgie in der Höhe, das Urbild echten menschlichen Gottesdienstes auf der Erde. Gott am nächsten stehen 4 oder 7 Erz-E. (Michael, Gabriel, Rafael usw.). Unter ihnen stehen E., welche den einzelnen Völkern zugeteilt sind, und Schutz-E., die den einzelnen geleiten oder als *angelus interpres* (Deute-E.) den Profeten als Erklärer geheimnisvoller himmlischer Gerichte zur Seite stehen (Sach 1,9 u.ö.). Auch Keruben, Serafen und die Geister für die Gestirne gelten nun als E. Sie sind allesamt eigenständige Wesen, geschlechtslos, unsterblich, heilig in ihrem Verhalten, von übermenschlichem Wissen erfüllt, von Herrlichkeit umkleidet, geflügelt in der Lage, sich blitzschnell überallhin zu bewegen. Eine besondere Funktion nehmen die E. bei der bevorstehenden eschatologischen Wende ein, als Richter zunächst, dann als Garanten einer erneuerten Schöpfung. Die Gerechten unter den Menschen werden dann den E.n mehr oder minder gleichgestellt.
3. Das NT knüpft vielfach an die volkstümlichen E.-Vorstellungen des zeitgenössischen Judentums an, etwa wenn in den Geburts- und Kindheitsgeschichten Jesu E. als Boten Gottes in Erscheinung treten (Lk 1,11ff.26ff.; 2,8ff.; Mt 1,20; 2,13.19), wenn entscheidende Heilsereignisse wie Jesu Auferstehung (Mk 16,5ff. par) und Himmelfahrt (Apg 1,11) durch E. gedeutet werden, wenn E. den Frommen in notvoller Lage wunderbare Hilfe bringen (Apg 12,7), wenn E. als himmlischer Hofstaat Gottes den himmlischen Gottesdienst vollziehen (Offb 4,6; 5,11; 8,2; 14,14ff.) und wenn schließlich E. die irdischen Gemeinden der Gläubigen im Himmel vor Gott repräsentieren (so die wahrscheinlichste Deutung der E. der sieben kleinasiat. Gemeinden in der Offenbarung). Allerdings enthält das NT weder eine über solche traditionelle Vorstellungen hinausführende E.-Lehre, noch billigt es den E.n eine eigenständige Rolle im Heilsgeschehen zu. Im Gegenteil: Es betont nachdrücklich die Unterordnung der E. unter Jesus Christus. Sie erscheinen dabei vielfach in der Reihe der durch den erhöhten Christus entmächtigten Weltmächte (Phil 2,10; Hebr 1,4; 2,7). Die Glaubenden haben durch Christus unmittelbaren Zugang zu Gott; weder bedürfen sie darum einer Vermittlung durch E., noch können E. Gegenstand ihres Glaubens sein. Ja, sie sind durch ihre Christus-Zugehörigkeit den E.n in mancher Hinsicht sogar überlegen: So steht die Sprache des Glaubens, die eine Sprache der Liebe ist, höher als die Sprache der E. (1Kor 13,1; vgl. 1Kor 6,3).
Im Kolosserbrief setzt sich Paulus kritisch mit einem jüd. und gnostische Vorstellungen verschmelzenden E.-Kult, der in die Gemeinde Eingang gefunden hatte, auseinander (Kol 2,18), indem er die Allherrschaft Christi betont. Ansätze einer E.-Verehrung und E.-Lehre entwickelten sich erst im 3. Jh. Älteste bildliche Darstellungen zeigen die E. als flügellose Jünglingsgestalten. Erst vom 4. Jh. an werden E. – in Anlehnung an die Keruben und Serafen des AT – mit Flügeln abgebildet. K./R.

Lit.: C. Westermann, Gottes E. brauchen keine Flügel, 1957.

Enoch → Henoch.

Enosch, Gestalt der Urzeit, Sohn Sets und Enkel Adams (1Mose 4,26; 5,6). S.

Entäußerung, christologische Vorstellung, die sich schon früh im griech. sprechenden → Judenchristentum ausbildete: Jesus, der schon vor der Schöpfung bei Gott war (→ Sohn Gottes), gab, indem er Mensch wurde, seine göttliche Seinsweise auf (ältester Beleg: Phil 2,7; → Erniedrigung und Erhöhung). R.

Enthaltsamkeit → Askese.

Enthauptung → Todesstrafen.

Entmannung. Die Kastration war ein an den Höfen des Vorderen Orients, wo Eunuchen (griech., »Schlafzimmerbewacher«) als Haremswächter dienten, und – wohl erst seit dem Hellenismus – in den Kulten Kleinasiens geübter Brauch. Nach dem alttest. Gesetz durfte ein Entmannter nicht Glied des Gottesvolkes sein und ein kastriertes Tier nicht geopfert werden (5Mose 23,2; 3Mose 22,24); dagegen sichert Jes 56,3–5 auch dem Entmannten Anteil am Heil zu. Wenn das AT »Eunuchen«, »Verschnittene« (Luther: »Kämmerer«) am Hof Israels und Judas erwähnt (z.B. 2Kön 8,6; 24,12), so handelt es sich wohl entweder um Nichtisraeliten (Jer 38,7) oder um einen Beamtentitel. Auch der »Eunuch« der äthiop. Königin (Apg 8,27ff.) war nicht notwendig ein Verschnittener. S.

Entmythologisierung, ein von dem Marburger Neutestamentler Rudolf Bultmann (1884 bis 1976) entworfenes Programm für eine dem modernen Menschen gemäße Interpretation bibl. Texte, das von seiner ersten Formulierung (1941) bis heute heftige Kontroversen in Theologie und Kirche hervorrief und erheblichen Mißverständnissen ausgesetzt war. Die E. setzt bei der keineswegs neuen Erkenntnis ein, daß in der Bibel mythisch geredet wird: → Mythos ist die »weltliche« Rede vom »Unweltlichen«, die objektiv-welthafte Darstellung von außerhalb des Bereichs des menschlichen Daseins liegenden Gegebenheiten, z.B. von Himmel und Hölle als jenseitigen Räumen, von Engeln und Dämonen, aber auch vom auferstandenen Gottmenschen, der dereinst als Richter wiederkommen wird. Die E. will keineswegs diese mythischen Bestandteile der Bibel beseitigen, sondern, ausgehend von der richtigen Einsicht, daß sich in ihnen ein geschichtlicher Wesenskern verbirgt, dessen Freilegung bewirken. Der Mythos ist nicht zu eliminieren, sondern zu interpretieren, d.h., er ist auf das hin zu befragen, was er über das Selbstverständnis des Menschen besagt. So sind z.B. die bibl. Aussagen über Weltende und Wiederkunft Christi als Hinweise auf die Entscheidungssituation, in der der Mensch gegenüber dem an ihn ergehenden Wort Gottes steht, zu interpretieren. Solche E. wird z.T. schon von den bibl. Schriftstellern selbst durchgeführt, z.B. von Johannes bei seiner Interpretation der traditionellen → Eschatologie. Im übrigen hängt die E. eng zusammen mit der Methode der existentialen Interpretation, die von dem Grundsatz ausgeht, daß ein Reden von Gott nur als Rede über den Menschen möglich sei. R.

Lit.: R. Bultmann, Kerygma und Mythos I, hrsg. von H. W. Bartsch, [5]1967; G. Ebeling, Wort Gottes und Hermeneutik, in: Wort und Glaube I, 1967, 319–348.

Entrückung. Einigen wenigen Auserwählten wie Henoch und Elija widerfährt vor ihrem Tod E. (hebr. *lakach,* 1Mose 5,24; 2Kön 2,11) in ein himmlisches Paradies durch Blitz und Sturm. Gleiches soll vielleicht vom → Knecht Gottes in Jes 53,8 ausgesagt werden und wird von einigen Tempelsängern aufgrund ihrer Lebensgemeinschaft mit dem Heiligen erhofft (Ps 49,16; 73,24). E.s-Vorstellungen finden sich auch in anderen Religionen, so beim babylon. Sintfluthelden; in Israel treten sie mit dem Aufkommen der Erwartung einer → Auferstehung zurück. Die → Himmelfahrt Jesu wird in Apg 1,9ff. in Analogie zu hellenist.-röm. E.s-Berichten dargestellt. K.

Entsündigen, dt. Ausdruck für hebr. *chitte,* was Reinigungsriten für nicht absichtlich verschuldete Verunreinigungen meint. Diese erfolgen bei Leichenberührung durch Wasser und Asche der roten Kuh (4Mose 19); oder an Haus und Altar (3Mose 8,15; 14,49). Wo hingegen Sünde und Schuld vorliegen, ist → Sühne notwendig. K.

Entweihen. Innerhalb einer durch die Polarität von Heiligkeit und Unreinheit geprägten Weltansicht bedeutet »E.« profanieren, also Gegenstände, Personen, Handlungen aus dem heiligen Bereich ausgliedern. Das kann legitim sein, wenn z.B. ein Weinberg für menschlichen Verbrauch freigegeben wird (5Mose 20,6). In der Mehrzahl der Fälle aber geschieht es aus menschlicher Willkür, die göttliches Privileg verletzt (→ Sabbat, z.B. 2Mose 31,14). Gott ahndet E., indem er seinerseits sein Heiligtum auf Erden u.ä. »entweiht«, d.h. den fremden Völkern preisgibt. Durch die Christuserfahrung des NT wird die alte Vorstellung von Heiligkeit und E. überholt. K.

Entwöhnung. Die E. des Kindes von der Muttermilch erfolgte erst nach drei Jahren (2Makk 7,28) und war mit einem Fest verbunden (1Mose 21,8). S.

Ephesus. Marmorstraße

Epänetus, nach Röm 16,5 der Erstbekehrte der Provinz → Asien, der wahrscheinlich in → Ephesus Christ wurde. R.

Epaphras, Kurzform von »Epaphroditus«, Schüler des Paulus (Phlm 19), Lehrer der Gemeinde von Kolossä (Phlm 23; Kol 1,7; 4,12). R.

Epaphroditus, Abgesandter der Gemeinde von Philippi, der dem gefangenen Paulus Gaben überbrachte (Phil 2,25ff.; 4,18). H.M.

Epha → Maße und Gewichte, → Efa.

Epheserbrief, einer der dem Apostel Paulus zugeschriebenen → Gefangenschaftsbriefe (vgl. Eph 3,1; 4,1). Im lehrhaften Teil (Kap. 1–3) betont er, daß der Sühnetod Christi nicht nur zwischen Gott und den Menschen Gemeinschaft gestiftet hat, sondern auch zwischen Juden und Heiden, die in der einen Kirche als dem Bau Gottes zusammengefügt sind. Der ermahnende Teil (Kap. 4–6) fordert zur Bewahrung der Einheit auf, die der Kirche als dem → Leib Christi gegeben ist, gibt Einzelermahnungen für den Alltag und spricht die Glieder der Familie in einer → Haustafel besonders an.

Der Brief basiert zwar auf der Paulinischen Rechtfertigungslehre (Eph 2,8f.), führt aber z.B. in seiner Lehre von der Kirche über Paulus hinaus. Auch das Fehlen jeder konkreten Anspielung auf die Gemeindesituation spricht gegen die Verfasserschaft des Paulus, ebenso die teilweise wörtliche Abhängigkeit vom → Kolosserbrief (vgl. Eph 6,21f. mit Kol 4,7f.; Eph 5,22ff. mit Kol 3,18ff.). So wird der E. von einem Paulusschüler zwischen 80 und 90 n.Chr. geschrieben worden sein. H.M.

Lit.: J. Becker / H. Conzelmann / G. Friedrich, Die Briefe an die Galater, Epheser, Philipper, Kolosser, Thessalonicher und an Philemon, [13]1975 (NTD 8).

Ephesus, wichtige Handels- und Hafenstadt an der Westküste → Kleinasiens, Hauptstadt der Provinz → Asien. Der Tempel der → Artemis mit dem vom Himmel gefallenen Bild der Göttin war eines der 7 antiken Weltwunder. E. wurde durch Paulus, der dort 3 Jahre lang wirkte (Apg 19; 1Kor 16,8), aber durch den Widerstand der sich durch ihn geschädigt fühlenden heidn. An-

Ephesus. Johannes-Basilika (6. Jh. n. Chr.)

denkenfabrikanten vertrieben wurde (Apg 19,23; 20,1), früh zu einem Zentrum des Christentums (Offb 1,11; 2,1–7). Der Legende nach starben dort der Apostel → Johannes und → Maria, die Mutter Jesu. R.

Ephraim → Efraim.

Ephrata/Ephrath → Efrata.

Epiphanes → Antiochus.

Epiphanie → Theophanie.

Epistel → Brief.

Eponym. 1. Ahnherr, von dem eine Gemeinschaft ihren Namen herleitet. **2.** Würdenträger in Assyrien und Griechenland, nach dem die Jahre benannt wurden. S.

Erastus, Mitarbeiter des Paulus auf der 3. Missionsreise (Apg 19,22), vermutlich identisch mit dem in Röm 16,23; 2Tim 4,20 erwähnten E. R.

Erbauung, urchristl. Begriff, der im Zusammenhang mit der Lehre von der Kirche besteht: Die Kirche gilt als der Tempel Gottes, dessen Fundament Christus ist (1Kor 3,9–16) und der durch verschiedene, vom Heiligen Geist gewirkte Funktionen der Gemeindeglieder »erbaut« wird (Eph 4,11f.). R.

Erbe. Ein Wort für den E.n kennt das AT nicht. Für das → Erbland, das im Familienbesitz bleiben soll, sind alle Söhne erbberechtigt, dem ältesten kommt doppelter Anteil zu, wohl, weil er für die Mutter zu sorgen hat (5Mose 21,15–17). Auch sonst hat er Vorrechte (→ Erstgeburt). Fehlen Söhne, erben Töchter voll, wenn sie im Stamme heiraten (4Mose 27; 36). Im Judentum wird das Erbrecht zugunsten des ersten Sohnes ausgebaut; die Beurteilung eines damit zusammenhängenden Rechtsfalles lehnt Jesus ab (Lk 12,13). J.E.

Erbland, Erbteil (hebr. *nachala*), ein zentraler Begriff der alttest. Sozialordnung. An den Bedeutungsfeldern des Begriffes »E.« wird der Zusammenhang deutlich zwischen der Existenz des einzelnen, eingebunden in Familie, Sippe und Stamm, und der Existenz des Volkes und seiner Geschichte im Verhältnis zu Jahwe.

Der Begriff des E.s gehört zunächst in den Bereich des Bodenrechts. »E.« bezeichnet den Anteil des Kulturlandes, der durch Los oder Vermessung den einwandernden Sippen und Familien zugeteilt wurde (Jos 13–22). Herr des Landes ist Jahwe. Das E. war also nicht im modernen juristischen Sinn → Eigentum der Familie. Es war unveräußerlich, seinen Verbleib in der Familie sicherten Gesetze (→ Boden, → Bodenrecht). Darüber hinaus spricht das → Deuteronomium von einem E. ganz Israels. »E.« bezeichnet hier das ganze Land Palästina. Die → Leviten bleiben bei der Landverteilung ohne Grundbesitz, ihr E. ist Jahwe selbst (4Mose 18,20; 5Mose 10,9). Umgekehrt kann Israel als E. Jahwes bezeichnet werden (5Mose 32,8f.); damit ist die besondere Beziehung Jahwes zu Israel genau bestimmt, aus der sich für beide Seiten eine Verpflichtung ergibt. Hier anknüpfend bezeichnet das NT das Heil, das denen verheißen ist, die Christus zugehören, als E. (Gal 3,15–29; Röm 8,17). J.E.

Erbsünde → Sünde.

Erdbeben gab und gibt es in Palästina recht häufig. Nach bibl. Darstellung wird das Erscheinen Gottes zur Hilfe für sein Volk oder zum Gericht (z.B. Richt 5,4; Am 8,8), der Tod und die Auferweckung Jesu (Mt 27,54; 28,2) und der Weltuntergang (Offb 6,12) von E. begleitet. S.

Erde. Zwei verschiedene alttest. Begriffe werden im AT mit »E.« wiedergegeben: **1.** *äräz* meint die kosmologisch-politische Größe, die sich, gemäß einem dreistöckigen altoriental. → Weltbild, als dicke kreisförmige oder quadratische Scheibe über den Wassern der Tiefe und unter dem Himmelsgewölbe befindet. Sie ist von Gott geschaffen und Schemel seiner Füße, wobei der Himmel der Thronsitz ist (Jes 66,1; Mt 5,35). Die vereinzelten Teile der E. werden den verschiedenen Völkern als Heimstatt zugewiesen. **2.** Teil von *äräz* ist *adama* als Erdboden und Kulturland im Gegensatz zur Wüste (→ Boden). Aus der *adama* sind Pflanzen, Tiere und Menschen hervorgegangen und kehren dahin wieder zurück (1Mose 2f.). Menschliches Dasein ist so sehr an diese Art E. gebunden, daß jede sittlich gute Tat eines Menschen die Fruchtbarkeit der E. befördert, jede Übeltat auch die E. verunreinigt, so die Königsgerechtigkeit (Ps 72,1–13; vgl.

5Mose 28,18). Aus der anthropologischen Struktur der Bindung des Menschen (hebr. *adam*) an die *adama* erklärt sich die elementare Bedeutung des Gelobten Landes für Israels Religion und die bibl. → Heilsgeschichte, aber auch für die eschatologische Hoffnung einer neuen (erneuerten) E. ohne Leid und Ungerechtigkeit (Jes 65,17ff.; 2Petr 3,13). K.

Erdharz → Pech.

Erech (akkad. *Uruk*), einst bedeutende Stadt in Südbabylonien (1Mose 10,10; Esr 4,9) mit umfangreichen Ausgrabungsfunden. S.

Erfahrung, religiöse. Wie jede lebendige Religion setzt das alte Israel voraus, daß die numinose Wirklichkeit Gottes von jedermann erfahren wird. Doch der Bereich möglicher numinoser Erscheinungen ist gegenüber anderen Religionen grundsätzlich begrenzt. Was Naturerscheinungen oder künstlerische Symbole (→ Bild und Bilderverbot) an Bewunderung auslösen, ist noch kein Gottesgefühl, führt eher zu Götzendienst. Selbst Visionen, bei den Profeten wichtige Formen der göttlichen Selbstmitteilung, können bloße Wünsche des Herzens nach außen projizieren (Jer 23,25–32). So steckt im bibl. Monotheismus von vornherein ein Impuls zu einer kritischen, »säkularisierten« Wirklichkeitsauffassung, zu einer »Entmythisierung«. Gemeinschaftliche Erfahrung von Gott wird in der Korrespondenz zwischen prägenden sprachlichen Überlieferungen und dem äußeren Lebensgeschehen, vor allem in der Wechselwirkung von Heilsgeschichte und Kult erlebt. Entstehung und Behauptung Israels als eines zahlenmäßig kleinen Volkes auf der Länderbrücke zwischen Asien und Afrika, eingezwängt zwischen die Großmächte des Niltals und des Zweistromlandes, lassen sich nicht hinreichend aus eigenen menschlichen, militärischen oder ökonomischen Fähigkeiten ableiten. Begreiflich wird es nur aus den Orakeln der Vorzeit, welche die Grundkraft der Geschichte, Jahwe, zu geschichtlichen Realitäten durch die Jahrhunderte hindurch hat werden lassen: »Kein einziges Wort ist unwirksam geblieben von allen guten Worten, die Jahwe einst verheißen hatte« (Jos 23,14). Ein die Geschichte übergreifender Spannungsbogen von → Verheißungen und Erfüllungen läßt gegenwärtiges Leben als sinnvoll erscheinen. Die kultischen Feste haben den Zweck, die grundlegenden Daten der Heilsgeschichte zu vergegenwärtigen. Da das Wort Jahwes über bisherige Erfüllungen hinausweist und weiterhin Zukunft kündet, Fortsetzung oder Umbruch der Geschichte erwarten läßt, wird seit den Profeten mehr und mehr Orientierung an künftigen Gottestaten für die Bewältigung der Gegenwart möglich (→ Eschatologie).

Neben der Ausrichtung auf die Zukunft, auf die als unmittelbar bevorstehend gedachte → Parusie Christi, spielte für das Urchristentum die E. gegenwärtiger Heilswirklichkeit eine entscheidende Rolle. Zentral für diese E. war das Bewußtsein, daß durch Tod und Auferstehung Jesu Christi für die Glaubenden eine Erneuerung ihrer gesamten Lebenssituation eingetreten war: »Ist jemand in Christus, so ist er ein neues Geschöpf; das Alte ist vergangen, siehe, Neues ist geworden!« (2Kor 5,17.) Und zwar konkretisierte sich diese Neuheits-E. durch das Wirken des → Geistes. Zu den Erscheinungsformen gehörten u. a. → Zungenreden (Apg 2,11f.; 10,46), Fähigkeit zur Vollbringung von Heilungen (Gal 3,5; Hebr 2,4), → Ekstasen (2Kor 12,2) und visionäre Zustände. Vielfach erheben sich jedoch im NT kritische Stimmen gegen eine Überbewertung bzw. Absolutsetzung religiöser E. So betont Paulus die Spannung zwischen dem »Schon« gegenwärtiger Heils-E. und dem »Noch-Nicht« der vollständigen Heilsverwirklichung. Aus ihr folgt, daß die E. weder zum Kriterium des Glaubens noch gar zum religiösen Selbstzweck gemacht werden darf. K./R.

Erhabenheit → Herrlichkeit.

Erhöhung → Erniedrigung und Erhöhung.

Erioch → Arjoch.

Erkennen, Erkenntnis. Das hebr. Wort für »e.« (*jada*) meint nicht nur das Wahrnehmen (»merken«, »spüren«, »erfahren«, z.B. 1Mose 8,11; 9,24; Jer 50,24) und das durch Wahrnehmung und Nachdenken gewonnene E. (»begreifen«, »einsehen«, z.B. Jer 2,23; Ijob 34,4; 36,26) und Wissen (z.B. 1Mose 12,11; 30,26), sondern auch den Umgang, die Vertrautheit mit Menschen (z.B. 5Mose 33,9; Jes 63,16) – daher wird der geschlechtliche Verkehr oft mit »e.« bezeichnet (z.B. 1Mose 4,1; 19,5) – oder Fertigkeiten (z.B.

Am 5,16), ferner die richtige – gehorsame (z.B. 1Kön 8,43) und vertrauensvolle (Jes 43,10) – Haltung gegenüber Gott und ebenso das fürsorgende (z.B. Ps 31,8) und strafende (z.B. Jer 18,23) Achtgeben Gottes auf den Menschen.

Im NT gilt Christus als die Quelle aller E. Für Paulus ist sein schändlicher Tod am Kreuz das Ende aller spekulativen Gottes-E. der Philosophen: Gott erkennen kann nur, wer sein Handeln in der Erniedrigung des Kreuzes zu sehen bereit ist (1Kor 1,18–25). S./R.

Erkenntnis Gottes. Gemäß dem Bedeutungsumfang des hebr. Wortes für → »erkennen« heißt »Gott erkennen« seine Macht und seinen Willen ehrfurchtsvoll, gehorsam und vertrauend anerkennen (z.B. Ps 9,11; 36,11; Jer 9,2.5). »E. G.« meint bei den Profeten – vor allem Hosea und Jeremia –, wie der inhaltlich verwandte Ausdruck → »Furcht Gottes«, ein dem vertrauten Umgang mit Gott entsprechendes gemeinschaftsgemäßes Verhalten zum Volksgenossen (z.B. Hos 4,1.6; Jer 2,8; Mal 2,7). Mit der besonders häufig von Ezechiel gebrauchten Erkenntnisformel (»Ihr werdet erkennen, daß ich Jahwe bin« o.ä., z.B. 2Mose 6,7; Ez 5,13; 6,7; 7,4) wird ein geschichtswendendes Tun Gottes angekündigt, an dem Israel oder andere Völker seine Einzigartigkeit und Überlegenheit erkennen und bekennen sollen. S.

Erkenntnis von Gut und Böse, ein Thema der Erzählung 1Mose 2–3, wo geschildert wird, wie das erste Menschenpaar Gottes Verbot, vom »Baum der E.« (2,9.17) zu essen, auf Anraten der Schlange übertritt (3,5.22). Der Sinn des Ausdrucks »E.« ist sehr umstritten. Meint er, was sittlich gut und böse? Was nützlich und schädlich? Sexuelle Lust und Unlust? Vielleicht bedeutet die Wortverbindung »gut und böse« hier soviel wie »alles«, so daß die Erkenntnis, Weisheit, Befähigung zur Daseinsbewältigung im umfassendsten Sinne gemeint wäre. Nicht diese an sich wird – so scheint es – in der Erzählung als verwerflich dargestellt, sondern die Weise, wie das Ur-Menschenpaar sie gewinnt, wobei allerdings die verbreitete Vorstellung, daß die Gottheit dem Menschen umfassende Weisheit vorenthalten möchte, im Hintergrund stehen dürfte. S.

Erlösung. Gemeinhin wird die Bibel als typisches Dokument einer E.s-Religion angesehen (im Unterschied zu Naturreligionen o.ä.). Der Begriff »E.« taucht jedoch nicht allzu oft in der Bibel auf und bedeutet in den alten Schriften Errettung aus einer äußeren Notlage. Erst durch allmählichen Bedeutungswandel wird daraus in neutest. Zeit die innere Befreiung des Menschen zu seinem eigentlichen Selbst. Im Rahmen der Solidarität der Sippe gibt es im frühen Israel den *goël,* einen beistandspflichtigen nächsten Verwandten, dt. meist als »Erlöser« (→ Löser) übersetzt. Er hat einzuspringen, wenn der Sippe von außen Einbuße geschieht: zur Blutrache beim Mord an Sippengenossen; zur Schwagerehe (Levirat) mit einer Witwe in der Sippe, wenn ein Mann stirbt und keinen männlichen Nachkommen hinterläßt (1Mose 38); zur Auslösung eines Sippenangehörigen, der in Sklaverei gerät (3Mose 25,47–49); zum Zurückkauf von sippeneigenem Boden (vgl. die Geschichte von → Rut). Mit der Staatenbildung rückt der König in die Stellung eines *goël* für Rechtsschwache ein, die keine wirksame Sippenunterstützung besitzen (Ps 72,4.14). Und Gott ist durch seinen Bund mit Israel in eine Beziehung getreten, die ebenso eng wie die Solidarität einer Familie ist. Deshalb hat er einst das in Ägypten gefangene Volk erlöst (2Mose 15,13) und ist fortan stets bereit, bei Bedrängnis entsprechend einzuschreiten. Diese Überzeugung ist ein wichtiges Moment israelit. Religion. Von da aus wird bei den Profeten künftige E. Israels aus dem babylon. Exil zu einer wesentlichen Hoffnung. Hierbei wird von E. nicht nur negative Beseitigung von politischer Unterdrückung erwartet, sondern zugleich positive Herstellung eines freien, religiös integren israelit. Staates mit Menschen, die vom Sündenzwang befreit sind (Jes 44,21–28).

Daneben wird bereits im AT ausgesprochen, wenngleich weniger betont, daß Gott auch einzelne Menschen aus Notlagen erlöst, wenn kein anderer für sie eintritt. Diese individuelle E. tritt in neutest. Zeit als beherrschend hervor. Dabei bricht sich die Überzeugung Bahn, daß Gott E. für die Menschen aus Verlorenheit von Sünde und Endlichkeit zu einem ewigen → Heil beabsichtigt und durch das Erscheinen Jesu Christi die Voraussetzungen dafür für jeden Menschen geschaffen hat.

Und zwar hat das E.s-Geschehen seine Mitte in der Lebenshingabe Jesu am Kreuz (Mk 10,45; → Sühne; Leiden Jesu). Allerdings wird die Bezeichnung »Erlöser«, die in der späteren christl. Dogmatik das Heilswerk Jesu in allen seinen Aspekten zusammenfaßt, im NT noch nicht auf Jesus angewandt (→ Retter, → Versöhnung). K.

Ermahnung (Paränese), Anweisung für die konkrete Lebensführung des einzelnen und der Gemeinschaft. In der urchristl. Predigt ist die E. zu einer festen Stilform geworden; so bestehen die Schlußabschnitte der Paulusbriefe (z.B. Röm 12–15; Gal 5–6; Phil 4; Kol 3–4) weitgehend, andere neutest. Schriften (Jak, 1Petr) fast ganz aus E.en. Hier wird zumeist nicht auf konkrete Verfehlungen und Krisen Bezug genommen, sondern es werden vorsorglich allgemeine Richtlinien für das christl. Leben gegeben. Die Bestandteile der E.en sind vielfach traditionell: alttest.-jüd. Elemente (vorwiegend aus der Weisheitsliteratur) stehen neben solchen aus der antiken Popularphilosphie (→ Stoa). Zu den ersteren gehören die → Tugend- und Lasterkataloge, Aufzählungen vorbildlicher bzw. verwerflicher Verhaltensweisen (z.B. Gal 5,19–21), zu den letzteren die sog. → Haustafeln, Pflichtenkataloge für verschiedene Stände und soziale Gruppen (z. B. Kol 3,18–4,1; Eph 5,22–6,9). Auf Worte Jesu wird im Rahmen der E.en relativ selten und zumeist nur umschreibend (z. B. Röm 15,7) Bezug genommen. Direkte Zitate (1Kor 7,10) sind die Ausnahme. Doch dürften Jesusworte vielfach indirekt die Auswahl und Zusammenstellung des Materials bestimmt haben. R.

Lit.: M. Dibelius, Die Formgeschichte des Evangeliums, [4]1961, 234–286; W. Schrage, Ethik des NT, 1982.

Erniedrigung und Erhöhung. In der alttest. Frömmigkeit spielt das Leiden eine wichtige Rolle; der Gerechte, der nicht den Weg rücksichtsloser Selbstverwirklichung auf Kosten anderer geht, sondern sich gehorsam an Jahwe hält, wird erniedrigt; aber er darf gerade in der größten Demütigung der rettenden Hilfe seines Gottes gewiß sein. Daß Jahwe die Hochmütigen demütigt und die Niedrigen erhöht, ist eine in vielfältigen Aussagen formulierte Glaubenserfahrung (z.B. 1Sam 2,7f.; Ijob 22,29; Dan 4,34; Spr 29,23). Sie wird aufgenommen in der Verkündigung Jesu, die gerade den Demütigen und Niedrigen, die nichts von sich selbst, alles jedoch von Gott erwarten, das Heil zusagt (Mt 5,3–12 par; 23,12). Darüber hinaus hat Jesus die Erniedrigung als selbstgewählte Haltung vorgelebt: Indem er um des dienenden Daseins für andere willen auf Macht und Recht verzichtete, setzte er seinen Anhängern eine verbindliche sittliche Norm (Mk 10,42–45; Lk 22,26 f.), die durch seinen Tod bekräftigt wurde (Röm 15,3; Lk 1,52). So lag es nahe, daß Jesu Tod und Auferweckung schon sehr früh nach dem Schema E. und E. gedeutet wurde. So ist die Leidensgeschichte in den Evangelien durchsetzt mit alttest. Anspielungen auf den Weg des leidenden Gerechten. Einem späteren Stadium theologischer Reflexion gehören jene neutest. Aussagen an, die die Erniedrigung Jesu als Abstieg aus seinem ursprünglichen Sein bei Gott (Präexistenz) in die menschliche Gestalt und die Erhöhung als Einsetzung in die Herrschaft über alle Mächte deuten (z.B. Phil 2,5–11; Hebr 1,3f.; Joh 1,1–18). R.

Lit.: E. Schweizer, E. und E. bei Jesus und seinen Nachfolgern, [2]1962.

Ernte, Erntefest. In Palästina fällt die E. der Akkerfrüchte in den April/Mai. Die E. der beiden wichtigsten Getreidearten, Gerste und Weizen, begann in einem Abstand von vierzehn Tagen.

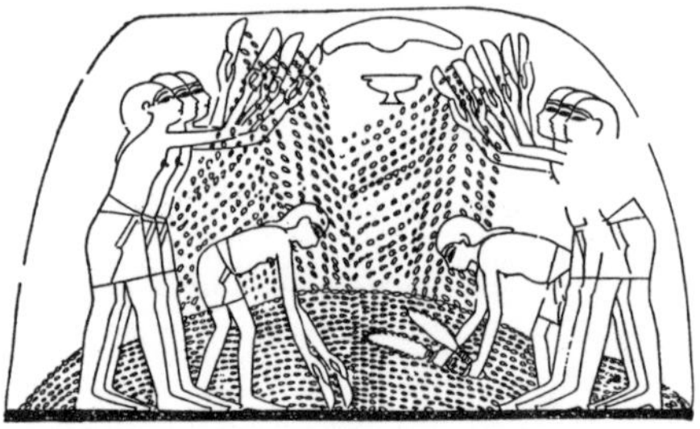

Worflerinnen bei der Arbeit. Nach einer ägyptischen Darstellung (18. Dynastie, um 1550–1305 v. Chr.)

Bei der E. wurden mit der Sichel die Ähren abgeschnitten, so daß die Halme stehenblieben. Das Bild der E. bezeichnet die Freudenzeit (z.B. Jes 9,2), aber auch die Vernichtung (Joel 4,13; Offb 14,15). Bei Beginn der Gersten-E. fand das Mazzotfest (→ Fest), sieben Wochen danach, am Ende der Weizen-E., das E.- oder → Wochenfest statt (3Mose 23,15–21). Es galt im Judentum als Fest der Gesetzgebung am Sinai und des Bundesschlusses. Im NT erscheint es als → Pfingstfest. S.

Ersatzopfer → Opfer.

Erscheinung → Theophanie.

Erscheinungsformen der Gottheit → Offenbarung.

Erstgeburt. Alle männliche E. von Mensch und Haustier gehört Gott. Daher ist diese zu opfern und jene mit einem Tieropfer auszulösen (z.B. 2Mose 34,19–20). Das in 2Mose 22,28 geforderte Opfer der menschlichen E. kam zuweilen vor (Ez 20,26; → Menschenopfer). – Der erstgeborene Sohn war rechtlich bevorzugt. Darum heißt z.B. David und vor allem Christus (z.B. Röm 8,29) »Erstgeborener Gottes«. S.

Erstlinge, die ersten Erträge verschiedenster Art (vor allem Getreide), die zugleich als das Beste galten. Sie wurden Gott als Opfer dargebracht und fielen den Priestern zum Verbrauch zu (z.B. 5Mose 18,4). Die Darbringung der E., wobei nach 5Mose 26,1–11 ein Dankbekenntnis zu sprechen war, sollte bekunden, daß Gott der Besitzer aller Erträge ist. S.

Erwählung. Als von Gott erwählt gelten im AT vor allem das Volk Israel, der König David und die Stadt Jerusalem. E. beruht auf dem freien Entschluß Gottes, der ohne Verdienst des Menschen zustande kommt und nur so lange gültig ist, wie der Erwählte sich bewährt. So folgt aus der E. Israels der Anspruch, die Gebote Gottes zu halten (z.B. 5Mose 7,6f.; vgl. Am 3,2). Die Psalmen sprechen von der E. Israels in Verbindung mit dem dankenden Lobpreis Gottes (z.B. Ps 135,4). Im → Exil wurde der Gedanke der E. dazu verwendet, das zerschlagene Volk aufzurichten (z.B. Jes 41,8–10). Die E. Davids (z.B. Ps 78,70; 89,4f.) und seiner Nachfolger bedeutet – auch wenn das nicht ausdrücklich gesagt wird –, daß sie verpflichtet sind, sich in der Führung des Volkes zu bewähren, als »Knechte Jahwes« seinen Willen auszuführen.
Jerusalem (es wird im 5. Mosebuch mit der häufigen Formel »der Ort, den Jahwe erwählen wird« u.ä. umschrieben) wurde erwählt genannt (z.B. 1Kön 8,16), weil diese Stadt nach dem Glauben Israels als Wohnsitz Gottes der Ort und die Quelle besonderen Segens ist. Dem entspricht es, daß auch die Leviten, die Priester am Jerusalemer Tempel, als erwählt bezeichnet werden (z.B. 5Mose 18,5).
Das Urchristentum lebte in der Gewißheit, daß alle, die das in Jesus Christus ergehende Heilsangebot Gottes annehmen, Erwählte sind (Mt 22,14). Die E. Gottes, die vordem nur Israel galt, ist nun auf die Kirche aus Juden und Heiden als auf das Gottesvolk der Endzeit übergegangen (Röm 8,29; 1Petr 2,9). Allerdings erwartet Paulus, daß die E. Israels nicht auf die Dauer hinfällig ist, sondern von Gott schließlich eingelöst werden wird (Röm 11,2.28). S./R.

Erz → Bronze, → Kupfer, → Metalle.

Erzählungsarten. 1. Die geschichtlichen Bücher des AT bieten eine Reihe verschiedener E. Nicht nur Stil und historischer Bezug, sondern auch Sitz im Leben und religiöses Anliegen liegen auf verschiedenen Ebenen. Nach linguistischen Kriterien hat die Gattungsforschung die wichtigen Gruppen ausgesondert. **a)** Mythen, in denen göttliche Wesen die Kontrahenten in einem dramatischen Geschehen bilden, finden sich in der Bibel nicht, außer in gewissen, aus außerisraelit. Kulturen übernommenen Nachklängen (etwa 1Mose 6,1–4). Übernommenes Mythengut wird meist zur Sage umgestaltet (z. B. der Sintflutbericht, → Mythos). **b)** → Sagen, rühmende Ausgestaltung von Widerfahrnissen der Ahnen oder Helden der Frühzeit, bilden die Hauptmasse der Texte von 1. Mose bis 1. Samuel. Zugrunde liegen kurze, von Haus aus mündlich überlieferte Erzählungen über Geschehnisse, die für die Existenz Israels und seiner Gottesbeziehung bedeutsam geworden sind. **c)** → Legenden bilden sich nur in bestimmten Epochen. Als Profetenlegende und später in hellenist. Zeit als Legenden der Glaubenstreue bilden sie sich in Kreisen, die an einem angemessenen Verhalten zu dem zukunfterschließenden Gotteswort interessiert sind. **d)** → Kultlegenden sind stilisierte Rezitationen bei Kultbegehungen, welche heilsgeschichtliche Vorgänge neu vergegenwärtigen. Sie werden in Priesterkreisen gepflegt. **e)** Weisheitserzählungen bieten Beispiele vorbildlicher Lebensführung im Sinne der → Weisheit. Hierher mögen der Grundbestand der → Josefserzählung, aber auch das Volksbuch von → Ijob gehören. Beispiele für die unter a) bis e) aufgeführten E. sind so weit erhalten, als sie in die → Geschichtsschreibung aufgenommen worden sind. Sie werden dadurch übergreifenden Gesichtspunkten der → Heilsgeschichte eingeordnet und dementsprechend umgearbeitet.

2. Die folgenden E. herrschen in den erzählenden Büchern des NT vor: **a)** Jesusgeschichten, d.h. Erzählungen, die von Taten des irdischen Jesus, besonders von → Wundern und Heilungen berichten mit dem Ziel, seine Macht vor Augen zu stellen und so zum Glauben an ihn aufzurufen (z.B. Mk 5,21–43; 6,35–44; 10,46–52). Ihr Sitz im Leben war die missionarische Verkündigung. **b)** Christusgeschichten, d.h. Erzählungen, die das Bild des irdischen Jesus vom Christusglauben der Gemeinde her gestalten. Sie sollen anschaulich machen, daß und warum Jesus der Herr der Gemeinde ist. Zu ihnen gehören z.B. die Geburts- und → Kindheitsgeschichten. **c)** Die Leidensgeschichte, d.h. die zusammenhängende Darstellung der Vorgänge, die zur Kreuzigung Jesu führten. Ihr Sitz im Leben war ebenfalls die innergemeindliche Unterweisung; einzelne ihrer Bestandteile, vor allem der Abendmahlsbericht (Mk 14,22ff.), verdanken ihre Gestaltung dem Gottesdienst. **d)** Eine Mittelstellung zwischen Erzählungs- und Wortüberlieferung nehmen die Apophthegmata ein, sentenzartige Aussprüche Jesu, die in einen knappen erzählerischen Rahmen gefaßt sind. Sie zerfallen wiederum in die Untergruppen der Streit- und Schulgespräche. Ihr Sitz im Leben konnte sowohl die innergemeindliche Unterweisung als auch die Kontroverse mit Außenstehenden sein. **e)** In der Apostelgeschichte finden sich eine Reihe von Apostel- und Märtyrerlegenden, die, analog zu den alttest. Profetenlegenden, der Gemeinde anschauliche Beispiele der Glaubenstreue anhand des Verhaltens und Schicksals der Gottesmänner der Vergangenheit geben wollen. K./R.

Lit.: K. Koch, Was ist Formgeschichte?, [3]1974; R. Bultmann, Die Geschichte der synoptischen Tradition, [8]1970.

Erziehung findet in Israel im Elternhaus statt, obwohl davon keine ausdrückliche Nachricht erhalten ist. Entsprechend dem lehrhaften Zug israelit. Religion gibt es auch Unterweisung von Erwachsenen bei kultischen Anlässen (mit dem Auftrag zur Weitergabe an die Nachkommen 2Mose 13,8; Jos 4,21ff.). Den Leviten oblag entsprechend ihrer Funktion im → Chronistischen Geschichtswerk wohl in nachexilischer Zeit die Aufgabe belehrender Predigt. – Bei Hofe gab es Erzieher für die Prinzen (2Kön 10,1.5). Hier ist wohl auch die Beamtenerziehung durch die → Weisheit anzusiedeln; ihre Lehrer nehmen die Schüler in ein Vater-Sohn-Verhältnis auf (Spr 1,8) und schulen sie durch Auswendiglernen, wobei an körperlichen Züchtigungen nicht gespart wird. Auch in der E. von Profetenjüngern durch den Lehrvortrag des Meisters (2Kön 6,1) gilt dieser als Vater, jene als »Söhne«. – Als E. (hebr. *musar,* meist mit »Zucht« übersetzt) kann auch die göttliche Lenkung der Heilsgeschichte verstanden werden (5Mose 8,5; Hos 10,10; Jer 32,31ff.). K.

Erzväter (auch »Patriarchen« nach der Septuaginta; im hebr. Text einfach »Väter« genannt). Mit dem Begriff »E.« werden die in 1Mose 12ff. auftretenden Nomaden Abraham, Isaak und Jakob sowie deren Angehörige bezeichnet. Die E. wanderten in der 2. Hälfte des 2. Jt.s v.Chr. im Rahmen der aram. Wanderung (5Mose 26,5ff.; → Aramäer) in Palästina ein (einige Forscher datieren die Zeit der E. ab der 1. Hälfte des 2. Jt.s).

Ihr Ausgangspunkt ist Haran (1Mose 12,4) in der Gegend zwischen dem Oberlauf des → Eufrat und des → Tigris. Ziel der E. ist die allmähliche Seßhaftwerdung, die sich nicht in der schon stärker besiedelten Küstenebene, sondern im gebirgigen Hinterland vollzieht. Landbesitz ist neben reicher Nachkommenschaft Thema der Verheißungen an die E. (1Mose 28,13ff.), die im Aufriß der → Mosebücher erst nach dem → Auszug aus Ägypten erfüllt werden. Die Verheißungen geschehen u.a. an ursprünglich kanaan. → Heiligtümern (1Mose 28,10ff.). Dabei überwinden die E. die dort ansässigen Ortsgottheiten durch ihren eigenen, ursprünglich nomadischen Gottestypus, der u.a. als Gott Abrahams, der → Schrecken Isaaks, der Starke Jakobs (1Mose 49,24) bezeichnet wird. Kennzeichnend ist zunächst nicht die Bindung des Gottes an ein festes Heiligtum, sondern – nomadischer Lebensweise entsprechend – an eine Person, den Urahn einer Sippe. Die Übertragung auf ein Heiligtum ist demgegenüber ein deutlich sekundärer Prozeß, der die allmähliche Seßhaftwerdung widerspiegelt.

Der Typus des Gottes der Väter hat zunächst unabhängig vom Jahweglauben und seinen Trägern existiert. Erst in 2Mose 3,15ff. wird eine Kontinuität der beiden Glaubensvorstellungen hergestellt (→ Gottesbezeichnungen). U.R.

Lit.: Herrmann, GI, 63–81.

Esau, nach dem bibl. Bericht Zwillingsbruder → Jakobs, verliert an diesen das Erstgeburtsrecht und den Vatersegen und wird später von ihm abermals überlistet (1Mose 25,19–34; 27; 32–33). Er vertritt gegenüber dem Hirten Jakob den Typ des Jägers und gilt – wohl auf einer späteren Überlieferungsstufe – als Ahnherr Edoms (z.B. 1Mose 36,1–19; Jer 49,8–10). S.

Eschatologie. 1. Bedeutung – 2. AT – 3. NT.
1. E. (von griech. *es'chaton* »Ende«) ist in der christl. Dogmatik die Lehre von den letzten Dingen, d.h. vom Ziel und Ende der Geschichte und der Welt. Der Begriff kommt in der Bibel nicht vor, wird aber in der Theologie als zusammenfassende Bezeichnung der entsprechenden Vorstellungen und Aussagen herangezogen.
2. Nun ist allerdings die Anwendung des Begriffes »E.« auf das AT für die vorexilische Zeit darum problematisch, weil der Gedanke eines absoluten Endes der Geschichte den älteren Schichten des AT fremd ist. In der alttest. wissenschaftlichen Literatur entspricht der Begriff »E.« daher im allgemeinen nicht der dogmatischen Bedeutung. Als »E.« bezeichnet man etwa die radikale Zukunftswendung der Profetie, wo sie den bisherigen Heilsgrund negiert, das erwartete Heil vielmehr in ein kommendes Gottesgeschehen verlagert. Die Erwartungen sind verschieden. Sie können sich richten auf die Wiederherstellung der alten Sozialordnung (Mich 5,1ff.) oder auch nur darauf, daß man nach dem Strafhandeln Jahwes wieder Äcker, Häuser und Weinberge werde kaufen können (Jer 32,6ff.). Sie können sich aber auch richten auf den → Tag des Herrn, den furchtbaren Tag des Triumphes Jahwes über seine Feinde (Zef 1,14ff.). Der zukünftige Friedensherrscher (Jes 9,1ff.; 11,1ff., Mich 5,1ff.) wird zunächst innerhalb der Geschichte Israel erwartet, der Begriff »E.« ist hier inadäquat und unscharf.
Durch den Verlust der Eigenstaatlichkeit, durch die Erfahrung des → Exils, die politische Ohnmacht und die z.T. kümmerlichen Lebensverhältnisse in der Zeit der Abhängigkeit von pers. und hellenist. Verwaltung ändert sich die Lage. Die Hoffnung auf eine glückliche Zukunft wird zur Erwartung einer bald einbrechenden Endzeit. Sie kommt in den profetischen Büchern → Joel (z.B. 2,1ff.) und → Sacharja (Kap. 9–14) zum Ausdruck und erreicht einen Höhepunkt im Buche → Daniel. Eine Theorie aller bisherigen Geschichte als Geschichte von Sünde und Verfall und die Erwartung einer endgültigen Wende mit dem baldigen Anbruch des Reiches des → Menschensohnes (Dan 7,13) wird verknüpft mit der wohl iran. beeinflußten Vorstellung von der Auferstehung der Toten (Kap. 12). Die Verwirklichung der Hoffnungen des Gottesvolkes wird nun nicht mehr in dieser Welt erwartet. Es entwickelt sich die Vorstellung einer jenseitigen Welt, in der jeder einzelne je nach seiner Frömmigkeit belohnt oder bestraft wird.
3. Auch das NT entfaltet keine einheitliche Lehre von den letzten Dingen; es bietet vielmehr in seinen Aussagen vom Ende eine breite Palette von Vorstellungen und Motiven, die z.T. aus dem AT, z.T. aber auch aus der Umwelt übernommen worden sind. Einheitlich ist jedoch die Grundstruktur der eschatologischen Aussagen. Konstitutiv für sie ist eine Spannung zwischen der Erwartung einer noch ausstehenden, in der Zukunft liegenden Heilsvollendung und der Gewißheit der bereits gegenwärtigen Heilsverwirklichung. Die verschiedenen Ausprägungen der neutest. Eschatologie sind durchweg Versuche, diese Spannung zu bewältigen.
a) Bereits Botschaft und Wirken Jesu sind von dieser Spannung durchzogen. Einerseits blieb Jesus durchaus im Rahmen jüd.-apokalyptischer Vorstellungen von der unmittelbaren Nähe des Endes; er verkündigte den bevorstehenden Anbruch des → Reiches Gottes (Mk 1,15; Mt 10,23) und das Kommen des → Menschensohnes als Weltrichter (→ Naherwartung). Zugleich aber konfrontierte er seine Hörer mit dem Reich Gottes als einer in seinen Worten gegenwärtig wirksamen Größe (Lk 17,20f.), machte von ihrer Entscheidung ihm gegenüber das Urteil des Menschensohnes im zukünftigen Gericht abhängig (Lk 12,8) und nahm in seinen Taten bereits zeichenhaft das kommende Heilwerden der ganzen Schöpfung vorweg (Lk 11,20). Das erwartete zukünftige Handeln Gottes soll nach alledem letztlich nur noch die Aufdeckung und volle Realisierung der Konsequenzen dessen bringen, was mit der Erscheinung Jesu bereits in die Welt gekommen ist.
b) Für das Urchristentum war die Erfahrung der → Auferstehung Jesu Ausgangspunkt und Mitte der E. Mit ihr glaubte man das Ende bereits angebrochen. Jesus war auferstanden als der »Erstling der Entschlafenen« (1Kor 15,20); es konnte darum, so meinte man, nur noch Sache einer

kurzen Zeit sein, bis er zur → Parusie wiederkommen und seine Herrschaft sichtbar aufrichten würde (1Thess 4,13–18). Aber bereits die Gegenwart wurde als Zeit erfahren, in welcher der für die Endzeit verheißene Gottesgeist ausgegossen (Apg 2,16–21) und Jesus bereits als der zu Gott Erhöhte in seiner Gemeinde gegenwärtig wirksam war.

c) Bei Paulus wirkt sich die eschatologische Grundspannung aus in einer Dialektik zwischen dem »Schon« der Erfüllung der Christusgemeinschaft und dem »Noch-Nicht« der Hoffnung; die Gerechtigkeit Gottes ist »jetzt« schon geoffenbart (Röm 3,21), der Christ empfängt die Heilsgaben schon jetzt in den Sakramenten, aber er empfängt das Heil nur unter der Gestalt des Kreuzes, in Niedrigkeit und Schwachheit, und muß weiter gegen die Mächte der Sünde und des Todes kämpfen. Alle Hoffnung gilt darum der kommenden Vollendung, der Erscheinung Christi, bei der die Glaubenden mit einer neuen Auferstehungsleiblichkeit überkleidet werden (2Kor 5,2ff.) und der Tod endgültig entmächtigt wird (1Kor 15,25f.).

d) Eine besondere Stellung nimmt die E. des Johannesevangeliums ein, denn in ihr wird die Grundspannung nahezu ganz aufgelöst: Das ewige Leben ist bereits jetzt Besitz dessen, der an Christus glaubt. Wer sein Wort hört, ist bereits dem Gericht entnommen und vom Tod zum Leben hinübergegangen (Joh 5,24; 6,40.47; 8,51). Christus selbst ist die Auferstehung und das Leben, in seinem Wort ereignet sich bereits die Parusie (Joh 11,24–26). Allerdings fehlen auch hier die Elemente zukünftiger E. nicht ganz (Joh 6,39f.54).

e) Eigenartig und wohl für die Weiterentwicklung der kirchlichen Lehre bedeutsamer ist die E. des Hebräerbriefes. Hier wird nämlich die Spannung zwischen Gegenwart und Zukunft zum Gegeneinander von Irdischem und Himmlischem. Die zeitliche Dimension der E. tritt hier stark zurück zugunsten eines (griech. beeinflußten) räumlichen Denkens: Christus ist im Himmel, wo er vor Gott mit seinem Heilswerk für die auf Erden befindliche Gemeinde eintritt. Dort ist auch das Ziel, auf das hin sich deren Hoffnung richtet (Hebr 3,6; 6,11; 10,23). J.E./R.

Lit.: G. Fohrer, Die Struktur der alttest. E., in: Theologische Literatur-Zeitung 85, 1960, 401–420; v. Rad, Theologie II, 108–133; G. Delling, Zeit und Endzeit, 1970.

Eschbaal (»Mann des → Baal«), Sohn Sauls, nach dessen Tod von Abner zum König über die Nordstämme eingesetzt, nach zweijähriger Regierungszeit ermordet (2Sam 2–4). S.

Eschkol (hebr. *äschkol* »Weintraube«), ein traubenreiches Tal bei Hebron (4Mose 13,23–24); nach ihm hat wohl ein sagenhafter Bundesgenosse Abrahams (1Mose 14,13) seinen Namen. S.

Eschol → Eschkol.

Eschtaol, Ort im Gebiet von Juda, wo ursprünglich der Stamm Dan wohnte (Jos 15,33; 19,41; Richt 13,25). S.

Esdras → Esra.

Esdrelon → Jesreel.

Esel → Tierwelt.

Eser → Hazor.

Esra. Der Priester E. ist im Jahre 458 v. Chr. vom pers. König Artaxerxes I. (oder 398 durch Artaxerxes II.?) als »Schreiber [d.h. Religionskommissar] für das Gesetz des Himmelsgottes« aus dem Exil nach Palästina gesandt worden, um den Kult am neuerbauten zweiten Tempel zu regeln und ein Gottesgesetz als verbindliches Provinzgesetz einzuführen. E. zog daraufhin mit zahlreichen Anhängern in einem dem Auszug aus Ägypten ähnlichen Zug in die Heimat zurück und übernahm dort zeitweise hohepriesterliche Funktionen. Bei einem Neujahrsfest wurde das Gesetz feierlich in Kraft gesetzt (Neh 8). Die Aktion hatte eine große religionsgeschichtliche Bedeutung. Das von E. eingeführte Gesetz war der Kernbestand des Pentateuch (→ Mosebücher), wie er im babylon. Exil gesammelt und verschriftet worden war. Indem mit staatlicher Vollmacht das Buch für jeden Israeliten zum bindenden Gesetz wurde, war der Anfang zu einem → Kanon gemacht und die Voraussetzung für die spätere Entwicklung des Judentums zur Gesetzesreligion geschaffen. Über die weitere Biographie E.s verlautet nichts. Anscheinend ist er nach Erfüllung des Auftrags nach Babylonien zurückgekehrt. Manche Forscher vermuten ein Scheitern seiner hochgespannten Ziele; das von ihm eingeführte Gesetz wurde aber nie mehr widerrufen. K.

Esrabuch. Das E. besteht aus zwei deutlich unterschiedenen Teilen. a) Kap. 1–6 berichten, wie aufgrund des Ediktes von→ Kyros die Rückkehr aus dem Exil nach Palästina beginnt und nach zahlreichen politischen Schwierigkeiten es endlich zur Wiedereinweihung des Tempels in Jerusalem kommt. In den hebr. Erzähltext wird in Esr 4,8–6,18 eine aram. Dokumentation (aus dem Jerusalemer Tempelarchiv?) aufgenommen. Während dieser Teil den Zeitraum 538–515 v.Chr. behandelt, schildern b) Kap. 7–10 unter Voraussetzung eines erheblichen zeitlichen Intervalls die Tätigkeit→ Esras in Jerusalem (458 oder 398 v.Chr.), die kaum länger als ein Jahr währte, aber das Gesetz des Mose als verpflichtendes Recht in Israel einführte und damit auf Jh.e hinaus nachwirkte. Grundlage der Darstellung ist hier eine Esra-Denkschrift, deren Schlußteil aber, die feierliche kultische Verpflichtung des Volkes auf das Gesetz, später vom E. abgetrennt und als Kap. 8–10 dem → Nehemiabuch einverleibt wurde. Das E. war nicht selbständig, sondern von Anfang an als (Schluß?-)Teil des → Chronistischen Geschichtswerkes verfaßt worden (vgl. Esr 1,1–3 mit 2Chr 36,22f.). K.

Lit.: J. Becker, Esra. Nehemia, 1990 (NEB).

Esrabuch, nichtkanonisch. Lat. und griech. Bibeln enthalten neben Esra (1. E.) und Nehemia (2. E.) noch ein 3. E., das vermutlich eine ältere Fassung der Esra-Überlieferung vor der Einarbeitung des ehedem selbständigen Nehemiabuches in das→ Chronistische Geschichtswerk darstellt. Der Wortlaut läuft weitgehend mit (1.) Esra und Neh 8 parallel, bietet aber in Kap. 3–5 eine sonst nicht erhaltene Erzählung über→ Serubbabel. Die lat. Bibel enthält darüber hinaus ein 4. E. als apokryphes Buch, das aus drei ursprünglich selbständigen Schriften entstanden ist. Das eigentliche 4. E. (Kap. 3–14; 1. Jh. n.Chr.), eine Apokalypse, behandelt das quälende Problem, warum es dem Gottesvolk so schlecht, den Heiden so gut ergeht, und beantwortet es durch den Ausblick auf die bevorstehende eschatologische Wende. Ihm vorangestellt ist das 5. E. (4. E., Kap. 1–2), das zuerst Israel um seiner Sünde willen bedroht, dann der Mutter (Kirche?) künftiges Heil verheißt (2. Jh. n.Chr.?). Das 6. E. (4. E., Kap. 15–16) schildert das Weltende und bedroht die Weltmächte. Eine weitere christl. Esra-Apokalypse ist griech. überliefert. K.

Texte: Rießler, 247–327; 126–137.

Essener (wahrscheinlich »die Frommen«), jüd. Sekte zur Zeit Jesu. Nach den Berichten von Philo, Josefus und Plinius d. Ä. handelt es sich um eine mönchsartige Gemeinschaft, zu der man nur nach einer dreijährigen Probezeit Zugang hatte. Durch einen feierlichen Eid mußte man sich verpflichten, alle Vorschriften zu halten und die Geheimlehren der Sekte nicht preiszugeben. Der Tageslauf der E. war genau festgelegt: Gebet, Schriftauslegung, Feld- und Handwerksarbeit wechselten ab. Täglich finden kultische Waschungen und ein gemeinsames Kultmahl statt. Die Funde von → Qumran ergänzen diese Angaben und machen zugleich die Identität der E. mit der Sektengemeinschaft von Qumran gewiß. – Die früher oft behauptete Verbindung Jesu mit den E.n erweist sich jedoch von daher als fraglich. H.M.

Essig, meist mit Wasser verdünnter saurer Wein, ein volkstümliches Erfrischungsgetränk. Die Tränkung des Gekreuzigten mit E. (Mk 15,36) wurde erst nachträglich auf dem Hintergrund von Ps 69,22 als Akt der Verhöhnung gedeutet (so Lk 23,36). R.

Ester, Hauptgestalt des Esterbuches. Dieses erzählt, wie E., eine junge Jüdin, zur Hauptfrau des Perserkönigs Ahasveros (Xerxes) aufsteigt und mit Hilfe ihres Vormundes Mordechai den Plan des Wesirs Haman, die Juden im Perserreich umzubringen, vereitelt, wobei Haman den Tod findet; die Juden erhalten daraufhin die Vollmacht, ihre Feinde im ganzen Perserreich zu vernichten, und zur Erinnerung an den Sieg der Juden wird das → Purimfest zu einer ständigen Einrichtung erhoben. Dieses Fest will das Esterbuch geschichtlich begründen. Die E.-Gestalt ist aber unhistorisch; es handelt sich um eine Novelle mit stark völkischer Tendenz, die im 3. oder 2. Jh. v.Chr. abgefaßt wurde. Das Esterbuch erwähnt Gott nicht und war in seiner Zugehörigkeit zum Kanon des AT lange umstritten (es fehlt noch in→ Qumran und im NT unter den heiligen Schriften). S.

Lit.: H. Ringgren / A. Weiser / W. Zimmerli, Sprüche. Prediger. Das Hohe Lied. Klagelieder. Das Buch E., ^{4}1974 (ATD 16); G. Gerleman, E., 1973; W. Dommershausen, E. / G. Krinetzki, Hoheslied, ^{2}1985 (NEB).

Esterbuch, Zusätze. Die griech. Fassung des E.es enthält, über verschiedene Abschnitte verteilt, 105 zusätzliche Verse, die in modernen Bibelausgaben zumeist gesondert als Teil der alttest. Apokryphen erscheinen. Diese Zusätze entstanden um 100 v. Chr. in Ägypten. Sie bringen religiöse Elemente in das E. und geben ihm einen starken polemischen Akzent, der sich gegen alle heidn. Religionen richtet. R.

Esthaol → Eschtaol.

Etan. 1. Ahnherr einer Sängergilde am Jerusalemer Tempel (z. B. 1Chr 6,29), der Ps 88 zugeschrieben wird. **2.** Ein Tempelsänger (1Chr 6,27). S.

Etbaal, König von Sidon, Vater der → Isebel (1Kön 16,31). S.

Ethanim/Etanim → Monate.

Ethik. Die Normen der Sittlichkeit orientieren sich für das frühe AT an den für das Leben grundlegenden Gemeinschaften von Sippe, Volk und Gottesbund (mit kultischen Institutionen), die als konzentrische Kreise verstanden werden, durch deren harmonisches Zueinander allein Leben gelingt. Oberstes Gebot ist deshalb Gemeinschaftstreue (hebr. *z^{e}daka*; dt. unzulänglich mit »Gerechtigkeit« übersetzt), was gemäß dem → Tat-Ergehen-Zusammenhang zugleich heilvolles Geschick des Handelnden einschließt. Was gemeinschaftstreues Verhalten ist, ist im allgemeinen aus den Umständen heraus evident, sakrale Rechtssätze regeln nur Ausnahmesituationen. Als infolge der Verkündigung der Profeten der Gottesbund mehr und mehr in Gegensatz zu den Bedürfnissen der politischen Volksgemeinschaft tritt und die alte Sozialstruktur durch das Exil hinfällt, werden formulierte göttliche Gebote als Normen der Sittlichkeit notwendig, die dann seit → Esra im Gesetz des Mose eine kanonische Grundlage finden. Dieses → Gesetz wird zunächst nicht als heteronomer Zwang, sondern als Lebenshilfe für den auf Orientierung angewiesenen Menschen aufgefaßt. Durch Verwirklichung des Gebotes im Alltag wird der Israel zugedachte Segen durch menschlichen Einsatz endgültig Realität.

Der neue sittliche Impuls, der im NT zutage tritt, ist ausschließlich Folge des in Christus real gewordenen Heilsgeschehens. So ist bereits die ethische Verkündigung Jesu nichts anderes als eine Konsequenz seiner Botschaft von der Gottesherrschaft: Der Unbedingtheit der Nähe Gottes entspricht eine bis dahin vergleichslose Radikalität der Gehorsamsforderung. Jesus erkennt das Gesetz zwar an, aber nicht als eine unhinterfragbare formale Größe, sondern als Hinweis auf den hinter ihm stehenden Willen Gottes. In seiner vorliegenden Form hat es den Charakter eines Kompromisses mit den in dieser vergehenden Welt herrschenden Gegebenheiten der Sünde und des Ungehorsams, es ist »um der Herzenshärtigkeit willen« erlassen worden (Mt 19,8). Im Zeichen der Gottesherrschaft gilt es, den vollen, unverkürzten Willen Gottes zu tun. Ihn setzt Jesus in seiner radikalen Auslegung des Gesetzes frei (Mt 5,21–48). Im Zentrum steht dabei das Liebesgebot, das dazu anhält, die Not des Mitmenschen ohne Rücksicht auf eigene Interessen und gesellschaftliche Grenzen zum Maßstab des sittlichen Handelns werden zu lassen.

Für die Urgemeinde waren die Weisungen Jesu zunächst maßgebliche ethische Norm (z. B. 1Thess 4,15f.; 1Kor 7,10; 9,14). Sie widerstand jedoch der Gefahr, sie zu einem neuen Gesetz zu machen. Vielmehr läßt sich fast überall im NT das Bemühen erkennen, die Radikalität der Forderung Jesu sinngemäß in die neue, durch das Sichdehnen der Zeit und das Schwinden der Naherwartung bestimmte Zeit zu übertragen.

Vor allem Paulus hat in den ethischen Abschnitten seiner Briefe (z. B. Röm 12–15) die Christen zu sorgfältigem Prüfen dessen angehalten, was von ihnen als den Empfängern des Heils in verschiedenen Nächstenverhältnissen und gesellschaftlichen Strukturen gefordert ist. Ihrem Wesen nach ist diese Forderung bestimmt durch die vorher empfangene Heilsgabe; christl. Gehorsam ist lebendiges, den ganzen Menschen einbeziehendes Dankopfer (Röm 12,1f.). Dieser Ansatz bleibt auch da im wesentlichen gewahrt, wo herkömmliche Verhaltensregeln der Umwelt (z. B. → Tugend- und Lasterkataloge) übernommen werden; denn diese werden von Christus her neu begründet und damit gleichsam unter ein neues Vorzeichen gesetzt. K./R.

Lit.: R. Schnackenburg, Die sittliche Botschaft des NT, 2 Bde., [2]1986/88; O. Merk, Handeln aus Glauben, 1968; W. Schrage, E. des NT, [2]1989.

Ethnarch (griech., »Volksbeherrscher«), hellenist. Vasallentitel, der einzelnen Hasmonäern vom seleukid. König verliehen wird. R.

Etymologie (von griech. *etymos* »wahr«), die Lehre von der Herkunft, Geschichte und Grundbedeutung der Wörter. Während die wissenschaftliche E., die auf sprachvergleichender Grundlage arbeitet, gerade beim Hebräischen oft nur zu Vermutungen über den ursprünglichen Sinn eines Wortes führt, deutet die Volks-E. des alten Israel im → Wortspiel unbekümmert Eigen- und Ortsnamen mit Hilfe ähnlich lautender Wörter, z. B. 1Mose 11,9. S.

Eucharistie → Abendmahl, → Gottesdienst.

Eufrat, der längste Fluß Vorderasiens (2700 km), im AT meistens nur »der Strom« genannt (z. B. 2Sam 10,16; Jes 27,12). Da sich im Laufe der Zeit sein Flußbett verschoben hat, liegen viele Städte (z. B. Nippur, Ur, Babel) nicht mehr wie einst an seinem Ufer. Der mittlere E. ist die Ursprungsgegend der → Erzväter; im Reich Davids wird er zur idealen Nordgrenze Israels (schon 1Mose 15,18). S.

Euhodia/Euodia → Evodia.

Eule → Tierwelt.

Eunike (griech., »die Siegreiche«), kleinasiat. Judenchristin aus Lystra (Apg 16,1), Mutter des Paulusschülers → Timotheus (2Tim 1,15). R.

Eunuch → Entmannung.

Eupolemos → Diasporaliteratur.

Eutychus, Name des ersten »Kirchenschläfers«, der während der nächtlichen Predigt des Paulus in Troas (Apg 20,9) aus dem Fenster stürzte. R.

Eva, hebr. *chawwa,* nach 1Mose 3,20; 4,1 Name der ersten Frau. Den Namen »E.«, der in 1Mose 3,20 mit hebr. *chaj* »lebend« zusammengestellt wird, hat man auf verschiedene Weise zu erklären versucht (z. B. von aram. *chiwja* »Schlange«), ohne zu einem sicheren Ergebnis zu kommen. Im hebr. AT wird E. nicht weiter erwähnt und im NT nur beiläufig genannt (2Kor 11,3; 1Tim 2,13). Erst für die spätere dogmatische Interpretation des → Sündenfalls wird sie zur zentralen Gestalt und zum Gegenbild → Marias. S.

Evangelien. 1. Bezeichnung – 2. Literarische Eigenart – 3. Entstehungsgeschichte – 4. Geschichtswert.

1. Als »E.« bezeichnet man seit dem 2. Jh. Schriften, die Worte und Wirken Jesu in zusammenhängender Form darstellen. Urheber dieses Sprachgebrauchs war vermutlich Markus, der Verfasser des ältesten Evangeliums, der sein Buch als »Evangelium Jesu Christi« kennzeichnete (Mk 1,1). Vorher war in der urchristl. Missionspredigt → »Evangelium« ganz allgemein die Bezeichnung der Heilsbotschaft von Jesus Christus. Da diese Heilsbotschaft ihrem Wesen nach nur *eine* sein kann, widerspricht der Plural strenggenommen dem Sinn des Begriffes »Evangelium«. Darauf verweisen noch die (freilich erst später eingesetzten) Überschriften unserer E., z.B. »Evangelium *nach* Matthäus«; sie wollen deutlich machen, daß es sich hier lediglich um *verschiedene* schriftliche *Ausprägungen des einen Evangeliums* handelt.

Der → Kanon des NT umfaßt vier E., von denen die drei ersten (Matthäus-, Markus-, Lukasevangelium) wegen ihrer weitgehenden Entsprechung in Inhalt und Aufbau als *synoptische* (»zusammenschauende«) E. bezeichnet werden (→ Synoptiker), während das Johannesevangelium einen ganz eigenen E.-Typus repräsentiert. Es gibt daneben noch eine Reihe meist allerdings sehr bruchstückhaft überlieferter E. außerhalb des NT (→ E., apokryphe).

2. Die literarische Eigenart der E. ergibt sich aus ihrer Zielsetzung: Sie wollen weder einen Aufriß der Lehre Jesu liefern noch historische Information im Sinne moderner Geschichtsschreibung geben, sondern die Heilsbotschaft entfalten, wie sie in Wort und Werk Jesu geschichtlich in Erscheinung getreten ist. Ihr Thema ist die Geschichte des *irdischen Jesus,* insofern sie Ausgangspunkt der gegenwärtigen Glaubenserfahrung der Kirche geworden ist. Das Wirken Jesu wird zwar als ein in sich geschlossener vergangener Sinnzusammenhang gesehen, aber es wird zugleich im Lichte seiner Folgen interpretiert. Weil die Verfasser der E. von der Macht des erhöhten Christus wissen, liegt ihnen daran, die Identität des irdischen Jesus mit jenem herauszustellen. Insofern lassen sich den E. dogmatische Züge nicht absprechen.

Sehr schwach ausgeprägt ist in ihnen hingegen das biographische Interesse: Weder die innere noch die äußere Entwicklung Jesu werden dargestellt. Abgesehen von den legendarischen Geburts- und → Kindheitsgeschichten bei Matthäus und Lukas, konzentriert sich die Darstellung ganz auf die Periode der öffentlichen Wirksamkeit Jesu, wobei die Leidensgeschichte ein so starkes Übergewicht hat, daß man zumindest das Markusevangelium mit einer gewissen Berechtigung eine »Passionsgeschichte mit ausführlicher Einleitung« (M. Kähler) nennen kann: Die Passion mit ihrer Vorbereitung nimmt hier fast die Hälfte des Buches (Mk 8,27–16,8) ein. Hinzu kommt, daß die äußere Verknüpfung der Ereignisse sehr schematisch ist; die synoptischen E. halten sich an einen vermutlich der Überlieferung entnommenen geschichtlichen Rahmen, wenn sie mit der Taufe Jesu durch Johannes den Täufer (Mk 1,2–13 par) einsetzen, dann von einer Zeit erfolgreichen öffentlichen Wirkens Jesu in Galiläa (Mk 1,14–5,43) berichten, um darauf eine Periode unsteten Wanderns mit wachsender Entfremdung vom Volk (Mk 6,1–8,26) folgen zu lassen, an deren Ende der Weg nach Jerusalem (Mk 8,27–10,52) und die dortige Katastrophe (Mk 11,1–16,8) standen. Die einzelnen Erzählungs- und Redestücke sind diesem Rahmen jedoch nur sehr locker eingepaßt. Vielfach ist ihre Anordnung überhaupt nicht von ihm her, sondern von formalen und thematischen Gesichtspunkten bestimmt: So hat Markus in 2,1–3,6 eine Sammlung von Streitgesprächen, in 5,21–43 eine solche von Heilungsgeschichten, und Matthäus stellt in seinen Redekompositionen ebenfalls vielfach verwandtes Material zusammen (z.B. Kap.13: Gleichnisse; Kap. 23: Äußerungen gegen die Pharisäer).

3. Die Entstehungsgeschichte der E. ist ein ungemein komplizierter Prozeß, den die Forschung der letzten 200 Jahre noch nicht völlig erhellen konnte. Als relativ gesichert kann die sog. *Zweiquellentheorie* gelten, die das *literarische Verhältnis* der drei synoptischen E. klärt. Demnach ist das um 70 n.Chr. entstandene Markusevangelium das älteste Evangelium. Neben ihm entstand eine (verlorengegangene) Sammlung von Worten und Lehren Jesu, die → Logienquelle. Matthäus und Lukas sind durch die Zusammenarbeitung des Markusevangeliums und der Logienquelle, jeweils ergänzt durch Sondergut, etwa zwischen 80 und 90 entstanden. Dem um 100 verfaßten Johannesevangelium dürfte eine Sammlung von Wundergeschichten (die sog. *Zeichenquelle*) zugrunde liegen, die ebenfalls durch Redestoff ergänzt wurde.

Auch diese Quellen sind keinesfalls Augenzeugenberichte; zwischen ihnen und den geschichtlichen Ereignissen liegt vielmehr ein Zeitraum von einigen Jahrzehnten, innerhalb dessen die Jesusüberlieferung *mündlich* weitergegeben und dabei vielfach von den Bedürfnissen der tradierenden Gemeinde geprägt wurde. Die einzelnen Worte und Geschichten haben erst durch ihre Verwendung in Unterricht, Predigt und gottesdienstlichem Gebet ihre endgültige Form erhalten (→ Formgeschichte).

In den letzten zwei Jahrzehnten trat neben die Erforschung der mündlichen Vorgeschichte des E.-Stoffes in zunehmendem Maße die Frage nach der letzten Phase der Entstehungsgeschichte der E., der → Redaktionsgeschichte. Hier geht es um die Erfassung der Gesichtspunkte, die die Verfasser der einzelnen E. bei der Zusammenstellung und Gestaltung des aus den Quellen übernommenen Stoffes leiteten. Dabei zeigte sich, daß die Verfasser der E. nicht nur, wie man lange annahm, Vorgegebenes sammelten und reproduzierten, sondern bei ihrem Umgang mit dem überlieferten Material sowohl ihre eigene theologische Sicht als auch die konkrete Situation der hinter ihnen stehenden Gemeinden ins Spiel brachten.

4. Die E. sind wegen Art und Darbietung ihres Materials als Quellen für eine Biographie Jesu ungeeignet. Trotzdem ist hinsichtlich ihres Geschichtswertes radikale Skepsis nicht angebracht. Wir vermögen aus ihnen nicht nur die Grundzüge der Botschaft Jesu, sondern auch die spezifische Eigenart seines Wirkens mit großer Deutlichkeit zu erkennen. Darüber hinaus läßt sich der entscheidende Punkt seiner Biographie, die Auseinandersetzung mit den Richtungen des zeitgenössischen Judentums, die zu seiner Hinrichtung führte, weitgehend zuverlässig rekonstruieren. R.

Lit.: R. Bultmann, Die Geschichte der synoptischen Tradition, [8]1970; P. Stuhlmacher (Hrsg.), Das Evangelium und die E., 1983; W. Schmithals, Einleitung in die drei ersten E., 1985.

Evangelien, apokryphe. Eine Vielzahl altkirchlicher und ketzerischer Schriften hat sich nach Titel, Form und Inhalt an die kanonischen E. ange-

schlossen, um diese zu ergänzen oder zu verdrängen. A. E., die sich im Stoff mit den kanonischen E. berühren, sind meist nur fragmentarisch erhalten (Oxyrrhynchus-Papyri 1.654.655.840; Pap. Egerton 2); immer handelt es sich um Weiterbildung der älteren Traditionen. Das Petrusevangelium läßt eine Neigung zum Doketismus erkennen; die Juden werden als Alleinschuldige am Tod Jesu hingestellt.
Auch judenchristl. Kreise hatten eigene E., die nur durch einzelne Zitate bei Kirchenvätern bekannt sind. Man unterscheidet das Nazaräerevangelium (in Syrien entstanden, mit dem Matthäusevangelium verwandt), das → Ebionitenevangelium und das → Hebräerevangelium (es zeigt gnostische Einflüsse; der Herrenbruder Jakobus spielt eine besondere Rolle).
Das sog. Protevangelium des Jakobus erzählt das Leben Mariens von ihrer wunderbaren Geburt bis zum Kindermord in Betlehem und der Ermordung des Zacharias; es ist Ausgangspunkt weiterer Marienlegenden. Die Kindheitserzählung des Thomas bietet märchenhafte Wundergeschichten. – Das Nikodemusevangelium will Pilatus als Zeugen für das Christentum beanspruchen; außerdem beschreibt es die Höllenfahrt Christi.
Sehr umfangreich ist die Gruppe der a. E., die der → Gnosis zugehören; vollständig sind sie nur in kopt. Übersetzung erhalten. Das Evangelium nach Thomas bietet etwa 114 Aussprüche Jesu, die unverbunden aneinandergereiht sind. Sie berühren sich z. T. mit synoptischen Worten. Jesus ist der Offenbarer, der die erlösende Erkenntnis bringt. Oft legen die gnostischen E. ihre Geheimlehren dem Auferstandenen in den Mund (z. B. im Evangelium nach Maria, im Apokryphon des Johannes). H.M.

Texte: Schneemelcher I.

Evangelienharmonie, Zusammenstellung des gesamten Inhaltes der vier → Evangelien zu einer fortlaufenden Darstellung des Lebens Jesu. Die älteste E. stammt von dem Syrer Tatian (um 170 n. Chr.); sie fand weite Verbreitung. H. M.

Evangelist, missionierender Wanderprediger, der das von den → Aposteln übernommene Evangelium weitertrug (Apg 21,8; Eph 4,11; 2Tim 4,5). Ob der E. auch Aufgaben der Gemeindeleitung hatte, läßt sich aus den wenigen Belegen nicht sicher erweisen. Den Dienst des E.en gab es nur innerhalb weniger Jahrzehnte im paulinischen Missionsgebiet; ein festes kirchliches Amt hat sich daraus nicht entwickelt. – Später wurden die Verfasser der → Evangelien als E.en bezeichnet. R.

Evangelistensymbole. Die vier Himmelswesen, die nach Offb 4,6–8 den Thron Gottes im himmlischen Heiligtum umstehen, sind aus Ez 1 übernommen, wo sie als den Gottesthron tragende Abbilder der königlichsten und stärksten Tiere zusammen mit dem Menschen die allumfassende Macht Gottes sinnfällig darstellen. Erst die Kirchenväter Irenäus und Hieronymus deuteten sie auf die vier Evangelisten: Der *Löwe* steht Markus zu, weil sein Evangelium mit der Wüstenpredigt des Täufers beginnt; der *Stier*, das klassische Opfertier, wird Symbol des Lukas, der mit der Opferhandlung des Priesters Zacharias einsetzt; der *Adler*, der wie der Geist aus der Höhe kommt, erinnert an den geistgewirkten Prolog des Johannes, und der *Mensch* gehört Matthäus zu, der gleich zu Anfang von Erzeugung und Stammbaum des Menschen Jesus berichtet. R.

Evangelium (griech., »gute Nachricht«), im Urchristentum stehende Bezeichnung für die öffentliche Bezeugung der im Heilsgeschehen von Tod und Auferweckung Jesu Christi anbrechenden endzeitlichen Gottesherrschaft. Ihren Hintergrund bildet das erstmals bei Deuterojesaja (Jes 52,7; → Jesajabuch) erscheinende Motiv des Boten, der dem zu seinem Volke kommenden Gott vorauseilt, um dessen Herrschaftsantritt auszurufen: »Wie lieblich sind auf den Bergen die Füße der Freudenboten, die Gutes verkündigen, die sagen: ›König ist euer Gott‹.« Jesus war zunächst bei seiner Verkündigung der nahen Gottesherrschaft in diesem Sinne Bote des E.s (Mk 1,14 par; Mt 11,5), zugleich aber gab er sich als der zu erkennen, durch dessen Wirken sich Gottes Herrschaftsantritt vollzog. Von daher war es sachgemäß, wenn die nachösterliche Gemeinde ihre Verkündigung als »E. Christi« (1Kor 9,12; 2Kor 9,13; 10,14), d. h. als die durch Gottes Handeln in Christus in Kraft gesetzte Heilsbotschaft verstand.
Zu einem gewissen Grade dürfte die frühchristl. Bedeutungsgeschichte des Begriffes »E.« daneben auch von dessen Gebrauch im → Kaiserkult

beeinflußt worden sein. Wenn die Gemeinde den »frohen Botschaften« von der Geburt und Thronbesteigung des Gottkaisers das E. vom Heil in Jesus Christus entgegensetzte, so hatte dies einen durchaus politischen Klang.

Weil das E. von Jesus Christus mit einem einmaligen geschichtlichen Geschehen zu tun hatte, konnte später die Bezeichnung auch auf jene Schriften übertragen werden, die in erzählender Form die Erscheinung Jesu in der Geschichte als heilsmächtiges Geschehen bezeugten (→ Evangelien). R.

Lit.: J. Schniewind, Euangelion I/II, 1927/31; P. Stuhlmacher, Das Paulinische E. I, 1969.

Evangelium der Wahrheit (*Evangelium Veritatis*), christl.-gnostische Schrift, 1945 in → Nag Hammadi entdeckt. Das ursprünglich griech. geschriebene, ins Koptische übersetzte E. der W. (heute im Besitz des Jung-Instituts, Zürich) ist keine Evangelienschrift im eigentlichen Sinne, sondern hat den Charakter eines Lehrvortrages, in dem als bekannt vorausgesetzte Evangelientexte (u. a. synoptische Gleichnisse) meditativ im Geiste gnostischer Theologie erläutert werden. R.

Text: H. W. Attridge (Hrsg.), Nag Hammadi Codex I (The Jung Codex) I, 1985, 55–122. – *Textauszüge* in dt. Übers.: W. C. van Unnik, Evangelien aus dem Nilsand, 1960, 174–185.

Evila → Hawila.

Evodia, Glied der Gemeinde zu Philippi, in den ersten Verfolgungen bewährt; sie wird mit Syntyche zur Eintracht ermahnt (Phil 4,2f.). H. M.

Ewiges Leben → Auferstehung.

Ewigkeit. Die Bibel kennt nicht den philosophischen Begriff der E., einer Seinsweise ohne Anfang und Ende, sondern das hebr. Wort *olam,* das man – in Ermangelung eines besseren – mit »E.« übersetzt, meint die ferne Zeit in Vergangenheit (z. B. Jes 58,12) und Zukunft (z. B. 1Sam 1,22; 1Kön 8,13) – so kann dem König übertreibend »ewiges Leben« gewünscht werden (z.B. 1Kön 1,31) – und beschreibt Gottes Herrschaft und Verfügungsgewalt über alle Zeit (z. B. Jes 40,8; 45,17; Röm 16,26). Daher ist das »ewige Leben« ein Leben in der Verbundenheit mit Gott (z. B. Röm 5,21; 6,23). In spätisraelit. Zeit wird E. dann (unter iran. Einfluß?) zum Ausdruck für die raum-zeitliche Einheit dieser Weltzeit und Schöpfung (griech. *aion*), die einst durch neue Schöpfung und eine »ewig« währende Weltzeit abgelöst werden (→ Aion). S.

Ewil-Merodach, König von Babel (562–560 v. Chr.), der den jud. König Jojachin nach 37jähriger Gefangenschaft begnadigte (2Kön 25,27–30). S.

Exegese (griech., »Erklärung; Deutung«), technischer Begriff für die Auslegung von Texten. Da der Urtext der Bibel in den Sprachen längst vergangener Kulturen abgefaßt ist, deren grammatische und semantische Bedeutungen wie deren Weltsicht oft unklar geworden sind, Übersetzungen jedoch an vielen Stellen nur eine vage Wiedergabe ermöglichen, setzt jeder theologische Gebrauch der Heiligen Schrift eine zuverlässige E. voraus (→ Bibel, Bedeutung in der Kirche). Anfänge dazu zeigen sich schon in vorchristl. Zeit (Habakuk-Kommentar u.ä. in den → Qumran-Schriften; der Stand der → Schriftgelehrten im NT). Das NT setzt bei der Benutzung des AT schon gewisse spätisraelit. Regeln der E. voraus. Das Judentum hat später für erzählende Texte in der → Haggada und für gesetzliche in der → Halacha eine eigene Weise von E. hervorgebracht. In der christl. Kirche ist die Frage nach der adäquaten E. seit jeher verhandelt worden. Seit dem 18. Jh. hat sich der Grundsatz historisch-kritischer E. durchgesetzt: Allein dasjenige Verständnis eines bibl. Textes ist wahr, das den Umständen seiner zeitlichen und lokalen Entstehung angemessen ist. Daraus haben sich die Methoden der → Bibelkritik entwickelt.

Komplementär tritt für die Frage, was der Text für die heutige Gegenwart zu bedeuten hat, die → Hermeneutik hinzu als Anweisung zur Überbrückung des »garstigen Grabens« zwischen einem zeitlich weit zurückliegenden Text und dem gegenwärtigen Leser. Gegen den historischen Bezug als Basis der E. regt sich der Protest konservativer Kreise in den Kirchen, die eine »pneumatische« E. aus subjektivem Überwältigtsein durch den Heiligen Geist fordern. Sosehr jedoch die unmittelbare Lektüre der Bibel in moderner Übersetzung zu Versenkung und privater Erbauung für das Christentum unverzichtbar ist, sowenig kann Theologie einer methodisch ausgewiesenen E. entraten. S.

Lit.: G. Ebeling, Die Bedeutung der historisch-kritischen Methode für die protestantische Theologie und Kirche, in: Wort und Glaube I, 1967, 1–49.

Exil. Der Begriff meint in der alttest. Wissenschaft das »babylon. E.«, die Wegführung von Judäern durch die Babylonier, eine Maßnahme, die auf eine assyr. Praxis zurückgeht: Die Assyrer tauschten, um Aufstände zu verhindern, die Oberschichten zahlreicher von ihnen unterworfener Gebiete untereinander aus, wobei dann jeweils die neue Oberschicht mit der im Lande verbliebenen Bevölkerung verschmolz. So führten die beiden Verbannungen, von denen das Nordreich Israel 733 und 722 v. Chr. betroffen wurde, dazu, daß die deportierte Oberschicht im Völkergemisch des assyr. Reiches aufging und sich im Gebiet des ehemaligen Nordreichs eine Mischbevölkerung bildete (→ Samaritaner).
Nach dem Zusammenbruch des assyr. Reiches kam 605 v. Chr. Syrien-Palästina und damit auch das Südreich Juda unter die Oberherrschaft des babylon. Königs Nebukadnezzar. Als der jud. König Jojakim sich gegen Nebukadnezzar auflehnte, sandte dieser ein Heer nach Palästina, das 597 v. Chr. Jerusalem eroberte. Jojachin, der Nachfolger des inzwischen verstorbenen Jojakim, und ein Großteil der Oberschicht Judas (Offiziere, Beamte, Handwerker) wurden nach Babylon deportiert. (Die genaue Zahl ist unbekannt: nach Jer 52,28 3023 Personen.) Zu den Deportierten gehörte auch der Profet → Ezechiel.
Einige Jahre später wagte Jojachins Nachfolger Zidkija ebenfalls einen Aufstand gegen Nebukadnezzar, was ein erneutes Eingreifen der Babylonier zur Folge hatte, die 587/586 v. Chr. Jerusalem einnahmen und zerstörten. Zidkija wurde hart bestraft und in Juda ein Statthalter eingesetzt. Weitere Kreise der jud. Oberschicht mußten nach Babylon ins E. Abweichend von der assyr. Praxis, erhielt Juda keine neue Oberschicht und wurden die Verbannten in geschlossene Ortschaften angesiedelt, wodurch ihr nationaler Zusammenhalt gewahrt und die Hoffnung auf Rückkehr wach blieb.
Hier im E. wurden die wesentlichen Voraussetzungen für die weitere Entwicklung des Volkes Israel geschaffen. So erhielten Sabbat und Beschneidung als Unterscheidungsmerkmale zur heidn. Umwelt ein großes Gewicht. Ferner setzte sich bei den Verbannten die Überzeugung durch, das E. sei das von den Profeten angekündigte Gericht Gottes über sein Volk, und nach diesem Gericht würde Gott, wie Ezechiel im Gefolge Jeremias weissagte, die geläuterten Verbannten in die Heimat zurückführen.
Aus dem E. stammt neben der Verkündigung Ezechiels die → Priesterschrift und die Verkündigung Deuterojesajas, des Verfassers von Jes 40–55. Dieser weissagte, als der Perserkönig Kyros 539 v. Chr. das babylon. Reich eroberte, die baldige Rückkehr der Judäer in die Heimat. 538 v. Chr. gab ein Erlaß des Kyros auch die Erlaubnis dazu, aber zu einer Rückkehr größeren Ausmaßes kam es wohl erst kurz vor 520 v. Chr., dem Beginn der Errichtung des neuen Tempels. S.

Lit.: Herrmann, GI, 353–374; Donner, GI, 381–390.

Exkommunikation, Ausschluß aus der christl. Gemeinde, und zwar konkret durch den Entzug der Tischgemeinschaft des Abendmahles (1Kor 16,22). Die E. erfolgte bei grob gemeinschaftswidrigem Verhalten, und zwar erst, wenn alle Versuche, den Ungehorsamen zu Einsicht und Umkehr zu bringen, gescheitert waren (Mt 16,19; 18,15ff.). Sie wurde durch die Gemeindeversammlung vollzogen (1Kor 5,4f.). Auch das Festhalten an einer dem Bekenntnis der Gemeinde grob widerstreitenden Irrlehre führte zur E. (Tit 3,10). R.

Exodus → Auszug.

Exodus, Buch → Mosebücher.

Exorzismus, Vertreibung von Dämonen und bösen Mächten durch magische Formeln. Sowohl Jesus (Mk 1,25; 5,8; 9,25) als auch seine Jünger (Mk 3,14; Apg 3,6.16) haben den E. ausgeübt, freilich ohne den Gebrauch von Beschwörungsformeln, kraft der unmittelbaren Vollmacht Gottes (Mt 12,28). Hingegen scheint Jesu Name gelegentlich von jüd. Exorzisten als Beschwörungsformel gebraucht worden zu sein (Mk 9,38f.; Apg 19,13ff.). R.

Ezechias → Hiskija.

Ezechiel (von Luther eingedeutscht als »Hesekiel«), aus einer Priesterfamilie stammender Profet in der Zeit des Exils, der zu den Judäern gehörte, die 597 v. Chr. mit dem König Jojachin nach Babylonien deportiert wurden, und der dort von 593 bis 571 v. Chr. wirkte. Von seinem Exilort aus verfolgte er den Zusammenbruch des Staates Juda mit der Zerstörung Jerusalems (587/586 v.Chr.) und der Deportation weiterer Judäer. Seine Worte sind im → Ezechielbuch weitgehend in chronologischer Ordnung gesammelt. S.

Ezechielbuch, eines der drei großen Profetenbücher des AT. Es gliedert sich in vier Hauptabschnitte. Der erste Abschnitt (Kap. 1–24), eingeleitet mit einer Berufungsvision (1,1–3,15), enthält hauptsächlich Aussprüche aus der Zeit vor der Eroberung Jerusalems (593–587 v. Chr.), in denen Ezechiel der Stadt Jerusalem und den in Palästina – er spricht fast durchweg von »Israel« – verbliebenen Judäern Unheil ankündigt: z. B. Zeichenhandlungen, in denen Ezechiel die Belagerung und Einnahme Jerusalems darstellt (3,22–5,17; 12); Drohreden über die Berge Israels (Kap. 6), über die Profeten (Kap. 13), über die sozialen Frevel in der »Blutstadt« Jerusalem (Kap. 22); Bildreden über Jerusalem als das wertlose Rebholz (Kap. 15), als ungetreue Frau (Kap. 16; 23) und über die Königsgeschichte (Kap. 17; 19); Visionsbericht über die kultischen Greuel in Jerusalem (Kap. 8). Aus einer etwas späteren Zeit stammt das Mahnwort Kap. 18, in dem Ezechiel das Problem der individuellen Begrenzung des → Tat-Ergehen-Zusammenhangs abhandelt.
Der zweite Abschnitt (Kap. 25–32) besteht aus Drohworten gegen sieben Nachbarvölker, besonders die Inselstadt Tyrus und Ägypten.
Der dritte Abschnitt (Kap. 33–39) enthält vor allem die Aussprüche Ezechiels, in denen er nach dem Fall Jerusalems die Verbannten tröstet und ihnen Heil und einen neuen Bund verkündet: z. B. Bildrede über Jahwe als den Hirten, der seine Herde sammelt (Kap. 34); Heilsrede über die Berge Israels (Kap. 36); Visionsbericht über die Auferweckung des toten Israel (37,1–14); Zeichenhandlung, in der Ezechiel die Wiedervereinigung des Nord- und Südreichs darstellt (37,15–28); Weissagung über Gog, einen Fürsten im Norden, der mit seinem Heer auf den Bergen Israels von Jahwe vernichtet werden soll (Kap. 38–39).
Der vierte Abschnitt (Kap. 40–48) stellt einen Visionsbericht dar, in dem der neue Tempel, das neue Jerusalem und das neue Land Israels geschildert werden.
Die vorliegende Gestalt des Buches stammt nicht von dem Profeten Ezechiel selbst, sondern ist das Werk von »Schülern«, die Ezechiels Aussprüche gesammelt und mehr oder weniger ausführlich erweitert haben, und zwar in enger Anlehnung an die für Ezechiel typische Formelsprache und Wortwahl. Bei zahlreichen Partien des Buches gibt es keine sichere Entscheidung darüber, wieweit sie auf den Profeten und wieweit sie auf seine »Schüler« zurückgehen. S.

Lit.: W. Eichrodt, Der Prophet Hesekiel I/II, [3]1968 (ATD 22); W. Zimmerli, Ezechiel I/II, 1969; H. F. Fuhs, Ezechiel 1–24, [2]1986; Ezechiel 25–48, 1988 (NEB).

Ezjon-Geber. Hafenstadt am Nordende des Golfes von Akaba, der Stadt → Elat benachbart. E. wurde von Salomo gegründet und diente als Handels-, Versorgungs- und Industriezentrum zur Verarbeitung und zum Verkauf der in den Bergwerken der → Araba gewonnenen Erze (→ Timna). E. wird in der Regel mit *tell el-chlefi* identifiziert, doch ist jüngst die Lokalisierung auf der Insel Fara im Golf von Akaba vorgeschlagen worden (Rothenberg). Die Bestätigung dieses Vorschlages steht noch aus. O.

F

Fabel, Erzählung, in der Pflanzen oder Tiere in menschenähnlicher Weise handeln und reagieren. Durch bildliche Sprache will die F. eine Lehre (die »Moral« der Geschichte) spielerisch, oft ironisch dem Hörer nahebringen. Die Gattung findet sich in der Jotam- und der Joasch-F. der Bibel (Richt 9,8–15; 2Kön 14,9). Die Lutherübersetzung verwendet »F.« auch in weiterem Sinn für Spottvers, Mythos u. ä. (1Kön 9,7; 1Tim 1,4; 4,7). K.

Fabelwesen, zoologisch nicht nachweisbares mythisches Tierwesen oder Ungetüm wie Drachen, → Kerub, → Seraf, → Leviatan. K.

Fackel, mit Öl oder Pech getränktes Holzstück, dient zur Beleuchtung bei nächtlichen Zügen (Richt 7,16ff.; 2Makk 4,22; Joh 18,3) oder zum Anzünden größerer Anhäufungen von Brennmaterial (Richt 15,4f.). K.

Falke → Tierwelt.

Falle, Fallstrick. Zur Jagd auf Wild und Vögel werden im Altertum offene oder versteckte Gruben angelegt und gelegentlich mit Stricken ausgestattet, in deren Schlaufen sich das Opfer verfängt (→ Netz). In der Bibel meint »F.« meist bildlich das Unheil, das einem Menschen durch andere Menschen (Ps 64,6; 119,61.110), durch den Teufel (2Tim 2,26), vor allem aber durch die eigene böse Tat (Spr 5,22; Ijob 18,8ff.; 1Tim 6,9) bereitet wird. K.

Familie. Das hebr. Wort *bajit* bezeichnet sowohl ein Haus als Gebäude wie die darin lebende Wohngemeinschaft, die F. Oft hausen Großfamilien mit drei bis vier Generationen zusammen. Mehrere F.n bilden eine → Sippe, mehrere Sippen einen Stamm.

Für Israel bildet die F. die elementare rechtliche und kultische Einheit. Der Hausvater, meist der älteste Mann, nimmt eine zentrale Stellung ein, die ihm in vorstaatlicher Zeit zum Herrn über Leben und Tod der Angehörigen macht (1Mose 38). Er verkörpert die F. als ihr »Haupt«, alle übrigen sind Zweige an seinem Stamm, tragen normalerweise seinen Namen; deshalb vertritt der »Patriarch« die F. als ganzes auch in der Öffentlichkeit (Ps 127,3–5). Das gilt auch vor Gott im Kult (1Sam 1,4).

Zu einer vollgültigen F. gehört innerhalb der vorherrschenden agrarischen Verhältnisse ein → Erbland als entscheidendes religiöses Heilsgut. Es zu erhalten ist Aufgabe der F.n-Angehörigen, aber darüber hinaus wesentliche Aufgabe der allgemeinen Rechtspflege.

Im NT findet sich einerseits eine starke Tendenz zur Relativierung der F.n-Bindung. So lebt Jesus außerhalb seiner F. (Mk 3,21) und fordert von seinen Jüngern, sich um des nahen → Reiches Gottes willen aus Verwandtschaft und F. zu lösen (Mt 8,21f.; 10,37); an die Stelle der leiblichen F. soll für sie die Gemeinschaft der Jesus Nachfolgenden treten, die zur geistlichen F. wird (Lk 8,21) – hier liegt eine der Wurzeln der christl. Askese und des Mönchtums. Andererseits entwickelt sich im Urchristentum schon früh eine christl. F.n-Ethik, welche die F. als Kernzelle der Gemeinde anerkennt (2Tim 1,3.5; 3,4.12; Tit 1,6) (→ Ehe). K./R.

Farben. Im Hebräischen werden die Bezeichnungen für F. meist von Gegenständen hergenommen, die den entsprechenden Farbton charakteristisch zeigen. So bedeutet »weiß« *milchfarben,* »rot« *erdfarben,* »schwarz« *rußfarben.* Zwischen Gelb und Grün sowie zwischen Rot und Braun wird in der Regel nicht unterschieden, auch Blau scheint keine Grundfarbe zu sein. Doch weisen für die bibl. Menschen F. einen höheren Aussage- und Gefühlswert auf als für modernes Bewußtsein. Welche Farben für die Kleidung eines Menschen gewählt sind oder wie ein Bild angestrichen ist, spielt für seine Wertschätzung eine große Rolle. Jedermann kennt die Symbolkraft der F.: Weiß als Sinnbild von Unschuld, Freude, Herrlichkeit, Rot von Sünde; Schwarz von Unheil und Trauer. Für kultische Einrichtungen sind einzig die Farbabstufungen Weiß, Hellrot, Purpurrot und Purpurblau zugelassen (2Mose 25ff.). Auch die vier Windrichtungen werden durch bestimmte Farben dargestellt (Sach 1; 6; Offb 6). K.

Färben. Zum F. von Stoffen und Anstreichen von Gegenständen werden Mineralien (Mennige), Pflanzen (Granatapfel) und tierische Sekrete benutzt. Steinbottiche bei Ausgrabungen palästin. Städte (K. Galling, *Bibl. Reallexikon,* 1937, 151) könnten von gewerbemäßigen Färbereien stammen. K.

Fasten. Völlige oder teilweise Enthaltung von Speise und Trank, bisweilen auch von geschlechtlichem Verkehr, gilt im AT als Ausdruck bewußter Selbstminderung. Sie wird erforderlich beim Tod von Angehörigen (1Sam 31,13), in kultischer Form als Bußritus, bei Unheilsschlägen und bei öffentlichem Sündenbekenntnis, aber auch als Selbsterniedrigung des Menschen vor einer Manifestation Gottes, die zu erwarten ist (2Mose 34,28; Dan 9,3). Bei solchen Anlässen wird das F. mit Asche begleitet. Kollektives Fasten ist für bestimmte Tage des Jahres-Festkreises geboten (4Mose 29,7; Sach 7,3.5; 8,19). Aber auch bei außerordentlichen Anlässen wie Niederlagen vor dem Feind (Richt 20,26; 1Sam 7,6), Heuschreckenplage (Joel 1,14) wird ein außerordentlicher Fasttag durch Priester einberufen. Daneben gibt es individuelles Fasten; so fastet David um seines kranken Kindes willen (2Sam 12,16) und Nehemia wegen des schlimmen Zustandes seines Volkes (Neh 1,4).
Bei einigen Profeten wird bloßes zeremonielles F. als Äußerlichkeit gerügt (Jes 58,3–7; Joel 2,13; Sach 7,5), ohne daß dem Ritus damit grundsätzlich der Sinn abgestritten wird.
Im Unterschied zu Johannes dem Täufer und seiner Bußbewegung hielt Jesus mit seinen Jüngern kein F. (Mk 2,18; Mt 11,18f.): Durch die Nähe des Reiches Gottes war für ihn bereits die Gegenwart als Freudenzeit ausgewiesen, die für die Selbstminderung durch F. keinen Raum bot (Mk 2,19). Das Urchristentum kehrte erst allmählich wieder zu F.-Bräuchen zurück (Mt 6,16–18). Während die Juden am Dienstag und Donnerstag fasteten, waren Mittwoch und Freitag (wohl in Erinnerung an den Tod Jesu) christl. F.-Tage (Did 8,1). K./R.

Fegefeuer, nach traditioneller kath. Lehre Ort der Buße und Läuterung nach dem Tode, in der Bibel nicht bezeugt: Auch 1Kor 3,15 läßt sich zur Begründung nicht heranziehen, denn wenn dort von dem »Baumeister« die Rede ist, dessen Werk verbrennt, während er selbst »wie durch Feuer hindurch« gerettet wird, so ist dies lediglich ein Bild für die knappe Rettung des unzuverlässigen Dieners Christi im Endgericht. (→ Gericht Gottes.) R.

Lit.: H. Bietenhardt, Kennt das NT die Vorstellung vom F.?, in: Theologische Zeitschrift 3, 1947, 101–122.

Feierjahr → Sabbatjahr.

Feiertag → Sabbat, → Sonntag.

Feigenbaum. Die Feige gehört in Palästina zu den Grundnahrungsmitteln, besonders die im Juni reifende Frühfeige gilt als Leckerbissen. Der F. spielt in Bildern und Gleichnissen eine positive Rolle, ein unfruchtbarer F. ist ein schwerer Mangel (Mt 21,18–22 par). »Unter einem (eigenen) Weinstock und Feigenbaum wohnen« (z. B. 1Kön 5,5) ist Inbegriff friedlichen und freiheitlichen Lebens. (→ Pflanzenwelt.) K.

Feigenkuchen. Getrocknete, in Kuchenform gepreßte Feigen werden als Nahrung oder Heilpflaster (2Kön 20,7) verwendet. K.

Feind. In Israel galten die äußeren F.e des Volkes als F.e Gottes (z. B. Richt 5,31; Ps 83,3) und ebenso die in den Klageliedern des einzelnen oft genannten F.e des Frommen, um deren Vernichtung er betete (z. B. Ps 5,11; 28,5), wobei undeutlich bleibt, welcher Gruppe oder Schicht die F.e des Frommen angehören und was sie ihm Böses tun. Die übermächtigen F.e Israels, die Assyrer und Babylonier, sind für die Profeten jener Zeit die Strafwerkzeuge Gottes gegen sein Volk (z. B. Jes 7,18–19; Jer 27–28).
Das NT ersetzt den Wunsch nach Vernichtung der F.e durch das Gebot der F.es-Liebe (Mt 5,43–44). (→ Widersacher.) S.

Feindesliebe → Liebe.

Feldgeist → Dämonen.

Feldrede, Rede Jesu in Lk 6,20–49, genannt nach der Ortsangabe Lk 6,17 (»ebene Stätte«), das kleine Gegenstück zur → Bergpredigt des Matthäus, indem sie weitgehend das gleiche, der → Logienquelle entnommene Material bietet wie diese (u. a. Seligpreisungen und Vaterunser). R.

Feldzeichen → Banner.

Felix, Antonius, röm. → Statthalter in Palästina (um 52–58 n. Chr.); er hielt → Paulus in Cäsarea zwei Jahre in Untersuchungshaft, wobei unlautere Motive im Spiel gewesen sein können (Apg 23,24–24,27). H.M.

Fels. Im gebirgigen Palästina ist F. reichlich vertreten und läßt den Boden unfruchtbar werden (Mk 4,5). Doch wird in der Bibel mehr die Festigkeit und Dauerhaftigkeit des F.es erwähnt; deshalb wird er zur Altarstätte (Richt 6,20f.) und zum Bild für Gott selbst, zu dem sich der Beter flüchtet (häufig in den Psalmen). Besonders wichtig wird der noch heute im Felsendom verehrte heilige F. in → Jerusalem, über dem der → Tempel Salomos errichtet wurde. Er stellte wahrscheinlich den in Jes 28,16 erwähnten Eckstein dar, mit dem Gott die Chaoswasser unter der Erde (→ Weltbild) verschlossen hat und auf dem ein neuer eschatologischer »Bau« errichtet wird. Nach islam. Legende ist von da aus Mohammed in den Himmel gefahren. Mit diesem Vorstellungskomplex hängt vermutlich auch die Bezeichnung des Jesus-Jüngers Simon als »F.« zusammen, auf dem der Tempel der Heilsgemeinde errichtet werden soll (Mt 16,18) (→ Petrus). K.

Feministische Auslegung, der Versuch feministisch orientierter Frauen, ein neues, vom Interesse der Überwindung patriarchalischer Strukturen in Kirche und Gesellschaft bestimmtes Verständnis der Bibel zu entwickeln. Während f. A. in ihrer radikalsten Form zu einer völligen Ablehnung der Bibel als hoffnungslos patriarchal und frauenfeindlich gelangt, bemüht sich die der Befreiungstheologie nahestehende Richtung um ein differenzierteres Urteil. Sie hält daran fest, daß im Zentrum der bibl. Botschaft die Befreiung aller Menschen aus Knechtschaft und Unterdrückung sowie ihre Gleichheit und Würde vor Gott steht, sieht jedoch diese Botschaft durch die gesellschaftlich und ideologisch bedingte Tendenz der bibl. Autoren zur Zementierung männlicher Vorherrschaft und Überlegenheit überlagert. So sei das Gottesbild durch die Verbindung mit männlichen Eigenschaften und Prädikaten patriarchalisch verfälscht worden, und ebenso seien die Frauengestalten der Bibel (z. B. im AT die Profetin → Mirjam, im NT die weiblichen → Apostel) zugunsten der Männer an den Rand gedrängt worden. Hinzu kommt das Vorherrschen einer Wirkungsgeschichte, die das emanzipatorische Potential bibl. Zentralaussagen (z. B. Gal 3,28) unterdrückte. Daraus ergibt sich für die f. A. ein zweifaches *Programm*: Die verschütteten Spuren des Weiblichen in den biblischen *Traditionen* selbst müssen freigelegt und die verdrängte emanzipatorische *Wirkungsgeschichte* der Bibel muß zur Geltung gebracht werden. R.

Lit.: R. R. Ruether, Sexismus und die Rede von Gott, 1985; E. Schüssler-Fiorenza, Zu ihrem Gedächtnis, 1988.

Fenster, in Israel oft nur ein Loch in der Wand, durch das Licht einfällt und Rauch abzieht. Nur gelegentlich war ein (bewegliches) Gitter angebracht. K.

Fest. 1. Funktion der F.e in der Geschichte der israelit. Religion – 2. F.e im vorstaatlichen Israel – 3. F.e im staatlichen Israel – 4. F.e im nachexilischen Israel.

1. F. (hebr. *chag, moed*) ist aus der Alltagswirklichkeit herausgehobene, heilige Zeit, in der durch kultdramatisches Geschehen → Segen und → Heil für das Alltagsleben des folgenden Jahres bewirkt wird. Zum F. gehört ein kalendarisch oder durch den Naturrhythmus (→ Erntefeste) festgelegter Termin, der ausgesonderte Ort eines Heiligtums und die Festlegung des kultdramatischen F.-Geschehens im F.-Ritus.

Von den Anfängen Israels im Kulturland bis in die nachexilische Spätzeit hält sich bei allem Wandel die Anschauung durch, daß Jahwe durch F.e Israel Leben ermöglicht und gibt. Die Heils- und Segenswirkung des F.-Geschehens wird durch kultdramatische Handlungen, die nicht symbolische Aktion sind, sondern die Realität des Dargestellten schaffen, bewirkt: Im Kriegstanz wird bereits die Niederlage der Feinde Wirklichkeit, mit der Darstellung der Vernichtung der Chaosmächte sind sie bereits vernichtet; im folgenden Jahr wird sich die Vernichtung des Chaos als Heil in Natur und Gesellschaft herausstellen. So wird im F. heilvolles Leben für Israel ermöglicht, an dem der einzelne Anteil erhält, sofern er als F.-Teilnehmer Glied dieses Volkes ist. In vorstaatlicher Zeit steht an den Landheiligtümern die Übermittlung von Segen und Fruchtbarkeit der Natur und Heil der Gesellschaft im Vordergrund, die aber von der Begründung in der kanaan. Mythologie gelöst und an die Aktualisierung von Grunddaten der

Heilsgeschichte wie → Auszug (Mazzot-F.), → Wüstenwanderung (Laubhütten-F.) und → Landnahme (Mazzot-F.) gebunden wird. Damit verbindet sich die Hoffnung, Jahwe werde wie in der heilsgeschichtlichen Vergangenheit, die kultisch aktualisiert wird, Israels Leben gegen Feinde im Kulturland sichern. In staatlicher Zeit wird die Funktion israelit. F.-Geschehens am → Tempel von → Jerusalem mit der Übernahme universaler kanaan. Mythologumena – wie der Funktion von → El als höchstem Gott und Schöpfer der Welt – die Dimension des F.-Geschehens israelit. Kultes auf die ganze Welt der Natur und aller Völker ausgedehnt. Die Welt fällt nicht ins Chaos des Ungeschaffenseins zurück, weil Jahwe alljährlich seine Herrschaft über die geschaffene Welt in kultdramatischem F.-Geschehen im Herbst-F. am Tempel von Jerusalem erneuert. In nachexilischer Zeit bleibt der lebenermöglichende Aspekt israelit. F.-Geschehens konstitutiv, drückt sich nunmehr aber primär in der Funktion der → Sühne aus, die erst Leben des sündigen Israel vor Jahwe ermöglicht.

2. Die drei vorexilischen F.e, das Mazzot-F., Wochen-F. und Lese-Laubhütten-F., sind in der sakralen Gebotsreihe 2Mose 34,12–26* (par 2Mose 23,14ff.) geregelt.

Das *Mazzot-F.* wird am → Neumond des Abib (→ Monat) im Frühjahr zur Zeit der Gerstenernte abgehalten. Im Ritus des ungesäuerten Brotes sind Erntefestritus des Kulturlandes und genuin theologische Motive Israels zusammengeflossen. Das Mazzot-F. wird israelit. auf den → Auszug aus Ägypten gedeutet und will die Herrschaft Jahwes über die Natur zum Ausdruck bringen. So werden in diesem F. die → Plagenerzählungen (2Mose 7–13) rezitiert. Von herausgehobener Bedeutung war in vorstaatlicher Zeit das Mazzot-F. in → Gilgal, in dem die Landnahme des Westjordanlandes kultisch aktualisiert wurde.

Das *Wochen-F.* wird sieben Wochen nach dem Mazzot-F. zur Zeit der Weizenernte mit großem Erntejubel gefeiert.

Das *Herbst-F.* (*Lese-Laubhütten-F.*) ist auf die herbstliche Ernte von Wein und Baumfrüchten bezogen und wird zum Wechsel des → Jahres gefeiert. Es gilt als Höhepunkt der drei Ernte-F.e. Mit dem Herbst-F. ist der aus kanaan. Ernteritus stammende Brauch, in Laubhütten zu wohnen, verbunden, der israelit. auf die Wüstenwanderung gedeutet wurde. Ob in → Sichem ein Herbst-F. der Erneuerung des → Bundes gefeiert wurde, ist umstritten.

Nach Einrichtung des Salomonischen Tempels wurden die drei F.e in Jerusalem übernommen und gefeiert (1Kön 9,25).

3. Auch am Tempel von Jerusalem war das Herbst-F. zur Jahreswende das Haupt-F. Über das konkrete F.-Geschehen des *Jerusalemer Herbst-F.es* wurde in den letzten 50 Jahren in der alttest. Wissenschaft eine heftige Kontroverse geführt, die durch den Norweger S. Mowinckel ausgelöst wurde, der nach dem Vorbild des babylon. Neujahrs-F.es ein Jerusalemer F. der Thronbesteigung Jahwes postulierte, in dem die Herrschaft Jahwes über Israel, die Völker und die Natur erneuert und eine Wende des Schicksals zum Guten für Israel vollzogen wurde. In der Thronbesteigung Jahwes von Jerusalem werde alljährlich die Welt als Nicht-Chaos neu konstituiert und heilvolles Leben in Gesellschaft und Natur universal ermöglicht. Angelsächs. und skandinav. Forscher haben die altoriental. Motive im Herbst-F. von Jerusalem noch stärker betont, indem sie nach altoriental. Schema Jahwe als sterbenden und auferstehenden Gott und mit einer Göttin im F. die heilige → Hochzeit vollziehend interpretierten. Die dt. Forschung hat stärker das israelit. Proprium des Jerusalemer F.-Geschehens hervorgehoben. A. Weiser rechnet mit einem Bundeserneuerungs-F., in dessen Mitte die → Theophanie Jahwes stand. H.J. Kraus rekonstruiert ein »königliches Zions-F.«, in dem die Erwählung des → Zion und der Dynastie → Davids aktualisiert wurde. Dagegen deuten die Thronbesteigungslieder (→ Psalmen) mit der Formel »König geworden ist Jahwe« (Ps 47,9 u. ö.) darauf, daß im Herbst-F. von Jerusalem eine Thronbesteigung Jahwes gefeiert wurde, die aber nicht auf mythisches Geschehen von Schöpfung und Chaosdrachenkampf u. ä., sondern auf die heilsgeschichtliche Aktualisierung der Einbringung der → Lade nach Jerusalem durch David, d. h. die Inbesitznahme des Zion durch Jahwe zu interpretieren ist. Dennoch wirkt sich die Einnahme des Zion durch Jahwe, der auf der Lade thronend gedacht ist, für die ganze Welt aus, da der Ziongottesberg damit Sitz des Schöpfers der Welt und Herrn aller Völker ist.

Mit der Reform des → Joschija (ab 628 v. Chr.) wurden die F.e Israels am Tempel von Jerusalem zentralisiert und im übrigen Land abgeschafft. Das Mazzot-F. wurde mit dem aus nomadischem

Ursprung stammenden → Pascha, das nach der Landnahme ebenfalls auf den Auszug gedeutet wurde und bis zur Joschijareform im Rahmen der Sippe im Hause gefeiert wurde, verbunden (5Mose 16,1–8). Generell traten mit der Zentralisation die heilsgeschichtlichen F.-Inhalte gegenüber den Ernteriten noch stärker in den Vordergrund, während die universalen Ansprüche des Jerusalemer F.-Geschehens zurückgenommen und auf Israel konzentriert wurden.

4. Nach der Zerstörung des Salomonischen Tempels durch Nebukadnezzar (587/586 v. Chr.) wurden die Bedeutungen der israelit. F.e tiefgreifend uminterpretiert. Das *Pascha-Mazzot-F.* hielt sich in seiner heilsgeschichtlichen Deutung auf den Auszug am konsequentesten durch, doch wurde der ursprüngliche Sippencharakter des Pascha, welcher der Situation nach Verlust des legitimen Kultortes entgegenkam, wieder betont. Bis heute hat sich als einzig lebendiger Opferritus israelit. Kultes das Pascha-F. der → Samaritaner auf dem → Garizim erhalten. Das *Wochen-F.,* das vorexilisch am deutlichsten reines Ernte-F. ohne erkennbare heilsgeschichtliche Deutung war, verlor zunächst an Bedeutung und wurde erst in spätnachexilischer Zeit als Bundeserneuerungs-F. der Aktualisierung des Sinaibundes interpretiert. Am tiefgreifendsten war die Uminterpretation des *Herbst-F.es,* das in mehrere getrennte F.-Akte, den Ruhetag am ersten Tag des siebenten Monats, den Versöhnungstag am 10.7. und das mit dem 15.7. beginnende Laubhütten-F., aufgeteilt wurde. Der *Versöhnungstag* (3Mose 16) brachte am deutlichsten die generelle Funktion des nachexilischen Kultes zum Ausdruck, für Israel → Sühne zu wirken. War auch im vorexilischen Herbst-F. von Jerusalem der Anspruch implizit, daß durch den in diesem F. gewirkten Jahwesegen erst das Leben Israels und des einzelnen Israeliten ermöglicht wird, so wurde jetzt unter dem Eindruck der Katastrophe der Zerstörung Jerusalems, die nach dem → Tat-Ergehen-Zusammenhang in der → Sünde Israels zu begründen war, die Sühne zum Mittelpunkt kultischen Geschehens, das erst ein Leben Israels, der Sünde zum Trotz, ermöglichte. So wurde der Versöhnungstag, in dessen Mitte die Entsühnung der Priester, des Heiligtums und des Volkes stand, zum höchsten F. des nachexilischen Israel (Sir 50). Schließlich drang auch in den Pascharitus der Sühnegedanke ein.

In nachexilischer Zeit entstanden zwei neue F.e, das F. der Einweihung (*Chanukka-F.*) und das → *Purim.-F.* Das Einweihungs-F. aktualisierte die Tempelreinigung im Jahre 165 v.Chr. nach der Entweihung durch → Antiochus IV. (1Makk 4,52ff.). Das Freuden-F. des Purimtags feierte die Rettung von Juden in der Diaspora durch Jahwe. O.

Lit.: S. Mowinckel, Psalmenstudien II, 1922; H.J. Kraus, Gottesdienst in Israel, [2]1962; E. Otto/T. Schramm, F. und Freude, 1977; E. Otto, F. und Feiertage II: AT, in: Theologische Realenzyklopädie XI, 1983, 96–106.

Feste → Weltbild.

Festrollen (hebr. *m^egillot* »Buchrollen«), Bezeichnung der fünf Bücher Hoheslied, Rut, Klagelieder, Prediger und Ester, die jeweils an einem der Hauptfeste des jüd. Kirchenjahres (→ Fest) verlesen werden, und zwar am Pascha-Mazzot-Fest (Hoheslied), Wochenfest (Rut), Laubhüttenfest (Prediger), beim Gedächtnis der Tempelzerstörung (Klagelieder) und am Purimfest (Ester). S.

Festung. Die strategisch ungünstige Lage Palästinas zwischen den Großmächten des Altertums machte seit alters die Sicherung größerer Ansiedlungen gegen feindliche Heere notwendig. Schon das neolithische Jericho war mit einer festen Mauer umgeben. In den folgenden Epochen war fast jede Stadt als F. gebaut, also mit Mauer, Türmen und (einem) Tor umgeben, gelegentlich sogar mit doppelter oder dreifacher Ringmauer. Überreste der F.s-Anlagen sind bei den Ausgrabungen von Megiddo, Mizpa und Lachisch noch sichtbar. Eine F. innerhalb der F. war oft die Zitadelle des Herrschers auf dem höchsten Punkt in der Stadt (Samaria, Gibea, Amman). Als in hellenist.-röm. Zeit offene Städte entstehen, errichten die → Hasmonäer und → Herodes d. Gr. Fluchtburgen an strategisch wichtigen Plätzen in der Wüste (Herodium, → Masada, Machärus). K.

Festus, Porcius, um 58–62 röm. → Statthalter der kaiserlichen Provinz Palästina. Nach Apg 25–26 eröffnete er das Verfahren gegen → Paulus und leitete dessen Berufung an den Kaiser weiter. R.

Festzug → Prozession.

Fett. Noch heute gelten dem Orientalen die F.-Teile eines geschlachteten Tieres als Leckerbissen. Bei Opfertieren wurde deshalb stets das F. der Gottheit vorbehalten und verbrannt, während das Fleisch von den Kultgenossen verzehrt werden konnte (3Mose 3,3ff.; → Opfer). K.

Feuer. Das im Alltag zum Heizen und Kochen verwendete F. gilt zugleich als läuterndes Reinigungsmittel. Mit Licht und Blitz zusammenhängend, nur beschränkt von Menschen lenkbar, wird es als die Ausstrahlung göttlicher Macht empfunden. Kommt Gott in einer → Theophanie seinem Volk nahe, blitzt Feuer um ihn (Ps 50,3; 97,3; vgl. 2Mose 3,2ff.). Auf dem Brandopferaltar hat ein ewiges F. zu brennen und die göttliche Anwesenheit zu symbolisieren (3Mose 6,12f.). – F. kann jedoch auch der Ausdruck vernichtenden göttlichen Zorns sein, weshalb die von den Profeten angekündigte gewaltige Katastrophe der Menschen mit F. verbunden wird (Am 1,4ff.). In der bibl. Spätzeit wird daraus die Vorstellung von einem Weltbrand (2Petr 3,7). K.

Feuerofen. Zur Metallschmelze, aber auch für abschreckende Todesstrafe (Dan 3) wird ein F. mit Öffnung oben und Tür an der Seite benutzt. K.

Feuerpfuhl, in apokalyptischer Vorstellungswelt ein Ort der ewigen Strafe und bleibenden Gottesferne (Offb 19,20; vgl. Mt 5,22.29; Mk 9,43). R.

Feuersäule. In den Sagen von der Wüstenwanderung der Israeliten zieht nachts eine F. als göttliche Wegführung dem Volk voran (2Mose 13,21 u.ö.). K.

Feuerzungen, im Pfingstbericht (Apg 2,3) Erscheinungsform des Geistes, durch die sich alttest. Verheißung erfüllt: Das endzeitliche Kommen Gottes erwartete man mit Feuer und Sturmwind (Jes 66,15). Die Zungenform der Flammen symbolisiert das durch den Geist ermöglichte Reden in verschiedenen Sprachen (»Zungen«). (→ Pfingsten, → Zungenreden.) R.

Fingerbreite → Maße und Gewichte.

Finsternis. F. wird als unheimlich, schädlich und dämonisch empfunden. Während im Himmel oben alles licht ist, besteht die Unterwelt unter der Erde aus F. Dazwischen liegt der Erdraum, auf dem nicht nur Licht und F. naturgesetzlich wechseln, sondern »unsichtbare« F. dort aufbricht, wo Menschen Unrecht tun (Jes 5,20) oder Unglück erleben (Am 5,18–20). 1Mose 1,2 setzt Finsternis als einen Urzustand vor der göttlichen Schöpfung voraus, der aber von Gott der Schöpfung eingegliedert und seinem Willen dienstbar gemacht wird, ohne seine dunkle, chaotische Seite völlig zu verlieren. Spätere Epochen sehen selbst in der F. ein Geschöpf Gottes (Ps 104,20; Jes 45,7).
Im NT ist »F.« vielfach Bild für den Bereich der Gottesferne und des Bösen (Röm 13,12; Eph 5,8). Ihm ist in der dualistischen Sprache des → Johannesevangeliums das → Licht als der Herrschaftsbereich Gottes gegenübergestellt: Das Kommen Jesu in die Welt ist der endgültige Sieg des Lichtes über die F. (Joh 1,5; 3,19; 8,12). K./R.

Firmament → Weltbild.

Fisch (→ Tierwelt). Vermutlich ausgehend von Jesu Berufungswort an die ersten Jünger: »Auf, ich will euch zu Menschenfischern machen!« (Mk 1,17 par Mt 4,19; Lk 5,10), ist im NT der F. Bild für den Glaubenden (Lk 5,9; Joh 21,6). Später wurde er zum Christussymbol, weil die 5 Buchstaben des griech. Wortes *ΙΧΘΥΣ* (»F.«) die Anfangsbuchstaben der Worte »Jesus Christus, Gottes Sohn, Heiland« bildeten. (→ Malerei.) R.

Fischtor → Jerusalem.

Flammenschwert. Der Garten Eden wird dem Menschen versperrt durch eine »Flamme des hin und her zuckenden Schwertes«, eine aus der Blitzerscheinung erschlossene, aber an ihrem Platz verharrende dämonische Macht (1Mose 3,24). K.

Flecken, dt. Übersetzung für körperliche Makel, die Priester oder Opfertiere kultisch untauglich machen (3Mose 21,17ff.). K.

Fledermaus → Tierwelt.

Fleisch. Das Wort »F.« bezeichnet im AT das F. des Menschen und – meistens als Speise oder Opfermaterial – des Tieres, daneben auch den Körper als ganzes und in der Wendung »alles F.« die gesamte Menschheit oder die gesamte Kreatur, d.h. Menschen und Tiere. Seine Lebendigkeit erhält der Körper nach alttest. Anschauung erst durch die von Gott ausgehende Lebenskraft (→ Seele, → Geist), und so kann der Begriff »F.« den Menschen als das Vergängliche im Gegensatz zu Gott kennzeichnen. – In der Wendung »mein Bein und F.« u.ä. bedeutet »F.« »Verwandter«.
Im NT erscheint das Wort »F.« in drei Bedeutungen: a) »F.« als Leiblichkeit des Menschen; so werden durch die Ehe Mann und Frau »ein F.« (Mt 19,5f.). Zuweilen kann »F.« ein Personalpronomen (z.B. 2Kor 7,5: »mein F.« = ich) oder eine bestimmte Personenangabe (z.B. Lk 3,6: »alles F.« = jedermann) ersetzen. b) F. als Schwäche und Hinfälligkeit des menschlichen Wesens bzw. als Bezeichnung der Sphäre, in der sich die beschränkte menschliche Existenz abspielt (z.B. 1Kor 15,50: »F. und Blut können das Reich Gottes nicht erben«). c) Vorwiegend bei → Paulus findet sich ein theologisch qualifizierter Sprachgebrauch: »F.« als Sphäre der Sünde und Gottesferne. Der positive Gegenbegriff dazu ist → »Geist« als Sphäre Gottes und seiner Gerechtigkeit. Der Mensch ist demnach F., solange er versucht, aus sich selbst zu leben und sich eigenmächtig gegen Gott zu behaupten, und zwar ist er F. mit seiner ganzen Person, seinen leiblichen und geistigen Regungen: So spricht Paulus von einem »Denken des F.es« (Röm 8,5f.). Umgekehrt ist der Christ mit seiner ganzen Person nicht mehr »im F.«, sondern »im Geiste«, wenn er in der Christusgemeinschaft steht und nicht mehr der Sünde dient (Röm 8,2f.9).
S./R.

Fleischwerdung, Erscheinung Christi als geschichtlicher Mensch (Inkarnation). Die dazugehörige Rahmenvorstellung ist die des ursprünglichen Seins Jesu bei Gott (→ Sohn Gottes), das Christus in der F. aufgab (1Tim 3,16; Joh 1,14). R.

Fliege → Tierwelt.

Floh → Tierwelt.

Flöte → Musik, Musikinstrumente.

Fluch. »F.« meint in der Bibel nicht wie in der modernen Alltagssprache den Gebrauch von Kraftwörtern. Vielmehr ist F. in der Bibel und ihrer Umwelt ein Herbeirufen von Schaden auf einen Menschen oder seine Umgebung, bei der man aufgrund der feierlichen sprachlichen Form erwartet, daß sie allein als Wort, ohne weiteres äußeres Zutun, sich »materialisiert«. F. wird so eine Waffe des Menschen gegen den Menschen als wirksames (magisches) Wort, das über einem Adressaten substanzhaft, wenngleich unsichtbar, schwebt, ihn wie ein Gewand einhüllt und in sein Inneres zerstörend eindringt (Ps 109,18). F. kann durch Niederschrift in seiner Wirkung verstärkt werden (Sach 5,1–4). Es gibt den unbedingten F., der den Adressaten unter allen Umständen trifft, und den bedingten F., der über dem Adressaten so lange unwirksam schweben bleibt, bis er durch bestimmte Vergehen die Voraussetzung für das Eindringen des F.es in sich eröffnet. Wie das Individuum, so kann auch die Gemeinschaft, etwa ein Volk, unter F. stehen (1Mose 9,25). Neben dem unspezifizierten »Verflucht sei N.N.« steht der spezifizierte F., der alles erdenkliche Unheil enthalten kann (5Mose 28,15–68). Nicht nur die Personen selbst, auch deren Lebensgrundlage vermag ein F. zu treffen und zu zerstören wie ein Haus (Sach 5,4) oder eine Stadt (Jos 6,26).
Eine Verfluchung ist grundsätzlich nicht wieder rückgängig zu machen, ihre Unheilswirkung bleibt erhalten. Wo F. bei einem Menschen ansetzt, wirkt er ansteckend auf dessen Familie, sein Volk (Jos 7), sein Land (5Mose 11,29). Auch zeitlich sind keine Grenzen gesetzt, ein F. wird noch nach Jahrhunderten wirksam (1Kön 16,34). F. läßt sich einzig dadurch neutralisieren, daß ein ebenso starker Segen hinterhergesandt wird (Richt 17,1f.). Insbesondere erwartet der Israelit von seinem Gott solche sprachmächtigen Gegenhandlungen (2Sam 16,12; Ps 109,28), zumindest daß Gott dem Fluchenden das Wort nicht über die Lippen kommen läßt (4Mose 22,6). Eine andere göttliche Möglichkeit ist es, die Richtung eines F.es umzukehren, der sich gegen Israel richten sollte und der nun auf den Fluchenden selbst zurückfährt (1Mose 12,3). Doch schreitet Gott mit eigenem Fluch gegen sündige Menschen ein, wie es an Kain beispielhaft erkennbar wird (1Mose 4,11).

Der verzweifelnde oder bösartige Mensch gerät in Versuchung, Gott zu fluchen. Dies ist in Israel je und dann geschehen und wird selbst von sonst als fromm geltenden Gottesmännern berichtet (Jer 20,14f.; Ijob 2,9; 3,1ff.). Dies bedeutet zwar nicht, daß der Fluchende Gott völlig zu erledigen meint, wohl aber, daß er ihm Eintrag tun will. Doch ist ein solches Unternehmen so unheimlich, daß die bibl. Schriftsteller in solchen Fällen einen Euphemismus bevorzugen und von dem gegenteiligen Verhalten schreiben, nämlich von »Gott segnen«. Die spätere Gesetzgebung stellt den F. gegen Gott unter die besonders schwerwiegende Todesstrafe der Steinigung (3Mose 24,11–16).

Der heutige Bibelleser mag vor solchen dunklen Wortpraktiken zurückschrecken, die für ihn an Zauber und Aberglaube grenzen. Doch steht dahinter eine urtümliche und ungebrochene Erfahrung von der Macht des gesprochenen Wortes, das sich, einmal ausgesprochen, nicht mehr zurücknehmen läßt. Solche Wirkungen mögen wir heute vielleicht als psychologisch einstufen, derartige Kategorien standen dem Altertum dafür jedoch nicht zur Verfügung. Der Zweck des F.es war – in seiner bedingten Form – die Abschreckung; dieser hat sich gewiß in ungezählten Fällen als wirksamer erwiesen als alle modernen Abschreckungsmethoden im Strafvollzug. Deshalb spielt der F. wie sein Gegenstück, der → Segen, in Kult und Recht Israels eine wichtige Rolle. Die Segens- und Fluchkataloge am Ende bibl. Bücher (3Mose 26; 5Mose 27f.) spiegeln vermutlich die Praxis an großen Jahresfesten des Jerusalemer Tempels wider, wo in solcher Weise die Feier beschlossen wurde. In der Rechtsübung ist F. ein Behelf gegen Verbrechen, die im verborgenen geschehen (5Mose 27,15ff.), oder gegen den unerkannten Dieb (Richt 17,2).

Auf Gräbern, Stelen, Grenzsteinen schützt man sich durch F. gegen mögliche Schändung. Der F. soll weiter im Gottesurteil (Ordal) zur Entdekkung von Schuld oder Unschuld dienen (4Mose 5, 19–26). Verträge und Bünde werden durch bedingte Selbstverfluchung geschützt: Verflucht will ich sein, wenn ich diese Zusicherung breche. Schließlich ist F. eine nicht zu unterschätzende Waffe in der damaligen Zeit für Rechtsschwache, die ihr Recht nicht einklagen oder durchsetzen können, Sklaven, Arme, Ausgebeutete (Spr 30,10; 11,26; Jer 15,10).

Allerdings hat der bibl. Glaube an den einen, allwirksamen Gott im Laufe der Zeit die Auffassung vom selbstwirksamen F.-Wort allmählich zurückgedrängt. Aus dem F.-Spruch »Verflucht sei N.N.« wird der F.-Wunsch (→ Fluchpsalmen). Und in der Weisheit entsteht die Einsicht, daß es besser ist, den persönlichen Gegner nicht zu verfluchen (Ijob 31,29f.).

Doch erst im NT wird durch Jesus selbst der F. als verwerflich angesehen (Lk 6,28; Röm 12,14). Begründet wird die Ablehnung des F.es nicht aus einem aufgeklärten Bewußtsein, sondern aus der → Nächstenliebe, zu der jeder Mensch gerufen ist, selbst gegenüber dem persönlichen Feind. Daher wird statt F. der ebenso wirksame Segen gefordert. Im kultischen Gebrauch der christl. Gemeindeversammlung kann sogar der F. noch eine Zeitlang legitim bleiben (Apg 5,1–6; 1Kor 16,22; Gal 1,8). K.

Lit.: L. Brun, Segen und F. im Urchristentum, 1932.

Fluchpsalmen (Rachepsalmen), moderne Bezeichnung einiger Psalmen, in denen der göttliche → Fluch über Gegner des Psalmisten oder Israels erfleht wird, z.B. Ps 69,23ff.; 109. Sie entspringen der Erwartung des ohnmächtigen Beters, daß allein durch das Verschwinden seiner Gegner ihm auf die Dauer Schutz zuteil wird und daß allein Gott ihm gegen diese Feinde zum Recht verhelfen kann. Das führt zu schauerlichen Aussagen wie der ironischen Seligpreisung Ps 137,8f., die der Sache nach ein F. ist, wonach babylon. Säuglinge am Felsen zerschmettert werden sollen. An dieser Stelle zeigt sich ein deutlicher Abstand zwischen alt- und neutest. Ethik. K.

Fluchspruch. Ein → Fluch wirkt nach antikem Verständnis nur dann, wenn die dafür notwendige sprachliche Gattung eines F.es verwendet wird. In der üblichen Form beginnt er: »Verflucht seist du (sei N.N.)«, mit nachfolgender Beschreibung der Schadensfolgen (1Mose 3,14; 9,25). K.

Flucht, flüchtig. »F.« wird in der Bibel vielfach in übertragenem Sinne verwendet, um eine Grundsituation menschlichen Lebens zu beschreiben: Wer schuldbeladen ist, vermag seinem Lebensweg nicht mehr sicher zu folgen, sondern ist notwendig f. (1Mose 4,12; Spr 28,1.17). Jede Abkehr von Gott als dem, der glücklichen Lebensweg ermöglicht, ist im Grunde F. (Hos 7,13) und

führt durch die daraus entstehende Schuld zu andauernder F., ohne daß jemand auf die Dauer seinem Gott entfliehen wird (Ps 139,7–12). Wer hingegen glaubt, wird nie f. (Jes 28,16).
In der Spätzeit und im NT kann sich das Bild umkehren: F. vor Sünde und Versuchung wird zur Pflicht (Sir 21,2; 1Kor 6,18). K.

Fluß. In Palästina gibt es nur wenige Flüsse, die das Jahr über andauernd Wasser führen (z. B. → Jordan), die dann für Fruchtbarkeit und Bewohnbarkeit des Landes ungemein wichtig sind. Deshalb wird »F.« zum Bild für dauerhafte eschatologische Heilsgüter (Jes 66,12; Ez 47; Offb 22,1f.). K.

Formgeschichte. Die formgeschichtliche Forschung wurde vor dem Ersten Weltkrieg in die alttest. Exegese von H. Gunkel und H. Greßmann, in die neutest. Exegese wenig später durch M. Dibelius und R. Bultmann eingeführt. Sie zielte zunächst auf die vorquellenschriftlich-mündliche Stufe bibl. Überlieferungen, indem sie nach deren Gattung fragte. Eine Gattung ist als Überlieferungskategorie dadurch gekennzeichnet, daß sie bei gleichen sprachlichen Strukturmerkmalen einen gesellschaftlich konstanten Ort der Verwendung, einen »Sitz im Leben« hat, so der → Hymnus im Kult, die Leichenklage in der Beerdigungszeremonie usw. So gibt die F. die Perspektive für die Geschichte einer Überlieferung im Rahmen ihrer Gattung und ihres »Sitzes im Leben« frei und leitet damit zur überlieferungsgeschichtlichen Forschung über (→ Bibelwissenschaft). O.

Lit.: K. Koch, Was ist F.?, [3]1974; J. Roloff, Neukirchener Arbeitsbücher – NT, 1977, § 2.

Fortunatus, Christ aus → Korinth, reiste als Gesandter seiner Gemeinde zusammen mit Achaikus zu → Paulus nach → Ephesus (1Kor 16,17). R.

Forum Appii, 65 km vor Rom an der Via Appia gelegener Ort, wo Paulus bei seiner Ankunft als Gefangener von röm. Christen begrüßt wurde (Apg 28,15). R.

Frau. Hinsichtlich der Stellung und Rolle der F. zeigen bibl. Texte eine auffällige Ambivalenz: Sozial und rechtlich ist die F. dem → Mann in Israel wie im Urchristentum untergeordnet – wo aber über die Rolle von Mann und F. in der Schöpfungsordnung theologisch nachgedacht wird, zeigt sich eine deutliche Tendenz zur Gleichberechtigung. Die Geringerstellung der F. gehört in den Rahmen patriarchalischer Auffassung des Altertums. Die F. ist im AT Besitz des Mannes, wie sie vor der Ehe der absoluten Autorität des Vaters unterliegt. Juristisch und kultisch ist sie nicht vollberechtigt; ihr Recht als → Erbe ist eingeschränkt. Kann sie ihre wichtigste Aufgabe, ihrem Mann Kinder zu gebären und damit den Erhalt der Familie zu sichern, nicht erfüllen, gilt sie wenig. Freilich kennt das AT F.en, die in hohem Ansehen stehen: als Stammutter Israels (→ Sara, → Rebekka, → Lea, → Rahel), als Priesterin und Profetin (→ Mirjam, → Hulda), als Retterin des Volkes (→ Debora, → Judit, → Ester) oder als F., die in besonderer Bewährung den Erhalt der Sippe rettet (→ Rut; auch gegen äußeren moralischen Anschein wie → Tamar).
Nach 1Mose 1,26ff. sind Mann und F. zugleich als → Ebenbild Gottes erschaffen; den Menschen gibt es nur als Mann und F. In 1Mose 2,18–24 liegt das Gewicht nicht darauf, daß die F. nach dem Mann geschaffen wurde, sondern darauf, daß sie das einzige zum Manne passende Wesen ist, weil beide ein Fleisch sind.
Im NT zeigt sich ein ähnlicher Gegensatz zwischen der untergeordneten sozialen Stellung der F. (auch im Gottesdienst, vgl. 1Kor 11,3–15) und grundsätzlichen Aussagen über die Gleichberechtigung von Mann und F. (z. B. Gal 3,28). Jesus beruft sich ausdrücklich auf 1Mose 1,27 und 1Mose 2,24 und leitet aus beiden Stellen die Zusammengehörigkeit von Mann und F., nicht eine Unterordnung ab (Mt 19,4ff.). Auch Eph 5,22 ff. plädiert nicht für eine grundsätzliche, einseitige Unterordnung der F., sondern für ein Füreinander-da-Sein von Mann und F. Trotzdem bleiben die Aussagen über die F., vor allem in den neutest. Spätschriften (z. B. 1Tim 2,9–15; 1Petr 3,3–9), weithin dem antiken patriarchalischen Menschenbild verhaftet. Doch wird dieses Menschenbild in der Bibel *nicht* theologisch abgesegnet, sondern den Anspruch nach überwunden, auch wenn weder in Israel noch im Urchristentum dieser Anspruch realisiert wurde. Bibl. *Intention* entspricht von daher die Aufhebung jeder Benachteiligung der F. auch in unserer Gesellschaft, nicht etwa die Beibehaltung patriarchalischer Strukturen. (→ Feministische Auslegung.) J. E.

Lit.: J. Leipoldt, Die Stellung der F. in der antiken Welt und im Urchristentum, 1955; H. Greeven u. a., Theologie der Ehe, 1969; G. Dautzenberg u. a. (Hrsg.), Die F. im Urchristentum, 1983.

Freigelassener, frei gewordener Sklave. Nach dem alttest. Gesetz hatte im → Jobeljahr und im → Sabbatjahr eine Freilassung stattzufinden. In Apg 6,9 werden Freigelassene oder »Libertiner« (von lat. *libertinus* »F.«) genannt, die in Jerusalem eine Synagogengemeinde bildeten; es handelte sich um aus röm. Kriegsgefangenschaft entlassene Juden oder deren Nachkommen. S.

Freiheit. Eine scharfe Grenze, wie ihn die griech.-röm. Gesellschaft zwischen Sklaven und Freien zieht, ist Israel und dem Alten Orient unbekannt. Hier wird zwar der Stand unmündiger Knechte und Mägde abschätzig beurteilt, aber ihm stehen mehrere Stände mit abgestufter Selbständigkeit und Hörigkeit gegenüber. Nicht auf Befreiung, sondern auf Erlösung oder Auslösung aus der Gewalt eines fremden »Hauses« hofft der Sklave. Das gilt auch für das Verhältnis unter Völkern. Sein erwähltes Volk hat Gott einst aus Ägypten, dem Sklavenhaus, erlöst (5Mose 15,15). Dieses Grunddatum der Heilsgeschichte wird zum Appell an Israel, Knechtsverhältnisse in seinem Innern mindestens von Zeit zu Zeit zu lösen (5Mose 5,14f.; 15,12–15). Doch F. erreicht für das AT ein Mensch erst da, wo er bei ausreichender wirtschaftlicher Versorgung, ledig von äußeren Zwängen, sein Leben selbst gestaltet und genießt. Dieses Ideal heißt hebr. *m^{e}nucha,* meist unzulänglich mit »Ruhe« übersetzt. Es ist Ziel der vergangenen wie der zukünftigen Heilsgeschichte (Ps 95,11; Jes 11,10).
Für die hellenist. Umwelt des NT war F. zu einem zentralen Thema weltanschaulicher Auseinandersetzungen geworden. Frei ist nach klassischem griech. Verständnis, wer Verfügungsgewalt über sich selbst und über die Welt hat. Aber wie sollte solche F. realisiert werden angesichts der Zweideutigkeit und Gebrochenheit des Menschseins (wie sie in der klassischen griech. Tragödie ihren Ausdruck findet) und angesichts der Welt und Gesellschaft bestimmenden Gesetzmäßigkeiten und Zwänge? Es gab unterschiedliche Antworten auf diese Frage: Die kynische Philosophie verstand F. als persönliche Unabhängigkeit, wie sie sich in der Bedürfnislosigkeit eines Diogenes realisierte, als Unberührtsein von den störenden Mächten des Lebens und Verzicht auf bürgerliche Sicherungen. Die stoische Philosophie verhieß dem, der die Sinnhaftigkeit des Weltgeschehens, die innere Harmonie des Kosmos bejahte und sich in das Unabänderliche fügte, unverlierbare innere F. Die → Gnosis schließlich wollte F. auf dem Weg der Weltverneinung und der Gewinnung eines Wissens um die jenseits allen materiellen Trugs liegende ewige Heimat der Seele verwirklichen.
Das NT schließt sich keiner dieser Antworten an, sondern entfaltet eine grundlegend andere Konzeption von F. Es geht dabei nicht vom Menschen, sondern von Gott aus: F. ist nicht die (Wieder-)Herstellung der dem Menschen angeborenen Unabhängigkeit, sondern die Aufhebung seiner Entfremdung von Gott, der Quelle aller F. Des Menschen Versuch, sich gegen Gott zu behaupten, verdammt ihn zur Unfreiheit (Röm 1,18–3,20). Indem er zu Gott nein sagt, um bei sich selbst bleiben zu können, verfällt er der Macht des Widerspruchs gegen Gott, der → Sünde, und gerät damit in einen alle seine Lebensbezüge bestimmenden transsubjektiven Unheilszusammenhang (Röm 5,12–17; 7,7–25). Allein Jesus, der einzig freie, weil in Gemeinschaft mit Gott stehende Mensch, kann das gewähren, was Grund seiner eigenen F. ist. Deshalb gilt: »Wenn der Sohn euch frei macht, dann seid ihr recht frei!« (Joh 8,31–36.)
Durch Jesus Christus als den »Sohn« werden die Glaubenden aus Unfreien zu »Söhnen« Gottes gemacht (Gal 4,1–7). Das heißt aber zugleich: Sie werden zu verantwortlichen Teilhabern an Gottes Gaben und zu Mitvollstreckern seines Willens. Christl. F. ist in ihrem Wesen eschatologisch. Sie nimmt das als Aufgabe und Möglichkeit vorweg, was der gesamten Schöpfung vorherbestimmt und verheißen ist. K./R.

Lit.: K. Niederwimmer, Der Begriff der F. im NT, 1966.

Freijahr → Sabbatjahr, → Jobeljahr.

Fremde. Die Gefühle eines Israeliten gegenüber F.n waren zwiespältig. Einerseits wurde dem Volks- und Religions-F.n Feindschaft unterstellt, und es galt von daher als notwendig, die Völker Kanaans bei der Landnahme möglichst auszutilgen. Andererseits gab es F., die rechtlos durchs Land zogen und auf Gastfreundschaft

Anspruch hatten oder als Beisassen (Schutzbürger) im Lande wohnten. Da die eigenen Ahnen einst nur Beisassen im verheißenen Lande waren und Israel als ganzes Beisaß in Gottes eigenem Land ist (3Mose 25,23), entwickelte sich das Verhältnis zu den innerhalb der israelit. Volksgruppe wohnenden F.n zunehmend positiv. Ihnen wurde die Aufnahme in die Kultgemeinde Jahwes ermöglicht. Damit wurden sie zur Vorstufe und Vorbild für → Proselyten der spätisraelit. Zeit. Nach der Zerstörung Jerusalems (70 n. Chr.) begann das Judentum sich gegen F. abzuschließen, während das Christentum den Unterschied zwischen Gottesvolk und F.n grundsätzlich überwand. K.

Fremdvölkerspruch. Die Profeten kündeten Wohl und Wehe nicht nur für ihr eigenes Volk, sondern, in eigenen F.en, auch für die mit Israels Geschichte verbundenen Völker (Am 1f.; Jes 13–27; Jer 46–51; Ez 25–32). In den F.en zeigt sich zunehmend Universalisierung der Gotteserkenntnis: Jahwe lenkt die Welt-, nicht nur die Volksgeschichte. K.

Freude (hebr. *simcha* u. a., griech. *chara*), in der israelit. Religion nicht nur emotionaler Ausdruck, sondern menschliche Reaktion auf Jahwes Heilshandeln. Die rituelle F. hat ihren Ursprung im Kult der → Kanaanäer. Dort ist kultische F. die Reaktion auf die Thronbesteigung der Gottheit, die sich in Heil für die Welt der Völker und sozialem Heil sowie in Fruchtbarkeit der Natur auswirkt. Israel hat die rituelle F. im Herbstfest (→ Fest) von Jerusalem mit der Aktualisierung der Ladeüberführung durch David als heilsgeschichtlichem Datum verbunden (Ps 47). In profetischer Überlieferung wurde die F. auf das zukünftige Heilshandeln Jahwes (Jes 12,3 u. ö.) und in nachexilischer Torafrömmigkeit auf den Gesetzesgehorsam (Ps 1,2; 119,14.47 u. ö.) bezogen. O.

Freudenbotschaft → Evangelium.

Freudenopfer → Opfer.

Freund. Wie noch heute im Orient ist dauerhafte Freundschaft unter Männern in Israel fester Brauch (vgl. Ijobs F.e). Durch einen förmlichen Bund kann sie besiegelt werden (David und Jonatan). Ungescheut wird Liebe unter F.n gerühmt (2Sam 1,26). Am Hof ist der F. des Königs (2Sam 15,37, ebenso in Ägypten) eine feste Institution. K.

Frevel → Entweihen.

Friede(n). In der abendländ. Geschichte wird F. weithin als die mehr oder weniger kurzfristige Unterbrechung des Krieges als Normalzustand empfunden, vgl. den Sprachgebrauch »F. von Versailles«, »Westfälischer F.«, womit die Beendigung kriegerischer Handlungen, nicht ein positiver F.s-Zustand bezeichnet ist. Demgegenüber umfaßt der alttest. Begriff »F.« (hebr. *schalom*) sehr viel mehr. Zum F. gehören neben dem Fehlen des Krieges Sicherheit des Volkes, soziale Ordnung, die den Schutz der Schwachen einschließt, Wohlergehen des einzelnen, aber auch das Verhältnis von Mensch und Natur, d.h. das Fehlen von Katastrophen und Mißernten, ja das Aufhören der Feindschaft von Mensch und Tier und im Tierreich selbst (3Mose 26,4ff.; Jes 9,1ff.; 11,1ff.). »F.« bezeichnet also den Zustand allseitigen, allumfassenden Wohlergehens. Die alttest. F.s-Auffassung wurzelt in altoriental. Vorstellungen vom Welt-F., die Israel vor allem nach der Eroberung von → Jerusalem bekannt wurden. Die F.s-Vorstellungen im Jerusalemer Kult, gebunden an den → Zion, sind in manchen Psalmen greifbar, so Ps 85; 104. Sie wurden von Profeten aufgenommen, vgl. Jes 2 und – nachexilisch – Jes 54,10; Sach 2,14; 8,20ff. Der F. der Welt ist Jahwes Stiftung, doch ist das Verhalten der Menschen nicht gleichgültig. Von ihnen ist gefordert, Jahwes Ordnungen anzunehmen. Eine besondere Rolle kommt dem → König zu. Er hat Gottes Recht zu wahren (Ps 45,7f.; 72,1–7) und steht stellvertretend für das Volk. Von allen aber ist tätiges Sozialverhalten, Schutz der Schwachen gefordert, kurz: das, was im AT als → Recht und Gemeinschaftstreue (→ Gerechtigkeit) gilt. Dieses Verhalten schafft geradezu, so Jes 32,17, den F.
Der Religion, Recht, Politik und Natur umfassende alttest. F.s-Begriff bietet keine Lösung heutiger Probleme, hilft aber – bei Beachtung der grundlegenden Unterschiede zwischen der Welt des AT und der Gegenwart – der modernen F.s-Forschung doch, die Komplexität der Aufgabe zu erkennen und zu formulieren.
Im NT findet sich der Begriff »F.« in mehreren Bedeutungszusammenhängen: a) Im alltäglichen Leben ist F. der Gegensatz zu Kampf und

Streit (Lk 14,32; Apg 12,20), die Eintracht zwischen Ehegatten (1Kor 7,15) und Familiengliedern (Mt 10,34; Lk 12,51). b) Zeitgenössischer jüd. Sprachgebrauch spiegelt sich in der häufigen Verwendung von »F.« in Grußformeln (Mk 5,34; Joh 20,21 u.ö.). Dabei ging man davon aus, daß der im Gruß anderen Menschen zugesprochene F. eine reale Mächtigkeit sei, die im Falle ihrer Zurückweisung gleichsam zum Sprecher »zurückkehre« (Mt 10,13 par Lk 10,5f.). Im Eingangsteil der neutest. → Briefe hat der auf die Adressatenangabe folgende F.s-Wunsch seinen festen Platz (Röm 1,7; 1Petr 1,2 u.ö.). c) Theologisch gefüllt und reflektiert ist die Kennzeichnung des durch Christus dem Menschen eröffneten neuen Gottesverhältnisses als F. Der natürliche Mensch lebte in Entfremdung und Feindschaft gegenüber Gott (Röm 5,10; Eph 4,18; Kol 1,21). Christus hat aber durch sein Sterben → Versöhnung gewirkt und so ein neues Verhältnis zwischen Gott und Mensch hergestellt (2Kor 5,19), dessen Kennzeichen unmittelbare personhafte Gemeinschaft ist. Der Mensch hat nunmehr »F. mit Gott durch unseren Herrn Jesus Christus« (Röm 5,1). In diesem Sinn ist Christus »unser F.« (Eph 2,14). Es gilt dabei als selbstverständlich, daß dieser F. zwischen Gott und Mensch dynamische Ausstrahlungskraft hat und in die gesamte Schöpfung hineinwirkt. Weil die Christen F. mit Gott haben, können und sollen sie F.-Stifter für die gesamte Welt werden (Mt 5,9; Kol 1,20). d) Allerdings hat der F. im NT auch eine anthropologische Qualität. F. mit Gott zu haben bedeutet auch F. mit sich selbst zu haben. In diesem Sinn ist nach Gal 5,22 F. eine »Frucht des Geistes«, d.h. eine Geistesgabe, die dem Christen zugewandt wird und die seine gesamte Existenz bestimmt (vgl. Phil 4,7; Kol 3,15). J.E./R.

Lit.: H. H. Schmid, Šalôm. »Frieden« im Alten Orient und im AT, 1971; H. Frankemölle, F. und Schwert, 1983.

Friedefürst, einer der vier Würdenamen, die nach Jes 9,5 der Zukunftskönig erhalten soll, wobei → »Friede« sicherlich nicht nur als Befreiung von der Fremdherrschaft, sondern als umfassendes Wohlergehen des Volkes verstanden ist. S.

Frohbotschaft → Evangelium.

Fromm, Frömmigkeit. Unser Wort »f.«, das heutzutage ein Gefühl, eine innere Haltung gegenüber Gott umschreibt, bedeutete ursprünglich und noch zu Luthers Zeiten »tüchtig«, »rechtschaffen«. Dementsprechend steht es für Ausdrücke des Urtextes, die »redlich«, »gerade«, »rechtschaffen« (z.B. Ijob 1,1; Ps 37,14) oder »gottesfürchtig« (2Petr 2,9) oder »gerecht« (Lk 18,9) im Gegensatz zu »frevelhaft«, »gottlos« bedeuten und ein nach außen hin sichtbares Tun meinen. Allerdings ist weder die Verwendung des Wortes »f.« in der Lutherbibel einheitlich, noch stimmt sie mit dem Sprachgebrauch anderer Bibelübersetzungen überein. – Das hebr. Wort, nach dem sich eine Gruppe des späteren Judentums »Fromme« (→ »Chasidäer«) nannte, gibt die Lutherbibel meistens mit »Heilige« wieder. S.

Fronarbeit, der – im Gegensatz zur Sklaverei – für den König (d.h. für den »Staat« und nicht für einen Privatmann) und meistens nur auf Zeit geleistete Dienst, zu dem man Kriegsgefangene (z.B. Jes 31,8) oder unterworfene Völker (z.B. Richt 1,30), aber auch niedere Schichten des eigenen Volkes heranzog (1Kön 5,27; 11,28). S.

Frosch → Tierwelt.

Frucht, bildlicher Ausdruck für die Taten des Menschen (Jer 17,10; Mt 3,8; 7,16ff.). Der Mensch muß gute F. bringen (Mt 21,43), der Unfruchtbare fällt dem Gericht anheim (Lk 13,6ff.). Daß das Fruchtbringen eine Folge der Verbundenheit mit Christus ist, betont Joh 15,2ff. Paulus nennt das Tun des Guten eine F. des Geistes (Gal 5,22; Röm 6,22). Auch der Erfolg der Verkündigung wird als F. bezeichnet (Röm 1,13; Mk 4,3ff.). H.M.

Fruchtbarkeit. Die für das menschliche Wohlergehen notwendige F. des Landes und des Viehs und ebenso die F. des Menschen wurde in der Antike nicht als ein natürlicher Vorgang betrachtet, sondern auf das Wirken Gottes oder göttlicher Kräfte zurückgeführt. So war nach dem Glauben Israels der Kinderreichtum eine Folge der Segnung Gottes (1Mose 1,28) und wurde den Erzvätern stets von neuem zugesprochen (z.B. 1Mose 9,1; 26,4; 28,3). Kinderlosigkeit galt als Strafe Gottes.
Seitdem Israel in Palästina seßhaft wurde, lernte

es die Anziehungskraft der kanaan. Religion kennen, in der die kultische Verehrung von F.s-Gottheiten einen beherrschenden Rang einnahm. So fand der Kult der kanaan. F.s-Gottheiten → Baal, → Aschera und → Astarte bei den Israeliten Eingang. Konkrete Details über diesen Kult erfahren wir allerdings nur selten, z. B. den Brautritus der einmaligen Preisgabe an fremde Männer (Hos 4,13), wobei man die Jungfrauschaft der Gottheit opferte und dafür F. erwartete, oder den Umgang mit Tempeldirnen (z.B. 1Kön 14,24; nach 2Kön 23,7 hat es sogar im Tempel zu Jerusalem zeitweise Tempeldirnen im Dienst der Aschera gegeben); er wurde als kultische Handlung zu Ehren der F.s-Gottheit verstanden und sollte Anteil an deren Macht verleihen.
Mit dem Glauben Israels an Jahwe als den alleinigen Spender aller F. war der F.s-Kult unvereinbar, und deshalb wurde er von den Profeten, der Gesetzgebung und von einzelnen Königen (z.B. 1Kön 15,12–13; 2Kön 23,4–14) bekämpft. S.

Frühling → Jahreszeiten.

Fuchs → Tierwelt.

Fundamentalismus, eine gegen Ende des 19. Jh.s in den USA entstandene Richtung des Protestantismus, die gegenüber den Erkenntnissen der Naturwissenschaft und der historischen Forschung an der Meinung festhält, die Bibel sei irrtumslos und ihr Text den Verfassern von Gott wörtlich eingegeben (Verbalinspiration). Der F. versperrt einen unvoreingenommenen und kritisch fragenden Zugang zur Bibel. S.

Furcht Gottes, gewöhnlich »F. Jahwes«, Begriff der weisheitlichen Literatur, der allgemein das rechte sittliche Verhalten bezeichnet. »Die Jahwe fürchten« (häufig in den Psalmen) sind die Frommen, die Gottes Gebote halten, ihm vertrauen und von ihm beschützt werden. Vor allem im → Deuteronomium wird gefordert, »Jahwe zu fürchten«, d. h. seine Gebote zu halten. Mit diesen Begriffen wird also die Ehrfurcht vor Gott umschrieben, die sich im Gehorsam ihm gegenüber ausdrückt.
Im NT begegnet die Wendung meist als vom AT her vorgeprägte Formel im Sinne von → »fromm sein« (z. B. Lk 1,50; 1Petr 2,17; Offb 14,7). An einigen Stellen (Apg 10,2.22.35; 13,16.26) werden, einem Sprachgebrauch des Judentums folgend, heidn. Sympathisanten des jüd. Glaubens als → »Gottesfürchtige« bezeichnet. S./R.

Fürsprecher → Paraklet.

Fürst, Titel von Stammesführern und hohen Beamten. Mit »F.« übersetzt man verschiedene hebr. und griech. Begriffe. Im AT bezeichnet »F.« (*sar*) einen Offizier (2Sam 3,38) und hohe Beamte (Jes 1,23). F. (*nagid*) kann der König sein (1Sam 9,16) oder der Hohepriester (Dan 9,25). F. (*nasi*) ist schließlich der Herrscher des zukünftigen idealen Israel im Entwurf Ez 40–48. Der Titel ersetzt hier kritisch den des Königs. Dieser F.en-Titel kann auch auf Stammesführer angewandt werden (2Mose 22,27; 35,27).
Im NT bezeichnet »F.« (*hegemon* u. a.) politische Amtsträger (Mt 10,18), aber auch im übertragenen Sinne Christus (Apg 3,15) und den → Satan, der einmal der »F. dieser Welt« genannt wird (Joh 16,11). J. E.

Fuß. Die Bibel spricht von den »Füßen« oft bildhaft-übertragen, so in Ausdrücken wie »unter die Füße legen, fallen, treten«, womit die Unterwerfung und Übereignung von Personen und Sachen gemeint ist; ferner können die »Füße« für den eilenden Menschen selber (z. B. Jes 52,7) und als verhüllender Ausdruck für die Schamteile des Mannes (Jes 6,2; 7,20) stehen; »die Füße (mit dem Gewand?) bedecken« (Richt 3,24; 1Sam 24,4) heißt seine Notdurft verrichten. S.

Fußwaschung, nach Joh 13,1–17 Zeichenhandlung Jesu: Der Knechtsdienst, den Jesus in der Nacht vor seinem Tode seinen Jüngern leistet, ist einerseits Zusammenfassung seines gesamten Wirkens als Selbstpreisgabe für andere, andererseits Verpflichtung für die Jünger zu demütigem → Dienen aneinander. Die F. wurde später als Sinnbild der Taufe bzw. des Abendmahls gedeutet. Sie lebt in der kath. und in den orthodoxen Kirchen als sakramentale Handlung bis in die Gegenwart weiter. R.

G

Gabbata, nach Joh 19,13 der Platz, auf dem der Richtstuhl des Pilatus stand, wohl vor dem Herodespalast. H. M.

Gabe, Geschenk. Die G. ist Ausdruck verschiedener Gefühle wie Zuneigung, Mitleid, Dankbarkeit oder Ehrfurcht. So spricht z. B. das NT von den G.n Gottes, die er den Menschen aus Liebe verleiht. S.

Gabim → Gebim.

Gabriel, ein → Engel, der Daniels Vision deutet und die Schrift auslegt (Dan 8,16ff.; 9,21ff.). Im NT kündigt er die Geburt des Täufers und Jesu an (Lk 1,11ff.26ff.). H. M.

Gad. 1. Einer der zwölf Stämme Israels, der auf dem Gebirge nordöstlich des Toten Meeres wohnte. Als Ahnherr dieses Stammes gilt ein Sohn Jakobs mit der Silpa (1Mose 30,9–11). **2.** Ein Profet und Ratgeber Davids (2Sam 24,11). **3.** Ein Glücksgott (Jes 65,11), dessen Name mit dem semit. Wort für »entscheiden« zusammenhängt. S.

Gadara, hellenist. Stadt 10 km südöstl. des Sees Gennesaret, in neutest. Zeit zum Städtebund der → Dekapolis gehörig (Mt 8,28). R.

Gajus, häufiger lat. Vorname. Mehrere uns sonst unbekannte Personen in der Umgebung des Paulus (Apg 19,29; 20,4; Röm 16,23; 1Kor 1,14) sowie der Empfänger des 3. Johannesbriefes (3Joh 1) hießen G. R.

Galaterbrief, Schreiben des → Paulus an eine Gruppe von Gemeinden in der kleinasiat. Landschaft → Galatien, vermutlich während der 2. Missionsreise zwischen 51 und 54 n.Chr. in Ephesus oder Mazedonien verfaßt. Der G. ist ein Dokument von größter geschichtlicher und theologischer Tragweite: In ihm wird die auf dem → Apostelkonzil (48/49) prinzipiell den heidenchristl. Gemeinden zugestandene Freiheit vom jüd. → Gesetz verteidigt und bewährt. Der G. ist ein Kampfbrief, z.T. hart und aggressiv im Ton, durchsetzt mit funkelnder Ironie, aber zugleich getragen von leidenschaftlichem seelsorgerlichen Bemühen um die Aufhebung der zwischen Paulus und den Empfängern eingetretenen Entfremdung. Diese war ausgelöst worden durch Judenchristen, die – wohl unter Berufung auf die Autoritäten der Jerusalemer Urgemeinde – die galatischen Christen von der Notwendigkeit der Einhaltung des Gesetzes überzeugt und dabei offenbar gegen Paulus den Vorwurf erhoben hatten, er sei kein rechter Apostel und habe darum nicht das vollständige, das Gesetz mit enthaltende Evangelium gebracht. Paulus verteidigt sich dagegen, indem er zunächst die Echtheit und Gültigkeit seines Apostolats in einem historisch-biographischen Teil (Gal 1,1–2,21) und – damit zusammenhängend – die unmittelbare Herkunft seines Evangeliums von Christus betont: Die Jerusalemer haben beides ausdrücklich anerkannt, ja, sie haben ihm sogar die gesetzesfreie Heidenmission grundsätzlich zugestanden (Gal 2,7). Der in Gal 3,1–5,12 folgende dogmatisch-schriftgelehrte Teil begründet die Gesetzesfreiheit als dem Wesen des Evangeliums gemäß. Der Geist wird nicht aus Gesetzeswerken, sondern aus der Glauben wirkenden Predigt empfangen (Gal 3,2), denn Christus hat durch seinen Tod am Kreuz das Gesetz als Heilsweg endgültig ausgeschaltet (Gal 3,10–14). Jetzt gilt nicht mehr die Knechtschaft unter dem Gesetz, sondern die Freiheit der Kinder Gottes (Gal 5,1). Hinter sie darf der Glaubende nicht mehr zurückfallen. Der ermahnende Schlußteil (Gal 5,13–6,10) gibt Beispiele für einen christl. Gehorsam, der nicht am Gesetz, sondern am Gebot der Liebe orientiert ist. R.

Lit.: H. Schlier, Der Brief an die Galater, [12]1960; F. Mußner, Der G., 1974; J. Becker / H. Conzelmann / G. Friedrich, Die Briefe an die Galater, Epheser, Philipper, Kolosser, Thessalonicher und an Philemon, [13]1975 (NTD 8); W. G. Kümmel, Einleitung in das NT, [18]1976, 256–266.

Galatien, Landschaft im mittleren → Kleinasien, in der Gegend des heutigen Ankara, in röm. Zeit von Kelten besiedelt. Später übertrug man den Namen auf den weit größeren Bereich der röm. Provinz G., die auch die südl. Landschaften Pisidien und Lykaonien umfaßte. Die Gemeinden, an die Paulus sich im → Galaterbrief wendet, sind zweifellos in der Landschaft G. zu suchen (vgl. Apg 16,6; 18,23). R.

Galban/Galbanum → Pflanzenwelt.

Galiläa (hebr. *haggalil,* vermutlich abgeleitet von *g^elil-haggojim* »Kreis der Völker«, Jes 8,23), Landschaft im nördl. → Palästina, zwischen dem See Gennesaret und der Küstenebene, ursprünglich Siedlungsgebiet der Stämme Ascher, Sebulon und Naftali. G. hat seiner ganzen Lage nach für die Geschichte Israels nie eine hervorragende Rolle gespielt. 733 v.Chr. wurde es durch Tiglat-Pileser erobert und Teil der assyr. Provinz Megiddo, wobei die jüd. Bevölkerung stark dezimiert wurde. Von den → Hasmonäern zurückerobert (104 v.Chr.), wurde G. in starkem Maße rejudaisiert, u.a. durch eine Einwanderungsbewegung aus Judäa. Unter der Herrschaft → Herodes' d.Gr. und seines Sohnes Herodes Antipas (4 v. – 39 n.Chr.) lebten in der wirtschaftlich prosperierenden Provinz neben streng jüd. auch starke hellenist.-heidn. Bevölkerungsgruppen. Die sich daraus ergebenden Spannungen führten dazu, daß G. zur Zeit Jesu zur Basis militant-nationalistischer jüd. Gruppen (→ Zeloten) wurde. R.

Galiläisches Meer → See Gennesaret.

Gallio, Prokonsul der das südl. Griechenland umfassenden röm. → Provinz Achaia, 51/52 oder 52/53 n.Chr. Dieses Datum, in einer in Delphi gefundenen Inschrift, der sog. Gallio-Inschrift, enthalten, ist der zentrale Fixpunkt für die Chronologie des Urchristentums, denn es erlaubt aufgrund von Apg 18,12–17 den ersten Aufenthalt des Paulus in Korinth zu datieren und von da aus durch Kombination nach vorwärts und rückwärts eine relative Chronologie der Paulinischen Missionstätigkeit zu erschließen. R.

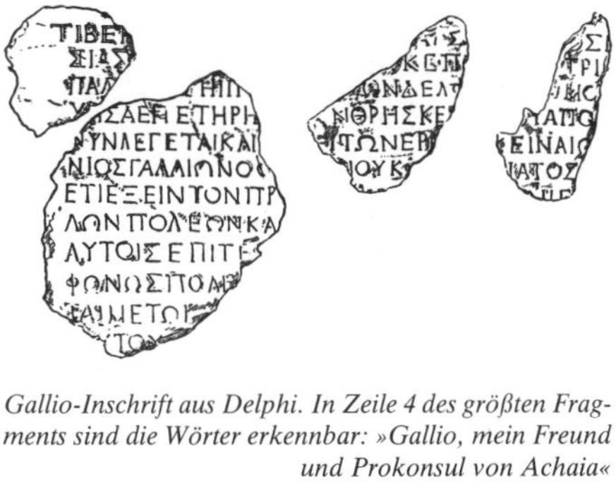

Gallio-Inschrift aus Delphi. In Zeile 4 des größten Fragments sind die Wörter erkennbar: »Gallio, mein Freund und Prokonsul von Achaia«

Gamaliel, eigtl. Rabban Gamliel d.Ä., berühmter pharisäischer Schriftgelehrter, Enkel des Rabbi → Hillel. Er wird zweimal in der Apostelgeschichte erwähnt: Apg 5,34ff. als Fürsprecher für die Apostel vor dem Hohen Rat, Apg 22,3 als Lehrer des Paulus. Beide Angaben sind in ihrer Historizität umstritten. R.

Ganzopfer → Opfer.

Garbe, ein Ährenbündel (1Mose 37,7) oder ein kurz abgeschnittenes Ährenbüschel (z.B. Ijob 24,10). S.

Garizim, *der,* Berg von etwa 870 m Höhe, der, dem → Ebal gegenüberliegend, das Tal von → Sichem nach Südwesten abschließt und schon vorisraelit. kultische Bedeutung hatte. Zwischen 1650 und 1550 v.Chr. stand hier in der späten Mittelbronzezeit ein quadratischer → Tempel. Nach deuteronomistischer Theologie sind G. und Ebal Orte der Segens- und Fluchzeremonie eines Bundesschlusses in Sichem (5Mose 11,29; 27,12; Jos 8,33). Aus hellenist. Zeit sind Reste eines Tempels nachweisbar, der wohl kultisches Zentrum der → Samaritaner in Sichem war. Er wurde 128 v.Chr. von dem → Hasmonäer Johannes Hyrkanus zerstört. Noch heute ist der G. kultisches Zentrum der Samaritaner, auf dem sie alljährlich das Passa darbringen. Auf den Fundamenten des samaritanischen Tempels ließ → Hadrian einen röm. Zeustempel errichten. In byzantin.-christl. Zeit wurden auf dem G. eine Kirche und Festungsanlagen erbaut. O.

Garten. Im Alten Orient wurde die G.-Kultur seit jeher gepflegt, sofern die Bewässerungsverhältnisse des Landes und der soziale Stand der Bewohner es erlaubten. Der G. diente dem Anbau von Nutzpflanzen wie Gemüse und Obst und auch von Blumen. Er war das Ideal irdischen Daseins, so daß man sich den glückseligen Zustand als Leben in einem G. vorstellte (→ Paradies). S.

Gastfreundschaft. Der Reisende war in der Antike vielfach auf die G. angewiesen, die ihm un-

entgeltlich Unterkunft und Verpflegung bot. Sie zu verweigern galt als Schande (Ijob 31,32), sie zu verletzen als Frevel, den man sogar auf Kosten der Familie abzuwenden suchte (1Mose 19,5–8; Richt 19,22 ff.).
G. spielt im NT eine große Rolle. Jesus ist der Gastgeber bei den freudigen Mahlzeiten, die er mit seinen Anhängern hält und in denen das Heil des Reiches Gottes vorweggenommen wird (Mk 6,41ff.; 8,6–9); er charakterisiert seine Sendung zusammenfassend als Tischdienst des Sklaven an den geladenen Gästen (Lk 12,37; 22,27; Joh 13,2–17). Seine Einladung und sein Tischdienst bleiben wirksam in der Feier des → Abendmahls. Die Gemeinde, die seine G. genießt, ist verpflichtet, sie weiterzugeben. So gilt G. als ein zentrales Liebeswerk (Röm 12,13; Hebr 13,2). Im Fremden wird Jesus selbst bewirtet (Mt 25,35–40). S./R.

Gat, eine der fünf Hauptstädte der Philister. David war anfangs Lehnsmann des Königs von G. (1Sam 27). Rehabeam baute die unter David jud. gewordene Stadt zur Festung aus (2Chr 11,8). G. ist am ehesten mit *tell es-safi* zu identifizieren. S.

Gattungen → Erzählungsarten, → Formgeschichte, → Bibelkritik.

Gau, Verwaltungsbezirk. Unter Salomo war Israel, der Nordteil des Reiches, in zwölf G.e gegliedert (1Kön 4,7–19). Aus Jos 15,21–62 läßt sich ferner eine G.-Einteilung Judas entnehmen. S.

Gaza, Stadt in Südpalästina, im Altertum ein bedeutender Handelsplatz. Die kanaan. Stadt wurde im 16. Jh. v.Chr. ägypt. und im 12. Jh. den Philistern überlassen. Sie war die südlichste und führende der fünf Hauptstädte der Philister. Eine Hochblüte erlebte G. in der Perser- und dann in hellenist. Zeit. S.

Gazara/Gazer → Geser.

Gazelle (griech. *dorkas*), Erklärung des aram. Namens *tabita* in Apg 9,36 (→ Tierwelt). R.

Geba, Ort nördl. von Jerusalem (2Kön 23,8; Jes 10,29), wo zur Zeit Sauls eine Auseinandersetzung mit den Philistern stattfand (1Sam 14,5). S.

Gebal. 1. → Byblos. **2.** Arab. Stamm (Ps 83,8). S.

Gebbethon → Gibbeton.

Gebein, das menschliche Skelett. Der Ausdruck »G. und Fleisch« bezeichnet enge Blutsverwandtschaft (z. B. Richt 9,2). S.

Gebet. 1. Im AT – 2. Im NT.
1. Das Gebet als Zwiesprache der Seele mit Gott ist dem vorprofetischen Israel noch unbekannt. Was heute G. heißt, verteilt sich auf verschiedene Gattungen. a) Der einzelne, der in eine Notlage gerät, vermag überall und jederzeit zu seinem Gott zu schreien (2Sam 15,31; Richt 16,28); das geschieht durch eine Art Stoßseufzer mit andringendem Imperativ und prosaischer Rede. b) Als wirksamer gilt ein poetisch formuliertes individuelles oder kollektives → Klagelied, das mit Orientierung zum Heiligtum hin oder am Heiligtum selbst, begleitet vom Brandopfer, vorgebracht wird. Hier wird Schilderung der Not mit konkreten Bitten um göttliches Eingreifen in typisierten Sprachmustern (Psalmen) verbunden. Anliegen ist Erhalt oder Wiedergewinnung des Lebens. In den Konfessionen Jeremias findet diese Art des G.s ihren ergreifendsten Ausdruck. c) Wo Not auf eigenes Versagen zurückgeht, mag ein → Sündenbekenntnis genügen (2Sam 12,13), um Wende herbeizuführen (meist wird es mit (a) oder (b) gekoppelt). d) Das → Gelübde ist eine weitere Weise, göttlichen Beistand herbeizurufen (Richt 11,30ff.). – Ist eine Not gewendet oder drohende Gefahr beseitigt, wendet sich der fromme Israelit wiederum in besonderen Formen an seinen Gott. e) Spontan und im Prosastil geschieht Segnung Gottes (dt. meist »gelobt sei Gott«, z. B. 1Kön 10,9). f) Feierlicher ist die Darbringung eines poetischen → Dankliedes am Heiligtum zusammen mit einem Opfermahl (Lied wie Opfer werden hebr. als *toda* zusammengefaßt). Doch »danken« ist, hebr. gedacht, nur als Loben in der Öffentlichkeit sinnvoll. Bei der Rettung des Volksganzen wird deshalb g) ein → Hymnus benutzt, eine Gattung, die vom Rühmen einer konkreten Wohltat Gottes zur Akklamation seiner Heilsgeschichte übergeht. – Neben diesen auf konkrete Anlässe bezogenen G.s-Arten bildet sich h) im → Vertrauenslied Jerusalemer Tempelsänger eine besondere Weise der Versenkung in Gott

aus (Ps 23; 73; 131), die später in christl. und jüd. Mystik weitergeführt wird.
G.s-Haltungen sind Proskynese (liegend mit dem Gesicht den Boden berühren), Knien, stehend die Hände ausbreiten; Händefalten ist noch unbekannt. In Notlagen ist es von Gewinn, wenn ein zur Fürbitte befähigter Gottesmann, ein Profet oder Priester, das eigene Anliegen Gott vorträgt.
In nachexilischer Zeit ändern sich die Formen des G.s. Drei tägliche G.s-Zeiten mit besonderen Kleidungsstücken (→ G.s-Riemen) und festen G.s-Formularen (→ Achtzehngebet) werden üblich. Klage, Sündenbekenntnis und Lob werden jetzt oft in der gleichen Rede zusammengefaßt, die individuelle Situation in der Heilsgeschichte verankert (Jdt 9; vgl. Esr 9).
Aus den Nachbarkulturen, vor allem aus Babylonien, sind uns tiefempfundene G.e überkommen, die meist Klage und Hymnus miteinander vereinigen. Die israelit. G.s-Sprache ist davon beeinflußt. Doch die israelit. Texte zeichnen sich dadurch aus, daß sie sich nur an einen Gott wenden und auf schmeichelnde Aufzählungen von Titeln der Gottheit verzichten, stärker das menschliche Anliegen in den Vordergrund rükken. Der Israelit schüttet im G. seine Gefühle rückhaltlos und ohne fromm domestizierte Sprache aus. So gibt er seinem Haß und seiner Rachsucht gegen Feinde ebenso unverblümt Ausdruck, wie er seinem Gott Vorwürfe ins Gesicht schleudert bis hin zur Unterstellung von betrügerischen Absichten (Jer 15,15ff.).
2. Für das Verständnis des G.s im NT erweisen sich G.s-Auffassung und G.s-Praxis Jesu als bestimmend. Die Evangelien berichten häufig vom Beten Jesu (z.B. Mk 1,35–38; 14,35ff.; 15,34; Lk 3,21; 6,12; 9,28) und deuten es als Ausdruck seiner unvergleichlichen Nähe zu Gott. In Jesu Beten steht nicht die Bitte im Vordergrund, sondern das Einswerden mit dem Willen Gottes (Mk 14,35f.; Joh 12,27f.). Dem entspricht in gewisser Weise die G.s-Anleitung, die Jesus seinen Jüngern gegeben hat in Gestalt des → Vaterunsers (Lk 11,2–4; Mt 6,9–13), das zum normativen Modell allen christl. Betens geworden ist. Jesus erlaubt den Jüngern, Gott als »Vater« anzureden, d.h. mit ihm als dem unmittelbar Nahen Zwiesprache zu halten. Gott ist nicht ein fernes, herrscherliches Oben, dessen Ohr der Mensch, wenn überhaupt, so nur in einer zeremoniösen Formelsprache gewinnen könnte, sondern er ist das unmittelbar nahe, helfende Du, zu dem der Jünger so vertrauensvoll mit seinen Anliegen kommen darf wie das Kleinkind zu seinem Vater (Lk 11,8–13). Nichts ist zu gering, als daß es nicht im G. vor Gott gebracht werden dürfte. Zugleich weist Jesus seine Jünger allerdings an, im G. ihre persönlichen Sorgen und Nöte in den übergreifenden Rahmen des Heilswillens Gottes zu stellen. Die Bitten um das Kommen des → Reiches Gottes und die Durchsetzung seiner Herrschaft stehen im Vaterunser programmatisch voran, und zwar nicht im Sinn eines passiven Einwilligens in den übermächtigen Willen Gottes, sondern im Sinn einer aktiven Anteilnahme des Jüngers an Gottes Handeln und Geschichtsplan: Die Jünger können und sollen um die Durchsetzung der Sache Gottes bitten, weil sie zugleich die ihre ist.
Die G.s-Sitten und G.s-Formen des Judentums wurden im Urchristentum wenigstens z.T. beibehalten. Regelmäßige G.s-Zeiten (Apg 3,1; 10,30) galten als ebenso selbstverständlich wie feste Gebetshaltungen (Knien: Eph 3,14; Aufheben der Hände: 1Tim 2,8). Das klassische G.-Buch blieben die Psalmen. Innerhalb des sich allmählich entwickelnden christl. → Gottesdienstes bildeten sich daneben auch neue liturgische G.e heraus, u.a. → Hymnen (z.B. Phil 2,6–11; Kol 1,15–20; 1Tim 3,16) und kurze Lobsprüche (Doxologien, z.B. Röm 11,36; Gal 1,5; Phil 4,20; Offb 1,6). Von besonderer Bedeutung war der gottesdienstliche G.s-Ruf → Maranata (1Kor 16,22; Offb 22,20), mit dem die Gemeinde beim → Abendmahl die baldige Wiederkunft Jesu zur → Parusie erflehte, denn er stellt die älteste Form eines sich an Jesus richtenden G.s dar.
Im übrigen aber ist Gott – nicht Jesus – der Adressat des urchristl. G.s. Der Bedeutung Jesu für das Beten der Christen wird allerdings dadurch Rechnung getragen, daß man sich »in seinem Namen« an Gott wendet (Joh 14,13f.; 15,16; 16,23.26; Eph 5,20). In Jesu Namen bitten bedeutet, zugleich unter Berufung auf die durch ihn und sein Heilswerk erschlossene Nähe zu Gott bitten und in Einklang mit seinem Willen bitten. Vereinzelt klingt auch die Vorstellung an, daß Jesus der himmlische Mittler ist, durch den die G.e der Christen vor Gott gebracht werden (Hebr 4,16; 7,25; 10,19). Und zwar dürfte hier der eigentliche Ansatzpunkt für die spätere Entwicklung des G.s zu Jesus liegen.
Ein wichtiger Unterschied zum AT besteht dar-

in, daß das NT dem Geist Jesu gemäß an die Stelle des G.s um Bestrafung und Vernichtung der Feinde das G. um Gottes Vergebung für sie treten läßt (Mt 5,44; Lk 23,34; Apg 7,60). K./R.

Lit.: C. Westermann, Lob und Klage in den Psalmen, [6]1983; R. Gebauer, Das G. bei Paulus, 1990.

Gebet des Angeklagten → Psalmen, → Klagelied.

Gebet des Asarja → Asarja, Gebet des.

Gebet des Herrn → Vaterunser.

Gebetsriemen. Aufgrund der – ursprünglich bildhaften – Gebote 2Mose 13,16; 5Mose 6,8; 11,18 entwickelte das Judentum den Brauch, jene Gebote auf Zettel zu schreiben, sie in Kapseln zu verschließen und diese mit Riemen an Stirn und Hand zu tragen (Mt 23,5). S.

Gebim, in Jes 10,31 als Station auf dem Anmarschweg der Assyrer genannter Ort nördl. von Jerusalem. S.

Gebirge Efraim, Teil des westjordan. Berglandes, zwischen der Jesreelebene und Bet-El (→ Palästina). S.

Gebirge Juda, der südl. Teil des westjordan. Berglandes, östl. des Toten Meeres (→ Palästina). S.

Gebot, Verbot. Unser Wort »G.« meint eine religiöse oder sittliche Vorschrift und wird zur Wiedergabe mehrerer Begriffe des bibl. Urtextes verwendet; ein unserem »V.« entsprechendes Wort kommt in der Bibel nicht vor. Als Begriffe der Formgeschichte bezeichnen »G.« und »V.« formelhafte Sätze der kultisch-rechtlichen Sprache des AT; das Befehlselement dieser Formeln übersetzt man gewöhnlich mit »Du (ihr) sollst (sollt) ...« und »Du (ihr) sollst (sollt) nicht ...«. Die V.e erscheinen meistens in Gestalt des »apodiktischen (d.h. Widerspruch ausschließenden) V.s« und sind häufig zu Reihen zusammengestellt, deren bekannteste der → Dekalog ist. S.

Gebrechen, Körperfehler. Das G. machte kultunfähig; der Priester und das Opfertier durften kein G. haben (3Mose 21,17–21; 22,20–25). S.

Geburt Jesu, im NT relativ selten erwähnt: Markus, der älteste Evangelist, schweigt von ihr und setzt erst mit Jesu Taufe ein. Paulus erwähnt sie lediglich beiläufig, um auf die jüd. Herkunft Jesu (Röm 1,3) bzw. auf seine Gebundenheit an menschliches Geschick (Gal 4,4) hinzuweisen. Nur Matthäus und Lukas erzählen ausführlicher von Jesu G. und Herkunft, und zwar in stark legendarischer Form. Ihre in Einzelheiten weit voneinander abweichenden Darstellungen sind vom Glauben der Gemeinde, nicht jedoch von historischen Erinnerungen geprägt und mit alttest. Motiven durchsetzt: Sie wollen die Bedeutung Jesu bereits an seinen Anfängen aufzeigen. Mt 1–2 schildert, in Analogie zur Kindheitsgeschichte des Mose, die wunderbare Rettung des Jesuskindes vor seinen Feinden und stellt der Verwerfung Jesu durch sein Volk in der Episode von den Magiern aus dem Morgenland seine Annahme durch die glaubenden Heiden gegenüber. Lk 1–2 zeichnet Jesus als den, der Gottes Verheißung erfüllt, indem er seine Geburt der Johannes' des Täufers gegenüberstellt und sie, analog zu alttest. und antiken Legenden über die Herkunft großer Männer, als übernatürlichen Vorgang schildert (→ Jungfrauengeburt).
Historische Gründe sprechen dafür, daß die G. J. bereits um 4 v. Chr. stattfand. Eine genauere Datierung ist jedoch unmöglich. Erst seit der Mitte des 3. Jh.s wurde in der abendländ. Kirche der 25. Dezember, ursprünglich der Tag des Sonnengottes (*sol invictus*), als Fest der G. J. begangen. (→Kindheitsgeschichten.) R.

Lit.: M. Dibelius, Jungfrauensohn und Krippenkind, in: Botschaft und Geschichte I, 1953, 1–78; A. Vögtle, Messias und Gottessohn, 1971.

Geburt und Namengebung. Die G. eines Kindes, zumal die eines Sohnes, war ein bedeutendes Ereignis im Leben der Familie. Bei der im antiken Orient meistens nicht schwierigen Entbindung – wie es für nicht hochzivilisierte Völker typisch ist – wurde der Mutter gelegentlich durch Hebammen (z.B. 1Mose 38,28) oder befreundete Frauen (z.B. 1Sam 4,20) geholfen; nach der G. blieb die Mutter längere Zeit unrein (3Mose 12). Unmittelbar nach der G. – spätestens bei der → Beschneidung (Lk 1,59; 2,21) – erhielt das Kind einen Namen, der sowohl vom Vater (z.B. 1Mose 16,15) als auch von der Mutter (z.B. 1Sam 1,20) bestimmt werden konnte. S.

Geburtstagsfeier. Private G.n waren in der bibl. Welt unbekannt. In hellenist. Zeit feierte man den Geburtstag des Königs (Mt 14,6), wie schon von alters her in Ägypten den Krönungstag (dieser ist wohl mit dem »Geburtstag« des Pharao in 1Mose 40,20 gemeint). S.

Gecko → Tierwelt.

Gedalja, Mitglied einer bedeutenden jud. Beamtenfamilie, der 587/586 v. Chr. nach der Eroberung Jerusalems von Nebukadnezzar zum Statthalter in Juda eingesetzt, aber schon nach zwei Monaten ermordet wurde (Jer 40–41). G. stand wie seine ganze Familie dem Profeten Jeremia nahe. S.

Gedenkopfer → Opfer.

Gedeon → Gideon.

Geduld. Im AT erscheint der hebr. Ausdruck *äräch appajim*, den die Lutherbibel mit »geduldig«, die Zürcher Bibel mit »langmütig« übersetzt, einerseits in der formelhaften Gottesprädikation, daß Jahwe »barmherzig und gnädig, geduldig und von großer Güte« ist (z.B. 2Mose 34,6; Ps 103,8; 145,8; Jon 4,2) und darum Schuld vergibt, andererseits in den Mahnungen der Weisheitsliteratur (z.B. Spr 14,29; 15,18) und bezeichnet hier den, der abwarten kann, im Gegensatz zum Zornigen. Diesem hebr. Begriff entspricht im NT das griech. Wort für »Langmut«, *makrothymia* (z. B. Röm 9,22; Gal 5,22; 1Thess 5,14; 1Petr 3,20; die Lutherbibel übersetzt fast durchweg mit »G.«), während das griech. Wort für »G.«, *hypomone*, die auf Gott vertrauende Standhaftigkeit im Leiden (z.B. Röm 5,3–4; 8,25; 2Kor 12,12), die Bewährung des Glaubens in der Nachfolge Jesu (Hebr 12,1–3) meint. S.

Gefangenschaft, Babylonische → Exil.

Gefangenschaftsbriefe, Bezeichnung für die Briefe an die Epheser, Philipper, Kolosser und an Philemon, die nach ihren eigenen Angaben von → Paulus in Gefangenschaft verfaßt wurden. Eindeutig echte Paulusbriefe sind von ihnen nur der → Philipperbrief und der → Philemonbrief, die vermutlich beide um 60 n. Chr. in der Gefangenschaft des Paulus in Rom entstanden sind. R.

Gefängnis. Die G.-Strafe wird in den Gesetzen des AT nicht erwähnt. Im Spiegel der Überlieferung diente sie in der Königszeit vor allem dazu, die Wirksamkeit unliebsamer Profeten zu unterbinden (1Kön 22,27; 2Chr 16,10; Jer 29,26). Aus späterer Zeit ist der Freiheitsentzug als Untersuchungshaft (3Mose 24,12; 4Mose 15,34) und Strafe (Esr 7,26) bei religiösen Vergehen bezeugt. Ein eigenes Gebäude scheint das G. in alttest. Zeit noch nicht gewesen zu sein, sondern man verwendete z. B. ein Gelaß im Stadttor (Jer 20,2) oder eine leere Zisterne (Jer 37,16; 38,6).
Im röm. Reich gab es ein einheitlich geordnetes G.-Wesen. Staatliche G.se befanden sich vor allem in den Residenzen der Provinzstatthalter. So dürfte sich → Paulus als Untersuchungsgefangener im Amtssitz des Prokurators Felix in Cäsarea befunden haben (Apg 24f.). Vielfach war die Haft milde; es war möglich, Gefangene zu besuchen (Mt 11,2; 25,36). Paulus war nach seiner Ankunft als Gefangener in Rom lediglich unter Hausarrest gestellt (Apg 28,30).
Bildlich wird im NT mit »G.« der mit dem Kommen Jesu beendete Zustand der Unerlöstheit bezeichnet (Lk 4,18; 1Petr 3,19). S./R.

Gehasi, Diener des Profeten Elischa (2Kön 4,8–37; 8,1–6), nach 2Kön 5,19–27 wegen seiner Gewinnsucht mit Aussatz bestraft. S.

Geheimnis. Der bibl. Offenbarungsglaube geht davon aus, daß Gott nicht auf besonderen, hinter die Gegebenheiten von Natur und Geschichte zurückführenden Erkenntniswegen gefunden werden kann, sondern sich allein durch seine Selbstzuwendung zu den Menschen erschließt (5Mose 29,28; Ijob 13,10). Und zwar wurde diese → Offenbarung als Handeln Gottes erfahren, durch das er bislang Geheimes erschließt und dem Menschen zu klarer Orientierung in der ihn umgebenden Wirklichkeit verhilft. In diesem Sinne will die → Apokalyptik Enthüllung der G.se der von Gott bestimmten Geschichte sein (Dan 2,28f.47; Offb 10,7).
Im NT gilt die Erscheinung Jesu als die Enthüllung des G.ses des → Reiches Gottes (Mk 4,11 par). Der an Gott Glaubende darf gewiß sein, daß er ihm kein G. mehr vorenthält (Röm 11,25) und sein Heilswille ohne Abstrich in die Geschichte eingegangen ist. Dieser Ansatz schied das Christentum radikal von den → Mysterienkulten. R.

Gehenna → Hölle.

Gehorsam. Das Hebräische verwendet für »gehorchen« dasselbe Wort wie für »hören« (*schama*), und im Griechischen hängen beide Wörter (*akuein* »hören«; *hypakuein* »gehorchen«) zusammen, ähnlich wie auch im Deutschen. Dementsprechend läßt sich die Grundbedeutung von »G.« bestimmen als das Hören innerhalb eines Verhältnisses von Über- und Unterordnung. Für das AT ist G. gegenüber Gott zunehmend das Halten der Gebote bzw. des → Gesetzes.
Umfassender ist die Sicht im NT: G. ist hier das bedingungslose Anerkennen des Heilswillens und der Liebe Gottes unter Preisgabe aller Versuche des Menschen, aus sich selbst und im Widerstand gegen Gott zu leben. Leitbild ist dabei der G. Jesu Christi, der sich in liebender Hingabe für die Menschen erfüllt (Röm 5,19; Phil 2,8; Hebr 5,8). G. und → Glaube hängen eng miteinander zusammen (Röm 1,5), ja sind vielfach nahezu gleichbedeutend (Röm 6,16; 16,19).
Den zahlreichen Aussagen des NT, die G. im zwischenmenschlichen Bereich fordern, z. B. G. des Sklaven gegenüber seinem Herrn (Kol 3,22; Eph 6,5), der Ehefrau gegenüber dem Mann (1Petr 3,6) und des Bürgers gegenüber der Regierung (Röm 13,1), wird man nur dann gerecht, wenn man erkennt, daß hier das dem G. übergeordnete Motiv die Liebe Christi ist, die den Menschen an den Nächsten weist. S./R.

Geier → Tierwelt.

Geißel, ebenso wie »Peitsche« ein zusammenfassender Ausdruck für mehrere Züchtigungs- oder Marterinstrumente aus verschiedenem Material (Zweige, Lederriemen oder Binsenseile), der auch als Bild für Heimsuchung verwendet wird (Jes 10,26). S.

Geist. 1. Im AT – 2. Im NT.
1. Mit »G.« wird in dt. Bibeln hebr. *ruach* wiedergegeben, das an anderen Stellen mit »Odem, Lebenshauch« oder »Wind« übersetzt wird. Der Horizont dieser G.-Vorstellung reicht also weiter als ein abendländ. G.-Begriff, der nur das intellektuelle Vermögen des Menschen bezeichnet; für diese rein anthropologische Größe wird hebr. *leb* »Herz« benutzt. Die leitende Vorstellung bei *ruach* ist »bewegte Luft« als aufbauendes zielgerichtetes Energiequantum. M. Buber übersetzt deshalb stets »Geistbraus«. Atem entspricht in seiner Stärke oder Schwäche menschlicher Aktivität überhaupt. Atembewegungen gelten deshalb als Symptome der Gemütsverfassung. An *ruach* »kurz« ist der zornige, »lang« der geduldige, »klein« der demütige, »bitter« der verbitterte Mensch. Ein solches Atemgemüt ist Lebenskraft für den Menschen schlechthin, sie verschwindet bei Handlungsunfähigkeit und vor allem im Tod, kehrt durch Essen und Trinken zurück oder dort, wo ein Verzagter wieder Mut faßt. Einen solchen G. besitzen nicht nur Menschen, sondern auch Tiere.
Weil der Atem und Wind zielgerichtet gedacht werden, haben sie einen besonderen Bezug zum Herz als dem Sitz des intellektuellen Vermögens. Hier ist zugleich das Zentrum menschlicher Aktivität. Wird das Herz von »Geistbraus« erfüllt, kommt es zum Entschluß und folgerichtigen Tun. Spezielle Einsichten können ihm als → Weisheit durch einen besonderen G.-Strom vermittelt werden. Wie der Wind jedoch auch zerstörerisch wirken kann, gibt es negativen G. der Eifersucht, Hurerei u. ä., die ins Herz eindringen und es in falscher Richtung motivieren. Der Psalmist aber bittet um den Geist der Heiligkeit, Spontaneität und Verläßlichkeit (Ps 51,12–14), damit er mit seinem Denken und Tun in der Nähe des göttlichen Angesichts bleibt.
Atem ist von Wind nicht zu trennen, dieser ist nichts anderes als ein Teil des göttlichen Atems. Deshalb ist *ruach* das Göttliche in jedem Lebewesen und Gott »der Herr der G.er alles Fleisches« (4Mose 16,22). Zieht er seinen G. ein, verenden Tiere und Menschen, sendet er ihn wieder aus, werden sie neu belebt (Ps 104,29f.). Doch der als Atem gesandte G. ist nur die schwächste Art, in der Gott seine *ruach* den Menschen zukommen läßt. Ein weitaus stärkerer »Geistbraus« wird dort erkannt, wo Gott besonders ausgewählte Menschen mit stärkeren Formen seines G.es punktuell oder dauernd umkleidet. Ein von Gott zu bestimmtem Anlaß gesandter G. steht hinter aller Kraft des Außerordentlichen, die sich in israelit. Menschen zeigt und für die Gemeinschaft positiv auswirkt. Insbesondere die charismatischen Heerführer der Frühzeit (→ Richter) sind, vom G. angestoßen, zu übermenschlichen Siegestaten fähig, Simson sogar zum Zerreißen eines Löwen (Richt 14,6). In der Königszeit wird diese Vorstellung auf den Regenten übertragen: Auf ihm ruht dauernd G., und dieser G. wird immer stärker intellektuell als physisch aufgefaßt (Jes 11,2). Werden Profeten

vom G. angestoßen, geraten sie in Verzückung (1Sam 10,5–13) und beginnen Gottes eigenes Wort weissagend auszurufen. So sind besondere G.-Formen Organe der göttlichen Geschichtsgestaltung, zu denen gelegentlich auch ein böser G. gehören kann (1Kön 22,21). G. in verschiedener Stärke und Form ist ständig zwischen Gott und den Menschen, vor allem Israel, hin und her in Bewegung. Doch auch bei auserwählten Menschen ist G. nur in schwachen Mengen anwesend, jeder Mensch bleibt hauptsächlich Fleisch, d.h. schwach und letztlich ohnmächtig. Allein göttliche Wesen sind ganz und gar *ruach* (Jes 31,3). Die eschatologischen Ausblicke der Profeten erwarten eine neue intensive Begabung menschlicher Herzen mit G. zur Gewähr einer Veränderung der Verhältnisse zum Besseren (Ez 36,25–27; Joel 3). Die Spätzeit weiß dann von einem spezifischen heiligen Geist, der dem Frommen zukommt (zuerst in der → Weisheit Salomos). Sie rechnet mit übermenschlichen G.ern, die über Naturerscheinungen walten, aber auch mit G.ern der Verstorbenen, die im Himmel weiterleben bis zur Auferstehung (→ Henoch).

2. Die Aussagen über den G. im NT gehen auf zwei ursprünglich voneinander getrennte Wurzeln zurück. Eine von ihnen ist die alttest. G.-Vorstellung: G. als Gottes Kraft zu außergewöhnlichem Handeln. Die andere ist griech. geprägt: G. (*pneuma*) ist nach hellenist. Verständnis ein übernatürliches Fluidum, das die Menschen, die es erfüllt, mit der Sphäre des Göttlichen verbindet, ja, es kann sogar gleichgesetzt werden mit dieser Sphäre. Einzelne G.-Aussagen des NT lassen sich der einen oder der anderen dieser Wurzeln zuordnen, vielfach jedoch ist eine Synthese zwischen beiden zu konstatieren.

a) Eine Kategorie für sich bilden die relativ spärlichen anthropologischen G.-Aussagen: G. ist hier der Inbegriff der psychischen Funktionen des Menschen (z.B. 1Kor 7,34; 2Kor 7,1), sein Selbstbewußtsein (1Kor 2,11), ja, es kann sogar in den Schlußformeln der Paulusbriefe als feierliche Umschreibung der 1. Person verwendet werden (»mit unserem Geiste« = mit uns, Gal 6,18; Phil 4,23; Phlm 25).

b) Jesus hat kaum vom G. gesprochen. Authentisch ist allenfalls die Zusage an seine Jünger, daß Gottes G. ihnen in kritischen Situationen beistehen werde (Mk 13,11). In der seine Erscheinung deutenden Überlieferung wurde er jedoch als Träger des G.es dargestellt: Bei seiner Taufe kommt der in Israel als erloschen geglaubte G. über ihn und löst damit den Beginn seines öffentlichen Wirkens aus (Mk 1,10–12; vgl. 3,29f.). Spätere Überlieferung betont darüber hinaus, daß Jesus bereits vom Beginn seiner irdischen Existenz an Träger des G.es war: So will die Geschichte von der Zeugung Jesu aus dem G. sagen, daß sein Leben in einzigartiger Weise aus der Sphäre Gottes hervorgegangen sei (Lk 1,35).

c) Bestimmend für das G.-Verständnis der Urgemeinde war die Gewißheit, daß mit der → Auferstehung Jesu die Endzeit angebrochen und die profetische G.-Verheißung erfüllt sei. Der erste Durchbruch dieser G.-Erfahrung ereignete sich an → Pfingsten (Apg 2,1–13); er scheint mit ekstatischen Erlebnissen verbunden gewesen zu sein. Vor allem aber wurde die Fähigkeit zur öffentlichen Bezeugung der Heilsbotschaft von Jesus auf die G.-Begabung zurückgeführt (Apg 2,18). Daß dieses urgemeindliche G.-Verständnis noch stark von der alttest. Wurzel bestimmt war, kommt in Berichten zum Ausdruck, die vom Kommen des Geistes auf einzelne zu bestimmten Aufgaben und in bestimmten Situationen handeln (Apg 7,55; 8,39). Daneben galt jedoch schon früh die → Taufe als ein Geschehen, in dem der G. verliehen wurde (Apg 2,38; 10,44–48). Jeder getaufte Christ galt als Träger des G.es, denn er war ja durch die Christuszugehörigkeit auch dem endzeitlichen Heilsgeschehen, dessen Zeichen der G. war, zugeordnet.

d) Diese Linie wurde im hellenist. Christentum weitergeführt, wenn es den G. als Heilssphäre verstand, in der die Gaben der neuen Weltzeit bereits jetzt wirksam werden. Er ist das »Angeld« der kommenden Vollendung (2Kor 1,22; Eph 1,13) und verbürgt den Glaubenden die Zugehörigkeit zum Heil auch inmitten von Anfechtung und Bedrängnis (Röm 8,23). Weil der G. in ihnen »wohnt«, dürfen sie der zukünftigen Auferstehung gewiß sein (Röm 8,11). Der hier naheliegenden Gefahr eines Gegenwart und Zukunft leichtfertig vermengenden enthusiastischen G.-Verständnisses begegnet Paulus, indem er den G. ausdrücklich mit dem Alltag gegenwärtigen christl. Lebens in dieser Welt in Verbindung bringt. Der G. ist für ihn gerade nicht durch die Außergewöhnlichkeit seiner Wirkung bestimmt, sondern dadurch, daß er die Menschen hier und jetzt als Glaubende leben läßt. Er ist die Kraft, die – gegen alle Widerstände – Glauben schafft und Gehorsam ermöglicht. Seine Wirkung wird nicht nur in übernatürlichen Erscheinungen wie Wunderheilungen und Zungenreden sichtbar, sondern gerade auch in den bescheidenen alltäglichen Verrichtungen, mit denen Christen einander dienen (1Kor 12; → Geistesgaben). Dem → Fleisch als der Sphäre menschlicher Ichverfallenheit und Selbstherrlichkeit stellt Paulus den G. als äußersten Gegensatz gegenüber: Aus dem G. leben heißt nicht aus eigener, sondern aus der Kraft Gottes leben (Phil 3,3), wobei diese Kraft Gottes jetzt paradox unter der armseligen Gestalt des Kreuzes verborgen ist (1Kor 2,6–12). Von daher kann der G. auch Norm des Lebens werden. Es gilt, »nach dem G. und nicht nach dem Fleisch zu wandeln« (Röm 8,4), d. h. sich mit seiner Existenz auf die gegenwärtige Weise des Handelns Gottes durch den G. einzustellen.

e) Zu einer direkten Personifizierung des G.es im Sinne der späteren kirchlichen Lehre von der → Trinität kommt es im NT noch nicht; allenfalls finden sich Vorstufen dazu. Der vielumstrittene Satz »Der Herr (d. h. Christus) ist der G.« (2Kor 3,17) will nicht die Identität zweier personaler Größen aussagen, sondern lediglich zum Ausdruck bringen, daß der erhöhte Christus jetzt der Gemeinde in der Weise des G.es begegnet. Einzelne Aussagen des Paulus zeichnen den G. jedoch als ein neben Gott tretendes, in seinem Auftrag handelndes Subjekt: Er tritt für die Christen vor Gott ein mit seinem Gebet, wo sie selbst nicht mehr beten können (Gal 4,6; Röm 8,26). Noch weiter gehen die Aussagen des Johannesevangeliums über den Geist als → Paraklet, der nach Jesu Weggang seine Stelle bei den Jüngern einnimmt, um ihr Beistand und Fürsprecher zu sein (Joh 14,26 u. ö.). K./R.

Lit.: Goppelt, Theologie I, 297–299, II, 447–453; E. Schweizer, Heiliger G., 1978.

Geistesgabe(n) (Charisma, -men), vom Heiligen → Geist in den einzelnen Christen geweckte Fähigkeiten und Kräfte, die der Verbreitung des Evangeliums und dem Aufbau der Kirche dienen. Alttest. Profeten hatten für die Endzeit die Begabung ganz Israels mit dem Geist Gottes angekündigt (Joel 3,1ff.). Das Urchristentum lebte nach Ostern im Bewußtsein der Erfüllung dieser Verheißung. Die in den Gemeinden aufbrechende Fähigkeit zu geistgewirkter Rede und zum Vollzug von Heilungen, aber auch ekstatische Erfahrungen (→ Ekstase) galten als Erweise des endzeitlichen Geistempfangs (Gal 3,5; Apg 2,14ff.; 19,6). Der dabei naheliegenden Gefahr, daß die G. einseitig nach dem Grad ihrer spektakulären äußeren Wirkung und ihres wunderhaften Charakters beurteilt werden konnten, trat → Paulus mit seinen theologischen Erwägungen über Wesen und Funktion der G. entgegen (1Kor 12). Demnach kann grundsätzlich jede natürliche Gabe und Fähigkeit des Menschen zur G. werden, wenn sie durch den Geist in Dienst genommen und für die Erbauung der Gemeinde als des Leibes Christi fruchtbar gemacht wird. Nicht die Übernatürlichkeit ist das Kriterium, sondern das In-Dienst-genommen-Sein für die Sache Jesu Christi. Alles, was dem Aufbau der Kirche dient, ist G., nicht nur ekstatisches Reden und Wunderkraft, sondern auch die profane, alltägliche Dienstleistung (1Kor 12,28–31). Im Ineinander der verschiedenen G. realisiert sich die der Kirche gegebene Lebensfülle Jesu Christi. R.

Geldwirtschaft. Gegenüber der reinen Naturalwirtschaft (im AT z. B. 1Kön 5,24f.) setzte sich im Altertum die G. durch, die mit Zahlungsmitteln als Wertmesser von Gütern und Leistungen arbeitet. → Münzen, geprägtes Geld mit einem vom Staat garantierten Wert, gab es erst in der Perserzeit. Vorher bestand das Geld aus Edelmetallstücken in verschiedener Form (meistens Barren oder Ringe) und von verschiedener Größe, die man jeweils beim Kaufvertrag mit Hilfe von Gewichtssteinen abwog (Jer 32,9). Daher gewann das hebr. Wort für »wägen« die Bedeutung »zahlen« (z. B. 1Kön 20,39) und wurde das Wort »Schekel«, ursprünglich ein bestimmtes Gewicht, die übliche Bezeichnung für den meistgebrauchten Geldwert. Das gebräuchliche Metall war das Silber, und so wird im AT das hebr. Wort für »Silber« oft auch für »Geld« verwendet (z. B. 5Mose 23,20).

Die G. bürgerte sich zuerst im Verkehr mit Fremden ein (z. B. 1Mose 37,28; Richt 16,5; 1Sam 13,21); in Richt 17,10 wird Geld auch als Vergütung eines Priesters erwähnt. Daneben gab es weiterhin den Entgelt in Naturalleistungen (z. B. für Salomos Importe 1Kön 5,25). Zur Ansammlung von Geld kam es vor allem am Königshof und am Heiligtum (vgl. 2Kön 14,14); das von den Persern eingeführte Münzwesen förderte auch in Juda den Privatkapitalismus (vgl.

Neh 5,1–13) und steigerte den Gegensatz zwischen arm und reich. Dieser Gegensatz, durch Monopole (z. B. → Zölle) verstärkt, ist im NT Anlaß, zwar nicht das Geld selbst, wohl aber Gewinnsucht und Vergottung des Geldes zu verurteilen (Mt 6,24; Mk12,13–17; Lk 3,13).

J. E./S.

Gelübde, feierliches Versprechen, mit dem der Mensch sich Gott gegenüber zu einer Gabe, Tätigkeit oder Unterlassung verpflichtet. Seine Erfüllung wird normalerweise – Ausnahme: das G. Davids in Ps 132,3–5 – davon abhängig gemacht, daß Gott hilft, z.B. aus Kinderlosigkeit (1Sam 1), zum Sieg (Richt 11,30–39), zur Heimkehr aus der Verbannung (2Sam 15,7f.). Das Aussprechen von G.n war sehr verbreitet, aber ihre pünktliche und korrekte Erfüllung mußte ausdrücklich eingeschärft werden (5Mose 23,22; Pred 5,3). Des öfteren kamen wohl auch G. gegenüber fremden Göttern vor (Jer 44,25). – Wie sich aus den Psalmen und den priesterlichen Gesetzen ergibt, gelobte man sehr häufig ein Opfer. Ferner gab es das → Nasiräer-G., bei dem man bestimmte Enthaltungen auf sich nahm (4Mose 6), und die in 3Mose 27,1–8 genannte Form, daß man ein G. – wohl die Selbstverpflichtung zum Dienst am Heiligtum – mit einem Geldbetrag einzulösen hatte. S.

Gelübdeopfer → Opfer.

Gemara → Talmud.

Gemarja, Vermittler eines Jeremia-Briefes an die Deportierten (Jer 29,3). S.

Gemeinde → Kultgemeinde, → Kirche, → Synagoge.

Gemeindeleitung → Kirchenorganisation.

Gemeinschaft und Individuum. Der Hebräer versteht sich selbst weder als I. im modernen Sinn, noch nimmt er im Umgang mit anderen Menschen diese primär als I.en auf. Der einzelne gilt vielmehr als Glied einer G. Diese, als Sippe oder Volk, ist als Groß-Ich oder körperschaftliche Persönlichkeit (engl. *corporate personality*) das handelnde Subjekt. Das drückt sich schon im Sprachlichen aus. Für uns sind Völkernamen gewöhnlich Pluralbildungen, z. B. »die Moabiter«, für den Hebräer ist die Volksbezeichnung Moab der singularische Ausgangsbegriff; der einzelne Moabiter läßt sich nur durch eine Ableitung ausdrücken. Adam (Sg.) heißt »die Menschen, Menschheit«, der einzelne Mensch wird durch eine Erweiterung angezeigt, die dt. mit → »Menschensohn« wiedergegeben wird.

Eine Sippe wohnt gewöhnlich in einem »Haus« mit drei bis vier Generationen zusammen, weshalb → Heimsuchungen sich bis in das dritte und vierte Glied auswirken (2Mose 20,5). Die Hausgemeinschaft findet eine Art Verkörperung im Familienvater, der sie nach außen vollgültig darstellt und nach innen unbeschränkte Autorität besitzt. Von ihm hängt das Leben aller Mitglieder des Hauses ab. Deshalb gilt es als geringeres Unheil, wenn ein Sohn stirbt statt des Vaters (2Sam 12,13f.). Auch Tiere sind ein Teil der G. des Hauses, so daß der Tod eines Tieres für die Schuld eines menschlichen Hausgenossen → Sühne erwirken kann.

Das Groß-Ich der Sippe oder des Stammes findet seine eigentliche Repräsentanz aber im Ahnherrn, dessen Geschick, Name und Charakter in den Nachkommen weiterlebt. Ihre Erfahrungen zeichnen sie deshalb in der Form der → Sage in das Leben des Ahn ein (vgl. auch die Stammessprüche 1Mose 49; 5Mose 33). Das Volk Israel, das sich als Groß-Sippe versteht, sieht seine Gliederung in voll- und halbberechtigte Stämme durch den Lebensweg des Erzvaters Jakob = Israel vorgegeben (1Mose 29–31). Erfahrungen mit dem über die Volksgemeinschaft noch hinausreichenden Gottesbund werden mit einem älteren Erzvater (→ Abraham) verbunden, die israelit. Heilsgeschichte wird durch an ihn ergangene Land- und Nachkommenverheißungen vorgebildet.

Als Israel und Juda zu Staaten werden, gilt der König als von Jahwe erwählter Mann, der nunmehr als »Horn« des Volkes dessen Stärke, Zusammenhalt, Wohlfahrt, »Gerechtigkeit« und Verantwortung verkörpert. Das → deuteronomistische Geschichtswerk läßt deshalb das sittliche und religiöse Verhalten des Königs allein (Formel: »er tat, was übel bzw. gut war in den Augen Jahwes«) für die göttliche Lenkung der Volksgeschichte den Ausschlag geben. Der großen Bedeutung der kollektiven Größen Sippe, Volk und Gottesbund entspricht auch die → Ethik der vorexilischen Zeit, die ihren Brennpunkt in der Forderung der Gemeinschaftstreue hat.

Mit den politisch-sozialen Umwälzungen der Exilzeit zerbricht die alte Einheitsvorstellung von G. und I. Der einzelne sieht sich mehr und mehr auf sich selbst gestellt, wie besonders sprechend das Kapitel von der individuellen Begrenzung des → Tat-Ergehen-Zusammenhangs (Ez 18) erweist, aber auch das Problem des Ijob oder des Prediger Salomos. Auch im Recht wird Verantwortlichkeit auf das I. beschränkt (5Mose 24,16). Die alte G.s-Vorstellung tritt verwandelt in dem Gedanken der Einheit der Menschheit in dieser Weltzeit (Aion) neu zutage, so in dem in allen Nachkommen gegenwärtigen Adam oder dem alles positiv Menschliche repräsentierenden → Menschensohn. Diese Vorstellung von der Menschheit als zusammengehörigem, verantwortlichem Groß-I. ist eine Voraussetzung für die neutest. Christologie. K.

Gemse → Tierwelt.

Genealogie → Stammbaum.

Genesis → Mosebücher.

Genesisapokryphon → Qumranschriften.

Gennattor → Jerusalem.

Gennesar → Gennesaret.

Gennesaret. Im NT ist »G.« der Name sowohl des → Sees G. (Lk 5,1) als auch der fruchtbaren und damals dichtbevölkerten Ebene an seinem Nordwestufer (Mk 6,53; Mt 14,34) mit der gleichnamigen, in der Bibel nicht genannten Ortschaft nahe → Kinneret, die in röm. Zeit an die Stelle des damals aufgegebenen Kinneret trat. Die ältere Namensform von G. lautet *Gennesar* (z.B. 1Makk 11,67). S.

Gera → Maße und Gewichte.

Gerar, Stadt im Gebiet der Philister, etwa 25 km südöstl. von Gaza, Aufenthaltsort Isaaks (1Mose 26) und nach 1Mose 20,1 auch Abrahams. G. ist am ehesten mit *tell esch-scheria* zu identifizieren. S.

Gerasa, heute *dscherasch,* hellenist. Stadt im Ostjordanland, etwa 55 km südöstl. des Sees Gennesaret, zum Städtebund der → Dekapolis gehörig. Prächtige röm. Ruinen sind bis heute erhalten geblieben. Im Land der Gerasener hat Jesus einen Besessenen geheilt; ein Teil der Überlieferung verlegte den Vorgang (wohl fälschlich) nach → Gadara. R.

Gerechtigkeit. 1. Vorexilisch – 2. Nachexilisch – 3. Im NT.

1. Die im Deutschen mit »G.« wiedergegebenen hebr. Wörter *zädäk* und *z^e^daka* drücken im AT den höchsten Lebenswert aus, nicht nur bezüglich menschlichen Handelns, welches »in G.« geschehen soll (ethisch), sondern auch (anthropologisch) für menschliches Ergehen – ein gerechtes Leben ist gelungenes Leben, heilvolle Existenz (ähnlich steht es mit entsprechenden Begriffen bei den alten Ägyptern und den Kanaanäern im vorisraelit. Jerusalem). Dabei ist zu bedenken, daß die Übersetzung »G.« den Sinn des bibl. Wortes nur sehr ungenau trifft. Nicht an abwägendes, unparteiisches Urteilen ist gedacht (wie beim Grundsatz des röm. Rechts: »Jedem das Seine«), sondern an ein engagiertes, »parteiisches« Sicheinsetzen für die das Leben konstituierenden Gemeinschaften, vor allem für Familie, Sippe, Volk und Gottesbund. G. heißt Gemeinschaftstreue. Doch ist damit kein Abstraktum gemeint. Vielmehr gilt G. als eine unsichtbare, dingähnliche Hülle, die der gerecht Handelnde (aufgrund des → Tat-Ergehen-Zusammenhangs) um sich schafft, die seinen Weg begleitet und im Laufe der Zeit Wohlfahrt innerhalb dieser Gemeinschaften an ihm hervorruft. »Wer G. (d.h. Gemeinschaftstreue) und Bundestreue nachjagt, findet Leben, G. (d.h. Wohlfahrt) und Ehre« (Spr 21,21). Der Mensch beginnt jedoch nicht von sich aus mit Taten der G., dies ist ihm nicht als Möglichkeit seiner »Natur« vorgegeben. Vielmehr setzt G. als Wirkungshülle am Menschen (*z^e^daka*) eine vorgängige Übereignung einer göttlichen Wirkungsgröße G. (*zädäk*) voraus (Jes 45,8). Sie ist mit dem Ende der → Heilsgeschichte Israel als Volk eingestiftet worden und wird in kultischen Festen und Opfermahlen erneuert (Ps 24,5; 5Mose 33,19f.). Fähigkeit zum sittlichen Handeln, durch die dann Fruchtbarkeit der Erde und Schalom → Friede entstehen können (Ps 72; Jes 11,4–9), wird durch die Begegnung mit Gott, dem Grund alles Wirklichen, dem Menschen neu eingestiftet und Orientierungsrahmen für seine eigene Tat.

Noch die Königszeit setzt voraus, daß ein Israelit in jeder Lage spontan inne wird, was gemeinschaftsfördernd bzw. -widrig sei. Es bedarf keiner ausdrücklichen Normen. Bisweilen kann gerade ein vom Üblichen abweichendes Verhalten G . darstellen; so wenn → Tamar, um für ihren verstorbenen Mann durch → Levirat einen Sohn zu gewinnen, alle Gebote der Schicklichkeit hintanstellt und als Dirne ihren Schwiegervater verführt (1Mose 38,26). Aufgabe der Pflege des Rechtes ist es, die durch einen Prozeß ins Zwielicht geratene G. eines Volksgenossen wieder an den Tag zu bringen und insofern den Gerechten gerecht werden zu lassen, seinen Tat-Ergehen-Zusammenhang öffentlich zu dokumentieren (5Mose 25,1). G. eignet im AT nie dem Richter, sondern bezeichnenderweise der unschuldigen Partei, sei sie Kläger oder Angeklagter.

2. Im → Exil zerbrechen die gewachsenen Gemeinschaften von Sippe, Volk und Kultgemeinde. Profeten protestieren gegen den unerhörten Mangel an G. im Volk. Das Kultzentrum in Jerusalem wird zerstört, an regelmäßige festliche Übereignung von *zädäk* ist nicht mehr zu denken. Ezechiel beginnt deshalb, sich auf göttliche Gebote und Weisungen zur Bestimmung dessen zu berufen, was G. sei und einen positiven Tat-Ergehen-Zusammenhang hervorruft (Ez 18,5–9). In Kreisen der → Weisheit wird die von Gott in die Welt geschickte Wirkungsgröße Weisheit zur Übermittlerin der Fähigkeit von G. an die Menschen. In den nachfolgenden Jahrhunderten wird das nunmehr immer gewichtiger werdende Gesetz Gottes die Norm für G. als menschliche Tat. Unter dem Eindruck profetischer Predigt wird jedoch nicht damit gerechnet, daß der Israelit vollkommene G. üben kann. Deshalb erhalten → Sühne und → Versöhnungstag am Tempel die Funktion, durch Beseitigung von → Schuld und → Sünde Israel immer wieder zu G. zu verhelfen. Die → Apokalyptik zweifelt an der Wirksamkeit solcher Sühnebegehungen und erwartet die Neubeschaffung einer »ewigen G.« als Eingriff Gottes erst am Ende der Zeiten (Dan 9,24). Dann wird himmlische G. im → Reich Gottes auf Erden wiederkehren. Erst im 1. Jh. v.Chr. melden sich Stimmen, welche die Möglichkeit der unbedingten Befolgung des Gesetzes und damit einer vollkommenen G. für jeden Israeliten behaupten (→ Pharisäer); diese Meinung wird dann zu einem Grunddogma des werdenden Judentums.

3. Im NT wird das Substantiv »G.« (griech. *dikaiosyne*) in zwei unterschiedlichen Bedeutungen verwandt. **a)** Bei Matthäus ist »G.« eine zusammenfassende Bezeichnung für die Frömmigkeit der Jünger, für eine Haltung, die dem Willen Gottes entspricht (Mt 3,15; 5,6.10.20; 6,1.33; 21,32). Als Ausdruck für das Tun des Gotteswillens steht »G.« auch in 1Petr 2,24; 3,14; Hebr 11,33; 12,11; Jak 3,18. In demselben Sinn spricht Jak 1,20 von »G. vor Gott«, womit die von Gott geforderte Rechtschaffenheit des Menschen gemeint ist. **b)** Anders ist der Paulinische Sprachgebrauch. Paulus geht davon aus, daß das Tun des Gotteswillens für den Menschen unmöglich ist (Röm 3,20) und letztlich nur der menschlichen Selbstbehauptung vor Gott dient, der Aufrichtung der »eigenen G.« (Röm 10,3). Im Evangelium aber wird die »G. Gottes« offenbar (Röm 1,17; 3,21f.). Diese G. Gottes setzt dem eigenmächtigen Streben des Menschen ein Ende (Phil 3,8f.): Der Glaubende beruft sich nicht mehr auf sein Tun, sondern auf das Handeln Gottes in Christus. Mit dem Ausdruck »G. Gottes« beschreibt also Paulus nicht eine Eigenschaft Gottes, der jedem das Seine zuteilte, sondern das Heilshandeln Gottes, in dem sich seine Gemeinschaftstreue abschließend durchsetzt. Gott erweist sich darin als gerecht, daß er die Sünder in ein neues, durch Jesus Christus bestimmtes Gemeinschaftsverhältnis zu sich setzt, d.h. daß er sie »rechtfertigt« (Röm 3,25f.) (→ Rechtfertigung).

Diese Verschiedenheit des Sprachgebrauchs betrifft auch die Verwendung des Adjektivs »gerecht«. In den Evangelien und nichtpaulinischen Briefen wird als »gerecht« bezeichnet, wer den Willen Gottes tut (Lk 1,6; Mt 5,45; Mk 2,17; Lk 15,7; 1Joh 3,7; Offb 22,11). Bei Paulus bezieht sich das Adjektiv auf den von Gott Gerechtfertigten (Röm 1,17; 5,19; Gal 3,11). An den Sprachgebrauch des AT knüpft die Bezeichnung Jesu als des Gerechten an (Apg 3,14; 7,52; 22,14; 1Petr 3,18; 1Joh 2,1). Im Hinblick auf sein richtendes Handeln wird Gott »gerecht« genannt in 2Tim 4,8; Offb 16,5. K./H. M.

Lit.: K. Koch, »Gemeinschaftstreue« im Israel der Königszeit, in: Zeitschrift für evangelische Ethik 45, 1961, 72–90; P. Stuhlmacher, G. Gottes bei Paulus, 1965; H. H. Schmid, G. als Weltordnung, 1968; K. Koch, Die Entstehung der sozialen Kritik bei den Profeten, in: Probleme bibl. Theologie. Festschrift für G. v. Rad, 1971, 236–257.

Gericht Gottes. Nach Meinung vieler Ausleger ist G. G. und strenge → Vergeltung menschlicher Sünden ein im AT vorherrschender Gedanke. Doch wird hierbei mehr modernen Übersetzungen als dem hebr. Wortlaut Rechnung getragen. Da das AT keinen Ausdruck für Strafe kennt, läßt es auch Gott nicht strafen. Zwar gilt Gott als → Richter, aber dies im Sinne eines positiven Aufrichtens der zu Unrecht Benachteiligten, nicht eines unparteiischen Juristen. Natürlich ist Gott oberster Gesetzgeber und dringt auf Einhaltung seines Rechts. Und er übt → Heimsuchung an Guten wie Bösen, aber nicht durch forensischen Prozeß, sondern indem er den vom Menschen um sich geschaffenen → Tat-Ergehen-Zusammenhang durch sein Nahekommen in Kraft setzt und damit den Zeitpunkt der Vollendung bestimmt. Das gilt auch für Gottes Verhalten gegenüber menschlichen Gemeinschaften, insbesondere für Israel, wenn die Profeten ihrem Volk den »selbstverursachten« Untergang weissagen. Gelegentlich wird das Bild eines Prozeßverfahrens verwendet, dann aber tritt Gott als Ankläger vor kosmischen Instanzen auf und nicht als Richter (Hos 4; Mich 6). Erst in der → Apokalyptik finden sich Aussagen, nach denen Throne zum G. G. aufgestellt und Bücher (der vergangenen Taten?) aufgeschlagen werden; verhandelt aber werden die Vergehen von Weltreichen, nicht von Einzelpersonen (Dan 7). Die Vorstellung vom G. G. über den einzelnen Menschen nach seinem Tode – in Ägypten seit jeher vorausgesetzt – drang vielleicht erst unter hellenist. Einfluß in Israel ein (Weish 6,5ff)., um sich dann allerdings weithin durchzusetzen. Nicht nur in der Theologie der Pharisäer, sondern auch in der Volksfrömmigkeit spielte sie eine erhebliche Rolle.

Auch im NT nimmt die Erwartung eines zukünftigen G.s, bei dem von jedem einzelnen Menschen Rechenschaft über seine Taten gefordert werden soll, breiten Raum ein. Vom G. erwartet man die große Scheidung zwischen Gerechten und Gottlosen (Mt 13,24ff.47ff.). Kriterium werden die »Früchte« (Mt 7,16), d.h. die vom Gehorsam hervorgebrachten Werke sein (Röm 2,6). Das G. bringt den äußeren Abschluß der Geschichte.

Allerdings erhält dieser mehr oder weniger traditionelle G.s-Gedanke an mehreren Punkten neue Akzente, in denen erst das spezifisch Christliche zum Ausdruck kommt: a) An die Stelle Gottes als Weltrichter tritt vielfach Christus (Apg 17,31; 2Kor 5,10). Ihm wird Gott das G. übergeben (Apg 10,42). Die ihm zugehörenden Glaubenden werden in ihm den Retter finden, der sie dem Zorn Gottes entreißt (1Thess 1,10). Den Ansatz dieses Motivs bilden Aussagen des irdischen Jesus, nach denen durch die Stellungnahme eines Menschen zu ihm das zukünftige Urteil des → Menschensohn-Weltrichters impliziert werde (Lk 12,8). b) Das G. bleibt für die an Christus Glaubenden nicht ein punktuelles zukünftiges Ereignis, sondern es ragt gleichsam in die Gegenwart hinein. In der Annahme des heilschaffenden Wortes, in der Eingliederung in die Gemeinschaft mit Christus wird die Entscheidung des zukünftigen G.s vorweggenommen. Wer das Heil durch Christus empfängt, hat bereits teil an der Realität der neuen Schöpfung, die im zukünftigen G. vor Gottes Urteil bestehen wird (Röm 5,9; 8,33). Umgekehrt stellt auch das Nein zu Christus vorwegnehmend unter das verwerfende Urteil des zukünftigen G.s. Besonders ausgeprägt ist dieses Motiv im Rahmen der präsentischen → Eschatologie des Johannesevangeliums: »Wer mein Wort hört und glaubt dem, der mich gesandt hat, der hat ewiges Leben und kommt nicht ins G., sondern ist vom Tod in das Leben hinübergegangen« (Joh 5,24). c) Das G. ist von daher für den Christen kein Unsicherheitsfaktor, die Angst vor ihm kein sein religiöses Verhalten bestimmendes Motiv. Es ist letztlich vielmehr Symbol für die dem Glauben allerdings zentrale Gewißheit, daß sich menschliche Existenz nicht im Bereich des Beliebigen und Unverbindlichen abspielt, sondern daß Gott Rechenschaft über sie fordern wird. K./R.

Gerichtsbarkeit in Israel. Vor der Seßhaftwerdung Israels war der → Vater als Oberhaupt einer Familie einzige Rechtsinstanz mit uneingeschränkter Rechtsbefugnis über die Familienangehörigen (z.B. 1Mose 38,24–26). Im Kulturland waren die → Ältesten einer Ortschaft das Gremium, das über Rechtsstreitigkeiten entschied (5Mose 21,18–21; 1Kön 21,11–13; vgl. Rut 4,1–12), ausgenommen Mordfälle, die durch → Blutrache geregelt wurden. Ferner stellten vielleicht die »Kleinen → Richter« (Richt 10,1–5; 12,7–15) eine Institution dar, die über Rechtsfälle zu entscheiden hatte, für welche die Ältesten nicht zuständig waren. Diese Aufgabe fiel wahrscheinlich den Königen zu, seitdem das

Volk Israel solche besaß: Sie wurden offenbar angerufen, wenn ein Rechtsstreit vom Ortsgericht der Ältesten nicht entschieden werden konnte (z.B. 2Sam 14,1–11; 21,1–14 Abwehr bzw. Durchsetzung der Blutrache; 1Kön 3,16–28 Rechtsstreit zweier Dirnen). Daneben besaß der König die G. beim Heerbann (1Sam 14; 1Kön 20,35–43). Später hat nach 2Chr 19,5–11 der König Josafat (872–851 v.Chr.) das Gerichtswesen in Juda – über die Entwicklung im Nordreich wissen wir nichts – umgestaltet: In den Festungsstädten setzte er beamtete Richter ein, die neben die Ältesten-Kollegien traten, und er schuf in Jerusalem ein Gremium, das die mit der G. befaßten Gremien der Ortschaften bei besonders gelagerten, problematischen Rechtsfällen »belehren« sollte und über »Blutsachen« – wohl Straftaten, auf welche die Todesstrafe stand – zu entscheiden hatte.
Als Ort des Gerichts wird im AT sehr häufig das »Tor« der Stadt genannt, wobei an die Innenräume des Tordurchgangs und an den freien Raum unmittelbar hinter dem Tor gedacht ist. Das Urteil gründete sich auf Beweisstücke oder Zeugenaussagen – nach 5Mose 17,6 waren bei Kapitalverbrechen, nach 19,15 in jedem Fall zwei Zeugen nötig – oder auf das Geständnis des Beschuldigten. Falls solche Beweismittel fehlten, wurden die Priester eingeschaltet, die dem Beschuldigten einen → Eid (2Mose 22,10) oder ein Gottesurteil (z. B. 4Mose 5,11–31) auferlegten, um eine Klärung des Tatbestandes herbeizuführen. S.

Gersam → Gerschom.

Gerschom, Ahnherr der Priesterschaft am Heiligtum in Dan, der als Sohn des Mose galt (Richt 18,30). S.

Gerschon, Ahnherr einer Levitenklasse, deren niederer Dienst am späteren Tempel in 4Mose 4,21–28 dargestellt wird. S.

Gerson → Gerschon.

Gerste → Getreidearten.

Geruch. Die Aussage, daß Gott den »lieblichen G.« des Opfers riecht (z. B. 1Mose 8,21), geht sicherlich auf eine realistische Vorstellung vom Opfer als Gottesspeise zurück, ist im AT aber nur noch bildlicher Sprachgebrauch. S.

Gesalbter → Messias, → König, → Jesus, → Hoherpriester, → Salbung.

Gesang der drei Männer, einer der nur in der griech. Übersetzung des AT enthaltenen Zusätze zum → Danielbuch (anschließend an das Gebet des → Asarja). Es handelt sich um einen Lobpreis auf die Erhabenheit Gottes. S.

Geschenk → Gabe, Geschenk.

Geschichte Israels → Israel.

Geschichtsauffassung und -bewußtsein. Wo die Wandlungen menschlicher Gruppen, Gesellschaften und Individuen vom Wandel der Natur unterschieden und nach eigenen Gesetzmäßigkeiten untersucht werden, entsteht G. Leitende Fragen sind dabei, wieweit der Mensch Subjekt, wieweit er Objekt der Geschichte ist und wieweit das Wesen und die Struktur menschlichen Lebens im geschichtlichen Prozeß sich ändern. Dem AT gilt Geschichte als von Stufe zu Stufe fortschreitendes Werk oder Plan Jahwes, freilich so, daß Gott durch sein Wort und dessen Erfüllung die Rahmenbedingungen schafft, die der Mensch durch positives Verhalten im → Tat-Ergehen-Zusammenhang ausfüllen oder zerstören kann. Diese Geschichte ist trotz Auf- und Niedergang ein unumkehrbares, zielgerichtetes Ganzes; letztlich eine → Heilsgeschichte, die auf eine endgültige, unlösliche Gemeinschaft Gottes mit den Menschen und damit eine eschatologische Vollendung menschlichen Wesens zuläuft. Die einzelnen Stadien von G. in Israel lassen sich an der Entwicklung der → Geschichtsschreibung ablesen. K.

Geschichtserzählung. Mit dem Aufkommen des Königtums ist die Zeit produktiver Sagenbildungen zur Erklärung der Vergangenheit zu Ende. Die in der Aufstiegsgeschichte Davids und der Thronfolgegeschichte 1Sam 16 – 1Kön 2 gesammelten G.en erklären die »Befestigung« des Königtums in Jerusalem nicht aus ätiologischen Sagen, sondern aus weitgespannter historischer Verknüpfung menschlicher Bestrebungen oder Wirrungen. Hinter ihnen verbirgt sich ein göttliches Walten, das sich durch Gottessprüche kundtut, das Geschehen dadurch deutet oder auch präformiert (vgl. 2Sam 12,7–18 mit 16,22). Auch den Königsbüchern liegen, soweit sie nicht auf Annalen und Profetenlegenden (→ Legenden) zurückgreifen, G.en zugrunde. Die hebr. G.en stehen in ihren Ursprüngen den Ereignissen, von denen sie berichten, zeitlich nahe, greifen wesentliche Tendenzen heraus und verbinden sie schlüssig. Sie können sich meist vor moderner historischer Kritik behaupten. K.

Geschichtsschreibung (in den Geschichtswerken). G. bildet sich in Israel aus dem Bedürfnis, die im Mittelpunkt kultischer Begehungen stehende → Heilsgeschichte auch außerhalb der Feste zu reflektieren. So entstehen die in den Mosebüchern vereinigten Geschichtswerke, welche die Volkwerdung Israels und den Besitz des Kulturlandes als gottgeschaffen beschreiben. Im 6. Jh. v.Chr. entsteht das dem Josua- und dem Richterbuch, den Samuel- und den Königsbüchern zugrunde liegende → Deuteronomistische Geschichtswerk, das unter profetischem Einfluß den fortschreitenden Abfall Israels von den Errungenschaften der Heilsgeschichte – seit den Tagen der Landnahme durch die Königszeit hindurch bis zum unausweichlich werdenden Untergang des Tempels und der Eigenstaatlichkeit – schildert. In nachexilischer Zeit schreibt das → Chronistische Geschichtswerk die Geschichte Israels noch einmal neu; diesmal von Adam bis zum zweiten Tempel und der Neukonstituierung einer ethnischen Gruppe Israels unter dem nunmehr verbindlichen Gesetz des Mose. In den letzten Jahrhunderten v. Chr. werden nur noch einzelne Abschnitte israelit. Geschichte dargestellt, z. T. mit erbaulicher Absicht und stets unter Voraussetzung der in den vorgenannten Werken gelieferten grundlegenden G. (→ Makkabäerbücher, Ester, Judit und Pseudepigraphen wie Josef und Asenat). Im 1. Jh. n.Chr. hat → Josefus nochmals eine von der Schöpfung bis zu seiner Gegenwart reichende G. vorgelegt.
Das NT bietet in seinen älteren Schichten keine G. im eigentlichen Sinn. Die → Evangelien proklamieren zwar das die christl. Gemeinde betreffende Heil in Form von Erzählung vergangenen Geschehens, doch fehlen ihnen entscheidende Merkmale wirklicher G., so die Darstellung fortlaufender Entwicklungslinien, die Verknüpfung von Einzelheiten nach Ursache und Wirkung, das Interesse an chronologischen und biographischen Abläufen. Lediglich das Doppelwerk von → Lukasevangelium und → Apostelgeschichte bietet G. in diesem Sinne. Und zwar verbinden sich in ihm Motive alttest. mit solchen hellenist. Geschichtsdarstellung. K./R.

Geschlecht, Begriff für eine Gemeinschaft, die sich auf Abstammung oder Gleichzeitigkeit gründet, der einerseits »Nachkommen«, andererseits »Generation« bedeutet. Die Abstammung ist im AT, das dafür verschiedene Ausdrücke verwendet (z. B. »Same«, »Haus«, »Stamm«), von großer Wichtigkeit, da der Familienverband dem einzelnen Halt und Schutz gab und Israel seine eigene Entstehung und die Vielfalt der Völkerwelt in Genealogien darzustellen versuchte (→ Stammbaum). S.

Geschlechtsleben → Ehe, → Ehelosigkeit, → Homosexualität.

Geschur, kleiner Aramäerstaat am Nordostrand Palästinas (Jos 13,11). David war mit der Tochter eines Königs von G. verheiratet (2Sam 3,3). S.

Gesellschaftsaufbau: 1. Die altisraelit. Sippenstruktur – 2. Der Strukturwandel in der Königszeit – 3. Die nachexilische Kultgemeinde.
1. Kleinste autarke Einheit des altisraelit. G.s ist die Sippe. Sie besteht aus mehreren → Familien. Zu diesen gehören Mann, Frauen, Söhne, unverheiratete Töchter und Schwiegertöchter. Vor der Seßhaftwerdung war die Sippe der nomadische Schutzverband, nach der → Landnahme bildeten eine oder mehrere Sippen die Einwohnerschaft eines Dorfes bzw. einer Kleinstadt. Die Dorfgemeinschaft ist zugleich Kult- und Rechtsgemeinde. Vollberechtigt in ihr sind alle freien Männer (das »Volk des Landes«), ihre Autonomie stützt sich auf den Besitz eines Erbanteils (→ Erbland). Gemeinsame Angelegenheiten werden im Stadttor beraten und entschieden (→ Gerichtsbarkeit). An der Spitze der Sippe stehen die Ältesten. Keine Rechtsstellung hat die → Frau. Schutzbefohlener ist auch der → Fremde, der im Ort wohnt. Sein Schutz wird damit begründet, daß auch Israel Fremdling in Ägypten war (2Mose 22,20). Nicht völlig rechtlos ist der → Sklave, der im Gegensatz zur griech. Auffassung nie als Sache angesehen wird (2Mose 21,1–11.26f.). Es gibt ausländische Sklaven (Kriegsgefangene, von Händlern gekaufte Sklaven – 1Mose 37,25–28), aber auch ein Volksgenosse kann bei Verschuldung und Zahlungsun-

fähigkeit in Sklaverei kommen; er kann dann von einem Mitglied seiner Sippe losgekauft werden (→ Löser). Zu keiner Zeit war im Alten Orient die Ausbeutung von Sklaven ökonomische Basis der Gesellschaft.
Wie konstitutiv die Familien- und Sippenbezogenheit für das altisraelit. Denken ist, zeigt die alttest. Darstellung der Weltgeschichte als Familiengeschichte; Staaten und Völker werden durch Familiengenealogien verbunden (1Mose 10; 36 u.ö.).
Ist die sozial und ökonomisch tragende Größe Altisraels die Sippe, so ist die politische Einheit der → Stamm. Er entsteht durch Zusammenschluß benachbarter Sippen mit gemeinsamer Vergangenheit. An seiner Spitze steht ein Kollegium von Ältesten (5Mose 31,28), vielleicht auch der → Richter. Im Kriegsfall kann es zum Bündnis von Stämmen kommen (Richt 4), zudem verbindet sie in vorköniglicher Zeit eine kultische und rechtliche Klammer. Die aus den 12 Stämmen (entsprechend Zahl und Namen der Söhne → Jakobs, vgl. z.B. 1Mose 35,22ff.) bestehende Einheit Israel dürfte indes eine theologisch motivierte literarische Fiktion der alttest. Quellen sein (→ Volk).
2. Erhebliche Auswirkungen auf den G. hat die im 10. Jh. v. Chr. erfolgte Einführung des → Königtums. Die zentrale Verwaltung erfordert einen Beamtenapparat (1Kön 4; → Amt, → Hofstaat), der Heerbann der Stämme, bestehend aus den freien Männern, reicht nicht mehr aus – längere und häufige Kriege erlauben nicht gleichzeitige Versorgung von Acker und Vieh –, ein Söldnerheer wird aufgestellt. Hinzu kommt die Einbeziehung kanaan. Landesteile, darunter Städte, wie auch das von David mit seinem Privatheer als Dynastiebesitz eroberte → Jerusalem. Die → Kanaanäer bringen ihre eigenen rechtlichen, kultischen und sozialen (feudalistischen) Strukturen ein.
Waren die Priester zuvor Kultträger bei Sippe und Stamm, so gibt es nun daneben, später ausschließlich, Kultfunktionäre als Staats- und Hofbeamte. All diese Amtsträger können nicht zugleich Bauern oder Viehzüchter (die Erwerbszweige des alten Israel) sein; sie müssen durch Steuern und Lehen unterhalten werden. Das alte Prinzip »Ein Mann, ein Haus, ein Erbanteil« wird durchbrochen. Ein Teil der ehemals freien Bauern verarmt (→ Bodenrecht). Der Begriff »Volk des Landes« bekommt mit der Zeit den Sinn: »die Armen«, bis er im neutest. Judentum geradezu »Pöbel« bedeutet.
3. Blieb der G. Israels und Judas auch in Zeiten der Tributpflichtigkeit gegenüber → Babylonien und Assyrien erhalten, so ändert er sich in nachexilischer Zeit, als Palästina pers., seleukid. und nach zwischenzeitlicher Selbständigkeit (→ Hasmonäer) röm. Provinzialverwaltung unterstand. Das System der 12 Stämme blieb auch nach dem Untergang des Nordreiches Ziel utopischer Hoffnung (Ez 48,1–35, vgl. Esr 6,17), gewann jedoch keine politische Bedeutung mehr, die Zugehörigkeit zu einem Stamm war nurmehr biographisch von Belang (Mt 1,17; Röm 11,1). Immer wichtiger wurden nach dem Exil Kultverwaltung und Priestertum. Recht und Verwaltung oblagen in griech.-röm. Zeit dem → Hohen Rat, an seiner Spitze den → Hohenpriestern. (Zum Ganzen → Wirtschaft.) J.E.

Lit.: R. de Vaux, Das AT und seine Lebensordnungen, I [2]1963, II [2]1966.

Geser. Seit dem 4. Jt. v.Chr. besiedelt, entwikkelte sich G. in der Bronzezeit zu einer großen kanaan. Stadt, am Eingang des Tales von → Ajalon gelegen. Sie beherrschte den wichtigen, durch dieses Tal führenden Zugang von der Küstenebene zum Gebirge Efraim. Unter → Salomo kam die zuvor zerstörte Stadt an Israel (1Kön 9,15–17). Das salomonische G. wurde wie → Hazor und → Megiddo durch Kasemattenmauer und Zangentor gesichert. Für die Kultgeschichte Palästinas bedeutsam ist ein mit 10 → Mazzeben ausgestattetes Höhenheiligtum der Bronzezeit, das mit der Israelitisierung von G. aufgegeben wurde. Zu den für die palästin. Epigraphik wichtigen Funden der Ausgrabungen von G. gehört ein am Rhythmus der Jahreszeiten orientierter »Kalender von G.«, der als hebr. Inschrift aus salomonischer Zeit von großer Bedeutung für die Rekonstruktion der Entwicklung hebr. Sprache und Schrift ist. O.

Gesetz. 1. Sprachgebrauch – 2. AT – 3. Judentum – 4. Jesus – 5. Urchristentum.
1. Der Begriff »G.« (hebr. *tora*, griech. *nomos*) wird in der Bibel unterschiedlich gebraucht. In den älteren Schichten des AT bezeichnet er die ursprünglich mündlich vom → Priester vermittelte Weisung (5Mose 17,11; Jer 18,18), die kultische, juridische und moralische Vorschriften umfaßt. Schon bald entwickelten sich dane-

Geser. Toranlage aus salomonischer Zeit

ben schriftliche G.es-Sammlungen, so der → Dekalog, das → Bundesbuch, das → Heiligkeitsgesetz und das → Deuteronomium. Schließlich wurde »G.« zur zusammenfassenden Bezeichnung für die in den 5 → Mosebüchern, dem Pentateuch, gesammelten, auf die Gottesoffenbarung am Sinai zurückgeführten Weisungen (diese Bedeutung hat vielleicht schon das in Neh 8,3 erwähnte G.es-Buch → Esras). Aber auch die 5 Mosebücher in ihrer Gesamtheit heißen »das G.«: »das G. und die Profeten« = die Heilige Schrift (z.B. Mt 5,17; 7,12; 11,13; Röm 3,21). Vereinzelt kann »G.« im NT auch für die gesamte Heilige Schrift des AT stehen (z.B. 1Kor 14,21).

2. Nach der Form unterscheidet man verschiedene G.es-Typen. Apodiktisch nennt man G.e, die aus kurzen Ge- bzw. Verboten bestehen (»du sollst . . .«, »du sollst nicht . . .«). Diese Form haben die Zehn Gebote (2Mose 20,1ff.; 5Mose 5,6ff.; vgl. auch 3Mose 19,13ff.). Diese apodiktischen G.e verkörpern den Gotteswillen, sie sind sakrales Recht.

Andere G.e haben eine konditionale Form: »Gesetzt den Fall . . . (jemand tut das und das), dann . . . (soll das und das geschehen).« Eine Sammlung solcher G.e findet sich in 2Mose 21,2–22,16. Man nennt diese G.e kasuistisch. Und zwar ist dies die geläufige Form altoriental. G.e, wie sie z.B. in den G.en → Hammurabis vorliegt. Diesen G.en liegt die Erfahrung der Rechtsprechung im Tor zugrunde (→ Gesellschaftsaufbau 1).

Eine große Gruppe von G.en schließlich betrifft priesterliche und kultische Bestimmungen. Gegenüber vergleichbaren altoriental. G.en zeichnen sich die G.e Israels aus durch die Auffassung aller G.e als Gottes Recht. Ihm unterwirft sich auch der König (5Mose 17,14ff.). Durchgängig ist auch das Interesse am Schutz der Schwachen, gipfelnd in der Forderung der → Nächstenliebe (3Mose 19,18).

3. Die Bedeutung des G.es wuchs im Judentum nach dem Verlust der Eigenstaatlichkeit und des Tempels. G.es-Treue wurde zum Maßstab für Frömmigkeit, G.es-Auslegung war Aufgabe der → Schriftgelehrten, die sich dabei auf eine bis auf Mose zurückreichende Tradition mündlicher G.e beriefen (→ Halacha). Das G. wurde zum entscheidenden Faktor für die Identität Israels: Daß Gott diesem Volk sein G. gegeben hatte, war ebenso Grund zum Lobpreis ihm gegenüber (Ps 119) wie zur Absonderung von den Gottlosen und den Heiden, die das G. nicht kannten. Bis in alle Einzelheiten des Lebens gehende kasuistische Ausführungsbestimmungen sollten den Frommen Sicherheit darüber geben, daß sie nicht unwissentlich gegen das G. verstießen.

4. Jesu Stellungnahmen zum G. erscheinen auf den ersten Blick als widersprüchlich. Einerseits erkannte er es ausdrücklich als Gottes Willen an (Mt 5,17) und radikalisierte es sogar an entscheidenden Punkten: z. B. verschärfte er das ursprünglich nur den Mord verbietende 5. Gebot zu einem Verbot jeder physischen und verbalen Lebensminderung (Mt 5,21ff.); andererseits setzte er Bestimmungen des G.es ausdrücklich außer Kraft bzw. durchbrach sie durch sein eigenes Verhalten: so die kultischen Reinheits-G.e von 3Mose 11; 15 (Mk 7,15), die Sabbat-G.e (Mk 2,23–3,6) und die Bestimmungen über die → Ehescheidung (Mk 10,2–9). Hinter diesen verschiedenen Stellungnahmen ist jedoch eine einheitliche Grundhaltung zu erkennen: Jesus berief sich unmittelbar auf den Willen Gottes des Schöpfers und stellte ihn in Vollmacht der G.es-Auslegung der Schriftgelehrten gegenüber (Mt 5,21.27.31 u.ö.). Er nahm das G. als Hinweis auf den ursprünglichen Schöpferwillen Gottes, kritisierte es jedoch da, wo es in seiner vorliegenden Gestalt diesen Schöpferwillen verdunkelte und entstellte und als Instrument menschlicher Selbstbehauptung gegen Gottes totalen Anspruch mißbraucht wurde (Mk 3,4; 7,9–13). Diese Kritik am G. dürfte entscheidend mit zur Verurteilung Jesu durch die jüd. Autoritäten beigetragen haben.

5. Die Frage nach der Verbindlichkeit des G.es führte in der Anfangsgeschichte des Urchristentums zu erheblichen Spannungen. Während die → Judenchristen das G. weiterhin befolgten, blieben die → Heidenchristen auf der Linie der G.es-Kritik Jesu und machten das G. für die neubekehrten Heiden nicht mehr verbindlich. Die maßgebliche theologische Basis dafür lieferte → Paulus. Nach ihm ist Christus das Ende des G.es (Röm 10,4). Das G. kommt zwar von Gott und enthält seinen heiligen Willen (Röm 7,12), aber die Menschen haben sich von ihm gerade nicht zur bedingungslosen gehorsamen Einstimmung in diesen heiligen Gotteswillen bringen lassen, sondern haben es als Mittel zur Erlangung des Heils eigenmächtig mißbraucht: Sie haben Werke des G.es getan, um sich vor Gott zu rühmen, und wollten so mit Hilfe des G.es ihr Lebensrecht ihm gegenüber durch eigene Leistung verdienen. So kam es, daß das G. die → Sünde, den existentiellen Widerspruch des Menschen gegen Gott, freisetzte (Röm 7,8f.). Das G. wurde geradezu zu einer Verderbensmacht, welche die Menschen bis zum Kommen Christi in Gefangenschaft hielt (Gal 3,23f.). Christus hat in seinem Sterben unter dem Fluch des G.es dessen ganze Verderbensmacht auf sich gezogen und so die Menschen von diesem Fluch losgekauft (Gal 3,13f.). Die an ihn Glaubenden sind nicht mehr vom G. geknechtet, sie stehen in der Machtsphäre Jesu Christi, deren Kennzeichen Freiheit ist (Gal 5,1). Sie sind durch den Geist fähig geworden, den Willen Gottes, wie er im G. enthalten war, zu erfüllen, aber die Unterstellung unter das G. ist für sie nicht Vorbedingung für die Zugehörigkeit zur Heilsgemeinde. Die grundsätzliche Anerkennung dieser Position durch die Jerusalemer Urgemeinde auf dem → Apostelkonzil ermöglichte die Kirchengemeinschaft zwischen Juden- und Heidenchristen.

Näher bei der judenchristl. Auffassung bleiben das → Matthäusevangelium und der → Jakobusbrief. Beide sind sich darin einig, daß Jesus das G. zu seiner Vollendung gebracht habe, indem er die Totalität der Gehorsamsforderung Gottes neu herausgestellt habe. So betont Matthäus das Weitergelten des ganzen G.es und fordert die »bessere Gerechtigkeit« der Jünger (5,19f.), während Jak 1,25; 2,12 vom »königlichen G. der Freiheit« spricht, das den Christen gegeben sei.
J.E./R.

Lit.: G. Bornkamm, Das Ende des G.es, [5]1965; H. Hübner, Das G. in der synoptischen Tradition, 1973; Goppelt, Theologie I, 138–170; H.-J. Boecker, Recht und G. im AT und im Alten Orient, 1976.

Gesetzbuch → Gesetz.

Gesetzestafeln. Nach der alttest. Überlieferung erhielt Mose von Jahwe auf dem Sinai zwei steinerne Tafeln, auf die der → Dekalog geschrieben war (z. B. 2Mose 31,18) und die in der → Lade aufbewahrt wurden (5Mose 10,5). S.

Gessur → Geschur.

Gestirne → Stern.

Geth → Gat.

Gethsemane → Getsemani.

Getreidearten. Die in der Bibel am häufigsten genannten G. sind Weizen und Gerste. Neben ihnen wird in 2Mose 9,32; Jes 28,25 noch der Spelt (Emmer), eine besondere Weizenart, und in Ez 4,9 außerdem die Hirse erwähnt. Weizen und Gerste erscheinen in einer Aufzählung der Pflanzen, mit denen Palästina gesegnet ist, an erster Stelle (5Mose 8,8). Der Weizen, der hauptsächlich in der Jesreelebene angebaut wurde, war ein wichtiger Exportartikel Palästinas (1Kön 5,25; Ez 27,17) und dient entweder allein (Jer 12,13) oder neben der Gerste (Ijob 31,40) als Bild des fruchtbaren Landes. Die Gerste, die man auch als Viehfutter verwendete (1Kön 5,8), galt sicherlich weniger als der Weizen. S.

Getsemani (aram., »Ölkelter«), Garten am → Ölberg östl. von → Jerusalem, Ort der Verhaftung Jesu (Mk 14,32), vermutlich südl. der heutigen Todesangst-Christi-Kirche gelegen. R.

Gewalt und Gewaltlosigkeit. Die Frage, in welcher Form ein Volk oder eine Volksgruppe Widerstand gegen ein als unrechtmäßig empfundenes Herrschaftssystem leisten darf oder soll, die in der heutigen Diskussion eine große Rolle spielt, wird in der Bibel nirgends direkt verhandelt. Für das AT ist es jedoch selbstverständlich, daß unrechtmäßige Herrschaft gewaltsam beseitigt werden darf; das NT schließt von Jesu Gebot des Gewaltverzichts her (Mt 5,39) die gewaltsame Beseitigung einer tyrannischen Herrschaft durch die Christen aus, entwickelt zugleich aber Leitlinien für ein kritisches Verhalten zur staatlichen Macht (Offb 13). S.

Gewichte → Maße und Gewichte.

Gewissen. Der Begriff wie die ihm zugrunde liegende Vorstellung sind griech.: *syneidesis* bedeutet »Mitwisserschaft« mit sich selbst im Sinne von Augenzeugenschaft, und zwar im belastenden Sinn. Das AT kennt zwar das → Herz als Ausgangspunkt guter und böser Taten, weiß jedoch nichts von einer kritischen Instanz im menschlichen Innern. Es war Paulus, der den Begriff »G.« in die christl. Theologie eingebracht hat. Außer in seinen Briefen (14mal) erscheint er im NT fast nur noch in Schriften aus seiner Schule (16mal). G. ist für Paulus das Wissen um das eigene Verhalten angesichts der für dieses Verhalten bestehenden Forderung (Röm 2,15; 1Kor 8,7–13; 10,25–30), nicht jedoch – wie im modernen Idealismus – die Instanz, die selbst ethische Normen aufstellt. R.

Lit.: R. Bultmann, Theologie des NT, 1953, 212–216; H.-J. Eckstein, Der Begriff Syneidesis bei Paulus, 1983.

Gewitter (»Sturm«, »Wetter«), treten in Palästina vor allem als Herbst- (November/Dezember) und Frühlings-G. (März/April) auf. Im AT sind G. Zeichen der Gegenwart Jahwes (z.B. Ijob 38,1; Ps 50,3) (→ Theophanie). S.

Gibbeton, Stadt der Philister (1Kön 15,27; 16,15.17); die genaue Lage ist unbekannt. S.

Gibea (hebr., »Hügel«). **1.** Ort in → Benjamin, 5 km nördl. von Jerusalem (Jes 10,29), Schauplatz der Ereignisse von Richt 19–20 (vgl. Hos 9,9; 10,9), Heimat- und Residenzort Sauls (z.B. 1Sam 23,19), daher auch »G. Sauls« genannt (1Sam 11,4); wohl identisch mit »G. Gottes« (1Sam 10,5), aber zu unterscheiden von dem in 1Sam 13,3.15; 14,2.16 erwähnten G. **2.** Ort in Juda (Jos 15,57). **3.** Ort in Efraim (Jos 24,33). S.

Gibeon (arab. *el-gib*), Stadt nördl. von Jerusalem, die, von Kanaanäern bewohnt, in vorstaatlicher Zeit Israels zusammen mit den Kanaanäerstädten → Beerot, → Kefira, → Kirjat-Jearim und dem Stamm → Benjamin eine Konföderation bildete. Saul brachte G. in einem grausamen Vernichtungsfeldzug gegen die kanaan. Einwohner unter benjaminit. Hoheit (2Sam 21,1–14). Ein Höhenheiligtum bei G. hatte in der frühen Königszeit der Dynastie Davids große Bedeutung (1Kön 3,4f.; vgl. 2Chron 1,3.13).
Ausgrabungen in *el-gib* konnten keine spätbronzezeitliche Siedlung wahrscheinlich machen; statt dessen wurde eine früheisenzeitliche Stadt der Kanaanäer deutlich, die mit einer Stadtmauer von mehr als 3 m Durchmesser gesichert war. Zu dieser Stadt gehört auch ein großes Wasserreservoir, das in 2Sam 2,12–16; Jer 41,12 in alttest. Überlieferung erwähnt wird (s. Abb. S. 172). Die Ausgrabungen zeigen, daß G. im 8. und 7. Jh. v. Chr. ein Zentrum der Weinherstellung und des Weinhandels war. So konnten umfangreiche Weinkellereien freigelegt werden, die so angelegt waren, daß sie eine konstante Temperatur von 18° bewahrten. O.

Gideon, einer der »Großen → Richter«, der als Führer eines israelit. Heeresaufgebots einen Angriff des Nomadenstammes der → Midianiter gegen die Israeliten in Mittelpalästina abwehrte. Die Überlieferung des AT über G. (Richt 6–8), die G. mit Jerubbaal, dem Vater Abimelechs,

Zisterne des früheisenzeitlichen Gibeon

gleichsetzt, besteht weitgehend aus Kult- (z. B. 6,25–32) und Heldensagen (z. B. 8,4–21). – G.s Midianitersieg ist später sprichwörtlich geworden (z. B. Jes 9,3). S.

Gihon. 1. Die einzige Quelle → Jerusalems, am Ostabhang des Tempelberges. Schon in vorisraelit. Zeit baute man einen Schacht von der Stadt zur Quelle, später einen Kanal und unter → Hiskija einen Tunnel (→ Schiloach). **2.** Ein Strom im Garten Eden (1Mose 2,13). S.

Gilboa, ein etwa 20 km langer Höhenzug im Südosten der Jesreelebene. Hier unterlag → Saul im Kampf gegen die Philister und fand den Tod (1Sam 31). S.

Gilead (arab. *dschebel gelad*), zunächst Name eines Berges (1Mose 31,21–25) südl. des Jabbok. Später wurde der Name auf das Gebiet nördl. des Jabbok bis zum Jarmuk (z. B. 2Kön 10,33) und schließlich auf das ganze Ostjordanland zwischen Jarmuk und Arnon übertragen (z. B. Jos 22,9). S.

Gilgal, bedeutendes Heiligtum in der Jordansenke bei → Jericho, an der Grenze der Stämme Efraim und Benjamin. In G. wurde in vorstaatlicher Zeit das → Fest der ungesäuerten Brote (Mazzotfest) als Aktualisierung der → Landnahme Israels gefeiert. Am Heiligtum von G., das mit zwölf → Mazzeben ausgerüstet war, haftete in vorstaatlicher Zeit Israels die Idee eines 12-Stämme-Verbandes Israel unter Einschluß → Judas, da G. als beherrschendes Heiligtum der Jordansenke in vorstaatlicher Zeit Israels sowohl von Israeliten aus Benjamin und Efraim wie auch von Judäern besucht wurde. Mit der Krönung → Sauls in G. (1Sam 11,14 f.) wurden wesentliche Ideen des Kultes am Heiligtum von Gilgal politisch realisiert, u. a. der Anschluß Judas an die übrigen Stämme Israels. Unter David spielte das Heiligtum von G. noch einmal eine bedeutende Rolle in dem Versuch, an die Traditionen Sauls anknüpfend die Nordstämme an die Dynastie Davids zu binden. So wurden Traditionen aus G. nach → Jerusalem übertragen. Nach dem Aufstand des → Abschalom erneuert David in G. sein Königtum (2Sam 19,41 ff.). Die Profeten → Amos und → Hosea kritisieren G. wie auch andere große Heiligtümer der Zeit (Am 4,4; Hos 4,15). O.

Gilgamesch, Held des auf sumer. Vorlagen fußenden babylon. G.-Epos, das auf 12 Tafeln die Abenteuer G.s und seines Freundes Enkidu schildert. Hauptthema ist die Suche nach dem

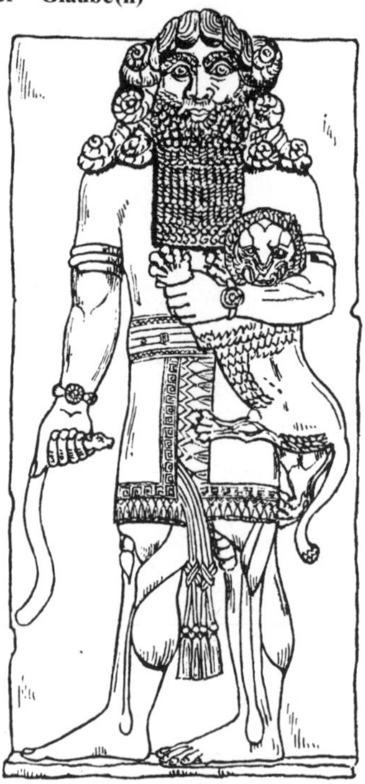

Gilgamesch. In der Rechten hält er ein Wurfholz, die Linke umklammert einen Löwen. Nach einem Flachrelief aus Korsabad (8. Jh. v. Chr.)

ewigen Leben, bei der G. den babylon. Sintfluthelden Utnapischtim trifft. G.s Suche ist schließlich vergeblich, das ewige Leben bleibt den Göttern vorbehalten. Für das AT ist besonders die → Sintfluterzählung des Epos wichtig, die deutliche Parallelen zu 1Mose 6–8 aufweist. J. E.

Text: AOT, 150–198; RTAT, 118–122.

Ginster → Pflanzenwelt.

Girgaschiter, ein in den stereotypen Aufzählungen von sechs oder sieben kanaan. Völkern vorkommender Name (z. B. 1Mose 15,21; Jos 3,10). S.

Gittit, eine musiktechnische Angabe in Ps 8,1; 81,1; 84,1, deren Bedeutung unklar ist. S.

Gläsernes Meer, der vor dem Thron Gottes ausgebreitete Himmelsozean (Offb 4,6); dort rühmen die Erlösten Gottes Taten (Offb 15,2). H. M.

Glaube(n). 1. Im AT – 2. Im NT.

1. Das hebr. Wort für »G.« (*ämuna*) ist verwandt mit → »Amen« und dem Wort für »Treue«. Im zwischenmenschlichen Bereich bedeutet »G.« meist: dem, was man hört, G. schenken, es für wahr halten (z. B. 1Mose 45,26; 1Kön 10,7). Als Begriff der religiösen Sprache meint »G.« im AT die zuversichtliche, feste, gegenüber der Zukunft furchtlose Haltung. G. ist kein blindes Vertrauen, sondern es gründet sich auf eine sichtbare Tat oder eine feste Zusage Gottes. So wird nach den Berichten über den Auszug aus Ägypten der G. der Israeliten durch Wunder (z. B. 2Mose 4,1–9.30f.) oder außergewöhnliche Ereignisse (z. B. 14,31; 19,9; Ps 106,12) hervorgerufen, und Abraham glaubt auf die Verheißung Gottes hin (1Mose 15,1–6). Eine Verheißung steht auch im Hintergrund des Wortes Jesajas an den König Ahas: »Glaubt ihr nicht, so bleibt ihr nicht« (Jes 7,9) – Ahas soll fest, zuversichtlich bleiben, weil Gott dem David, Ahas' Vorfahren, einen »ewigen Bund« zugesagt hat. Aufs Ganze gesehen, hat das Wort »G.« im AT keine besonders hervorgehobene Bedeutung. Es kommt nur relativ selten vor und ist nur einer von mehreren Begriffen (wie »Vertrauen«, »Gehorsam«, »Hoffnung«), die das Verhältnis des Menschen zu Gott beschreiben.

2. Anders ist das Bild, das sich im NT bietet. Hier ist »G.« (griech. *pistis*) der zentrale Begriff zur Kennzeichnung des durch Jesus Christus ermöglichten Gottesverhältnisses geworden. Im einzelnen sind dabei mehrere Entwicklungsstufen zu unterscheiden:

a) In der Jesus-Überlieferung wird häufig das Verhalten von Menschen, die Jesu Hilfe suchen, als G. gekennzeichnet (z. B. Mt 8,10; Mk 2,5; 4,40). Dabei handelt es sich weder um bloßes Vertrauen zur Macht des Wundertäters noch um eine allgemeine Gläubigkeit im Sinne einer die Heilung vorbereitenden psychischen Prädisposition, sondern um einen Akt bedingungsloser personhafter Hinwendung zu Jesus, der über den unmittelbaren äußeren Anlaß – die Bitte um Heilung und Hilfe – hinausreicht: G. ist die Haltung, die Gottes Handeln in der Erscheinung Jesu sucht und von diesem Handeln eine entscheidende Existenzwende erfährt. Wenn Jesus erklärt: »Dein G. hat dich gerettet!« (Mk 5,34; vgl. Mt 9,29; 15,28; Lk 7,50), so hat der G. sein Ziel erreicht, die Gemeinschaft zwischen Gott und Mensch ist hergestellt. Wenn das Wort »G.«

in der Jesus-Überlieferung durchweg absolut und ohne Objekt erscheint, so entspricht dies dem ereignishaften Charakter des in der Begegnung mit Jesus entstehenden G.s.

b) In der nachösterlichen Gemeinde wird das von Gott in der Geschichte Jesu Christi gewirkte Heilsgeschehen zum Grund des G.s. Der G. erhält nun einen Inhalt, nämlich das dieses Heilsgeschehen entfaltende Bekenntnis; er wird zum G. *an* Gott (1Thess 1,8) und *an* Jesus Christus (Gal 2,16; Röm 10,14), bzw. zum G. *daran,* »*daß* Jesus gestorben und auferstanden ist« (1Thess 4,14; Röm 10,9). Dabei geht es nicht primär um das Für-wahr-Halten bestimmter Tatsachen, sondern um das Sichgründen auf das Handeln Gottes, von dem diese Bekenntnissätze sprechen. – In einem weiteren Sinn wird »G.« zu einem Terminus urchristl. Missionssprache: Das Annehmen der grundlegenden missionarischen Verkündigung und die soziale Integration in die Gemeinde werden als »zum G. kommen« bezeichnet (1Thess 1,8; Röm 13,11; 1Kor 15,2; Joh 4,53; Apg 2,44).

c) Für Paulus wird »G.« zu einem theologischen Schlüsselbegriff. Er gewinnt sein Profil einerseits durch den engen Zusammenhang mit der durch Christus wirksam gewordenen → Gerechtigkeit Gottes (Gal 3,24; Röm 9,30), andererseits durch den Gegensatz zu der falschen Lebenshaltung des Menschen, der durch Werke des Gesetzes sich sein Daseinsrecht vor Gott erkaufen will: Gerechtigkeit aus den Gesetzeswerken ist das Gegenteil der Glaubensgerechtigkeit, aus der allein für den Christen das Heil kommt (Röm 3,20ff.29ff.; 9,30ff.; Gal 2,16ff.; Phil 3,9). So zeichnet Paulus → Abraham, der seine Existenz allein auf die zusagende Anrede des Gottes stellte, »der die Toten lebendig macht und das Nicht-Seiende ins Dasein ruft« (Röm 4,17), als das Urbild des Christen, der sein Heil allein vom Handeln Gottes in Christus erwartet (Röm 4,23f.). G. ist nach Paulus der Verzicht auf den Versuch, Gott gegenüber recht zu behalten, und der Eintritt in den durch Christus eröffneten Freiheitsraum.

d) Für das Johannesevangelium ist G. eine Lebenshaltung, die durch die Erkenntnis Jesu als des alleinigen Heilsmittlers und die Bindung an ihn bestimmt ist. Der Glaubende bekennt sich in der Weise zu Jesus, daß er alle anderen Heilsangebote zurückweist und nur von ihm Heil und Leben empfängt (Joh 6,68f; 11,25f.). Dadurch ist er bereits jetzt von der Welt, die sich dem Anspruch Jesu verweigert, geschieden und in die Sphäre des »Lebens« eingegangen (Joh 1,12; 20,31).

e) Ganz eigenes Profil hat der G.s-Begriff des Hebräerbriefs. Nach Hebr 11,1 ist G. das standhafte Festhalten an der Verheißung Gottes und an seinem Heilshandeln gegen allen Augenschein. Der Bezug auf Christus tritt hier ganz in den Hintergrund. S./R.

Lit.: M. Buber, Zwei Glaubensweisen, 1950; Goppelt, Theologie I, 197–205, II, 454–464; D. Lührmann, G. im frühen Christentum, 1976.

Gleichnis. 1. Wesen – 2. G.se im AT – 3. G.se Jesu – 4. Die G.-Deutung der Urkirche.

1. Ein G. ist ein in sich geschlossenes sprachliches Gebilde, in dem die abbildende Funktion von Sprache in besonders qualifizierter Weise argumentativ eingesetzt wird. Sowohl das hebr. *maschal* (»Spruch, der etwas bedeutet; Vergleich; Rätsel«) wie auch das griech. *parabole* (»das Nebeneinanderstellen; die Vergleichung«) bezeichnen bildliche Rede im weitesten Sinn, vom einfachen Vergleich über das Sprichwort und Weisheitswort bis hin zur ausgeführten Gleichniserzählung.

Die einfachen Grundformen des G.ses sind der *Vergleich,* bei dem das Bild mit einer Vergleichspartikel neben die zu deutende Sache gesetzt wird (z.B. Mt 10,16: »Seid klug wie die Schlangen und ohne Falsch wie die Tauben!«), sowie die *Metapher,* die das Bild direkt an die Stelle der zu deutenden Sache setzt (z.B. Mt 5,13: »Ihr seid das Salz der Erde!«).

Die bibl. G.se lassen sich formal in folgende Gruppen aufgliedern: **a)** *G.se im strengen Sinne,* d.h. in Form von Erzählung ausgeführte Vergleiche, wobei das Bild der jedermann zugänglichen Wirklichkeit entnommen ist und einen alltäglichen, selbstverständlichen Vorgang (z.B. Saat, Ernte, Wachstum, Suche nach Verlorenem) beschreibt (z.B. Lk 15,4–10; Mt 13,33; Mk 4,30ff.). **b)** *Parabeln,* d.h. Erzählungen, die als Vergleichsgrößen einmalige, aus dem Rahmen fallende und ungewöhnliche Vorfälle heranziehen (z.B. Mt 20,1–15; 21,28–31; Lk 15,11–32; 16,1–8). **c)** *Beispielerzählungen,* d.h. Erzählungen, die die gemeinte Sache an einem konkreten praktischen Fall vorführen, der unmittelbar die Funktion des zur Nachahmung einladenden bzw. abschreckenden Beispiels gewinnt (z.B. Lk 10,29–37; 12,16–21; 16,19–31; 18,9–14). **d)** *Allegorien,* d.h. Erzählungen, in denen verschiedene Einzelzüge durch Metaphern ersetzt worden sind und die darum bei wörtlichem Verständnis rätselhaft bleiben; ihren Sinn enthüllt die Allegorie erst, wenn man anstelle der Metaphern das von ihnen Gemeinte einsetzt (z.B. Ez 17,1–10; Mk 4,13–20; 12,1–12).

2. Das AT enthält nur wenige größere G.se (am bekanntesten ist die Natanparabel 2Sam 12,1–4), jedoch viele kurze Vergleiche und Bildworte, vor allem in der Weisheitsliteratur.

3. Erhebliche Bedeutung hatten G.se jedoch in der Verkündigung Jesu. Der Umstand, daß ein großer Teil der Jesus-Überlieferung aus G.sen besteht, läßt den Schluß zu, daß das G. eine für Jesus charakteristische Kommunikationsform gewesen ist. Um die ursprüngliche Bedeutung der G.se Jesu zu verstehen, muß man versuchen, zu ermitteln, wer die ursprünglich damit angeredeten Gesprächspartner waren und worin die Thematik bestand. Auf diese Weise zeichnen sich mehrere Gruppen von G.sen ab: **a)** Antworten Jesu an jüd. Gegner und Kritiker waren die G.se, die um das Thema »Sünder und Gerechte« kreisen und Gottes Freude über die Umkehr der Verlorenen betonen (z.B. Mt 20,1–15; 21,28–31; Lk 18,9–14). **b)** An Israel und seine Führer wandten sich jene G.se, die vom Ernst der Stunde und der Nähe des Gerichts handeln (Krisis-G.se, z.B. Lk 12,16–20; 14,16–24; Mt 25,1–12). **c)** Um Zuspruch und Trost für die Jünger angesichts des sich trotz seiner gegenwärtigen Verborgenheit unaufhaltsam durchsetzenden → Reiches Gottes geht es in den Wachstumsgleichnissen (z.B. Mk 4,2–9.30–32). **d)** An Jünger und Anhänger wenden sich jene G.se, die zu einem neuen, dem Reich Gottes gemäßen Verhalten aufrufen (z.B. Mt 18,23–35; Lk 10,30–37). Jesus wollte mit seinen G.sen die Sache der Gottesherrschaft unmittelbar verständlich machen und die Hörer in sie hineinziehen; sie sind unverschlüsselte, direkte Rede. Darum hat er auch keine Allegorien gebildet.

4. Die Urkirche konnte die G.se Jesu z.T. nicht mehr verstehen, weil sie die konkrete Situation, in die hinein sie von Jesus gesprochen worden waren, nicht mehr kannte. Um sie in Verkündigung und Unterricht weiter verwenden zu können, mußte sie ihnen deshalb vielfach neue Bedeutungen unterlegen. Durch Zusätze und Erweiterungen wurden viele G.se nunmehr *paränetisiert* und *allegorisiert.* Ein schönes Beispiel für das erste gibt Mt 20,1–16: Die ursprüngliche Parabel zum Thema »Sünder und Gerechte« wurde durch Anfügung von V. 16 (»So werden die Letzten Erste und die Ersten Letzte sein«) zu einer Verhaltensregel für Christen. Allegorisierung liegt hingegen vor in Mk 4,14–20 und Mt 13,37–43. Ganz allgemein läßt sich sagen, daß die sog. Parabeltheorie (Mk 4,11.33f.), wonach die G.se absichtsvoll geheimnisvolle Reden Jesu seien, die nur von besonders Eingeweihten deutbar seien, nicht die Sicht Jesu, sondern die der Urkirche widerspiegelt. Allerdings hat diese Sicht die G.-Auslegung bis in das 20. Jh. geprägt.
R.

Lit.: A. Jülicher, Die Gleichnisreden Jesu, I/II, [2]1910; O. Eißfeldt, Der Maschal im AT, 1913; J. Jeremias, Die G.se Jesu, [7]1965; G. Eichholz, G.se der Evangelien, 1971; J. Roloff, Neukirchener Arbeitsbücher – NT, 1977, § 7; H. Weder, Die G.se Jesu als Metaphern, [4]1990.

Gloria (*g. in excelsis Deo,* lat., »Ehre sei Gott in der Höhe«), Lob- und Bittgesang der christl. Liturgie, entstand im Anschluß an den Lobgesang der Engel (Lk 2,14). S.

Glossolalie → Zungenreden.

Glück → Friede, → Leben, → Ruhe.

Glücksgötter, Götter, denen die Bestimmung über das Schicksal zugeschrieben wird. Israels Bekanntschaft mit G.n ergibt sich aus Jes 65,11, wo die G. Gad und Meni genannt werden. S.

Gnade, die helfende Hinwendung Gottes zum Menschen.

1. Unter dem Begriff »G.« können im AT mehrere hebr. Begriffe zusammengefaßt werden, die manchmal miteinander verbunden und oft sogar austauschbar sind (vgl. die Formel »barmherzig und gnädig und geduldig und von großer G. und Treue«, z.B. 2Mose 34,6) und die je nach dem Zusammenhang einen unterschiedlichen Bedeutungsgehalt besitzen: Manchmal liegt der Nachdruck stärker auf der unverdienten Herablassung Gottes gegenüber dem Sünder, manchmal auf seinem mitleidigen Erbarmen gegenüber dem schuldlos in Not Geratenen, manchmal auf seiner Freundlichkeit, seiner Güte, die sich in seinen Wohltaten zeigt. Dabei sind die einzelnen

G.n-Erweisungen stets Ausdruck der beständigen Hilfsbereitschaft Gottes, was durch die häufige Verbindung der Begriffe »G.« und »Treue« unterstrichen wird.

2. Im NT gewinnt der Begriff »G.« (griech. *charis* »Gunst, Wohlwollen, Anmut«) bei Paulus zentrale Bedeutung. Und zwar dient er hier vor allem dazu, die Struktur des Heilsgeschehens freizulegen: Wenn Gott seinen Sohn dahingibt zur Rettung der Menschen, so ist dies G., d.h. freies Geschenk, das gerade denen zuteil wird, die von sich aus keinen Anspruch auf Gottes Zuwendung vorbringen können (Röm 3,24). Die Sünder werden aus G., d.h. umsonst, ohne die Werke des Gesetzes, von Gott gerecht gemacht (Röm 3,24.28; Gal 2,16). Weil das → Gesetz den Menschen dazu verleitet, sich durch Werke das Heil selbst zu verdienen, steht es im äußersten Gegensatz zur G. (Röm 6,14f.; Gal 2,21). Ihr Empfang bedeutet die Zerstörung allen Selbstruhms und die ausschließliche Auslieferung an die Macht des gekreuzigten Christus (Röm 3,27; 2Kor 12,9). Er ist die Manifestation der G. Gottes; deshalb kann Paulus auch von der G. Christi sprechen (2Kor 8,9; 12,9 u.ö.).

Die G. ist nicht nur Geschehen, sondern auch Macht, die das Leben der Christen konkret gestaltet: Die Getauften stehen in der G. (Röm 5,2; 6,14), sie sind zu einem Verhalten befähigt und verpflichtet, in dem sich die G. nach außen hin manifestiert (2Kor 6,1; Gal 5,4ff.). Und zwar konkretisiert sich die Macht der G. in den jedem Christen verliehenen Gnadengaben (Charismen; → Geistesgaben). S./R.

Gnadengabe → Geistesgaben.

Gnadenstuhl, Gnadenthron, bei Luther Bezeichnung für die Deckplatte der → Lade (z.B. 2Mose 25,17). S.

Gnosis, weitverzweigte spätantike religiöse Strömung, die, aus jüd., ägypt., iran. und griech.-platonischen Wurzeln erwachsen, sich im 2. Jh. n.Chr. mit dem Christentum amalgamierte und so der am bittersten bekämpfte Feind der Alten Kirche wurde. Vereinfachend läßt sich das Denken der G. so umreißen: Die Welt ist nicht Schöpfung des höchsten, gütigen Gottes, sondern Ergebnis eines urzeitlichen Falls, durch den göttliche Lichtfunken in die minderwertige Materie verbannt wurden. Dem Menschen aber ist diese Gottesverwandtschaft unbewußt. Deshalb steigt der Erlöser durch die sieben Planetensphären, die unter der Herrschaft von Dämonen (»Archonten«) stehen, herab und bringt dem Menschen die »G.«, d.h. die Erkenntnis, wer er eigentlich ist. Diese Erkenntnis ist gleichzeitig die Erlösung des Menschen aus der Gebundenheit; mit Hilfe geheimnisvoller Losungsworte, die in den verschiedenen gnostischen Sekten unterschiedlich überliefert wurden, kann sich die erlöste Seele den Aufstieg ins Lichtreich bahnen. Allerdings stecken nur in den Erwählten derartige Lichtfunken. Seine Freiheit von der Welt kann der Gnostiker entweder durch radikale Askese oder durch schrankenlosen Libertinismus dokumentieren.

Vom bibl. Christentum unterscheidet sich die G. durch die radikale Verwerfung des Schöpfungsglaubens und des AT, die Trennung von Schöpfung und Erlösung, den → Doketismus in der Christologie und den Verzicht auf Auferstehung der Toten und Endgericht.

Das NT setzt noch keine voll ausgebildete G. voraus. Einzelne gnostische Motive gab es bei den Gegnern des Paulus im 1. Korintherbrief; Johannesevangelium und 1. Johannesbrief bekämpfen den Doketismus. In Polemiken des → Judasbriefs und der → Pastoralbriefe wird die eigentliche G. sichtbar. Besonders gefördert wurde unsere Kenntnis der frühchristl. G. durch die reichen Funde kopt.-gnostischer Schriften in → Nag Hammadi in Oberägypten, deren wissenschaftliche Edition unlängst abgeschlossen worden ist. H.M.

Lit.: W. C. van Unnik, Evangelien aus dem Nilsand, 1960; C. Colpe, Die religionsgeschichtliche Schule. Darstellung und Kritik ihres Bildes vom gnostischen Erlösermythus, 1961; R. McL. Wilson, G. und NT, 1971.

Gog, nach Ez 38–39 mythischer Fürst des Nordens, der beim endzeitlichen Völkerangriff auf Jerusalem zugrunde geht; in der → Apokalyptik ist G. der endzeitliche Feind Gottes (Offb 20,8). S.

Golan (griech. *Gaulanitis*), fruchtbare Berglandschaft östl. des Sees Gennesaret, die ihren Namen von einer Stadt unbekannter Lage hat (z.B. Jos 20,8). S.

Gold, kommt im Alten Orient in Ägypten und Kleinasien, nicht aber in Palästina vor. In der Bibel ist es wertvolles Material königlicher und kultischer Geräte und Symbol von Reichtum und Reinheit (Ijob 3,15; 23,10). Als Gegenstand irdischen Reichtums kann es aber auch Vergänglichkeit verkörpern (1Petr 1,18). J. E.

Goldene Regel, sprichwörtliche Klugheitsregel, die schon in der Antike in ihrer negativen Fassung (etwa: »Was du nicht willst, daß man dir tue, das tue auch keinem anderen!«) Allgemeingut war. Jesus steigerte ihren Anspruch im Sinne seines → Liebesgebotes, indem er sie positiv faßte: »Alles, was ihr wollt, daß man euch tue, das tut auch anderen!« (Mt 7,12; Lk 6,31.) R.

Goldenes Kalb. Nach 2Mose 32 fertigte → Aaron am Sinai das Gußbild eines Jungstieres an, das von Mose vernichtet wurde. Offenbar will diese Erzählung die Kultpolitik des Königs Jerobeam I. verurteilen, der an den Heiligtümern zu → Bet-El und Dan je ein goldenes Stierbild aufstellte (1Kön 12,28–29). S.

Goldmünzen → Münzen.

Golgatha → Golgota.

Golgota (ursprünglich wohl von aram. *gulgulta* »Schädel«), schädelförmiger Felsen vor der Mauer → Jerusalems, Hinrichtungsstätte Jesu (Mk 15,22 par; Joh 19,17), wahrscheinlich mit dem Felsen in der von Kaiser Konstantin erbauten Grabeskirche identisch. Aus der Deutung des Todes Jesu als Überwindung der Sünde des ersten Menschen (→ Adam) erwuchs in der Alten Kirche die Meinung, G. sei die Begräbnisstätte des Schädels Adams. R.

Lit.: E. Lohse, Die Geschichte des Leidens und Sterbens Jesu Christi, [2]1967.

Goliat, riesenhafter → Philister, der nach 1Sam 17 von David, aber nach der wohl ursprünglicheren Überlieferung 2Sam 21,19 von Davids Gefolgsmann Elhanan getötet wurde. S.

Gomer. 1. Ein Volk im Norden (1Mose 10,2–3; Ez 38,6), wahrscheinlich die Kimmerier im Nordosten der heutigen Türkei. **2.** → Maße und Gewichte. S.

Gomorra, eine des öfteren neben → Sodom genannte Stadt, die nach der Überlieferung (1Mose 19) wegen der Sündhaftigkeit ihrer Bewohner von Gott zerstört wurde. S.

Gorgias, Feldherr des Königs → Antiochus IV., von Judas → Makkabäus besiegt (1Makk 4,16–22). S.

Gosan, Gebiet in Nordwestmesopotamien, wohin Israeliten von den Assyrern deportiert wurden (2Kön 17,6). S.

Goschen, in der Josefserzählung Name einer ägypt. Landschaft (*wadi tumilat*), wo ein Teil des Volkes Israel gewohnt haben soll (z. B. 1Mose 45,10). S.

Gott. 1. Vorbemerkung – 2. Monolatrie und Monotheismus – 3. Wort G.es als Selbstkundgabe und Personalität – 4. Anthropomorphismus und Heiligkeit – 5. Geschichtskraft und Überzeitlichkeit – 6. Überräumlichkeit – 7. Beziehung zum Menschen – 8. Jesu Verkündigung der Nähe G.es – 9. G. in Christus – 10. G.es Universalität.

1. Die bibl. G.es-Auffassung ist die selbstverständliche Voraussetzung jeder denkmöglichen G.es-Idee im Abendland geworden. Zwar läßt sich streiten, ob es G. gibt oder ihn nicht gibt; wenn aber G. vorauszusetzen ist, dann als der eine, allmächtige, unsichtbare, zutiefst sittliche Grund aller Wirklichkeit. Religionsgeschichtlich gesehen, sind dies Kennzeichen bibl. Rede von G. Außerbibl. mythische Vorstellungen einer polytheistischen, sichtbaren, beschränkt mächtigen, sittlich ungebundenen oder auch unpersönlichen Götterwelt sind für neuzeitliches Bewußtsein nicht mehr nachvollziehbar.

In der Bibel werden die Elemente des G.es-Gedankens nirgends abstrakt dargelegt. Was G. ist, spiegelt sich vielmehr in Berichten über numinose Widerfahrnisse von Menschen oder in Weissagungen über künftig eintretende G.es-Begegnungen der Menschheit. Entstehung und Verfeinerung, aber auch Verdunklung der G.es-Erkenntnis sind für das AT ein die gesamte Menschheitsgeschichte durchziehender Prozeß. G. hat sich stufenweise offenbart und wird sich endgültig erst in einer eschatologischen Zukunft kundgeben, wo alle Völker »erkennen werden, daß ich der Herr bin« (Ezechiel).

2. Schon die frühesten Texte setzen voraus, daß für Israel eine einzige göttliche Macht zuständig ist, die Jahwe heißt. Sie ist Grundkraft israelit. → Heilsgeschichte und Wirklichkeit überhaupt und bedarf deshalb ausschließlicher Verehrung (später als 1. Gebot formuliert: »Du sollst keine anderen Götter neben mir haben«). Dieses Anfangsstadium nennt man religionsgeschichtlich *Monolatrie* (nur eine Gottheit wird kultisch verehrt) oder *Henotheismus* (nur ein G. ist für die menschliche Gruppe zuständig). Verehrung anderer numinoser Größen gilt als frevlerischer Götzendienst. Für andere Gruppen wird das Wirken anderer Gottheiten zugestanden (z.B. Richt 11,24). Für Konfliktfälle ist Israel jedoch überzeugt, daß sich sein G. den Menschen zugekehrter und jedem anderen G. überlegen erweisen wird. Die große Macht Jahwes steht in keinem Verhältnis zur Macht des kleinen Volkes Israel.

Mit dieser monolatrischen G.es-Auffassung entfernt sich Israel weit von allen Religionen seiner altoriental. Umwelt, obgleich dort vergleichbare ökonomische, politische oder rassische Verhältnisse vorauszusetzen sind. Diese Eigenart läßt sich historisch nur als Kontingenz hinnehmen; alle Versuche einer »religionskritischen« (psychologischen oder historisch-materialistischen) Ableitung sind bisher gescheitert.

Gegenüber der Frühzeit gelangen die Profeten zur Einsicht, daß die fremden Völker, mit denen es Israel seit dem 8. Jh. v.Chr. zunehmend wirtschaftlich, politisch, militärisch zu tun bekommt, maßgeblich von Jahwe angetrieben werden. Er ist es, der die Assyrerheere gegen Juda anbranden läßt oder die neubabylon. oder pers. Großkönige jahrhundertelang über die gesamte zivilisierte Erde herrschen läßt. Bei Deuterojesaja gibt er sich deshalb kund: »Ich bin Jahwe, und es gibt keinen weiteren, außer mir ist kein G.« (Jes 45,5). Damit ist *Monotheismus* erreicht, die Theorie von der Einzigkeit der Gottheit formuliert. Das führt zu ambivalenter Beurteilung heidn. Kulte. Die religiöse Praxis anderer Kultgemeinschaften wird einerseits als Menschenwerk verhöhnt, insbesondere die Verehrung von G.es-Bildern (z.B. Jes 44,9ff.), was spätisraelit. mit einer Aufnahme der Götter- und Mythenkritik griech. Philosophen verbunden werden kann; andererseits werden fremde Götter als von den Menschen mißverstandene Agenten Jahwes angesehen (so die Gestirnsgötter 5Mose 4,19) oder als abspenstig gewordene Vasallen (Ps 82). Maleachi faßt es in dem berühmten Satz zusammen: »Vom Aufgang der Sonne bis zu ihrem Niedergang ist mein Name groß unter den Völkern, und an jedem Ort wird meinem Namen ein Rauchopfer dargebracht und eine reine Opfergabe« (Mal 1,11). Solch profetischer Monotheismus wird nicht allein aus individueller numinoser Erfahrung gefolgert, er beinhaltet Reflexionen über eine ebenso naturhafte (Sonne, Mond, Regen, Wind steuernde) wie politisch-militärische »Weltförmigkeit« G.es. Die letzte spricht aus allen Phänomenen menschlicher Autorität, wenngleich sie von den jeweiligen Trägern solcher Autorität meist mißbraucht wird.

3. Ein Mensch vermag aber allein G. zu hören, nicht zu schauen. Zwar widerfährt ein unmittelbares Vernehmen göttlichen Redens nur in Ausnahmen, durch Auditionen und Visionen hierfür begabter Menschen. Aber mittelbar macht sich G. jedem Israeliten vernehmbar durch bestimmte sprachliche Texte, welche durch Priester und Profeten, aber auch durch Richter, Weise und insbesondere Könige überliefert werden. Jene erweisen sich dadurch als göttlichen Ursprungs, daß den Hörern Anstöße zu einem Tun eröffnet werden, durch das ihr Leben gelingt, auch nach schuldhaftem Versagen (Vergebung der → Sünden), oder ihnen der Sinn ihres geschichtlichen Ortes aufgeht selbst bei Niederlage und Leid, gar Tod; also dadurch, daß jene Texte die Wahrheit menschlicher Existenz in den geschichtlichen Abläufen evident werden lassen.

Vorexilisch kann es zwar noch gelegentlich heißen, daß, wenn nicht G. selbst, so doch sein Angesicht, sein Engel u. ä. von ihm sichtbar werden. Doch das → Bilderverbot hat von Anfang an sichtbare Symbole als Ausgangsbasis für G.es-Erkenntnis und -Verehrung ausgeschlossen. Eingriffe G.es werden auch aus außerordentlichen individuellen und kollektiven Ereignissen erschlossen, wenn sie wunderhaft erscheinen. Das gilt für aufflammende Begeisterung bei kultischen Festen oder im Heiligen Krieg, weiter für den überquellenden Segen eines fruchtbaren Jahres, aber auch beim augenscheinlich eintretenden Fluch von auffälliger Unfruchtbarkeit, Niederlage, bösem Tod. Doch solche Erfahrungen werden vom AT als letzten Endes sprachlich vermittelt und bedingt begriffen. Eine Kultbegehung stiftende urzeitliche Setzung G.es, eine durch Profeten aktual verkündete Weissagung, ein Volk oder Familie zugesprochener und durch die Generationen weitergetragener Segensspruch gehen solchen Erfahrungen danach stets voraus. Wie vielgestaltig auch numinose Erfahrungen sein mögen, erkennbar wird der in ihnen wirkende G. allein im Bereich einer von ihm herkommenden Sprache. Paradigmatisch steht dafür die grundlegende G.es-Erfahrung der Väter am Sinai/Horeb: »Jahwe redete zu euch mitten aus dem Feuer heraus, den Donner der Worte hörtet ihr, eine Gestalt aber konntet ihr nicht wahrnehmen, nur eine Stimme« (5Mose 4,12).

Offenbart sich G. durch Sprache, so deshalb, um mit den Menschen Gemeinschaft zu suchen und sie dadurch sich selbst finden zu lassen: »Sie werden mir zum Volk, ich werde ihnen zum Gott werden« (Jer 24,7 u.ä. 26mal). Hebräisch gilt als Ur- und Schöpfungssprache, und G. hat sich mit den Hebräern besonders verbunden. Das geschah nach vorbereitenden Orakeln an die Erzväter (1Mose 12,1–3; 15; 17) durch die Errichtung eines für immerwährende Zeiten gestifteten Bundes, der durch göttliche Rede und menschliche Wechselrede und beidseitigen Schwur entsteht (Jos 24; 2Mose 24). Mit dem Bundesvolk bleibt G. durch eine als kontinuierlich gedachte sprachliche Kommunikation in Kontakt, und dies so, daß jede einschneidende geschichtliche Veränderung für Israel durch ein G.es-Wort vorausgesagt und hervorgerufen wird (Am 3,7).

Beim Menschen, der infolge seiner Sprachfähigkeit theomorph (d.h. nach G.es Art gebildet) geschildert werden kann (schon 1Mose 2,19f.), erwartet ein Sprechen G.es ein entsprechendes Echo nicht nur durch gehorsames Tun, sondern auch im Wort. Ein Eingriff G.es in die Geschichte wird erst dann effektiv, wenn Menschen sich durch öffentliches Bekenntnis das Geschehene als Tat G.es zueignen. Im israelit. Kult spielen im Lauf der Jahrhunderte zunehmend worthafte Akte (Lied, Gebet, Vollzugsformeln) eine ausschlaggebende Rolle. Nach Meinung der → Weisheitsliteratur ist sogar jeder autoritative menschliche Sprechakt (»Durch mich herrschen die Könige, regieren gerecht die Mächtigen«, Spr 8,15), ja im Grunde jeder wahre Satz über menschliches Leben von Gott herzuleiten. Als → Weisheit wird Gott zum Sprachgrund, wohnt er jedem Sein eröffnenden Sprachgeschehen inne.

Wo Menschen derart G. als sprechenden und zu vernehmenden G. erfahren, tritt ihnen G. als Person gegenüber, um es mit einem modernen, der Bibel unbekannten Begriff zu umreißen. Doch Personalität, »Duhaftigkeit« für den Menschen, zeigt einen wichtigen, aber keineswegs einzigen Aspekt G.es. Für das AT ist G. zugleich auch so etwas wie das große Es. Der Wortcharakter seiner Selbstkundgabe widerstreitet dem nicht. Denn sein Wort wird nicht nur zu Kommunikation und Information laut, sondern auch zum Zweck von → Schöpfung, d.h. als wirksames Wort, das sich in äußeren Tatbeständen »materialisiert«. »Wie er spricht, so geschieht's« (Ps 33,9). G.es Worte setzen eine Welt, reproduzieren, verändern sie.

Die abendländ. Metaphysik hat 1Mose 1 so interpretiert, daß G. sich von der materialisierten Form seines Schöpfungswortes grundsätzlich distanziert, mithin eine entgöttlichte Welt sich gegenübergesetzt hat. Was aus G.es Wort hervorgeht, bleibt für das AT hingegen gottdurchwaltet, ohne jedoch unbedingt die Qualität der Heiligkeit zu erhalten. Als König regiert G. seine Schöpfung weiterhin durch seine Sprache, beobachtet und lenkt die Geschicke vornehmlich der Menschen. Als König ist er jedoch ebenso vom Weltganzen unterschieden wie ihm zugehörig. Der G. Israels ist *Transzendenz* und (dynamische) *Immanenz* zugleich. G.es-Verehrung bedarf deshalb auch sinnlicher Mittel und Formen.

4. Nur mittels menschlicher Sprache und irdischer Vorstellungen vermögen Menschen von G. zu reden. *Anthropomorphismus* (Schilderung G.es so, als ob er menschgestaltig wäre) wird weithin unbefangen im AT geübt, G.es Angesicht, Mund, Arm, Hand, Füßen usw. werden spezifische Funktionen zugeschrieben. Der Umkreis G.es wird ebenso dargestellt: Sein Gewand steht für kriegerische Mächtigkeit (Jes 63,1–6), sein → Thron für bedingungslos sich durchsetzende Herrschaft. Doch ist daraus nicht zu schließen, daß Israel sich seinen einen G. als eine räumlich umgrenzte Figur vorgestellt hätte. Jahwe reicht stets weiter als seine (nie zusammenhängend beschriebenen) Körperteile. Das zeigt sich an der großen Rolle, die seinem Namen beigemessen wird. Wird der Name laut, wird G. anwesend. Deshalb gilt illegitime Anrufung zu Zauber als schwerer Frevel (»Du sollst den Namen Jahwes . . . nicht mißbrauchen«).

Der semit. Neigung zu konkreter Vorstellungsweise entsprechend, wird selten von Eigenschaften G.es geredet. An ihre Stelle treten Wirkungssphären, die – für Menschen meist unsichtbar – Gott umgeben und sich von da in die Welt hineinbewegen. Umkreist ist G. (und später die → Engel) von einer glänzenden Herrlichkeit, mit der er sich in Ausnahmefällen auf die Erde herabsenkt (2Mose 40,34). *mischpat* und *z^edaka* (meist mit → »Recht« und → »Gerechtigkeit« übersetzt, genauer: Rechtswahrung als Aufrechterhaltung lebensnotwendiger Ordnung und gemeinschaftsgemäßes Verhalten) sind Stützpfeiler des Thrones G.es und senken sich von da bei Bedarf herab, um Menschen zu umhüllen und zu entsprechendem Tun zu befähigen (Ps 97). Weiter gehören hierher Bundestreue (*chäsäd*), Wahrheitsdurchsetzung (*ämät*), *schalom* als Wohlfahrt, aber auch der Zorn G.es, der von ihm ausgeht, sündige Menschen erreicht und zu Boden wirft. Wichtig ist weiter *Heiligkeit* als Sphäre, die sowohl G.es himmlischen Bezirk erfüllt als auch in den irdischen Zeitrhythmen, heiligen Orten und Personen sich manifestiert (s. u.).

Dagegen spielt der sublime Anthropomorphismus abendländ. Metaphysik, nach der G. Vernunft und Geist ist, eine geringe Rolle im AT. Gewiß werden G. Erkenntnis und Pläne zugeschrieben, er spricht nicht nur, sondern zählt und denkt. In dieser Hinsicht ist G.es Geist dem Menschen unendlich überlegen, für menschliches Erkennen letztlich unbegreifbar. Doch Derartiges wird selten geäußert. Wird der Gegensatz zwischen Mensch und G. in Jes 31,3 durch das Verhältnis von Fleisch zu Geist erklärt, so meint das hier gebrauchte Wort *ruach* nicht eine geistige Substanz, sondern die unvergleichliche Antriebskraft göttlichen Wesens gegenüber der Ohnmächtigkeit jedes Menschen. Weil G. durch solche Wirkungssphären unsichtbar auf den Menschen zukommt, ihn begleitet, vorwärtstreibt oder niederstößt, fühlt der Hebräer nicht G. »in sich«, sondern befindet sich »in G.«, wenn sein Leben gelingt.

5. Dynamisch west G. der durch sein Sprechen entstandenen Welt in bestimmten Zeitrhythmen an, die, einmal von ihm gesetzt, entweder regelmäßig oder durch außerordentliche Aktualisierungen wiederkehren, dann den Menschen mit Heiligkeit umhüllen und ihn beglücken oder erschüttern. So im Sabbat als 7. Wochentag, einst Zielpunkt der Urschöpfung (1Mose 2,1–3), aber auch in → Festen des Jahres, im → Sabbat- und Jobeljahr. Zu außerordentlichen heiligen Zeiten gehören Stunden positiver oder negativer Heimsuchung von Menschen, Siegestage, vor allem die Perioden der → Heilsgeschichte, die ihrerseits in Festen aktualisiert wird. Zeitbezogene Anwesenheit G.es stellt vermutlich auch die Erklärung des Jahwenamens in 2Mose 3,14 heraus: »Ich bin da, als der ich da bin.« Früh wird daraus gefolgert, daß das Hervorgehen einer Zeit aus der anderen Werk G.es ist, Jahwe mithin die Urkraft der Geschichte darstellt, sofern diese zielgerichtet auf das Heil guter oder den Untergang böser Menschen zuläuft. Geschichte wird zum Feld der Offenbarung G.es, ihre Wendepunkte zum G.es-Beweis. Ohne sprachliche Voraussetzungen sind wiederum gottgewirkte Veränderungen der Zeiten nicht denkbar. Deshalb wird ein immer wieder neu auftauchender Spannungsbogen von göttlichen Verheißungen und geschichtlichen Erfüllungen Grundmodell alttest. Geschichtserkenntnis.

Die Profeten künden in ihrer → Eschatologie eine volle zeitliche Gegenwart G.es erst für die künftige Heilszeit an, wo G. selbst Sonne und Mond als Zeitgeber ersetzen wird (Jes 60,19f.). Die → Apokalyptik zeichnet einen universalen Geschichtsplan, der von der Schöpfung über den Bund mit Israel zur eschatologischen unlöslichen Gemeinschaft G.es mit allen Menschen führt.

Als Grundkraft von Natur- wie Menschheitsgeschichte, in ihr zeitlich verschieden intensiv anwesend, weist G. über alle erkennbare Zeit hinaus. Er wirkt »von undurchschaubarer ferner Zeit (Vergangenheit) bis in undurchschaubare ferne Zeit (Zukunft)«, dt. ungenau »von Ewigkeit zu Ewigkeit«. Eine Entstehung G.es als → Theogonie vor der Schöpfung ist ausgeschlossen, nicht dagegen ein Werden G.es im Lauf der Geschichte. Sein echtes König-Sein erreicht G. erst mit seiner eschatologischen Thronbesteigung, wenn die ganze Menschheit sich einhellig zu ihm bekennt.

6. Nicht nur in Zeit, auch im Raum west G. in abgestufter Weise an. Als Segenskraft steht er der Erde näher als dem Meer, dem Fruchtland näher als der Wüste. Im reinen israelit. Land walten seine Wirkungssphären stärker als in unreinen Heidenländern. Ständig weilt seine Heiligkeit am Gottesberg Sinai in der südl. Wüste, dann auch an den Heiligtümern Palästinas, insbesondere auf dem Berg Zion. Solche räumliche Präsenz gewährt vor allem Menschen die Möglichkeit, G. zu erreichen, zu ihm zu beten und zu opfern. Sehr bald – wenngleich nicht von Anfang an

– wird G., sein Palast, Thron, Hofstaat im Himmel gesucht. Von dort sendet er seine Wirkungssphären, ebenso auch die meteorologischen Phänomene wie Blitz, Regen, Wind. Keineswegs widerspricht solches Sein im Himmel einer zeitweiligen oder ortsbezogenen Anwesenheit auf Erden. Doch wird die Verräumlichung G.es schon früh relativiert (während seine Präsenz in Zeiten wie dem Sabbat nie in Frage gestellt wird). »Der Himmel und aller Himmel Himmel können dich nicht fassen« (1Kön 8,27). Im gesamten Weltall, so spürt der Israelit, gibt es keinen Platz, wo ihn G.es Hand nicht erreichen wird (Ps 139; Am 9,1–4). Auf Grund solcher *Überräumlichkeit* und möglicher Gegenwart an jedem Punkt im All ist Gott also ebenso immanent wie transzendent, freilich durch eine dynamische Immanenz von einem Pantheismus (Gott = Weltall) geschieden.

7. Was im AT von G. geschrieben wird, wird um der von G. betroffenen *Menschen* willen laut, will menschlichem Leben Sinn und Ziel geben. Zwar traut das AT mit der Auffassung eines unlöslichen → Tat-Ergehen-Zusammenhangs der menschlichen Aktivität viel zu. Durch seine gute oder böse Tat bereitet der Mensch, den Gott gleichsam als skizzenhaften Entwurf geschaffen hat, sich sein Geschick und seinen Charakter selbst, individuell wie national. Doch solche Freiheit zur Lebensgestaltung wird von Gott allererst eröffnet. Durch die → Heilsgeschichte hat G. den Israeliten ein Kulturland beschafft, auf dem sie sich entfalten sollen. Dort erscheint er (primär im Kult) mit Wirkungssphären wie → Gerechtigkeit und Segen, um Menschen stets neu zu sittlichem Tun zu befähigen. Durch sein schöpferisches Verheißungswort werden darüber hinaus neue geschichtliche Tatbestände hervorgerufen, welche die Bedingung der Möglichkeiten zum Guttun und Gutergehen bewahren und erweitern. Durch G.es Wort als → Gesetz erhält der Mensch Orientierungshilfen für die Erkenntnis dessen, was gut und böse ist, wie auch für den Weg zur Erlangung von Sühne beim Versagen. Zugleich ist G. die verborgene Kraft, die den Natur- und Geschichtslauf verborgen so lenkt, daß positive menschliche Taten zu Wohlfahrt, negative zu Krankheit und Untergang führen. Ein solcher Prozeß kann über Generationen hin dauern. Eine Heimsuchung, eine plötzliche zeitliche oder örtliche Anwesenheit G.es, kann aber auch den gleichmäßigen Lauf des Geschehens durchbrechen und den Täter zum Guten oder Bösen jäh »vollenden«.

Die Grenze zwischen G.es Verursachung menschlicher Taten und bloßer Zulassung ist dem AT nicht eindeutig zu entnehmen. Einerseits wird Allkausalität behauptet: »Geschieht auch ein Böses in der Stadt, das Jahwe nicht tut?« (Am 3,6.) Andererseits wird mit Nachdruck bestritten, daß das Böse anderswo als im Menschen selbst entspringt. (Die Figur des → Satans ist eine nachalttest. Vorstellung.) Im nachexilischen AT erheben sich freilich Stimmen, die den Zusammenhang von Tun und Ergehen weder beim einzelnen noch beim Volk wahrzunehmen vermögen. Dann tauchen Probleme von → Theodizee auf, die beim Prediger und bei Ijob mit der erhabenen Unbegreiflichkeit G.es beschieden, in der Apokalyptik mit dem Hinweis auf die Auferstehung und die Vollendung menschlicher Taten in einem ewigen Leben gelöst werden. Wie auch die Anschauung im einzelnen wechselt, das AT ist durchweg überzeugt, daß der Mensch von Gott in allen seinen Lebensbezirken umwirkt und umhegt ist. Deshalb ist er von jedem Menschen, der sich auf sich selbst besinnt, durchaus zu erkennen. → Glaube ist deshalb keine mögliche Haltung im Blick auf das Dasein Gottes oder die Heilsgeschichte, sondern einzig die Zuversicht auf grundlegendes künftiges Eingreifen Gottes. Eher schon ist → Furcht G.es vor seiner menschenüberlegenen Heiligkeit ständig angemessen, als inneres Erleben und Ergriffensein.

Allerdings ist G. der Menschheit wiederum abgestuft nahe. Zwar wirkt sein Geistwind (→ Geist 1) in jedem menschlichen Wesen als Atem. Aber sein Wort wird allein von Israel verstanden. Mit ihm allein steht G. im Bund, ihm allein ist die Möglichkeit ungehinderten Verkehrs mit der Gottheit gegeben. Auch innerhalb Israels gibt es Grade. Erwählt vor anderen sind die Priester und vor allem der König, der als einziger G.es-Sohn auf Erden gilt. Nur am Rande tauchen Gedanken auf, daß alle Israeliten »ein Königreich von Priestern« bilden (2Mose 19,6) oder in der eschatologischen Heilszeit einst alle »Völker, Nationen und Sprachen« im Reich G.es versammelt sind (Dan 7,14). Aufs ganze gesehen, bleibt der vom AT verehrte G. national und kultisch begrenzt.

8. Die Einheit der Bibel kommt grundlegend darin zum Ausdruck, daß das NT die G.es-Auf-

fassung des AT voraussetzt und teilt. Jesus und das Urchristentum haben nicht, wie vom 2. Jh. (→ Marcion) bis in die Gegenwart immer wieder behauptet wurde, dem G. des AT einen anderen G. gegenübergestellt (etwa dem G. des Gesetzes den der Liebe oder dem G. Israels den G. für die gesamte Menschheit); sie bezeugten vielmehr die weiterführende und abschließende Offenbarung des einen G.es, der sich bereits Israel kundgegeben hatte.
Folgende Momente sind für die *G.es-Verkündigung Jesu* kennzeichnend: **a)** *G. ist nahe.* Und zwar zunächst in dem Sinne, daß sein endgültiges heilvolles und richtendes Zur-Herrschaft-Kommen zeitlich unmittelbar bevorsteht. Jesus verkündigt die Nähe des → Reiches G.es (Mk 1,15). Aber ebensowenig wie Jesu Reich-G.es-Verkündigung eine von der Gegenwart geschiedene Zukunft meint, läßt sich die Nähe G.es bei ihm auf die zeitliche Dimension eingrenzen. Vielmehr gilt es, bereits in der Gegenwart G.es Nähe zu suchen und mit seinem Handeln zu rechnen. In diesem Sinn gewinnt für Jesus die Anrede G.es als → »Vater« zentrale Bedeutung, und zwar lehrt er seine Jünger, G. mit dem geradezu provozierend profanen aram. Wort *Abba* anzureden, welches das Kleinkind seinem Vater gegenüber zu gebrauchen pflegte (Lk 11,2; vgl. Röm 8,15; Gal 4,6). Er weist sie damit in ein unmittelbares Vertrauensverhältnis zu G. ein: Sie sollen und dürfen damit rechnen, daß – trotz der noch herrschenden Macht des Bösen in der Welt – G. für die zu ihm Gehörenden als für seine Kinder sorgen wird (Mt 6,26.34; Lk 12,24.27f.). **b)** G. will *Gemeinschaft* mit seinen Geschöpfen. Er will sein Recht als Schöpfer einlösen, indem er die Menschen, die sich von ihm getrennt haben, sucht. Deshalb ruft Jesus auf zur → Umkehr (Mt 11,21f.; 12,41 u.ö.), und zwar ruft er alle, auch die, die nach menschlichem Urteil rettungslos verloren sind, weil sie sich außerhalb der Gemeinschaft der Frommen gestellt haben (Mk 2,17). G.es Angebot gilt allen und ist an keine Bedingungen geknüpft; wer ihm folgt und damit ihm Recht gibt, wird von ihm angenommen. Die hinter ihm stehende Triebkraft ist G.es Liebe, die nicht ruht, bis sie das ihr Gehörende wiedergefunden hat (Lk 15,7.10.32). **c)** Dieser Unbedingtheit der Liebe G.es entspricht auf der anderen Seite die *Unbedingtheit seines Anspruchs.* G. hat ein Recht auf die ungeteilte, unbegrenzte Liebe und Hingabe des Menschen, und zwar konkretisiert sich dies in der Forderung, daß der Mensch in seinem gesamten Verhalten gegenüber seinen Mitmenschen zum Werkzeug der Liebe G.es werden und so das Empfangene weitergeben solle (Lk 10,25–37). Besonders in seiner Interpretation des alttest. → Gesetzes (Mt 5,21–48) stellt Jesus die Grenzenlosigkeit der Forderung G.es heraus. Der Mensch kann sich weder durch die Einhaltung bestimmter gesetzlicher und kultischer »Spielregeln« einen Bereich der Freiheit von G.es Anspruch sichern, noch kann er gar über G. verfügen und ihn zur Legitimierung eigener Herrschaftsansprüche und Wertvorstellungen mißbrauchen (Lk 18,9–14). Er hat sich vielmehr ohne Rücksicht auf seine eigene Person bedingungslos in den Dienst der Sache G.es und ihrer Durchsetzung in der Welt zu stellen. **d)** *Jesus erhebt den Anspruch, diese Sache G.es gegenüber der Welt in seiner Person zu vertreten.* Er spricht nicht nur über G., sondern er redet und handelt im Namen und Auftrag G.es (Mk 2,10; Lk 11,20). Triebkraft seines Wirkens ist die Gewißheit, damit den nahen G. in abschließender Weise zur Sprache zu bringen. Dieser Anspruch war letztlich auch die Ursache für die Ablehnung, die er bei den offiziellen Vertretern des Judentums fand und die zu seinem Tode führte. Jesu Auslegung G.es wurde von seinen Gegnern als den herrschenden G.es-Vorstellungen widersprechend und die Würde G.es verletzend, d.h. als blasphemisch verurteilt.
9. Der entscheidende Angelpunkt für die *G.es-Auffassung des Urchristentums* war die → Auferstehung Jesu. Man war gewiß, daß sich in ihr G. selbst zu Jesus bekannt und seine Verkündigung abschließend bekräftigt habe – Jesu Erscheinung wurde nunmehr als die entscheidende Selbstoffenbarung G.es in der Geschichte verstanden: »Vielfach und auf verschiedene Weise hat G. einst durch die Profeten zu den Vätern geredet: Am Ende dieser Zeiten redete er zu uns durch den Sohn« (Hebr 1,1). Jesus galt nun als der → Sohn G.es, d.h. als der von ihm in unüberbietbarer Weise zu seiner Kundgabe und Erschließung Bevollmächtigte (Joh 1,18). Er schenkt nicht nur Erkenntnis G.es, sondern eröffnet auch den Zugang zu ihm, was darin seinen Ausdruck fand, daß man zu G. »im Namen Jesu« betete. (Allerdings kannte das älteste Urchristentum noch kein direkt an Jesus gerichtetes Gebet.) Besonders → Paulus betont, daß sich in Weg und

Schicksal Jesu Christi G.es Wesen geoffenbart habe: Das Kreuz ist für ihn die entscheidende Weise der Selbstkundgabe G.es. Hier erschließt sich G. in einer allen menschlichen G.es-Spekulationen und Wertvorstellungen diametral widerstreitenden Weise – aber er erschließt sich in seiner radikalen, alle Grenzen mißachtenden Liebe (1Kor 1,18ff.). Die Aussage, daß »G. in Christus« ist (2Kor 5,19), ist nicht Produkt abstrakter Spekulation, sondern Ausdruck der Erfahrung, daß sich der den Menschen zuwendende G. nur im Bild des gekreuzigten Christus finden läßt.

10. In dem Maße, wie sich das Christentum als Menschheitsreligion verstehen lernte, betonte es die *Universalität* G.es: Alle Menschen sind G.es »Geschlecht« (Apg 17,28); G. ist der »Allherrscher« (2Kor 6,18; Offb 1,8 u. ö.); »von ihm und durch ihn und auf ihn hin sind alle Dinge« (Röm 11,36). Allerdings macht das NT von der an sich naheliegenden Möglichkeit, diesen Gesichtspunkt der Universalität durch Übernahme von Motiven aus der antiken griech. Metaphysik zu verstärken, bemerkenswert wenig Gebrauch. So fehlt z.B. bis auf ganz wenige Ausnahmen (Apg 17,29; 2Petr 1,3f.) der außerhalb des NT überaus häufige Begriff »das Göttliche«, der den Gedanken an G. als eine das Weltall durchwaltende Kraft nahelegen würde. G. ist für das NT auch nicht, wie für die Stoa, der »Despot«, dessen Macht aus der von ihm erzwungenen Ordnung des Kosmos abgelesen werden könnte. Und erst recht vermeidet es, durch die Verwendung mystischer Begriffe die Grenze zwischen Mensch und G. zu durchlöchern. Vielmehr sagt es die Universalität G.es stets so aus, daß G.es Personalität und seine Bezogenheit auf die Geschichte nicht in Frage gestellt werden. G. ist Herr über alle Menschen, aber er ist es als der, der sich an Israel und zuletzt in Jesus als der Vater erwiesen hat. G. ist der Allmächtige, aber er ist es als der, der sich selbst in seinem vergangenen geschichtlichen Handeln treu bleibt (2Tim 2,13). Das abschließende Ergebnis dieses Bemühens, die Universalität G.es mit seiner Personalität und seiner Geschichtsbezogenheit zusammenzusehen, ist die kirchliche Lehre von der → Trinität (Dreieinigkeit), die sich allerdings im NT selbst noch nicht findet. K./R.

Lit.: W. G. Kümmel, Die Gottesverkündigung Jesu und der Gottesgedanke des Spätjudentums, in: Heilsgeschehen und Geschichte, 1965, 107–125.

Götter, fremde. Das frühe Israel hat zweifellos die Existenz fremder G. neben Jahwe anerkannt, sie aber wohl zu Untergebenen Jahwes herabgestuft. In der Botschaft Deuterojesajas (→ Jesajabuch) kommt dann die Überzeugung zum Durchbruch, daß die fremden G. ohnmächtig sind. S.

Gottesberg. Das AT verbindet mit dem Begriff »G.« zwei verschiedene Vorstellungen: die vom Wohnsitz Gottes und die von seiner Offenbarungsstätte. In Ps 48,3 wird der Tempelberg Jerusalems als »G.« bezeichnet und als der »Gipfel des Zafon«. Von »Zafon« ist das hebr. Wort für »Norden« abgeleitet; deshalb pflegt man hier zu übersetzen: »fern im Norden«. Dahinter steht kanaan. Gedankengut, wonach der Berg Zafon in Nordwestsyrien – er ist auch in Jes 14,13 gemeint – Wohnsitz des höchsten Gottes (→ El) war. Diese Vorstellung vom G. erscheint ferner in Ez 28,13–14, hier verbunden mit der vom Paradiesgarten (vgl. Ps 46,5). Der G. in der Wüste (z.B. 2Mose 3,1; 18,5) ist Offenbarungsstätte Gottes bei der Oase von → Kadesch (1Mose 18; → Sinai). S.

Gottesbezeichnung. Obwohl der eine → Gott dem Menschen unendlich überlegen ist, läßt er sich doch durch einen Namen, nämlich → Jahwe, in menschlicher Sprache ausdrücken. Daß jede Gottheit einen oder mehrere Namen trägt, ist für die Religionen des Altertums selbstverständlich. Babylon. und ägypt. Hymnen lieben es, besungene Gottheiten mit vielen Bezeichnungen zu rühmen, und wie dort wird auch im Hebräischen zwischen Name, Titel, schmückendem Beinamen (Epitheton) und Wesensbezeichnungen einer Gottheit nicht scharf unterschieden. Obwohl bibl. Texte sich darin auszeichnen, daß sie auf eine Häufung von G.en verzichten, wird Jahwe doch auch gelegentlich als »der vom Sinai« (Richt 5,5) oder als → Zebaot gefeiert. Da er alle göttliche Wesen in sich zusammenfaßt und überragt, heißt er auch »Gottheit« (*Elohim*) schlechthin. Wo der Jahwename aus Scheu vermieden wird, wird dies zu seinem ausschließlichen Namen (so im elohistischen Psalter Ps 42–83 und beim Elohisten, → Mosebücher). In Psalmen kann »Gottheit der Gottheiten« zum Titel werden (Ps 136,2).

Diese und andere G. spiegeln das religionsgeschichtliche Werden der Jahweverehrung. Die

Religion der Erzväter wirkt nach, wenn vom »Gott der Väter« (2Mose 3,13) oder dem Starken bzw. Stier (*abir*) Jakobs geredet wird (1Mose 49,24). Seine Gleichsetzung mit dem → El der Kanaanäer führt nicht nur zum häufigen Gebrauch dieser G., welche die göttliche »Natur« wie auch ihren hervorragendsten Repräsentanten beinhaltet, sondern auch zur Übernahme von mit El verbundenen Titeln wie *Schaddaj* (numinoser Sippen-»Nächster«) oder *Äljon* (Allerhöchster). Von profetischer Zeit an treten bestimmte Aspekte göttlichen Wirkens als G.en hervor. So spricht → Jesaja vom »Heiligen Israels«. In pers. Zeit wird er »Gott des Himmels« oder »Gott der Höhe« genannt, was in neutest. Zeit zu einfachem »der (die) Himmel« gekürzt wird. Vor allem aber tritt Herrschaft als Kennzeichen Gottes so in den Vordergrund, daß ein hebr. Wort für »Herr«, *Adonaj,* ab 200 v. Chr. den Jahwenamen völlig ersetzt, was zugleich dem alttest. Gott den Charakter eines hebr. Nationalgottes nimmt und mit der griech. Übersetzung *Kyrios* der Universalisierung bibl. Gottesauffassung den Weg bereitet. Die im AT seltene G. »Vater« wird in aram. Übersetzung (*abba*) bei Jesus zur besonderen Form der Anrufung Gottes (→ Vaterunser).

Die bibl. G.en spiegeln also den geschichtlichen Prozeß einer sich vertiefenden Gotteserkenntnis, welche partikulare Züge, die kultischer Verehrung notwendig eignen, mehr und mehr abstreift. K.

Lit.: K. Koch, šaddaj, in: Vetus Testamentum 26, 1976, 299–332.

Gottesbilder → Bild und Bilderverbot.

Gottesdienst, die christl. Weise gemeinschaftlichen Verkehrs der Menschen mit Gott. Dazu gehört die öffentliche Rede in einer Gemeinde, die ein → Wort Gottes vorträgt oder auslegt, das Gebet der Gemeinde, meist auch das Lied, aber auch Handlungen wie das → Abendmahl. In manchen Konfessionen gilt eine grundsätzliche Ungebundenheit dieser Elemente; insofern läßt sich von G. ohne → Kult sprechen. Für andere Konfessionen sind kultische Formen wie Priester, Sakralraum unentbehrlich, um einen G. segensreich werden zu lassen. Da die Definition von G. in der Forschung nicht einhellig ist, ist es schwer zu entscheiden, wieweit schon → Riten und → Kult im AT als G. einzustufen sind.

Das NT kennt verschiedene Formen christl. G.es, ohne daß für sie jedoch ein einheitlicher Begriff verwendet würde. Zentral war die Feier des → Abendmahls, die in der Frühzeit als »Brotbrechen« (Apg 2,42; 1Kor 10,16), »Herrenmahl« (1Kor 11,20), »Danksagung« (griech. *eucharistia*) oder auch ganz einfach als »Zusammenkommen« (1Kor 11,17.20; Apg 4,31) bezeichnet wurde. Man versammelte sich dazu zunächst in Privathäusern; bewährte Gemeindeglieder führten den Vorsitz (1Kor 16,15f.). Dem eigentlichen Mahl ging die Wortverkündigung voran (Apg 20,7ff.). Schon bald entwickelten sich feste liturgische Formen (Ansätze: 1Kor 10,16f.; 11,23ff.; 16,19ff.). Gebete und formelhafte Wendungen der G.-Sprache (z. B. → »Amen«, → »Halleluja«, → »Hosianna«) wurden z. T. aus dem Judentum übernommen; daneben entstanden schon früh Christushymnen (Phil 2,6–11; 1Tim 3,16; Kol 1,15–20; → Hymnus), in denen sich Ansätze einer eigenen christl. gottesdienstlichen Sprache zeigen. Die Mahlfeier fand in der Nacht vor dem ersten Wochentag, dem »Herrntag«, bzw. an dessen frühem Morgen (Apg 20,7; 1Kor 16,2) statt, der für die Christen als Tag der Auferstehung Jesu geheiligt war. Daneben wurden für die täglichen Gebetsversammlungen einfachere G.-Formen entwickelt, die an den jüd. Synagogen-G. anknüpften. Daß es eigene Tauf-G.e bereits in früher Zeit gegeben hat, ist zumindest wahrscheinlich.

Ganz allgemein gilt, daß das NT den christl. G. nicht als Fortsetzung des jüd. → Kults versteht, denn dieser gilt als durch Jesu Heilswerk, besonders sein Sterben, als überholt und abgelöst. Kultische Begriffe werden deshalb im NT durchweg nur im übertragenen und vergeistigten Sinn gebraucht. So bezeichnet Paulus den gehorsamen Dienst der Christen im Alltag der Welt als »Opfer« und »G.« (Röm 12,1). K./R.

Lit.: H.-J. Kraus, G. in Israel, ²1962; F. Hahn, Der urchristl. G., 1970; H. B. Meyer, Eucharistie, 1989.

Gottesfürchtiger, ein Heide, der am jüd. Synagogengottesdienst teilnahm und das Gesetz teilweise einhielt, ohne jedoch durch Beschneidung den formellen Übertritt zum Judentum vollzogen zu haben (Apg 10,2; 17,4). R.

Gottesherrschaft → Reich Gottes.

Gotteskasten. 1. Die Schatzkammer des Tempels (Mt 27,6). **2.** Ein Opferstock im Frauenvorhof des Tempels (z. B. Lk 21,1). S.

Gotteskindschaft → Kinder Gottes.

Gottesknecht → Knecht Gottes.

Gotteslästerung, ein die Ehrfurcht vor Gott verletzendes Reden oder Tun. Im AT gilt das trotzige, Gott nicht ernst nehmende Reden (Ps 10,13) und jeder vorsätzliche Frevel (4Mose 15,30) als G.; ebenso kann mangelndes Vertrauen auf Gott (4Mose 14,11) und der Bundesbruch des Volkes Israel (5Mose 31,20) »G.« genannt werden. Auf G. stand die Strafe der Steinigung (3Mose 24,10–23). Ferner ist es G., wenn die Heiden die Macht Jahwes leugnen (Ps 74,18; Jes 52,5).
Nach rabbinischer Auffassung galten freches Reden gegen die Tora, Götzendienst und Verwünschung des Jahwenamens als G. So ist der nach Mk 2,7 gegen Jesus erhobene Vorwurf zu verstehen. Daß der Messiasanspruch Jesu als G. verurteilt worden sei (Mk 14,64), stimmt mit dem – erst später kodifizierten – Strafrecht der Mischna nicht überein. So wird die Darstellung des Lukas zutreffender sein, der nicht von G. spricht.
Nach 1Tim 6,1 rufen ungehorsame Sklaven G. hervor (vgl. Röm 2,24). S./H. M.

Gottesmann, bezeichnet in vorprofetischer Zeit eine geheimnisvolle Gestalt, die plötzlich auftaucht, Orakel kündet und wieder verschwindet (Richt 13,6; 1Sam 2,27; 1Kön 13). Derartige Gestalten waren auch in Phönizien (1Kön 17,18) und in → Ugarit bekannt. Der Titel kennzeichnet einen Menschen als mit der Gottheit besonders eng verbunden. Als der Stand der Profeten aufkommt, werden in Israel Zukunftsdeuter, deren Rang über dem der Profeten liegt, »G.er« genannt, so Samuel, Elischa, Mose und schließlich David. K.

Gottessohn → Sohn Gottes.

Gottessöhne. Unter den Wesen, die Israel der göttlichen Sphäre zugehörig glaubte (→ Engel, → Sohn), bilden die G. den Hofstaat Jahwes (Ijob 1,6; 38,7). Nach der mythischen Erzählung 1Mose 6,1–4 sind aus der Ehe einiger G. mit Menschenfrauen die Riesen hervorgegangen. S.

Gottesspruch (Orakel). Wie in anderen Religionen des Altertums kann auch in Israel ein G. bei einem Priester, Seher oder Kultprofeten eingeholt werden, um Aufschluß über das eigene richtige Verhalten in ungewissen Situationen zu erhalten. Durch Mittelspersonen läßt Gott sich befragen und gibt Antwort im O. Das geschieht einerseits durch induktiv-technische Weise. Dahin gehört das Los.-O., das mit dem → Efod und → Urim und Tummim-Steinen verbunden ist, aber auch das besondere Rauschen von Bäumen (Wahrsage-Terebinthe in 1Mose 12,6; vgl. 2Sam 5,24). Andererseits gibt es die intuitive Weise, einen G. aus der Eingebung (→ Inspiration) eines mit dem → Geist Gottes begabten Menschen zu gewinnen. Hierher gehören kultische Erhörungs-O. (Ps 60,8–10), im weiteren Sinne aber auch das von Profeten verkündete → Wort Gottes, das nicht mehr an eine vorgängige Befragung geknüpft ist. K.

Gottesurteil (Ordal), Verfahren zur Entscheidung von Streitfällen, wenn Beweismittel fehlten. G.e wurden durch das Los herbeigeführt (z.B. Jos 7,14–18) oder den Reinigungseid (→ Eid), der in 4Mose 5,12–31 mit einem Trankordal verbunden ist. Als G.e bezeichnet man auch die Wunderzeichen, die über die Rechtmäßigkeit bestimmter Ansprüche entschieden (z. B. 4Mose 12; 16; 1Kön 18). S.

Göttin. In den Religionen des Alten Orients waren weibliche Gottheiten als Mutter- und Fruchtbarkeits-G.nen von großer Bedeutung; sonst spielten sie als Gattinnen eines Gottes nur eine untergeordnete Rolle (→ Ana, Aschera, → Astarte). S.

Gottlos. Als g. (hebr. *rascha*) gilt im AT, wer durch sein frevelhaftes Verhalten die von Gott gesetzte Lebensordnung verletzt, z. B. indem er das Leben seiner Volksgenossen bedroht oder Unschuldige, Arme und Gerechte verfolgt (z. B. Ps 11,2; 37,12ff.). Der positive Gegenbegriff ist »gerecht« (*zaddik*) (→ Gerechtigkeit). Auch im NT ist »g.« (griech. *asebes*) gleichbedeutend mit »frevelhaft«, »sündig«. R.

Götzendienst, ein Begriff, der, auf das AT angewendet, die Verehrung anderer, fremder Götter im Gegensatz zur alleinigen Verehrung Jahwes bezeichnet. Gegen solchen G. richten sich die zweifellos alten Verbote, fremde Götter zu verehren und Bilder anzufertigen (2Mose 20,3–5; → Bild und Bilderverbot). Nach dem Bericht des AT fand bei → Sichem in der Frühzeit des Volkes Israel eine Absage an den G. statt (1Mose 35,1–5; Jos 24).

Im 9. Jh. v. Chr. begann der leidenschaftliche Kampf der Profeten gegen den G., und zwar im Nordreich, wo die Israeliten in engste Berührung mit dem Kult des kanaan. Fruchtbarkeitsgottes → Baal kamen. So protestierte → Elija gegen den Baalskult des Königs → Ahab, und → Elischa unterstützte die Revolution Jehus gegen die Dynastie Ahabs offenbar deshalb, weil er in Jehu einen Vertreter des reinen Jahweglaubens sah.

Um die Mitte des 8. Jh.s drohte → Hosea den Israeliten des Nordreichs Unheil an, weil sie G. (von Hosea als »Unzucht«, »Hurerei« bezeichnet) trieben, indem sie Jahwe mit Baal gleichsetzten und kanaan. Fruchtbarkeitsriten in den Jahwekult aufnahmen.

Vom Ende des 8. Jh.s an mußten die Könige des Südreichs Juda den assyr. Staatskult in Jerusalem zulassen, und offenbar dadurch veranlaßt, fand der G. bei der jud. Bevölkerung Eingang, der von → Zefanja und → Jeremia angeprangert wurde, aber trotz der um 620 v. Chr. von König → Joschija durchgeführten religiösen Reform weiterlebte. Erst das → Exil, das bei → Ezechiel und im → deuteronomistischen Geschichtswerk als Folge des G.es verstanden wurde, machte dem G. ein Ende. Der Kampf gegen den G. wurde unter der Voraussetzung geführt, daß die fremden Götter zwar Jahwe unterlegene, aber reale Mächte seien. Erst der gegen Ende des Exils wirkende Profet Deuterojesaja (→ Jesajabuch), der Verfasser von Jes 40–55, bestritt ihre Existenz überhaupt. S.

Grab. In der Steinzeit → Palästinas sind Frei-G. und Wohnungs-G. unterschieden. Die einfachste Form der Bestattung ist das *Frei-G.* vor der Wohnhöhle der (mittleren) Steinzeit (Mesolithikum, Karmelhöhlen). Das *Wohnungs-G.* ist in der älteren (Paläolithikum) und mittleren Steinzeit als G. in der Wohnhöhle belegt. In → Jericho ist für die jüngere Steinzeit (Neolithikum) das Begräbnis unter der Begehungsfläche des Wohnhauses belegt. Daneben bildet sich die seit dem Chalkolithikum u.a. in → Byblos belegte Form des *Höhlen-G.s* aus, indem in den Felsen eine elliptische Höhle als G. geschlagen wird. Eine Weiterentwicklung des Höhlen-G.es ist das

Eingang zur Grabanlage der Königin Helena von Adiabene (1. Jh. n. Chr.) in Jerusalem mit rollbarem Verschlußstein. Ansicht von der Seite . . .

seit der mittleren Bronzezeit der ersten Hälfte des 2. Jt.s häufig belegte *Schacht-G.* An einen senkrecht in den Felsen getriebenen Schacht schließt sich eine waagerechte Kammer an, um den Toten aufzunehmen. In einer spätbronzezeitlichen Weiterentwicklung des späten zweiten Jt.s wurde der senkrechte Schacht durch eine Treppe ersetzt. Charakteristisch für die Eisenzeit israelit. Epoche ist im *Bank-G.* die Ausrüstung der G.-Kammer mit Bänken, die in die Seitenwände geschlagen und auf die die Toten gelegt werden. Wurden die Bänke erneut benutzt, so wurden die zusammengefallenen Knochen von den Bänken abgeräumt und in eine mit dem G. verbundene Grube geworfen. An dieser Praxis hat der Ausdruck »in die Grube fahren« seinen Anhalt. In hellenist. Zeit wird das Bank-G. zum *Schiebe-G.* weiterentwickelt. Jetzt werden von einer zentralen G.-Kammer aus für jeden einzelnen Toten zu verschließende Nischen geschlagen. Damit verbunden, wurden die Gebeine des Toten in Ossuaren in das G. gelegt.

... und Ansicht von vorne

Eine röm. Weiterentwicklung ist das *Bogen-G.*, in dem die Nischen mit einem Tonnengewölbe versehen wurden. Hieraus entwickelte sich in byzantin. Zeit das *Trog-G.*, in dem die Nischen mit einem Trog zur Aufnahme der Gebeine versehen wurden.

Insgesamt zeigt diese Entwicklung des G.s zwei Tendenzen. So setzt sich eine zunehmende Individualisierung durch. Während in den älteren G.-Formen bis hin zum eisenzeitlichen Bank-G. die Gebeine mehrerer Toter einer Sippe zusammenlagen, worin der Ausdruck »zu den Vätern versammelt werden« seinen Anhalt hat, so wird in hellenist. Zeit mit der Einführung des Schiebe-G.es der einzelne Tote von den übrigen isoliert. Das Interesse am Individuum schlägt sich in der damit verbundenen Beschriftung der Abdeckplatten nieder. Daneben zeigt sich eine Tendenz zunehmender Distanzierung von der Leiche, die sich insbesondere in der Einführung von Ossuaren niedergeschlagen hat. O.

Grab Christi. Der Ort des G.es Chr., das nach Joh 19,41 im Garten des Josef von Arimathäa lag, wird seit konstantinischer Zeit (4. Jh.) durch die Grabeskirche in → Jerusalem bezeichnet. Diese Überlieferung wurde durch die Archäologie weitgehend bestätigt: Die Grabeskirche lag zur Zeit Jesu außerhalb der Stadtmauer; nahe der Außenwand der das (durch die Seldschuken zerstörte, heute nur noch als Nachbildung existierende) G. Chr. bergenden Rotunde (*anastasis*) fanden sich jüd. Schiebegräber (→ Grab). Hingegen kommt das sog. »Gartengrab« nördl. des Damaskustors als G. Chr. nicht in Frage. R.

Granatapfel, Granatbaum → Pflanzenwelt.

Grenzverrückung. Der Versuch, sich den Landbesitz des Nachbarn anzueignen, indem man allmählich die Grenzmarken zwischen seinem und dem eigenen Grundstück versetzte, war in Israel ein fluchwürdiges Verbrechen (5Mose 27,17; Spr 23,10). S.

Greuel. Mit »G.« übersetzt man gewöhnlich zwei hebr. Begriffe, von denen der eine (*toëba*) in erster Linie ein Sammelwort für alle kultisch verunreinigenden Sünden (z. B. 3Mose 11,43; 18,22) und – in der Weisheitsliteratur – ein allgemeines Wort für das von Gott oder Menschen verabscheute Tun (z. B. Spr 3,32; 11,20; 13,19; vgl. im NT Lk 16,15) ist, während das andere (*schikkuz*) hauptsächlich für »Götzen«, »Götzenbilder« gebraucht wird (z. B. 2Kön 23,24; Jer 13,27). So bezieht sich der Ausdruck »G. der Verwüstung« (Dan 9,27; 11,31; 12,11) auf die Errichtung heidn. Kultzeichen im Jerusalemer Tempel. S.

Griechenland, Griechen. 1. Geographie – 2. Geschichte – 3. Religion – 4. G. in der Bibel.

1. G. (griech. *Hellas*) ist in starkem Maße durch seine geographische Lage bestimmt. Das griech. Festland ist nach Norden zu durch unwegsame Berge abgeriegelt sowie von einer Reihe von Nord nach Süd verlaufender Bergzüge in kleine geographische Einheiten aufgespalten. Offen ist das Land nur nach Osten, zum Thrakischen und Ägäischen Meer mit seinen zahlreichen Inseln hin. Die reichgegliederte Küste schafft ideale Bedingungen für die Seefahrt. Die Halbinseln Attika und Peloponnes sowie die ägäischen Inseln samt der Westküste → Kleinasiens bildeten deshalb in der Antike das Zentrum des Lebensraumes der Griechen.

2. Um 1900 v. Chr., zu Beginn der sog. mittelhelladischen Epoche, wanderten indogerman. Stämme von Norden her ein und verschmolzen mit der einheimischen mediterranen Bevölkerung. Zwischen dem 16. und 14. Jh. v. Chr. kam es in Mykene auf der Peloponnes unter Aufnahme von Einflüssen der alten minoischen Kultur → Kretas zu einer ersten Blüte griech. Kunst und Religion. Die mykenische Kultur strahlte, wie archäologische Funde erweisen, bis nach → Syrien (→ Ugarit), → Palästina und → Ägypten aus. Um 1100 v. Chr. begann die große Ägäische Wanderung, die zur Kolonisierung der ägäischen Inseln und der kleinasiat. Westküste führte. Die dort entstehenden Städte (u. a. → Ephesus, Priene, Milet) wurden zu Zentren griech. Kultur; so kam es dort im 9. Jh. v. Chr. zur Umwandlung der phöniz. Konsonantenschrift zu einer Lautschrift und damit zur Entstehung des Ur-Alphabets.

Weitere griech. Kolonien entstanden zwischen 800 und 500 v.Chr. im ganzen Mittelmeerraum, u.a. auf Sizilien. Eine staatliche Einheit fehlte jedoch. Die griech. Welt bestand aus einer Summe von Kleinstaaten, auf deren Gebiet nur je eine städtische Siedlung (*polis*) existierte, die dem Gemeinwesen den Namen gab. Als Einheitsband aller Griechen bewährten sich neben der gemeinsamen Sprache das Orakel von Delphi und die Olympischen Spiele. Die Expansion der Griechen nach Osten wurde im 6. Jh. v. Chr. durch die → Perser aufgehalten. Die große Bedrohung, die durch deren Zug nach Westen unter Xerxes entstand, wurde jedoch durch den Sieg der unter der Führung Athens und Spartas verbündeten Griechen in der Seeschlacht bei Salamis (480 v. Chr.) gebannt. In den fünf Jahrzehnten zwischen den Perserkriegen und dem Ausbruch des peloponnesischen Bruderkriegs mit Sparta, d. h. zwischen 478 und 431 v. Chr., erlebte Athen unter der Herrschaft des Perikles eine klassische Blütezeit mit einzigartigen Leistungen auf den Gebieten der Kunst (Phidias), Philosophie (Sokrates) und Politik (Entwicklung der attischen Demokratie).

Eine völlig neue Epoche der griech. Geschichte begann, als 338 die Mazedonier unter Philipp II. Athen aus seiner Vormachtstellung verdrängten und die Führung G.s übernahmen. Philipps Sohn Alexander d. Gr. (336–323 v. Chr.) wollte ein griech. Weltreich schaffen. Er schlug die Perser unter Darius I. (Schlacht von Issos, 333 v. Chr.), eroberte Persien, Syrien und Ägypten (Gründung von → Alexandria) und rückte bis nach Indien vor. Nach seinem frühen Tod (323 v. Chr.) zerfiel sein Reich in mehrere Diadochenreiche; die bedeutendsten von ihnen waren das Ptolemäerreich in Ägypten und Südsyrien sowie das Seleukidenreich in Persien-Babylonien-Syrien-Kleinasien. Palästina, das zunächst zum ersteren gehörte, fiel 198 v.Chr. an das Seleukidenreich (Dan 8,20ff.; 10,20). Im Reich Alexanders und seiner Nachfolger entwickelte sich als geistiges Phänomen der → Hellenismus, d. h. die Synthese von griech. und oriental. Geistigkeit und Kultur. Als Grieche (Gegensatz: Barbar) galt nunmehr, wer im Sinne griech. Kultur gebildet war (Röm 1,14). Allerdings widersetzte sich das Judentum den Hellenisierungsbestrebungen der Seleukiden; es kam zum Makkabäeraufstand (→ Hasmonäer) und in seinem Gefolge zur Entstehung traditionsbewußter Gegenkräfte (u. a. der → Pharisäer).

Im 2. Jh. v. Chr. verblaßte die politische Macht der hellenist. Reiche, während Rom Schritt für Schritt die Herrschaft in G. und im Osten übernahm. Die kulturelle Vorherrschaft des Hellenismus blieb jedoch auch in der nun anbrechenden Epoche röm. Weltherrschaft ungebrochen.

3. Die griech. Religion, deren Konturen in mykenischer Zeit erstmals ans Licht treten, war in

ihrem Ursprung eine Naturreligion; die Götter – an erster Stelle der Himmelsgott Zeus – sind Personifikationen von Naturkräften. Sie wurden jedoch bereits bei Homer und Hesiod (8. Jh. v. Chr.) als unsterbliche menschliche Gestalten von übermenschlicher Stärke und Schönheit gezeichnet. Sie galten als panhellenisch, d. h., eine exklusive Bindung an einzelne Orte und Heiligtümer gab es nicht; dadurch war die Übernahme und Einbürgerung ursprünglich fremder Gottheiten bzw. deren Identifikation mit griech. Göttern jederzeit möglich: so waren Afrodite und → Adonis ursprünglich semit. Gottheiten, und auch Apollon dürfte nichtgriech. Ursprungs sein. In der Volksfrömmigkeit spielten die → Mysterienkulte eine große Rolle.
In hellenist. Zeit gewann vom Osten her der → Herrscherkult an Boden. Daneben vollzog sich eine Verbindung oriental. Kulte mit traditionellen Motiven griech. Religiosität, in deren Gefolge es zu einem weitgefächerten und kaum mehr überschaubaren religiösen Pluralismus kam.
4. Das im AT in 1Mose 10,2; Ez 27,13.19; Dan 8,21 erwähnte »Jawan« dürfte Jonien, das Land an der Ägäis, meinen. Im NT wird als G. die röm. Provinz Achaia bezeichnet (Apg 20,2). Als Griechen gelten im NT allgemein Nichtjuden griech. Sprache und Kultur; der Ausdruck ist nahezu deckungsgleich mit → Heiden (z. B. Joh 7,35; 12,20; Apg 14,1; 16,1; Röm 1,16). Als Merkmal der G. betont Paulus ihr Streben nach Weisheit (1Kor 1,22ff.). Lukas zeichnet in Apg 17,16–34 eine Schlüsselszene, welche die Begegnung des Evangeliums mit der griech. Tradition beispielhaft symbolisiert. R.

Lit.: H. Bengtson, Griech. Geschichte, [3]1974; M. P. Nilsson, Geschichte der griech. Religion, I [3]1967, II [2]1961.

Griechisch. Umgangssprache im Zeitalter des → Hellenismus war das Koine-G., das sich aus dem attischen G. unter Aufnahme von Elementen anderer griech. Dialekte entwickelt hatte. Im Koine-G. sind sowohl die → Septuaginta als auch das NT abgefaßt, wobei die erstere weithin, das letztere da, wo es sich um einen spezifisch bibl. klingenden Stil bemüht (z. B. in der → Offenbarung des Johannes), den Sprachduktus des Hebräischen ins G.e übertragen. R.

Griechische Literatur, Zitate aus → Zitat.

Griffel, Werkzeug zum Einritzen von Schriftzeichen in Stein (Ijob 19,24; Jer 17,1); das hebr. Wort für »G.« bezeichnet wohl auch das Schreibrohr (Ps 45,2). S.

Groschen → Münzen.

Große Profeten, eine seit dem frühen Mittelalter übliche Bezeichnung für die Profetenbücher → Jesaja, → Jeremia, → Ezechiel und → Daniel im Gegensatz zu den → Kleinen Profeten. S.

Grube, Bezeichnung sowohl für die Fang-G. (Spr 26,27) als auch für eine Zisterne (1Mose 37,20) und für das Grab (z. B. Ps 88,5). S.

Grund, Grundfeste → Weltbild.

Grundbesitz → Gesellschaftsaufbau, → Erbland, Erbteil.

Gründonnerstag, volkstümliche Bezeichnung ungeklärter Herkunft für den Gedenktag der Einsetzung des → Abendmahls; erscheint im NT selbst nicht. Die Datierung auf einen Donnerstag ergibt sich indirekt aus der Chronologie der → Leidensgeschichte Jesu: Die Abendmahlseinsetzung erfolgte am Vorabend des Todestages Jesu, und dieser war ein Freitag. R.

Grundstein, ein für das Fundament eines Hauses tauglicher Stein (Jer 51,26), in der Bibel mehrfach bildlich verwendet (z. B. Offb 21,19). S.

Gruppenbildung, von Paulus bekämpfter Mißstand in der Gemeinde von → Korinth (1Kor 1,12–17). Verschiedene Parteien, die sich an einzelnen Personen (Petrus, Paulus, Apollos) orientierten bzw. – wie offenbar die Christuspartei – besondere Frömmigkeitsformen pflegte, lebten nebeneinander her. Paulus sucht die G. zu überwinden, indem er auf die → Taufe hinweist, die alle gleichermaßen dem Namen Jesu Christi unterstellt. R.

Gruß, eine Geste oder Sprachformel, die ursprünglich die mit der Begegnung zweier Menschen verbundene Gefahr mindern oder aufheben will. Die hebr. Wörter für »grüßen« bedeuten eigentlich »segnen« (z. B. 1Mose 47,7; 1Sam 25,14; Spr 27,14) und »nach dem Wohlergehen jemandes fragen« (z. B. 2Mose 18,7). Dem G.

ging oft eine Geste der Ehrerbietung gegenüber dem Höhergestellten voraus, indem man aufstand (3Mose 19,32), sich verneigte (1Mose 23,7), niederkniete (2Kön 1,13) oder zur Erde niederfiel (1Mose 43,26). In der Zeit Jesu ist es üblich geworden, daß Vornehme und Angesehene auf der Straße gegrüßt werden (Mt 23,7). Die einfache mündliche G.-Formel »sei gegrüßt« (griech. *chaire*) kann in verschiedenartiger Weise ausgestaltet und erweitert werden, z.B. in Briefeingängen (→ Brief). Eine besonders feierliche Form des G.es leitet die Engelsbotschaft an Maria ein (Lk 1,28; sog. englischer G.) (→Grußformeln). S./R.

Grußformel(n), im AT z.B. »Jahwe sei mit dir« (Richt 6,12; Rut 2,4) und »Friede sei mit dir« (Richt 19,20). Manchmal vollzog sich der Gruß in Frage und Antwort (z.B. 1Sam 16,4–5). G. nach der Tageszeit (»guten Morgen«) fehlten im Altertum völlig. Die geläufige G. in neutest. Zeit ist *chaire* (griech., »sei gegrüßt«). Sie wird in den Eingängen der Briefe des Paulus kunstvoll entfaltet (→ Brief): Der Absender- und Empfängerangabe folgt eine zweiteilige G., die meist lautet »Gnade (*charis*) sei mit euch und Friede von Gott unserem Vater und dem Herrn Jesus Christus« (Röm 1,7; 1Kor 1,3; 2Kor 1,2; Gal 1,3). Auch am Schluß der Briefe steht eine G., z.B. 1Kor 16,23: »Die Gnade des Herrn Jesus sei mit euch!« (Vgl. Röm 16,20; 2Kor 13,13.) S./R.

Grußopfer → Opfer.

Gürtel, diente zum Aufschürzen des Untergewandes auf der Reise und im Kampf, zur Befestigung von Werkzeug und Waffen, zur Aufbewahrung von Geld, bei Frauen als Schmuck, bei Priestern und Beamten als Standeszeichen. S.

Güte → Gnade.

Gütergemeinschaft, nach Apg 2,44; 4,32 Lebensform der Urgemeinde in Jerusalem. Es handelt sich dabei um keinen »Liebeskommunismus«, denn weder gab es gemeinsame Produktionsmittel noch eine zentrale Vermögensverwaltung. Auch liegt keine direkte Entsprechung zur G. der Sektengemeinde von → Qumran vor, denn während dort die Abgabe von Vermögen und Einkünften Pflicht gewesen, war sie hier freiwillig (Apg 4,36f.; 5,4) und nur durch die Notwendigkeit der → Armenpflege begründet. R.

Lit.: M. Hengel, Eigentum und Reichtum in der frühen Kirche, 1973.

Gymnasium, eine im klassischen Griechenland entwickelte Sportanlage, in der die Knaben und jungen Männer nackt (griech. *gymnos*) turnten. Das G. fand durch den → Hellenismus Eingang im ganzen Vorderen Orient, wurde aber von den strenggläubigen Juden verabscheut (1Makk 1,14f.; 2Makk 4,12–14). S.

H

Haar. In Israel war langes H. eine Zierde nicht nur für die Frau, sondern auch für den Mann (2Sam 14,26). Bildlich dient das H. zum Ausdruck der Fülle (Ps 40,13) und der Fürsorge (1Sam 14,45; Mt 10,30). S.

Habakuk, Profet im Südreich Juda, der nach Ausweis des → Habakukbuches, in dem H.s Worte zusammengestellt sind, während der ersten Bedrohung Judas durch die Babylonier (Hab 1,6) wirkte, also zwischen 608 und 598 v. Chr.; in einer späteren Legende wurde er zum Helfer Daniels in der Löwengrube (Drache zu Babel 32–38). S.

Habakukbuch. Das H. besteht aus drei Teilen, die vermutlich vom Profeten selbst als planvolle Komposition angeordnet wurden. Der 1. Teil ist eine Art Wechselgespräch zwischen dem Profeten, der über Bedrückung und Gewalttat (Hab 1,2–4) und über Gottes Untätigkeit angesichts der Übermacht der Feinde (Hab 1,12–17) klagt, und Gott, der zunächst – die Klage des Profeten bestätigend – mit der Schilderung des Siegeslaufs der Chaldäer antwortet (Hab 1,5–11) und dem Profeten dann die Zusage erteilt, daß der »Gerechte« – ist Juda gemeint? – durch Treue (zu Gott) leben wird (Hab 2,1–5). Der 2. Teil enthält vier Weherufe, in denen das unheilvolle Treiben eines Mächtigen – offenbar meint der Profet die Babylonier – angeprangert wird (Hab 2,6–17); wohl später hinzugefügt sind ein Wort gegen Götzendiener und die Aufforderung zur Stille vor Gott (Hab 2,18–20). Der 3. Teil (Kap. 3), ein sehr schlecht überlieferter Hymnus, schildert das Kommen Gottes zum Gericht über den Frevler (wiederum die Babylonier?). S.

Lit.: K. Elliger, Das Buch der zwölf kleinen Propheten II, [7]1975 (ATD 25); A. Deissler, Zwölf Propheten II, 1984 (NEB); K. Seybold, Nahum. Habakuk. Zefanja, 1991 (ZBKAT 24,2).

Habicht → Tierwelt.

Habor, östl. Nebenfluß des Eufrat, durchfließt die Landschaft Gosan (2Kön 17,6). S.

Hadad. 1. Nordwestsemit. Vegetationsgott, mit → Baal gleichgesetzt. **2.** Vierter König über Edom (1Mose 36,35; 1Chr 1,46). **3.** Achter König über Edom (1Chr 1,50; in 1Mose 36,39 »Hadar«). **4.** König über Edom zur Zeit Salomos (1Kön 11,14–22.25b). S.

Hadad-Eser, König des Aramäerreiches von Zoba in Nordsyrien, von David geschlagen (2Sam 8,3–10), später von Reson verdrängt (1Kön 11,23–24). S.

Hadad-Rimmon, ein nicht mehr durchschaubarer Name in Sach 12,11, der vielleicht durch Verschmelzung der beiden Götter Hadad und Rimmon entstanden ist. Für ihn als sterbenden und auferstehenden Gott werden Klageriten durchgeführt. S.

Hades → Hölle.

Hadrian, Publius Aelius Hadrianus, röm. Kaiser (117–138) und damit Beherrscher von Palästina; unter ihm fand 132–135 der → Bar-Kochba-Aufstand statt. R.

Hagar, die ägypt. Sklavin der Sara, die dem Abraham den Ismael gebar und später verstoßen wurde (1Mose 16,1–16; 21,8–21); bei Paulus erscheint sie in allegorischer Auslegung als Sinnbild des Alten Bundes (Gal 4,24–25). S.

Haggada, Bezeichnung für die Teile der rabbinischen Schriftauslegung, die nicht zum Religionsgesetz (→ Halacha) gehören. Die H. ist mehr auf Erbauung ausgerichtet; sie bedient sich der ausschmückenden Nacherzählung des AT, der Sage, Allegorie u. ä. Haggadische Elemente finden sich auch im NT, z. B. 1Kor 10,1ff. H. M.

Haggai, Profet, der im Jahre 520 v. Chr., dem zweiten Jahr des Perserkönigs Darius (522–486 v. Chr.), in Jerusalem als Zeitgenosse des Sacharja wirkte. Mit seiner Verkündigung suchte er die Judäer zum Wiederaufbau des 587/586 v. Chr. von den Babyloniern zerstörten Tempels zu bewegen, der daraufhin unter Führung des von den Persern eingesetzten Kommissars Serubbabel und des Hohenpriesters Jeschua in Angriff genommen wurde. S.

Haggaibuch, enthält die Aussprüche Haggais, die von einem Sammler mit Rahmennotizen (Hag 1,1; 1,12–2,1; 2,10) versehen worden sind. Das erste Spruchpaar (Hag 1,2–8 und 9–11) führt anklagend die elende, durch Mißernten verursachte Lage der Judäer auf die Vernachlässigung des Tempelbaus zurück; etwas später beginnen daraufhin die Aufräumungsarbeiten (Hag 1,12–15a). Es folgt ein Spruch, in dem Haggai zu rascher Arbeit ermuntert und eine baldige Weltwende – Erschütterung der Erde und Verherrlichung des Tempels – ankündigt (Hag 2,2–9). Am Tag der Grundsteinlegung des Tempels verkündet Haggai, daß von jetzt an die auf dem Land liegende Unreinheit verschwinden und die Mißernte aufhören wird (Hag 2,10–19), daß Jahwe die Weltwende heraufführt und den Serubbabel zu seinem »Siegelring«, zum Messias, erwählt (Hag 2,20–23). S.

Lit.: K. Elliger, Das Buch der zwölf kleinen Propheten II, [7]1975 (ATD 25); A. Deissler, Zwölf Propheten III, 1988 (NEB).

Hagiographen → Schriften.

Häher → Tierwelt.

Hahn → Tierwelt.

Hakeldamach → Blutacker.

Halach, Landschaft in Nordwestmesopotamien, wohin Israeliten von den Assyrern deportiert wurden (2Kön 17,6). S.

Halacha, religionsgesetzliche Weisung für Lebenswandel, Kultus und Ritus. In neutest. Zeit begann man, sie aus der Tora abzuleiten. Die H. ist kodifiziert in der → Mischna und → Tosefta, aber auch in fortlaufenden halachischen Kommentaren zu 2., 3. und 4. Mose. H. M.

Halbnomaden → Nomaden.

Halbschekel → Maße und Gewichte.

Halle Salomos, Säulenhalle an der Ostseite des Heidenvorhofs im von → Herodes d. Gr. errichteten Neubau des Jerusalemer → Tempels (Apg 3,11). R.

Hallel, feierliche Rezitation der Psalmen 113–118, besonders bei den jüd. Wallfahrtsfesten. In Mk 14,26 ist der 2. Teil des Pascha-Hallel gemeint, nämlich Ps 113–118. H. M.

Halleluja (hebr., »preiset Jahwe!«), im alttest. Gottesdienst Antwort der versammelten Gemeinde auf den vom Chor gesungenen Hymnus (Ps 106,48). Das H. wurde als stehende Formel auch in die christl. Liturgie übernommen. R.

Halljahr → Jobeljahr.

Ham, einer der drei Söhne Noahs (z. B. 1Mose 5,32), nach 1Mose 10,6–20 Stammvater der nordafrikan. und südarab. Völker (→ Völkertafel); der Name dient auch als Bezeichnung für Ägypten (z. B. Ps 78,51). – Aufgrund des alttest. Namens »H.« bezeichnet man eine Sprachgruppe in Nord- und Ostafrika als *Hamiten*. S.

Haman, im Esterbuch höchster Würdenträger am pers. Hof, der die Juden im Perserreich umbringen wollte, aber vorher zu Fall kam. S.

Hamat, alte und bedeutende Stadt am Orontes in Syrien (heute *Hama*), in alttest. Zeit Mittelpunkt eines Aramäerreiches, das von den Assyrern vernichtet wurde (z.B. 2Kön 18,34; Jes 10,9). S.

Hammer → Werkzeug.

Hammurabi (1728–1686 v. Chr.), bedeutendster Herrscher der 1. Dynastie von Babylon, das er nach Siegen über mehrere Gegner, darunter das erstmals mächtige Assyrien, zur Weltmacht führt (→ Babylonien und Assyrien). Vor allem ist H. berühmt wegen seines auf älteren Sammlungen basierenden Gesetzeswerkes (*Codex H.,* s. Abb. S. 196), das in einigen Bestimmungen sich mit solchen des → Bundesbuches (2Mose 21–23) berührt. Vielleicht ist er mit → Amrafel (1Mose 14,1) gemeint. J. E.

Hamor, kanaan. Herrschergeschlecht oder Ahnherr eines solchen in Sichem (1Mose 33,19; 34; Jos 24,32; Richt 9,28). S.

Hamutal, Gattin des Königs Joschija, Mutter der Könige Joahas und Zidkija (2Kön 23,31; 24,18). S.

Hanamel, Vetter Jeremias, dessen Acker der Profet während der Belagerung Jerusalems kauft (Jer 32,1–15). S.

Hananelturm → Jerusalem.

Hanani, im AT mehrfach vorkommender Name; H. hieß z.B. ein Profet unter König Josafat (1Kön 16,1). S.

Hananias. 1. Glied der Urgemeinde, durch ein Strafwunder getötet (Apg 5,1ff.). **2.** Christ in Damaskus, der auf Grund einer Weisung des erhöhten Christus den bei seiner Bekehrung erblindeten Paulus heilte und die Taufe an ihm vollzog (Apg 9,10–19; 22,12–16). **3.** Hoherpriester, der das Verhör des Paulus leitete (Apg 23,2; 24,1). H.M.

Hananja, im AT oft vorkommender Name. H. hieß z.B. ein Profet, der sich dem Profeten Jeremia entgegenstellte (Jer 28) und dies mit dem Leben bezahlte; H. hieß auch einer der Freunde Daniels (Dan 1,6–19). S.

Hand Gottes. Zu den in der Bibel häufigen Verwendungen menschlicher Attribute zur Beschreibung Gottes gehört die Rede von der H. G. als Ausdruck der Macht (2Mose 13,3), des Gerichts (1Sam 5,6f.), aber auch der Hilfe Gottes (Jos 10,6; Lk 1,66). J.E.

Handauflegung, symbolischer Gestus mit einer weiten Skala von Bedeutungen. Am geläufigsten ist die H. als Segensgestus (1Mose 48,14; Mk 10,13–16; Mt 19,13ff., Lk 18,15ff. u.ö.). – Bei der Darbringung von Brand-, Schlacht- und Sühneopfern wird dem Opfertier vom Darbringenden die Hand aufgelegt (3Mose 11,4 u.ö.). Der Sinn dieses Ritus ist nicht eindeutig: Handelt es sich lediglich um die Feststellung, daß das Tier für das Opfer geeignet sei, oder geht es um die Übertragung des eigenen Selbst des Opfernden auf das Tier und damit um dessen Bezeichnung als Stellvertretung? – Um Übertragung von Schuld geht es bei der H. am Sündenbock (3Mose 16,21). – Vollmachtsübertragung und Amtseinsetzung schließlich bedeutet die H. bei der Einsetzung Josuas als Nachfolger des Mose (4Mose 27,12–23). Hier liegt der Ansatz für die → Ordination von Schriftgelehrten sowie indirekt für die von Amtsträgern der christl. Gemeinde (1Tim 4,14). – Vielfach werden auch

Die Gesetzesstele des Hammurabi (1728–1686 v. Chr.). Basalt, Höhe 2,25 m, aus Susa. Eingemeißelt ist das damals in Babylonien geltende Recht. Oben: Stehend empfängt der König die Gerichtsbarkeit vom Sonnengott Schamasch

heilende Kräfte durch H. übertragen (Mk 6,5; Mt 9,18; Apg 28,8). R.

Handbreite → Maße und Gewichte.

Handel. In der Umwelt Israels war ein internationaler H. seit Jt.en bekannt und ausgebaut. Gehandelt wurden vor allem Metalle, Edelhölzer, Textilien und Luxusartikel. Soweit nicht in Naturalien getauscht wurde, dienten Gold und Silber als Zahlungsmittel, bis die pers. Herrschaft die Münzprägung einführte. Palästina als wirtschaftlich schwaches Land konnte fast nur Nahrungsmittel wie Getreide, Öl, Wein, Honig zur Ausfuhr anbieten, Waren, die nicht im Überfluß vorhanden waren und für die Landesbevölkerung an sich ebenso gebraucht wurden.
Die Menschen im alten Israel entsprechen deshalb in keiner Weise unserem Bild vom geschäftstüchtigen Orientalen. Solange die Israeliten in vorexilischer Zeit als Bauern auf eigenem Grund und Boden tätig waren, spielte der H. für sie nur eine untergeordnete Rolle. Der Innen- wie der Außen-H. lagen so sehr in den Händen der im Lande verbliebenen Kanaanäer, daß das Wort »Kanaaniter« vielfach mit »Händler« gleichbedeutend ist.
Da uralte Karawanenwege von Ägypten (und Afrika) zum Zweistromland (und Zentralasien) wie von Kleinasien (und Griechenland) nach Arabien (und Indien) durch Palästina verlaufen, herrschte seit je ein reger Transit-H. Er wurde aber meist von Aramäern oder Phöniziern durchgeführt und geleitet. Die Versuche des Königs Salomo, ihn staatlicherseits in die Hand zu bekommen und sich am überseeischen See-H. zu beteiligen, waren wohl nur von vorübergehendem Erfolg (1Kön 9,26–28; 10,14–29).
Mit dem Exil waren die israelit. Bauern gewaltsam aus ihrer angestammten Beschäftigung weithin herausgerissen. Das führte vor allem in der Diaspora dazu, daß sie sich notgedrungen anderen Berufen, darunter dem H., zuwenden mußten. Einzelne von ihnen kamen dabei anscheinend rasch zu Erfolgen. So bestand im 4. Jh. v. Chr. im babylon. Nippur ein Geschäftshaus »Muraschu« mit starker israelit. Beteiligung. Auch in Ägypten, insbesondere in Alexandria, gab es um die Zeitenwende reiche israelit. Kaufleute. Und für das NT ist der Kaufmann eine selbstverständliche, verbreitete Erscheinung in Palästina. Doch nie in bibl. Zeit waren die Juden ein besonderes H.s-Volk. Dazu kam es erst, als ihnen in der Diaspora Landbesitz und (so im dt. Mittelalter) Handwerk verwehrt waren und der H. oft einzige Erwerbsquelle blieb. K./J.E.

Handschrift. Für die Textwissenschaften ist eine H. (lat. *manu scriptum*; davon dt. »Manuskript«) ein auf organischem Schreibmaterial mit Feder oder Tinte oder ähnlichen einfachen Hilfsmitteln niedergeschriebener Text. Beim Verfassen von Büchern diente dazu im Altertum vor allem → Papyrus und – kostbarer – Leder (Pergament), die zu bis zu 7 m langen Buchrollen zusammengeklebt und durch Auf- und Abrollen beschrieben oder gelesen werden (so noch heute die Torarolle in jeder Synagoge). Erst nach der Zeitenwende wird das Zusammenheften zum Codex mit umblätterbaren Seiten üblich. Die bibl. Schriften sind ursprünglich in Rollenform entstanden, später sind neutest. Schriften mehr und mehr in Codexform abgeschrieben und weitergegeben worden. Für die Erforschung des → Bibeltextes sind die vor dem Aufkommen der Druckerkunst angefertigten H.en nicht nur des hebr.-aram. AT und griech. NT, sondern auch der alten → Bibelübersetzungen (aram., syr., kopt. usw.) von ausschlaggebender Bedeutung (→ Textkritik). Das Auffinden einer H. mit abweichenden Lesarten (→ Handschriftenfunde) wird für die Bibelwissenschaft bisweilen zu einem einschneidenden Ereignis. K.

Handschriftenfunde. Für die Rekonstruktion des → Bibeltextes wichtige Dokumente sind in den letzten 150 Jahren auf z. T. abenteuerliche Weise zutage gekommen. Dies gilt für die 1840–60 durch Tischendorf im Katharinen-Kloster auf dem Sinai gefundenen neutest. Texte (*Codex Sinaiticus*) ebenso wie für die vier wichtigsten Entdeckungen unseres Jh.s:
1900 wurde in der Esra-Synagoge in Kairo eine frühmittelalterliche *Geniza* entdeckt, d. h. ein Raum, in dem sakrale Texte, die aus dem Gebrauch gezogen worden waren, bis zur feierlichen Bestattung aufbewahrt wurden. Hunderte von alttest. und anderen Handschriften kamen ans Licht und erlaubten wichtige Aufschlüsse für die bibl. Textgeschichte, förderten bislang verlorene Textgrundlagen wie z. B. den hebr. Urtext für das Buch Jesus Sirach zutage. Zum großen Teil ist der Fund bis heute noch nicht veröffentlicht.

Die hebräische Jesaja-Rolle aus einer Höhle bei Qumran (geschrieben wohl zwischen 200 und 150 v. Chr.). Die aufgedeckten Spalten enthalten Jes 38,8–40,28

Der Amerikaner Chester Beatty erstand um 1930 bei einem Händler in Kairo eine Vielzahl von sehr alten griech. Handschriften der Bibel, darunter die ältesten bisher bekannten Papyri mit neutest. Texten.
Von einem Bauern wurde auf einem verlassenen christl. Gräberfeld im ägypt. → Nag Hammadi um 1945 ein Krug mit etwa 50 Schriften aus dem 3./4. Jh. n. Chr. gefunden, die zum großen Teil gnostische Abhandlungen enthielten, aber auch mehrere apokryphe Evangelien und Apokalypsen zum NT.
Ein Beduinenjunge fand 1947 in einer Höhle beim Toten Meer alte Schriftrollen. Wie sich bald herausstellte, gehörten sie zur Hinterlassenschaft der spätisraelit. Sondergemeinde von → Qumran aus der Zeit 200 v. – 65 n. Chr. In zehn weiteren Höhlen wurden danach über 900 Dokumente gefunden, darunter eine Vielzahl von vor- und außermasoretischen Fassungen des hebr.-aram. AT (die wichtigsten Stücke, darunter eine fast vollständig erhaltene Jesaja-Handschrift, sind heute im »Schrein der Bücher« in Jerusalem ausgestellt).
Neben diesen spektakulären Entdeckungen gibt es eine Fülle weiterer Funde, vor allem in Ägypten und Palästina, die hier nicht im einzelnen aufgezählt werden können. K.

Lit.: O. Paret, Die Überlieferung der Bibel, [3]1963.

Handwerk. In der nomadischen Gesellschaft war die Arbeitsteilung wenig ausgeprägt, jede Familie verfertigte ihre Gebrauchsgüter im wesentlichen selbst. Den Männern oblag die Waffen- und Lederherstellung, den Frauen die Textilbearbeitung. Doch gab es schon bald spezialisierte H.er, z. B. den Schmied. Nötige Kenntnisse wurden vom Vater auf den Sohn vererbt, es kam zu einer Art Zunftwesen (vgl. 1Mose 4,20–22). Nach der Seßhaftwerdung differenzierten sich die H.e weiter; so gab es neben den Schmieden und Töpfern Maurer, Steinmetzen und Zimmerleute (diesen Beruf übte Jesus aus, Mk 6,3), Bäcker, Weber, Färber und Gerber. J. E.

Hanna (hebr., »die Begnadigte«). **1.** Mutter → Samuels (1Sam 1–2). **2.** Frau Tobits, Mutter des Tobias (Tob 1). **3.** Witwe und Profetin, die als

Repräsentantin der Heilserwartung Israels das Jesuskind bei seiner → Darstellung im Tempel begrüßt (Lk 2,36ff.). R.

Hannas (hebr. *chananja,* griech. *Annas*), Hoherpriester in Jerusalem (6–15 n. Chr.), blieb auch nach seiner Absetzung durch den röm. Landpfleger Valerius Gratus einer der mächtigsten Männer im Synedrium (Joh 18,13.24; Lk 3,2; Apg 4,6). R.

Hanun, König der Ammoniter, der mit David in Konflikt geriet (2Sam 10,1–4). S.

Haran. 1. (hebr. *haran*) Bruder Abrahams (1Mose 11,26–29). **2.** (hebr. *charan*) Bedeutende Stadt in Nordwestmesopotamien und Kultstätte des Mondgottes (später Karrhae), nahe dem heutigen türkischen Urfa (Ausgrabungen). H. gilt im AT als Station auf der Wanderung Abrahams (1Mose 11,31) und als Wohnsitz seines Neffen Laban (z. B. 1Mose 27,43). S.

Häresie → Irrlehre.

Harfe → Musik, Musikinstrumente.

Harmagedon, geheimnisvolle Bezeichnung des Ortes des endzeitlichen Entscheidungskampfes (Offb 16,16), vermutlich entstanden durch Kombination der Ortsangaben in Jes 14,13 (»am hohen Berge«) und Sach 12,11 (»im Felde Megiddos«); H. wäre demnach der »Berg von Megiddo« (der → Karmel). R.

Harod. 1. Name einer Quelle in Nordpalästina (Richt 7,1). **2.** Ort in Südpalästina (2Sam 23,25). S.

Harz, Stoffwechselprodukt bestimmter Pflanzen. H.e wurden als Duftstoffe für das Räucheropfer (Stakte, Galban, Weihrauch) und zur Körperpflege (Aloe, Balsam, Bedellium, Ladanum, Myrrhe) verwendet. S.

Hasaël, König des Aramäerreiches von Damaskus (842–800 v. Chr.), dessen gewaltsame Thronbesteigung in 2Kön 8,7–15 mit dem Profeten Elischa verbunden wird. Er kämpfte gegen das Nordreich Israel, dem er große Gebietsverluste beibrachte (2Kön 10,32–33), und gegen das Südreich Juda (2Kön 12,18–19). S.

Hase → Tierwelt.

Hasmonäer, Priestergeschlecht aus Modeïn (nordwestl. von Jerusalem), unter dessen Führung sich Judäa von der Fremdherrschaft der hellenist. → Seleukiden befreite und das Geschick des Landes in der politischen und religiösen Restaurationsperiode zwischen 167 und 63 v. Chr. bestimmte. Der Name »H.« verweist auf *Hasmon,* den Ahnherrn des Geschlechts, die ebenfalls geläufige Bezeichnung *Makkabäer* auf sein berühmtestes Glied, den Freiheitshelden Judas Makkabäus.

1. Mattathias (gest. 166) gründete in der Wüste Juda mit seinen 5 Söhnen eine Freischar zum Kampf gegen die Hellenisten.

2. Sein dritter Sohn, Judas Makkabäus, leitete den Aufstand von 166 bis 160 v. Chr. und erkämpfte für das Land Religionsfreiheit (162).

3. Nach dessen Tod in der Schlacht übernahmen seine Brüder Jonatan (160–143) und Simon (143–134) die Führung der Aufständischen. Simon erwirkte Steuerfreiheit für Judäa, eine Vorstufe der wenig später erlangten vollen politischen Unabhängigkeit (142), und wurde durch Volksbeschluß Hoherpriester, Feldherr und Ethnarch auf Lebenszeit (1Makk 14,25–49). Damit war die hasmonäische Dynastie begründet.

4. Simons Sohn, Johannes Hyrkan(os) I. (134–104), konsolidierte seine Macht durch Eroberungskriege (Einnahme von Samaria 109).

5. Aristobul(os) I. (104–103) trug als erster H. den Königstitel. Mit ihm setzte erneut eine Hellenisierung des Landes ein.

6. Unter seinem Bruder Alexander Jannäus (103–76) erreichte die äußere Machtentfaltung des H.-Reiches ihren Gipfel (Eroberung des Ostjordanlands und des Gebietes um Gaza). Alexander machte sich aber wegen seiner säkularisierten hellenist. Lebenshaltung die Pharisäer zu Feinden.

7. Alexanders (und Aristobuls I.) Witwe, Königin Salome Alexandra (76–67), bemühte sich um eine Wiederannäherung an die Pharisäer.

8. Nach ihrem Tode kam es zu Thronwirren zwischen ihren beiden Söhnen, dem pharisäertreuen Hyrkan(os) II. und dem sadduzäerfreundlichen Aristobul(os) II., mit der Folge, daß der röm. Feldherr Pompejus 63 v. Chr. einmarschierte, den Jerusalemer Tempel erstürmte und Judäa der röm. Provinz Syrien eingliederte. Die letzten

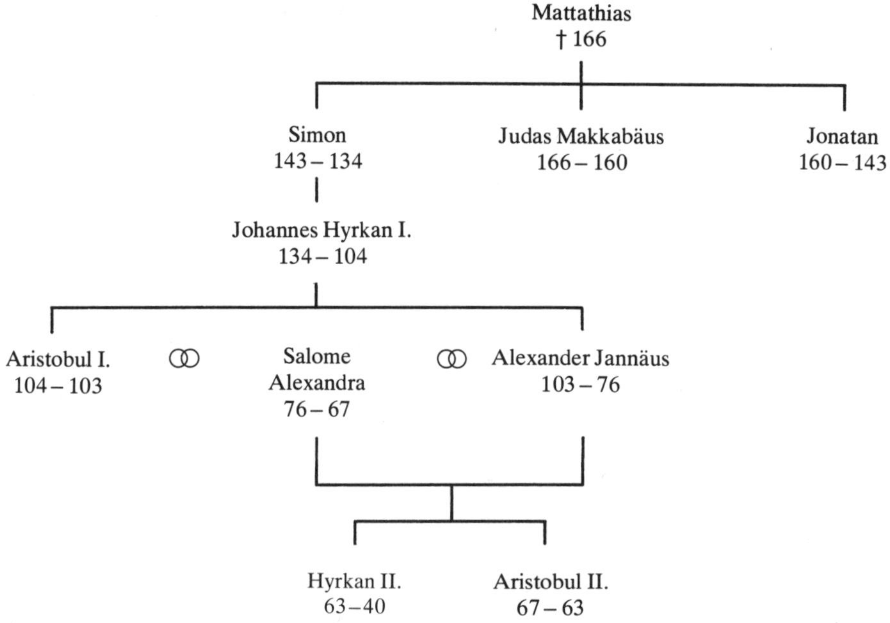

H. führten noch für einige Zeit unter röm. Oberhoheit ein Schattenregiment, bis sie 37 v. Chr. durch → Herodes und seine Dynastie abgelöst wurden. R.

Lit.: Noth, GI, 343–352.

Haupt, in übertragener Bedeutung »Leiter«, »Anführer«, »Autorität« (so z. B. 1Kor 11,3; Eph 5,23 für das Verhältnis des Mannes zur Frau; Eph 1,22; Kol 2,10 für das Verhältnis Christi zu den Weltmächten). Im Epheser- und Kolosserbrief wird Christus als H. des »Leibes« der Kirche bezeichnet, d. h., die Kirche gilt hier als von Christus geleiteter, von ihm ihre Lebenskraft beziehender Organismus. R.

Hauptmann, Übersetzung unterschiedlicher Amtsbezeichnungen, im NT meist für »Hundertschaftsführer«, d. i. Unteroffizier (z. B. Mt 8,5; Lk 7,2). R.

Hauran, ein Gebirge im Ostjordanland, das der assyr. Provinz H. den Namen gab (Ez 47,16.18), wonach eine röm. Provinz geringeren Umfangs »Auranitis« hieß. S.

Haus, in Palästina meist einräumiges Lehmziegelgebäude mit je einem Loch für Tür und Fenster. Das durch eine Außentreppe zugängliche Flachdach trägt manchmal ein ausgebautes → Obergemach (vgl. 2Kön 4,10). Daneben gibt es das Hof-H. aus mehreren, um einen Innenhof gruppierten Räumen.
»H.« bezeichnet aber auch die zu einem H. gehörenden Personen (→ Familie), z. B. »H. Noahs« = seine Familie, »H. Jehus« = seine Dynastie, noch umgreifender: »H. Jakobs« = Israel.
U. R.

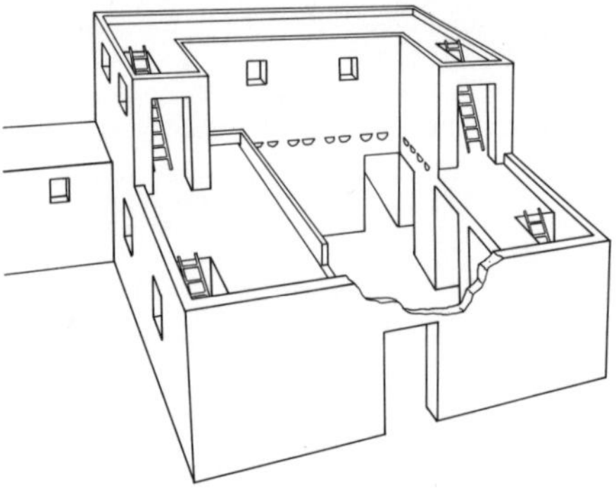

Rekonstruktion eines israelitischen Hauses aus Sichem (nach G. E. Wright)

Haus Gottes → Tempel.

Hausgemeinde, gottesdienstliche Gemeinschaft von Christen, die sich im Hause einzelner Gemeindeglieder zusammenfand, da in der Anfangszeit kirchliche Gebäude noch fehlten (Röm 16,5; 1Kor 16,19; Phlm 2; zur Situation vgl. die anschauliche Schilderung in Apg 20,7–12). R.

Haustafeln, von Luther geprägte Bezeichnung für die Ermahnungen an verschiedene Stände und Gruppen innerhalb der Gemeinde in Kol 3,18–4,1; Eph 5,22–6,9; 1Tim 2,8–15; 6,1f.; Tit 2,1–10; 1Petr 2,13–3,7. Während die ältere Forschung die H. des NT von der Pflichtenlehre der Stoa ableiten wollte, erkennt man neuerdings ihren Zusammenhang mit der zeitgenössischen *Ökonomik,* einer philosophischen Lehre über die sinnvolle Verteilung von Aufgaben und Verantwortung in der Gesellschaft. Neu ist auf alle Fälle die Begründung der Weisungen der neutest. H. aus dem Willen Christi (→ Tugendkatalog, → Lasterkatalog). R.

Lit.: K. Thraede, Zum historischen Hintergrund der »H.« des NT, in: Pietas. Festschrift für B. Kötting, 1980, 359–368.

Hawila, ein Landschaftsname, der in der Paradieserzählung genannt (1Mose 2,11) und in der → Völkertafel sowohl mit Nordostafrika als auch mit Südarabien in Verbindung gebracht wird (1Mose 10,7.29) und als Wohnsitz der Ismaeliter (1Mose 25,18) und der Amalekiter (1Sam 15,7) erscheint. Unklar bleibt, ob hier verschiedene Gegenden gemeint sind oder nur eine. S.

Hazerot, Station der Wüstenwanderung Israels (z. B. 4Mose 11,35) von unbekannter Lage. S.

Hazor, eine der wichtigsten Städte Palästinas. In Obergaliläa gelegen, ist H. mit dem heutigen *tell el-kedah* zu identifizieren.

H. wurde um 2700 v. Chr. in der Frühbronzezeit zunächst in bescheidenem Umfang besiedelt. Einen entscheidenden Aufschwung nahm H. in der Mittelbronzezeit, als sich die Siedlung auf dem *tell* als Oberstadt von 12 Hektar auf eine Unterstadt von 80 Hektar ausdehnte. Die gewachsene Bedeutung H.s spiegelt sich in der Korrespondenz von → Mari wider, nachdem H. in der mittleren Bronzezeit auch schon in den ägypt. Ächtungstexten erwähnt worden war. Zeugnis der spätbronzezeitlichen Bedeutung von H. ist neben der Erwähnung in der Städteli-

Basaltstelen aus Hazor (14./13. Jh. v. Chr.)

Überreste eines Lagerhauses in Hazor aus der Zeit des Königs Ahab (9. Jh. v. Chr.)

ste Tutmosis III. (1468 v.Chr.) die Korrespondenz von → Amarna, die deutlich macht, daß H. eine Vorherrschaft im obergaliläischen Raum hatte. Dem entspricht der archäologische Befund, wonach auch in der Spätbronzezeit Ober- und Unterstadt besiedelt waren. Von besonderem Interesse sind die zahlreichen → Tempel, die in H. freigelegt wurden, vor allem der Orthostatentempel, der in seiner Dreigliederung ein Vorläufer des salomonischen Tempels in → Jerusalem war.

Das spätbronzezeitliche H. wurde um 1240 v.Chr. vollkommen zerstört; die Unterstadt blieb seitdem unbesiedelt. Rund 100 Jahre später zeigt die Oberstadt wieder Spuren ursprünglich nomadischer Siedler. Der Ausgräber verbindet diese Zerstörung mit der Erzählung von der Eroberung von H. durch → Josua (Jos 11,10–13), doch ist die Ansetzung 1240 zu früh, um sie mit der → Landnahme der Gruppe des → Auszugs aus Ägypten zu verbinden. Auch übersteigt die Eroberung des spätbronzezeitlichen H. bei weitem die Möglichkeiten der schon im 13. Jh. v. Chr. in Palästina ansässigen protoisraelit. Sippen. Dagegen ist die Besiedlung auf der zerstörten Oberstadt im 12. Jh. israelit. Sippen zuzurechnen.

Der König → Salomo hat H. dann wieder als Stadt aufgebaut und befestigt (1Kön 9,15). Zur Zeit des Königs → Ahab ist H. noch erweitert worden. Aus dieser Zeit stammt ein großes Lagerhaus. Die Stadt hörte mit der Eroberung durch die Assyrer 732 v.Chr. auf zu existieren. Auf der Westseite der Oberstadt lag bis in hellenistische Zeit eine Befestigungsanlage. O.

Lit.: Y.Yadin, Hazor. Die Wiederentdeckung der Zitadelle König Salomos, 1976.

Hebräer. Der Ausdruck »H.« taucht nur vereinzelt im AT auf. Benutzt wird er für die Vorfahren Israels in Ägypten bis zum → Auszug, die dort einen »Gott der H.« verehren (2Mose 5,3), aber auch für Völkerschaften, die sich zur Zeit → Sauls gegen die Philister wehren, von denen aber Israel nur einen Teil darstellt (1Sam 14,21). Für die frühen Überlieferungen haben die H. ihren Stammvater in → Eber (1Mose 10,21), von dem alle »Semiten« abstammen, die demnach mit »H.« identisch, sämtlich als potentielle Jahweverehrer gesehen werden (1Mose 9,26).

Wahrscheinlich sind H. ursprünglich identisch mit den im 2. Jt. v. Chr. in ägypt. und ugarit. Quellen erwähnten *'apiru,* die ihrerseits mit den *chabiru* genannten Gruppen in babylon. Nach-

richten identisch sein dürften. Nach den Briefen von → Amarna dringen sie im 14. Jh. v. Chr. in Palästina ein, bedrängen kanaan. Stadtfürsten oder verdingen sich bei ihnen als Söldner. Umstritten ist, ob es sich bei den von Nordmesopotamien nach Ägypten nachweisbaren *'apiru/chabiru* um eine ethnische Gruppe oder um eine bestimmte soziale Schicht handelt, vielleicht ins Kulturland eindringende Nomaden.
In nachexilischer Zeit wird der Name »H.« archaisierend wiederaufgenommen und zum Ehrennamen derjenigen Israeliten, die der väterlichen Lebensart treu bleiben im Gegenüber zum Hellenismus (2Makk 7,31; Phil 3,5). In Apg 6,1 sind H. die Glieder der aramäischsprechenden Jerusalemer → Urgemeinde (im Gegensatz zu den → Hellenisten, den griechischsprechenden Christen). K.

Lit.: J. Bottéro (Hrsg.), Le problème des Habiru, 1954; K. Koch, Die H. vom Auszug aus Ägypten bis zum Großreich Davids, in: Vetus Testamentum 19, 1969, 37–81.

Hebräerbrief. 1. Herkunft – 2. Eigenart – 3. Inhalt – 4. Wirkungsgeschichte.

1. Verfasser und Empfänger des H.s sind uns gleichermaßen unbekannt. Die Alte Kirche schrieb ihn Paulus zu, doch widersprechen dem stilistische und inhaltliche Gründe eindeutig. Versuche, ihn von anderen uns bekannten Personen des Urchristentums (z. B. Lukas, Apollos, Barnabas) herzuleiten, führten ebenfalls zu keinem Ziel. Der Verfasser gehörte vermutlich zur Gruppe der Vorsteher einer großen Gemeinde (Hebr 13,7.17.24), die bereits auf eine längere Geschichte zurückblickt (Hebr 10,32; 13,7). Er erhebt nirgends den Anspruch apostolischer Autorität, sondern will lediglich die überkommene Lehre entfalten und interpretieren. Die Überschrift »An die Hebräer« ist nicht ursprünglich, sondern wurde erst später aus dem Inhalt erschlossen: Das Verfahren, wie der H. seine Aussagen aus einer kunstvollen Auslegung des AT gewinnt, schien jüd. Leser vorauszusetzen. Doch ist diese Annahme ebensowenig begründet wie die neuerer Ausleger, die eine Nähe des H.s und seiner Gemeinde zur geistigen Welt der → Qumran-Sekte feststellen zu können glaubten. Man wird lediglich sagen können, daß der Verfasser ein gebildeter Christ war, der das gepflegteste Griechisch im ganzen NT schrieb und seine geistige Heimat im hellenist. Judenchristentum hatte, wie zahlreiche Anklänge an die alexandrinische jüd. Philosophie und Schriftauslegung erweisen. Mehrere Indizien lassen vermuten, daß die Empfängergemeinde in Italien – möglicherweise in Rom – beheimatet war; so wird der H. erstmals in dem 96 n. Chr. in Rom geschriebenen 1. Klemensbrief bezeugt. Die Entstehungszeit dürfte zwischen 90 und 96 liegen.

2. Der H. ist trotz seines (möglicherweise später hinzugefügten) brieflichen Schlusses (Hebr 13,22–25) kein Brief, sondern »die erste vollständige urchristl. Predigt, ... die uns erhalten blieb« (O. Michel). Sie soll den Lesern, deren Glaube matt und flach geworden ist, zeigen, daß auf ein neues Hören der Heilsbotschaft und auf ein neues, aktives Gehorchen alles ankommt: »Heute, wenn ihr seine Stimme hören werdet, verhärtet eure Herzen nicht...!« (Hebr 3,7f.15.) Hierbei wird das alttest. Bild der Situation Israels an der Schwelle des verheißenen Landes typologisch auf die Gemeinde übertragen (Hebr 3–4). Ein weiteres zentrales theologisches Anliegen des Verfassers ist der Nachweis, daß der alttest. Kult mit seinen Opfern endgültig überwunden ist durch Christus, den »himmlischen Hohenpriester«, der durch seine Selbsthingabe ein für allemal Sühne vollbracht und damit für die Seinen den Zugang zu Gott geöffnet hat (Hebr 7,1–10,18).

3. Kennzeichnend für den H. ist der ständige Wechsel lehrhafter und mahnender Abschnitte, wobei die Mahnung jeweils die Folgerungen aus der Lehre für die Leser und ihre Situation zieht. Vier Hauptteile lassen sich unterscheiden: a) *Jesus – der Vorläufer* (Hebr 1,1–6,20): Der zeitweilig unter die Engel erniedrigte Sohn (Hebr 2,1–18) ist durch seinen Weg für die Seinen zur Quelle der Zuversicht geworden (Hebr 3,1–6; 4,14ff.); ihn hat Gott aufgrund seines Gehorsams zum Hohenpriester eingesetzt (Hebr 5,1–10). b) *Jesus – der Hohepriester im himmlischen Heiligtum* (Hebr 7,1–10,18): Jesus ist Hoherpriester nach der Ordnung Melchisedeks (Hebr 7,1–28); sein Dienst am himmlischen Heiligtum ist jedem menschlichen Priesterdienst überlegen (Hebr 8,1–10,18). c) *Jesus – der Hohepriester als Grund unserer Zuversicht* (Hebr 10,19–12,29): Es lohnt sich, am Bekenntnis zum Hohenpriester festzuhalten (Hebr 10,19–31) und mit Ausdauer den Glaubensweg des Gottesvolkes zu gehen (Hebr 11,1–30). d) *Allgemeine Mahnungen und Schluß* (Hebr 13,1–25).

4. Der H. setzte sich in der westl. Kirche erst im 4. Jh. durch und wurde als 14. Paulusbrief in den → Kanon aufgenommen. Luther schätzte zwar die Christologie des H.s sehr hoch (vgl. seine H.-Vorlesung von 1517/18), stellte jedoch aufgrund der Worte gegen die zweite Buße (Hebr 6,4–8) seinen apostolischen Charakter in Frage und schob ihn zusammen mit dem Jakobusbrief und der Offenbarung an das Ende des Kanons. Auswirkungen hatte der H. vor allem für die christologische Lehrbildung (z. B. Lehre von den 3 Ämtern Christi) sowie für das Verständnis des AT in der Kirche. R.

Lit.: O. Kuss, Der Brief an die Hebräer, [2]1966; A. Strobel, Der Brief an die Hebräer, 1975 (NTD 9); E. Grässer, An die Hebräer (Hebr 1–6), 1990; H. Hegermann, Der Brief an die Hebräer, 1988. – E. Käsemann, Das wandernde Gottesvolk, [4]1961; E. Grässer, Der H. 1938–1963, in: Theologische Rundschau 30, 1964, 138–236 [Literaturbericht]; Goppelt, Theologie II, 1976.

Hebräerevangelium, apokryphes Evangelium judenchristl.-gnostischer Herkunft aus der 1. Hälfte des 2. Jh.s. Nur wenige Zitate sind erhalten; sie handeln von der Präexistenz, Geburt, Taufe und Versuchung Christi. Auch einige Herrenworte werden zitiert. Wie in verwandten Texten spielt der Herrenbruder Jakobus eine wichtige Rolle: Der Auferstandene erscheint ihm zuerst. H. M.

Texte: Schneemelcher I, 142–147.

Hebräisch, die Sprache, in der das AT mit Ausnahme seiner aram. Teile geschrieben ist. Die Israeliten nahmen das H.e an, als sie in Palästina seßhaft wurden; vorher sprachen sie einen altaram. Dialekt. Das H.e ist eine kanaan. Sprache (im AT: Sprache Kanaans), die u. a. mit dem Moabitischen und dem Phönizisch-Punischen eng verwandt ist (→ Semiten). – Das H. des AT wird genauer »Alt-H.« genannt im Unterschied zum Mittel-H.en, in dem u. a. die nichtbibl. → Qumranschriften abgefaßt sind. Als Neu-H. oder *Iwrit* bezeichnet man das im modernen Staat Israel gesprochene H. S.

Hebron, alte Stadt 36 km südl. von Jerusalem, in vorisraelit. Zeit von den → Anakitern bewohnt, bis der Stamm Kaleb sie in Besitz nahm (z. B. Richt 1,20). In H. wurde David zum König über die von Juda geführten Südstämme, das »Haus

Hebron. Große Moschee, Umfassungsmauer erbaut in herodianischer Zeit über der Höhle → Machpela

Juda«, gewählt, und hier residierte er bis zur Eroberung Jerusalems (2Sam 2,1–5,6). Bedeutend blieb H. auch später durch seine beiden Heiligtümer, Mamre und die Höhle Machpela, die noch heute von Juden und Moslems hoch verehrt werden. S.

Heer des Himmels → Stern, → Zebaot.

Heerscharen, im AT eine formierte Armee, kommt vor allem in der Verbindung »Jahwe → Zebaot« vor. J.E.

Heerwesen → Krieg.

Hefata, aram. Imperativform: »öffnet euch!« (Mk 7,34), wie → *talita kum* (Mk 5,41) eines der von der Gemeinde weiterüberlieferten wunderwirkenden Machtworte Jesu. R.

Heide, der nicht zum Heilsvolk Gehörende, außerhalb der von Gott gestifteten Gemeinschaft Stehende. Die Bibel unterscheidet zwischen den »Völkern« anderer Religion (hebr. *gojim*; griech. *ethne*) und dem »Heilsvolk« (hebr. *am,* griech. *laos*). Die sichtbare Grenze zwischen beiden ist in nachexilischer Zeit weder geographisch noch volkstumsmäßig, sondern allein durch das → Gesetz gezogen. Allerdings besteht die Erwartung, daß in der Endzeit auch die H.n zum Gottesvolk hinzustoßen werden (Jes 45,20; Sach 2,15). Das Urchristentum verstand sich als das durch Jesu Heilstat aus den »Völkern« gesammelte Gottesvolk der Endzeit und durchbrach zugleich mit seiner Heidenmission die Grenze des Gesetzes (Röm 1,16; Gal 3,28) (→ Mission). R.

Heidenchristentum, von der Bindung an das jüd. Gesetz und an jüd. Lebensform freie Form des Christentums, die durch Bekehrung von Heiden entstand. Die älteste Urgemeinde war rein judenchristl. gewesen. Erste Ansätze zur Gewinnung von Nichtjuden erfolgten durch die hellenist. Judenchristen nach deren Vertreibung aus Jerusalem (Apg 8,4ff.), wobei es sich allerdings zunächst um dem Judentum nahestehende → Gottesfürchtige gehandelt haben dürfte (Apg 10,2). Zur Bekehrung von Heiden in großem Stil kam es erst in → Antiochia in Syrien (Apg 11,20). Als man dort darauf verzichtete, den Heidenchristen das jüd. Gesetz aufzuerlegen und sie zu beschneiden, kam es zu einem Konflikt mit der judenchristl. Gemeinde in Jerusalem, der auf dem Apostelkonzil (48/49 n. Chr.) weitgehend beigelegt werden konnte (Gal 2,1–9). Paulus und Barnabas, die Leiter der antiochenischen Delegation, gewannen die Zustimmung der Jerusalemer für die weitere Durchführung der gesetzesfreien Heidenmission; die grundsätzliche Einheit der Kirche aus Juden und Heiden blieb gewahrt. Damit waren weitere Konflikte zwischen beiden Flügeln freilich nicht ausgeschlossen (Gal 2,11–21). Paulus, der Apostel der Heiden, trug durch seine Mission nach Westen dazu bei, daß sich das H. als die eigentlich maßgebliche Form des Christentums im gesamten röm. Reich verbreitete. Das NT nennt die Heidenchristen »Brüder aus den Heiden« (Apg 15,23); »gläubig gewordene Heiden« (Apg 21,15) oder einfach »Griechen« (Röm 1,16; 1Kor 12,13). R.

Heil, in der Bibel Ausdruck für ein gelungenes Leben in Seligkeit, das der einzelne nicht nur für sich, sondern nur in ungebrochener Verbindung mit Gott und einer menschlichen Gemeinschaft erlangen kann. Wie bei anderen Begriffen (→ Erlösung, → Friede, → Gerechtigkeit) beginnt die bibl. Gedankenbildung mit einer mehr diesseitig orientierten Anschauung. Der hebr. Begriff *j^{e}schua* meint ursprünglich die Beschaffung von Lebens- und Handlungsfreiraum für eine Volksgemeinschaft, als deren Glied auch der einzelne zum H. gelangen wird. Der Begriff setzt göttliche Unterstützung voraus, die H. an den Wendepunkten israelit. Geschichte durch militärischen Sieg über mächtige Feinde, z. B. die Ägypter (2Mose 14,30), erwirkt. Doch erwartet der einzelne Israelit H. von seinem Gott auch als Errettung vom persönlichen Gegner (Ps 7,2). Das Auftreten der Schriftprofeten bedeutet hier wie sonst eine erhebliche Vertiefung des religiösen Bewußtseins. Sie erwarten eine künftige einschneidende eschatologische Wende der unglücklichen Geschichte ihres Volkes. Dabei verstehen sie die Befreiung von Fremdherrschaft nicht nur als Akt, als göttliche H.s-Tat, sondern zugleich die daraus entspringende künftige Verfassung Israels als H.s-Zustand. Ezechiel betont, daß zu H. Befreiung aus Unreinheit und Sündhaftigkeit gehört (Ez 36,29; 37,23), Deuterojesaja die universale Auswirkung: Aller Welt Enden werden das H. unseres Gottes sehen

(52,10); er setzt den Eintritt des H.s mit dem künftigen → Reich Gottes gleich (52,7).

Um die Zeitenwende wird der griech. Begriff *soteria* außerhalb Israels zum Ausdruck einer politischen Propaganda, mit denen die Großmächte der Menschheit H. als allgemeine Weltbefriedigung und Wohlfahrt versprechen. Bibl. Schriftsteller übernehmen den Begriff, stellen jedoch heraus, daß allseitiges H. nur durch Verwirklichung des Reiches Gottes denkbar wird (2Tim 4,18) und nicht bloß Veränderungen der äußeren politischen Verhältnisse, sondern vor allem Veränderung des menschlichen Wesens durch Befreiung von Sünde, Schuldverhaftung und dem damit zusammenhängenden göttlichen Zorn (Röm 5,9) voraussetzt. Ermöglicht wird das einzig durch den → Heiland Jesus Christus. K.

Heiland, ein von Gott beauftragter Mittler, dessen Wirken für ein gelungenes, seliges Leben von Menschen unabdingbar ist. Gemäß der Auffassung von einem primär diesseitigen, kollektiven → Heil im vorexilischen Israel wird gelegentlich ein charismatischer Heerführer als H. bezeichnet (Richt 3,9.15). Doch gilt im AT meist Jahwe selbst als der H. (Jes 43,3; 45,15). Parallel zu den wachsenden Ansprüchen griech. und röm. Könige und Kaiser, H. (griech. *soter*) zu sein, beginnen auch bibl. Schriften, einen künftigen, von Gott beauftragten und von Gott durchdrungenen Menschen als H. zur → Erlösung der Menschheit zu erwarten. Das NT sieht die Hoffnung in Jesus Christus erfüllt, der als H. schlechthin gilt, weil er nicht nur eine neue Lehre bringt, sondern dem, der an ihn glaubt, ewiges Leben vermittelt. K.

Heilig, ein religionswissenschaftlicher Begriff, der Gott und das zu ihm Gehörende als völlig geschieden, abgesondert vom Gewöhnlichen, Normalen und damit als in besonderer Weise machtvoll bezeichnet. Die Verletzung des H.en bewirkt Unheil.

Nach dem AT ist auf Erden alles h., was zur Sphäre Gottes gehört und dem Kult dient: Stätten, an denen er verehrt wird, vor allem der Tempel; die Geräte und Materialien und die für Gott ausgesonderten Zeiten; das Kultpersonal und die Menschen, die sich zeitweilig »heiligen«, wenn sie am → Fest teilnehmen. – Gott ist h. als der Überlegene und Mächtige: Seine Heiligkeit äußert sich in seinen wunderbaren Taten und darin, daß er den Ungehorsam Israels heimsucht, es aber auch vor Feinden beschützt.

In einer Ausweitung des Begriffs wird das Volk Israel »h.«, von Gott erwählt, genannt (vor allem im → Deuteronomium). Israel wird als eine Gemeinschaft von Priestern aus den übrigen profanen Völkern herausgehoben. Vor allem im → Heiligkeitsgesetz wird deshalb gefordert, daß es h. bleiben soll, indem es die Gebote Gottes strikt

Göttlicher Bereich	*Zwischenbereich*	*Gottwidriger Bereich*
z. B.	z. B.	z. B.
Tempel	Volk Israel	Ausland
Sabbat	Werktag	Fluchtage
Priester	Haus und Land	Unbeschnittene/Leichen
Kultbegehungen	Rechtes Handeln	Frevelhandlungen

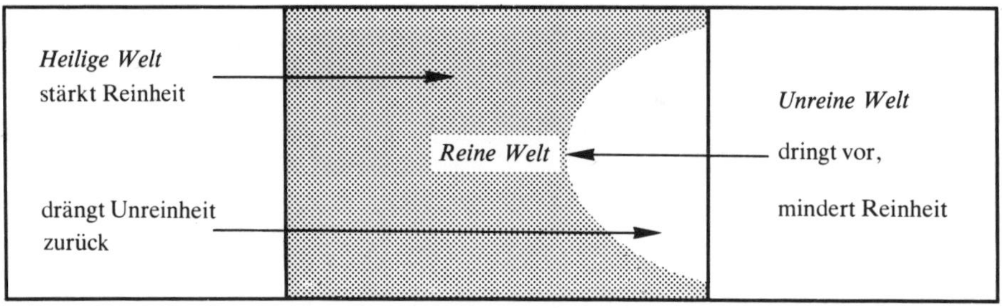

Profane Welt

einhält. Damit beginnt der Begriff »h.« nicht nur ein rituelles, sondern ein sittlich-ethisches Verhalten einzuschließen.
Im Rahmen des → Weltbilds wird durch alles, was h. ist, Ansatzpunkte für göttliche Einwirkung auf Welt und Menschen geboten. Das H.e ist punktuell, nicht zusammenhängend, anwesend an gewissen Orten, Zeiten, Menschen. Es schafft und fordert um sich den Raum des Reinen; nur Reines vermag in der Nähe des H.en zu weilen, weshalb Israel und sein Land rein zu halten sind. Reinheit ist die Vorbedingung für heilvolles Leben. Doch der Bereich des Reinen steht ständig in Gefahr, vom Bereich des Unreinen überfremdet zu werden. Alles Unreine ist Gegenpol des H.en mit der Tendenz, gegen das H.e Raum zu gewinnen. Unrein sind bleibend: fremde Länder, unbeschnittene Menschen, bestimmte Tiere, Leichen; unrein werden kann jeder Mensch (durch Geburt, Krankheit, Frevel, Tod), aber auch das Land. Nur wenige Gegenstände wie Pflanzen oder Geräte stehen außerhalb dieser Spannungszonen und sind »profan«. (Vgl. Skizze S. 203.)
Diese Weltsicht, die am deutlichsten in der Priesterschrift herausgearbeitet ist, wird im Christentum dadurch überwunden, daß Jesus als der H.e Gottes in Person die Anwesenheit Gottes auf Erden vermittelt und dadurch unpersönliche, kultische Heiligkeit überflüssig wird.
Als diejenigen, die im Glauben mit Christus geeint sind, werden die Glieder der Kirche h. genannt (Röm 1,7; 16,2 u.ö.). Daneben gewinnt der Begriff »h.« eine starke ethische Komponente: H.e heißen die Glieder der Gemeinde, weil und insofern sie sich durch ihre Lebensführung als zu Christus gehörig erweisen (Eph 1,4; 1Petr 1,15; 3,5). S./K.

Heilige, im NT Bezeichnung der gesamten → Kirche (z.B. Röm 15,26.31; 1Kor 1,2). Im Hintergrund steht der Gedanke, daß Gott die Kirche als sein Volk der Endzeit ausgesondert (d.i. geheiligt) hat. Erste Ansätze der späteren H.n-Verehrung liegen in der im 2. Jh. beginnenden Verehrung der Märtyrer. R.

Heilige Hochzeit → Hochzeit, heilige.

Heilige Schrift → Bibel.

Heilige Stätte(n), Heiligtümer, Kultorte. Als h. S. werden Orte gewählt, an denen eine Gottheit wohnt oder sich offenbart hat. Über ihre Ausgrenzung und Funktion geben Kultgründungssagen (→ Sagen) Auskunft. Bezeichnend ist z.B. die Weihung von Bet-El zur h.n S. durch einen Traum des Erzvaters (1Mose 28,10ff.). Dem Kult des lokal ungebundenen Jahwe dienen Wanderheiligtümer wie → Stiftshütte und → Lade in der Frühzeit. Nach der Landnahme werden weithin die → Kulthöhen bei jeder festen Siedlung als h. S. von den Kanaanäern übernommen (oft mit ihrem Inventar und Personal) und Jahwe geweiht, ebenso aber auch kanaan. Tempel und Zentralheiligtümer (wie Bet-El, Jerusalem). Um übernommene synkretistische Riten auszuscheiden und die Einheit Jahwes im Kult deutlicher zu bekunden, wurden in der Zeit des → Joschija alle anderen h.n S. abgeschafft (→ Kultreformen); nur der Jerusalemer Tempel blieb als legitimes Heiligtum. Die Versammlungsräume der Urkirche galten nicht als h. S. Kirchengebäude gibt es erst ab 200 n.Chr. Das Interesse an den sog. h.n S. der Christenheit entstand erst zur Zeit Konstantins (335 n.Chr. Einweihung einer Kirche über dem Grabe Christi). U.R./K.

Heiliger Geist → Geist.

Heiliger Krieg → Krieg.

Heiliger Kuß, auch *Kuß der Liebe,* urchristl. Brauch als Zeichen der gegenseitigen Vergebung und Siegel der Einheit der Gemeinde als der endzeitlichen Gottesfamilie (1Thess 5,26; Röm 16,16; 1Petr 5,14). H.M.

Heiligkeitsgesetz. Den Komplex 3Mose 17–26 nennt man H. wegen der Forderung: »Ihr sollt heilig sein, denn ich, Jahwe, euer Gott, bin heilig« (3Mose 19,2). Das H. behandelt u.a. den Umgang mit Blut (3Mose 17), geschlechtlichen Umgang (3Mose 18), Festzeiten (3Mose 23), Sabbat- und Jobeljahr (3Mose 25) und weist Berührungen mit gesetzlichen Partien des Ezechielbuches auf. Vermutlich entstanden in der Zeit des Exils als Programm für die Wiederaufnahme des Kultes nach Ende des Exils, ist das H. später in die → Priesterschrift eingearbeitet worden. S.

Heiligung, eine Sache oder Person heilig machen, d.h. in die Sphäre Gottes bringen. Als Ent-

sprechung zur Heiligkeit Jahwes fordert das → Heiligkeitsgesetz (3Mose 17–26) die H. des gesamten Volkes.
Nach dem NT wird dem Menschen H. durch Christus zuteil (1Kor 1,30); die durch Christi Tod geschenkte Sündenvergebung und H. fordert vom Menschen ein Leben im Dienst der Gerechtigkeit und setzt ihn dazu instand (Röm 6,15–23). J.E.

Heilsgeschichte. Das »Glaubensbekenntnis« des Israeliten beim Erntefest 5Mose 26,5–10 handelt von einem bestimmten Abschnitt der Volksgeschichte und sieht darin die Grundlage der Religion. Es setzt ein bei der Wanderung der Erzväter: »Ein umherirrender Aramäer war mein Vater (Jakob); mit wenigen Leuten zog er hinab nach Ägypten . . .« Dort unterdrückt, beteten die Väter. »Und Jahwe hörte auf unser Rufen und sah unser Elend . . . und führte uns aus Ägypten . . .« Die gottdurchwaltete H. endet mit Landgabe und Kultstiftung: »Er brachte uns an diesen [heiligen] Ort und gab uns dieses Land . . .« Die Geschichtswerke des Jahwisten, Elohisten und der Priesterschrift (→ Mosebücher) füllen diese abgegrenzte H. mit Erzählstoff aus, erweitern sie nach rückwärts bis zur Menschenschöpfung und beziehen ihre Wendepunkte auf je vorangegangene Orakel (vgl. z.B. 1Mose 15; 17 mit 2Mose 24ff.; Jos 1ff.). Die unter dem Spannungsbogen göttlicher Verheißung und Erfüllung verlaufende H. wird nicht bis in die Gegenwart des Geschichtsschreibers ausgezogen, sondern endet mit der Landnahme der Väter (um 1200 v. Chr.), denn damit hat Gott Israel eine Lebensbasis gewährt, die es zur freien Selbstentfaltung in Ruhe (*m^enucha*) befähigt. Das Gedächtnis der H. wird in einzelnen Abschnitten regelmäßig an den hohen Festen vollzogen und damit ihre Errungenschaften aktualisiert. Die der H. folgenden Zeiten gelten zwar auch als gottgesteuert, aber sie sind qualitativ geringerer Art und bloße Nachwirkung der H.
Die Profeten folgern aus der radikalen Kritik an ihrer Gegenwart, daß Israel die Errungenschaften seiner H. selbstherrlich zerstört hat. Widerständigkeit des Volkes gegen den positiven Geschichtswillen Jahwes ist für sie seit Beginn der H. nachzuweisen, sie hat sich im Laufe der Jh.e gesteigert und zwingt Jahwe, die H. demnächst endgültig rückgängig zu machen und Israel aus dem Gelobten Land zu verstoßen und fremden Völkern zu unterstellen, z.B. Ez 16; 20; 23. Doch wird sich daran ein neuer Bund mit Israel, eine neue Landnahme und eine Änderung der anthropologischen Struktur (statt steinernes, »fleischernes« *empfindsames* Herz), also eine zweite, die erste übertreffende H. anschließen (→ Eschatologie). Die Apokalyptik hat diese Sicht erweitert: Seit Adam ist die Menschheitsgeschichte von göttlichen Heilssetzungen und menschlichen Gegenaktionen gezeichnet, mit dem Kommen des → Menschensohnes wird sich eine eschatologisch neue Welt verbinden.
Für das NT ist Christus das Ziel und die Mitte der H. In seinem Kreuz und seiner Auferweckung erfolgte die endgültige Selbstdurchsetzung Gottes, die Einlösung aller seiner Verheißungen. In diesem Sinne versteht sich die Kirche als die Erbin Israels, an der sich Gottes Handeln mit seinem Volk abschließend erfüllt. Allerdings läßt sich die H. nicht einfach als ein in sich geschlossenes kontinuierliches System von göttlichen Heilstaten innerhalb der Weltgeschichte demonstrieren; ihre Spuren sind vielmehr verdeckt und erschließen sich nur vom Glauben an Christus her. So ist Gottes lebenschaffendes Handeln an Abraham (Röm 4) in seiner Bedeutung als Vorbereitung des Christusgeschehens erst von diesem her erkennbar. Was beides miteinander verbindet, ist nicht eine geschichtliche Kontinuität im Sinne des Ineinanders von Ursache und Wirkung, sondern die Identität des Handelns Gottes.
Spätere Schriften des NT bemühen sich um eine Konzeption von H., die dem Weitergehen der Zeit gerecht zu werden sucht. So zeichnet Lukas in seinem Geschichtswerk die nach Ostern und Himmelfahrt folgende Zeit der Kirche als eine neue Epoche der H., in der das (nach wie vor die Mitte der H. bildende) Christusgeschehen sich als geschichtsgestaltende Kraft erweist. K./R.

Lit.: J. Roloff, Neukirchener Arbeitsbücher – NT, 1977, § 12.

Heilsopfer → Opfer.

Heilsorakel → Gottesspruch.

Heilung. Da das AT seinem Gott Allkausalität zuschreibt, wirkt Jahwe bei jeder → Krankheit und bei jeder H. mit. Weil sein Wille primär positiv auf den Menschen zielt, ist Gott derjenige, der alle Krankheiten heilt (2Mose 15,26). Das

kann durch ein unvermitteltes Eingreifen geschehen, das etwa eine unfruchtbare Frau gebärfähig werden läßt (1Mose 20,17f.; 21,1). Es kann aber auch vermittelt werden durch einen Arzt (Sir 38,1–15), durch magische Kulteinrichtungen wie die → Eherne Schlange (die aber später verpönt wird), vor allem durch Profeten, deren Fürbitten, Orakel und H.s-Vorschriften bedeutsam sind (1Mose 20,7; Jes 38) und selbst von Nichtisraeliten geschätzt werden (2Kön 5).
Gemäß der israelit. Überzeugung vom → Tat-Ergehen-Zusammenhang wird Krankheit als Auswirkung menschlicher Übeltat am Täter selbst und H. als Zeichen göttlicher Zuwendung aufgefaßt. Dies führt dort, wo Menschen ihrem Bewußtsein nach unverschuldet leiden, zu religiöser Krise (Ijob). In spätisraelit. Zeit werden deshalb solche Leiden auf eine gegengöttliche und menschenfeindliche Macht, den → Satan, zurückgeführt (zuerst Ijob 2). Seinen Machenschaften beschwörend entgegenzutreten, wird gelegentlich Aufgabe von Exorzisten.
Von zahlreichen H.en Jesu berichten die Evangelien. Auch wenn man in Rechnung stellt, daß manche Berichte darüber sekundär in der Gemeinde entstanden sind, die Jesu Wundermacht betont herausstellen wollte, läßt sich die Tatsache historisch nicht bestreiten, daß H.en im Wirken Jesu eine große Rolle gespielt haben. Auch ihr Sinn ist deutlich: Indem Jesus konkreter menschlicher Not heilend begegnete, nahm er zeichenhaft das für die Endzeit erwartete Heilwerden der ganzen Schöpfung vorweg und bekundete damit die Realität des in seinem Wirken anbrechenden → Reiches Gottes (Lk 11,20). Die Vollmacht zu heilen, die Jesus seinen Jüngern gab (Mk 6,7.13), wirkte auch in der nachösterlichen Kirche weiter; so berichtet die Apostelgeschichte von H.en »im Namen Jesu« (Apg 3,6.16; 9,34) (→ Wunder). K./R.

Heimsuchung. Während der dt. Begriff »H.« einen sehr negativen Klang hat, sind die ihm entsprechenden bibl. Wörter (hebr. *pakad,* griech. *episkeptomai*) durchaus ambivalent; sie lassen sich sinngemäß übersetzen mit »nach dem Rechten sehen«. Gottes H. ist vielfach im AT mit einer Theophanie verbunden. Naht der heilige Gott einem guten Menschen (sucht er z.B. Sara heim, 1Mose 21,1), so wird dieser gesegnet. Naht er einem Frevler, so wird bei diesem gemäß dem → Tat-Ergehen-Zusammenhang alsbaldiger Untergang hervorgerufen; das spielt vor allem bei den Profeten eine wichtige Rolle (2Mose 20,5; Am 3,2 u.ö.).
Im NT steht die positive Deutung ganz im Vordergrund. Und zwar ist hier Gottes H. die Offenbarung seiner helfenden Nähe in Christus (Lk 1,68.78; 7,16; Apg 15,14). Auch die helfende Zuwendung unter Menschen kann als H. bezeichnet werden (Mt 25,36.43; Jak 1,27). K./R.

Heliodor, Reichskanzler des Seleukidenreiches unter Seleukus IV. (187–175 v.Chr.), der nach 2Makk 3,7–40 die Schatzkammer des Jerusalemer Tempels zu berauben versuchte und nach der Legende durch göttliches Eingreifen daran gehindert wurde. S.

Heliu → Elihu.

Hellenismus, von dem Historiker J. G. Droysen eingeführte Bezeichnung für die Epoche des nachklassischen Griechentums, die etwa mit Alexander d.Gr. beginnt und durch die Begegnung von Griechentum und Orient ihre besondere Prägung erhält. Zwar kam die Vision Alexanders von einem einheitlichen griech.-mazedon. Weltreich, das von Indien bis an die Säulen des Herkules (Gibraltar) reichen sollte, nicht zur Verwirklichung, aber eine einheitliche Zivilisation bildete sich auch in den rivalisierenden Nachfolgereichen (Diadochenstaaten) aus. Verwaltung, Steuerwesen, Handel und Wirtschaft wurden internationalisiert. Griechisch wurde die Einheitssprache des Mittelmeerraumes (→ Koine). Die griech. Schule und das Gymnasium trugen die griech. Bildung in den Osten. Das Mäzenatentum der Könige ließ einen Gelehrtenstand entstehen, der in Philologie, Mathematik, Geographie, Astronomie und Medizin große Leistungen vollbrachte. Die Philosophie, besonders Stoa und Epikureismus, baute die wirkungslos gewordene traditionelle Religion in entmythologisierter Form in ihre Systeme ein, wodurch sie letztlich ein religiöses Ziel erhielt. Nur noch diejenigen Kulte und Gottheiten hatten Anhänger, die ein individuelles Verhältnis des Verehrers zur Gottheit begründeten, insbesondere die → Mysterien. Vom 2. Jh. v.Chr. an gewann auch die Astrologie immer größere Bedeutung, weil sie das Streben nach höherer

göttlicher Offenbarung mit dem Anspruch auf Wissenschaftlichkeit zu verbinden wußte.
Das Eindringen des H. in Palästina führte im 2. Jh. v. Chr. zu schweren religiösen und politischen Konflikten. Doch selbst bei den siegreichen antihellenist. → Hasmonäern setzte sich später die Kultur des H. am Hofe durch. Die Verschmelzung von H. und hebr. Geist war in der Diaspora (→ Hellenist. Judentum), vor allem in Alexandrien, noch stärker; sie wird zu einer wesentlichen Voraussetzung für die Ausbreitung des Christentums. H.M./K.

Lit.: M. Hengel, Juden, Griechen und Barbaren, 1976.

Hellenisten (von griech. *hellenizo,* »griech. sprechen, leben«), nach Apg 9,29 aus der Diaspora stammende Juden griech. Sprache, die zahlreich in Jerusalem lebten und dort eine eigene Synagoge unterhielten. Aus ihren Reihen rekrutierte sich die Gruppe christl. H. innerhalb der Jerusalemer Urgemeinde (Apg 6,1). Diese scheint schon wenige Jahre nach Jesu Tod als eine gegenüber der aram. sprechenden Urgemeinde weitgehend eigenständige Größe in Erscheinung getreten zu sein (was allerdings der Bericht Apg 6,1–8,3 infolge seiner harmonistischen Tendenz nur indirekt erkennen läßt): Sie hatten eine eigene Verfassung; an ihrer Spitze stand ein 7-Männer-Gremium, dessen herausragende Gestalt → Stefanus war. In ihrer Verkündigung griffen sie Jesu Kritik am Tempel und am Gesetz – den beiden zentralen Institutionen des Judentums – wieder auf. Das führte zu ihrer Vertreibung aus Jerusalem (Apg 8,1), während die gesetzestreue aram. sprechende Gemeinde unbehelligt blieb. Die versprengten H. wandten sich der Mission in Samarien (→ Philippus, Apg 8), den Küstengebieten und Syrien zu und öffneten den Weg für die Heidenmission (Apg 11,19ff.). R.

Hellenistisches Judentum, das vom → Hellenismus geprägte Judentum.
1. Die überlegene militärische, politische und wirtschaftliche Macht des Hellenismus begegnete den Juden bereits im 4. Jh. v. Chr. Auch die → Koine drang in Palästina ein; zur Zeit Jesu war Jerusalem zweisprachig (aram., griech.). Der Versuch einer gewaltsamen Hellenisierung der Juden unter Ausschaltung ihrer ethnischen und religiösen Eigenheiten scheiterte (→ Hasmonäer); dennoch blieb Palästina nicht unbeeinflußt von hellenist. Denken (→ Jesus Sirach, → Prediger Salomos).
2. H. J. im engeren Sinn ist das Diasporajudentum (besonders in Ägypten). Hier geht die Verbindung mit hellenist. Denken noch weiter. So beseitigt die griech. Übersetzung des AT (→ Bibelübersetzungen) dem philosophischen Denken anstößige Anthropomorphismen. Die → Diasporaliteratur des h. J.s will zeigen, daß die Lehren des AT die »wahre Philosophie« darstellen, indem sie Anstößiges oder Unverständliches allegorisch umdeutet; das gilt besonders für die Ritualgesetze, deren wörtliche Befolgung aber nicht aufgehoben wird. Eschatologie und Messiaserwartung treten zurück, statt der Auferstehungshoffnung wird die griech. Unsterblichkeit der Seele gelehrt (→ Weisheit Salomos). Jerusalem bleibt das religiöse Zentrum, dem man sich durch Wallfahrten und → Tempelsteuer verbunden weiß. Nach der Tempelzerstörung (70 n. Chr.) kam auch das Diasporajudentum unter pharisäischen Einfluß. H.M.

Lit.: M. Hengel, Judentum und Hellenismus, 1969.

Heller → Münzen.

Heman. 1. Ein berühmter Weiser (1Kön 5,11). **2.** Ahnherr einer Sängergilde am Tempel (z. B. 1Chr 6,18; 25,1; Ps 88,1). S.

Hematit → Edelsteine.

Hemor → Hamor.

Hendor → En-Dor.

Henoch, Gestalt der Urzeit, »der siebente von Adam an« (Jud 14), wurde wegen seiner Frömmigkeit zu Lebzeiten entrückt (1Mose 5,18–24; Hebr 11,5; zum Stammbaum → Seth). In der → Apokalyptik wurde er zum Empfänger von grundlegenden Offenbarungen über Weltenbau und -lauf. Er spielte in der jüd. Legende eine große Rolle als Weisheitslehrer und Heiliger. S.

Henochbuch, -bücher, auf → Henoch zurückgeführte apokalyptische Bücher, darunter das im 2. und 1. Jh. v. Chr. entstandene 1. H. (im NT Jud 14f. zitiert). Neben einigen älteren Fragmenten ist eine äthiop. Übersetzung (um 500 n. Chr.) erhalten; daher ist die Bezeichnung »äthiop. Henoch« geläufig. Diese Apokalypse enthält neben astronomischen und mythologischen Spekulationen messianische Visionen. In → Qumran wie im NT galt das 1. H. als Teil des alttest. Kanons. Im frühen Christentum beliebt, wurde das 1. H. später den → Apokryphen zugerechnet. Das 2. H., das in zwei slaw. Übersetzungen (nach 600 n. Chr.) erhalten ist, deren Vorlagen auf das → hellenist. Judentum zurückgehen, berichtet über eine Himmelsreise Henochs. Das 3. H. (auch »hebr. H.«) besteht aus rabbinischen Henochüberlieferungen des 3./4. Jh.s n. Chr. J. E.

Text: Kautzsch.

Henotheismus, eine religiöse Haltung, die viele Gottheiten anerkennt und verehrt, aber die jeweils augenblicklich verehrte als einzige empfindet und bezeichnet; der Ausdruck »H.« wird oft mit *Monolatrie* gleichgesetzt, einer religiösen Haltung, die ebenfalls viele Gottheiten anerkennt, aber nur die Verehrung einer einzigen zuläßt (→ Gott). S.

Heptateuch (griech., »Siebenbuch«), zusammenfassende Bezeichnung für die ersten Bücher des AT: 1. bis 5. Mose, Josua und Richter. S.

Herbst → Jahreszeiten.

Herbstfest → Fest.

Herd → Ofen.

Herd Gottes → Ariël.

Hermas. 1. Unbekannter röm. Christ (Röm 16,14). **2.** Verfasser des sog. »Hirten des H.«, einer in Rom nach 150 n. Chr. entstandenen christl. Schrift (→ Apostolische Väter); nach altkirchlicher Tradition soll er ein Bruder des röm. Bischofs Pius I. gewesen sein. H. M.

Hermeneutik. 1. Bedeutung – 2. Geschichte – 3. Hauptprobleme.

1. Der Begriff »H.« ist abgeleitet vom griech. *hermeneuo* »erklären; dolmetschen«. In der allgemeinen Geisteswissenschaft bezeichnet er die »Kunstlehre des Verstehens schriftlich fixierter Lebensäußerungen« (W. Dilthey). Im theologischen Sprachgebrauch ist H. die Lehre vom Verstehen der Bibel, d. h. die theoretische Basis der Bibelinterpretation.

2. Bereits das Judentum entwickelte bestimmte hermeneutische Regeln für eine methodisch kontrollierbare Bibelinterpretation (z.B. das Schlußverfahren vom Geringeren auf das Größere oder das Verfahren der Kombination verschiedener Bibelaussagen zur gleichen Sache). Die Übernahme des AT durch die Kirche als Teil der christl. Bibel machte die Ausbildung spezifischer hemeneutischer Regeln zu seinem Verständnis erforderlich. So wurde das AT als Buch der in Christus und seiner Gemeinde erfüllten → Verheißung gelesen (z. B. Mt 1,22; 3,3; 4,14; 1 Kor 10,11; → Typologie); es galt als von Gottes Geist gewirktes Zeugnis, dem Lehre, Mahnung und sittliche Weisung für die jeweilige Gegenwart zu entnehmen waren (2Tim 3,16).

Die H. des Mittelalters wurde bestimmt von der Lehre vom vierfachen Schriftsinn. Man unterschied danach den *literarischen* (oder historischen) Sinn, den *allegorischen* Sinn (Hinweis auf dogmatische Lehrgehalte), den *moralischen* Sinn (Weisungen für das sittliche Verhalten) sowie den *anagogischen* Sinn (Hinweis auf metaphysische und eschatologische Geheimnisse).

Die Reformation ließ – zumindest im Prinzip – nur noch den literarischen oder historischen Sinn als einzigen Schriftsinn gelten. Das hing mit ihrem Versuch zusammen, die Bibel als Zeugnis vom Handeln Gottes in der Geschichte zu begreifen und sie aus der Umklammerung durch die kirchliche Lehrtradition zu lösen: Die Bibel sollte nicht mehr von der kirchlichen Lehre her interpretiert werden; sie sollte vielmehr die alleinige kritische Norm für jene sein. Man war der Überzeugung, daß die Bibel in sich einheitlich sei und sich der eindeutige Sinn jeder ihrer Aussagen ergebe, wenn man sie von ihrer Mitte, d. h. von Christus her, auslege.

Die sich vom 18. Jh. an im europ. Protestantismus durchsetzende historisch-kritische Methode war ein Kind der Aufklärung. Sie versuchte, die Schriftauslegung so weit wie möglich von der kirchlichen Lehre zu emanzipieren und interpretierte bibl. Texte grundsätzlich nach den gleichen Regeln, wie sie auch sonst gegenüber antiken Texten angewandt wurden. Ihr Ziel war es, die Bedeutung eines Textes in seiner Ursprungssituation durch sprachliche, stilistische und historische Untersuchungen aufzuhellen. Dabei folgte sie vielfach den Denkvoraussetzungen des Historismus, der die grundsätzliche strukturelle Gleichheit aller historischen Phänomene behauptete und den Zweifel gegenüber aller ge-

schichtlichen Überlieferung zum methodischen Prinzip erhob.
Auch die röm.-kath. Kirche, die sich lange gegenüber der historisch-kritischen Methode verschlossen hatte, gab ihr schließlich durch die Enzyklika *Divino afflante spiritu* (1943) des Papstes Pius XII. freie Bahn, wenn auch mit gewissen Vorbehalten (→ Exegese, → Bibelkritik).
3. Wenn es in den letzten Jahrzehnten zu einer neuen Blüte der H. gekommen ist, so war dafür die Einsicht ausschlaggebend, daß die historisch-kritische Methode, solange sie ganz auf sich selbst gestellt blieb und nur ihren eigenen Gesetzmäßigkeiten folgte, für die religiösen Fragen der Gegenwart und eine kirchlich normative, d. h. eine theologische, Bibelinterpretation nicht ausreichte. Es erwiesen sich vielmehr begleitende Überlegungen grundsätzlicher Art hinsichtlich ihrer Voraussetzungen, ihres Kontextes und ihres Zieles als erforderlich. Im einzelnen zeichneten sich dabei folgende *Problemschwerpunkte* ab:
a) Die Frage nach dem *Vorverständnis.* Jeder Interpret hat notwendig bereits ein Vorverständnis des Textes. Die Auslegung kann nur gelingen, wenn er sich dieses Vorverständnis bewußt macht und wenn er es aufgrund seiner Begegnung mit dem Text zu revidieren bereit ist (hermeneutischer Zirkel). Wieweit ist das Gelingen der Auslegung bibl. Texte davon abhängig, daß der Interpret ihnen mit einem christl. geprägten Vorverständnis begegnet, d.h. daß er sie als heilige Schrift von anderen historischen Dokumenten unterscheidet?
b) Die Frage nach dem *Kontinuum,* das den Interpreten mit seinem Text verbindet. Ist es die Konstante eines bestimmten menschlichen Selbstverständnisses, die sich inmitten variabler historischer Bedingungen durchhält (existentiale Interpretation)? Ist es die Konstante einer bestimmten geschichtlichen Entwicklung, die vom Text ihren Ausgang nimmt und in der sich der Interpret wiederfindet? Oder ist es die institutionelle Konstante der Kirche, der Text und Interpret gleichermaßen zugeordnet sind?
c) Die Frage nach der *Mitte der Schrift.* Ist die Normativität bestimmter Texte schon dadurch hinreichend begründet, daß sie Teile der Bibel sind? Oder sind sie danach zu bewerten, wie sie sich zu bestimmten Schwerpunktaussagen der Bibel, z. B. zu Worten Jesu oder zur Paulinischen Rechtfertigungslehre, verhalten?
d) Die Frage nach der *Einheit der Schrift.* Daß AT und NT hinsichtlich ihres geschichtlichen Hintergrundes und weithin auch hinsichtlich ihres Inhaltes voneinander zu unterscheiden sind, ist heute eine unaufgebbare Einsicht. Aber inwieweit ergeben sich daraus Konsequenzen für das AT als Teil der christl. Bibel? Ist das AT nur die geschichtliche Voraussetzung für das NT oder ist es gemeinsam mit dem NT Zeugnis von Gottes Handeln in der Geschichte?
e) Die Frage nach der *Wirkungsgeschichte.* Welche Entwicklungen hat der jeweilige Text ausgelöst, und inwieweit ist die Position des Auslegers durch diese in Zustimmung und Widerspruch zu seinem Inhalt bestimmt? R.

Lit.: G. Ebeling, Hermeneutik, in: RGG III, ^{3}1969, 242–263; P. Stuhlmacher, Vom Verstehen des NT, ^{2}1986; J. Roloff, Neukirchener Arbeitsbücher – NT, 1977, § 18. – H.-G. Gadamer, Wahrheit und Methode, ^{4}1975.

Hermes, griech. Gott der Händler und Redner, dient als Bote des Zeus. Wenn nach Apg 14,12 Paulus und Barnabas in Lykaonien als H. und Zeus verehrt wurden, so hängt das wohl mit einer lykaonischen Lokaltradition zusammen, die vom Besuch beider Götter beim greisen Ehepaar Philemon und Baukis erzählte. R.

Hermogenes, kleinasiat. Christ, der auf nicht näher bekannte Weise Paulus im Stich ließ (2Tim 1,15). R.

Hermon, der südl. und höchste (2759 m) Teil des Antilibanon-Gebirges, der den nordöstl. Grenzpunkt des Reiches Israel bildete (z. B. Jos 11,3; Ps 42,7). S.

Herodes und seine Dynastie. Über ein Jh. von der Zeit Cäsars bis zum jüd. Krieg (66 n. Chr.) hat das aus → Idumäa stammende Haus des H. (griech., »heldenhaft«) die Geschichte Palästinas entscheidend mitbestimmt. Es war dazu in der Lage durch seine engen, z. T. freundschaftlichen Beziehungen zur julisch-claudischen Dynastie in Rom und durch das Geschick seiner Glieder, jüd. und röm. Interessen gleichermaßen zu vertreten.
1. Der Stammvater der Dynastie, Antipater, wurde zum Dank dafür, daß er sich im Mithridatischen Krieg um Cäsar verdient gemacht hatte, zum Prokurator über Palästina ernannt (47)

v. Chr.). Seine Söhne Phasael und H. d. Ä. (auch »d. Gr.«) wurden zunächst Strategen von Judäa und Galiläa; nach Phasaels Tod stieg H. auf zum König von Judäa, Samaria, Gaulanitis und Trachonitis (37–4 v. Chr.). H. gründete einerseits hellenist. Städte zu Ehren seiner kaiserlichen Gönner (Sebaste, Cäsarea), andererseits begann er in Jerusalem den glanzvollen Tempelneubau. Die Geburt Jesu fiel wahrscheinlich in die letzte Zeit seiner Herrschaft (Mt 2; Lk 1,5).

2. Den zehn Ehen des H. entstammten 7 Söhne, von denen er 4 ermorden ließ. Nach seinem Tod wurde das Reich auf die drei übriggebliebenen verteilt: Archelaus wurde Ethnarch von Judäa und Samaria (4 v. – 6 n. Chr.); → Philippus wurde Tetrarch von Gaulanitis und Trachonitis (4 v. – 34 n. Chr.), und H. Antipas Tetrarch von Galiläa und Peräa (4 v. – 39 n. Chr.). Er war der Landesherr Jesu. Durch die Heirat mit seiner Schwägerin Herodias (Mk 6,17) zog er sich die Feindschaft der Juden zu.

3. H. Agrippa I., Enkel H.' d. Ä. und Bruder der Herodias, wurde, nachdem er in Rom ein Playboyleben geführt hatte, Tetrarch von Galiläa (37), Judäa und Samaria (41–44) und bemühte sich jetzt um die Gunst der Juden, während er gleichzeitig den Hellenismus unterdrückte. Im Zusammenhang mit diesen Tendenzen steht wohl die von ihm angezettelte Christenverfolgung (um 42; vgl. Apg 12). Er starb nach der Bereinigung eines Konflikts mit den Phöniziern an einem Unterleibsleiden (Apg 12,20–23; vgl. Josefus, *Antiquitates Iudaicae* 19,343–350).

4. Sein Sohn war Agrippa II., König über Gaulanitis und Chalkis (44–94). Er trat mit seiner Schwester Berenike als Experte in jüd. Fragen beim Prozeß gegen Paulus in Cäsarea auf (Apg 25,13–26,32). R.

Lit.: A. Schalit, Der König H., 1969.

Herodianer, politische Parteigänger der herodianischen Dynastie, die sich in der Gegnerschaft gegen Jesus mit den ihnen sonst verhaßten Pharisäern zusammenfanden (Mk 3,6; 12,13 par; Mt 22,16). R.

Herodias → Herodes und seine Dynastie.

Herold, Überbringer einer Botschaft im Auftrag einer Macht; Sprecher einer Gottheit. Philosophen und Sprecher von Kultgemeinschaften galten als H.e und damit als geheiligte Personen. Wohl in diesem Sinn bezeichnen die → Pastoralbriefe Paulus als H. (1Tim 2,7; 2Tim 1,11; vgl. 2Petr 2,5). Luther übersetzt nivellierend mit »Prediger«. R.

Herr. Das Wort »H.« kommt in der Bibel in mehrfacher Bedeutung vor. 1. Zunächst wird es – wie auch in unserem Sprachgebrauch – als höfliche Anrede und zur Bezeichnung eines Abhängigkeits- oder Besitzverhältnisses verwendet; 2.

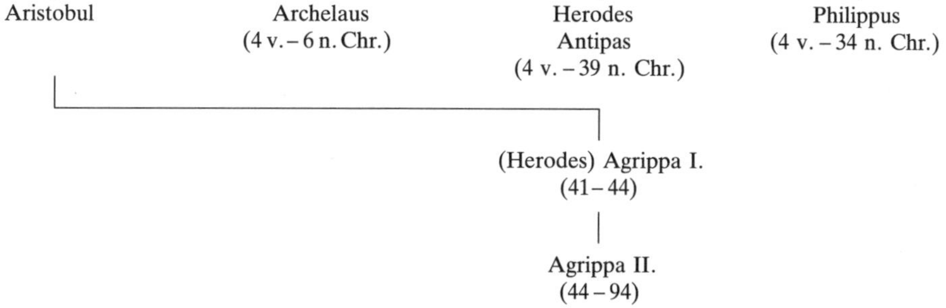

ist es feierliche Anrede für Gott und 3. – so vorwiegend im NT – Würdebezeichnung für Jesus Christus.

1. »H.« als Anrede an einen Mann findet sich im AT z. B. in 1Mose 18,12; 31,35; 1Kön 18,7.13. Im Hebräischen gibt es für H. als Gebieter oder Besitzer zwei Worte: *adon* bezeichnet im personalen Abhängigkeitsverhältnis den Herrn dem Diener gegenüber. Dagegen ist *baal* der H. eines Besitzes (aber auch der Ehefrau, 1Mose 20,3) und, in übertragenem Sprachgebrauch, der Besitzer einer Eigenschaft, (z. B. »H. des Zorns« = der Zornige, Spr 22,24). – Ganz entsprechend ist auch im NT »H.« (griech. *kyrios*) höfliche Anrede (Mt 25,11; Joh 12,21) und Bezeichnung für einen Besitzer (Mt 20,8).

2. Das personale *adon* wird im AT zur Bezeichnung Gottes als des H.n schlechthin (Jos 3,13 u. ö.). Die erstarrte Anredeform *adonaj* »mein Herr« (griech. *kyrios*) ersetzt schließlich den Gottesnamen → Jahwe. Demgegenüber bleibt das die Verfügungsgewalt bezeichnende *baal* Name des kanaan. Hauptgottes, gegen den die Jahwe-Religion sich scharf absetzt (→ Baal).

3. Der Ansatz für die Bezeichnung Jesu als H.n lag vermutlich schon in vorösterlicher Zeit: Wie andere angesehene Personen, so wurde auch Jesus mit der aram. Höflichkeitsanrede *mare* »Herr« ausgezeichnet (Mk 7,28; Mt 8,8 par Lk 7,6; Lk 9,61). In der palästin. Urgemeinde entwickelte sich daraus der gottesdienstliche Gebetsruf → *Maranata* (»Unser Herr, komm!«; 1Kor 16,22; vgl. Offb 22,20) als Anrede an den erhöhten Jesus, dessen Wiederkunft (→ Parusie) man erwartete. Auch sonst ist in alten Schichten der Überlieferung H. als Bezeichnung des zur Parusie erwarteten Jesus bezeugt (z. B. Mt 7,21; 25,11f.; Lk 13,25).

In den griech. sprechenden Gemeinden wurde »H.« (griech. *kyrios*) zur Bezeichnung für den von Gott als Herrscher über alle Weltmächte erhöhten Jesus (Phil 2,11). Das zentrale Bekenntnis dieser Gemeinden lautete: »Herr ist Jesus Christus« (Röm 10,9; 15,6; 1Kor 12,3). Wesentlich für diese Entwicklung war, daß man den (ursprünglich von der Einsetzung eines Königs handelnden) Ps 110 als Schriftbeweis auf Jesus deutete: »Es sprach der Herr [d.i. Gott] zu meinem Herrn [d.i. Jesus]: ›Setze dich zu meiner Rechten, bis ich deine Feinde dir zu Füßen lege!‹« (Mk 12,36; Apg 2,34f. u. ö.) Schritt für Schritt wurden auch Aussagen des griech. AT, die ursprünglich von der Weltherrschaft und der Zukunft des *kyrios,* d. h. Gottes, handelten, auf den *kyrios* Jesus übertragen (z. B. Joel 3,5 in Apg 2,21; Röm 10,13). Aktuelle Stoßkraft erhielt die Christusbezeichnung »H.« gegenüber den Kultgottheiten der hellenist. Welt, die ebenfalls H.en genannt wurden (1Kor 8,5), sowie gegenüber dem → Kaiserkult. J. E./R.

Lit.: Goppelt, Theologie II, 406–414; E. Schweizer, Jesus Christus im vielfältigen Zeugnis des NT, 1968.

Herrenmahl, Bezeichnung für das → Abendmahl, in welcher der erhöhte Christus, den die Gemeinde im Gottesdienst als Herrn anruft, betont als Gastgeber und Initiator des Mahles herausgestellt wird (1Kor 11,20). R.

Herrlichkeit. Das hebr. Wort für »H.« (*kabod*) meint zunächst »Gewichtigkeit, Ehre«. So können Menschen H. haben (1Mose 45,13; Ps 49,17), ja, der Mensch ist mit H. erschaffen (Ps 8,6). Vor allem aber ist H. die Erscheinungsform, in der sich Gott offenbart, verbunden mit Feuer- und Raucherscheinungen (2Mose 24,15ff.; Jes 6,3; Ez 1,4).

Im NT ist H. (griech. *doxa*) der Glanz, die Majestät Gottes. Sie kann sichtbar werden (Lk 2,9; Apg 22,11). In Christus ist sie vorhanden, sichtbar nur für die Gläubigen (Joh 1,14). Sie werden an der H. teilhaben (Joh 17,22; Röm 8,17ff.; 2Kor 3,18). In der Endzeit wird sie offenbar werden, wenn Christus bei seiner Wiederkunft in H. erscheinen wird (Mk 8,38). J. E.

Herrschaft bezeichnet im AT jede Form der Macht- und Gewaltausübung (z. B. über andere Menschen 1Mose 3,16; 37,8). Der Mensch als Gattungswesen ist in der Schöpfung zur H. über die Welt, besonders über die Tiere bestimmt (Ps 8,7ff.). H. übt besonders der König aus. Als H. kann sein Reich (1Kön 9,19; 2Kön 20,13), aber auch das königliche Heer bezeichnet werden (2Chr 32,9). Oft findet sich auch die Rede von der H. Gottes, die dauerhaft (»von Geschlecht zu Geschlecht«) besteht (Ps 103,22; 145,13; Dan 3,33) (→ Reich Gottes).

Große Bedeutung bekam durch die Beziehung auf Christus die messianische Weissagung der Geburt des Kindes, auf dessen Schultern die H. gelegt werde (Jes 9,5f.; vgl. auch Sach 9,10; → Messias).

Im NT kann als »H.« die weltliche → Obrigkeit

bezeichnet werden. »H.«, meist im Pl. »H.en«, nennt das NT aber auch – unter dem Einfluß der im Judentum in der Zeit des Hellenismus ausgebildeten Vorstellungen von der Welt der → Engel – überirdische Mächte und Gewalten (Kol 1,16; vgl. im AT Dan 7), die sich Gott entgegensetzen. Diese H.en sind durch den Tod Christi besiegt (1Kor 15,24; Eph 1,21; Kol 2,15). J.E.

Herrschaft Gottes. Bereits im AT wird Gott unter dem Bild eines Königs gesehen und von ihm gesagt, daß er herrsche oder herrschen werde. Dabei ist weniger an sein Walten als Schöpfer gedacht als an seine Selbstdurchsetzung in seinem geschichtlichen Handeln. Der Ansatz dieser Vorstellung liegt wohl im Kultus; hier bekennt die Gemeinde in den sog. Thronbesteigungspsalmen (Ps 47; 93; 96–99): »Jahwe ist König geworden!« Die nachexilischen Profeten und die Apokalyptik erwarten eine zukünftige eschatologische H. G. als Ziel und Vollendung der Geschichte. Dieses Motiv führt Jesus mit seiner Verkündigung von der H. G. oder auch vom → Reich Gottes weiter. R.

Herrscherkult, der hellenist.-röm. Kultur eigentümliche Weise der Verbindung von Religion und Staatsraison. Der erste, auf den Ideen und Ausdrucksformen des Götterkultes übertragen wurden, war → Alexander d. Gr. Seine Erben, die Gründer der hellenist. Königreiche, ließen sich mit Götterprädikaten wie *Heiland* und *offenbarer Gott* ehren. In Rom erreichte der H. einen ersten Höhepunkt unter → Augustus, der als göttlicher Bringer eines ewigen Friedensreiches gefeiert wurde und nach seinem Tode als zu den Göttern entrückt galt. R.

Herz. Das H. gilt in der Bibel nicht nur als Sitz der Gefühle wie Trauer, Freude oder Furcht, sondern auch des Denkens und Erkennens (z. B. Spr 16,23), des Gewissens (z. B. 1Sam 24,6) und sogar der Lebenskraft (z. B. 1Mose 18,5). Daher wird der Begriff »H.« sehr oft als umfassender Ausdruck für das Innere des Menschen, das nach außen hin verborgen ist (z. B. Jer 17,9), und für die Person als Ganzes (z. B. Mt 5,8) verwendet. S.

Herzenshärtigkeit, auch *Hartherzigkeit,* die in der innersten Lebenshaltung (→ Herz) des Menschen verwurzelte unnachgiebige Ablehnung des Heilsangebotes bzw. der Forderung Gottes (Mk 10,5 par). R.

Herzog, bei Luther Übersetzung verschiedener Bezeichnungen von Führungsfunktionen, so 1Sam 25,30; 2Sam 5,2 (für »Hoher«), Mt 2,6 (für »Fürst«) und Hebr 2,10 (für »Anführer«). R.

Heschbon, Stadt 25 km östl. der Jordanmündung, kam nach 4Mose 21,21–30 bei der Landnahme Israels in dessen Besitz, fiel später an Moab. Ausgrabungen haben in den letzten Jahren begonnen. S.

Hesekiel → Ezechiel.

Hethanim/Etanim → Monat.

Hetiter, Volk in Kleinasien, das im 2. Jt. v. Chr. zur Großmacht aufstieg; Hauptstadt: Hattusa beim heutigen Boğhazköy, etwa 150 km nordöstl. von Ankara. Gegen Ende des 3. Jt.s wanderten die H. aus dem Osten ein. Sie brachten ihre eigene (indoeurop.) Sprache mit, übernahmen aber z. T. Kultur und Religion ihrer Umwelt.

Im 17./16. Jh. gelang ihnen die Einigung Kleinasiens. Unter Mursili I. stießen sie weit nach Süden vor (1531 Eroberung → Babylons), ohne jedoch dort ihre Macht zu halten. Größten politischen Einfluß entfalteten sie in der »Großreichszeit« (1400–1200, bedeutendster König: Suppiluliuma). Es kam zu Konflikten mit → Ägypten und zur Abgrenzung der Einflußgebiete in Syrien. Um 1200 endete unter Völkerstürmen aus Westkleinasien das hetit. Reich; in Syrien lebten kleinere Nachfolgestaaten fort. Ihre Angehörigen sind die H. des AT (1Mose 23; Jos 1,4; 2Sam 11,3).

Die H. übernahmen die Keilschrift. In ihr liegen zahlreiche historische, juristische und religiöse Texte vor. Daneben kannten sie eine Bilderschrift, die in Felsinschriften und Siegeln erhalten ist.

Götter und Mythen der H. sind z. T. von → Babyloniern und → Horitern übernommen. Religiös wichtig sind Rituale. Dabei finden sich Parallelen zum AT, aber auch zur griech.-röm. Welt. So haben z. B. der »Sündenbock« (3Mose 16) und die → Sibyllinischen Orakel Vorbilder bei den H.n.

Hervorzuheben sind die Staatsverträge der H. mit abhängigen Fürsten, die neben Rechtsbestimmungen ethische Anweisungen und historische Rückblicke enthalten. In der Entwicklung historisch-politischen Denkens, ja in dem Beginn der Erkenntnis des Zusammenhangs von Ursache und Wirkung in der Geschichte liegt die wichtigste geistige Leistung der H. Sie wirkte auf Assyrien, aber auch auf Israel. J. E.

Lit.: Fischer Weltgeschichte, Bd 2–4: Die altorientalischen Reiche, 1965–67.

Heuschrecke → Tierwelt.

Hewila → Hawila.

Hewiter → Hiwiter.

Hexateuch (griech., »Sechsrollenbuch«), eine in der Wissenschaft eingebürgerte Bezeichnung, welche die Zusammengehörigkeit der → Mosebücher mit dem → Josuabuch ausdrückt. Vorausgesetzt wird, daß die Quellenschriften der Mosebücher (des → Jahwisten, → Elohisten und der → Priesterschrift) mit der Darstellung der Landnahme des Westjordanlandes abschlossen. O.

Hiël, Mann aus Bet-El, der zur Zeit Ahabs die Mauer Jerichos wiederaufbaute (1Kön 16,34). S.

Hierapolis, Stadt in Phrygien, nahe bei → Laodizea gelegen. Nach Kol 4,13 trieb der Paulus-Schüler Epaphras hier Mission. Heute sind noch eindrucksvolle Ruinen aus röm.-byzantin. Zeit erhalten. R.

Hierodule → Tempelprostitution.

Hieronymus → Bibelübersetzung(en).

Hieros Gamos → Hochzeit, heilige.

Hiezabel → Isebel.

Hilkija, ein im AT mehrfach vorkommender Männername; H. hieß z. B. der Vater Jeremias (Jer 1,1) und ein Hoherpriester zur Zeit Joschijas, der nach 2Kön 22–23 das »Gesetzbuch« im Tempel fand und damit Joschijas Kultreform auslöste. S.

Hillel, jüd. Schriftgelehrter und Gründer einer einflußreichen Schule rabbinischer Schriftauslegung, älterer Zeitgenosse Jesu. Er entwickelte Normen zur Ableitung der → Halacha aus der Schrift. Seine Lehrentscheidungen waren meist milder als die des → Schammai. H. M.

Himmel. Die H.s-Vorstellung der Bibel ist von ihrem Ansatz her dem altoriental. → Weltbild verpflichtet. Demnach gilt der H. als gegenständlicher Ort, Teil der Schöpfung, und lokalisierbarer Wohnsitz Gottes, wenngleich die Einsicht besteht, daß letztlich selbst der H. Gott nicht zu fassen vermag (1Kön 8,27).
Im NT gewinnt jedoch eine darüber hinausführende theologische H.s-Vorstellung an Boden: Der H. ist der durch Gottes Sein und Herrschaft qualifizierte Bereich, der als solcher zu der vom sündigen Menschen geprägten Welt in schroffem Gegensatz steht (Röm 1,18; Offb 16,11.21). Besonders im Hebräerbrief ist er Symbol für die Allgemeingültigkeit und Gegenwart des von Christus gewirkten Heils: Christus ist der Hohepriester, der im H. für uns eintritt (Hebr 9,24), d. h., das Heilswerk Christi ist vor Gott allezeit gültig und wirksam. R.

Himmelfahrt → Entrückung.

Himmelfahrt Christi. Das NT versteht fast durchweg die → Auferstehung Jesu zugleich als Erhöhung zur Rechten Gottes, d. h. als Einsetzung in eine himmlische Machtstellung (z. B. Röm 1,4; 8,34). Einzig in Apg 1,9–12 und – nach einem Teil der Handschriften – in Lk 24,53 wird eine H. C. als zeitlich von der Auferstehung getrenntes Ereignis berichtet: Jesus hätte demnach nach seiner Auferstehung in einer erneuerten irdischen Existenzweise 40 Tage im Kreise seiner Jünger geweilt, um erst dann in die Welt Gottes entrückt zu werden. Hier dürfte es sich nicht um eine alte Tradition, sondern um eine Sonderbildung des Lukas handeln, die eine geläufige Vorstellung der hellenist. Umwelt auf Jesus überträgt: In ähnlicher Weise wurde von antiken Heroen und röm. Kaisern eine leibliche Entrückung in den Himmel nach dem Tode berichtet. Diese war mythisches Symbol für das geschichtliche Weiterwirken und die bleibende Geltung dieser Gestalten. Für Lukas markiert die H. C. darüber hinaus den Übergang von der Zeit der irdischen Gegenwart Jesu zur Zeit der Kirche.

Lit.: G. Lohfink, Die H. Jesu, 1971. R.

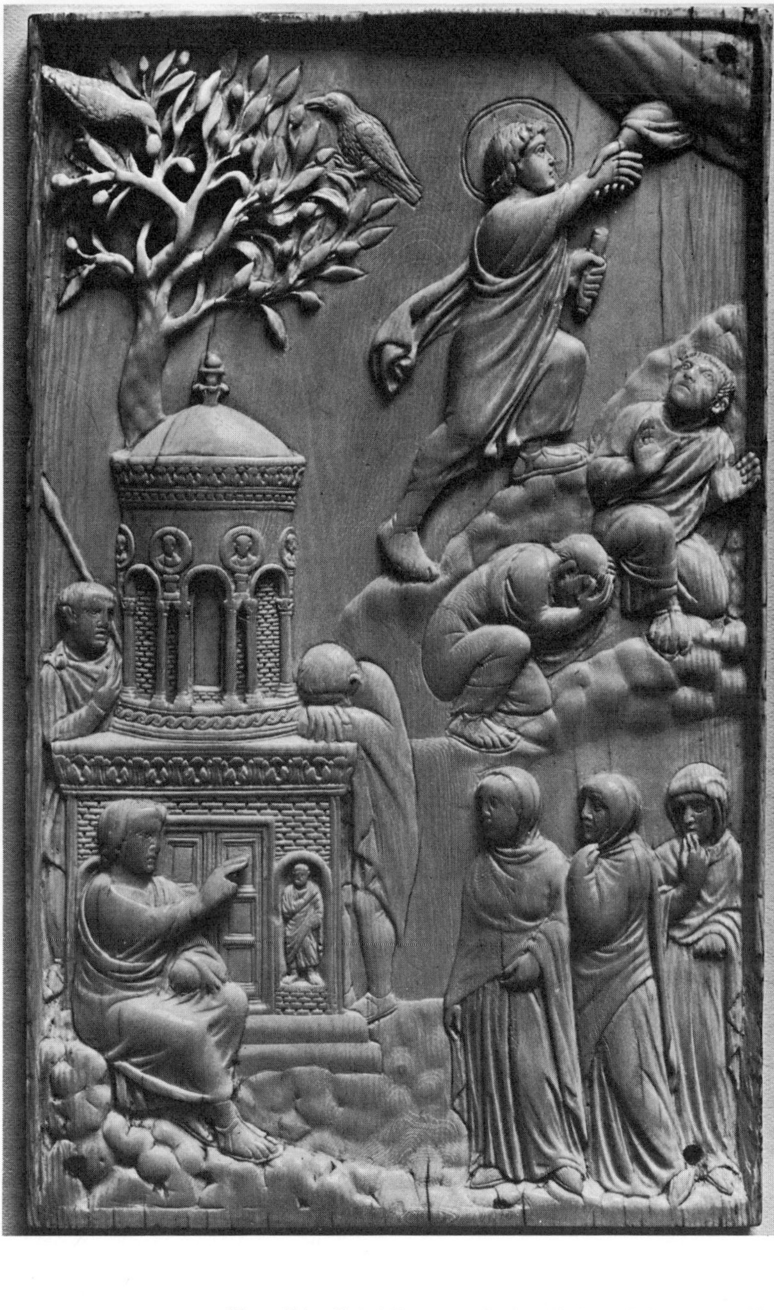

Himmelfahrt Christi. Frauen am Grabe. Elfenbeinrelief (um 400 n. Chr.)

Himmelfahrt Marias, ein erst relativ spät in Marienlegenden (→ Maria 2) auftauchendes Motiv, für das sich im NT weder direkte noch indirekte Anhaltspunkte finden. R.

Himmelreich → Reich Gottes.

Himmelskönigin, Beiname der im Vorderen Orient unter verschiedenen Namen (→ Aschera, → Astarte) verehrten Fruchtbarkeitsgöttin, deren als Familienfest begangener Kult in Jer 7,16–20; 44,15–30 verurteilt wird. S.

Himmelsrichtungen. In Palästina orientierte man sich entweder nach dem Aufgang der Sonne, dem Osten – er war »vorn«, der Westen (»Untergang«) »hinten«, der Norden »links« und der Süden »rechts« –, oder nach den angrenzenden Gebieten: »die Wüste« war der Osten, »das Meer« (Mittelmeer) der Westen, »der Negeb« der Süden. S.

Hin → Maße und Gewichte.

Hinken. In 1Kön 18,26 wird vom H. der Baalspriester berichtet; es handelte sich wohl um einen Kulttanz. S.

Hinnomtal (es heißt im AT meistens *ge ben hinnom,* »Tal des Sohnes Hinnoms«, z.B. Jos 15,8; die Bedeutung des Namens ist unbekannt), Taleinschnitt, der Jerusalem im Westen und Süden umgibt. Das H. war in der Königszeit, wenn nicht schon früher, Ort einer Opferstätte (→ Tofet), an der man Kinder für den → Moloch verbrannte (z.B. 2Kön 23,10; Jer 7,31); dadurch wurde der Name *ge hinnom* zur Bezeichnung des Ortes der endgültigen Strafe: *Gehinnom* oder *Gehenna* (→ Hölle). S.

Hiob → Ijob.

Hiram. 1. König von Tyrus (973–942 v.Chr.), der König Salomo im Rahmen eines Handelsvertrages (1Kön 5,15–26) umfangreiche Mengen an Bauholz lieferte und sachkundige Bauarbeiter stellte, ihm außerdem beim Aufbau einer Handelsflotte behilflich war (1Kön 9,26–28); Salomos Gegenleistung bestand in Öl und Weizen und in der Abtretung von zwanzig Städten in Galiläa (1Kön 9,11). **2.** Ein Kunsthandwerker (1Kön 7,13–45). S.

Hirsch → Tierwelt.

Hirse → Getreidearten.

Christus als guter Hirte. Wandmalerei aus der Callixtus-Katakombe in Rom (Mitte des 3. Jh.s n. Chr.)

Hirte. Da im Altertum die Wirtschaft hauptsächlich aus Ackerbau und Viehzucht bestand, wurde der H. – das AT erwähnt nur den H.n der Kleinviehherde, der Schafe und Ziegen – zu einem häufig verwendeten Bild der Gottheit, des Königs und der Obrigkeit im allgemeinen. So bezeichnet das AT Jahwe (z.B. Ps 23,1–4), David (z.B. 2Sam 7,7) und den erwarteten König der Zukunft (Mich 5,3) als H.n, die für ihr Volk sorgen. Den Führern des Volkes wird vorgeworfen, sie hätten ihr H.n-Amt vernachlässigt (z.B. Jer 2,8).
Diesen Sprachgebrauch führt das NT in doppelter Hinsicht weiter: a) Es zeichnet Jesu Sendung mit dem Bilde des H.n, der das führerlose Gottesvolk als seine Herde sammelt (Mk 6,34; Mt 9,36), um ihm Leben und Gemeinschaft mit Gott zu ermöglichen. Jesus ist der »gute H.« (Joh 10,11f.), d.h., er ist der einzige H., dessen Führung und Leitung man sich anvertrauen kann, weil er, im Unterschied zu allen Führern und Verführern, dieses Amt im Namen Gottes wahrnimmt (vgl. 1Petr 2,25; 5,4). b) Von daher bezeichnet das NT auch Amtsträger, welche die

Gemeinde leiten, als H.n (Apg 20,28; 1Petr 5,1ff.; Eph 4,11). Diese treten gleichsam in die Sendung Jesu ein, indem sie sein H.n-Amt in seinem Auftrag und in Verantwortung ihm gegenüber ausführen. S./R.

Hiskija (725–697 v.Chr.), König des Südreichs Juda (2Kön 18–20). Er war lange Zeit treuer Vasall der Assyrer, schloß sich jedoch einer 705 v.Chr. einsetzenden Aufstandsbewegung gegen die Assyrer an. Wahrscheinlich im Zusammenhang damit beseitigte er assyr. und andere fremde Kultsymbole, was ihm das uneingeschränkte Lob des bibl. Berichterstatters einbringt (2Kön 18,3–7). 701 v.Chr. unternahm der Assyrerkönig → Sanherib eine Strafexpedition gegen Juda und belagerte Jerusalem; H. mußte einen hohen Tribut zahlen (2Kön 18,13–16). Von Begegnungen H.s mit dem Profeten Jesaja berichten die – großenteils legendenhaften – Erzählungen 2Kön 18,17–20,19 = Jes 36–39. S.

Hiskija, Psalm des, der Text Jes 38,10–20; es handelt sich um ein Danklied, bestehend aus dem Rückblick auf die Not (V. 10–16) und dem Bericht über die Errettung (V. 17–20), das dem als vorbildlich fromm dargestellten König → Hiskija in den Mund gelegt wurde. S.

Hiwiter, ein kanaan. Volk (z.B. 2Mose 3,8), als dessen Siedlungsgebiet Sichem (1Mose 34,2), Gibeon (Jos 9,7) und der Fuß des Libanon (2Sam 24,7) genannt werden. S.

Hobab, ein → Keniter (Richt 4,11), der nach 4Mose 10,29 Israel in der Wüste führen sollte. Ein späterer Zusatz in 4Mose 10,29 macht ihn zum Sohn → Reguëls und außerdem – wie auch ein späterer Zusatz in Richt 4,11 – zum Schwiegervater des Mose (→Jitro). S.

Höchster. »Gott der Höchste« (hebr. *El äljon*) hieß der Stadtgott des vorisrael. Jerusalem (1Mose 14,18–20), der demnach als oberster einer Gruppe von Göttern galt. Israel, das diesen mit Jahwe identifizierte (→Gottesbezeichnung), übernahm den Titel in seine Kultsprache (»Jahwe der Höchste«, z.B. Ps. 47,3, und »der Höchste«, z.B. Ps 18,14), und so spricht auch das NT zuweilen von »Gott dem Höchsten« (z.B. Mk 5,7) oder »dem Höchsten« (z.B. Lk 1,35). S.

Hochzeit, im bibl. Bereich ein Fest von mehreren, gewöhnlich sieben Tagen (1Mose 29,27; Richt 14,12), das sich unter Essen, Trinken und Geselligkeit im Kreise einer größeren Zahl von Gästen abspielte. Der entscheidende Vorgang war der Brautzug am Abend des ersten H.s-Tages, bei dem der Bräutigam, begleitet von den Gästen, die tiefverschleierte (vgl. 1Mose 29,25) Braut aus dem Haus ihrer Eltern zu seinem Haus führte, wo H.s-Tafel und Brautgemach gerüstet waren. Zur H. gehörten fröhliche Rufe (Jer 7,34) und Lieder (→ Hoheslied). S.

Hochzeit, heilige (griech. *hieros gamos*). Im Altertum weit verbreitet war der Glaube, daß die Fruchtbarkeit des Landes auf der Verbindung des Himmelsgottes mit der Erd- und Fruchbarkeitsgöttin beruht. Diese lebenspendende Götterhochzeit wurde vielfach alljährlich an einem hohen kultischen Fest stellvertretend von einem Repräsentanten des Gottes mit der Oberpriesterin der Göttin real oder symbolisch vollzogen, um dem Land die Fruchtbarkeit zu sichern. Für Israel schloß der Glaube an Jahwe als den alleinigen Spender aller Fruchtbarkeit den Gedanken der h.n H. aus. S.

Hodajot → Qumranschriften.

Hofbeamte. Für die Regierungszeit Davids und Salomos sind Listen mit den H.n, den Inhabern der höchsten Staatsämter, überliefert; die Struktur dieser obersten Verwaltungsebene lehnte sich an ausländische Vorbilder an. Es handelte sich nach 2Sam 8,16–18; 20,23–25 bei David um den *Heerbannführer,* den *Befehlshaber der Leibwache* (der »Kreti und Plethi«), den *Fronvogt,* den *Kanzler* (sein Amt war vermutlich das eines »Sprechers«, der den Willen des Königs kundtat und diesen in allen wichtigen Angelegenheiten informierte), den *Schreiber* (er hatte wohl das staatliche Aktenwesen und die auswärtige Korrespondenz unter sich) und die beiden dem König unterstellten obersten *Priester* – später war es nur noch einer – am Jerusalemer Tempel. In der Liste über die H.n Salomos (1Kön 4,2–6) kommen hinzu der *Oberbeamte der zwölf Gauvögte,* der *Freund des Königs,* d.h. sein persönlicher Berater, und der *Palastvorsteher,* der oberste Verwalter des gesamten königlichen Kronguts. Das Amt des Heerbannführers und des Befehlshabers der Leibwache fielen unter Salomo in einer Person zusammen. S.

Hoffnung. Das Hebräische des AT besitzt mehrere Wörter für »H.«, »hoffen«, die stärker als die dt. Begriffe, in denen oft zweifelnde Ungewißheit liegt, das zielgerichtete Warten, die zuversichtliche »Erwartung«, das angespannte, geduldige (vgl. Ijob 6,11) »Harren« zum Ausdruck bringen. Das gilt für den innermenschlichen Bereich (z.B. Ijob 7,2; 29,21.23; Rut 1,13; Est 9,1) und erst recht für die auf Gott, auf sein helfendes Eingreifen gerichtete H., von der hauptsächlich die Psalmen und psalmenartige Texte des AT reden (z.B. Ps 38,16; 71,14; 131,3; Jer 14,22; Klgl 3,21–26; Mich 7,7). Daher steht hier »H.« manchmal parallel zu »Vertrauen«, »Zuversicht« (Ps 25,2–3; 71,5) und wird das hebr. Wort für »Vertrauen«, »Zuversicht« oft ebenfalls mit »H.« übersetzt (z.B. Ps 4,6; 28,7; 31,7; 78,22).

Diesen Sprachgebrauch entwickelt das NT weiter, wenn es unter H. die Ausrichtung des Menschen auf Gottes endzeitliches Handeln versteht. Es geht dabei nämlich keineswegs um eine vage, unbegründete Zukunftserwartung, sondern darum, daß der Glaubende aus dem bisherigen Heilshandeln Gottes in der Geschichte, das im Kommen Jesu Christi kulminierte, die Konsequenz zieht, daß von Gott für die Zukunft noch Größeres zu erwarten sei und daß er sich mit seiner ganzen Existenz vertrauensvoll auf dieses weitergehende Handeln Gottes einstellt. Besonders für Paulus wird »H.« so zum Schlüsselwort für die das Leben des Christen bestimmende Spannung zwischen dem »Schon« erfahrenen Heils und dem »Noch-nicht« der endzeitlichen Heilserfüllung.

Die H. stellt sich auf Gottes Berufung und Verheißung ein (Röm 4,17–21); sie macht sich aufgrund der Zusage Gottes bereits jetzt die zukünftigen Heilsgüter zu eigen: »denn auf H. sind wir gerettet« (Röm 8,24). Sie ist ebensowenig wie der Glaube eine dem Menschen eigene Kraft, sondern Gabe des Heiligen Geistes.

Unter Aufnahme einer älteren Tradition (4Makk 17,2.4), die Glaube und Liebe bereits unmittelbar miteinander verband (1Thess 3,6; 1Kor 16,13f.; Gal 5,6.22), bildete Paulus die Trias »Glaube, Liebe, H.« (1Kor 13,13). Und zwar handelt es sich für ihn dabei nicht um isolierte Tugenden, sondern um in enger Beziehung zueinander stehende Gaben des Geistes.

Im Hebräerbrief wird die H. geradezu mit dem Glauben identisch (Hebr 6,11f.; 10,22f.; 11,1). S./R.

Hofni, einer der beiden frevlerischen Söhne des Priesters Eli (1Sam 1,3; 4,11). S.

Hofra (griech. *Apries*), ägypt. Pharao, der 588 v.Chr. ein Entsatzheer gegen die Babylonier vor Jerusalem schickte (Jer 37,5–11; 44,30). S.

Hofstaat, Umgebung eines Königs. Der H. entstand in Israel in Anlehnung an ausländische Vorbilder, für das Südreich Juda vor allem aus → Ägypten. Zum H. gehören: die königliche Familie, die → Hofbeamten, darunter die Vertrauten des Königs (1Kön 12,6), Sänger und Sängerinnen (2Sam 19,36), und die Leibwache (2Sam 15,18). – Auch die himmlische Umgebung Gottes kann als Ratsversammlung oder H. vorgestellt werden (→ Engel). U.R.

Höhe → Kulthöhe.

Hoherpriester. Schon vor dem Exil gab es in Jerusalem und an anderen Heiligtümern oberste Priester. Von ihnen unterscheidet sich der H. der nachexilischen Zeit (historisch zuerst in → Jeschua um 520 v.Chr. greifbar) durch seine von anderen Priestern abgehobene Bedeutsamkeit. Der Rang des H.s wird durch die Priesterschrift programmatisch entfaltet am Beispiel → Aarons, der als Prototyp aller H. gilt. Der H. ist nicht nur weisungsberechtigt in allen Fragen des Kultes und der Priesterschaft, er ist von Gott selbst erwählt und gesalbt (als Priester-Messias 3Mose 4,3ff; 6,15) und besitzt größere Heiligkeit als andere Menschen (3Mose 21,10–15). Zugleich ist er das Zentralindividuum, in dem sich das Geschick des Gottesvolkes konzentriert. Das wird besonders wichtig, wenn Israel sich gegen seinen Gott vergangen hat. Der H. »trägt« dann den Sünde-Unheil-Zusammenhang eines Volkes und läßt ihn von Gott am Heiligtum sühnen, insbesondere am Versöhnungstag (3Mose 16; vgl. 2Mose 28,38; 4Mose 35,25ff.). Doch vermittelt er ebenso in einzigartiger Weise den Segen Gottes kultisch an das Volk (4Mose 6,22–27).

Seine Tracht am Festtag übernimmt Teile des Ornats vorexilischer Könige, als deren (besserer) Ersatz er nachexilischen Strömungen gilt. So trägt er ein Diadem auf der Stirn und auf der Brust über dem alten priesterlichen → Efod eine Tasche (oder ein Schild) der »Rechtsverfassung«.

Als derjenige, der vor Jahwe für Israel insgesamt einsteht, wurde der H. gegenüber den Besatzungsmächten in Palästina zum Sprecher der israelit. Volksgruppe, insbesondere in hellenist. Zeit. Der → Hohe Rat wurde von ihm präsidiert. Um die Legitimität einzelner H. entbrannten in der Hasmonäerzeit heftige Auseinandersetzungen (→ Jason, → Menelaus, → Alkimus). Die Einbeziehung in politische Händel führte zur Kritik frommer Kreise am derzeitigen H.; sie erwarteten statt dessen einen das wahre Israel repräsentierenden eschatologischen H.
In neutest. Zeit wurden die H. meist von den röm. Prokuratoren, vereinzelt aber auch von den Vasallenkönigen aus dem Hause des → Herodes ernannt. Der herausragende H. dieser Epoche war → Hannas (6–15 n.Chr.) (Lk 3,2; Joh 18,13.24; Apg 4,6). Auch nach seiner Absetzung blieb er die beherrschende Gestalt des Hohen Rates und dirigierte seine Nachfolger, darunter seinen Schwiegersohn Kajafas (Joh 18,13; Mt 26,3.57 u. ö.).
Im → Hebräerbrief wird Jesus dargestellt als der eschatologische H. »nach der Ordnung → Melchisedeks« (Hebr 5,10): Er ist nicht von Menschen, sondern von Gott selbst eingesetzt (Hebr 5,5f.); er bleibt bei der Darbringung des Opfers nicht in Distanz von den sündigen Menschen, sondern tritt in solidarischem Mit-Leiden für sie ein (Hebr 5,2.7); er tut seinen Dienst nicht am vergänglichen irdischen Tempel, sondern am himmlischen Heiligtum (Hebr 9,1–12), wo er sich selbst als Opfer darbringt und so die sündigen Menschen ein für allemal mit Gott versöhnt (Hebr 10,19–22). K./R.

Hoher Rat (griech. *synhedrion*), in neutest. Zeit unter röm. Oberherrschaft die höchste jüd. Behörde, welche die beschränkte Autonomie der Volksgruppe repräsentierte (Mk 14,55; Apg 5,17.21 u.ö.). Dem H. R. gehörten an die Oberpriester, einflußreiche Jerusalemer Laien (»Älteste«) und Schriftgelehrte (Mk 11,27; 14,43 u.ö.). Die Mehrheit gehörte zur Richtung der Sadduzäer. Seit der Verwandlung Judäas in eine röm. Provinz dürfte der H. R. die Kapitalgerichtsbarkeit verloren haben (Joh 18,31); deshalb mußte Pilatus in den Prozeß gegen Jesus eingeschaltet werden. H.M.

Hoheslied, eine Sammlung von etwa 30 kunstvollen, verhältnismäßig kurzen Liebesliedern. Die Überschrift (Hld 1,1) führt das H. (der Name »H.« ist Luthers Wiedergabe eines hebr. Ausdrucks, der, wörtlich übersetzt, »Lied der Lieder«, d.h. schönstes Lied, bedeutet) auf den König Salomo zurück. Aber diese Angabe trifft nicht zu; in seiner vorliegenden Form stammt das Buch aus der Zeit nach dem Exil. Es wurde erst spät in den Kanon des AT aufgenommen, indem man seine Aussagen auf das Verhältnis Gottes zu Israel deutete. In Wirklichkeit jedoch geht es im H. um die Liebe zwischen Mann und Frau. Es handelt sich weitgehend, wenn nicht gar ausschließlich um Lieder, die vor und während der Hochzeit von der Braut oder dem Bräutigam oder von Festteilnehmern gesungen wurden. Gegenstand der Lieder ist vor allem die Bewunderung des Bräutigams für die Schönheit der Braut (z.B. Hld 4,1–7; 6,4–7; 7,1–6) und die Sehnsucht der Braut nach dem Bräutigam und nach der Vereinigung mit ihm (z.B. Hld 1,2–4; 3,1–5; 7,11–13; 8,1–4), darunter ein Preis auf die gewaltige Macht der Liebe (Hld 8,6–7).
In der christl. und jüd. Mystik wird das H. viel benutzt und auf die Brautliebe der Seele zu ihrem Gott (oder Christus) gedeutet. S.

Lit.: H. Ringgren / A. Weiser / W. Zimmerli, Sprüche. Prediger. Das H. Klagelieder. Das Buch Esther, [4]1974 (ATD 16); W. Dommershausen, Ester / G. Krinetzki, H., [2]1985 (NEB); O. Keel, Das H., 1985 (ZBKAT 18).

Höhle. In den Kalk- und Kreideformationen Palästinas gibt es zahlreiche H.n; sie dienten als Zuflucht vor Verfolgung (z.B. Richt 6,2; 1Sam 13,6; 1Kön 18,4), als Übernachtungs- (1Kön 19,9) und zeitweilige Wohnstätte (1Mose 19,30), als Versteck für Räuber (Jer 7,11; Mt 21,13) und als Begräbnisplatz (z.B. 1Mose 23,9; Joh 11,38); in den Übersetzungen wird zuweilen auch ein Schlupfwinkel für Tiere als »H.« bezeichnet (Ijob 37,8). S.

Holda → Hulda.

Hölle. Die Bibel spricht zwar vielfach von unterweltlichen Aufenthaltsorten der Toten bzw. endzeitlichen Straforten, doch fügen sich diese Aussagen weder zu einer einheitlichen Vorstellung von der H. zusammen, noch kommt ihnen zentrale religiöse oder weltbildhafte Bedeutung zu. Das liegt an der in ihrem Ansatz mythosfeindlichen bibl. Gottesvorstellung (→ Mythos,

→ Gott), der die verschiedenen, z. T. aus der religiösen Umwelt übernommenen Motive dieses Themenkreises streng untergeordnet blieben, so daß sie nicht zu Bausteinen eines in sich geschlossenen mythologischen Weltbildes werden konnten, sondern etwas seltsam Unverbindliches und Offenes behielten.

1. Das AT kennt als Aufenthaltsort der Verstorbenen die *Sch^e^ol* (»Totenreich«; griech. *hades*). Sie ist ein Bereich der Finsternis und Öde, in dem die Toten als kraftlose Schattengeister hausen (Jes 14,7 ff.). Die Sch^e^ol kann zwar lokalisiert werden: Sie liegt unter der Erde als unterster Bereich der Welt und bildet so den Gegenpol des → Himmels (Am 9,2; Ps 139,8). Entscheidender als diese Lokalisierung ist jedoch ihre theologische Ortsbestimmung: Sie ist der Bereich, wo man von Jahwes Kult und Geschichtshandeln ausgeschlossen ist (Jes 38,18; Ps 6,6), obwohl Jahwes Allmacht sich auch über die Sch^e^ol erstreckt. Sie wird bereits während des Lebens da als gegenwärtig erfahren, wo sich Gottesferne und physische Lebensminderung durch Krankheit, Not usw. einstellen (Ps 88,4; 116,3 u. ö.).

2. In nachexilischer Zeit entwickelte sich daneben die Vorstellung eines endzeitlichen Strafortes, der *Gehenna.* Ihr Ausgangspunkt war vermutlich die Drohung → Jeremias, daß das → Hinnomtal (hebr. *ge hinnom,* aram. *ge hinnam*) südl. von Jerusalem, das einst durch den Molochkult entweiht worden war (2Kön 23,10; Jer 7,31), Ort des kommenden Strafgerichts über Judäa werden solle (Jer 7,30ff.). In der Apokalyptik wurde aus dieser geographisch lokalisierten Stätte eines innergeschichtlichen Gerichtes der Strafort der im Endgericht Verdammten, die endzeitliche Feuer-H. (Hen 90,26f.; 4Esr 7,36 u. ö.).

Zwischen beiden Vorstellungen kommt es mit der Zeit im Judentum zu einem weitgehenden Ausgleich: Die Sch^e^ol, der »Hades«, gilt nunmehr als vorübergehender Aufenthaltsort der Toten zwischen Tod und → Auferstehung, während die Gehenna der ewige Strafort der im Endgericht Verdammten ist.

3. Das NT knüpft hier an, setzt jedoch beide Vorstellungen in Beziehung zum Heilswerk Christi. So ist Christus als Sieger über den Tod der, welcher die »Schlüssel des Todes und des Hades« hat (Offb 1,18). Seine → Niederfahrt zu den »Geistern im Gefängnis« (d. h. im Hades) läßt die vor seinem Kommen verstorbenen Gerechten dieses Sieges teilhaftig werden (1Petr 3,19). Allerdings gilt der Hades weniger als Ort denn als die dem Tod zugehörige Machtsphäre. Beim Endgericht wird Christus nicht nur die Toten aus dem Hades befreien, sondern er wird Tod und Hades zusammen vernichten (Offb 20,14). Die feurige Gehenna (auch »Feuerpfuhl«, »ewiges Feuer«, »Abgrund«) erscheint als Bereich ewiger und endgültiger Gottes- und Heilsferne. Ihr werden im Endgericht alle widergöttlichen Menschen (Mt 25,41) und Mächte (Offb 20,10.14) überantwortet. Das NT verzichtet jedoch auf jede spekulative Ausmalung von H. und H.en-Strafen.

An mehreren Punkten zeigt sich darüber hinaus die Uneinheitlichkeit der neutest. H.n-Vorstellung. So finden sich einerseits eine Reihe von Aussagen, nach denen die Gerechten nicht in den Hades eingehen, sondern unmittelbar in die Gemeinschaft Christi gelangen (Phil 1,23; Lk 23,43). Andererseits gibt es Stellen, an denen die Grenze zwischen Hades und Gehenna aufgehoben wird und der Hades bereits als zwischenzeitlicher Strafort für sündige Menschen (Lk 16,24) oder als Kerker für gefallene Engel (2Petr 2,4; Jud 13) erscheint. R.

Höllenfahrt Christi → Niederfahrt Christi.

Holofernes, nach Jdt 2,4 Heerführer des babylon. Königs Nebukadnezzar; er wurde bei der Belagerung von Bet-El von der schönen Witwe Judit, die sich ihm unter dem Vorwand der Gewährung einer Liebesnacht näherte, im Schlaf mit dem Schwert enthauptet (Jdt 8,1–14,19). Der historische Hintergrund ist unsicher. Der Name »H.« wird von kleinasiat. Fürsten der Perserzeit getragen. R.

Holz, im Altertum weit stärker als heute für den Schiff- und Hausbau, zur Herstellung von Geräten (z. B. Riegeln, Schlössern und Schüsseln) und zum Kochen und Heizen verwendet. Palästina, das schon in bibl. Zeit waldarm war, lieferte vor allem das H. des Maulbeer- und Ölbaums und der Eiche, während das hochgeschätzte Zedern-H. (aus dem Libanon) und Luxushölzer wie Sandel-H. eingeführt werden mußten. S.

Homer → Maße und Gewichte.

Homosexualität. Homosexuelle Praktiken waren im Alten Orient weit verbreitet. Vielfach

hatten sie sogar sakrale Bedeutung im heidn. Kult. Männliche Prostituierte und Lustknaben gab es wahrscheinlich auch in den kanaan. Kulten. Sie scheinen in 1Kön 14,24 gemeint zu sein: »Auch Geweihte gab es im Lande. Man ahmte alle Greuel der Völker nach ...« Im Gegensatz dazu lehnt das AT die H. scharf ab. Das Grauen vor ihr findet seinen plastischen Niederschlag in der Geschichte von Lot und dem frevelhaften Begehren der Einwohner von Sodom (1Mose 19,4f.: »Sodomie«, ursprünglich H.). Sie gilt in Israel als todeswürdiges Verbrechen (3Mose 18,22ff.; 20,13; 5Mose 22,5). Mehrere Gründe lassen sich dafür nennen: Einmal galt die H. als typisch heidn. Verhalten; sodann stand sie generell im Widerspruch zur alttest. Auffassung, wonach die Sexualität ausschließlich der Zeugung zu dienen habe (1Mose 1,28); und schließlich dürfte auch die Auffassung, daß der männliche Same Träger des Lebens und darum heilig sei, eine gewisse Rolle gespielt haben.
Das NT teilt die Ablehnung der H. als eines typisch heidn. Lasters und stellt sich damit in Gegensatz zu ihrer weitgehenden Tolerierung in der zeitgenössischen hellenist. Welt (1Kor 6,9ff.; 1Tim 1,10; Jud 7). Eine Vertiefung des theologischen Urteils zeichnet sich in Röm 1,22–27 ab. Paulus verurteilt hier nicht die H. als isoliertes Vergehen, das als solches Gottes Strafe nach sich zieht, sondern er wertet sie umgekehrt als Folgeerscheinung und Symptom einer sittlich verantwortungslosen, weil von Gott gelösten Lebensführung. Gott straft den eigenmächtigen Menschen dadurch, daß er ihn sich selbst und der Herrschaft seiner pervertierten Begierden überläßt. Hier wird wohl auch das heutige theologische Urteil über die H. anzuknüpfen haben: die zentrale Frage ist, ob und wie H. in sittlicher Verantwortung gemeistert werden kann. R.

Honig zählt im AT zu den auserlesensten Erzeugnissen des Landes (z.B. 1Mose 43,11); darum heißt Palästina »das Land, wo Milch und H. fließt« (z.B. 2Mose 3,8). Es handelt sich, wenn nicht an Frucht-H. gedacht ist, um den H. der wilden Biene, da man in Palästina die Bienenzucht erst seit hellenist. Zeit kannte. S.

Hor. 1. Berg an der Ostgrenze Edoms, auf dem Aaron gestorben sein soll (z.B. 4Mose 20,22–28). **2.** Nicht näher zu bestimmender Berg oder Gebirgszug in Nordpalästina (4Mose 34,7–8). S.

Horeb, anderer Name für den Sinai, und zwar im 5. Buch Mose (außer 33,2) und sonst fast nur in Texten, die literarisch mit 5. Mose verwandt sind (z.B. 1Kön 8,9; Ps 106,19). S.

Horiter/Churriter, im AT als Ureinwohner von Edom genannt (1Mose 36,20ff.), doch wohl Nachkommen eines im 2. Jt. v. Chr. in Syrien und Obermesopotamien mächtigen Volkes nichtsemit. Sprache (→ Mitanni), dessen politischer und vor allem religiöser Einfluß im ganzen Orient wirksam war (→ Hetiter). J.E.

Horma, alte kanaan. Königsstadt in Südpalästina (Jos 12,14), die ursprünglich Zefat hieß, aber nach ihrer Eroberung durch die Israeliten H. (»Bannung«) genannt wurde (4Mose 21,1–3; Richt 1,17); heute vielleicht Tel-Masos bei Beerscheba. S.

Horn. 1. Das H. von Stier, Widder oder Bock war ein bevorzugtes Sinnbild der Kraft (z. B. Ps 75,5–6.11; Jer 48,25; Offb 12,3). Man verwendete das H. als Gefäß für Öl (1Sam 16,1) und als Signalinstrument (Jos 6,5). **2.** → Musik, Musikinstrumente. S.

Hörner, die erhöhten Ecken des → Altars als Verkörperung seiner Segensmacht. S.

Hornisse → Tierwelt.

Hoschea, letzter König des Nordreiches Israel. Nach einem geglückten Putsch (2Kön 15,30) wurde H. König, fiel von Assur nach dem Tod des assyr. Königs ab, um sich mit → Ägypten zu verbünden. Dies löste die Strafexpedition des assyr. Königs Salmanassar V. aus, der Samaria 725–723 v.Chr. belagerte und es im Frühjahr 722 eroberte. U.R.

Hosea. 1. Profet im Nordreich Israel (wirkte etwa 750–722 v.Chr.), von dem auch Worte über Juda (im Zusammenhang mit dem syr.-efraimit. Krieg, Hos 5,8ff.) überliefert sind (→ Hoseabuch). H. erlebte das Aufblühen Israels nach dem Ende der Aramäerkriege zur Zeit Jerobeams II., nicht aber seinen Niedergang im Jahre 722. **2.** → Hoschea. U. R.

Hoseabuch, Sammlung von Worten des Profeten → Hosea, die das Zwölfprofetenbuch eröffnet. Thematischer Schwerpunkt ist der Bericht von Hoseas Ehe in Kap 1–3. Diese Einheit unterteilt sich in den sog. Fremdbericht (Hos 1), die Jahwerede über das ehebrecherische Israel (Hos 2,4–25) und den Ichbericht (Hos 3). Sowohl die Ehe als auch die Benennung der daraus entstandenen Kinder sind Zeichenhandlungen (→ Profeten), welche die Liebe Jahwes zu Israel, das seiner unwert ist, darstellen. Sowohl das Nebeneinander der beiden Berichte (liegen hier zwei Versionen desselben Vorgangs oder zwei Ehen mit verschiedenen Frauen vor?) als auch der Charakter der Frau (Prostituierte, Tempeldirne, gelegentlich an sog. Fruchtbarkeitsriten teilnehmende Frau?) stellen offene Probleme der Forschung dar. Unter dem Aspekt des Ehebruchs werden in Kap. 4–14 die Verfehlungen im Nordreich Israel, in dem Hosea wirkte, angeprangert: Kult der »Kälber« von → Samaria und → Bet-El (Hos 8,5; 10,5; 13,2), Opfer an → Heiligen Stätten, die einst von Kanaanäern übernommen waren und von Vegetationsriten des Gottes → Baal geprägt sind (Hos 4,13); Lüge, Mord, Ehebruch, Diebstahl (Hos 4,1.2).

Das Geschichtsverständnis des H.es geht von einer idealen Zeit (Wüstenzeit, so z. B. Hos 2) aus. Als Folge des Abfalls Israels von diesem Ideal zum kanaan. Kultwesen wird sein Untergang angesagt (Hos 9,11–13). Die Heilserwartungen im H. waren vielfacher Überarbeitung ausgesetzt; es läßt sich daher nur schwer feststellen, was auf Hosea selbst zurückgeht.

Die Sprüche Hoseas wurden nach dem Fall Samarias nach Juda verbracht und dort zusammengestellt. Es wird zudem mit einer → deuteronomistischen und nachexilischen Überarbeitung gerechnet. U. R.

Lit.: J. Jeremias, Der Prophet Hosea, 1983 (ATD 24,1); H. W. Wolff, Dodekapropheton. 1. Hosea, [3]1976.

Hosianna (hebr., »hilf doch!«), ursprünglich Bittruf in äußerster Not an Gott (oder den König), gewann als liturgische Formel auch die Bedeutung des Heilsrufs (Ps 118,25). So ist das H. auch beim Einzug Jesu in Jerusalem (Mk 11,9f.) gebraucht. R.

Hostie (lat. *hostia* »Opferlamm«), runde, ungesäuerte Weizenmehlscheibe des Abendmahlsbrotes, hervorgegangen aus den ungesäuerten Fladen (Mazzen) des jüd. Paschabrotes. R.

Hulda, eine Profetin, die im Auftrag des Königs Joschija über das im Tempel gefundene Gesetzbuch befragt wurde (2Kön 22,14–20). S.

Hund → Tierwelt.

Hungersnot, kam im Vorderen Orient häufig als Folge von Dürre und von Kriegen vor (z. B. 1Kön 18,2; 2Kön 6,24–30) und dient im AT als Erzählmotiv (z. B. 1Mose 12,10; 41,53–57; Rut 1,1). S.

Hur, mehrfach im AT vorkommender (ägypt.?) Name; z.B. ein Zeitgenosse Moses (2Mose 17,10) und ein Midianiterkönig (4Mose 31,8). S.

Huschai, ein Vertrauter Davids, der diesem bei Abschaloms Aufstand entscheidend half (2Sam 15,32–37; 16,16–17,22). S.

Hütte, ein nur für vorübergehenden Aufenthalt errichteter Schutz aus Zweigen und Laub (z. B. Jes 4,6; Jon 4,5), dient als Bild des wenig Dauerhaften (Ijob 27,18) und des Verfallenden (Am 9,11), aber auch als Bezeichnung für die Wohnung Gottes (z. B. Ps 18,12). Beim Laubhüttenfest (→ Fest) erinnern H.n, in denen die Festteilnehmer wohnen, an die Heilszeit der Wüstenwanderung. S.

Hyäne → Tierwelt.

Hyksos, griech. Name einer gemischten (außer Semiten vor allem → Horiter) vorderasiatischen Völkergruppe, die zwischen etwa 1700 und 1550 v. Chr. über Ägypten und teilweise auch über Syrien-Palästina herrschte. Ihre Herrschaft brachte für Palästina eine Zeit kultureller Blüte. Im AT werden die H. nicht erwähnt. S.

Hymenäus, Irrlehrer in Ephesus, in den → Pastoralbriefen bekämpft (1Tim 1,20; 2Tim 2,17). R.

Hymnus, eine Gattung der kultisch-religiösen Poesie, die Texte lobpreisenden Inhalts umfaßt.

1. Von den alttest. Hymnen sind viele nach einem zweigliedrigen Schema aufgebaut: Am Anfang steht die Aufforderung an eine Gruppe, Jahwe zu preisen; dann folgt, meistens mit »denn« (besser: »ja«) eingeleitet, das Hauptstück, das eine Aufzählung der Machterweise Jahwes enthält. Beispiele für diesen Typ des H. sind 2Mose 15,21; Ps 100; 117; 135; 47 (hier, in Ps 47, wie auch sonst manchmal, erscheinen die beiden Teile doppelt, in zwei »Strophen«). Es gibt auch Hymnen, die nur aus dem ersten Teil, dem Aufruf, bestehen (Ps 150). Andere Hymnen weichen stark (z. B. Ps 136) oder völlig (Ps 19,2–7; 29) von dem genannten Schema ab. Mehrfach findet sich am Schluß ein »Abgesang«, der den Aufruf wiederholt (z. B. Ps 103,20–22). Charakteristisch für den H. ist ferner, daß er von den Machterweisen Jahwes *berichtet*; nur selten (z. B. Ps 8) weist er die Jahwe anredende Gebetsform auf.

2. Unter den wenigen Gotteshymnen, die das NT enthält, sind die Lobgesänge der Maria (→Magnifikat, Lk 1,46–55), des Zacharias (→Benediktus, Lk 1,68–79) und des Simeon (→Nunc dimittis, Lk 2,29–32) die wichtigsten. Sie dürften dem urchristl. Gottesdienst entstammen, scheinen jedoch von Lukas überarbeitet zu sein. Literarische Bildungen sind vermutlich Röm 11,33–36; 1Tim 6,15f.; Offb 15,3f.

Da im Mittelpunkt des urchristl. Gottesdienstes das Christuslob stand, sind die meisten neutest. Hymnen Christushymnen. Unter ihnen bilden wiederum diejenigen eine thematisch geschlossene Gruppe, die den Weg Jesu Christi nach dem Dreistufenschema »Präexistenz, Erniedrigung, Erhöhung« schildern (Joh 1,1–18; Phil 2,6–11; Kol 1,15–20; Hebr 1,3f.): Christus erscheint hier als der, welcher – aus einer uranfänglichen Gemeinschaft mit Gott hervorgehend – sich durch seine Menschwerdung in die äußerste Niedrigkeit begibt, um durch Gottes Handeln in der Auferstehung zum himmlischen Herrscher über alle Mächte und Gewalten erhöht zu werden.

Das Leiden Jesu und seine Heilsbedeutung ist das Thema des H. 1Petr 2,21ff.

Zahlreiche hymnische Stücke, die den endzeitlichen Sieg Gottes bzw. Jesu Christi über die widergöttlichen Mächte preisen, finden sich in der → Offenbarung des Johannes (z. B. Offb 5,12f.; 12,10f.; 19,1–8). Stilelemente des gottesdienstlichen H. enthaltend, dürften sie jedoch im wesentlichen literarische Kunstprodukte sein.

S./R.

Lit.: R. Deichgräber, Gotteshymnus und Christushymnus in der frühen Christenheit, 1967; K. P. Jörns, Das hymnische Evangelium, 1971.

Hypostase, die Personifizierung der Erscheinungsart oder Wirksamkeit einer Gottheit. Sie kann bisweilen wie ein eigenständiges Wesen aufgefaßt und angesprochen werden. Als H.n Gottes kann man im AT ehemals selbständige Gottesbezeichnungen auffassen, die auf → Jahwe übertragen wurden (z. B. → Schaddai), aber auch die → Weisheit, den → Geist oder das → Wort. Die selbständige Rede vom Geist im NT (Joh 14,26; Eph 4,30 u. ö.) und die christl. Lehre von der Dreifaltigkeit sind ebenfalls vom H.n-Denken nicht zu trennen. J.E.

Hyrkan(os). 1. Reicher Mann, der der Jerusalemer Tempelkasse Geld anvertraut hatte (2Makk 3,11). **2.** Johannes H. I. (→Hasmonäer). **3.** H. II. (→Hasmonäer). R.

I

Iamnia/Jamnia → Jabneel.

Iazer → Jaser.

Ibzan, einer der »Kleinen → Richter« (Richt 12,8–10). S.

Ich-bin-Worte, dem Johannesevangelium eigentümliche Form der Selbstkundgabe Jesu. Die I. bestehen im allgemeinen aus a) der *Präsentationsformel* (»ich bin«), die in Anlehnung an die alttest. Offenbarungsformel, mit der sich Jahwe als alleiniger Herr der Geschichte offenbart (z. B. Jes 51,12; 43,11; 2Mose 20,2), formuliert ist, b) einem *Bildwort* und c) einem verheißenden *Konditionalsatz*; z. B. »(a) Ich bin (b) das Licht der Welt! (c) Wer mir nachfolgt, wird nicht in der Finsternis wandeln, sondern das Licht des Lebens haben« (Joh 8,12).
Die Bildworte beschreiben unter Aufnahme gängiger Metaphern, die elementare Gegenstände menschlichen Hoffens und Strebens beschreiben (z. B. »Brot« = Lebenserhaltung; »Licht« = Orientierung; »Weinstock« = Freude und Sinngebung), Jesus als den, der allein Erfüllung bringt. Der Sinn ist dabei deutlich abgrenzend und polemisch: Jesus und kein anderer ist »Brot«, »Licht«, Weinstock«. Logisch ist das »Ich« der I. nicht Subjekt, sondern Prädikatsnomen. R.

Idaia → Jedaja.

Iddo, mehrfach im AT vorkommender Name. Der wichtigste Namensträger war ein Seher, der eine Chronik über Rehabeam und Abija verfaßt haben soll (2Chr 12,15; 13,22) und wohl mit dem Seher Jedo (2Chr. 9,29) identisch ist. S.

Idumäer, Bezeichnung der → Edomiter in hellenist. Zeit. Ursprünglich im Süden des Toten Meeres ansässig, waren sie nach 587 v. Chr. nach Nordosten in das Gebiet um Hebron vorgedrungen, das darum den Namen *Idumäa* erhielt. R.

Iesse → Isai.

Ieszonias → Jaasanja.

Iethro → Jitro.

Igel → Tierwelt.

Ignatius, Ignatiusbriefe. I., Bischof von → Antiochia (1) in Syrien (69/70–107/108?), gehört zu den bedeutendsten und einflußreichsten Gestalten der nachapostolischen Zeit. Im Zuge der Christenverfolgung des röm. Kaisers → Trajan wurde er festgenommen und nach Rom überführt, um dort den Tod durch wilde Tiere zu erleiden. Auf dem Transport dorthin schrieb er von Smyrna und Troas aus sieben Briefe, die zu den → Apostolischen Vätern gerechnet werden: an die *Epheser,* an die *Magnesier,* an die *Trallianer,* an die *Römer,* an die *Philadelphier,* an die *Smyrnäer* sowie an den Bischof → *Polykarp von Smyrna.*
Die I.-Briefe sind von zwei Themen beherrscht: der Mahnung zur Eintracht in der Gemeinde und der Warnung vor Irrlehrern. Neu und eigenartig ist das dabei zutage tretende Verständnis der Kirche: Die um den Bischof, die Ältesten und die Diakone gescharte gottesdienstliche Gemeinde ist Abbild der unsichtbaren himmlischen Kirche. Der Bischof ist Repräsentant Gottes; ohne ihn kann man »nichts tun, was die Kirche betrifft« (*Smyrnäer* 8,1). Für die Einheit der Kirche ist die Gemeinschaft mit dem Bischof konstitutiv.
Neu gegenüber dem NT ist bei I. auch die ungemein positive Wertung des Martyriums. In dem Brief an die Römer bittet er die Gemeinde, den von ihm ersehnten Tod als Märtyrer nicht zu verhindern, da es für ihn Ziel und Vollendung seiner christl. Existenz bedeute. R.

Text: J. A. Fischer (Hrsg.), Die Apostolischen Väter, 1959; W. Bauer / H. Paulsen, Die Briefe des I. von Antiochia und der Brief des Polykarp von Smyrna, in: Handbuch zum NT, N.F. Bd. 18, 1985.

Ijjar → Monat.

Ijob (von Luther eingedeutscht als »Hiob«), Hauptgestalt des → Ijobbuches. In der Rahmenerzählung dieses Buches (Ijob 1–2; 42,7–17) erscheint I. als vorbildlich frommer Mann der Vorzeit, ebenso in Ez 14,14.20. Die Lage seiner Heimat, das Land Uz östl. von Palästina (Ijob 1,1.3), ist unbekannt. Diese Angabe zeigt aber, daß I. ursprünglich eine außerisraelit. Gestalt war. Durch die Versdichtung des Ijobbuches (Ijob 3,1–42,6) ist I. zum Typ des leidenden Frommen geworden. S.

Ijobbuch, ein dichterisches Werk des AT. Es besteht aus Reden in Versform (Ijob 3,1–42,6), die von einem Prosaprolog (Ijob 1–2) und -epilog (Ijob 42,7–17) eingerahmt sind. Der Prolog erzählt, wie der fromme Ijob durch Unglücksschläge, die Gott auf Veranlassung des Satans über ihn bringt, geprüft wird, aber an Gott festhält, und wie darauf drei Freunde Ijob besuchen. Es folgen drei Redegänge, in denen Ijob sich mit den Freunden über den Sinn seines Leidens auseinandersetzt (Ijob 3–11; 12–20; der dritte Redegang, Ijob 21–27, ist verstümmelt und stark überarbeitet). Während Ijob überzeugt ist, daß er schuldlos leidet, vertreten die Freunde den Grundsatz der traditionellen → Weisheit, daß Glück und Unglück des Menschen Folge seines Tuns sind, daß also Ijob gesündigt haben muß (→ Tat-Ergehen-Zusammenhang 4, → Theodizee). Dabei steigern sich Ijobs Reden von der Klage über sein Leid zur Anklage Gottes und, nach einer Klage, worin er das Einst und das Jetzt gegenüberstellt (Ijob 29–30), zur Herausforderung Gottes (Ijob 31). Nachträglich eingefügt sind hier ein Lied über die Weisheit (Ijob 28) und die Reden Elihus, eines weiteren Freundes (Ijob 32–37). An die Herausforderung durch Ijob schließt sich die Anwort Gottes und die Unterwerfung Ijobs an, und zwar in doppelter Form: Auf eine erste Rede Gottes, worin er auf die Größe und die Wunder der Schöpfung hinweist (Ijob 38–39), folgt ein erstes Eingeständnis Ijobs, daß er Gott gegenüber ohnmächtig ist (Ijob 40,3–5); auf eine zweite Rede Gottes (Ijob 40,6–41,26) folgt eine zweite Unterwerfung Ijobs (Ijob 42,1–6). Die Antwort Gottes bleibt mehrdeutig, weil sie gar nicht auf die Fragen Ijobs und seine Herausforderung einzugehen scheint. Offenbar will der Dichter sagen, daß Gott seiner Welt wohltätig zugewandt ist und ihm deshalb auch Ijob vertrauen kann. Der Epilog berichtet von Ijobs neuem Glück. – Die Versdichtung (Ijob 3,1–42,6) ist zwischen dem 5. und 3. Jh. v. Chr. abgefaßt und vom Dichter in den Prosarahmen eingefügt worden, der ihm bereits vorgelegen hat. S.

Lit.: A. Weiser, Das Buch Hiob, [6]1974 (ATD 13); H. Groß, Ijob, 1986 (NEB).

Ikabod, Sohn des Pinhas, Enkel des Eli; sein Name wird volksetymologisch – falsch – mit »Unehre« erklärt (1Sam 4,19–22). S.

Ikonion, Hauptstadt der Provinz → Lykaonien in Kleinasien; von Paulus auf der 1. Missionsreise besucht (Apg 13,51; 14,1–7). R.

Illyrien, an der dalmatinischen Küste der Adria gelegene röm. → Provinz (Röm 15,19; 2Tim 4,10). R.

Immanenz → Gott.

Immanuel. Der hebr. Ausdruck »I.« bedeutet »Mit uns ist Gott« und war – wie sich von dem verwandten Ausdruck »Jahwe Zebaot ist mit uns« (Ps 46,8.12) und von Jes 8,10 her vermuten läßt – anscheinend ein Heilsruf des Jerusalemer Tempelkultes. Damit dürfte der Name »I.« in Jes 7,14 zusammenhängen. Nach Jes 7,10–17 kündigte Jesaja dem jud. König Ahas, der sich vor der Bedrohung durch den König des Nordreiches Israel und den König von Damaskus fürchtete, als »Zeichen« an, daß eine junge Frau einen Sohn gebären und ihn »I.« nennen werde; bald darauf werde das Gebiet der beiden feindlichen Könige verödet sein, aber dann werde auch über Juda Unheil kommen. Sicherlich bezieht sich der heilvolle Name »I.« auf die – als vorübergehend – geweissagte Bewahrung Jerusalems, und vielleicht ist gemeint, daß diese Bewahrung schon bald kommen wird, so daß irgendeine schwangere Frau ihrem Kind dann den Namen »I.« geben kann. Man hat in ihr auch z. B. die Gemahlin des Königs oder des Profeten oder eine mythologische Gestalt vermutet, ohne zu einem allgemein anerkannten Ergebnis zu gelangen.
Veranlaßt durch die griech. Übersetzung des AT (→ Septuaginta), die das hebr. Wort für »junge Frau« fälschlich mit »Jungfrau« wiedergibt, sah die frühe Christenheit in der I.-Weissagung einen Hinweis auf Christus (Mt 1,23). S.

Indien, in der Bibel als Ostgrenze des Perser- (Est 1,1) und des Seleukidenreiches (1Makk 8,8) genannt. S.

Individualismus → Gemeinschaft und Individuum.

Initiationsritus, Weihebrauch beim Eintritt in eine Standes-, Alters- oder Religionsgemeinschaft. Als ein solcher war im Vorderen Orient die Sitte verbreitet, daß die Braut sich im heiligen Bereich einem Fremden hingab, um die Fruchtbarkeit der Ehe zu sichern (im AT angedeutet: 3Mose 19,29; Richt 11,37f.; Hos 4,13; vielleicht Spr 7,13–18). Ein I. war auch die → Beschneidung. S.

Inkarnation → Fleischwerdung.

Inkubation, der Schlaf an → heiliger Stätte mit dem Ziel, von der dort anwesend gedachten Gottheit im Traum ein Orakel zu erhalten. Im AT scheint I. in 1Mose 46,1–5 und 1Kön 3,4–15 vorzuliegen. S.

Inspiration. Der Begriff »I.« (von lat. *inspiratio* »Eingebung«) geht zurück auf 2Tim 3,16 (»Jede Schrift ist von Gott eingegeben«) und umschreibt in der Dogmatik die besondere Qualität der Bibel als von Gott gewirktes Offenbarungszeugnis: Die bibl. Bücher sind nicht nur situationsbedingte Äußerungen menschlicher Verfasser, sondern verdanken letztlich ihre Entstehung einem besonderen Antrieb des göttlichen Geistes.

Ansätze für die I.s-Vorstellung finden sich bereits im AT: So hat nach 2Mose 24,12; 34,1 Jahwe selbst den → Dekalog auf steinerne Tafeln aufgeschrieben, und der Profet Ezechiel erhielt bei seiner Berufung eine von Jahwe selbst beschriebene Buchrolle in den Mund gelegt (Ez 2,9). Nach Meinung des Judentums war das gesamte Gesetz Wort für Wort vor der Niederschrift durch Mose von Gott im Himmel festgelegt worden.

Ihre schroffste Ausprägung erreichte die I.s-Vorstellung in der Lehre von der Verbalinspiration, d. h. der wörtlichen Eingebung der Heiligen Schrift, wie sie sich vom 16. Jh. an im Protestantismus weithin durchsetzte. Hier wurden die menschlich-geschichtlichen Faktoren bei der Entstehung der Bibel zugunsten der göttlichen Urheberschaft völlig negiert: Der schreibende Mensch sei wie ein Instrument, auf dem der Heilige Geist seine Melodie spielt; jedes einzelne Wort, ja jedes Komma und jeder Punkt seien von Gott eingegeben, und deshalb habe die Schrift in jeder Hinsicht als irrtumslos und widerspruchsfrei zu gelten.

Die neuzeitliche → Bibelkritik machte solchen Überspitzungen ein Ende, indem sie nachwies, in welchem Maße die bibl. Schriften von geschichtlichen Situationen und menschlichen Verfasserpersönlichkeiten geprägt sind. Sie steht jedoch andererseits nicht im Widerspruch zu einer recht verstandenen I.s-Lehre, soweit diese die unaufgebbare Erfahrung christl. Glaubens ausspricht, wonach Gott sich gerade im Menschenwort der Bibel immer wieder neu bezeugt. R.

Lit.: P. Stuhlmacher, Vom Verstehen des NT, [2]1986.

Ioachaz → Joahas.

Ioachim → Jojachin.

Iohannan → Johanan.

Iona → Jona, → Jonam.

Ioppe → Jafo.

Iran. Das »Land der Arier, der Reinen« umfaßt im Altertum nicht nur den heutigen Staat I. (bis 1935 *Persien*), sondern auch das heutige Afghanistan, Sowjetisch-Turkestan und Westpakistan. In dieses Gebiet dringen gegen Ende des 2. Jt.s v. Chr. indogerm. Völkerschaften ein, die Indoiranier oder Arier, deren ind. Zweig nach Süden weiterzieht. Die iran. Stämme werden auf dem Hochland seßhaft; u. a. die → Meder zwischen Zagros- und Elburzgebirge (Hauptstadt: Ekbatana), die → Parther zwischen Elburz und Kaspischem Meer, ihnen benachbart die Chorasmier.

Die Meder organisierten sich im 7. Jh. v. Chr. zu einem Staatswesen, das zunächst unter assyr. Oberhoheit steht. 612 erobert jedoch der Meder Kyaxares II. im Bund mit → Babylon die assyr. Hauptstadt → Ninive und unterwirft sich den nördl. Teil des bisherigen assyr. Reiches. Nach einem halben Jahr wird das Mederreich von dem pers. Reiterführer → Kyros gestürzt, der außerdem das westl. Kleinasien dem sagenhaft reichen Lyderkönig Kroisus abnimmt, 539 in Babel ohne Schwertstreich einzieht und sich die Provinzen des neubabylon. Reiches aneignet, im Osten zudem fast alle anderen iran. Stämme sich unterwirft. Mit ihm kommt das Herrschergeschlecht der → Achämeniden an die Macht. Seine Nachfolger Kambyses (529–522) und Darius I. (522–486) dehnen die Grenzen noch weiter aus, so daß der Staat der Perser von Ägypten bis an den Aral-See, vom südl. Donaugebiet bis nach Indien reicht (Est 1,1). Allerdings mißlingt Xer-

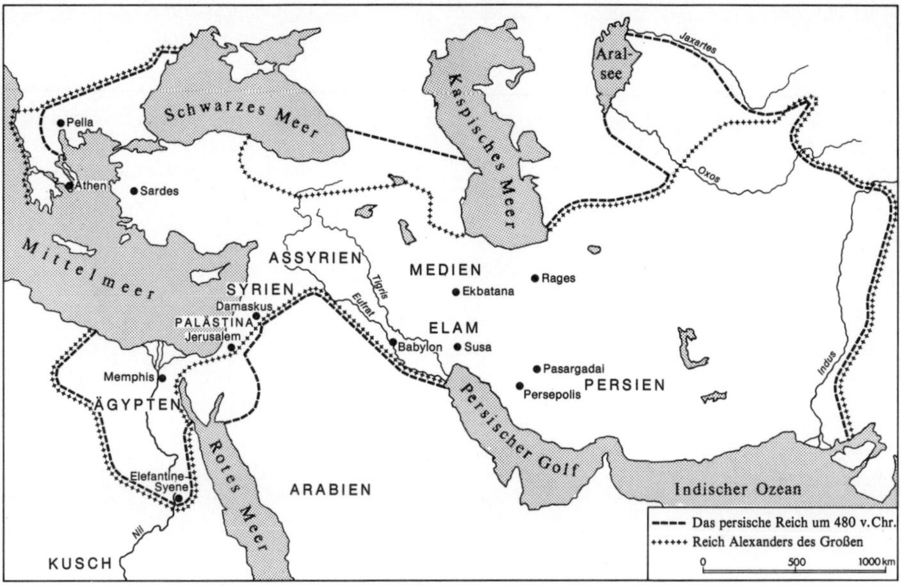

xes (486–465) (im → Esterbuch »Ahasveros«) die Einverleibung → Griechenlands. Doch hat das Volk der Perser insgesamt eine Weltmacht errichtet und über 200 Jahre behauptet, wie sie an Ausdehnung im Altertum nie wieder erreicht worden ist, auch nicht in röm. Zeit. Staatssprache wird das → Aramäische, das im Laufe der Zeit in vielen Provinzen auch zur Umgangssprache der Bevölkerung wird, so in Babylonien, aber auch in Palästina. Vom Glanz der Perserkönige zeugen noch heute die Ruinen von Persepolis, der kultischen Hauptstadt, während die Pracht der Verwaltungszentrale Susa, die im Esterbuch gerühmt wird, nur geringe Spuren hinterlassen hat.

Das pers. Reich hat durch Darius I. seine Verfassung erhalten. Sie legt den unterworfenen Völkern zwar erhebliche Steuerlasten auf, räumt aber den kultisch-religiösen Bräuchen und dem Rechtsgut unterworfener Völker eine Toleranz ein, wie sie sonst im Altertum ohne Beispiel ist. Das wirkt sich insbesondere für Israel günstig aus. Die in Babylonien sitzenden Exilierten werden aus dem Status von Kriegsgefangenen befreit, ihnen wird die Rückkehr gestattet (Kyros-Edikt, Esr 1; Artaxerxes-Edikt, Esr 7,13ff.), der Tempel in Jerusalem mit pers. Unterstützung wiederaufgebaut und Juda zu einer Provinz beschränkter Autonomie erhoben (→ Esra, Nehemia). Israeliten steigen am Hof zu höchsten Ämtern auf (Nehemia, Ester), und unter pers. Schutz breitet sich eine israelit. Diaspora nach Medien, Kleinasien und Ägypten aus (→ Elefantine).

Pers. Könige werden im AT relativ häufig und fast durchweg positiv erwähnt (Kyros, Darius I., Xerxes, Artaxerxes). Während andere Besatzungsmächte wie Assyrien, Babylonien, Griechenland und Rom von den Profeten und ihren Nachfolgern hart gerügt und um ihrer Gewalttaten willen mit Untergang bedroht werden, findet sich bezeichnenderweise in der Bibel kein einziger antipers. Spruch. Dies hängt vielleicht auch mit der besonderen Art der → iran. Religion zusammen.

Durch den glänzenden Siegeszug Alexanders d. Gr. wird 334–332 v. Chr. das Perserreich vernichtet. Hellenist. Militärführer, die Diadochen, errichten auf seinen Trümmern neue Königreiche. I. wird für ein knappes Jh. den → Seleukiden botmäßig, bis die einheimischen Parther unter den Arsakiden (250 v. – 226 n. Chr.) von Norden her die Griechen vertreiben und einen Staat errichten, der vom iran. Hochland aus allmählich auf das Zweistromland übergreift und dann bis nach Palästina reicht. K.

Iranische Religion. 1. Geschichte – 2. I. R. und Bibel – 3. Mithraskult.

1. Die indogerm. Stämme, die im Iran seßhaft wurden, verehrten zwei Götterklassen, die kriegerischen Daiwas und die Ahuras, welche die gesellschaftliche Ordnung garantieren. Für die seßhaft gewordenen Rinderzüchter wurde das Opfer von Tierblut, welches Lebenskraft vermittelte, eine besonders gewichtige Kultbegehung. Gleichrangig stand daneben ein Trank aus Haumasaft, dessen Genuß zur Ekstase anregte. Der ostiran. Priester Zarathustra (um 600–550 v. Chr.) reformierte die Religion seiner Volksgenossen von Grund auf. Für ihn gab es nur einen »weisen Ahura«, nämlich Ahura Mazda, der sich ihm in Visionen offenbart hat und jede unnötige Schlachtung von Rindern ebenso als abgöttisch verurteilte wie den Haumatrank. Die Daiwas und der personifizierte Mordrausch Äschma (→ Aschmodai) erschienen als böse Geister. Überhaupt durchwaltet ein kosmologischer wie ethischer Gegensatz zwischen Mächten der Wahrheit und des »Drug« die gesamte Welt. Jeder Mensch ist während seines Lebens zur Entscheidung zwischen beiden aufgerufen. Dementsprechend gestaltet sich das Geschick seiner Seele nach dem Tod; entweder fällt sie dann in einen feurigen Strom und wird vernichtet, oder sie geht in ein Paradies ein. Ahura Mazda ist umgeben von Gestalten der Heiligen Unsterblichen (Amescha Spenta) wie dem »Heiligen Geist« und dem »erwünschten Reich« (künftigen Gottesreich), die mit ihm für die Wahrheit kämpfen. Der Welt des Drugs steht dagegen der böse Geist vor, eine Art Teufel, der erst am Ende der Weltgeschichte überwunden wird.

Die zarathustrische Religion hat sich unter den → Achämeniden nach Westen verbreitet. Die med. Priesterkaste der Magier bekämpfte zunächst die neue Lehre, machte sie sich aber schließlich so sehr zu eigen, daß die Magier zu Garanten der zarathustrischen Lehre schlechthin wurden. Sie verbanden diese jedoch mit einer aus Babylonien stammenden chald. Astrologie, mit mesopotam. Beschwörungswesen und Zauberpraktiken (daher der moderne Begriff »Magie«). Die Zahl der Amescha Spenta wurde, den Planeten entsprechend, auf sieben festgesetzt (Vorbild der spätisraelit. sieben Erzengel?), der Anfang der Welt wurde von einem Urmenschen hergeleitet, dessen Abbild jedes menschliche Individuum darstellt (Makrokosmos – Mikrokosmos), das Ende der Welt wurde vielleicht mit einer allgemeinen → Auferstehung der Toten und einem Wiedererstehen des → Urmenschen verbunden.

2. Da wir über die i. R. jener Zeit nur bruchstückhafte Quellen besitzen, wird in der Bibelwissenschaft seit 100 Jahren über das Maß ihres Einflusses auf spätisraelit. und neutest. Gedanken diskutiert, ohne daß bislang gesicherte Ergebnisse erreicht worden sind. Stammt der sog. Dualismus der → Apokalyptik und ihre Lehre von den zwei → Aionen, einer gegenwärtig bösen Weltzeit und einer kommenden guten, ewigen Weltzeit, bzw. die Erwartung eines künftig hereinbrechenden Reiches Gottes letztlich aus der i. R.? Ist der Glaube an eine Auferstehung der Toten nach Ende der Zeiten und eine Wiederkehr des Paradieses von da in die Bibel übernommen? Es fällt auf, daß das AT seit der pers. Periode seinen Gott gern als »Gott des Himmels« bezeichnet und damit einen Titel benutzt, der auch auf Ahura Mazda anwendbar ist. Und in den Geschichten von der → Geburt Jesu sind es Magier, die von ihren astrologischen Voraussetzungen her den Heiland der Welt anerkennen (Mt 2). Einflüsse auf das Judentum, zumindest ikonographisch, beweist die Synagoge von → Dura-Europos.

3. In parth. Zeit hat ein anderer, anscheinend von Zarathustra nicht berührter Zweig i.r R. das Interesse der röm. Welt auf sich gezogen und dort zur Ausbildung der Mithrasmysterien geführt. Mithras, der Gott des Eides und des Vertrags, ist wohl vorzarathustrisch mit dem Stieropfer verbunden, das nunmehr als Befreiung vom Zwang der Gestirne und Mittel der Wiedergeburt interpretiert wird. Die Auseinandersetzung des Christentums mit Mithras erfolgt jedoch erst in nachbibl. Zeit. K.

Ir-Nahasch, eine Stadt unbekannter Lage (1Chr 4,12). S.

Irrlehre, falsche, ins Verderben führende Lehre. »I.« gehört nach dem NT nicht nur in die Kategorie des intellektuell Fragwürdigen und nicht Stimmigen, sondern in die des Widergöttlichen und Dämonischen. Sie tritt unmittelbar im Umkreis der göttlichen Wahrheit auf und usurpiert äußerlich deren Züge (Mt 7,15); sie entfaltet eine verführerische Anziehungskraft (2Tim 3,6). Hinter dieser Auffassung steht ein apokalypti-

sches Motiv: In der Endzeit wächst die Bedrohung der Frommen durch widergöttliche Mächte. Dem entspricht, daß für die kommende »letzte Zeit« vielfach eine Zunahme der I. vorausgesagt wird (Mk 13,22; Mt 24,11f.; Apg 20,29; Offb 13,11–17). Ein stereotyper Zug, der von der altkirchlichen Ketzerpolemik übernommen wurde, ist auch der Hinweis auf die moralische Verworfenheit der I.r (1Tim 4,1; 2Tim 2,16ff.; 2Petr 2,2f.).
Konkret faßbar sind die I.n der neutest. Zeit nur in wenigen Fällen. Im Galaterbrief kämpft Paulus gegen → Judaisten, im 2. Korintherbrief gegen Vertreter eines judaisierenden Gnostizismus. Die Warnungen in Mk 13,6.21f. richten sich vermutlich gegen zelotische Profeten. R.

Isaak, einer der Erzväter Israels. Nach dem bibl. Bericht ist I. der Sohn → Abrahams und Saras. Obwohl beide schon sehr alt sind, wird er ihnen auf eine Verheißung Gottes hin (1Mose 18,9–14) wider Erwarten geboren (1Mose 21,1–7). Er ist Träger der dem Abraham von Gott gegebenen Segenszusage (1Mose 26,2–5). Zunächst wächst er mit Ismael, dem Sohn Abrahams und der Magd Hagar, auf; aber auf Wunsch Saras verstößt Abraham Hagar und Ismael (1Mose 21,8–21). Gott stellt Abrahams Glauben auf die Probe und verlangt, daß er I. opfert, verhindert jedoch im letzten Augenblick die Tötung I.s (1Mose 22,1–19). Für den heranwachsenden I. läßt Abraham eine Frau aus seiner Heimat am Eufrat holen; es ist Rebekka, eine Nichte Abrahams, die I. heiratet (1Mose 24). Ihnen werden zwei Söhne, Esau und Jakob, geboren (1Mose 25,21–28). Während einer Hungersnot entgeht Rebekka nur knapp einer Gefahr bei Abimelech, dem Stadtkönig von Gerar; nach einem Streit um einige Brunnen schließen I. und Abimelech einen Vertrag in Beerscheba, wo I. einen Altar für Jahwe baut (1Mose 26). Der alt und blind gewordene I. wird von Jakob überlistet, so daß I. diesem den Segen gibt, den er dem Esau zugedacht hatte (1Mose 27,1–28,5). Er stirbt im hohen Alter (1Mose 35,27–29).
Historisch dürfte I. ein Kleinviehnomade gewesen sein, der im Süden Palästinas gelebt hat. Er stiftete einen Kult für den ihm begegnenden, später → »Schrecken I.s« genannten Gott (1Mose 31,42.54). Dieser Kult wurde in Beerscheba gepflegt (1Mose 46,1–3). Die ältesten Traditionen über I. sind in 1Mose 26 erhalten. Erst nachträglich ist I. mit Abraham, Esau und Jakob verknüpft worden und sein Gott mit Jahwe.
Der Name »I.« bedeutet »Er (nämlich Gott) lächelt (zu)«; er wird von den bibl. Erzählern – unzutreffend – mit dem ungläubigen Lachen Saras (1Mose 18,12) oder Abrahams (1Mose 17,17) oder der Leute (1Mose 21,6) erklärt. S.

Isachar → Issachar.

Isai (lat. *Iesse/Jesse*), ein Angehöriger der Sippe Efrata in Betlehem. Sein jüngster Sohn war David. Deshalb wird der erwartete Messias in Jes 11,1.10 als »Reis aus dem Stamm (der Wurzel) I.s« bezeichnet. S.

Isaias → Jesaja, → Jeschaja.

Isaschar → Issachar.

Ischarioth → Iskariot.

Isch-Boschet → Eschbaal.

Ischtar, bedeutende babylon.-assyr. Göttin, auch mit männlichen Attributen. I. gilt als Kriegs- und Liebesgöttin, nicht unbedingt als Göttin der Fruchtbarkeit. Sie tritt oft als Schwester des Wettergottes auf. I. ist Hauptgöttin von → Ninive. Züge der I. tragen die Göttinnen → Anat und Venus. Als Sternenname bezeichnet »I.« die Venus. – Die nordwestsemit. → Astarte trägt den gleichen Namen, hat aber nicht immer gleiche Funktionen. U.R.

Isebel, Königstochter aus der phöniz. Stadt Sidon, Frau des Königs → Ahab von Israel (1Kön 16,31). Nach dem bibl. Bericht war sie Widersacherin des Profeten → Elija, weil sie den Kult des Baals von Tyrus förderte und den Justizmord an Nabot veranlaßte (1Kön 18–19; 21). Sie wurde von → Jehu getötet (2Kön 9,30–37). S.

Iskariot, Beiname des → Judas, der als Glied des Zwölferkreises Jesus verriet (Mk 3,19 par Mt 10,4; Lk 6,16). Die Bedeutung ist unsicher; eine Ableitung von lat. *sicarius* »Dolchmann, Bandit« kommt jedoch kaum in Frage; wahrscheinlicher ist, daß »I.« eine hebr. Herkunftsbezeichnung ist: »Mann aus Kerijot« (d.h. Kerijot-Hezron in Moab; vgl. Jos 15,25). R.

Lit.: H.-J. Klauck, Judas – ein Jünger des Herrn, 1987.

Ismael, ein Nomadenverband in der arab. Wüste, der sich aus zwölf Stämmen zusammensetzte (1Mose 25,12–18). Das AT nennt die Ismaeliten manchmal als Feinde Israels (z.B. Ps 83,7), aber auch als friedliche Händler (1Mose 37,25–27). Ahnherr der Ismaeliten soll ein Sohn Abrahams und Hagars, ein Halbbruder Isaaks, gewesen sein (1Mose 16; 21,1–21). – Für den Islam ist I. der Wahrer der reinen Religion Abrahams, mit seinem Vater zusammen hat er die Kaaba in Mekka eingeweiht. S.

Israel. 1. Der Name – 2. I. in a) vorstaatlicher, b) staatlicher, c) nachexilischer Zeit.

1. Als Personenname (so schon in Ugarit) kommt »I.« am ehesten in der Bedeutung »El kämpft« vor; seine Vorgeschichte vor der Verbindung mit dem Stämmeverband I. im Kulturland ist nicht mehr zu erhellen. Volksetymologisch wird »I.« mit »Jakobs Kampf gegen El« erklärt (1Mose 32,29).

Der Name »I.« ist außeralttest. in vorexilischer Zeit auf der Merneptah-Stele (um 1219 v.Chr.) – der älteste Beleg –, in einer Monolithinschrift (853 v.Chr.) und in Annalen (841 v.Chr.) des assyr. Königs → Salmanassar III. sowie auf der → Mescha-Stele (um 840 v.Chr.) belegt. »I.« wird in vorstaatlicher Zeit auf den Stämmeverband im Kulturland und danach auf das Reich Sauls bezogen. In der Zeit Davids und Salomos konnte »I.« das Reich (2Sam 8,15; 1Kön 4,1 u.ö.) sowie die nord- und mittelpalästin. Stämme innerhalb dieses Reiches (2Sam 24,1 u.ö.) bezeichnen. Nach der Reichsteilung geht »I.« als Bezeichnung auf das Nordreich über. Nach dem Untergang dieses Reiches wird in spätvorexilischer Zeit »I.« auf das Südreich übertragen und wird zum Ausdruck der Hoffnung auf die Wiederherstellung I.s in seinen alten Grenzen unter Einschluß der süd-, mittel- und nordpalästin. Stämme.

2. a) Der Name »I.« ist erst mit der Seßhaftwerdung der die Stämme I.s bildenden Sippen im Kulturland verbunden, ist also nicht schon vor der → Landnahme in der Vorgeschichte I.s auszumachen. Die Wurzeln I.s lassen sich auf die schon in der Spätbronzezeit in der 2. Hälfte des 2. Jt.s v.Chr. im Kulturland mit der kanaan. Stadtstaatenkultur in Symbiose lebenden protoisraelit. Hirten zurückführen. Der Ursprung I.s liegt in der Seßhaftwerdung dieser Hirten als Bauern, die mit Zerbrechen der Stadtstaatenkultur im 14.–12. Jh. v.Chr. wirtschaftlich autark werden mußten (→ Landnahme). Aus diesen Hirtensippen wurden zunächst die Stämme der → Lea seit der Mitte des 2. Jt.s in Palästina seßhaft, nach Weidewechselbewegungen, welche die Überlieferung der → Erzväter widerspiegeln. Diese Bewegungen verliefen von Süden nach Norden (→ Juda) und von Osten nach Westen (→ Ruben, → Simeon, → Levi u.a.). Die galiläischen Stämme → Issachar, → Sebulon und → Ascher wurden kanaan. Stadtstaaten fronpflichtig.

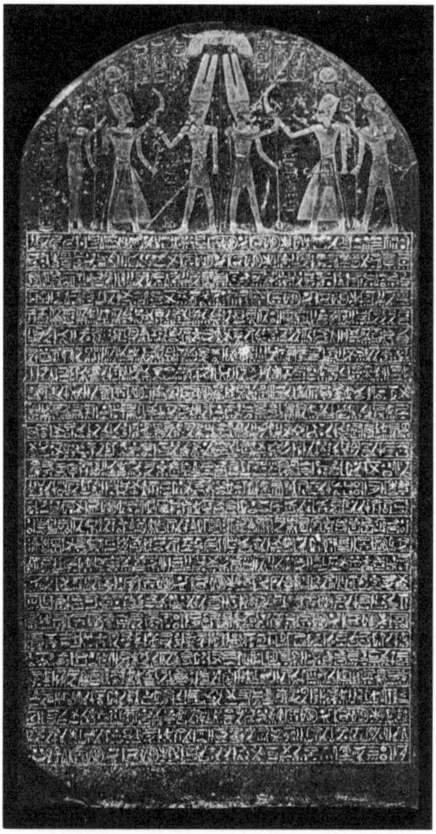

Stele des Merneptah (um 1219 v. Chr.) mit der frühesten Erwähnung des Namens Israel. Granit, Höhe 3,18 m. Aus dem Totentempel des ägypt. Königs in Theben

Die Leastämme bildeten den ersten Stämmeverband I., über dessen konkrete Verfassung sich nur noch umrißhaft Aussagen machen lassen.

Wahrscheinlich waren diese Stämme bereits → Jahweverehrer, allerdings wohl noch nicht in der späteren Form der Monolatrie, so daß sie auch andere Götter, u. a. → El, verehrt haben. → Sichem wird als Heiligtum eine wichtige Rolle gespielt haben. Dieses I. wird in der Merneptah-Stele um 1219 v. Chr. erwähnt.
Die mittelpalästin. Stämme Ruben, Simeon und Levi erlitten eine Katastrophe, die zu ihrer Vertreibung aus diesem Gebiet führte (1Mose 34; 35,22; 49,5ff.) und die möglicherweise auch mit einem Palästinafeldzug des Merneptah zusammenhing. Durch diese Katastrophe ging die Verbindung des südl. Leastammes Juda mit den übrigen Stämmen, die durch einen Riegel kanaan. Stadtstaaten von → Geser bis → Gibeon erschwert wurde, verloren.
In die mittelpalästin. Lücke der Leastämme wanderten die ethnisch verwandte, ebenfalls Jahwe verehrende Gruppe des → Auszugs aus Ägypten, die Stämme der → Rahel, und mit ihnen der Stamm Benjamin ein. Die Verbindung von Lea- und Rahelstämmen wurde in Sichem vollzogen, wobei der Anspruch der Monolatrie Jahwes durchgesetzt wurde (Jos 24). Dieser Verband von 10 Stämmen, dem Juda nicht angehörte (Richt 5,14ff.), übernahm den Namen »I.«.
Die Periode der → Richter ist durch ein kompliziertes Geflecht von Stammeskoalitionen und -rivalitäten gekennzeichnet (Richt 8,1ff.; 12,1ff.; 19–21 u. ö.). Die Idee eines aus 12 Stämmen bestehenden I. unter Einschluß Judas wurde in → Gilgal ausgeprägt, das von Judäern und Angehörigen des Hauses Josef besucht wurde.
b) Unter dem Druck der → Philister im Westen, der Ammoniter u. a. im Osten kam es um 1000 v. Chr. zu einem Heerkönigtum, das in den ethnisch verwandten aram. Staaten der → Edomiter, → Moabiter und → Ammoniter eine Entsprechung hat, unter der Führung des Benjaminiten → Saul, der in Gilgal sein Krönungsheiligtum hatte. Saul verwirklichte erstmals die Idee eines 12 Stämme umfassenden I. unter Einschluß Judas. Nach dem Tod Sauls zerfiel dieser Staatsverband wieder in die Nordstämme I. und Juda, die erst im Königtum → Davids in einer Personalunion zum Reich I. vereinigt wurden (2Sam 2,1ff.; 5,1ff.), das aber nunmehr Bestandteil eines Großreiches vom Eufrat bis zum Bach Ägyptens wurde. Politisches und kultisches Zentrum I.s wurde in dieser Zeit → Jerusalem. Nach dem Tod → Salomos zerfiel dieses Reich erneut in das Königreich Juda, welches auch Benjamin einschloß, und das die übrigen mittel- und nordpalästin. Stämme umfassende Königreich I. (926 v. Chr.).
Für die folgende Geschichte I.s war die Idee, daß I. unter Einschluß Judas das Volk Jahwes repräsentiere, unverlierbar eingeprägt, auch wenn sie politisch niemals wieder verwirklicht wurde und religiöse Utopie blieb. So beanspruchten beide Königreiche, durch Eingliederung des anderen »ganz I.« zu verwirklichen, so daß es bis zur Zeit der Dynastie → Omris zu regelmäßigen militärischen Auseinandersetzungen zwischen Juda und I. kam. Nach dem Untergang I.s im Ansturm der Assyrer (722/721 v. Chr.) und der Eingliederung als Provinz in das assyr. Großreich übernahm → Joschija in seinem Reformakt (nach 628 v. Chr.) mit der Anerkennung des aus dem Nordreich stammenden → (Ur-)Deuteronomiums als Staatsgesetz für Juda auch den Namen »I.«. Joschija (639–609 v. Chr.) versuchte in einer Zeit des Verfalls assyr. Macht unter Einschluß von Gebieten des ehemaligen Nordreiches durch militärischen Übergriff auf dieses Gebiet einen »ganz I.« umfassenden Staat politisch zu realisieren. Dieses Vorhaben kam nicht über Ansätze hinaus und war mit dem Tod Joschijas beendet.
So wurde die Konstituierung eines alle Stämme umfassenden I. in profetischer Verkündigung zunehmend vom eschatologischen Eingreifen Jahwes in die Geschichte erwartet (Jes 9,1ff.; Jer 30f. u. ö.). Mit der Niederlage Judas und der Eroberung Jerusalems durch die Babylonier (587/586 v. Chr.) war die Zeit einer Eigenstaatlichkeit I.s beendet.
c) Mit dem Verlust der staatlichen Selbständigkeit wird »I.« zur vornehmlichen Bezeichnung des um das legitime Jahweheiligtum versammelten, kultisch konstituierten Gottesvolkes. Diese Idee hat sich in der → Priesterschrift niedergeschlagen. Sie ist dort mit dem Anspruch verbunden, daß die ganze Welt der Schöpfung auf den I. am Sinai von Jahwe gegebenen Kult der → Sühne ausgerichtet ist. Daneben steht die profetische Hoffnung, Jahwe werde in eschatologischem Handeln das I. der 12 Stämme um den Tempel von Jerusalem neu errichten (Ez 37,15ff.; 48 u. ö.). Die Mission → Esras war von dem Versuch geleitet, die Verwirklichung dieser

profetischen Hoffnung einzuleiten, indem er ein I. der 12 Stämme unter Einschluß der später als → »Samaritaner« bezeichneten nichtjud. Israeliten anstrebte. Wiedervereinigung I.s und Heimführung der Diaspora sind auf das engste miteinander verknüpft. Die Hoffnung der eschatologisch-nationalen Wiederherstellung I.s durchzieht die spätisraelit. Zeit und verbindet sich mit der Erwartung eines davidischen → Messias (PsSal 17 u. ö.). In der → Apokalyptik wird diese Form nationalmessianischer Eschatologie verbunden mit universalen Motiven einer neuen Welt des Gottesreiches. O.

Lit.: Noth, GI; Herrmann, GI.

Issachar, einer der zwölf Stämme Israels, der ein kleines, aber fruchtbares Gebiet in Galiläa südwestl. des Sees Gennesaret bewohnte. Der Name »I.« läßt sich als »Lohnarbeiter« deuten, und in 1Mose 49,14f. wird I. als »fronpflichtiger Knecht« bezeichnet. Daher vermutet man, daß der Stamm seinen Siedlungsraum erkaufen mußte, indem er Fronarbeiten leistete und seine politische Selbständigkeit aufgab. Hierbei ist an die Oberherrschaft kanaan. Stadtstaaten zu denken, vielleicht an die von → Schunem, das im Gebiet von I. lag. Als Ahnherr von I. gilt ein Sohn Jakobs und Leas (1Mose 30,14–18). S.

Italien, ursprünglich nur griech. Name des südl. Kalabriens, in der röm. Kaiserzeit aber bereits Bezeichnung für die gesamte Apenninenhalbinsel (Apg 18,2; 27,1.6; Hebr 13,24). R.

Itamar, Ahnherr eines Jerusalemer Priestergeschlechts, der als Sohn Aarons galt (z. B. 1Chr 5,29). S.

Ituräa, nach dem ursprünglich arab. Stamm der Ituräer benannte Landschaft nördl. von Galiläa, mit der Hauptstadt Chalkis und dem religiösen Zentrum Heliopolis (Baalbek). Von den → Hasmonäern wurde das Gebiet erobert und die Bevölkerung zwangsbekehrt. R.

Iwwa → Awa.

J

Jaasanja. 1. Ein Familienhaupt der Rechabiter (Jer 35,3). **2.** Ein Heerführer Gedaljas (Jer 40,8). **3.** Namen zweier führender Jerusalemer zur Zeit Ezechiels (Ez 8,11; 11,1). S.

Jabal, nach 1Mose 4,20 Sohn des Lamech und der Ada, Urvater aller Hirten. S.

Jabbok, ein östl. Nebenfluß des Jordan, etwa 100 km lang. Der J., der bei Rabbat-Ammon (heute Amman) entspringt, durchfließt ein tief in die Felsen eingeschnittenes Tal. S.

Jabesch, Stadt in Gilead, die in besonders enger Beziehung zum Stamm Benjamin stand (Richt 21,8–14; Rettung durch Saul, 1Sam 11,1–11; Sauls Begräbnis in J., 1Sam 31,11–13). S.

Jabin, nach Jos 11,1–15 König von Hazor und Anführer einer nordkanaan., von Josua besiegten Koalition. Seine Gestalt wurde auch mit der Deboraschlacht verknüpft (Richt 4). S.

Jabne → Jabneel.

Jabneel (*Jabne*; in griech. Zeit *Jamnia*), Philisterstadt, die durch Usija an Juda kam (2Chr 26,6). Nach der Zerstörung Jerusalems 70 n. Chr. wurde J. bis 135 geistiger Mittelpunkt des Judentums. S.

Jachin. 1. Nachkomme Simeons (1Mose 46,10). **2.** Priesterabteilung (1Chr 9,10). **3.** »J.« und »Boas« hießen zwei Bronzesäulen am Tempel Salomos (1Kön 7,15–22); die Funktion der Säulen und die Bedeutung der Namen ist unklar. S.

Jaël, Frau eines Keniters; tötete nach der Deboraschlacht den Heerführer Sisera (Richt 4,17–22). S.

Jafet, dritter Sohn Noahs (z. B. 1Mose 5,32). In der → Völkertafel erscheint er als Stammvater der Völker Kleinasiens und der Ägäis (1Mose 10,2). S.

Jaffa → Jafo.

Jafia. 1. Ort im nördl. Palästina (Jos 19,12). **2.** Männername (Jos 10,3; 2Sam 5,15). S.

Jaflet. 1. Ort in Mittelpalästina (Jos 16,3). **2.** Männername (1Chr 7,32–33). S.

Jafo (griech. *Joppe,* heute *Jaffa*), alte Hafenstadt an der Mittelmeerküste südl. des → Karmel. Die Stadt war im Besitz der Philister, bis sie 144 v. Chr. von den Juden erobert wurde. Nach Apg 9,36–10,23 hielt → Petrus sich längere Zeit in J. auf. S.

Jagd. Die früheste Lebensweise in → Palästina war die der Jäger und Sammler. In der mittleren Steinzeit (Mesolithikum) vollzieht sich der Übergang zu seßhaft betriebenem Ackerbau. Doch bleibt die J. weiterhin eine wichtige Beschäftigung, um Nahrung zu sichern und das Kulturland vor Raubtieren zu schützen. Die Raubtier-J. galt im Alten Orient als eine vornehme Beschäftigung des Königs, die, in assyr. Reliefdarstellungen motivisch mit der Vernichtung der Feinde parallelisiert, als Vernichtung der Chaosmacht galt. In Israel wurden Raubtiere in Fällen der Bedrängnis mit Schwert, Spieß und Keule erlegt, doch zog man in der Regel Fallgrube und Netz vor. Wildbret wurde auch mit Pfeil und Bogen sowie dem Fallstrick erlegt. Der Vogel-J. diente das Klappnetz. O.

Jahr. Weil die Sonne ihr Jahr in rund 365 $^1/_4$ Tagen, der Mond dagegen 12 Umläufe in 354 $^1/_3$ Tagen vollendet, hat es die Menschheit seit alters schwer, zu einer befriedigenden Jahresrechnung zu gelangen. Eine Ordnung des J.es war aber nicht nur der Wirtschaft, sondern vor allem des Kultes wegen unabdingbar. Denn Kult ist an regelmäßig wiederkehrende heilige Zeit gebunden.
Israel stand im Bannkreis verschiedener J.es-Berechnungen. In Ägypten war ein Sonnenjahr mit 365 Tagen (12 Monate zu 30 Tagen und 5 zusätzliche Tage am Jahresende) gebräuchlich, bei den semit. Völkern dagegen ein Mondjahr mit 354 Tagen (12 Monate zu 29 oder 30 Tagen), wobei allerdings ein 13. Monat eingeschaltet wurde, wenn der Unterschied zum Sonnenlauf zu groß wurde.
In Israel war vorexilisch das Jahr primär mondorientiert. Es begann im Herbst, bevor die Re-

genzeit einsetzte und der Ackerboden sich erneuerte (daran erinnert noch heute das jüd. Neujahrsfest, *rosch-haschschana*). Neujahr wurde am Vollmondtag, am Laubhüttenfest (→ Fest), begangen. In eine Vollmondnacht fiel auch das »Gegenfest« im Frühling, Pascha-Mazzot (→ Fest). Der Vollmond gab das Zeichen für jeden Monatsbeginn. Vom Laubhütten- und Paschafest aus wurden jeweils neu der → Sabbat und die Wochen gezählt, was mögliche Schaltungen vor diesen Festen voraussetzt.
Um 600 v. Chr. kam es unter babylon. Einfluß zu einer durchgreifenden Kalenderreform. Das Jahr begann nunmehr im Frühjahr, und zwar am Neumondtag, dem 1. Nisan. Das überlieferte große Herbstfest wurde aufgespalten in einen Neujahrstag am Vollmond des ersten Herbstmonats Tischri, in einen Versöhnungstag am 10. Tischri und ein Laubhüttenfest vom 15. bis 21. Tischri. Die Sabbatwoche wurde nunmehr unabhängig von J.es-Anfängen und Mondstellungen im Siebenerrhythmus durchgezählt. Hierbei dominierte noch der Mondlauf, doch versuchte schon die Priesterschrift, damit ein Sonnenjahr von 365 Tagen zu verbinden (1Mose 7,11; vgl. mit 8,14; schon 5,23).
In spätisraelit. Zeit verbanden sich bei Sondergruppen Tendenzen, der Sonnenbeobachtung die Priorität zu geben und ein Jahr mit 52 vollen Wochen, also 364 Tagen, einzuführen (→ Qumran, → Jubiläen; vgl. 1. Henoch). Doch hat sich das bei den führenden Religionsparteien, den Pharisäern und Sadduzäern, nicht durchgesetzt, die aber wiederum in ihrer Zeitrechnung verschiedenen Ansätzen folgten (was für das Datum des Todestages Jesu von Bedeutung sein könnte). Im Blick auf Einzelheiten der Zeitrechnung bleiben bei der gesamten bibl. Überlieferung eine Fülle von Unklarheiten, die sich für den modernen Forscher aus der Bruchstückhaftigkeit des Materials ergeben. K.

Jahreszeiten. Das alte Israel unterschied nicht vier, sondern zwei J., von denen eigentlich die eine den heißen Hochsommer (Ps 32,4), die andere den Herbst, die Zeit des Pflügens (Spr 20,4), meint, die aber zusammengestellt »Sommer und Winter« bedeuten (1Mose 8,22; Sach 14,8). S.

Jahrwoche. In Dan 9,1 f.24–27 wird die Prophezeiung über eine 70jährige Fremdherrschaft (Jer 25,11–12; 29,10) auf 70 »Wochen«, d. h. J.n, also 490 Jahre, umgedeutet. S.

Jahwe, der Eigenname des Gottes Israels, der im AT ungleich häufiger vorkommt als die hebr. Wörter für »Gott« und »Herr«. In den Kurzformen *Jahu, Ja, Jeho, Jo* ist er Element zahlreicher israelit. Eigennamen. Der Name »J.« ist allerdings nicht überliefert, sondern durch Kombination erschlossen. Denn der hebr. Text des AT bestand ursprünglich nur aus Konsonanten, so daß der Gottesname als *Jhwh* erschien. Seit etwa 300 v. Chr. wurde er aus Scheu, den Gottesnamen auszusprechen, als *adonaj* »Herr« gelesen. Als nun der hebr. Text des AT mit Vokalen versehen wurde, stellte man den Gottesnamen als eine Mischform aus den Konsonanten *Jhwh* und den Vokalen von *adonaj* dar, und so ergab sich für Nichthebräer die noch heute vielfach verwendete Form *J^e^howah*.
Wahrscheinlich ist »J.«, entsprechend der Darstellung des AT in 2Mose 3 und 6, den Israeliten durch Mose bekannt geworden, und möglicherweise hat Mose den J.-Glauben von den Midianitern oder Kenitern übernommen. Die Deutung des Namens »J.« in 2Mose 3,14: »Ich bin, der ich bin« = ich werde dasein (bei meinen Verehrern), als der ich dasein werde, leitet ihn von dem hebr. Verb *hjh* »sein; wirken; geschehen« ab. Je nach dem Verständnis dieser schwierigen Stelle liegt hier eine Verweigerung der Definition Gottes vor oder eine Selbstvorstellung Gottes in seiner gegenwärtigen oder in der Zukunft sich erweisenden Gestalt.
Offenbar stammt der Name (wegen des »w« in der Wortmitte) aus einer vorhebr. Schicht. Er taucht in ägypt. Inschriften des 14. Jh.s v. Chr. im Zusammenhang mit Beduinen der Wüste östl. von Ägypten auf und bezog sich vielleicht auf einen Gott des Berges → Sinai. S. / J. E.

Lit.: W. H. Schmidt, Alttest. Glaube in seiner Geschichte, [6]1987, 63–82.

Jahwist, Verfasser des jahwistischen Geschichtswerkes (in der exegetischen Literatur mit dem Siglum *J* abgekürzt), das in den → Mosebüchern von der Schöpfungs-, Sündenfallgeschichte in 1Mose 2,4b–3,24 bis zur israelit. → Landnahme reicht. Diese Überlieferungsschicht in den Mosebüchern hat ihren Namen aus der Beobachtung erhalten, daß der J. bereits von der Schöpfung an ausschließlich den Gottesnamen → »Jahwe« (*Jhwh*) verwendet. Während die Forschung bis gegen 1920 im J.en eine schöpferische Persönlichkeit sah, die freigestaltend das Geschichtswerk verfaßt habe, wurde durch formgeschichtliche Untersuchungen die Vorstufe mündlicher Überlieferungen, die der J. aufgenommen hat, erkannt, so daß der J. eher als theologisch interpretierender Sammler verstanden wurde. Galt der J. bislang der überwiegenden Mehrzahl der historisch-kritisch arbeitenden Alttestamentler als älteste, aus frühköniglicher Zeit Israels stammende Quelle, so ist dieser Konsens in den letzten Jahren zunehmend aufgegeben worden. Dort, wo man sich von der Quellentheorie J. Wellhausens insgesamt löst (R. Rendtorff u.a.), gilt die These einer Quellenschrift des J.en insgesamt als Irrweg bisheriger Forschung. Aber auch diejenigen Forscher, die noch an der These eines J.en festhalten, kommen in Abgrenzung, Datierung und theologischer Intention des J.en zu sehr unterschiedlichen Ergebnissen. Einige Forscher (H. Seebaß u.a.) halten daran fest, der J. verfolge mit seinem Geschichtswerk die Absicht, das Werden Israels in der Funktion eines Großreiches in der Heilsgeschichte von der Schöpfung bis zur Landnahme zu verankern. Er zeige, daß bereits in der frühen Geschichte Israels die Großreichsfunktion angelegt sei, die darin bestehe, daß Israel für die Völker den Jahwe-Segen vermittle (1Mose 12,1–3). Wie in den Erzvätern die Sippen der Erde gesegnet seien, so werden die Völker des davidisch-salomonischen Großreiches durch ihre Verbindung mit Israel den Jahwe-Segen empfangen. Damit verbunden sei auch die Warnung an Israel, nicht von Jahwe abzufallen und fremden Göttern anzuhangen (4Mose 25,1–5). Eine zunehmende Zahl von Forschern sieht dagegen im J.en einen Theologen im Umkreis des → Deuteronomiums und → Deuteronomistischen Geschichtswerkes (H. H. Schmid, M. Rose), der in der Krise des israelit. Landbesitzes kurz vor oder nach dem Verlust des Landes im Exil sich der Wirksamkeit Gottes in der Geschichte Israels vergewissern wolle. O.

Lit.: H. H. Schmid, Der sog. J., 1976. – E. Otto, Stehen wir vor einem Umbruch in der Pentateuchforschung?, in: Verkündigung und Forschung 22, 1977, 82–97; O. Kaiser, Einleitung in das AT, [5]1984, 90–101.

Jaïr. 1. Sippe des Stammes Manasse, nach der die »Zeltdörfer J.s« im Ostjordanland benannt sind (z.B. 4Mose 32,41). **2.** Ein Richter (Richt 10,3–5). **3.** Vater des Mardochai (Est 2,5). S.

Jairus, Name eines galiläischen Synagogenvorstehers, dessen Tochter nach Mk 5,21–24.35–43 durch Jesus vom Tod erweckt wurde (→ Wunder). R.

Jakob, einer der Erzväter Israels (1Mose 25,21–35,29). Nach dem bibl. Bericht ist er ein Sohn Isaaks und Rebekkas. Der Name »J.« bedeutet eigentlich: »Er (nämlich Gott) möge schützen«, wird aber im AT volksetymologisch als »er betrügt« verstanden (1Mose 27,36), und so handeln zahlreiche, z.T. novellistische J.s-Geschichten von schlauem Betrug. J. bringt seinen Zwillingsbruder Esau durch List um seine Erstgeburt (1Mose 25,27–34) und durch Betrug um den Segen Isaaks (1Mose 27). Er flieht vor der Rache Esaus nach Mesopotamien zu seinem Onkel Laban, und bei der Rückkehr von dort überlistet er Esau, so daß dieser ihn in Frieden läßt (1Mose 32,1–22; 33,1–16). Auch der Aufenthalt bei Laban ist von Betrug und List begleitet. J. dient um Labans Tochter Rahel, aber eine List Labans bringt ihn dazu, erst dessen Tochter Lea und dann Rahel zu heiraten.

Später gewinnt er durch List den besten Teil von Labans Herden und flieht darauf mit seiner Familie vor Laban, was ebenfalls mit List und Betrug vor sich geht; Laban holt ihn ein, und die beiden schließen einen Vertrag miteinander (1Mose 29–31).

Im Zusammenhang mit den J.-Laban-Erzählungen steht die von der Geburt der zwölf Söhne J.s (1Mose 29,31–30,24; 35,16–18). Andere Erzählungen kreisen um das Thema des dem J. von Gott zugesagten oder verliehenen Segens: eine doppelte Offenbarung Gottes bei Bet-El (1Mose 28,10–22; 35,1–15) und der Kampf zwischen J. und Gott am Fluß Jabbok (1Mose 32,23–33); dabei gibt ihm Gott den Namen »Israel«. Sein Tod wird im Rahmen der Josefserzählung berichtet (1Mose 49,29–50,14).

Der Bericht des 1. Mosebuches über J. ist das Ergebnis eines langen Überlieferungsvorgangs, in dessen Verlauf Erzählungen unterschiedlicher Herkunft zusammengewachsen sind und J. zum Sohn Isaaks und zum Ahnherrn der zwölf Stämme Israels wurde. Historisch dürfte J. ein Kleinviehnomade, wahrscheinlich im Ostjordanland, gewesen sein. Für den ihm begegnenden, später »Starker (Mächtiger) J.s« genannten Gott (z. B. 1Mose 49,24; Jes 49,26) stiftete er einen Kult, der in Bet-El gepflegt wurde. S.

Jakobsbrunnen, ein Brunnen in der Nähe Sichems am Fuß des Berges Garizim; dort begegnete Jesus nach Joh 4,6 einer Samaritanerin. Ob die heute gezeigte Gedächtniskirche den historischen Ort bewahrt, ist unsicher. S.

Jakobsegen, eine dem sterbenden → Jakob in den Mund gelegte Sammlung von Sprüchen über die Stämme Israels (1Mose 49,1–27). Die Sprüche sind wohl unabhängig voneinander und nicht zu gleicher Zeit entstanden. Sie weisen z. T. eine epigrammartige Form auf, indem Stämme lobend oder tadelnd charakterisiert werden, z. T. sind es Fluch- oder Segensworte. S.

Jakobsleiter → Leiter.

Jakobus. 1. J. d. Ä., Sohn des Zebedäus und Bruder des → Johannes (4), Glied des Zwölferkreises (Mk 1,19), einer der drei vertrautesten Jünger Jesu (Mk 5,37; 9,2; 14,33), von König → Herodes Agrippa I. hingerichtet (um 44 n. Chr.; Apg 12,1f.). **2.** J., Sohn des Alfäus, ebenfalls Glied des Zwölferkreises (Mk 3,18), vermutlich identisch mit J. dem Kleinen (Mk 15,40). **3.** J. der Herrenbruder (Gal 1,19). Er gehörte ebensowenig wie die übrigen Angehörigen Jesu (Mk 3,21) zum vorösterlichen Jüngerkreis, wurde jedoch wohl kurze Zeit nach Jesu Tod durch eine Erscheinung des Auferstandenen (1Kor 15,7; vgl. Hebräerevangelium, Fragm. 7) bekehrt und spielte von da an eine zentrale Rolle in der judenchristl. Gemeinde in Jerusalem (Gal 1,19; 2,9). Von etwa 44 bis zu seinem Märtyrertod um 64 war er ihr alleiniger Leiter. In der Auseinandersetzung zwischen Heiden- und Judenchristen war er der große Antipode des Paulus (Gal 2,12), obwohl er den radikal gesetzestreuen Standpunkt der Judaisten nicht geteilt zu haben scheint (Apg 21,18ff.). Seine große Autorität spiegelt sich darin, daß man ihm – fälschlich – den → Jakobusbrief zuschrieb. **4.** J., Vater des Judas, eines nur Lk 6,16; Apg 1,13 erwähnten Gliedes des Zwölferkreises. R.

Lit.: W. Pratscher, Der Herrenbruder J. und die Jakobustradition, 1987.

Jakobusbrief, judenchristl. Abhandlung in Briefform, durch den brieflichen Anfang adressiert »an die zwölf Stämme in der Zerstreuung« (Jak 1,1), d. h. an die Christen als das wahre Israel, das auf Erden in Fremdlingschaft lebt. Ein brieflicher Schluß fehlt. Der J. will offensichtlich vom Herrenbruder Jakobus (→ Jakobus 3) geschrieben sein, doch das ist schon aus zeitlichen Gründen unwahrscheinlich. Er dürfte etwa zwischen 70 und 80 in Palästina oder Syrien entstanden sein. Sein geistiges Milieu entspricht weithin dem des ebenfalls syr. Matthäusevangeliums. Nahe inhaltliche Berührungen finden sich zu synoptischen Jesusworten (Jak 1,5.17 = Mt 7,7ff.; Jak 1,22 = Mt 7,24ff.; Jak 4,12 = Mt 7,1; Jak 1,6 = Mk 11,23f. u. ö.), aber auch zur jüd. Weisheit.
Inhaltlich ist der J. eine paränetische Lehrschrift; er setzt sich aus einer bunten Folge von zumeist traditionellen Mahnungen, Weisungen und Warnungen zusammen, weshalb für den heutigen Leser der Eindruck weitgehender Zusammenhanglosigkeit entsteht. Der Verfasser hat ausschließlich die empirisch-praktische Seite des Christentums im Auge; er fordert die Leser zu rigorosem Gehorsam gegen Gottes Gebot im Geiste Jesu auf.
Ein besonderes Problem bildet angesichts von Jak 2,17 (»Glaube, wenn er nicht Werke hat, ist in sich selbst tot«) das Verhältnis zwischen dem J. und Paulus. Heute neigt man meist zu der Auffassung, daß der J. hier nicht gegen Paulus selbst, sondern nur gegen einen mißverstandenen Paulinismus polemisiert, der unter Berufung auf Paulus und seine Lehre von der → Rechtfertigung ohne Gesetzeswerke, allein aus Glauben, den christl. Gehorsam vernachlässigt. R.

Lit.: W. G. Kümmel, Einleitung in das AT, [18]1976 ([1]1958), 356–367; F. Mußner, Der J., [3]1975 ([1]1964). – G. Eichholz, Glaube und Werke bei Paulus und Jakobus, 1961.

Jambres → Jannes und Jambres.

Jammertal, in der älteren Lutherbibel ein in Ps 84,7 genanntes, nicht lokalisierbares Tal (keineswegs Bezeichnung der ganzen Erde). S.

Jamnia → Jabneel.

Jannes und Jambres, nach einer apokryphen jüd. Überlieferung, auf die 2Tim 3,8 anspielt, Namen der ägypt. Zauberer, die durch Aaron überwunden wurden (2Mose 7,11f.22). R.

Japhet → Jafet.

Japhia → Jafia.

Japhlet → Jaflet.

Japho → Jafo.

Jarkon, Ort oder Fluß in Palästina (Jos 19,46); die genaue Lage ist unbekannt. S.

Jarmuk, linker Nebenfluß des Jordan; im AT und NT nicht erwähnt. S.

Jaser, Stadt im Ostjordanland, nach 4Mose 21,32 von den Israeliten erobert; fiel später an Moab (Jes 16,8). S.

Jason. 1. J. von Zyrene, Geschichtsschreiber der Hasmonäerkämpfe (2Makk 2,19). **2.** Bruder des Hohenpriesters Onias III., der das Hohepriesteramt kaufte und die Juden hellenisieren wollte (2Makk 4). **3.** Ein Christ aus Thessalonich, bei dem Paulus wohnte (Apg 17,5). R.

Jaspis → Edelsteine.

Jawan, hebr. Name für Jonien und die Jonier (1Mose 10,2.4; Jes 66,19; Ez 27,13), der in späterer Zeit auf das Reich Alexanders d. Gr. und der Seleukiden ausgedehnt wurde (Dan 8,21; 10,20; 11,2; Joel 4,6; Sach 9,13). S.

Jebus, anderer Name Jerusalems (Richt 19,10; 1Chr 11,4), dessen vorisraelit. Bewohner »Jebusiter« hießen (z. B. Jos 15,63; Richt 1,21; 2Sam 5,6). S.

Jedaja, ein babylon. Jude (Sach 6,10) und ein Priester zur Zeit Nehemias (z. B. Neh 11,10). S.

Jehova, eine um 1100 n. Chr. unter Christen aufgekommene falsche Lesung des Gottesnamens → »Jahwe«, der im hebr. Text mit den Konsonanten *Jhwh* und den – leicht veränderten – Vokalen des Wortes *adonaj* (»Herr«) wiedergegeben wurde. S.

Jehu. 1. König des Nordreiches Israel (845–818 v. Chr.). Er war Offizier im israelit. Heer und kam durch eine Revolte an die Macht, in deren raschem und blutigem Verlauf er den König Joram von Israel und dessen Neffen Ahasja, den König von Juda, tötete und die gesamte israelit. Königsfamilie umbringen ließ (2Kön 9–10). J., der nach 2Kön 9,1–10 von einem Jünger des Profeten Elischa zum König gesalbt wurde, dürfte ein Verfechter des reinen Jahweglaubens gegenüber dem Baalskult gewesen sein; aber daß er alle Baalspriester im Reich Israel umbrachte (2Kön 10,18–25), ist unwahrscheinlich. Er wurde zum Begründer einer Dynastie, die ein Jh. lang über Israel herrschte (→ Salmanassar III.). **2.** Profet, der gegen König Bascha von Israel auftrat (1Kön 16,1–4). S.

Jephthah → Jiftach.

Jerachmeel. 1. Nach 1Chr 2,9.25–33.42 Ahnherr der Jerachmeeliter, eines Unterstammes von Juda (1Sam 27,10; 30,29). **2.** Ein Sohn des Königs Jojakim (Jer 36,26). **3.** Ein Levit (1Chr 24,29). S.

Jeremia, jud. Profet, der nach der Überschrift des → Jeremiabuches (Jer 1,1–3) von 627 bis 587 v. Chr. wirkte. Das Hauptthema seiner Botschaft ist die Anklage gegen die religiöse und sittliche Verderbtheit seines Volkes und die Drohung, daß Jahwe deshalb Unheil über das Volk bringen werde. Der Frühzeit des Profeten – vor der Reform des Königs Joschija 621 v. Chr. – weist man die Abschnitte Jer 2; 3,1–5.19–20 und ebenso die in Jer 4,5–6,26 gesammelten Worte zu, die einen Feind aus dem Norden ankündigen. Daneben hat J. wahrscheinlich in der späteren Regierungszeit Joschija Heil für das ehemalige Nordreich Israel geweissagt (zumindest Jer 3,12–13; 31,15–20). Weitgehend aus der Zeit des Königs Jojakim (608–598 v. Chr.) scheinen die in Jer 7–20 enthaltenen Worte – soweit J. ihr Verfasser ist – zu stammen. Der Regierungszeit Jojachins (598/597 v. Chr.) gehören Jer 13,15–27; 22,20–23 an und der Regierungszeit Zidkijas (597–587 v. Chr.) wohl Jer 23,5–6.9–31. Seine Unheilsbotschaft, die auch Worte über das Königshaus (Jer 21,11–14; 22,6–7) und über die einzelnen Könige (Jer 22,10 Joahas; 22,13–19 Jojakim; 22,24 Jojachin) umfaßt, hat J. durch Zeichenhandlungen unterstrichen (Jer 13,1–10; 19,1–2a.10–11a; 27,1–12). Bei den Worten gegen fremde Völker (Jer 46–51) steht so viel fest, daß Jer 46,3–12 (über Ägypten), nicht aber Jer 49,23–27 (über Damaskus) und Jer 50,1–51,58 (über Babel) von J. stammen. Aus der mehrfachen Verwendung von Klagemotiven (z. B. Jer 8,4–7; 12,7–13; 15,5–9) wie aus den sog. »Konfessionen« J.s, in denen der Profet sein Schicksal klagend vor Jahwe bringt (Jer 11,18–20; 12,1–5; 15,15–21; 17,14–18; 18,19–23; 20,7–13), und aus dem Berufungsbericht (Jer 1,4–8) dürfte hervorgehen, daß er eine sehr empfindsame Natur war.

Das Jeremiabuch enthält außer den Worten J.s eine Reihe von Berichten, in denen dargestellt wird, welchen Anfeindungen und Verfolgungen der Profet in den Jahren 608 bis etwa 593 v. Chr. (Jer 26; 20,1–6; 28–29) und vor allem in der Endphase der jud. Geschichte 588/587 v. Chr. bis zu seiner Verschleppung nach Ägypten (Jer 37–43) ausgesetzt war, hauptsächlich weil er sich der von den Königen Jojakim und Zidkija betriebenen oder unterstützten Politik, die zum Aufstand gegen die babylon. Oberherrschaft führte, entgegenstellte. S.

Jeremiabuch, eines der drei großen Profetenbücher des AT. Es zeigt im überlieferten hebr. Text folgenden Aufbau: Unheilsweissagungen (Jer 1,1–25,14), Fremdvölkerworte (Jer 25,15–38), Heilsweissagungen (Jer 26–35), Erzählungen von Jeremias Leiden (Jer 36–45), weitere Fremdvölkerworte (Jer 46–51) und ein weitgehend aus 2Kön 24,18–25,30 übernommener Bericht über das Ende des Reiches Juda (Jer 52). Eine ursprünglichere Gestalt des Buches hat die griech. Übersetzung des AT (Septuaginta) bewahrt, indem dort die Fremdvölkerworte als geschlossener Block hinter den Unheilsweissagungen eingeordnet sind, so daß sich das auch bei anderen Profetenbüchern feststellbare dreigliedrige Schema ergibt: Unheilsweissagungen (Jer 1,1–25,14), Fremdvölkerworte (Jer 25,15–38; 46–51) und Heilsweissagungen (Jer 26–35), worauf als Anhang die Erzählungen von Jeremias Leiden (Jer 36–45) und der Bericht Jer 52 folgen.

Dieser Aufbau ist das Ergebnis eines längeren Wachstumsprozesses, aus dem sich einigermaßen deutlich drei Stufen herausheben. Es handelt sich einmal um die Aussprüche Jeremias, die vor allem in Kap. 1–23 und 46–49 enthalten sind, und zum anderen um Erzählungen über ihn, die man gewöhnlich – aber wohl zu Unrecht – auf seinen Freund Baruch zurückführt (Jer 19,1–20,6; 26; 28–29; 34,1–7; 36–45; 51,59–64); dabei nehmen Kap. 37–43, die eigentliche »Leidensgeschichte Jeremias«, eine Sonderstellung ein. Als dritte Stufe gibt sich eine wohl gegen Ende des Exils vorgenommene Bearbeitung zu erkennen, die sich in ihrem Stil und ihrer Gedankenwelt an das 5. Mosebuch (Deuteronomium) und das → Deuteronomistische Geschichtswerk anlehnt und die man darum als »deuteronomistisch« bezeichnet. Ihr verdankt das J. seinen weithin langatmig-predigtartigen Charakter. Sie hat einerseits die anklagende und drohende Botschaft des Profeten weiter ausgemalt (z. B. in Jer 7; 5,18–19; 9,11–15; 11,1–14; 16,10–13; 22,8–9; 44), andererseits diese Botschaft abgewandelt, indem sie aus Jeremias bedingungsloser Unheilsverkündigung eine Bußpredigt machte, die den Hörern die Chance der Umkehr gibt (Jer 17,19–27; 18,7–12; 22,1–5), und indem sie den Verbannten die Heimkehr und ein neues Heil ankündigte (z. B. Jer 23,1–4.7–8; 24; 30,8–9; 31,23–30; 32,37–41). Diese Heilsverkündigung ist an einigen Stellen – vermutlich auf einer späteren Bearbeitungsstufe – noch überboten worden (Jer 3,14–18; 16,14–15.19–21; 31,35–40). S.

Lit.: A. Weiser, Der Prophet Jeremia, I [6]1969 (ATD 20), II [5]1969 (ATD 21); J. Schreiner, Jeremia 1–25,14, [2]1985; Jeremia 25,15–52,34, [2]1984 (NEB).

Jeremia, Brief des, den alttest. Apokryphen zugerechnete Schrift, in der lat. Bibel (Vulgata) dem Baruchbuch (→ Baruchschriften) als 6. Kapitel angegliedert. Zwischen 165 und 110 v. Chr. entstanden, ist der B. d. J. ein vor der Torheit des Götzendienstes warnender Traktat, der fälschlich den Anspruch erhebt, der Jer 29,1 erwähnte Brief des Profeten an die Verbannten in Babylonien zu sein. R.

Jericho, Stadt im südl. Jordangraben, etwa 250 m unter dem Meeresspiegel, nahe dem Toten Meer auf dem *tell es-sultan.* Älteste Besiedlungsspuren weisen in die mittlere Steinzeit (9. Jt. v. Chr.) und verdeutlichen den Übergang des Menschen vom Jägerdasein zur Seßhaftigkeit. In diese Zeit gehört eine Anlage, die als ältester → Tempel der Welt zu interpretieren ist. In der präkeramischen Jungsteinzeit (8. Jt.) wurde J. befestigt und erhielt einen großen Wehrturm. Diese frühe Entwicklung J.s zur ältesten Stadt im syr.-palästin. Raum und zu einer der ältesten Städte der Welt ist in J.s Reichtum

Jericho. Ausgrabung des tell es-sultan, ältestes bekanntes Bauwerk der Welt (nach wahrscheinlichster Datierung 8. Jt. v. Chr.)

aus dem Handel mit Salz, Asphalt und Schwefel aus dem Toten Meer begründet. Während der frühen und mittleren Bronzezeit blühte J. als Stadt mit mächtigen Verteidigungsanlagen. Um 1550 v. Chr. wurde sie von einem ägypt. Heer zerstört.

Nachdem J. 150 Jahre unbesiedelt blieb, wurde es zwischen 1400 und 1325 v. Chr. in einem kleinen, unbefestigten Dorf wiederbesiedelt. Zur Zeit der israelit. → Landnahme war *tell es-sultan* unbesiedelt. Eine Auswertung älterer Ausgrabungsberichte gibt Anhalt für eine (früh?-)eisenzeitl. Neubesiedlung J.s. Eine nach Jos 6,26; 1Kön 16,34 bis in die Zeit → Ahabs reichende Besiedlungslücke ist also archäologisch nicht zu erweisen. Im 6. Jh. endete die Besiedlung auf *tell es-sultan*.

In hellenist. und röm. Zeit wurde die Siedlungsgeschichte südl. von *tell es-sultan* im Ortsbereich der heutigen Stadt *eriha* fortgesetzt. Westl. von *tell es-sultan* wurde von den →Hasmonäern eine Palastanlage (*tulul abu al-ala'ik*) errichtet, die → Herodes d. G. weiter ausbaute. O.

Lit.: K. M. Kenyon, Digging up J., 1957.

Jerobeam. 1. J. I. (926–907 v. Chr.), der erste König des Nordreiches Israel (1Kön 12,20–14,20). J. war Fronvogt unter Salomo, empörte sich gegen diesen und mußte nach Ägypten fliehen (1Kön 11,26–40). Nach dem Tode Salomos kehrte er zurück und wurde von Israel, dem Nordteil des Reiches Salomo, zum König gewählt, nachdem Israel sich von Rehabeam, dem Sohn Salomos, losgesagt hatte (1Kön 12,1–19). Um Israel von der damals zentralen Kultstätte, dem Jerusalemer Tempel, unabhängig zu machen, erhob er die Jahwe-Heiligtümer in Bet-El und Dan zu Staatsheiligtümern und stattete sie mit je einem goldenen Stierbild aus (→ Goldenes Kalb). Diese Maßnahme wird ihm und seinen Nachfolgern von den bibl. Berichterstattern als »Sünde J.s« zum Vorwurf gemacht. **2.** J. II. (787–747 v. Chr.), der letzte bedeutende König des Nordreiches Israel. Da das Reich von Damaskus, das sich großer Gebiete Israels bemächtigt hatte, im Niedergang begriffen war, konnte J. die alten Grenzen Israels wiederherstellen und vielleicht sogar erweitern (2Kön 14,23–29). Unter J.s Regierung scheint Israel eine wirtschaftliche Blütezeit erlebt zu haben. S.

Jerubbaal, Vater Abimelechs (z. B. Richt 9,1–5; 2Sam 11,21); wird mit → Gideon gleichgesetzt (z. B. Richt 6,32; 7,1), ist aber wohl von ihm zu unterscheiden. S.

Jerusalem. 1. Name – 2. Topographie – 3. Geschichte: a) vorisraelit. Zeit, b) israelit. Königszeit, c) nachexilische, d) neutest. Zeit – 4. Religionsgeschichtliche und theologische Bedeutung: a) im Judentum, b) im Islam, c) im Christentum.

1. Die Frage der Etymologie des Namens »J.« ist noch nicht eindeutig gelöst, doch ist er am ehesten als »Gründung des (Gottes) Schalem« zu erklären. Das AT kennt auch die Kurzform »Schalem« (1Mose 14,18; Ps 76,3). Nach den vorisraelit. Bewohnern, den Jebusitern, kann die Stadt »Jebus« heißen (Richt 19,10f.). Nach der Eroberung durch → David trug sie auch den Namen »Stadt Davids«. Der Name → »Zion« kann sich auf den Tempelbezirk, aber auch auf

Jerusalem. Im Vordergrund der alte Stadthügel, im Hintergrund der Tempelplatz

die ganze Stadt beziehen. Nach der Zerstörung J.s durch → Hadrian erhält J. die Bezeichnung *Colonia Aelia Capitolina.*

2. J. liegt verkehrsgünstig in Kammlage an der Straße von Hebron nach Sichem und nahe der Verbindung vom Ostjordanland über Jericho zur Mittelmeerküste. Die älteste Ansiedlung bis in die israelit. Königszeit beschränkt sich auf die geschützte Spornlage auf dem Südosthügel, dem Ofel. Nach Osten ist sie durch das Kidrontal, auf das von Norden das Bezetatal zuläuft, nach Westen durch das Tyropoiontal (»Käsemachertal«), nach Süden durch das von Westen zulaufende Hinnomtal gesichert. Östl. des Kidrontals steigt der → Ölberg auf. Die Ansiedlung auf dem Südosthügel ist nur von Norden her nicht durch natürliche Hindernisse gesichert. Westl. vom Südosthügel erhebt sich, eingefaßt von Tyropoiontal und Hinnomtal, der Westhügel, der besonders seit der Kreuzfahrerzeit fälschlich als »Zionsberg« bezeichnet wird. Im Gegensatz zum Westhügel hat der niedrigere Südosthügel eine Quelle, die Gihonquelle, so daß sich die Siedlung zunächst auf diesem Hügel bildete.

3. a) Die Besiedlung auf dem Südosthügel ist seit der *frühen Bronzezeit* des beginnenden 3. Jt.s v. Chr. nachweisbar. Die Wahl dieser Ortslage ist in der natürlichen Sicherung nach drei Seiten, verbunden mit einer Quelle, begründet. Der älteste schriftliche Beleg J.s findet sich in den ägypt. Ächtungstexten aus dem 19./18. Jh. v. Chr. als »Ruschalimum«. Aus eben dieser Zeit, der *mittleren Bronzezeit,* stammt auch die älteste bislang nachgewiesene Stadtmauer J.s, die auf halber Höhe am Ostabhang des Südosthügels verlief. Auf dem Ölberg und im Kidrontal wurden zu dieser Epoche gehörige Gräber gefunden.

Wichtigste schriftliche Quelle für die Geschichte J.s in der *Spätbronzezeit* ist die Korrespondenz von → Amarna aus dem 14. Jh. v. Chr., in der »Urusalim« genannt wird. Die Stadt kämpfte unter ihrem König Abdi-Chepa treu an der Seite der Schutzmacht Ägypten gegen räuberische Banden und rebellierende nub. Truppen.

Das J. der vorisraelit. Jebusiter hatte etwa 2500 Einwohner. Die Häuser waren auf Terrassen am Osthang des Südosthügels gebaut. Die Mauern der spätbronzezeitlichen Stadt entsprechen denen der Mittelbronzezeit. Die Wasserversorgung gerade in Zeiten der Belagerung war durch eine Schachtanlage gesichert, die einen unterirdischen Zugang von der Stadt zur außerhalb der Mauern liegenden Gihonquelle ermöglichte (»Warren's Schacht«; vgl. 2Sam 5,8). In der Führungsschicht des kanaan. J. ist ein horit.-indogerm. Bevölkerungselement (→ Mitanni) nachweisbar: Der Name des Stadtfürsten Abdi-Chepa beinhaltet als theophores Element den Namen des horit. Gottes Chepat. Im spätbronzezeitlichen J. hat sich aber auch eine Dynastie von Stadtfürsten konstituiert, die ihre Namen mit dem semit. theophoren Element des Gottes Zedek bildete, der das Heil der Stadtgemeinschaft verkörpert (→ Gerechtigkeit), so → Melchisedek (1Mose 14,18) und → Adoni-Zedek (Jos 10,1).

b) J. wurde um 1050 v. Chr. von Söldnertruppen → Davids erobert, denen es gelang, durch den Schacht zur Gihonquelle in die Stadt einzudringen (2Sam 5,6–8). David, der in Personalunion König des Hauses → Juda und der zehn mittel-

und nordpalästin. Stämme Israels war, hat mit J., auf der Grenze zwischen Juda und → Benjamin gelegen, einen geopolitisch idealen Ort zur Hauptstadt gewählt.
Mit der Eroberung durch David fiel J. in den Besitz der Davididen, die auch Stadtkönige von J. wurden. David, der eine tolerante Kanaanäerpolitik betrieb, ließ die jebusitische Bevölkerung in der Stadt wohnen und übernahm sogar die Oberschicht in ihren Führungsfunktionen (→ Zadok, → Urija). Mit der Überführung der Lade (2Sam 6) übertrug er die Tradition des Heiligtums von → Schilo auf J. Er entwickelte aber auch nicht geringe bauliche Aktivitäten (2Sam 5,9): Auf dem Südosthügel wurde die spätbronzezeitliche Terrassierung durch eine neue ersetzt. Zwei hier gefundene proto-äolische Säulenkapitelle weisen auf ein öffentliches Gebäude auf dem Ofel (vgl. 2Sam 5,11; 7,2; 20,3). Ob aus 1Kön 11,27 geschlossen werden kann, David habe die Stadt nach Norden ausgedehnt, ist zweifelhaft, da auch zur Zeit Davids die Stadt gerade nach Norden nicht ohne Befestigung gewesen sein dürfte.
Im Norden vor der Stadt hat David einen Heiligtumsplatz, die »Tenne Araunas«, erworben (2Sam 24), auf dem → Salomo einen → Tempel und, daran angrenzend, einen → Palast errichtete (1Kön 6f.). Salomo hat die Stadtmauer insgesamt erneuert, und auch die Terrassierung wurde in der Zeit Salomos verbessert und ausgeweitet (1Kön 9,15). Die Nord- und Westgrenze des salomonischen J.s ist noch ungeklärt.
Im 8. und 7. Jh. v. Chr. vollzogen sich in J. tiefgreifende Änderungen. → Hiskija ließ einen älteren, offenen Kanal (Jes 8,6) ersetzen und den Schiloachtunnel schlagen, um, vor einem Zugriff von Belagerern gesichert, das Wasser der Gihonquelle in einem am Südende des Ofel gelegenen Teich zu speichern (2Kön 20,20; Jes 22,11). Der unterirdische Kanal hat eine Länge von 533 m bei einer Höhe zwischen 1,1 m und 3,4 m. Im Tunnel wurde die Schiloach-Inschrift entdeckt, die Auskunft über den Bauvorgang gibt. Auffällig ist die S-Kurve in der Linienführung des Tunnels, die zu zahlreichen Hypothesen Anlaß gab. Sie erklärt sich am ehesten daraus, daß der Tunnel um die am Ostabhang liegenden Königsgräber herumgeführt werden mußte. Auch verstärkte Hiskija die Stadtmauern (Jes 22,9f.; 2Chr 32,5) und schloß wohl den Schiloachteich in das Mauersystem ein.
Bereits im 8. Jh. v. Chr. breitete sich die Besiedlung aus; es bildete sich die Vorstadt des Maktesch (»Mörser«) im Tyropoiontal und Mischne (»zweite Stadt«) auf dem Westhügel (Zef 1,10; vgl. Neh 11,9). Diese Vorstädte waren im 8. Jh. noch nicht durch Stadtmauern gesichert.
In der Zeit des → Manasse wurde die Befestigung J.s weiter verstärkt. 2Chr 33,14 weiß vom Bau einer neuen äußeren Mauer. Dieser Notiz kann der archäologische Befund zugeordnet werden, daß die Ostmauer verstärkt wurde. Dieser Zeit sind auch einige Häuserfragmente auf dem Rücken des Südosthügels zuzuordnen, die einen insgesamt recht ärmlichen Eindruck machen. Götterfigurinen, die in diesem Kontext gefunden wurden, machen den kanaan. Einfluß im J. des 8. Jh.s deutlich. In diese Richtung weist auch ein außerhalb der Stadtmauern gefundenes Heiligtum mit zwei → Mazzeben, das aus einer ummauerten Höhle bestand. Im 7. Jh. ist auch die Vorstadt im Westen befestigt worden. In jüngster Zeit sind zwei Fragmente einer Stadtmauer aus dem 7. Jh. auf dem Westhügel ausgegraben worden. Es handelt sich um eine Mauer von etwa 7 m Stärke.
Die Bevölkerung J.s stieg in dieser späten Königszeit von 5000 Einwohnern zur Zeit Salomos auf etwa 10 000 Einwohner im 7. Jh. v. Chr., eine Entwicklung, die in der Fluchtbewegung aus dem Nordreich und langen Friedensperioden unter Manasse und → Joschija begründet ist. Auch die religiöse Bedeutung J.s stieg in dieser Zeit, vor allem durch die Kultreform des Joschija, die eine Zentralisierung legitimen Kultes am Tempel von J. bringt.
Um so einschneidender war die Zerstörung von Tempel und Stadt durch Nebukadnezzar im Jahre 587/586 v. Chr. Die Spuren dieser Zerstörung sind archäologisch gut gesichert. In der Mauer der Weststadt wurden neben verkohlten Holzresten eiserne und bronzene Pfeilspitzen gefunden, wobei die eisernen Pfeilspitzen von den israelit. Verteidigern stammen, während die bronzenen der Ausrüstung der Babylonier entsprechen.
c) 516/515 v. Chr. wurde der nachexilische → Tempel geweiht. Dennoch lag zur Zeit → Nehemias der größere Teil J.s noch in Trümmern. Erst mit Nehemia nahm J. in der Mitte des 5. Jh.s v. Chr. einen bescheidenen Aufstieg. Nehemia ließ die Stadtmauer wiedererrichten, die aber nur noch die Gipfelzone des Südosthügels um-

Jerusalem. Felsendom

schloß. Auf der Westseite dieses Hügels ist eine auf der Kuppe liegende Toranlage ausgegraben worden, die der Mauer Nehemias zuzuweisen ist. Im übrigen aber sind die in Neh 3,2 ff. genannten Tore und Türme (Schaftor, Fischtor, Gesanator, Taltor, Misttor, Quelltor, Meaturm, Hananelturm, Ofenturm) kaum sicher zu lokalisieren.

Die Reduzierung der Siedlung von J. auf die Gipfelzone des Südosthügels zeigt, daß die Einwohnerzahl nur noch einen geringen Bruchteil der vorexilischen Zeit ausmachen konnte, obwohl Nehemia durch Zwangsumsiedlung nach J. die Einwohnerzahl erhöhte. Einen Bedeutungszuwachs erfuhr J. dadurch, daß Nehemia die Stadt zur Provinzhauptstadt der neuen Provinz Juda im pers. Reich machte.

In *hellenistischer Zeit* zerstörte der Seleukide → Antiochus IV. Epiphanes J. (168 v. Chr.) und entweihte den Tempel. Er errichtete eine Festung in J., die Akra; sie ist am ehesten auf dem Südosthügel zu suchen. 164 v. Chr. nahm der → Hasmonäer Judas die Stadt wieder ein und weihte den Tempel neu. Die Akra auf dem Ofel aber blieb zunächst in seleukid. Hand. Die Folge war, daß jüd. Ansiedler sich auf dem Westhügel niederließen. 143 v. Chr. eroberte Simon Makkabäus auch die Akra und ließ sie wohl schleifen.

Zur Zeit des Alexander Jannäus (103–76 v. Chr.) nahm das Reich der Hasmonäer einen großen Aufschwung und damit auch die Besiedlung J.s, und zwar gerade auf dem Westhügel, der jetzt wieder durch eine Mauer befestigt wurde, von der Reste nachgewiesen werden konnten. Daraus läßt sich der Mauerverlauf rekonstruieren: vom Schiloachteich um den Westhügel zur »Zitadelle«, von dort nach Osten und durch das Kreuztal zum Tempelbezirk. Auch gibt es Hinweise, daß der Westhügel nach Osten innerhalb der Stadt noch durch eine Mauer gesichert war, die parallel zum Tyropoiontal führte. Dadurch wurde eine Oberstadt auf dem Westhügel von einer Unterstadt im Tyropoiontal getrennt. Im nordöstl. Bereich des Westhügels lag der Palast der Hasmonäer. Auch war die Nordwestecke des Tempelbezirks bereits besonders befestigt.

63 v. Chr. wurde das hasmonäische J. von → Pompejus erobert.

d) Das neutest. J. ist das herodianische. → Herodes d. Gr. brachte neugewonnene Macht und Prosperität durch seine Bauten in J. zum Ausdruck. Im Nordwestteil des Westhügels errichtete er auf einem großen, durch Umfassungsmauern gestützten Plateau einen zweiflügeligen → Palast. Dieser Palast war zur Zeit der Passion Jesu Sitz des röm. Statthalters von Judäa und Ort des Pilatusgerichts. Herodes ließ den Palast durch drei Türme an der Westmauer sichern. Auch wurde J. nach Norden erheblich erweitert und diese Erweiterung durch die sog. »zweite Mauer« gesichert, deren Verlauf heftig umstritten ist. Diese Diskussion entscheidet darüber, ob die Hinrichtungsstätte → Golgota und der Grabplatz Jesu an der seit dem 4. Jh. n. Chr. durch die Grabeskirche bezeichneten Stelle möglich ist. Liegt sie innerhalb der Linienführung der 2. Mauer, so ist diese Ortstradition hinfällig, da Hinrichtungs- und Grabstätte außerhalb der Stadt liegen. Doch haben neuere Grabungen unter der Erlöserkirche und im Muristanbezirk gezeigt, daß dieses Gebiet zur Zeit Jesu noch außerhalb der Stadt lag, so daß von daher die Tradition Golgotas an der Stelle der Grabeskirche nicht in Frage zu stellen ist.

Jerusalem. Sogenannte Via Dolorosa

Jerusalem. Klagemauer

Fand die Pilatusszene (Mk 15,1–15 par) im Palast auf dem Westhügel statt, so verlief die historische »Via Dolorosa« nicht in ostwestl. Richtung zwischen der Burg Antonia am Tempelbezirk und der Hinrichtungsstätte, sondern nordsüdl. wohl durch das Gennattor im Bereich des heutigen Jaffatores.
Historisch wenig wahrscheinlich ist die Tradition der Lokalisierung des Palastes des Hohenpriesters und damit des Verhörs Jesu durch → Kajafas auf dem Westhügel des »Zionberges«. Dieser Palast ist eher in der Nähe des Tempelbezirkes zu suchen.
Herodes d. Gr. errichtete vor allem eine gewaltige → Tempelanlage, indem er das Plateau des Tempels durch Aufschüttung des Tyropoiontals und des Bezetatals verdoppelte und durch eine noch heute in Resten sichtbare Umfassungsmauer abstützte. Ein Teil der Westmauer wurde nach der Zerstörung des Tempels durch die Römer zur jüd. Klagemauer. Herodes ließ den Tempelbezirk durch die Burg → Antonia an der Nordwestecke sichern.

Jerusalem. Blick auf die Gesamtanlage der Grabeskirche. Die linke Kuppel gehört zur Anastasis-Rotunde mit dem Grab Jesu. Rechts davon die Kuppeln über dem heutigen Langhaus und der Helena-Kapelle. Ganz rechts Reste des mittelalterlichen Kreuzgangs, an dessen Stelle das Langhaus der byzantinischen Basilika gestanden hatte

Unter → Herodes Agrippa (41–44 n. Chr.) wurde die Stadt, die zu dieser Zeit etwa 70 000 Einwohner zählte, weiter nach Norden ausgedehnt und durch die »dritte Mauer« gesichert, die wohl am ehesten in den Zügen der Nordmauer der arab. Altstadt verlief. Nördl. davon gefundene Mauerzüge sind nicht mit der dritten Mauer zu verbinden, sondern sind Reste der röm. Belagerungsmauer (*circumvallatio*) der Eroberung durch → Titus. Auch nach Süden wurde J. noch unter Herodes Agrippa erweitert und fand in dieser Zeit die bis in die Neuzeit größte Ausdehnung.

70 n. Chr. kam mit der Eroberung J.s und der Zerstörung des Tempels durch Titus diese Entwicklung zum Abbruch. Nach der endgültigen Zerstörung J.s in der Niederschlagung des Aufstandes des → Bar-Kochba errichtete Hadrian in J. eine röm. Kolonie *Aelia Capitolina.*

4. Bis in die Gegenwart hinein besteht die einzigartige Bedeutung J.s darin, daß es die heilige Stadt für drei Weltreligionen – Judentum, Islam und Christentum – ist.

a) Die Wurzeln für diese religiöse Ausnahmestellung reichen bereits in vorisraelit. Zeit zurück. Im J. der Kanaanäer war mit dem Zion des Osthügels die im Alten Orient weithin verbreitete Vorstellung vom Gottesberg verbunden. Der Zion war als Sitz des → El, Schöpfers von Himmel und Erde, Berührungspunkt von himmlischer und irdischer Welt und Mittelpunkt der letzteren. Diese Vorstellung wurde nach der Eroberung durch David mit dem israelit. Gott Jahwe verbunden. Der ursprünglich nur auf Israel als das Gottesvolk und das palästin. Kulturland als das Land Israels bezogene Gott wurde durch die Identifizierung mit dem kanaan. El von Jerusalem zum universalen Schöpfergott, der, auf dem Gottesberg des Zion thronend, über die Welt und die Völker herrschend vorgestellt wurde. Es lag in der Konsequenz dieses J.er Anspruchs, mit dem → Tempel auf dem Zion den Sitz des Schöpfergottes der Welt zu beherbergen, daß der judäische König → Joschija im 8. Jh. v.Chr. den Jahwekult in J. zentralisierte und J. zum einzigen legitimen Ort der kultischen Verehrung Jahwes machte.

Die großen Schriftpropheten Israels haben den universalen Anspruch J.s als Hoffnung in die Zukunft projiziert. Mit der Erwartung des kom-

Jerusalem. Grabeskirche – Vorplatz und Eingang auf der Südseite

menden Gottesreiches verbanden sie die Hoffnung, daß J. als Sitz des Herrn der ganzen Welt den Völkern offenbar werde, die dann nach J. wallfahren, um Jahwe zu huldigen. Von J. aus werden – so erwartete man – Recht und Friede ihren Weg in die Welt gehen (Jes 2,2–4).
Nach dem → Exil wurde der zweite Tempel zum unbestrittenen religiösen Mittelpunkt auch der spätisraelit. Diaspora und zum Ziel einer beginnenden Wallfahrtspraxis an den großen → Festen des Jahres. Nach der Zerstörung des Tempels knüpfte das Judentum an die profetischen Hoffnungen an. So entwickelte von ihnen her die → Apokalyptik die Vorstellung eines himmlischen J.s, das in der Endzeit vom Himmel herabkommen wird, um zum Ort der Sammlung des zerstreuten Judentums wie auch zum Ziel der Völker zu werden, die endgültig hier Gott als den Mächtigen anerkennen werden (4Esr 7,26). Auch der Gedanke der Allgegenwart Gottes (*schechina*) war im Judentum auf das engste mit J. verbunden. Nach der Zerstörung des Tempels (70 n.Chr.) konzentrierte sich die religiöse Bedeutung J.s auf die Westmauer des Tempelbezirks, der die Zerstörung überdauerte und für das Judentum bis in die Gegenwart zur Klagemauer wurde.
b) Auch im Islam setzte sich die zentrale religiöse Bedeutung J.s fort, indem es neben Mekka und Medina zum drittheiligsten Ort dieser Religion wurde. Nach der Interpretation der 17. Sure des Koran hat der Profet Mohammed in J. eine Vision gehabt und ist vom Felsen auf dem Zion in den Himmel entrückt worden. Der über dem heiligen Felsen errichtete Felsendom mit seiner mächtigen, die gesamte Altstadt überragenden Kuppel repräsentiert sichtbar den moslemischen Anspruch auf J.
c) Das Christentum ist von seinen ersten Anfängen an stark auf J. ausgerichtet gewesen. Für Jesus war J. undiskutierter religiöser Mittelpunkt Israels. Er hat mit seinen Jüngern den Zug nach J. zum Paschafest vermutlich deshalb angetreten, weil er dort die Entscheidung seiner Auseinandersetzung mit den religiösen Führern des Volkes suchte (Mk 10,32 ff.). Nach seiner Kreuzigung flohen seine Anhänger zwar zunächst in ihre Heimat nach Galiläa, kehrten jedoch, veranlaßt durch die ihnen dort zuteil gewordenen Erscheinungen des Auferstandenen (→ Aufer-

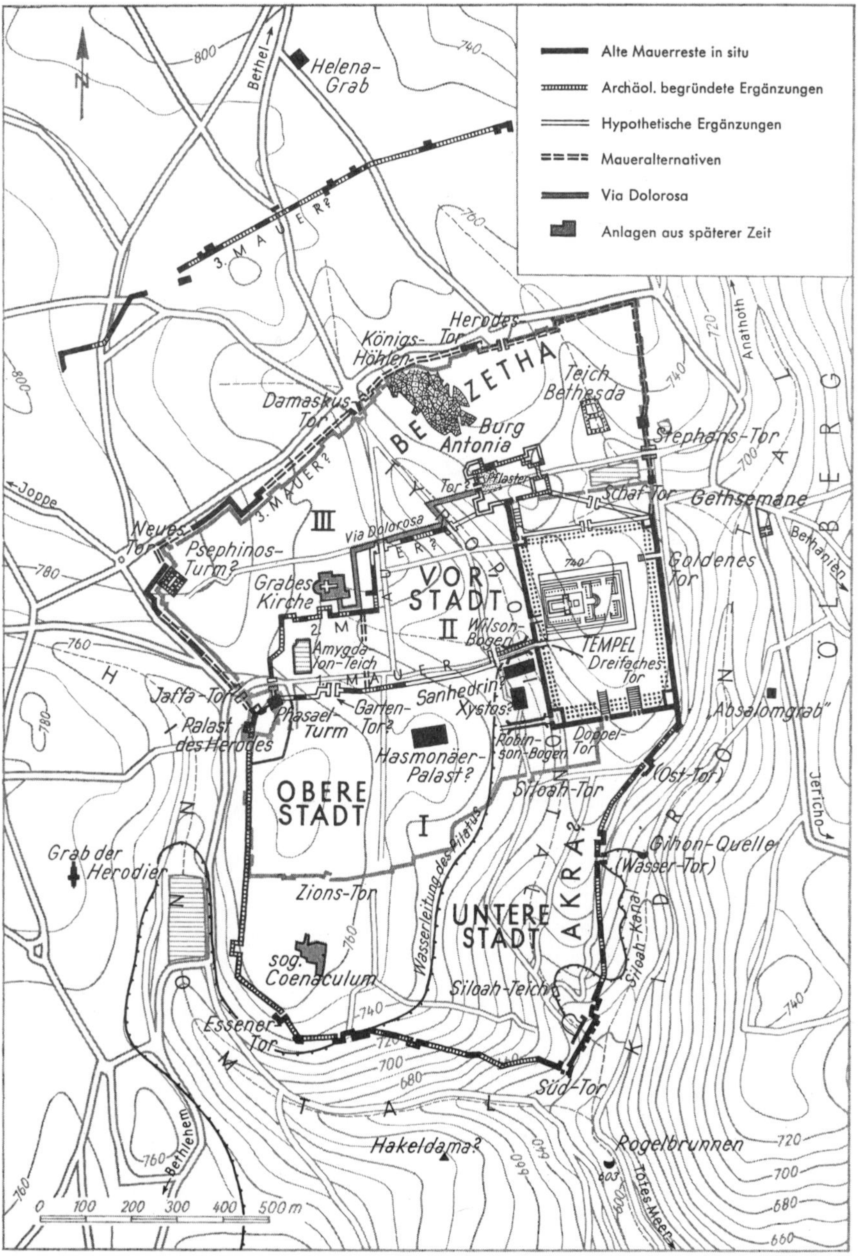

Jerusalem in neutestamentlicher Zeit

stehung), schon wenige Wochen später nach J. zurück, um sich dort erstmals mit ihrer Verkündigung an die Öffentlichkeit zu wenden (Apg 2). Der eigentliche Grund dafür, daß J. so Sitz der → Urgemeinde wurde, lag zweifellos darin, daß auch die ersten Christen in den auf diese Stadt bezogenen apokalyptischen Endzeithoffnungen lebten; sie erwarteten die → Parusie in J. und waren gewiß, daß ihr die endzeitliche Völkerwallfahrt zum Zion folgen werde. Auch für die heidenchristl. Gemeinden blieb J. während der ersten Jahrzehnte der Vorort der Christenheit. Der Vorrang der dortigen Gemeinde blieb auch für Paulus trotz erheblicher theologischer Differenzen zwischen Heidenchristen und palästin. Judenchristen (Gal 2; Apg 15) unbestritten. Als die J.er Urgemeinde in wirtschaftliche Not geriet, erhob Paulus für sie in seinen Missionsgemeinden eine Kollekte (2Kor 8f., Röm 15,25.30–33): Die Heidenchristen trugen so durch ihr Opfer stellvertretend dazu bei, daß die Position der Kirche an ihrem ihr von Gott angewiesenen Ort in der heiligen Stadt gehalten werden konnte. Die Zerstörung J.s wirkte zunächst auch auf die Christen als schwerer Schock, wurde aber dann als Gericht Gottes über das den Glauben an Christus verweigernde Israel und als definitives Ende der Vorrangstellung der heiligen Stadt verstanden (Mt 22,7; Lk 21,20).
Die spätere Christenheit knüpfte zwar keine direkten Heilserwartungen mehr an J., suchte dort jedoch die Spuren der heiligen Geschichte Jesu. Im 4. Jh. kamen Pilgerfahrten nach J. in Mode. Die Königinmutter Helena, die Mutter des röm. Kaisers Konstantin, gab durch ihre Verehrung der heiligen Stätten (u. a. Erbauung der Grabeskirche in J. und der Geburtskirche in Betlehem) dazu einen weitreichenden Impuls. Die Stationen des Leidensweges Jesu vom Einzug in die Stadt bis zur Himmelfahrt erfuhren liebevolle Pflege und (teilweise historisch fragwürdige) Rekonstruktion. Dieser neuen religiösen Bedeutung J.s wurde in byzantin. Zeit durch seine Erhebung zu einem Alexandria, Antiochia und Konstantinopel gleichgestellten Patriarchat auch äußerlich Rechnung getragen. Nachdem J. unter muslimische Herrschaft geraten war, fand der christl. Anspruch auf J. und seine heiligen Stätten seinen militanten Ausdruck in der Kreuzzugsbewegung des Mittelalters, die ganz Europa erschütterte, ohne ihr Ziel auf die Dauer erreichen zu können. O./R.

Lit.: K. M. Kenyon, J. Die heilige Stadt von David bis zu den Kreuzzügen, 1968; M. N. Avigad u. a., J. Revealed, 1975; J. Jeremias, J. zur Zeit Jesu, [3]1963; E. Otto, J. Die Geschichte der Heiligen Stadt, 1980.

Jerusalem, himmlisches. Nach apokalyptischer Vorstellung sind die Heilseinrichtungen der neuen Weltzeit bereits im Himmel präexistent vorhanden, um nach dem Ende dieser Weltzeit sichtbar in Erscheinung zu treten bzw. auf die erneuerte Erde herabzufahren. Neben einem himmlischen Tempel erwartete man vor allem ein »oberes« bzw. h. J. (4Esr 7,26; 8,52; Bar 4,3). In dieser Vorstellung fand die Hoffnung auf die endzeitliche Sammlung des Gottesvolkes ihre äußerste Verdichtung. Im NT wird die Vorstellung auf die Kirche bezogen, das »h. J.« ist hier Bild für die durch Gottes Gegenwart in Christus ermöglichte Gemeinschaft der Christen (Gal 4,26; Offb 21; Hebr 13,14). R.

Jesaja, Profet, der in der 2. Hälfte des 8. Jh.s in Jerusalem wirkte. Eines der beiden großen Themen seiner Botschaft ist die Drohung, daß Jahwe über die, die sich in Hoffart überheben (Jes 2,6ff.), und vor allem über die Jerusalemer Oberschicht wegen der Ausbeutung der wirtschaftlich Schwachen Unheil bringen werde. Dies entfaltet J. in seinem »Weinberglied« (Jes 5,1–7), in einer Reihe von Weherufen (Jes 5,8–14.17–24; 10,1–3), in Drohworten (Jes 2,12–17: der Tag Jahwes; Jes 3,1–7: die bevorstehende Anarchie; vgl. Jes 3,25–4,1; 1,21–26: Jerusalem im Läuterungsgericht; Jes 3,16 bis 17.24: gegen den Hochmut der Jerusalemer Frauen) und in anklagenden Mahnworten (Jes 1,10–17.18–20).
Das andere große Thema seiner Botschaft ist die Politik des Königs Hiskija in den Jahren 703 bis 701 v. Chr., die darauf zielte, mit Hilfe Ägyptens die assyr. Oberherrschaft abzuschütteln. Ihr weissagt der Profet das völlige Scheitern. Diese Botschaft ist enthalten in dem Komplex Jes 28,14–31,3. Aus derselben Zeit stammt vielleicht der Weheruf über Assur in Jes 10,5–9.13–15 und die Schilderung eines feindlichen Anmarsches gegen Jerusalem in Jes 10,27b–32. Das Ergebnis jener Politik – die Kapitulation Hiskijas vor den Assyrern 701 v. Chr. – spiegelt sich in Jes 1,4–8 und Jes 22,1–14.
Ferner sind aus der Frühzeit des Profeten in dem Komplex Jes 7,1–8,18 an den König Ahas und

die Jerusalemer während des syr.-efraimit. Krieges (734/733 v. Chr.) gerichtete Droh- und Mahnworte und in Jes 9,7–20; 5,25–29; 17,1–6; 28,1–4 Drohworte gegen das Nordreich Israel überliefert.
Unter den Texten, bei denen die Verfasserschaft J.s sehr umstritten ist, spielen Jes 29,1–7 und Jes 31,4–8 (beidemal wird Jahwes Hilfe für das von Feinden bedrängte Jerusalem geweissagt) und die »messianischen Weissagungen« Jes 9,1–6 und Jes 11,1–9 eine herausragende Rolle. S.

Jesajabuch, eine im Laufe mehrerer Jh.e entstandene Sammlung profetischer Texte.
1. Um den Profeten → Jesaja geht es nur in dem ersten Komplex des Buches, Kap. 1–39, der folgendermaßen aufgebaut ist: 1. überwiegend Drohworte gegen Juda und Jerusalem (Jes 1–12), 2. Drohworte gegen Fremdvölker (Jes 13–23), 3. die sog. »Jesaja-Apokalypse« (Jes 24–27), 4. Drohworte gegen Jerusalem (Jes 28–31, der sog. Assyrerzyklus), 5. Heilsworte (Jes 33–35), 6. geschichtlicher Anhang: Erzählungen über Jesaja und → Hiskija (Jes 36–38 = 2Kön 18,13.17–20,19). Während die in Kap. 1–12 gesammelten Aussprüche weitgehend auf Jesaja zurückgehen (Ausnahmen sind z. B. die Weissagung der Völkerwallfahrt Jes 2,2–5 oder das Danklied Jes 12), stammen die Worte in Kap. 13–23 zum größten Teil mit Sicherheit nicht von ihm, sondern von späteren Verfassern, so die über Babel (Jes 13,1–14,23), über Moab (Jes 15–16), über Ägypten (Jes 19), über Sidon und Tyrus (Jes 23) und über Babel, Duma, Dedan und Kedar (Jes 21). Kap. 24–35 enthalten in ihrem Mittelteil (Jes 28–32) überwiegend Aussprüche, bei denen die Verfasserschaft Jesajas unbestritten ist. Dagegen handelt es sich bei Kap. 24–27, der sog. »Jesaja-Apokalypse«, um Heilsweissagungen einer sehr viel späteren Zeit, die das erwartete Endgericht und den Anbruch der Herrschaft Jahwes zum Gegenstand haben. Dasselbe gilt für Kap. 33–35, wo die endzeitliche Verherrlichung Jerusalems nach dem Sieg Jahwes über seine Feinde, die Vernichtung Edoms und der Zug der Erlösten zum Zion geweissagt wird.
Entgegen dieser in der alttest. Wissenschaft überwiegend vertretenen Ansicht schränkt O. Kaiser den Grundbestand des Buches auf Teile von Jes 1 und 28–31 ein, deren Niederschrift erst im 6. Jh. v. Chr. erfolgt sein soll, wobei keineswegs sicher sei, daß jener Grundbestand auf Jesaja zurückgeht.
2. Der zweite Komplex des Buches, Kap. 40–55, enthält die Botschaft eines unbekannten Profeten der Exilzeit, den die Wissenschaft *Deuterojesaja* (»Zweiter Jesaja«) nennt. Das Hauptthema seiner durch hymnische Motive (z. B. Jes 42,10–13; 44,23) geprägten Botschaft ist die Verheißung, daß Jahwe die Deportierten aus Babylonien durch die in Fruchtland verwandelte Wüste (Jes 41,17–20) in die Heimat zurückführen werde (z. B. Jes 49,14–26; 52,11–12); des öfteren verwendet der Profet dabei die Form der »Heilsankündigung« (z. B. Jes 42,14–16; 43,16–21; 49,7–12), die er manchmal auch als tröstendes »Heilsorakel« ausgestaltet (Jes 41,8–13.14–16; 43,1–7; 44,1–5). Das Werkzeug Jahwes zur Herausführung der Deportierten ist für den Profeten der Perserkönig → Kyros (z. B. Jes 44,24–28; 45,1–7; 41,1–5). Mit der Heimkehr der Verbannten erwartet der Profet die Rückkehr Jahwes zum Zion und den Antritt seiner Königsherrschaft über die Völker (Jes 52,7–10), den prächtigen Wiederaufbau Jerusalems (Jes 54,11–17), die Fruchtbarkeit des Landes (Jes 51,3) und des Volkes (Jes 49,19–21). Diese Heilsbotschaft bekräftigt der Profet, indem er betont, daß Jahwe der einzig wirkliche Gott ist – der Schöpfer und der, dessen von den früheren Profeten geweissagtes Tun sich erfüllt hat. Das geschieht vor allem in den »Gerichtsreden« gegen die Völker und ihre Götter (z. B. Jes 41,21–29; 43,8–13; 44,6–8) und in den Disputationsworten, in denen der Profet die Deportierten auf ihre Zweifel oder Vorwürfe anspricht (z. B. Jes 40,12–17.18–26.27–31). Nicht von Deuterojesaja, sondern von späteren Verfassern stammt die Polemik gegen die Herstellung von Götzenbildern und den Götzendienst (z. B. Jes 44,9–20; 46,5–8). Umstritten ist in der Forschung die Frage, ob die »Gottesknechtslieder« (Ebed-Jahwe-Lieder) Jes 42,1–4; 49,1–6; 50,4–9; 52,13–53,12 von Deuterojesaja verfaßt wurden oder nicht und auf wen sie sich beziehen – auf den Profeten selbst, auf einen kommenden Messias oder auf Israel als Ganzes (→ Knecht Gottes).
Aus Deuterojesajas Verkündigung geht hervor, daß er zwischen 546 v. Chr., als der Siegeszug des Kyros begann, und 539 v. Chr., der Eroberung Babylons durch Kyros, wirkte, und zwar vermutlich in Babylonien, nicht in Palästina.
3. Der dritte Teil des Buches umfaßt Kap. 56–66.

Seinen Kern bildet die Botschaft eines ebenfalls unbekannten Profeten, den die Wissenschaft *Tritojesaja* (»Dritter Jesaja«) nennt. Diese Botschaft ist enthalten in Jes 57,14–19; 60–62; 65,16b–24; 66,7–14 und wohl auch in Jes 58–59. Sie hat die künftige Verherrlichung Jerusalems und seines Tempels, die Heimkehr der Zerstreuten nach Jerusalem und die Knechtschaft der Völker zum Inhalt. Dabei sind mehrfach Worte Deuterojesajas aufgenommen und teilweise in ihrem Sinn verändert worden (vgl. z. B. Jes 58,8; 62,10 mit Jes 52,12; 40,3).
Gewirkt hat dieser Profet wahrscheinlich um 530 v. Chr. in Palästina. Später wurden seine Worte um eine Reihe älterer und jüngerer Texte erweitert, z. B. ein Volksklagelied aus der frühen Exilzeit (Jes 63,15–64,11), profetische Anklagen und Drohungen (Jes 56,9–12; 57,3–6.7–13), ein Gedicht über das Kommen Jahwes zur Vernichtung der Völker (Jes 63,1–6) oder die Verheißung, daß die Jerusalemer Kultgemeinde ewig bestehen werde (Jes 66,20.22–24). S.

Lit.: O. Kaiser, Das Buch Jesaja. Kap. 1–12, [5]1981 (ATD 17); O. Kaiser, Das Buch Jesaja. Kap. 13–39, [3]1983 (ATD 18); C. Westermann, Das Buch Jesaja. Kap. 40–66, [3]1976 (ATD 19); H. Wildberger, Jesaja I, [2]1980; Jesaja II, [2]1989; Jesaja III, 1982.

Jesajas Martyrium und Himmelfahrt, um 100 v. Chr. entstandene jüd. Märtyrerlegende, die von der Flucht des Profeten Jesaja vor dem König Manasse nach Betlehem und seinem Tod durch Zersägen berichtet. Sie wird in Hebr 11,37 vorausgesetzt. Im 2. Jh. wurde sie durch christl. Zusätze erweitert, deren wichtigster die Vision Kap. 6–11 ist, welche die Auffahrt des J. durch die sieben Himmel und die Offenbarung der kommenden Erlösung durch Christus schildert. R.

Text: Schneemelcher II, 547–562.

Jesana → Jerusalem.

Jeschaja, ein mit Esra Heimkehrender (Esr 8,7) und andere (z. B. 1Chr 26,25). S.

Jeschua, ein im AT mehrfach vorkommender Name (verwandt mit *Josua*). Der bekannteste J. – oder Josua – ist der Priester, der zusammen mit Serubbabel aus dem Exil heimkehrte (z. B. Esr 2,2; Neh 12,1) und als Hoherpriester den Wiederaufbau des Tempels leitete (z. B. Hag 1,12). S.

Jeschurun, poetischer Ehrenname für Israel (5Mose 32,15; 33,5.26; Jes 44,2). Vielleicht wurde der Name von dem hebr. Wort für »gerade«, »aufrichtig« gebildet und soll den Gegensatz zu → Jakob, dem Überlister, ausdrücken. S.

Jesreel. 1. Ort am Ostrand der nach ihm benannten fruchtbaren J.-Ebene, die sich dreieckförmig zwischen dem Bergland von Galiläa im Norden, dem samarischen Gebirge im Südwesten und dem Tabor und dem Gilboa-Gebirge im Osten erstreckt. Die J.-Ebene gehörte bis zum Beginn der israelit. Königszeit einer Reihe von kanaan. Stadtstaaten und war als wichtiges Durchgangsgebiet der klassische Kriegsschauplatz Palästinas (z. B. Richt 4; 6,33; 2Kön 23,29–30). Der Ort J. wurde von Ahab zur zweiten Residenz (neben Samaria) ausgebaut; hier spielte der Justizmord an Nabot (1Kön 21) und die entscheidende Phase der Revolution → Jehus (2Kön 9–10). **2.** Ort in Juda (z. B. 1Sam 25,43). S.

Jesse → Isai.

Jesus, gräzisierte Form von hebr. *J[e]hoschua* bzw. *Jeschua* (»Jahwe ist Rettung«), verbreiteter jüd. Name in hellenist. Zeit. **1.** In der griech. Bibel (Sir 46,1) und im NT (Apg 7,45; Hebr 4,8) für → Josua. **2.** J. Sirach (→ Sirachbuch). **3.** J. von Nazaret (→ J. Christus); vgl. die etymologische Deutung seines Namens in Mt 1,21. **4.** Weitere Träger des Namens nennt das NT in Mt 27,16f.; Apg 13,6; Kol 4,11. R.

Jesus Christus. 1. Quellen – 2. Biographischer Rahmen – 3. Botschaft und Wirken – 4. Der Name »Jesus Christus«.
1. Außerchristl. Quellen über die zentrale Gestalt des Christentums, Jesus von Nazaret, sind spärlich und durchweg sekundär. Das hängt sowohl damit zusammen, daß die röm. literarische Überlieferung für die alte Kaiserzeit zum großen Teil verloren ist, als auch damit, daß die Vorgänge um J. und die Entstehung des Christentums außerhalb des Gesichtskreises röm. Chronisten lagen. Lediglich Tacitus (*Annales* 15,44) erwähnt J. in einer kurzen Notiz, die nicht mehr enthält als jene Grunddaten, die man überall da erfahren konnte, wo es Christen gab: »Der Urheber dieses Namens [d. h. des Christentums], Christus, ist unter der Herrschaft des Tiberius durch den Prokurator Pontius Pilatus hingerich-

tet worden; aber der für den Augenblick unterdrückte verderbliche Aberglaube brach wieder hervor, nicht nur im Bereich von Judäa, wo das Unheil entstanden war, sondern auch in der Stadt Rom ... « Der jüd. Geschichtsschreiber Josefus erwähnt J. nur in einer beiläufigen Notiz (*Antiquitates Iudaicae* 20,200; die ausführliche und ausgesprochen positive Würdigung in *Antiquitates Iudaicae* 18,63f. gilt heute allgemein als von christl. Hand eingeschoben bzw. ergänzt).
In der rabbinischen Literatur finden sich nur einige polemische Anspielungen auf Jesu Hinrichtung wegen Zauberei und Volksverführung (gemeint ist damit seine Wundertätigkeit und seine Gesetzeskritik) sowie auf seine angebliche uneheliche Geburt.
Die maßgeblichen christlichen Quellen sind die synoptischen Evangelien (→ Synoptiker). Ihre Angaben sind an einigen Punkten durch das Johannesevangelium, dem insgesamt jedoch nur ein relativ geringer Geschichtswert zukommt, zu ergänzen bzw. zu korrigieren. Darüber hinaus mag noch das eine oder andere von frühchristl. Schriftstellern überlieferte »versprengte Herrenwort« (→ Agrafa) echte Tradition enthalten. Ohne jeden Geschichtswert sind jedoch die außerkanonischen apokryphen Evangelien.

2. Das verfügbare Material erlaubt zwar nicht die Erstellung einer Biographie Jesu im Sinne einer lückenlosen Darstellung seiner äußeren und inneren Entwicklung, doch ist die Gewinnung eines zuverlässigen biographischen Rahmens sehr wohl möglich. J. wurde gegen Ende der Regierungszeit von Herodes d. Ä. (37–4 v. Chr.; → Herodes und seine Dynastie) geboren (Mt 2,1; Lk 1,5). Sein Heimat- und wohl auch sein Geburtsort war Nazaret in Galiläa; die Überlieferung von der Geburt in Betlehem (Mt 1–2; Lk 2) ist, weil von dogmatischen Motiven geprägt, historisch fragwürdig (→ Geburt Jesu). Gut belegt ist hingegen seine Herkunft aus dem Hause Davids (Mt 1,1–17; Röm 1,3f.; Mk 10,47f.). Jesu Familie gehörte demnach zu den im Zuge der Rejudaisierung des 2./1. Jh.s v. Chr. in das vorher halb heidn. Galiläa eingewanderten gesetzesstrengen Juden, die in Distanz zu den hauptsächlich in den Städten des Landes (Tiberias; Sepphoris) lebenden hellenist. Bevölkerungskreisen blieben.
J. scheint sich vorübergehend der eschatologischen Bußbewegung um Johannes den → Täufer angeschlossen zu haben (Joh 1,29), ehe er im 15. Jahr des Kaisers Tiberius (d. h. etwa 28 n. Chr.) eigenständig wirkend an die Öffentlichkeit trat (Lk 3,1). Was die Dauer des öffentlichen Wirkens Jesu betrifft, so berichtet das Johannesevangelium von drei Reisen zum Paschafest nach Jerusalem, setzt also eine über zweijährige Wirksamkeit voraus, während die Synoptiker mit einer nur knapp einjährigen öffentlichen Tätigkeit rechnen. Die historische Wahrheit dürfte in der Mitte liegen: Vieles spricht dafür, daß Jesus eineinhalb bis zwei Jahre öffentlich gewirkt hat. Der geographische Schwerpunkt seiner Tätigkeit lag in Galiläa im Gebiet um den See Gennesaret. Gut bezeugt ist eine Reise in das Gebiet der → Dekapolis im Norden (Mk 8,27ff.). Zu einem öffentlichen Auftreten in Jerusalem kam es erst in den letzten Tagen seines Lebens; dort erfolgte dann auch auf Betreiben des jüd. Synedriums (→ Hoher Rat) die Verhaftung Jesu und die Verurteilung zum Tode durch den röm. Statthalter Pontius Pilatus aufgrund des – nachweisbar falschen – Vorwurfs politisch-messianischen Aufrührertums. Nach der wahrscheinlichsten Datierung fand die Hinrichtung durch Kreuzigung am Rüsttag des Paschafestes des Jahres 30, der auf einen Freitag fiel, d. h. am Freitag, dem 14. Nisan 30, statt (Joh 19,31).

3. J. war kein Religionsstifter; er wollte weder eine neuartige Heilslehre verkündigen noch eine neue religiöse Organisation begründen. Seine Botschaft und sein Wirken waren vielmehr ganz auf Israel bezogen; sie zielten auf die eschatologische Vollendung der im AT begonnenen Geschichte Gottes mit diesem seinem Volk. Dementsprechend bestehen enge Berührungen zwischen J. und verschiedenen Richtungen des zeitgenössischen Judentums, z. B. den → Pharisäern, die freilich sämtlich an entscheidenden Punkten durchbrochen werden. Das Neue an J. wuchs aus der jüd. Tradition heraus und gewann in der Auseinandersetzung mit ihr Kontur. Es ist darum methodisch verfehlt und führt zu einem verzerrten J.-Bild, wenn – wie vielfach in der Forschung geschehen – bei den Unterschieden zwischen J. und der jüd. Tradition eingesetzt wird. Drei besonders markante Züge dieses Bildes zeichnen sich ab:

a) *Der Ruf in die Nachfolge.* J. war von einem Kreis von Jüngern umgeben, der sich, trotz einiger äußerer Entsprechungen, wesentlich von dem Schülerkreis unterschied, wie ihn ein jüd. Gesetzeslehrer um sich zu sammeln pflegte.

Denn sein Zweck war nicht die Unterweisung im Gesetz, sondern die Teilnahme an Werk und Auftrag Jesu. J. erwählte sich die zu Berufenden aus freier Initiative (Mk 1,16ff.; 2,14) und forderte von ihnen die radikale Lösung aller Bindungen zu Sippe und Familie (Mt 8,21f.; 10,37), wie er selbst auch zu Beginn seines Wirkens diese Bindungen hinter sich gelassen hatte (Mk 3,31–35). So bildete sich eine eschatologische Dienst- und Schicksalsgemeinschaft, hinter der als Motiv das Bewußtsein der unmittelbaren Nähe der Gottesherrschaft stand – eine Ausnahmesituation, die Außergewöhnliches verlangte.

b) Mit seiner *Verkündigung der Gottesherrschaft* (→ Reich Gottes) nahm J. ein von der nachexilischen Profetie (Jes 52,7–10) herkommendes, durch die Apokalyptik weiterentwickeltes und durch Johannes den Täufer aktualisiertes Motiv auf: Auch er erwartete das Ende der bisherigen Weltgeschichte und die Gestaltung einer neuen Welt durch ein in nächster Zukunft erfolgendes Eingreifen Gottes (Mk 9,1; 14,25). Allerdings erhielt dieses Motiv bei ihm entscheidende neue Akzente: Anders als die Apokalyptiker lehnte er eine spekulative Berechnung des Endes ab (Lk 17,20); anders als Johannes der Täufer (Mt 3,11f.) sah er das Kommen Gottes nicht primär als Strafgericht, vor dem nur radikaler Gesetzesgehorsam und Askese retten können, sondern als ein die gegenwärtigen Verhältnisse heilvoll verwandelndes, den Menschen in die Gemeinschaft Gottes versetzendes Geschehen. Dieses Geschehen ist bereits in der Gegenwart in Jesu Wort und Tat verborgen gegenwärtig (Mt 11,2–5); er sah seine Aufgabe darin, durch sein Reden und Handeln die Menschen dem kommenden Gott entgegenzuführen und ihn zugleich verantwortlich zu vertreten.

So waren die → Gleichnisse von der Gottesherrschaft (z. B. Mt 13,1–52) ein einziger eindringlicher Appell, dem Handeln des nahen Gottes in Jesus Raum zu geben, während die Gleichnisse vom Wiederfinden des Verlorenen (Lk 15) um das Verstehen dessen warben, was sich durch J. vollzog: Wenn er sich den Zöllnern und Sündern, den Deklassierten und Randgruppen der Gesellschaft zuwandte, um ihnen Sündenvergebung zu gewähren und sie in seine Gemeinschaft aufzunehmen, so war damit Gott selbst am Werk mit seiner bedingungslos schenkenden Güte (Mt 20,15) und mit seiner Freude über das Finden der Verlorenen (Lk 15,7.10.32). Auch die Heilungen und Dämonenaustreibungen Jesu, die trotz weitgehender späterer Ausgestaltung in der Gemeindeüberlieferung einen sicheren historischen Kern haben, waren Zeichen für das Kommen der Gottesherrschaft, insofern sie das zukünftige Heilwerden der gesamten Schöpfung signalisierten. Das → Wunder ist ein Zeichen, in dem der Glaube das real erfährt, was er dem Gott, auf dessen Wirken in Jesus er sich einläßt, zutraut.

c) Was J. in Konflikt mit der herrschenden religiösen Gruppe der → Pharisäer brachte, war sein *Vollmachtsanspruch,* der sich vor allem in seiner Stellung zum jüd. Gesetz sowie zu den geheiligten Institutionen des Sabbats und des Tempels manifestierte. J. schloß sich nicht an die Gesetzesauslegung der maßgeblichen jüd. Lehrer an, um sie weiterzuführen, sondern er verkündigte kraft unmittelbarer Autorität mit seinem »ich aber sage euch . . .« (Mt 5,21–48) den radikalen, unverkürzten Willen des Schöpfers (→ Bergpredigt), der die Grenzen der herkömmlichen kasuistischen Gesetzesinterpretation sprengt und den Menschen zu bedingungsloser Hinwendung zum Nächsten verpflichtet (Lk 10,25–37; → Nächster, Nächstenliebe). Durch seine Heilungen am Sabbat (Mk 3,1–6) beanspruchte J. die Vollmacht, solche Hinwendung zum Nächsten als Gottes eigentlichen Willen über das Sabbatgebot zu stellen. Dieser Anspruch, der in den Augen der führenden jüd. Kreise als Gotteslästerung gelten mußte, dürfte den wesentlichen Grund für deren wachsende Feindschaft gegen J. gebildet haben, die sie schließlich dazu bewog, sein gewaltsames Ende herbeizuführen.

J. selbst scheint, zumindest in der letzten Phase seines Wirkens, dieses Ende vorausgesehen und bewußt akzeptiert zu haben (Mk 8,31; 9,31). Er hatte sein gesamtes Wirken als dienendes Eintreten für die Gott Fernen unter Verzicht auf eigene Macht verstanden (Mk 10,45). Von daher lag es nahe, daß er auch sein Sterben, in letzter Konsequenz dieses Daseins für andere, als vom Willen Gottes verordnete Preisgabe seines Lebens für die »vielen« (Mk 14,24) annahm.

Wenige Tage nach seiner Hinrichtung wurden seine verängstigt nach Galiläa geflohenen Jünger von seiner Erscheinung als Auferstandener überwältigt (1Kor 15,4f.). Dieses zwar historisch eindeutig bezeugte, aber hinsichtlich seiner Rahmenbedingungen nicht mit den üblichen

Mitteln des Historikers rekonstruierbare Widerfahrnis machte sie gewiß, daß Gott selbst sich zu J. bekannt und seinem Anspruch Recht gegeben habe. Als der von Gott Auferweckte war J. nicht mehr durch seinen Tod widerlegt; Gott selbst hatte die am Kreuz endende Geschichte Jesu unwiderruflich zu seiner eigenen Geschichte mit der Welt gemacht (→ Auferstehung). Wenn dem so war, dann konnte fortan von Gottes Heil für die Welt nur noch in Verbindung mit seinem Handeln durch J. und seinem Handeln an J. gesprochen werden.

4. Inwieweit J. seinen Vollmachtsanspruch auch durch den Gebrauch bestimmter Hoheitstitel dokumentierte, ist umstritten. Wahrscheinlich, wenn auch nicht unumstritten, ist, daß er den aus der Apokalyptik stammenden Titel → Menschensohn auf sich anwandte; hingegen hat er den Titel des »Gesalbten« (hebr. *maschiach*; aram. *m^{e}schicha*, gräzisiert → *Messias*; griech. *Christos*), mit dem man in pharisäischen und zelotischen Kreisen den erwarteten politischen Erneuerer des zerfallenen Reiches König Davids (2Sam 7,12ff.) bezeichnete, nicht gebraucht und ihn da, wo er von seinen Anhängern an ihn herangetragen wurde, abgewiesen (Mk 8,29f.).

Erst nach Ostern wandte die Urgemeinde den *Christos*-Titel auf Jesus an, um den Anspruch Jesu auf Israel zum Ausdruck zu bringen – allerdings in einer bezeichnenden Umprägung: Wenn der *Christos*-Titel in frühen Traditionen stets im Zusammenhang mit Aussagen über Jesu Sterben steht (1Kor 15,3; Röm 5,6.8; 1Petr 2,21), so soll damit verdeutlicht werden, daß J. gerade als der von Israel durch seine schmachvolle Hinrichtung Verstoßene von Gott zum messianischen Herrscher über sein Volk eingesetzt wurde. Später – im Heidenchristentum – verblaßte die Bedeutung des Titels; er wurde als Eigenname mißverstanden und lebt als solcher in der bis heute gebräuchlichen kirchlichen Titulatur *Jesus Christus* weiter. R.

Lit.: G. Bornkamm, J. von Nazareth, 1956; W. Trilling, Fragen zur Geschichtlichkeit Jesu, 1966; Goppelt, Theologie I, 1975; T. Holtz, J. aus Nazaret, 1981; J. Gnilka, J. von Nazaret, 1990.

Jesus Sirach → Sirachbuch.

Jibleam, alte kanaan. Stadt (Richt 1,27) südl. von Jesreel. Bei J. wurde König Ahasja von Jehu getötet (2Kön 9,27). S.

Jiftach, Held der Richterzeit, der einen Angriff der Ammoniter auf die Israeliten in der Landschaft Gilead abwehrte (Richt 10,6–12,6) und als → Richter tätig war (Richt 12,7). Der aus verschiedenen Traditionen zusammengesetzte Bericht über J. enthält u. a. die Erzählung, wie J. durch ein Gelübde seine einzige Tochter verliert, deren Opfertod (eher wohl: Verlust der Jungfrauschaft, vgl. → Initiationsritus) alljährlich von den Mädchen Israels beklagt wurde (Richt 11,30–31.34–40) und die → Schibbolet-Episode (Richt 12,1–6). S.

Jiphtach → Jiftach.

Jitro, midianit. Priester (→ Midian, Midianiter) und Schwiegervater des Mose im Gebiet der Sinaihalbinsel, bei dem Mose sich lange Zeit aufhält (2Mose 3,1; 4,18) und der für Mose ein Opfermahl veranstaltet (2Mose 18,1–12). Die sog. Keniterhypothese sieht in J. den Mann, der Mose die Verehrung des Gottes → Jahwe gelehrt hat.

Nach einer anderen Tradition hieß Moses Schwiegervater → Hobab oder → Reguël. S.

Joab, Neffe → Davids und Anführer der Söldnertruppe, der »Männer Davids« (z. B. 2Sam 2,13), später Befehlshaber des Heerbanns (2Sam 8,16). Seine möglichen Rivalen → Abner und → Amasa ermordete er. Er war beim Aufstand → Abschaloms auf der Seite Davids. Beim Aufstand → Adonijas entschied er sich für diesen gegen → Salomo und wurde von Salomo umgebracht (1Kön 1,7; 2,28–34). S.

Joahas. 1. König des Nordreiches Israel (818–802 v. Chr.). Seine Regierungszeit war bestimmt durch die Kämpfe mit Hasaël, dem König des Aramäerreiches von Damaskus, der dem J. eine starke Rüstungsbeschränkung auferlegte (2Kön 13,1–9). **2.** König des Südreiches Juda (609 v. Chr.); in Jer 22,10–12 heißt er *Schallum*. Er wurde nach nur dreimonatiger Regierungszeit von dem ägypt. Pharao Necho abgesetzt und gefangengenommen (2Kön 23,31–34). S.

Joas → Joasch.

Joasch. 1. König des Südreiches Juda (840–801 v. Chr.). Er wurde König, nachdem er dem Mordplan seiner Großmutter Atalja entgangen war. An das Aramäerreich von Damaskus mußte er einen schweren Tribut zahlen. Er kam durch eine Verschwörung ums Leben (2Kön 11–12). **2.** König des Nordreiches Israel (802–787 v. Chr.). Er konnte die Gebiete, die Israel an die Aramäer verloren hatte, zurückgewinnen und kämpfte siegreich gegen Amazja, den König von Juda (2Kön 13,10–13.25; 14,8–14). S.

Job → Ijob.

Jobeljahr (Luther: »Erlaßjahr«). Nach 3Mose 25,8–34 sollten in jedem 50., durch das Blasen des Widderhorns (hebr. *jobel*) zu eröffnenden Jahr Saat und Ernte unterbleiben und die ursprünglichen Besitz- und Rechtsverhältnisse wiederhergestellt werden. S.

Joch, ein Langholz, das zwei Tiere (meistens Rinder) zum Ziehen eines Pfluges oder Wagens verbindet, mit je zwei Pflöcken (neben den Hälsen der Tiere), an denen Stricke befestigt sind; diese werden unter den Hälsen der Tiere zusammengebunden. In der Bibel erscheint das J. meistens als Bild für Fronlast (z. B. 1Kön 12; 1Tim 6,1) oder Fremdherrschaft (z. B. Jes 6,3; Jer 27–28), selten positiv als Bild für die Weisung Gottes (Jer 2,20) oder für die Nachfolge Jesu (Mt 11,29f.). S.

Joel, Profet, der wahrscheinlich in der 1. Hälfte des 4. Jh.s v. Chr. in Jerusalem wirkte und dessen Verkündigung vor allem den »Tag Jahwes«, Jahwes letztes Gericht, zum Gegenstand hat (→ Joelbuch). S.

Joelbuch, enthält die Botschaft des Profeten → Joel. Zunächst fordert der Profet anläßlich einer Heuschrecken- und Dürrenot, worin er die Vorzeichen des »Tages Jahwes« (→ Tag des Herrn) sieht, die Judäer zur Klage auf (Joel 1). Dann folgen Weissagungen: Der »Tag Jahwes« ist nahe, an dem Jahwe ein unheimliches, gewaltiges Heer gegen Juda heranführen wird (Joel 2,1–11); deshalb sollen die Judäer Buße tun (Joel 2,12–17). Aber da Jahwe sein Volk verschont, d. h. die wirtschaftliche Not abgewendet hat (Joel 2,18–19), wird er auch das feindliche Heer, das aus dem Norden kommt, vernichten und dem Land reiche Fruchtbarkeit geben (Joel 2,20–27). Der »Tag Jahwes« kommt mit kosmischen Katastrophen, wobei Jahwe seine Frommen retten und über sie seinen Geist ausgießen wird (Joel 3). Er wird das feindliche Völkerheer im »Tal Josafat« sammeln und vernichten, während die Judäer dann in Frieden wohnen (Joel 4). Wahrscheinlich ist das J. eine literarische Komposition, verfaßt im Rückblick auf eine Heuschreckenplage, die der Profet zunächst als Vorzeichen eines über Juda, dann – nach ihrem Ende – über die anderen Völker kommenden Unheils deutete.
Das J. gilt wegen der Endzeit-Schilderungen und der zuweilen verschlüsselten Sprache (z. B. »der Nördliche« 2,20; »Tal Josafat« 4,2.12) als eine Vorstufe der apokalyptischen Literatur. S.

Lit.: A. Weiser, Das Buch der zwölf Kleinen Propheten I, [6]1974 (ATD 24); A. Deissler, Zwölf Propheten I, [2]1985 (NEB).

Johanan (hebr., »Jahwe ist gnädig«), häufiger Name im AT (2Kön 23; Jer 40,8–43,5; Neh 12,22f.42), gräzisiert *Johannes.* – Von großer Bedeutung für das nachneutest. Judentum war der Schriftgelehrte J. ben-Zakkai, der nach der Zerstörung Jerusalems das Synedrium von Jabne (→ Jabneel) konstituiert und das Studium des Gesetzes neu begründet hat. R.

Johanna. Nur im Lukasevangelium erwähnte (8,3; 23,49; 24,10) Jüngerin Jesu; eine der Frauen am leeren Grab. R.

Johannes (hebr. *Johanan*). **1.** Vater des Mattathias (1 Makk 2,1). **2.** J. Gaddis, Sohn des Mattathias (1 Makk 2,2). **3.** J. der Täufer, Bußprediger und Endzeitprofet, der am Jordan südl. von → Jericho um 28 n. Chr. wirkte (Mk 1,2–8 par; vgl. Josefus, *Antiquitates Iudaicae* 18,116–119). Nach Lk 1 stammte er aus priesterlichem Geschlecht und war mit Jesus verwandt. Im Angesicht des unmittelbar bevorstehenden Kommens Gottes zum Gericht (Mt 3,11: »der Kommende«, vermutlich ursprünglich »Gott«) rief er zur Umkehr auf und übte die Taufe am Jordan, wohl im Sinne einer Vorwegnahme des kommenden Gerichtes (der »Feuertaufe«, Mt 3,11). Jesus von Nazaret und vielleicht auch einige seiner Jünger (Joh 1,19–39) waren aus der Bewegung um J. den Täufer hervorgegangen; bei der Taufe durch J. erfuhr Jesus seine Berufung (Mk 1,9–11 par) und trennte sich daraufhin von ihm. J. der Täufer wurde von Herodes Antipas (→ Herodes und seine Dynastie), dessen Ehe mit seiner

Schwägerin Herodias er öffentlich verurteilt hatte, gefangengesetzt und in der Festung → Machärus enthauptet (Mk 6,17–29). Seine Bewegung lebte jedoch noch lange weiter und bildete infolge zahlreicher verwandter Züge eine ernsthafte Konkurrenz zum Urchristentum. Deshalb wird im NT immer wieder die Verhältnisbestimmung zwischen Jesus und J. dem Täufer zum Thema: J. der Täufer gilt als Vorläufer (Mt 11,2f.), als der letzte der Profeten (Lk 16,16), als der das Erscheinen des Messias Vorbereitende und Weissagende (Joh 1,29–34); jeder darüber hinausgehende Anspruch seiner Jünger wird zurückgewiesen (Joh 1,8.20). Paulus hat noch in Ephesus mit J.-Jüngern zu tun (Apg 18,25; 19,3). Noch heute sehen die → Mandäer im Irak und Iran in J. dem Täufer einen Reformator ihrer Religion. **4.** J., der Zebedäussohn, Glied des von Jesus berufenen Zwölferkreises (Mk 3,17 par), wie sein Bruder → Jakobus (1) und Simon → Petrus ursprünglich Fischer am See Gennesaret (Mk 1,14–20 par). Petrus, J. und Jakobus bildeten den Kern des Zwölferkreises; als die Vertrauten Jesu treten sie mehrfach in den Evangelien in Erscheinung (Mk 9,2; 14,33). J. hat auch nach Ostern eine Zeitlang bei der Leitung der Kirche in Jerusalem eine Rolle gespielt; Paulus nennt ihn – neben Petrus und dem Herrenbruder → Jakobus (3) – als eine der drei »Säulen« (Gal 2,9). Nach späterer Überlieferung wirkte er später hochbetagt in Kleinasien und schrieb dort in Ephesus das Johannesevangelium und die Johannesbriefe sowie auch – als Verbannter auf Patmos – die → Offenbarung des J. Vieles spricht jedoch dafür, daß er schon relativ früh in Palästina das Martyrium erlitten hat (Mk 10,39). **5.** J., der Profet und Seher, der auf Patmos die → Offenbarung des J. schrieb (Offb 1,4), ist wohl schwerlich mit (4) identisch. R.

Johannesakten, im 2. Jh. n. Chr. in Kleinasien entstandene, nur bruchstückhaft überlieferte apokryphe → Apostelakten. Die J. bieten eine romanhafte Darstellung der Schicksale des Apostels → Johannes, in die ein Offenbarungshymnus und eine stark gnostisch gefärbte Offenbarungsrede Christi eingesprengt sind. R.

Text: Schneemelcher II, 138–193.

Johannesapokalypse → Offenbarung des Johannes.

Johannesbrief(e). Die 3 zu den sog. → kath. Briefen des NT zählenden J. berühren sich in Sprache und Gedankenwelt eng mit dem → Johannesevangelium, jedoch sind die typisch johanneischen Elemente weit weniger ausgeprägt als dort, z. B. tritt die präsentische Eschatologie sehr zurück; eine Annäherung an gemeinchristliches Denken scheint vollzogen. So spricht wenig für die Annahme gleicher Verfasserschaft. Eher dürften die J. von einem Schüler des Evangelisten stammen, denn sie verhalten sich in etwa zum Evangelium wie die von einem Paulusschüler stammenden → Pastoralbriefe zu den echten Paulusbriefen. Entstanden sind sie um 100 n. Chr. in Kleinasien.

Der 1. J. ist, da alle brieflichen Züge fehlen, weniger ein Brief als ein für die ganze Christenheit bestimmter Traktat mit zwei Themen: Ermahnung zur Bruderliebe und Abwehr der Irrlehre. Der 2. und 3. J. sind kurze, den Umfang eines Papyrusblattes nicht überschreitende Mitteilungen des Verfassers, der sich »der Älteste« nennt, an eine Gemeinde bzw. an einen ihm nahestehenden Gewährsmann namens Gajus, der in einer dem Verfasser nicht freundlich gesonnenen Gemeinde lebt. R.

Lit.: W. G. Kümmel, Einleitung in das NT, [18]1976, 383–398; R. Schnackenburg, Die J., [5]1975; G. Strekker, Die J., 1988.

Johannesevangelium, viertes der kanonischen Evangelien, zwischen 90 und 100 n. Chr. entstanden. Nach altkirchlicher Tradition wurde es von dem zum Zwölferkreis um Jesus gehörenden Zebedäussohn → Johannes (4), der identisch war mit dem im J. mehrfach erwähnten »Jünger, den Jesus liebhatte«, in hohem Alter in Ephesus verfaßt; in Wahrheit dürften die Herkunftsverhältnisse jedoch wesentlich komplizierter liegen.

Das J. ist von den Synoptikern zwar unabhängig, es ist jedoch schwerlich der unmittelbare Bericht eines Augenzeugen, sondern beruht in seinen erzählenden Abschnitten auf Quellen, u. a. auf einem Passionsbericht (Joh 18–19) und auf einer Sammlung von Wundergeschichten, deren volkstümlich-drastische Erzählweise auf einen längeren Überlieferungsprozeß schließen läßt. Die erzählenden Abschnitte sind eingebettet in ein System von umfangreichen Reden und Gesprächen Jesu, die sich durch eine eigentümliche, im ganzen NT sonst nicht belegbare Terminologie auszeichnen (z. B. die Gegensatzpaare »Licht–Finsternis«; »Wahrheit–Lüge«; »oben–unten« und die Bezeichnung Jesu als »Weg«, »Tür«, »Weinstock«). Auffällige Unebenheiten und Brüche verraten, daß das Werk in mehreren Phasen gewachsen sein muß (so sind Joh 15 und 16 ein Anhang an die Abschiedsrede Joh 14, Joh 21 ein späterer Nachtrag). Viele Forscher vermuten heute, daß das J. in einer relativ abgeschlossen lebenden kirchlichen Gruppe entstanden ist, deren besonderes Verständnis der Erscheinung Jesu sich in ihrer Sondersprache manifestierte. Diese Gruppe, in der sich Einflüsse des jüd. Täufertums mit solchen der frühchristl. Profetie verbunden haben dürften, scheint in der Gestalt des »Jüngers, den Jesus liebte« (einer großen Lehrergestalt, dem sie ihre Interpretation Jesu verdankte), ein Denkmal gesetzt zu haben (Joh 13,23; 21,7.20).

Das J. hat nur ein einziges Thema: das Kommen Jesu Christi als des vom Vater gesandten ewigen Wortes (Joh 1,1–14), die Scheidung und Entscheidung, die es in der Welt hervorruft (Joh 9,35–39), und seine Rückkehr zum Vater nach der Vollendung seiner Sendung (Joh 13,1; 17,1–5). Es erzählt die Geschichte Jesu als ein gegenwärtiges Geschehen: Wie für die Jünger damals geht es auch für die Hörer und Leser jetzt darum, daß sie in der Begegnung mit der Selbstoffenbarung Jesu durch das Wirken des Geistes »von neuem geboren werden« (Joh 3,3.5). Für das J. ist die Menschwerdung Jesu, die → Inkarnation, das zentrale Heilsereignis. Denn in ihr bricht Gott selbst in die ihm feindliche Welt ein (Joh 1,98–12), um sie zu besiegen (Joh 16,38). Auffallend ist das starke Hervortreten einer präsentischen → Eschatologie: In der Begegnung mit Jesus und seinem Wort vollzieht sich bereits das Gericht. Der Glaubende ist schon »vom Tode in das Leben hinübergegangen« (Joh 5,24), der nicht Glaubende dagegen ist schon gerichtet. – Eigentümlich ist auch die Ethik des J.s. Sie beschränkt sich auf die immer neue Einschärfung des Gebotes der Liebe zu den Brüdern (z. B. Joh 13,15f.; 15,13), bleibt also im innergemeindlichen Bereich. Das Verhalten der Christen zu den Außenstehenden wird hingegen nicht reflektiert.

Inhalt: Joh 1,1–18 Prolog: das Kommen des Wortes in die Welt (Bearbeitung eines frühchristl. Hymnus); Joh 1,19–12,50: die Selbstoffenbarung Jesu vor der Welt; Joh 13,1–17,26: der Abschied Jesu von den Seinen (Abschiedsreden und Abschiedsgebet); Joh 18,1–20,31: der Hingang Jesu zum Vater (Leidens- und Auferstehungsberichte); Joh 21 (Nachtragskapitel): weitere Erscheinungen des Auferstandenen.

Das J. hat eine vielfältig gebrochene Wirkungsgeschichte. Es wurde zum Evangelium der Häretiker, der Mystiker, der Philosophen und der Anthroposophen. Wegen seiner Beliebtheit bei gnostischen Gruppen im 2. Jh. nur zögernd von der Kirche akzeptiert, gewann es bald große Bedeutung für die Entwicklung des christologischen Dogmas. In der Neuzeit trat es jeweils dann in den Vordergrund, wenn eine kritische Abgrenzung der Kirche gegenüber der Welt unumgänglich schien. R.

Lit.: R. Bultmann, Das Evangelium des Johannes, [19]1968; R. Schnackenburg, Das J., I [2]1967, II 1971, III 1976; W. G. Kümmel, Einleitung in das NT, [18]1976, 155–212; K. Wengst, Bedrängte Gemeinde und verherrlichter Christus, 1990.

Jojachin, vorletzter König des Südreiches Juda (598/597 v. Chr.). Nach nur dreimonatiger Regierungszeit wurde er von dem babylon. König Nebukadnezzar abgesetzt und zusammen mit vielen Jerusalemern nach Babylonien deportiert und dort gefangengehalten, bis ihn 561 v. Chr. der Sohn Nebukadnezzars zu sich an den königlichen Hof nahm (2Kön 24,8–16; 25,27–30). S.

Jojada, Oberpriester in Jerusalem, der dem Prinzen → Joasch (1) das Leben rettete und ihn später zum König über Juda machte (2Kön 11 bis 12). S.

Jojakim, König des Südreiches Juda (608–598 v. Chr.). Sein ursprünglicher Name »Eljakim« wurde von dem ägypt. Pharao Necho, der ihn zum König einsetzte, in »J.« geändert. Nach dem Sieg des babylon. Königs Nebukadnezzar über Necho wurde J. dessen Vasall, fiel aber später von ihm ab (2Kön 23,34–24,5). J. verstarb vor Nebukadnezzars Strafexpedition; diese traf erst J.s Sohn und Nachfolger → Jojachin. S.

Jokmeam → Jokneam.

Jokneam, eine alte kanaan. Stadt am Südostfuß des Berges Karmel (Jos 12,22). S.

Jona. 1. Profet im Nordreich Israel, der dem König Jerobeam II. (787–747 v. Chr.) die Wiederherstellung der alten Reichsgrenzen weissagte

(2Kön 14,25). Seine Heimat war der Ort Gat-Hefer in Galiläa. Dieser J. erscheint auch als Hauptgestalt des → Jonabuches, das jedoch eine ungeschichtliche Erzählung ist. **2.** → Jonam. S.

Jonabuch. Es berichtet von → Jona, der sich dem Befehl Gottes widersetzt, der Stadt Ninive den Untergang anzukündigen. Er besteigt ein Schiff, wird ins Meer geworfen, von einem großen Fisch verschlungen und an Land gespien. Dann geht er nach Ninive und kündigt der Stadt den Untergang an, die daraufhin Buße tut, und Gott verschont sie. Jona wird zornig, weil seine Ankündigung nicht eintraf. Wie töricht er ist, zeigt die Schlußszene: Der Trauer Jonas über das rasche Verdorren einer schattenspendenden Rizinusstaude hält Gott entgegen, wie groß seine, Gottes, Betrübnis über den Untergang der großen Stadt Ninive sein müßte.
Das J. ist eine im 4. oder 3. Jh. v. Chr. abgefaßte Lehrerzählung, die sich mit dem Verhältnis Israels zur Völkerwelt beschäftigt: Gegenüber dem in der Gestalt des Jona verkörperten Vorurteil, daß Gott die Völkerwelt vernichten muß, um Heil für Israel zu schaffen, betont der Autor des J.es, daß auch die anderen Völker Geschöpfe Gottes sind und daß Gott sich ihrer annehmen wird. Israel soll – wie Jona – das Werkzeug zur Bekehrung der Völkerwelt sein. S.

Lit.: A. Weiser, Das Buch der zwölf Kleinen Propheten I, [6]1974 (ATD 24); A. Deissler, Zwölf Propheten II, 1984 (NEB).

Jonadab, ein Israelit, der eine Gemeinschaft strenger, nach Nomadenart lebender Jahweverehrer (Rechabiter, → Rechab 2) stiftete (2Kön 10,15; Jer 35). S.

Jonam, ein Mann im Stammbaum Jesu (Lk 3,30). S.

Jonatan, im AT mehrfach vorkommender Name. Der bekannteste J. ist der älteste Sohn des Königs Saul. Er nahm an den Philisterkämpfen seines Vaters teil (1Sam 13–14), schloß Freundschaft mit David (1Sam 18,1–5) und fiel wie sein Vater in der Schlacht gegen die Philister (1Sam 31,2). David dichtete ein Klagelied auf J. (2Sam 1,17–27) und kümmerte sich um dessen Sohn → Merib-Baal (2Sam 9). S.

Jonazeichen. In dem Rätselwort Mt 12,39 par Lk 11,29 antwortet Jesus auf die Zeichenforderung seiner Gegner mit der Ankündigung des »Zeichens des Jona«. Was damit gemeint ist, war wohl bereits den Evangelisten unklar: Ist das J. der Bußruf Jesu, welcher der Bußpredigt → Jonas im AT entspricht? Ist es seine Auferstehung (so Mt 12,40), oder ist es – so die wahrscheinlichste Vermutung – die endzeitliche Erscheinung des → Menschensohns, der, wie Jona, ein aus dem Tode Hervorgegangener sein wird (Lk 11,30)? R.

Joppe → Jafo.

Joram. 1. König des Nordreiches Israel (851–845 v. Chr.). Er unternahm mit Joschafat von Juda einen Feldzug gegen Moab, wurde im Kampf gegen die Aramäer verwundet und beim Aufstand des Jehu getötet (2Kön 3–10). **2.** König des Südreiches Juda (847–845 v. Chr.), der mit Atalja, einer Schwester des erstgenannten J., verheiratet und zunächst Mitregent seines Vaters → Joschafat war. Während seiner Regierung löste Edom sich aus der Oberherrschaft Judas (2Kön 8,16–24). S.

Jordan, der Hauptfluß Palästinas (Länge etwa 600 km), wird durch Vereinigung von vier Quellflüssen südlich des Hermon gebildet, durchfließt den – heute trockengelegten – Hule-See (2 m ü. d. M.) und anschließend den See Gennesaret (208 m u. d. M.), worauf er sich in zahllosen Windungen (320 km Flußlänge bei 105 km Luftlinie) durch den J.-Graben bis zum Toten Meer (390 m u. d. M.) schlängelt und dabei das Wasser einiger Nebenflüsse – die wichtigsten sind der Jarmuk und der Jabbok – aufnimmt. Im Gegensatz zum eigentlichen J.-Tal mit seiner üppigen Vegetation, wo es in alttest. Zeit noch Löwen gab (Jer 49,19), weist der 3–20 km breite J.-Graben – mit Ausnahme einiger Oasen – nur geringen Pflanzenbewuchs auf. Der J. ist wegen zahlreicher Stromschnellen und Sandbänke nicht schiffbar und wirkte – obwohl mehrere Furten das Überschreiten des Flusses ermöglichten (z. B. Jos 2,7; Richt 3,28) – im Verlauf der bibl. Geschichte eher kulturtrennend als -verbindend. Für das AT (und später für die → Mandäer) besitzt sein Wasser reinigende Kraft (2Kön 5,10ff.; → Täufer, Täuferbewegung). S.

Josaphat → Joschafat.

Jordan-Graben

Joschafat (868–847 v. Chr.), König des Südreiches Juda (1Kön 22,41–51), Zeitgenosse des Königs Ahab von Israel. J. beendigte die Grenzstreitigkeiten zwischen Juda und Israel und verheiratete seinen Sohn → Joram (2) mit Ahabs Tochter Atalja. Sein Versuch, den Seehandel Salomos wiederaufzunehmen, scheiterte. Nach dem Bericht der Chronikbücher (2Chr 17–20) hat er u. a. eine Neuordnung der → Gerichtsbarkeit in seinem Land vorgenommen (2Chr 19,5–11). S.

Joschija (639–609 v. Chr.), König des Südreiches Juda (2Kön 22,1–23,30). Er war zunächst Vasall der Assyrer, konnte sich dann aber, da die assyr. Macht zerfiel, selbständig machen. So reinigte er den Jerusalemer Tempel von den Symbolen assyr. Götter und beseitigte nicht nur die Fremdkulte in Juda, sondern auch in der bis dahin assyr., von ihm annektierten Provinz Samaria. Ferner schaffte er in seinem Herrschaftsbereich die Jahwe-Heiligtümer ab und konzentrierte den Kult auf den Jerusalemer Tempel. Dies tat er nach dem Bericht in 2Kön 22,3–23,3 auf Anweisung eines im Tempel gefundenen »Gesetzbuches«, womit das 5. Mosebuch (Deuteronomium), genauer: eine Urform desselben, gemeint sein muß. Seine Maßnahmen auf kultischem Gebiet bringen ihm das uneingeschränkte Lob des bibl. Berichterstatters ein (2Kön 23,25); sie sind auch von großer Bedeutung für die Folgezeit geblieben. Aber J.s außenpolitisches Werk brach jäh zusammen, als er im Kampf gegen ein ägypt. Heer, das den Assyrern zu Hilfe kommen wollte, den Tod fand. S.

Josef. 1. Hauptgestalt der → Josefserzählung (1Mose 37–50). Nach dem bibl. Bericht ist er ein Sohn → Jakobs und → Rahels (1Mose 30,22–24), Vater → Efraims und → Manasses (1Mose 41,50–52; 48) und wurde, obwohl er in Ägypten starb, auf seinen Wunsch in Palästina bei Sichem begraben (1Mose 50,25; Jos 24,32). Dieser J. gilt als Ahnherr einer Gruppe von israelit. Stämmen, die auf dem Bergland Mittelpalästinas ansässig war und zuweilen als »J.« oder »Haus J.« bezeichnet wurde (z. B. 5Mose 33,13–17; Richt 1,22–23). Zu ihr gehörten vor allem Efraim und Manasse, die bedeutendsten Stämme des späteren Nordreiches Israel. Unklar ist, ob das »Haus J.« einen Zusammenschluß dieser Stämme darstellt oder ob es sich in sie aufgespalten hat. – In poetischer Sprache war der Name »J.« eine Bezeichnung für das Nordreich (z. B. Am 6,6; Ps 80,2) und sogar für das ganze Volk Israel (z. B. Ps 81,6). **2.** Vater Jesu, nach glaubhafter Überlieferung aus davidischem Geschlecht, Bauhandwerker in Nazaret in Galiläa (Mt 13,55; Joh 1,45; 6,42). Nach Lk 2,4f. stammte er aus Betlehem (→ Kindheitsgeschichten Jesu). **3.** Bruder Jesu (Mt 13,55); nach Mk 6,3 wäre sein Name allerdings »Joses« gewesen. **4.** J. von Arimathäa, jüd. Ratsherr, der Jesus in seinem Felsgrab bestattete (Mk 15,43; Joh 19,38–42). **5.** J. Barsabbas, Gegenkandidat des → Matthias bei der Ergänzung des Zwölferkreises durch Nachwahl (Apg 1,23). S. / R.

Josefserzählung. Die novellenartige J. (1Mose 37; 39–47; 50) schildert, wie → Josef (1) von seinen elf Brüdern nach Ägypten verkauft wird und dort zu höchsten Ehren gelangt. Den Brüdern, die anläßlich einer Hungersnot nach Ägypten kommen, tritt er zunächst unerkannt gegenüber, gibt sich dann aber zu erkennen und versöhnt sich mit ihnen.

Ihre vorliegende Gestalt, die einige Doppelungen und kleinere Widersprüche aufweist, hat die J. erst im Laufe eines längeren Überlieferungsvorgangs erhalten; sie weist überraschende Kenntnis des ägypt. Lokalkolorits auf. Ob und wieweit sie einen historischen Kern enthält, ist umstritten. War Josef ein ägypt. Wesir der → Hyksos-Zeit? Oder stellt er das individualisierte Groß-Ich der Hebräer-Gruppe dar, die nach Ägypten einwanderte und später den → Auszug erlebte; ist die J. also stammesgeschichtlich zu deuten? Oder ist Josef nur Idealtyp einer Beispielerzählung?

Die J., die in Gott den verborgenen Lenker menschlichen Tuns sieht (z. B. 1Mose 50,20), entstammt dem Bereich der → »Weisheit«; das zeigt sich an der lehrhaften Tendenz (Josef verkörpert mit seiner Redekunst, Klugheit und Gottesfurcht ein israelit. Erziehungsideal) und an der guten Kenntnis der ägypt. Verhältnisse.

Der Stoff der J. ist literarisch vielfach nachgestaltet worden, u. a. in Thomas Manns Romantrilogie *Joseph und seine Brüder*. S.

Josef und Asenat, um 100 n. Chr. vermutlich in Alexandria entstandener hellenist.-jüd. Roman, der von der Liebe einer ägypt. Priesterstochter zu → Josef (1), ihrer wunderbaren Bekehrung und glücklichen Heirat erzählt (vgl. 1Mose 41,45). R.

Text: Rießler, 497–538.

Josefus, jüd. Schriftsteller priesterlicher Abstammung (37 – um 100 n. Chr.). Im Krieg gegen Rom war er als Verteidiger Galiläas tätig; bei seiner Festnahme (67 n. Chr.) profezeite er Vespasian die künftige kaiserliche Würde. Als sich dies 69 erfüllte, wurde J. freigelassen und lebte als kaiserlicher Pensionär in Rom. Seine Selbstbiographie und die 7 Bücher über den jüd. Krieg (*Bellum Iudaicum*) sind eine wichtige zeitgeschichtliche Quelle. In den (fragmentarisch erhaltenen) 20 Büchern *Antiquitates Iudaicae* (»Jüd. Altertümer«, von der Schöpfung bis zum Ausbruch des jüd. Krieges, 66 n. Chr.) und in der Schrift gegen den Antisemiten Apion versucht er, die bibl. Geschichte Lesern griech. Bildung nahezubringen. – Die Echtheit eines über Jesus (→ Jesus Christus) handelnden Abschnittes in den *Antiquitates Iudaicae* (18,63f.) ist umstritten. H. M.

Josia → Joschija.

Josua, Sohn des → Nun, Nachfolger des Mose (4Mose 27,18ff. u. ö.) und Führer Israels bei der → Landnahme des Westjordanlandes (Jos 1–12). In den → Mosebüchern gilt J. als Moses Gehilfe in militärischer (2Mose 17,8ff.) und kultischer Funktion (2Mose 24,13). Historisch gesichert ist J.s Herkunft aus → Efraim. Er führte in vorstaatlicher Zeit (→ Richter) die Stämme Benjamin und Efraim als charismatischer Heerführer gegen eine Koalition der Kanaanäer (Jos 10,1ff.), sprach Recht im Gebiet mittelpalästin. Stämme (Jos 17,14ff.) und wurde in Timnat-Serach in Efraim begraben (Jos 24,30).

Als ein bedeutender Führer der Frühzeit wurde J. am efraimit.-benjaminit. Grenzheiligtum → Gilgal in den dort tradierten Zyklus von Landnahme-Erzählungen (Jos 2–9) eingeführt und zum Führer Israels in der Landnahme uminterpretiert. Von dort wurde er auch in die Mosebücher als Diener des Mose eingeführt. O.

Lit.: A. Alt, J., in: Kleine Schriften I, [4]1968, 176–192; M. Noth, Das Buch J., [2]1953.

Josuabuch. Das J. hat seinen Namen von der Hauptperson des Buches, → Josua, der als Nachfolger des Mose Israel in das Westjordanland führt (Jos 1–12), die Verteilung des Landes durchführt (Jos 13–21) und seine Wirksamkeit mit dem Bundesschluß in → Sichem abschließt (Jos 24). Das J. gliedert sich in drei Hauptteile: a) die → Landnahme der Israeliten im Westjordanland (Jos 1–12); b) die Landverteilung an die westjordan. Stämme (Jos 13–19) und Aussonderung der Asyl- und Levitenstädte (Jos 20; 21); c) Anhang: die Errichtung eines Altars durch die ostjordan. Stämme bei → Gilgal (Jos 22), Josuas Abschiedsrede (Jos 23), der »Landtag von Sichem«, Josuas Tod und Begräbnis (Jos 24).

Die Ansichten über die Entstehung des J.es gehen weit auseinander: Einerseits wird im J. die Fortsetzung der Quellen der → Mosebücher gesehen, andererseits wird das J. dem → Deuteronomistischen Geschichtswerk (DtrG) zugerechnet, das von den Mosebüchern literarisch unabhängig sei. In diesem Fall wären die Landnahmeberichte der Quellen der Mosebücher nicht mehr erhalten. Die Vertreter der ersten These sehen in Jos 1–12 die Quellen des → Jahwisten und → Elohisten mit starken Überarbeitungen im Geist des → Deuteronomiums, in Jos 13–19 die → Priesterschrift überwiegend beteiligt. Die Vertreter der zweiten These sehen in Jos 1–12 eine Sammlung ätiologischer Sagen, die durch den Redaktor des Deuteronomistischen Geschichtswerkes überarbeitet sei, in Jos 13–19 zwei Dokumente, ein System der Stammesgrenzen aus vorstaatlicher Zeit und eine Ortsliste aus der Zeit Joschijas, die der Redaktor des Deuteronomistischen Geschichtswerkes zusammengearbeitet und mit Jos 1–12 verbunden habe. O.

Lit.: M. Görg, Josua, 1991 (NEB). – M. Noth, Überlieferungsgeschichtliche Studien, 1943; S. Mowinckel, Tetrateuch. Pentateuch. Hexateuch, 1964; E. Otto, Das Mazzotfest in Gilgal, 1975.

Jota, Buchstabe des griech. Alphabets. Das ihm entsprechende hebr. *jod* war der kleinste hebr. Buchstabe und galt darum in bildlicher Rede als Inbegriff des Geringfügigen (wie im Deutschen der »Punkt auf dem i«; vgl. Mt 5,18). R.

Jotam. 1. Mann der Richterzeit, der in einer Fabel das Königtum seines Bruders Abimelech ablehnt (Richt 9,1–21). **2.** König des Südreiches Juda (756–741 v. Chr., längere Zeit als Mitregent seines Vaters → Usija); erwähnt wird seine Bautätigkeit und ein Sieg über die Ammoniter (2Kön 15,5.7.32–38; 2Chr 27). **3.** Ein Kalebiter (1Chr 2,47). S.

Jubiläen. Das Buch der J. gehört zu den Pseudepigraphen des AT (→ Apokryphen und Pseudepigraphen). Es enthält die Wiedergabe und Ausgestaltung der Ereignisse zwischen Schöpfung und Auszug aus Ägypten als Abfolge von Perioden oder J. Die → Erzväter erscheinen als kultische und ethische Vorbilder. Die Entstehungszeit des J.-Buches, von dem eine äthiop. Übersetzung, lat. Bruchstücke und Fragmente des hebr. Originals aus → Qumran vorliegen, ist unsicher; in Frage kommt die Zeit der → Hasmonäer, also das 2. Jh. v. Chr. J. E.

Text: Rießler, 539–666.

Juda. »J.« war ursprünglich eine Landschaftsbezeichnung des Gebirges, das sich von Jerusalem nach Süden erstreckte. Die hier im 14./13. Jh. v. Chr. seßhaft werdenden protoisraelit. Sippen bildeten einen Stamm J. mit dem Zentrum in → Betlehem. J. wurde Teil eines Stämmeverbandes → Israel, der sechs Stämme der → Lea. Nach einer Katastrophe der mittelpalästin. Stämme → Ruben (1Mose 35,21f.; 49,3f.), → Simeon und → Levi (1Mose 34; 49,5ff.) sowie der Einwande-

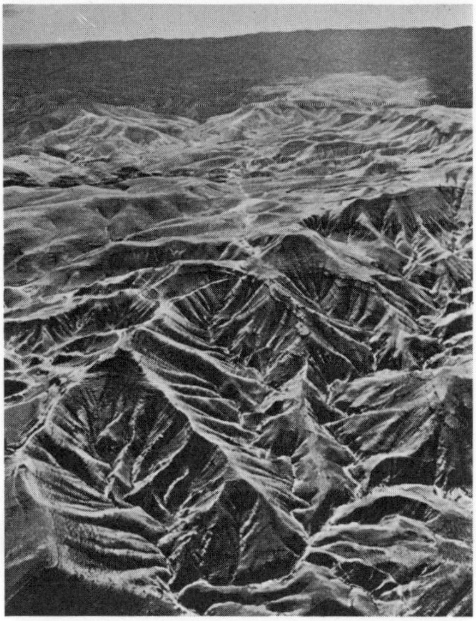

Wüste Juda

rung der Gruppe des → Auszugs, der Stämme der → Rahel, in Mittelpalästina brach der Zusammenhang J.s mit Israel ab, der durch einen Sperriegel kanaan. Stadtstaaten von Geser bis Gibeon und Jerusalem erschwert wurde. Dagegen blieb an dem von Judäern und Israeliten Mittelpalästinas besuchten Heiligtum von → Gilgal die Idee der Zusammengehörigkeit J.s zu Israel lebendig, die von → Saul im 11. Jh. v. Chr. politisch realisiert wurde, indem er J. in sein Reich eingliederte. Nach seinem Tod ging der Zusammenhang wieder verloren. Dagegen vereinigte → David als König von J. dieses mit den südpalästin. Sippen → Kaleb, → Otniel, → Jerachmeel und den → Kenitern zu einem Groß-J. mit dem Zentrum in → Hebron. Da nach der Niederlage Sauls im Kampf gegen die Philister die mittelpalästin. Stämme an Einfluß verloren, wurde J. das politische Machtzentrum im israelit. Palästina und in der Konsequenz David in Personalunion König über J. und Israel. Nach dem Tode seines Sohnes → Salomo brach die Verbindung von J. und den übrigen Stämmen Israels wieder auseinander und wurde zum Gegeneinander zweier rivalisierender Königtümer. Das von David zur Metropole Israels gemachte → Jerusalem blieb weiterhin politisches und kultisches Zentrum J.s. Mit der Eroberung Jerusalems durch die Babylonier 587/586 v. Chr. verlor J. seine staatliche Eigenständigkeit. In babylon. und pers. Zeit war J. Teil der Provinz → Samaria, bis → Nehemia eine eigenständige Provinz Juda mit dem Zentrum Jerusalem bilden konnte. O.

Judäa, von griech. *Iudaia* »Land der Juden«, hellenist.-röm. Bezeichnung des südl. Landesteils Palästinas, der dem Gebiet der alten Stämme → Juda und Benjamin entsprach. Zentrum J.s war → Jerusalem. Nur in J. konnten nach dem Exil Israeliten noch in relativer Selbständigkeit leben. Zur Zeit Jesu war J. kaiserlich röm. Protektorat, das einem Statthalter unterstand (→ Verwaltung Palästinas). R.

Judaisten, strenge → Judenchristen, welche die → Heidenchristen zwingen wollten, sich beschneiden zu lassen und nach dem jüd. Gesetz zu leben. Die Leiter der judenchristl. Urgemeinde hatten in Jerusalem auf dem → Apostelkonzil das Recht des Paulus zur gesetzesfreien Heidenmission ausdrücklich anerkannt (Gal 2,9). Männer wie Petrus und Jakobus waren demnach gewiß keine J., aber zumindest ein Teil der Judenchristen betrieb in der Folgezeit heftige Agitation gegen diese Heidenmission. So setzt sich Paulus im → Galaterbrief mit J. auseinander, die die galatischen Heidenchristen hinter seinem Rücken zur Übernahme des Gesetzes überreden wollten (Gal 3–5; vgl. Phil 3,1–14). J. bewirkten wohl auch die Verhaftung des Paulus bei seinem letzten Jerusalem-Besuch (Apg 21,18ff.). – Nach 70 n. Chr. kümmerten die J. in der für die Entwicklung der Großkirche bedeutungslosen Sekte der → Ebioniten dahin. R.

Judas. 1. J. Makkabäus, dritter Sohn des Priesters Mattathias im Dorf Modeïn, wurde Führer im Kampf gegen die Hellenisierung des Jerusalemer Kultes durch einen Teil der Priesterschaft und den seleukid. König (ab 167/166 v. Chr.). Im Dezember 165 erreichte er die Erneuerung des jüd. Kultes im Jerusalemer Tempel (Tempelweihfest). In weiteren Kämpfen suchte er Selbständigkeit für sein Volk zu erkämpfen; er fiel 160. (Vgl. 1Makk 3–9; 2Makk 8–15.) **2.** J. → Iskariot, Glied des Zwölferkreises, der Jünger, der Jesus verriet. **3.** Bruder Jesu (Mk 6,3; Mt 13,55); nach der Tradition Verfasser des → Judasbriefes. **4.** J., Sohn des Jakobus (Lk 6,16; Apg 1,13), in der Alten Kirche oft mit (3) identifiziert. **5.** J. der Galiläer. Nach der Verwandlung Judäas in eine röm. Provinz (6 n. Chr.) rief er zur Verweigerung der Steuereinschätzung auf. J. hat vom Ostrand des jud. Gebirges aus einen Guerillakrieg gegen die Römer und jüd. Großgrundbesitzer geführt. Nach Apg 5,37 kam er dabei ums Leben. **6.** J. Barsabbas, bedeutendes Glied der Jerusalemer Urgemeinde (Apg 15,22ff.); wirkte einige Zeit in Antiochia. **7.** J. von Damaskus, Quartiergeber des Paulus (Apg 9,11). H. M.

Judasbrief, einer der sog. → kath. Briefe des NT. Auf die Zuschrift (V. 1f.) folgt eine Warnung vor Irrlehrern, die in der Gemeinde auftreten (V. 3–16). Aufgrund ihrer sittlichen Verfehlungen und der Leugnung der göttlichen Würde Christi sind sie schon jetzt für das Strafgericht Gottes bestimmt. Dies wird an Beispielen aus dem AT, aber auch aus Pseudepigraphen, begründet. V. 17–23 mahnen die Gemeinde zu rechtem Verhalten. Eine Doxologie beschließt den Brief. – Der Bruder Jesu (→ Judas 3) kann nicht Verfasser des J.es sein, da nach V. 17f. die Apostelzeit schon vorbei ist. Die Gegner dürften der → Gnosis angehören. Der J. gehört in die Zeit um 100 n. Chr. H. M.

Lit.: W. Schrage / R. H. Balz, Die »Kath.« Briefe, 1973 (NTD 10).

Jude, ursprünglich »Judäer«, der Bewohner des Südreiches → Juda (2Kön 16,6; 25,25), später der Provinz → Judäa (Neh 1,2). Der Name wurde aber nach dem Untergang des Nordreiches → Israel und nach dem Exil auf Israeliten allgemein übertragen. Zunächst wurde er wohl von Nicht-J.n gebraucht (vgl. noch Mt 2,2), während die bevorzugte Selbstbezeichnung »Israeliten« blieb (Röm 11,1; Phil 3,5). Im NT, namentlich bei Paulus, ist »J.« kein rassischer – wie denn überhaupt die in der Neuzeit verhängnisvoll gewordene Rede von einer jüd. Rasse unsinnig ist (→ Semiten) – und kein ethnischer, sondern ein religiöser Begriff und bezeichnet die, welche an das mosaische Gesetz gebunden sind (1Kor 9,20; Gal 2,14). Hier liegt auch der Ansatz für die stark negative Akzentuierung des Begriffes im → Johannesevangelium: Für Johannes sind »die J.n« diejenigen Glieder Israels, die sich wegen ihrer Bindung an das Gesetz dem Anspruch Jesu verschlossen haben (8,44–59; 9,22f. u. ö.); sie sind, über alle ethnischen Grenzen hinaus, die Repräsentanten der sich Jesus verweigernden Menschheit. Für Kirche und Theologie heute stellt sich – vor allem im jüd.-christl. Dialog – die dringende Aufgabe, die unheilvolle Wirkungsgeschichte dieser neutest. Aussagen kritisch aufzuarbeiten. J. E. / R.

Judenchristen, Christen jüd. Herkunft, und zwar sowohl geborene Juden als auch → Proselyten. In seinen Anfangsjahren war das entstehende Christentum rein judenchristl., d. h., es war eine Sonderrichtung innerhalb des Judentums (Apg 24, 5.14; 28,22), die das Ziel hatte, ganz Israel als endzeitliches Gottesvolk unter der Herrschaft des Messias Jesus zu sammeln (Apg 2,36 u. ö.) (→ Urchristentum). Hinsichtlich des kulturellen Hintergrundes unterscheidet man zwischen palästin. J. mit aram. Muttersprache und hellenist. J., die der Diasporasynagoge entstammten (Apg 2,5; 11,20) und zumeist griech. sprachen (Apg 6,1; → Hellenisten). Während die hellenist. J. nach ihrer Vertreibung aus Jerusalem (Apg 8,4) die Heidenmission aufnahmen und so eine Entwicklung zum gesetzesfreien → Heidenchristentum in die Wege leiteten, blieben die palästin. J. dem Gesetz und jüd. Lebensart weitgehend verbunden. Die vom Herrenbruder → Jakobus (3) geleitete Jerusalemer Urgemeinde erkannte zwar das Heidenchristentum prinzipiell an (Gal 2,9), behielt sich jedoch selbst die Judenmission vor, die zeitweilig von Petrus geleitet worden zu sein scheint (Gal 2,8ff.; 1Kor 1,12). Nur der extremistische Flügel der → Judaisten forderte die volle Unterstellung der Heidenchristen unter das Gesetz.
Judenchristl. Gemeinden, die vor allem in Palästina, Syrien und Zypern entstanden, wurden später weithin vom Heidenchristentum absorbiert. Die Jerusalemer Gemeinde emigrierte kurz vor 70 nach Pella in der Dekapolis. Im 2. Jh. gab es nur noch versprengte Gruppen reiner J. in Galiläa, am oberen Jordan und in Peräa.
Unsere Quellen für die Theologie des Judenchristentums sind sehr dürftig. Innerhalb des NT gelten als judenchristl. das → Matthäusevangelium, der → Jakobus- und der → Judasbrief. R.

Lit.: J. Daniélou, Théologie du Judéo-Christianisme, 1958.

Judentum → Rabbinisches Judentum.

Judenverfolgung → Antisemitismus.

Judit (hebr., »Jüdin«). **1.** Heldin des → Juditbuches; eine schöne, fromme und reiche Witwe, die ihr Volk durch ein Attentat auf den Feldherrn → Holofernes rettet. **2.** Name einer der Frauen → Esaus (1Mose 26,34). J. E.

Juditbuch. Das von einem unbekannten Verfasser stammende, ursprünglich hebr., jedoch nur in griech. und anderen Übersetzungen erhaltene J. gehört zu den → Apokryphen. Es stammt wohl aus dem 2. Jh. v. Chr. und ist ein Zeugnis strenger Gesetzesfrömmigkeit in der Zeit der Abwehr kultureller und religiöser Überfremdung (Zeit der → Hasmonäer). Ohne Wert auf historische Genauigkeit zu legen, erzählt das J. in legendärer Form vom Widerstand gesetzestreuer Juden gegen die Assyrer. Judit, die schöne und fromme Heldin des Buches, rettet ihr Volk, indem sie den feindlichen Feldherrn → Holofernes umgarnt und tötet. J. E.

Julia, röm. Christin, an die Paulus Grüße bestellen läßt (Röm 16,15). R.

Julius, röm. Hauptmann, der die Überführung des gefangenen Paulus von Cäsarea nach Rom leitet (Apg 27,1 ff.). R.

Jünger, im AT und NT »Schüler«. Als »J.« bezeichnet man im Deutschen die Schüler, Nachfolger und Mitarbeiter eines Profeten oder religiösen Lehrers. Einige alttest. Profeten hatten J., wobei die Jüngerschaft allerdings im einzelnen unterschiedlich strukturiert war. → Elija berief Elischa in seine Nachfolge, d. h. zur Teilhabe an seiner Lebensweise und seinem Auftrag (1Kön 19,19–21), und auch Elischa hatte einen Kreis von Profeten-J.n um sich, die seine charismatische Wirksamkeit teilten (2Kön 9,1). Dagegen dürfte zwischen Jesaja und seinen J.n ein Lehrer-Schüler-Verhältnis bestanden haben (Jes 8,16). Um ein Lehrer-Schüler-Verhältnis handelte es sich auch bei den J.n der Schriftgelehrten (Mt 22,16): Gesetzeslehrer konnte nur werden, wer im Lehrhaus durch einen anerkannten Schriftgelehrten in der Tora-Auslegung unterwiesen worden war. Demgegenüber entsprachen die J.-Kreise um Johannes den Täufer und Jesus wieder mehr dem charismatischen Modell Elijas und Elischas. Die J. des Täufers teilten dessen Lebensweise (Mk 2,18; Lk 11,1) und assistierten

ihm vermutlich bei der Taufe und der Volkspredigt.
Auch Jesu J. waren an seinem öffentlichen Wirken beteiligt; sie predigten und hatten Vollmacht zur Dämonenaustreibung (Mk 3,13f.). Zwischen ihnen und ihrem Meister bestand eine enge Dienst- und Schicksalsgemeinschaft (Mk 10,42ff.). Der Eintritt in die Jüngerschaft erfolgte nicht aufgrund eigener Wahl, sondern aufgrund des Rufes Jesu in die → Nachfolge (Mk 3,13ff.; Mt 8,18–22). J. sein konnte nur, wer bereit war, alle bisherigen Lebensbindungen hintanzustellen um des allein vordringlichen Dienstes für die nahe Gottesherrschaft willen (Mt 10,37f.). Der J.-Kreis Jesu war zahlenmäßig begrenzt und nicht mit dem weiteren Kreis seiner Anhänger und Sympathisanten identisch. Seinen festen Kern bildete der Kreis der → Zwölf (Mk 3,16–19). Auch einige Frauen scheinen ihm angehört zu haben (Mk 15,40; Lk 8,2).
In einzelnen urchristl. Gruppen scheint zeitweilig die Selbstbezeichnung der Christen als »J.« bzw. »Schüler« üblich gewesen zu sein, so vor allem in Jerusalem (Apg 1,15; 6,1; 9,10.26). Auch das Matthäus- und das Johannesevangelium haben, wenn sie von J.n sprechen, vielfach die nachösterlichen Christen mit im Blick. »J.« nimmt hier den Sinn von »Anhänger der Lehre Jesu« an. So ist es nach Mt 28,18ff. Ziel der Mission, Menschen zu J.n zu machen. R.

Lit.: M. Hengel, Nachfolge und Charisma, 1968.

Jungfrauengeburt, Geburt eines Kindes ohne menschliche Zeugung bzw. ohne menschlichen Vater. Die J. von Heroen (z. B. Herakles) und Königen (z. B. Alexander d. Gr.) war in der Antike eine geläufige Vorstellung. Dem AT war sie allerdings fremd; Jes 7,14 spricht lediglich von der Geburt eines Kindes durch eine »junge Frau«. Von einer J. Jesu ist im NT nur in zwei legendarischen Erzählungen, die keineswegs alter Tradition entstammen, die Rede (Mt 1,18–25; Lk 1,26–38); beide dienen der volkstümlichen Veranschaulichung der urchristl. Überzeugung, daß Jesus Sohn Gottes war und daß seine Menschwerdung ein durch Gottes Geist gewirktes Geschehen war. Ihnen stehen jedoch gewichtige alte Zeugnisse gegenüber, die von einer J. Jesu nichts zu wissen scheinen (Lk 3,23; Joh 1,45; 6,42), ja dem Gedanken an sie sogar widerstreiten (Gal 4,4).(→ Kindheitsgeschichten Jesu, → Geburt Jesu.) R.

Jüngstes Gericht → Gericht Gottes, → Eschatologie.

Junia, zusammen mit → Andronikus als »herausragend unter den Aposteln« in der Grußliste des Römerbriefs (Röm 16,7) erwähnt, vermutlich als judenchristl. Missionarin in Rom tätig. Weil die Zugehörigkeit einer Frau zum Kreis der → Apostel aus späterer kirchlicher Sicht undenkbar erschien, deutete man den Namen in der Überlieferung gegen alle philologische Wahrscheinlichkeit zum Männernamen (*Junias*) um. R.

Justus, »der Gerechte«, Beiname von: **1.** Josef Barsabbas (Apg 1,23); **2.** Titius, dem Quartiergeber des Paulus in Korinth (Apg 18,7); **3.** dem Paulusmitarbeiter Jesus (Kol 4,11). R.

K

Kab → Maße und Gewichte.

Kabbala (hebr., »Überlieferung, Tradition«), Form jüd. Mystik, die sich im Mittelalter (12./13. Jh.) in Südfrankreich und Spanien durch Verschmelzung neuplatonischer und gnostischer Einflüsse herausbildete. Ältestes Dokument der K. ist das Buch *Bahir* (hebr., »Glanz«), um 1200 entstanden, das eine Auslegung von Bibelversen bietet, wobei die Form der Buchstaben und die Vokalzeichen mystisch gedeutet wurden. Das wichtigste Werk der span. K. ist der *Sohar* (hebr., »Lichtglanz«), ein meist aus Bibelkommentaren bestehendes fünfbändiges Werk aus der 2. Hälfte des 13. Jh.s, das sich fälschlich als Schrift des Rabbi Schimon bar Jochai (2. Jh.) ausgibt. Später wurde die K. durch apokalyptisch-messianische Züge neu geprägt und entwickelte sich zu einer weltweiten Bewegung. Besonders groß war ihr Einfluß auf den osteurop. Chassidismus im 18. und 19. Jh. R.

Lit.: G. Scholem, Ursprung und Anfänge der K., 1962.

Kabul, Ort (Jos 19,27) und nach ihm benannte Landschaft (1Kön 9,13) in Galiläa. S.

Kabzeel, Ort in Südjuda (Jos 15,21). S.

Kaddisch-Gebet, jüd. eschatologischer Hymnus mit der Bitte um die Herbeiführung des Gottesreiches, Abschlußgebet der drei täglichen Gebetszeiten des Judentums, auch Gebet für Trauernde. Die Anfangsworte »Verherrlicht und geheiligt werde sein großer Name« berühren sich eng mit der ersten Bitte des → Vaterunsers. R.

Kadesch (K.-Barnea). K. ist mit der Oase *en kdes* in der Sinaiwüste etwa 80 km südwestl. von → Beerscheba zu identifizieren. Die Oase war mit dem nahe gelegenen → Gottesberg ein Jahweheiligtum der → Midianiter. Nach der Katastrophe in Mittelpalästina (1Mose 49,5ff.) wurden Angehörige des Stammes Levi (→ Leviten) nach K. verschlagen, wo sie Priesterdienst versahen (5Mose 33,8ff.). Der mit → Jitro, einem Jahwe-Priester der Midianiter, verschwägerte → Mose führte die Gruppe des Auszugs aus Ägypten nach K., wo sie die Jahweverehrung übernahm (2Mose 18). Leviten aus K. übernahmen in der Auszugsgruppe die Funktion von Priestern und zogen mit ihr zurück ins Kulturland. In königlicher Zeit Israels hatte K. Bedeutung als befestigter Vorposten zur Sicherung der Südgrenze des Kulturlandes. O.

Kafarnaum (griech., »Dorf des Nahum«), Stadt am Nordwestufer des Sees Gennesaret, 4 km westl. der Jordanmündung, die zur Zeit Jesu die Grenze zwischen den Tetrarchien des Herodes Antipas (= Galiläa) und des Philippus (= Batanäa) bildete (→ Herodes und seine Dynastie). K. war Zentrum des Wirkens Jesu (Mk 1,21–2,12; 9,33) und sein Wohnort, nachdem er Nazaret verlassen hatte (Mt 4,13; 9,1). R.

Kaftor, Ursprungsland der → Philister (z. B. Am 9,7; Jer 47,4; vgl. 1Mose 10,14); wahrscheinlich ist Kreta gemeint. S.

Kahat, Ahnherr eines Levitengeschlechts (z. B. 1Mose 46,11; 4Mose 4,18). S.

Kahlköpfigkeit. Das Scheren einer Glatze war ein Trauerbrauch (z. B. Jes 22,12; Jer 16,6), den das alttest. Gesetz in 3Mose 19,27; 21,5; 5Mose 14,1 verbot, und – bei einem anderen durchgeführt – eine entehrende Strafe (Jes 3,17; 7,20). S.

Kain. 1. Nach der Urzeit-Erzählung 1Mose 4,1–16 war K. ein Sohn Adams und Evas und Bruder des Abel. Diesen erschlug er, weil Gott nur Abels, nicht aber sein Opfer annahm. Daraufhin verurteilte Gott K. dazu, »unstet und flüchtig« zu leben, schützte ihn aber durch ein nicht näher beschriebenes »Zeichen« vor der Rache anderer Menschen. – Der Name »K.« ist eng verwandt mit dem der → Keniter (vgl. 4Mose 24,22), und so vermutet man vielfach, K. sei als Ahnherr und Repräsentant der Keniter dargestellt. **2.** → Kajin. S.

Kaiphas → Kajafas.

Kaiser, römische. Die K. der neutest. Zeit gehörten hauptsächlich zum julisch-claudischen Haus,

Kafarnaum. Ruinen der um 200 n. Chr. erbauten Synagoge

das sich durch Adoption auf Julius → Cäsar zurückführte: Sein Name wurde allmählich zum Titel für die Herrscher des → Römerreiches. Oktavian mit dem Beinamen → Augustus (31 v. – 14 n. Chr.), der Adoptivsohn Cäsars, der K. zur Zeit der Geburt Jesu (Lk 2,1), galt als Begründer einer ewigen Friedensherrschaft. Sein Nachfolger Tiberius (14–37) herrschte zur Zeit des Wirkens Jesu (Lk 3,1f.). Gajus (→ Caligula) (37–41) förderte den → Kaiserkult, was zu Spannungen mit den Juden führte. Unter → Claudius (41–54) kam es zu einer weltweiten Hungersnot (Apg 11,28) sowie zur Vertreibung der Juden aus Rom (Apg 18,2). – Nero (54–68) war der K., an den → Paulus appellierte (Apg 25,10ff.21; 26,32; 27,24; 28,19). Im Anschluß an den (von ihm selbst gelegten?) Brand Roms (64) kam es in Rom zu pogromartigen Ausschreitungen gegen die Christen, was ihn für diese zum Typ des gottlosen Tyrannen werden ließ. → Vespasian (69–79) und sein Sohn → Titus (79–81) warfen den jüd. Aufstand nieder und eroberten Jerusalem (70). Sie begründeten das flavische K.-Haus. Unter → Domitian (81–96) kam es vor allem in Kleinasien im Gefolge der Durchsetzung des → Kaiserkults zur ersten Christenverfolgung im eigentlichen Sinne. R.

Kaiserkult. In der oriental. und hellenist. Welt war die göttliche Verehrung des Herrschers traditionelles Element religiösen Lebens. Sie fand auch im → Römerreich nach dessen Ausbreitung nach Osten Eingang. → Augustus wurde 29 v. Chr. in die Liste der altröm. Staatsgötter aufgenommen; auf ihn wurden die religiösen Prädikate des → Heilands, Wohltäters und Friedensbringers übertragen, kultische Zentren zu seiner Ehre wurden überall errichtet (am berühmtesten die *ara pacis Augustea* in Rom; vgl. »Gemma Augustea«, Abb. S. 262). Schon bald galt der K. als integrierender Bestandteil der Reichsideologie. Daß nur die Juden und – in ihrem Gefolge – die Christen ihn ablehnten, gab Anlaß zu immer neuen Konflikten. R.

Kajafas, Hoherpriester (18–37 n. Chr.), war maßgeblich am Zustandekommen des Urteils gegen Jesus beteiligt (Mt 26,3; Joh 11,49). R.

Kajin, Stadt in Juda (Jos 15,57). S.

Kalb → Opfer, → Tierwelt.

Kalb, goldenes → Goldenes Kalb.

»Gemma Augustea« – Huldigung an Augustus. Aufrichtung eines Tropaions. Sardonyxcameo (10–14 n. Chr.)

Kaleb, nach dem alttest. Bericht der Ahnherr des Stammes K., der die Stadt → Hebron und ihr durch Traubenreichtum ausgezeichnetes Gebiet innehatte (4Mose 13–14; Jos 14,6–15). Dieser Stamm gehörte vermutlich einem Sechsstämmebund an, in dem → Juda die Führung hatte, und so wird K. verschiedentlich zu Juda gerechnet (z. B. 4Mose 34,19). S.

Kalender → Zeitrechnung.

Kalk. Mit dem aus pulverisiertem K.-Stein gewonnenen K. (Jes 27,9) wurden Wände als Stuck überzogen (Ez 13,10f.; Dan 5,5) oder große Steine (5Mose 27,4) und Gräber (Mt 23,27) geweißt; auch die Asche von Menschenknochen verwendete man als K. (Jes 33,12; Am 2,1). S.

Kalmus → Pflanzenwelt.

Kalne, Stadt in Nordwestsyrien, 738 v. Chr. von Tiglat-Pileser III. erobert (Jes 10,9; Am 6,2); rätselhaft ist die Nennung von K. in 1Mose 10,10. S.

Kamel → Tierwelt.

Kämmerer. Luther übersetzte in Apg 8,27.34 *eunuchos* (wörtlich »Eunuch, Verschnittener«) mit »K.«, was sachlich richtig sein dürfte, denn es handelt sich hier um den Titel eines hohen Hofbeamten. (→ Entmannung.) R.

Kampf → Krieg, → Widersacher.

Kampfbahn, Bestandteil des antiken → Gymnasiums; in 1Kor 9,24 bildlich gebraucht für die Mühen, die → Paulus als Apostel im Dienste Christi auf sich genommen hatte. H. M.

Kana (von hebr. *kanä* »Schilfrohr«). **1.** Ort südöstl. von Tyrus (Jos 19,28). **2.** Ort des ersten

Wunders Jesu in Galiläa (Joh 2,1) und Geburtsort des Natanael (Joh 21,2), wahrscheinlich das heutige *chirbet kana* 14 km nördl. von Nazaret.

R.

Kanaan. 1. Sohn des → Ham und Ahnherr der → Kanaanäer (vgl. 1Mose 9,18ff.). **2.** Geographische Bezeichnung der syr. Küste und ihres Hinterlandes, allgemeiner: des Landes, in das → Israel im Zuge der Landnahme einwanderte und das es allmählich von den Kanaanäern in Besitz nahm (4Mose 13,2; 5Mose 32,49). Nachdem K. Siedlungsgebiet der Israeliten geworden war, nahmen diese die Sprache des Landes an; daher konnte später das Hebräische als »Sprache K.s« bezeichnet werden (Jes 19,18).
Der Name »K.« hängt wohl mit einer Bezeichnung für ein wichtiges Handelsgut des Landes, den → Purpur, zusammen.

J. E.

Kanaanäer. 1. Bevölkerung – 2. Geschichte – 3. K. und Israel.
1. »K.« ist ein Sammelname für die Bewohner → Kanaans, die nach alttest. Überlieferung vom Ahnherrn gleichen Namens abstammen (1Mose 10,6.15ff.). Als Gebiet der K. nennt 1Mose 10,19 den Raum von → Sidon bis → Gaza, doch reicht das Gebiet der K. weiter nach Norden und umfaßt die syr.-phöniz.-palästin. Küste von → Ugarit bis an die Grenze Ägyptens mit dem zugehörigen Hinterland. Die K. sind keine einheitliche Bevölkerungsgruppe. Neben semit. Schichten, die in mehreren Wellen aus der Wüste einwanderten (→ Amoriter), stehen nichtsemit. Bevölkerungsgruppen des Ostmittelmeerraumes wie → Horiter und → Philister.
2. Für das 3. und 2. Jt. v. Chr. charakteristisch ist die Zersplitterung der K. in zahlreiche Stadtstaaten, unter ihnen Alalach, → Ugarit, → Hamat, → Byblos, Beirut, → Sidon, → Tyrus, → Hazor, → Megiddo, → Taanach, → Bet-Schean, → Sichem, → Ai, → Jerusalem und die Städte der Philister. Im 2. Jt. standen sie weithin unter ägypt. Herrschaft. Die Amarnabriefe (→ Amarna) zeigen kanaan. Dynasten als ägypt. Vasallen. Doch war im Norden auch der Zugriff der → Hetiter spürbar, wie z. B. die wechselvolle Geschichte Ugarits zwischen Ägypten und den Hetitern zeigt. Mit dem Ende des 2. Jt.s änderte sich die politische Lage. Das Hetiterreich brach zusammen; im Zusammenhang mit dem Sturm der → Seevölker sank der ägypt. Einfluß in Syrien-Palästina. Im Süden Kanaans siedelten sich die Philister an. Nomadische und halbnomadische Stämme und Völker setzten sich in Kanaan fest, → Aramäer, Ammoniter (→ Ammon), Moabiter (→ Moab), Edomiter (→ Edom), vor allem aber die Stämme → Israels. Das sich in der Zeit der → Landnahme, der → Richter und unter dem Königtum → Sauls, → Davids und → Salomos konstituierende Israel bezog, z. T. in kriegerischen Aktionen (darunter die Eroberung → Jerusalems, 2Sam 5), z. T. in allmählichem Zusammenwachsen, immer mehr kanaan. Städte und Landesteile ein. Im 1. Jt. stellten die K. eine eigenständige politische Größe nur noch im später so genannten → Phönizien dar.
3. Die Kultur und die Religion der K. unterlag vielfältigem Einfluß der Großreiche der Ägypter, Babylonier, Assyrer, Hetiter und Horiter. Die Mischkultur der K. wirkte ihrerseits auf die nachfolgenden Reiche in Syrien-Palästina, so auch auf Israel. Die wichtigsten Zeugnisse der Kultur und Religion der K. brachten die Ausgrabungen in Ras Schamra (→ Ugarit) zutage. Während alttest. Texte überwiegend die Abgrenzung Israels gegenüber den K.n und ihren Kulten betonen, zeigen die Zeugnisse der K. – vor allem die Texte aus Ugarit, aber auch andere, z. T. durch die Vermittlung griech. und röm. Autoren erhaltene literarische Dokumente, zudem die Ergebnisse zahlreicher Ausgrabungen – neben den Differenzen ein hohes Maß an Übereinstimmung, ja deutlichen Einfluß der K. auf Gesellschaftsordnung, Literatur, Religion und Kult Israels. Während zwischen Jahwe und → Baal, einem Hauptgott der K., ein schroffes Konflikt- und Konkurrenzverhältnis bestand, wurden Aspekte und Funktionen anderer wichtiger Götter der K. (→ El, → Schaddai) auf Jahwe übertragen. Unüberbrückbar war der Gegensatz zwischen dem einen Gott Israels und der Vielzahl der Götter, wie sie z. B. im → Pantheon von → Ugarit erscheinen.
Auf die aus der Wüste ins Kulturland kommenden Israeliten übten kanaan. Kulte eine starke Anziehungskraft aus. Zur Debatte stand eine für die Religionsgeschichte Israels entscheidende Frage: Ist Jahwe, der Gott der Wüste, auch der Gott des Kulturlandes? Entsprechen nicht die Götter und Göttinnen (→ Anat, → Aschera, → Astarte) der K. den Lebensbedingungen des Landes und dem Rhythmus des Lebens seßhafter Ackerbauern? Die z. T. befremdlich schroffe Abwehr gegen die K. (vgl. etwa 5Mose

20,16–18) ist als Element im Kampf gegen die drohende Anpassung und damit Selbstaufgabe Israels zu verstehen. So wird das Verhalten gegenüber den K.n und ihren Kulten zum entscheidenden Kriterium der Beurteilung israelit. und jud. Könige in den → Königsbüchern. Israel hatte gegenüber den K.n seine Eigenständigkeit zu bewahren. Darum war es den Profeten und den Verfassern großer Programmentwürfe wie des → Deuteronomiums zu tun, nicht um eine historisch gerechte Beurteilung der K.
Wer sich mit den Zeugnissen der K. beschäftigt, der wird aber auch feststellen, daß in nicht geringem Maße der Reichtum der Literatur des AT und der in ihm verarbeiteten Überlieferung des Alten Orients den Einflüssen und der Vermittlung der K. zu verdanken ist. J. E.

Kananäus (aram. *kan anajja* »Eiferer«), Beiname des dem Zwölferkreis angehörigen Jesusjüngers → Simon, der möglicherweise auf dessen frühere Zugehörigkeit zu den → Zeloten anspielt (Mk 3,18; Mt 10,4). In Lk 6,15; Apg 1,13 steht die griech. Fassung des Namens, *Zelotes*. R.

Kandake, Titel (nicht Eigenname) der äthiop. Königinnen (Apg 8,27). R.

Kanon. Das griech. Wort »K.«, das einen sehr weiten Bedeutungsradius hat (u. a. »Maßstab; Richtschnur; Grenze; Tabelle«), bezeichnet, auf die Bibel angewandt, den Gesamtbestand der von der Kirche als heilige Schriften anerkannten bibl. Bücher. Dieser bibl. K. bildete sich in allmählicher Entwicklung im 2. und 3. Jh. dadurch heraus, daß einerseits die bereits im kirchlichen Gebrauch bewährten Schriften allgemein akzeptiert wurden, während andererseits solche Schriften, gegen deren Gebrauch sich ernstlicher Widerspruch erhob, ausgeschieden wurden. Heute besteht unter allen christl. Kirchen Übereinstimmung hinsichtlich des neutest. K.s, während der alttest. K. nicht ganz einheitlich ist, da vielfach (von prot. und auch einigen orthodoxen Kirchen) die → Apokryphen nicht zum K. gerechnet werden. (→ Altes Testament, → Neues Testament.) R.

Kanzler → Hofbeamter.

Kapernaum → Kafarnaum.

Kaperstrauch → Pflanzenwelt.

Kaphthor → Kaftor.

Kapital → Geldwirtschaft.

Kapitel- und Verseinteilung. Das AT wurde schon von den Rabbinen in Sinnabschnitte (→ Parasche) und durch das Akzentsystem der → Masoreten in Verse gegliedert. Seit dem 2. Jh. n. Chr. teilte man auch das NT in Sinnabschnitte ein; durchgesetzt hat sich für lange Zeit eine im 4. Jh. entwickelte Kapiteleinteilung. Die heutige, mit der älteren nicht übereinstimmende Kapiteleinteilung geht auf eine lat. Bibelausgabe zurück, die vermutlich 1206 entstand; sie wurde etwa hundert Jahre später in die hebr. Handschriften des AT übernommen. Die heutige Verseinteilung des NT wurde 1551 von dem Pariser Buchdrucker Robert Stephanus eingeführt. S.

Kappadozien, röm. Provinz im Hochland des östl. Kleinasien am Oberlauf des Flusses Halys (Apg 2,9; 1 Petr 1,1). R.

Kapporet → Lade.

Karawane, Reisegesellschaft, Gruppe von Kaufleuten mit ihren Eseln (später Kamelen). Das AT nennt K.n der Ismaeliter und von Teman und Dedan (1Mose 37,25; Ijob 6,19; Jes 21,13). S.

Karer, wohl von der Landschaft Karien (in Südwestkleinasien) abgeleiteter Name der Leibwache der judäischen Könige (2Kön 11,4.19); diese trat vielleicht an die Stelle der → Krethi und Plethi. S.

Karfreitag, im kirchlichen Kalender der Gedenktag der Kreuzigung Jesu, zwei Tage vor → Ostern. Der Freitag, an dem Jesu hingerichtet wurde, war (nach der wahrscheinlichsten Datierung) der Rüsttag des → Pascha, d. h. der 14. Nisan des Jahres 30 (→ Leidensgeschichte). R.

Karkar, syr. Stadt am Orontes, wo 853 v. Chr. eine große Schlacht mit unentschiedenem Ausgang zwischen den Assyrern unter Salmanassar III. und einer syr.-palästin. Koalition, der auch → Ahab von Israel angehörte, stattfand. S.

Karkemisch, Stadt am mittleren Eufrat, im 14./13. Jh. v. Chr. bedeutendes Zentrum der

Hetiter, 717 v. Chr. von dem Assyrerkönig Sargon II. erobert (Jes 10,9). Hier fand 605 die Entscheidungsschlacht zwischen den Ägyptern unter Necho und den Babyloniern unter Nebukadnezzar statt (Jer 46,2). S.

Karmel. 1. Ein 20 km langer, bis 550 m hoher Bergrücken an der Mittelmeerküste südl. der Stadt Haifa. Auf dem K. befand sich eine kanaan. Kultstätte des Gottes → Baal und daneben zeitweilig eine Kultstätte → Jahwes, die zerfiel, bis → Elija ihr für unbestimmte Dauer alleinige Geltung auf dem K. verschaffte (1Kön 18). Der Ort dieser Auseinandersetzung war vermutlich die K.-Spitze im Nordwesten. Der K. wird im AT wegen seines – auch heute noch vorhandenen – Waldreichtums gerühmt (z. B. Jes 33,9; Hld 7,6). **2.** Eine Stadt in Juda (Jos 15,55), die für Saul (1Sam 15,12) und David (1Sam 25) von Bedeutung war. S.

Karmesin → Scharlach.

Karnajim, Stadt im Ostjordanland (Am 6,13; 1Makk 5,26). S.

Karneol → Edelsteine.

Karpus, Quartiergeber des Paulus in Troas (2Tim 4,13). R.

Kaspar → Weise aus dem Morgenland.

Kassia → Pflanzenwelt.

Kasuistik → Recht.

Katechismus, formelhafte Zusammenfassung christl. Lehrsätze zur Unterweisung der Taufbewerber. In urchristl. Zeit gab es zwar noch keinen einheitlichen K., doch sind eine Reihe von katechismusartigen Formeln in das NT eingegangen. Hebr 6,1f. nennt als Bestandteile des christl. Elementarunterrichts: Abkehr von den toten Werken, Glaube an Gott, Lehre von Taufen und Handauflegung. Neben christologischen Glaubensformeln (z. B. 1Kor 15,3b–5) und Sammlungen von Herrenworten (z. B. Mt 5,3–12) spielten Anweisungen für das ethische Verhalten (→ Haustafeln, → Tugendkatalog, → Laster, Lasterkatalog) im Taufunterricht eine große Rolle. R.

Katholische Briefe, seit dem 3. Jh. Sammelbezeichnung für jene 7 neutest. Briefe, die keinen bestimmten Adressaten nennen und darum als an die Kirche in ihrer Allgemeinheit (griech. *katholu,* daher »katholisch«) gerichtet galten. Es sind dies – in der ursprünglichen Reihenfolge – der → Jakobusbrief, die beiden → Petrusbriefe, die drei → Johannesbriefe und der → Judasbrief. Zwar entsprechen der 2. und 3. Johannesbrief strenggenommen diesem Kriterium nicht, da sie Adressaten nennen, doch wurden sie stets als mit dem 1. Johannesbrief zusammengehörig betrachtet. R.

Kauda, Insel südl. von Kreta, die Paulus auf der Fahrt nach Rom berührte (Apg 27,16). R.

Kauf → Handel.

Käuzchen → Tierwelt.

Kebar, ein Kanal des unteren Eufrat, an dem ein den jud. Exulanten von Nebukadnezzar zugewiesenes Siedlungsgebiet lag (z. B. Ez 1,1). S.

Kedar, ein Nomadenstamm der syr.-arab. Wüste, der dem Zwölferverband der Ismaeliten angehörte (1Mose 25,13). Er galt als Feind der Kulturlandbewohner (z. B. Ps 120,5) (→ Ismael). S.

Kedesch, Name mehrerer Städte in Palästina, darunter das nordwestl. vom Hule-See im Gebiet des Stammes Naftali (Jos 19,37) gelegene K., wo sich das Heer der Israeliten zur Deboraschlacht sammelte (Richt 4,6.9f.). S.

Kedor-Laomer, nach dem sagenhaften Bericht 1Mose 14 einer der vier Ostkönige, die eine Strafexpedition gegen Städte am Toten Meer unternahmen. Wie bei den anderen drei Königen ist auch bei K. fraglich, ob es sich um eine historische Gestalt handelt. S.

Kefas (aram. *kefa* »Fels«), Beiname, den Jesus seinem Jünger → Simon verlieh (Mk 3,13; Mt 16,18). Im NT wird fast durchweg die griech. Fassung *Petros* (→ Petrus) bevorzugt; nur Paulus gebraucht in seinen Briefen die aram. Namensform (z. B. 1Kor 15,5; 9,5; Gal 1,18; 2,9). R.

Kefira, Ort in Benjamin (Jos 18,26), Mitglied eines Vierstädtebundes (Jos 9,17). S.

Kehrvers, gleichlautend wiederkehrender Vers (Refrain). Ein K. findet sich in einigen Psalmen (42–43; 46; 80; 107) und in zwei profetischen Drohreden (Am 4,6–11; Jes 9,7–20; 5,25–30). Der K. diente offenbar der strophischen Gliederung der Texte. S.

Keïla, Stadt im Gebiet des Stammes Juda (Jos 15,44), der David während seiner Flucht vor Saul gegen die Philister half (1Sam 23,1–13). K. ist am ehesten mit *tell gila* zu identifizieren. S.

Kelach, Stadt in Assyrien (1Mose 10,11f.). S.

Kelch → Becher.

Kelter, Anlage zur Wein- und Ölgewinnung, bestand aus mindestens zwei in den Felsboden gehauenen Kufen. In der oberen zerquetschte man die Früchte mit den Füßen; der Saft floß durch eine Rinne in die untere und wurde aus dieser in Krüge abgefüllt. Das K.-Treten dient auch als Bild für das göttliche Gericht (z.B. Jes 63,2f.). S.

Kemosch, Hauptgott der Moabiter (4Mose 21,29; Jer 48,46), der – wie → Milkom – zeitweilig auch in Jerusalem verehrt wurde. S.

Kemuël. 1. Sohn Nahors (1Mose 22,21). **2.** Sohn Siftans (4Mose 34,24). **3.** Vater Haschabjas (1Chr 27,17). S.

Kenan, Sohn des Enos (1Mose 5,9.12), wahrscheinlich eine andere Namensform für → Kain; nach Lk 3,36 ein Vorfahr Jesu. S.

Kenas, Enkel → Esaus (1Mose 36,11.15.42), gilt als Ahnherr der Kenasiter, eines Nomaden-Clans in Südpalästina (1Mose 15,19), der in enger Verbindung zu den Stämmen Kaleb und Otniël – sie werden in Richt 1,13 als Söhne des K. bezeichnet – stand. S.

Kenchreä, Hafenstadt südöstl. von Korinth. Paulus schiffte sich hier auf der 2. Missionsreise ein (Apg 18,18). R.

Kendebäus, Feldherr des Seleukiden Antiochus VII. (1Makk 15,38–16,8). S.

Keniter. Die K. kamen wie die Sippen des Stammes Juda aus der Wüste südl. des Kulturlandes von Palästina. Die Überlieferung des AT spiegelt ihren Übergang vom Wanderleben zur Seßhaftwerdung. Teile der K. waren in vorstaatlicher Zeit Israels im Gebiet südl. von → Hebron schon seßhaft (1Sam 30,29), während andere K. bis in den Norden Palästinas nomadisierten (Richt 4,17; 5,24). → *Kain* galt als Eponym der Jahwe verehrenden K. Die Deutung des Namens »Kain« als »Schmied« (1Mose 4,22) kann Hinweis darauf sein, daß K. als Wanderschmiede im Kulturland umherzogen. Das unstete Wanderleben von Teilen der K. gibt die Erzählung von Kain und Abel aus der Sicht der seßhaften Israeliten wieder (1Mose 4). Die um Hebron seßhaften K. wurden unter David Teil des Hauses → Juda. O.

Kephas → Kefas.

Kephira → Kefira.

Keramik. 1. Herstellung – 2. Bedeutung – 3. Historische Entwicklung.

1. K. wird aus → Ton hergestellt, der häufig durch Zusätze aus organischem oder anorganischem Material gemagert sein kann. Neben Ton

Ölkrug (8./7. Jh. v. Chr.)

Öllampen (4. Jh. n. Chr.)

ist in der Frühphase der K.-Herstellung auch gelegentlich Kalk als Rohstoff benutzt worden. Das K.-Gefäß wird entweder mit der Hand oder auf einer Töpferscheibe geformt. Anschließend wird es gehärtet, in der Frühphase der K.-Verarbeitung durch Sonnenhitze, in der Regel aber durch Feuerung. Die Oberfläche des K.-Gefäßes wird noch gesondert behandelt: Entweder wird sie nur feucht geglättet, oder sie erhält einen Tonüberzug (*slip*) bzw. einen Farbüberzug oder eine Glasur. Davon zu unterscheiden ist eine Bemalung, die monochrom oder polychrom sein kann. Zusätzlich kann die Gefäßoberfläche noch durch mechanische Bearbeitung ein Muster erhalten (Ritzungen, Kannelierungen o. ä.).

2. K. war in der Antike das zur Gefäßherstellung am häufigsten verwendete Material. So sind K.-Funde der zuverlässigste Spiegel der Entwicklung der materiellen Kultur in Palästina. Art und Zahl der K.-Gefäße geben Auskunft über den kulturellen und sozialen Standard einer Ortslage in einer historischen Epoche. Darüber hinaus sind die K.-Funde der Besiedlungsschicht eines → Tells zuverlässiger Anhalt, um bei einer Ausgrabung die relative Chronologie von Besiedlungsschichten mittels einer historischen K.-Typologie in eine absolute Chronologie zu überführen. Die Bedeutung der K. ist für die Ausgrabungen in Palästina besonders groß, da Funde schriftlicher Dokumente sehr selten sind.

3. Die ältesten K.-Funde in Palästina gehen auf das 5. Jt. des späten *Neolithikums* (Steinzeit) zurück (→ Jericho). Die Formen der noch groben Ware sind ohne Töpferscheibe mit der Hand hergestellt. Einen entscheidenden Fortschritt brachte die Einführung der sich drehenden Töpferscheibe in der Kupfersteinzeit (*Chalkolithikum*). In der *Frühbronzezeit* ist die Ausdifferenzierung der K. in eine nord- und südpalästin. Gruppe, verbunden mit wachsendem Einfluß der großen frühbronzezeitlichen Kulturen des ägypt. und mesopotam. Raumes, auszumachen. In der *Mittelbronzezeit* setzte sich die schnell drehende Töpferscheibe allgemein durch, was zu einer Verfeinerung der Formen führte. Während bis dahin die K.-Gefäße das Steingefäß als Vorbild erkennen ließen, wurde nun das Metallgefäß zum Vorbild, so daß die Knickwandigkeit zu einem charakteristischen Merkmal der K. wird. Zunehmend wurde K. aus Zypern importiert. In der *Spätbronzezeit* verstärkte sich noch der zypr. und myken. Einfluß. Kennzeichen dieser Epoche wird ein vornehmer Formenreichtum und eine bichrome Bemalung. Die *Eisenzeit* bringt mit der → Landnahme Israels einen Niveauabfall israelit. K. in Palästina. Ärmliche Haushalts- und Gebrauchs-K. überwiegt in der frühen Eisenzeit. Nur die K. der → Philister bewahrt einen hohen, myken. beeinflußten Standard. Die späte Eisenzeit bringt kaum neue Formen hervor, sondern knüpft an Formen der Spätbronzezeit an und entwickelt sie weiter. Die *Römerzeit* hat als charakteristische K. die *terra sigillata*-Ware hervorgebracht. O.

Lit.: R. Amiran, Ancient Pottery of the Holy Land, 1969.

Keren-Happuch, eine Tochter Ijobs (Ijob 42,14). S.

Kerijot. 1. Ort in Moab (Jer 48,24; Am 2,2). **2.** Ort in Idumäa, 20 km südl. von Hebron (Jos 15,25), vermutlich Heimat von Judas → Iskariot. R.

Kerit, ein Bachtal unbekannter Lage, in dem Elija sich eine Zeitlang verborgen haben soll (1Kön 17,2–6). S.

Kerker → Gefängnis.

Kerub, ein hebr. Wort, mit dem das AT mythologische Wesen unterschiedlicher Art bezeichnet. In 1Mose 3,24 und im ursprünglichen Text von Ez 28,14.16 ist der K. der Wächter des Paradieses; zwei K.en aus vergoldetem Holz (vielleicht mit Tierleib und Menschenkopf) waren Kultgegenstände des Jerusalemer Tempels, die im Allerheiligsten ihre Flügel über die Lade ausstreckten (1Kön 6,23–28; 8,6–7). Wenn von Jahwe gesagt wird, er throne »über den K.en« (z. B. 1Sam 4,4; vgl. Ps 18,11), dann sind die K.en offenbar als Träger des Thrones Jahwes gedacht (als solche erscheinen sie ausdrücklich in Ez 9–11, wo ein Ergänzer die »lebenden Wesen« von Ez 1,5 als »K.en« bezeichnet).
Wahrscheinlich gehen die Aussagen des AT über die K.en auf verschiedene Traditionen der vorderoriental. Umwelt zurück. Nach Ez 1,10 tragen sie ein Menschen-, Löwen-, Stier- und Adlergesicht, woraus später die vier → Evangelistensymbole entstehen. In der Apokalyptik und in der christl.-jüd. Tradition werden die K.en zu einer Klasse von Engeln. K. / S.

Kerygma (griech., »Heroldsbotschaft«), meist übersetzt mit → »Predigt« oder → »Verkündigung«. Mit »K.« wird nicht nur der formale Vollzug der Verkündigung, sondern immer zugleich ihr Inhalt, die heilschaffende Botschaft von Jesus Christus, bezeichnet. In der neueren Theologie wurde »K.« zum Fachterminus für die grundlegende, dem Glauben und Bekennen der Kirche vorgeordnete Christusbotschaft. R.

Kessel, ein zum Kochen und Waschen dienendes Gefäß. Vermutlich wurden im Kult K. aus Metall verwendet (z. B. 1Kön 7,38), im Haushalt dagegen normalerweise K. aus Ton. S.

Kesselwagen. Im Vorhof des salomonischen → Tempels standen beiderseits des → Ehernen Meeres fünf fahrbare K. (1Kön 7,27–39), die für die Waschungen der Priester und zum Abspülen des Opferfleisches dienten. S.

Ketib und Qere, zwei textkritische Ausdrücke der → Masoreten. Da diese den überlieferten Konsonantentext des AT nicht zu ändern wagten, auch wenn er ihnen fehlerhaft erschien, schrieben sie das richtige Wort als Q. (»was zu lesen ist«) an den Rand und versahen das fehlerhafte, das K. (»was geschrieben ist«), mit den Vokalen des richtigen Wortes. S.

Kette. 1. Fessel aus Eisen oder Bronze für Gefangene (z. B. Richt 16,21; 2Sam 3,34; Apg 28,20; Eph 6,20). **2.** Hals-K. aus Gold oder Silber als Schmuck für Frauen (Hld 4,9), als Würdezeichen (1Mose 41,42) und am Ornat des Hohenpriesters (2Mose 28,14). S.

Ketubim → Schriften.

Ketura, Nebenfrau Abrahams, galt als Ahnfrau nordarab. Stämme (1Mose 25,1–4). S.

Ketzer → Irrlehre.

Keuschheit, ursprünglich kultisch-rituelle Reinheit, die durch sexuelle Enthaltsamkeit entsteht. Das NT versteht K. jedoch nicht in diesem umfassenden Sinn, wie es überhaupt kein allgemeinverbindliches Ideal sexueller Enthaltsamkeit kennt, sondern im Sinn von sexueller Beherrschung sowie Distanzierung von Ausschweifung und Ehebruch (Tit 2,5). Als K. im übertragenen Sinn gelten Reinheit und Anstand des Denkens und Handelns. R.

Kewan (Kijun), unklares Wort in Am 5,26; wahrscheinlich handelt es sich um eine akkad. Bezeichnung für den Sterngott Saturn. S.

Kezia, eine der Töchter Ijobs (Ijob 42,14). S.

Kibrot-Taawa (hebr., »Lustgräber«), Name eines Ortes in der Wüste (4Mose 11,34f.). S.

Kidron, der einst sehr tiefe Taleinschnitt zwischen → Jerusalem und dem Ölberg, der sich bis zum Toten Meer hin fortsetzt. Er führt zur Regenzeit Wasser und heißt daher im AT »Bach K.«. Schon in alttest. Zeit wurde das Tal als Begräbnisplatz benutzt (2Kön 23,6); Joschija ließ hier die heidn. Kultbilder und -geräte verbrennen (2Kön 23,4.12). S.

Kijun/Kiun → Kewan.

Kilikien → Zilizien.

Kinder Gottes. Der Gedanke einer physischen Gottesverwandtschaft von Menschen ist der Bibel fremd. K. G. sind die von Gott Erwählten, in Übereinstimmung mit seinem Willen und in seiner Gemeinschaft Lebenden (→ Sohn Gottes). R.

Kinder Israels → Sohn.

Kindermord in Betlehem, nach Mt 2,16 von → Herodes d. Gr. veranlaßte Aktion zur Beseitigung des Messiaskindes. Der K. wäre dem äußerst grausamen König zwar zuzutrauen, ist aber in keiner Geschichtsquelle belegt. Nun findet sich dieses Motiv schon in nachbibl. Erzählungen über die Kindheit des Mose; daher wird der K. ein auf Jesus übertragenes legendäres Element sein gemäß der jüd. Überzeugung: Wie der erste Erlöser (Mose), so der zweite (der Messias). (→ Kindheitsgeschichten Jesu.) H. M.

Kinderopfer → Menschenopfer, → Moloch.

Kindertaufe. Die K., d. h. die → Taufe von Säuglingen und zur Glaubensentscheidung noch unfähigen Kleinkindern, war im Urchristentum keinesfalls eine allgemein geübte Praxis. Zwar spricht einiges dafür, daß bei der Bekehrung ganzer »Häuser« auch die im Familienverband lebenden Kleinkinder mit getauft wurden (1Kor 1,16; Apg 16,15.33; 18,8), denn für den antiken Menschen war die Familie in religiöser Hinsicht eine Einheit; trat sie in die Heilssphäre Christi ein, so konnten die Kinder davon nicht ausgeschlossen werden. Andererseits hielt man aus dem gleichen Grund die Taufe von Kindern bereits christl. Eltern für überflüssig, da sie schon »heilig« seien (1Kor 7,14). Wenn die K. sich trotzdem vom 4. Jh. an allgemein durchsetzte, so war dafür die vertiefte Einsicht in das Wesen der → Sünde, der auch das Kind schon unterliegt, und das Verständnis der Gnade als eines vom Menschen unabhängigen Geschehens maßgebend. R.

Lit.: J. Jeremias, Die K. in den ersten vier Jahrhunderten, 1958; K. Aland, Taufe und K., 1971.

Kindheit Jesu. Die älteste Christenheit konzentrierte ihr Interesse auf Überlieferungen von den Worten und Taten Jesu; an der Sammlung biographischer Daten über Jesus lag ihr jedoch nichts. So setzt Markus, der älteste Evangelist, mit der Taufe Jesu durch Johannes und dem Beginn seines öffentlichen Auftretens ein (Mk 1,9; vgl. auch Joh 1,19ff.). Die → Kindheitsgeschichten bei Matthäus und Lukas entstammen einer späteren Phase und bieten wenig historisch zuverlässiges Material. Unsere Informationen über die K. J. kommen deshalb über einige wenige feste Punkte kaum hinaus: J. stammt aus → Nazaret in → Galiläa und ist vermutlich auch dort geboren (Joh 7,41f.); seine Geburt fiel noch in die Regierungszeit von Herodes d. Gr. (gest. 4 v. Chr.); er wuchs in einem streng gesetzestreuen Milieu auf; sein Vater Josef kam aus dem Geschlecht Davids (Röm 1,3f.; Mk 10,48f.) und war Zimmermann bzw. Bauhandwerker (Mt 13,55); seine Mutter hieß → Maria; er hatte mehrere Brüder: → Jakobus (3), den späteren Leiter der Urgemeinde, → Judas (3), Joses (→ Josef 3) und → Simon (5) sowie auch Schwestern (Mk 6,3). Er erlernte den Beruf seines Vaters (Mk 6,3). Im Alter von etwa 30 Jahren (Lk 3,23) begann er, nach einem Aufenthalt bei Johannes dem Täufer (→ Johannes 3), mit seiner öffentlichen Wirksamkeit. Seine Familie mißbilligte diese zumindest anfänglich als außenseiterisches Verhalten (Mk 3,21), scheint aber später ein positiveres Verhältnis zu seinem Weg gewonnen zu haben. (→ Jesus Christus.) R.

Lit.: W. Trilling, Fragen zur Geschichtlichkeit Jesu, 1966.

Kindheitsgeschichten Jesu. Das Interesse an der → Kindheit Jesu ist im Urchristentum erst relativ spät erwacht und war auch dann nicht in erster Linie biographisch, sondern theologisch motiviert. Die K. J., die man sammelte und erzählte, hatten den Charakter von »Christusgeschichten«, d. h., sie wollten in erzählender Form die Bedeutung, die Jesu Gestalt für die Gemeinde hatte, zum Ausdruck bringen, ähnlich wie auch schon im AT die Bedeutung großer Gottesmänner wie → Mose, → Samuel und → Simson durch K. hervorgehoben worden war. Daß sie daneben auch einzelne historisch zuverlässige Informationen enthalten können, soll nicht abgestritten werden; jedoch liegt auf ihnen keinesfalls das Hauptgewicht. Man wird deshalb den beiden Sammlungen von K. J. in Mt 1–2 und Lk 1–2 nicht gerecht, wenn man sie als Quellen für eine historische Rekonstruktion benutzt; denn diese kann nicht gelingen. So ist z. B. Lk 2,1f. nicht vereinbar mit Mt 2,19, denn → Herodes d. Gr. starb 4 v. Chr., während der Census des Quirinius wahrscheinlich erst 6 n. Chr. stattfand, und ebensowenig paßt Mt 2,23 (Auswanderung der Eltern Jesu nach Galiläa) mit Lk 2,4 (Herkunft von Maria und Josef aus Nazaret) zusammen. Die beiden Sammlungen Mt 1–2 und Lk 1–2 sind voneinander völlig unabhängige, in sich geschlossene theologische Kompositionen, die jeweils geprägt sind von der Gesamtkonzeption der Evangelisten.

Matthäus will nachweisen, daß die gesamte Geschichte Israels auf die Geburt des verheißenen Messias, des Sohnes Davids und Abrahams (Mt 1,1), hinführt; er stellt darum den → Stammbaum Jesu (Mt 1,1–17) sowie die Deutung seines Namens als den des Heilbringers für sein Volk (Mt 1,18–25) an den Anfang. Er will ferner, mit Hilfe der Herodes- und Kindermordgeschichte (Mt 2,1–18), zeigen, daß eben dieses Volk von Anfang an den Verheißenen abgelehnt und verfolgt hat; bereits der Beginn der Geschichte Jesu steht hier im Schatten des Kreuzes. Gott hat ihn freilich, wie einst das Kind Mose (2Mose 1,6–2,10), wunderbar errettet, indem er durch den Engel Josef die Weisung zur Flucht aus Betlehem nach Ägypten (Mt 2,13ff.) und später zum Aufbruch in das Exil nach Galiläa erteilte (Mt 2,19f.). Kontrapunktisch zu diesen düsteren Ereignissen steht die Geschichte vom Kommen der Magier aus dem Osten (Mt 2,1f.9–12); sie soll dem Leser zeigen, daß der, den Israel verworfen hat, das Heil für die Weltvölker bringt. Auffällig ist das starke Hervortreten Josefs bei Matthäus. Maria wird dagegen nur am Rande erwähnt (Mt 1,18ff.; 2,11.20).

Lukas will herausstellen, daß mit Jesu Kommen eine neue Epoche der Heilsgeschichte beginnt. Deshalb rückt er die Geburt des Täufers, des abschließenden Repräsentanten der Geschichte Gottes mit Israel, unmittelbar an die Geburt Jesu heran (Lk 1,5–80). Ihm ist ferner die Verbindung der Jesus-Geschichte mit der großen Weltgeschichte wichtig (Lk 2,1f.; vgl. Lk 3,1f.). Die eigentliche Geburtsgeschichte (Lk 2,1–21) ist auf einen feierlich-freudigen Ton gestimmt und enthält eine Fülle von theologischen Motiven: Jesus ist die Erfüllung der Israel gegebenen Verheißung; er wird in Betlehem, der Stadt Davids, von den Hirten, aus deren Reihen einst David kam, auf die Weisung des Engels hin in der Krippe gefunden (Lk 2,16f.). Aber er ist zugleich der Heilbringer für den gesamten Weltkreis (Lk 2,11). Eine Reihe weiterer wunderbarer Vorgänge (Lk 2,22–39) bestätigen die Bedeutung des Kindes. Charakteristisch für Lukas, der durchweg Frauen in den Vordergrund stellt, ist das Interesse an den Müttern Elisabet und Maria.

Phantastische Weiterbildungen von K. J. finden sich in den apokryphen Kindheitsevangelien. R.

Lit.: M. Dibelius, Jungfrauensohn und Krippenkind, in: Botschaft und Geschichte I, 1953, 1–78; A. Vögtle, Messias und Gottessohn, 1971; O. Cullmann, Kindheitsevangelien, in: Schneemelcher I, 330–372.

Kinnbacke, Unterkieferknochen; die K.n des Opfertieres gehörten zum Anteil der Priester (5Mose 18,3). S.

Kinneret, Ortschaft am Nordwestufer des → Sees Gennesaret, nach der im AT auch die umgebende Uferebene (1Kön 15,20) und der See (4Mose 34,11; Jos 12,3) genannt werden. S.

Kir, Stammland der Aramäer (Am 9,7), wohin die Bewohner von Damaskus im Jahre 732 v. Chr. deportiert wurden (2Kön 16,9). Die genaue Lage von K. ist unbekannt. S.

Kir-Hareset, die stark befestigte Hauptstadt der Moabiter (2Kön 3,25; Jes 16,7); in Jes 16,11; Jer 48,31.36 heißt sie *Kir-Heres* und in Jes 15,1 *Kir-Moab*. S.

Kirche. 1. Bezeichnung – 2. Entstehung – 3. Bedeutung.

1. Das dt. Wort »K.« kommt vom spätgriech. *kyriake* »dem Herrn gehöriges (Haus)«. Die bibl. Bezeichnung ist *ekklesia* (griech.) »Volksversammlung; Aufgebot«. Dahinter steht als letzte Wurzel das hebr. *k^{e}hal jahwä* »Versammlung Jahwes bzw. des Gottesvolkes (als religiöse Gemeinschaft)«.

K. ist nach urchristl. Verständnis das durch Christi Selbsthingabe begründete, durch Gottes Geist gesammelte wahre Gottesvolk der Endzeit. Zwar bezeichnet im NT der Begriff *ekklesia* vorwiegend den Verband der Christen an einem bestimmten Ort, d. h. die Gemeinde (z. B. Röm 16,5; 1Kor 16,19; Kol 4,15; Phlm 2), doch bleibt auch bei diesem soziologischen Sprachgebrauch der übergreifende theologische Sachverhalt mit im Blick: Die Ortsgemeinde wird verstanden als Teil des endzeitlichen Gottesvolkes, das jeweils an einem Ort konkrete Gestalt gewinnt und, bei allen situationsgebundenen Besonderheiten, dem Ganzen der K. verpflichtet bleibt. Weil diese Gestaltwerdung sich vom Gottesdienst her vollzieht, darum kann *ekklesia* zuweilen auch die lokale gottesdienstliche Versammlung bezeichnen (1Kor 11,18; 14,19.28.34f.). Relativ selten ist der Plural »K.n« im Sinne von Ortsgemeinden (1Thess 2,14; 2Thess 1,4; 1Tim 3,5; Offb 1,4.11.20; 2,7.11f.). Von der K. als übergreifender theologischer Größe sprechen vor allem der Kolosser- und Epheserbrief (z. B. Kol 1,18.24; Eph 1,22; 3,10; 5,23f.).

2. Jesus kann nicht als Gründer der K. bezeichnet werden. Seine Botschaft und sein Wirken zielten auf die Erneuerung → Israels in seiner Gesamtheit. Seine Jüngergemeinschaft unterschied sich von zeitgenössischen jüd. Sondergruppen (wie den → Pharisäern und → Essenern) vor allem durch ihre grundsätzliche Offenheit. Überdies fehlte ihr die feste organisatorische Gestalt. Auch die Kerngruppe des Jüngerkreises, der Zwölferkreis, war vermutlich nur eine zeichenhafte Vorausdarstellung des ganz Israel umfassenden neuen Gottesvolkes der zwölf Stämme (Mt 19,28). Die beiden einzigen Stellen, an denen das Wort »K.« in der Jesus-Überlieferung erscheint, Mt 16,18; 18,17, erweisen sich als spätere Bildungen. Allerdings finden sich bei Jesus auch einzelne Züge, welche die Entstehung der K. zumindest vorbereiteten: so die Bindung der ihm Nachfolgenden an seinen Weg und sein Geschick (Mk 8,34; 10,44f.); so auch die Vorwegnahme eschatologischer Gemeinschaft mit Gott in gemeinsamen Mahlzeiten Jesu mit seinen Anhängern (Mk 2,16; Mt 11,19). Darüber hinaus zeigt die sicher geschichtliche Einsetzung des → Abendmahls (Mk 14,22–25), daß Jesus mit der Fortdauer seiner Jüngergemeinschaft in der Zwischenzeit zwischen seinem Tod und der Vollendung gerechnet und sie legitimiert hat: In gemeinsamem Essen und Trinken in seinem Namen sollen die »Vielen« (Mk 14,24) aufgrund seiner Selbsthingabe vor Gott zu heilvoller Gemeinschaft zusammengeführt werden.

Zur eigentlichen Konstituierung der K. kam es jedoch erst nach Ostern. Die Anhänger Jesu, die sich, veranlaßt durch die Erscheinungen des Auferstandenen, in Jerusalem zusammenfanden, gewannen aufgrund von gemeinsamen Geisterfahrungen (Apg 2,17–21; → Pfingsten) die Gewißheit, das Gottesvolk der Endzeit, die Mitte des von Gott erneuerten Israel zu sein. Diesem Selbstverständnis entspricht, daß die Urgemeinde am Synagogen- und Tempelgottesdienst weiter teilnahm (Apg 2,46) und sich mit ihrer Verkündigung nur an Juden wandte. Daneben traten jedoch Faktoren, die einer neuen Gruppenidentität Vorschub leisteten, immer stärker in den Vordergrund: Zu ihnen gehörten die Verpflichtung gegenüber den von den Aposteln übermittelten Weisungen Jesu, die Versammlung des Herrenmahls (Apg 2,42) sowie vor allem der → Initiationsritus der → Taufe auf den Namen Jesu (Apg 2,38; 8,38).

Die Bestimmung des Verhältnisses der K. zum Judentum war das eine große Grundproblem der Frühzeit. Die Jerusalemer Urgemeinde vertrat konsequent den judenchristl. Standpunkt. Sie wollte ein Teil Israels bleiben und verlangte deshalb von ihren Gliedern die Einhaltung des → Gesetzes und die → Beschneidung. Trotzdem wurden die → Judenchristen allmählich vom Judentum als Fremdkörper ausgestoßen und (um 80 n. Chr.) mit dem Synagogenbann belegt. Die → Heidenchristen, deren erstes Zentrum in → Antiochia lag, stellten sich bewußt außerhalb des Judentums, indem sie auf Gesetz und jüd. Lebensweise verzichteten. Sie wußten sich als das

neue Gottesvolk, auf das die bisher Israel geltenden Verheißungen übergegangen waren, nachdem Israel Jesus, seinen Messias, verworfen hatte (Gal 3,6–9; Röm 9,30f.).
Das zweite Grundproblem der Frühzeit war die Einheit der K. Trotz der Divergenz zwischen Juden- und Heidenchristen in zentralen Fragen bestand auf beiden Seiten die Überzeugung, daß die K. als endzeitliches Gottesvolk nur *eine* sein könne. Das→ Apostelkonzil (Gal 2,8ff.) war ein eindrucksvoller Versuch, diese Einheit der K. trotz bestehender Verschiedenheiten festzuhalten.
3. Zentrale Motive frühchristl. K.n-Verständnisses erschließen sich anhand der *Bilder,* die das NT für die K. gebraucht: Daß sie ständig durch Christus bestimmt und geleitet wird, kommt im Bild von der Herde, deren Hirte Christus ist, zum Ausdruck (Joh 10,16; Apg 20,28; 1Petr 5,2f.); ähnliches besagt auch das Bild von der K. als »Braut« Christi (Offb 19,7f.; 21,2; 22,17); daß sie der Raum eines neuen Gottesverhältnisses und der Ort der Gegenwart Gottes ist, der den bisherigen Kultus ablöst, wird mit dem Bild des Tempels umschrieben (1Kor 3,16; Eph 2,20). Hinweis auf ihre Kontinuität zum alttest. Israel ist die Bezeichnung »Volk (Gottes)« (1Kor 10,7; Tit 2,14; Hebr 13,12; 1Petr 2,9f.). Das theologisch gewichtigste Bild ist jedoch das vom »Leib Christi«. Paulus hat es, vermutlich von seinem Abendmahlsverständnis her (1Kor 10,17), entwickelt: Wie in einem Organismus die einzelnen Glieder durch ihre auf das Ganze bezogenen Funktionen sinnvolles Leben ermöglichen, so erweist sich die K. durch den auf das Ganze bezogenen Dienst ihrer Glieder als Christi Leib, d. h. als der Lebensraum, in dem Christus bereits in der gegenwärtigen Welt heilvoll wirksam ist. Dieses Bild wird vom Kolosser- und Epheserbrief noch erweitert: Christus ist nunmehr das Haupt des Leibes der K.; d. h., er ist Zentrum und Ausgangspunkt der die K. durchströmenden Lebenskräfte (Kol 1,18; Eph 2,21f.; 5,23). R.

Lit.: R. Schnackenburg, Die Kirche im NT, [3]1966; E. Schweizer, Gemeinde und Gemeindeordnung im NT, [2]1962; P. S. Minear, Bilder der Gemeinde, 1964.

Kirchenjahr, der sich alljährlich wiederholende, sich durch das ganze Jahr ziehende kirchliche Festkalender, der sich in einer langen, bis ins Mittelalter reichenden Entwicklung ausgebildet hat. Im NT finden sich lediglich erste Ansätze dieser Entwicklung, und zwar sind diese an Zeitrechnung und Festkalender des Judentums orientiert. So feierte das älteste Christentum allwöchentlich den dem → Sabbat folgenden Tag als Gedenktag der → Auferstehung. Daraus ist unser → Sonntag geworden. Das im 2. Jh. allgemeine Verbreitung findende Osterfest (→ Ostern) trat an die Stelle des → Pascha, und das ihm nach 50 Tagen folgende → Pfingsten hatte seine Grundlage im jüd. Wochenfest. Als letztes der christl. Hauptfeste und als einziges ohne Bezug zum jüd. Festkalender fand vom 4. Jh. an → Weihnachten Eingang in das K. R.

Kirchenorganisation. Organisatorische Fragen haben die → Kirche in ihren Anfangsjahren wenig beschäftigt. Erst mit dem Schwinden der → Naherwartung gewannen sie größeres Gewicht. Ansätze zu einer einheitlichen K. zeichnen sich erst gegen Ende des 1. Jh.s ab. Zunächst wurden jedoch an verschiedenen Orten aus aktuellen Bedürfnissen ganz unterschiedliche Organisationsformen entwickelt oder aus der Umwelt übernommen. Die Jerusalemer Urgemeinde wurde anfangs vom Kollegium der → »Zwölf« geleitet (Apg 6,2). Schon nach wenigen Jahren ging die Leitung auf ein Dreierkollegium über: Gal 2,9 nennt als die drei »Säulen« bzw. »Angesehenen« Jakobus, Kefas = Petrus und Johannes. Wieder wenig später finden wir den Herrenbruder Jakobus zusammen mit einem Kollegium von → Ältesten an der Spitze der Gemeinde (Apg 15,6; 21,18). Das Ältestenamt ist jüd. Ursprungs. Es ist ein durch Wahl auf Zeit übertragenes Ehrenamt. Bereits zu Beginn der 30er Jahre hatten sich die hellenist. → Judenchristen in Jerusalem organisatorisch verselbständigt: Die Leitung ihrer Gemeinde übernahm, nach dem Vorbild der Diasporasynagoge, ein Gremium von 7 Ältesten (Apg 6,5).
Die syr. Kirche des 1. Jh.s wurde geprägt durch wandernde Apostel, Profeten und Lehrer: Sie scheint jedoch noch keine ortsgemeindliche K. gekannt zu haben, mit Ausnahme von Antiochia (Apg 13,1).
Auch → Paulus nennt als feste, persongebundene Dienste Apostel, Profeten und Lehrer (1Kor 12,28), wobei er die beiden letztgenannten als einer bestimmten Gemeinde zugeordnet versteht. Daneben rechnete er mit dem spontanen, keiner organisatorischen Lenkung bedür-

fenden Aufbrechen von Charismen (→ Geistesgaben) in der Gemeinde (1Kor 12,28ff.).
Noch zu Lebzeiten des Paulus entstanden in den von ihm gegründeten Gemeinden (so in Philippi: Phil 1,1) die Leitungsämter der Episkopen (griech., »Aufseher«, »Bischöfe«) und der Diakonen (griech., »Diener«). Diese setzten sich nach seinem Tod in den meisten Kirchengebieten durch, wobei es zu einer Verschmelzung mit der judenchristl. Ältestenverfassung kam. So wird nach den → Pastoralbriefen die Gemeinde von einem Kollegium von Ältesten geleitet, die nicht gewählt, sondern durch → Ordination auf Lebenszeit eingesetzt sind und die Bezeichnung »Episkopen« tragen (1Tim 3,2). Von hier aus ist es nur noch ein kleiner Schritt bis zum sog. monarchischen Episkopat, wie ihn erstmals die um 110 n. Chr. entstandenen Ignatius-Briefe bezeugen: Die oberste Gemeindeleitung liegt nun in der Hand *eines* Episkopen; ihm unterstehen sowohl das Ältestenkollegium als auch der Kreis der Diakone. R.

Lit.: K. Kertelge, Gemeinde und Amt im NT, 1972; J. Roloff, Amt/Ämter/Amtsverständnis IV, in: Theologische Realenzyklopädie II, 1978, 509–533; H.-J. Klauck, Gemeinde. Amt. Sakrament, 1989.

Kirchenzucht, Maßnahme der Kirche gegen Glieder, die zentrale Normen christl. Glaubens und Lebens verletzen. Die Kirche hat sie nie als vollkommene, von Sünden freie Gemeinschaft verstanden; sie wußte jedoch die von Christus ausgehende Kraft der Vergebung in ihrer Mitte wirksam. Sündige Glieder wurden darum grundsätzlich nicht ausgestoßen, sondern zur Buße veranlaßt und der Vergebung unterstellt (Mt 18,7.15.21f.). Falls jedoch ein Sünder die → Buße verweigerte und die Gnade mißachtete, blieb als letzte Möglichkeit die K. Sie bestand im wesentlichen in der Aufkündigung der Gemeinschaft und im Ausschluß von der gottesdienstlichen Versammlung (1Kor 5,11). Wurde durch sie Einsicht und Buße ausgelöst, so war eine Wiedereingliederung möglich (2Thess 3,14f.), andernfalls war der radikale Bruch unvermeidlich (2Kor 5,13; Mt 18,15ff.).
In der Frühzeit war K. Sache der Gemeindeversammlung (1Kor 5,4; Mt 18,18); später ging sie vielfach in die Verantwortung der Amtsträger über (1Tim 1,20). R.

Lit.: L. Goldhahn-Müller, Die Grenze der Gemeinde, 1989.

Kirjat, ein hebr. Wort für »Stadt«, mit dem mehrere Ortsnamen gebildet sind: *K.-Huzot,* »Gassenstadt« (4Mose 22,39); *K.-Baal* (oder Baala), »Baalsstadt« (Jos 15,9), identisch mit *K.-Jearim,* »Wälderstadt« (Jos 15,60); dieses war Standort der Lade vor ihrer Überführung nach → Jerusalem (1Sam 6,21–7,2); *K.-Sefer,* »Buchstadt«, alter Name von Debir (Jos 15,15), das nach Jos 15,49 auch *K.-Sanna* hieß; *K.-Arba,* »Vierstadt« (Lutherbibel: »Stadt des Arba«), alter Name von Hebron (Jos 14,15). S.

Kirjatajim, Stadt nördl. des Arnon, dem Stamm Ruben zugerechnet (4Mose 32,37). Seit ihrer Eroberung durch den Moabiterkönig Mesa gehörte sie zu Moab. S.

Kisch, ein mehrfach im AT vorkommender Name; am bekanntesten ist der Vater → Sauls, ein vermögender Mann aus dem Stamm Benjamin (1Sam 9,1). S.

Kischjon, Ort in Nordpalästina (Jos 19,20); der Name kann mit → Kischon zusammenhängen. S.

Kischon, Bachlauf in der Jesreelebene, der nahe Haifa ins Mittelmeer mündet (z. B. Richt 4,7; 1Kön 18,40). S.

Kislew → Monat.

Kison → Kischon.

Kittäer, Kittim, in den Völkertafeln (1Mose 10,4; 1Chr 1,7) genanntes, nicht genau bestimmbares Volk; vielleicht Griechen aus Zypern. In den → Qumranschriften Deckname für die röm. Weltmacht. R.

Klafter → Maße und Gewichte.

Klage. Im AT wie sonst im Alten Orient wird ein Unglück, besonders ein Todesfall, laut und begleitet von Trauerbräuchen beklagt (5Mose 50,10; Ijob 10,1; Ps 64,2; → Klagelied). Die K. drückt nicht nur die Gemütsbewegung aus, vor allem soll sie das Unglück wenden. So klagt David über sein krankes Kind (2Sam 12,15ff.), solange es lebt; nach dessen Tod erscheint ihm die K. sinnlos (V. 23). (Zur K. im Sinne der gerichtlichen Anklage → Gerichtsbarkeit in Israel.) J. E.

Klagelied, eine kultische Gattung des AT, Bittgebet anläßlich einer Notlage eines einzelnen oder des Volkes. **1.** Das K. des einzelnen, die am häufigsten vertretene Gattung der → Psalmen (z. B. Ps 3; 5; 6; 13), enthält als Hauptelemente die an Gott gerichtete Bitte um Hilfe, die stets sehr allgemein gehaltene Klage über die Not des Beters (körperliches Leiden oder Anfeindung) und den Hinweis auf Tatbestände, die Gott zum Eingreifen veranlassen müßten. Viele K.er weisen außerdem die »Gewißheit der Erhörung« und ein Dankgelübde auf. **2.** Die Hauptelemente des individuellen K.s finden sich auch im K. des Volkes, das z. B. nach einer militärischen Niederlage (Ps 44) oder anläßlich der Zerstörung Jerusalems im Jahre 587/586 v. Chr. (Ps 74; 79) angestimmt wurde. S.

Klagelieder, Buch des AT, das in den Bibelübersetzungen als »K. Jeremias« bezeichnet wird, aber in Wirklichkeit nicht von → Jeremia, sondern höchstwahrscheinlich von mehreren unbekannten Verfassern stammt. Es besteht aus fünf Kapiteln, die jeweils ein Gedicht bilden. Die ersten vier Kapitel sind sehr künstlich aufgebaut, indem die Anfangsbuchstaben der einzelnen Strophen die Reihenfolge des hebr. Alphabets (→ Alphabetische Lieder) ergeben. Der Gattung nach handelt es sich bei Kap. 5 um ein Klagelied des Volkes, im übrigen um Mischformen (Elemente des Leichenliedes u. a.). Gegenstand der K. ist das traurige Schicksal Judas und Jerusalems. Kap. 1 könnte aus der Zeit kurz nach der ersten Einnahme Jerusalems im Jahre 597 v. Chr. stammen; die übrigen vier Kapitel sind zweifellos nach der endgültigen Katastrophe im Jahre 587/586 gedichtet worden. Neben der Klage findet sich auch das Bußbekenntnis (Klgl 3,40–42) und die zaghafte Bitte um Wende der Not (z. B. Klgl 5,21f.). S.

Lit.: H.-J. Kraus, K. (Threni), ^{3}1968; O. Kaiser, K., ^{3}1981 (ATD 16,1); H. J. Boecker, K., 1985 (ZBKAT 21).

Klagemauer, ein 28 m langes Stück der noch aus herodianischer Zeit stammenden westl. Mauer des Jerusalemer Tempelbezirks, das den Juden seit 638 n. Chr. als Bet- und Klageplatz diente (→ Jerusalem). Heute ist sie, unter der bevorzugten Bezeichnung »Westmauer«, Zentrum jüd. Frömmigkeitslebens in Jerusalem. R.

Kläger → Gerichtsbarkeit in Israel.

Klageweib. Das hebr. Wort, das mit »K.er« übersetzt wird (Jer 9,16), meint – wohl berufsmäßig ausgebildete – Frauen, die auf einer Trauerfeier das → Leichenlied sangen. Anscheinend war in Israel die Pflege und der – von Flötenspiel begleitete (Mt 9,23) – Vortrag des Leichenliedes Aufgabe von Sängerzünften, denen die »K.er« und auch Männer angehörten (Am 5,16; 2Chr 35,25). S.

Klasse → Gesellschaftsaufbau, → Priester.

Klauda → Kauda.

Klaudia, Christin, deren Gruß Paulus an Timotheus übermittelt (2Tim 4,21). R.

Kleidung. Obwohl die Angaben der Bibel über K. (vgl. auch → Priesterkleidung, → Kopfbedekkung, → Schleier, → Schuhwerk) spärlich und manchmal unklar sind, ergeben ägypt., assyr. und hetit. Darstellungen und der Vergleich mit der heutigen K. der Beduinen und Fellachen ein einigermaßen deutliches Bild. Die wichtigsten K.s-Stücke sind das wadenlange Unterkleid (hebr. *kuttonät,* griech. *chiton*) aus Leinwand oder Wolle, mit oder ohne Ärmel, das wahrscheinlich ein spiralförmig um den Körper geschlungenes Wickelgewand war (z. B. 1Mose 37,3.23.31–33; 2Sam 13,18f.; Jes 22,21), und das Oberkleid oder Mantel (hebr. meistens *simla,* griech. *himation*); dieser bestand aus einem großen Tuch von grobem Garn, das über die Schulter geworfen wurde und seitlich für die Arme Öffnungen hatte. Er diente auch zum Transport von Gegenständen (z. B. 2Mose 12,34; Richt 8,25) und beim Schlafen als Decke und durfte deshalb nicht gepfändet werden (2Mose 22,25f.). Darunter trugen die Vornehmen ein besonderes Oberkleid (hebr. *m^{e}il,* z. B. 1Sam 2,19; 18,4). Eine andere Art des Mantels (hebr. *addärät*) wird als K.s-Stück des Königs (Jona 3,6) und auch des Profeten (z. B. 1Kön 19,13) erwähnt. Den aus ältester Zeit stammenden Schurz (hebr. *esor*) nennt das AT kaum noch (z. B. Jes 5,27).

Daß zwischen der K. des Mannes und der Frau ein Unterschied bestand, ergibt sich aus dem Verbot des Kleidertausches (5Mose 22,5). Der Unterschied lag wohl in längerem Schnitt, feinerem Stoff und bunterer Farbe. S.

Männliche Kleidung: 1 Kanaanäischer Krieger mit Lendenschurz und Gürtel – 2 Beduine in buntgewebtem Hemdkleid und Sandalen – 3 Judäer aus Lachisch in glattem Hemdkleid mit halblangen Ärmeln – 4 Israelit im Hemdkleid mit borstengeschmücktem Mantel und Zipfelmütze – 5 Syrer im Wickelkleid mit Gürtel und Stirnband

Weibliche Kleidung: 1 Beduinenfrau in buntgewebtem Hemdkleid mit Stirnband und Halbschuhen – 2 Judäerin aus Lachisch in glattem Hemdkleid und lang herabhängendem Kopftuch – 3 Kanaanäisches Mädchen im Hemdkleid mit bortenverziertem Mantel und Kopftuch – 4 Frau im Wickelkleid mit Gürtel, die ihre Kinder auf dem Rücken trägt

Kleinasien. Die Halbinsel K. bildete im Altertum durch ihre geographische Lage und ihre Landschaftsstruktur die natürliche Brücke zwischen dem Orient und dem Westen. Die beiden Gebirgszüge, die parallel zu den Küsten des Schwarzen Meeres im Norden und des Mittelmeeres im Süden verlaufen, begrenzen die nach Westen hin offene anatol. Hochebene, die nach Osten hin zum armen. Hochland langsam ansteigt. Groß ist der landschaftliche Gegensatz zwischen dieser Hochebene mit ihren Wüsten und Steppen und den fruchtbaren Küstengebieten. Zwischen 1800 und 1200 v. Chr. ist K. fest in der Hand der → Hetiter. Um 1200 beginnt die sog. ägäische Wanderschaft: Griechen besiedeln zunächst die ägäische Westküste, um dann allmählich auch die übrigen Küstengebiete zu kolonisieren. Das Landesinnere wird hingegen durch die von Osten eindringenden Perser mehrere Jh.e lang kulturell und politisch bestimmt. 331 v. Chr. wird ganz Kleinasien durch den Feldzug Alexanders d. Gr. der hellenist. Welt eingegliedert. Neben dem Königreich der Seleukiden spielt in den folgenden Jh.en vor allem das Königreich der Attaliden (Hauptstadt: Pergamon) eine beherrschende Rolle. Im 2. Jh. v. Chr. übernimmt Rom die Herrschaft über ganz K.: Die Seleukiden werden von den Römern 189 v. Chr. geschlagen, der letzte Attalide vermacht ihnen 133 v. Chr. sein Reich. Zur Zeit des NT besteht K. aus einer Reihe röm. Provinzen, u. a. → Asien (westl. Gebiete an der Ägäis; Hauptstadt: → Ephesus), → Galatien (im Landesinneren auf dem zentralen Hochplateau; Hauptstadt: Ancyra), → Zilizien (im Südosten; Hauptstadt: Tarsus), → Kappadozien (östl. Hochland; Hauptstadt: Cäsarea). R.

Kleine Profeten, seit dem Mittelalter übliche Bezeichnung für die zwölf Profetenbücher Hosea, Joel, Amos, Obadja, Jona, Micha, Nahum, Habakuk, Zefanja, Haggai, Sacharja und Maleachi, die sich mit ihrem geringen Umfang von den → Großen Profeten abheben. S.

Kleinod (eigtl. eine zierliche, kunstvoll gearbeitete Kleinigkeit), in der Lutherbibel Bezeichnung verschiedener Schmuckgegenstände (z. B. 1Mose 24,53; 2Sam 1,24). S.

Kleinvieh → Viehzucht, → Tierwelt.

Klemens. 1. Mitarbeiter des Paulus in Philippi (Phil 4,3). **2.** Presbyter und Schriftführer der röm. Gemeinde um 95 n. Chr. (→ Hermas, *Visiones* II,4,3); Verfasser des 1. Klemensbriefes (nach Eusebius, *Kirchengeschichte* IV,23,11; → Klemensschriften). R.

Klemensschriften, vier frühchristl., auf den Presbyter → Klemens (2) von Rom (um 95 n. Chr.) zurückgeführte Werke: **1.** Von Klemens tatsächlich verfaßt dürfte lediglich der 1. Klemensbrief sein, den er um 96 im Auftrag der röm. Gemeinde nach Korinth schrieb, um gegen die Absetzung alter und verdienter Presbyter in der dortigen Gemeinde energisch zu protestieren und demgegenüber das kirchliche Amt auf eine heilige, unantastbare Ordnung Gottes zurückzuführen. **2.** Der 2. Klemensbrief ist eine christl. Predigt aus dem 2. Jh. **3.** Im 3. Jh. entstanden die pseudoklementinischen Briefe. **4.** Um die gleiche Zeit entstanden die pseudoklementinischen Homilien und Rekognitionen, ein auf eine christl.-gnostische Gruppe zurückgehendes romanhaftes Werk über das Leben des Klemens.
Der 1. und 2. Klemensbrief werden zu den → Apostolischen Vätern gerechnet. R.

Lit.: J. A. Fischer (Hrsg.), Die Apostolischen Väter, 1959; J. Irmscher / G. Strecker, Die Pseudoklementinen, in: Schneemelcher II, 439.488.

Kleopas. 1. Name des einen Emmausjüngers (Lk 24,18). **2.** → Klopas. H. M.

Kleopatra, häufiger Name unter den Fürstinnen der ptolemäischen Dynastie in Ägypten. Wichtig ist vor allem die aus der Literatur bekannte K. VII., die, unter Mithilfe des ihr hörigen → Antonius, vergeblich versuchte, → Herodes d. Gr. auszumanövrieren und die ägypt. Herrschaft auf Palästina auszudehnen. R.

Klima → Palästina.

Klippdachs → Tierwelt.

Klopas, Mann (oder Vater) der in Joh 19,25 erwähnten Maria, einer Jüngerin Jesu. H. M.

Knecht. Das hebr. Wort *äbäd* (dazu gehört das Verb *abad* »arbeiten« und »dienen«, auch im Sinne des Kult-Dienstes), meist mit »K.« übersetzt, bezeichnet verschiedenartigste Formen eines Abhängigkeitsverhältnisses: vor allem den Sklaven und den Gefolgsmann des Königs (vom einfachen Soldaten bis zum Minister), ferner das botmäßige Volk (Israels »Knechtschaft« in Ägypten). Ähnlich wird im NT das griech. Wort *dulos* verwendet: für den Sklaven (z. B. Eph 6,5), den Beamten des Königs (Mit 18,23) und darüber hinaus für den, der einer überpersönlichen Macht unterworfen ist (»K.e der Sünde«, Röm 6,20). S.

Knecht Gottes/Jahwes. 1. Der hebr. Ausdruck für »Knecht«, *äbäd,* wird nicht nur im Alltag des Bauernhofes für das Gesinde, sondern in Jerusalem für die höchsten Beamten, Minister und Generäle als Knechte des Königs verwandt. Die Auffassung von einem Königtum Gottes führt dazu, als K. G. diejenigen anzusehen, die Jahwes Weltregierung auf Erden stellvertretend vollziehen, also Volksführer wie Mose, Josua, die jud. Könige, später auch der Babylonier Nebukadnezzar und der Perser Kyros. Auch Israel als Ganzes kann den Ehrennamen »K. G.« erhalten, insbesondere bei Deuterojesaja (Jes 41,8f.; 42,19). In nachexilischer Zeit wird es möglich, selbst den einzelnen frommen Israeliten als K. G. zu bezeichnen.
Bei Deuterojesaja finden sich darüber hinaus vier Stücke, in denen von einem besonderen K. J. gesprochen wird: Jes 42,1–4 (5–9); 49,1–6(7–9); 50,4ff.; 52,13–53,12. Von Gott erwählt, soll er sowohl die (damals im babylon. Exil befindlichen) Israeliten wieder in ihrer Heimat als Volk »aufrichten« und zum neuen »Bund für das Volk« werden wie auch die göttliche Weisung, die bislang als Tora nur Israel bekannt ist, als »Licht der Völker« in die übrige Menschheit hinaustragen. Ehe er den Auftrag erfüllen kann, wird er tief erniedrigt (und getötet?), »verachtet wird er und von den Menschen gemieden«. Dies aber nimmt er stellvertretend für die »vielen« (Israeliten oder Heiden?) auf sich, ohne daß diese davon wissen: »Er wird durchbohrt um unserer Sünden willen, zerschlagen für unsere Missetaten«, bekennen sie später. Danach läßt Gott sein Werk gelingen, die vielen erkennen ihn als ihren Helfer an, Könige stehen vor ihm auf, und »die Mächtigen fallen ihm als Beute zu«. Eine durchgehende »Biographie« eines K. J. wird also entworfen. Da aber der Profet weder Namen noch Titel, noch Zeit angibt, ist die Deutung seit jeher umstritten. Ist der K. G. an diesen Stellen kollektiv zu verstehen, meint er Israel oder einen Teil davon (so vor allem jüd. Ausleger)? Oder ist er, da er Aufgaben an Israel selbst wahrnimmt, ein Individuum? Wenn letzteres der Fall ist, wird er dann als Profet oder als König vorgestellt? Als Gestalt der Vergangenheit oder als Zeitgenosse Deuterojesajas oder als ein in ferner Zukunft Kommender? Für jede Auffassung lassen sich Argumente beibringen. In jedem Falle aber ist festzuhalten, daß hier an dieser Stelle der Rahmen einer → Nationalreligion, der sonst das AT bestimmt, überschritten und an eine Teilnahme der Menschheit am religiösen Gut Israels gedacht wird. Ebenso bedeutsam ist das zweite, daß → Sühne für die ungeheure Sündenlast der Menschheit durch Leiden und Tod eines unschuldigen, aber herausragenden Repräsentanten durch Gott ermöglicht wird.
2. Das nachbibl. Judentum hat in seiner Auslegung der deuterojesajanischen Gottesknecht-Lieder alle Züge, die auf die Erniedrigung und das stellvertretende Leiden des K. G. hinweisen, konsequent verdrängt. Wo sie messianisch verstanden wurden, richtete man ausschließlich den Blick auf die Aussagen von der Erhöhung und dem Triumph des K. G. (Jes 53,11f.), wie denn überhaupt dem Judentum die Vorstellung eines leidenden Messias fremd war. Von daher erklärt sich die Tatsache, daß im NT zwar verschiedentlich die Bezeichnung »K. G.« auf Jesus übertragen wird, daß aber dabei der Gedanke des Leidens und der Sühne fast durchweg ausgeblendet bleibt. Jesus gilt als der K. G., den Gott als Helfer der Leidenden und Bedrückten berufen hat (Mt 12,18–21; Apg 4,30), den er, gleich Mose und den Profeten, zu Israel gesandt hat, um zu Umkehr und Gehorsam aufzufordern (Apg 3,13.26) und den er zuletzt aus allen Anfeindungen errettet hat (Apg 4,27). Um so beachtlicher ist es, daß offensichtlich Jesus selbst in ganz eigenständiger Auslegung des AT die Spitzenaussage Jes 53,12, die von der Lebenshingabe des K. G. spricht, zur Sinngebung seines Sterbens herangezogen hat: Bei der Einsetzung des → Abendmahls deutete er seinen Tod als Sühne »für die vielen«, d. h. für die außerhalb der Gottesgemeinschaft stehenden Sünder und die Weltvölker (Mk 14,24 par). Erst allmählich hat das Urchristentum die Bedeutung dieser Aussage theologisch erfaßt und sich von daher den vollen Gehalt von Jes

52,13–53,12 neu erschlossen: Man sah nunmehr in Jesu Weg die letzte Erfüllung des im AT vorgezeichneten Geschicks des leidenden K. G. (1Petr 2,21–25; Offb 14,5). K./R.

Lit.: C. R. North, The Suffering Servant in Deutero-Isaiah, [2]1956 [Übersicht über die verschiedenen Deutungen]; E. Lohse, Märtyrer und Gottesknecht, [2]1963; M.-L. Gubler, Die frühesten Deutungen des Todes Jesu, 1977.

Knidus, Küstenstadt im Südwesten Kleinasiens, bei der Romreise des Paulus erwähnt (Apg 27,7). H. M.

Knie. Man beugte das K. als Zeichen der Ehrfurcht, besonders beim Gebet (z. B. 1Kön 8,54). Das Wanken der K. drückte Angst aus (z. B. Jes 35,3). S.

Knoblauch → Pflanzenwelt.

Koch → Leibwache.

Kodex → Buch.

Kohle, in der Bibel nur die Holz-K., bildhaft gebraucht für den Blitz (Ps 18,9.13) und – als glühende K.n auf dem Haupt – für den Schmerz der Reue (Spr 25,22). S.

Kohorte, röm. Truppeneinheit, nominell 1000 Mann stark. In Jerusalem war eine K. auf der Burg Antonia stationiert (Mk15,16). H. M.

Koine, Bezeichnung der griech. Umgangs- und Literatursprache der hellenist.-röm. Zeit (von griech. *he koine dialektos* »die allgemeine Sprache«). Das griech. AT (→ Septuaginta) und das NT sind in K. verfaßt. R.

Kollekte, Erhebung von Spenden für kultische oder karitative Zwecke (2Mose 25,2ff.; Apg 4,34f.). Eine besondere Rolle spielte die K. für die Jerusalemer Urgemeinde, zu deren Sammlung → Paulus sich auf dem → Apostelkonzil bereit erklärt hatte (Gal 2,10); sie sollte auch die Verbundenheit der Heidenchristen mit der Urgemeinde dokumentieren. In 2Kor 8; 9 hat der Apostel sehr grundsätzliche Überlegungen über die Bedeutung der K. angestellt. H. M.

Kollektivschuld. Schuld ist für die Bibel grundsätzlich Sache des einzelnen; er hat die Verantwortung für seine Verfehlung zu tragen. Der Gedanke an eine K. wird deshalb schon früh abgewiesen (Ez 18,1–20). Davon ist die Tatsache unberührt, daß es eine in transpersonalen Zusammenhängen wirksame → Sünde gibt, die sich in Verfehlungen des einzelnen konkretisiert (Röm 5,12ff.).
Der Gedanke einer K. des jüd. Volkes am Tode Jesu klingt im NT lediglich in Mt 27,25 an. Vorherrschend ist demgegenüber die Auffassung, daß die Tötung Jesu für die Juden im Rückblick Anlaß zur Umkehr werden kann (Apg 2,22 u. ö.). Im übrigen gelten die Jesus tötenden Juden als Repräsentanten der Gott feindlichen Menschheit; ihr Tun ist Symptom jener Abkehr von Gott, die einzelne immer wieder schuldig werden läßt, nicht jedoch Ursache von K. R.

Kolonie, Ansiedlung ausgedienter röm. Soldaten. Die K.n hatten italisches Stadtrecht. Im NT wird die röm. K. → Philippi erwähnt (Apg 16,12). H. M.

Koloquinte → Pflanzenwelt.

Kolossä, kleinasiat. Stadt am Lykosfluß (Kol 1,2). Der frühere Reichtum war in neutest. Zeit schon geschwunden. Unter → Nero wurde K. durch ein Erdbeben zerstört. Einwohner waren Phrygier, aber auch Griechen und Juden. H. M.

Kolosserbrief, einer der dem Apostel Paulus zugeschriebenen → Gefangenschaftsbriefe (Kol 1,24; 4,3.10.18). Der K. ist an eine heidenchristl. Gemeinde (Kol 1,21; 2,13) gerichtet, die von einer Irrlehre bedroht ist (Kol 2,8). Diese »Philosophie« fordert die Verehrung der schicksalbestimmenden »Weltelemente« (Kol 2,8.20; → Element) durch Beachtung besonderer Kultzeiten und Speisevorschriften (Kol 2,16.21). Demgegenüber verkündet der K. Christus als den Herrn über alle Welt (Kol 2,6–15). Der ermahnende Teil (Kol 3–4) zeigt, wie sich die Herrschaft Christi im Leben der Glaubenden auswirkt.
Sprache und Stil des K.s unterscheiden sich stark von den anderen Paulusbriefen. Die kosmische Christologie und die Bezeichnung der weltweiten Kirche als »Leib Christi« führen über Paulus hinaus. Die Enderwartung tritt gegenüber Paulus stark zurück; anders als in Röm 6,4 ist die Auferstehung zum neuen Leben schon erfolgt (Kol 2,12f.; 3,1ff.). Daher dürfte nicht Paulus

selbst, sondern ein Paulusschüler den K. verfaßt haben. H. M.

Lit.: J. Becker / H. Conzelmann / G. Friedrich, Die Briefe an die Galater, Epheser, Philipper, Kolosser, Thessalonicher und an Philemon, [14]1976 (NTD 8); E. Schweizer, Der Brief an die Kolosser, 1976.

Komma Johanneum (von lat. *comma* »Satzteil«), ein in einigen altlat. Bibelhandschriften des 4. Jh.s erstmals auftauchender, erweiternder Einschub in 1Joh 5,7f.: »Und drei Zeugen gibt es [auf Erden]: den Geist, das Wasser und das Blut, und diese drei stimmen überein [in Jesus Christus. Und drei sind es, die dies Zeugnis im Himmel verlautbaren: der Vater, das Wort und der Geist].« Weil man in ihm einen Beleg für die in der Bibel sonst nirgends direkt bezeugte Lehre von der göttlichen → Trinität fand, wurde das K. J. in die *Vulgata* (→ Bibelübersetzungen 2) aufgenommen und bis in die Neuzeit von konservativen röm.-kath. Theologen erbittert verteidigt. Heute hat sich die Einsicht in seine Unechtheit allgemein durchgesetzt. R.

Kommunismus im Urchristentum. K. als wirtschaftliche Ordnung auf der Basis gemeinschaftlichen Eigentums an Produktionsmitteln und Verbrauchsgütern war ein von antiken Philosophen (u. a. Platon) häufig vertretenes gesellschaftliches Ideal. Im Judentum zur Zeit Jesu praktizierte die Sekte von → Qumran ein kommunistisches Verfassungsmodell (1QS 1,11f.; 6,2f.). Demgegenüber wird man von einem K. im U. nur sehr bedingt sprechen können. Denn die → Gütergemeinschaft in der Jerusalemer Urgemeinde beruhte nicht auf allgemeiner Verpflichtung, sondern auf dem freiwilligen Besitzverzicht einzelner (Apg 5,4); sie erstreckte sich außerdem nicht auf die Produktionsmittel. Hinzu kommt, daß Lukas die Gütergemeinschaft verallgemeinert zu haben scheint (Apg 2,44; 4,32), um ein ideales Bild der christl. Frühzeit zu zeichnen. Dieses Bild hat in der Folgezeit stark weitergewirkt, vor allem in Mönchsorden und Kommunitäten. R.

Lit.: M. Hengel, Eigentum und Reichtum in der frühen Kirche, 1973.

König. Nach der → Landnahme beruhte die staatliche Organisation der israelit. Stämme nicht auf dem Königtum; Kriegführung und Rechtsprechung lagen in den Händen der → Richter, von denen ein Teil in Notlagen von Jahwe berufen wurde.

Dies gilt auch für den ersten israelit. König, → Saul (1Sam 11). Für das Nordreich Israel ist die Designation eines K.s durch einen Profeten (1Kön 11,29ff.) und die nachfolgende Zustimmung der Volksversammlung bestimmend (1Kön 12,20). Dynastiebildungen (→ Omri, → Jehu) waren durch diesen Modus erschwert und konnten sich nicht auf Dauer im Nordreich durchsetzen (vgl. 2Kön 9). Im Gegensatz dazu ist das Königtum im Südreich Juda bis zu seinem Ende an die Dynastie der Davididen gebunden (2Sam 7).

In der Zeit → Davids und → Salomos waren beide Königreiche in Personalunion vereint; die aufwendige Hofhaltung Salomos und der damit verbundene Wandel in der → Wirtschaft und im → Gesellschaftsaufbau waren – neben der Fronarbeit – Gründe für die Auflösung der Union.

Diese Gründe waren auch Thema der Kritik am Königtum als Institution (1Sam 8). Die Schriftprofeten, vor allem die des 8. Jh.s v. Chr., äußern zwar Kritik an dem durch das Königtum hervorgerufenen Abfall von alten religiösen und sozialen Traditionen, merkwürdigerweise jedoch nicht am Königtum selbst.

Umstritten ist, in welcher Weise der K. an der göttlichen Sphäre teilhat. Wie Ps 2 und 2Sam 7 zeigen, sind Elemente der K.s-Ideologie aus Ägypten im AT übernommen worden; auch übernimmt der K. kultische Funktionen (1Kön 8). Die gelegentlich vertretene These des göttlichen Charakters der israelit. K.e konnte bisher nicht eindeutig bewiesen werden.

Im Laufe der Zeit entwickelte sich auf der Grundlage des Königtums der Gedanke an den → Messias.

Die Attribute des Königtums wurden auch auf → Jahwe übertragen (→ Thron), der dabei den Titel »K.« erhielt (Jes 6,5). Hier strömen wahrscheinlich Überlieferungen des alten Jerusalem auf israelit. Glaubensvorstellungen ein. U. R.

König der Juden. Kernpunkt der röm. Anklage gegen Jesus, die zu seiner Verurteilung führte, war, er habe sich zum K. der J., d. h. zum politischen Messias und Befreiungskämpfer, aufgeworfen (Mk 15,2 par; → Jesus Christus, → Kreuztitel). R.

Königin, Frau des→ Königs. Da der König – wie andere Bürger auch – mehrere Frauen ehelichen konnte, gab es bisweilen mehrere K.nen (Hld 6,8). Eine gewisse Rolle spielte die Mutter des Thronfolgers (1Kön 1,11ff.); auch die Witwe eines Königs konnte die Macht an sich reißen (→ Atalja). U. R.

Königsbücher. Die K. bilden ursprünglich mit den→ Samuelbüchern eine Einheit. Die K. enthalten Überlieferungen zur Geschichte Israels und seiner Könige von der Thronfolge Davids durch Salomo bis zur Begnadigung Jojachins im babylon. Exil. Die K. gliedern sich in die Geschichte Salomos (1Kön 1–11), die Geschichte der beiden Reiche Juda und Israel bis zum Untergang Israels (1Kön 12 – 2Kön 17) und die Geschichte des Reiches Juda bis zum Exil bzw. zur Begnadigung des Königs Jojachin (2Kön 18–25).
Die K. sind Teil des→ Deuteronomistischen Geschichtswerkes und wurden von den Redaktoren in der Exilzeit aus verschiedenen Quellen redigiert. Dazu gehören Sammlungen von Salomo-Erzählungen und -Annalen, Annalenwerke über die Geschichte der Könige Judas und Israels sowie Profetenerzählungen, insbesondere der Profeten → Elija und → Elischa. Die Redaktoren der K. waren nicht an einer Darstellung der Geschichte Israels und der Könige in ihrer historischen Vielfalt interessiert; vielmehr ging es um den Aufweis, daß das Unglück Israels – das Exil und die Zerstörung des Tempels – Folge der Sünde der Könige gegen das Gebot der Kultzentralisation (5Mose 12) war. O.

Lit.: M. Noth, Könige I [1Kön 1–16], 1968; E. Würthwein, Die Bücher der Könige. 1. Könige 1–16, 1977 (ATD 11,1); 1. Könige 17 – 2. Könige 25, 1984 (ATD 11,2); G. Hentschel, 1Könige, 1984; 2Könige, 1985 (NEB).

Königslieder, Bezeichnung für einige Psalmen, in deren Mittelpunkt der König steht. Die Anlässe der K. waren verschiedenartig. So gehören Ps 2; 72; 110 zum Ritual der Thronbesteigung und ebenfalls Ps 101, eine Proklamation des Königs. Ps 45 ist ein Hochzeitslied für den König; in Ps 20; 21 spiegelt sich wohl eine Bittfeier vor dem Auszug des Königs in den Krieg, in Ps 132 eine Ladeprozession und in Ps 89 eine Klagefeier nach einer militärischen Niederlage. S.

Königsritual, Zeremonie, die bei der Krönung eines → Königs vollzogen wird. Vor allem im Südreich Juda haben sich feste Formen eines K.s herausgebildet; das AT berichtet allerdings nur in zwei außergewöhnlichen Fällen vom Vollzug eines K.s (1Kön 1,33ff.; 2Kön 11). Die Zeremonie bestand aus zwei Teilen: der Salbung im Tempel und der Thronbesteigung im Palast. Wesentliche Bestandteile dieses zweiten Aktes sind die Verleihung des Diadems und des Königsprotokolls, das die Thronnamen (vgl. Jes 9,5) und den Auftrag Gottes zum Herrscheramt beinhaltet. Sowohl der Aufbau des K.s als auch die bekannten Einzelheiten lassen ägypt. Einfluß erkennen; dies gilt auch für Ps 2, der auf dem Hintergrund des K.s zu interpretieren ist. U. R.

Königstal, ein Tal in der Nähe von Jerusalem, wo Abschalom einen Gedenkstein errichtete (2Sam 18,18) und wo der Legende nach Abraham mit Melchisedek zusammentraf (1Mose 14,17). S.

Königtum Gottes. Die altoriental. Religionen kennen seit dem 3. Jt. v. Chr. ein gegliedertes→ Pantheon. Über den göttlichen Wesen thront ein Götterkönig, in Ägypten der Sonnengott Re, im Zweistromland der Himmelsgott Anu und später der babylon. Stadtkönig Marduk. Die Israeliten beginnen erst nach der→ Landnahme dem allein verehrten Gott Jahwe das Prädikat »König« zuzulegen. Er wird dabei weniger als König über Israel gedacht denn als König über kanaan. Gottwesen, die als Figuren für das Funktionieren natürlicher und gesellschaftlicher Größen übernommen, aber zu einem himmlischen Hofstaat depotenziert und Jahwe dienstbar werden. Da nach altoriental. Auffassung ein König sich nicht durch stetiges Regieren ausweist, sondern durch die besonderen Akte, mit denen er sich je und je erweist, insbesondere wenn er seinen Thron besteigt, wird auch das K. G. als ein stets neu sich durchsetzendes gedacht. Die Thronbesteigungspsalmen (Ps 93–99) feiern mit der von der gesamten Kultgemeinde ausgerufenen und gewiß unendlich oft wiederholten Akklamation »Jahwe ist (wiederum) König geworden« eine Erscheinung des K. G. im Jerusalemer Herbstfest. Da wird zu Beginn des neuen Landwirtschaftsjahres der→ Chaosdrachenkampf durchgeführt, Schöpfung und Bundesschluß erneuert und das Gesetz verkündet. Das K. G. äußert sich abseits von Festterminen auch in außerordentlichen Eingriffen. Insbesondere beauftragt Jahwe als König → Profeten als seine Herolde, um künftiges königliches Handeln voranzukünden (Jes 6). Mit dem Untergang von Tempel und Kult 587/586 v. Chr. sinkt auch eine Feier des K. G. dahin. An ihre Stelle tritt allmählich die Erwartung eines künftig hereinbrechenden → Reiches Gottes. K.

Konsekration, in der röm. Messe der Akt der Wandlung der Elemente beim → Abendmahl durch die vom Priester gesprochenen Einsetzungsworte; in neutest. Zeit noch nicht bezeugt. R.

Kopf → Haupt.

Kopfbedeckung, wird in der Bibel verhältnismäßig selten erwähnt, wobei überdies nicht ganz eindeutig ist, um welche Art der K. es sich handelt. Bei der einen Art (hebr. *zanif* oder *miznäfät*), die vom gemeinen Mann (Ijob 29,14) ebenso wie von der Frau (Jes 3,23), dem König (Jes 62,3; Ez 21,31) und dem Hohenpriester (→ Priesterkleidung) getragen wurde, hat man wohl – wie bei der anders bezeichneten K. der babylon. Ritter (Ez 23,13) – an ein turbanartig gewickeltes großes Tuch zu denken; bei der anderen (hebr. *p^{e}er*), die ebenfalls vom Mann (Ez 24,17.23; auch vom Bräutigam, Jes 61,3–10) und von der Frau (Jes 3,20) und ferner vom gewöhnlichen Priester (Ez 44,18) getragen wurde, ist wohl ein Kopftuch gemeint. S.

Koptisch, letzte Entwicklungsstufe der ägypt. Sprache, Literatursprache des christl. Ägypten, in der im 3. Jh. n. Chr. wichtige → Bibelübersetzungen entstanden. Man unterscheidet den südl. von Theben gesprochenen sahidischen vom im Norden verbreiteten bohairischen Dialekt. R.

Kor → Maße und Gewichte.

Korach. Die »Söhne K.s« oder »Korachiten« waren eine Sängergilde am Jerusalemer Tempel (2Chr 20,19), die in den Überschriften mehrerer → Psalmen genannt wird (z. B. Ps 44–49). Außerdem gehörten zu den Korachiten noch andere Tempelbedienstete wie Torhüter (1Chr

Korinth. Lechaion-Straße mit Akrokorinth im Hintergrund

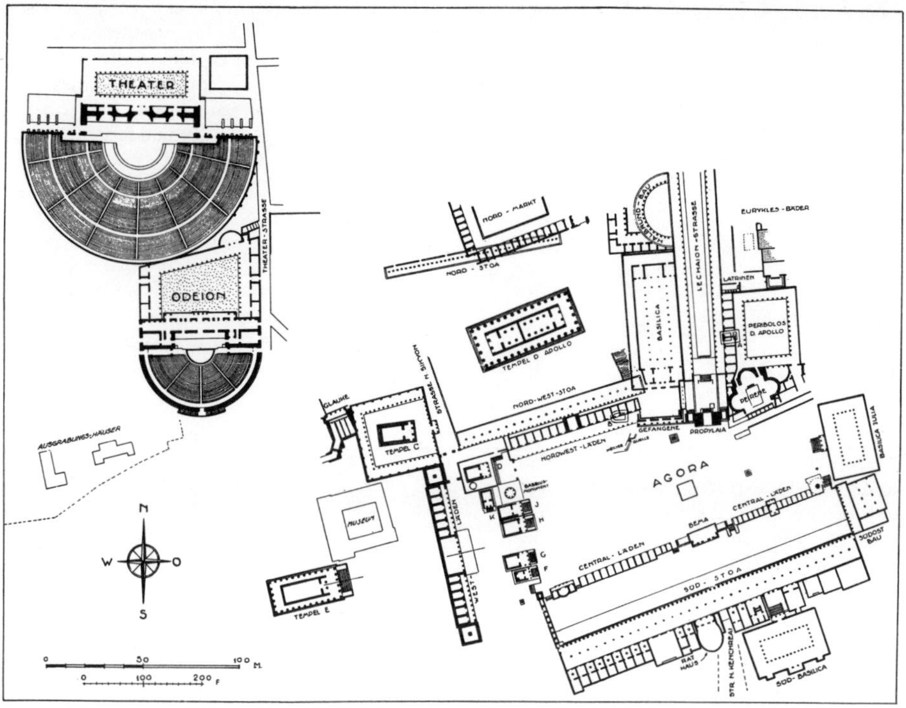

Plan des antiken Korinth

26,1.19). – In der Erzählung vom Aufstand der »Rotte K.« gegen Mose und Aaron (4Mose 16–17), wo K. offenbar als Ahnherr und Repräsentant der Korachiten erscheint, spiegeln sich Auseinandersetzungen zwischen den Korachiten und den Priestern des Jerusalemer Tempels. S.

Koralle, rote, skelettartige Ablagerung im Meer, die als Schmuck verwendet wird; das AT nennt K.n – bei Luther meistens »Perlen« – fast nur im weisheitlichen Vergleich (z. B. Ijob 28,18; Spr 20,15). S.

Korb, Behälter aus biegsamem Pflanzenmaterial (Palmbast oder -blättern, Rohr, Binsen, Ruten, Stroh, Stricken), für den die Bibel verschiedene Bezeichnungen hat. S.

Korban (hebr., »Dankbringung; Opfer; Weihegabe an den Tempelschatz«). In Mk 7,11 kritisiert Jesus die vom Gesetz legitimierte Praxis, daß ein Sohn unter dem Vorwand, dem Tempel eine Weihegabe gelobt und diese als »K.« erklärt zu haben, seinen Eltern die Unterstützung entzieht; der elementare Wille des Schöpfers kann durch das Gesetz nicht außer Kraft gesetzt werden. R.

Korinth, Stadt in Griechenland. Dank seiner Lage nahe der schmalen Landenge zwischen Attika und der Peloponnes entwickelte sich das um 1000 v. Chr. gegründete K. zu einer bedeutenden Hafen- und Handelsstadt. Das antike K. lag etwa 4 km südwestl. der heutigen Stadt, am Fuße des Berges Akrokorinth, auf dem sich ein berühmtes Afroditeheiligtum befand. Es hatte zwei Häfen: Kenchreä am Saronischen Golf im Osten, Lechäum am Golf von K. im Westen. Berühmt waren die alle zwei Jahre bei K. veranstalteten Isthmischen Spiele. Nach totaler Zerstörung durch die Römer 146 v. Chr. wurde K. 44 v. Chr. als röm. Kolonie neu begründet und zur Hauptstadt der senatorischen Provinz Achaia gemacht. Die Stadt kam zu neuer wirtschaftlicher Blüte und zog Einwanderer aus vielen Ländern an, u. a. auch Juden (Apg 18,4). Die verschiedensten Religionen und Kulte fanden deshalb hier eine Heimstatt. Berüchtigt war K. wegen seiner Sittenlosigkeit, doch dürfte die Vermutung, im Afroditetempel sei sakrale Prostitution getrieben worden, auf einer Fehlinformation des Geschichtsschreibers Strabo beruhen. Paulus kam um 50/51 auf der 2. Missionsreise nach K. und gründete eine christl. Gemeinde, die sich schnell entwickelte. In der Folgezeit kam es jedoch, begünstigt durch die soziologische Zusammensetzung der Gemeinde sowie das geistige Klima K.s, zu Spannungen zwischen einzelnen Gemeindegruppen (1Kor 8; 11,17 ff.) sowie zu einer schweren Krise zwischen der Gemeinde und Paulus. Ein lebendiges Bild davon zeichnen die → Korintherbriefe. R.

Lit.: W. Elliger, Paulus in Griechenland, 1987.

Korintherbrief(e). 1. Entstehungsgeschichte – 2. Der 1. K. – 3. Der 2. K.

1. Die beiden K. sind Teile einer lebhaften, ja dramatischen Korrespondenz, die Paulus um 54–55 mit der von ihm wenige Jahre vorher (um 50/51) gegründeten Gemeinde in → Korinth geführt hat. Sie gewähren uns wie kaum eine andere Schrift im NT Einblick in die innere Lage des werdenden → Heidenchristentums. Nicht alle Briefe des Paulus nach Korinth sind erhalten, vermutlich aber besitzen wir in Wahrheit mehr als zwei, da der 2. K. aus mindestens drei ursprünglich selbständigen Briefen später zusammengesetzt worden zu sein scheint.

Dem 1. K. war bereits ein Brief des Paulus vorausgegangen, in dem er vor dem Umgang mit »Unzüchtigen« gewarnt hatte (1Kor 5,9). Die Korinther antworteten darauf mit einem Brief, in dem sie eine Reihe von Fragen stellten, die ihr inneres Leben betrafen; außerdem erhielt Paulus in Ephesus Nachrichten über die Situation der Gemeinde, vor allem über die ihn beunruhigenden Gruppenbildungen und über den wachsenden Einfluß eines enthusiastischen Pneumatikertums, hinter dem möglicherweise gnostische Motive standen. Zu alledem nahm er im 1. K. (um 54) ausführlich Stellung. Kurz darauf veran-

Korinth. Apollo-Tempel (6. Jh. v. Chr.)

laßten ihn alarmierende Nachrichten zu einem Besuch in Korinth, der mit einem katastrophalen Fehlschlag endete (2Kor 2,5; 7,12): Die Gemeinde war unter den Einfluß wandernder Pneumatiker geraten, welche die schon vorhandenen enthusiastischen Neigungen noch weiter steigerten und sich als die wahren Apostel Christi feiern ließen. Ihnen gegenüber konnte sich Paulus nicht durchsetzen und kehrte nach Ephesus zurück, von wo er einen sehr heftigen Brief schrieb, den sog. Tränenbrief (2Kor 2,4; 7,6), den er durch → Titus (2) überbringen ließ. Er scheint die gewünschte Wirkung gehabt zu haben; Titus konnte dem Apostel, der inzwischen nach Mazedonien gereist war, die Nachricht überbringen, daß sein Einfluß in Korinth wieder gefestigt war. Darauf schrieb Paulus im Frühjahr 55 einen versöhnlichen Brief, in dem er seinen Besuch ankündigte, der kurz darauf erfolgte und zur vollen Befriedung der Gemeinde führte.

2. Der 1. K. hat ein großes Thema, das alle situationsbezogenen Ausführungen bestimmt: die Kirche, ihr Wesen und ihre Lebensgestalt. Auf den kurzen Eingang (1Kor 1,1–9) folgt Teil I (1Kor 1,10–6,20), in dem Paulus von sich aus Mißstände in Korinth anspricht: das Parteiwesen (1Kor 1,10–4,21) und sittliche Verfehlungen (1Kor 5,1–6,20). Teil II (1Kor 7,1–15,58) antwortet auf vier Fragen der Gemeinde: Stellung zu Ehe und Ehelosigkeit (1Kor 7,1–40); Erlaubnis, im heidn. Kultus geschlachtetes Fleisch (»Götzenopferfleisch«) zu essen (1Kor 8,1 bis 11,1); Verhalten in der gottesdienstlichen Versammlung (1Kor 11,2–14,40); Verständnis der Auferstehung der Toten (1Kor 15,1–58). Der Schluß (1Kor 16,1–24) enthält persönliche Mitteilungen und Grüße.

3. Der 2. K. besteht wahrscheinlich aus mehreren, ursprünglich selbständigen Schreiben, die erst ein späterer Bearbeiter zu einer Einheit zusammengefügt hat: a) 2Kor 10–13 ist vermutlich der »*Tränenbrief*«. Hier setzt sich Paulus mit den in Korinth eingedrungenen »Überaposteln« bzw. ihrem Einfluß auf die Gemeinde auseinander. Kernstück ist die »Narrenrede« (2Kor 11,1–12,11), in der Paulus sich in bitterer Ironie seiner Überlegenheit rühmt, die in der Niedrigkeit des Kreuzes besteht. b) 2Kor 1–8, der »*Versöhnungsbrief*«, blickt zurück auf die bisherige Beziehung zwischen Paulus und den Korinthern (2Kor 1,12–2,14; 7,5–16), gibt eine grundsätzliche Apologie des Apostelamtes (2Kor 2,14–7,4; nach manchen Auslegern ebenfalls ein ursprünglich selbständiger Brief) und bereitet die Einsammlung der Kollekte für Jerusalem vor (2Kor 8,1–24). c) 2Kor 9, der kleine »*Kollektenbrief*«, gibt nochmals Ausführungsbestimmungen für die in Gang befindliche Kollekte. R.

Lit.: G. Bornkamm, Die Vorgeschichte des sog. Zweiten K.es, [2]1965; G. Friedrich, Die Gegner des Paulus im 2. K., in: Abraham unser Vater. Festschrift für O. Michel, 1963, 181–215; H. Conzelmann, Der erste Brief an die Korinther, 1969; F. Lang, Die Briefe an die Korinther, 1986; C. Wolff, Der zweite Brief des Paulus an die Korinther, 1989.

Korn → Getreidearten.

Kornelius, heidn. Hauptmann in Cäsarea, nach Apg 10,1–48 der erste von Petrus getaufte Heide (→ Heidenchristen). R.

Kornhaus, Speicher. S. dienten im Altertum vor allem zur Aufbewahrung des an den Staat abzuliefernden Getreides, das als Heeresproviant benötigt wurde. Am verbreitetsten war der runde Getreidesilo mit einem über eine Treppe erreichbaren Schüttloch in der Kuppel. S.

Körper. Die ganzheitliche Auffassung vom Menschen im AT kennt keinen Begriff für den K. als Gegensatz zu Seele und Geist. Vielmehr können Aspekte des Menschen, ja einzelne K.-Teile (→ Herz, → Seele, → Fleisch, → Gebein, → Geist, → Ohr u. a.) den Menschen als ganzen bezeichnen (vgl. Ps 6,3ff.). So gibt es auch keine prinzipielle Trennung von körperlicher und geistiger Arbeit. Auf den Menschen als ganzen bezieht sich auch die Gottebenbildlichkeit (1Mose 1,26f.). Als Aspekt der Einheit des Menschen bezeichnet das hebr. Wort für Fleisch seine Schwäche und Vergänglichkeit (Ijob 34,14f.; 5Mose 5,26). Obwohl das NT, schon wegen der griech. Sprache, einem Dualismus von K. und Geist/Seele nähersteht, bezeichnet »K.«, »Leib« (griech. *soma*) bei Paulus (Röm 12,1; 1Kor 13,3 u. ö.) den Menschen in seiner Ganzheit und Personalität: Der Mensch ist *soma* als der, der zu sich selbst und zu anderen ein bewußtes Verhältnis haben kann, aber auch als der, der Sünde und Tod verfallen kann. J. E.

Kos, ägäische Insel, die Paulus auf der Rückkehr von der 3. Missionsreise besuchte (Apg 21,1). R.

Kosmogonie → Schöpfung.

Kosmologie → Weltbild.

Kosmos → Welt.

Kraft, in der Bibel sowohl Lebens- wie auch Körper-K. (5Mose 34,7; Richt 16,5; Ps 38,11), materielles Vermögen (Ijob 6,22), politische und militärische Stärke (Dan 8,24), ferner allgemein die Fähigkeit, das Imstandesein (1Mose 31,6). Letztlich kommt alle menschliche K. von Gott (5Mose 8,17f.; Ps 18,33). »Dein ist die K.«, heißt es im → Vaterunser (Mt 6,13). Gott selbst ist K. (Mt 26,64). Mehrfach im AT findet sich das Bekenntnis zu Jahwe als dem, der Israel mit »großer K. und ausgerecktem Arm« aus Ägypten führte (2Mose 32,11 u. ö.). Gottes K. kann auf charismatisch begabte Menschen übergehen (Richt 6,14; Mich 3,8; vgl. auch Jes 9,6; 11,2). Sie wirkt in den Worten und Taten Jesu (z. B. als heilende K. Mk 5,30). Christus ist die K. Gottes (1Kor 1,24), er ist über jede andere K. gesetzt (Eph 1,19ff.; 1Petr 3,22; → Herrschaft). Seine K. geht auf die Apostel über (Lk 9,1; 24,49); auch die K. der Gläubigen ist nicht ihre eigene, sondern die K. Gottes (2Kor 4,7; Eph 6,10; Kol 1,11). J. E.

Krähe → Tierwelt.

Krankenheilungen → Heilung.

Krankenpflege. K. gibt es in organisierter Form weder im Judentum noch in der griech.-röm. Welt; doch gilt der Krankenbesuch seit Sir 7,39 als Liebeswerk. Jesus hat sowohl durch seine unbezweifelbaren Heilungswunder als auch durch die Gleichnisse Mt 25,31ff. und Lk 10,30ff. seiner Gemeinde ein verpflichtendes Erbe hinterlassen, so daß sie schon früh K. übte (Jak 5,13ff.). Später hatte der Bischof, unterstützt von Diakonen und Witwen, für die K. zu sorgen. H. M.

Krankensalbung → Salbung.

Krankheit, nach alttest. Auffassung nicht in erster Linie organische Störung, sondern Folge böser Tat des Volkes oder einzelner. Sie kann, so beim Aussatz, mit kultischer Unreinheit verbunden sein (3Mose 13). Wie die K. von Jahwe geschickt ist (5Mose 28,59; Jes 53,3f.10; Hos 5,11ff.), ist er auch der Arzt (2Mose 15,26, vgl. 2Kön 20,5). So gehen Gebet um Heilung und medizinische Behandlung miteinander einher (z. B. in Jes 38). J. E.

Krätze, ein Hautausschlag (5Mose 28,27). S.

Kreatur → Schöpfung.

Kredit → Schuldiger, Schuldner, → Leihen, → Zins.

Kreszens, Mitarbeiter und Schüler des Paulus (2Tim 4,10). R.

Kreta, Insel südl. von Griechenland, möglicherweise Urheimat der → Philister (Ez 25,16; 1Sam 30,14). In nachexilischer Zeit Sitz einer großen jüd. Kolonie (1Makk 15,23; Apg 2,11; Tit 1,10–14). Die Kreter galten in der Antike als verlogen, worauf der in Tit 1,12 zitierte Hexameter des Epimenides anspielt. Der Grund dafür lag in ihrem Anspruch, das Grab des Zeus zu besitzen; doch damit war ursprünglich ein vorgriech. Gott gemeint. Der → Titusbrief (Tit 1,5) setzt die Existenz einer christl. Gemeinde auf K. um 100 n. Chr. voraus. R.

Krethi und Plethi, Name der Leibwache Davids (z. B. 2Sam 8,18; 1Kön 1,38), der wahrscheinlich »Kreter und Philister« bedeutet, wobei das

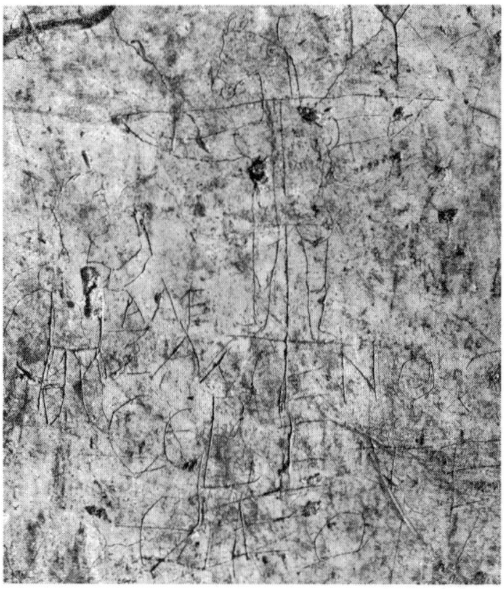

Spottkruzifix aus den Kaiserpalästen in Rom. Sgraffito: »Alexamenos betet seinen Gott an«

Wort »Kreter« eine – wohl nach Kreta benannte – Untergruppe der → Philister (Ez 25,16) meinen könnte. S.

Kreuz. Das griech. Wort *stauros* bezeichnet – anders als das lat. *crux* – nicht einen Gegenstand oder eine Figur in K.-Form, sondern einen aufrecht stehenden, spitzen Pfahl, der als Palisade oder als Marterwerkzeug verwendet werden konnte. Bei der → Kreuzigung wurde allerdings diesem Pfahl meist ein Querbalken oben aufgelegt oder in der Mitte angefügt, so daß ein Gebilde in T-Form (*crux commissa*) oder in †-Form (*crux immissa*) entstand. Diesen Querbalken – nicht den Pfahl selbst – mußte der Verurteilte zur Richtstätte tragen (Mk 15,21 par; Joh 19,17).
Bei Paulus und in der von ihm abhängigen Literatur wird »K.« zu einem theologischen Schlüsselwort, das die Gemeinde an die besondere Art und Bedeutung des Sterbens Jesu erinnern soll: Das Evangelium ist »Wort vom K.« (1Kor 1,18), weil es von der paradoxen Erniedrigung des Gottessohnes zum Verbrechertod und von der Heilswirkung dieses Geschehens handelt. – Der Gedanke an die Heilsbedeutung des Sterbens Jesu steht auch dahinter, wenn Offb 2,7 das K. typologisch mit dem → Lebensbaum im Paradies vergleicht.
Erst vom 3. Jh. an spielt das K.-Zeichen eine Rolle im Gottesdienst und im Alltag der Christen. R.

Lit.: C. Andresen / G. Klein, Theologia crucis – signum crucis, 1979.

Kreuzesworte, insgesamt 7 Worte des sterbenden Jesus am Kreuz, die sich freilich ungleich auf die Evangelien verteilen: Matthäus und Markus haben als einzige K. das sicher echte, dem Anfang von Ps 22 entnommene → *Eli, eli, l*^{e}*ma s*^{a}*bachtani* (»Mein Gott, mein Gott, warum hast du mich verlassen?«; Mt 27,46; Mk 15,34).
Lukas bietet statt dessen *drei* – sicher unechte – K., die den vorbildhaften Charakter des Sterbens Jesu herausstellen sollen: das Wort an den einen der beiden mit ihm gekreuzigten Verbrecher (»Amen, ich sage dir, heute wirst du mit mir im Paradiese sein!«; Lk 23,43); die Fürbitte für die Henker (»Vater, vergib ihnen, denn sie wissen nicht, was sie tun!«; Lk 23,34) und das Gebetswort (»Vater, in deine Hände befehle ich meinen Geist!«; Lk 23,46).
Unecht dürften auch die *drei* K. bei Johannes sein: das Wort an den Lieblingsjünger und die Mutter (Joh 19,26f.), der die Realität des Leidens unterstreichende Durstschrei (Joh 19,28) und der die Johanneische Passionsdarstellung gleichsam zusammenfassende Siegesruf: »Es ist vollbracht!« (Joh 19,30). R.

Kreuzigung, in Persien entwickelte, in hellenist.-röm. Zeit verbreitete Todesstrafe von besonderer Grausamkeit. Die K. erfolgte durch Befestigung der Hände und Füße mit Stricken oder Nägeln an einem eingerammten Pfahl samt Querholz (→ Kreuz). Der qualvolle Tod erfolgte meist erst nach Tagen durch Durst, Erschöpfung und Kreislaufkollaps. – Bei den Juden galt die K. als besonders entehrend aufgrund von 5Mose 21,22f. (vgl. Gal 3,13). R.

Kreuztitel, die Aufschrift auf dem Kreuz Jesu (Mk 15,26 par; Joh 19,19), die den Inhalt des röm. Schuldspruches enthielt: Jesus habe sich zum → »König der Juden« machen wollen. R.

Kreuztragen. Die Jesusworte Mk 8,34 par; 10,21 par spielen wahrscheinlich auf den Brauch an, daß der zum Tod Verurteilte das Querholz (→ Kreuz) auf dem Weg zur → Kreuzigung tragen mußte. Ihr Sinn ist dann: Wer Jesus nachfolgt, muß sich selbst preisgeben und als einen um Jesu willen zum Tode Verurteilten betrachten. R.

Kreuzweg, das Nachschreiten des Leidensweges Christi in 14 der → Leidensgeschichte entnommenen Stationen vom Haus des Pilatus bis zur Grablegung. Zahl und Reihenfolge der K.-Stationen wurden erst im 18. Jh. festgelegt. R.

Kriechtiere → Tierwelt.

Krieg. 1. Landnahme – 2. Vorstaatliches Israel – 3. Königszeit.
1. Das im → Josuabuch gebotene Bild der kriegerischen → Landnahme eines geschlossenen Zwölfstämmeverbandes → Israel ist zu einlinig und historisch zu differenzieren. Die Landnahme der Sippen der → Erzväter im Zuge des Weidewechsels hat sich friedlich vollzogen. Über den Charakter der Landnahme der einzelnen Stämme des Lea-Verbandes Israel läßt sich kein ausreichendes Bild gewinnen, doch werden → Hebron und → Debir von den Sippen → Kaleb

Kriegsdarstellung auf einer mit bemaltem Stuck überzogenen Holztruhe. Aus dem Grab des Pharao Tut-ench-Amun in Theben (14. Jh. v. Chr.)

und → Otniël erobert worden sein (4Mose 13f.; Richt 1,9ff.). Die mittelpalästin. Lea-Stämme → Ruben, → Simeon und → Levi wurden um 1220 v. Chr. von dem ägypt. Pharao Merneptah in der Gegend von Sichem geschlagen und zerstreut (1Mose 49,3ff.). In die entstandene Lücke wanderte die Auszugsgruppe aus Ägypten ein, die sich zu den Rahel-Stämmen konstituierte. Im Verlauf dieser Aktionen kam es auf dem Gebirge Efraim zur Eroberung dörflicher Siedlungen, so des eisenzeitlichen → Ai und → Bet-El (Jos 8; Richt 1,22ff.). Die geringen Einwohnerzahlen von wenigen hundert Bewohnern dieser Orte zeigt die Begrenztheit dieser militärischen Konflikte. Eben solche begrenzten Konflikte aber waren der historische Kern des Bildes kriegerischer Landnahme, der dann auch die Zerstörung großer Städte wie → Jericho (Jos 6), → Lachisch (Jos 10,31ff.) und → Hazor (Jos 11,10ff.) Israel zugeschrieben wurde.

2. Die vorstaatliche Zeit Israels war eine Epoche permanenten K.s. Die Stämme gerieten in militärischen Konflikt mit den kanaan. Stadtstaaten in den Ebenen. Trotz einzelner militärischer Erfolge einer galil. Stammeskoalition unter → Debora und → Barak (Richt 4–5) und einer mittelpalästin. Koalition unter → Josua (Jos 10,10ff.) waren die israelit. Stämme den Kanaanäern militärisch unterlegen (Jos 17,14ff.). Während die Israeliten mit einem Heer kämpften, das aus Infanterieverbänden bestand und aus freien Bauern rekrutiert wurde, standen den Kanaanäern aus dem Patriziat von Berufskriegern gebildete Streitwagenabteilungen zur Verfügung.

Militärische Gefahr drohte den Stämmen Israels auch aus der Wüste durch die proto-beduinischen → Midianiter, die auf Kamelen blitzschnelle Einfälle ins Kulturland unternahmen und erst durch → Gideon endgültig vertrieben werden konnten (Richt 7). Hinzu kam die Bedrohung durch die nach Westen strebenden → Ammoniter und → Moabiter aus dem Osten

(Richt 3; 10–12) und die nach Osten strebenden → Philister von Westen (Richt 3,31ff.; 13–16).

Die über die Existenz der Stämme entscheidenden K.e galten als Jahwe-K.e. Sie wurden unter der Führung eines mit dem → Geist Jahwes begabten charismatischen Führers (→ Richter) geschlagen. In äußerster Not konnte der über der Lade von → Schilo thronende Jahwe in die Schlacht geführt werden (1Sam 4). Die Erfahrungen Israels in den Jahwe-K.en der vorstaatlichen Zeit haben sich in der kultischen Institution des Heiligen K.s niedergeschlagen, in dessen Theorie der K. durch folgende Akte bestimmt war: Das Heer wird aufgeboten und versammelt sich im Lager, wo es sich auf die Schlacht vorbereitet mit kultischer Reinigung, geschlechtlicher Askese, Opfern und Bußriten. Vor Beginn des Kampfes wird Jahwe befragt, der durch den Mund eines Profeten im Erhörungsorakel den Sieg ankündigt. Dann wird die Schlacht mit K.s-Ruf und K.s-Geschrei eröffnet; der Gottesschrecken befällt die Feinde, verwirrt sie und bringt den Sieg. Als Abschluß wird alles Lebende im kultischen Bann getötet. Der K. wird also primär von Jahwe entschieden, was ihn als Jahwe-K. zur kultischen Institution eines Heiligen K.s werden läßt, der im Alten Orient weit verbreitete Parallelen hat.

Insbesondere der Stamm → Efraim hat versucht, auch durch K. gegen benachbarte israelit. Stämme sein Einflußgebiet zu erweitern (Richt 12,1–6; 19–21). Von Westen drangen die kriegserfahrenen Philister, die durch ihre guten Kenntnisse der Verhüttung von → Eisen waffentechnisch in Palästina führend waren, auf das Gebirge Efraim vor. Nach vernichtender Niederlage bei → Eben-Eser (1Sam 4) wurde die Stellung des charismatischen Heerführers im Königtum → Sauls als Dauerinstitution gefestigt. Das israelit. Bauernheer konnte dennoch die Philister nicht endgültig aufhalten und wurde unter Sauls Führung erneut bei den Gilboabergen (1Sam 31) geschlagen.

3. Erst als unter David ein stehendes Heer aufgestellt wurde, das seinen Kern in der aus Söldnertruppen bestehenden Leibgarde → »Krethi und Plethi« hatte, konnten die Philister besiegt (2Sam 5,17ff.) und die großen kanaan. Stadtstaaten unter israelit. Herrschaft gebracht werden. War die Struktur des Bauernheeres der vorstaatlichen Zeit Spiegel der nichthierarchischen, urdemokratischen Stammesgesellschaft, so entspricht der Hierarchisierung der Gesellschaft unter dem Königtum der Davididen die Entstehung eines Berufsheeres. Darüber hinaus wurde der Heerbann der Bauern durch die Einführung einer allgemeinen Wehrpflicht ersetzt.

In den mit dem Heerbann geführten Aufständen → Abschaloms und → Schebas zeigte das Berufsheer Davids seine Überlegenheit (2Sam 18; 20), die es auch in der Eroberung und Sicherung des davidischen Großreiches bewies. Als nach dem Tode Davids unter → Salomo Benaja, der Kommandeur der Söldnertruppe, zum Oberkommandierenden der israelit. Streitkräfte ernannt wurde, nahm die Bedeutung des Berufsheeres weiter zu. Es wurde mit Streitwagenabteilungen ausgerüstet, die nach hetit. Vorbild mit drei Mann Besatzung ausgerüstet waren, Wagenlenker, Schildhalter und Schütze (1Kön 10,26), und die in befestigten Garnisonstädten wie → Geser, → Hazor und → Megiddo stationiert wurden.

Diese auf ein stehendes Berufsheer gestützte Struktur der Armee wurde nach der Reichsteilung (926 v. Chr.) im Nordreich Israel übernommen, wo man die offensive Streitwagenwaffe besonders ausbaute. Dagegen war die Verteidigungspolitik des Südreiches Juda mit dem Bau eines Festungsringes unter → Rehabeam stärker defensiv ausgerichtet. Die Streitwagenabteilungen Israels bildeten das Rückgrat einer syr.-palästin. Staatenkoalition zur Abwehr der Assyrer in der Schlacht von Karkar (843 v. Chr.), doch reichten auf Dauer die Kräfte, die zudem durch Kämpfe mit den Aramäern geschwächt waren, nicht aus, dem hochtechnisierten Heer der assyr. Großmacht zu widerstehen, deren Überlegenheit in der Streitwagenwaffe und der Belagerungstechnik lag. 721 v. Chr. wurde Samaria gestürmt, was das Ende des Reiches Israel bedeutete, 701 v. Chr. das Südreich bis auf Jerusalem erobert, wobei die jud. Truppen weitgehend aufgerieben wurden. Da Zeit und Mittel fehlten, wieder ein intaktes Berufsheer aufzustellen, wurde der Heerbann der freien Bauern reaktiviert; er war aber nicht in der Lage, den Heeren der Ägypter (609 v. Chr.) und der Babylonier (597; 587/586 v. Chr.) zu widerstehen. Mit dem Fall → Jerusalems (587/586) und dem Verlust der Eigenstaatlichkeit Judas hörte ein israelit. Heer auf zu existieren. O.

Kriegsberichte, moderner Ausdruck für schriftliche Darstellungen militärischer Ereignisse, die vermutlich als offizielle Berichte für das Staatsarchiv verfaßt wurden. Beispiele sind 2Sam 10,6–11,1; 12,26–31 und 1Makk 5,45–54. S.

Kriegsgefangener. Das Altertum kannte keinen Unterschied zwischen kriegführender und nichtkriegführender Bevölkerung; daher wurden – sofern man nicht im Vollzug des → Banns die gesamte Bevölkerung tötete – nicht nur die Soldaten eines besiegten Volkes, sondern auch die sonstigen Männer und die Frauen (4Mose 31,17f.; 5Mose 20,14) als K. behandelt und zu Sklaven gemacht (5Mose 21,10–14). In griech. Zeit folgten dem Heer der Seleukiden die Sklavenhändler, um die K. aufzukaufen (1Makk 3,41). Eine Sonderform der Kriegsgefangenschaft stellte die Praxis der Assyrer und Babylonier dar, ganze Bevölkerungsteile in andere Länder umzusiedeln (→ Exil). S.

Kriegsknecht → Soldat.

Kriegsregel, Kriegsrolle, Text aus den → Qumranschriften. R.

Krippe, der Viehfütterung dienender Futtertrog. In sie legt Jesu Mutter in der Geburtslegende Lk 2,7 das Kind, und damit ist das Zeichen gesetzt, an dem die Hirten von Betlehem den ihnen geborenen → Heiland erkennen sollen: das in Windeln gewickelte Kind in der Krippe (Lk 2,12.16). Die K. ist wohl kaum Hinweis auf die Armut Jesu, sondern Hinweis auf die Erfüllung der Davidsverheißung: Mitten in der Welt der Hirten, die das Herkunftsmilieu des Königs David war, erscheint der Messias. Die Lokalisierung der K. in einer Höhle entstammt erst späterer Überlieferung. R.

Krispus, ehemaliger Synagogenvorsteher in Korinth, den Paulus selbst taufte (1Kor 1,14; Apg 18,8). R.

Kristall → Edelsteine.

Krith → Kerit.

Kritik → Bibelkritik, Bibelwissenschaft.

Krokodil → Tierwelt.

Krone. Der Kranz aus Blättern, den man sich beim Festgelage ums Haupt wand (Jes 28,1.3) und der dem Sieger im Wettkampf verliehen wurde (z. B. 1Kor 9,25; Offb 2,10), ist das Urbild der K. Bei dieser handelte es sich in bibl. Zeit um ein Diadem, einen Stirnreifen aus Gold oder ein gold- und edelsteinbesetztes Stirnband, das ein Abzeichen der Königs- (2Kön 11,12; Sach 6,11) und hohenpriesterlichen Würde (z. B. 2Mose 29,6) war und das die Braut bei der Hochzeit trug (Ez 16,12). S.

Kröte → Tierwelt.

Krüppel, mißgebildeter oder körperbehinderter Mensch. Im NT, wo neben dem »K.«, »Verkrüppelten« stets der »Lahme« genannt wird, bezeichnet das Wort einmal (Mt 18,8; Mk 9,43) den Menschen mit verstümmeltem Arm; ansonsten bleibt unklar, welche Mißbildung gemeint ist (Mt 15,30f.; Lk 14,13.21). S.

Kuchen. Das Hebräische besitzt mehrere Wörter, die mit »K.« übersetzt werden, deren genaue Bedeutung aber unbekannt ist. Das gilt vor allem für die in 2Mose 16,31 (*zappichit*); 2Sam 13,6–10 (*l^ebiba*); 1Kön 14,3 (*nikkudim*) gebrauchten Ausdrücke. Bei zwei Arten von K., die vor allem im Opferkult eine Rolle spielten, handelt es sich offenbar um mit Öl angerührte und mit Öl bestrichene Brote (*challa und rakik*; z. B. 3Mose 2,4), und ein anderes Wort für »K.« (*ugga*) bezeichnet wohl nur die runde Fladenform des Brotes (z. B. 1Mose 18,6), wie vermutlich auch die der »Himmelskönigin« gebackenen K. (*kawwanim*; Jer 7,18) eine bestimmte Form besaßen. S.

Kuckuck → Tierwelt.

Kuh → Tierwelt.

Kult. 1. Begriff – 2. Funktion des K.s in Israel – 3. Die Krise des K.s im AT – 4. Die Stellung des NT zum K.

1. Die besondere, aus dem Alltag herausgehobene und oft mit → Fest verbundene Weise gemeinschaftlichen Verkehrs von Menschen mit dem göttlichen Bereich bezeichnet die Religionswissenschaft als K. In Erwartung segensreicher Wirkung wirken Menschen auf die Gottheit (sakrifiziell, z. B. durch Gabeopfer) oder lassen empfangend die Gottheit auf sich wirken (sakramental, z. B. Kommunionsopfer). Die Anwesenheit einer Gemeinde ist nicht in jedem Falle erforderlich. Ein Priester kann auch stellvertretend für die Gruppe aktiv oder passiv K. geschehen lassen. Auch kann ein einzelnes Glied der K.-Gemeinde in einer »Kasualhandlung« das Ritual der Gruppe auf seinen besonderen Fall anwenden (z. B. Gebet und Opfer um Errettung aus Krankheit am Tempel auf dem Zion). Der Unterschied zwischen K.-Begehungen und Riten nichtkultischer Art ist fließend.

2. Wie in altoriental. Religionen überhaupt sind in Israel für den K. grundlegend: a) ausgegrenzte Örtlichkeiten (→ Kultort), b) herausgehobene Zeiten (→ Fest, → Sabbat), c) abgesonderte Personen (→ Priester), d) geprägte Begehungen (→ Ritus, → Ritual), e) stiftende Überlieferungen, die in eine Urzeit verweisen (→ Kultlegende, → Ätiologie). Treffen diese Elemente zusammen, wird die Gottheit anwesend oder in Theophanie erscheinend gedacht, um sich mit ihrem Verehrerkreis zu vereinen und dessen Leben gelingen zu lassen.

Bis zum Untergang des 2. Tempels 70 n. Chr. gilt der K. für Israel nicht nur als Mittelpunkt der Religion, sondern als Zentrum des Lebens im physischen wie im psychischen und geistlichen Sinn. Ohne ordentliche und bei Bedarf auch außerordentliche (→ Buße) K.-Begehungen wird nicht nur Israel als Volk, sondern auch die Fruchtbarkeit der Erde, wenn nicht gar die Schöpfung insgesamt, untergehen. Die großen Begehungen am Herbstfest (Neujahrs-, Laubhüttenfest) konstituieren die Wirklichkeit stets aufs neue. → Pascha vergegenwärtigt den Auszug aus Ägypten als grundlegende Erlösung und den Einzug ins Gelobte Land als Ermöglichung eines Lebens in → Freiheit. Auch andere Wendepunkte der Heilsgeschichte (Bundesschluß, Gesetzesverkündung, Einsetzung der Dynastie Davids, Erwählung des Zions als entscheidende Kultstätte) scheinen durch ein alljährliches, allsiebenjährliches oder außerordentliches kultisches Gedenken (= Begehen) nicht nur erinnert, sondern wirksam manifestiert worden zu sein.

3. Teilnahme des einzelnen am K. setzt Reinheit voraus. Dazu gehört in Israel mehr und mehr auch gemeinschaftsgemäße Lebensführung (→ Gerechtigkeit), wie aus Tempeleinlaßliturgien (Ps 15) hervorgeht. Sittlichkeit ist hier ein Teil von Reinheit schlechthin. Auf diesen Zusammenhang beruft sich die profetische K.-Kritik (→ Profeten). Soziales Unrecht und Luxusleben offenbaren ein solches Maß an gemeinschaftsschädlichem Verhalten, daß das Volk als Ganzes kraft den Regeln des → Tat-Ergehen-Zusammenhangs unrein geworden ist. Jede kultische Aktivität trifft deshalb ins Leere (der heilige Gott zieht sich zurück und wird außerkultisch zerstörend wiederkehren; Jes 1,10ff.; Am 5,21ff.). Dabei bleibt es aber für Jesaja, Ezechiel u. a. selbstverständlich, daß nur K. wahre und dauernde Gemeinschaft zwischen Gott und Mensch ermöglicht. So begreift es sich, daß der Untergang des 1. Tempels 587/586 v. Chr. und damit das Ende fast aller K.-Begehungen ebenso wie der Wiederaufbau des 2. Tempels und seine Weihe 515 als durch göttlichen Willen hervorgerufen und von Profeten geweissagt aufgefaßt wurden.

Der nachexilische K. verläuft in vieler Hinsicht anders als der vorexilische. Die maßgebliche Rolle des Königtums entfällt, das Priestertum wird schlechthin entscheidend. → Sühne und Sündenvergebung treten in den Vordergrund. Mit → Synagoge und → Sabbat-Feier, nicht zuletzt auch mit der als religiösem Akt verstandenen Entrichtung der Tempelsteuer, gibt es Möglichkeiten, fernab von Jerusalem an den heilsamen Wirkungen des K.s auf dem Zion zu partizipieren.

Mit dem Untergang des 2. Tempels bricht der K. Israels zusammen. Das Judentum konstituiert sich als unkultische, auf Riten und gute Werke ausgerichtete Religion.

4. Eine kritische Haltung gegenüber dem K. finden wir bei Jesus. Er erneuert Züge der ethisch motivierten K.-Kritik der Profeten, wenn er vor einer Frömmigkeitshaltung warnt, die das Einhalten von Opfer- und Reinheitsriten (Mk 7,1–23) als Alibi gegenüber der Forderung Gottes nach totalem Gehorsam und grenzenloser Nächstenliebe benutzt (Lk 10,30–37). Noch tiefer setzt seine Kritik am → Tempel an, die in der Gleichnishandlung der → Tempelreinigung (Mk 11,15f.; vgl. Mk 13,1f.) zum Ausdruck kommt. Sie ist deutlich eschatologisch motiviert: Mit dem Hereinbrechen des → Reiches Gottes sind Tempel und K. heilsgeschichtlich überwunden. Weil Gott unmittelbar nahe ist, bedarf es nicht mehr der institutionalisierten kultischen Annäherung an ihn; weil er die ganze Welt zum Raum seiner Herrschaft machen will, fällt die Ausgrenzung sakraler Orte, Zeiten und Begehungen dahin. An die Stelle des Tempels tritt Jesus selbst als Ort der gnädigen Selbstzuwendung Gottes zu den Menschen (Joh 2,19–21). Anbetung Gottes »in Geist und Wahrheit« (Joh 4,23f.), wie sie nunmehr gefordert ist, vollzieht sich in der Annahme der neuen, von Jesus vermittelten Gottesgemeinschaft.

Während die palästin. Urgemeinde nach Ostern zunächst noch am Tempelkult teilnahm (Apg 2,46), machte sich das hellenist. Christentum Jesu K.-Kritik zunächst voll zu eigen (Apg 6,13f.; 7,48f.), um sie weiterhin im Lichte des Weges und Geschicks Jesu weiter auszubauen: Jesu Tod gilt nunmehr als die endgültige Überwindung des K.s. Dadurch, daß Jesus sich selbst zur Sühne für die Sünder dahingegeben hat, ist für alle Zeiten Vergebung und Heil gewirkt (Röm 3,24ff.). Daß und in welchem Sinne Christi einmaliges Werk an die Stelle des K.s tritt, zeigt der → Hebräerbrief, indem er Christus als den wahren Hohenpriester darstellt, der sich selbst im himmlischen Heiligtum – dem ewigen Urbild des Jerusalemer Tempels – als Sühnopfer darbringt, wodurch allen Menschen freier Zugang zu Gott eröffnet wird (Hebr 10,19–22).

Gewiß hat auch das Urchristentum bald eigene Formen des → Gottesdienstes entwickelt, deren wichtigste das → Abendmahl war. Doch treten dabei die kultischen Elemente stark in den Hintergrund: Es geht nicht um Annäherung an und Einwirkung auf Gott durch bestimmte, ausgesonderte Riten und Personen, sondern um den dankbaren Empfang der Heilsgaben Gottes und um die gemeinschaftliche Unterstellung unter sie in der geschichtlichen Existenz der Gemeinde. Kultische Motive kamen erst vom 2. Jh. an wieder stärker zur Herrschaft. K. / R.

Kultgemeinde. Am → Kultort versammelt sich zur öffentlichen Begehung die jeweilige K., mit der Rechtsgemeinde im Tor (→ Gerichtsbarkeit in Israel) und der Wehrgemeinde im Krieg identisch (hebr. *kahal*). Ihr gehören vorexilisch nur erwachsene Männer mit eigenem Erbland, also freie Bauern an. Frauen kann ein der K. angehörender Mann Stücke des Mahlopfers bringen und sie dadurch mittelbar teilhaben lassen; auch können Frauen privat vor Jahwe erscheinen (1Sam 1,4.9–11). In nachexilischer Zeit wird die Verbindung von Kult-, Rechts- und Wehrfähigkeit sowie die Bindung an den Stand der freien

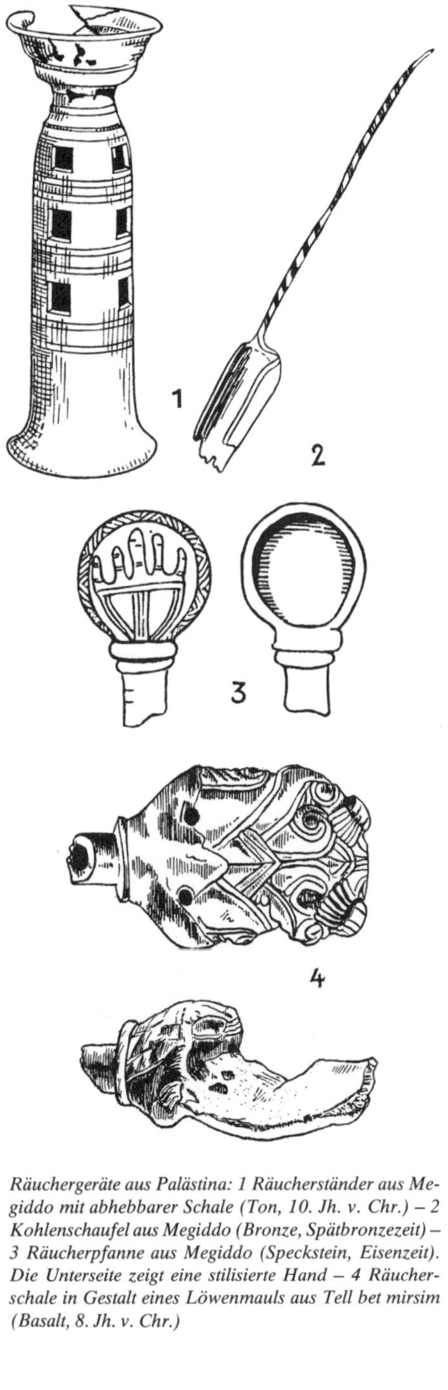

Räuchergeräte aus Palästina: 1 Räucherständer aus Megiddo mit abhebbarer Schale (Ton, 10. Jh. v. Chr.) – 2 Kohlenschaufel aus Megiddo (Bronze, Spätbronzezeit) – 3 Räucherpfanne aus Megiddo (Speckstein, Eisenzeit). Die Unterseite zeigt eine stilisierte Hand – 4 Räucherschale in Gestalt eines Löwenmauls aus Tell bet mirsim (Basalt, 8. Jh. v. Chr.)

Bauern gelöst. Nunmehr werden auch Schutzbürger, Frauen und Kinder bei öffentlichen Kultakten hinzugezogen (Esr 10,1). In der später sich ausbildenden→ Synagoge sind allerdings die erwachsenen Männer allein (voll) teilnahmeberechtigt. K.

Kultgeräte. Zum Vollzug kultischer Akte am heiligen Ort dienen im AT K., wie sie auch sonst im Alten Orient nachweisbar sind. Als erstes ist ein→ Altar erforderlich, der in früherer Zeit mit → Aschera und→ Mazzebe zusätzlich ausgestattet war; für Räucheropfer gibt es einen besonderen Altar oder Ständer oder Schalen. Daneben treten Repräsentationen der Anwesenheit Gottes wie→ Efod, → Lade, Standbild eines Stiers. Schutzgeister werden durch→ Keruben oder die → Eherne Schlange versinnbildlicht; mythische Größen durch das → Eherne Meer und die → Kesselwagen am Tempel in Jerusalem, vielleicht auch durch den großen→ Leuchter. Für Orakel können heilige Bäume herangezogen werden oder Lossteine wie → Urim und Tummim. Für einzelne→ Opfer bedarf es besonderer Schalen, Schüsseln, Becken, Pfannen, Schaufeln und Messer. Bedeutende K. aus dem letzten Jerusalemer Tempel bildet der Titusbogen in Rom ab.
Die Ausstattung von Jahwe-Heiligtümern mit K.n war schon wegen des Fehlens von Götterbildern spärlich im Vergleich mit den Nachbarreligionen. Verschiedene → Kultreformen haben das Inventar noch weiter dezimiert, um die Bildlosigkeit des einen→ Gottes und seine Worthaftigkeit eindeutiger herauszustellen. K.

Kulthöhe, bei den vorisraelit. Bewohnern Palästinas Heiligtum auf einer Anhöhe. Zur K. gehören→ Altar, Baum (→ Aschera) und→ Mazzebe. K.n wurden von Israel übernommen und für den Jahwekult gebraucht. Die Kultreform des→ Joschija zielt auf die Beseitigung der K.n und die Zentralisierung des Kults im Jerusalemer Tempel (2Kön 22f.). Die K.n, offiziell nunmehr Orte des Götzendienstes, werden nach dem Exil bedeutungslos (→ Heilige Stätten). J. E.

Kultlegende, eine bei einer feierlichen Begehung rezitierte Erzählung, welche stiftende Ereignisse der Urzeit berichtet, die im Fest vergegenwärtigt und dadurch neu wirksam werden. So ist das babylon. Weltschöpfungsepos (*Text:* AOT, 108ff.) das Textbuch eines Neujahrsfestes. Die für die Bibel bestimmende Idee von→ Heilsgeschichte scheidet mythische K.n aus. Möglicherweise waren von den alttest. Überlieferungen einst als K. verwendet der Zyklus von den ägypt. Plagen und dem Schilfmeerwunder 1Mose 1–15 (Pascha-Mazzot-Fest), die Sinaiperikope und die Erzählung vom Landtag zu Sichem 2Mose 19–24; Jos 24 (Bundeserneuerungsfest?), vielleicht auch die Einzugsgeschichte Jos 2ff. Später wird das→ Esterbuch zur K. für das Purimfest. Für das NT läßt sich hinter dem Bericht vom letzten Mahl Jesu, vielleicht hinter der ganzen Passionsgeschichte der Evangelien, eine K. für das → Abendmahl vermuten (→ Fest). K.

Kultort. Jede Kultreligion, auch die israelit., bedarf des K.s, d. h. einer Stätte, die aus dem übrigen Erdboden ausgegrenzt und → heilig ist (→ Heilige Stätten). Ein K. wird gern durch eine→ Ätiologie legitimiert: Ein hervorragender Mann hat vorzeiten die Erscheinung Gottes an dieser Stelle erlebt und den Kult eingerichtet (1Mose 28; 2Mose 3). Nach der Landnahme der Israeliten besitzt jede Stadt ihren K. in einer→ Kulthöhe, daneben gibt es zentrale Heiligtümer für mehrere Stämme oder ganz Israel, wie → Sichem, → Bet-El, → Gilgal, denen größere Heiligkeit eignet. Wachsende theoretische Überlegungen über die Ein-Gott-Verehrung führen im → Deuteronomium (5Mose 12) und in der Kultreform → Joschijas zur religionsgeschichtlich einzigartigen Beschränkung der Jahwereligion auf einen einzigen möglichen K., den Tempel zu Jerusalem oder – bei den Samaritanern – den→ Garizim. Erst das Christentum hebt die Bindung des Gottesdienstes an einen K. prinzipiell auf (Joh 4,21). K.

Kultpersonal. Da für die Jahwereligion gemeinschaftlicher → Kult nur durch dafür von Gott ausgezeichnete Personen vollzogen werden kann, bildete sich in der Königs- und mehr noch in der Exilzeit eine Hierarchie von K. mit abnehmender Heiligkeit aus. Obenan stehen → Priester, ihnen voran die Nachkommen → Aarons. Unterstellt sind ihnen → Leviten, aus denen sich vorexilisch vielleicht die → Kultprofeten als besondere Gruppe herausheben; nachexilisch setzt sich eine Abstufung in Opferdiener (Leviten im engeren Sinn), Tempelsänger, Türhüter u. a. (Esr 2,36ff.) durch. K.

Kultprofeten. Die erste, historisch unbezweifelbare Notiz vom Auftauchen von Profeten (hebr. *nabi*) in Israel findet sich 1Sam 10,5. Danach kommt eine Profetengruppe in einer durch Musik und Tanz gesteigerten Verzückung von einer → Kulthöhe herab. Wo von da an vor der Zeit der Schriftprofeten (→ Profeten) von der Tätigkeit eines *nabi* erzählt wird, wird er meist mit Kultbegehung (Natan, 1Kön 1,34; Elija, 1Kön 18) oder berühmten Kultorten (Elischa mit Bet-El und Gilgal) verbunden.
Die Polemik der Schriftprofeten gegen Profetenhaufen ihrer Zeit setzt voraus, daß diese wie die Priester sich am Heiligtum aufhalten (Jes 28,7ff.). Das hat zu der These geführt, daß jeder *nabi* genannte Profet ein am Heiligtum angestellter K. gewesen ist, der bei bestimmten Begehungen, insbesondere bei Buß- und Fasttagen, sich in Verzückung versetzen ließ und dann ein göttliches Erhörungsorakel auf die Klage des Volkes hin kündete.
Von den profetischen Büchern des AT gehen vermutlich Joel, Nahum, Habakuk und Haggai, vielleicht auch Jeremia und Sacharja, auf K. zurück. Manche Ausleger sehen jedoch in allen Schriftprofeten K. K.

Kultreformen. Die Jahwereligion sieht wie alle vorchristl. Religionen im Kult die gegebene Verbindungsstelle zwischen Menschen und Gottheit und den Ort religiöser Sinnvergewisserung (→ Erfahrung, religiöse). Die Konzentration auf einen einzigen, bildlosen → Gott führt jedoch in Israel zu kritischen Einstellungen gegenüber Tendenzen zu Afterkult und Götzendienst, die sich in jedem Kult breitzumachen pflegen, weil die Menschen auch dort eine vordergründige Befriedigung und nicht ein auf Wahrheit gegründetes Gotterleben suchen. Vollends seit der Kultkritik der → Profeten steht die richtige Weise der Gottesverehrung zur Diskussion.
Um 700 v. Chr. hat der (Jesaja freundschaftlich verbundene) König Hiskija die → Eherne Schlange in Jerusalem und vielleicht auch → Ascheren und → Mazzeben zerschlagen lassen (2Kön 18,4). Einschneidender greift 622/621 → Joschija durch, der den Tempel zu Jerusalem als einzig legitimen Jahwe-Kultort ansieht und alle anderen Kultorte im Land verunreinigen läßt, darüber hinaus den Kult von Jerusalem von heidn. Geräten und Riten befreit (2Kön 22f.). Im nachexilischen Tempel führt → Esra (458 v. Chr.?) eine K. durch, die das von ihm aus Babylonien mitgebrachte Gesetz zur Grundlage künftiger, unter dem Gesichtspunkt von rein und unrein stehender Kultübungen werden läßt. Die Grundzüge seiner K. haben sich bis zum Ende des Tempels (70 n. Chr.) bewährt. K.

Kümmel → Pflanzenwelt.

Kundschafter, die vor einer militärischen Aktion mit dem Ausspionieren der Verhältnisse des Gegners Beauftragten (z. B. 4Mose 13; Jos 2; 1Sam 26,4). S.

Kunst war im antiken Palästina nicht so sehr ein ästhetisches Vorhaben, sondern hatte primär in der Abbildung magische Funktion.
Eine recht einfache künstlerische Ausdrucksform hat sich in der Tonplastik niedergeschlagen, in der Mensch und Tier modelliert werden. Aus Geser ist ein Esel belegt, der links und rechts einen Wasserbehälter trägt, aus Sichem ein Kamel. Aus dem neolithischen Jericho stammt eine Tonplastikgruppe von Vater, Mutter und Kind, die wohl bereits eine Gottheitentriade darstel-

Die »Löwenplakette« von Bet-Schean (Basalt, 14. Jh. v. Chr.)

len. Der in Palästina häufige weiche Kalkstein lud schon früh zur Bildhauerkunst ein. Erste Versuche sind schon für die mittlere Steinzeit (Mesolithikum) belegt. In der Bronzezeit hat die Bildhauer-K. in der sog. Löwenplakette von Bet-Schean, die das Liebesspiel zweier Löwen darstellt, schönen Ausdruck gefunden. In der Bronzezeit bildet sich auch die K. der Bildgußwerke aus. Die ältesten Zeichnungen gehen bereits auf die ältere Steinzeit (Paläolithikum) zurück und zeigen u. a. Elefanten und Gazellen. Ein bereits sehr hoch entwickeltes Beispiel der Malerei bietet die dem 4. Jt. des Chalkolithikums zuzurechnende Siedlung von *teleilat gassul* gegenüber von Jericho im Ostjordanland. Von besonderer Schönheit ist ein achtstrahliger Stern von 1,84 m Durchmesser, der auf Verputz aus Ton aufgetragen ist. Die Bemalung von Keramik in Palästina erreicht in der Keramik der Philister einen Höhepunkt in der Ausführung von Motiven des hellenist.-kleinasiat. Raumes. Schließlich sind noch die aus Megiddo und Samaria bekannten Einlegearbeiten aus Elfenbein zu nennen. (→ Bild und Bilderverbot, → Malerei.) O.

Kupfer (Luther: »Erz«), seit dem 4. Jt. v. Chr. in Vorderasien in Gebrauch, zuerst in Armenien, dann auch auf der Sinaihalbinsel und in der → Araba gewonnen (dort K.-Bergbau unter Salomo). Reines K. und verschiedene Kupferlegierungen (Bronze) werden in der Bibel nicht unterschieden (→ Metalle). J. E.

Kupferrolle → Qumranschriften.

Kusch. 1. → Kuschiten. **2.** Ein Benjaminit (Ps 7,1); nicht weiter bekannt. S.

Kuschan-Rischatajim, nach Richt 3,8–10 ein König des Zweistromlandes, der Israel eine Zeitlang unterdrückte. S.

Kuschi, Männername des AT (Jer 36,14; Zef 1,1). S.

Kuschiten. 1. Die Nubier, die Bewohner des Landes Kusch, des Niltales südl. von Ägypten (z. B. 1Mose 10,6; Jes 11,11; 20,3–5; Ez 29,10), das seit der griech. Übersetzung des AT meistens als → »Äthiopien« bezeichnet wird; dieses Kusch ist vielleicht auch in 1Mose 2,13 gemeint, aber wohl zu trennen von Kusch, dem Vater Nimrods (1Mose 10,8). **2.** Ein Stamm in Südpalästina (2Chr 14,8–14; 21,16). S.

Kuß, nicht nur Ausdruck der Liebe (z. B. Hld 1,2) und der Freundschaft (1Sam 20,41), sondern auch der kultischen Verehrung (1Kön 19,18; Hos 13,2); in der frühen Christenheit grüßte man einander mit dem → heiligen K. (z. B. Röm 16,16) als Zeichen der neuen Gemeinschaft. S.

Kuta, alte und bedeutende Stadt in Babylonien, wo der Gott Nergal verehrt wurde (2Kön 17,24.30). S.

Kyrene → Zyrene.

Kyrie eleison (griech., »Herr, erbarme dich!«), in der heidn. Antike allgemein verbreiteter Gebetsruf, wurde aufgrund von Mk 10,48 par im Urchristentum auf Christus und Gott angewandt; seit dem 4. Jh. Teil der Meßliturgie. R.

Kyrios (griech., »Herr«), als Gebetsanrede für Christus (vor allem in der Form → *Kyrie eleison* »Herr, erbarme dich!«) in die Gottesdienstsprache eingegangen. (→ Herr.) R.

Kyros (griech.), **Cyrus** (lat.), K. II. der Große (558–529 v. Chr.), altpers. König aus dem Geschlecht der → Achämeniden, begründete das pers. Weltreich, indem er zuerst den → Iran, dann Kleinasien und 539 v. Chr. mit Babylonien auch Syrien-Palästina sich unterwarf. Schon vor seinem Zug gegen Babylon erhoffte sich von ihm der im Exil weilende Deuterojesaja (→ Jesajabuch) die Befreiung Israels und erklärte ihn zum → Messias, der die Heilszeit einleiten werde (Jes 45,1), vielleicht erwartete er sogar den Übertritt des K. zur Jahwereligion.
Nach der Eroberung Babylons erließ K. 538 v. Chr. tatsächlich das sog. *K.-Edikt,* das den deportierten Israeliten die Rückkehr in die Heimat und den Wiederaufbau des Tempels gestattete (Esr 1,1–4; 6,3–5). Das von Deuterojesaja verkündete Endheil trat zwar unter seiner Herrschaft nicht ein, aber durch das Edikt wurden wesentliche Voraussetzungen für einen Weiterbestand Israels als Volk und des Jahwekultes von Jerusalem als Religion geschaffen. K.

L

Laban, Gestalt der Jakoberzählungen. Einerseits wird L. als Verwandter → Jakobs mit Wohnsitz in Mesopotamien, andererseits als fremdsprachiger Aramäer, mit dem Jakob im Ostjordanland einen Grenzvertrag schließt, dargestellt (1Mose 29–31). S.

Lachisch (*tell ed-duwer*), eine alte, seit dem 3. Jt. v. Chr. besiedelte und seit dem 18. Jh. v. Chr. befestigte Stadt etwa 25 km westl. von Hebron. Sie ist mehrfach zerstört und wiederaufgebaut worden. Wohl zur Zeit Davids besiedelten Judäer das vorher kanaan. L., das Rehabeam zu einer Festung ausbaute (2Chr 11,9). Hier suchte Amazja vergeblich Zuflucht vor den Aufständischen in Jerusalem (2Kön 14,9). 701 v. Chr. wurde L. von Sanherib (2Kön 18,14), 588 v. Chr. von Nebukadnezzar erobert. – Die Ausgrabungen in L. haben vor allem eine große Tempelanlage aus kanaan. Zeit und einen israelit. Palast aus dem 10. Jh. v. Chr. freigelegt. S.

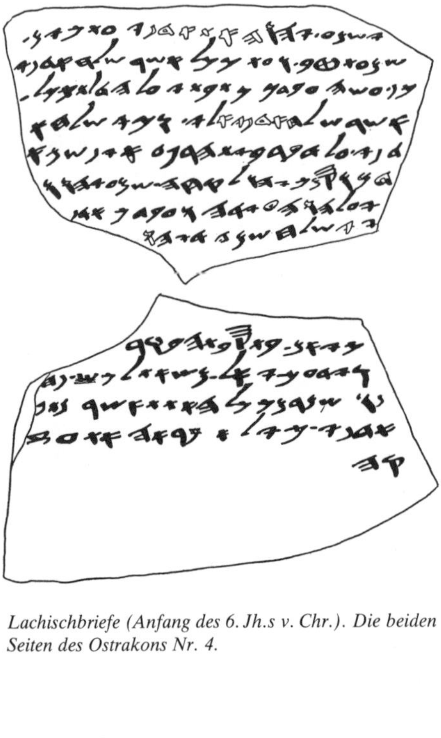

Lachischbriefe (Anfang des 6. Jh.s v. Chr.). Die beiden Seiten des Ostrakons Nr. 4.

Lachischbriefe, im Tor von → Lachisch gefundene, beschriftete Tonscherben. Es handelt sich um Briefe an den Kommandanten von Lachisch aus den letzten Tagen des Reiches → Juda (Jer 34,7). S.

Lachmi, nach 1Chr 20,5 Bruder des → Goliat. S.

Lade. 1. Bibl. Belege und ihre Deutung der L. – 2. Forschungslage – 3. Rekonstruktion der Geschichte der L.n.

1. Die L. (hebr. *aron*) ist wichtigster Kultgegenstand des vorexilischen Israel. Die ältesten gesicherten Belege sind in der Quelle des → Jahwisten in 4Mose 10,33; 14,44 erhalten. In diesen auf die Wüstenzeit weisenden Belegen hat die L. die Funktion, als nomadisches Wanderheiligtum der Wanderungsgruppe voranzuziehen, Weideplätze zu erkunden und im Kampf göttlichen Beistand zu sichern. Mit der L. ist die Gegenwart Jahwes verbunden (4Mose 14,42). In Jos 3–6 ist die L. im Rahmen einer im Mazzotfest von → Gilgal gefeierten kultischen Prozession durch den Jordan und um die Ruinen von Jericho belegt. In der → Ladeerzählung 1Sam 4–6; 2Sam 6 ist die L. in der Funktion des Thronuntersatzes des göttlichen → Thrones belegt. Diese L. wird durch David nach Jerusalem überführt (2Sam 6) und erhält im Allerheiligsten des salomonischen → Tempels (1Kön 8) ihren Ort. Für Jerusalem ist durch Jer 3,16 die Thronvorstellung der L. belegt. Anders wird im → Deuteronomium (5Mose 10,1ff.; 31,9.25f.) die »L. des Bundes« als Kasten interpretiert, in dem die Tafeln des → Dekalogs liegen. Die nachexilische → Priesterschrift (2Mose 25,10ff.; 37,1ff.) beschreibt die L. als Kasten aus Akazienholz von 1,25 × 0,75 × 0,75 m, die durch Stangen tragbar gemacht und mit Gold überzogen ist. Auf der L. ist die Sühneplatte (hebr. *kapporät;* griech. *hilasterion*) angebracht, ein wohl ursprünglich von der L. unabhängiger Kultgegenstand. In dieser Quelle wird die L. mit dem → Zelt der Begegnung verbunden.

2. Diese unterschiedlichen Deutungen der L. im AT haben zu kontroversen Interpretationen ihrer Geschichte geführt. Zwei Grundpositionen sind erkennbar: Entweder wird die L. als aus der

Wüstenzeit stammender Kasten gedeutet oder aber mit der Thronvorstellung verbunden und auf die Kanaanäer des Kulturlandes zurückgeführt. Für beide Thesen sind überlieferungsgeschichtliche Argumente und überzeugende archäologische Parallelen beizubringen. Die Funktion der L. als eines Wanderheiligtums und Kriegspalladiums hat in der vorislam.-nomadischen *kubbe* und *otfe* eine Parallele. Andererseits ist kanaan.-phöniz. die Vorstellung des göttlichen Thrones mit der der Keruben eng verbunden, so daß die in 1Sam 4–6; 2Sam 6; Jer 3,16 bezeugte Thronvorstellung der L. in Verbindung mit dem ursprünglich kanaan. Epitheton »Kerubenthroner« auf eine Übernahme der L. durch die Israeliten im Kulturland weist.

3. Die Lösung ist darin zu sehen, daß es zwei L.n in Israel gab, eine kastenförmige L. aus nomadischer Tradition und eine L. als Thronuntersatz kanaan. Herkunft aus dem Kulturland. Seßhaft gewordene Sippen haben die Kasten-L. aus der Wüste ins Kulturland gebracht, wo sie am Heiligtum von Gilgal stationiert wurde (Jos 3–6). Hier finden wir sie in kultisch-domestizierter Form wieder, indem sie der Prozessionsgemeinde durch den Jordan voranzieht. Die kriegerische Funktion als Kriegspalladium zeigt sich noch in der kultischen Prozession um den Ruinenhügel von Jericho. Der Begriff »L.« (»Kasten«) wurde auch auf den in → Schilo von den kanaan. Landesbewohnern übernommenen Thronuntersatz des göttlichen Thrones, der im Tempel stand, übertragen. Diese L. wurde von David nach Jerusalem überführt, wo sie wohl 587/586 v. Chr. mit der Zerstörung des Tempels vernichtet wurde (Jer 3,16). O.

Lit.: J. Maier, Das altisraelit. Ladeheiligtum, 1965; R. Schmitt, Zelt und L. als Thema alttest. Theologie. Eine kritische forschungsgeschichtliche Darstellung, 1972; E. Otto, Das Mazzotfest in Gilgal, 1975.

Ladeerzählung. Als L. pflegt man den Komplex 1Sam 4–6; 2Sam 6 zu bezeichnen, in dem das Schicksal der → Lade seit ihrem Verlust an die Philister bis zu ihrer Rückgabe und ihrer Überführung durch David nach Jerusalem geschildert wird. Die L. dürfte eine in sich geschlossene Einheit sein, deren Verfasser man vermutlich im Kreise der Jerusalemer Ladepriester zu suchen hat. S.

Lager, Stellung oder Quartier einer Truppe. Da Jahwe im L. gegenwärtig ist, sind besondere Maßnahmen zur kultischen Reinheit des L.s erforderlich (5Mose 23,9–14). In den Söldnerheeren der Königszeit mag die Realität diesen Vorstellungen nicht entsprochen haben. Nach der L.-Ordnung der → Priesterschrift (4Mose 2–3) gruppieren sich die Stämme Israels am Sinai um die → Stiftshütte, in der die → Lade untergebracht ist. U. R.

Lahai-Roï, Brunnen in Südpalästina, wo → Isaak sich aufgehalten haben soll (1Mose 24,62); seine Lage und die Bedeutung des Namens – in 1Mose 16,13f. wird er volksetymologisch erklärt – sind unbekannt. S.

Lahm (Lahme). Das L.n war ein → Gebrechen und machte kultunfähig. In der Heilszeit soll es nach Jes 35,6; Jer 31,8 keine L.n mehr geben. Jesus und seine Apostel haben zahlreiche L. geheilt (z. B. Mt 11,5; Apg 8,7). S.

Laie (von griech. *laikos* »zum [gewöhnlichen] Volk gehörig«). Für jede kultische Religion ist die Unterscheidung zwischen Priestern, die Zugang zum Bereich des Sakralen haben und dadurch für die besonderen kultischen Verrichtungen qualifiziert sind, und dem Volk, das auf den Vollzug dieser kultischen Verrichtungen angewiesen ist, ohne an ihnen Anteil zu haben, fundamental. Sie findet im AT schon in der Architektur des Tempels (→ Jerusalem) ihren Ausdruck: Im jüd. Tempel bestand eine Schranke zwischen dem Vorhof der Priester und dem der L.n. Es war revolutionär und hing mit dem Verständnis des Kultus zusammen, wenn das NT diesen Unterschied abbaute: Weil durch Christi Sterben das einzige wahre Opfer gebracht und das neue Gottesverhältnis hergestellt ist, bedarf es dazu keines Kultus mehr (Mk 15,38; Röm 3,25ff.; Hebr 10,19ff.); die Scheidung zwischen heilig und profan ist ebenso aufgehoben wie die zwischen Priestern und Volk. Alle Glieder der Gemeinde sind Priester (1Petr 2,9f.; Offb 1,6), die dazu berufen sind, mit ihrem Dienst und Gebet für Welt und Menschheit vor Gott einzutreten (→ Kirchenorganisation). Erst der 1. Klemensbrief (40,5) führt den Gedanken an ein von den L.n unterschiedenes christl. Priestertum wieder ein. R.

Lais → Lajisch.

Laisa → Lajescha.

Lajescha, Ort bei Jerusalem (Jes 10,30). S.

Lajisch. 1. Alter Name der Stadt → Dan im obersten Jordangraben (Richt 18,27–29). **2.** Ein Benjaminit (1Sam 25,44). S.

Lamech, Gestalt der Vorzeit, nach 1Mose 4,19–22 Vater des Jabal, des Jubal und des Tubal-Kajin, nach 1Mose 5,28f. Vater des Noah. S.

Lamechlied, ein altes, wohl vorisraelit. Prahllied (1Mose 4,23f.), das im jetzigen Zusammenhang ein Zeugnis für die wachsende Verderbtheit der Menschen ist. S.

Lamm, im alttest. Kult verwendetes Opfertier (2Mose 29,38ff.), auch beim → Pascha (2Mose 12,5). Im NT wird es als bildliche Bezeichnung der Gemeindeglieder gebraucht (Lk 10,3; Joh 21,17). Insbesondere wird Jesus mit einem L. verglichen (Apg 8,32 = Jes 53,7; 1Petr 1,19); nach 1Kor 5,7 und Joh 19,36 gilt Jesus als das wahre Paschalamm; von daher könnte sich die Bezeichnung Jesu als »L. Gottes« erklären. In der Offenbarung des Johannes wird Jesus als das »L., das geschlachtet ist«, als Erlöser und Weltherrscher verehrt (Offb 5; 6; 7 u.ö.). (→ Tierwelt). H. M.

Lampe, in der Antike zumeist eine flache, mit Öl gefüllte Tonschale mit einer schnauzenförmigen Einkerbung am Rande, in welcher der Docht lag. Weiterentwicklungen dieser Grundform entstanden durch Hinzufügung eines Fußes, durch Vermehrung der Zahl der Einkerbungen sowie durch Schließung des oberen Schalenteils. R.

Landnahme. 1. Quellen – 2. Historische Erklärungsmodelle.

1. Das die bibl. Überlieferung beherrschende Bild von der L. als einer kriegerischen Eroberung durch einen geschlossenen Zwölfstämmeverband → Israel unter der Führung → Josuas wird durch die Redaktion in Jos 1–12 erweckt: Israel zieht bei Gilgal über den Jordan (Jos 1–5), erobert → Jericho (Jos 6), zerstört → Ai (Jos 7–8), schließt einen Vertrag mit → Gibeon (Jos 9) und unterwirft in einem Feldzug nach Südpalästina (Jos 10) die Städte → Libna, → Lachisch, → Eglon und → Debir sowie in einem Feldzug nach Norden → Hazor und den galil. Raum. Am Ende ist ganz Palästina unterworfen (Jos 11,16; 12). Diesem Bild der L. steht der Bericht in Richt 1 entgegen, der von Aktionen einzelner Stämme und Stämmegruppen ausgeht und feststellt, daß zahlreiche Städte der Kanaanäer und Philister nicht eingenommen werden konnten. Dieses Bild der L. wird durch die überlieferungsgeschichtliche Forschung (→ Bibelkritik) und → Archäologie bestätigt.

In Jos 1–12 ist die L.-Überlieferung des Stammes → Benjamin (Jos 2–9) durch Anfügen von Jos 10–12 zu einer Gesamtpalästina umfassenden L. umgeprägt worden.

Das im Kern alte System der Stammesgrenzen in Jos 13–19 zeigt den Schwerpunkt vorstaatlicher Siedlungen Israels auf den vorisraelit. dünn besiedelten Höhen des mittelpalästin. Gebirgslandes. Die palästin. Archäologie zeigt in Keramik und Architektur zunehmend die bruchlose Kontinuität zwischen der vorisraelit. spätbronzezeitlichen und der israelit. früheisenzeitlichen Materialkultur.

2. In der alttest. Wissenschaft werden sehr unterschiedliche Erklärungsmodelle zur historischen Rekonstruktion der Seßhaftwerdung Israels aufgeboten. Die überwiegend von amerikanischen (W. F. Albright u. a.) und israelischen (S. Yeivin u. a.) Wissenschaftlern vertretene »archäologische Lösung« hält sich eng an das von Jos 2–11 gezeichnete Bild einer militärischen Eroberung Palästinas. Nach dem Grundsatz, eine Erzählung könne als historisch gelten, wenn sie mit den entsprechenden Ausgrabungsergebnissen übereinstimme, werden die Zerstörungen zahlreicher kanaan. Städte im Umbruch von der Spätbronzezeit zur frühen Eisenzeit mit der L. Israels verbunden. Die Grenze dieses Lösungsversuchs wird dort erkennbar, wo, wie unter anderem für → Jericho, der archäologische Befund nicht mit der bibl. Erzählung zu harmonisieren ist.

Das »territorialgeschichtliche Modell« geht auf A. Alt zurück und wird vor allem in der deutschen Forschung (M. Noth u. a.) vertreten. Die L.-Erzählungen des Buches Josua seien für die L. nicht auswertbare Ätiologien, d. h. Erzählungen, die hervorstechende Erscheinungen wie Ruinenhügel zur Zeit der Erzähler erklären, nicht aber historischen Bericht geben können. Die L. sei durch den Vergleich von Überlieferungen territorialgeschichtlicher Verhältnisse der vorisraelit. Zeit (ägypt. Feldzugsberichte,

Korrespondenz von → Amarna) und solchen der frühisraelit. Zeit (Jos 13–19 u. a.) zu rekonstruieren. Als Ergebnis werde die L. als friedlicher Einsickerungsprozeß von Halbnomaden aus den Randzonen des Kulturlandes in die kanaan. dünn besiedelten Gebirgsgegenden zwischen Hebron und der Jesreel-Ebene deutlich. In einer Phase des »Landausbaus« sei es auch zu militärischen Auseinandersetzungen um einzelne, isoliert gelegene kanaan. Ortschaften wie Bet-El (Richt 1,22f.) gekommen. Die Grenze dieses Modells liegt in der zunehmend deutlich gewordenen Kontinuität der materialen Kultur von Kanaanäern und frühen Israeliten, die darauf weist, daß die Ursprünge Israels im Kulturland selbst zu suchen sind.
Diese Sichtweise hat sich das vornehmlich von G. Mendenhall und N. K. Gottwald vertretene »soziologische Lösungsmodell« zu eigen gemacht. Die Ursprünge Israels seien in Banden sozial Deklassierter (*chabiru*) zu suchen, die verarmt aus den kanaan. Stadtstaaten herausgedrängt wurden und, ausgelöst von der herrschaftskritisch interpretierten Jahwe-Religion, in einer Aufstandsbewegung das kanaan. Stadtstaatensystem zerstörten. An seine Stelle setzten sie eine nichtstaatliche, freiheitliche Ordnung des frühen Israels als Stämmeverband. Dieses Modell hat seine Grenze darin, daß das AT von seinen ältesten Schichten an von dem Bewußtsein der Andersartigkeit Israels gegenüber den Kulturlandbewohnern geprägt ist.
Die bisherigen Diskussionslinien sind in der These zusammenzuführen, daß die Ursprünge Israels, abgesehen von der Gruppe des → Auszugs, vor allem im Kulturland liegen. Die Überlieferungen der → Erzväter spiegelt eine vorisraelit.-spätbronzezeitliche Hirtenkultur wider, die im engen Kontakt mit der bäuerlichen und städtischen Kultur Palästinas lebte. Hirtenkulturen sind wirtschaftlich nicht autark und brauchen den Austausch mit den Produkten landsässiger Bevölkerung. Mit dem Niedergang zahlreicher kanaan. Städte in der allgemeinen Krise des Alten Orients in der ausgehenden Spätbronzezeit zerbrach auch diese Symbiose von Hirten- und Stadtkultur. Die Hirten wurden zu seßhaften Bauern, aus denen sich ein Stämmeverband Israel konstituierte. Kern der L. Israels ist also die Änderung der Lebensweise von Hirten, die zu Bauern wurden. Eine frühe Stämmegruppierung der Stämme der → Lea wurde im 13. Jh. v. Chr. durch die Auszugsgruppe der späteren Stämme der → Rahel erweitert. O.

Lit.: A. Alt, Erwägungen über die L. der Israeliten in Palästina, in: Kleine Schriften zur Geschichte des Volkes Israel I, [4]1968, 126–175; A. Alt, Die L. der Israeliten in Palästina, ebd., 89–125; M. Weippert, Die L. der israelit. Stämme in der neueren wissenschaftlichen Diskussion, 1967; N. K. Gottwald, The Tribes of Yahweh, 1979.

Landpfleger, von Luther im AT und NT gebrauchte Bezeichnung für Beamte mit statthalterlichen Kompetenzen (→ Statthalter, → Verwaltung). H. M.

Landtag, moderner Ausdruck für die Bundesversammlung der Ortschaften eines Gebietes, wie es sie z. B. im röm. Reich vielfach gab. Als »L.e« bezeichnet man auch die beiden Zusammenkünfte in → Sichem, die in Jos 24 und 1Kön 12,1–24 geschildert werden. S.

Landvogt. Mit »L.« übersetzt die Lutherbibel verschiedene Titel für hohe Verwaltungsbeamte (1Kön 20,14; Apg 13,7) (→ Verwaltung). S.

Laodizea, Stadt in Phrygien in der Provinz Asia; die dortige christl. Gemeinde wurde gegründet vom Paulus-Schüler Epaphras (Kol 4,12f.). Das letzte der sieben Sendschreiben der Offenbarung (Offb 3,14–22) tadelt sie schroff. R.

Laodizenerbrief, angebliches Schreiben des Paulus an die Gemeinde von → Laodizea (Kol 4,16). Ein gefälschter L. ist in einigen Vulgata-Handschriften enthalten. R.

Lappidot, Ehemann der Debora (Richt 4,4). S.

Lasäa, Stadt im südl. Kreta, in deren Nähe Paulus auf der Fahrt nach Rom kurz an Land ging (Apg 27,8). R.

Last. Die Wörter für »L.« werden in der Bibel häufig bildhaft für Frondienst und innere oder äußere Not verwendet (z. B. 2Mose 2,11; Ps 38,5), und so meint das von Luther mit »L.« wiedergegebene Wort in den Überschriften profetischer Aussprüche (z. B. Jes 13,1; 14,28; bes. Jer 23,33) vielleicht die L. des Unheils für die Angesprochenen, läßt sich aber auch als »Erheben (der Stimme)« deuten. S.

Laster, Lasterkatalog. Die hellenist. Popularphilosophie stellte für die volkstümliche ethische Unterweisung Kataloge von zu meidenden Verfehlungen zusammen. Diese Form des L.-Katalogs fand auch im hellenist. Judentum (Weish 14,25f.) und im Urchristentum (Röm 1,29ff.; 1Kor 6,9f.; Gal 5,19ff. u. ö.) Eingang, dort allerdings unter einer neuen theologischen Motivation: Als L. gelten Verhaltensweisen, die den Menschen daran hindern, »das Reich Gottes zu ererben« (1Kor 6,10; Gal 5,21). R.

Lit.: S. Wibbing, Die Tugend- und Lasterkataloge im NT und ihre Traditionsgeschichte, 1959.

Lästerung, das Antasten von Gottes Macht und Hoheit durch Wort oder Tat (→ Gotteslästerung). L. wurde nach 3Mose 24,23 mit dem Tode bestraft. Jesus wurde wegen L. angeklagt (Mk 14,64); Anlaß dazu boten seine Übertretung des Sabbatgebots und sein Vorgehen im Tempel (Mk 11,15ff.). Das Urchristentum kannte auch die L. Jesu – die Verkennung seines Hoheitsanspruchs – und des Heiligen Geistes – die bewußte Zurückstoßung der rettenden Kraft Gottes (Mk 3,28f.). R.

Latein, im NT nur in Joh 19,20 als dritte Sprache der Kreuzesüberschrift erwähnt (neben Griechisch und Hebräisch). L. und Griechisch waren im → Römerreich in neutest. Zeit Amtssprachen, wobei Griechisch im Volk verbreiteter war, vor allem in den östl. Provinzen. Erst im 2. Jh. setzte eine Latinisierung der Kirche ein; Tertullian (um 200) war der erste lat. Kirchenschriftsteller. – In den Synoptikern finden sich lat. Lehnwörter aus der Militär-, Rechts- und Handelssprache. H. M.

Laubhüttenfest → Fest.

Läufer, königlicher Trabant und Eilbote (2Sam 15,1; 2Chr 30,6); seine Schnelligkeit ist Bild der rasch entfliehenden Zeit (Ijob 9,25). S.

Lauge, aus Seifenpflanzen gewonnene Pottasche, die als Wasch- und Reinigungsmittel diente (Jes 1,25; Ijob 9,30). S.

Lazarus, gräzisierte Kurzform von hebr. *Eleasar* »Gott hilft«. **1.** L. aus Betanien, Bruder Marias und Martas, nach Joh 11,1–46 durch Jesus von den Toten auferweckt. **2.** L., der gelähmte Bettler, positives Gegenbild des gottlosen Reichen im Gleichnis Lk 16,19–31.

Ein Zusammenhang zwischen beiden in der Überlieferung ist wahrscheinlich, und zwar dürfte der Name des vom Tode Erweckten sekundär auf den ursprünglich namenlosen Bettler im Gleichnis übertragen worden sein aufgrund von Lk 16,30. R.

Lea, nach 1Mose 29–30 eine Tochter Labans, die, ebenso wie ihre schönere Schwester → Rahel, → Jakobs Frau wurde und ihm sechs eigene Söhne (Ruben, Simeon, Levi, Juda, Issachar, Sebulon) und zwei Söhne (Gad, Ascher) ihrer Sklavin → Silpa sowie die Tochter Dina gebar. In dieser Überlieferung spiegelt sich wohl die Tatsache, daß die sechs unmittelbar auf L. zurückgeführten Stämme eine Sondergruppe innerhalb der Stämme Israels bildeten; vermutlich war die Gruppe der »L.-Stämme« bereits vor der → Landnahme der anderen Stämme seßhaft, und zwar in Mittelpalästina, wurde dann aber beim Nachrücken der anderen Stämme auseinandergerissen. S.

Leben. In der Bibel wird L. nicht biologisch, sondern existentiell verstanden. Das hebr. *chajim* beinhaltet das Vermögen, sich frei zu bewegen und »Licht zu sehen«, d. h. sich wohl fühlen. Deshalb eignet L. Menschen wie Tieren, aber auch fließendem Wasser, während es Pflanzen nicht zugesprochen wird. Schon ein Mensch, den bleibend Schmerz, Entbehrungen und Krankheit überfallen haben, hat kein L. mehr, ein Genesen heißt entsprechend »Wiederaufleben«. Träger der L.s-Kraft ist einerseits das → Blut, in dem sich eine → Seele befindet, andererseits der Atem, der letztlich mit → Geist identisch ist. In beiden Fassungen ist für das AT L. ein hohes, wenn nicht höchstes Gut, es rührt her von Jahwe als Grundkraft des Wirklichen. Er ist – im Unterschied zu ohnmächtigen Götzen – lebendiger Gott, Quelle des L.s für jedes einzelne Geschöpf, er bestimmt seine L.s-Dauer (Ps 104,29f.). Da Gott über L. letztlich verfügt, dürfen Menschen fremdes L., auch tierisches, nur bedingt antasten, wildes Töten gilt als schwerer Frevel (2Mose 20,13; 1Mose 9,4f.). Während Gottes L. unendlich währt, hat er menschliches Dasein auf 70, 80 Jahre begrenzt (Ps 90,10; umstritten ist, ob die Schöpfungserzählung in 1Mose 3,22 eine ursprüngliche Bestimmung zu immerwährendem

L. voraussetzt für den Menschen). Gott schenkt bei der Geburt das L., er unterstützt und erhöht es fernerhin, indem er → Segen mitteilt. Das L. des einzelnen hängt ebenso von seinem sittlichen Verhalten ab. Gemäß der hebr. Auffassung vom → Tat-Ergehen-Zusammenhang untergräbt ein Sünder auf die Dauer sein L., während es der Gemeinschaftstreue für sich und seine Umgebung befördert. Die von Gott als L.s-Weisung verkündeten Gebote wollen dem Hörer dazu verhelfen, sein L. zu mehren und vorzeitigem Tod zu wehren, »auf daß du lange lebest im Lande« (2Mose 20,12; vgl. 5Mose 30,15–20).

Das AT beklagt an vielen Stellen die Kürze des menschlichen L.s, das vergänglich ist wie ein Windhauch, ein Rauch oder eine Blume. Auch traut es Gott die Macht zu, Totes wieder ins L. zurückzuholen (1Kön 17,17ff.; Ez 37). Dennoch hat sich die israelit. Religion ein Jt. lang entschieden gesperrt, die in den Umweltreligionen (z. B. Ägyptens, Griechenlands) selbstverständliche Überzeugung vom Weiterleben nach dem → Tod zu übernehmen. Einzig ein kollektives Weiterleben in den Nachkommen, die den Namen des Verstorbenen über seinem Erbland aufrichten, wird erwartet. Erst im 2. Jh. v. Chr. finden sich in der → Apokalyptik Aussagen, die zwar nicht ein sofortiges Weiterleben nach der Todesstunde, wohl aber → Auferstehung am Ende der Tage erwarten. Erst in der griech. sprechenden → Diaspora werden später Vorstellungen von einer Unsterblichkeit der Seele übernommen (Weish 2,23; 3,1–4).

Das NT stimmt mit dem AT im grundsätzlichen theozentrischen Ansatz seines L.s-Verständnisses überein. Gott ist der Lebendige (Mt 16,16; 26,63). Er hat nicht nur in sich L. (Joh 5,26; Offb 4,9f.) bzw. Unsterblichkeit (1Tim 6,16), sondern kann Menschen lebendig machen wie auch töten (Röm 4,17; 1Tim 6,13). Er ist »nicht ein Gott von Toten, sondern von Lebendigen« (Mk 12,27); in seiner Gemeinschaft sein heißt leben, aus ihr herauszufallen bedeutet den Tod (Lk 15,24). Wie im AT wird natürliches menschliches L. als etwas Ganzheitliches verstanden; Krankheit gilt als lebensmindernd, ihre Heilung als Rettung von L. (Mk 3,4).

Neu im NT ist dagegen, daß L. hier als eschatologisches Heilsgut verstanden wird. Jesus Christus hat dadurch, daß er den Tod überwand, »L. und Unvergänglichkeit ans Licht gebracht« (2Tim 1,10). Dieses ewige L. zu erringen wird Ziel aller Glaubenden. Was gegenwärtiges menschliches L. fragwürdig werden läßt, ist nicht seine physische Begrenztheit, sondern seine Minderung durch gottfeindliche Mächte, vorab die → Sünde. Wer unter der Herrschaft der Sünde lebt, gilt als »tot«, weil aus der Leben gewährenden Gemeinschaft mit Gott herausgefallen (Röm 8,10; Kol 2,13). Umgekehrt wird das von Christus vermittelte L. nicht wegen seiner Unbegrenztheit und noch weniger wegen seiner Jenseitigkeit zum erstrebten Heilsgut, sondern allein deshalb, weil es die Wiederherstellung der vollen Gemeinschaft mit Gott bringt. Die totale Verwirklichung dieses L.s wird erst jenseits des Todes möglich sein. Deshalb wird die Furcht vor dem Tod von der Gewißheit abgelöst, daß er Eingang in das L. sein werde (Röm 8,38; Phil 1,23).

Aber entscheidender als der Ausblick auf ein Jenseits ist für den neutest. Glauben die Bindung an Christus. Anders als in den Auferstehungshoffnungen des nachbibl. Judentums ist im NT das erhoffte L. nicht nur ein zukünftiger Zustand, sondern eine gegenwärtige Erfahrung, die inmitten der Gebrochenheit gegenwärtigen Daseins durch Christus erschlossen wird (Röm 8,10f.). Besonders nachdrücklich macht das Johannesevangelium diesen Gesichtspunkt geltend: Christus selbst wird hier als »das Leben« (Joh 14,6), als »die Auferstehung und das L.« (Joh 11,25) bzw. als das »Brot des L.s« (Joh 6,35) bezeichnet. Wer an ihn glaubt, ist bereits jetzt »vom Tod zum Leben hinübergegangen« (Joh 5,24). K./R.

Lit.: H.W. Wolff, Anthropologie des AT, 1973; U. Schnelle, Neutest. Anthropologie, 1991.

Leben-Jesu-Forschung, der seit der Aufklärung im 18. Jh. betriebene Versuch, aus den Quellen eine Biographie Jesu im modernen Sinn zu rekonstruieren. Die L.-J.-F. brach zu Beginn des 20. Jh.s zusammen aufgrund neuer wissenschaftlicher Einsichten über die Natur der Quellen (→ Jesus Christus). R.

Lit.: A. Schweitzer, Geschichte der L.-J.-F., [6]1951.

Lebensbaum. Die magische Vorstellung, daß der Genuß von Früchten einer bestimmten Pflanze oder eines Baumes den Menschen verjüngen, sein Leben verlängern oder ihn gar vor dem Tode bewahren könne, findet sich unter den Grundmotiven der Märchen aller Kulturkreise. Auf der Stufe mythischer Welterklärung gewinnt

Der »Sündenfall-Zylinder« (sumerisch, 3. Jt. v. Chr.): zwei Göttergestalten mit Hörnermütze am Lebensbaum; links eine Schlange

sie weitreichende Bedeutung. Der Mythos erklärt die Unausweichlichkeit des menschlichen Todes damit, daß der Zugang zum L. und das Essen seiner Frucht dem Menschen durch die Götter verwehrt worden sei. Der L. gilt hier also als dem Menschen grundsätzlich entzogen. So erzählt z. B. das → Gilgamesch-Epos (11,266–295) von der vergeblichen Suche Gilgameschs nach der Pflanze des Lebens. Auch in der Paradiesesgeschichte des → Jahwisten erscheint das mythische Motiv des L.s (1Mose 2,9; 3,22.24), ohne allerdings weiter ausgeführt zu werden. Im Zentrum der Erzählung steht nämlich der – vom L. zu unterscheidende – »Baum der Erkenntnis des Guten und Bösen«. Offensichtlich handelt es sich beim L. um ein in Israel allgemein bekanntes Motiv. So wird er erwähnt in Spr 3,18; 13,12; 15,4, ohne daß dabei auf die Paradiesesgeschichte angespielt würde.

Im NT erscheint der L. mehrfach im Rahmen der Bildersprache der → Offenbarung des Johannes. Dabei ist einerseits der Bezug auf 1Mose 2–3, andererseits die Vorstellung einer antitypischen Entsprechung zwischen Urzeit und Endzeit (→ Typologie) vorausgesetzt. Im himmlischen Jerusalem, dem Ort der kommenden eschatologischen Gottesgemeinschaft, erneuert sich das verlorene Paradies. In ihm hat auch der L. seinen Platz; er wird nicht mehr unzugänglich sein, sondern die Erlösten werden Anteil an ihm und seinen Früchten, d. h. ewiges Leben haben (Offb 22,1f.14.19). Und zwar meint das »Essen vom Holz des Lebens« (Offb 2,7) die Teilhabe am Mahl der Heilszeit, wie sie bereits jetzt im → Abendmahl vorweggenommen wird. R.

Leber. Die L. des Menschen gilt für das AT gelegentlich – wie Herz oder Nieren – als Sitz des Lebens (Spr 7,23) oder der Empfindungen (Klgl 2,11). – Im babylon. Brauch der L.-Schau (Ez 21,26) schloß man aus der Gestalt der L. des Opfertieres auf die Zukunft. S.

Lebona, Ort zwischen Bet-El und Sichem (Richt 21,19). S.

Leder. Für »L.« verwenden das Hebräische und das Griechische dasselbe Wort wie für die Haut und das Fell, so daß zuweilen unklar bleibt, was gemeint ist. Aus L. bestanden sicherlich Sandalen, Schöpfeimer, Wasser- und Weinschläuche und der Gürtel des Elija (2Kön 1,8) und des Johannes (Mt 3,4). S.

Legende, lat. das, »was vorzulesen ist«, ursprünglich die Heiligengeschichten, die in den mittelalterlichen Klöstern während der Mahlzeiten vorgelesen wurden. Die Bibelwissenschaft versteht unter L. eine erzählende Überlieferung, in deren Mittelpunkt Taten und Widerfahrnisse herausragender religiöser Gestalten stehen, wobei das erzählerische Interesse vorwiegend dem Erbaulichen und dem Normativen gilt. Die L. ist darin *erbaulich,* daß sie bestimmte positive Grunderfahrungen vermittelt und zur Einstimmung in sie auffordert: Es geht z. B. um die Sinnhaftigkeit von Gehorsam und Vertrauen auf Gottes Führung sowie um die Gewißheit, daß sein Wille sich gegen alle Widersacher durchsetzt. Die L. ist *normativ,* indem sie bestimmte, von einer Gruppe akzeptierte Verhaltensmuster vor Augen führt. Die Erzählweise der L. ist von daher stilisierend und schematisierend. Daraus darf jedoch keineswegs auf die historische Unwahrheit des Erzählten geschlossen werden.

Typische L.n sind im AT die Profetenerzählungen (→ Elija, → Elischa), im NT die Apostelerzählungen der → Apostelgeschichte. Legendarische Züge finden sich auch in der → Leidensgeschichte; hier bereitet sich die Gattung der christl. Märtyrer-L.n vor. Manche Forscher wollen auch Erzählungen, die vom Ursprung kultischer Orte und Begehungen berichten (sog. Kult-L.n oder ätiologische L.n), unter die L.n rechnen. Hier handelt es sich jedoch um eine völlig andere Gattung. R.

Lit.: K. Koch, Was ist Formgeschichte?, [3]1974, 239–244.

Legion, in der röm. Armee Abteilung von 18 Kohorten von je 600 Mann; in Mt 26,53 übertragen auf die himmlischen Heerscharen, in Mk 5,9.15 par; Lk 8,30 im Sinne einer unbestimmt großen Anzahl. R.

Lehi, Ort in Juda, nicht genau lokalisierbar; der Name bedeutet »Kinnbacke« und wird in Richt 15,15–17 volksetymologisch erklärt. S.

Lehre. Für das Judentum ist L. die verbindliche Darlegung des Willens Gottes aufgrund des alttest. Gesetzes und der sich daran anschließenden mündlichen Tradition. Sie ist Motivation zu richtigem Handeln und Verhalten und damit eminent praxisbezogen. Daß auch Jesus in diesem Sinn lehrte, zeigt u. a. seine Interpretation des Gotteswillens in Mt 5,21–48. Allerdings wirkte seine L. auf die Zeitgenossen schockierend (Mk 1,22; Mt 7,28), weil sie sich auf unmittelbare göttliche Vollmacht berief und die mündliche Tradition der Schriftgelehrten, ja z. T. auch den Wortlaut des alttest. Gesetzes als nicht verbindlich betrachtete. Im Urchristentum gilt als L. zunächst die den Glauben an Christus begründende Überlieferung (Röm 6,17; 16,17), späterhin auch darüber hinaus die von Jesus und den Aposteln herkommende Botschaft in ihrer Gesamtheit (1Tim 1,10; 6,1 u. ö.). R.

Lehre der 12 Apostel, meist nach dem ersten Wort des griech. Titels »Didache« genannt, im 2. Jh. in Syrien entstandene frühchristl. Schrift, die zu den → Apostolischen Vätern gehört. Sie enthält Anweisungen für die Ordnung der Gemeinde und die Gottesdienste (u. a. das früheste Zeugnis für liturgische Gestalt des Abendmahls). Zahlreiche Parallelen zum → Matthäusevangelium, vor allem zur → Bergpredigt, machen wahrscheinlich, daß sie dem selben kirchlichen Milieu wie dieses entstammt. R.

Text: Schriften des Urchristentums II: Didache (Apostellehre). Barnabasbrief. Zweiter Klemensbrief. Schriften an Diognet, hrsg. und übers. von K. Wengst, 1984. – *Lit.:* K. Niederwimmer, Die Didache, 1989.

Lehrer (→ Rabbi). Jesus hat sich selbst weder als L. bezeichnet noch im Sinne der jüd. Schriftgelehrten gelehrt. Weil seine Lehre jedoch zur entscheidenden Autorität der urchristl. Gemeinde wurde, galt er für diese im Rückblick als L. So ist für Matthäus das besondere Merkmal der Christen, daß sie – im Unterschied zu den Juden mit ihrer Vielzahl von L.n – nur einen einzigen L. haben, nämlich Christus (Mt 23,8). Allerdings bildete sich vereinzelt ein besonderer Stand von christl. L.n in den Gemeinden heraus (Apg 13,1; 1Kor 12,28f.; Eph 4,11). Ihre Aufgabe dürfte die Deutung der Schrift und die Weitergabe der neu entstehenden christl. Tradition gewesen sein. R.

Lehrgedicht, zusammenfassende Bezeichnung für einige Psalmen, die einen weisheitlich-reflektierenden Charakter aufweisen und von denen die meisten wohl für eine Belehrung außerhalb des Gottesdienstes verfaßt worden sind. Ihr Gegenstand ist z. B. die Eintracht der Familie (Ps 133), das Glück des Frommen und das Schicksal des Gottlosen (Ps 128; 1; 49; 73; 91), der Lobpreis auf das Gesetz Gottes (Ps 19,8–15; 119). S.

Leib Christi, von Paulus (1Kor 12,12–27; Röm 12,4f.) verwendete Bezeichnung für die christl. Gemeinde. Wie schon in der griech.-röm. Antike soll dieses Bild die Einheit der Gemeinschaft trotz unterschiedlicher Gaben der einzelnen Glieder hervorheben (→ Kirche).

Im Christushymnus des Kolosserbriefes (Kol 1,15–20) wird, an die antike Vorstellung vom Kosmos als einem beseelten Leib anknüpfend, das All als L. C. bezeichnet, Christus selbst als das Haupt des Leibes, d. h. als das die Welt und ihre Mächte beherrschende und zur Einheit zusammenschließende Prinzip. Im Rahmen des Kolosserbriefes wird diese kosmologische Aussage auf die Kirche hin interpretiert (Kol 1,18.24). In diesem Sinn spricht auch der Epheserbrief vom L. C. H. M.

Leibeigener, der im Haus geborene Sklave, der einer vom Besitzer genehmigten Sklavenehe entstammt, im Gegensatz zum gekauften Sklaven (z. B. 1Mose 17,12f.; 3Mose 22,11; Apg 10,7). S.

Leibwache (das hebr. Wort für »L.« bedeutet → »Läufer«), die Schutzgarde der Könige (1Kön 14,27f.) und Thronprätendenten (2Sam 15,1; 1Kön 1,5). Davids L. waren die → Krethi und Plethi, später traten an ihre Stelle die → Karer. Die L. der babylon. und ägypt. Könige heißt im AT wörtlich »Schlächter« (z. B. 2Kön 25,8; 1Mose 37,36). S.

Leiche. Obwohl das Berühren einer L. nach dem AT unrein machte (z. B. 4Mose 5,2), war das Schicksal der L., nämlich ein ordnungsgemäßes → Begräbnis, für den Israeliten von großer Wichtigkeit. Normalerweise wurde die L. in ein → Grab gelegt; die L.n-Verbrennung war eine zusätzliche Strafe für den Frevler (z. B. 3Mose 20,14), und nicht beerdigt zu werden, galt als großes Unglück (2Kön 9,10; Jes 14,19). S.

Leichenklage, Brauch, der in Israel fester Bestandteil der Trauerzeremonie für einen Verstorbenen war. Über den Hergang der L. erfahren wir lediglich, daß bei ihr der Ruf »Ach!« (»Wehe!«) erklang (z. B. 1Kön 13,29f.; Jer 22,18). Manchmal kamen zur L. andere Bräuche (z. B. Ez 24,17) und auch das → Leichenlied hinzu (z. B. 2Sam 1,12.17; 3,31.33). S.

Leichenlied, eine Gattung der profanen Poesie des AT. Echte L.er finden sich nur in 2Sam 1,19–27 und 2Sam 3,33f. Häufiger ist ihr übertragener Gebrauch bei den Profeten, die das Schicksal einer politischen Größe mehrfach in Form eines L.s darstellen, z.B. Am 5,2; Jes 14,4–21; Ez 27; 28,11–19; 32,2–16. Kennzeichnend für die meisten L.er ist ein bestimmtes Metrum (→ Qinavers) und die Gegenüberstellung der großartigen Vergangenheit des Beklagten mit seinem traurigen Ende. S.

Leiden Jesu. Das Bemühen, den Sinn des L.s und Sterbens Jesu zu verstehen, war eine der zentralen Triebkräfte urchristl. Theologie. Im NT finden sich mehrere Deutungsansätze. Am ältesten ist vermutlich das sog. *Kontrastschema.* Das L. J. wurde dabei als ein von den Menschen ausgelöstes Unheilsgeschehen verstanden, dem Gott das Heilsgeschehen der → Auferstehung entgegensetzte: »Jesus von Nazaret, den ihr [die Juden] gekreuzigt habt, den hat Gott von den Toten auferweckt!« (Apg 4,10; 2,22ff.; 3,13; 10,36ff.)
Ein weit positiveres Verständnis des L.s J. wurde dadurch möglich, daß man es als *Teil des göttlichen Heilsplans* begriff: »Der Menschensohn muß viel leiden« (Mk 8,31; vgl. Mk 9,31; 10,33f.; Lk 24,26); Gott selbst hat das rätselhafte Geschehen des Karfreitags verhängt, ja, er hat es bereits im Schicksal der leidenden Gottesboten und Gerechten des AT vorgezeichnet. Diese Deutungslinie wird vor allem von den → Leidensgeschichten der Evangelien aufgenommen, die Jesus als den zeichnen, der als leidender Gerechter den ihm von Gott vorgeschriebenen Weg gehorsam zu Ende gegangen ist. Dieser Leidensweg ist damit zugleich zum Weg der Jünger Jesu (Mk 8,34; Mt 10,22) und der christl. Gemeinde (Phil 3,10; 1Petr 2,19) geworden.
Als *Heilsgeschehen* im eigentlichen Sinn wurde das L. J. erst da verstanden, wo man es als stellvertretendes Sühneleiden (→ Sühne) begriff, durch das Jesus die Schuld der Menschen tilgte und ihnen so einen Zugang zu Gott erschloß. Ältester direkter Beleg dafür ist die Glaubensformel 1Kor 15,3: Jesus Christus ist »gestorben für unsere Sünden nach der Schrift«. Der Ansatz dazu lag bei Jesus selbst. Er hatte sein irdisches Wirken als dienendes Eintreten für andere bis zur Selbstpreisgabe gedeutet (Mk 10,45; Lk 22,27), und er hatte darüber hinaus in der Einsetzung des → Abendmahls wohl auch sein Sterben als einen Akt der Stellvertretung »für die vielen« (Mk 14,24) interpretiert. Vor allem → Paulus führte diesen Ansatz weiter, indem er das L. J. als kultisches Sühnopfer (Röm 3,24ff.), als Überwindung des den Menschen vor Gott anklagenden Gesetzes (Gal 3,13ff.) und als Tat der → Versöhnung (Röm 5,10f.; 2Kor 5,18) deutete. R.

Lit.: J. Roloff, Neukirchener Arbeitsbücher – NT, 1977, § 13.

Leidensgeschichte. Alle vier Evangelien enthalten L.n, in denen die Vorgänge, die unmittelbar zum Sterben Jesu führten, sowie die äußeren Umstände dieses Sterbens berichtet werden. Die älteste von ihnen ist die L. des → Markusevangeliums. Sie allein kommt als historische Quelle in Betracht. Die L.n des → Matthäus- und → Lukasevangeliums sind direkt von ihr abhängig, die des → Johannesevangeliums dürfte zumindest auf einen der L. des Markus nahestehenden älteren Bericht zurückgehen.
Während das Markusevangelium sonst durchweg aus ursprünglich selbständigen, kurzen Erzähleinheiten (Perikopen) besteht, bildet seine L. einen durchkomponierten, zusammenhängenden Bericht, der nicht erst vom Evangelisten stammt, sondern auf eine ältere Tradition zurückgeht. Offensichtlich hatte schon die älteste Gemeinde ein Interesse an der chronologischen Wiedergabe der Ereignisse der letzten Tage Jesu, was u. a. aus den zahlreichen Zeitangaben

hervorgeht (z. B. Mk 14,1.12.17; 15,1.25.33f. 42). Die wichtigsten Stationen der L. sind: der Einzug in Jerusalem (Mk 11,1–11), die Tempelreinigung (Mk 11,15–19), die Einsetzung des → Abendmahls (Mk 14,12–25), der Gebetskampf in Getsemani (Mk 14,26–41), die Gefangennahme (Mk 14,42–52), die Verhandlung vor dem Synedrium (Mk 14,53–72), die Verhandlung vor Pilatus (Mk 15,1–15), die Kreuzigung (Mk 15,16–41), die Grablegung (Mk 15,42–47) sowie die Auffindung des leeren Grabes am Ostermorgen (Mk 16,1–8).

In der L. sind historische Fakten und theologische Deutung so eng verwoben, daß eine klare Scheidung beider vielfach auf Schwierigkeiten stößt. Dies gilt besonders für die Berichte von den Verhandlungen vor dem Synedrium und vor Pilatus, die viele historische Fragen offenlassen. Theologisch deutet die L. mittels zahlreicher alttest. Motive und Anspielungen (z. B. Mk 14,18.27; 15,24.29.36) das → Leiden Jesu als ein im Heilsplan Gottes vorgesehenes Geschehen, das Jesus als der leidende Gerechte gehorsam auf sich nimmt.

Die L. des Matthäus verstärkt diesen Bezug auf das AT noch weiter. Dagegen rückt die L. des Lukas das menschlich Ergreifende des Geschehens (z. B. Lk 22,15.45.51; 23,27–31) sowie die Vorbildlichkeit des Verhaltens Jesu (z. B. Lk 23,43.46ff.) in den Vordergrund. Die L. des Johannes zeichnet Jesus als den königlichen Herrn, der sich in freier Souveränität in die äußerste Erniedrigung begibt (Joh 18,5.8; 19,7.30). R.

Lit.: E. Lohse, Die Geschichte des Leidens und Sterbens Jesu Christi, 1964.

Leihen. Das Ausleihen von Sachen (2Kön 6,5), Arbeitstieren (2Mose 22,13) und Geld (Ps 37,26; Mt 5,42) soll ein Akt der Hilfe sein. Letzteres führte aber oft den Schuldner, wenn er nicht zahlen konnte, in große Not, z. B. Schuldsklaverei oder Verarmung (1Sam 22,2; 2Kön 4,1; Neh 5,4f.). Unklar bleibt, ob dabei die Forderung nach → Zins eine Rolle spielte. S.

Leinwand. Weil der Flachs in Palästina nur vereinzelt angebaut werden konnte, war Kleidung aus L. – sehr oft wohl ägypt. (vgl. Jes 19,9) – seltener und teurer als wollene. Darum wird L. vor allem bei der Amtstracht der Priester (z. B. 1Sam 22,18; 2Mose 28), bei Privatleuten jedoch nur selten (z. B. Spr 31,16; Lk 16,19) erwähnt, und darum galt L. auch als Kleidung der Himmelswesen (Ez 9,2; Dan 10,5; Offb 15,6). S.

Leiter. Die L. aus Holz und ebenso die Treppe aus Holz oder Stein war zweifellos in bibl. Zeit gebräuchlich. Die Bibel erwähnt aber nur hölzerne Treppen im Tempel (2Chr 9,11) und die »Himmels-L.« in Jakobs Traum (1Mose 28,12), bei der wohl die Stufen der babylon. Zikkurat (→ Babylonischer Turm) das Vorbild sind. S.

Lektionar, Zusammenstellung der für die regelmäßigen gottesdienstlichen Lesungen gebräuchlichen Bibelabschnitte (→ Perikopen). R.

Lemuël, König des nordarab. Stammes Massa, dem Sprüche – Ermahnungen seiner Mutter an ihn – zugeschrieben werden (Spr 31,1–9). S.

Lende. Die L. – oder Hüfte – galt als Sitz der Kraft (Ijob 40,16), besonders der Zeugungskraft (z. B. 1Mose 35,11; Apg 2,30). Häufig erscheint in der Bibel der Befehl, die L.n zum Aufbruch zu gürten (z. B. 2Mose 12,11; Lk 12,35). S.

Leopard → Tierwelt.

Letuschiter, ein arab. Stamm (1Mose 25,3). S.

Letzte Worte Davids, ein Gedicht, in dem der gerechte Herrscher und Gottes Segen für David geschildert werden (2Sam 23,1–7); die Verfasserschaft Davids ist sehr fraglich. S.

Leuchter. Zum Tempel Salomos gehörten zehn goldene Leuchter (hebr. *menora*). Den nachexilischen Tempel zierte nur noch ein siebenarmiger L., der vor dem Vorhang zum (dunklen) Allerheiligsten stand und das Heiligtum durch ein »ewiges« Licht erleuchtete (2Mose 25,31–40; 27,20). Während der Unruhen der Makkabäerzeit (→ Hasmonäer) geraubt und anschließend neu hergestellt, wurde der L. von Herodes d. Gr. durch einen größeren und prunkvolleren ersetzt. Dieser ist auf dem Titus-Bogen in Rom abgebildet (s. Abb.) und – wie auf zahlreichen ausgegrabenen Grabdenkmälern und Synagogen (Bet-Alfa, → Dura-Europos) des Altertums – noch heute zu sehen. Die Siebenzahl der Lampen wird in Sach 4 kosmisch gedeutet (7 Planeten?). K.

Lëummiter, arab. Stamm (1Mose 25,3). S.

Titus-Bogen in Rom. Triumphzug des Kaisers Titus nach 70 n. Chr. Unter den Beutestücken befindet sich der siebenarmige Leuchter aus dem Jerusalemer Tempel

Levi, Sohn→ Jakobs (1Mose 35,23 u. ö.), gilt als Stammvater eines israelit. Stammes L., der aus 1Mose 34 und dem Spruch 1Mose 49,5–7 für die Vorgeschichte Israels erschlossen werden kann. Zugleich gilt L. als der Ahnherr des Kultverbands der → Leviten. Eine Beziehung auf die Leviten bezeichnet der mehrfach im NT belegte und bis heute häufige jüd. Eigenname »L.«. J. E.

Leviatan, ein mythisches, vielköpfiges Meerwesen, das Jahwe in der Vorzeit vernichtet (Ps 74,14) oder gebändigt (Ps 104,26; vgl. Ijob 3,8) haben soll. Das hebr. Wort kann auch zur Bezeichnung des Krokodils dienen (Ijob 40,25). Die Gestalt des L., der im AT wahrscheinlich mit den Chaosmächten → Drache, → Rahab und → Meer gleichgesetzt wird, hat Israel von den Kanaanäern übernommen. Die Apokalyptik bezeichnete mit »L.« den endzeitlichen Feind Jahwes (Jes 27,1). In der Neuzeit machte Hobbes den L. zum Symbol des allmächtigen Staates (*Leviathan or the Matter, Form and Authority of Government*, 1651). S.

Levirat (lat. *levir* »Schwager«), oriental. Sitte der Heirat einer sohnlosen Witwe mit ihrem Schwager (5Mose 25,5–10). Weigert er sich – eine Schande, die geahndet wird (V. 7–10) –, so geht die Pflicht des L.s auf einen anderen Verwandten über. Der erste Sohn der L.s-Ehe gilt als Sohn des Verstorbenen, um Namen und → Erbland der Familie zu erhalten. Das L. steht im Hintergrund des Buches → Rut und der Erzählung von Juda und → Tamar (1Mose 38). J. E.

Levispruch, Fürbitte für den Kultverband Levi im Mosesegen (5Mose 33,8–11). Der L. unterstützt Ansprüche Levis im Kult (→ Los, → Opfer, Lehre des → Gesetzes). Kritisch dagegen der L. im → Jakobsegen (1Mose 49,5–7). J. E.

Leviten. L. gelten als Nachkommen des Stammvaters → Levi. Vielleicht gleicher Herkunft wie die *lwj* geschriebenen Kultdiener auf nordarab. Inschriften um 1000 v. Chr., wandern sie in protoisraelit. Zeit durch die Wüste südl. Palästinas. Nach der Überlieferung gehörte zu ihnen Mose. L. sind es, die bei der Auseinandersetzung um die Einführung der Jahweverehrung sich entschieden auf Moses Seite stellen (2Mose 2,1; 32,25–29; 5Mose 33,8 f.). Nach der → Landnahme tauchen L. als (weltlicher, landsuchender?) Stamm vor Sichem auf (1Mose 34). Bei der Ausbildung des Systems der zwölf Stämme wird Levi aber als Stamm ohne Landsitz geführt, der aufgrund besonderer Heiligkeit und Jahwenähe als Segensträger ausgezeichnet und für priester-

liche Zwecke bevorzugt geeignet ist (Richt 17). L. verwalten die → Urim- und Tummim-Orakel, überliefern die → Tora Jahwes (5Mose 33,8–11). Das bedeutet keineswegs, daß damals schon alle → Priester in Israel den L. zugehören. Einflußreiche Priestergruppen wie die → Aaroniden und → Zadokiden gehören ursprünglich wohl anderen Stämmen zu und werden erst in exilischer Zeit zu L. gestempelt. Denn seit dem → Deuteronomium setzt sich eine Auffassung durch, daß alle legitimen Jahwepriester L. sein müssen. Die Kultreform → Joschijas führt freilich dazu, daß die (nichtlevitischen) Zadokiden (und Aaroniden?) in Jerusalem ein kultisches Monopol erringen, den levitischen Landpriestern aber ihre Wirkungsstätte und zweifellos auch weithin ihre wirtschaftliche Versorgung entzogen wird (2Kön 23,9). Ein »priesterliches Proletariat« wird dadurch vermieden, daß sich im Exil die Theorie durchsetzt, alles israelit. → Kultpersonal müsse dem Stamm Levi angehören, es sei aber in sich hierarchisch abzustufen.
Die Söhne Aarons sind allein aus dem Stamm Levi berechtigt zum Vollzug des Opferdienstes. Den L. (im engeren Sinn) obliegen Unterstützungs- und Versorgungsleistungen, die kein anderer, weder Priester noch Laie, wahrnehmen kann (4Mose 3; Ez 44,10ff.). Diese Zweiteilung hat sich über ein halbes Jt. bis zum Untergang des zweiten Tempels (70 n. Chr.) durchgehalten. K.

Leviten- und Priesterstädte. 48–50 Städte sondern Jos 21 und 1Chron 6,39ff. als dauernden Besitz für Leviten und Priester aus, d. h. für das → Kultpersonal, dem sonst kein Landbesitz in Israel eignet. Unter diesen Städten befinden sich auch die sechs Städte des → Asyls, die aber aus geographischen und historischen Gründen wohl nachträglich in die Reihe aufgenommen wurden. Ursprünglich liegt vielleicht den L.- und P.n ein Verzeichnis jener Städte zugrunde, in denen vor der Kultreform → Joschijas Leviten als Priester angestellt waren. K.

Leviticus → Mosebücher.

Libanon, bis über 3000 m aufsteigender Gebirgswall mit schneebedeckten Gipfeln, der sich von der Nordgrenze Palästinas etwa 170 km lang nach Norden erstreckt. Der niederschlagsreiche L. wird im AT wegen seiner Pracht und seiner üppigen Vegetation (z. B. Ps 72,16) gerühmt, für die der phöniz. Wacholder (z. B. Jes 60,13) und vor allem die Zeder kennzeichnend waren. Das fortwährende Abholzen der für Tempel- und Palastbauten (z. B. Salomos »Libanonwaldhaus«, 1Kön 7,2) und für den Schiffbau hochgeschätzten Bäume hat den Waldbestand des L. sehr stark vermindert. S.

Libna. 1. Kanaan. Königsstadt im westl. Juda (Jos 15,42), ist am ehesten mit *tell bornat* zu identifizieren; machte sich unter Joram selbständig (2Kön 8,22). **2.** Station in der Wüste (4Mose 33,20). S.

Libni, Ahnherr einer Levitengruppe (z. B. 2Mose 6,17). S.

Libyen, eine nicht einheitliche Bezeichnung des Gebietes westl. von Ägypten (Apg 2,10). Die Bewohner L.s – sie erscheinen in 1Mose 10,13 unter dem Namen »Lehabiter« – werden im AT nur zusammen mit den Ägyptern genannt (z. B. 2Chr 12,3). S.

Licht. Das erste Schöpfungswerk ist nach 1Mose 1,3 das L. Im AT wird es, von der Sonne unabhängig, als eigene Substanz aufgefaßt. Im L. ist Leben möglich (Ijob 33,28; Ps 56,14). Zum künftigen Heil gehört in der profetischen Botschaft das L. (Jes 9,2; Sach 14,7) wie die Finsternis zum Unheil (Jes 5,30). Jahwe ist Israels L. (Jes 2,5; 10,17); so auch im Segen 4Mose 6,25 (»der Herr lasse sein Angesicht leuchten über dir«), der in den christl. Gottesdienst übernommen wurde.
Im NT ist L. eine Wesensbestimmung Gottes (1Joh 1,5) und Jesu Christi (Joh 1,4f.8f.; 8,12 u. ö.). Das Offenbarungsgeschehen wird als Kampf des L.s mit der Finsternis beschrieben (Joh 3,19; 2Kor 4,6; 6,14). Dabei ist »L.« als Metapher einerseits für Leben (z. B. Joh 1,4), andererseits für Wahrheit, Klarheit und Orientierungsmöglichkeit (z. B. Joh 8,12) verwendet. Von daher kann »L.« auch die Heilssphäre bezeichnen, in der sich die an Jesus Christus Glaubenden befinden. Zum-Glauben-Kommen gilt als »Erleuchtetwerden« (Hebr 6,4), die Christen sind »Kinder des L.s« (Eph 5,8f.; 1Thess 5,5; 1Petr 2,9). J. E. / R.

Liebe. Im Hebräischen werden die Wörter für »L.« und »lieben« (*ahaba* und *ahab*) ähnlich verwendet wie im Deutschen. So spricht das AT von der L. zwischen Mann und Frau (z. B. 1Mose 24,67; oft im Hohenlied), von der Eltern- (z. B. 1Mose 25,28), Verwandten- (Rut 4,15), Freundes- (z. B. 1Sam 18,1) und Nächsten-L. (3Mose 19,18.34), ferner von der L. zu Dingen (z. B. Pred 5,9) oder Tätigkeiten (z. B. Ps 11,5). Seit→ Hosea beschreibt das AT mit den Wörtern »L.« und »lieben« auch die Zuwendung Gottes zum Menschen (z. B. 5Mose 4,37; Hos 14,5) oder die Hinwendung des Menschen zu Gott (z. B. 5Mose 6,5).

Diese beiden Momente werden für das Verständnis von L. im NT bestimmend. L. ist hier weder eine bloße emotionale Regung noch eine natürliche Tugend oder ein sittliches Ideal, sondern die endzeitliche Zuwendung Gottes zu den Menschen in Jesus Christus, die diese Menschen zu ganzheitlicher Hingabe eben an diesen Gott und den Nächsten fähig macht. Es ist schwerlich Zufall, wenn die neutest. Schriftsteller die geläufigen griech. Begriffe für L. (wie *eros,* die besitzergreifende, der Persönlichkeitssteigerung dienende L.; *philia,* die Freundschaft) vermeiden und statt dessen den zwar schon in der Septuaginta verwendeten, aber weitgehend neutralen Begriff *agape* aufnehmen, um ihn mit neuem, spezifisch christl. Inhalt zu füllen.

Ursache und Norm der L. ist Jesus Christus. Er hat im Namen des nahegekommenen→ Reiches Gottes bedingungslose L. gefordert, die alle von Menschen gesetzten Grenzen überschreitet (Lk 10,28–37), und er hat selbst in seinem dienenden Eintreten für die Gott Fernen bis zur Lebenshingabe (Mk 10,45; Joh 13,1) Gottes L.s-Willen gegenüber der Welt zur Geltung gebracht (Joh 3,16).

Weil die → Kirche bereits ein Stück der neuen Welt Gottes ist, darum ist ihr die L. als Gabe des Heiligen Geistes gegeben (Röm 5,5; 15,30; Gal 5,22). Als die von Gott Geliebten sind die Christen berufen, so zu lieben, wie Christus sie geliebt hat (Eph 5,2.25; Joh 13,14f.). Die L. wird so zur generellen Triebkraft, die das Verhältnis zum Nächsten bestimmt (Röm 12,9ff.). Paulus preist im sog. Hohenlied der L. (1Kor 13) die L. als höchste aller Gnadengaben (→ Gnade), die alle menschlichen Tugenden und Fähigkeiten übersteigt und auch im Gericht Bestand hat.

Johannes betont die Wechselbeziehung zwischen L., Erkenntnis und Einheit: Indem Christus den Vater liebt, ist er eins mit ihm und kennt ihn (Joh 17,25); ebenso sind die, welche Christus lieben, die, welche ihn kennen und mit ihm verbunden sind (Joh 15,1ff.) (→ Nächster, Nächstenliebe). S. / R.

Lit.: G. Friedrich, Was heißt das: L.?, 1972; A. Nissen, Gott und der Nächste im antiken Judentum, 1974.

Liebesmahl (griech. *agape* »Liebe«), ursprünglich Bezeichnung für das → Abendmahl (Jud 12; → Ignatius von Antiochia, *Smyrnäer* 8,2), die dessen soziale Komponente hervorhob; von der Mitte des 2. Jh.s an wurde das L. zu einer vom Abendmahl gelösten eigenen Form christl. Geselligkeit mit Schwerpunkt auf der Armenfürsorge. Feste Elemente des Ablaufs waren Weinsegen, Brotbrechen und Mahlzeit. R.

Lied(er). Das AT läßt deutlich erkennen, welch große Rolle das L. – oft von Instrumentalmusik begleitet (1Mose 31,27; Jes 30,29) – im Leben Israels spielte, auch wenn es über die Vielfalt der Erscheinungsformen des L.es nur bruchstückhaft Auskunft gibt und bei manchem Text unklar bleibt, ob er als L. oder lediglich als einmaliger Ausspruch anzusehen ist (etwa das »Wächter-L.« Jes 21,11f. oder das »Trink-L.« Jes 22,13) und inwiefern es sich um ein wirkliches L. oder um einen Sprechchor (beim→ Schlachtruf) oder um ein mehr unartikuliertes »Jauchzen« (bei der Ernte, z. B. Jes 9,2) handelt.

Vielfach werden L. nur erwähnt, ohne daß wir etwas über ihren Inhalt erfahren – so das Singen beim Tränken der Tiere (Richt 5,10f.), beim Abschied (1Mose 31,27), beim Erntefest (Jes 16,10), beim Weintrinken (Jes 24,9) und am Königshof, wo man ausgebildete Sänger und Sängerinnen hatte (2Sam 19,36).

Daneben sind aber auch zahlreiche L. wörtlich mitgeteilt, und zwar außer den → Psalmen, deren Großteil kultisches, an einen Kultort gebundenes L.-Gut darstellt (→ Hymnus, → Klagelied, → Danklied, → Königslieder), über das ganze AT verstreute L. für die verschiedensten Anlässe: ein »Brunnen-L.«, das man beim Graben eines Brunnens sang (4Mose 21,17f.); die im → Hohenlied gesammelten L. (ein L. für eine Königshochzeit ist Ps 45); das → Leichen-L. beim Begräbnis; das diesem nahestehende → Spottlied; das → Siegeslied nach der Rettung aus Feindesnot. Der Profet Jesaja hat im → Weinberglied (Jes 5,1–7) ein Liebes-L. (zum Liebes-L. vgl. Ez 33,23) verwendet und zur Anklage gegen Israel umgedeutet.

Das NT spricht mehrfach von L.n, die innerhalb des urchristl. Gottesdienstes gesungen wurden. Und zwar nennt es »Psalmen, Hymnen und geistliche Oden« (Kol 3,16; Eph 5,19; vgl. 1Kor 14,15), wobei allerdings fraglich ist, ob es sich dabei um unterschiedliche Gattungen handelt. Das Grundmaterial des gottesdienstlichen Singens bildeten zweifellos die alttest. Psalmen, wobei einzelne Wendungen in spontaner Weise an die Gegenwart angepaßt und verchristlicht wurden (Offb 19,1–8). Die im NT überlieferten christl. L. haben durchweg die Form des → Hymnus, der die Heilstaten Gottes (Röm 11,33–36; Eph 1,3–14; 1Petr 1,3ff.) bzw. Jesu Christi (Phil 2,6–11; 1Tim 3,16; Hebr 1,3f. u. ö.) preist. Nach der Johannes-Offenbarung singen die Erlösten, die am himmlischen Gottesdienst teilhaben, ein »neues L.« (Offb 5,9; 14,3; 15,3). S. / R.

Lit.: R. Deichgräber, Gotteshymnus und Christushymnus in der frühen Christenheit, 1967.

Lilit, ein babylon. weiblicher Sturmdämon, wurde in Israel wegen des Anklangs an hebr. *lajil* »Nacht« als Nachtgespenst verstanden (Jes 34,14) (→ Dämonen). S.

Linsen → Pflanzenwelt.

Linus, röm. Christ, der nach 2Tim 4,21 Timotheus grüßen läßt, galt vom 3. Jh. an als zweiter Bischof von Rom und Nachfolger des → Petrus. R.

Lippe, bildlich für das Sprechen (2Mose 6,12; Jes 28,11); »Frucht der L.n« ist das Gesprochene (Jes 57,19; Hebr 13,15). S.

Litanei, eigtl. ein flehendes Gebet, wurde in der christl. Kirche Bezeichnung für ein Wechselgebet zwischen Vorbeter und Gemeinde; eine solche L. enthält das AT in Ps 136, ansatzweise in Ps 118,1–4. S.

Literarkritik → Bibelkritik, Bibelwissenschaft.

Lithostroton (griech., »Steinpflaster«; Lutherbibel: »Hochpflaster«), griech. Name für → Gabbata (Joh 19,13). R.

Liturgie, von griech. *leiturgia* »Dienst« abgeleitete Bezeichnung für den Ablauf des (christl.) → Gottesdienstes. Da ein großer Teil der alttest. Texte dem kultisch-gottesdienstlichen Bereich entstammt, können diese zwar als »liturgisch« bezeichnet werden; aber nur solche gottesdienstlichen Texte, in denen offensichtlich mehrere, einander abwechselnde Sprecher oder Sänger zu Worte kommen (z. B. Ps 118; 12; 20; 21), sind L.n im eigentlichen Sinne oder zumindest Teile von L.n, wobei allerdings die Einzelheiten der Durchführung weitgehend unbekannt bleiben.

In das NT sind verschiedentlich Bestandteile des urchristl. Gottesdienstes eingegangen. So zitiert Paulus in 1Kor (16,22ff. den Anfang der L. der Abendmahlsfeier (→ Abendmahl) und schließt seine Briefe mit liturgischen Segensformeln (z. B. Röm 16,20; 2Kor 13,13). Auch → Hymnen wie Phil 2,6–11; Kol 1,15–20 entstammen der L. S. / R.

Lob. Die Bejahung Gottes und seines Handelns durch den Menschen ist ein entscheidendes Moment in der Gottesbeziehung. Im L. gibt der Mensch Antwort auf Gottes Zuwendung zu ihm, indem er seine Taten in Natur (Ps 8; 104) und Geschichte (Ps 124; 135) preisend nacherzählt. Es hat seinen primären Ort im Kultus der Gemeinde und gilt als → Opfer (Ps 50,23). Nach Offb 7,9–17 wird es in der Ewigkeit fortgeführt. R.

Lobetal, nach 2Chr 20,26 ein Tal südl. von Jerusalem. S.

Lobgesang, allgemeiner Ausdruck für Gott preisende Lieder wie den → Hymnus oder das → Trishagion (Jes 6,3). S.

Lobopfer → Opfer.

Lod, Stadt zwischen Jerusalem und → Jafo (1Chr 8,12; Esr 2,33; Neh 11,35; 1Makk 11,34; Apg 9,32–35). Nach späterer Legende Stätte des Märtyrertodes des Drachentöters Georg. R.

Lodebar, Ort im Ostjordanland (z. B. 2Sam 9,4f.; Am 6,13). S.

Log → Maße und Gewichte.

Logia Jesu → Worte Jesu.

Logienquelle, Spruchquelle (übliche Abkürzung »Q« [Quelle]). Als L. bezeichnet man eine frühchristl. Sammlung von Worten Jesu, die uns zwar nicht schriftlich überliefert ist, die sich jedoch nach Umfang und Inhalt weitgehend aus dem → Matthäusevangelium und dem → Lukasevangelium rekonstruieren läßt. Die sog. Zweiquellentheorie, die sich heute in der Forschung weitgehend durchgesetzt hat, fußt auf der Einsicht, daß die beiden synoptischen Großevangelien neben dem → Markusevangelium eine zweite gemeinsame Quelle, eben die L., benutzt und ihr jene Stoffe entnommen haben müssen, die sie über das Markusevangelium hinaus gemeinsam haben.

Die L. umfaßte im wesentlichen folgende Stükke: Auftreten und Bußpredigt Johannes' des Täufers (Lk 3–4 par Mt 3–4; programmatische Rede Jesu (»Feldrede«), eingeleitet durch die → Seligpreisungen (Lk 6,20–49 par Mt 5–7); Perikope vom Hauptmann von Kafarnaum (Lk 7,1–10 par Mt 8,5–13); Anfrage des Täufers und Jesu Zeugnis über den Täufer (Lk 7,18–35 par Mt 11,2–19); Rede Jesu über Nachfolge und Jüngerschaft (Lk 9–10 par Mt 8; 10); Worte über Gebet und Gebetserhörung (Lk 11,2–4.9–13 par Mt 6,9–13; 7,7–11); von Dämonenaustreibungen und Zeichenforderung (Lk 11,14–36 par Mt 12,22–41); Worte gegen Pharisäer und Gesetzeslehrer (Lk 11,39–52 par Mt 23); von gegenwärtiger Verfolgung und zukünftiger Rechtfertigung der Jünger (Lk 12,1–12 par Mt 10,26–33; 12,32); von Bereitschaft und Wachsamkeit der Jünger (Lk 12,2–10.22–31 par Mt 6,25–33; 10,26–33), von den Endzeitereignissen und dem Kommen des Menschensohnes (Lk 12; 17 par Mt 24,26–51).

Die L. dürfte in verschiedenen Fassungen bzw. Redaktionen existiert haben. So hat Matthäus vermutlich eine andere Fassung benutzt als Lukas. Trotzdem läßt die beiden Fassungen gemeinsame planvolle und theologisch reflektierte Gliederung keinen Zweifel daran, daß die L. tatsächlich ein schriftliches Werk (und nicht etwa nur eine lose mündliche Sammlung) gewesen ist. Auffällig ist, daß wichtige Teile der Jesustradition in ihr fehlen, z. B. die Wunderberichte, die meisten Gleichnisse, die Streitgespräche, die Passionsgeschichte. Demgegenüber haben paränetische, missionarische und eschatologische Stoffe eine deutliche Priorität. Die Forschung hat sich erst in den letzten Jahren den Fragen nach Herkunft, Sitz im Leben und Entwicklungsgeschichte der L. zugewandt, und die bislang gefundenen Antworten sind noch keineswegs eindeutig. Fest steht nur, daß die L. ein Dokument ersten Ranges für die früheste Entwicklung urchristl. Verkündigung und Theologie ist. Einiges deutet darauf hin, daß ihre ursprünglichen Wurzeln in einer christl. Gruppe gelegen haben, die Wandermission in Palästina und Syrien trieb. Denn beherrschend ist in ihr das Bild des von Ort zu Ort ziehenden Boten Jesu, der in radikaler Armut und Besitzlosigkeit den äußeren Stil des Wirkens Jesu weiterführt, im Namen Jesu Wunder vollbringt, den Anbruch der Gottesherrschaft für die unmittelbare Zukunft ansagt und als Weg der Rettung die Erfüllung der Forderung Jesu proklamiert. Im Laufe ihrer weiteren Entwicklung scheint die L. jedoch über diesen primär missionarischen Sitz im Leben hinausgewachsen und zu einem Handbuch für die innergemeindliche Unterweisung geworden zu sein. Darauf deutet u. a. der Umstand, daß die späte Redaktion der L. starkes Interesse an der Christologie zeigt: Es geht nun nicht mehr um ein bloßes Weiterverkündigen der Lehre des vorösterlichen Jesus, sondern um die Vermittlung der Einsicht, daß der irdische Jesus kein anderer war als der für die Zukunft erwartete himmlische → Menschensohn-Weltrichter. R.

Lit.: S. Schulz, »Q«. Die Spruchquelle der Evangelisten, 1972; P. Hoffmann, Studien zur Theologie der L., [2]1972; A. Polag, Die Christologie der L., 1977.

Logos (griech., »das Wort«), im Johannesprolog (Joh 1,1.3.14) als Bezeichnung für den präexistenten und fleischgewordenen Christus verwandt: Jesus als der L. bringt die volle und endgültige → Offenbarung Gottes. Im Judentum finden sich ähnliche Aussagen über die Weisheit, die als Gesandte Gottes zu den Menschen kam. Bei den Stoikern ist der L. die göttliche Weltvernunft. Schon Philon von Alexandria identifizierte die jüd. Weisheit mit dem stoischen Logos. Die johanneische Gemeinde wollte mit der Bezeichnung »L.« Jesus als den Erfüller aller Heilserwartungen proklamieren. (→ Wort Gottes.)
H. M.

Lohn. Unter den Bedingungen der Naturalwirtschaft wird L. für abhängige Arbeiter, die es in Israel fast nur in der Landwirtschaft gab, Teilhabe am selbst Produzierten (kein Warentausch). Kürzung oder Herabsetzung solchen L.s wird von den Profeten scharf verurteilt. Wo im

AT davon die Rede ist, daß Gott dem Menschen seinen L. zukommen läßt, ist nicht an eine dem menschlichen Tun fremde Vergeltung, sondern an → Heimsuchung gemäß dem → Tat-Ergehen-Zusammenhang gedacht.
Im NT wendet sich Jesus gegen eine Form der Frömmigkeit, welche die Lohnerwartung zur Triebkraft der Sittlichkeit macht. Ihr gegenüber betont er: Der Mensch ist Gottes Knecht, der in allem, was er tut, nur das tut, was er Gott ohnehin schuldig ist (Lk 17,7ff.). Wenn Gott ihm trotzdem L. gewährt, dann nicht, weil er dazu verpflichtet wäre, sondern allein deshalb, weil er »gütig ist« (Mt 20,15). Gottes L. ist kein Entgelt für menschliche Leistung, sondern freies Geschenk seiner Güte. K. / R.

Lohnarbeiter (Tagelöhner), im Unterschied zum Sklaven und zum Fronarbeiter der freie Mann, der um → Lohn in der Landwirtschaft, als Hirte, im Weinberg oder beim Fischfang arbeitete. Das Gesetz schrieb zwar die tägliche Auszahlung des Lohnes vor (5Mose 24,14f.; vgl. Mt 20,8), weil der L. von diesem lebte, aber vielfach war der L. wegen seiner verminderten Rechtsfähigkeit der Willkür des Arbeitgebers ausgesetzt (Jer 22,13; Mal 3,5). S.

Lois, Großmutter des Paulusschülers → Timotheus aus Lystra (2Tim 1,5). R.

Los, im AT Mittel des priesterlichen Orakelentscheids (→ Urim und Tummim) bei Wahl (1Sam 10,20f.), Rechtsstreit (Spr 18,18) oder Gottesurteil (Jos 7,16ff.; vgl. 3Mose 16,18ff.). Durch L. werden die Stammesanteile nach der Landnahme verteilt (4Mose 26,55; Jos 14,2 u. ö.). So bedeutet »L.« auch »Anteil« (Jos 15,1), übertragen »Geschick« (z. B. Jes 17,14). Im NT entscheidet das L. bei der Wahl des → Matthias (Apg 1,26). J. E.

Lösegeld, Ersatzgabe zur Deckung einer Schuld; in der vorwiegenden sakralrechtlichen Bedeutung: Freikauf von dem Tode verfallenem Leben. So ist tierische und menschliche Erstgeburt Gott verfallen und bedarf der Ablösung (2Mose 13,13.15 u. ö.) (→ Erlösung). Wenn Jesus sein Leben als L. »für die vielen« (Mk 10,45 par; Mt 20,28) hingibt, so bedeutet dies, daß er stellvertretend für die Sünder, deren Leben Gott verfallen ist, stirbt und ihnen so neues Lebensrecht vor Gott verschafft (→ Sühne). R.

Löser (hebr. *goël*). Nach alttest. Recht sind die Sippenmitglieder verpflichtet, den Bestand der Sippe an Gut und Menschen zu erhalten, d. h. verkauften Sippenbesitz und selbstverkaufte Angehörige zurückzukaufen (3Mose 25,24 bis 31.47–54) oder ein ermordetes Sippenmitglied zu rächen (z. B. 4Mose 35,16–29; → Blutrache). Der Rückkäufer oder Bluträcher wurde »L.« genannt. In der religiösen Sprache kann auch Gott »L.« heißen (z. B. Jes 41,14; Ijob 19,25) (→ Erlösung). S.

Lot. 1. Brudersohn → Abrahams, der mit ihm nach Kanaan zieht, sich in Sodom niederläßt und dem Gericht über die Stadt entkommt (1Mose 11,27.31; 12,4f.; 19,1–29); seine Frau wird dabei zur Salzsäule (1Mose 19,26). Nach einer anderen Tradition ist L. der Ahnherr der Moabiter und Ammoniter (1Mose 19,30–38), der »Söhne L.s« (5Mose 2,9.19). **2.** → L. (Senklot). S.

Lot (Senklot), eine durch Blei oder ein anderes Metall beschwerte Schnur; Hilfsmittel für Tischler, Bauleute, Seefahrer. Das L. in der Hand Gottes, mit dem er die Baufälligkeit der Mauer feststellt, ist ein Bild für das bevorstehende Gericht (2Kön 21,13; Am 7,7–8). S.

Lotan, erster Sohn Seïrs, d. h. Fürst der Horiter im Land Seïr (1Mose 36,20.29). S.

Lotusbaum → Pflanzenwelt.

Löwe, einerseits (negativ) Bild für rohe Gewalt und verderbenbringende Feinde (z. B. Ez 19,2ff.; Ps 22,14; Hebr 11,33), andererseits (positiv) Symbol der Stärke (1Mose 49,9ff.; 5Mose 33,20ff.; Offb 4,7; 10,3). Im letzteren Sinne ist auch die Bezeichnung Christi als »L. aus dem Stamm Juda« (Offb 5,5) zu verstehen. (→ Tierwelt, → Sternbild.) R.

Lucius. 1. Röm. Konsul (1Makk 15,16). **2.** L. von → Zyrene (Apg 13,1), hellenist. Judenchrist in Antiochia. **3.** Reisebegleiter des Paulus (Röm 16,21). R.

Lud (Luditer). Der Name »L.« bezeichnet in Jes 66,19 anscheinend das kleinasiat. Volk der Lyder, während er in der → Völkertafel einerseits einer afrikan. (1Mose 10,13; so auch Jer 46,9; Ez 30,5), andererseits einer semit. Völkergruppe

(1Mose 10,22) zugeordnet wird. Umstritten bleibt, ob überall dasselbe Volk gemeint ist. S.

Luft, der Raum zwischen Himmel und Erde, der im NT als Sphäre einer Geistesmacht (Eph 2,2) und der Parusie (1Thess 4,17) gilt; das Hebräische des AT hat kein Wort für »L.«, sondern umschreibt es (z. B. 1Mose 1,20). S.

Lüge. Das Verständnis der L. in der Bibel greift weit hinter die Ebene des bloß Verbalen zurück: L. ist eine dem Nichtigen und Wertlosen verpflichtete Lebenshaltung, die notwendig in Opposition zu Gott setzt, der nicht lügt (Ps 78,36). So gelten Abfall von und Untreue gegen Gott als L. (Am 2,4; Ijob 31,28). Paulus kennzeichnet das gesamte Verhalten der sündigen Menschheit als L. (Röm 1,25). Christus ist als der Inbegriff der Wahrheit Gottes der Überwinder aller L. (Joh 8,44). R.

Lügenapostel, von → Paulus (2Kor 11,13) geprägte Bezeichnung für eine Gruppe von Missionaren, die in der von ihm gegründeten Gemeinde in → Korinth mit dem Anspruch auftraten, in vollmächtigerer Weise Apostel zu sein als er und dadurch großen Einfluß gewannen (→ Korintherbriefe). R.

Lügenprofet. Als L.en bezeichnet man jene Profeten des AT, deren Heilsverkündigung von Unheilsprofeten bekämpft (vgl. → Profeten 5) und durch die Ereignisse als falsch erwiesen wurde (z. B. 1Kön 22,17–28; Ez 13,1–16; Mich 3,5–8); vorher gibt es offenbar keine eindeutigen Maßstäbe – trotz des Bemühens der Unheilsprofeten um deren Nachweis (vgl. Jer 23,13–32) – für die Wahrheit einer Profezeiung (vgl. 5Mose 18,21f.). S.

Luhit, Ort in Moab (Jes 15,5; Jer 48,5). S.

Lukas (Kurzform für *Lucanus*), Heidenchrist, möglicherweise aus Antiochia, von Beruf Arzt (Kol 4,14), Mitarbeiter und Reisebegleiter des → Paulus (Phlm 24; vgl. 2Tim 4,11). Seit dem 2. Jh. galt L. als Verfasser des → Lukasevangeliums und der → Apostelgeschichte; nach einer im 6. Jh. auftauchenden Legende galt er auch als Maler, dem zahlreiche Bilder der Mutter Jesu zugeschrieben wurden. R.

Lukasevangelium, drittes der vier kanonischen → Evangelien, vermutlich um 90 n. Chr. in einer Gemeinde des paulinischen Missionsgebietes in Kleinasien oder Griechenland entstanden. Sein Verfasser war nach altkirchlicher Tradition der Arzt → Lukas aus dem Kreis des Paulus, doch ist dies u. a. deshalb zweifelhaft, weil die vom gleichen Verfasser stammende → Apostelgeschichte in ihrer Paulusdarstellung die Sachkenntnis des Augenzeugen vermissen läßt.

Dem L. liegen ebenso wie dem → Matthäusevangelium als *Quellen* das → Markusevangelium und die sog. → Logienquelle, eine Sammlung von Sprüchen und Reden Jesu, zugrunde. Daneben hat der Verfasser noch ein umfangreiches Sondergut benutzt, dem vor allem eine ganze Reihe von Gleichnissen (z. B. Lk 10,30–37; 12,16–21; 15,8–32) entstammt. Vielfach wird auch vermutet, daß ihm für die erzählenden Partien neben dem Markusevangelium noch eine weitere Erzählungsquelle als Vorlage zur Verfügung gestanden hat.

Das L. nimmt insofern eine Sonderstellung ein, als sich in ihm die urchristl. Gattung der Evangelienschrift den Erfordernissen und Ansprüchen der antiken Geschichtsschreibung anpaßt. Der Verfasser erhebt in seinem Vorwort (Lk 1,1–4) den Anspruch des Historikers, seine Quellen exakt ausgewertet und die Vorgänge lückenlos »der Reihe nach« dargestellt zu haben. Demgemäß bemüht er sich, soweit der übernommene Markus-Aufriß dies zuließ, um die Herstellung eines glatten erzählerischen Ablaufs, der die einzelnen Vorgänge im Sinne von Ursache und Wirkung miteinander verknüpft, sowie um die Einbettung der Geschichte Jesu in die große Weltgeschichte (z. B. Lk 1,5; 2,1; 3,1). Dieser historische Anspruch, der sich auch in der Fortsetzung des L.s durch die Apostelgeschichte dokumentiert, ist Ausfluß einer bestimmten theologischen Sicht: Für Lukas ist die Geschichte Jesu einerseits Abschluß und Erfüllung der alttest. Heilsgeschichte, andererseits Eröffnung einer neuen, heilvollen Epoche der Weltgeschichte.

Inhalt: Lk 1,1–4 Prolog; Lk 1,2–2,52 Geburts- und → Kindheitsgeschichten; Lk 3,1–4,13 Vorbereitung des öffentlichen Auftretens Jesu; Lk 4,14–9,50 Wirken in Galiläa; Lk 9,51–19,27 Wanderung nach Jerusalem (sog. → Reisebericht); Lk 19,28–24,53 Tod und Auferstehung Jesu in Jerusalem.

Das L. hat wegen seiner plastischen Darstellungsweise und Detailfreude stark auf Frömmigkeitsleben, kirchliches Brauchtum und religiöse Kunst gewirkt. Dies gilt besonders für die Kap. 1–2 (»Englischer Gruß«, → Magnifikat, Weihnachtsgeschichte), aber auch für viele Gleichnisse (etwa das Gleichnis vom verlorenen Sohn, vom barmherzigen Samariter) und für die Oster- und Himmelfahrtsgeschichten. R.

Lit.: H. Conzelmann, Die Mitte der Zeit. Studien zur Theologie des Lukas, [5]1964; W. G. Kümmel, Einleitung in das NT, [17]1973, 92–120; J. Ernst, Das Evangelium nach Lukas, 1977; G. Schneider, Das Evangelium nach Lukas, I: Kap. 1–10, II: Kap. 11–24, 1977 (Ökumenischer Taschenbuch-Kommentar zum NT 3/1).

Lus, vorisraelit. Name der Stadt → Bet-El (Jos 18,13; Richt 1,23). S.

Lustgarten, eine Übersetzung des hebr. Wortes *pardes* (→ Paradies) (Pred 2,5; Hld 4,13). S.

Lustgräber → Kibrot-Taawa.

Lustration → Reinigung.

Luzifer (lat., »Lichtbringer«; Morgenstern), altkirchliche Bezeichnung des → Satans, aufgrund einer Kombination von Jes 14,12 (wo freilich ursprünglich der König von Babel gemeint war) und Lk 10,18. R.

Luzius → Lucius.

Lycien/Lykien → Lyzien.

Lydda → Lod.

Lydia, in Philippi lebende reiche Purpurhändlerin aus Thyatira, erste Christin Europas (Apg 16,14), von Paulus bekehrt. R.

Lydien, Landschaft an der Westküste Kleinasiens, Teil der röm. Provinz → Asien, schon früh Zentrum des Christentums: Von den 7 Sendschreiben in Offb 1–3 gehen 4 an Städte in L. (Smyrna, Thyatira, Sardes, Philadelphia). R.

Lykien → Lyzien.

Lykaonien, Landschaft auf der Hochebene Kleinasiens, im südl. Teil der röm. Provinz → Galatien. → Paulus besuchte dort die Städte Ikonium, Lystra und Derbe auf seiner 1. und 2. Missionsreise (Apg 14; 16,1). R.

Lyrik → Dichtkunst, → Psalmen.

Lysias. 1. Seleukid. Reichsverweser, suchte den Hasmonäeraufstand niederzuschlagen (z. B. 1Makk 4,27; 2Makk 11,1). **2.** Claudius L., röm. Militärtribun, verhaftete Paulus in Jerusalem (Apg 23,26). R.

Lystra, Stadt in → Lykaonien, von Paulus und Barnabas auf der 1. und 2. Missionsreise besucht (ausführlicher Bericht: Apg 14,8–22). R.

Lyzien, Landschaft im südwestl. Kleinasien, 43 n. Chr. durch → Claudius zusammen mit dem benachbarten → Pamphylien zur kaiserlichen Provinz erklärt. Auf der 3. Missionsreise besuchte → Paulus dort die Städte Patara (Apg 21,1) und Myra (Apg 27,5). R.

M

Maacha. 1. Mehrfach im AT vorkommender Frauenname (z. B. 2Sam 3,3; 1Kön 15,2). **2.** Männername (z. B. 1Kön 2,39); → Maoch. **3.** Aram. Kleinstaat südl. des Hermon (z. B. Jos 13,11.13). S.

Maaseja, ein im AT (Jeremia-, Esra- und Nehemiabuch) mehrfach vorkommender Männername. S.

Macchie → Wald.

Machärus, Festung auf den Höhen östl. des Toten Meeres, von → Herodes d. Gr. zwischen 25 und 13 v. Chr. aufwendig ausgebaut. Hier wurde nach Josefus (*Antiquitates Iudaicae* 18,5,2) Johannes der Täufer eingekerkert und getötet. Im jüd. Krieg 70 n. Chr. wurde M. von seiner Besatzung bis zum letzten Mann verteidigt. R.

Machir, ein israelit. Stamm (Richt 5,14), der zunächst im Westjordanland, dann in Gilead östl. des Jordan wohnte (z. B. 4Mose 32,39f.). In der Liste der zwölf Stämme Israels kommt M. nicht vor, sondern sein Gebiet wurde dem des Stammes Manasse zugerechnet (Jos 17,1). Daher erscheint M. in der genealogischen Verknüpfung beider Stämme als Sohn Manasses und weiter als Vater Gileads (z. B. 4Mose 26,29). S.

Machlon, der verstorbene Ehemann Ruts (Rut 1,2). S.

Machpela, Höhle bei Hebron, Grabstätte von Sara, Abraham, Isaak, Rebekka, Jakob und Lea (1Mose 23,19; 25,9; 49,30f.; 50,13). S.

Madaba → Medeba.

Madai, in 1Mose 10,2; 1Chr 1,5 die – hebr. – Bezeichnung der → Meder. S.

Made → Tierwelt.

Magadan, nach Mt 15,39 Ort am See Gennesaret, vermutlich identisch mit → Magdala. R.

Magazinstadt → Kornhaus, Speicher.

Magdala, zur Zeit Jesu bedeutende Stadt am Westufer des Sees Gennesaret, 10 km nördl. von → Tiberias, Heimat der Maria → Magdalena (z. B. Mt 27,56). R.

Magdalena, Herkunftsname der Jesusjüngerin Maria aus → Magdala (Mk 15,40.47; Lk 8,2), die eine der Frauen war, die das Grab Jesu an Ostern leer fanden (Mk 16,1; vgl. Joh 20,1 bis 18). R.

Magdiël, ein Stamm der Edomiter (1Mose 36,43). S.

Magen, neben dem Verdauungsorgan im eigentlichen Sinn auch allgemein das Leibesinnere, der Unterleib (Richt 3,21), der Mutterleib (1Mose 16,4; Lk 1,31; Mt 1,18), übertragen das Innere des Menschen (Spr 18,8). Im NT ist der M. Exponent ausschweifender, ichbezogener Lebenshaltung (z. B. Phil 3,19; Tit 1,12). R.

Magie, Praktik symbolischer Handlungen, die auf Menschen oder Gegenstände zwingende Wirkungen ausüben soll, im AT z. B. die Liebesäpfel der Lea (1Mose 30,14ff.), die Stäbe Jakobs (1Mose 30,37ff.), der Stab Aarons (2Mose 7,12ff.). Später standen magische Praktiken nach alttest. Recht unter Todesstrafe (2Mose 22,17). Für das Urchristentum war die entschiedene Ablehnung von M. selbstverständlich (Offb 21,8). U. R.

Magier, ursprünglich die Angehörigen der altpers. Priesterkaste, später allgemeine Bezeichnung für Menschen, die über das Charisma magischen Wissens und Könnens verfügen, vor allem für solche aus oriental. Ländern (so Dan 2,2.48; 4,6). Die »M. aus dem Osten« in Mt 2,1 sind babylon. Astrologen; erst spätere Legende hat sie zu Königen gemacht, deren Dreizahl aus den drei von ihnen dargebrachten Geschenken (Gold, Weihrauch, Myrrhe) erschlossen wurde. R.

Magnifikat, Bezeichnung des Lobgesanges Marias (Lk 1,46–55) nach seinen lat. Anfangsworten (*Magnificat anima mea Dominum* »Meine

Seele erhebt den Herrn«). Formal ist das M. ein Psalm, der eine Fülle von alttest. Anklängen aufweist und vor allem Motive und Wendungen aus dem Lobgesang der Hanna (1Sam 2,1–10) aufnimmt. Lukas hat es vermutlich bereits aus der gottesdienstlichen Tradition seiner Gemeinde übernommen, und es hat seine liturgische Bedeutung bis heute behalten, u. a. als Teil des Abendgebetes (Vesper). R.

Magog, ein Volk nördl. von Palästina (1Mose 10,2; Ez 39,6), wahrscheinlich im Osten der heutigen Türkei. Später wurde M. zum endzeitlichen Feind Gottes (Offb 20,8). S.

Mahalalel, eine Gestalt der Vorzeit (1Mose 5,12.15), auch im Stammbaum Jesu genannt (Lk 3,37). S.

Mahalat. 1. Frau Esaus (1Mose 28,9). **2.** Frau des Königs Rehabeam (2Chr 11,18). **3.** Ein unerklärbarer Ausdruck in Ps 53,1; 88,1 (Lutherbibel: »Reigentanz«). S.

Mahanajim, Stadt im Ostjordanland (Jos 13,26). Sie wird in 1Mose 32,3 mit Jakob in Verbindung gebracht und war die Residenz Eschbaals (2Sam 2,8). Während des Aufstandes des → Abschalom befand sich Davids Lager in M. (2Sam 17,24ff.). S.

Mahat, Name mehrerer Leviten (z.B. 2Chr 29,12) und nach Lk 3,26 eines Vorfahren Jesu. S.

Mahd, das Schneiden des Grases. Die M. des Königs (Am 7,1) war wohl die dem König zustehende erste M. im Frühjahr. S.

Mahl, Mahlzeit. Ein M. besteht im AT stets aus Brot, wenngleich in verschiedener Form, z. T. mit Öl zu Kuchen gebacken. Dazu trinkt man Wasser. Je nach dem Vermögen des Hausvaters und der Festlichkeit des M.s gibt es Zukost, die in einer Schüssel gereicht wird, in die alle M.-Genossen greifen. Sie sitzen oder hocken auf dem Boden, wenn möglich, um eine Matte (dt. Übersetzung: Tisch), auf der die Speisen liegen. Am Hof ruht man beim M. ausgestreckt auf Polstern (Diwan), auf den linken Ellenbogen gestützt, die Beine nach unten. Diese Sitte, auch griech.-röm. üblich, setzt sich später allgemein durch (Am 6,4; Joh 13,23). Mit der rechten Hand wird zugelangt, Besteck wird bei Tisch nicht benutzt.
Die Zukost unterscheidet sich bei Festen sehr stark vom alltäglichen M. Der gewöhnliche Mann wird nur bei festlichem Anlaß Fleisch und Wein genießen. Bei Fleischgenuß sind die Gebote über rein und unrein zu beachten (das führt später im Judentum zur Forderung, bei jedem M. *koscher* zu essen). Ohne regelrechte Mahlzeit werden wohl häufig Oliven verzehrt, ferner Obst, Feigen, Datteln, Trauben (auch getrocknet als Rosinen), Quitten, Äpfel. Als Gemüse stehen Linsen, Gurken, Endivien und Gartenkräuter zur Verfügung.
Im neutest. Zeit beginnt der Tischherr die Mahlzeit mit einem Segensspruch, bricht dann das Brot und teilt es zu; später beendet er das M. mit einem weiteren Segensspruch.
Jedes M. verbindet die Beteiligten und stiftet Gemeinschaft, die zu gegenseitiger Solidarität verpflichtet. Deshalb wird ein M. mit Gott häufig zum Sinnbild innigster Gottesgemeinschaft (2Mose 24,9–11 auf dem Sinai), und das feierliche M. beim Schlachtopfer (→ Opfer) vermag den Bund mit Gott zu erneuern und zu bekräftigen. Besondere Bedeutung hat die M.-Gemeinschaft auch beim Pascha-M. (→ Pascha) und beim → Abendmahl Jesu. K.

Mahol. »Söhne des M.« werden vier Weise und Sänger genannt (1Kön 5,11); möglich wäre auch die Übersetzung: »Mitglieder der Sängerzunft«. S.

Maie nannte Luther die Laubbündel, die bei feierlichen Anlässen geschwenkt wurden (Ps 118,27); in der heutigen Lutherbibel heißen sie sonst »Palmzweige« (z. B. Joh 12,13). S.

Majestät Gottes → Herrlichkeit.

Makarismus → Seligpreisung.

Makkabäerbücher, vier in der griech. Bibel enthaltene Geschichtsbücher, die vom Kampf der Juden gegen den seleukid. Herrscher → Antiochus IV. Epiphanes und dessen gewaltsamen Versuch einer Hellenisierung Judäas (etwa 167–142) handeln. Die erst von kirchlichen Schriftstellern geschaffene Bezeichnung »M.« verweist auf die zentrale Gestalt dieses Kampfes, den Freiheitshelden Judas → Makkabäus und

seine Familie, das Priester- und spätere Königsgeschlecht der → Hasmonäer. Die hebr. Bibel enthält die M. nicht; ihre Zugehörigkeit zur christl. Bibel ist umstritten: Die röm.-kath. Kirche rechnet 1. und 2. Makkabäer zum Kanon, während Luther 1. bis 3. Makkabäer den alttest. → Apokryphen zuordnete.
1. Makkabäer, entstanden um 110 v. Chr., trug wahrscheinlich ursprünglich den Titel »Buch des Hauses der Hasmonäer«. Nach einem kurzen Bericht über die Entstehung der griech. Herrschaft im Orient (1Makk 1,1–9) behandelt das Buch die Anfänge des Makkabäeraufstandes (1Makk 2) sowie die Taten des Judas (1Makk 3,1–9,22) und seiner Brüder Jonatan (1Makk 9,23–12,54) und Simon (1Makk 13–16).
2. Makkabäer, entstanden um 100 v. Chr., ist ein Auszug aus einem fünfbändigen Werk eines gewissen Jason von Zyrene. Im Mittelpunkt steht das Geschick des Jerusalemer Tempels: seine Schändung durch Antiochus IV. Epiphanes (2Makk 4–7), seine Wiedereinweihung, die 162 v. Chr. nach dem heldenhaften Kampf des Judas und dem Tod des Unterdrückers Antiochus möglich war (2Makk 8–10), sowie die Abwendung weiterer Bedrohung durch den Sieg des Judas über → Nikanor (2Makk 14–15).
3. Makkabäer, entstanden im 1. Jh. v. Chr., berichtet von der wunderbaren Rettung der Juden in Ägypten in der Verfolgung durch → Ptolemäus IV. Philopator (221–204 v. Chr.) sowie vom Scheitern des Versuches Philopators, in das Allerheiligste des Jerusalemer Tempels einzudringen.
4. Makkabäer, entstanden im 1. Jh. n. Chr., gibt sich äußerlich in der Form eines hellenist. philosophischen Traktats mit dem Thema »Von der Herrschaft der Vernunft«. Die Überlegenheit der »Vernunft« (d. h. der bewußten Bindung frommer Juden an das Gesetz) über alle leiblichen und seelischen Empfindungen wird veranschaulicht anhand des → Martyriums des frommen Eleasar sowie von sieben Brüdern und deren Mutter unter Antiochus IV. Epiphanes. Diese Martyriumsschilderung gewann später Bedeutung für die Entwicklung einer christl. Märtyrertheologie. Sie war das unmittelbare Vorbild für christl. Martyrologien. R.

Text von 3. und 4. Makkabäer: Rießler, 682–728.

Makkabäus, wahrscheinlich abgeleitet von hebr. *makkaba* »Hammer«, ehrender Beiname des Freiheitshelden Judas (1Makk 2,4), der 166–160 v. Chr. das jüd. Volk im siegreichen Kampf gegen die Herrschaft der → Seleukiden anführte. In der Pluralform *Makkabäer* wurde der Name auch auf seine gesamte Familie, das priesterliche Geschlecht der → Hasmonäer, übertragen, dessen zahlreiche Glieder ebenfalls in diesem Kampf aktiv waren. Simon, der Bruder des Judas M., wurde zum Begründer der hasmonäischen Dynastie, deren Regierungszeit die letzte Epoche jüd. Eigenstaatlichkeit vor dem Beginn der röm. Fremdherrschaft war. R.

Makkeda, Ort in Juda (Jos 15,41), bekannt durch die Sage von seiner Höhle (Jos 10,16–27). S.

Maktesch → Jerusalem.

Mal, Malstein → Mazzebe.

Malachit → Edelsteine.

Malchia/Malchias → Malkija.

Malchus, ein Knecht des Hohenpriesters, dem → Petrus nach einer relativ späten Überlieferung bei der Gefangennahme Jesu ein Ohr abgeschlagen hat (Joh 18,10). Der Name fehlt noch in Mk 14,47. R.

Maleachi. Das Buch M., das am Schluß der alttest. Profetenbücher (→ Kleine Profeten) steht, enthält die Aussprüche eines unbekannten Profeten, der wahrscheinlich im 5. Jh. v. Chr. in Jerusalem wirkte. Der Name *M.*, der »mein Bote« bedeuten könnte, ist wohl als Kurzform des – allerdings im AT nicht belegten – Namens *Maleachija* (»Bote Jahwes«) zu verstehen.
Den Hauptteil des Buches M. (Mal 1,2–3,21) bilden sechs Redestücke meist drohenden oder warnenden Inhalts, die alle die Form eines Diskussionswortes haben, indem der Profet sich im Namen Jahwes mit Einwänden der Angeredeten auseinandersetzt. Er beklagt sich über die Priesterschaft, die ihr Amt vernachlässigt, über leichtfertige Ehescheidungen, über den Zweifel an Jahwes Gericht und über die unvollständige Ablieferung des Zehnten. Nachträglich angefügt ist die Ankündigung, daß Elija vor dem Gerichtstag Jahwes erscheinen wird (Mal 3,22–24). S.

Lit.: K. Elliger, Das Buch der zwölf kleinen Propheten II, [7]1975 (ATD 25); A. Deissler, Zwölf Propheten III, 1988 (NEB).

Malerei. Während das palästin. Judentum das Bilderverbot (2Mose 20,4; 5Mose 4,15–19), das jede bildliche Darstellung untersagte, strikt einhielt, scheint es in der Diaspora bereits in vorchristl. Zeit zu unterschiedlichen Einstellungen gekommen zu sein. Nicht zuletzt wegen der missionarischen Wirkung auf die stark visuell orientierte hellenist. Umwelt entwickelte sich mancherorts eine jüd. M., die Motive aus dem AT darstellte. Eindrucksvolle Beispiele dafür bieten die Wandmalereien der Synagoge von → Dura-Europos (245 n. Chr.). Aus der Sicherheit und starken Typisierung der Darstellung ist zu schließen, daß diese M.en auf verbreitete Modelle zurückgriffen. Ob, wie zuweilen vermutet, deren letzte Wurzel in einer Tradition hellenist.-jüd. Bibelillustration liegt, muß allerdings fraglich bleiben.
Die sich nur zögernd entwickelnde christl. M. knüpfte an diese jüd. M. an. Ihre ältesten Zeugnisse sind Wandmalereien (u. a. die Heilung des Gichtbrüchigen) in einem Baptisterium in Dura-Europos (frühes 3. Jh.) sowie in den röm. Katakomben. Letztere setzen die Tradition der röm.-pompejanischen Wandmalerei fort. Charakteristisch für sie ist eine reiche Symbolsprache (z. B. *Fisch* und *Hirte* = Christus; *Pfau* = Auferstehung; *Weinlese* = Abendmahl). R.

Malkiël, Sippe des Stammes → Ascher (4Mose 26,45). S.

Malkija, Männername des AT, z. B. Jer 21,1; Esr 10,31; Neh 8,4). S.

Malloti, eine im Buch Judit (Jdt 2,13) erwähnte Stadt, vielleicht Melitene in Kleinasien. S.

Malta, Insel im Mittelmeer, südwestl. von Sizilien, auf der das Schiff strandete, das den gefangenen → Paulus nach Rom bringen sollte (Apg 28,1). Seit 218 v. Chr. röm., wurde sie von einem Oberbeamten (*princeps municipii*) verwaltet (Apg 28,7). R.

Wandmalerei aus der Synagoge von Dura-Europos (3. Jh. n. Chr.). Vision des Ezechiel

Malzeichen. Paulus sagt in Gal 6,17 von sich, daß er die M. Jesu (griech. *stigma*) an seinem Leibe trage. Gemeint sind möglicherweise Narben von Mißhandlungen, die ihm während seiner Missionstätigkeit zugefügt wurden. Paulus deutet sie als Zeichen, die ihn sichtbar als Eigentum des erhöhten Herrn ausweisen und für Menschen unantastbar machen. Spätere Jh.e haben die Aussage wörtlich verstanden und die geheimnisvollen Erscheinungen von Nägelmalen Jesu bei Paulus und anderen Heiligen vorausgesetzt.
M. als Tätowierung zur Kennzeichnung derer, die zum apokalyptischen Tier gehören, setzt Offb 7,2f. u. ö. voraus (vgl. Ez 9,4.6). K.

Mambres, in einigen Handschriften in 2Tim 3,8 irrtümliche Lesart für *Jambres* (→ Jannes und Jambres). R.

Mammon, aram. Wort nicht ganz geklärter Herkunft (wahrscheinlich abgeleitet vom Stamm *aman* »das, worauf man traut«; vgl. *Amen*), das im nachalttest. Judentum den unredlichen Gewinn, das Bestechungsgeld, den unmoralisch erworbenen und angewandten Reichtum bezeichnet. In der Jesus-Überlieferung ist M. darüber hinaus der Besitz, der den Menschen bindet und ihn an der klaren Erkenntnis seiner Situation vor Gott hindert (Lk 12,15ff. u. ö.). R.

Mamre, heiliger Ort mit Terebinthen (Lutherbibel: »Hain M.«) bei Hebron, wo sich nach 1Mose 13,18; 18,1 → Abraham und nach einer späteren Tradition auch → Isaak (1Mose 35,27) aufgehalten hat; in 1Mose 14,13.24 wird M. personifiziert zum Besitzer des Terebinthenhains. Durch Ausgrabungen wurde 3 km nördl. von Hebron eine Hofanlage aus der Zeit des Herodes mit einem Brunnen in der Südwestecke und mit darunterliegendem eisenzeitlichem Mauerwerk freigelegt. Südl. von M. befand sich die Höhle → Machpela, deren Lage im AT mit der Wendung »gegenüber von M.« (in den Bibelübersetzungen heißt es oft fälschlich: »östl. von M.«) bestimmt wird (z. B. 1Mose 23,19). S.

Manaën, einer der Profeten und Lehrer in der Gemeinde von Antiochia (Apg 13,1). R.

Manahat. 1. Ein Horiter (1Mose 36,23). **2.** Ort in Juda (1Chr 2,52). **3.** Ort unbekannter Lage (1Chr 8,6). S.

Manahen → Manaën.

Manasse. 1. Einer der zwölf Stämme Israels, wohnte beiderseits des mittleren Jordan (→ Machir). Unter Führung des → Gideon spielte M. die Hauptrolle im Abwehrkampf gegen → Midian (Richt 6–8). Als Ahnherr dieses Stammes galt ein Sohn Josefs und Bruder Efraims (1Mose 41,51; 48). **2.** König des Südreiches Juda (696–642 v. Chr.). Er führte – offenbar auf Veranlassung Assurs, dessen Vasall er war – zahlreiche Fremdkulte in Juda ein. Nach dem Bericht 2Kön 21,1–18, der M. sehr abwertend beurteilt, praktizierte M. diese Kulte selbst und begegnete dem Protest der Profeten mit blutigen Verfolgungen. S.

Manasse, Gebet des, ein 15zeiliger Bußpsalm, der in einigen griech. Bibelhandschriften nach Jes 38,20 eingefügt ist und der heute meist zu den alttest. → Apokryphen gerechnet wird. R.
Text: Rießler, 348f.

Mandäer, eine heute noch am unteren Eufrat und Tigris existierende kleine Taufsekte, deren Ursprünge sich zurückverfolgen lassen bis in die jüd. und judenchristl. Täufersekten in Syrien-Palästina zur Zeit des NT. In ihren heiligen Schriften, in denen sich jüd., gnostische und christl. Elemente mischen, spielt Johannes der Täufer (→ Johannes 3) eine große Rolle. R.

Mandelbaum → Pflanzenwelt.

Manius, röm. Legat, der den Juden zu der unter Judas → Makkabäus errungenen Religionsfreiheit (162 v. Chr.) brieflich gratulierte (2Makk 11,34). R.

Mann. Trotz einer vergleichsweise hohen Stellung der → Frau ist die Gesellschaft Israels im wesentlichen patriarchalisch. Der M. steht dem Haus vor, er ist Herr seiner Frau bzw. seiner Frauen. Vollbürger, d. h. im vollen Besitz ökonomischer, juridischer, militärischer und kultischer Rechte, ist nur der M. Männlich ist auch Jahwe gedacht; er kann geradezu als Ehemann Israels bezeichnet werden (Hos 2; Ez 16). Dennoch ist in der Schöpfungsordnung das Verhältnis von M. und Frau partnerschaftlich angelegt. Nach 1Mose 1,26ff. sind sie zugleich erschaffen, nach 1Mose 2,21ff. ist die Frau die einzige passende Gefährtin des M.es.

Die antike Auffassung vom Vorrang des M.es findet sich auch im NT. Antiker, nicht speziell christl. Anthropologie entspricht die Hintansetzung der Frau in der Gemeinde (1Kor 11,2ff.; 14,34ff.). Christl. wird indes das Herrsein des M.es über die Frau in Eph 5,22ff. begründet, wenn es mit dem Herrsein Christi über die Kirche verglichen wird, die er geliebt und für die er sich geopfert hat. Zwar bleibt hier das patriarchalische Menschenbild erhalten, doch liegt das Gewicht nicht auf der Verfügungsgewalt des M.es über die Frau, sondern auf Partnerschaft und Liebe bis zur eigenen Hingabe. J. E.

Lit.: H. W. Wolff, Anthropologie des AT, 1973.

Manna, nach 2Mose 16; 4Mose 11,6ff. vom Himmel fallende Speise der Israeliten in der Wüste, oft beispielhaft als Gabe Gottes angeführt (5Mose 8,3; Joh 6,31; 1Kor 10,3; Offb 10,9f.). Die Mengenangaben in 2Mose 16 sind übertrieben, um das Wunder herauszustellen. Tatsächlich saugen Schildläuse aus Tamariskenzweigen Saft, entnehmen ihm für die Larven wichtige Stoffe und lassen ihn zu weißlichen, süßen Kugeln verdickt zu Boden fallen. M. kommt im Sinaigebiet vor und wird noch heute von Beduinen verzehrt. J. E.

Manoach, Vater Simsons, aus Zora im Stamme Dan (Richt 13). S.

Mantel → Kleidung.

Mantik → Orakel, → Profeten.

Maoch, König von Gat (1Sam 27,2), identisch mit Maacha (1Kön 2,39). S.

Maon, Stadt in Juda (1Sam 25,2); Heimat des → Nabal. Die »Maoniter« von Richt 10,12 sind wohl ein Textfehler für »Midianiter«. S.

Mara (hebr. *mara* »bitter«), Name einer Quelle in der Sinaiwüste mit bitterem oder salzigem Wasser (2Mose 15,22–25). S.

Maranata (aram. *marana* »unser Herr« *ta* »komm« oder, weniger wahrscheinlich: *maran* »der Herr« *ata* »ist gekommen«), Gebetsruf aus der palästin. Urgemeinde, der, als heilige Formel unübersetzt, auch von griech. sprechenden Gemeinden übernommen wurde (1Kor 16,22). Bei der Abendmahlsfeier brachte er die Hoffnung auf die baldige Wiederkunft des erhöhten Christus zum Ausdruck (1Kor 11,26). Aus ihm entwickelte sich der auf Jesus angewandte Titel »Herr« (griech. *kyrios*). Offb 22,20 bietet eine griech. Übersetzung von *M.:* »Amen, komm Herr Jesu!« (→ Herr.) R.

Märchen. Einige außergewöhnliche bibl. Wunder wie sprechende Tiere (1Mose 3,1ff.; 4Mose 22,28ff.), Vögel, die einen Menschen mit Speise versorgen (1Kön 17,6), der Fisch, der → Jona verschlingt und wieder ausspeit, Gefäße, die nie leer werden (1Kön 17,16), kennen europ. Hörer nur aus unterhaltenden, bewußt in der Sphäre der Unwirklichkeit spielenden M. Oft hat man von daher auf märchenhafte Züge in bibl. Erzählungen geschlossen. Der Bibel wie dem Alten Orient überhaupt waren aber die Gattung des M.s vermutlich nicht bekannt. Die genannten Wunder gehören zu → Sagen oder → Legenden und widersprechen dem Weltbild der damaligen Zeit nicht. K.

Marcheschwan → Monat.

Marcion, Gründer einer christl.-gnostischen Sekte in Rom, die sich 144 n. Chr. von der Kirche trennte. Die Unterscheidung zwischen dem Guten Gott des Evangeliums und dem alttest. Schöpfer führte ihn zur Verwerfung des AT und zur alleinigen Anerkennung des Lukasevangeliums und von zehn Paulusbriefen als heiligen Schriften, wodurch er zugleich zum Schöpfer des ersten neutest. → Kanons wurde, dem die Großkirche zwischen 150 und 200 ihren rechtgläubigen Kanon entgegensetzte. R.

Mardochai → Mordechai.

Marduk. Der Hauptgott von Babel, M. (→ Babylonien und Assyrien), im AT *Merodach,* trägt zugleich den Namen → *Bel* »Herr schlechthin«. Seinem Kult diente der → Babylon. Turm (1Mose 11), dessen Fundamente ausgegraben worden sind. Das »Weltschöpfungsepos« *Enuma elisch* (AOT, 108–129) erzählt, wie M. nach dem → Chaosdrachenkampf die Welt geschaffen und eingerichtet hat; in dieser Hinsicht berührt er sich mit dem alttest. Jahwe. Als Hintergrund der Fremdmacht Babylon sowie wegen seiner engen Bindung an Bilderdienst und Opferspeisung wird M. jedoch im AT der Sturz angekündigt oder eher der Lächerlichkeit preisgegeben (Jes 46,1f.; Dan 14 = Zusätze zu Daniel, → Danielbuch 3). K.

Marescha. 1. Alter kanaan. Ort in Juda (Jos 15,44), von Rehabeam befestigt (2Chr 11,8) und später wichtige Stadt in Idumäa. **2.** Ein Judäer (1Chr 4,21). S.

Mari, Stadt am mittleren Eufrat, heute *tell hariri* in Syrien, nahe der Grenze zum Irak. Seit 1933 brachten von französ. Archäologen geleitete Grabungen die Stadtanlage, mehrere Tempel, einen gewaltigen und mit eindrucksvollen Wandbildern geschmückten Palast sowie eine riesige Zahl von Keilschrifttafeln zutage. Seit dem 4. Jt., vor allem aber um die Wende zum 2. Jt. v. Chr. war M. ein bedeutendes Zentrum mesopotam. Kultur. Sein letzter König, Zimri-Lim, wurde zum Gegenspieler → Hammurabis, dem er schließlich unterlag. M. wurde um 1700 v. Chr. zerstört und versank in historische Bedeutungslosigkeit.
Obwohl M. in der Bibel nicht erwähnt wird, wurden die Ausgrabungen, vor allem die Entdekkung und Erforschung der Texte aus M., für das Verständnis des AT wichtig. So erhalten wir einen z. T. detaillierten Einblick in die Geschichte, in Kultur und Religion Nordwestmesopotamiens zu Anfang des 2. Jt.s, der Zeit, die nach Ansicht mancher Forscher die Zeit der → Erzväter ist. Alttest. Eigennamen, z. B. → Benjamin, sind in den M.-Texten belegt. Die aus alttest. Sicht wichtigsten Texte aus M. sind die »profetischen Briefe«. Sie berichten über das Auftreten von Männern und Frauen, die – in Ekstase, Audition, Vision – einen Spruch einer Gottheit (vor allem des Dagan [→ Dagon] und der Annunitum) erhalten, der an den König weitergeleitet wird. Inhalt der Profezeiungen sind Heil oder Unheil für König und Stadt; es finden sich auch Kritik und Mahnung (z. B. wegen unterlassener Opfer). Ein größerer Teil der Profezeiungen bezieht sich auf den politischen Konflikt M.s mit Hammurabi. J. E.

Lit.: F. Ellermeier, Prophetie in M. und Israel, 1968.

Maria, hebr. *Mirjam,* zur Zeit Jesu häufiger Name.
1. M. die Mutter Jesu, wird bereits in der älteren synoptischen Überlieferung namentlich erwähnt (Mk 6,3; Mt 13,55). Als historisch gesichert kann

Byzantinische Mariendarstellung

gelten, daß sie aus → Nazaret in Galiläa stammte (Lk 1,26), daß sie mit dem Davididen → Josef (2) verheiratet war und daß sie zunächst mit ihrer Familie in Distanz zum Wirken Jesu blieb, um jedoch nach Ostern zum Kreis der Jünger Jesu zu stoßen (Apg 1,14). Wahrscheinlich ist ferner, daß sie neben Jesus noch mehrere Kinder hatte. Traditionelle kath. Theologie möchte allerdings, ausgehend von der dogmatischen Lehre von der bleibenden Jungfrauschaft M.s, die »Brüder Jesu« (Mk 3,31; Apg 1,14) als seine Vettern bzw. als Stiefsöhne Marias sehen.
In dem Maße, wie im frühen Christentum das zunächst noch fehlende Interesse an der Herkunft Jesu wuchs, ist auch das Interesse an seiner Mutter gewachsen. Sie wird in späten Traditionen mit wichtigen Stationen seines Wirkens in Verbindung gebracht (Joh 2,1–11; 19,25ff.), vor

allem aber nimmt sie eine zentrale Stellung in den Geburts- und → Kindheitsgeschichten Mt 1–2 und Lk 1–2 ein, die den wunderbaren Charakter der Geburt Jesu, analog zu der von Gottesmännern des AT, herausstellen sollen (→ Jungfrauengeburt) und deren Geschichtswert im einzelnen sehr umstritten ist. Erste Anzeichen einer frühchristl. Marienverehrung finden sich im → Lukasevangelium.
Ein dem Individuellen entrücktes Bild der Mutter Jesu, in dem sich alttest. Bezüge (Jes 7,14; 66,6ff.; Mich 4,10) mit mythologischen Motiven (Geburt des Horusknaben in der Isissage) mischen, entwirft Offb 12,1–6: Das am Himmel erscheinende schwangere Weib ist die Mutter des Messias und zugleich die Heilsgemeinde. Hier liegt die Wurzel eines in die bildende Kunst eingegangenen Motivs: M., die Himmelskönigin auf der Mondsichel. Nicht minder bedeutsam war die Wirkungsgeschichte, die von dem (um 150 n. Chr. entstandenen) judenchristl. Protevangelium des Jakobus (*Text:* Hennecke/Schneemelcher I, 280ff.) ausging, in dem sich bereits alle wesentlichen Züge der späteren Marienlegende finden: darunter ihre wunderbare Geburt und Jugendgeschichte, ihr Heranwachsen im Tempel, ihre dauernde Jungfrauschaft.
2. M. → Magdalena. **3.** Maria, die Schwester der → Marta (Lk 10,39) und – nach Joh 11,2; 12,1–3 – auch des → Lazarus von Betanien. **4.** M., die Mutter der Brüder → Jakobus (2) und → Josef (3) neben M. Magdalena die »zweite M.« am Grabe Jesu (Mk 15,40.47; 16,1 par; Mt 27,56.61; 28,1). **5.** M., die Mutter des Johannes → Markus (Apg 12,12), Glied der Jerusalemer Gemeinde. **6.** M., Judenchristin in Rom (Röm 16,6). R.

Lit.: O. Knoch, M. in der Heiligen Schrift, in: W. Beinert / H. Petri (Hrsg.), Handbuch der Marienkunde, 1984, 15–92.

Markt. 1. Handelszentrum und zugleich öffentlicher Versammlungsplatz, die Mitte des antiken Gemeinwesens, in hellenist. und röm. Städten oft prunkvoll als Forum ausgestaltet. **2.** In der Lutherbibel auch im Sinne von »Marktflecken, Ortschaft«. R.

Markus, griech. *Markos,* Beiname des Johannes M., der, wie seine Mutter Maria, die in Jerusalem ein Haus besaß (Apg 12,12–17), Glied der dortigen Urgemeinde war. Nach Apg 12,25 nahmen ihn → Paulus und → Barnabas aus Jerusalem mit nach Antiochien und auf die 1. Missionsreise; er kehrte jedoch von Perge aus (Apg 13,5) plötzlich nach Hause zurück. Weil Paulus den Unzuverlässigen nicht auf die 2. Missionsreise mitnehmen wollte, kam es zwischen ihm und Barnabas zum Zerwürfnis, und M. reiste mit Barnabas nach Zypern (Apg 15,36ff.). Nach Phlm 24; Kol 4,10; 2Tim 4,11 gehörte M. jedoch später wieder zu den Mitarbeitern des Paulus, und nach 1Petr 5,14 war er mit Petrus zusammen in Rom. Auf letztere, historisch fragwürdige Notiz geht die altkirchliche Tradition zurück, die in M. den Dolmetscher des Petrus und Verfasser des → Markusevangeliums sieht. R.

Markusevangelium, ältestes der vier kanonischen → Evangelien, um 70 n. Chr. entstanden. Nach altkirchlicher Tradition wurde das M. von Johannes → Markus nach den Lehrvorträgen des → Petrus in Rom verfaßt. Die moderne Forschung nimmt jedoch als seinen Verfasser einen unbekannten Heidenchristen an, der weder Palästina aus eigener Anschauung kannte noch direkte Verbindung zu Augenzeugen hatte. Die Entstehung des Buches in Rom ist möglich, doch kämen auch Griechenland oder Kleinasien in Frage. Als Quellen standen dem Verfasser ein vermutlich schriftlicher Passionsbericht, Sammlungen von Streitgesprächen (Mk 2,1–3,6) und Gleichnissen (Mk 4) sowie in der Gemeinde mündlich umlaufende Erzählungen von den Taten Jesu zur Verfügung. Aus diesem Material schuf er eine fortlaufende Darstellung des Wirkens Jesu von der Taufe durch Johannes den Täufer (Mk 1,9) bis zur Ankündigung der Auferstehung am leeren Grab (Mk 16,7f.).
Das literarische Interesse des M.s gilt nicht der lückenlosen biographischen Erfassung der in der Vergangenheit liegenden Geschichte Jesu, sondern der Darstellung ihrer Gegenwartsbedeutung für die christl. Gemeinde nach Ostern. Deshalb ist der Tod Jesu der eigentliche Mittelpunkt des Werkes, auf den alle Linien zulaufen. Markus will begründen, warum Jesus sterben mußte (z. B. Mk 3,6; 8,31; 9,31; 10,33), und er will zeigen, daß Gemeinschaft mit ihm nur möglich ist für Menschen, die mit ihm Leiden und Kreuz teilen (Mk 8,34–38). Daß der Gottessohn Jesus während seines Erdenwirkens in einer Verborgenheit wirkte, die erst durch Kreuz und Auferstehung aufgehoben ist, ist ein Leitgedanke des

M.s, der durch das sog. Geheimnismotiv (»Messiasgeheimnis«) dem Leser verdeutlicht werden soll: Nur die Dämonen erkennen in Jesus ihren Herrn (Mk 1,24; 3,11), während die Jünger nichts begreifen und durch die Ankündigung von Leiden und Auferstehen (Mk 8,31ff.) immer stärker in Mißverstehen und Entfremdung gegenüber Jesus getrieben werden. Erst unter dem Kreuz erkennt der heidn. Hauptmann als erster Mensch: »Wahrlich, dieser Mensch war Gottes Sohn!« (Mk 15,39.)
Inhalt: Mk 1,1–13: Einleitung (Johannes der Täufer, Jesu Taufe und Versuchung); Mk 1,14–5,43: Öffentliches Wirken vor dem Volk (Galiläa); Mk 6,1–8,26: Rückzug aus der Öffentlichkeit (Galiläa und nördl. Randgebiete); Mk 8,27–10,52: Unterweisung der Jünger (auf dem Weg nach Jerusalem); Mk 11,1–16,8; die Leidenswoche in Jerusalem. Das M. endete ursprünglich wahrscheinlich mit Mk 16,8. Der fehlende Bericht von der Erscheinung des Auferstandenen wurde erst von späteren Handschriften unter Benutzung anderer Evangelien nachgetragen (Mk 16,9–20).
Das M. stand vom 2. Jh. an ganz im Schatten der Großevangelien des Matthäus und Lukas und hatte deshalb keine nennenswerte Wirkungsgeschichte. Erst seit dem 19. Jh. wurde seine überragende Bedeutung als ältestes Evangelium erkannt. R.

Lit.: E. Schweizer, Das Evangelium nach Markus, [14]1975 (NTD 1); W. G. Kümmel, Einleitung in das NT, [18]1976, 53–73; J. Gnilka, Das Evangelium nach Markus I/II, [3]1989.

Marmor, wurde in Tempeln (1Chr 29,2), Palästen (Est 1,6) und vornehmen Wohnungen verwandt. S.

Marta, Jüngerin Jesu, wird, zusammen mit ihrer Schwester Maria und ihrem Bruder Lazarus, im Lukas- und Johannesevangelium mehrfach erwähnt: Lk 10,38–42; Joh 11,1–12,2. R.

Märtyrer (von griech. *martys* »Zeuge«), altkirchliche Bezeichnung für den Blutzeugen, der um seines Glaubens willen das Martyrium erlitten hat. Bereits in den → Makkabäerbüchern nimmt die Schilderung des standhaften Leidens des greisen Eleasar sowie der sieben Brüder und ihrer Mutter breiten Raum ein (2Makk 6–7). Nach dem NT ist es Sache des → Zeugen Jesu, für seinen Glauben öffentlich einzutreten und notfalls das Leben dafür aufs Spiel zu setzen (Mt 10,18; Offb 1,2; 1Tim 6,13). Der M. wurde mit Ehrfurcht gedacht (Bericht vom Martyrium des Stefanus, Apg 7,54–60; vgl. Offb 6,9). Der Gedanke der besonderen Heiligkeit und Gottesnähe des M.s erscheint jedoch erst in nachneutest. Zeit, vor allem in den Briefen des M.s → Ignatius von Antiochia (um 110; *Trallianerbrief* 4,2; *Römerbrief* 6,1) sowie im Martyrium des Polykarp (→ Märtyrerakten). R.

Lit.: H. v. Campenhausen, Die Idee des Martyriums in der Alten Kirche, 1936; E. Lohse, M. und Gottesknecht, [2]1963.

Märtyrerakten, Berichte über Verhör und Tod christl. → Märtyrer. Älteste M. sind das Martyrium des → Polykarp (um 165 n. Chr.) und der Brief der Gemeinde von Lyon und Vienne (177/178). R.

Martyrium Isaiae → Jesajas Martyrium und Himmelfahrt.

Marxismus und Bibel. Nach der dialektischen Kritik von K. Marx ist Religion zugleich Ausdruck des Elends wie Protest gegen das Elend. Von daher kommt der B. als Grundlage jüd. und christl. Religion im M. eine doppelte Bedeutung zu. Sie ist historisches Dokument antiker Klassengesellschaften wie Zeugnis der Hoffnung auf und des Kampfes für eine bessere Welt. Aus der Sicht des M. ist dieser Kampf freilich zum Scheitern verurteilt, solange die bessere Zukunft von → Gott erwartet wird. Unter den Klassikern des Sozialismus untersuchten u. a. F. Engels und K. Kautsky B. und Christentumsgeschichte.
Ein neues Kapitel marxistischer B.- und Religionskritik und des christl.-marxistischen Dialogs wurde von Neomarxisten wie E. Bloch, R. Garaudy, L. Kolakowski, V. Gárdavsky eingeleitet. In den Blick kommt nun die Frage, inwieweit sich der M. als (atheistisches) Erbe des revolutionären, d. h. auf radikale Veränderung gesellschaftlicher Verhältnisse gerichteten Gehalts des AT (Stichworte: Exodus, Sozialkritik und Zukunftshoffnung der Profeten) und des NT (Jesu soziale Botschaft, Reich Gottes) verstehen könne. J. E.

Lit.: F. Engels, Zur Geschichte des Urchristentums, 1894; K. Kautsky, Der Ursprung des Urchristentums, 1908; V. Gárdavsky, Gott ist nicht ganz tot, [3]1968; E.

Bloch, Atheismus im Christentum, 1968; L. Kolakowski, Geist und Ungeist christl. Traditionen, 1971; H. Gollwitzer, Die B. – marxistisch gesehen, in: Verkündigung und Forschung 2, 1969, 3–37; G. Brakelmann / K. Peters (Hrsg.), Karl Marx über Religion und Emanzipation I/II, 1975.

Masada (hebr. *m^ezada* »Felsenfeste«), in der Bibel nicht genannte Burg auf einer Bergpyramide etwa 440 m über dem Westufer des Toten Meeres. Bereits in den Kriegen der → Hasmonäer zur Festung geworden, wurde M. durch → Herodes d. Gr. 36–30 v. Chr. umfassend ausgebaut: Es entstanden eine Kasematten-Mauer um den Gipfel, Verteidigungstürme, Vorratshäuser, Zisternen, Truppenunterkünfte und zwei luxuriös ausgestaltete Paläste. M. wurde Schauplatz der dramatischen Schlußepisode des jüd. Krieges: 66 n. Chr. vernichteten jüd. Zeloten die röm. Garnison und machten M. zu ihrem Hauptstützpunkt. Zu ihnen stießen nach dem Fall Jerusalems (70 n. Chr.) die von dort entkommenen jüd. Freiheitskämpfer. 72 n. Chr. legte die röm. 10. Legion einen Belagerungsring um M. Als es ihr nach längerer Belagerung gelang, eine Bresche in die Mauer zu schlagen, gaben sich die Belagerten – etwa 1000 Männer, Frauen und Kinder – selbst den Tod. (Bericht bei Josefus, *Bellum Iudaicum* 7,8,1.) 1963–65 wurde M. unter Leitung von Y. Yadin ausgegraben. S. / R.

Lit.: Y. Yadin, M. Der letzte Kampf um die Festung des Herodes, 1967.

Maschal, ein hebr. Wort, das → »Gleichnis« – oder allgemein »Spruch« bedeutet und im AT zur Bezeichnung verschiedener spruch- oder gedichtartiger Redeformen dient. Dazu gehören außer dem Volkssprichwort (1Sam 24,14; Ez 16,44) und der aus einem aktuellen Anlaß entstandenen Redensart (1Sam 10,12; Ez 12,22 f.; 18,2 f.; ferner die Wendung »zum M. machen« oder »zum M. werden«, d. h. zum Gegenstand eines höhnischen Ausspruchs, z. B. 1Kön 9,7; Ps 44,15), vor allem weisheitliche Gattungen, so die »Sprüche«, die Kunstsprichwörter, die Salomo gedichtet haben soll (1Kön 5,12; Spr 1,1; 10,1; 25,1), die mahnende Lehrrede (Ps 49,5;

Blick von Norden auf den Felsen von Masada. Im Vordergrund die Überreste des Drei-Terrassen-Palastes von Herodes mit den Vorratsgebäuden und der Badanlage

Masada. Herodes-Palast (untere Terrasse)

78,2) und das profetische Bildwort, »Gleichnis« (Ez 17,2; 24,3). Wegen seiner oft verkleideten Aussageform kann der M. auch die Bedeutung »Rätsel« annehmen (z. B. Ez 21,5). Darüber hinaus wird zuweilen das Spottgedicht oder -lied (4Mose 21,27; Jes 14,4) und der Segen oder Fluch verkündende Orakelspruch (z. B. 4Mose 24,3.15.20f.) »M.« genannt. S.

Masoreten (hebr., »Überlieferer«), jüd. Textkritiker, die etwa 750–1000 n. Chr. den hebr. Text des AT in Orthographie, Aussprache und Vortragsweise festlegten. Das geschah mit Hilfe der »Masora«, eines umfassenden Systems von Vokalzeichen, Akzenten, Statistiken und Randbemerkungen. Um ihrem, dem »masoretischen« Text ausschließliche Geltung zu verschaffen, beseitigten die M., soweit möglich, alle älteren Handschriften. S.

Maß → Maße und Gewichte.

Massa. 1. Ort in der Wüste, dessen Name mit dem hebr. Wort für »Versuchung« erklärt wurde (2Mose 17,7). **2.** Stamm der Ismaeliten (1Mose 25,14). S.

Massebe → Mazzebe.

Maße und Gewichte. 1. Längenmaße – 2. Flächenmaße – 3. Hohlmaße – 4. Gewichte.

1. Als Längenmaß dienten im Altertum weitgehend die Glieder des Körpers, vor allem die *Elle,* der Vorderarm vom Ellbogen bis zur Spitze des Mittelfingers, etwa 46 cm; sie teilte man in zwei *Spannen,* die Spannweiten der Hand (z. B. 2Mose 28,16), diese wiederum in drei *Handbreiten* (z. B. 1Kön 7,26) und die Handbreite in vier *Finger* (Jer 52,21). Das Vierfache der Elle war der *Faden (Klafter)*, die Länge der ausgebreiteten Arme, etwa 1,85 m (Apg 27,28), und zehn Faden bildeten eine *Stadie* (z. B. Mt 14,24). Das größte Längenmaß war die *Meile* (von lat. *milia* »tausend«, nämlich Schritte), etwa 1,5 km (Mt 5,41).

2. Eigentliche Flächenmaße kennt die Bibel nicht. Das »*Joch*« (1Sam 14,14; Jes 5,10; Lutherbibel: »Hufe« bzw. »Morgen«) ist die Akkerfläche, die ein Pfluggespann an einem Tag bewältigt (etwa 2000 qm). Ferner berechnete man Flächen nach der benötigten Menge *Aussaat* (1Kön 18,32: »zwei Scheffel Aussaat«, etwa 30 qm).

3. Hohlmaße (die *kursiv* hervorgehobenen Namen der einzelnen Maße und auch der Gewichte sind im folgenden, wenn nicht anderes vermerkt, nach der Zürcher Bibel angegeben, die sich verhältnismäßig eng an die hebr. und griech. Namen hält). Das größte Maß für Trockenes war der *Homer* (z. B. 3Mose 27,16) oder – wohl eine jüngere Bezeichnung – das *Kor* (z. B. 2Chr 2,9; Lk 16,7; in Ez 45,14 dient es als Maß für Flüssigkeiten), etwa 393 l (für »Homer« und »Kor« sagt die Lutherbibel »Sack«, »Faß« oder »Scheffel«). Nach Hos 3,2 war der *Letech* ein halber Homer. Der zehnte Teil des Homer und Kor – also etwa 39,3 l – waren das *Epha* (Lutherbibel: »Scheffel«) für Trockenes (z. B. 2Mose 16,36) und das *Bath* (Lutherbibel: »Eimer«) für Flüssiges (z. B. 1Kön 7,26; Lk 16,6); dem Bath entsprach der *Metretes* (Joh 2,6; Zürcher Bibel: »Bath«). Das Epha teilte man in drei *Scheffel* (hebr. *s*^{e}*a,* Lutherbibel: »Maß«), also etwa 13 l (z. B. 1Kön 18,32), oder zehn *Gomer* (Lutherbibel: »Krug«), also nicht ganz 4 l (2Mose 16,16); eine andere Bezeichnung für das Gomer war das *Zehntel,* nämlich eines Epha (z. B. 3Mose 14,10). Als Trockenmaße gab es ferner das *Kab,* etwa 2,1 l (2Kön 6,25; Lutherbibel: »Hand-

voll«), den *Modios,* 8,75 l (Mt 5,15; Zürcher Bibel: »Scheffel«, Lutherbibel: »Eimer«) und die *Choinix,* etwa 1,1 l (Offb 6,6; Zürcher Bibel: »Pfund«, Lutherbibel: »Maß«). Weitere Flüssigkeitsmaße waren das *Hin* (Lutherbibel: »Kanne«), der sechste Teil eines Bath, also etwa 6,5 l (z. B. 2Mose 29,40), und das *Log* (Lutherbibel: »Becher«), der zwölfte Teil eines Hin (3Mose 14,10).
4. Als Gewichte werden in der Bibel erwähnt das *Talent* (Lutherbibel: »Zentner«), etwa 34,3 kg (z. B. 2Mose 25,39; 2Kön 18,14), die *Mine* (Lutherbibel: »Pfund«), der sechzigste Teil eines Talents, also etwa 0,57 kg (z. B. 1Kön 10,17; Ez 45,12), der *Schekel* (Zürcher und Lutherbibel: »Lot«), der fünfzigste Teil einer Mine, also etwa 11,5 g (z. B. 2Kön 7,1; Am 8,5), der *Halbschekel* (hebr. *bäka,* Zürcher und Lutherbibel: »halbes Lot«; 1Mose 24,22; 2Mose 38,26), das *Gera,* der zwanzigste Teil eines Schekels (z. B. 2Mose 30,13), und im NT das *Pfund* (griech. *litra;* Joh 12,3; 19,39), etwa 327 g. S.

Maßstab, Meßrute, ein Längenmaß von sechs Ellen, mit dem die Ausmaße des in Ez 40–42 visionär geschauten Tempelkomplexes bestimmt werden. S.

Mastixbaum → Pflanzenwelt.

Mattana, ein Ort südl. des Arnon (4Mose 21,18f.). S.

Mattanja, im AT mehrfach vorkommender Männername (z. B. 1Chr 25,4; Neh 11,17), Kurzform *Mattan* (z. B. 2Kön 11,18); M. hieß ursprünglich der König → Zidkija. S.

Mattathias, Priester aus → Modeïn, der sich 167 v. Chr. an die Spitze des Aufstandes der gesetzestreuen Juden gegen die Hellenisierungspolitik der Seleukiden stellte (1Makk 2,15–28), Stammvater der → Hasmonäer. R.

Matthäus, hebr. *Mattanja,* Glied des Zwölferkreises (Mk 3,18; Mt 10,3; Lk 6,15; Apg 1,13), nach Mt 9,9 mit dem von Jesus berufenen Zöllner identisch. Da jedoch der Zöllner im älteren Markusevangelium (Mk 2,14ff.; vgl. Lk 5,27ff.) Levi heißt, dürfte die Übertragung des Namens sekundär sein und der Tendenz entspringen, die Glieder des Zwölferkreises durch Verbindung mit anderen Jesusgeschichten der Anonymität zu entreißen. Dafür, daß M. das → Matthäusevangelium verfaßt hätte, wie die altkirchliche Tradition meinte, gibt es so gut wie keine zuverlässigen Anhaltspunkte. R.

Matthäusevangelium, umfangreichstes und erstes der vier kanonischen → Evangelien, um 80 n. Chr. in einer judenchristl. Gemeinde in Palästina oder Syrien in griech. Sprache verfaßt. Nach altkirchlicher Tradition war sein Verfasser der von Jesus in den Zwölferkreis berufene Zöllner → Matthäus (Mt 10,3), doch ist die Herkunft von einem Augenzeugen nach der Art der Darstellung und Quellenbenutzung ausgeschlossen. Heute kann nämlich als sicher gelten, daß das M. aus zwei Quellen entstanden ist, von denen die eine das Markusevangelium, die andere eine Sammlung von Sprüchen und Reden Jesu (→ Logienquelle) war.
Im M. nimmt die Auseinandersetzung mit dem Judentum breiten Raum ein. Jesus wird als der von Gott zu seinem Volk gesandte Messias gezeigt, in dem sich die Verheißung des AT erfüllt (so die sog. Reflexionszitate wie Mt 1,22f.; 2,5f.; 4,14ff.) und der eine neue Gerechtigkeit ansagt, die besser ist als die des mosaischen Gesetzes (Mt 5,17–20). Nachdem Israel ihn aber verworfen hat, geht das Heil über auf die Kirche als das wahre Gottesvolk der Endzeit. Und zwar ist dieses Heil primär gegeben in Jesu Worten (Mt 24,35); mit dem programmatischen Befehl des Auferstandenen, sie durch Verkündigung und Lehre in alle Welt zu tragen (Mt 28,18–20), schließt das Buch. Dieses Interesse an den Worten Jesu wirkt sich in Anlage und Gestalt des Buches aus. Jesu Lehre, zusammengefaßt in mehreren großen Redekompositionen, nimmt großen Raum ein. Darüber hinaus ist die Darstellung ganz allgemein deutlich systematisch-lehrhaft ausgerichtet. Die aus dem Markusevangelium übernommenen erzählenden Stücke werden oft drastisch gekürzt und dabei gerade ihrer anschaulichen Züge beraubt. Matthäus hat wenig Interesse am lebendigen Erzählen, ihm liegt jedoch viel an der didaktischen Schematisierung seines Stoffes: So gliedern wiederkehrende gleichlautende Wendungen (z. B. Mt 4,25; 9,33. – Mt 8,2.5b; 9,18.20) und schematische Zahlen (z. B. 10 Wundergeschichten in Kap. 8–9; 7 Gleichnisse in Kap. 13; 7 Weherufe in Kap. 23) seine Komposition. Vielfach gibt er dem Leser einen

Hinweis auf theologische Zusammenhänge und Hintergründe, etwa indem er bestimmte Leitmotive wiederholt (z.B. Mt 1,23; 18,20; 28,20b) oder Zitate aus dem AT einfügt (z.B. Mt 9,9; 12,7). All dies legt die Vermutung nahe, daß der Hintergrund des M.s ein christl. Schriftgelehrtentum gewesen ist (vgl. Mt 13,52).
Stark akzentuiert ist die Ethik. Matthäus drängt auf Bewährung des Christseins durch ein neues Verhalten. Vom Jünger ist eine Gerechtigkeit gefordert, die »besser« ist als die »der Schriftgelehrten und Pharisäer« (Mt 5,20); alles kommt darauf an, daß er den durch Jesus ermöglichten neuen totalen Gehorsam gegenüber dem Willen Gottes tatsächlich praktiziert (Mt 5,48; 7,21). Die Kirche als ganze wird dazu aufgerufen, durch ihr Verhalten öffentlich vor der Welt die Gerechtigkeit zu bezeugen, die der Beziehung zu Gott und dem Nächsten wirklich gerecht wird (Mt 5,17–20).
Alle diese Momente trugen dazu bei, daß das M. schon sehr früh in der Kirche einen festen Platz gewann und das ältere Markusevangelium in den Hintergrund drängte. Es wurde zum kirchlichen Hauptevangelium und behauptet im gottesdienstlichen Gebrauch bis heute seine Vorzugsstellung.
Das M. folgt mit seinem Aufriß dem durch das → Markusevangelium vorgegebenen Rahmen (Wirken Jesu in Galiläa, Weg nach Jerusalem, Passion und Auferstehung), fügt in ihn jedoch mehrere große Redeblöcke ein, so die → Bergpredigt (Kap. 5–7), die Aussendungsrede (Kap. 10), die Gleichnisrede (Kap. 13), die Rede über das Verhalten in der Gemeinde (Kap. 18), die Pharisäerrede (Kap. 23) und die eschatologische Rede (Kap. 24–25). Vorangestellt ist eine Vorgeschichte (Kap. 1–2), welche die Frage der Herkunft Jesu beantwortet und zugleich das zentrale Thema der Verwerfung Jesu durch Israel und seiner Annahme durch die Heiden (Kindermord und Anbetung der Magier) leitmotivisch anschlägt. R.

Lit.: E. Schweizer, Das Evangelium nach Matthäus, [14]1976 (NTD 2); W. G. Kümmel, Einleitung in das NT, [18]1976, 73–92; W. Trilling, Das wahre Israel, [3]1964; G. Strecker, Der Weg der Gerechtigkeit, [2]1966; U. Luz, Das Evangelium nach Matthäus, I [2]1989, II 1990.

Matthias, der als Ersatzmann für den Verräter Judas → Iskariot nach Ostern durch Hinzuwahl in den Zwölferkreis (→ Zwölf) aufgenommene Apostel Jesu (Apg 1,15–26). Es blieb bei dieser einmaligen Ergänzung, weil der Zwölferkreis als Institution schon bald verschwand. R.

Mauer. Die M. – beim Haus- und Festungsbau (Stadt-M.) und zur Einfriedung von Feldern – kennzeichnet seit früher Zeit den Gegensatz zwischen Kulturlandbewohnern und Nomaden oder Beduinen. Die älteste Form des M.-Baus war die Aufeinanderschichtung unbehauener Steine; seit der Bronzezeit wurden auch M.n aus Ziegeln gebaut, und erst in der Eisenzeit (10./9. Jh. v. Chr.) beherrschte man die Technik, Steine zu behauen, die im Hellenismus zu einem kaum wieder erreichten Höhepunkt gelangte.
Im übertragenen Sinne ist die M. Ausdruck des Schutzes (1Sam 25,16; Spr 18,11) und der Standhaftigkeit (Jer 1,18; Ez 22,30) und Bild für die Jungfräulichkeit (Hld 8,9). S.

Maulbeerbaum, Maulbeerfeigenbaum → Pflanzenwelt.

Maultier → Tierwelt.

Maulwurf → Tierwelt.

Maus → Tierwelt.

Mazedonien, Nordteil des heutigen → Griechenlands, zeitweilig (unter Philipp II. und seinem Sohn → Alexander d. Gr.) bedeutendes Reich, seit 148 v. Chr. röm. Provinz. → Paulus besuchte M. auf der 2. und 3. Missionsreise und gründete Gemeinden in Philippi, Thessalonich und Beröa. R.

Mazzebe (hebr., »Mal-, Denkstein«), ein aufrecht stehender besonderer Stein. Er kann als Denkmal für einen Toten dienen (2Sam 18,18); auch die bei Ausgrabungen vorisraelit. Tempel in Hazor, Geser und anderen Orten aufgetauchten Steine sollen wohl Tote manifestieren. M.n dienen aber auch als → Kultgeräte. Die steinernen Repräsentationen der zwölf Stämme im Heiligtum von Gilgal (Jos 4,8ff.) gelten wohl als M.n. Ägypt. Obelisken werden ebenso benannt (Jer 43,13). Am häufigsten werden aber M.n mit einem Altar in Verbindung gebracht, oft neben einer → Aschera; dann jedoch werden sie vom → Deuteronomium und von Profeten als jahwefeindlich bekämpft und ihre Zerstörung gefordert. Haben die M.n in solchen Fällen den

Frühbronzezeitliche Mazzebe aus Arad

Phallus eines männlichen Gottes als Gewähr für Fruchtbarkeit dargestellt? Nach dem Exil verschwinden sie aus Israel. K.

Mazzot (hebr.), ungesäuerte, meist nur aus Mehl und Wasser schnell gebackene Brotfladen, die man u. a. beim Mazzotfest (→ Fest) aß. S.

Mazzotfest → Fest.

Mea(-Turm) → Jerusalem.

Medad → Eldad und Medad.

Medan, arab. Stamm (1Mose 25,2). S.

Medeba/Madaba, Stadt auf dem moabit. Hochland (Jos 13,9.16). Wichtig für die Topographie Palästinas sind die in einer Kirche von M. gefundenen Bruchstücke einer Mosaikkarte aus dem 6. Jh. n. Chr. S.

Meder, Volksstämme im Nordwestiran, die sich seit 670 v. Chr. gegen die assyr. Oberherrschaft auflehnten und ein eigenes Reich mit der Hauptstadt Ekbatana gründeten. Unter dem König Kyaxares II. vernichteten sie 612 im Bündnis mit Nabopolassar von Babylon das assyr. Reich (Eroberung Ninives, Nah 2,4–14) und dehnten 585 ihre Herrschaft bis an den Halys in Kleinasien aus. Aber schon 553 erhoben sich die Perser, bis dahin Vasallen der M., unter ihrem König → Kyros gegen die M. und gliederten Medien dem Perserreich ein. Hieraus erklärt sich, weshalb das AT des öfteren M. erwähnt, wo Perser gemeint sind (z. B. Jes 13,17; Dan 6,1). S.

Medizin → Arzt, → Krankenpflege.

Meer (hebr. *jam*), im AT nicht nur ein geographischer Begriff (→ Mittel-M., → Rotes M., → Schilf-M., → Totes M.), sondern auch ein mythisches Wesen, die Chaosmacht, die Jahwe nach Ijob 26,12; Ps 74,13; 77,17; 89,10 in der Vorzeit besiegt hat, wobei neben dem M. oder anstelle des M.es auch der → Drache, → Leviatan und → Rahab genannt werden; unklar bleibt, ob es sich um verschiedene Traditionen oder nur um verschiedene Namen für ein und dieselbe mythologische Gestalt handelt. Ein Nachklang dieser Vorstellung ist der Gedanke, daß in der Endzeit das M. nicht mehr sein wird, Offb 21,1.
Die Gestalt des M.es-Ungeheuers hat Israel aus der kanaan. Mythologie (→ Ugarit) übernommen, die vom Sieg des Gottes → Baal über seinen Widersacher, den »Fürsten Jam«, erzählte. Verwandt ist der babylon. Mythos, wonach der Gott → Marduk die M.es-Gottheit Tiamat gespalten hat. (→ Urflut.) S.

Medeba. Bruchstück der Mosaikkarte aus dem 6. Jh. n. Chr. Das byzantinische Jerusalem erscheint als Zentrum des Heiligen Landes

Meer, Ehernes → Ehernes Meer.

Meer, Galiläisches → See Gennesaret.

Meer, Rotes → Rotes Meer.

Meer, Totes → Totes Meer.

Meerdrache, Meerungeheuer → Drache.

Meerwunder → Schilfmeer.

Mefaat, Ort auf dem moabit. Hochland (z. B. Jos 13,18; Jer 48,21). S.

Mefiboschet → Merib-Baal.

Megabyzos, pers. Feldherr und Satrap von → Transeufrat, der sich 448 v. Chr. gegen König → Artaxerxes I. empörte; dieser Aufstand bildete vielleicht den Hintergrund der in Esr 4,11–23 geschilderten Ereignisse. S.

Megiddo, bedeutende Stadt am Südrand der Jesreelebene, seit dem 4. Jt. v. Chr. besiedelt und mehrfach zerstört. Wahrscheinlich hat erst David die vorher kanaan. (Richt 1,27) Stadt in den Besitz Israels gebracht. Salomo belegte M. mit einer Streitwagengarnison (1Kön 9,15) und versah es mit imposanten Festungs- und Wasserversorgungsanlagen, die Ahab weiter ausbaute; sie wurden – ebenso wie zwei von Ahab errichtete Pferdestall-Komplexe – durch Ausgrabungen freigelegt. In die Festung M. flüchtete sich Ahasja (2Kön 9,27), und hier trat Joschija dem Pharao Necho zum Kampf entgegen, wobei er fiel (2Kön 23,29f.). S.

Mehl. Das AT kennt zwei Arten von M.: das Fein-M., das stets aus Weizen hergestellt, und das gewöhnliche M., das zuweilen auch aus Gerste (4Mose 5,15) gewonnen wurde. Letzteres diente allgemein zum Brotbacken (Richt 6,19), während man für den Kult fast nur Fein-M. verwendete. S.

Mehujaël, ein Nachkomme Kains (1Mose 4, 18). S.

Meile → Maße und Gewichte.

Modell von Megiddo in salomonischer Zeit

Meineid, der wissentlich falsche Eid, wird im alttest. Gesetz (z. B. 3Mose 19,12), von den Propheten (z. B. Jer 7,9) und im NT (1Tim 1,10) als schweres Vergehen verurteilt. S.

Meister, bei Luther Wiedergabe der Anrede Jesu als → Lehrer (z. B. Mt 23,8). R.

Melchisedek, Gestalt der Frühgeschichte → Jerusalems. M. war Stadtkönig und zugleich oberster Priester. Nach der Eroberung Jerusalems durch David wurde den Königen des Reiches Juda die Priesterwürde »nach der Weise M.s« übertragen (Ps 110,4). Die Erzählung vom Zusammentreffen Abrahams mit M., wobei M. von Abraham den Zehnten erhält (1Mose 14,18–20), sollte offenbar das Zehntrecht der Jerusalemer Priesterschaft legitimieren.
Im NT greift der Hebräerbrief 1Mose 14,18–20 auf, um die geheimnisvolle Gestalt M.s allegorisch auf Christus zu deuten: Darin, daß M. von Abraham den Zehnten genommen und ihn gesegnet hat, kommt die Überlegenheit Christi über das jüd. Priestertum zum Ausdruck (Hebr 7,4–10); und daß das AT weder seine Herkunft noch sein Lebensende berichtet, wird von Hebr 7,1ff. als Hinweis auf das ewige Hohepriestertum Jesu verstanden. So ist Christus »Hoherpriester nach der Ordnung M.s« (Hebr 5,6.10; 6,20; 7,11). Wahrscheinlich fußt der Verfasser des Hebräerbriefes dabei auf jüd. M.-Spekulationen, wie sie uns aus den → Qumranschriften bekannt geworden sind. S. / R.

Melech (hebr. *mäläk* »König«), Name eines Mannes aus der Nachkommenschaft → Sauls (1Chr 8,35) und Bestandteil mehrerer Namen, z. B. Malkija, Abimelech. S.

Melkart (phöniz., »König der Stadt«), Stadtgott von Tyrus und Schutzgott zahlreicher phöniz. Kolonien. S.

Melone → Pflanzenwelt.

Memphis, im AT *Nof* (Jes 19,13; Jer 2,16 u. ö.) oder *Mof* (Hos 9,6) genannte Metropole Unterägyptens, etwa 20 km südl. von Kairo am linken Nilufer gelegen. Im Alten Reich Residenz, war M. bis zum Ende der altägypt. Geschichte administratives und religiöses Zentrum. In M. wurde als Weltschöpfer der Gott Ptah verehrt; die Theologie von M. wirkte vielleicht auf die Vorstellung von der → Schöpfung im AT. (→ Ägypten.) J. E.

Menahem, König des Nordreiches Israel (746–737 v. Chr.). Er gelangte in den Wirren nach der Ermordung des Königs Sacharja auf den Thron und sicherte seine Herrschaft gegenüber dem Assyrerkönig → Tiglat-Pileser (»*Pul*«) durch einen hohen Tribut, den er auf die Grundbesitzer seines Reiches umlegte (2Kön 15, 14.17–22). S.

Menelaus, Hoherpriester zur Zeit der Makkabäerkriege (→ Hasmonäer), 172 v. Chr. eingesetzt, ließ den früheren Hohenpriester Onias ermorden und verfolgte die Gesetzestreuen; 162 hingerichtet (2Makk 4,23–50; 13,1–8). S.

Mene Tekel, Orakelworte während des Gastmahls → Belschazzars (Dan 5,25–28), zu denen als drittes das Wort *ufarsin* gehört. Wahrscheinlich handelt es sich in V. 25 b um eine gängige Redensart über drei Münzen (Mine, Schekel und Halbschekel oder -mine; → Maße und Gewichte 4), deren abnehmender Wert die drei letzten Könige Babylons symbolisieren soll; sie wird in V. 26–28 als Hinweis auf einen Herrschaftswechsel umgedeutet. S.

Meni, ein Glücksgott (Jes 65,11); der Name hängt wohl mit dem hebr. Wort für »zuteilen« zusammen. S.

Mennige → Rötel.

Menora → Leuchter.

Mensch → Anthropologie.

Menschenfreundlichkeit (griech. *philanthropia*), nach griech.-hellenist. Sprachgebrauch das gnädige Wirken von Göttern und Herrschern für die Menschen. So betonen die über das jüd. Volk herrschenden fremden Könige in ihren Erlassen ihre M., d. h. ihre Huld und Milde (2Makk 9,27; 14,9; 3Makk 3,15). In Tit 3,4 wird das Kommen Christi in diesem Sinne als Erweis der M. Gottes gedeutet. R.

Menschenopfer, galten bei vielen Völkern des Altertums als Rettungsritual in höchster Not (im

AT 2Kön 3,27 für → Moab). Um eine magische Handlung handelt es sich auch bei dem in 2Kön 16,3; 21,6 (→ Moloch) belegten Ritual des »Durch-das-Feuer-gehen-Lassens« eines Königssohnes. Israel hat das M. stets als widergöttlich abgelehnt und durch das Tieropfer abgelöst (1Mose 22). J. E.

Menschensohn, in ihrer Wörtlichkeit mißverständliche Wiedergabe von hebr. *ben-adam* oder aram. *bar-änascha,* eigtl.: das der Gattung »Mensch« zugehörige Einzelwesen, ein Mensch, jemand.
1. Im AT wird »M.« oft in feierlich-gehobener Sprache als Umschreibung für »Mensch« gebraucht (z. B. Ps 8,5; Jes 51,12; 56,2; Ijob 25,6). Im Buch Ezechiel steht das Wort 93mal als Anrede Gottes an den Profeten, durch die wohl die Distanz zwischen Gott und Mensch hervorgehoben werden soll.
2. Eine neue, spezifische Bedeutung gewinnt die Bezeichnung »M.« in der → Apokalyptik. So erscheint in der Vier-Weltreiche-Vision Dan 7 am Ende der Zeiten »auf den Wolken des Himmels einer wie ein M.«, um Gottes Gericht zu vermitteln. Diese Vorstellung vom endzeitlich in Erscheinung tretenden Himmelsmenschen, deren Wurzeln weit in altoriental. Mythologie zurückreichen, wird weiterentwickelt in den Bilderreden des äthiop. Henochbuchs (Hen 37–71) und in 4Esr 13. Dabei werden auch Motive der klassischen jüd. Messiaserwartung mit der M.-Gestalt verbunden.
3. Es ist eine Weiterführung dieser Linie, wenn im NT Jesus als M. bezeichnet wird. Dieses Prädikat erscheint in den Evangelien auffallend häufig, und zwar durchweg in direkter Rede Jesu, während es in den übrigen neutest. Schriften fast fehlt (Ausnahmen: Apg 7,55; Hebr 2,6; Offb 1,13; 14,14). Es ist demnach der für die älteste Jesus-Überlieferung charakteristische Hoheitstitel. Im einzelnen lassen sich in der synoptischen Überlieferung drei thematische Gruppen von M.-Aussagen unterscheiden: a) Worte vom zukünftig kommenden M. (Lk 12,8; 17,24.30; Mt 24,30.44 u. ö.); b) Worte vom gegenwärtig wirkenden M. (Mk 2,10.28; Mt 8,20; 11,19; Lk 11,30); c) Worte vom leidenden M. (Mk 8,31; 9,31; 10,45; 14,21).
Die Frage der Echtheit der M.-Worte Jesu wird in der Forschung seit langem heftig diskutiert. Als am zuverlässigsten gelten dabei die Worte vom zukünftig kommenden M. (a), weil sie der vorgegebenen apokalyptischen Vorstellung vom kommenden M.-Weltrichter weithin entsprechen. Aber auch die beiden anderen thematischen Gruppen (b und c) sind in der Überlieferung fest verwurzelt. So spricht viel für die Annahme, daß Jesus seine eigene Sendung mit Hilfe der vorgegebenen, von ihm aber charakteristisch abgewandelten apokalyptischen M.-Vorstellung interpretiert hat: Jesus wußte sich demnach als der, durch den Gott sein endzeitliches Gericht vollzieht. Und zwar fällt schon in der Gegenwart, in der Stellungnahme der Menschen zu seinem Wort und Wirken, die endzeitliche Entscheidung (Lk 12,8f.). Jedoch begegnet diese Vollmacht des M.s in der Gegenwart nur unter der Verhüllung äußerer Niedrigkeit. Ihre öffentliche Enthüllung ist den Endzeitereignissen vorbehalten.
4. Bereits in der Alten Kirche (ältester Beleg: Ignatius von Antiochia, *Epheserbrief* 20,2) ging das Verständnis des M.-Prädikats als Hoheitsaussage verloren. Man sah in ihm bis in die Gegenwart hinein fälschlich einen Hinweis auf die wahre menschliche Natur Jesu Christi. R.

Lit.: E. Schweizer, Der M., in: Neotestamentica 1963, 56–84; P. Vielhauer, Gottesreich und M. in der Verkündigung Jesu, in: Aufsätze zum NT, 1965, 55–91; R. Schnackenburg (Hrsg.), Jesus und der M., 1975.

Menstruation → Blutfluß.

Mephaat → Mefaat.

Merab, älteste Tochter Sauls, nach 1Sam 18,17–19 dem David versprochen, aber mit Adriël verheiratet. S.

Merari, ein Levitengeschlecht (z. B. 1Chr 9,14), als dessen Ahnherr ein Sohn Levis namens M. gilt (z. B. 1Mose 46,11). S.

Merenptah/Merneptah → Palästina.

Meriba, Name einer Quelle in der Wüste Sinai, deren Entstehung auf Mose zurückgeführt wird (2Mose 17,1–7; 4Mose 20,2–13). S.

Merib-Baal. 1. Sohn → Sauls (2Sam 21,8). **2.** Sohn Jonatans und Enkel Sauls, den → David zu sich nach Jerusalem holte (2Sam 9). Obwohl M. beim Aufstand Abschaloms nicht zu David hielt (2Sam 16,1–4), verschonte dieser ihn (2Sam

19,25–31). – Der Name »M.« (1Chr 8,34; 9,40) ist in 2. Samuel nachträglich zu »Mefiboschet« entstellt worden, weil er den kanaan. Gottesnamen→ »Baal« enthält. S.

Merkaba (hebr., »Wagen«). Die Vision des Ezechiel (Ez 1), der Gott auf einem von wunderbaren Geschöpfen getragenen Thronwagen schaute, wurde im Judentum Ausgangspunkt für mystische Spekulationen. Deren Inhalte waren geheim; nur Andeutungen der »Kunde von der M.« sind in den→ Talmud eingegangen. R.

Merkurius→ Hermes.

Merodach→ Marduk.

Merodach-Baladan, chald. Fürst, dem es 722 v. Chr. nach dem Tode seines assyr. Oberherrn Salmanassar V. gelang, König von Babylon zu werden. Nach 2Kön 20,12–19 schickte er Gesandte an Hiskija von Juda, der ihm sein Schatzhaus zeigte und dafür vom Profeten Jesaja gerügt wurde. S.

Merom, Ort in Obergaliläa, bei dem Josua eine kanaan. Koalition unter Führung Jabins von Hazor besiegt haben soll (Jos 11,1–9). S.

Mescha. 1. Gegend in Arabien (1Mose 10,30). **2.** König von Moab im 9. Jh. v. Chr., gegen den Josafat von Juda nach 2Kön 3 und 2Chr 20 Kriegszüge unternahm (→ Mescha-Stele). S.

Meschach, Name, der nach Dan 1,7 Mischaël, einem der Gefährten Daniels, gegeben wurde; die Bedeutung des Namens ist unklar. S.

Mescha-Stele, ein 1868 im Ostjordanland gefundener Gedenkstein aus der Zeit um 840 v. Chr. (heute im Louvre, Paris) mit einer moabit. Inschrift, in der König M. von→ Moab seine Auseinandersetzungen mit Israel schildert. Die Darstellung wird z. T. bestätigt durch 2Kön 3, den Bericht über den erfolglosen Versuch→ Jorams, die unter→ Ahab bestehende Herrschaft Israels über Moab zu erneuern. J. E.

Text: RTAT, 253–257.

Meschech, die Moscher, ein Volk im Nordosten der heutigen Türkei (z. B. 1Mose 10,2; Ez 27,13). S.

Mescha-Stele (um 840 v. Chr.). Basalt, Höhe 1,13 m. Aus Dibon

Meschullam, hebr. Männername, z. B. 2Kön 22,3; 1Chr 3,19. S.

Mesopotamien (griech. *Mesopotamia* »[das Land] zwischen den Strömen«), im Hellenismus Name für das Gebiet zwischen und auch beiderseits des mittleren Eufrat und Tigris (entsprechend hebr. *Aram-Naharajim* »Aram der zwei Ströme«, z. B. 1Mose 24,10); wird seit dem NT (Apg 2,9; 7,2) auf das ganze Zweistromland, also Assyrien und Babylonien, angewendet. S.

Messer. Im AT werden das altertümliche Stein-M. zur Beschneidung (Jos 5,2f.) und das bronzene oder eiserne M. zum Schlachten des Opfertieres (z. B. 1Mose 22,6.10), das Scher-M. (z. B. 4Mose 6,5), das Winzer-M. (z. B. Jes 2,4) und das Schreiber-M. zum Spitzen des Griffels (Jer 36,23) erwähnt; die goldenen M. im Tempel

(z. B. 1Kön 7,50) waren wohl Lichtputzscheren.
S.

Messias. 1. Der Ursprung der M.-Erwartung – 2. Formen der M.-Erwartung – 3. Die Bezeichnung Jesu als M. – 4. Jesus Christus.

1. Das Wort »M.« ist die gräzisierte Form von aram. *$m^{e}schi^{a}ch$*, hebr. *maschiach* »der Gesalbte«. Das Wort wurde vorexilisch einzig für den regierenden König aus der Dynastie Davids in Jerusalem verwendet. Durch Salbung mit heiligem Öl beim Inthronisationsakt war er menschlichem Alltag entnommen und zum → Sohn Gottes erhoben, der stellvertretend die Herrschaft Gottes auf Erden repräsentierte und vollzog. Hinfort sollte er für andere Menschen unantastbar sein (1Sam 24,7.11). Königspsalmen (→ Psalmen) und Natanweissagung (2Sam 7) begründen dies aus göttlichen Orakeln. Als aber mit dem Aufkommen der → Profeten die zeitgenössischen Könige einer radikalen religiösen und sittlichen Kritik anheimfielen, bestritten einzelne Profeten die Inanspruchnahme so hoher religiöser Aussagen durch die derzeitigen Könige. Sie leugneten zwar nicht den göttlichen Ursprung dieser Orakel, bezogen sie aber auf einen erst in Zukunft auftretenden Heilskönig, der später allein M. genannt wurde. Bestärkt wurde diese Ansicht dadurch, daß die betreffenden Aussagen seit alters einen idealen → König beschrieben und damit die Realität des kleinen Königreiches Juda weit überboten. Von Weltherrschaft ist in ihnen die Rede, von paradiesischer Fruchtbarkeit, aber auch von exemplarischer Gerechtigkeit des Herrschers und allgemeiner Wohlfahrt (z. B. Ps 72), alles Erwartungen, die selbst ein → David nicht verwirklicht hatte. Die Übertragung der mit der Salbungszeremonie zusammenhängenden M.-Aussagen, also die religiöse Legitimation eines ewigen Königtums aus dem Hause David, auf eine Gestalt der → Eschatologie wird zuerst am Ende des 8. Jh.s v. Chr. bei Jesaja (Jes 7,14; 9,1–6; 11,1–9) und Micha (Mich 5,1–4) greifbar (dagegen sind 1Mose 49,10ff.; 4Mose 24,7.17ff. wohl ursprünglich auf zeitgenössische Könige gemünzt, allerdings infolge profetischer Umdeutung später auf einen M. bezogen worden).

Unklar ist, wieweit vorexilische Profeten schon an ein einziges Individuum denken, das für immer lebt und regiert. Vermutlich schwebt ihnen der Anfänger einer neuen Dynastie vor Augen. Doch wird der auftretende neue M.-König nicht nur mit unvergleichlicher Gerechtigkeit und ungetrübtem Gottesbewußtsein, sondern auch mit Gotteserkenntnis unter seinen Untertanen und paradiesischen Erscheinungen wie dem Tierfrieden (Jes 11) verbunden.

2. Wie wenig sich die M.-Erwartung von Anfang an geschlossen zeigte, erweisen verschiedene Ansätze in der exilischen und frühnachexilischen Zeit. Ein Profet wie Deuterojesaja (→ Jesaja) erwartete keinen M., sondern einen → Knecht Gottes als Heilsbringer, den M.-Titel legte er dem zeitgenössischen Perserkönig → Kyros bei (Jes 45,1). Die → Priesterschrift setzt für das ideale Israel der Mosezeit (wie für das künftige Israel der Heilszeit) den Wegfall einer monarchischen Verfassung voraus; als M. gilt einzig der Hohepriester (3Mose 4,3.5). Aus dem Nebeneinander dieser königlichen und priesterlichen M.-Vorstellung entwickelt sich später in bestimmten Kreisen (→ Qumran) die Erwartung von zwei künftigen M.sen. → Haggai (Hag 2,20–23) und → Sacharja (Sach 6,9–14) sind (vorübergehend?) der Meinung, in der Gestalt des aus dem babylon. Exil heimgekehrten davidischen Prinzen → Serubbabel den von Gott erwählten M. zu entdecken, der ein eschatologisches Heil über Israel heraufführen würde.

In der späteren nachexilischen Zeit scheint dann die M.-Erwartung zu einem festen Bestandteil israelit. Eschatologie geworden zu sein. Ein M. aus dem Hause David wird zu einer Gott bereits bekannten Zeit als Befreier Palästinas von der Fremdherrschaft erweckt, der über ein wiedervereinigtes Zwölf-Stämme-Volk in Frieden und Gerechtigkeit regiert, mehr als religiöser, mit heiligem Geist begabter denn als politischer Führer. Bisweilen wird vorausgesetzt, daß er plötzlich aus armen, unscheinbaren Verhältnissen auftaucht (Sach 9,9). Ihm wird Sündenlosigkeit zugesprochen. Jerusalem wird er wieder rein und heilig machen, wie es einst gewesen war (PsSal 17).

Mehrfach treten um die Zeitenwende M.-Anwärter auf mit der Behauptung, in ihrer Person sei der Heilskönig erschienen, ihnen gebühre deshalb die politische Anerkennung aller Israeliten. Vielleicht haben schon → Hasmonäer und → Herodes versucht, sich selbst als M. zu präsentieren, obwohl ihnen davidische Abstammung väterlicherseits mangelte. Im Kampf der → Zeloten gegen die röm. Fremdherrschaft spielten mehrere M.-Prätendenten eine Rolle, die sich an die Spitze der Aufständischen stellten. So wurde → Bar-Kochba, der Führer des Aufstands unter Hadrian (132–135), in weiten Kreisen für den M. gehalten.

In apokalyptischen Schriften wird als zukünftiger Heilskönig neben oder anstatt des M. ein → Menschensohn erwartet; das Verhältnis beider Gestalten in urchristl. Zeit ist nicht endgültig geklärt.

3. Jesus hat, wie die kritische Analyse der Quellen ergibt, nicht nur sich selbst nicht als M. bezeichnet, sondern auch Versuche aus seiner Umgebung, diesen Titel an ihn heranzutragen, abgewehrt. Aus dem ursprünglichen Verbot Jesu an seine Jünger, ihn M. zu nennen (Mk 8,27–30.33), wurde erst im Verlauf der Überlieferungsgeschichte ein M.-Bekenntnis (Mt 16,13–20). Durch den Gebrauch dieses Titels, der für seine Umgebung weitgehend mit dem Gedanken des politischen Befreiungskampfes verbunden war, hätte Jesus unweigerlich seine Sendung Mißverständnissen aussetzen müssen. Als seinem Selbstverständnis angemessener bot sich die geheimnisvolle apokalyptische Bezeichnung → »Menschensohn« an, in der die politischen Implikationen zwar nicht ganz fehlten, aber doch in den Hintergrund traten gegenüber der religiös-eschatologischen Motivation (Mk 8,31). Trotzdem erlangte der M.-Begriff eine für das Schicksal Jesu verhängnisvolle Bedeutung: Jesus wurde aufgrund der falschen Anklage, politischen Aufruhr gegen die röm. Besatzungsmacht betrieben zu haben, als »König der Juden« (Mk 15,26), d. h. als M.-Prätendent, zum Tode verurteilt.

Zu einer positiven Anwendung des M.-Titels auf Jesus kam es erst in der nachösterlichen Gemeinde. Aufgrund des Auferstehungsglaubens setzte sich hier die Gewißheit durch, daß Gott Jesus, indem er ihn von den Toten auferweckte, zu einer herrscherlichen Stellung erhöht und zum M. (griech. *christos*) eingesetzt habe. Im Vordergrund steht dabei der Gedanke der Rechtfertigung des Anspruchs Jesu auf Israel durch Gottes Handeln. Nachdem Israel Jesus verworfen hatte, wird er von Gott »zum Herrn und M. gemacht« (Apg 2,36), d. h. zum endzeitlichen Herrscher über das Gottesvolk in einem ganz neuen und umgreifenden Sinn bestimmt. Von hier aus war es kein weiter Weg zu der Auffassung, daß bereits der irdische Jesus Träger der M.-Würde gewesen sei. Er wurde dadurch zusätzlich erleichtert, daß die Überlieferung von einer Zugehörigkeit Jesu zum davidischen Hause wußte, aus dem nach traditioneller Erwartung der königliche M. kommen sollte. Die alte Formel Röm 1,3f. nennt Jesus »Sohn Davids nach dem Fleisch« und spielt damit auf die Messianität des Irdischen an. Die gleiche Vorstellung steht im Hintergrund, wenn die Kindheitsgeschichten des Lukasevangeliums die Geburt Jesu in Betlehem, der Stadt Davids, lokalisieren und als ihren Schauplatz das Hirtenmilieu, aus dem einst auch David hervorgegangen war (1Sam 16,1–13), darstellen (Lk 2,1–20). Jesus gilt hier von Anfang seiner irdischen Geschichte an als M. Israels, an dem sich die David gegebene Natanweissagung (2Sam 7,12–14) erfüllt hat und durch den Gott seine Herrschaft aufrichtet, und zwar in einer Weise, welche die begrenzten und vereinseitigten M.-Erwartungen Israels weit überbietet (Lk 2,25–32).

4. Die weitere Geschichte des M.-Titels im Christentum ist durch zwei einander nur scheinbar widersprechende Entwicklungen charakterisiert: a) Im Zuge der Entwicklung der Heidenmission verlor der M.-Titel an Bedeutung zugunsten solcher Prädikate, die besser geeignet waren, die Heilsbedeutung Jesu gegenüber im hellenist. Denken verwurzelten Menschen zum Ausdruck zu bringen, wie → Sohn Gottes und → Herr. Bereits Paulus gebraucht ihn nahezu im Sinne eines Eigennamens. Wo er von »Jesus Christus« spricht, liegt darauf, daß »Christus« Übersetzung von »der Gesalbte« ist, keinerlei Gewicht. Die ursprüngliche Bedeutung schimmert nur noch an jenen Stellen durch, wo Paulus den Namen »Jesus« hinter »Christus« setzt, d. h. wo er »Christus Jesus« schreibt. b) Andererseits erwies der M.-Titel sich auch da, wo sein ursprünglicher Inhalt verblaßte, als erstaunlich beständig. Er blieb bis zum heutigen Tag der am häufigsten gebrauchte Titel Jesu, ja, er behielt insofern eine Sonderstellung, als er gleichsam den Oberbegriff für alle übrigen Hoheitstitel lieferte. Noch heute bezeichnet man mit »Christologie« nicht nur die auf Jesus als M. bezogenen Aussagen, sondern schlechthin alle Aussagen, die sich mit der Bedeutung von Jesu Person und Werk befassen. Der Titel »Christus« ist indirekt sogar in die Bezeichnung der an Jesus Glaubenden als »Christen« (Apg 11,26) eingegangen. Beständigkeit und Ausstrahlungskraft des M.-

bzw. Christustitels dürften letztlich darauf zurückzuführen sein, daß er, wie kein anderer christologischer Titel, geeignet war, die für den christl. Glauben schlechthin elementare Kontinuität zwischen dem AT und dem Heilsgeschehen in Jesus zum Ausdruck zu bringen. Wenn die Kirche sich zu »Jesus Christus« bekennt, so hält sie damit daran fest, daß Jesus der ist, in dem sich das im AT bezeugte Handeln Gottes in der Geschichte abschließend erfüllt hat. K. / R.

Lit.: O. Cullmann, Die Christologie des NT, [5]1975; F. Hahn, Christologische Hoheitstitel, [4]1974; E. Schweizer, Jesus Christus im vielfältigen Zeugnis des NT, 1968.

Messiasgeheimnis, in der neutest. Forschung übliche Bezeichnung für das die Jesusdarstellung des → Markusevangeliums prägende Motiv der Verborgenheit: Obwohl Jesus der Messias ist, will er sich nicht als solcher erkennen lassen. R.

Meßrute → Maßstab.

Meßschnur, Handwerksgerät des Tischlers und Baumeisters; die M. – wie das → Lot – in der Hand Gottes, womit er die Baufälligkeit der Mauer feststellt, ist Bild des Gerichts (z. B. Jes 34,11). S.

Metalle werden im Palästina alttest. Zeit selten abgebaut; wichtig ist die Gewinnung von Kupfer in der → Araba. Den Erzbergbau mit seinen Gefahren schildert Ijob 28. In der Königszeit werden M. importiert, vor allem aus Ägypten, Syrien, Zypern und Kleinasien (1Kön 9,28; Ez 27,13). Erzgießer aus Tyrus wirken beim Tempelbau Salomos mit (1Kön 7,14).
Während in der Umwelt Israels die M.-Bearbeitung oft mit Göttern verbunden ist, gehört sie nach dem AT wie andere Errungenschaften der Zivilisation zum Bereich des Menschen. Doch läßt ihre Zuordnung zum Stammbaum → Kains (1Mose 4,22; der Name *Kain* selbst kann als »Schmied« gedeutet werden) etwas von dem Grauen Israels vor dem Eisen erkennen.
Die Kenntnis der Eisenbearbeitung sicherte zu Beginn der Eisenzeit (etwa 1100 v. Chr.) den → Philistern militärische Überlegenheit gegenüber Israel. Damit hängt es wohl auch zusammen, daß das Eisen als unrein im kultischen Bereich galt. (→ Gold, → Kupfer, → Silber, → Zinn.) J. E.

Metretes → Maße und Gewichte.

Metrik → Dichtkunst.

Metuschaël, nach 1Mose 4,18 Vater des Lamech. Es handelt sich um eine andere Form des Namens → *Metuschelach.* S.

Metuschelach, nach 1Mose 5,21.25–27 Sohn des Henoch und Vater des Lamech. Sein Alter wird mit 969 Jahren angegeben und ist das höchste der Bibel; daher wurde M. – unter dem in der Alten Kirche aufgekommenen Namen *Methusalem* – sprichwörtlich. S.

Mëuniter, arab. Beduinen (1Chr 4,41; 2Chr 26,7), deren Heimat südöstl. des Toten Meeres gesucht wird. S.

Mibzar, Fürst in Edom (1Mose 36,42). S.

Micha. 1. Mann der Richterzeit, dessen Kultbild Männer vom Stamme → Dan raubten (Richt 17–18). **2.** Sohn des Jimla, nach 1Kön 22,5–28 ein im 8. Jh. v. Chr. im Nordreich Israel wirkender Profet, der den Angriffskrieg des Königs → Ahab gegen Aram-Damaskus ablehnte. **3.** Profet im Südreich Juda, dessen Verkündigung im → Michabuch überliefert ist. M. stammte aus → Moreschet-Gat. Nach Mich 1,1 wirkte er unter den jud. Königen → Jotam (757–736 v. Chr.), → Ahas (735–725 v. Chr.) und → Hiskija (725–697 v. Chr.), also zur Zeit der assyr. Oberherrschaft über Palästina. S.

Michabuch. Das M. ist nach einem doppelten zweigliedrigen Schema aufgebaut: Auf Drohworte (Mich 1–3, ausgenommen 2,12f.) folgen Verheißungen (Mich 4–5), auf weitere Drohworte (Mich 6,1–7,7) wieder Verheißungen (Mich 7,8–20). Dieser Aufbau stammt nicht von dem Profeten → Micha (3), sondern aus viel späterer Zeit. Auch die im M. gesammelten Aussprüche gehen nur z. T. auf Micha selbst zurück, so die Drohworte in Kap. 1–3. Hier klagt er die reiche Oberschicht in Jerusalem an, durch deren Besitzgier und Bestechlichkeit die jud. Kleinbauern ins Elend gebracht werden (Mich 2,1–5.6–11; 3,1–4), und die Profeten, die ihr Amt für Geld mißbrauchen (Mich 3,5–8). Wegen ihrer Taten wird Jahwe, so weissagt Micha, Unheil über sie bringen, das in der Zerstörung Jerusalems gipfelt (Mich 3,9–12). Von Micha stammt ferner das Drohwort gegen Samaria (Mich 1,2–7) und das Klagelied über die Verwüstung Judas (Mich 1,8–16). Andererseits sind einige Aussprüche, in denen die Heimkehr der Verbannten und der Wiederaufbau Jerusalems geweissagt werden (Mich 2,12f; 4,6–8; 5,6–8; 7,8–20), erst viel später, in der Zeit des Exils oder danach, entstanden. Bei mehreren Aussprüchen ist die Verfasserschaft Michas umstritten: z. B. bei der Weissagung über den wiederkehrenden David (Mich 5,1–4) und über die Läuterung Israels (Mich 5,9–13) oder bei der Klage des Profeten über die Verderbnis im Lande (Mich 7,1–7). S.

Lit.: A. Weiser, Das Buch der zwölf kleinen Propheten I, [6]1974 (ATD 24); A. Deissler, Zwölf Propheten II, 1984 (NEB).

Michael (hebr., »Wer ist wie Gott?«). **1.** Name mehrerer alttest. Personen (4Mose 13,13; 1Chr 5,13; 2Chr 21,2ff.; Esr 8,8). **2.** → Engel, der, erstmals im Danielbuch erwähnt (Dan 10,13.21; 12,1), im Judentum eine große Rolle spielt. M. steht als Schutzengel Israels zur Rechten Gottes, nimmt die Gebete der Menschen entgegen und behütet die Frommen. Er kämpft gegen böse Mächte und wirft den Satan aus dem Himmel (Offb 12,7ff.). Er ist wohl auch mit dem Erzengel gemeint, der nach 1Thess 4,16 am Jüngsten Tag zum Gericht blasen wird. Im Christentum galt M. als Schutzherr über christl. Heere und Bekämpfer des Irrglaubens. Meist wird er in der Kunst im Kampf mit dem Drachen dargestellt. R.

Michaja, alttest. Männername (z. B. 2Chr 17,7), der im hebr. Text manchmal auch mit der Kurzform → *Micha* wechselt (vgl. 2Kön 22,12 mit 2Chr 34,20). S.

Michal, Tochter → Sauls, mit → David (1Sam 18,27) verheiratet, nach dessen Flucht mit → Palti (1Sam 25,44); später von David zurückgefordert (2Sam 3,13–16). S.

Michmas, Ort nördl. von Jerusalem (Jes 10,28), der in den Kämpfen Sauls mit den Philistern eine Rolle spielte (1Sam 13–14). S.

Midian (Midianiter), nomadischer Stämmeverband in der syr.-arab. Wüste. Vor der → Landnahme bestanden zwischen Israel und M. gute Beziehungen, wie sich aus den Traditionen von der Verbindung Moses zu M. (2Mose 2,15–22; 18) ergibt. Von den M.n wurde möglicherweise die Verehrung Jahwes übernommen. Nach der Landnahme kam es zu Einfällen der wegen ihrer Kamele gefürchteten M. in Palästina, die → Gideon schließlich abwehren konnte (Richt 6–8). S. / O.

Midrasch (von hebr. *darasch* »untersuchen«, »erklären«; Pl. *Midraschot*), die in den *Midraschim* gesammelte erbauliche Auslegung alttest. Bücher durch jüd. Schriftgelehrte aus dem 2. bis 6. Jh. n. Chr. Der M. kann entweder als Auslegungs-M. dem Text eines Buches Vers für Vers erklärend entlanggehen, oder er kann als sog. Homilien-M. einzelne Textabschnitte, meist die Anfänge gottesdienstlicher Lesungen, behandeln. R.

Text: A. Wünsche, Aus Israels Lehrhallen V, 1907–10 (Nachdr. II, 1967).

Mietling, → Lohnarbeiter, Taglöhner. Während der Sklave unfrei und Eigentum eines Herrn war, konnte der M. frei über seine Arbeitskraft verfügen. Eine plastische Schilderung seiner dennoch mißlichen sozialen Situation bietet das Gleichnis Jesu in Mt 20,1–15. R.

Migdal (hebr., »Turm«), Bestandteil von Ortsnamen. **1.** M.-Eder (»Turm der Herde«) (1Mose 35,21). **2.** M.-El in Naftali (Jos 19,38). **3.** M.-Gad in Juda (Jos 15,37). **4.** Nach Richt 9,46 stand in → Sichem ein Tempel, der als M. bezeichnet wurde; dieser wurde durch → Abimelech zerstört. S. / O.

Migdol (hebr., »Turm«), ägypt. Ort auf der nördl. Sinaihalbinsel (z. B. Ez 29,10); nach 2Mose 14,2 war M. eine Station beim → Auszug aus Ägypten. S.

Migron, Ort in Benjamin (1Sam 14,2; Jes 10,28). S.

Milan → Tierwelt.

Milch, eines der Hauptnahrungsmittel in bibl. Zeit. Man trank Schafs-, Ziegen- und Kuh-M. Sie wurde in Schläuchen aufbewahrt. Auf Abgrenzung gegen Kultbräuche der Nachbarn zielt das alttest. Verbot, das Böcklein in der M. der Mutter zu kochen (2Mose 23,19 u. ö.). Zu den Kennzeichen des Gelobten Landes wie erwarteter glücklicher Zukunft gehört, daß M. und Honig fließen, d. h. im Überfluß vorhanden sind (2Mose 3,8; Joel 4,18). J. E.

Milet, alte Stadt an der Westküste Kleinasiens, nahe der Mündung des Mäander, etwa 70 km südl. von → Ephesus (Apg 20,15–38; 2Tim 4, 20). R.

Milka. 1. Nichte und Gattin Nahors (1Mose 11,29). **2.** Tochter des Zelofhad (4Mose 26,23). S.

Milkom, der Nationalgott der → Ammoniter (Jer 49,1.3), dessen Name mit hebr. *mäläk* »König« (→ Melech) zusammenhängt. Nach 1Kön 11,5 führte Salomo die Verehrung des M. als Privatkult für seine ammonit. Frauen ein; diese Kultstätte des M. wurde von Joschija zerstört (2Kön 23,13). S.

Millo. Der Migdal-Tempel (→ Migdal) des vorisraelit. → Sichem war Zentrum einer Akropolis, die als M. bezeichnet wird (Richt 9,20). Im → Jerusalem Salomos werden die Terrassenanlagen, die Salomo errichten ließ, M. genannt (1Kön 9,15.24). O.

Mine → Münzen.

Minni, Volk und Staat im Norden des Iran (Jer 51,27). S.

Minnit, Stadt in Ammon (Richt 11,33; Ez 27,17), deren genaue Lage unbekannt ist. S.

Minze, stark duftendes Gewürz; von den Pharisäern als Gartengewächs zu den zehntpflichtigen Kräutern gerechnet (Lk 12,42). R.

Mirjam, weibliche Gestalt des AT. Sie wird in einer alten Quelle als Schwester → Aarons und als Profetin bezeichnet (2Mose 15,20), in einer späteren Quelle auch als Schwester → Moses (4Mose 26,59). Nach 4Mose 12 rebellierte M. mit Aaron gegen Mose und wurde deshalb mit Aussatz bestraft. – Auf den Namen *M.* geht der neutest. Name → *Maria* zurück. S.

Mirjamlied, ein kurzer → Hymnus, den → Mirjam nach dem Durchzug der Israeliten durch das → Schilfmeer, einen Reigen führend, angestimmt haben soll: »Singt Jahwe! Denn er ist hoch erhaben; Roß und Wagenführer stürzte er ins Meer« (2Mose 15,21). In späterer Überlieferung ist dieses kurze Lied zu einem großen Geschichtspsalm (2Mose 15,1–18) ausgestaltet worden. S.

Mischaël. 1. Ein Levit (2Mose 6,22). **2.** Ein Ältester (Neh 8,4). **3.** Einer der Gefährten Daniels (Dan 1,6). S.

Mischal → Maschal.

Mischehe, moderner Ausdruck, der für die alttest. Zeit die Ehe eines israelit. mit einem nichtisraelit. und für das frühe Christentum die eines christl. mit einem nichtchristl. Partner bezeichnet. In Israel war die M. vor dem Exil ohne weiteres möglich (Rut 1,4; 1Kön 7,14) und bei den Königen ein Mittel der Außenpolitik (1Kön 11,1; 16,31); nach dem Exil wurde sie mißbilligt (Mal 2,10–12), und es kam zum Beschluß, alle M.n aufzulösen (Esr 9–10; Neh 10,31; 13,23–30). – Paulus hielt die M. für zulässig (1Kor 7,12–16). S.

Mischma. 1. Ahnherr eines ismaelit. Stammes (1Mose 25,14). **2.** Ahnherr einer Sippe des Stammes Simeon (1Chr 4,25f.). S.

Mischna, ältester Teil des → Talmud. Die Auslegung des alttest. Gesetzes durch die Rabbinen wurde lange nur mündlich weitergegeben, als »mündliche Tora« jedoch ebenfalls auf die Gesetzgebung am Sinai zurückgeführt. Dabei wurden in den einzelnen rabbinischen Schulen durchaus unterschiedliche Lehrentscheidungen tradiert. Nach der Zerstörung des zweiten Tempels in Jerusalem (70 n. Chr.) wurden die pharisäischen Schriftgelehrten die führenden Autoritäten, und zwar diejenigen, welche aus der Schule → Hillels stammten. Ihre Überlieferungen wurden im 2. Jh. wiederholt schriftlich zusammengefaßt; die Endredaktion dieser Sammlung nahm Rabbi Jehuda der Fürst um 200 n. Chr. vor. Diese Sammlung erhielt als »die M.« autoritative Geltung. Eine Vielzahl von nicht in die M. aufgenommenen Überlieferungen enthält die → Tosefta.
Der Stoff der M. ist in 63 Traktate aufgeteilt, die wiederum in 6 Ordnungen von inhaltlich verwandten Traktaten zusammengefaßt sind. Fragen des Zivilrechts, des Strafrechts, von Eheschließung und -scheidung werden ebenso geregelt wie Fragen des Tempelkults (trotz Tempelzerstörung) und der kultischen Reinheit. H. M.

Lit.: G. Stemberger, Geschichte der jüd. Literatur, 1977.

Mischwesen, aus Mensch und Tier oder aus verschiedenen Tieren zusammengesetzte Götter, göttliche Wesen oder Dämonen. Vor allem in → Ägypten sind Götter oft mischgestaltig. Mischwesen im AT sind → Kerub und → Seraf. U. R.

Mission (von lat. *missio* »Sendung«). Als M. bezeichnet man allgemein das planmäßige Werben einer Religionsgemeinschaft für ihre Überzeugungen unter Außenstehenden. Voraussetzung dafür ist, daß sich diese Religionsgemeinschaft nicht mit der Beschränkung auf einen bestimmten ethnischen, sozialen oder geographischen Raum abfindet, sondern einen universalen Anspruch erhebt. Das Judentum wandte sich erst in der Diaspora der M. zu. Das Schwergewicht lag dabei auf der literarischen Propagierung des jüd. Monotheismus mit seiner bildlosen Gottesverehrung als der Erfüllung und Überbietung aller Religionen. So hat z. B. → Philon von Alexandria alttest. Überlieferungen im Geiste hellenist. Philosophie interpretiert. In der Tat gewann dadurch der jüd. Glauben eine weite Ausstrahlung, deren Folgen freilich in den meisten Fällen recht unverbindlich blieben. Es gab einen weiten Kreis von Sympathisanten mit der Synagoge, die sog. → Gottesfürchtigen (Apg 13,50; 17,4.17), doch nur relativ wenige → Proselyten, die sich der Beschneidung unterzogen und das → Gesetz auf sich nahmen; dieses Gesetz markierte nach wie vor eine scharfe Trennungslinie zwischen Juden und Nichtjuden. Eine organisierte jüd. M. scheint es jedoch zur Zeit des NT nicht gegeben zu haben.

Jesus beschränkte sein Wirken nur auf Israel (Mt 10,5 f.); auch die Aussendung seiner Jünger (Mk 6,7–13) sollte lediglich seinen Anspruch auf das Gottesvolk bekunden und hatte nichts mit M. zu tun. Daß es nach Ostern zu einem gewaltigen missionarischen Aufbruch im → Urchristentum kam, war letztlich Folge der Erkenntnis des universalen, weltumspannenden Anspruchs des Evangeliums. Diese Erkenntnis setzte sich allerdings erst allmählich und in mehreren Etappen durch. Der sog. M.s-Befehl des Auferstandenen (Mt 28,18–20; vgl. Apg 1,8) wurde erst später von der Gemeinde als Ausdruck dieser Erkenntnis formuliert. Die Jerusalemer Urgemeinde warb zwar in ihrer Umgebung für den Glauben an Christus, trieb jedoch zunächst keine organisierte M. Erst die aus Jerusalem vertriebenen → Hellenisten missionierten planmäßig in Samaria (Apg 8) und Syrien, wo es zur Gründung christl. Gemeinden in Damaskus (Apg 9,2) und Antiochia (Apg 11,19) kam. Später scheint dann auch → Petrus außerhalb Jerusalems als Missionar unter den Juden tätig gewesen zu sein (Gal 2,7f.). Wandernde Missionare durchzogen die Landgebiete Palästinas und Syriens und sammelten von Ort zu Ort kleine Gruppen von Christusgläubigen.

Der eigentliche Durchbruch zu weltweiter M. wurde durch → Paulus eingeleitet. Er gewann auf dem → Apostelkonzil (48/49 n. Chr.) die Zustimmung der Jerusalemer Judenchristen zu der in Antiochia bereits praktizierten gesetzesfreien Heiden-M.; das bedeutete, daß man nunmehr Christ werden konnte, ohne zuerst Jude werden zu müssen. Damit war die Legitimation für die großen Missionsreisen durch Kleinasien und Griechenland gewonnen, deren Frucht zahlreiche Gemeindegründungen (u. a. → Ephesus, → Philippi, → Thessalonich, → Korinth) waren. Paulus entwickelte auch eine M.s-Strategie: Eine größere Gemeinde diente jeweils als Ausgangsbasis (zuerst Antiochia, später Ephesus und Korinth); ein fester Stab von Mitarbeitern begleitete den Apostel; einheimische Kräfte sollten sobald wie möglich die Verantwortung für das Leben der neugegründeten Gemeinden übernehmen, so daß Paulus selbst weiterreisen konnte; neuerliche Besuche und Briefe dienten jedoch der nötigen Stabilisierung der Verhältnisse und der Aufrechterhaltung der Bindung an den Apostel. R.

Lit.: F. Hahn, Das Verständnis der M. im NT, 1963; H. Kasting, Die Anfänge der urchristl. M., 1969.

Missionsreisen → Paulus.

Misttor → Jerusalem.

Mitanni, Reich der → Horiter am Eufrat und in Syrien im 15./14. Jh. v. Chr. Die Oberschicht (Streitwagenkämpfer) war indoarisch wie auch ein Teil der Götter (Indra, Mitra). Um 1450 v. Chr. wurde M. von → Ägypten und den → Hetitern als ebenbürtige Macht anerkannt, aber bereits etwa 100 Jahre später fiel M. an Assyrien und die Hetiter, die das Reich unter sich teilten. Die Hauptstadt Wassukkanni ist noch unentdeckt. J. E.

Mitgift → Ehe.

Mitka, Station auf der Wüstenwanderung Israels (4Mose 33,28); die Lage ist unbekannt. S.

Mitra, pers. Sonnen- und Kriegsgott, dessen Kult sich im ganzen röm. Reich verbreitete und damit Hauptgegner des jungen Christentums wurde (→ Iranische Religion 3.). S.

Mitredat, pers. Männername. **1.** Ein Schatzmeister unter → Kyros (Esr 1,8). **2.** Ein Offizier unter → Artaxerxes (Esr 4,7). S.

Mittag, die heißeste Zeit des Tages (2Sam 4,5) und in Apg 8,26 vielleicht Bezeichnung für den Süden. S.

Mittelmeer. Wenn das AT vom »Meer« im geographischen Sinne spricht, so meint es fast immer das M. (z. B. 4Mose 13,29), das auch »großes Meer« (4Mose 34,6), »Meer der Philister« (2Mose 23,31) oder »Meer von Jafo« (Esr 3,7) heißt; von daher ist das hebr. Wort für »Meer« der häufigste Ausdruck für »Westen« (z. B. 2Mose 27,12). S.

Mitternacht, in der Bibel Zeit des Strafgerichts (2Mose 11,4; 12,29; Ijob 34,20) und anderer entscheidender Ereignisse (Rut 3,8; Mt 25,6; Apg 16,25). S.

Mittler, göttliches oder menschliches Wesen, das zwischen Gott und Welt bzw. Mensch eine Verbindung herstellt. Als dem göttlichen Bereich zugehörige M. kennt das AT die → *Engel,* die, Jahwes himmlischem Hofstaat zugehörend, an seiner Stelle und in seinem Auftrag reden und handeln (z. B. 1Mose 28,12; 2Mose 14,19; Richt 2,1; 6,11f.; 13,6ff.). Menschliche M. sind vor allem die → *Profeten,* die Jahwes Wort verkündigen (Jer 15,19). Wieweit sich das Selbstverständnis des Profeten als M. steigern konnte, wird an der Gestalt des profetischen Gottesknechtes deutlich: Er weiß sich als »Licht der Völker« (Jes 49,6; vgl. Jes 42,6), d. h. als M. zwischen Jahwe und den Heidenvölkern, sowie als der, der durch sein stellvertretendes Leiden → Versöhnung zwischen Jahwe und Israel bewirken wird (Jes 53,2–12).
Als Prototyp des profetischen M.s galt im Judentum → Mose: Er kann direkt mit Jahwe reden (2Mose 20,19; 33,11) und mit seiner Fürbitte für das Volk eintreten (2Mose 32,32); er vermittelt dem Volk Jahwes heiligen Willen im → Gesetz (2Mose 19,3ff.; 5Mose 5,5).
Jesus hatte in seiner Botschaft und seinem Wirken die Menschen unmittelbar vor Gott gestellt und ihnen Anteil am Heil gegeben. Seine Auferweckung durch Gott wurde im NT als Bestätigung dieses seines Anspruchs gedeutet, der endzeitliche M. zwischen Gott und Menschen zu sein. Den zentralen Anhaltspunkt für das Verständnis der M.-Funktion Jesu gab sein Sterben am Kreuz (Hebr 8,6; 9,15; 12,34; 1Tim 2,5f.): Durch seine die Sünde sühnende Lebenshingabe hat er den Glaubenden einen neuen, bleibenden Zugang zu Gott eröffnet. Daneben wurde Jesus aber auch schon sehr früh als Schöpfungs-M. verstanden, der bereits bei der Erschaffung der Welt Gottes Willen vollstreckt hatte (Joh 1,1ff.; Kol 1,15f.; Hebr 1,2) und der nach seiner Menschwerdung als Offenbarungs-M. diese Welt zu ihrem Schöpfer zurückgeführt hat (Joh 1,14.18). R.

Mitylene, Hauptstadt der griech. Insel Lesbos (Apg 20,14). R.

Mizpa/Mizpe (hebr., »Warte«), Name mehrerer Ortschaften. Am bekanntesten ist M. in Benjamin, 13 km nördl. von Jerusalem, in der Frühzeit Israels wiederholt Sammelort des israelit. Heeres (Richt 20–21; 1Sam 7,7), auch Gerichtsort des → Samuel (1Sam 7,16). Es wurde von Asa befestigt (1Kön 15,22) und war Verwaltungssitz Gedaljas (Jer 40–41). Ein anderes M., im Ostjordanland, war der Geburtsort Jiftachs und Sammelplatz seines Heeres (Richt 10,17; 11,11.34). Ferner erwähnt das AT Orte namens M. am Fuß des Hermon (Jos 11,3.8), in Juda (Jos 15,38) und in Moab (1Sam 22,3). S.

Mnason, aus Zypern stammender Judenchrist, Quartiergeber des Paulus in Jerusalem (Apg 21,16). R.

Moab (Moabiter), ein den Israeliten verwandtes Volk, das auf der fruchtbaren Hochebene östl. des Toten Meeres wohnte. Das Kerngebiet der M. war der Südteil dieser Ebene; sie griffen aber mehrfach auf das von Israeliten besiedelte Gebiet nördl. des Flusses Arnon und nach Richt 3,12–30 sogar auf das Gebiet westl. des Jordan über. David besiegte M. und machte es zum Vasallenstaat (2Sam 8,2), bis der moabit. König →

Mescha (2) in der Mitte des 9. Jh.s v. Chr. die Selbständigkeit M.s zurückgewann und dabei seine Herrschaft auf das Gebiet nördl. des Arnon ausdehnte. Seit der Mitte des 8. Jh.s war M. Vasallenstaat des assyr. und dann des babylon. Reiches, und gegen Ende des 5. Jh.s ging es in den Besitz der Nabatäer über. S.

Modeïn/Modin (arab. *el-midje*), Ort 15 km östl. von Lod (Lydda), Heimat der → Hasmonäer. S.

Modios → Maße und Gewichte.

Mohrenland → Äthiopien.

Molch → Tierwelt.

Moloch (griech. Form des hebr. *moläk*), Name einer Gottheit (wohl aus *mäläk* »König« verballhornt), wahrscheinlich des nordwestsemit. Hadad, dem Kinder – mittels einer rituellen Übereignung (»durchs Feuer gehen lassen«, 3Mose 18,21; 2Kön 23,10; Jer 32,35) – geweiht (aber nicht als Opfer dargebracht) wurden (3Mose 20,2–5; vgl. Apg 7,43). Der Ausdruck dient in der Neuzeit zur Bezeichnung einer alles verschlingenden Macht. S.

Monat. Entsprechend dem Mondzyklus des altoriental. Kalenders enthielt das Jahr in Israel 12 Mond-M.e zu 29 (»hohle« M.e) oder 30 Tagen (»volle« M.e); der astronomische Mond-M. hat etwa 29 ½ Tage. Die Differenz zum Sonnenjahr wurde durch einen Schalt-M. ausgeglichen.
Im AT finden sich mehrere Systeme von M.s-Bezeichnungen. Von den alten, ursprünglich kanaan. Namen sind nur wenige im AT belegt: Etanim (1Kön 8,2), Siw und Bul (1Kön 6,37f.). Zu diesem ältesten System gehört auch der auf einen ägypt. M.s-Namen zurückgehende Abib (2Mose 13,4). Ein alter kanaan. M.s-Name ist vielleicht auch Zach in Jes 18,4 (andere Übersetzungsmöglichkeit: »flimmernde Hitze«). Häufiger werden im AT diese M.s-Namen vermieden und die M.e nur mit ihrer Ordnungszahl (1. bis 12. M.) benannt.
Seit dem → Exil benutzte man in Israel die bis heute im jüd. Kalender gebrauchten babylon. M.s-Namen. Der 1. M. ist der Nisan (März/April), es folgen Ijjar, Siwan, Tammus, Ab (Gorpiaios), Elul, Tischri, Marcheschwan, Kislew, Tebet, Schebat, Adar und als Schalt-M. ein 2. Adar. In hellenist. Zeit kamen auch die griech.-mazedon. M.s-Namen in Gebrauch, so bei → Josefus, aber auch 2Makk 11,30 u. ö. in der jüd. Literatur. (→ Jahr, → Mond, → Neumond.) J. E.

Mond, im Alten Orient als (durchweg männlicher) Gott verehrt, so in Sumer Nanna, in Babylonien Sin, in Ägypten Chons, in Kanaan Jerach. Obwohl die Orte → Ur und → Haran, Zentren der Verehrung des M.-Gottes Sin, in der Abraham-Überlieferung eine Rolle spielen, trifft die bisweilen geäußerte Ansicht, Jahwe sei ein ursprünglicher M.-Gott, nicht zu. Im AT ist der M. vielmehr wie alle kosmischen Größen keine eigenständige Macht, sondern erschaffener Funktionsträger in der Schöpfungsordnung (1Mose 1,14ff.). Dennoch hat er im Kalender kultische Bedeutung (→ Neumond).
Zu den Zeichen, die im AT und NT für den → Tag des Herrn und das Endgericht Gottes angekündigt werden, gehört auch die Verfinsterung des M.es (Joel 2,10; Mt 24,29; bereits im Alten Orient galt die M.-Finsternis als Katastrophen anzeigendes Omen) oder seine blutigrote Verfärbung (Jes 24,23; Apg 2,20; Offb 6,12). J. E.

Mondsucht, ungenauer Begriff aus dem Bereich volkstümlicher medizinischer Vorstellungen der Antike. In Mt 4,24; 17,15 dürften epileptische Zustände damit gemeint sein. R.

Monogamie → Ehe.

Monolatrie, Monotheismus → Gott.

Mord, im AT schlimmste Störung der menschlichen Gemeinschaftsordnung. Den vorsätzlichen Mörder trifft die Todesstrafe (2Mose 21,12); das Blut des Ermordeten fordert Rache (1Mose 4,10; Jos 2,19; Richt 9,24). Gleichwohl spielt in der Geschichte Israels der politische M. eine wichtige Rolle (z. B. Richt 4,17ff.; 2Sam 11f.; 2Kön 9f.).
Jesus bezeichnet als M. nicht nur das Blutvergießen, sondern schon den Zorn und das Schimpfwort gegen den Nächsten (Mt 5,22). J. E.

Mordechai, im Esterbuch Vormund der → Ester, der nach dem Sturz seines judenfeindlichen Gegenspielers Haman zum Wesir im Perserreich ernannt wird. S.

More. 1. Ein Wort, das in Verbindung mit einer Terebinthe (1Mose 12,6) oder einem Terebinthenhain (5Mose 11,30) bei Sichem erscheint und vermutlich »Orakel« (also »Orakel-Terebinthe«) bedeutet. **2.** Eine Anhöhe bei Jericho (Richt 7,1). S.

Moreschet-Gat, Heimatort des Profeten → Micha (2) (Mich 1,1.14), 35 km südwestl. von Jerusalem. Vermutlich bedeutet *Moreschet* »Besitztum« und war der Ort einer Tochtersiedlung von → Gat. S.

Morgen, die Zeit des Aufbruchs und in besonderem Maße des Gebets (z. B. Ps 5,4) und der Hilfe Gottes (z. B. 2Mose 16,7f.). S.

Morgengabe → Brautgabe, Brautpreis.

Morgenland, wie »Morgen« Bezeichnung für den Osten, die Gegend des Sonnenaufgangs. S.

Morgenopfer → Opfer.

Morgenstern. In einem mythischen Bild wird in Jes 14,12 der König von Babel als vom Himmel gefallener M. bezeichnet; auch Christus heißt M. (Offb 22,16; vgl. 2Petr 1,19). Gemeint ist wohl der Planet Venus. S.

Morgenwache → Nachtwache.

Morija, nach 1Mose 22,2 ein Land, wo Abraham auf einem Berg seinen Sohn opfern sollte (das Wortspiel in 1Mose 22,14 mit dem hebr. Wort für »sehen« bezieht sich vielleicht auf den Namen M.), nach 2Chr 3,1 der Berg, auf dem Salomo den Jerusalemer Tempel baute. Für das AT sind die beiden Orte nicht identisch; erst die spätere jüd. Überlieferung setzte sie ineins. S.

Mörser, eine Schale, in der man mit dem Stößel Körner zerrieb (4Mose 11,8; Spr 27,22) oder Oliven zerkleinerte. S.

Mose. 1. Überlieferung – 2. Historische Gestalt – 3. Bedeutung in Judentum und Christentum.

1. Die M.-Überlieferung hat einen Schwerpunkt in den → Mosebüchern: M. wird in Ägypten geboren, wächst am Königshof auf (2Mose 2,1–10), flieht in die Wüste zu den → Midianitern und heiratet die Tochter eines midianit. Priesters (2Mose 2,11–23a; 4,18–20a). Von Jahwe berufen (2Mose 3, 1–4, 16), kehrt M. nach Ägypten zurück und wird Sprecher der Israeliten (2Mose 5). Von Jahwe durch die Plagen gezwungen (2Mose 7–13), muß der Pharao Israel ziehen lassen. M. führt das Volk im Meerwunder (2Mose 14) und auf der Wüstenwanderung (2Mose 15,22ff.; 4Mose 10,11ff.). Am → Gottesberg übernimmt M. von seinem midianit. Schwiegervater die Ordnung der Gerichtsbarkeit (2Mose 18). Am → Sinai (2Mose 19 – 4Mose 10) wird M. der Mittler des → Bundes mit Jahwe, der Gesetzgebung und der Kultordnung. Die Sünde des Volkes tragend, darf M. das Kulturland nicht betreten (4Mose 20,12). Nachdem M. das verheißene Land vom Berg → Nebo aus, über den Jordan nach Westen blikkend, erschaut hat, stirbt er und wird bei Bet-Pegor begraben (5Mose 34).

Die Quellen der Mosebücher lassen ein kontinuierliches Anwachsen des theologischen Interesses an M. erkennen. Im Geschichtswerk des → Jahwisten (J) tritt M. noch deutlich hinter Jahwe als dem alleinig Handelnden zurück. Wunder zu wirken und Israel zu führen ist Jahwes Werk. M. hat die Funktion der Verkündigung der Geschichtspläne Jahwes (2Mose 7,16f. u. ö.) und der Fürbitte (2Mose 8,26; 4Mose 11,11 u. ö.). Der Jahwist rückt M. damit in die Nähe eines → Profeten.

Beim → Elohisten (E) werden die profetischen Züge im M.-Bild weiter gesteigert. Die profetische Geistbegabung (→ Geist) hat ihr Vorbild in M. (4Mose 11,24ff.), doch überragt M. alle Profeten, da Jahwe mit M. offen von Mund zu Mund redet (4Mose 11,7). Daneben nimmt der Elohist auch Überlieferungen auf, die M. in der Funktion eines → Priesters zeigen (2Mose 24,3–8).

Im → Deuteronomium wird M. zum Erzprofeten (5Mose 18,15ff.), der Typus und Maß aller Profeten ist. Doch konzentriert sich das profetische Amt des M. allein darauf, einziger → Mittler der Gebotsoffenbarung Jahwes am Sinai zu sein.

Die → Priesterschrift hebt M. aus den klassischen Ämtern des Profeten und Priesters heraus und macht ihn zum rettenden Wundertäter, der die Macht Jahwes repräsentiert – so u. a. in → Plagenerzählungen und Meerwundererzählung –, und vor allem zum Mittler in der Stiftung des Kultes am Sinai, der in der Einsetzung der Priesterschaft über diese weit hinausgehoben ist.

2. Das Bild des M. als historische Gestalt ist in der Geschichte der alttest. Forschung sehr umstritten und Spiegel der jeweiligen Rekonstruktion des Werdens der → Mosebücher und der Entstehung → Israels. Dies vorausgesetzt, hat der historische M. wohl eine Führungsfunktion im → Auszug aus Ägypten gehabt. Unableitbarer, alter Kern der M.-Überlieferung sind die Überlieferungen vom Aufenthalt M.s in Midian und der midianit. Frau (2Mose 2,11–22; 4,19.20a [J]; 2,23a; 4,18 [E]). Ohne Rückhalt in der Wüste konnte eine Flucht aus Ägypten auch nicht gelingen. Am Gottesberg haben M. und sein Schwiegervater, ein midianit. Priester, entscheidende Funktion bei der Übernahme der Jahweverehrung durch die Auszugsgruppe von den Midianitern (2Mose 18).

In Palästina hatte die Tradierung der M.-Überlieferung einen vornehmlichen Ort in levitisch-profetischen Kreisen (vgl. Richt 18,30).

3. Im Judentum stieg mit der Bedeutung der Tora auch die des M. Er wurde zum inspirierten Verfasser der Mosebücher und der mündlich tradierten, nichtkanonischen Gesetze. Er galt als der Gesetzesmittler und Lehrer Israels schlechthin. M. konnte in eschatologischem Denkhorizont in der Funktion eines endzeitlichen Profeten als Vorläufer des → Messias oder als ein zweiter M. erwartet werden.

Weit über das in jüd. Tradition Denkbare hinaus führt die Kritik, die → Jesus an M. und dem Gesetz übt. In urchristl. → Christologie kann in der Denkstruktur der → Typologie M. zum Gegenbild Christi werden (Mk 9,2ff.; Apg 7,35ff.). Im → Hebräerbrief präfiguriert M. in Treue und Glauben Christus, den Hohenpriester, der darin M. aber weit übertrifft (Hebr 3,1ff.; 11,23ff.). Im → Johannesevangelium wird M. als Repräsentant des Gesetzes zum Gegenbild Jesu (Joh 1,17; 6,32ff.). O.

Lit.: R. Smend, Das Mosebild von H. Ewald bis M. Noth, 1959.

Mose-Apokalypse → Adambücher.

Mosebücher. 1. Begriffliches; Inhalt – 2. Forschungsgeschichte.

1. Die ersten fünf Bücher des AT, 1. Mose bis 5. Mose, werden als M. bezeichnet. Nach der Namensgebung der lat. Bibel wird 1. Mose als *Genesis* (»Schöpfung«), 2. Mose als *Exodus* (»Auszug«), 3. Mose als *Leviticus* (»Levitisches [Buch]«), 4. Mose als *Numeri* (»Zahlen [aufgrund der Musterungen]«) und 5. Mose als *Deuteronomium* (»Zweites Gesetz«) bezeichnet.

Mit der Schöpfung universal einsetzend, schildern die M. das Werden Israels bis zum Tode des → Mose. Sie werden fortgesetzt im → Josuabuch, so daß der Zusammenhang von der Schöpfung bis zur → Landnahme Israels führt.

Inhalt der einzelnen Bücher: 1Mose 1–11: Urgeschichte; Kap. 12–50: Erzväterüberlieferung (Kap. 12–25: → Abraham, Kap. 25–26: → Isaak, Kap. 25.27–36: → Jakob; Kap. 37; 39–50: → Josef); 2Mose 1–19: Bedrückung Israels, → Plagenerzählungen und → Auszug aus Ägypten bis zum → Sinai; Kap. 20–24: → Dekalog, → Bundesbuch, → Bundesschluß; Kap. 25–31: Gebote über das → Zelt der Begegnung und die aaronidischen → Priester; Kap. 32–34: Bundesbruch und Erneuerung des Bundes; Kap. 35–40: Ausführung der Gebote über das Zelt der Begegnung; 3Mose 1–7: Opfergebote; Kap. 8–10: Priesterweihe und erste Gebote; Kap. 11–15: Reinheitsgebote; Kap. 16: Versöhnungstag; Kap. 17–26: → Heiligkeitsgesetz; Kap. 27: Gelübde und Zehnte; 4Mose 1–9: Zählungen und Gesetze; Kap. 10–20: Aufbruch vom Sinai bis → Kadesch; Kap. 20–36: Zug bis Moab. Zu 5. Mose → Deuteronomium.

Diese fünf M. werden als *Pentateuch* (griech., »Das Fünfrollenbuch«) bezeichnet. Da das Deuteronomium eine literarische Sonderstellung einnimmt, werden die ersten vier M. als *Tetrateuch* zusammengefaßt. Die Quellen des Tetrateuch sind unter Einbeziehung von Schlußkapiteln des Deuteronomiums im Josuabuch weiterzuverfolgen, so daß es angezeigt ist, die fünf M. unter Einbeziehung des Josuabuches als *Hexateuch* zu bezeichnen.

Die Bezeichnung *M.* setzt die Abfassung dieser fünf Bücher durch Mose voraus. Diese Verfasserschaft hat sich im Laufe der Forschungsgeschichte als nicht haltbar erwiesen.

2. Die Forschungsgeschichte der Pentateuchkritik war bis in unser Jh. das Feld, auf dem die entscheidenden Durchbrüche der → Bibelkritik des AT gelangen. Schon in Antike und Mittelalter wurde die literarische Einheitlichkeit der M. und die These von der Verfasserschaft des Mose in Frage gestellt. 1Mose 12,6; 13,7 (»damals wohnten die Kanaanäer im Lande«) setzt wie die Bezeichnung des Kulturlandes als »Land der Hebräer« (1Mose 40,15 u. ö.) die → Landnahme

Israels voraus. Der Stammesname → Dan (1Mose 14,14 u. ö.), der erst in der Zeit der → Richter aufkam (Richt 18,29), kann nicht von Mose stammen. Das Königsgesetz in 5Mose 17,14ff. kann nicht vor der Königszeit entstanden sein. Der geographische Standpunkt in den Überlieferungen der M. ist häufig der des Westjordanlandes, wenn das Ostjordanland als »jenseits des Jordan« (1Mose 50,10f.; 4Mose 22,1 u. ö.) bezeichnet wird.

In prot. Bereich hat erstmals A. Karlstadt im 16. Jh. die mosaische Abfassung der M. in Frage gestellt. Eindringlicher aber geschah es noch im Zuge der das reformatorische Schriftprinzip bekämpfenden Gegenreformation (B. Pereira, J. Bonfrère) und der sich gegen kirchlichen Dogmatismus wendenden Aufklärung (T. Hobbes, B. Spinoza u. a.). Die moderne Pentateuchforschung begann aber erst im 18. Jh. mit der methodischen Entdeckung der *Literarkritik* (→ Bibelkritik), da in den M.n mehrere literarische Quellen verwendet wurden. Die *ältere Urkundenhypothese* (H. B. Witter, J. Astruc, J. G. Eichhorn) erkannte in 1Mose 1,1–2,4 und 1Mose 2,5–3,24 zwei Parallelüberlieferungen, wobei die erstere den Gottesnamen »Elohim«, die zweite »Jehova« (richtiger: → Jahwe) verwendete. In der *Fragmentenhypothese* (A. Geddes, S. Vater u. a.) wurden zu Beginn des 19. Jh.s die Bücher 2. bis 5. Mose einbezogen, die aus Einzelfragmenten, nicht aber durchlaufenden Quellen redigiert worden seien. Die Ansetzung der Redaktionen schwankte zwischen der Zeit Moses und der nach dem Exil. W. M. L. de Wette (gest. 1849) erkannte darüber hinaus im Deuteronomium die jüngste, vom Tetrateuch unabhängige Überlieferung, die mit der Reform des → Joschija (2Kön 22) nach 628 v. Chr. zu verbinden sei. Die Entstehung der vom Deuteronomium unabhängigen M. stellte sich de Wette im Schema der *Ergänzungshypothese* vor (ähnlich H. Ewald, F. Delitzsch u. a.): Die Elohimquelle sei durch Jahwefragmente ergänzt worden.

Die *neuere Urkundenhypothese* wurde in der 2. Hälfte des 19. Jh.s von H. Hupfeld, K. H. Graf u. a. eingeleitet, die zwei, den Gottesnamen »Elohim« verwendende Quellen, den → Elohisten (E) und die → Priesterschrift (P), neben der Quelle des → Jahwisten (J) und dem Deuteronomium (D) erkannten. Die entscheidende Formulierung der neueren Urkundenhypothese, die noch heute Gültigkeit hat, gelang J. Wellhausen mit der Erkenntnis, daß P nicht, wie bislang vermutet, die älteste, sondern die jüngste, D bereits voraussetzende Quelle ist, die in nachexilische Zeit zu datieren ist, daß ferner der Jahwist in die frühe Königszeit zu datieren (900–850 v. Chr.) und damit älter als der Elohist (um 700 v. Chr.) ist. Die literarkritische Scheidung hat sich in der Nachfolge Wellhausens zu Beginn dieses Jh.s derart verfeinert, daß wieder mit zahlreichen Ergänzungen zu den Quellen gerechnet wurde und in der Konsequenz sinnvolle Erzähleinheiten eher zerstört als angemessen literarisch ausgesondert wurden.

In der Konsequenz entstand noch vor dem Ersten Weltkrieg die *neueste Urkundenhypothese* (R. Smend sen., O. Eißfeldt), die mit einer vierten, dem Jahwisten nahestehenden Quelle (J_1, Laienquelle L; G. Fohrer: Nomadenquelle N) rechnete, der im wesentlichen die sonst den Bearbeitungen der ältesten Quellen zugeschriebenen Überlieferungsfragmente zufielen. Diese These wurde noch in neuerer Zeit von C. A. Simpson und G. Fohrer vertreten. O. Procksch hat sie auf die Quelle E, G. v. Rad auf die Quelle P angewendet. Im Gegenzug wurde von P. Volz, W. Rudolph und unter überlieferungsgeschichtlichem Aspekt von S. Mowinckel die Existenz des Elohisten als eigenständige Quelle bestritten. Während Volz und Rudolph in E eine Überarbeitungsschicht zu J sahen, nimmt Mowinckel an, daß J und E auf eine gemeinsame, lebendige mündliche Überlieferung zurückgehen und E später als J und damit unter anderem theologischen Aspekt verschriftet wurde.

Eine andere Lösung des literarkritischen Dilemmas der Wellhausenschule als die der neuesten Urkundenhypothese brachte die zeitlich parallel aufkommende *formgeschichtliche Forschung* (→ Formgeschichte), die H. Gunkel und H. Greßmann begründeten. Es wurde erkannt, daß die in die schriftlichen Quellen aufgenommenen Überlieferungen aus mündlicher Tradition geschöpft waren, die Quellenverfasser also eher Sammler waren als Schriftstellerpersönlichkeiten, die auf literarische Geschlossenheit ihres Werkes achten. Damit erklärten sich viele Spannungen, die Anlaß zur Quellenscheidung waren, angemessener aus der Aufnahme disparaten Überlieferungsmaterials. Die Formgeschichte gab den Blick frei für das vorliterarische Werden des Hexateuch und war von einschneidender Konsequenz für die Rekonstruktion der israelit. Frühgeschichte. War Gunkel vornehmlich an der Gattung und dem »Sitz im Leben«, d. h. der institutionellen Verhaftung der Einzelüberlieferung, interessiert, so hat G. v. Rad 1938 erstmalig die Frage nach der Vorgeschichte des die Redaktion des Hexateuch leitenden Geschichtsbildes als eines Weges von der Schöpfung bis zur Landnahme untersucht. Die Überlieferung der Quelle J sei aus zwei kultischen Festüberlieferungen, dem Wochenfest am Heiligtum von → Gilgal und dem Herbstfest der Bundeserneuerung in → Sichem, herausgewachsen. M. Noth hat darüber hinaus 1948 die ursprünglich voneinander unabhängigen Einzelthemen wie Auszug, Wüstenwanderung, Landnahme usw. in ihrem überlieferungsgeschichtlichen Werden untersucht. In der Analyse kam Noth zu der Erkenntnis, daß die ältesten Überlieferungen der M. zwar nicht, wie die Wellhausenschule meinte, Dokumente der frühen Königszeit waren, sondern der vorstaatlichen Geschichte Israels im Kulturland, aber kaum historisches Zeugnis für eine Geschichte Israels vor der Landnahme sein können.

Die Forschung der letzten zehn Jahre an den M.n wendet sich wieder verstärkt den literarkritischen Fragen zu, nachdem die weithin akzeptierte und jeweils nur modifizierte Quellenscheidung der »neueren Urkundenhypothese« an Überzeugungskraft verloren hat. R. Rendtorff gibt die seit J. Wellhausen weithin akzeptierte Quellenscheidung auf und tritt dafür ein, die von G. v. Rad und M. Noth ausgehenden Impulse der Überlieferungsgeschichte konsequent zu Ende zu führen. Die Überlieferungsgeschichte der M. sei von der ursprünglich selbständigen Einzelerzählung bis zur kanonischen Endgestalt der M. nachzuzeichnen. Als Ergebnis zeige sich, daß die Überlieferungsblöcke der Einzelthemen der M. wie die der → Erzväter, des → Auszugs, des → Sinai bis in die Zeit des Exils unverbunden überliefert und erst deuteronomistisch miteinander verbunden wurden. Nachexilisch seien die M. priesterlich überarbeitet worden. Auch dort, wo man an der These von literarisch eigenständigen Quellen in den M.n festhält, wird die »neuere Urkundenhypothese« erheblich revidiert. C. Westermann (Kommentar zur *Genesis*, I–III, 1974–82) vertritt weiterhin den → Jahwisten als eigenständige frühkönigliche Quellenschicht, sieht aber im → Elohisten keine eigenständige Quelle, sondern eine spätvorexilische Überarbeitungsschicht der jahwistischen Überlieferung. H. H. Schmid hat die Datierung des Jahwisten in die frühkönigliche Zeit in Frage gestellt und die jahwistischen Überlieferungen in den Horizont spätvorexilisch-deuteronomischer Theologie gerückt. Diese Spätdatierung ist mit der These verbunden, die Religion Israels sei im Ursprung von einem allgemein-altorientalischen Weltordnungsdenken geprägt gewesen und habe erst mit Krise und Verlust des Kulturlandes die Geschichte als spezifisches Feld der Offenbarung und Wirksamkeit Gottes entdeckt. Noch weiter von J. Wellhausen entfernte Thesen sehen im Jahwisten eine exilisch-nachexilische Überlieferungsschicht, die entweder das → Deuteronomistische Geschichtswerk nach vorn bis zu den Ursprüngen Israels verlängern will oder eine vorgegebene elohistische Überlieferungsschicht interpretieren. Die M. werden immer deutlicher als Spiegel nicht nur der frühen, sondern gerade auch der späten Religionsgeschichte Israels entdeckt. O.

Lit.: G. v. Rad, Das erste Buch Mose, [12]1987 (ATD 2–4); M. Noth, Das zweite Buch Mose, [8]1988 (ATD 5); M. Noth, Das dritte Buch Mose, [5]1985 (ATD 6); M. Noth, Das vierte Buch Mose, [4]1982 (ATD 7); G. v. Rad, Das fünfte Buch Mose, [4]1983 (ATD 8). – H. H. Schmid, Der sog. Jahwist, 1976; R. Rendtorff, Das überlieferungsgeschichtliche Problem des Pentateuch, 1977; E. Otto, Stehen wir vor einem Umbruch in der Pentateuchforschung?, in: Verkündigung und Forschung 22, 1977, 82–97; H.-C. Schmitt, Die Hintergründe der »neuesten Pentateuchkritik« und der literarische Befund der Josefsgeschichte Gen 37–50, in: ZAW 97, 1985, 161–179.

Moselied, Mosesegen, zwei poetische Texte, die → Mose kurz vor seinem Tod den Israeliten mitgeteilt haben soll (5Mose 32,1–43 und 5Mose 33). Das M.-Lied beschreibt in teilweise hymnischer Form, wie Gott das Volk Israel unter den Völkern erwählte und es trotz seines Ungehorsams in das Land Kanaan brachte. Dieses Gedicht, das der Botschaft der Profeten nahesteht, stammt aus späterer Zeit als der M.-Segen, eine mit einem Psalm umrahmte Sammlung von Sprüchen über die Stämme Israels, die ihrerseits jünger ist als der verwandte → Jakobsegen. Der ausführliche Spruch über Josef (5Mose 33,13–17) läßt vermuten, daß der M.-Segen im Nordreich Israel zusammengestellt wurde. S.

Moser, Moserot, eine Station auf der Wüstenwanderung Israels (4Mose 33,30f.), wo nach 5Mose 10,6 → Aaron begraben wurde. S.

Moses Himmelfahrt (lat. *Assumptio Mosis*), zur Zeit Jesu in pharisäischen Kreisen entstandene apokalyptische Schrift. Nur ihr erster Teil, »Moses Testament«, ist vollständig erhalten. Er ist eine Abschiedsrede des sterbenden Mose an Josua, die ausblickt auf die Endzeitereignisse und Treue zum Gesetz einschärft. Vom zweiten Teil, der eigentlichen »Himmelfahrt«, haben wir nur ein Fragment sowie einige Zitate in Jud 9 und in Kirchenväterschriften. R.

Text: Rießler, 485–495.

Moses Stuhl, der Vorstehersitz beim Synagogengottesdienst (Mt 23,2). R.

Most, unvergorener Traubensaft; das hebr. Wort für »M.« bezeichnet auch den jungen Wein (z. B. Jes 49,26). S.

Motte → Tierwelt.

Möwe → Tierwelt.

Mücke → Tierwelt.

Mühle. Das AT erwähnt zwei Arten der Hand-M.; die eine (Reibe-M.) bestand aus einem flachen Unterstein und dem runden oder ebenfalls flachen Oberstein, die andere (Dreh-M.) aus einem kreisförmig ausgehöhlten Unterstein und dem mit einem Zapfen versehenen Oberstein. In röm. Zeit war das Verhältnis der beiden Steine zueinander umgekehrt: Der Unterstein verjüngte sich nach oben, und auf ihm saß der in der Mitte durchbohrte, von Eseln gezogene Oberstein; an letzteren hat man bei dem in Mt 18,6 erwähnten Mühlstein zu denken. S.

Müllerin. Die M.nen von Pred 12,3 sind wahrscheinlich mahlende Mägde. S.

Mumie, durch Einbalsamierung vor dem Zerfall geschützter Leichnam eines Menschen, manchmal auch eines Tieres. In Ägypten benutzte man zur Mumifizierung Natron und Harze. Innere Organe wurden teilweise aus dem Körper entfernt und gesondert behandelt. Die Mumifizierung, die in Ägypten mit dem Jenseitsglauben zusammenhängt, war in Israel ungebräuchlich. Berichtet wird sie von dem in Ägypten gestorbenen → Jakob und dessen Sohn → Josef (1Mose 50,2.26). J.E.

Mund, in der Bibel hauptsächlich als Organ des menschlichen und göttlichen Redens genannt und als Organ des Essens; letzteres führte zu dem alttest. Ausdruck »M. [d. h. Schärfe] des Schwertes« (z. B. 1Mose 34,26; Jos 10,28), weil das Schwert das Fleisch des Feindes »frißt« (5Mose 32,42). S.

Mündig. Nach röm. Recht wurde der Heranwachsende mit dem Eintritt der körperlichen Reife oder mit dem 14. Lebensjahr m. Nach hellenist. Recht dagegen setzt der Vater im Testament das Alter der Mündigkeit fest (Gal 4,1ff.). R.

Mundschenk, Beamter, der die Getränke am Königshof beaufsichtigte (1Mose 40; 1Kön 10,5; Neh 1,11), zuweilen aber auch reines Ehrenamt, so bei den Assyrern der Rab-Sake, der »oberste M.« (2Kön 18,17). S.

Münzen, nach Gewicht und Gehalt vom Staat garantiertes Geld, gab es im Nahen Osten seit der Perserzeit, wobei Gold-M. vom Großkönig, Silber-M. von den Provinzen geprägt wurden. Das AT erwähnt für die pers. Zeit die Gold-*Dareike* (1Chr 29,7; Esr 8,29) oder Gold-*Drachme* (Esr 2,69; Neh 7,69–71) – die Lutherbibel sagt dafür »Gulden« – und den Silber-*Schekel* (Neh 5,15; 10,33; Zürcher Bibel: »Lot Silber«, Lutherbibel: »Silberstück«). Der Schekel war die gängige Gewichts- (→ Maße und Gewichte) und Münzeinheit der Juden; eine Dareike entsprach zwanzig Schekeln. Das Recht zur Eigenprägung hörte mit Alexander d. Gr. auf; erst um 140 v. Chr. erhielt der Makkabäer Simon das Münzrecht.

Aufgrund der politischen Verhältnisse waren in Palästina M. verschiedener Herkunft in Umlauf, besonders griech. und röm. M.; und nur solche erwähnt das NT. Die griech. Einheit war die Silber-*Drachme* (Lk 15,8f.; Lutherbibel: »Silbergroschen«). Dazu kommen im NT die *Doppeldrachme* (Mt 17,24; Lutherbibel: »Zweidrachmenstück«) und das *Vierdrachmenstück* (Mt 17,27); letzteres entsprach einem Schekel. Das

Münzen aus dem Bar-Kochba-Krieg (132–135 n. Chr.): 1 Tetradrachme aus dem 3. Jahr – 2,3 Denare aus dem 3. Jahr – 4 Denar aus dem 1. Jahr – 5,7 Bronzemünzen aus dem 3. Jahr – 6,8,9 Bronzemünzen aus dem 1. Jahr

mit »Heller« wiedergegebene Wort (griech. *lepton,* Mk 12,42; Lk 12,59; 21,2) war vielleicht gar keine Münzbezeichnung; es könnte einfach »Kleinmünze« bedeuten. Das *Talent* (Mt 18,24; 25,14–28; Lutherbibel: »Zentner«) und die *Mine* (Lk 19,13–25; Lutherbibel: »Pfund«) – ersteres entsprach 6000 Drachmen, letzteres 100 Drachmen – waren keine M., sondern Geldbeträge (ursprünglich Gewichtseinheiten, → Maße und Gewichte).

Die röm. Einheit war der Silber-*Denar* (z. B. Mt 20,2–13; Lutherbibel: »Silbergroschen«); er zerfiel in sechzehn *As* (Mt 10,29; Lk 12,6; Zürcher Bibel: »Rappen«, Lutherbibel: »Groschen«) und dieses wiederum in vier *Quadranten* (Mt 5,26; Mk 12,42; Zürcher Bibel: »Rappen«, Lutherbibel: »Pfennige«).

Das Umrechnungsverhältnis von griech. und röm. M. in neutest. Zeit war: 1 Drachme = ³/₄ Denar. Bei der Wertbestimmung sollte man nicht vom Edelmetallgehalt (1 Denar = 70–80 Pfennig), sondern von Mt 20,2–4 ausgehen, wo ein Denar als Tageslohn eines Arbeiters genannt wird. S.

Murabbaat, Wadi am Westufer des Toten Meeres, südl. von → Qumran, mit Höhlen, in denen Münzen und Brieffragmente aus der Zeit des Aufstands von → Bar-Kochba gefunden wurden. R.

Murren, ein Ausdruck der Opposition. Im Bericht von der Wüstenwanderung Israels ist das M. des Volkes gegen Mose und Aaron ein stereotypes Motiv, mit dem mehrfach eine ätiologische Erzählung eingeleitet wird (z. B. 2Mose 15,24; 16,2; 17,3). Das NT berichtet vom M. der Pharisäer gegen Jesus (Lk 5,30; 15,2; 19,7; Joh 6,41) und warnt die Christen vor dem ungeduldigen M. (1Kor 10,10; Phil 2,14; 1Petr 4,9; Jud 16). S.

Musik, Musikinstrumente. Daß die M. auch in bibl. Zeit ein wesentlicher Bestandteil des Lebens war, versteht sich von selbst und tritt durch die Erwähnung von → Lied, → Tanz und M.-Instrumenten deutlich zutage. Über die Ausführung der M., etwa Melodie und Rhythmus, wissen wir jedoch nichts und über die Gestalt und den Klang der einzelnen M.-Instrumente nur wenig. Denn es gibt zwar zahlreiche Abbildungen altoriental. M.-Instrumente, aber fraglich ist, wieweit man sie mit den im AT genannten gleichsetzen darf.

Als Schlag- oder Schüttel-Instrumente werden erwähnt die *Pauke* oder Handtrommel, ein mit Fell bespannter Holzrahmen (z. B. 1Mose 31,27; 2Mose 15,20), die *Schelle* und die *Zimbel* (z. B. 2Sam 6,5 bzw. 1Chr 15,16; 1Kor 13,1), ersteres vielleicht ein Gerät aus Metallstäben mit Ringen (Sistrum), letzteres zwei kupferne Teller oder Deckel; um welches Instrument es sich bei dem ebenfalls mit »Zimbeln« wiedergegebenen hebr. Wort in 1Sam 18,6 handelt, ist unklar. Saiteninstrumente sind hebr. *kinnor* und *nebäl,* wahrscheinlich *Leier* und *Harfe* (häufig nebeneinander erwähnt, z. B. 2Sam 6,5; 1Kön 10,12; Jes 5,12) und die *Zither* (z. B. Dan 3,5; 1Kor 14,7; Offb 5,8).

Außerdem kommt in der Bibel eine Reihe von Blasinstrumenten vor. Das *Horn* und die *Trompete* oder *Posaune* dienten hauptsächlich als Signalinstrumente (z. B. Richt 3,27; 1Kön 1,34 bzw. 4Mose 10,2; 31,6; 1Kor 14,8). Die hebr.

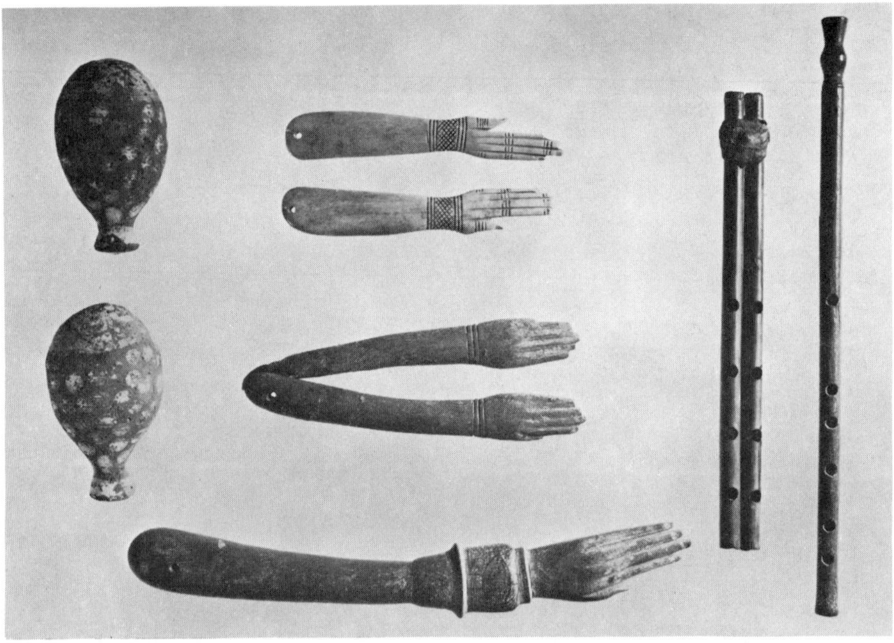

Ägyptische Musikinstrumente (Neues Reich und Spätzeit): Gefäßrasseln aus Ton, Klappern in Armform aus Elfenbein und Holz, Doppelklarinette und Oboe

Wörter *chalil* (z.B. 1Sam 10,5) und *ugab* (z.B. 1Mose 4,21) bezeichnen wohl verschiedene Arten der *Flöte.*

Nicht eindeutig zu identifizieren sind auch mehrere der in Dan 3,5.7.10.15 aufgezählten Instrumente: Auf das Horn folgt ein weiteres Blasinstrument (vielleicht die Hirtenpfeife), dann die Zither mit zwei anderen Saiteninstrumenten, und am Schluß steht wohl wieder ein Blasinstrument. S.

Mutter. Israel lebte in einer patriarchalischen Gesellschaft, so daß die Stellung der Frau stets hinter der des Mannes zurückstand, obwohl sich die nomadischen Ursprünge Israels in einer Hochschätzung der Ehefrau niedergeschlagen haben, die für die Fellachen des Kulturlandes keineswegs üblich war.

In Israel ist die Mutterschaft kultisch nicht an initiierende Fruchtbarkeitspraktiken gebunden worden, sondern Ausdruck gnädig zugewendeter Schöpfermacht Gottes. Die gesellschaftliche Hochschätzung der M. spiegelt sich im Elterngebot des → Dekalogs (2Mose 20,12), das die Ehrung der M. wie des Vaters fordert. So konnte in Ausnahmesituationen eine verheiratete Frau wie → Debora eine politisch führende Stellung erwerben (Richt 4,4). Die ihr gezollte Hochachtung drückt sich in dem Ehrentitel »M. Israels« (Richt 5,7) aus. O.

Muttergottheit(en). Die Religionswissenschaft bezeichnet mit M. weibliche Mächte, auf welche die uranfängliche Geburt von Göttern und Menschen zurückgeführt werden. Bei den Kanaanäern nimmt → Aschera diese Rolle ein. Die Ein-Gott-Verehrung Israels schließt eine M. aus. Wie sehr jedoch auch hier die Neigung sich regte, mit einem mütterlichen Urprinzip zu rechnen, zeigt die mehrfach vorgenommene Einführung von Aschera-Bildern in den Jahwe-Kult, was erst mit → Joschija (2Kön 23,4.7) endgültig aufhörte. K.

Mütze → Kopfbedeckung.

Myra, Hafenstadt in der südkleinasiat. Landschaft Lyzien (Apg 27,5). R.

Blinder Harfner. Aus dem Grab Paatenemhebs bei Sakkara (18. Dynastie, um 1550–1305 v. Chr.)

Myrrhe, aromatisches Harz einer bestimmten Terebinthenart (→ Pflanzenwelt), ergab mit Öl vermischt ein begehrtes Parfüm. Als Beimischung zum Wein steigerte M. die berauschende Wirkung (Mk 15,23 par). R.

Myrte → Pflanzenwelt.

Mysien, Landschaft im Norden der röm. Provinz Asia mit den Städten Pergamon und Troas, von Paulus auf der 2. und 3. Missionsreise besucht (Apg 16,7f.). R.

Mysterienkulte, antike Kulte, in deren Mittelpunkt streng geheim gehaltene Riten standen. Durch den Vollzug dieser Riten, die wohl meist an Motive des mythischen Schicksals der jeweiligen Kultgottheit anknüpften, wurden die Eingeweihten (Mysten) in die Gemeinschaft dieser Gottheit versetzt, des jenseitigen Heils versichert und mit göttlicher Lebenskraft erfüllt. Zu diesen Riten gehörte das Vorzeigen heiliger Gegenstände, der Zuruf heiliger, geheimer Worte, der Vollzug von Handlungen an den Mysten (z. B. Wechsel der Kleider) sowie die Vermittlung von Kontrasterlebnissen (Wechsel von Finsternis und Licht, von Kälte und Wärme). Der bekannteste M. war der von Eleusis bei Athen. Ihm lag der Mythos von der Göttin Demeter zugrunde, die ihre geraubte Tochter Kore aus der Unterwelt zurückholt. Einflußreich waren auch der ekstatische M. des Dionysos, der aus Ägypten kommende Osiris-Isis-Kult sowie der aus Phrygien stammende Attis-Kult.
In neutest. Zeit war die Mysterienfrömmigkeit nachgerade zu einem religiösen Massenphänomen geworden. Die soziale Unterschicht des röm. Reiches – vor allem die Sklaven – fanden in den M.n eine religiöse Heimat. Das lag nicht nur an der emotionalen Durchschlagskraft dieser Kulte, sondern auch daran, daß sie stark gemeinschaftsbildend wirkten.
Die Frage nach dem Verhältnis des frühen Christentums zu den M.n ist in der Forschung noch längst nicht ausdiskutiert. Zwar sind die christl. Sakramente → Taufe und → Abendmahl schwerlich in ihrem Kern von den M.n abhängig, denn dazu sind die Unterschiede zu tiefgehend.

Doch es ist damit zu rechnen, daß sie zumindest z. T. als christl. Mysterien verstanden worden sind und daß von daher einzelne Mysterienmotive in das NT eingedrungen sind (z. B. Röm 6,3.5). R.

Lit.: M. P. Nilsson, Geschichte der griech. Religion I, ²1955; R. Reitzenstein, Die hellenist. Mysterienreligionen nach ihren Grundgedanken und Wirkungen, ³1927.

Mysterium → Geheimnis.

Mystik. Religionswissenschaftlich meint »M.« religiöse Erfahrungen, die den Abstand zwischen Irdischem und Göttlichem überschreiten und einem Menschen das Einswerden mit der Gottheit oder dem Urgrund erleben lassen. Bibl. Schriften legen auf M. keinen allzu großen Wert. Wenn Profeten Gott im inneren Gesicht schauen (Jes 6; Ez 1), bleibt das Gegenüber des Schauenden zum Gott gewahrt, wenngleich das → Wort Gottes in den Mund des Profeten eingeht und sein eigenes Wort wird (Jer 1,9; Ez 3). M. mag aber bei einigen Tempelsängern aus ihrem steten Weilen am heiligen Ort und Versenken in das Wesen und den Preis Gottes entstanden sein: »bin ich bei dir, so ersehne ich nichts mehr auf Erden« (Ps 73,25).

Jesus war kein Mystiker. Das von ihm verkündete → Reich Gottes verwirklicht sich durch das geschichtliche Handeln Gottes, das bereits durch Jesu Erscheinung in die Gegenwart hineinwirkt (Lk 17,21), nicht jedoch durch eine die Dimension der Geschichte ausschaltende Gotteserfahrung des Menschen. Auch das ihm durch die Überlieferung in den Mund gelegte, der Gedankenwelt der hellenist.-jüd. Weisheit entstammende Wort Mt 11,27 par (»Alles ist mir übergeben von meinem Vater, und niemand kennt den Sohn, es sei denn der Vater, und niemand kennt den Vater, es sei denn der Sohn, und wem es der Sohn offenbaren will«) ist nicht eigentlich mystisch, sondern meint die geschichtliche Erwählung Jesu durch Gott, durch die er bevollmächtigt ist, den Menschen die Gemeinschaft mit Gott zu vermitteln.

Vielfach hat man die Aussagen des Paulus über das Sein mit Christus (Gal 2,20; 1Thess 5,10 u. ö.) sowie über das Mitsterben mit ihm in der Taufe (Röm 6,4.6; Kol 2,12ff.) im Sinne einer Christusmystik deuten wollen. Tatsächlich enthalten sie Anklänge an die → Mysterienkulte mit ihren mystischen Gotteserfahrungen. Stellt man sie jedoch in den größeren Rahmen der paulinischen Theologie, so erweisen sie sich als völlig unmystisch: Das Sein mit bzw. in Christus ist für Paulus Ausdruck einer durch das geschichtliche Heilswerk Jesu vermittelten Gottesbeziehung, die sich nicht in inneren Gotteserfahrungen, sondern im gehorsamen Vollzug des durch Christus ermöglichten neuen Lebens in Glauben und Liebe realisiert (Röm 6,4). Das Sein in Christus hat die geschichtliche Struktur der → Nachfolge.

Das nachbibl. Judentum entwickelte eine eigenständige M., deren Ausgangspunkt die Gotteserfahrung im Gesetz war. Eine große Rolle spielte dabei die Beschreibung des göttlichen Thrones in Ez 1; 10 (→ Merkaba). K./R.

Lit.: M. Dibelius, Paulus und die M., in: Botschaft und Geschichte II, 1956, 134–159.

Mythos. Nach religionswissenschaftlichem Verständnis ist M. eine erzählende Darstellung von urzeitlichen Vorgängen zwischen Göttern, übernatürlichen Mächten und Heroen, die Auskunft geben will über den Ursprung und das Wesen der Welt, die Stellung des Menschen in ihr und die seine Existenz bestimmenden Normen. Der M. unterscheidet sich einerseits von der → Sage darin, daß er weder wie diese von historischen Personen handelt noch eine bestimmte innergeschichtliche Vergangenheit im Auge hat; er unterscheidet sich andererseits vom Märchen durch seinen verbindlichen Geltungs- und Wahrheitsanspruch. So erklärt der M. bestimmte Erscheinungen der Welt (Lauf der Gestirne, Jahreszeiten), geschichtliche Umstände (Vielfalt der Völker, Sprachen und Kulturen) und gesellschaftliche Gegebenheiten (Klassen- und Kastenunterschiede, Eigentumsverhältnisse), indem er sie auf übernatürliche Vorgänge zurückführt. Er stabilisiert Lebensgefühl und Verhalten, indem er die vorfindlichen Institutionen und geltenden Normen in vorzeitlichen Setzungen verankert sein läßt.

Die bibl. Religion (→ Gott) ist ausgesprochen mythenfeindlich, und zwar aus zwei Gründen: Einmal nötigte der *henotheistische Ansatz* dazu, alle Erscheinungen und Vorgänge auf das Walten Jahwes als des einzigen wahren Gottes zurückzuführen; so mußte der Schöpfungsglaube die von einem Nebeneinander verschiedener Götter handelnden Mythen zurückdrängen. Zweitens gab die *Geschichtsbezogenheit* der

Gotteserfahrung Israels dem im Ansatz geschichtslosen mythischen Denken keinen Raum. Anders als etwa Ägypter, Sumerer, Babylonier und Kanaanäer bildete Israel keine eigenen Mythen. Allerdings übernahm es aus der Umwelt eine Reihe von mythischen Motiven, um sie dem Jahweglauben mehr oder weniger stark zu assimilieren. Beispiele dafür finden sich etwa in den Schöpfungsaussagen (M. vom Kampf gegen den Meeresdrachen: Ps 74,12–17; 104,5ff.), in den Paradies- und Sintfluterzählungen (1Mose 2–3; 6–9) und in den Überlieferungen vom Auszug aus Ägypten (2Mose 15,3ff.; Jes 51,9f.).
Diese antimythische Grundrichtung erfährt im NT ihre letzte Zuspitzung, denn hier wird das entscheidende Heilsgeschehen in einem örtlich und zeitlich genau fixierbaren Vorgang gesehen: dem Leben und Sterben Jesu von Nazaret. Dies ist kein übergeschichtlicher M., sondern ein Ereignis in der Geschichte, das die Geschichte als Raum des Handelns Gottes ausweist und ihr so ihre Bestimmung und ihr Ziel gibt. Ganz in diesem Sinn polemisiert das NT gegen »haltlose Mythen« (1Tim 4,7; vgl. 1Tim 1,4; 2Tim 4,4; Tit 1,14; 2Petr 1,16), womit wohl jüd.-gnostische Spekulationen gemeint sind, die das Christusgeschehen mythologisch verfremden.
In der neueren theologischen Diskussion wird vielfach mit einem weiteren M.-Begriff operiert: M. sei demnach alles Reden von Sachverhalten, die nach modernem Verständnis von Wirklichkeit und Wahrheit nicht als real nachweisbar sind, d. h. alles Reden von Überirdischem in objektivierender und darum unangemessener menschlicher Sprache. Doch dieser M.-Begriff ist problematisch, weil er, konsequent durchgeführt, jede religiöse Aussage unmöglich machen würde. Jedes Reden von Gott ist notwendig objektivierend und verdiesseitigend; das liegt im Wesen menschlicher → Sprache begründet. (→ Entmythologisierung.) R.

Lit.: H. Gunkel, Schöpfung und Chaos, [2]1921; O. Cullmann, M. und »Entmythologisierung« im NT, in: Vorträge und Aufsätze, 1966, 125–140; K. Hübner, Die Wahrheit des M., 1985.

N

Naaman. 1. Nachkomme Benjamins (1Mose 46,21). **2.** Heerführer aus Damaskus, dessen Aussatz der Profet → Elischa heilte (2Kön 5). S.

Nabal, ein Grundbesitzer vom Stamme Kaleb, der mit → David in Konflikt geriet und dessen Frau Abigajil David nach N.s Tod heiratete (1Sam 25). S.

Nabatäer, ein Volk aus der arab. Wüste, das im 5./4. Jh. v. Chr. im ehemals edomit. Gebiet um → Petra seßhaft wurde und ein bedeutendes Reich gründete. Dieses dehnten die N. über das ganze Ostjordanland und um die Zeitenwende unter den Königen Aretas III. und Aretas IV. sogar bis nach Damaskus aus (vgl. 2Kor 11,32). Damals waren die N. das wichtigste Handelsvolk Nordarabiens, bis der röm. Kaiser Trajan 105 n. Chr. das Reich der N. vernichtete und zur röm. Provinz Arabia machte. S.

Nabel der Erde. Im Altertum erhoben zahlreiche Orte (z. B. das griech. Delphi) den Anspruch, »N.«, geographischer und religiöser Mittelpunkt der Erde zu sein. So wurde nach Richt 9,37 der Berg → Garizim und nach Ez 38,12 → Jerusalem (und seine Umgebung) als »N. der E.« bezeichnet. Das Judentum sah im Tempelfelsen den N. der E., und das Christentum übertrug diesen Ausdruck auf → Golgota. S.

Nabi → Profet(en).

Nabonid, letzter babylon. König (556–539 v. Chr.), der sich zehn Jahre mit einem Truppenkontingent in Arabien bei der Oase Tema aufhielt; auf Volkstraditionen über N. dürfte die Erzählung Dan 4 zurückgehen. S.

Nabopolassar, babylon. König (625–606 v. Chr.), befreite Babylonien von der assyr. Vorherrschaft und vernichtete 612 v. Chr. im Bündnis mit den Medern das Assyrerreich. S.

Nabot, ein Weingutbesitzer in der Stadt Jesreel, der sich weigerte, dem König → Ahab sein zum königlichen Palast günstig gelegenes Grundstück abzutreten. Durch ein Justizverbrechen wurde er getötet, und sein Grundstück fiel an den König (1Kön 21; 2Kön 9,21–26). S.

Nachfolge, Anschluß an eine religiöse Führergestalt, der sich bestimmend für die gesamte Lebensführung auswirkt.
1. Im AT wird vielfach der Abfall von Jahwe als N.n oder »Nachlaufen« hinter fremden Göttern gekennzeichnet (5Mose 4,3; 6,14; Richt 2,12.19; 1Kön 11,5.10 u. ö.). Dahinter steht möglicherweise der heidn. Kultbrauch der Prozession. Seltener ist von einer N. Jahwes (im Sinn einer exklusiven Bindung an seinen Willen) die Rede (5Mose 13,5; 1Kön 14,8; 2Kön 23,3; Jer 2,2).
2. Im Judentum ist »N.« fester Terminus für das Verhältnis der Schüler zu einem Schriftgelehrten. Wer Rabbi werden will, muß sich an einen anerkannten Gesetzeslehrer anschließen, seine Unterweisungen lernen, ihn bedienen und seine Lebensführung beobachten. Denn auch das praktische Verhalten des Lehrers gilt als Gesetzesauslegung.
3. Der Profet Elija berief Elischa in seine N., d. h., er gab ihm Teil an seinem Auftrag und seiner dadurch bestimmten Lebensweise (1Kön 19,19ff.). Hier – und nicht in der N. der Rabbinenschüler – liegt das Modell für Jesu Ruf in die N. Jesus berief einen Kreis von Menschen zur Teilhabe an seinem Dienst für die nahe Gottesherrschaft. Um der Dringlichkeit des Auftrags willen mußten die N.r bereit sein, alle anderen Bindungen zurückzustellen (Mk 10,28; Mt 8,21f.) und das unstete Wanderleben Jesu auf sich zu nehmen (Mt 8,19f.). Das Verhalten Jesu, vor allem sein dienendes Eintreten für andere und sein Verzicht auf Macht und Recht (Mk 10,42ff.), wurden zur Norm für den N.r. Auch mußte er bereit sein, das Schicksal Jesu zu teilen (Mk 8,34ff.).
Diese Form der N. war auf die vorösterliche Situation beschränkt. Nach Ostern trat an ihre Stelle die Bindung des Glaubenden an Christi Tod und Auferstehung durch die Taufe (Röm 6,3ff.). Demgemäß fehlt im NT außerhalb der Evangelien das Wort »N.« für das Verhältnis der Christen zu Christus (Ausnahme: Offb 14,4). Erst später fand es als Bezeichnung für eine

Christus gehorsame Lebensführung in die Frömmigkeitssprache Eingang. (→ Jünger.) R.
Lit.: M. Hengel, N. und Charisma, 1968.

Nachgeschichte, moderne Bezeichnung für die sich in Korrekturen, Erläuterungen und Zusätzen sichtbar niederschlagende Weiterarbeit an bibl. Texten. S.

Nachlese, der Ernterest, der dem ärmeren Bevölkerungsteil – freiwillig oder durch Anordnung des Gesetzes – überlassen wurde (Rut 2,2–8; 3Mose 19,9f.; 23,22; 5Mose 24,19–21), auch Bild für eine gründliche Vernichtung (z. B. Richt 20,4˙˙ Jer 49,9; Mich 7,1). S.

Nachon, Name einer Tenne oder ihres Besitzers, wo Usa bei der Überführung der → Lade nach Jerusalem für ehrfurchtsloses Verhalten mit dem Tode bestraft wurde (2Sam 6,6). S.

Nächster, Nächstenliebe. Als N. gilt im AT der Mensch, der einem anderen innerhalb eines gegebenen sozialen Bezugssystems zugeordnet ist, also das Glied der Sippe, der Mitbürger und – im weitesten Sinne – der Mitangehörige des Volkes Israel. Ihm gegenüber ist → Liebe fundamentale, durch das Gesetz (3Mose 19,13–18) gebotene Pflicht. Von den Volksfremden gilt nur der als N., der dauernd im Lande wohnt (2Mose 22,20; 3Mose 19,34). Insofern interpretiert Jesus das alttest. Liebesgebot sachgemäß, wenn er auf die ihm implizierte Grenze hinweist: »Du sollst ... deinen Feind hassen!« (Mt 5,43.) Jesus bricht diese Grenze auf und faßt das Liebesgebot neu, und zwar in doppelter Hinsicht: einmal dadurch, daß er Gottesliebe und Nächstenliebe aneinanderbindet (Mk 12,28–31) – Gottesliebe als Begegnung mit dem alle Menschen liebenden Gott ist Maßstab und Motivation der Nächstenliebe (Lk 6,36); zweitens spricht Jesus dem Menschen das Recht ab, die Grenze zwischen dem N., dem er verpflichtet ist, und dem Feind zu bestimmen. Weil Gott ohne Einschränkung alle Menschen liebt, darum soll der Jünger Jesu auch Menschen, denen er weder verbunden noch verpflichtet ist, Liebe erweisen, sogar seinen Feinden. Modellhaft wird dies an der Beispielgeschichte Lk 10,29–37 vorgeführt: Der barmherzige Samariter, der einem Glied des seinem Volk verfeindeten jüd. Volkes hilft, praktiziert Nächstenliebe, wie sie dem endzeitlichen Nahegekommensein Gottes entspricht (vgl. Mt 5,44). R.

Nacht. Fast ohne Dämmerung folgt im Orient auf den Tag die N. Sie ist in bibl. Zeit nicht in Stunden, sondern in → N.-Wachen eingeteilt. Die Abfolge von Tag und N. ist Inbegriff der Treue Jahwes und der Ordnung (1Mose 8,22; Jer 33,20). In der Schöpfung begrenzt Jahwe die Finsternis auf die N. und ordnet sie in das Schöpfungswerk ein (1Mose 1,5). Für die Endzeit konnte das völlige Aufhören der N. erwartet werden (Sach 14,7; Offb 21,25). J. E.

Nachtgesicht → Sacharja.

Nachthütte, eine Hütte im Feld oder Weinberg für den, der zur Erntezeit die reifen Früchte bewachte (Jes 1,8). S.

Nachtwache. Aus der Notwendigkeit des Wachehaltens, besonders im Kriegsfall, ergab sich in bibl. Zeit eine Untergliederung der Nachtzeit in N.n, bei den Israeliten in drei von Sonnenuntergang bis -aufgang gerechnete und darum jahreszeitlich verschieden lange (z. B. Richt 7,19), bei den Römern in vier: »abends« (18–21 Uhr), »um Mitternacht« (21–24 Uhr), »beim Hahnenschrei« (0–3 Uhr), »morgens« (3–6 Uhr) (vgl. Mk 13,35). S.

Nacktheit, ein Zeichen der Armut (z. B. Ijob 24,7; Jes 58,7; Mt 25,36) und der Schande (z. B. Jes 20; Hos 2,5), kam aber auch bei der profetischen Ekstase vor (1Sam 19,24); allerdings meinen das hebr. und griech. Wort für »nackt« dabei oft nur die leichte oder dürftige Bekleidung. Verbreitet war im Altertum die kultische N., weil man dem nackten Körper größere Macht zuschrieb als dem bekleideten; dagegen bestimmte das alttest. Gesetz, daß der Priester seine Blöße zu verbergen habe (2Mose 20,26). S.

Nadab. 1. Ein Sohn Aarons (2Mose 24,1). **2.** Ein Nachkomme Jerachmeels (1Chr 2,28). **3.** Ein Onkel Sauls (1Chr 8,30). **4.** Zweiter König des Nordreiches Israel (907–906 v. Chr.), von → Bascha ermordet, der die Herrschaft übernahm (1Kön 15,25–31). S.

Nadelöhr. In einem drastischen Bildwort (Mk 10,25 par) spricht Jesus davon, daß ein Kamel leichter durch ein N. geht, als daß ein Reicher in das → Reich Gottes gelangt. Die Vermutung, mit dem N. sei eine Öffnung der Stadtmauer von Jerusalem gemeint, ist willkürlich und unbegründet. R.

Naeman → Naaman.

Naëmi → Noomi.

Naftali, einer der zwölf Stämme Israels, der auf dem Ostteil des Berglandes von Galiläa wohnte. N. war unter Führung des → Barak (1) maßgeblich am Kampf gegen den Stadtkönig → Sisera beteiligt (Richt 4). Das Gebiet von N. hatte als nordöstl. Teil des Nordreiches Israel im 9. Jh. v. Chr. unter den Kriegen mit Aram zu leiden (1Kön 15,20) und wurde 733 v. Chr. dem assyr. Reich angegliedert (2Kön 15,29). Auf diese Situation bezieht sich vielleicht die Verheißung Jes 8,23, die in Mt 4,15 aufgenommen wird. – Als Ahnherr des Stammes N. galt ein Sohn Jakobs von Bilha, der Magd Rahels (1Mose 30,7f.). S.

Nag-Hammadi-Handschriften, 13 Papyrushandschriften in Codexform, die 1945/46 bei N. H. in Oberägypten, etwa 100 km nördl. von Luxor, gefunden wurden. Die in den verschiedenen kopt. Dialekten verfaßten Texte bildeten die Bibliothek einer christl.-gnostischen Gruppe aus der 2. Hälfte des 4. Jh.s., ihre Entstehungszeit liegt jedoch teilweise schon im 2. Jh. Die Bedeutung dieses Fundes liegt darin, daß er bisher fehlendes Quellenmaterial für die christl. → Gnosis liefert. Wichtig sind vor allem das → Thomasevangelium, das → Evangelium der Wahrheit (Evangelium Veritatis), das Ägypterevangelium sowie das Apokryphon Johannis. Die Auswertung der Funde von N. H., die heute zum großen Teil im Koptischen Museum in Kairo liegen, erwies sich als außerordentlich schwierig. Eine umfassende wissenschaftliche Textedition konnte erst 1977 zum Abschluß gebracht werden. R.

Texte (Ausw.): W. C. van Unnik, Evangelien aus dem Nilsand, 1960; J. M. Robinson, The N. H. Library in English, 1977.

Nagel, Stift aus Holz oder Metall zum Aufhängen (z. B. 2Mose 26,32; Jes 22,24f.) oder Befestigen (Jer 10,4) von Gegenständen. S.

Nahasch, König der Ammoniter, von Saul besiegt (1Sam 11), und andere Träger dieses Namens (2Sam 17,25.27). S.

Naherwartung, Hoffnung auf den unmittelbar bevorstehenden Anbruch endzeitlicher Ereignisse. Die N. war sicher ein hervorstechendes Merkmal der Verkündigung Jesu. Die Ankündigung: »Das Reich Gottes ist nahe herbeigekommen!« (Mk 1,15 par; Mt 4,17; Lk 10,9ff. par; Mt 10,7), ist Hinweis auf den als unmittelbar bevorstehend gedachten sichtbaren Anbruch des → Reiches Gottes und Mahnung zur wachen Bereitschaft auf das Kommende (Mk 13,28ff.). Allerdings unterscheidet sich die N. Jesu gleichermaßen von der der → Apokalyptik wie der → Essener durch die Betonung des Hereinragens der Zukunft in die Gegenwart und durch die Ablehnung aller zeitlichen Spekulationen: In Jesu Wirken ist das kommende Heil bereits verborgen gegenwärtig (Lk 11,20; 17,20f.), in der Stellungnahme zu ihm wird bereits in der Gegenwart das Urteil des kommenden → Menschensohnes vorweggenommen (Lk 12,8).
Die nachösterliche → Urgemeinde sah in Kreuz und Auferstehung Jesu den Anfang der Endereignisse und lebte zunächst in einer intensiven N. seiner Wiederkunft, der → Parusie (1Thess 4,13ff.). Deren Ausbleiben führte zu einer Umschichtung der → Eschatologie (z. B. 2Petr 3,3ff.) und damit zu einem Zurücktreten der N. Diese flammte später lediglich in Krisensituationen und in sektiererischen Gruppen immer wieder auf. R.

Nahum, Profet, der im 7. Jh. v. Chr. in Juda wirkte. Die Lage seines Heimatortes Elkosch ist unbekannt. Gegenstand seiner Verkündigung war in erster Linie Ninive, die Hauptstadt des assyr. Reiches, der N. den Untergang weissagte. Aufgetreten ist N. irgendwann in der Zeit zwischen der Eroberung der ägypt. Stadt Theben durch die Assyrer (Nah 3,8) im Jahre 663 v. Chr. und der Eroberung Ninives durch die Babylonier im Jahre 612 v. Chr. S.

Nahumbuch, Sammlung der Aussprüche des Profeten → Nahum. Vorangestellt ist ein wohl nicht von Nahum stammendes hymnisches Gedicht, in dem das Kommen Jahwes zur Vernichtung seiner Feinde geschildert wird (Nah 1,2–10). Auf einige wohl fragmentarische Sprüche (Nah 1,11–14; 2,1–3) folgen drei Drohworte gegen Ninive, in denen der Profet lebhaft-dramatisch die kommende Eroberung der Stadt und des Assyrerlandes beschreibt (Nah 2,4–14; 3,1–7.8–17); hierbei verwendet er die Stilelemente verschiedener Gattungen. Abgeschlossen wird das Buch mit einer profetischen → Leichenklage auf den Fall Ninives (Nah 3,18–19). Das N. bietet nur Gerichtsworte gegen Ninive, nicht jedoch gegen das eigene Volk. Vielleicht waren aber einige Sprüche (z. B. Nah 3,1–5.8–11) ursprünglich gegen Jerusalem und Juda gerichtet und sind erst später als Worte gegen Ninive umgedeutet worden. S.

Lit.: K. Elliger, Das Buch der zwölf kleinen Propheten II, [7]1975 (ATD 25); A. Deissler, Zwölf Propheten II, 1984 (NEB); K. Seybold, Nahum. Habakuk. Zefanja, 1991 (ZBKAT 24,2).

Nain, Stadt an der Südgrenze Galiläas (Lk 7,11), etwa 12 km südöstl. von → Nazaret. R.

Name(n). Für die meisten Kulturen des Altertums besteht zwischen den Wörtern der → Sprache und den durch sie bezeichneten Dingen ein innerer Zusammenhang. Wo z. B. »Sonne« gesagt wird, wird nicht bloß eine Naturerscheinung zum Zweck der Verständigung unter Menschen mit einem Etikett belegt, sondern die Macht dieser Erscheinung beschworen. Nirgendwo wird das so deutlich wie beim Gebrauch von N. Orts-N. werden häufig durch → Ätiologie erklärt, der Ort erhält dadurch zugleich eine Funktion in der Lebenswelt. Ähnlich verhält es sich mit → Personen-N. Abigajils Mann heißt → *Nabal* »Tor«, und sein Verhalten zeigt: »er ist ja wirklich, was sein N. besagt« (1Sam 25,25). Mensch oder Tier ohne N. (d. h. auch ohne Gattungsbezeichnung) sind der Welt nicht eingeordnet, unnütz und verächtlich (Ijob 30,8; 1Mose 2,19f.). Geben aber Eltern bei der Geburt dem Kind einen N., prägen sie seinen Lebensweg voraus. Ein Großkönig ändert den N. seines Vasallen (2Kön 23,34) und macht ihn dadurch zu einem anderen Menschen. Andererseits reicht ein N. über die umschriebene sichtbare Person hinaus, wird zu einer unsichtbaren Wirkungssphäre, die sich weithin erstrecken und auch anderenorts konzentrieren kann. Ein Mensch west überall an, wo sein N. bekannt ist und laut wird. Wer seinen N. über einem Gegenstand ausrufen läßt, macht ihn zu seinem Eigentum (2Sam 6,2; 12,28); man birgt sich im N. eines anderen wie in einem unsichtbaren Schutzraum, falls der N. kraftvoll ist (4Mose 6,27). Von der gleichen Voraussetzung her können Fremde den N. eines Menschen durch nachdrückliche Nennung im abträglichen Kontext »verhexen«, was freilich im AT nirgends belegt ist.

Was vom menschlichen N. gilt, gilt ebenso vom göttlichen. Der eine, allumfassende Gott trägt den N. → *Jahwe.* Der N. trägt schon Herrlichkeit in sich, sie kann durch Bei-N. wie *Zebaot* gesteigert werden (→ Gottesbezeichnungen). Nur die Israeliten (und einige Nachbarn) kennen den Gottes-N. und vermögen es, ihn »erhörlich« anzurufen, sind freilich auch als sein Eigentumsvolk, über das der N. »Jahwe« ausgerufen ist, ihm besonders verpflichtet. Feierliche Selbstvorstellung Gottes: »Ich bin Jahwe«, und kultische Verehrung durch das Volk, die im Anrufen des N.s »Jahwe« ihr Zentrum findet (1Mose 4,26 u. ö.), lassen den → Bund exklusiv werden. Wird Gottes N. genannt, wird Gott gegenwärtig, deshalb werden in seinem N. → Fluch, → Segen, → Schwur ausgesprochen. Der N. steht stellvertretend für Gott selbst, er ist deshalb zu heiligen, zu verherrlichen, zu lieben; frevelhaft ist es, ihn zu entweihen, zu kränken. Jedes → Wort Gottes ist mit seinem N. verknüpft und dadurch wirksam; so wird der N. zur Gewähr für die Stetigkeit der Heilsgeschichte und ihre eschatologische Erfüllung (besonders bei Ezechiel, z. B. Ez 20,44).

Doch wird Israel sich früh bewußt, daß Jahwe sich nicht durch zauberhafte Verwendung seines N.s zwingen läßt, daher das Verbot, den N. Gottes zu mißbrauchen (2Mose 20,7). Auch entsteht die Frage, ob der im Hebräischen nicht eindeutig verstehbare N. »Jahwe« nicht ebensosehr Verhüllung eines geheimnisvollen »Ich bin, der ich bin« ist als klare Offenbarung (Verheimlichung auch 1Mose 32,30; Richt 13,6). Vom → Deuteronomium ab entsteht das Bewußtsein einer gewissen Abständigkeit zwischen Gott selbst in seiner unermeßlichen himmlischen Ferne und seinem hebr. N., der als seine Erstreckung auf Erden wirkt und allein am Tempel zu Jerusalem vollgültig »wohnt« (5Mose 12,5; 1Kön 8,16ff. usw.). An anderen Stellen der Erde kann der N. wie ein selbständiges Wesen zeitweise hingelangen und dann Umsturz bewirken (Jes 30,27).

Um 200 v. Chr. hört Israel auf, einen Eigen-N. für seinen Gott zu benutzen. Es redet von da an umschreibend nur noch von »dem N.«, dem Heiligen, dem Ewigen, dem Himmel u. ä. Auch im NT ist Gottes N. zugleich Inbegriff seiner Macht und Medium seiner Selbstkundgabe. Jesus wirkt »im N. Gottes« (Mk 11,9; Joh 5,43; 10,25), d. h. in seinem Auftrag und zur Erfüllung seines Wil-

lens. Er macht aber auch den Menschen den N. Gottes kund (Joh 17,6.26), d. h., er wirkt als der Offenbarer. Wenn er seine Jünger im → Vaterunser um die Heiligung des N.s Gottes beten lehrt, so umschreibt er damit letztlich das Ziel seiner Sendung: Das → Reich Gottes, dessen Kommen er verkündigt, ist die endzeitliche Selbstdurchsetzung des N.s Gottes in der gesamten Schöpfung.
Von ganz analoger Struktur sind die neutest. Aussagen über den N. Jesu. Sie haben ihre Mitte in der Gewißheit, daß Jesus durch seine Auferstehung zur Rechten Gottes erhöht worden ist, so daß nun Gott seine Herrschaft durch ihn ausübt: Gott hat Jesus »einen N. gegeben, der über alle N. ist« (Phil 2,9ff.), d. h., er hat ihm einen N. gegeben, der Inbegriff der ihm übertragenen Macht und Herrschaft ist. In diesem N. ist für die Menschen alles Heil beschlossen (Apg 4,12; 1Kor 6,11). Wenn die → Taufe »auf den N. Jesu« vollzogen wird (Apg 2,38 u. ö.), so bedeutet dies einerseits die Unterstellung unter die gegenwärtige Macht Jesu: Er gilt als der eigentliche Spender der Taufe; er wirkt durch sie Vergebung und Umkehr. Andererseits aber bedeutet es die Übereignung an Jesus und die Eingliederung in den Bereich seiner Herrschaft. Es bedeutet keine sachliche Veränderung, sondern lediglich eine weiterführende Interpretation, wenn bald aus der eingliedrigen die bekannte dreigliedrige Taufformel (»auf den N. des Vaters, des Sohnes und des Heiligen Geistes«, Mt 28,19) wird. Die Vollmacht der Jünger beruht darauf, daß sie im N. Jesu, d. h. in seinem Auftrag und in seiner Kraft, handeln dürfen (Mt 18,5; Lk 10,17; Apg 3,16). Allerdings ist dieser N. keine magische Formel, über die man verfügen könnte (Apg 19,13; vgl. Apg 8,19); Zugang zu ihm gewinnt man nur innerhalb eines personhaften Verhältnisses zu Jesus. K. / R.

Nanäa, eine pers. oder mesopotam. Göttin, deren Tempelschatz Antiochus IV. Epiphanes 164 v. Chr. konfiszierte, dabei aber von den Priestern ermordet wurde (2Makk 1,13–16). S.

Narde → Pflanzenwelt.

Narr → Tor, Narr.

Narzissus, reicher Römer, dessen christl. Haushaltsmitglieder Paulus grüßen läßt (Röm 16,11). R.

Nase. Das hebr. Wort für »N.« (hebr. *af*) bezeichnet im AT auch das → Angesicht, auf das man bei der Proskynese niederfällt (z. B. 1Mose 42,6), und – vom zornigen »Schnauben« her – den Zorn des Menschen und Gottes (z. B. 1Mose 30,2; 5Mose 29,19). S.

Nasenring → Ring, → Schmuck.

Nasiräer (»Gottgeweihter«), durch strengste kultische Reinheit und Askese (kein Scheren des Haares, kein Rauschtrank, Meidung von Unreinheit, vgl. 4Mose 6; Richt 13,5) hervortretende Israeliten, die sich damit in ein besonderes Verhältnis zu Jahwe begaben. N. war man zuweilen auf Lebenszeit (Richt 13,7; → Simson), häufiger wohl zeitlich begrenzt auf Grund eines → Gelübdes (4Mose 6). Dieser Brauch begegnet noch im NT (Apg 21,23ff.). Paulus übernimmt, um seine Treue zum jüd. → Gesetz unter Beweis zu stellen, die Kosten für die Auslösung eines Nasiräatsgelübdes auf Zeit, das vier Männer auf sich genommen hatten. J. E.

Natan, einflußreicher Mann am Hof des Königs David. Welches Amt er innehatte, geht aus den alttest. Berichten nicht deutlich hervor. Er war Erzieher Salomos (2Sam 12,25) und dessen Parteigänger, indem er durch eine Intrige die Thronbesteigung → Salomos bewerkstelligte (1Kön 1). N., der in den alttest. Berichten als »Profet« bezeichnet wird, hat nach 2Sam 7 → David die → Natanweissagung verkündet und nach 2Sam 12,1–15 David wegen des Ehebruchs mit → Batseba und des Mordes an → Urija angeklagt. S.

Natanael (hebr., »Gott hat gegeben«), verbreiteter Name (z. B. Neh 1,8; 12,36). Das Johannesevangelium erwähnt einen N. aus → Kana als Jesusjünger (Joh 1,45–49; 21,2). Da er in den synoptischen Evangelien nicht genannt wird, ist es denkbar, daß es sich um eine symbolische Gestalt für die Glaubenden aus Israel (vgl. Joh. 1,49) handelt. R.

Natanweissagung, eine in 2Sam 7,5–16 überlieferte, durch → Natan mitgeteilte Botschaft Jahwes an David. Sie enthält mehrere Motive, von denen das des »Hauses« das beherrschende ist. David will ein »Haus«, d. h. einen Tempel, für Jahwe bauen (V. 1–3), und Jahwe wird David ein »Haus« bauen, d. h. ihn zum Gründer einer

Dynastie machen (V. 11b), und dieses ewig bestehen lassen (V. 16). Sehr spät wurde der Gedanke hinzugefügt, daß Jahwe überhaupt nicht eines Tempels bedarf (V. 5–7). S.

Nation → Volk.

Nationalreligion. Von N. spricht die Religionswissenschaft, wenn Gottheiten und ihre Kulte exklusiv auf ein Volk begrenzt sind und allein für dieses positiv wirksam werden. Die Jahwe-Verehrung hatte zumeist diesen Charakter; nur Israel findet bei ihm Heil und Hilfe. Seit der Zeit der Profeten taucht mehrfach im AT die Meinung auf, daß Jahwe der Gott aller Menschen sei oder in der Endzeit werde. Die Schranken der N. sind aber erst endgültig durch Jesus und Paulus überwunden worden. K.

Natter → Tierwelt.

Natur. Der Begriff »N.«, lat. Übersetzung des griech. Wortes *physis,* meint für uns einen zusammenhängenden, unpersönlichen Wachstumsprozeß alles Seienden, gemäß den ihm innewohnenden unveränderlichen Gesetzen. Die Hebräer kennen einen solchen unpersönlichen Kräftezusammenhang nicht. Überzeugt, daß alles, was ist, aus der → Schöpfung Gottes hervorgegangen ist, werden die Kräfte der N. und ihr Wechselspiel einerseits auf relativ selbständige gottheitliche Wesen (*älohim*) zurückgeführt wie z. B. die Gestirne und (spätisraelit.) besondere → Engel, die hinter meteorologischen Erscheinungen oder, als Volksgeister, hinter Staatsbildungen stehen; beides aber gründet letztlich in einem universalen Willens- und Machtzentrum, in Jahwe. Andererseits können direkt aus Jahwe Wirkungsgrößen hervorgehen, die den N.-Prozeß hervorrufen, verändern, hemmen: → Segen, der als Vermögen zu Lebenserhaltung und -erhöhung den Lebewesen eingestiftet wird (1Mose 1,22.28); → Geist-Atem als Bewegungs- und Mitteilungsfähigkeit (Ps 104,29f.), aber auch als versengender Sturm (Jes 40,7); → Gerechtigkeit als Gemeinschaftstreue, die zum Wohlbefinden führt; → Zorn als Vernichtungswaffe und anderes mehr. Die vielen Götter, die im → Polytheismus in der bibl. Umwelt verschiedenartige N.-Erfahrungen repräsentieren, werden somit in der Bibel depotenziert und zu Werkzeugen des einen Gottes.

Dieser → Gott wird keineswegs (wie in der abendländ. Dogmengeschichte) als reine Transzendenz der Immanenz von N. und Welt gegenübergestellt. Der Weltzusammenhang ist vielmehr an unzähligen Stellen offen zu Gott hin als Grund des Wirklichen, Gott west in der Welt an. Der Satz: »In ihm leben, bewegen wir uns und sind wir« (Apg 17,28), könnte schon im AT stehen. Die Erde ist die Fülle seiner → Herrlichkeit (Jes 6,3). Mit seinem → Namen breitet Gott sich selbst über den Erdkreis aus. (Dabei reicht Gott weiter als das Weltall, als jeder denkbare Himmel, 1Kön 8,27.) Von daher kann das AT keine Gegenüberstellung von N. und Gnade kennen (wie die abendländ. Theologie), vielmehr ist auch »Gnade« in der diesseits bezogenen Denkweise des AT eine Kraft zu natürlichem → Leben.

Während frühe alttest. Überlieferungen mit leibhafter Anwesenheit Gottes in der Welt und N. rechnen, wird später göttliche Immanenz primär worthaft gedacht. Dabei reichen Stimme und → Wort Gottes über das, was Menschen vernehmen können, weit hinaus, sie werden auch von Himmel und Erde und Sternen vernommen und weitergegeben (Jes 1,2; Ps 19,3f.), und als → Weisheit werden sie zu Grundstrukturen des N.-Geschehens. Deshalb gibt Gott Gesetze nicht nur für Menschen, sondern stiftet sie nach profetischer Auffassung auch N.-Mächten ein (Jer 23,24; 31,35). (Die worthafte Immanenz Gottes wird in der altkirchlichen Lehre vom Heiligen Geist z. T. weitergeführt.)

Anders als in der abendländ. N.-Idee gilt der Zusammenhang des Alls als offen zum Menschen hin und umgekehrt, der Mensch also durchweg als Teil der N. Ein Unterschied von N. und Kultur ist unbekannt. Wenn der Mensch die → Erde bearbeitet, dann »dient« er ihr (hebr. *abad*), verhilft ihr zur eigentlichen Bestimmung. N. wird auch in ihrer Fruchtbarkeit vom Menschen abhängig gedacht. Wo z. B. der frevelbeladene Kain immer der Erde dienen will, wird sie ihm ihre Kraft verweigern (1Mose 4,12). Wo dagegen ein König in → Gerechtigkeit herrscht, wird kraft des → Tat-Ergehen-Zusammenhangs der Boden überdurchschnittlich fruchtbar (Ps 72). Doch ist N. dem Menschen nicht zu schrankenloser Ausbeutung überlassen (wie bisweilen der Schöpfungsauftrag: »Macht euch die Erde untertan und herrscht über die Tiere«, 1Mose 1,28, mißdeutet wird). Schon die Scheidung der Welt in Bereiche von → Heilig, Reinheit und Unrein-

heit setzt Schranken, und die Ehrfurcht vor dem Leben wird z. B. durch das archaische Tabu des Genusses von → Blut eingeschärft.
Die Einbindung des Menschen in die Gemeinschaft der Erde tritt auch in der → Eschatologie zutage. Eine Veränderung menschlicher Gesellschaft und anthropologischer Strukturen wie z. B. durch eine neue Gerechtigkeit oder durch → Auferstehung und ewiges Leben hat notwendig eine Verwandlung der außermenschlichen N. im Gefolge (schon Jes 11,1–9). K.

Naturgottheiten. Mit N. pflegt man Götter zu bezeichnen, die Personifikationen von Naturmächten darstellen oder doch ihren Ursprung in den numinosen Erfahrungen von deren übermenschlichem Charakter haben; also Gottheiten der Sonne und anderer Gestirne, von Wind, Regen, Bergen, Meeren, Bäumen, Quellen, Fruchtbarkeit des Bodens usw. Da das AT neben Jahwe keine anderen Götter kennt, bleibt ihm kein Raum für N. Doch gelten → Himmel und → Sonne als lebende Wesen, das → Meer als eine gottfeindliche Macht. Bekannt, wenngleich nicht verehrt, sind gewisse Naturgeister oder Wirkungsgrößen wie der Zuwachs des Kleinviehs (5Mose 28,4.18; → Astarte). K.

Nazaräerevangelium, apokryphes judenchristl. Evangelium in aram. Sprache, im 2. Jh. in Syrien entstanden und im wesentlichen vom Matthäusevangelium abhängig. R.
Text: Schneemelcher I, 128–138.

Nazarener, alte Herkunftsbezeichnung Jesu vor allem bei Markus und Lukas, während Matthäus das möglicherweise bedeutungsgleiche → *Nazoräer* bevorzugt. Bei häufigen Namen – wie dem Namen Jesus – diente die Beifügung der Herkunftsbezeichnung der Unterscheidung. R.

Nazaret (aram. *nazᵉrat*), kleines Dorf im Süden Galiläas, 4,5 km südl. der Hauptstadt → Sephoris, im AT nicht erwähnt, erst als Heimatort Jesu bekannt geworden (→ Nazarener; vgl. Joh 1,45f.). Nach Lk 1,27; 2,4 war N. auch die Heimat seiner Eltern, während sie nach Mt 2,23 erst als Flüchtlinge vor Archelaus, dem Sohn des → Herodes, dort Wohnung nahmen. Diese Differenz der Berichte wie auch andere Gründe machen die Geburt Jesu in N. historisch wahrscheinlich. (→ Kindheit Jesu.) R.

Nazoräer (griech. *Nazoraios*), eine der ältesten Bezeichnungen für Jesus und seine Anhänger (z. B. Mt 2,23; Apg 24,5; 26,9), deren Herkunft in der Forschung strittig ist: Neben der Ableitung vom Ortsnamen → *Nazaret* (so Mt 2,23) wird auch eine solche vom hebr. *nasir* (→ Nasiräer) oder – weniger wahrscheinlich – vom hebr. *nezär* (»der [messianische] Sproß«, vgl. Jes 4,2; 11,1f.) erwogen. R.

Neapolis, mazedon. Hafenstadt nahe bei Philippi; Beginn der Via Egnatia; Paulus betrat hier erstmals europ. Boden (Apg 16,11). R.

Nebajot, Volk in Arabien (Jes 60,7), als dessen Ahnherr ein Sohn Ismaels gilt (1Mose 25,13). S.

Nebel. Das hebr. Wort für »N.« bezeichnet die Wasserflut, die aus der Erde (1Mose 2,6) oder vom Himmel (Ijob 36,27) strömt, und stammt vielleicht aus einem mythologischen Vorstellungsbereich. S.

Nebenfrau. Da im AT die → Polygamie legitim war, konnte der Israelit außer der Hauptfrau eine oder mehrere – rechtlich niedriger gestellte – N.en haben. S.

Nebo. 1. Babylon. Gott (Jes 46,1). **2.** Berg an der Nordseite des → Pisga-Gebirges, von dem aus Mose nach 5Mose 32,49; 34,1 das Land Kanaan schauen durfte. **3.** Stadt in Moab (z. B. Jes 15,2; Jer 48,1). **4.** Stadt in Juda (Esr 2,29), vielleicht identisch mit → Nob. S.

Nebukadnezzar, im AT auch (richtiger) Nebukadrezzar, bedeutendster König (605–562 v. Chr.) des neubabylon. Reiches. Er eroberte und zerstörte 587/586 v. Chr. → Jerusalem (bereits zehn Jahre zuvor erste Eroberung und teilweise Deportation), beendete die Eigenstaatlichkeit → Judas und führte einen großen Teil des Volkes ins → Exil. Dennoch war er weniger Kriegs- als Bauherr, der → Babylon erweiterte und prachtvoll ausstattete. Legenden um N. erzählt das → Danielbuch, so seine im Traum angekündigte zeitweise Entmachtung und sein Leben unter Tieren. (→ Babylonien und Assyrien.) J. E.

Nebusaradan, Feldherr → Nebukadnezzars, der 587/586 v. Chr. Jerusalem eroberte und die Bevölkerung deportierte (2Kön 25,8–20). S.

Necho, ägypt. Pharao (610–595 v. Chr.). Sein Feldzug nach Syrien, bei dem Joschija, der sich ihm entgegenstellte, den Tod fand und N. daraufhin Eljakim (Jojakim) als König in Juda einsetzte (2Kön 23,29–35), endete 605 v. Chr. bei Karkemisch mit einer Niederlage durch → Nebukadnezzar. S.

Nefrit → Edelsteine.

Neftai, eine brennbare Flüssigkeit (2Makk 1,36). S.

Negeb, hebr. Bezeichnung für den Süden, im engeren Sinn für die zerklüftete Wüstengegend südl. des Gebirges Juda (1Mose 20,1; Jos 15 u. ö.). Klima und Fauna des N. waren gefürchtet (Jes 21,1; 30,6f.). Der N. war das Gebiet des Stammes → Kaleb und der → Keniter. Hauptort ist seit alters → Beerscheba. Der moderne Staat Israel arbeitet erfolgreich an der Erschließung und Bewässerung des N. J. E.

Nehemia, ein Judäer, der im 5. Jh. v. Chr., als Palästina Teil des pers. Reiches war, das jud. Gemeinwesen reorganisierte. Über seine Tätigkeit verfaßte er eine »Denkschrift«, die im → Nehemiabuch enthalten ist. Danach wurde N., der am pers. Königshof das Amt eines Mundschenks innehatte, im Jahre 445 v. Chr. von König Artaxerxes I. bevollmächtigt, die zerstörten Mauern → Jerusalems wiederaufzubauen, und zum Statthalter von Juda, das bis dahin zur Provinz Samaria gehörte, ernannt. In Jerusalem angekommen, bewerkstelligte er in verhältnismäßig kurzer Zeit den Mauerbau, obwohl die dortigen Machthaber, vor allem → Sanballat, der Statthalter von Samaria, ihn zu verhindern suchten; um den wirtschaftlich Schwachen die Teilnahme am Mauerbau zu ermöglichen, setzte N. einen Schuldenerlaß durch und verzichtete auf seine Einkünfte. Da Jerusalem kaum noch bevölkert war, siedelte er dort Landbewohner aus Juda an. Ferner beseitigte N. Mißstände im Tempel, setzte die Heiligung des Sabbats durch und verbot die Ehe mit Ausländerinnen. S.

Nehemiabuch. Grundlage des N.es ist eine in Neh 1–6; 12,27ff.; 13 erhaltene Denkschrift des Statthalters → Nehemia, in der er vor seinem Gott Rechenschaft über seinen Neuaufbau der Jerusalemer Volks- und Kultgemeinschaft ablegt (Neh 3,36f.; 5,19; 6,14; 13,31). Zunächst wohl im Jerusalemer Tempel aufbewahrt, wird sie später an das → Chronistische Geschichtswerk angefügt, um die Neugestaltung des Kultes unter → Esra mit dem politischen Wiederaufbau zu verbinden. Vom älteren → Esrabuch wird bei dieser Gelegenheit die dortige Erzählung über die Bundesverpflichtung auf das Gesetz abgetrennt und als Kap. (7) 8–10 dem N. einverleibt, um die beiden großen Gestalten der frühnachexilischen Zeit, Esra und Nehemia, bei einem gemeinsamen Akt zu schildern, der als Höhepunkt des neuen, aus dem Exil erstandenen Israel verstanden wird. K.

Lit.: J. Becker, Esra. Nehemia, 1990 (NEB).

Ne(c)huschtan → Eherne Schlange.

Neid, gilt bereits im AT als elementare, weil das Gemeinschaftsleben zerstörende Sünde. Im NT wird N. vielfach formelhaft in → Lasterkatalogen erwähnt (Röm 1,29; Gal 5,21; 1Tim 6,4; 1Petr 2,1). Den weiteren Sinn von »Mißgunst« hat der Begriff in Mk 15,10 par; Mt 27,18; Phil 1,15. R.

Nereus, röm. Christ, den Paulus zusammen mit seiner Schwester grüßen läßt (Röm 16,15). R.

Nergal, der Stadtgott von → Kuta (2Kön 17,30). S.

Nergal-Sarezer, ein Feldherr → Nebukadnezzars, der 587/586 v. Chr. bei der Eroberung Jerusalems beteiligt war (Jer 39,3.13). S.

Nero, röm. → Kaiser (54–68 n. Chr.), letzter der julisch-claudischen Dynastie. N. war ein eifriger Bewunderer griech. Kultur und Literatur; hingegen war er den Juden nicht sehr günstig gesonnen. In seinen späteren Jahren entwickelte er sich immer mehr zum Willkürherrscher. Um den Verdacht, den Brand Roms selbst gelegt zu haben, von sich abzulenken, beschuldigte er die Christen, was Anlaß zu pogromartigen Ausschreitungen gegen sie gab (64 n. Chr.). Daß der Tod der Apostel → Petrus und → Paulus im Zusammenhang mit diesen Vorgängen gestanden haben könnte, bleibt mangels eindeutiger historischer Beweise Vermutung. Für die → Offenbarung des Johannes ist N. der Prototyp des gottfeindlichen, dämonischen Machthabers; auf ihn und seine erwartete Wiederkehr in der Endzeit

(*N. redivivus*) verweist wohl die → apokalyptische Zahl 666 (Offb 13,18; vgl. 17,9). R.

Nerva, röm. Kaiser (96–98 n. Chr.), Nachfolger des → Domitian, adoptierte → Trajan, seinen späteren Nachfolger. R.

Nessel → Pflanzenwelt.

Netofa, Ort in der Nähe von Betlehem (z. B. 2Sam 23,28f.). S.

Netz, Hilfsmittel bei der Jagd auf Wild (Jes 51,20), Vögel (Ps 124,7) und Fische (Mt 4,18; 13,47), bildlich für einen Hinterhalt (z. B. Ps 9,16). S.

Neu. Die Bibel verwendet die hebr. und griech. Wörter für »n.« sowohl im profanen Bereich (z. B. von Schläuchen, Jos 9,13; Mt 9,17) als auch für Gottes Handeln an Israel (z. B. »neues Lied«, Jes 42,10) und durch Jesus (z. B. »neuer Mensch«, Eph 4,24; »neuer Bund«, 1Kor 11,25). S.

Neuer Mensch → Anthropologie.

Neues Testament. 1. Bezeichnung – 2. Entstehung – 3. Sprache – 4. Umfang – 5. Überlieferung.

1. Die Bezeichnung »Neues Testament« für den zweiten Teil der christl. Bibel hat sich erst im 3. Jh. eingebürgert, wenn auch ihre Wurzeln indirekt bis auf Paulus zurückgehen. Paulus sah im Christusgeschehen die profetische Verheißung eines »neuen → Bundes« (Jer 31,31), d. h. einer endzeitlichen neuen Stiftung und Willensverfügung (griech. *diatheke*) erfüllt (1Kor 11,25; Röm 11,27; 2Kor 3,6.14), und er hob davon die vom mosaischen Gesetz bestimmte alte Heilsordnung, den »alten Bund«, ab (2Kor 3,14). Die Übertragung dieser Bezeichnungen auf die Schriftengruppen, die diese Heilsordnungen repräsentieren, findet sich erstmals bei dem kleinasiat. Bischof Melito von Sardes (um 180), der von den »Büchern des alten Bundes« spricht, sie setzte sich jedoch erst endgültig im lat. Sprachbereich durch, wo das griech. Wort *diatheke* durch das stärker juristisch geprägte Wort *testamentum* wiedergegeben wurde, das auf Kosten des Momentes des Bundes und der Heilsordnung das der letztwilligen, unantastbaren Verfügung hervorkehrt. Wenn man nun vom »Neuen Testament« sprach, verstand man darunter nicht mehr die den endzeitlichen Willen Gottes bezeugenden Schriften, sondern die Schriften, die in ihrer vorliegenden Form Gottes unantastbare Verfügung waren, d. h., das NT galt, wie das AT, als »Heilige Schrift«.

2. a) Die Entstehung des NT, d. h. des aus 27 urchristl. Schriften bestehenden → Kanons, liegt wesentlich später als die seiner einzelnen Teile. Für das Urchristentum galten »das Gesetz und die Profeten«, die normativen Bücher des Judentums, als die »heiligen Schriften« (→ Altes Testament). Der Gedanke, sie durch christl. Schriften zu ergänzen, lag in der Anfangszeit der Kirche noch fern, nicht zuletzt wegen des als unmittelbar bevorstehend erwarteten Weltendes. Allerdings entstanden schon sehr früh normative Traditionen, zuerst in mündlicher, dann in schriftlicher Form, die in der Praxis den »heiligen Schriften« an die Seite traten, so die »Worte des Herrn«, die bereits Paulus als letzte Autorität anführt (1Thess 4,15; 1Kor 7,10; 9,14), daneben Glaubensformeln, die zentrale Teile des Heilsgeschehens zusammenfaßten (z. B. 1Kor 15,3–5; Röm 1,3f.), und – nicht zuletzt – die Worte der Apostel als der bevollmächtigten Gesandten des Herrn (1Kor 7,25.40): Paulus schrieb die meisten seiner → Briefe für die öffentliche Verlesung in der gottesdienstlichen Gemeindeversammlung, es handelte sich bei ihnen also keineswegs um private Gelegenheitsäußerungen, sondern um das für die Kirche maßgebliche Wort des von Christus selbst beauftragten Apostels.

b) Weil die Urkirche die Christusbotschaft ganz als gegenwärtiges Geschehen begriff, wurde für sie das Aussterben der Generation der Primärzeugen, die diese Botschaft durch ihre Autorität getragen hatten, zum Problem. So entstanden in den letzten Jahrzehnten des 1. Jh.s Evangelienschriften, welche die Jesus-Überlieferung fixierten (→ Evangelien), Sammlungen von Paulusbriefen, die in den Gemeinden umliefen, aber auch eine Reihe von Schriften, die unter der Fiktion apostolischer Verfasserschaft die Autorität der Primärzeugen für die Bewältigung von Gegenwartsproblemen ins Feld führten, z. B. Epheserbrief, 1. und 2. Timotheusbrief, Titusbrief, 1. und 2. Petrusbrief. In der 1. Hälfte des 2. Jh.s herrschte große Vielfalt hinsichtlich der Schriften und Schriftengruppen, die in den verschiedenen Gemeinden im gottesdienstlichen Gebrauch

Codex Sinaiticus (4. Jh. n. Chr.). Die Seite enthält Lk 22,20–52

standen, wobei sich freilich rasch ein natürlicher Ausleseprozeß anbahnte: Einige gewannen rasch an Boden, so – neben den großen Paulusbriefen – das Matthäusevangelium, das schon um 120 das beliebteste Evangelium war, andere, wie das um 150 viel benutzte Petrusevangelium, wurden immer mehr verdrängt. Andererseits entstanden im Zeichen der erstarkenden → Gnosis immer neue Evangelien und andere Schriften, die sich auf angebliche apostolische Autorität beriefen; so wurde in der 2. Hälfte des 2. Jh.s eine Abgrenzung des Bestandes an anerkannten apostolischen Schriften unausweichlich.

c) Schöpfer des ersten neutest. Kanons war der Häretiker → Marcion, der für seine um 144 gegründete Sondergemeinde allein das Lukasevangelium und 10 Paulusbriefe als verbindliche heilige Schriften erklärte. Dies mobilisierte die Gegenkräfte auf der Seite der rechtgläubigen Kirche. So war es vor allem Irenäus von Lyon, der (um 180) die in der Kirche geltenden Schriften exakt zu erheben und ihre Geltung theologisch zu begründen suchte: die vier Evangelien als die von Gott gewollte vierfache Ausprägung des einen Evangeliums, die Apostelgeschichte als weiteres Zeugnis des Evangelisten Lukas, die Paulusbriefe sowie die Offenbarung. Das *Muratorische Fragment,* ein um 200 in Rom verfaßtes Kanonverzeichnis, nennt darüber hinaus den Judasbrief und den 1. und 2. Johannesbrief sowie, unter Vorbehalt, die Petrusapokalypse; noch fehlen jedoch neben dem 1. und 2. Petrusbrief und dem Jakobusbrief der Hebräerbrief, dessen Durchsetzung im Westen erst viel später erfolgte. Umgekehrt blieb im Osten die Apostelgeschichte bis ins 4. Jh. umstritten, und auch das Johannesevangelium konnte sich zunächst nicht ohne Widerstand durchsetzen. Eine feste Grenze erhielt der Kanon erst durch den 39. Osterfestbrief des Athanasius im Jahre 367, der das NT auf seinen heutigen Umfang von 27 Schriften festlegte.

d) Insgesamt erweist sich die Bildung des neutest. Kanons als ein weitgehend pragmatischer Vorgang: Es wurde im wesentlichen das als zum NT gehörig anerkannt, was sich in jahrzehntelangem Gebrauch der Gemeinden bewährt hatte. Das NT wurde nicht durch eine Autoritätsentscheidung *gemacht,* es ist vielmehr durch Erprobung und Gebrauch seiner Schriften *gewachsen.* Trotzdem bleibt die von der Alten Kirche versuchte theologische Begründung des neutest. Kanons insofern problematisch, als sie – in Frontstellung gegen gnostische Fälschungen – die Augenzeugenschaft und Apostolizität der Verfasser zum Kriterium machte, denn abgesehen davon, daß dieses Kriterium weithin den Erkenntnissen der modernen Bibelwissenschaft nicht standhalten kann, erweist es sich als zu formal.

3. Die Sprache des NT ist durchweg das Griechische, allerdings nicht das attische Griechisch der klassischen Literatur, sondern die in der späthellenist. Zeit von Rom bis Afrika gesprochene Umgangssprache, die sog. → *Koine.* Freilich ist die Sprache des NT keineswegs einheitlich. Einzelne Schriften, wie das Markusevangelium und die Offenbarung, tragen das Gewand eines unbeholfenen Übersetzungsgriechisch, durch das der hebr.-aram. Untergrund hindurchschimmert. Dagegen schreibt der Hebräerbrief den gewählten literarischen Stil einer philosophischen Abhandlung. Ihm kommt die Apostelgeschichte am nächsten, die freilich bewußte Anklänge an die bibl. Sprache der Septuaginta (→ Bibelübersetzungen) aufweist. Bei Paulus ist die Umgangssprache mit Elementen der Popularphilosophie (*Diatribe*-Stil) durchsetzt.

4. Der Umfang des NT ist heute in nahezu allen christl. Kirchen gleich. Lediglich in der kleinen ostsyr.-nestorianischen Kirche fehlen der 2. Petrus-, der 2. und 3. Johannes- und der Judasbrief sowie die Offenbarung. Auch die Reihenfolge der 27 Schriften ist so gut wie konstant: 5 Geschichtsbücher (4 Evangelien und die Apostelgeschichte); 13 Paulusbriefe (nach der Länge geordnet vom Römer- bis zum Philemonbrief); der Hebräerbrief (nach alter Tradition dem Paulus zugeschrieben); 7 → katholische Briefe (Jakobus-, 1. und 2. Petrus-, 1. bis 3. Johannes- und Judasbrief) und als Abschluß die Offenbarung. Lediglich Luther hat in seiner Bibelübersetzung den Hebräer-, den Jakobus- und den Judasbrief zusammen mit der Offenbarung an das Ende gestellt, um auf diese Weise zum Ausdruck zu bringen, daß diese Schriften dem inhaltlichen Kriterium der Apostolizität (»was Christum treibet«) nicht entsprechen.

5. Die Überlieferung des NT ist, trotz einzelner unbedeutender Unsicherheiten, ungleich besser als die irgendeines anderen antiken Literaturwerkes. Von den Papyrus-Handschriften (→ Handschriften) des 2. und 3. Jh.s, die – in Rollen oder Buchform – jeweils nur einzelne Schriften oder Schriftengruppen enthielten, sind wegen der Brüchigkeit des Materials freilich nur Fragmente erhalten, die jedoch ausreichen, um die Zuverlässigkeit der Überlieferung sicherzustellen. Seit dem 4. Jh. wurde das wesentlich beständigere → Pergament (gegerbte Tierhäute) als Schreibmaterial verwendet; wir besitzen aus dieser Zeit einige weitgehend vollständige, gut erhaltene Pergamenthandschriften, auf denen unsere heutigen Ausgaben beruhen, so den *Codex Vaticanus,* den *Codex Sinaiticus* und den *Codex Alexandrinus.* Die Aufgabe der → Textkritik besteht darin, durch Vergleich von Textvarianten und Klärung der Abhängigkeitsverhältnisse zwischen verschiedenen Handschriften die ursprüngliche Lesart zu ermitteln. Die erste gedruckte Ausgabe des griech. NT besorgte der Humanist Erasmus von Rotterdam im Jahre 1518. Luther benutzte sie zu seiner Übersetzung. Sie ist allerdings unzuverlässig, weil sie auf späten Handschriften beruht. Die heute gebräuchlichen griech. Textausgaben beruhen dagegen auf dem kritischen Vergleich aller wichtigen alten Handschriften und sichern so größtmögliche Nähe zum Original. Am verbreitetsten ist die Ausgabe von E. Nestle und K. Aland (*Novum Testamentum Graece*, 26 1979). R.

Lit.: H. v. Campenhausen, Die Entstehung der christl. Bibel, 1968; W. G. Kümmel, Einleitung in das NT, 18 1976; J. Schreiner (Hrsg.), Gestalt und Anspruch des NT, 1969; E. Lohse, Die Entstehung des NT, 1972; K. und B. Aland, Der Text des NT, 1982.

Neujahr, ein in vielen Kulturkreisen mit besonderen Ritualen ausgestalteter Tag, durch die ein Neuanfang oder eine Neuschöpfung dargestellt wird. In Israel fiel der Jahreswechsel ursprüng-

lich in den Herbst; denn nach den älteren Quellen fand das herbstliche Lese-(Laubhütten-)Fest am »Ende des Jahres« statt (2Mose 23,16; 34,22). Ob man dieses auch als N.s-Fest verstand, läßt sich allerdings nicht erkennen. Die Oberherrschaft der Assyrer, später der Babylonier, führte seit etwa 722 v. Chr. dazu, daß man in Juda deren »Frühlingskalender« übernahm, der das Jahr im März/April beginnen ließ. Für diesen Jahresanfang ist im AT kein Festtag bezeugt. Dagegen blieb auf religiösem Gebiet der alte Jahreswechsel im Herbst erhalten. Denn spätestens seit dem Exil war der 1. Tag des 7. Monats des »Frühlingskalenders«, also ein Termin im September/Oktober, ein Feiertag, der mit Posaunenblasen eingeleitet und durch Arbeitsruhe und besondere Opfer geheiligt wurde (3Mose 23,23–25; 4Mose 29,1–6).
In der alttest. Forschung sind mehrere Versuche gemacht worden, über die spärlichen Angaben des AT hinauszukommen und die Gestalt des israelit. N.s-Festes durch den Vergleich mit kultischen Begehungen der vorderoriental. Umwelt zu erschließen. Dafür kommt einmal das babylon. N.s-Fest in Frage. Bei dieser zwölf Tage dauernden Feier wurde in alljährlicher Wiederkehr der Sieg des babylon. Hauptgottes Marduk über das Chaosungeheuer, die Todesmacht, und seine Thronbesteigung dargestellt. Dementsprechend soll am israelit. N.s-Fest in einem Kultakt die Thronbesteigung Jahwes gefeiert worden sein. Nach Meinung anderer Forscher trat am israelit. N.s-Fest das im Vorderen Orient verbreitete mythische Schema vom sterbenden und auferstandenen Gott, das der König als der Repräsentant des Gottes in einem Kultdrama – vielfach am N.s-Fest – darstellte, in Erscheinung, indem der israelit. König die ihm von dem mythischen Schema zugewiesene Rolle übernommen habe. Aber derartige Theorien finden bestenfalls in stark abgewandelter Form einen Anhaltspunkt in den Texten des AT, wobei völlig offenbleiben muß, ob man sie in Verbindung mit dem israelit. N.s-Fest bringen darf. S.

Neumond. Der Tag des N.s war im Mondkalender des Alten Orients der Tag des Monatsbeginns. Im AT wird er oft zusammen mit dem → Sabbat genannt. Als Tag eines kultischen Mahles im Hause wurde er in Israel bereits früh begangen (1Sam 20,24f.). Handel und Gewerbe ruhten (Am 8,5). Im Laufe der Zeit wird er zum Fest des offiziellen Kultes (4Mose 28,11ff.; Ez 46,1ff.), das nach dem Exil von der Tempelgemeinde gefeiert wurde (Ps 81,4; Jes 66,23; 2Chr 2,3). J. E.

Neuschöpfung, das im NT erwartete Handeln Gottes in der Endzeit, als dessen Beginn die → Auferstehung Jesu galt (1Kor 15,20), der damit zum Erstling einer neuen, von Sünde und Tod nicht mehr beherrschten Menschheit wurde (Röm 5,17; → Adam). Die N. erfüllt sich in der Schaffung eines neuen Himmels und einer neuen Erde (Offb 21,1). R.

Niederfahrt Christi zur → Hölle, Vorstellung, die sich in der Alten Kirche durch die Verbindung des Bekenntnisses zur Heilsbedeutung des Todes Jesu mit antiken mythischen Motiven schrittweise herausgebildet hat. Zunächst galt die N. als die Erfüllung alttest. Weissagungen über den Weg des Gerechten durch die Abgründe des Todes (so das Jona-Motiv Mt 12,40) und als Bekräftigung des Sieges Christi über die Macht des Todes (z. B. Röm 10,7; Eph 4,8f.; Offb 1,18). Auf einer zweiten Stufe wurde daraus ein Besuch Christi bei den Toten im Hades, der Unterwelt: So hat er nach 1Petr 3,19 den Geistern der Sintflutgeneration gepredigt, wohl um ihnen die Umkehr zu ermöglichen. In der späteren Auslegung wurde diese Stelle weithin als Besuch Christi bei den verstorbenen Gerechten gedeutet. R.

Niederung → Schefela.

Nieren. Als tierische Organe wurden sie zusammen mit ihrem Fett beim Opfer verbrannt (z. B. 2Mose 29,13). Als menschliche Organe bezeichnen sie, öfters zusammen mit dem → Herzen, das Innerste und Geheimste des Menschen (die Lutherbibel übersetzt das hebr. Wort für N. zuweilen mit »Herz«, z. B. Jer 12,2). Gott kennt als derjenige, der »N. und Herz prüft« (z. B. Jer 11,20), die Pläne des Menschen und vergilt ihm danach. S.

Niger → Simeon.

Nikanor. 1. Syr. Feldherr, fiel im Kampf gegen Judas → Makkabäus (1Makk 7,29–50; 2Makk 15). **2.** Glied des hellenist. Siebenerkollegiums in der Jerusalemer → Urgemeinde (Apg 6,5; → Stefanus). R.

Nikodemus, Pharisäer und Mitglied des jüd. → Hohen Rates, verkörpert nach dem Johannesevangelium zugleich die größtmögliche Nähe und die bleibende Distanz des zeitgenössischen Judentums zu Jesus: Das Gespräch Joh 3,1–10 scheitert zwar daran, daß N. nicht bereit ist, Jesus als die zentrale und abschließende Offenbarung Gottes anzuerkennen. Andererseits aber tritt N. gegenüber den jüd. Autoritäten für Jesus ein (Joh 7,50f.) und stiftet Myrrhe und Aloe für sein Begräbnis (Joh 19,39). R.

Nikodemusevangelium, im 5. Jh. entstandenes apokryphes Evangelium ohne jeden Geschichtswert, enthält neben einem Passionsbericht eine Darstellung der Höllenfahrt Christi (→ Niederfahrt Christi zur Hölle). R.
Text: Schneemelcher I, 395–424.

Nikolaiten, vermutlich der → Gnosis nahestehende Bewegung in den kleinasiat. Gemeinden von Ephesus, Pergamon und Thyatira, die vom Verfasser der Offenbarung scharf bekämpft wird und die sich möglicherweise auf → Nikolaus (Apg 6,5) zurückführte. Auf die Behauptung ihrer Glieder, die Tiefen des göttlichen Urgrunds erkannt zu haben, spielt Offb 2,24 an. R.

Nikolaus, Glied des hellenist. Siebenerkollegiums in der Jerusalemer → Urgemeinde (Apg 6,5; → Stefanus). R.

Nikopolis, von → Augustus gegründete Stadt in Epirus an der Adria (Tit 3,12). R.

Nil, im AT nur »Strom« genannt, der → Ägypten beherrschende Fluß, dessen jährliche Überflutung dem Land Fruchtbarkeit schenkt. Aus seinem Schlamm entstand nach ägypt. Lehre Leben, daher spielt der N. auch eine religiöse Rolle. Als für Ägyptens Existenz entscheidende Größe kennt ihn auch das AT (2Mose 7,14ff.; Am 8,8 u. ö.). J. E.

Nilpferd → Tierwelt.

Nimrod, sagenhafter Urzeitkönig von Babylon und Assur und sprichwörtlicher Jäger (1Mose 10,8–12). S.

Nimschi, Großvater des Königs Jehu (2Kön 9,2.14); dieser hieß »Sohn N.s«, weil N. das Familienhaupt war (2Kön 9,20). S.

Ninive, Hauptstadt des Assyrerreiches, am Tigris in der Nähe des heutigen Mossul gelegen. N.s Blütezeit war das 8. und 7. Jh. v. Chr.; 612 wurde N. von Babyloniern und Medern zerstört. Als Metropole Assyriens gilt N. im AT als böse Stadt; ihren Untergang profezeien → Nahum und → Zefanja. Eine legendäre Erzählung von der Bekehrung N.s enthält das → Jonabuch. J. E.

Nisan → Monat.

Nisroch, nach 2Kön 19,37 Name eines assyr. Gottes; aber da ein solcher sonst nicht bekannt ist, handelt es sich wohl um eine Textentstellung. S.

No → Theben.

Noa, Tochter Zelofhads (4Mose 26,33). S.

Noadja. 1. Ein Levit (Esr 8,33). **2.** Eine Profetin (Neh 6,14). S.

Noah. Nach dem alttest. Bericht in 1Mose 6,5–9,29 wurde N., einer der Urväter, wegen seiner Frömmigkeit (vgl. Ez 14,12–23) mit den Seinen vor der → Sintflut bewahrt und somit Ahnherr der Menschheit nach der Katastrophe, mit dem ein neues Bundesverhältnis Gottes zum Menschen begann. Hier ist die Gestalt N.s verwandt mit dem Sintfluthelden des → Gilgamesch-Epos, Utnapischtim. Außerdem erscheint N. – nach einer anderen Tradition – in 1Mose 9,20–27 als der erste Weinbauer. S.

Noahbuch, jüd. Apokalypse, die uns nur aus einigen Zitaten und in → Qumran gefundenen Fragmenten bekannt ist. R.

Noahsprüche. Nach der Erzählung 1Mose 9,20–27 sieht Noahs Sohn Kanaan (später ist Ham als Vater Kanaans hinzugefügt worden) die Blöße seines vom Wein berauschten Vaters, während seine Brüder Sem und Jafet sie bedekken, worauf Noah einen Fluch über Kanaan und einen Segen über Sem und Jafet spricht. Hier verkörpert Kanaan die Kanaanäer und Sem anscheinend Israel, während unklar bleibt, wer mit Jafet gemeint ist. S.

Nob, Ort nördl. von Jerusalem (Jes 10,32; Neh 11,32), dessen Priesterschaft Saul ausrottete, weil sie David unterstützt hatte (1Sam 21–22). S.

Nobach, zwei Orte im Ostjordanland (4Mose 32,42; Richt 8,11). S.

Nomaden (von griech. *nomades* »wandernde Hirten«), auf Weideplatzsuche wandernde und in Zelten wohnende Herdenbesitzer. Im Unterschied zu den kamelzüchtenden Beduinen der Wüste – als solche erscheinen im AT die → Midianiter und → Amalekiter – lebten die → Erzväter Israels auf der urtümlicheren Stufe des Nomadentums. Sie gehörten einer am Rand der syr.-arab. Wüste umherziehenden Bevölkerungsschicht an, die ihren Lebensunterhalt nur durch immer neue Suche nach Wasserstellen und Weideplätzen für ihre Herden (Schafe und Ziegen, vielleicht auch Rinder; als Last- und Reittier diente ihnen der Esel) sichern konnten, wobei das Nutzungsrecht jeweils mit den Kulturlandbewohnern ausgehandelt werden mußte. Zweifellos gehen manche Riten – wie das → Pascha – oder das Bodenrecht und Glaubensinhalte des seßhaft gewordenen Volkes Israel auf die nomadische Frühzeit zurück. Ein Versuch, das Nomadentum auch in der Königszeit lebendig zu erhalten, war die Lebensform der Rechabiter (→ Rechab 2). S.

Noomi, Schwiegermutter der → Rut (Rut 1,2). S.

Noph → Theben.

Norden. Palästina war in alttest. Zeit weder vom Mittelmeer im Westen noch von der östl. Wüste her und auch nicht von Ägypten bedroht, sondern nur durch Völker, die aus dem N. kamen, vor allem aus → Babylonien und Assyrien, so daß der N. oft als Ursprungsort des Unheils gilt (z. B. Jes 14,31; Jer 4–6; Ez 38–39). Daneben findet sich im AT die Vorstellung vom → Gottesberg im N. S.

Not. Die Menschen in der Bibel erfahren N. als Angst, Drangsal, Leiden, Krankheit und Trübsal des einzelnen, aber auch als Bedrängnis und Leid des gesamten Volkes. Wer in N. ist, steht nach alttest. Auffassung bereits in der Sphäre des Todes. Im AT überwiegt die realistische Erfahrung, daß es N. in der Welt gibt. Bisweilen erscheint sie als Folge des Tuns der Menschen selbst (1Mose 42,21). Entscheidend ist aber das Wissen darum, daß Gott einzelne und sein Volk aus vielfacher N. gerettet hat und retten wird (5Mose 26,7; Jer 16,19; Ps 9,10; 25,17.22).
Im NT, namentlich bei Paulus, wird die N. und Drangsal der Christen in Beziehung gesetzt zum → Leiden Jesu (Röm 8,17; 2Kor 4,10). Sie kann so geradezu zum Zeichen der Erwählung werden (1Thess 1,6; 2Thess 1,4f.). Im → Hebräerbrief erscheint die N. als Mittel der Erziehung und Läuterung (Hebr 12,6). J. E.

Novelle, eine Prosaerzählung, die in gedrängter und zielstrebiger Form eine ungewöhnliche Begebenheit schildert. In der Bibel können als N.n in diesem Sinn die → Josefserzählung und die Bücher → Rut, → Ester und → Jona gelten.
Daneben hat sich in der formgeschichtlichen Forschung (→ Bibelkritik, Bibelwissenschaft) weithin der Begriff »N.« zur Bezeichnung solcher erzählerischer Überlieferungseinheiten eingebürgert, die sich durch einen besonders lebhaften und am Detail interessierten Stil der Darstellung auszeichnen. Es ist allerdings kaum gerechtfertigt, die N. als eigenständige Gattung zu bezeichnen (so M. Dibelius), denn die meisten novellistischen Erzählungen werden den Gattungen der Wundergeschichten und → Legenden zuzurechnen sein. Hingegen ist es sinnvoll, das Adjektiv »novellistisch« zur Kennzeichnung eines bestimmten Darstellungsstils zu verwenden. Novellistischer Stil liegt etwa vor, wenn in neutest. Wundergeschichten wie Mk 1,1–20; 6,45–52; 7,22–26; Joh 2,1–11; 11,1–54 die auftretenden Personen namentlich genannt und hinsichtlich ihres Verhaltens psychologisch glaubwürdig charakterisiert werden sowie wenn Ort und äußerer Ablauf des Geschehens samt nebensächlichen Begleitumständen eingehend beschrieben werden. Besonders ausgeprägt ist der novellistische Stil im → Lukasevangelium und in der → Apostelgeschichte (z. B. Apg 9,1–22; 10,1–11,18; 27,1–44). S. / R.

Lit.: M. Dibelius, Die Formgeschichte des Evangeliums, [4]1961.

Nüchternheit, im eigentlichen Sinne die Enthaltung oder der mäßige Genuß von Wein (so vermutlich 1Tim 3,2.11; Tit 2,2); im übertragenen Sinne die Haltung klarer Sachlichkeit gegenüber Welt und Mitmenschen, die sich für den Christen aus seinem Gottesverhältnis ergibt (1Thess 5,6.8; 1Petr 1,13 u. ö.). R.

Numenius, Sohn eines Antiochus, wurde um 144 v. Chr. von Jonatan dem → Hasmonäer nach Rom und Sparta gesandt (1Makk 12,16). S.

Nuzi-Tafel (15./14. Jh. v. Chr.). Auf der Keilschrift-Urkunde ist (als Unterschrift) ein Siegelzylinder abgerollt. Erkennbar sind: zwei Göttergestalten mit Hörnerkappe, der Ischtarstern, ein Mann in langem Hemdkleid und auf einem Schiff (?) zwei Tiere

Numeri → Mosebücher.

Nun, Vater Josuas (z. B. Jos 1,1) aus Efraim (1Chr 7,27). S.

Nunc dimittis (»Nun lässest du dahingehen«), Bezeichnung des kurzen Gebets des → Simeon (Lk 2,29–32) nach seinen lat. Anfangsworten; Teil des Nachtgebets (Komplet) des röm. Breviers. R.

Nußbaum → Pflanzenwelt.

Nuzi, Stadt im Tigrisgebiet nahe Kerkuk im heutigen Irak. Seit dem 4. Jt. v. Chr. besiedelt, war N. in der Mitte des 2. Jt.s ein Zentrum der Churriter (→ Horiter). Die in N. gefundenen Keilschrifttexte (→ Schrift) enthalten Nachrichten, die alttest. Angaben über die Familien-, Rechts- und Wirtschaftsstruktur der Zeit der → Erzväter bestätigen und ergänzen. J. E.

Nympha, Gastgeberin einer Hausgemeinde in der kleinasiat. Stadt Laodizea (Kol 4,15). R.

O

Obadjabuch, die kleinste Profetenschrift des AT. Sie kündigt dem Volk der Edomiter die Vernichtung an, weil es sich an der Zerstörung Jerusalems im Jahre 587/586 v.Chr. beteiligt hatte (V. 1–14), und weissagt den »Tag Jahwes«, Jahwes letztes Gericht über die Völkerwelt, zugleich aber Heil für Israel (V. 15–21). Das O. dürfte bis auf die Schlußverse (Obd 19–21), die wohl später nachgetragen sind, kurz nach 587/586 entstanden sein. S.

Lit.: A. Weiser, Das Buch der zwölf kleinen Propheten, [6]1974, (ATD 24); A. Deissler, Zwölf Propheten II, 1984 (NEB).

Obal, Volk und Gegend in Arabien (1Mose 10,28; 1Chr 1,22: *Ebal*). S.

Obed, Sohn des Boas und der → Rut, Großvater Davids (Rut 4,17.21f.), und andere Träger dieses Namens (z. B. 1Chr 11,47). S.

Obed-Edom, ein Mann aus Gat, in dessen Haus die → Lade eine Zeitlang blieb (2Sam 6, 10f.). S.

Obergemach. Das palästin. Haus besaß im allgemeinen nur einen Einheitsraum zu ebener Erde; das O. war ein auf das flache Dach des Hauses gebauter kleiner, zusätzlicher Raum, der als Gast- und Studierzimmer dienen konnte (1Kön 17,19; 2Kön 23,12; Apg 1,13). R.

Oberpriester → Hoherpriester.

Oberste(r). Mit »O.« pflegt man mehrere hebr. Wörter für zivile, militärische oder religiöse Würdenträger wiederzugeben (z. B. 1Kön 8,1; 1Mose 37,36), in der neueren Lutherbibel zuweilen durch → *Fürst* (4Mose 7,2) oder → *Haupt* (Esr 1,5) ersetzt. Im NT werden »O.« die Magistratspersonen (Apg 16,19) und außerdem dämonische Machthaber (z.B. Mt 9,34) genannt. S.

Oberster der Synagoge, Vorsteher einer Synagogengemeinschaft, ein Ehrenamt für angesehene Mitglieder (z. B. Mk 5,22; Apg 13,15; 18,8.17). R.

Obot, Station während der Wüstenwanderung Israels (4Mose 21,10f.). S.

Obrigkeit, in der Lutherbibel Bezeichnung für die Träger staatlicher Gewalt. AT und NT führen die O. auf den Willen Gottes zurück. Darum wird Gehorsam gegen die O. »um des Gewissens willen« (Röm 13,5) oder »um des Herrn willen« (1Petr 2,13) gefordert. Allerdings kennt das NT auch eine theologisch motivierte Notwendigkeit des Widerstandes gegen die O. (Apg 5,29; Offb 18,4). H. M.

Obsidian → Edelsteine.

Obst, Obstlese. Das O. war auch im Altertum ein wichtiges Nahrungsmittel (z. B. 2Sam 16,1f.; Jer 40,12); die O.-Lese konnte als Bild für das Gericht dienen (Am 8,2; vgl. Jer 8,20). S.

Ochse → Tierwelt.

Ode → Lied, → Psalmen.

Oded. 1. Ein Profet zur Zeit des Ahas (2Chr 28,9–11). **2.** Vater des Profeten Asarja (2Chr 15,1). S.

Oden Salomos, 42 frühchristl. Hymnen. In ihnen wird die durch »den Herrn« (oder »Christus«) geschehene Erlösung geschildert und gepriesen; sie führt aus Unkenntnis und Fesseln heraus. Die O. S. stehen der → Gnosis nahe. H. M.

Text: W. Bauer, Die O. S., in: Kleine Texte 64, 1933.

Odollam → Adullam.

Ofel (hebr., »Anschwellung; Buckel«), befestigte Anhöhe in Städten. Das AT erwähnt einen O. in Samaria (2Kön 5,24) und den O. in → Jerusalem (z. B. 2Chr 27,3; 33,14), der an der Verbindungsstelle zwischen dem Tempelberg und der alten Davidstadt zu suchen ist. S.

Ofen (Herd). Zum Kochen und Heizen diente meistens das frei in einer Grube brennende Feuer, seltener ein tragbares Kohlenbecken (Jer 36,22). Daneben gab es die Backplatte (Ez 4,3)

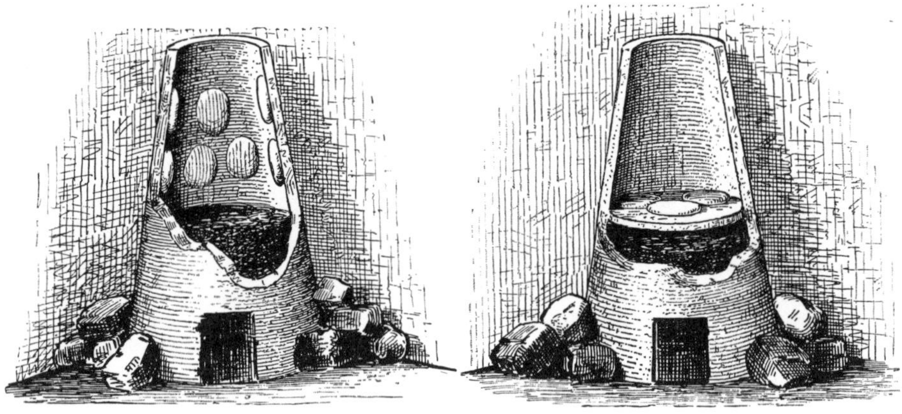

Backofen der Fellachen

und den Back-O. (einen tragbaren oder in die Erde eingelassenen Behälter aus Ton, der oben kaminartig geöffnet war), den → Schmelz-O. und den Brenn-O. des Töpfers. S.

Ofen, Ofenturm → Jerusalem.

Offenbarung, Selbstvorstellung Gottes, durch welche die Menschen mit seiner Erscheinung und seinem Willen bekannt werden.

1. Das AT kennt verschiedene Erscheinungsformen → Gottes. In älteren Texten zeigt er sich den Menschen unmittelbar (1Mose 3,8) und teilt sich durch Boten (1Mose 16,7ff.; Richt 6,11ff.) oder durch Träume (1Mose 28; 46,1ff.) mit. Die O. kann an bestimmten Orten erfolgen, die dadurch als Kultorte legitimiert sind. Zur O. gehört die segenverheißende Rede (1Mose 12,6f.; 17,1ff.). Als → Jahwe offenbart sich Gott dem → Mose (2Mose 3; 6). In der Wüste geht er seinem Volk in Wolke und Feuersäule voran (2Mose 13,21f.), zu seiner Erscheinung gehören Naturerscheinungen wie Gewitter und Erdbeben (2Mose 19,18f.; Hab 3).

Später wird der → Tempel zum institutionellen Ort der O. Gottes; hier zeigt er sich in seiner → Herrlichkeit (Jes 6). Doch ist Jahwe an keinen Ort gebunden; nach dem Untergang Jerusalems erscheint er im Exil (Ez 1,4ff.). Dem Versuch, Gottes Willen zu erfahren, dienen → Orakel. Mittler der O. sind vor allem die → Profeten, die Gottes Wort verkünden.

Wichtiger als einzelne O.s-Formen ist der Glaube Israels, daß sich Jahwe seinem Volk durch die Heilstaten in der Geschichte bekannt gemacht hat. So bekennt Israel seinen Gott durch die Besinnung auf seine Geschichte (5Mose 26,5ff.).

In der Gerichtsverkündigung der Profeten, vollends nach Katastrophe und Exil, erfährt dieser Glaube eine Veränderung: Die Heilstaten der Vergangenheit werden nun zum Anknüpfungspunkt der Erwartung, daß sich die endgültige O. Gottes in der Zukunft erweisen werde (→ Apokalyptik, → Eschatologie).

2. Im Mittelpunkt des NT steht die abschließende O. Gottes in der Geschichte → Jesu Christi, vor allem in seinem Tod und seiner Auferstehung. Sie gilt als das Geschehen, in dem Gott in nicht mehr überbietbarer Weise sein Wesen erschloß und das Ziel seines Handelns mit der Welt und den Menschen sichtbar werden ließ. Diese O. ist zugleich geschichtlich und worthaft.

a) Ihre *Geschichtlichkeit* kommt zunächst darin zum Ausdruck, daß sie an ein historisch in Raum und Zeit fixierbares Geschehen gebunden ist; so berichten die → Evangelien vom O.s-Geschehen in Form einer verkündigenden Geschichtsdarstellung. Zugleich gilt die Erscheinung Jesu Christi aber als Ereignis, in dem das bisherige Heilshandeln Gottes in der Geschichte sein Ziel erreicht. Auf sie hin sind alle bisherigen Selbstbezeugungen Gottes in der Geschichte Israels ausgerichtet, umgekehrt wird von ihr her deren Sinn erst ganz ersichtlich. Deshalb versteht das Urchristentum das AT als durch Christus erfüllt (1Kor 10,11; 2Kor 3,18) (→ Verheißung; → Typologie). Aber auch die Zukunft ist von diesem O.s-Geschehen umgriffen. Wenn das NT von einer noch zu erwartenden O. der Herrlichkeit Christi in der → Parusie spricht (1Kor 1,7; Kol 3,3f.; 1Petr 1,7.13; 4,13), so meint es damit nicht einen neuen Akt der Selbstkundgabe Gottes, sondern das abschließende öffentliche In-Erscheinung-Treten dessen, der bereits für die Glaubenden offenbar geworden ist. Die Zeit bis dahin gilt – unbeschadet ihrer Länge, die vielfach im Urchristentum als Problem empfunden wurde (→ Naherwartung) – als Zwischenzeit, die bereits unter der Herrschaft Christi steht (Offb 1,8). Die Glaubenden können aufgrund der O. Jesu Christi gewiß sein, daß ihnen auch in den scheinbar rätselhaften Ereignissen dieser sich dehnenden Zeit das zielgerechte Handeln Gottes begegnet (Offb 1,1).

b) Der *worthafte Charakter* der O. erweist sich freilich darin, daß sie nicht als Einsicht in bestimmte, objektiv gegebene geschichtliche Fakten und Abläufe gelehrt und vermittelt werden kann. Sie begegnet vielmehr dem Menschen im Zeugnis der Verkündigung, das ihn zu persönlicher Stellungnahme herausfordert und sein bisheriges Selbstverständnis in Frage stellt. Daß Christus Ziel und Mitte der Geschichte ist, ist ein den »Weisen« verborgenes »Geheimnis«, das allem Augenschein widerstreitet und nur auf Glauben hin geoffenbart wird (1Kor 2,6f.; 1Tim 3,16; 2Tim 1,10).

Während für → Paulus Gott der Offenbarende, Jesus Christus aber der Inhalt der O. ist (Gal 1,16), zeichnet Johannes Jesus Christus selbst als den Offenbarer, der in die Welt kommt, um den bislang unerkennbar gewesenen Gott kund zu machen (Joh 1,18; 6,46). J. E. / R.

Offenbarung des Johannes. Das letzte Buch der Bibel ist ein wichtiges Zeugnis frühchristl. Profetie. Es entstand vermutlich zwischen 90 und 95 n. Chr. auf der Felseninsel Patmos vor der kleinasiat. Küste, wohin der Profet Johannes – mit diesem Namen führt sich der Verfasser selbst ein (Offb 1,4) – im Rahmen der Christenverfolgung → Domitians verbannt worden war (Offb 1,9). Eine Identität dieses Profeten mit dem Zebedaiden → Johannes (4) ist aus historischen Gründen auszuschließen; stilistische und sprachliche, aber auch theologische Gründe machen einen Zusammenhang mit dem Verfasser des → Johannesevangeliums ebenfalls unwahrscheinlich. Die O. wendet sich an 7 Gemeinden in der Provinz Asien; sie werden im brieflichen Anfang (Offb 1,4–6) sowie in den 7 Sendschreiben (Offb 2–3) direkt angesprochen. Sie ist ein Trost- und Mahnbuch; angefochtene und bedrängte Christen sollen der unmittelbaren Nähe der Heilsverwirklichung vergewissert werden. In dieser Tendenz, aber auch in ihrer Begriffssprache und Darstellungsweise entspricht sie ganz den traditionellen jüd. Apokalypsen (→ Apokalyptik).

Sie unterscheidet sich von ihnen jedoch darin, daß sie auf die Maskierung des Verfassers als Gestalt des AT und damit auf die Fiktion, eine Geschichtsdeutung aus grauer Vorzeit zu sein, verzichtet. Dies aber hängt mit dem christl. Ansatz ihres Geschichtsbildes zusammen. Weil Christus bereits durch die Auferstehung die Herrschaft über die Welt und ihre Mächte angetreten hat (Offb 5,9f.), ist es nicht mehr nötig, durch den Aufweis eines planmäßigen Ablaufs der Weltgeschichte und durch kosmologische Spekulationen die Gewißheit zu schaffen, daß die Geschichte auf ein von Gott geplantes Ziel hinläuft. Es kommt nur darauf an, zu zeigen, daß die gegenwärtigen Geschichtsereignisse im Schatten der Herrschaft Christi stehen und ihre endgültige Durchsetzung nicht zu hindern vermögen. Es kann als sicher gelten, daß die einzelnen Visionszyklen (7 Siegel; 7 Posaunen; 7 Schalen) keine konkreten geschichtlichen Geschehensabläufe vorstellen sollen. Eher dürfte es sich um die Entfaltung eines Wesensbildes aller Geschichte aufgrund des Christusgeschehens handeln, die mittels traditionellen apokalyptischen Materials vorgenommen wird: sich steigernde Krisen, Nöte und Verfolgungen können den nahen Anbruch des Heils nicht hindern.

Inhalt: brieflicher Eingang (Kap. 1,1–8); Beauftragungsvision (Kap. 1,9–20); 7 Sendschreiben (Kap. 2–3); Jesus Christus, der Herr über die Geschichte (Kap. 4–11); das Endgeschehen als Kampf Gottes gegen seinen Widersacher (Kap. 12–19,10); Abschlußvisionen: die Vollendung des Geschichtsplanes Gottes (Kap. 19,11–22,5); brieflicher Buchschluß (Kap. 22,6–21).

Die O. hat sich vor allem in der östl. Kirche nur langsam durchgesetzt. Sie übte vor allem auf chiliastische Bewegungen, welche die baldige Wiederkunft Christi und die Errichtung eines messianischen Reiches erwarteten, eine große Wirkung aus. R.

Lit.: H. Kraft, Die O., 1974; W. G. Kümmel, Einleitung in das NT, [18]1976, 398–418; Goppelt, Theologie, 509–528; J. Roloff, Die O. d. J., 1984.

Ofir, ein wegen seines Goldreichtums berühmtes und von Handelsschiffen aus Palästina aufgesuchtes Land (z. B. 1Kön 9,28; Ijob 28,16); wahrscheinlich handelt es sich um eine Gegend in Südwestarabien. S.

Ofra. 1. Ort in Manasse, Heimat und Grabstätte Gideons (Richt 6,11; 8,32). **2.** Ort in Benjamin (Jos 18,23; 1Sam 13,17), wohl identisch mit dem in Joh 11,54 genannten Efraim. S.

Og, König eines Stadtstaatengebietes im Basan, nach der alttest. Überlieferung von Mose besiegt (z. B. 4Mose 21,32–35) und oft neben → Sihon genannt. Seine Hauptsitze waren Astarot und Edrei (z. B. Jos 9,10; 12,4). S.

Ohola und Oholiba. In einer Bildrede stellt → Ezechiel die beiden Reiche Israel und Juda als zwei treulose, unzüchtige Schwestern namens Ohola und Oholiba dar (Ez 23). Beide Namen sind mit dem hebr. Wort *ohäl* »Zelt« gebildet und sollen vielleicht an die beduinische Frühzeit des Volkes Israel erinnern. S.

Oholiab → Bezalel.

Oholibama. 1. Eine der Frauen Esaus (1Mose 36,2–25). **2.** Eine Sippe der Edomiter (1Mose 36,41). S.

Ohr, als Organ des Hörens zugleich Symbol des Vernehmens, der Zuwendung und Kommunikation. So ist *das O. öffnen* »kundtun, offenbaren, lehren«, *in jemandes O. sprechen* »jemandem etwas einprägen«, *zum O. sprechen* »heimlich sprechen«. *Unbeschnittene O.en* sind ein Bild grundsätzlich mangelnder Hörbereitschaft (Jer 6,10; Apg 7,51). Daß Gott *sein O. zu jemandem neigt,* bedeutet, daß er gnädig erhört. R.

Ohrring → Schmuck.

Öl, in bibl. Zeit aus der Olive gewonnen, indem man die Oliven in Mörsern zerstieß oder in Keltern zertrat oder – dies aber wohl erst seit hellenist. Zeit – in der Ölmühle und -presse zerkleinerte. Das Ö. wurde verwendet für die verschiedensten Arten der Speisezubereitung, als Heilmittel (z. B. Jes 1,6; Mk 6,13; Lk 10,34), als Brennmaterial für Leuchter und Lampen und – meistens unter Zusatz von Duftstoffen – als Mittel der Körperpflege (→ Salbe) und zur → Salbung von Personen und Gegenständen. Als eines der wertvollsten Produkte Palästinas war das Ö. wichtiger Exportartikel (z. B. 1Kön 5,25; Ez 27,17). S.

Ölbaum → Pflanzenwelt.

Ölberg, eine etwa 4 km lange Bergkette, die Jerusalem im Nordosten und Osten umgibt und Teil des Palästina von Norden nach Süden durchziehenden Gebirgszuges ist. Nach Osten geht der Ö. über in die steil zum Jordantal hin abfallende trockene Hügellandschaft; die von Jerusalem nach Jericho führende Straße kreuzt seinen Kamm. Von Jerusalem im Westen trennt ihn der tiefe Graben des Kidrontales. Die Silhouette des Ö.s ist gegliedert durch mehrere Anhöhen: Im äußersten Nordwesten nahe der Straße nach Nablus liegt *ras-el-mescharif,* der bei Josefus erwähnte Skoposhügel; unmittelbar daran schließt sich die höchste Erhebung an, *el-medbase* (827 m), wo heute ein Teil der Hebräischen Universität steht; unmittelbar östl. des Tempelplatzes erhebt sich der *dschebel et-tur* mit dem Dorf *kafr et-tur*; jenseits der modernen Straße von Jerusalem nach Jericho und unmittelbar oberhalb des Dorfes *selwan* liegt der südlichste Hügel *dschebel batn el-hawa*. Seinen Namen erhielt der Ö. von den üppigen Olivengärten, die ihn in bibl. Zeit bedeckten. Heute sind nur noch wenige von ihnen vorhanden. Auf den weithin kahlen Hängen erstrecken sich umfangreiche jüd. Gräberfelder.

Im AT wird der Ö. nur selten erwähnt. David, durch den Aufstand seines Sohnes → Abschalom aus Jerusalem vertrieben, nahm den Weg durch das Kidrontal und über den Ö. auf seiner Flucht ins Ostjordanland (2Sam 15,30). Salomo errichtete auf dem Südhügel (*dschebel batn el-hawa*) Kultstätten für fremde Götter (1Kön 11,7; 2Kön 23,13). Nach Sach 14,4 wird Jahwe beim Antritt seiner Königsherrschaft auf den Ö. herabfahren, so daß sich der Berg vor seiner Gewalt spaltet.

Im NT spielt der Ö. im Zusammenhang der → Leidensgeschichte eine wichtige Rolle. Von dem (möglicherweise mit dem heutigen *kafr et-tur* identischen) Dorf Betfage am Ö. aus zog Jesus in Jerusalem ein (Mk 11,1). Nach Mk 13,3f. par Mt 24,3; Lk 21,5ff. verkündete Jesus vom Ö. aus die kommende Zerstörung Jerusalems. Während seiner letzten Tage in Jerusalem verließ Jesus allabendlich die Stadt, um in Betanien am Ö. zu

Blick auf den Ölberg von der Südostecke des Tempelplatzes. Ganz links die lateinische Getsemani-Kirche an der heutigen Straße nach Jericho. Rechts dahinter die russisch-orthodoxe Magdalenen-Kirche (mit Zwiebeltürmen). Die unzähligen Steine sind Grabsteine. Im Vordergrund Grabdenkmäler im Kidrontal aus hellenistischer und römischer Zeit

übernachten (Mk 11,1). In der Nacht nach dem letzten → Abendmahl begab er sich zum Gebet in den Garten → Getsemani am Ö. und wurde dort verhaftet (Mk 14,26.32.43–52). Nach Apg 1,12 nahm der Auferstandene von seinen Jüngern am Ö. Abschied, um von dort aus zum Himmel entrückt zu werden (→ Himmelfahrt). Das älteste christl. Heiligtum auf dem Ö. war die 325 durch die Kaiserinmutter Helena erbaute Eleona-Basilika. Ihre Reste wurden südl. von *kafr et-tur* nahe dem Kloster der französ. Karmeliterinnen ausgegraben. Um 375 wurde auf dem Gipfel des *dschebel et-tur* eine oktagonale Kirche zum Gedächtnis der Himmelfahrt errichtet. Der heutige Bau enthält nur noch wenige Reste der ursprünglich byzantin. Bausubstanz. Am Westhang dieses Hügels lokalisierte man seit ältester Zeit den Garten Getsemani. Eine moderne Basilika erhebt sich dort über den Grundmauern einer Kirche aus dem 4. Jh. Etwas weiter oberhalb erinnert auch die russ.-orthodoxe St-Magdalenen-Kirche an Jesu Gebetskampf. Über dieser wiederum steht die moderne Kapelle *Dominus flevit*, die an das Weinen Jesu über Jerusalem (Lk 19,41) erinnert. R.

Lit.: G. Dalman, Jerusalem und sein Gelände, 1930.

Olda → Hulda.

Olive → Pflanzenwelt.

Omri, bedeutender König des Nordreiches Israel (878–871 v.Chr.). Nach der Verschwörung → Simris wurde O., der Oberbefehlshaber des israelit. Heeres, 882 v.Chr. zum König ausgerufen und mußte das Königtum zunächst gegen die Machtansprüche → Tibnis verteidigen (1Kön 16,15–22). O. leitete eine Politik des Ausgleichs zwischen der israelit. und der kanaan. Bevölkerungsschicht seines Reiches ein, die sein Sohn → Ahab fortsetzte. Diese Politik fand sichtbaren Ausdruck darin, daß O. auf einem günstig zum kanaan. Siedlungsbereich gelegenen Berg die Stadt → Samaria als neue Residenz erbaute (1Kön 16,24f.). Mit O. begann erstmals in Israel eine Königsdynastie; sie wurde 845 v.Chr. von → Jehu abgelöst.
Weitere Träger des Namens O. werden in 1Chr 7,8; 9,4; 27,18 genannt. S.

On, hebr. Bezeichnung einer einst bedeutenden Stadt Ägyptens 10 km nördl. von Kairo (1Mose 41,45.50; 46,20; Ez 30,17), die Kultzentrum des ägypt. Sonnengottes war und daher auch den griech. Namen *Heliopolis* »Sonnenstadt« erhielt. S.

Onan, Sohn Judas, heiratete Tamar, die Frau seines verstorbenen Bruders; weil er es vermied

– allerdings kaum durch nach ihm benannte Onanie –, mit ihr Kinder zu zeugen, wurde er mit frühem Tod bestraft (1Mose 38,4–10). S.

Onesimus, Sklave des → Philemon aus Kolossä, der zu Paulus floh und von ihm bekehrt wurde. Paulus sandte ihn mit einem Geleitbrief, der ihm eine günstige Aufnahme sichern sollte, dem → Philemonbrief, zu Philemon zurück. Nach alter Überlieferung war O. später Bischof von Ephesus (Ignatius, *Epheserbrief* 1,3). R.

Onesiphorus, kleinasiat. Christ aus dem Umkreis des Paulus (2Tim 1,16ff.; 4,19). R.

Onias, Name mehrerer jüd. Hoherpriester. **1.** O. I., wirkte um 300 v. Chr. (1Makk 12,7ff.). **2.** O. II., wirkte um 240 v. Chr. **3.** O. III., Sohn von (2), war Gegner der Hellenisierungsbestrebungen zur Zeit des → Antiochus IV. Epiphanes. Er mußte sein Amt an seinen Bruder Jason abtreten und wurde um 170 v. Chr. ermordet (2Makk 3; 4). **4.** O. IV., Sohn von (3), gründete in Ägypten den schismatischen Tempel von Leontopolis (um 160 v. Chr.). H. M.

Ono, alte Stadt in Mittelpalästina, etwa 8 km nordwestl. von Lod (Lydda) (z.B. Neh 11, 35). S.

Onomastikon (griech.), ein alphabetisches Verzeichnis bibl. Ortsnamen, von Bischof Eusebius von Cäsarea (um 263–339 n. Chr.) verfaßt, auch heute noch ein wichtiges Dokument zur Topographie Palästinas. S.

Onyx → Edelsteine.

Opal → Edelsteine.

Opfer. Einen zusammenfassenden Begriff für »O.« kennt das AT nicht, wohl aber für die Darbringung am Heiligtum (*korban*): Geldspenden, Ablieferung von → Zehnten und → Erstlingen, Schenkung von Brot, Wein und Tieren für rituelle Akte. Vor der heiligen Gegenwart Gottes darf niemand mit leeren Händen erscheinen (2Mose 23,15). Nur die letztgenannten Materialien werden für O. im religionswissenschaftlichen Sinn verwendet, d. h., sie werden für Begehungen abgetreten, welche die Beziehung zwischen Menschen und numinosen Mächten beeinflussen sollen. Solche O. gehören in Israel zu jedem Fest, ohne daß sie in historischer Zeit wichtigster Inhalt der Kultbegehung wären. Sie werden aber auch bei Bittbegehungen in Notlagen, bei Dankfeiern oder als Erfüllung eines Gelübdes dargebracht. Zu beachten ist, daß nicht in jedem Fall der Charakter einer Gabe an die Gottheit bewußt ist, wie es die Religionswissenschaft gemeinhin voraussetzt (aufgrund des lat. Grundsatzes *do ut des*). Es ist deshalb problematisch, einen einheitlichen O.-Begriff auf das AT anzuwenden, und ratsam, die verschiedenen O.-Arten auseinanderzuhalten.

1. *Speise-O.* Nicht nur in urtümlichen, sondern auch in durchreflektierten Religionen wie der babylon. wird vorausgesetzt, daß Gottheiten der Speise bedürfen wie Menschen. O. dienen also ihrer Ernährung und bestehen aus Brot, Früchten, Trank und Fleisch. In Israel mögen solche Auffassungen nachwirken in den → Schaubroten, die ständig vor dem Angesicht Gottes ausgelegt werden, und in Speise-O.n mit Brot und Ölkuchen, Trank-O.n von Wein (und Wasser?). Ihr archaischer Sinn ist aber völlig entschwunden, sie sind zu Begleit-O.n anderer O.-Arten abgesunken (3Mose 2). Die Möglichkeit einer Ernährung Gottes wird entschieden abgelehnt, und entsprechende Gedanken in fremden Kulten werden verhöhnt (Ps 50,9–13; Bel zu Babel, Dan 14).

Nach der Landnahme wurden vermutlich von den Kanaanäern die beiden folgenden Arten tierischer O. übernommen, die in vorexilischer Zeit im Vordergrund stehen.

2. Das *Schlacht-O.* (*zäbach*) wird im Rahmen eines Kultmahls vollzogen. Blut und Fetteile von Schaf oder Rind werden auf dem Altar für Gott verbrannt, während das Fleisch unter die Kultgenossen verteilt wird. Die Beteiligten treten durch das Mahl mit ihrem Gott in eine geheimnisvolle Gemeinschaft ein, durch die ihnen → Segen und → Gerechtigkeit (5Mose 33,19; Ps 24,5) zuströmen; es handelt sich also um ein sakramentales Kommunion-O. Eine gesteigerte Form des *zäbach* war vielleicht das *Heils-O.* (*schäläm*), das nach Ansicht mancher Forscher besonders zur Feier des → Bundes vollzogen wurde. In nachexilischer Zeit wird jedoch der Abstand zwischen Jahwe und Israel als so groß empfunden, daß *zäbach* nur noch von Priestern dargebracht wird und ein Kultmahl entfällt.

3. Beim *Brand-* oder *Ganz-O. (ola, kalil)* wird

ein ganzes Haustier (nach Entfernung von Haut und unreinen Bestandteilen) auf dem Altar verbrannt als Anerkennung und Huldigung göttlicher Übermacht und Rechtschaffenheit (Noah nach der Sintflut, 1Mose 8,20). Hier handelt es sich also um ein eindeutiges Gabe-O., also eine O.-Art, die in vielen Religionen dominiert. In nachexilischem Kult wird *ola* nicht nur Einleitungs-O. bei jeder Kultbegehung, sondern es wird als *tamid* (beständiges O.) jeden Morgen und Abend am Tempel dargebracht.

Sowohl (2) als auch (3) sollen (den Opferer?) bei Gott (in?) einen »angenehmen Geruch« bringen (oft fälschlich übersetzt mit »Geruch der Beschwichtigung«). Beide O.-Arten werden aber nicht im Tempelgebäude selbst, sondern draußen im Hof dargebracht.

4. Der Absicht des »angenehmen Geruchs« dient in besonderer Weise das im Lauf der Königszeit (aus Arabien?) eindringende *Räucher-O.*, das mit Weihrauch dargebracht wird und später als einziges O. im Heiligtum selbst verbrannt wird.

5. Nur bedingt unter O. einreihen lassen sich die *Sühneriten* (→ Sühne) mit Tieren, *chattat* und *ascham* (dt. ungenau »Sünd- und Schuld-O.«, vgl. 3Mose 4f.). Nach alttest. Verständnis schenkt in diesem Fall nicht der Mensch Gott etwas, sondern Gott als Subjekt nimmt dem Menschen die Last seiner → Sünde ab und überträgt sie auf ein Tier, das stellvertretend für seinen Besitzer in den Tod geht. In nachexilischer Zeit treten die Sühneriten in den Vordergrund, insbesondere am → Versöhnungstag als höchstem Feiertag des Jahres, weil Israel sich unter dem Eindruck profetischer Kritik steter Sündenvergebung bedürftig weiß. Das führt allmählich dazu, daß selbst die unter (1) bis (4) genannten Opfer als Sühnemittel uminterpretiert werden.

6. Der Verzehr des → *Paschalammes* im Frühling war ursprünglich (2Mose 12) kein O., sondern wohl eine Art magischer Einverleibung tierischer Kraft. Später wird es zum Gedenkmahl der Verbundenheit mit der Generation des → Auszugs; an den Kultort verlegt, wird es zum Schlacht-O., wobei es in spätisraelit. Zeit sogar als Sühneritus aufgefaßt wird.

7. Zeitweise werden vorexilisch Kinder als *Moloch-O.* (→ Moloch) dargebracht, selbst von israelit. Königen (2Kön 21,6). Dahinter steht die Überzeugung, daß alle Erstgeburt Jahwe gehört (2Mose 13,2). Schon in alter Zeit glaubte man aber, daß der menschliche Erstgeborene nach Jahwes Willen durch ein Tier zu ersetzen sei (1Mose 22), Kinder-O. werden insbesondere von den Profeten als heidn. Brauchtum scharf abgelehnt.

Während in der Frühzeit jeder Familienvater O. darbringt (so die Erzväter), werden O. (von der Königszeit ab?) Privileg der → Priester. Die Wirksamkeit eines O.s ist dann nicht mehr durch den Vollzug selbst schon gewährleistet. Vielmehr hat der Priester ein deklaratorisches Urteil Gottes einzuholen (durch O.-Schau?) darüber, ob der Akt zum Wohlgefallen oder zum »Abscheu« angerechnet wird (so vielleicht schon Kain und Abel, 1Mose 4,4f.). Nur im ersten Fall spricht er eine feierliche Formel: »Ein Brand-/Schlacht-O. . . . ist es«, und erklärt damit den Ritus für heilsam. Vorausgesetzt wird in jedem Fall eine → Gerechtigkeit der Opfernden, die schon Bedingung der Zulassung zum Kultort ist (Ps 15; 24) und die Menschen nicht feststellen können, sondern letztlich Gott allein durchschaut (Ps 51,18f.; Sir 35,5f.).

Assyrische Opferszene von einem Obelisken Assurnasirpals II. aus Kujundschik (9. Jh. v. Chr.). Vor dem Tempelturm ein Gabentisch, ein Räucheraltar und ein Libationsbecken auf einem Schemel. Der König bringt vor dem Becken ein Sprengopfer dar. Diener zerren einen Opferstier herbei

In Einschätzung der priesterlichen Einstellung und Anrechnung sind die → Profeten des 8. und 7. Jh.s der Meinung, daß Israel die notwendige Gerechtigkeit als Voraussetzung zu wirksamem Kult und O. nicht mehr aufbringt und deshalb die O. der Zeitgenossen trotz ihrer Vielzahl wertlos sind (Jes 1,10–20). Gemeinschaftstreue und Gotteserkenntnis sind nämlich für Gott wichtiger als alle Tierdarbringung (Hos 6,6); sie sind die unabdingbare Voraussetzung für jedes O. von Wert. Durch die (stärkere) Berücksichtigung von Reinheitsgesetzen und einer wachsenden Sonderstellung der Priester und strengen rituellen und moralischen Geboten für ihre Lebensführung meint das nachexilische Israel dieser Kritik zu entgehen. Sie wird aber von spätisraelit. Sondergruppen (→ Qumran) und von Jesus (Mt 5,23f.; Mk 7,9ff.) um die Zeitenwende neu aufgegriffen. K.

Opferfleisch, von Juden und Christen polemisch »Götzen«-O. genannt (Apg 15,29; 1Kor 8,1; Offb 2,14 u. ö.), Fleisch im heidn. Opferkult geschlachteter Tiere, das, nachdem die Götter ihren Teil erhalten haben, teils bei feierlichem Mahl im Tempel verzehrt wurde, teils auch auf den Markt kam. R.

Opfergesetz → Opfer.

Opfertier → Opfer.

Or → Hor.

Orakel, Ritus, durch den Wille und Absicht der Gottheit erkundet werden. Dies geschah in → Babylonien und Assyrien durch Loswerfen, Gießen von Öltropfen in Wasser, Analyse der Eingeweide von Opfertieren, Beobachten von Fehlgeburten (auch in → Ugarit) u. ä. Im AT z. B.: → Becherweissagung (1Mose 44,5), → Leber-Schau (Ez 21,26), Losorakel (Jon 1,7ff.), → Urim und Tummim (1Sam 14,41ff.), Baumorakel (2Sam 5,22ff.). Die erhoffte Antwort des O.s ist entweder ein Gottesspruch oder ein Ja oder Nein. Das priesterliche Heils-O. erteilt ein Priester oder ein Kultprofet den im Tempel klagenden Betern; es wird als Grund des Umschwungs von Klage zu Dank in einigen Psalmen (z. B. Ps 60) angenommen. U. R.

Ordal → Gottesurteil.

Ordination, öffentlicher Akt der Übertragung eines Amtes. Nach dem Vorbild der Amtseinsetzung des Josua durch Mose (4Mose 27,18ff.) entwickelte sich etwa im 1. Jh. v. Chr. eine O. von Schriftgelehrten. Durch → Handauflegung wurden dem Kandidaten Rechte und Pflichten eines Rabbi übertragen; zugleich wurde er in die auf Mose zurückreichende Traditionskette der Gesetzeslehrer aufgenommen.
Eine christl. O. bezeugen erstmals die → Pastoralbriefe: Unter Handauflegung durch → Älteste (1Tim 4,14) erfolgte in einem Gemeindegottesdienst (2Tim 2,2) die Übertragung des Ältesten- bzw. Bischofsamtes. In der O. wurde mit dem Amtsauftrag, der den Dienst an der Gemeinde und die Treue zur Überlieferung des Evangeliums umschloß, zugleich die Amtsgnade übermittelt, die allerdings noch nicht im Sinne eines übernatürlichen Gnadenhabitus verstanden wurde (2Tim 1,6). R.

Lit.: E. Lohse, Die O. im Spätjudentum und im NT, 1951.

Ordnung, in der Bibel seltener Begriff. Er wird hauptsächlich von den jüd. Priesterordnungen gebraucht (1Chr 23,6; 24,1 u. ö.; Lk 1,8). Im Hebräerbrief wird das jüd. Priestertum nach der O. Aarons dem vollkommenen himmlischen Hohepriesterdienst Jesu Christi »nach der O. Melchisedeks« entgegengesetzt. Daß die Gemeinde in wohlgeordnetem Zustand sein soll, wird in 1Kor 14,40 und Kol 2,5 gefordert. H. M.

Oreb (hebr., »Rabe«), Anführer der Midianiter, auf der Flucht vor Gideon am »Rabenfelsen« getötet (Richt 7,25). S.

Origenes, altkirchlicher Theologe (um 185–254 n. Chr.), wirkte zunächst in Alexandria, später in Cäsarea. O. war der erste große Bibelwissenschaftler der Alten Kirche. Er veröffentlichte die erste kritische Ausgabe des AT (die sog. *Hexapla*) sowie eine Reihe exegetischer Schriften. Als besonders einflußreich erwies sich seine Auslegungsmethodik mit ihrer Unterscheidung eines dreifachen Schriftsinns: buchstäblich, moralisch, mystisch-allegorisch (→ Hermeneutik 2). Sein Hauptinteresse galt dem allegorischen Sinn; dadurch hat er bis in die Neuzeit gewirkt. H. M.

Orion → Sternbild.

Ornan → Arauna.

Orontes, längster Fluß Syriens (etwa 440 km), fließt nordwärts zwischen Libanon und Antilibanon und mündet nach einer scharfen Westbiegung bei Seleukia ins Mittelmeer. S.

Orpa, Schwiegertochter der Noomi und somit verschwägert mit → Rut (Rut 1,4). S.

Ort, heiliger → Heilige Stätten.

Orthosia, seleukid. Grenzfestung in Phönizien (1Makk 15,37). R.

Ortsnamen. Viele O. Palästinas sind gebildet nach einer geographischen Erscheinung, z. B. mit *Ain* oder *En* (»Quelle«), *Beer* (»Brunnen«), *Abel* (»Wasserlauf«), *Migdal* (»Turm«), nach ihren Erzeugnissen, z. B. *Betfage* (»Feigenort«), oder mit dem Namen der dort verehrten Gottheit (z. B. Baal, El, Schemesch). Aber ein Großteil der O. ist nicht mehr durchsichtig, weil sie entweder aus einer nichtsemit. Sprache stammen (z. B. Lachisch) oder im Laufe der Zeit bis zur Unkenntlichkeit entstellt wurden. Deshalb sind Zweifel angebracht gegenüber der im AT beliebten volksetymologischen Deutung von O. (z. B. → Horma, → Lehi, → Zoar). Auch die Gründe für Doppelnamen oder Umbenennungen (z. B. Jebus/Jerusalem; Kirjat-Arba/Hebron) bleiben uns verborgen. In hellenist. Zeit wurden viele O. durch andere ersetzt, oft zu Ehren eines griech. oder röm. Gottes oder Herrschers (z. B. Samaria/Sebaste; Lydda/Diospolis; Paneas/Cäsarea; Akko/Ptolemais oder Sichem/Neapolis [»Neustadt«]). Erhalten sind die O. teilweise in arab. Abwandlung der hellenist. Form (z. B. Neapolis/*nablus*; Sebaste/*sebastije*), oft aber auch in ihrer alten Form (z. B. Rabbat-Ammon/*amman*; Akko/*akka*). S.

Osee → Hoschea, → Hosea.

Osiris, ägypt. Vegetations-, Königs- und Totengott. O. bildet eine Familie mit Isis und Horus. Zentrum seines Kults wurde Abydos. Als Sarapis (O.-Apis) wirkte O. im ganzen röm. Reich nach (→ Mysterienkulte). U. R.

Osten (»Morgenland«), für die Bewohner Palästinas einerseits die Gegend der Wüste und somit Ursprungsort feindlicher Beduinen (Richt 6,3; Ez 25,4) und des sengenden Wüstenwindes (1Mose 41,6), der den göttlichen Zorn versinnbildlichen kann (z. B. Jer 18,17), andererseits die Gegend des hinter der Wüste liegenden Zweistromlandes, daher der Ort des Paradieses (1Mose 2,8) und die Heimat der → Weisen aus dem Morgenland. S.

Osiris

Ostern, das kirchliche Fest der → Auferstehung Jesu, ist durch seine Entstehung und frühe Geschichte eng an das jüd. → Pascha gebunden. Nach der wahrscheinlichsten Chronologie wurde Jesus in der Nacht vor dem Paschafest (13./14. Nisan) verhaftet und am Rüsttag des Pascha (wahrscheinlich Freitag, dem 14. Nisan des Jahres 30 n. Chr.) hingerichtet (Mk 14,1.12ff.). Am Morgen des übernächsten Tages wurde sein Grab leer gefunden (Mk 16,1ff.). In der ältesten Zeit wurde dieser erste Wochentag als »Herrentag« (→ Sonntag, vgl. Offb 1,10) im Gedenken der Auferstehung Jesu begangen; die Kirche feierte so allwöchentlich Ostern. Lediglich die Ende des 1. Jh.s in Palästina und Kleinasien entstehende judenchristl. Gruppe der Quartadezimaner führte das jüd. Pascha am 14. Nisan in einer verchristlichten Form weiter. Im Laufe des 2. Jh.s setzte sich jedoch, ausgehend von Rom, in der Kirche die Feier eines alljährlichen Gedenktages der Auferstehung durch, der am Sonntag nach dem jüd. Pascha lag. Die Datierung dieses O.-Festes war auf lange Zeit strittig. Das Konzil von Nicäa (325 n. Chr.) löste den O.-Termin endgültig von dem des Pascha. Im 6. Jh. setzte sich die heutige Regelung durch, nach der O. auf den ersten Sonntag nach dem Vollmond fällt, der dem Frühlingsäquinoktium folgt. R.

Lit.: W. Huber, Passa und O., 1969.

Ostjordanland → Palästina.

Ostrakon (griech., »Schale; Scherbe«, Pl. *Ostraka*), in der archäologischen Wissenschaft Bezeichnung für als Schreibmaterial verwendete Tongefäßscherben. Die Texte wurden entweder eingeritzt oder mit Tinte geschrieben; letztere haben sich im Boden Palästinas nur bei sehr günstiger Lagerung erhalten, z. B. auf den O. von Samaria aus der Zeit Jerobeams II., die über Naturallieferungen an den Königshof Auskunft geben. Die O. in Palästina – außer denen von Samaria nehmen die von Lachisch (→ Lachischbriefe) einen besonderen Rang ein – sind wichtig nicht zuletzt für die Geschichte der → Schrift. S.

Otniël, nach Jos 15,15–19; Richt 1,11–15 ein mit → Kaleb verschwägerter Mann der Frühzeit Israels, der die Stadt Debir in Südpalästina als Wohnsitz erwarb. Es handelt sich wohl um den Ahnherrn eines Stammes O., der vermutlich – wie Kaleb – einem von Juda geführten Sechsstämmebund angehörte. Dieser O. erscheint in Richt 3,7–11 als erster → Richter. S.

Otter → Tierwelt.

Paarai, einer der Helden Davids (2Sam 23,35). S.

Paddan-Aram, in der → Priesterschrift Wohnsitz Labans (z. B. 1Mose 25,20), identisch mit Aram-Naharajim (→ Mesopotamien). S.

Pagodit → Edelsteine.

Palast. 1. Allgemeines – 2. Paläste im vorexilischen Israel – 3. Herodianische Paläste.

1. Als P. sind archäologisch Wohngebäude zu verstehen, die über den normalen Wohnhaustyp hinausgehen oder innerhalb einer Siedlung so herausgehoben sind, daß sie als Wohnsitz des Herrschers gedeutet werden können. Für den palästin. Raum will die Abgrenzung von Tempel und P. nicht immer eindeutig gelingen. Der → Tempel gilt als P. der Gottheit. Die Nähe von P. und Tempel zeigt sich im nordsyr. P.-Typ des *bit hilani* (»Vorhallenhaus«), der aus einem gestreckten Raum mit vorgelegter Pfeilerhalle vor einer Langseite besteht. Dieser Bautyp ist mit der Grundform des Breitraumtempels verwandt.

2. Die früheste israelit. P.-Anlage ist die des Königs → Saul (um 1000 v. Chr.) in → Gibea (1Sam 13,2), eine rechteckige Festungsanlage von etwa 52 x 35 m, durch eine Kasemattenmauer gesichert und durch Türme verstärkt. Die Herrschaft → Salomos (um 965–926 v. Chr.) brachte eine Blütezeit israelit. P.-Baus. Südl. an den Bezirk des Tempels von → Jerusalem angrenzend, ließ er einen P. errichten (1Kön 7,1–12; 9,10; 10,4.16–21), der sich um zwei Innenhöfe gruppierte. Zum östl. Innenhof gehörten das Libanonwaldhaus, eine Säulenhalle und der Thronsaal. Im westl. Innenhof lagen die Privatgebäude. Dieser P. dürfte im Bautyp dem in → Megiddo ausgegrabenen und der Zeit Salomos zuzuordnenden Süd-P. (Gebäude 1723) entsprechen:

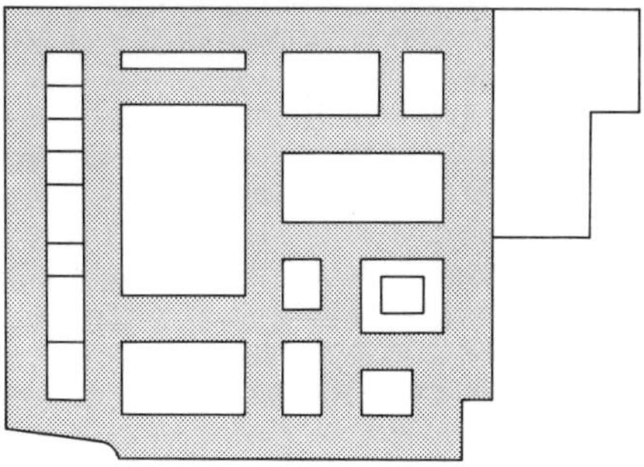

Megiddo. Südpalast (Gebäude 1723)

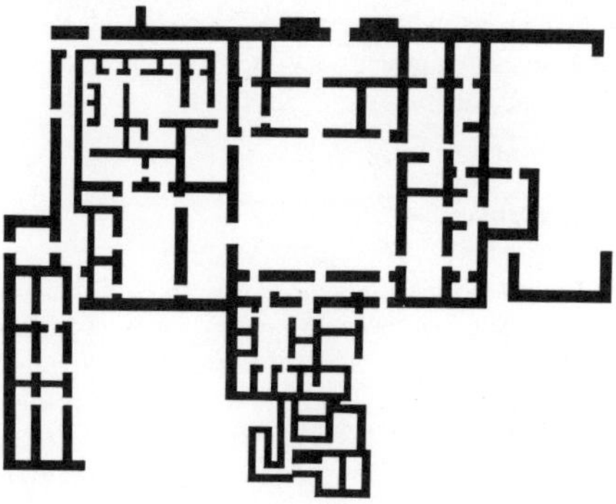

Assyrischer Königspalast

Dieser P. hat eine enge Parallele in der Frühform des assyr. Königspalastes. Er gliedert sich in zwei rechtwinklig angeordnete Hofsysteme, ein Torhofsystem (*babanu*) und ein Wohnhofsystem (*bitanu*).

Der Nord-P. (Gebäude 6000) in Megiddo aus der Zeit Salomos lehnt sich eng an den *bit hilani*-Typ an.

Nach der Reichsteilung (926 v. Chr.) bedurfte auch das Nordreich einer P.-Anlage. Eine dem Jerusalemer P. der Davididen ebenbürtige P.-Anlage wurde von der Dynastie → Omris (878–871 v. Chr.) in → Samaria errichtet (1Kön 16,23f.). Kennzeichen dieser Anlage ist eine die gewaltigen Erdaufschüttungen zu einem Plateau stützende Umfassungsmauer, die in einer zwei-

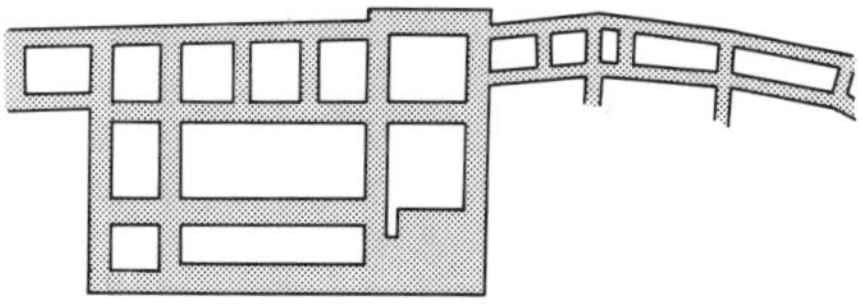

Megiddo. Nordpalast (Gebäude 6000)

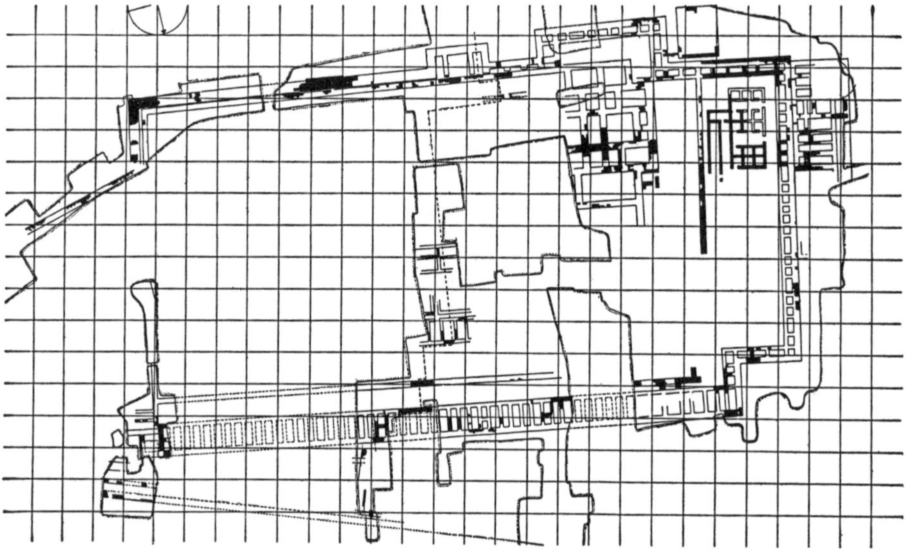

Samaria. Plan des königlichen Bezirks Omris und Ahabs (nach K. M. Kenyon)

ten Bauphase zur Verteidigungsmauer der Kasemattenbauweise verstärkt worden ist. Von der eigentlichen P.-Anlage haben die Ausgrabungen wenig freilegen können, da sie späteren Planierungsarbeiten zum Opfer gefallen sind. Ein großer, mit weißem Kalkstrich ausgelegter Hof, um den, parallel zur Umfassungsmauer, weitläufige Gebäude gruppiert waren, bestimmte die Anlage.

Charakteristisch für diesen P. ist die hohe Steinmetzkunst in der Bearbeitung der Quadersteine, die in der Läufer-Binder-Technik zusammengefügt wurden. Diese Technik weist auf syr.-phöniz. Handwerker hin.

Ein Sommer-P. des Königs → Jojakim wurde in Ramat-Rahel, auf halbem Weg zwischen Jerusalem und Betlehem, ausgegraben (vgl. Jer 22,13ff.). Auch dieser zeigt die Läufer-Binder-Technik syr.-phöniz. Herkunft.

3. Einen Höhepunkt erreicht der P.-Bau in Palästina zur Römerzeit unter → Herodes. Einen großen P. errichtete er im westl. Teil des herodianischen → Jerusalem im Gebiet des heutigen »armenischen Gartens«. Die Anlage entspricht der des herodianischen Tempelbaus: Sie wurde auf eine gewaltige, durch Umfassungsmauern gesicherte Plattform einer Erdaufschüttung von 350 x 60 m gesetzt. Fragmente dieser Umfassungsmauer wurden 1970/71 freigelegt. Dieser herodianische P. in Jerusalem war zur Zeit Jesu Sitz des röm. Prokurators. Darüber hinaus überzog Herodes das ganze Land mit einem Netz von P.en und Burgen (Alexandreion, → Aschkelon, Herodieion, → Heschbon, Hyrkanion, → Jericho, Kypros, Machärus, → Masada, Phasaelis). O.

Palästina. 1. Name – 2. Grenzen – 3. Geographische Morphologie: a) Ostjordanland, b) Jordansenke, c) westjordan. Massiv, d) Küstenebene – 4. Klima – 5. Geschichte des vorisraelit. P.: a) Steinzeit, b) Kupfersteinzeit, c) Bronzezeit.

1. »P.« ist die griech. Bezeichnung des Landes der → Philister, die zuerst bei Herodot als Bezeichnung einer Unterabteilung von Syrien belegt ist. → Hadrian ersetzt nach dem Aufstand des → Bar-Kochba den ihm verhaßten Namen »Iudaea« durch die Bezeichnung »Syria Palaestina«. Seit dem 4. Jh. n. Chr. setzte sich die Kurzform »P.« im offiziellen Sprachgebrauch durch.

2. Die geographischen Grenzen P.s waren im Norden, Osten und Süden schwankend. Nur die *Westgrenze* war durch die Mittelmeerküste gesetzt. Die *Nordgrenze* kann vom Litani über die Jordanquellen auf den Hauran (arab. *dschebel el-druz*) gezogen werden. Die *Ostgrenze* bildet der Wüstenrand oberhalb der Flußgebiete von

→ Jarmuk, → Jabbok und → Arnon. Allerdings war die siedlungsgeographische Grenze durch die wechselnde Besiedlung des Ostjordanlandes erheblichen Schwankungen unterzogen. Das Gebiet südl. vom Jabbok wurde im 14. Jh. v. Chr. von den aus der Wüste kommenden → Ammonitern, → Moabitern und → Edomitern besiedelt, so daß sich die Ostgrenze auf die Linie Amman–Elat verschob. Mit der → Landnahme Israels wurde auch das nördl. Ostjordanland besiedelt. Die *Südgrenze* P.s wird durch die Sinaiwüste gebildet, wobei der → Bach Ägyptens (arab. *wadi el-arisch*) als natürliche Grenzlinie angesehen werden kann.

Die politischen Grenzen P.s waren wenig stabil, da P. als Landbrücke zwischen den Großkulturräumen Mesopotamiens und Ägpytens ständig im Spannungsfeld zwischen Nord und Süd stand. So hat Palästina kaum zu größeren politischen Einheiten selbständiger Staatswesen gefunden. Die Alternative P.s war die Zersplitterung in eine Vielzahl von Klein- und Stadtstaaten und die Abhängigkeit als Provinz von einer Großmacht. Nur zweimal gelang es, P. etwa in seinen geographischen Grenzen als politisch-unabhängigen Staat zu einigen, nämlich im davidisch-salomonischen Großreich und im Zuge der Entwicklung des Staates der → Hasmonäer.

3. P. läßt sich in vier Regionen einteilen, das Ostjordanland, die Jordansenke, das westjordan. Massiv und die Küstenebene.

a) Der Übergang von der syr.-arab. Wüste zum *Ostjordanland* wird durch die Regengrenze gekennzeichnet. Die geomorphologische Gestalt des ostjordan. P. ist durch einen Höhenabfall von Osten nach Westen zu Jordansenke und Totem Meer hin geprägt, so daß winterliche Regenwasser in westl. Richtung abfließen. Dementsprechend gliedern die drei großen Talsysteme von Arnon, Jabbok und Jarmuk das Ostjordanland. Die zwischen Arnon und Jabbok liegende Landschaft *el-belka* ist in ihrem südl. Teil durch eine durchschnittlich 700 m hohe, am Westrand bis auf 900 m ansteigende Hochfläche geprägt, die auf der Höhe von → Heschbon in eine Hügellandschaft übergeht, die bis auf etwa 1000 m ansteigt. Etwa 40 km nördl. vom Toten Meer fließt der Jabbok in den Jordan. Die sich nach Norden bis zum Jarmuk anschließende Landschaft des *adschlun* geht über von der Hü-

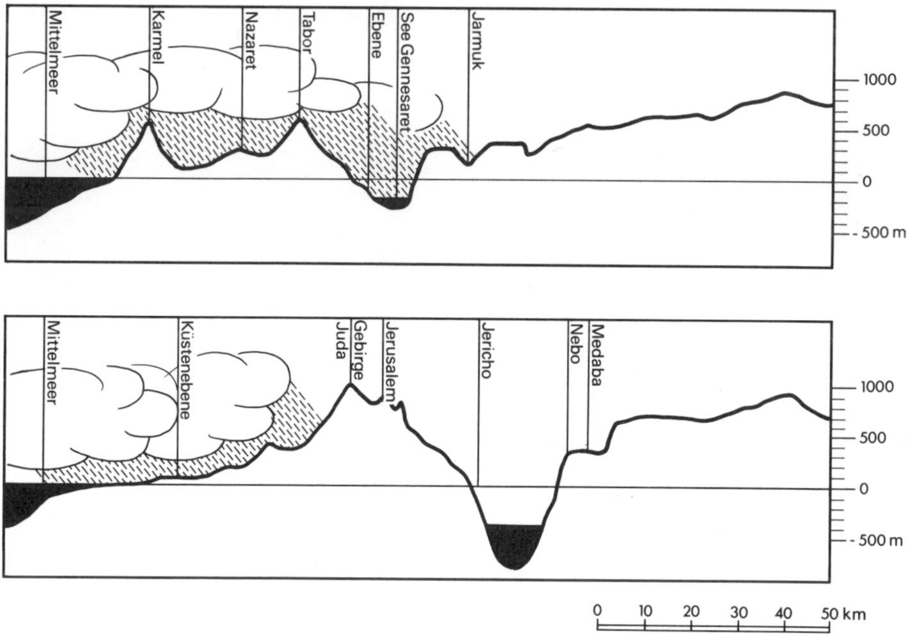

Topographischer Querschnitt Palästinas

gel- in eine Gebirgslandschaft, die bis auf 1261 m ansteigt. Nördl. des Jarmuk springt das Siedlungsgebiet weit nach Osten bis zum Hauran. Zwischen Hauran, See Gennesaret und Hulesee erstreckt sich die fruchtbare Ebene *en-nukra,* die nach Westen im *dscholan,* dem alttest. → Basan-Gebirge, ausläuft.

b) Die *Jordansenke,* die Teil eines großen Grabeneinbruches ist, der von Nordsyrien bis Ostafrika reicht, durchzieht P., am Hermonmassiv beginnend, von Norden nach Süden und setzt sich im Toten Meer fort. Der Jordan entsteht aus mehreren Quellflüssen im Hermonmassiv, fließt durch den heute trockengelegten Hulesee und den See Gennesaret auf einer Länge von ungefähr 105 km Luftlinie bis zum Toten Meer durch das Jordantal (arab. *el-ghor* »die Niederung«). Das Jordantal hat an seiner schmalsten Stelle, etwa 50 km südl. vom See Gennesaret, eine Breite von 3 km und weitet sich bis zum Toten Meer auf 20 km aus. Das Tote Meer liegt 390 m unter dem Meeresspiegel, so daß das ostjordan. Hochland in einem geraden Schnitt, das westjordan. Massiv im Süden etwas abgestuft steil zum Jordan hin abfallen. Die südl. Hälfte der Jordansenke ist Wüste, die von einzelnen Oasen (→ Jericho) aufgelockert wird.

c) Das *westjordan. Massiv* ist das geographisch am stärksten gegliederte Gebiet P.s. Der südl. Teil westl. von Totem Meer und südl. Jordantal wird durch das jud. Gebirge gebildet, das im Süden bei → Beerscheba in die Wüste ausläuft. Bei → Hebron steigt das Gebirge auf über 1000 m an. Sein östl. Teil ist regenarm und karg, während der westl. Teil als regenreichstes Gebiet P.s gilt. Dem jud. Gebirge ist die Hügellandschaft der → Schefela vorgelagert, die den Übergang zur Küstenebene bildet. Nördl. von Jerusalem geht das jud. Gebirge in das Gebirge → Efraim über, das in → Ebal und → Garizim sein 938 bzw. 868 m hohes Zentrum hat. Der nordwestl. Ausläufer des Gebirges Efraim ist die → Gilboa-Kette, die im → Karmel zum Mittelmeer ausläuft. Im Norden ist das Gebirge Efraim durch die Ebene → Jesreel begrenzt. Nördl. der Jesreelebene steigt das galil. Gebirge auf, das sich aus Ober- und Untergaliläa bildet. Untergaliläa wird im Westen durch die Küstenebene, im Süden durch die Jesreelebene und im Osten durch die Jordansenke begrenzt. Die Nordgrenze wird nördl. vom See Gennesaret durch die steil aufsteigende Gebirgswand Obergaliläas gebildet. Die Landschaft Untergaliläas ist sanft hügelig und als regenreiches Gebiet für die Landwirtschaft geeignet. Auf eine Höhe von 562 m ragt der Bergkegel des → Tabor im Südosten des galil. Gebirges über die Jesreelebene empor. Das obergalil. Gebirge erhebt sich mit dem *dschebel dschermak* auf 1208 m und hat im Norden seine Fortsetzung im Libanongebirge.

d) Die *Küstenebene* zieht sich von der tyr. Leiter (1Makk 11,59) im Norden zur Ebene von → Akko, die im Süden durch den Karmel begrenzt wird. Westl. des Karmel verengt sich die Küstenebene auf eine Breite von nur 3 km, um sich weiter südl. bis auf die Höhe von Gaza auf über 40 km zu verbreitern. Südl. von Gaza geht sie in die Sinaiwüste über. Die Küste P.s hat nur in Akko und → Jafo natürliche Häfen, während die übrigen Küstenstädte entweder einen künstlichen Hafen (→ Cäsarea) oder nur Ankerplätze haben.

4. Das Klima P.s ist subtropisch – trockene, heiße Sommer wechseln mit regenreichen, relativ warmen Wintern. Die winterliche Regenzeit beginnt meist Ende Oktober und endet im Mai. Die größte Regenmenge fällt im Januar, und sie nimmt generell von Norden nach Süden und von Westen nach Osten ab. Die Osthänge des westjordan. Gebirgsmassivs und die Jordansenke sind im Gegensatz zu den Westhängen äußerst regenarm. Der Westrand des ostjordan. Gebirges verzeichnet noch einmal eine Zunahme der Regenfälle, dem westl. Teil des westjordan. Massivs entsprechend, während nach Osten bis zur syr.-arab. Wüste die Regenmenge ständig abnimmt. Der Regenfall ist für die Vegetation P.s prägend, da sie, nur in geringem Maße durch Feuchtigkeit aus Fluß und Quelle gespeist, vom Regen abhängig ist. So bedeutet der Winterregen ein Neuerwachen der Vegetation P.s. Die Getreideaussaat fällt in den Herbst, die Ernte in das Frühjahr. Nur Wein und Baumfrüchte können den Sommer über stehen und im Herbst geerntet werden (→ Ernte, Erntefest).

In der Regenzeit genügt die Feuchtigkeitsmenge des sich nachts niederschlagenden Taues, um in der Wüste eine karge Steppenvegetation zu ermöglichen, die als Nahrung für Kleinvieh ausreicht. Dieser Umstand führt zum alljährlichen Weidewechsel der Halbnomaden, die den Winter in der Wüste, den Sommer auf den abgeernteten Feldern des Kulturlandes verbringen.

Aufgrund der Gebirgslandschaft P.s, die den

Regenfall bestimmt, liegen regenreiche und wüstenhaft trockene Gebiete auf engem Raum nebeneinander, ein Umstand, der mit zur politischen Kleinstaaterei in P. beitrug. Ähnlich wechselnd sind die Temperaturen in P., die generell von Westen nach Osten und von Norden nach Süden ansteigen. Während in der Regel ein leichter Westwind weht, bringt der im Herbst und Frühjahr aus der Wüste wehende Ostwind *Chamsin* schwer erträgliche, föhnartige Hitze, die im Frühjahr die Vegetation P.s schlagartig absterben läßt.

5. Die Geschichte des vorisraelit. P. läßt sich etwa 1 Million Jahre bis ins Pleistozän zurückverfolgen.

a) In *el-ubeidije* südl. des Sees Gennesaret wurden Reste eines Menschentyps der Kieselkultur (Oldewey II) gefunden, der von Jagd und Beerensuche lebte. Diese erste Periode der *Älteren Steinzeit* (Paläolithikum) wurde um etwa 300 000 v. Chr. durch die nach ihrem charakteristischen Werkzeug benannte Handaxtkultur abgelöst. Diese Zeit, die in Mitteleuropa der Würm-Eiszeit entspricht, ist im Mittelmeerraum eine Periode tropischen Regenklimas, die in P. Dschungelflora und -fauna wachsen ließ. Der Mensch zeigt noch neandertaloide Züge, ist aber in der entwickelten Mischform des *Palaeanthropos Palaestinensis,* der in Höhlen am Karmel gefunden wurde, belegt.

Im Jungen Paläolithikum (70 000–14 000 v. Chr.) änderte sich das Klima in P. und nahm subtropischen Charakter an. In dieser Zeit wurden die ersten Mikrolithen nachweisbar hergestellt. Damit stand der Mensch vor Erfindungen, die den Übergang vom Jägerdasein zu seßhafter Lebensweise ermöglichten. Dieser vollzog sich in der *Mittleren Steinzeit* (Mesolithikum; 14 000–7000 v. Chr.) und läßt sich in → Jericho deutlich verfolgen: Unter neolithischen Rundhäusern fanden sich Reste von leichten, hüttenähnlichen Behausungen, die auf eine Seßhaftwerdung in diesem Gebiet zwischen 8000 und 7000 v. Chr. deuten.

In der *Neueren Steinzeit* (Neolithikum; 7000–4500 v. Chr.) bilden sich vornehmlich im nördl. Jordantal, dem Jarmuktal und in Jericho differenzierte Landwirtschaftsgesellschaften aus. Es gibt erste Anzeichen eines Fruchtbarkeitskultes, der seinen Ausdruck in zahlreichen Figurinen aus *Scha'ar ha-golan* gefunden hat. Im Neolithikum wurde die Herstellung von → Keramik entdeckt. In Jericho vollzieht sich bereits die Bildung einer Stadt und ist die Anlage eines → Tempels belegt. Verehrt wurde hier eine göttliche Trias von Mann, Frau und Kind. Der Glaube an ein Leben nach dem Tode spiegelt sich in entwickelten Bestattungsriten wider.

b) Den Übergang zur Bronzezeit bildet die *Kupfersteinzeit* (Chalkolithikum; 4500–3200 v. Chr.), in der die Bearbeitung von Kupfererzen begann. Es bildeten sich mehrere, nur locker miteinander verbundene Zentren dieser Kultur bei → Beerscheba *(tell abu matar* u. a.), im südl. Jordantal (so im *telelat ghassul*, das diesem Kulturkreis den Namen *Ghassulium* gab) und in Jericho.

c) Die *Bronzezeit* (3200–1200 v. Chr.) ist nicht aus der Kupfersteinzeit hervorgewachsen, sondern geht auf eine auf etwa 3200 v. Chr. zu datierende Einwanderung nomadisierender Völkergruppen in P. zurück, die ab 3000 v. Chr. zu einer Stadtstaatenentwicklung in P. führte (→ Hazor, → Megiddo, → Bet-Schean, → Sichem, → Geser, → Jerusalem, → Ai, → Jericho, → Hebron u. a.). In dieser Zeit vollzog sich in P. parallel zu Sumer und Ägypten der Schritt von der Vorgeschichte in das Licht der Geschichte. Im Gegensatz zu diesen Großkulturen ist das P. der Bronzezeit nicht über die Stadtstaatenkultur hinausgelangt.

Die *Frühbronzezeit* (3100–2300 v. Chr.) ist in ihrer zweiten Hälfte durch wachsenden Reichtum und blühende Landwirtschaft gekennzeichnet, wie an den Kleinfunden und den typischen Häusergrundrissen, zu denen Getreidesilos gehörten, zu zeigen ist. Darüber hinaus bestehen intensive Handelsbeziehungen mit → Ägypten. Im frühbronzezeitlichen Tempel von Ai wurde ägyptisierende Keramik und Alabasterware gefunden. König Pepi I. marschierte bis in die Ebene von Jesreel. Diese blühende Kultur P.s wurde zeitlich parallel zum Untergang des Alten Reiches in Ägypten (etwa 2290 v. Chr.) und dem Eindringen semit. Elemente ins südl. Mesopotamien von Nomaden zerstört, die aus der Wüste eindrangen und eine ärmliche Zwischenphase (2300–1900 v. Chr.) heraufführten.

Der erneute Aufstieg der städtischen Kultur P.s in der *Mittleren Bronzezeit* (1900–1550 v. Chr.) wurde durch die Einwanderung der → Kanaanäer aus dem kulturell hochentwickelten Raum der syr.-phöniz. Küstenstädte bewirkt. Die Keramik machte mit der Einführung der schnelldrehenden Töpferscheibe entscheidende Fortschritte. Bronze wurde in solchem Umfang hergestellt, daß sie auch zur Waffenherstellung diente. Auch in dieser Epoche ist der kulturelle und politische Einfluß Ägyptens beträchtlich. Sesostris III. drang im 19. Jh. v. Chr. bis nach → Sichem vor. Im Laufe des 19. und 18. Jh.s v. Chr. überwanderten mit den → Hyksos verwandte Völkergruppen P. und bildeten in zahlreichen Stadtstaaten eine ritterliche Oberschicht. Archäologisch manifestiert sich ihr Einfluß in einer neuen, gestaffelten Befestigungstechnik und in einer festungsartigen Tempelanlage. Mit der Vertreibung der Hyksos aus Ägypten griffen Könige der 18. Dynastie auf P. über und beendeten mit der Zerstörung zahlreicher Städte (Sichem, Megiddo, Jericho u. a.) die Mittlere Bronzezeit. Vor allem die Feldzüge Thutmosis' III. (1490–1436 v. Chr.) nach P. waren einschneidend. Ägypten errichtete eine Oberherrschaft über die Stadtstaaten P.s durch Anlage von Garnisonen in strategisch wichtigen Städten wie Gaza und Bet-Schean. Neben dem ägypt. Einfluß ist der des Zweistromlandes und des phöniz. Raumes nicht zu unterschätzen. Mesopotam. Siegelzylinder, Lebermodelle, ein Fragment des → Gilgamesch-Epos, schließlich die Verwendung der akkad. Sprache und Schriftzeichen weisen die Zusammenhänge auf.

In der *Spätbronzezeit* (1550–1200 v. Chr.), in der 2. Hälfte des 14. Jh.s, verfällt die ägypt. Macht in P. und führt zu einem chaotischen Gegeneinander der Kleinstaaten. Darüber hinaus wurden die auf das Kulturland drängenden nomadischen Hapiru (→ Hebräer) zu einer Bedrohung in P. Diese politisch-soziale Situation wird aus der Korrespondenz von → Amarna erhellt. Im 14. Jh. wurden die Edomiter, Moabiter, Ammoniter und die Stämme der → Lea bildenden Sippen → Israels seßhaft. Während der 19. ägypt. Dynastie (1306–1186 v. Chr.) konnte die ägypt. Herrschaft über P. noch einmal durch mehrere Feldzüge erneuert werden, die sich aber nach dem Feldzug des Merneptah nur noch auf

Gabenbringer mit Papyrus bei einer Opferhandlung. Aus dem Grab des Ramose in Theben (18. Dynastie, um 1550–1305 v. Chr.)

die Kontrolle der Küsten- und der Binnenstraße nach Damaskus beschränkt. In der Siegesstele dieses Königs wurde erstmals Israel wohl in Verbindung mit einer Katastrophe mittelpalästin. Leastämme erwähnt (um 1219 v. Chr.).
Im 12. Jh. v. Chr. wurden die zu den Seevölkern zu rechnenden → Philister in P. ansässig und führten das → Eisen ein. Zu dieser Zeit endete die ägypt. Herrschaft über P. Die Einwanderung der Auszugsgruppe der Stämme der → Rahel in P. führte zur Bildung des Stämmeverbandes Israel in Sichem. (Vgl. → Archäologie, → Pflanzenwelt, → Tierwelt.) O.

Lit.: M. Noth, Die Welt des AT, [4]1962; L. H. Grollenberg, Bildatlas zur Bibel, [4]1962; K. M. Kenyon, Archäologie im Heiligen Land, [2]1976; Atlas of Israel, [2]1970; M. Avi-Yonah, Palaestina, 1974.

Pallu, Sohn Rubens, Ahnherr der Palluiter (4Mose 26,5). S.

Palmsonntag, Bezeichnung des Sonntags vor der Karwoche zur Erinnerung an die Begrüßung Jesu beim → Einzug in Jerusalem durch Palmzweige schwingende Festpilger (Joh 12,13; anders Mk 11,8 par). R.

Palmyra → Syrien.

Palti/Paltiël, Ehemann der Saulstochter Michal (1Sam 25,44; 2Sam 3,15f.) und andere Träger dieses Namens (4Mose 13,9; 34,26). S.

Pamphylien, Küstenlandschaft im südl. Kleinasien, von Paulus auf der 1. und 2. Missionsreise besucht (Apg 13,13; 14,24). R.

Paneas, älterer Name von → Cäsarea Philippi. S.

Panier → Banner.

Pantheismus → Gott.

Pantheon, Gesamtheit der Götter in einer polytheistischen Religion. Das AT kennt Rudimente eines P.s in 5Mose 32,8f. U. R.

Panther → Tierwelt.

Panzer → Waffen.

Paphos, Hafenstadt auf Zypern, von Paulus auf der 1. Missionsreise besucht (Apg 13,6). R.

Papias, im 2. Jh. n. Chr. Bischof von Hierapolis in Phrygien, Verfasser eines nur in wenigen kleinen Fragmenten überlieferten Werkes *Logion kyriakon exegesis* (»Auslegung der Herrenworte«), in dem er Angaben über die Herkunft der Evangelien macht, die in der Neuzeit heftig diskutiert wurden, jedoch in ihrem historischen Wert zweifelhaft sind. So sei nach P. Markus der Dolmetscher des Petrus gewesen, und Matthäus habe eine hebr. Sammlung von Jesusworten zusammengestellt. R.

Pappel → Pflanzenwelt.

Papsttum, aus dem röm. Bischofsamt entwickelte universale Führungsgewalt der röm.-kath. Kirche. Als bibl. Begründung wird auf Mt 16,17–19 verwiesen; doch gilt diese Verheißung nur → Petrus, an irgendwelche Nachfolger ist nicht gedacht. H. M.

Papyrus, Schilfpflanze, aus deren Mark das wichtigste antike Schreibmaterial gewonnen wurde. Durch das Pressen kreuzweise überein-

Papyrus-Codex Chester Beatty II (Anfang des 3. Jh.s n. Chr.). Eine Seite aus dem griechischen Text der Paulusbriefe; die Seite enthält Eph 6,20 bis Gal 1,8

andergelegter Streifen entstanden P.-Blätter (davon unser Wort »Papier«), die zu Schreibrollen von mehreren Metern Länge zusammengefügt werden konnten. Da P. leicht vermodert und zerfällt, sind nur relativ kleine Reste bibl. P.-Handschriften erhalten geblieben, von denen die meisten aus Ägypten stammen. Im 3./4. Jh. wurde P. als Schriftträger durch das → Pergament verdrängt. R. / U. R.

Parabel → Gleichnis, → Maschal.

Paradies, ein Lehnwort aus dem Altpersischen mit der Bedeutung »umzäunter Raum«, »Park«. So verwendet es auch das hebr. AT in der Form *pardes* (z. B. Hld 4,13). Der religiöse Gebrauch des Wortes geht auf die griech. Übersetzung des AT (Septuaginta) zurück, die den Garten → Eden, den herrlichen Wohnort des ersten Menschen oder Menschenpaares, als »P.« (*paradeisos*) bezeichnet; danach wurde in der → Apokalyptik – aufgrund der Vorstellung, daß sich Urzeit und Endzeit entsprechen – das Wort »P.« zum Namen für die überirdische Wohnung der Seligen (im NT nur Lk 23,43; 2Kor 12,4; Offb 2,7). S.

Paraklet (von griech. *parakletos* »Fürsprecher; Beistand«; Lutherbibel: »Tröster«). In den → Abschiedsreden des Johannesevangeliums (Joh 13–17) kündigt Jesus seinen Jüngern für die Zeit nach seinem Weggang, d. h. nach seinem Tod und seiner Auferstehung, das Kommen eines P.en an. Und zwar lassen sich den fünf sog. P.-Sprüchen (Joh 14,16f.; 14,25f.; 15,26f.; 16,7–11; 16,13–15) folgende Funktionen dieser geheimnisvollen Gestalt entnehmen: a) Der P. wird Jesus ablösen; nur wenn Jesus geht, kann der P. *kommen.* b) Er wird Jesu Stelle bei den Jüngern vertreten und bei ihnen *bleiben.* c) Er wird, wie vorher Jesus, den Jüngern den Willen des Vaters *auslegen* und das Kommende ansagen. Er wird die Jünger an alles *erinnern,* was Jesus gesagt hat, d. h., er wird Interpret der Worte Jesu sein. d) Er wird den Jüngern *beistehen,* indem er vor dem Tribunal der Welt ihr Zeugnis unterstützt. e) Er wird vor Gottes Tribunal *Anklage erheben* gegen die Welt, indem er die Sünde ihres Unglaubens aufdeckt und ihr das Urteil spricht.
Die religionsgeschichtliche Wurzel der P.-Vorstellung ist in der Forschung nach wie vor umstritten. Versuche einer Ableitung aus der mandäischen → Gnosis haben sich nicht bewährt. Eher darf vermutet werden, daß die johanneische P.-Gestalt durch die Verschmelzung zweier Vorstellungskomplexe entstanden ist: Einerseits aus der jüd. Vorstellung von Fürsprecher-Engeln (→ Engel), welche die Sache der Frommen vor Gottes Tribunal vertreten, andererseits aus der gemein-urchristl. Geistvorstellung, nach welcher der → Geist den Jüngern Jesu in kritischen Verfolgungssituationen beisteht (Mk 13,11 par). R.

Lit.: G. Bornkamm, Der P. im Johannes-Evangelium, in: Geschichte und Glaube I, 1968, 68–89.

Paralipomena → Chronikbücher.

Paralipomena Jeremiae → Baruchschriften.

Parallelismus membrorum, für die alttest. Poesie kennzeichnende Erscheinung, daß zwei Gedanken in ungefähr gleich langen Satzgliedern zu einer Einheit zusammengefügt sind. Das geschieht so, daß der Gedanke des ersten Gliedes im zweiten wiederholt (z. B. »Strafe mich nicht in deinem Zorn / und züchtige mich nicht in deinem Grimm«, Ps 38,2; synonymer P.m.) oder durch einen gegensätzlichen Gedanken erläutert wird (z. B. »Lässige Hand macht arm; / aber der Fleißigen Hand macht reich«, Spr 10,4; antithetischer P.m.). Als P. m. gilt auch die Form, daß ein Gedanke durch einen zweiten ergänzt und vollendet wird (z. B. »Der ist wie ein Baum, / gepflanzt an Wasserbächen«, Ps 1,3; synthetischer P.m.). S.

Paränese → Ermahnung.

Paran. 1. Landschaft auf der südl. Sinai-Halbinsel, von den Israeliten bei der Wüstenwanderung durchzogen (z. B. 4Mose 10,12). **2.** Gebirge südwestl. des Toten Meeres (5Mose 33,2; Hab 3,3). **3.** Stadt El-P., vermutlich → Elat. S.

Parasche (hebr. *parascha* »Abschnitt«), rabbinische Bezeichnung eines alttest. Textabschnitts. Der alttest. Text wurde einerseits zur besseren Übersicht in P.n, Sinnabschnitte, eingeteilt (jedoch nicht beim Psalter), andererseits in – größere – Wochenabschnitte für die gottesdienstliche Lesung. Die Einteilung des ganzen AT in Wochenabschnitte erfolgte nur in Babylonien (ein solcher Wochenabschnitt heißt *Seder*), während man in Palästina nur die Tora, die fünf Mosebücher, in Wochenabschnitte gliederte, die ebenfalls »P.n« genannt werden. S.

Parder → Tierwelt.

Parosch, Ahnherr einer jud. Sippe (z. B. Esr 2,3) und andere Träger des Namens (Neh 3,25; 10,15). S.

Parther, iran. Volksstamm, gründeten um 250 v. Chr. südöstl. des Kaspischen Meeres ein Reich, das sich rasch über Persien und Mesopotamien ausdehnte, bis es 224 n. Chr. an die pers. Sassaniden fiel (→ Iran). S.

Parusie (von griech. *parusia* »Ankunft«), ursprünglich Bezeichnung für einen offiziellen Königsbesuch in einer Provinz oder Stadt, im NT gebraucht für die Wiederkunft Jesu Christi am Ende der Weltzeit (1Kor 15,23; 1Thess 2,19; 3,13; 4,15; 5,23; 2Thess 2,1.8; Mt 24,3. 27.37.39). Den Rahmen für die P.-Vorstellung liefert die → Apokalyptik, die den nahe bevorstehenden Abbruch der Geschichte und den Anbruch des neuen Äons erwartet. Jesus selbst hatte, ganz im Sinne der Apokalyptik, mit einer solchen nahen Weltenwende gerechnet (→ Naherwartung), und er hatte sein Wirken und Schicksal wohl zumindest indirekt mit ihr in Verbindung gebracht (vgl. Lk 12,8; → Menschensohn), jedoch hatte er sicher nicht von seiner eigenen P. gesprochen.
Die → Urgemeinde deutete Kreuzigung und Auferstehung Jesu als den Anfang der Enderеignisse und erwartete deren alsbaldigen Fortgang in der Wiederkehr Jesu als des eschatologischen Weltenrichters. Den unmittelbaren Anlaß dazu boten Jesu Worte über den Menschensohn (z. B. Lk 17,24 par; Mt 24,27; Mt 10,23), die man nun als eindeutige Selbstaussagen verstand, sowie seine Aufrufe zur Wachsamkeit (z. B. Lk 12,35–40), die jetzt als Ansagen seiner Wiederkunft gedeutet wurden. Der P. sollte eine Notzeit vorhergehen (Mk 13,14ff.), in der es galt, sich zu bewähren; trotzdem kommt sie plötzlich, man kann sie nicht im voraus berechnen (Mk 13,32). Christus mit seinem Gefolge wird vom Himmel her erscheinen, und dann werden die Toten zum Gericht auferstehen, während die noch Lebenden unmittelbar in eine neue Leiblichkeit verwandelt werden (1Thess 4,16f.).
Die P. ist ausgeblieben; doch führte dies keineswegs zu einer Krise. Vielmehr treten bereits in den späteren Schriften des NT andere Formen der Hoffnung auf die endgültige Verwirklichung des im Glauben ergriffenen Heils in den Vordergrund, am deutlichsten wohl im → Johannesevangelium, wo P. und Auferstehung in der Glaubensbindung an Christus bereits vorweggenommen sind (Joh 11,21–26). Andererseits ist die P.-Erwartung in der Kirche niemals ganz geschwunden; sie lebt vielfach weiter als Erwartung einer Vollendung von Welt und Geschichte durch Christus. R.

Pascha, ursprünglich ein Unheil abwehrender Blutritus, der in den Zusammenhang des Weidewechsels der protoisraelit. Halbnomaden (→ Erzväter, → Landnahme) gehört. In der Vollmondnacht vor dem Aufbruch von der Wüste in das Kulturland im Frühjahr galt es den Unheil stiftenden »Verderber« fernzuhalten. Dazu wurde in den Sippen ein Kleinvieh geschlachtet und mit dem Blut dieses Tieres der Zelteingang bestrichen. Die Lebenskraft des → Blutes sollte Unheilskräfte fernhalten.
Nach der Seßhaftwerdung verlor das P. seine ursprüngliche Bedeutung. Es wurde im Kulturland weiterhin in den Sippen im Hause vollzogen, erhielt aber eine neue Interpretation, indem es auf Jahwe und das heilsgeschichtliche Ereignis des → Auszugs gedeutet wurde. Der »Verderber« wurde nunmehr zum Gehilfen Jahwes, die Ägypter zu schlagen, während der Blutritus dem Schutz der Israeliten diente (2Mose 12, 21–24).
In der Kultreform des → Joschija wurde das P. am Tempel von Jerusalem zentralisiert, mit dem Mazzotfest (→ Fest) verbunden und zum Wallfahrtsfest (5Mose 16,1–8), da mit der Kultzentralisation kultische Schlachtung nur noch hier erlaubt war.
Im Exil wurde das P. in den Sippenzusammenhang zurückverlegt. In nachexilischer Zeit wurde dann das P. wieder zum Wallfahrtsfest in Jerusalem. Das P.-Tier (→ Paschalamm) wurde am Nachmittag des 14. Nisan (→ Monat) am Tempel geschlachtet und am Abend des 15. Nisan in den Hausgemeinschaften innerhalb der Tore → Jerusalems verzehrt. Das P. gewann zur Erinnerung an die Befreiung aus Ägypten die Dimension der Hoffnung auf die eschatologische Befreiung hinzu.

Jesus kam – möglicherweise mehrfach (Joh 2,13; 6,4) – als Festpilger zum P. nach Jerusalem. Sein Lebensausgang stand in unmittelbarer zeitlicher Verbindung mit dem P. Nach der wahrscheinlichsten Datierung wurde er am P.-Rüsttag (14. Nisan) des Jahres 30 in Jerusalem gekreuzigt. Der dem P. unmittelbar folgende Tag seiner Auferstehung wurde im christl. Kultus zum Osterfest (→ Ostern). Dadurch behielt der christl. Festkalender zumindest einen indirekten Bezug auf das P. O./R.

Lit.: H. Haag, Vom alten zum neuen P., 1971.

Paschalamm. Nach der ältesten Überlieferung des Pascha (2Mose 12,21–24) wird ein nicht näher spezifiertes Kleinvieh als am Pascha zu schlachtendes Tier gefordert. Spätere Überlieferung grenzt dann ein durch die Forderung eines männlichen, einjährigen fehlerlosen Tieres als P. In frühester Zeit Israels wird das P. geschlachtet, um das für den böse Dämonen vertreibenden Blutritus notwendige → Blut als Medium lebenspendender Kraft zu erhalten. In der kultgeschichtlichen Uminterpretation des Pascha zu einem → Opfer wird auch das P. als Opfertier interpretiert. Aufgrund der engen Verbindung zwischen Pascha und Passion Christi wird das Motiv des P.s neutest. auf Christus übertragen (1Kor 5,7). Christus führt aus der Knechtschaft der Sünde, wie einst Israel aus der Knechtschaft in Ägypten geführt wurde. Im vierten Evangelium wird das Motiv weiterentwickelt, indem alttest. Paschavorschriften in die Passionsdarstellung eingehen; vgl. Joh 19,36 mit 2Mose 12,46. O.

Paschhur. 1. Priester in Jerusalem, der den Profeten Jeremia für eine Nacht in den Block legte, worauf Jeremia ihm die Verbannung ankündigte (Jer 20,1–6). **2.** Ein anderer Zeitgenosse Jeremias (Jer 21,1; 38,1), Ahnherr eines Priestergeschlechts (Neh 11,12). **3.** Ein anderer Ahnherr eines Priestergeschlechts (z.B. Esr 2,38). S.

Paseach, Ahnherr einer Familie von Tempeldienern (Esr 2,49) und andere Träger dieses Namens (1Chr 4,12; Neh 3,6). S.

Passa → Pascha.

Passion → Leiden Jesu.

Passionsgeschichte → Leidensgeschichte.

Pastoralbriefe (lat., »Hirtenbriefe«), traditionelle Bezeichnung der zwei → Timotheusbriefe und des → Titusbriefs, die im wesentlichen aus Anweisungen für die Träger gemeindlicher Leitungsämter (»Hirten«) bestehen. Unterschiede gegenüber dem Amts- und Gemeindeverständnis der übrigen Paulusbriefe lassen keinen Zweifel daran, daß die P. von einem Paulusschüler stammen und erst um 100 n. Chr. geschrieben wurden. R.

Patara, Hafenstadt in der südkleinasiat. Landschaft Lyzien (Apg 21,1). R.

Patmos, dem westl. Kleinasien vorgelagerte griech. Insel. Hier schrieb ein verbannter urchristl. Profet zwischen 90 und 95 n. Chr. die → Offenbarung des Johannes (Offb 1,9). R.

Patriarch → Erzväter.

Patros, eine alttest. Bezeichnung für Oberägypten (z. B. Jer 44,1.15), dessen Bewohner »Patrusiter« genannt werden (1Mose 10,14). R.

Pauke → Musik, Musikinstrumente.

Paulus. 1. Quellen – 2. Biographie – 3. Theologie – 4. Wirkungsgeschichte.

1. P., der Bahnbrecher der Heidenmission und eigentliche Begründer der christl. Theologie, ist die uns bei weitem am besten bekannte Gestalt des Urchristentums. Von den 13 ihm zugeschriebenen Briefen, die das NT enthält, sind 7 in ihrer Echtheit unumstritten, nämlich (in chronologischer Reihenfolge) der 1. Thessalonicherbrief, der Galaterbrief, die beiden Korintherbriefe, der Römerbrief, der Philemonbrief und der Philipperbrief. Unklar ist die Verfasserschaft des P. für den 2. Thessalonicherbrief und den Kolosserbrief; hingegen gelten heute der Epheserbrief, die beiden Timotheusbriefe und der Titusbrief als Schriften von P.-Schülern. Bedingten Quellenwert hat die Apostelgeschichte, die zwar den Verlauf der paulinischen Mission, aufs Ganze gesehen, richtig wiedergibt, aber von Person und Verkündigung des P. nur ein recht schematisches Bild zeichnet. Die verschiedenen in der Alten Kirche umlaufenden apokryphen P.-Briefe sind durchweg späte Fälschungen.

2. Wir kennen weder Geburts- noch Todesjahr des P., wie uns überhaupt eine direkte Chronologie für sein Leben fehlt. Eine ungefähre Datierung der wichtigsten Stationen auf dem Wege der relativen Chronologie ist jedoch möglich, indem man, von gesicherten chronologischen Fixpunkten aus, entsprechend nach rückwärts und nach vorwärts rechnet: Wichtigster Fixpunkt für die P.-Biographie ist der erste Aufenthalt in Korinth, der in die Zeit der Statthalterschaft des Gallio über die senatorische Provinz Achaia (Apg 18,12) und damit in die Jahre 51/52 n. Chr. fiel.

Geboren als Sohn streng jüd. Eltern in der hellenist. Stadt Tarsus in Zilizien (Apg 9,11; 21,39; 22,3), wuchs er vermutlich zweisprachig auf und trug neben seinem Geburtsnamen *Schaul* zum Zeichen des seiner Familie eigenen röm. Bürgerrechts den lat. Beinamen (*cognomen*) *Paulus*. P. gehörte der pharisäischen Religionspartei an (Phil 3,5f.) und erhielt in Jerusalem eine Ausbildung als Gesetzeslehrer; nach Apg 22,3 war er Schüler Gamaliels I. Dort beteiligte er sich aktiv an der Verfolgung und Vertreibung des hellenist. Flügels der → Urgemeinde.

Auf einer Reise nach Damaskus vollzog sich die entscheidende Wende seines Lebens (um 34): Der auferstandene Christus erschien ihm und nahm ihn in einem Akt, den P. selbst in Analogie zu alttest. Profetenberufungen deutete (Gal 1,17f.; vgl. 1Kor 15,9), in Dienst. Über seine ersten Jahre als Christ erfahren wir nur Andeutungen (Gal 1,17–21): In sie fiel, nach einer Zeit der Zurückgezogenheit in »Arabien«, ein erster Versuch missionarischen Wirkens in Damaskus (2Kor 11,32f.), ein erster Besuch in Jerusalem, der zu einer Begegnung mit → Petrus führte (Gal 1,18), sowie ein längerer Aufenthalt in seiner Heimatstadt Tarsus. Von dort holte ihn → Barnabas (um 40) in die neugegründete Gemeinde der Metropole → Antiochia am Orontes, die, von den aus Jerusalem vertriebenen hellenist. Judenchristen geprägt, entschlossen war, die Heidenmission in Angriff zu nehmen (Apg 11,25 f.). Sie entwickelte sich rasch zu einem weit ausstrahlenden Zentrum, das notwendig in Konkurrenz zu Jerusalem trat. Für etwa ein Jahrzehnt war die antiochen. Gemeinde, zu deren leitenden Männern er schon bald gehörte (Apg 13,1), die Heimat des P. Von hier aus unternahm er zusammen mit Barnabas eine *1. Missionsreise* (um 46/47) nach Zypern und ins südl. Kleinasien (Apg 13,1–14,28). Anschließend reiste er, wiederum im Auftrag Antiochias, nach Jerusalem, um auf dem sog. *Apostelkonzil* (48) das grundsätzliche Ja der Urgemeinde zur Heidenmission zu erreichen (Apg 15; Gal 2). Das gelang zwar, doch zeigte sich in der Folgezeit, daß P. dieses Ja ungleich weiter interpretierte als die Jerusalemer: Während er sich dadurch zur Gründung rein heidenchristl. Gemeinden legitimiert sah, die dem jüd. Gesetz keinen Raum mehr gaben, erwarteten die Jerusalemer, daß die in vorwiegend heidenchristl. Gemeinden lebenden Judenchristen sich weiter an das Gesetz halten würden, ja, vermutlich hofften sie sogar auf eine allmähliche Hinführung auch der Heidenchristen zum Gesetz und zu jüd. Lebensformen.

Diese unbewältigte Differenz sollte die nun beginnende große Periode der paulinischen Weltmission (um 48–56) bis zu ihrem Ende überschatten. Mit ihr hing es zusammen, wenn P. sich nach dem sog. Antiochia-Zwischenfall (der von Petrus im Auftrag des Jakobus und der Jerusalemer Gemeinde propagierten Aufkündigung der Tischgemeinschaft von Juden- und Heidenchristen; Gal 2,11–14) von Barnabas trennte und die Verbindung zu Antiochia lockerte. Im Bewußtsein, der von Jesus Christus berufene Apostel für alle Weltvölker zu sein (Röm 1,5), durcheilte P. auf seiner *2. Missionsreise* (um 48–53) Kleinasien, Mazedonien und Griechenland (Apg 15,36–18,22), wobei es u. a. zur Gründung von Gemeinden im nordgalatischen Land, in Philippi, Beröa, Korinth und Ephesus kam. Die sich nach einem kurzen Aufenthalt in Antiochia und Jerusalem anschließende *3. Missionsreise* (um 53–56) führte wiederum nach Ephesus, Mazedonien und Griechenland (Apg 18,23–21,14); sie diente vor allem dem Ausbau der ephesinischen Gemeinde zur Missionsbasis, der Konsolidierung der korinthischen Gemeinde und der Einsammlung der Kollekte für Jerusalem, zu der sich P. auf dem Apostelkonzil verpflichtet hatte. Auf dieser Reise schrieb er die Korintherbriefe sowie den Römerbrief, durch den er die Christengemeinde in Rom als Ausgangsbasis für weitere Missionsreisen im Westen bis hin nach Spanien (Röm 15,24) gewinnen wollte. Doch dazu sollte es nicht mehr kommen. Als P. vor der geplanten Reise nach Rom noch einmal Jerusalem aufsuchte, um der dortigen Gemeinde die Kollekte zu überbringen, wurde er das Opfer eines Komplotts seiner jüd. Gegner. Er wurde im Tempel verhaftet unter der – sicherlich falschen – Anschuldigung, er habe

Griechen in das Heiligtum eingeführt und dieses dadurch entweiht (Apg 21). Daraufhin nahmen ihn die Römer in Gewahrsam und überführten ihn nach Cäsarea, den Sitz des Statthalters, wo er etwa zwei Jahre (um 56–58) als Gefangener verbrachte. P. konnte sich dem von den Juden gegen ihn angestrengten Prozeß, dessen Anklage auf Entweihung des Tempels und Stiftung von Aufruhr – also auf ein Kapitalverbrechen – lautete (Apg 24,5f.), zunächst dadurch entziehen, daß er als Inhaber des röm. → Bürgerrechts Appellation an den Kaiser einlegte (Apg 25,11). Er wurde deshalb als Gefangener nach Rom überführt. Der Ausgang seines Prozesses und sein weiteres Schicksal liegen im Dunkel. Daß er, wie einige spätere Zeugnisse (z. B. die Pastoralbriefe) behaupten, noch einmal freigekommen sei und sein missionarisches Wirken wiederaufgenommen habe, ist unwahrscheinlich. Vieles deutet darauf hin, daß er in Rom nach längerer Gefangenschaft den Märtyrertod erlitten hat (1Klem 5,7).

3. a) Wir kennen die *Theologie* des P. nur in jenem ausgereiften Stadium, in dem sie uns aus den sämtlich den letzten Jahren seines Wirkens entstammenden großen Briefen entgegentritt. Trotzdem ist erkennbar, daß sie stark in der Tradition verwurzelt ist: In ihr verbinden sich Elemente der Heidenmissionspredigt des hellenist. Judenchristentums, die P. in Antiochia aufgenommen hatte, mit Motiven jüd. Schriftgelehrsamkeit und Apokalyptik, die ihm durch Herkunft und Ausbildung überkommen waren. Wieweit noch andere Faktoren aus der Umwelt, wie stoische Philosophie, gnostische Mythologie und Mysterienfrömmigkeit, auf sie einwirkten, ist in der Forschung nach wie vor umstritten, jedoch wächst die Einsicht, daß man solche zweifellos vorhandenen Einflüsse nicht überbewerten sollte. Nicht übersehen darf man jedoch die starke autobiographische Komponente dieser Theologie und ihren Zusammenhang mit der konkreten missionarischen Erfahrung: P. will durch theologische Reflexion die ihm durch seine Lebenswende vermittelte Einsicht vertiefen und begründen, daß Christus die entscheidende neue Lebensmöglichkeit für den Menschen bietet, durch die das jüd. Leben unter dem → Gesetz als Heilsweg endgültig erledigt ist, und er will seine Gemeinden dazu bringen, sich konsequent auf diese Lebensmöglichkeit einzulassen und jeden anderen Heilsweg zu verwerfen.

b) Im Zentrum der Theologie des P. steht darum die *Christologie.* Er hat auffallend wenig Interesse an Worten und Taten des irdischen Jesus; alles konzentriert sich hingegen auf Jesu Sterben, in dem für ihn gleichsam der Ertrag des menschlichen Lebens Jesu zusammengefaßt ist, sowie auf die Auferstehung, in der er diesen Ertrag durch Gottes Handeln für immer in Kraft gesetzt sieht. P. denkt also ganz von der nachösterlichen Situation her; Christi Kreuz und Auferstehung ist die große Wende der Zeiten (Röm 3,21; 5,10f.; 2Kor 6,2). Nunmehr ist Christus der Herr über alle den Menschen bedrohenden Gewalten und Mächte (Phil 2,10; Röm 8,38f.) und steht seiner Gemeinde durch den Geist bei (Röm 8,9f.). Gott und Mensch stehen in neuer, bleibender Gemeinschaft, sie sind »versöhnt« (2Kor 5,19).

c) Die Verlängerung der Christologie auf die konkrete Situation des Menschen erfolgt durch die sog. → *Rechtfertigungslehre.* In Christi Tod wird die heillose Lage aller Menschen offenbar; denn indem ihn, den Schuldlosen, der Fluch des Gesetzes (Gal 3,13) trifft, vollzieht sich an ihm das Gericht, dem eigentlich die gesamte Menschheit verfallen wäre. Der Mensch ist durch die ihn beherrschende Sünde daran gehindert, das Gesetz, in dem ihm Gottes fordernder Wille begegnet, zu erfüllen und so vor Gott gerecht zu werden. Denn alle sittlichen Leistungen dienen ihm nur dazu, sich selbst gegenüber Gott durchzusetzen und ihm gegenüber recht zu behalten; sie verstricken ihn darum nur immer stärker in den von der Sünde gesetzten Zusammenhang von Schuld und Unheil (Röm 5,12–16; 7,7–24). Rettung erfolgt, indem Christus durch seinen Tod die Macht des Gesetzes bricht und der schenkenden Gerechtigkeit Gottes Raum schafft, die allein im Glauben, d. h. in der Haltung des dankbaren Empfangens und des Verzichts auf Rechtbehaltenwollen, angeeignet werden kann (Röm 1,17; 3,28).

d) Auch das *Kirchenverständnis* des P. hängt eng mit seiner Christologie zusammen. Kirche ist für P. die durch Christi Heilswerk begründete und ermöglichte Gemeinschaft (1Kor 10,17), durch deren konkreten Lebensvollzug im dienenden Miteinander der einzelnen Glieder (1Kor 12) schon in dieser vergehenden Welt die endzeitliche Herrschaft Christi in ihrer befreienden Macht sichtbar wird.

e) Die *Ethik* des P. ist konsequent aus der Rechtfertigungslehre entwickelt, d. h., sie trägt der Einsicht Rechnung, daß das Gesetz als Heilsweg außer Kraft gesetzt ist. Dem Christen ist die Erfüllung des Willens Gottes aufgetragen; aber diese Erfüllung ist nicht Vorbedingung für die Gewährung des Heils, sondern Folge; der Mensch vermag zu handeln, weil Gott an ihm gehandelt hat. So folgt der Imperativ aus dem Indikativ. Und zwar ist der Wille Gottes nicht identisch mit einem Komplex starr fixierter Maximen; er ist vielmehr im Vertrauen auf die Leitung des Geistes jeweils durch verantwortliche Analyse der gegebenen Situation zu ermitteln; Auftrag des Christen ist es, »zu prüfen, was der Wille Gottes sei, (nämlich) das Gute und Angenehme und Vollkommene« (Röm 12,2).

4. Die Wirkungsgeschichte des P. verlief höchst uneinheitlich. Bereits das P.-Bild der Apostelgeschichte ist weithin symptomatisch für die Alte Kirche, die P. zwar als Bahnbrecher der Weltmission ehrte und ihn als Apostel neben Petrus stellte, jedoch seine Theologie nur in geringem Maße rezipierte (vgl. 2Petr 3,15f.). Andererseits gingen von P. an entscheidenden Punkten der Kirchengeschichte weitreichende Wirkungen aus (so im 4. Jh. durch Augustin, im 16. Jh. durch Luther und im 20. Jh. durch K. Barth).

Im 19. und 20. Jh. fehlte es nicht an schroffer P.-Kritik aus den verschiedensten weltanschaulichen Lagern (von P. de Lagarde über F. Nietzsche und H. St. Chamberlain bis hin zu A. Rosenberg und E. Bloch), die P. zum Verfälscher des ursprünglichen »einfachen Evangeliums Jesu« stempeln wollte, doch arbeitete diese Kritik durchweg mit historisch unangemessenen Interpretationskategorien und blieb deshalb ohne Überzeugungskraft. R.

Lit.: A. Schweitzer, Geschichte der Paulinischen Forschung, 1911; Bultmann, Theologie, §§ 16–40; G. Bornkamm, P., 1969; E. Käsemann, Paulinische Perspektiven, 1969; G. Eichholz, Die Theologie des P. im Umriß, 1972; J. Becker, P., 1989.

Paulusakten, ein um 190 n. Chr. in Kleinasien entstandener, nur fragmentarisch überlieferter Paulus-Roman, der die in den Gemeinden umlaufenden Paulus-Legenden (z. B. Taufe eines Löwen) verwertete und stark asketische Tendenzen vertritt. Wichtigstes Stück ist das Martyrium des Paulus, die Erzählung von der Enthauptung des Apostels unter → Nero in Rom. R.

Text: Schneemelcher II, 193–241.

Pech (oder Asphalt), brennbares (Jes 34,9) Erdharz, zum Abdichten gegen Wasser (1Mose 6,14; 2Mose 2,3) und auch als Mörtel verwendet (1Mose 11,3). S.

Pedaja, hebr. Männername: z. B. der Urgroßvater und ein Sohn des Königs Jojachin (2Kön 23,36; 1Chr 3,18). S.

Pegor. 1. Berg in Moab nahe dem Jordan, wo sich ein Heiligtum des Baal-P. befand (4Mose 23,28f.; 25,1–5), der abgekürzt auch P. heißen kann (4Mose 25,18). Nach dem Berg hat ein Ort den Namen Bet-P. (z. B. Jos 13,20). **2.** Ort in Juda (Jos 15,59). S.

Pekach (734–733 v. Chr.), vorletzter König des Nordreiches Israel (2Kön 15,25.27–31), der durch Ermordung seines Vorgängers Pekachja auf den Thron kam und von Hosea ermordet wurde. Seine gegen die Assyrer gerichtete Politik (2Kön 16,5–9) hatte deren Eingreifen und große Gebietsverluste Israels zur Folge. S.

Pekachja (736–735 v. Chr.), König des Nordreiches Israel (2Kön 15,23–26), von Pekach ermordet. S.

Pelaja, ein Nachkomme Davids (1Chr 3,24) und ein Levit zur Zeit Esras (Neh 8,7). S.

Pelatja, hebr. Männername: z. B. ein Nachkomme Davids (1Chr 3,21) und ein führender Jerusalemer zur Zeit Ezechiels (Ez 11,1–13). S.

Peleg, Gestalt der Vorzeit (1Mose 10,25; 11,16–19), die auch im Stammbaum Jesu erscheint (Lk 3,35). S.

Pella, Stadt im mittleren Ostjordanland, zum Städtebund der → Dekapolis gehörig. Nach (allerdings unsicheren) geschichtlichen Nachrichten siedelte kurz vor dem Ausbruch des jüd. Krieges (66 n. Chr.) die judenchristl. Gemeinde vom bedrohten Jerusalem nach P. über. R.

Pelusium → Sin.

Pentapolis (griech., »Fünfstädtegebiet«), fünf Städte – Sodom, Gomorra, Adma, Zebojim, Bela –, die nach legendarischer Überlieferung in der Vorzeit durch Jahwes Gericht vernichtet wurden (1Mose 14,2.8; Weish 10,6). Man sucht die P. am Südende des Toten Meeres. R.

Pentateuch, Pentateuchforschung → Mosebücher.

Penuel, Ort an einer Furt des→ Jabbok. Die Festung, die Gideon zerstört hatte (Richt 8,17), baute Jerobeam I. wieder auf (1Kön 12,25). In 1Mose 32,23–32 wird P. mit Jakob in Verbindung gebracht. S.

Peor → Pegor.

Peräa, Landschaft im südl. Ostjordanland, gehörte zur Zeit Jesu zur Tetrarchie des Herodes Antipas (→ Herodes und seine Dynastie). R.

Perazim, Ort südwestl. von Jerusalem, wo David die → Philister besiegte (2Sam 5,20; Jes 28, 21). S.

Peresch, ein Nachkomme Manasses (1Chr 7,16). (→ Perez.) S.

Perez. 1. Sohn des Juda und der Tamar (1Mose 38,29; Rut 4,18). **2.** P.-Usa, Ort in Juda (2Sam 6,8). S.

Pergament, aus Tierhäuten durch Enthaarung, Entfettung und Beizung gewonnenes Schreibmaterial von großer Beständigkeit. Die Bezeichnung »P.« verweist auf den Ursprungsort→ Pergamon (eigtl. »das pergamenische Blatt«). P. war vom 2. Jh. v. Chr. bis in das späte Mittelalter gebräuchlich, konnte jedoch wegen seiner hohen Kosten erst vom 4. Jh. n. Chr. ab den billigen→ Papyrus bei der Herstellung von Bibelhandschriften verdrängen. Frühchristl. P.-Handschriften haben im allgemeinen nicht Rollen-, sondern Buchform (Codex). R.

Pergamon, traditionsreiche Stadt in der Landschaft→ Mysien in→ Kleinasien mit berühmten Tempeln und Bibliotheken. Die christl. Gemeinde von P., an die das 3. Sendschreiben der Offenbarung gerichtet ist, konnte sich dort nur mühsam behaupten (Offb 2,13). R.

Perge, Stadt in der kleinasiat. Landschaft → Pamphylien, von Paulus auf der 1. Missionsreise besucht (Apg 13,13; 14,25). R.

Perikope, zur gottesdienstlichen Lesung bestimmter Abschnitt aus der Bibel. Bereits im Judentum waren die 5 → Mosebücher in P.n zur fortlaufenden Lesung eingeteilt. Das frühe Christentum stellte die im Gottesdienst gebräuchlichen alttest. und neutest. P.en in→ Lektionaren zusammen. R.

Perisiter, ein Volk, das in der stereotypen Aufzählung der vorisraelit. Völker Kanaans (meistens sind es sechs Namen) erscheint (z. B. 2Mose 3,8; Richt 3,5), über das aber nichts Genaueres bekannt ist. S.

Perle, im AT wohl durchweg die rote Koralle. Erst in hellenist. Zeit wurden echte P.n aus Ceylon und vom pers. Golf nach Palästina importiert und galten als große Kostbarkeit (Mt 7,6). Im NT erscheint die P. darum wegen ihres besonderen Wertes als Symbol für die Gottesherrschaft (Mt 13,45f.). R.

Persepolis → Iran.

Perser, Persien → Iran.

Person. Neuzeitliche Philosophie und Theologie pflegen die unverwechselbare Individualität jedes Menschen und seine Fähigkeit, als Ich mit einem Du zu kommunizieren, mit dem Begriff »P.« zu bezeichnen. Von da aus ist es üblich geworden, der Bibel, die keinen Begriff für »P.« kennt, dennoch einen persönlichen Gott zuzuschreiben, dem an der Personhaftigkeit des von ihm angesprochenen Menschen liegt. Nun betrachtet zweifellos die Bibel → Sprache und → Wort Gottes als vornehmstes Medium des Gottesverhältnisses; insofern sind personale Beziehungen betont. Doch→ Gott ist im AT nur z. T. P., als der Natur und Geschichte Umgreifende ragt er über den Bereich des Ich-Du-Verhältnisses weit hinaus. Der Mensch hingegen wird in der hebr. Anthropologie so sehr in seine Gemeinschaften einbezogen gesehen, daß höchstens der Sippe oder dem Volk als Groß-Ich das Prädikat »P.« zugeschrieben werden kann. Erst in der neutest. Religion wird der Kollektivbezug der Religion völlig gebrochen und insofern jedes Individuum vor Gott zur P. K.

Personennamen. Die alttest. P. zerfallen in zwei große Gruppen: die Wort- oder Bezeichnungs-

namen, die aus einem Wort, und die Satznamen, die aus einem Satz mit zwei Gliedern bestehen. Bezeichnungsnamen sind z. B. Debora (»Biene«), Jona (»Taube«), Tamar (»Palme«), Susanna (»Lilie«). Bei den weitaus zahlreicheren Satznamen handelt es sich meistens um Aussagen über Gott, um Lobpreis, Dank oder Vertrauensbekenntnis. Der Name »Jahwe« erscheint am Anfang dieser P. in der Form *Jo-*, am Schluß in der Form *-ja* oder *-jahu*. Beispiele: Joab und Abija (hebr. *abijjahu* »Jahwe ist Vater«, d. h. Beschützer); Joel und Elija (hebr. *elijjahu* »Jahwe ist Gott«); Jonatan und Netanja (»Jahwe hat gegeben«); letzterer Name auch in der Kurzform Natan, wie überhaupt Kurzformen recht häufig sind. An die Stelle des Namens »Jahwe« können auch andere Wörter wie Ab (»Vater«) oder El (»Gott«) treten, z. B. Abimelech (»der Vater ist König«), Daniel (»Gott richtet«).
Im NT sind die hebr. oder aram. P. fast durchweg der griech. Sprache angepaßt, z. B. Jeschua/Jesus, Johanan/Johannes, Saul/Saulos. S.

Personifikation, in der Religionsgeschichte die Umsetzung von Naturgrößen, Dingen oder Abstrakta in Personen, vor allem in Götter oder Halbgötter. In der monotheistischen Religion des AT und NT spielen solche P.en keine Rolle. Allerdings entspricht es bibl. Auffassung, kollektive oder korporative Größen als Einzelpersonen zu bezeichnen, vgl. die Rede von Jakob (für das Volk Israel) oder von der Tochter Zion. (→ Gemeinschaft und Individuum.) J. E.

Peschitta (syr., »die Einfache«), die seit 400 n. Chr. gebräuchliche syr. → Bibelübersetzung, für die → Textkritik von hohem Belang. R.

Pest → Seuchen.

Petra (griech. *petra* »Fels«), griech. Name der Hauptstadt der Nabatäer, zwischen Totem und Rotem Meer gelegen, vielleicht identisch mit dem alttest. Sela (»Fels«) der Edomiter (2Kön 14,7; 2Chr 25,11f.). Die Nabatäer schmückten die Stadt mit zahlreichen prächtigen, in den roten Sandstein gehauenen Bauten, wovon imposante Ruinen – etwa der Isistempel aus der Zeit Hadrians – Zeugnis ablegen. Nach der Eroberung durch die Römer (106 n. Chr.) erlebte die Stadt einen neuen Aufschwung, erlag aber allmählich der Konkurrenz des neugegründeten Palmyra. S.

Petrus 1. Geschichte – 2. Bedeutung.
1. P., die herausragende Gestalt des Jüngerkreises Jesu und der ältesten christl. Gemeinde, hieß eigentlich Simeon/Simon. Der Beiname *Petros,* (griech., »Fels«; aram. *kefa,* → Kefas) wurde ihm, dem Fischer aus Betsaida am See Gennesaret, wohl von Jesus verliehen (Mk 3,16; Joh 1,42), um damit seine Funktion als Jünger zu kennzeichnen: Durch sein Zeugnis und seinen Dienst legt Gott selbst das feste Felsenfundament, auf das sich seine Herrschaft gründen soll. Ob die Verleihung dieses Funktionsnamens auf den vorösterlichen Jesus zurückgeht, ist allerdings umstritten. Die Möglichkeit ist nicht auszuschließen, daß P. erst durch eine Erscheinung des Auferstandenen zum »Felsenmann« wurde. Auf alle Fälle aber war P. bereits in vorösterlicher Zeit der Sprecher des Zwölferkreises (z. B. Mk 8,29 ff.; 9,2 ff.). Er ist auch der einzige Jesus-

Petra. Sogenanntes Schatzhaus des Pharao

jünger, dessen Persönlichkeitsbild sich der Überlieferung eingeprägt hat: So erscheint er einerseits als tatkräftig, einsatzfreudig und impulsiv (Mk 9,5; Lk 22,31f.; Joh 13,37), andererseits weist ihn die sicher geschichtliche Verleugnung Jesu (Mk 14,66–72) als zur Labilität neigend aus.
Alte Überlieferung nennt P. als den ersten Zeugen einer Erscheinung des auferstandenen Jesus (1Kor 15,5; vgl. Lk 24,34). Er scheint die Initiative bei der nachösterlichen Sammlung der Jesusjünger und bei ihrer Rückkehr nach Jerusalem an → Pfingsten übernommen zu haben. Damit hängt die führende Stellung, die er im Kreis der → Apostel hatte, zusammen (Gal 1,18f.). P. war auch für über ein Jahrzehnt an der Leitung der Jerusalemer Urgemeinde maßgeblich beteiligt, zunächst als Anführer des Zwölferkreises, dann als Mitglied einer Dreiergruppe, den sog. »Säulen« (Gal 2,9), zusammen mit dem Herrenbruder → Jakobus (3) und → Johannes (4), dem Zebedaiden. Nach 44 übernahm Jakobus ganz die Leitung der Jerusalemer Gemeinde, und P. widmete sich ausschließlich der von Jerusalem ausgehenden Mission (Gal 2,7f.), deren treibende Kraft er schon vorher gewesen war (Apg 9,32–11,18). Wohin ihn die Missionsreisen, auf denen ihn seine Frau begleitete (1Kor 9,5), im einzelnen führten, wissen wir nicht. Eindeutig bezeugt ist lediglich ein Besuch in Antiochia (Gal 2,11ff.), bei dem es zu einer Auseinandersetzung mit Paulus kam, weil P. aus Rücksicht auf Jakobus und die Jerusalemer Gemeinde Tischgemeinschaft zwischen Juden- und Heidenchristen verweigerte. Unklar ist auch sein Lebensausgang. Das NT deutet lediglich an, daß er den Märtyrertod gestorben ist (Joh 21,18f.). Alte Zeugnisse, deren Zuverlässigkeit freilich umstritten ist (1Klem 5f.; Ignatius, *Römerbrief* 4,3) lassen seinen Tod in Rom als Opfer der neronischen Verfolgung (um 64) vermuten. Neuere Ausgrabungen unter der Peterskirche in Rom ergaben keinen eindeutigen Beweis für die dortige Lage des P.-Grabes.
2. Das NT enthält, da die → Petrusbriefe sicher nicht authentisch sind, kein direktes Zeugnis von der Hand des P. Seine Bedeutung für das frühe Christentum, die erheblich gewesen sein dürfte, läßt sich darum nur indirekt erschließen: P. war Gründer der Urgemeinde und Initiator der Mission, wobei er zumindest indirekt auch die von Paulus betriebene Heidenmission gefördert zu haben scheint (Apg 15,7ff.); ferner dürfte er maßgeblicher Träger und Vermittler der Jesus-Überlieferung gewesen sein, die in den synoptischen Evangelien (→ Synoptiker) ihren Niederschlag fand.
In der zweiten Generation galt P. als der Prototyp des Gemeindeleiters, und diese Sicht fand in der berühmten Stelle Mt 16,18–20, die nach Meinung der Mehrheit der kritischen Forscher nicht auf Jesus selbst zurückgeht, ihren Ausdruck. Auf keinen Fall läßt sich diese Stelle als Legitimierung eines in direkter Abfolge auf P. zurückgehenden zentralen kirchlichen Leitungsamtes deuten.
Auf dieser Stelle beruhen übrigens auch die Motive des volkstümlichen Bildes von P. als dem mit dem Attribut des Schlüssels ausgestatteten Himmelspförtner. R.

Lit.: O. Cullmann, P. Jünger, Apostel, Märtyrer, ²1960; A. Vögtle, Messiasbekenntnis und Petrusverheißung, in: Das Evangelium und die Evangelien, 1971, 137–170; F. Mußner, P. und Paulus, Pole der Einheit, 1976; R. Brown / K. Donfried / J. Reumann, Der P. der Bibel, 1976.

Petrusakten, apokryphe Apostelakten, um 200 n. Chr. entstanden, fragmentarisch überliefert. Das größte Fragment, die lat. *Actus Vercellenses,* erzählen u. a. von einer Auseinandersetzung zwischen Petrus und Simon Magus in Rom, von der berühmten Quo-Vadis-Episode und vom Martyrium des Petrus (Kreuzigung mit dem Kopf nach unten). R.

Text: Schneemelcher II, 243–289.

Petrusapokalypse, apokryphe christl. Apokalypse aus dem 2. Jh. Neben Fragmenten des ursprünglich griech. Textes ist uns eine äthiop. Übersetzung überliefert. Obwohl in der Kirche des Ostens zunächst viel benutzt, fand sie im Westen keine Anerkennung. Einflußreich (bis hin zu Dante) wurde jedoch ihre Schilderung von Hölle und Paradies. R.

Text: Schneemelcher II, 562–578.

Petrusbriefe, → Petrus, dem Jünger Jesu, zugeschriebene Briefe. Der *1. P.* ist ein Trost- und Ermahnungsschreiben an verfolgte Gemeinden, vermutlich in Kleinasien. Heiden schmähen die Christen und bringen sie vor Gericht. Aber sie sollen an der Hoffnung auf das künftige Heil festhalten (1Petr 1,13–2,10). In einer → Haustafel werden die einzelnen Stände an ihre Pflichten

erinnert (1Petr 2,11–3,12). Das rechte Verhalten im Leiden wird am Vorbild des leidenden Christus gezeigt (1Petr 2,18–25; 3,13–4,11). In 1Petr 4,12–5,11 folgen weitere Mahnungen zur Leidensbereitschaft. Der Schluß (1Petr 5,12–14) nennt → Silvanus (als Sekretär?) und Babylon (Deckname für Rom?) als Abfassungsort. Sprachliche Gründe und die Nähe des 1. P.s zu Paulus lassen die Abfassung durch Petrus fraglich erscheinen. Aufgrund der im Brief vorausgesetzten Gemeindeverhältnisse läßt sich schließen, daß er um 80 entstanden ist.
Der *2. P.* gibt sich als Testament des Petrus (2Petr 1,13–15) an Gemeinden, denen Abfall durch Verführung droht. Kap. 2 warnt vor Irrlehrern, kündigt ihnen das Gericht an und schildert ihr sittenloses Treiben. Diesen Ausführungen liegt der → Judasbrief zugrunde, wobei dessen Zitate aus den Pseudepigraphen getilgt sind. Kap. 3 bestärkt die Hoffnung auf die Wiederkunft Christi. Wenn als Ziel der vom AT vorbereiteten und von Christus gebrachten Offenbarung die Erkenntnis Christi und die Teilhabe an seiner göttlichen Natur genannt werden (2Petr 1,3f.), so ist das hellenist. gedacht; auch die Benutzung des Judasbriefes läßt an späte Entstehung des 2. P.s denken (um 120 n. Chr.). H. M.

Lit.: W. Schrage / H. R. Balz, Die »Katholischen« Briefe, [11]1973 (NTD 10); L. Goppelt, Der erste P., hrsg. von F. Hahn, 1978; N. Brox, Der erste P., [3]1989.

Petrusevangelium → Evangelien, apokryphe.

Pfählung, das Aufhängen an einem oder Aufspießen auf einen Pfahl, entweder zur Entehrung eines toten Verbrechers (5Mose 21,22f.) oder Feindes (Jos 10,26) oder als eine Form der Todesstrafe (Est 7,9f.). S.

Pfanne. 1. Gerät der Priester zum Tragen von Altarkohlen, aus Erz oder Gold (z. B. 2Mose 27,3; 1Kön 7,50). **2.** Eisenplatte zum Backen oder Rösten (z. B. 3Mose 2,5). S.

Pfau → Tierwelt.

Pfeifen (oder Zischen), im AT als Äußerung des Entsetzens an Trümmerstätten erwähnt (z. B. 1Kön 9,8; Jer 49,17); es sollte wohl ein Mittel zur Abwehr der dort anwesend gedachten Dämonen sein. S.

Pfennig → Münzen.

Pferd → Tierwelt.

Pfingsten (griech. *pentekoste* »fünfzigster [Tag nach → Ostern]«). Das christl. P. fällt zusammen mit dem jüd. → Wochenfest. Über die geschichtlichen Hintergründe seiner Entstehung gibt der stark legendarisch übermalte Pfingstbericht Apg 2 nur indirekt Auskunft. Nach den Auferstehungserscheinungen in Galiläa (→ Auferstehung) sammelten sich die Jünger Jesu erneut und zogen nach Jerusalem. Dort wandten sie sich an Pfingsten, dem nächsten Wallfahrtsfest nach Ostern, erstmals mit ihrer Botschaft an die Öffentlichkeit, und zwar aufgrund einer unmittelbaren Erfahrung des Geistempfangs, die sich möglicherweise im Auftreten ekstatischen → Zungenredens manifestierte. War das jüd. P. Abschluß der Paschazeit und zugleich Gedenktag an den Sinaibund, so wurde das christl. P. nach dieser neuen Sinngebung Abschluß der Osterzeit und zugleich Tag der Konstituierung des neuen Gottesvolkes, der Kirche. R.

Lit.: J. Kremer, Pfingstbericht und Pfingstgeschehen, 1973.

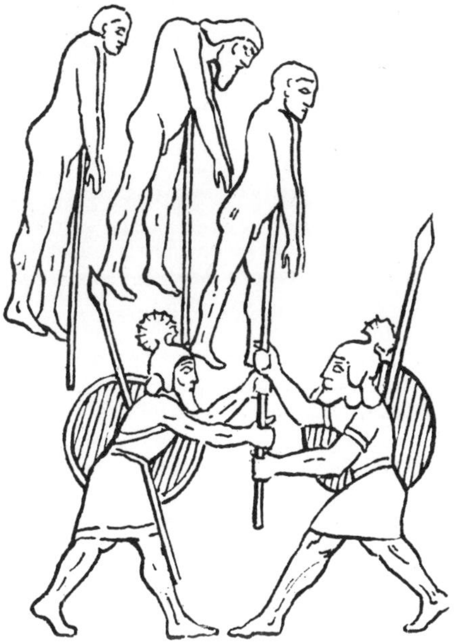

Pfählung judäischer Gefangener durch assyrische Krieger. Nach dem Lachisch-Relief König Sanheribs aus Kujundschik (um 700 v. Chr.)

Pflanzenwelt. Die Bibel, vor allem das AT, enthält eine Fülle von Angaben über die P. und die pflanzlichen Produkte Palästinas und anderer Länder. Im folgenden wird eine Übersicht gegeben, die freilich keine systematische Ordnung sein kann.

Unter den → Bäumen spielt die auf dem Libanon wachsende, heute fast ausgestorbene *Zeder* wegen ihres großen wirtschaftlichen Wertes, ihrer Größe und ihrer Schönheit eine überragende Rolle. Mit Zedernholz waren der Tempel und der Palast Salomos getäfelt (1Kön 6,9f.; 7,2f.). In der dichterischen Sprache dient die Zeder als Bild für die Macht eines Reiches (z. B. Ez 31,3; Am 2,9). Eine ähnlich hohe Wertschätzung besaßen, mehrfach neben der Zeder genannt, die vor allem in der Landschaft Basan wachsende *Eiche* (z. B. Am 2,9; Sach 11,2) und der phöniz. *Wacholder,* der bei Luther »Zypresse« heißt (z. B. Jes 14,8; 37,24). Auch sein Holz wurde für den Tempel Salomos verwendet (1Kön 6,15). Nur selten erscheint die *Zypresse,* deren eine Art Luther als »Buchsbaum« (z. B. Jes 41,19), deren andere er als »Tanne« (1Mose 6,14) bezeichnet. Die *Terebinthe* (eine Pistazienart), von Luther mit »Eiche« übersetzt, galt vielfach als heiliger Baum (z. B. 1Mose 18,1; Ez 6,13). Die *Akazie* diente nach 2Mose 25–27; 36–38 zur Herstellung der Holzteile und -geräte der Stiftshütte. Das – wohl aus Indien stammende – *Sandelholz* verwendete Salomo für Zubehör in Palast und Tempel (z. B. 1Kön 10,11f.).

Einige im AT mehrfach genannte Bäume, deren Früchte wichtige Nahrungsmittel sind, werden in Joel 1,12 aufgezählt: der → *Weinstock,* der *Feigenbaum,* der *Ölbaum,* der *Granatbaum,* dessen scharlachrote Frucht ein Bild weiblicher Schönheit (Hld 4,3) und ein beliebtes Motiv in der Kunst (z. B. 1Kön 7,18) war, die (Dattel-)*Palme,* die wegen ihres hohen Wuchses gerühmt wurde (Hld 7,8), und der *Apfelbaum.* Andere Bäume mit eßbaren Früchten sind der *Mandelbaum* (1Mose 30,37; Jer 1,11), dessen Früchte als wertvoll galten (1Mose 43,11), der *Nußbaum* (Hld 6,11), der *Maulbeerbaum* (Lk 17,6) und der in einigen Gebieten Palästinas häufige (1Kön 10,27) *Maulbeerfeigenbaum* (Sykomore) (z. B. Jes 9,9). An sonstigen Bäumen nennt das AT noch die (Bach-)*Weide* (z. B. Jes 44,4; Ps 137,2), die *Pappel* (1Mose 30,37; in Hos 4,13 übersetzt Luther fälschlich »Linde«), die *Platane* (1Mose 30,37; in der älteren Lutherbibel »Kastanie«), die *Tamariske* (z. B. 1Mose 21,33) und den *Lotusbaum* (Ijob 40,21).

Strauchgewächse sind die *Myrte* (z. B. Sach 1,8–11), der *Bakastrauch* (2Sam 5,23f.), der wohl mit dem *Mastixbaum* (Sus 54; Lutherbibel: »Linde«) identisch ist, der *Ginster* (z. B. 1Kön 19,4f.), der *Rizinus* (Jon 4,6–10), der *Kaperstrauch* (Pred 12,5; hier könnte auch die Frucht, die Kaper, gemeint sein), der *Ysop,* der hauptsächlich als Sprengwedel benutzt wurde (z. B. 2Mose 12,22; Ps 51,9), und der *Dornstrauch,* aus dem Gott zu Mose sprach (2Mose 3,2–4).

Für dornen-, distel- oder nesselartige Pflanzen, die das Merkmal des öden oder unfruchtbaren Landes sind, besitzt das Hebräische eine recht große Anzahl von Wörtern, deren genaue Bedeutung aber nicht mehr erkennbar ist. Der Akker soll dem Menschen nach 1Mose 3,18 *Disteln* und *Dornen* bringen, und im Bild der Disteln, Dornen und *Nesseln* kündigen profetische Texte den Israeliten (Jes 7,23–25; 32,13; Ez 28,24; Hos 9,6; 10,8) oder den Nachbarvölkern (Jes 34,13; Zef 2,9) die Verödung ihres Landes an.

Ebenfalls dienen im Hebräischen mehrere Wörter dazu, am Ufer wachsende hohe Gräser (*Rohr; Schilf; Binsen*) zu bezeichnen. Da hierbei meistens von Ägypten die Rede ist, dürfte oft an die *Papyruspflanze* gedacht sein. So wird Mose in einem Kasten aus Rohr im Schilf am Nil ausgesetzt (2Mose 2,3); nach Jes 19,6 sollen Rohr und Schilf Ägyptens verwelken; und Ägypten wird in Jes 36,6; Ez 29,6 ein zerbrochenes Rohr genannt.

Zur Pflanzenwelt der Bibel gehören schließlich noch die → Blumen, die → Getreidearten, der wegen der Leinengewinnung wichtige *Flachs* (Jos 2,6) und eine Reihe von Früchten, Gewürzen und pflanzlichen Duftstoffen, Parfümen. Als Früchte werden genannt die *Linsen,* für die Esau seine Erstgeburt verkaufte (1Mose 25,34); die *Bohne* (Ez 4,9); die in 4Mose 11,5 aufgezählten Früchte Ägyptens, nach denen die Israeliten in der Wüste sich zurücksehnen: *Kürbisse, Melonen, Lauch, Zwiebeln* und *Knoblauch;* die *Koloquinte,* eine bittere kürbisartige Frucht (2Kön 4,39); und die *Liebesäpfel* (1Mose 30,14–16; Hld 7,14), wahrscheinlich die Früchte der Alraune. Gewürze sind der *Wermut,* der wegen seines bitteren Geschmacks ein Bild für Unrecht oder Leid ist (z. B. Am 6,12; Klgl 3,15), *Raute* und *Minze* (Lk 11,42), *Dill* (Mt 23,23), *Wicke* (Schwarzkümmel) und *Kümmel* (Jes 28,25.27),

Safran und *Zimt* (Hld 4,14) und *Kassia* (Ps 45,9), ferner das → *Senfkorn.* In Hld 4,13f. werden außer Gewürzpflanzen einige Pflanzen aufgezählt, aus denen man Parfüme gewann: der *Myrrhestrauch,* das *Kalmusgras,* die *Zyperblume* (Henna), die *Narde,* der *Aloebaum* (aus Indien) und der *Balsamstrauch* (die Lutherbibel übersetzt das hebr. Wort für »Balsam« hier und an einigen anderen Stellen mit »Gewürz«, meistens aber mit »Spezerei«, z. B. 1Kön 10,2; in der älteren Lutherbibel wurde es mit »Würze« wiedergegeben). Aloe und Balsam sind wohlriechende Harze, ebenso *Bedellium* (1Mose 2,12; 4Mose 11,7; aus Arabien und Somaliland), *Ladanum* (1Mose 37,25; 43,11) und eine zweite, wahrscheinlich vom Mastixbaum gewonnene Balsamart, die man auch als Arznei gebrauchte (z. B. Jer 46,11), und ferner die für das → Räucherwerk verwendeten Pflanzensekrete *Stakte* (die Herkunft ist unbekannt), *Galban* und *Weihrauch* (2Mose 30,34). S.

Pflaster. 1. Steinerner Fußbodenbelag, z. B. im Tempel (2Kön 16,17; Ez 40,17f.) und im himmlischen Jerusalem (Offb 21,21). **2.** Wundumschlag aus pflanzlichen Stoffen (z. B. Jes 38,21). R.

Pflicht. Als normativer Begriff, wie ihn die Stoa und später Kant entwickelten, ist »P.« der Bibel unbekannt. Hier ist es das Gebot Gottes, das Gehorsam verlangt; P.en gegenüber der Obrigkeit oder gegenüber den Ehefrauen werden mit dem Begriff »Schuldigkeit« bezeichnet (Röm 13,7; 1Kor 7,3). H. M.

Pflug, pflügen. Der P., der eine zunächst wohl hölzerne, dann eiserne (1Sam 13,21; Jes 2,4) Pflugschar hatte, wurde von Rindern (z. B. 1Kön 19,19f.) oder Eseln (Jes 30,24) gezogen. »Pflügen« steht bildlich für »Unrecht tun« (z. B. Ijob 4,8; Ps 129,3; Hos 10,13). S.

Pfriem, Nadel aus Knochen oder Bronze zum Durchbohren des Leders und der Haut (2Mose 21,6). S.

Pfund → Maße und Gewichte.

Pharan → Paran.

Pharao. Die bibl. Bezeichnung »P.« (hebr. *paro*) geht zurück auf ein ägypt. Wort mit der Bedeutung »großes Haus«, das zunächst den königlichen Palast, seit der 18. Dynastie (→ Ägypten) auch den König selbst bezeichnete. In der Bibel steht »P.« entweder ohne Namensnennung (so in den Erzählungen um → Josef und → Mose, im NT z. B. Röm 9,17) oder als Titel vor dem Eigennamen (2Kön 23,29; Jer 44,30). Letzteres ist in Ägypten ab etwa 1000 v. Chr. gebräuchlich.
In Ägypten ist der P. zugleich Gott (seit der 4. Dynastie Sohn des Sonnengottes) und Mensch. Nach dem Tode wird er als Gott im Kult verehrt. J. E.

Pharisäer (»Abgesonderter«), Glied einer jüd. Religionspartei, deren Wurzeln bis ins 2. Jh. v. Chr. reichen. Seit Anfang des 1. Jh.s v. Chr. dürften sich die P. in »Genossenschaften« fest organisiert haben; der Aufnahme ging eine Probezeit voraus. Die Mitglieder waren meist Laien, die im Alltag die strengen Reinheitsgesetze des AT befolgen wollten, die für Priester während des Dienstes am Tempel vorgeschrieben waren. Die zu den P.n gehörenden Schriftgelehrten wurden die Führungsgruppe, da sie die richtige Auslegung des Gesetzes geben mußten. Diese Ausführungsbestimmungen, als »mündliche Tora« ebenfalls auf Mose zurückgeführt, dienten oft der Anpassung an die Zeit und der Legalisierung volkstümlicher Bräuche. Die national gefärbte Erwartung eines → Messias aus dem Hause Davids, der die → Königsherrschaft Gottes herbeiführen sollte, die Hoffnung auf die Totenauferstehung und die Erwartung des Jüngsten Gerichts sind wichtige Dogmen der P., die über das AT hinausgehen. Durch strikte Erfüllung des Gesetzes und gute Werke hofft der P. im Gericht bestehen zu können, wobei die Barmherzigkeit Gottes dem Gerechten helfen kann.
Anfangs eine innenpolitische Oppositionspartei, die in einem Bürgerkrieg (93–88 v. Chr.) blutig verfolgt wurde, kamen einige der P. erstmals um 75 v. Chr. in den → Hohen Rat. Aber erst nach der Eroberung Jerusalems durch die Römer (70 n. Chr.) wurden sie die für die Neugestaltung des Judentums entscheidende Kraft. Ihr Führer war damals Johanan ben Zakkai, ein Schüler → Hillels. Auf der Synode von Jabne (zwischen 90 und 100 n. Chr.) wurden die → Halacha der Schule Hillels als verbindlich festgelegt, der alttest. → Kanon abgegrenzt und das liturgische Leben normiert.
Jesus stand mit manchen Elementen seines Got-

tesglaubens und seiner Verkündigung den P.n nahe. So teilte er ihre Auferstehungserwartung (Mk 12,18–27) wie auch den Ernst, mit dem sie sich um eine verbindliche Interpretation des Gesetzes für die Gegenwart bemühten. Wenn die Überlieferung sie an die erste Stelle unter den Gegnern Jesu rückte, so ist dies nur scheinbar ein Widerspruch hierzu, denn auf dem Hintergrund des beiden Seiten Gemeinsamen trat die Differenz um so schärfer ans Licht, die vor allem die Gesetzesauslegung betraf: während die P. in den Bahnen der mündlichen Auslegungstradition des Gesetzes, der Halacha, blieben, setzte Jesus sich über diese oft kühn hinweg (z. B. Mk 7,6–13). Jesus kritisierte an den P.n die Diskrepanz zwischen ihrem Anspruch, als Wächter über den Willen Gottes im Gesetz aufzutreten, und ihrer mangelnden Bereitschaft, sich diesem Willen in seiner ganzen Radikalität zu unterstellen (Lk 18,9–14). Zweifellos ist der Konflikt zwischen Jesus und den P.n nachträglich durch die Überlieferung gesteigert und schematisiert worden, so vor allem im → Matthäusevangelium, das die P. durchweg als böswillige Heuchler zeichnet (Mt 15,3–8; 23,13 bis 16.25–29 u. ö.) und damit eine im Christentum bis heute wirksame klischeehafte Negativvorstellung von Pharisäismus vorbereitet. Schwerlich gehörten die P. zu den auf den Tod Jesu hinwirkenden Kreisen. Völlig unangemessen wäre es, den P.n ihren religiösen Ernst abzusprechen, der sie zu den einzigen angemessenen Gesprächspartnern Jesu innerhalb des Judentums werden ließ. H. M. / R.

Lit.: W. Beilner, Christus und die P., 1959; J. Neusner, Das pharisäische und talmudische Judentum, 1984.

Pherisiter → Perisiter.

Philadelphia, Städtename (nach dem häufigen Beinamen hellenist. Könige: *Philadelphos* »geschwisterliebend«). **1.** Das alte Rabbat-Ammon (heute Amman; → Rabba 1). **2.** P. in Lydien (Offb 3,7–13). R.

Philemon, wohl von Paulus zum Christentum bekehrter Gutsbesitzer, der im Proömium des → Philemonbriefes an erster Stelle genannt wird. Da die anderen dort genannten Personen in → Kolossä ansässig waren (Kol 4,9.17), wird auch P. dort gewohnt haben. Paulus würdigt ihn als »Mitarbeiter des Evangeliums«. H. M.

Philemonbrief, Schreiben des Paulus an → Philemon und dessen Hausgemeinde in Kolossä. Als Mitabsender wird → Timotheus genannt. Der gefangene Apostel legt in ihm Fürsprache ein für Onesimus, den entlaufenen Sklaven des Philemon, den er inzwischen zum Christentum bekehrt hat. Und zwar ist der Brief ein Geleitschreiben, mit dem er Onesimus zu seinem Herrn zurückschickt. Paulus bittet Philemon, er möge Onesimus, den früheren »Nichtsnutz« (Phlm 11), liebevoll als einen christl. Bruder aufnehmen und ihn ganz zum Dienst an ihm freistellen. Wichtig ist der P. als neutest. Beitrag zum Problem der Sklaverei. Zwar wird die gesellschaftliche Institution der Sklaverei hier nicht prinzipiell in Frage gestellt, doch zeichnet sich in der Stellungnahme des Paulus ein Ansatz ab, der schließlich zu ihrer Auflösung von innen her führen mußte: Der Sklave ist nicht mehr eine Sache, über die sein Herr verfügen darf, sondern beide, Philemon und Onesimus, sind Diener Christi, die miteinander im Zeichen der Liebe Christi umgehen sollen. H. M. / R.

Lit.: P. Stuhlmacher, Der Brief an Philemon, 1975; J. Becker / H. Conzelmann / G. Friedrich, Die Briefe an die Galater, Epheser, Philipper, Kolosser, Thessalonicher und an Philemon, [14]1976 (NTD 8).

Philetus, Vertreter einer enthusiastisch-gnostischen Irrlehre (2Tim 2,17). R.

Philipperbrief, einer der → Gefangenschaftsbriefe des Paulus. Der Apostel schreibt an die von ihm selbst gegründete und ihm sehr verbundene Gemeinde in → Philippi in einer Situation, da der Ausgang seines Prozesses noch ungewiß ist (Phil 1,12ff.). Am Ort seiner Gefangenschaft (Cäsarea? Rom? Ephesus?) sind unerfreuliche Zwiespalte in der Gemeinde (Phil 1,15ff.). Dennoch ist der Brief durchzogen von Freude und Glaubensgewißheit. Paulus ermahnt die Philipper zur Einheit gegenüber äußeren Schwierigkeiten (Phil 1,27ff.) und gegenüber Eifersucht und Streit innerhalb der Gemeinde (Phil 2,1ff.). Dazu zitiert er einen Christushymnus (Phil 2,6–11), der den urbildlichen Gehorsam des Christus besingt. Paulus kündigt die Sendung seines bewährten Mitarbeiters Timotheus an (Phil 2,19ff.) und sendet den aus Philippi stammenden Epaphroditus mit dem Brief voraus (Phil 2,25ff.). In Phil 3,2 folgt ganz unvorbereitet eine scharfe Warnung vor Irrlehrern, die wohl

Judenchristen sind. Paulus verweist auf seinen Lebensgang, der die Alternative zwischen dem Heilsweg des → Gesetzes und dem des Christus veranschaulicht (Phil 3,4ff.). Ab Phil 4,2 kehrt wieder die Ausgangsstimmung zurück: Paulus mahnt zu Einigkeit, Freude im Herrn und ehrbarem Verhalten (Phil 4,2–9). In Phil 4,10ff. dankt er noch für eine Liebesgabe, die er aus Philippi erhalten und als Ausdruck ihrer Glaubensgemeinschaft angenommen hat. Grüße und Segenswunsch beschließen den Brief (Phil 4,21–23).
Während die Herkunft des P.s von Paulus unbestreitbar ist, wird die literarische Einheitlichkeit oft bezweifelt: Phil 3,2–4,1 dürften aus einem anderen Paulusbrief stammen; vielleicht war auch Phil 4,10–23 ursprünglich ein selbständiges Dankbillett. Die Datierung des P.s hängt von der Frage der Einheitlichkeit ab; aber man wird eher an die Spätzeit des Apostels zu denken haben. H. M.

Lit.: E. Lohmeyer, Der Brief an die Philipper, [13]1964; J. Gnilka, Der P., 1968; J. Becker / H. Conzelmann / G. Friedrich, Die Briefe an die Galater, Epheser, Philipper, Kolosser, Thessalonicher und an Philemon, [14]1976 (NTD 8).

Philippi, Stadt im östl. Mazedonien, röm. Militärkolonie. Auf der 2. Missionsreise gründete → Paulus in P. die erste Gemeinde auf europ. Boden (Apg 16,11–40). R.

Philippus, griech. Männername (»Pferdefreund«). **1.** P. II., König von Mazedonien (359–336 v. Chr.), Vater → Alexanders d. Gr. (1Makk 1,1; 6,2). **2.** P. V. von Mazedonien (221–179 v. Chr.) (1Makk 8,5). **3.** Freund des → Antiochus IV. Epiphanes (1Makk 6,14 f.55–63; 2Makk 9,29; 13,23). **4.** Sohn Herodes' d. Ä. und Stiefbruder des Herodes Antipas, Tetrarch von Ituräa und Trachonitis (Lk 3,1, → Herodes und seine Dynastie); Gründer von → Cäsarea Philippi. **5.** Glied des Zwölferkreises (Mk 3,18 par; Joh 6,5ff.; 12,21; 14,8–10). **6.** Glied des hellenist. Siebenerkollegiums in Jerusalem (→ Hellenisten), Missionar und Evangelist in Samaria (Apg 8), lebte zuletzt mit seinen vier Töchtern, die Profetinnen waren, in Cäsarea (Apg 21,8). R.

Philister. Als Gruppe der → Seevölker drangen die indogerm. P. gegen Ende des 2. Jt.s v. Chr. gegen → Ägypten vor und siedelten sich nach dem ägypt. Sieg über die Seevölker im Süden Palästinas (der Landesname geht auf den Volksnamen »P.« zurück) in der Küstenebene an. Hier vermischten sie sich mit den → Kanaanäern und übernahmen von ihnen als Hauptgötter → Dagon, Baal-Zebul (→ Baal-Sebub) und → Astarte. Sie vermittelten die Kunst der Eisenverarbeitung (→ Eisen) von den Hetitern nach Palästina und führten damit hier die → Eisenzeit herauf. Zentren der P. waren die Städte → Gaza, → Aschkelon, → Gat, → Aschdod und → Ekron. Um 1000 v. Chr. beherrschten die P. das westjordan. Palästina. Mit ihnen geriet das sich konstituierende → Israel in Konflikt.
Waren die P. zunächst wegen ihrer überlegenen Waffen (→ Eisen) siegreich (vgl. 1Sam 4), so konnte sich → David, der zeitweise selbst im Dienst eines P.-Königs stand (1Sam 27), gegen sie durchsetzen. Legendäre Züge trägt die Erzählung vom Sieg des jungen David über den riesenhaften P. Goliat (1Sam 17). In der Zeit der Königreiche Israel und → Juda kam es wiederholt zu Kämpfen mit den P.n (1Kön 15,27; 2Kön 18,8 u. ö.). Wie Israel und Juda fielen auch die P. schließlich unter die Herrschaft der Assyrer, Babylonier und Perser. Als die Unbeschnittenen (→ Beschneidung) gelten sie dem AT lange als völkische und religiöse Erbfeinde.
Im Studentenjargon seit dem 18. Jh. ist »P.« eine abfällige Bezeichnung für Nichtstudenten, besonders Spießbürger. J. E. / O.

Philo(n), jüd. Religionsphilosoph in Alexandria (um 20 v. – 45 n. Chr.). Er wollte das jüd. Gesetz mit dem griech. philosophischen Denken vereinigen. P. verfaßte Kommentare zu Texten aus dem 1. und 2. Buch Mose, wobei er durch allegorische Auslegung die Sittenlehre der Stoa herauslas. Besondere Bedeutung für das NT gewann seine Spekulation über den Logos, das hypostasierte Wort Gottes, als Mittler zwischen Gott und Menschen (vgl. Joh 1,1–18). Anklänge an P.s allegorische Exegese finden sich auch im → Hebräerbrief. P.s. Frömmigkeit zeigt ekstatische Züge. Er wirkte stark auf die griech. Kirchenväter (→ Origenes). H. M.

Philosophie. Der Aufgabe der Seinsvergewisserung, welche im antiken Griechenland die P. wahrnimmt, geht in Israel (wie im Alten Orient) die → Weisheit nach. Hier wie dort wird nach dem Anfang der Welt und der Dinge gesucht

(vgl. Spr 8,23ff.). Doch fehlen in Israel Erkenntnistheorie und eine nach zeitlosen Ideen suchende Metaphysik, weil dem geschichtlichen Denken des Hebräers eine Suche nach zeitlosen Wahrheiten widerstrebt und zudem die Weisheit mehr auf praktische Lebensklugheit und -bewältigung zielt als die P.
Mit dem Einbruch des → Hellenismus entdeckt man überraschende Parallelen zwischen israelit. und griech. Geisteserbe. Das führt zu Theorien von Platon als Schüler des Mose oder gar eines »Raubes (bibl. Weisheit) durch die Hellenen«. In der → Diasporaliteratur kommt es zu einer gewissen Verschmelzung, so schon in der → Septuaginta und erst recht in Büchern wie der → Weisheit Salomos; das trägt zur schnellen Ausbreitung des späteren Christentums auch in intellektuellen Kreisen der griech. sprechenden Welt wesentlich bei.
Im NT finden sich zahlreiche Elemente zeitgenössischer P. So schließt sich Paulus in seiner Argumentation oft an das Frage- und Antwortschema der Reden stoisch-kynischer Popularphilosophen (Diatribe) an (z. B. Röm 3,1–20). Einflüsse Philons von Alexandria und des durch ihn vermittelten Platonismus finden sich im → Hebräerbrief. Andererseits erfährt die P. entschiedene Kritik. Nach 1Kor 1,21–30 steht sie mit ihrem Bestreben, alles Seiende der Herrschaft der menschlichen Weisheit zu unterwerfen, in einem fundamentalen Gegensatz zur Selbstoffenbarung Gottes im Kreuz, die alle Weisheit zunichte macht. Ausdrücklich gewarnt wird in Kol 2,8 vor einer bestimmten P., welche die Menschen »durch leeren Trug« einfängt; gemeint ist damit wohl eine bestimmte Form der → Gnosis. Der Verfasser der → Apostelgeschichte läßt Paulus in Athen mit epikureischen und stoischen Philosophen disputieren (Apg 17,22–31), wobei an der Auferstehungsverkündigung ein nicht überbrückbarer Gegensatz aufbricht (→ Stoa). K. / R.

Phoebe/Phöbe → Diakonisse.

Phönix (griech., »der Rote«), mythischer Vogel aus Arabien, der sich nach seinem Tode auf wunderbare Weise zum Leben erneuert, dient 1Klem 25f. als Analogiebeweis für Jesu Auferstehung. R.

Phönizien. »P.« ist der griech. Name des etwa dem heutigen Staat Libanon entsprechenden Küstenlandes am Mittelmeer. Der Name »P.« wird auf eine Bezeichnung der Purpurschnecke zurückgeführt, die für die Wirtschaft des Landes Bedeutung hatte. Die Phönizier selbst nannten sich → Kanaanäer.
P. war nie eine politische Einheit. Selbständige Küstenstädte wie → Byblos, → Beirut, → Sidon, → Tyrus gelangten zu politischer und vor allem wirtschaftlicher Bedeutung. Im 3. und 2. Jt. v. Chr. meist unter dem Einfluß → Ägyptens, wurden die phöniz. Städte seit dem Ende des 2. Jt.s zur beherrschenden See-, Kolonial- und Handelsmacht im Mittelmeerraum, bis sich die Vorherrschaft in der 2. Hälfte des 1. Jt.s in die phöniz. Kolonie Karthago verlagerte.
Bedeutend war auch der kulturelle Einfluß P.s. So ist das phöniz. Alphabet das Vorbild des hebr. und griech. und damit auch des unseren.
Kontakte P.s zu Israel waren zahlreich, zumal die phöniz. Sprache sich nur geringfügig von der hebr. unterschied. So berichtet u. a. 1Kön 5 von Verträgen → Salomos mit → Hiram von Tyrus. Phöniz. Prinzessin ist auch → Isebel. In P. verehrte Götter (→ El, → Baal, → Astarte, → Anat, → Aschera) und ihre Kulte wurden in Israel scharf bekämpft, doch sind Züge namentlich des El auch auf Jahwe übergegangen.
Ab dem 6. Jh. v. Chr. wird P. von denselben Großmächten unterworfen wie → Israel und gehört bisweilen zur selben Satrapie oder Provinz. J. E.

Phrygien, Landschaft im westl. Hochland Kleinasiens, östl. Teil der röm. Provinz → Asien, von Paulus auf der 2. Missionsreise (Apg 18,23) durchzogen. R.

Phul → Pul.

Pi-Hahirot, eine Station auf der Wüstenwanderung Israels (z. B. 2Mose 14,2). S.

Pilatus, Pontius, 26–36 röm. Prokurator (Lutherbibel: »Landpfleger«) von Judäa. Außerbibl. Quellen (→ Philon, → Josefus) zeichnen ihn als rücksichtslosen Machtpolitiker, der die röm. Interessen gegenüber den Juden brutal durchsetzte. Wegen grausamen Vorgehens gegen die Samaritaner wurde er zuletzt abgesetzt. P. hat Jesus zum Tod verurteilt und die Hinrichtung vollstrecken lassen (Mk 15,15.26). Trotzdem bemühen sich die Evangelien um eine wenigstens teilweise Entlastung des P. auf Kosten der Juden (→ Kollektivschuld). – Eine Inschrift mit seinem Namen wurde in → Cäsarea ausgegraben. R.

Pinhas. 1. Enkel Aarons, Sohn Eleasars (2Mose 6,25), Ahnherr eines Priestergeschlechts (1Chr 6,35). Er machte sich durch seinen Eifer für Jahwe unter Mose (4Mose 25,6–15) und unter Josua (Jos 22,9–34) verdient. **2.** Einer der beiden Söhne des → Eli, Priester in Schilo (1Sam 2–4). **3.** Priester in Jerusalem (Esr 8,33). S.

Pinon, edomit. Fürst und dessen Wohnsitz (1Mose 36,41), der wohl identisch ist mit dem Ort Punon (4Mose 33,41f.). S.

Piraton, Ort in Efraim, aus dem der Richter Abdon (Richt 12,13) und Davids Gefolgsmann Benaja (2Sam 23,30) stammten. S.

Pirke abot → Sprüche der Väter.

Pischon, nach 1Mose 2,11 einer der vier Flüsse des Paradieses, läßt sich wohl kaum mit einem wirklichen Fluß identifizieren. S.

Pisga, das östl. Randgebirge des Toten Meeres nördl. des Arnon (5Mose 3,17; 4,49), vielleicht der nördl. Teil des Gebirges → Abarim (vgl. 4Mose 27,12 mit 5Mose 3,27). Der »Gipfel des P.« (z.B. 4Mose 23,14), der in 5Mose 34,1 mit dem → Nebo gleichgesetzt wird, ist wohl von diesem zu unterscheiden. S.

Pisidien, Landschaft am Taurusgebirge im südl. Kleinasien, von Paulus auf der 1. Missionsreise durchzogen (Apg 13,14; 14,24). R.

Pison → Pischon.

Pitom (»Haus des Gottes Atum«), ägypt. Stadt im Ostteil des Nildeltas, wurde wohl von → Ramses angelegt, nach 2Mose 1,11 unter Fronarbeit von Israeliten. S.

Plage. Die Wörter »P.« und »plagen« (von griech.-lat. *plaga* »Schlag«) dienen zur Wiedergabe mehrerer Wörter des bibl. Urtextes, die – fast alle mit der Bedeutung »Schlag«, »schlagen« – überwiegend eine von Gott über Menschen verhängte Not bezeichnen (z. B. 2Kön 15,5; Jer 15,3; vgl. → Plagenerzählungen). S.

Plagenerzählungen. Die P. in 2Mose 7–13 verteilen sich auf die Quellen des → Jahwisten (J) und der → Priesterschrift (P): *1. Plage,* 2Mose 7,14–25: in Blut verwandeltes Wasser (J/P); *2. Plage,* 2Mose 7,26–8,11: Froschplage (J/P); *3. Plage,* 2Mose 8,12–15: Stechmückenplage (P); *4. Plage,* 2Mose 8,16–28: Bremsenplage (J); *5. Plage,* 2Mose 9,1–7: Viehseuchenplage (J); *6. Plage,* 2Mose 9,8–12: Geschwürplage (P); *7. Plage,* 2Mose 9,13–35: Hagelplage (J/P); *8. Plage,* 2Mose 10,1–20: Heuschreckenplage (J/P); *9. Plage,* 2Mose 10,21–29: Finsternisplage (J/P); *10. Plage,* 2Mose 11,1–12.29–39: Tötung der Erstgeburt (J).

Die letzte und entscheidende 10. Plage der Tötung der Erstgeburten leitet sich aus dem mit dem Mazzotfest (→ Fest) verbundenen → Opfer der → Erstgeburt (2Mose 13,14–16) ab. Das weist darauf hin, daß der Zyklus der P. im Mazzotfest als → Ätiologie des Essens von ungesäuertem Brot entstand.

Die P. haben eine ältere Überlieferung vom → Auszug aus Ägypten, die von einer Flucht wußte (2Mose 14,5a) und damit dem historischen Geschehen näherstand als die mit der Entlassung rechnenden P., in den Hintergrund gedrängt. O.

Lit.: E. Otto, Erwägungen zum überlieferungsgeschichtlichen Ursprung und »Sitz im Leben« des jahwistischen Plagenzyklus, in: Vetus Testamentum 26, 1976, 3–27.

Planet. Das AT erwähnt P.en nur indirekt, nämlich den → Morgenstern, die Venus, und wohl auch den Saturn als babylon. Sterngott (→ Kewan). Ferner könnten die P.en gemeint sein mit der Sternbezeichnung in 2Kön 23,5 – hier neben Sonne und Mond – und mit den sieben Armen des Leuchters im Tempel (Sach 4,2.10), wobei nach babylon. Vorbild zu den fünf eigentlichen P.en die Sonne und der Mond gerechnet wären.

Im NT ist der Morgenstern (der P. Venus) Symbol für den in der → Parusie wiederkommenden Jesus (Offb 22,16; 2Petr 1,19). Die »sieben goldenen Leuchter«, die den himmlischen → Menschensohn umgeben (Offb 1,12f.20), meinen ebenfalls die P.en, während die sieben Sterne in der Hand des Menschensohnes (Offb 1,16; 2,1; 3,1) nach alter astralmythologischer Vorstellung die sieben Sterne des Kleinen Bären symbolisieren, die als Weltachse gelten.

Die in Jud 13 erwähnten »Irrsterne«, welche die Irrlehrer symbolisieren, sind wahrscheinlich keine P.en, sondern Kometen oder Meteore. S. / R.

Platane → Pflanzenwelt.

Pneuma → Geist.

Pniel/Pnuël → Penuel.

Poesie → Dichtkunst.

Polygamie (griech., »Vielehe«). Das AT bezeugt für das alte Israel (→ Ehe) vielfach die P., so bei Jakob (1Mose 29–30), Esau (1Mose 36,1–5), Gideon (Richt 8,30), bei vielen Königen (David, 2Sam 3,2–5; Salomo, 1Kön 11,3) und in der Gesetzgebung (2Mose 21,10; 5Mose 21,10–17). Ihren Grund hatte die P. in dem Wunsch nach vielen Kindern und darin, daß der Besitz mehrerer Frauen ein Zeichen von Reichtum und Macht war. Den Herrschern diente die P. darüber hinaus als ein Mittel der Außenpolitik, durch das enge Verbindungen zu anderen Herrscherhäusern hergestellt wurden. S.

Polykarp, Polykarpbriefe. P., Bischof von Smyrna, war in der 1. Hälfte des 2. Jh.s einer der führenden Vertreter des kleinasiat. Christentums. → Ignatius von Antiochia richtete auf dem Weg ins Martyrium einen Brief an ihn. Als Sprecher der Provinz Asien verhandelte er in Rom mit dem dortigen Bischof Anicet (um 154) über den Termin des Osterfestes. Im Alter von 86 Jahren starb er in Smyrna als Märtyrer (nach der wahrscheinlichsten Datierung 156). Der Bericht darüber, das »Martyrium des P.«, ist einer der ältesten christl. Martyriumsberichte.

Der zu den → Apostolischen Vätern gerechnete Brief des P. an die Philipper besteht mit hoher Wahrscheinlichkeit aus zwei ursprünglich selbständigen Schreiben. Das erste (um 107) war ein Begleitschreiben zu den von P. den Philippern übersandten Ignatiusbriefen, während das zweite (um 135) gegen Irrlehren Stellung nimmt. R.

Text: J. A. Fischer (Hrsg.), Die Apostolischen Väter, 1959; W. Bauer / H. Paulsen, Die Briefe des Ignatius von Antiochia und der Brief des P. von Smyrna, in: Handbuch zum NT, N.F. Bd. 18, 1985.

Polytheismus, religionswissenschaftlicher Begriff für die Verehrung einer Vielzahl von Gottheiten. Die Erfahrung unsichtbarer transsubjektiver Kräfte hinter natürlichen (Sonne, Regen u. ä.), gesellschaftlichen (Autorität von Sippenvater, Priester usw.) und innerseelischen (Liebe, Streitlust z.B.) Erscheinungen führt in fast allen höheren Kulturen zum P. Die Überzeugung von einer Einheit alles Göttlichen – sie war zuerst in Israel, später im Iran entstanden und in der Philosophie Griechenlands weiterentwickelt worden – mußte sich jahrhundertelang mit dem P. auseinandersetzen, weil der P. einfacher religiöser → Erfahrung eher zu entsprechen scheint als jene Überzeugung (→ Gott). K.

Pompejus, röm. Feldherr (106–48 v. Chr.), brachte Palästina unter röm. Herrschaft, indem er in die Auseinandersetzung der hasmonäischen Herrscher eingriff, Jerusalem eroberte (63 v. Chr.) und die Provinz → Syrien gründete. R.

Pontius → Pilatus.

Pontus, Bezeichnung des Schwarzen Meeres sowie der ihm angrenzenden nordkleinasiat. Küstenlandschaft (Apg 2,9). R.

Posaune → Musik, Musikinstrumente.

Potifar (ägypt. Name oder Titel), in der → Josefserzählung ein hoher ägypt. Beamter (Oberster der Leibwache), an den Josef verkauft wurde und dessen Frau Josef zu verführen suchte, wodurch dieser ins Gefängnis kam (1Mose 37,36; 39). S.

Potifera, in der → Josefserzählung Schwiegervater des Josef, Priester in → On, der Stadt des Sonnengottes (1Mose 41,45). S.

Prädestination, Vorherbestimmung allen Geschehens in Natur und Geschichte durch einen von Anfang der Welt an bestehenden göttlichen Plan. Zum Gottesbild der Bibel gehört die P., allerdings nicht in der Weise des antiken → Mythos, der alles irdische Geschehen durch Kämpfe zwischen verschiedenen göttlichen Wesen und übermenschlichen Gewalten determiniert sein läßt, sondern als geschichtsbezogene, personhafte Entscheidung des einen Gottes. Nach dem AT ist diese Entscheidung bestimmt durch seine Gemeinschaftstreue zu Israel, dem von ihm erwählten Volk (→ Bund). Das Wissen um sie läßt die Welt verläßlich werden und schafft eine

Grundhaltung des Vertrauens (Ps 33,11; 115,3; Spr 21,1). Auch das Leiden kann so als Teil des in sich heilvollen göttlichen Planes angenommen werden (Ijob 11,7; Ps 92,6).
Für das NT ist Christus das zentrale Werkzeug der göttlichen P., und zwar in doppelter Hinsicht: Einerseits ist sein Leiden im Heilsplan Gottes vorherbestimmt; es unterliegt einem »Muß« (Mk 8,31), ja, Christus ist »das von der Grundlegung der Welt an geschlachtete Lamm« (Offb 13,8). Andererseits dient dieses Leiden dem → Heil derer, die Gott »von der Grundlegung der Welt an erwählt« hat (Eph 1,4; Mt 25,34). Stärker als im AT wird im NT die P. als Grund heilvoller Gewißheit für die Glaubenden verstanden, so von Paulus (Röm 8,28–30). Darum kommt die Möglichkeit, der Christ könnte an seiner eigenen Erwählung zweifeln, nicht in den Blick. Erst recht wird die P. nicht als Einschränkung menschlicher Freiheit und Initiative empfunden (Phil 2,12) – im Unterschied zu späteren dogmatischen Lehren von der P. R.

Präexistenz → Sohn Gottes.

Prätorium (Lutherbibel: »Richthaus«), ursprünglich mehrdeutiger Begriff im röm. Militärwesen, der sowohl den Dienstsitz eines Prätors als auch dessen Leibwache oder – in einem weiteren Sinn – die kaiserlichen Residenzen außerhalb Roms bezeichnen kann. Erstere Bedeutung liegt in Apg 23,35 sowie in der → Leidensgeschichte (Mk 15,16 par; Joh 18,28ff.) vor. Vermutlich war das P. des Pilatus in Jerusalem in der Burg Antonia an der Nordwestecke des Tempelplatzes.
In Phil 1,13 ist – falls der → Philipperbrief in Rom entstanden ist – mit »P.« die kaiserliche Garde gemeint; andernfalls handelt es sich auch hier um den Amtssitz eines Provinzstatthalters (in Cäsarea oder Ephesus). R.

Prediger Salomo, eine von Luther geprägte Übersetzung für ein Buch des AT mit weisheitlich-lehrhaftem Inhalt, das hebr. *Kohälät* (»Einberufer« oder »Leiter einer Versammlung«), griech. *Ekklesiastes* heißt. Zwar nennt die Überschrift (Pred 1,1) als Verfasser den »Sohn Davids«, den man früher mit Salomo gleichsetzte; aber diese Angabe ist unzutreffend. Vielmehr zeigen Charakter und Sprache des Buches, daß es im 4./3. Jh. v. Chr. entstanden ist.
Der P. betrachtet nüchtern-distanziert, als »Skeptiker«, den Menschen und die Welt, und so kreisen die lose aneinandergereihten Sprüche und Reflexionen des Buches um die Unerkennbarkeit der Weltzusammenhänge und die Vergeblichkeit menschlichen Tuns. »Eitel«, nichtig, sinnlos – so betont der P. immer wieder – ist die Arbeit des Menschen und sein Versuch, im menschlichen Tun und Ergehen eine Ordnung (→ Vergeltung) zu erkennen, und das heißt zugleich: Gottes Handeln zu durchschauen. Der P. zweifelt nicht an der Allmacht Gottes, aber Gott ist für ihn in die Ferne gerückt. Dem Menschen bleibt – wie der P. sagt – nicht mehr, aber auch nicht weniger, als sich an dem, was Gott ihm gewährt, zu freuen (Pred 3,12f.; 9,7–10). S.

Lit.: H. Ringgren / A. Weiser / W. Zimmerli, Sprüche. Prediger. Das Hohe Lied. Klagelieder. Das Buch Ester, [4]1974 (ATD 16); N. Lohfink, Kohelet, [3]1986 (NEB).

Predigt. Unter P. im engeren Sinne versteht man eine religiöse Rede, die aufgrund einer vorgegebenen Tradition – meist eines Bibeltextes – den Willen und das Handeln Gottes für einen bestimmten Hörerkreis verbindlich ansagt. Ansätze einer P.-Praxis finden sich schon im AT. So ist das 5. Mosebuch (→ Deuteronomium) verbindliche Interpretation von Überlieferung. In dem Maße, wie im Judentum das AT zur heiligen Schrift wurde, bildete sich die Praxis der Textpredigt heraus. Zur Zeit Jesu wurde in den → Synagogen am Sabbat bereits über feste → Perikopen gepredigt (Lk 4,16–21). Zur P. berechtigt war grundsätzlich jeder erwachsene Mann, doch dürften im Normalfall nur Schriftgelehrte und Synagogenvorsteher gepredigt haben.
Das Urchristentum hat die Form der synagogalen P. übernommen und weitergeführt. Neben das AT als Textgrundlage trat nunmehr Überlieferung von Gottes Heilshandeln in Christus, die allerdings zunächst nicht in Form fester Texte, sondern in Gestalt mündlich überlieferter Glaubens- und Verkündigungsformeln (z. B. Röm 1,3f.; 1Kor 15,3b–5) herangezogen wurde.
Das NT enthält zahlreiche Beispiele für die frühe christl. P.; so zeigen die Reden der Apostelgeschichte, wie gegenüber Juden (z. B. Apg 2,14–39; 3,12–26) und Heiden (Apg 14,15–17; 17,22–31) gepredigt wurde. Die → Briefe des Paulus sind zwar in der vorliegenden Form keine P.en, sie enthalten jedoch zumindest Material, das Paulus in seiner P.-Praxis zu verwenden

pflegte. Eine literarisch stilisierte P. dürfte der → Hebräerbrief sein. R.

Presbyter → Ältester.

Priester. 1. Im AT – 2. Im NT.

1. Die Vorfahren Israels kannten keine P. Jedes Sippenhaupt war in der Lage, kultisch mit den göttlichen Mächten zu verkehren, wie die Sagen über die Erzväter zeigen. Dagegen kennen die kanaan. und ägypt. Nachbarn P. (1Mose 14,20; 41,45). Mit der Übernahme der Verehrung des Gottes Jahwe am Sinai ist vermutlich die Aussonderung besonderer Männer zu P.n verbunden (→ Jitro). In vorstaatlicher Zeit kann dann jeder freie Israelit P. werden durch »Füllung der Hand«, wenngleich Angehörige der Gruppen → Aaron und → Levi als besonders geeignet bevorzugt werden (vgl. Richt 17,5 mit V. 10). Aufgabe der P. ist weniger das Opfer, das lange noch durch den Familienvater dargebracht wird, als vielmehr die Erteilung von Orakel und → Tora, d. h. Weisung über die Art, wie Heiliges zu behandeln und Unreines zu vermeiden und also Kultrecht zu vollziehen ist. Daneben tragen sie Sorge für die den Kult begründenden und im Kult rezitierten Überlieferungen von → Schöpfung und → Heilsgeschichte. Im Unterschied zum gewöhnlichen Israeliten ist dem P. Grundbesitz untersagt. Während an großen Heiligtümern der vorstaatlichen Zeit wie → Sichem, → Gilgal, → Bet-El von einer maßgeblichen Rolle der P. nichts zu erkennen ist, treten sie in → Schilo stärker hervor. Vor allem aber in der Hauptstadt Jerusalem bestimmen → Zadok und seine Nachkommen über Tempel und Kult, unbeschadet bestimmter priesterlicher Rechte des Königs (2Sam 6; 1Kön 8).

Die Kultzentralisation durch die Reform des Königs → Joschija verschafft dem Jerusalemer P. ein Monopol für den Verkehr Israels mit seinem Gott, das nur wegen des Protests der Profeten und des Untergangs des Tempels (587/586 v. Chr.) zunächst noch verdeckt bleibt. Doch während der Zeit des → Exils entwerfen die → Priesterschrift und Ez 40ff. ein Programm für einen künftigen gereinigten Jahwekult, in dem eine strenge Rangordnung vorgesehen wird. Für den Kontakt Israels mit seinem Gott, der grundlegend allein im Kult hinfort geschieht, wird ein → Hoherpriester verantwortlich, als dessen Urtyp → Aaron erscheint. Ihm zugeordnet sind P., die aus dem Geschlecht Aarons stammen. Darunter stehen Tempeldiener, Sänger, Torhüter aus dem Geschlecht Levi. Verpflichtend für die P. wird eine abgesonderte Lebensführung, die z. B. einschließt, daß ein P. nur eine Jungfrau heiraten darf und strengeren Speisevorschriften unterworfen ist als andere Israeliten u. ä.

Mit der Errichtung des 2. Tempels (515 v. Chr.) und der kultischen Neuorganisation durch → Esra (458 v. Chr.) wird diese Ordnung des Priestertums bis zum Ende Israels verbindlich. Der Tempel in Jerusalem mit seiner Priesterschaft wird zum einzigen Ort, wo auf Erden Sünde vergeben werden kann, und zur Segensmitte des Erdkreises, auch für nichtisraelit. Völker. Da eine politische Spitze für Israel – abgesehen von den Zeiten der → Hasmonäer und des → Herodes – fehlt, übernimmt der Hohepriester als Vorsitzender des Hohen Rats zugleich die politische Vertretung Israels gegenüber den fremden Besatzungsmächten. So wächst die in vorexilischer Zeit relativ bescheidene Rolle der Priesterschaft in nachexilischer Zeit von Jh. zu Jh. mehr an. Erst in den letzten 150 Jahren v. Chr. regen sich Oppositionsbewegungen. Ungesetzliche Einsetzung von Hohenpriestern, die nicht aus dem Haus Aaron stammen, einseitiges politisches und finanzielles Gebaren der P. führt zur Abspaltung von Sondergruppen wie derjenigen von → Qumran. Früher schon hatten sich die → Samaritaner vom Priestertum in Jerusalem losgesagt. Unter Berufung auf 2Mose 19,6: »Ihr sollt mir ein Königreich von P.n und ein heiliges Volk sein«, fordern die → Pharisäer, daß jeder Israelit einer priesterlichen Lebensführung unterworfen und also im Grunde P. sei; das führt zu einer nicht theoretischen, wohl aber praktischen Distanzierung vom Monopol der Priesterschaft.

Mit der Zerstörung des 2. Tempels (70 n. Chr.) endet auch die Geschichte des israelit. Priestertums. Eine kurze Wiederbelebung unter → Bar-Kochba bleibt Episode. Noch heute erinnern jüd. Familiennamen wie Kohn oder Cohen (»P.«) an die Bedeutung, die dieser Stand in alttest. Schriften eingenommen hatte.

2. Auch bei Jesus und seinen Jüngern läßt sich eine kühle Distanz zum israelit. Priestertum konstatieren. Es fehlt zwar jede direkte Polemik (auch Lk 10,31 ist wohl nicht als solche zu verstehen) in der Jesus-Überlieferung, es fehlt aber ebenso ein über die grundsätzliche Anerkennung ihres Vorhandenseins (Mk 1,40ff.) hinaus-

gehendes Interesse an Priestertum und Kultus. Hier liegt vielleicht der deutlichste Unterschied zwischen der Jesusbewegung und den in einem radikalen priesterlich-kultischen Denken verhafteten Essenern von → Qumran. Die Ursache für diese Distanz liegt darin, daß Jesus den Tempelkult als eine durch das Hereinbrechen des → Reiches Gottes überwundene Ordnung betrachtete: Das neue Gottesverhältnis, das in seinem Wirken zu einem für alle geltenden Angebot wurde, war nicht mehr an kultische Vermittlung gebunden. So war wohl auch die Tempelreinigung (Mk 11,15ff.) ein demonstrativer Akt Jesu, der die grundsätzliche Überwindung des Tempels und des priesterlichen Opferkults in der anbrechenden Endzeit vor Augen führen sollte.
Diesem Ansatz blieb das Urchristentum treu, wenn es – bei aller Unterschiedlichkeit seiner Einstellung zum Jerusalemer Tempel und seinem Kult im einzelnen – auf die Einrichtung eines eigenen Priestertums und einer eigenen kultischen Ordnung verzichtete. Grundlegend war dabei die Überzeugung, daß durch Jesu Sterben ein für allemal die Trennung von Gott beseitigt und der Zugang zu ihm eröffnet sei, so daß es keiner weiteren kultischen Vermittlung mehr bedürfe (Röm 3,24f.). Ganz in diesem Sinn beschreibt der Hebräerbrief Jesu Werk mit dem Bild des Hohenpriesters, der sich selbst als Opfer im himmlischen Heiligtum darbringt und damit das leistet, was kein irdischer Kult zu vollbringen imstande war (Hebr 10,19ff.). Zwar bildeten sich in der christl. Gemeinde verschiedene an Personen gebundene Ämter und Dienste aus (→ Kirchenorganisation), doch wurden diese nicht als Entsprechungen oder Fortsetzungen des israelit. Priestertums verstanden. Denn ihre Funktion war nicht die Herstellung oder Stabilisierung des Gottesverhältnisses durch kultische Handlungen, sondern die konkrete Realisation und das Zur-Geltung-Bringen des durch Christus erneuerten Gottesverhältnisses in seinem Namen und Auftrag. Im Anschluß an 2Mose 19,6 verstand sich die Gemeinde in ihrer Gesamtheit als königliches Priestertum (1Petr 2,5–10; Offb 1,6; 5,10), d. h. als die Schar der von Gott dazu Beauftragten, das empfangene Heil in Welt und Gesellschaft durch Dienst und Fürbitte wirksam werden zu lassen. K./R.

Priesterkleidung. Seit Aufkommen von → Priestern tragen sie in Israel eine besondere Standestracht. In alter Zeit ist dafür der → Efod bezeugt (Lendenschurz?). Später tragen sie ein linnenes Unterkleid, darüber einen kennzeichnenden Gürtel und über dem kurzgeschorenen Haar einen weißen Turban, dies aber anscheinend nur bei kultischen Verrichtungen. Der Hohepriester besaß für Kultbegehungen einen prächtigen Ornat, der Teile der Tracht jüd. Könige übernommen hatte. Er wird in 2Mose 28 genau beschrieben. K.

Priesterordnungen. Im nachexilischen Israel waren Priester und Leviten in 24 Wachklassen eingeteilt, die jeweils eine Woche, d. h. ungefähr zweimal im Jahr, zum Tempeldienst herangezogen wurden. Die übrige Zeit verbringen sie zu Hause, z. T. außerhalb Jerusalems auf den Dörfern (1Makk 2), und gehen dort anderen Berufstätigkeiten nach. K.

Priesterschrift. Die P. ist die jüngste Quelle, die in die vier → Mosebücher (und in das Buch Josua?) eingearbeitet wurde. Vermutlich im babylon. Exil im 6. Jh. v. Chr. entstanden, meidet die P. farbige Erzählungen und beschreibt die Heilsgeschichte von der Schöpfung bis zum Einzug ins Gelobte Land nur an den Stellen ausführlicher, wo göttliches Wirken fortdauernde Institutionen hervorgebracht hat. Beispielhaft für den Stil ist der erste Schöpfungsbericht 1Mose 1 mit seiner Tendenz, die auf die Stellung des Menschen als Herrscher über die Erde und den Sabbat als heilige Zeit zielt. Herausgestellt wird danach der Noahbund mit der gesamten Menschheit nach der Sintflut (1Mose 9), der Abrahamsbund als Auserwählung eines Volkes (1Mose 17). Die Erzväterzeit wird sonst nur mit wenigen Notizen beachtet. Ausführlicher wird die Offenbarung an Mose (2Mose 6) und der Auszug aus Ägypten berichtet. Die Hauptmasse des P.-Stoffes befaßt sich aber mit der Sinaioffenbarung und dem dort eingerichteten Kultus um die Stiftshütte, mit dem die Geschichte Gottes mit der Menschheit ihren Höhepunkt erreicht hat (2Mose 25 – 4Mose 10). Das dominierende kultische Interesse läßt Priester als Verfasser vermuten. K.

Priesterstädte → Leviten- und Priesterstädte.

Priestertora. Eine der wichtigsten Aufgaben der → Priester im alten Israel war es, den Laien Belehrung, Anweisung (hebr. → *tora*) zu erteilen

(z. B. Jer 18,18). Es handelte sich vor allem um Auskünfte über die Unterscheidung von → Rein und Unrein (z.B. 3Mose 10,10f.; Ez 44,23; Hag 2,11–13); aber auch der Bescheid über die Voraussetzungen für den Einlaß in den Tempelbereich (→ Torliturgie) oder die Weitergabe des apodiktischen Rechts dürfte zur P. gehört haben. S.

Priska, Kurzform von *Priszilla,* röm. Judenchristin, Frau des → Aquila, Mitarbeiterin des Paulus in Korinth und Ephesus (1Kor 16,19; Apg 18,2.18.26). R.

Privatbesitz → Eigentum.

Profan, ein im 17. Jh. von lat. *profanus* (»vor dem heiligen Bezirk liegend, nicht geheiligt«) abgeleitetes Wort, mit dem allgemein das in keiner Beziehung zu Gott oder einer Gottheit Stehende bezeichnet wird und das somit nicht nur den Gegenbegriff zu »heilig« und »kultisch«, sondern auch zu »religiös« – so spricht man etwa von »profaner« (»weltlicher«) Literatur – darstellt. Im AT können alltägliche Dinge wie Brot oder Kriegszüge als p. (hebr. *chol*) bezeichnet werden, d. h., sie stehen außerhalb des Gegensatzes heilig–unrein. S.

Profet(en). 1. Begriff – 2. Vorliterarische P. – 3. Geschichte der Schrift-P. – 4. Entdeckung der Eschatologie – 5. Ablehnung und Anerkennung – 6. Hintergründe – 7. P. im NT.

1. Seit je trachten die Menschen danach, über die Zukunft Aufschluß zu erfahren, und ersuchen numinose Mächte um Auskunft. In den einzelnen Kulturen unterscheiden sich jedoch die Mittel zur Zukunftserkundung beträchtlich. So wird in → Babylonien und Assyrien ein riesiger Apparat kultischer Techniken mit Eingeweideschau bei Opfertieren, Beobachtung des Sternenlaufes u. ä. ausgearbeitet. In Ägypten dagegen suchen die Lehrer der → Weisheit nach typischen Abläufen im vergangenen Geschehen, um von daher Orakel zu deuten und Kommendes zu künden. Im syr.-palästin. Raum schließlich gilt die gottgewirkte Eingebung (→ Inspiration) begabter Menschen als vorherrschende Weise der Zukunftserhellung. Schon die Briefe aus dem Archiv von → Mari (18. Jh. v. Chr.) lassen erkennen, was für eine erhebliche Rolle bei politischen und militärischen Entscheidungen Visionen und Auditionen professioneller, an Heiligtümern angestellter P. wie auch plötzliche Eingebungen von Privatpersonen spielen.

»P.« ist die griech. Benennung für Deuter (urspr. nicht: Empfänger) göttlicher Orakel. Von den Übersetzern des AT wird »P.« aber für Gestalten benutzt, die, im göttlichen Ich redend, das → Wort Gottes vortragen, ohne daß zusätzliche Deutung für den Hörerkreis für notwendig erachtet wird. Das Wort »P.« deckt verschiedene hebr. Titel. Es kann auf den → Seher und → Gottesmann ebenso angewandt werden (z.B. bei Samuel) wie auf P. mit institutioneller Verwurzelung an Hof oder Heiligtum (hebr. *nabi*).

2. In der nomadischen Frühzeit haben die Sippenhäupter wie die Erzväter selbst Orakel von der Gottheit empfangen, es bedurfte keiner besonderen Vermittler. Vom Auszug aus Ägypten an (→ Mose) und besonders nach der Landnahme treten → Gottesmann und → Seher als Einzelgestalten auf, die Individuen oder der Kultgemeinde im göttlichen Ich Zukunft erschließen. Da die Jahwereligion von Anfang an bildlos ist und vielen Praktiken der → Zauberei und technischen Zukunftserschließung feindlich (weil dadurch zu sehr dem manipulierenden Menschen statt dem allein-wirksamen Gott Raum gegeben wird?), ist die → Sprache für den Verkehr zwischen Mensch und Gott von besonderer Bedeutung. Die Herausstellung einer → Heilsgeschichte als bevorzugtes Feld göttlicher Wirksamkeit läßt zudem der Erschließung künftiger Geschichte in Orakeln eine besondere Rolle zukommen. Doch auch in alltäglichen Angelegenheiten wendet sich der einzelne Israelit an P. oder P. ähnlichen Gestalten, so z. B. wenn Saul die Esel seines Vaters sucht; und es ist völlig unanstößig, daß der P. oder Seher für seine Auskunft ein Entgelt erhält (1Sam 9; vgl. Am 7,12).

Kurz vor 1000 v. Chr. dringt vermutlich aus der kanaan. Religion institutionalisiertes Profetentum (hebr. *nabi*) in Israel ein. 1Sam 10 berichtet erstmals von P.-Haufen, die von einer Kulthöhe mit Musik und Tanz herabkommen, vom → Geist der Gottheit und von → Ekstase erfüllt. Von den großen Heiligtümern bilden sich hernach P.-Schulen (so um Elischa in Gilgal und Bet-El), die mit besonderem Eifer für die Alleinverehrung Jahwes eintreten. In Jerusalem spielen Kult-P. offenbar bei bestimmten Begehungen neben den Priestern eine Rolle und verkünden Erhörungsorakel an einzelne oder das notleidende Volk. Die Könige halten sich Hof-P. (bis zu 400, 1Kön 22). Neben Priestern und Weisen (Beamten?) bilden die P. einen eigenen angesehenen Berufsstand (Jer 18,18). Auch → Profetinnen sind bezeugt und spielen z. B. bei der Reform Joschijas eine einflußreiche Rolle (2Kön 22,4). P. tragen eine eigene Berufskleidung (2Kön 1,7f.). Sie künden nicht nur Zukunft, sondern setzen dafür Zeichen in einer Wunderhandlung (Jes 7,10ff.), wie denn überhaupt Symbolhandlungen neben geprägten Gattungen (→ Profetenspruch, Profezeiung) eine wichtige Rolle spielen; so geht Jesaja drei Jahre nackt, um die kommende Deportation von unbekleideten Menschen vorabzubilden (Jes 20).

Der Wortempfang eines P. setzt geheime Erfahrungen voraus, die ihn bis in seine physische Verfassung hinein treffen (Jer 23,9; Ezechiel fühlt sich mehrfach an den Haaren seines Kopfes von einer unsichtbaren Macht emporgehoben und an einen anderen Ort versetzt), aber kaum je ausführlicher geschildert werden.

3. Eine andere Art von Profetentum setzt mit den Schrift-P. ein. Im AT finden sich drei große (Jesaja, Jeremia, Ezechiel, nicht jedoch → Daniel) und zwölf kleine profetische Bücher. Sie gehen auf Gestalten zurück, die zwischen 750 und 500 v. Chr. in Palästina oder im babylon. → Exil gekündet haben. Der Ausdruck »Schrift-P.« führt insofern irre, als es sich durchweg um Männer handelt, die ihren Auftrag in öffentlicher Rede gesehen und dafür ihre Äußerungen formuliert haben. Verschriftung ist ein sekundärer Akt, meist als Notmaßnahme gewählt, wenn z. B. der P. mit einem Redeverbot belegt war (Jer 36). Beim Aufschreiben wird das, was mündlich als kurzer, möglichst einprägsamer und poetisch verfaßter Spruch vorgetragen worden war, nur notdürftig für einen größeren literarischen Zusammenhang bearbeitet. Die P.-Bücher sind deshalb Sammlungen von Aphorismen. Erst die formgeschichtliche Aussonderung der einzelnen ursprünglichen Sprüche läßt an vielen Stellen den Sinn des Gemeinten erkennen.

Kein einziger der Schrift-P. vor Ezechiel nennt sich mit Sicherheit *nabi.* Amos lehnt diese Eingruppierung sogar ausdrücklich ab (Am 7,14). Es ist durchaus zu erwägen, ob die meisten von ihnen nicht eher → Seher und also institutionell ungebundene Privatleute waren. Dennoch übernehmen sie die Sprache der schulmäßigen P., wie die häufige Benutzung der Gattung Profezeiung oder des Visionsberichtes zeigt.

Bei der Errichtung des zweiten Tempels spielen um 520 v. Chr. mit Haggai und Sacharja noch einmal Kult-P. eine maßgebliche Rolle. Im Kult des zweiten Tempels gibt es dann die Institution des P. nicht mehr. Nehemia hat von den zeitgenössischen P. keine hohe Meinung (Neh 6,14). In der Folgezeit sinken die P. zu einem verachteten Stand herab, so daß für die eschatologische Zeit ihre Ausrottung geweissagt werden kann und dann ein P., auf seine Tätowierung angesprochen, sie lieber auf einen Aufenthalt im Freudenhaus zurückführt als sich zu einer P.-Gilde zu bekennen (Sach 13).

Die → Apokalyptik hat ab 200 v. Chr. die Profetie auf ihre Weise neu belebt. Das Judentum hat aber diese Bewegung nicht anerkannt und hält dafür, daß mit Esra der Geist der Profetie erloschen sei (→ Kanon).

4. Die Schrift-P. haben das religiöse Denken Israels tiefgreifend verändert. Während bis dahin der Kult sich an der → Heilsgeschichte orientiert und legitimiert, also rückwärts orientiert war, bringen die Schrift-P. eine futuristische Wendung. Sie tragen, nicht systematisch geordnet, wohl aber implizit, eine (innergeschichtliche) → Eschatologie vor und künden Ereignisse, auf die hin der Glaube sich zu entwerfen hat (Jes 7,9) oder welche die alte Heilsgeschichte so überbieten, daß es heißen kann: »Gedenket nicht mehr der früheren Ereignisse . . . seht, ich schaffe Neuartiges; schon sproßt es« (Jes 43,18f.). Diese Verschiebung bahnt sich allmählich an.

Als sich Mitte des 8. Jh.s v. Chr. Assyriens Expansion bis zum Mittelmeer ankündigt (→ Babylonien und Assyrien), treten erstmals in Israel P. mit Ahnungen über ein der gesamten Volksgemeinschaft bevorstehendes ungeheures Unheil auf. Amos, der erste in dieser Reihe, ist in seiner Zukunftsschau ganz von der Unheilsperspektive beherrscht. Eine nie dagewesene Katastrophe rollt über den Nahen Osten, mit ihr vertreibt Jahwe den nordisraelit. Volksteil aus dem ihm einst geschenkten Gelobten Land. Der Grund dafür liegt im schreienden sozialen Unrecht, das seit geraumer Zeit im Lande herrscht und gemäß des → Tat-Ergehen-Zusammenhangs den Untergang des verantwortlichen Groß-Ichs heraufführt. Statt solcher Sozialkritik führt bei Hosea eine tiefschürfende Kultkritik zu ähnlichem Ergebnis, nur daß für Hosea jenseits der Katastrophe des Landverlustes bereits Ahnung eines nachfolgenden neuen Bundes aufdämmert. Jesaja verbindet Sozial- und Kultkritik, folgert daraus den Untergang auch für Staat und Königtum von Juda, erwartet aber einen gerechten Heilskönig über Israel (→ Messias) nach der Katastrophe durch die Assyrer (ähnlich → Micha).

Ein Jh. später tritt mit dem Auftauchen der neubabylon. Macht nach 612 v. Chr. wieder mit Jeremia und Ezechiel (Zefanja, Habakuk, vorher schon Joel?) Schriftprofetie auf den Plan, die den Untergang für das eigene Staatswesen und den Jerusalemer Zentralkult ansagt. Während in der assyr. Phase das Unheil als unabwendbar gilt und der einzelne in sein Volksgeschick unentrinnbar eingeschlossen erscheint, wird jetzt mehrfach an Gegenwartskritik und Zukunftskündung die Mahnung zur Umkehr (→ Bekehrung) angeschlossen. Wer umkehrt, mag dem allgemeinen Untergang entrinnen (besonders Ez 18). Die Hoffnung auf eine danach einsetzende Wiedererneuerung Israels mit neuem Bund und neuem Tempel meldet sich erheblich deutlicher als früher, um bei Deuterojesaja (→ Jesajabuch) zum allein beherrschenden Thema zu werden.

Die zu Beginn der pers. Herrschaft nachzuweisende letzte Phase der Schrift-P. (Haggai, Sacharja, Maleachi, Tritojesaja, → Jesajabuch) rechnet damit, daß die von den früheren P. angesagte »Stunde Null« mit dem babylon. Exil bereits vorüber ist und die Epoche einer neuen Heilsgeschichte begonnen habe.

Die Schrift-P. setzen also als Unheils-P. ein, entwickeln sich aber mehr und mehr zu Heils-P., ohne jedoch die Notwendigkeit einer vorgängigen Katastrophe zu leugnen. Vermittelt wird beides mehr und mehr durch eine eigentümliche Anthropologie. Die Menschen, die gegenwärtig so wenig von der Sünde noch lassen können wie der Mohr von seiner schwarzen Haut (Jer 13,23), werden dann ein neues Herz (Vernunft) empfangen, das sensibel und spontan auf Gottes Wirken und Willen reagiert (Ez 36,25–28).

5. Die meisten Schrift-P. finden zu Lebzeiten keine oder nur geringe Anerkennung. Sie werden als irre Geister zurückgewiesen. Denn sie betonen die unerbittliche sittliche Strenge Jahwes, weisen ihrem Volk die Unfähigkeit nach, gemeinschaftstreu zu handeln, folgern aus dieser die innere Zerstörung aller Errungenschaften der Heilsgeschichte und das notwendig werdende Ende des Volkes. Nach ihrem Geschichtsverständnis hat Israel, bald nachdem die Heilsgeschichte mit Landnahme oder Davidserwählung ihren Zielpunkt erreicht hatte, mit einer sich seither fortgesetzt steigernden Unheilsgeschichte begonnen (Jes 1,21ff.; Jer 2,7). Das muß zu einem tragischen Ende führen, das die Heilsgeschichte auslöscht, Israel seines Landes beraubt und es als Volk untergehen läßt. Die Zeitgenossen waren über solche Verkündigung empört. Gerade die religiös führenden Kreise, Priester und Kult-P., weisen auf die Erwählung Israels und die göttlichen Zusagen nach geltendem Bund hin, vergebungsbereit zu sein und allzeit für Israel einzutreten. Viele Schrift-P. haben sich mit den gegnerischen P. intensiv auseinandergesetzt, sie als falsche P. eingestuft und um Kriterien gerungen, wann ein P. wirklich von Gott gesandt sei und wann er Träume seines eigenen Herzens künde oder womöglich aus Gewinnsucht den Leuten nach dem Mund rede (Jer 23; 28). Einzelne Schrift-P. haben unter dieser Auseinandersetzung mit der Mehrheit des Volkes, die bis zu Todesurteilen führte (Jer 26), unsäglich gelitten, mehr als alle anderen → Jeremia (vgl. seine Konfessionen).

Die Wende in der Meinung des Volkes tritt mit dem Untergang Jerusalems (587/586 v. Chr.) und mit dem Exil ein. Das Auslöschen eines selbständigen Staates Israel, der Verlust des Königtums und das Aufhören des Jahwekultes mit der Zerstörung des Tempels führten zu einer Krise der Religion, die mit diesen Größen eng verbunden war. Für viele beweisen nunmehr die Worte der Schrift-P., daß dennoch Jahwe Gott ist und bleibt und gerade deshalb der Untergang unausweichlich war. Die P.-Bücher werden von jetzt ab häufig abgeschrieben, geben sie doch allein eine Verständnismöglichkeit für das dunkle Volksgeschick an die Hand und eröffnen den Spalt einer Hoffnung für eine bessere Zukunft. Unter diesem Eindruck wird das → Deuteronomistische Geschichtswerk geschrieben, werden aber auch die sittlichen Forderungen künftig in Israel erheblich strenger aufgefaßt als in vorexilischer Zeit, was mehr und mehr zu einer zentralen Stellung des ausformulierten göttlichen Gesetzes in Kult und Leben führt.

6. Warum um 750 v. Chr. überraschend eine so vehemente Gegenwartskritik und Unheilseschatologie bei einigen P. einsetzte, ist weithin noch ungeklärt. Die abendländ. Theologie liebt es, in den P. eine Art von Staatsanwälten Gottes zu sehen, die aufgrund des allseits bekannten göttlichen Gesetzes ihr Volk für eklatante Verstöße zur Rechenschaft ziehen. Aber kein einziger vorexilischer P. beruft sich ausdrücklich auf ein göttliches Gebot (anders Ezechiel), und von einem → Gericht Gottes ist nur selten und bildlich die Rede. Auch ist nicht einzusehen, warum die Verstöße gegen allfällige göttliche Gebote im 8. Jh. grundsätzlich schwerer wiegen, als das vorher oder nachher gewesen sein soll. Soziologische Erklärungen haben in den P. entweder die Vertreter einer deklassierten, der Ausbeutung anheim gefallenen Gruppe oder aber die Vertreter eines altbäuerlichen, vorköniglichen Verfassungsideals gesehen. Doch Amos war ein nicht unbegüteter Herdenbesitzer, und Jesaja stammte gewiß nicht aus ärmlichen Verhältnissen; eine lobende Hervorhebung der vorstaatlichen Zeit nach der Landnahme mit ihrer altbäuerlichen »Demokratie« findet sich bei keinem P. Am ehesten läßt sich vielleicht von den Vorstellungen des → Bundes her argumentieren. Der Bund als feierliches Schutzbündnis zwischen Jahwe und seinem Volk setzt voraus, daß auch die einzelnen Israeliten sich gegenseitig als grundsätzlich gleichgestellte freie Bundesgenossen achten. Im Gefolge langwährender Aramäerkriege, des dadurch ständig drohenden Staatsbankrotts und einer sich ausbreitenden Latifundienwirtschaft der Söldnerführer und anderer Kriegsgewinnler war der Zusammenhalt der Volks- und Kultgemeinschaft innerlich zerbrochen. Bundestreue galt nicht mehr als selbstverständliche Pflicht. Solche Erklärungen betreffen aber höchstens das Anfangsstadium, nicht den Fortgang der profetischen Bewegung, die sich 250 Jahre lang bei allen großen weltpolitischen Umwälzungen neu zu Wort meldet und die Hoffnung auf eine eschatologische Wende weiter und weiter vorwärtstreibt.

7. Im NT finden sich wichtige Merkmale der profetischen Bewegung noch einmal zu einer kraftvollen Spätwirkung zusammengebündelt in der Gestalt Johannes des → Täufers (Mt 11,9; Mk 6,15 par; 11,32 par). Wie die Schrift-P. von Amos bis Maleachi sagt er Israel das bevorstehende Gericht an und ruft zur Umkehr auf. Sie ist die einzige Heils- und Überlebenschance angesichts der als unmittelbar bevorstehend erkannten Katastrophe (Mt 3,11f.).

Auch Jesus galt in den Augen seiner Zeitgenossen als P. Maßgeblich für dieses Urteil dürften weniger seine → Wunder (so Lk 7,16; Joh 6,14; 7,40) als seine Umkehrpredigt (Lk 4,24) und seine vollmächtige Auslegung des Gotteswillens für die Gegenwart (Mk 1,22) gewesen sein. Er selbst scheint sich – nach allem, was wir über sein Selbstbewußtsein erschließen können – zwar nicht direkt als P. verstanden, aber doch seinen Weg und Auftrag in einem heilsgeschichtlich-eschatologischen Zusammenhang mit dem der alttest. P. gedeutet zu haben: Sein Umkehrruf ist die abschließende Überbietung der Bußpredigt der P.; seine Heilsverkündigung ist das endgültige Heilsangebot Gottes (Mt 12,41f. par.; Lk 11,31f.); in seinem Leidensgeschick erreicht die Verwerfung der Gottesboten durch Israel ihre letzte Klimax (Lk 13,33f.).

In der Urgemeinde kam es innerhalb der ersten Jahrzehnte zu einem Aufleben der Profetie auf breiter Front. Man lebte in dem Bewußtsein, daß der erhöhte Christus den Seinen den Heiligen → Geist als Gabe der Endzeit verliehen und damit die in Israel erloschen geglaubte Profetie neu begründet habe (Apg 2,4.17f.). Wie der Geist der ganzen Gemeinde gehörte, so war die Profetie nicht mehr auf besonders berufene einzelne beschränkt, sondern grundsätzlich zu einer Möglichkeit für alle Glaubenden geworden (1Kor 14,5). Das schloß allerdings nicht aus, daß in der Praxis besonders disponierte einzelne als P. in Erscheinung traten.

Die Funktionen der neutest. P. umfaßten ein relativ breites, keineswegs einheitliches Spektrum. Als besonders wichtig treten hervor: a) Die Ankündigung kommenden Geschehens. So weissagt der P. Agabus eine kommende Hungersnot (Apg 11,27f.) sowie die bevorstehende Verhaftung des Paulus (Apg 21,10f.). b) Die für die Gemeinde als ganze wie auch für jedes ihrer Glieder maßgebliche Verkündigung des Willens Gottes. So werden Paulus und Barnabas durch P.-Spruch zur Mission abgeordnet (Apg 13,1f.) sowie Timotheus zum Dienst als Gemeindeleiter bestellt (1Tim 1,18; 4,14). Der P. mahnt und tröstet (1Kor 14,3); er deckt aber auch mit seinem Wort das im menschlichen Herzen verborgene Böse auf (1Kor 14,25). Dies alles tut er, indem er vollmächtig das Wort der Schrift auf die Gegenwart hin auslegt. So scheinen bestimmte aktualisierende Zusammenstellungen alttest. Worte, die Paulus in seinen Briefen anführt, auf Kreise

urchristl. P. zurückzugehen (z. B. 1Kor 2,6–16; 2Kor 6,14–18). c) In einzelnen Kirchengebieten, vor allem in Palästina und Syrien, galt die Mission als Aufgabe von P. Die von Ort zu Ort ziehenden Wandermissionare werden hier P., Apostel und zuweilen auch Lehrer genannt, ohne daß eine klare Abgrenzung zwischen diesen verschiedenen Bezeichnungen erkennbar wäre (Apg 13,1; 15,32; Did 11,3ff.; 15,1).
Auffallend breiten Raum nimmt im NT die Warnung vor falschen P. ein. Sie gelten als »Wölfe im Schafspelz« (Mt 7,15–20), die um eigenen Vorteils willen die Wahrheit des Evangeliums in Lüge verkehren (1Tim 4,1; 1Joh 4,1–3; → Irrlehre). Ein wichtiges Kriterium für den echten P. nennt Paulus: Seine Botschaft muß übereinstimmen mit dem Christusbekenntnis der Gemeinde (1Kor 12,3). Das Matthäusevangelium zieht darüber hinaus auch die Lebensführung des P. als Kriterium heran: Der wahre P. muß »Früchte bringen« (Mt 7,16).
Das Überhandnehmen solcher falscher P. und die Schwierigkeit ihrer Unterscheidung von wahren P. waren wohl die entscheidenden Ursachen für das allmähliche Zurücktreten des Profetentums. Bereits am Ausgang der neutest. Zeit waren seine Funktionen weithin bereits an die Träger fester gemeindlicher Ämter übergegangen. Der letzte Aufbruch profetischen Geistes erfolgte in der hinter dem → Johannesevangelium stehenden kirchlichen Gruppe. K. / R.

Lit.: H. Gunkel, Die P., 1917; C. Kuhl, Israels P., 1956; v. Rad, Theologie II, [4]1965; G. Dautzenberg, Urchristl. Prophetie: ihre Erforschung, ihre Voraussetzungen im Judentum und ihre Struktur im ersten Korintherbrief, 1975; K. Koch, Die P., 1978.

Profetenleben, vermutlich im 1. Jh. n. Chr. zusammengestellte Sammlung kurzer Lebensbeschreibungen von Profeten samt Angaben ihrer Begräbnisorte. R.

Text: Rießler, 871–880.

Profetenspruch, Profezeiung, häufig benutzte Gattung profetischer Sprache, oft mit einem legitimierenden Botenspruch »So hat Jahwe gesprochen« verbunden. P. beginnt mit (1) der gegenwärtigen Lage der Angeredeten vor dem göttlichen Hintergrund (Lagehinweis als Mahn- oder Scheltrede), kündet dann (2) Folgerungen für zukünftiges Gotteshandeln an (Heils- bzw. Unheilsweissagung oder Drohwort). Nicht notwendig ist (3) eine abschließende Charakteristik.
Beispiel (2Kön 1,6): (1) Ist denn kein Gott in Israel? Du läßt senden, den Baal-Zebub, den Gott von Ekron, zu befragen! (2) Darum wirst du von dem Lager, auf das du dich gelegt hast, nicht mehr aufstehen! (3) Denn du bist gewißlich des Todes.
P. ist für mündlichen Vortrag gebildet, poetisch formuliert und soll sich dem Hörer einprägen. Die uns in den Profetenbüchern erhaltenen P.en sind zu Sammlungen zusammengestellt, deren Ordnungsprinzip oft nicht mehr erkennbar ist. Bei der Verschriftung sind Anfang und Ende mancher P.en verändert oder weggelassen sowie prosaisierende Zusätze eingefügt worden. K.

Lit.: K. Koch, Was ist Formgeschichte?, [3]1974, §§ 15.18.

Profetin. Die Funktion der P.nen Hulda (2Kön 22,14), Noadja (Neh 6,14) und der Frau Jesajas (Jes 8,3) war wohl ähnlich der ihrer männlichen Kollegen, während es sich bei den Frauen, »die als P.nen auftreten« (Ez 13,17–23), um eine Art Zauberinnen und bei der Bezeichnung »P.« für Mirjam (2Mose 15,20) und Debora (Richt 4,4) um Würdenamen handeln dürfte. Geistbegabte Frauen hat man vermutlich in der P. Hanna (Lk 2,36), den P.nen von Apg 21,9 und der P. namens »Isebel« in Thyatira (Offb 2,20) zu sehen. S.

Proselyt, Heide, der durch Beschneidung (und seit dem 1. Jh. n. Chr. auch durch ein Tauchbad, die sog. Proselytentaufe) zum Judentum übertrat. Er war verpflichtet, das ganze Gesetz des Mose zu halten. Davon zu unterscheiden ist ein weiterer Kreis von Sympathisanten mit dem Judentum, die sog. → Gottesfürchtigen, die nur auf den Monotheismus und einen Teil des Zeremonialgesetzes verpflichtet waren. Die Rabbinen haben P.en nicht uneingeschränkt anerkannt. H. M.

Proskynese (griech.), die devoteste aller Gruß- und Gebetsformen, die man der Gottheit und – im Orient – dem Herrscher darbrachte, indem man sich zu Boden warf und mit dem Antlitz die Erde berührte (vgl. die islam. Gebetssitte; → Gebet). S.

Prostitution. Neben der kultischen → Tempel-P. kennt das AT auch die gewerbsmäßige P. (Jos 2,1); allerdings ist oft nicht feststellbar, um wel-

che Art es sich handelt. Während die älteren Erzählungen recht unbefangen von der P. reden (1Mose 38; Jos 2; Richt 16,1), wird sie seit Hosea (z. B. Hos 1,2) zum Bild des Götzendienstes (z. B. Ez 16; 23). Das Verbot des Umgangs mit Prostituierten bezieht sich nur auf die kultische P. (5Mose 23,18; vgl. 3Mose 19,29).
Im NT meint das griech. Wort für »P.« (*porneia* »Hurerei«) nicht nur die P. im eigentlichen Sinne (der Umgang mit Dirnen wird den Christen von Paulus ausdrücklich untersagt, 1Kor 6,15f.), sondern jede Art illegitimen Geschlechtsverkehrs (z. B. die Verwandtenehe, Apg 15,20). S.

Protevangelium (griech., »erstes Evangelium«). **1.** Der Spruch 1Mose 3,15, wo Jahwe Feindschaft zwischen den Nachkommen der Schlange und denen Evas ankündigt, wurde seit den Kirchenvätern als Verheißung des Sieges Jesu über den Teufel gedeutet und erhielt deshalb im Mittelalter den Namen »P.«.
2. P. Jakobi, legendarische Erzählung der wunderbaren Geburt Mariens, ihrer Kindheit am Tempel, Verlobung mit dem Witwer Josef, der jungfräulichen Empfängnis usw. bis zum Kindermord. Vor allem sollte die immerwährende Jungfräulichkeit Mariens herausgestellt werden. Das P. Jakobi stammt aus dem 2. Jh. und war weit verbreitet. S. / H. M.

Protoisrealiten werden in der Forschung jene Stämme (besonders die Lea- und Rahelstämme) und Sippen genannt, die im 13. Jh. v.Chr. entweder den → Auszug aus Ägypten erlebten oder um diese Zeit bereits in Palästina ansässig waren, sich aber noch nicht zu einem Verband unter dem Namen »Israel« zusammengefunden hatten (→ Israel). K.

Proverbien → Sprüche Salomos.

Provinz (lat., »Befehlsbereich«). Das den Mittelmeerraum gliedernde System röm. P.en bildete sich im 1. Jh. v. Chr. aus. Man unterscheidet *senatorische* P.en, die dem Senat unterstanden und eine Zivilverwaltung hatten, repräsentiert von einem Prokonsul (u. a. Numidia, Sicilia, Asia, Achaia); *kaiserliche* P.en mit einer Militärverwaltung, an deren Spitze ein kaiserlicher Legat stand (u. a. Syria); *Protektorate* mit weitgehend autonomer Verwaltung und Legislatur, die unter der Aufsicht eines Prokurators (»Geschäftsträgers«, Lutherbibel: »Landpflegers«) standen.
Judäa war bis 70 n. Chr. ein der kaiserlichen Provinz Syrien zugeordnetes Protektorat, wurde dann jedoch kaiserliche Provinz. (→ Römerreich, → Statthalter.) R.

Prozeß → Gerichtsbarkeit in Israel.

Prozession, Zug der Gemeinde zu einem Heiligtum. Im Alten Orient fanden P.en an Festen statt; oft wurden Götterbilder mitgeführt. – P.en bei kultischen Begehungen kennt auch das AT. Die → Lade wird in einer P. unter besonderen kultischen Maßnahmen nach Jerusalem überführt (2Sam 6). Nach der Erbauung des Tempels war er das Ziel von P.en.
Unter den → Psalmen finden sich etliche P.s- oder Wallfahrtslieder (vgl. die Überschriften zu Ps 120–134). Beim Eintritt in den heiligen Bezirk sang die P.s-Gemeinde eine Liturgie, in der die Bedingungen für den Einlaß erfragt wurden (Ps 15; 24). J. E.

Prüfung → Versuchung.

Psalm(en). 1. Name – 2. Zur Forschungsgeschichte – 3. Sitz im Leben – 4. Gattungen – 5. Altoriental. Parallelen – 6. Überschriften.
1. Der Begriff »P.« dient heute als Sammelbezeichnung für religiöse (Lied-)Texte des AT und seiner Umwelt. Einen Ausschnitt aus dieser Literatur stellen die P. im engeren Sinne, die 150 im → Psalter vereinigten (Lied-)Texte, dar; nur um sie geht es im folgenden. Das Wort »P.« geht auf griech. *psalmos* »zum Saiteninstrument gespieltes Lied« zurück. Die griech. Übersetzung des AT (Septuaginta) verwendet es zur Wiedergabe eines hebr. Wortes für »Lied«, das in der Überschrift zahlreicher P. erscheint, und – in der Mehrzahlform *psalmoi* – als Überschrift des Psalters.
2. Die entscheidenden Erkenntnisse über die Eigenart der P. und ihre Rolle im Leben Israels hat am Anfang unseres Jh.s H. Gunkel gewonnen (→ Formgeschichte), indem er anhand der Formensprache der P. die verschiedenen Gattungen und als ihren ursprünglichen historischen Ort, ihren »Sitz im Leben«, den Kult herausarbeitete. Ausgehend von Gunkels Erkenntnissen, hat man in der Folgezeit versucht, den »Sitz im Leben« der P. noch näher zu bestimmen. So

brachte S. Mowinckel den größten Teil der P. mit dem von ihm vermuteten »Thronbesteigungsfest Jahwes« in Verbindung; dagegen sollen nach A. Weiser die meisten P. in den Rahmen eines »Bundesfestes« gehören. Von einer Reihe skandinav. Forscher wird die Ansicht vertreten, daß ein Großteil der P. ursprünglich vom König vorgetragen wurde.

3. Die P. sind – wenn überhaupt, so gibt es nur ganz wenige Ausnahmen – für kultisch-gottesdienstliche Anlässe verfaßt worden, und zwar vielfach – was in einigen P. ausdrücklich gesagt wird, bei anderen vermutet werden darf – für Begehungen am Jerusalemer Tempel. Allerdings wissen wir nicht, ob und wieweit einzelne P. an einem der uns bekannten Feste Israels vorgetragen wurden; auch der mehrfach unternommene Versuch, aus den P. sonst im AT nicht erwähnte Feste zu erschließen, hat zu keinem gesicherten Ergebnis geführt.

Ihre Entstehungszeit geben nur ganz wenige P. zu erkennen. So ist Ps 137 während des → Exils in Babylonien entstanden, und die → Königslieder setzen die Existenz des Königtums in Israel oder Juda, also die Zeit vor 587/586 v. Chr., voraus; andere P. dürften – aufgrund von Sprache und Vorstellungsgehalten – sehr alt (z. B. Ps 29) oder jung (z. B. Ps 119) sein. Aber bei manchen P. weichen die Ausleger in der zeitlichen Einordnung um Jh.e voneinander ab.

Die einzelnen P. sind wahrscheinlich von Anfang an wiederholt verwendet, wenn nicht gar für einen wiederholten Gebrauch abgefaßt worden. Dabei dürfte mancher P. im Lauf der Zeit, entsprechend der veränderten Situation, Abwandlungen erfahren haben, so daß der ursprüngliche »Sitz im Leben« nicht mehr erkennbar ist.

4. Ungefähr 30 P. gehören der Gattung des → *Hymnus* an. Eine Sondergruppe der Hymnen sind die »*Thronbesteigungslieder*« Ps 47; 93; 96–99, die vom Königtum Jahwes reden, wobei Ps 47 erkennen läßt, daß man in Jerusalem – vielleicht im Rahmen des Herbstfestes – eine Thronbesteigung Jahwes oder wenigstens eine besondere Huldigung vor Jahwe feierte. Eine Sondergruppe der Hymnen sind ferner die »*Zionslieder*« Ps 46; 48; 76, deren Hauptthema ein mythisch-vorzeitlicher Feldzug eines Völkerheeres gegen Jerusalem und dessen Vernichtung durch Jahwe ist. Die anderen »Zionslieder« (Ps 84; 87; 122) lassen sich keiner klar umgrenzten Gattung zuweisen.

Die am häufigsten vertretene P.-Gattung ist das *Klagelied des Einzelnen* (→ Klagelied); ihr gehören etwa 50 P. an. Sie stellen den Ausleger vor zahlreiche Probleme. Genannt sei nur, daß sich oft ein für uns schwer erklärbarer Wechsel vom Jahwe anredenden Gebetsstil zur Anrede an Menschen, also zum Bericht über Jahwe (z. B. in Ps 27,9–13; 54,5–7), findet. Dieser Wechsel kennzeichnet noch stärker die mit den Klageliedern des Einzelnen verwandten »*Vertrauenslieder*«, deren Hauptgedanke die Geborgenheit des Betenden bei Jahwe ist (z. B. Ps 4; 16; 23). Formal eng verwandt mit den Klageliedern des Einzelnen ist das *Klagelied des Volkes.* Bei den im Psalter überlieferten Klageliedern des Volkes sind politisch-militärische Notstände Anlaß der Klage (z. B. Ps 44; 60; 80; 83); zumindest Ps 74 und 79 blicken auf die Katastrophe Jerusalems im Jahre 587/586 v. Chr. zurück.

Das Gegenstück zum Klagelied bildet das → *Danklied.* Außerdem pflegt man → *Königslieder,* Weisheits- oder → *Lehrgedichte* und *Geschichtspsalmen* (Ps 78; 105; 106) als eigene Gruppen auszusondern. Dabei handelt es sich aber nicht um Gattungsbezeichnungen, sondern um Sammelnamen für oft recht verschiedenartige P. Das gilt auch für die P., die im hebr. Text die Überschrift »*Wallfahrtslied*« tragen (Ps 120–134).

Unter den Königs- und Wallfahrtsliedern und auch sonst finden sich P., die man als → *Liturgien* bezeichnet. Es sind Texte, in denen mehrere Sprecher oder Sänger zu Wort kommen (z. B. Ps 20; 115; 118), und die → *Torliturgien* Ps 15; 24.

5. Auch in den altoriental. Literaturen außerhalb Israels finden sich viele psalmenartige Dichtungen und zahlreiche Einzelmotive, die mit der alttest. P.-Sprache verwandt sind. Das gilt vor allem für die Hymnen und Gebete des Zweistromlandes, in schwächerem Maße für die Ägyptens (Ps 104 steht einem ägypt. Sonnenhymnus sehr nahe). Das religiöse Gedanken- und Formelgut jener Literaturen dürfte Israel durch die Vermittlung der Phönizier und anderer Kanaanäer kennengelernt haben. Allerdings sind aus dem kanaan. Bereich nur wenige Parallelen zu den alttest. P. bekannt. Ein starker kanaan. Einfluß zeigt sich offenbar in Ps 19,2–7 und Ps 29, daneben u. a. auch in Ps 68 und 82.

6. Die überwiegende Mehrzahl der P. trägt im hebr. Text eine Überschrift, die in den meisten

Fällen wohl erst nachträglich dem eigentlichen P. vorangestellt wurde. Etwa 100mal enthält sie einen Personennamen, davon 73mal den Namen Davids. Die hebr. Form, die später als Verfasserangabe (»von David«) verstanden wurde, war vielleicht ursprünglich als Zweckbestimmung (»für David«, d. h. für einen Davididen oder für das »Davidhaus«, den Tempel) gemeint. Ebenfalls mehrdeutig ist die Nennung der Sängergilden Asaf (Ps 50; 73–83), Etan (Ps 89) und »Söhne → Korach«. Sie könnte bedeuten, daß die betreffenden P. von jenen Sängergilden verfaßt worden sind oder deren Eigentum, Liedmaterial waren.
Außerdem enthalten die P.-Überschriften vielfach musiktechnische Angaben, darunter besonders häufig die hebr. Begriffe, die man mit »P.« (gemeint ist wohl instrumental begleiteter Gesang), »Lied« und »Gebet« übersetzt. Nicht klar sind die in der Lutherbibel mit »Unterweisung« (z. B. Ps 32) und »güldenes Kleinod« (z. B. Ps 16) wiedergegebenen Begriffe. Mehrfach finden sich Melodiehinweise (z. B. Ps 8; 22). S.

Lit.: S. Mowinckel, Psalmenstudien I–VI, 1921–24 (Nachdr. 1961); H. Gunkel / J. Begrich, Einleitung in die P., 1933 (Nachdr. 1966); C. Westermann, Das Loben Gottes in den P., [4]1968; E. Otto / T. Schramm, Fest und Freude, 1976; H. J. Kraus, P. I/II, [5]1977.

Psalmen Salomos, in der Mitte des 1. Jh.s v. Chr. in pharisäisch-jüd. Kreisen entstandene Sammlung von 18 Psalmen, als deren Verfasser fälschlich Salomo ausgegeben wurde. Ihr zeitgeschichtlicher Hintergrund ist die Eroberung Jerusalems durch Pompejus (63 v. Chr.) sowie dessen Tod (48 v. Chr.).
PsSal 17 ist ein eindrucksvolles Dokument für die in jener Zeit in pharisäischen und zelotischen Kreisen lebendige Hoffnung auf die politische Erneuerung des Davidreiches durch einen messianischen Herrscher, der »mit eisernem Stab ... die gottlosen Heiden ... zerschmettert« (17,26). R.

Texte: Kautzsch 458–505; Rießler, 881–902.

Psalter, Buch des AT. Es umfaßt 150 → Psalmen, die in der griech. Übersetzung teilweise anders gezählt werden als im hebr. Text. Dem P. liegen mehrere Teilsammlungen zugrunde, z. B. Davidpsalmen (Ps 3–41), Korachpsalmen (Ps 42–49), Hallelujapsalmen (Ps 111–118), Wallfahrtslieder (Ps 120–134) oder der sog. elohistische P. (Ps 42–83), in dem der Name *Jahwe* weitgehend durch *Elohim* (»Gott«) ersetzt wurde. Wieweit den Teilsammlungen und dem P. als ganzem ein sachliches, an den Gattungen ausgerichtetes Ordnungsprinzip zugrunde liegt, ist nicht mehr deutlich erkennbar. Erst aus später Zeit stammt die Einteilung in fünf Bücher (Ps 1–41; 42–72; 73–89; 90–106; 107–150) nach dem Vorbild der Mosebücher. Seine Endgestalt hat der P. wohl im 3. Jh. v. Chr. erhalten. S.

Pseudepigraphen → Apokryphen und Pseudepigraphen.

Ptolemaïs, das alttest. → Akko, phöniz. Hafenstadt, seit dem 3. Jh. v. Chr. mit dem griech. Namen P. genannt. P. wurde von Paulus besucht (Apg 21,7) und war im Mittelalter Zentrum der Kreuzfahrer. R.

Ptolemäus, Ptolemäer. P., ein mazedon. Feldherr → Alexanders d. Gr., war seit 323 v. Chr. Statthalter in Ägypten. 305 machte er sich als P. I. Soter zum König und begründete eine Dynastie in der Nachfolge der Pharaonen. Seine Nachfolger P. II. Philadelphus (285–246), P. III. Euergetes (246–221), P. IV. Philopator (221 bis 204) führten mehrere, zunächst erfolgreiche Kriege gegen die syr. → Seleukiden, an die aber P. V. Epiphanes (204–180) das seit 320 ägypt. Palästina im Jahre 200 verlor. Im Kampf gegen die Seleukiden wurden die Juden im 2. Jh. von den P.n unterstützt (→ Hasmonäer). Die große israelit. Diaspora in der Hauptstadt → Alexandrien erfreute sich zeitweise der Gunst der P. Die griech. Übersetzung des AT (→ Septuaginta) soll für die Hofbibliothek der P. angefertigt worden sein. Die Herrschaft der P. über Ägypten endete nach Niederlagen P.' XIII. gegen Cäsar und seiner Schwester Kleopatra gegen Oktavian (30 v. Chr.); Ägypten wurde röm. Provinz. J. E.

Publius, hochgestellte Persönlichkeit auf der Insel Malta mit dem offiziellen Titel »der Erste«. Paulus heilte seinen Vater, als er schiffbrüchig auf der Insel weilte (Apg 28,7f.). R.

Pul, der Name, den der Assyrerkönig Tiglat-Pileser III. als König von Babylonien trug (2Kön 15,19); in 1Chr 5,26 sind beide Namen fälschlich auf zwei Personen verteilt. S.

Punon → Pinon.

Purim, ein nach dem Exil – vielleicht um die Mitte des 4. Jh.s v. Chr. – unter den Juden der östl. Diaspora (Persien oder Babylonien) aufgekommenes Fest, das am 14./15. Adar (Februar/März) mit frohen Mahlzeiten und Geschenken an Freunde und Arme gefeiert wurde. Als gottesdienstliche Festlesung beim P. dient das → Esterbuch. Nach diesem ist das P.-Fest zum Gedächtnis an die Errettung der Juden aus der Hand ihrer pers. Feinde unter König Xerxes (485–465 v. Chr.) durch Ester und Mordochai (daher heißt es 2Makk 15,36 »Mordochai-Tag«) gestiftet worden (Est 9,17–32) und leitet sich der Name »P.« von dem akkad. Wort *pur* »Los« her (Est 3,7; 9,24.26). Die Richtigkeit dieser Angaben unterliegt aber starkem Zweifel; vielmehr dürfte das P.-Fest auf ein pers. Frühlingsfest zurückgehen und das Wort »P.« auf den Namen dieses Festes. S.

Purpur, im Altertum der wertvollste, aus dem Drüsensaft von Murex-Schnecken hergestellter blauer oder violetter Farbstoff, der durch Mischverfahren auch rot gefärbt werden konnte. P.-Stoff verwendete man für die Kleidung der Fürsten (z. B. Richt 8,26) und Reichen (z. B. Lk 16,19), für den Priesterornat (2Mose 28), für die Vorhänge im Tempel (2Chr 3,14) und auch für die Bekleidung von Götterbildern (Jer 10,9) (→ Farben). S.

Put, Name eines Volkes, wahrscheinlich in → Libyen (z. B. 1Mose 10,6; Ez 27,10). Manche setzen »P.« mit dem in ägypt. Inschriften genannten Land Punt an der ostafrikan. Küste gleich. S.

Puteoli, Hafenstadt am Golf von Neapel. Auf seinem Transport als Gefangener nach Rom betrat Paulus dort den Boden Italiens. P. war bereits sehr früh Sitz einer christl. Gemeinde (Apg 28, 13f.). R.

Pyramide, auf quadratischer Basis errichtetes, spitz zulaufendes monumentales Königsgrab im → Ägypten des Alten und Mittleren Reiches. Die größten P.n sind die der Könige Cheops (147 m Höhe), Chefren und Mykerinos (Mitte des 3. Jt.s v. Chr.) bei Giza, Zeugnisse der Macht und der religiösen Verehrung des Königs. Später wurde die P. als Königsgrab vom Felsgrab abgelöst. J. E.

Q

Qarqar → Karkar.

Qedesche → Tempelprostitution.

Qere → Ketib und Qere.

Qinavers, ein für das → Leichenlied (hebr. *qina/kina*) typisches Metrum (→ Dichtkunst). Es setzt sich aus zwei Versgliedern zusammen, wobei das erste drei und das zweite zwei Hebungen hat (z. B. Jer 9,20f.; Ez 19,1–9). S.

Qohelet → Prediger Salomo.

Quadrans → Münzen.

Quasten. Der Jude hatte nach der Vorschrift 4Mose 15,37–40; 5Mose 22,12 an den vier Zipfeln seines aus einem rechteckigen Tuch bestehenden Obergewandes Q. zu tragen, und zwar als Zeichen des Gehorsams gegenüber Gott; ursprünglich jedoch waren sie Mittel zur Abwehr von Unheil. Die Q. am Gewand Jesu (Mt 9,20; 14,36) heißen bei Luther »Saum«. S.

Quelle. Für das wasserarme Palästina waren im Altertum Q.n, oft in Brunnen gefaßt, von lebenswichtiger Bedeutung. Darum wurden die Städte in der Nähe einer Q. angelegt und sicherte man den Zugang zu ihr durch Verteidigungs- und Tunnelanlagen (→ Jerusalem, → Schiloach). Wegen ihrer lebenspendenden Kraft – nur an einer Q. konnte die Vegetation ganzjährig gedeihen (Oase) – ist die Q. ein Bild für Gott als den Geber des Heils (Ps 36,10; Jer 2,13), für die Gottesfurcht und Klugheit (Spr 14,27; 16,22) und für den Glauben an Jesus (Joh 4,14; 7,38). S.

Quellenscheidung, ein wesentlicher Arbeitsbereich der Literarkritik (→ Bibelkritik, Bibelwissenschaft), nämlich der Nachweis, daß in einem literarischen Komplex – etwa den → Mosebüchern oder den synoptischen → Evangelien – ursprünglich selbständige Dokumente verarbeitet sind, und der Versuch, diese genau zu erfassen. S.

Quelltor → Jerusalem.

Quirinius, griech. *Kyrenios,* Publius Sulpicius Q. (6–11 n. Chr.), röm. Legat der kaiserlichen Provinz Syrien. Unter seiner Leitung fand 6 n. Chr. in Judäa-Samaria eine Steuerregistrierung statt, die in Lk 2,1.2 mit der → Geburt Jesu zeitlich verbunden wird (→ Verwaltung). R.

Qumran. 1. Der archäologische Befund – 2. Die Geschichte der Q.-Gemeinde – 3. Das Leben der Q.-Gemeinde – 4. Die Lehre der Q.-Gemeinde – 5. Q. und das NT.

1. *Chirbet qumran* ist der arab. Name einer Ruinenstätte in der Gebirgslandschaft nordwestl. des Toten Meeres. Ausgrabungen haben dort eine klosterähnliche Siedlung zutage gefördert, die wohl um die Mitte des 2. Jh.s v. Chr. gegründet worden war, nach einem Erdbeben 31 v. Chr. vorübergehend verlassen und etwa 4 v. Chr. wiederaufgebaut wurde. Im Jahre 68 n. Chr. wurde sie durch die Römer endgültig zerstört. Sie enthält ein Hauptgebäude mit Turm, einen Speise-, einen Schreibersaal, ein Vorratsgebäude, Werkstätten und mehrere Zisternen, zu denen breite Treppen hinabführen. Im Osten der Anlage findet sich ein Friedhof mit etwa 1200 Gräbern. Ein 3,5 km südl. entdeckter landwirtschaftlicher Gebäudekomplex gehörte ebenfalls dazu. Außerdem fand man in 11 Gebirgshöhlen im Umkreis der Siedlung – z. T. in Tonkrügen geborgen – Leder- und Papyrusrollen mit hebr., aram. und griech. Texten (→ Qumranschriften). Allgemein identifiziert man die Q.-Gemeinde mit den bei → Josefus erwähnten → Essenern.

2. Die Wurzeln der Q.-Gemeinde liegen, wie die der → Pharisäer, in den Kreisen der jüd. »Frommen« (Chassidim), die den Hellenisierungsbestrebungen um 170 v. Chr. Widerstand leisteten. Als das Landpriestergeschlecht der → Hasmonäer das Hohepriesteramt an sich riß und schließlich auch die Königswürde okkupierte, sonderte sich ein Teil der Frommen ab. Führer der Sezessionsbewegung war ein Mann, den die Texte als »Lehrer der Gerechtigkeit« (besser: »rechten Lehrer«) apostrophieren, ohne seinen Namen zu nennen; auch sein Gegenspieler, der »Frevelpriester«, offenbar der hasmonäische Hohepriester Jonatan (153–143 v. Chr.), wird nicht namentlich genannt. Der Lehrer gehörte

Blick auf die Ruinen von Qumran

dem zadokidischen Priesteradel an. Er beanspruchte profetisches Charisma, da er den Heiligen Geist Gottes besitze und »Verkünder des Wissens um wunderbare Geheimnisse« sei. Konkret ging es bei diesen Geheimnissen um die rechte Auslegung des alttest. Gesetzes. Die Gemeinde hatte zu ihrer Blütezeit wohl etwa 200 Mitglieder.

3. Die Q.-Gemeinde war nach ihrem äußeren Erscheinungsbild eine religiöse Sondergruppe innerhalb des Judentums, nach ihrem eigenen Selbstverständnis repräsentierte sie jedoch in exklusiver Weise das wahre Israel der Endzeit, die Sammlung derer, die in kultischer Reinheit und radikalem Gehorsam gegen das Gesetz die nahe Endzeit erwarteten. Sie bezeichnete sich selbst als »Gemeinde der Einung« und als »Männer der Einung«. Das Gemeinschaftsleben war von strenger Ordnung gekennzeichnet. Jedes Mitglied hatte seinen festen Ort innerhalb der hierarchischen Gliederung: Ranghöchste waren die Priester; ihnen folgten Leviten, Älteste und schließlich die übrige Gemeinde. Ehelosigkeit und Besitzverzicht waren gefordert; alles persönliche Eigentum mußte bei Eintritt der Gemeinschaft übereignet werden. Jeder Verstoß gegen die Ordnung wurde durch Sanktionen geahndet, deren radikalste der Ausschluß war. Die Aufnahme in die Gemeinde erfolgte nach einem längeren Noviziat durch einen kultischen Waschungsritus (→ Taufe). Waschungen begleiteten auch das tägliche Leben; in ihnen fand das priesterlich-kultische Reinheitsideal seinen Ausdruck. Eine große Rolle spielte das Schriftstudium, für das eigene hermeneutische Grundsätze entwickelt wurden: Die Gemeinde sah die Zukunftsankündigungen der Profeten in ihrer eigenen Geschichte erfüllt. Wirtschaftsführung und Vorratshaltung erfolgten streng gemeinschaftlich.

Die Q.-Gemeinde hatte auch einen weiteren Kreis von außerhalb des Klosters lebenden Mitgliedern und Sympathisanten, der nicht in gleicher Strenge an die Ordnungen gebunden und insbesondere nicht zur Ehelosigkeit verpflichtet war. Ihm ist die → Damaskusschrift zuzuordnen.

4. Das Denken der Q.-Gemeinde war von einem dualistischen Ansatz beherrscht, in dem vermutlich alte iran. Motive weiterwirkten. Zwei Geister bestimmen danach das Weltgeschehen: der Geist der Wahrheit und der Geist des Frevels. Beide sind zwar von Gott geschaffen, aber sie stehen in einem heftigen Kampf gegeneinander, der bis in das menschliche Herz hineinreicht. Jeder Mensch ist einem der beiden Geister zugehörig; er steht entweder bei den »Söhnen des Lichts« oder bei den »Söhnen der Finsternis«. Gott hat für die nahe Zukunft den kosmischen Endsieg des Geistes der Wahrheit festgesetzt.

Das Bewußtsein, jetzt schon der Machtbereich des Wahrheitsgeistes zu sein, alle Geheimnisse der Geschichte erkannt und alle Gebote richtig ausgelegt zu haben, prägte das Selbstverständnis der Gemeinde. Sie erwartete in Bälde die Vernichtung des Bösen, einen priesterlichen Messias

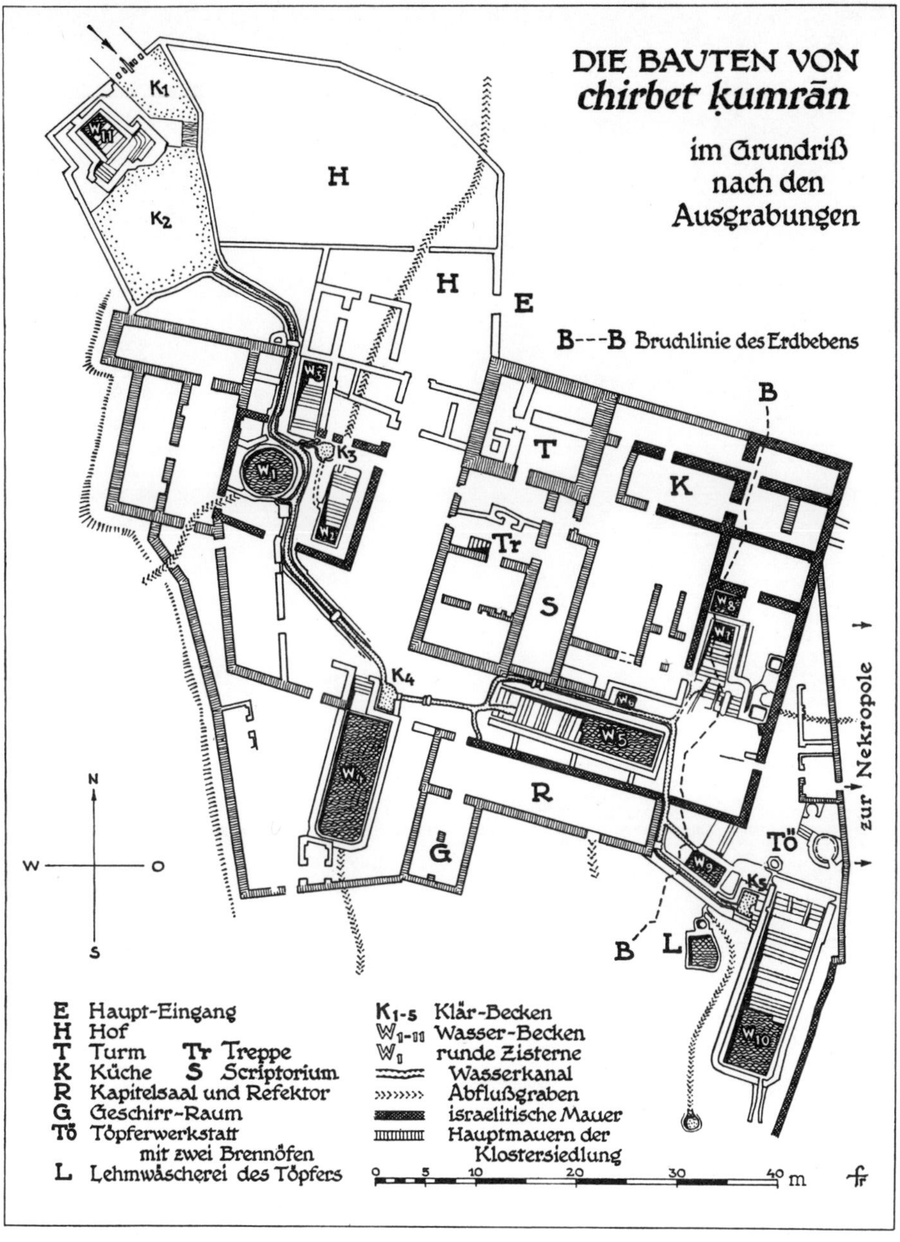

Plan von Qumran (nach H. Bardtke)

Qumran. Treppe in einem der Wasserbecken. In der Mitte sind deutlich die von einem Erdbeben herrührenden Risse zu sehen.

aus dem Stamm Aarons und einen kriegerischen Messias aus dem Hause Davids, und ewiges Heil.

5. Hatte man anfangs gelegentlich versucht, Jesus als Kopie des »rechten Lehrers« zu sehen, so traten doch grundlegende Unterschiede zwischen beiden ans Licht: a) Für Jesus spielten die priesterliche Abstammung und die kultische Praxis keine Rolle. b) Jesus gründete keine von der Welt abgesonderte, hierarchisch gegliederte Gemeinde. c) Jesus lehrte keine Gesetzeskasuistik; er griff im Gegenteil sogar das Gesetz selbst an (Mk 2,27; 7,15; 10,9).

Auch die Christologie der nachösterlichen Gemeinde hat keine Entsprechung in Q. Groß sind die Differenzen in der Eschatologie: Daß die Weltenwende bereits in Kreuzigung und Auferstehung Jesu erfolgt sei, ist eine Überzeugung, die das NT grundlegend von Q. trennt. Nicht übersehen lassen sich einige Übereinstimmungen in Verfassung und institutionellem Selbstverständnis zwischen der Jerusalemer Urgemeinde und Q.: Beide wußten sich als das Israel der Endzeit. Allerdings hat sich die Urgemeinde niemals vom übrigen Israel abgeschlossen. Auch die Auslegung des AT auf die als Endzeit verstandene Gegenwart teilt das Urchristentum mit Q. Besonders enge Berührungen finden sich in Sprache und Begriffswelt einiger neutest. Schriften (→ Johannesevangelium, → Epheserbrief).

H.M. / R.

Lit.: G. Jeremias, Der Lehrer der Gerechtigkeit, 1963; H. Braun, Q. und das NT I/II, 1966; M. Hengel, Judentum und Hellenismus, ^{2}1973, 394ff. – *Textausg.:* E. Lohse, Die Texte aus Q. Hebr./Dt., ^{2}1971; J. Maier / K. Schubert, Die Qumran-Essener, ^{2}1991.

Qumranschriften. Im Frühjahr 1947 entdeckte ein arab. Hirte durch Zufall in einer Höhle des Gebirgsabfalls zum Nordwestufer des Toten Meeres bei *chirbet qumran* eine Reihe von Keramikkrügen, die lederne Schriftrollen enthielten. Weitere Funde in den angrenzenden Höhlen folgten, und bald wurde es für die Forschung Gewißheit, daß es sich um die Bibliothek einer ordensähnlichen Gemeinschaft von → Essenern handelte, deren unmittelbar angrenzende Ansiedlung durch Ausgrabungen ebenfalls freigelegt werden konnte. Die Bedeutung dieser zumeist aus dem 1. Jh. v. Chr. stammenden Schriftrollen für die Wissenschaft ist erheblich: Sie erschließen das Leben und Denken eines vorher nur unzulänglich bekannten Sektors des Judentums zur Zeit Jesu, und sie geben, soweit es sich um Abschriften oder Kommentare alttest. Bücher handelt, Zugang zu einer rund 1000 Jahre älteren Gestalt des hebr. → Bibeltextes, als ihn die bisher bekannten mittelalterlichen Handschriften bieten.

Die Q. werden gewöhnlich mit Abkürzungen des Fundorts (z. B. 1Q = erste Höhle von Qumran) und des Inhalts gekennzeichnet. Die wichtigsten von ihnen sind folgende: a) Die *Gemeinderegel* (1QS), eine Zusammenstellung der tragenden Lehrgrundsätze, Lebensregeln und liturgischen Ordnungen der Essener von Qumran. b) Die *Gemeinschaftsregel* (1QSa), eine Art Anhang zur Gemeinderegel, der Stücke verschiedenen Inhalts enthält, u. a. eine Ordnung für die Vollversammlung der Gemeinde und Bestimmungen für das messianische Festmahl der Endzeit. c) Die → *Damaskusschrift* (CD), eine Mahnrede für die im Land verstreut lebenden Gemeinschaftsmitglieder. Ihr Name kommt von der Bezeichnung der Gemeinde als »Gemeinde des neuen Bundes im Lande Damaskus«, wobei

Qumran. Blick auf die Höhle, in der die wichtigsten Schriftrollen gefunden wurden

Damaskus jedoch vermutlich ein Deckname ist. Sie war bereits seit 1896 in mittelalterlichen Handschriften bekannt, aber erst durch die Auffindung mehrerer Fragmente in Qumran wurde ihre Herkunft endgültig geklärt. d) Die *Loblieder* (1QH), eine Sammlung von psalmartigen, im Ich-Stil gehaltenen Liedern, die in äußerst expressiver Sprache die Rettung eines Beters aus Leid und Not schildern. Sie beginnen jeweils mit der Wendung: »Ich will dich preisen, Herr!« Ihr Verfasser dürfte der geheimnisvolle »Lehrer der Gerechtigkeit«, der Gründer der Qumran-Gemeinschaft, gewesen sein. e) Die *Kriegsrolle* (1QM), eine Beschreibung des kommenden Endkampfes zwischen den »Kindern des Lichtes« und den »Kindern der Finsternis«, welche die Kräfte des Guten und des Bösen verkörpern. Sie ist einerseits stark mit alttest. Elementen – u. a. der Tradition des Heiligen Krieges – durchsetzt, enthält aber andererseits eine Fülle von Anspielungen auf den Aufstand der Hasmonäer und auf röm. Kriege. Ob sie in ihrem Grundbestand auf die Qumran-Gemeinde zurückgeht, ist strittig. f) Der *Habakuk-Kommentar* (1Qp Hab), eine Auslegung von Hab 1–2, die Satz für Satz am Profetentext entlanggeht und diesen unmittelbar als Weissagung der Widerfahrnisse der Sektengemeinschaft in der (als Endzeit verstandenen) Gegenwart deutet. g) Ähnlich angelegt ist der *Nahum-Kommentar* (4Q pNah). h) *Florilegium* (4Q flor), eine Auslegung von einzelnen auf die Endzeit bezogenen Bibelstellen (2Sam 7,10–14; Ps 1,1; 2,1f.). i) Das *Melchisedek-Dokument* (11Q Melch), eine Auslegung von Jes 61,1; 3Mose 25,13 und 5Mose 15,2, welche um die am Versöhnungstag erwartete eschatologische Befreiung kreist. In ihrem Mittelpunkt steht die rätselhafte Gestalt → Melchisedeks, ähnlich wie in Hebr 7. j) Das *Genesis-Apokryphon,* eine aus mehreren kleinen Apokalypsen bestehende Komposition: Gestalten aus dem 1. Mosebuch (Lamech, Noah und Abraham) werden Deutungen der bibl. Geschichte sowie neue legendarische Erzählungen, welche die Motive ihrer Handlungen erklären sollen, in den Mund gelegt. k) Die *Kupferrolle,* ein auf Kupferfolie gehämmerter Text, nennt in geheimnisvoller Sprache 64 Verstecke, an denen phantastische Schätze zu finden sein sollen. Während einige Forscher in ihr ein Verzeichnis der vor der Zerstörung (70 n. Chr.) ausgelagerten Schätze des Jerusalemer Tempels sehen wollen, spricht ihr die Mehrzahl jeden Realitätsbezug ab. l) Die zwei *Jesaja-Rollen* (1Q Js^a und 1Q Js^b), die das gesamte Jesajabuch in einer sehr alten Textform enthalten. m) Fragmente der bislang verschollenen hebr. Originalfassung des → *Sirachbuches.* n) Die erst 1977 veröffentlichte Tempelrolle (11QT) ist die längste unter den bisher bekannten Q. Sie enthält neben der Beschreibung eines Ideal-Tempels kalendarische Bestimmungen und Reinheitsvorschriften. – Ferner fanden sich hebr. Handschriften von fast allen alttest. Büchern, hebr. und aram. Stücke des → Tobitbuches sowie mehrere aram. Manuskripte von Teilen des → Henochbuches. Infolge der außerordentlichen editorischen Schwierigkeit steht die Veröffentlichung einiger Q. noch aus. R.

Lit.: M. Burrows, Die Schriftrollen vom Toten Meer, [3]1960; M. Burrows, Mehr Klarheit über die Schriftrollen, 1958; J. Jeremias, Die theologische Bedeutung der Funde vom Toten Meer, 1962; R. Meyer, Der gegenwärtige Stand der Erforschung der in Palästina gefundenen Handschriften, in: Theologische Literatur-Zeitung 101, 1976, 815–825. – *Textausg.:* E. Lohse, Die Texte aus Qumran. Hebr./Dt., [2]1971.

R

Rabba. 1. R. (hebr. *rabba* oder *rabbat b^{e}ne ammon* »R. der Ammoniter«', z. B. 2Sam 12,26; Jer 49,2), Hauptstadt → Ammons (heute Amman, die Hauptstadt Jordaniens), im 3. Jh. v. Chr. in *Philadelphia* umgetauft und als hellenist. Stadt ausgebaut, 63 v. Chr. zur → Dekapolis geschlagen, mit ansehnlichen Ruinen, vor allem aus röm. Zeit. **2.** Ort in Juda (Jos 15,60). S.

Rabbi (hebr., »mein Herr«, »mein Meister«; aram. *rabbuni*), ursprünglich Anrede einer höhergestellten Respektsperson, nach 70 n. Chr. Titel der jüd. Schriftgelehrten. Wenn → Jesus als R. angeredet wird (Mk 9,5; 10,51; 11,21; 14,45), so entspricht das noch dem weiteren Wortsinn, denn Jesus war kein studierter Schriftgelehrter und galt auch in der Öffentlichkeit nicht als solcher. Das nach 70 entstandene Matthäusevangelium polemisiert gegen den Gebrauch des inzwischen verengten Titels; Jesus wird nach Matthäus (Mt 26,25.49) nur vom Verräter Judas »R.« genannt, die Jünger sollen sich nicht R. nennen lassen (Mt 23,8).
An vielen Stellen der Evangelien scheint das ursprüngliche »R.« durch Anredeformen wie »Herr«, »Lehrer« und »Meister« ersetzt worden zu sein. R.

Rabbinenschule, auch »Lehrhaus«, von einem ordinierten Gesetzeslehrer (→ Schriftgelehrte, → Rabbi) geleitete Ausbildungsstätte, in der die Weitergabe seiner Gesetzesinterpretation an die Gelehrtenschüler erfolgte. R.

Rabbinisches Judentum, die seit Ende des 1. Jh.s n. Chr. bis in die Neuzeit vorherrschende Form jüd. Glaubens und Lebens. Die Wurzeln des r. J.s reichen bis ins 5. Jh. v. Chr. zurück, als → Esra das aus der »Babylon. Gefangenschaft« zurückgekehrte Volk feierlich auf das Gesetz verpflichtete (Neh 8–10). Im Lauf der Zeit wurden die Kenner und Ausleger des Gesetzes, die → Schriftgelehrten, zu einem einflußreichen Stand. Wesentlich wurde die Tatsache, daß sich die Schriftgelehrten großenteils an die Laienbewegung der → Pharisäer anschlossen, deren geistige Spitze sie wurden. Allerdings befand sich die Macht mehr in Händen der Laienaristokratie (→ Sadduzäer) und der → Hohenpriester. Daneben gab es im 1. Jh. v. Chr. bis zur Tempelzerstörung noch mancherlei Sondergruppen (→ Apokalyptik, → Qumran). Erst nach 70 n. Chr. wurden die pharisäischen Schriftgelehrten die beherrschende Macht. Jetzt wurde der → Kanon endgültig fixiert, das apokalyptische Schrifttum ausgeschieden und die pharisäische Tradition der Schule → Hillels als verbindlich durchgesetzt (→ Mischna, → Talmud). Diese innere Geschlossenheit konnte auch durch die Katastrophe des zweiten Aufstandes gegen Rom (132–135 n. Chr.) nicht zerstört werden. Das Gesetz und seine kasuistische Auslegung, die auch Anpassung an veränderte Umstände ermöglichte, bestimmt seither das r. J. Durch den Ausbau der → Synagoge schuf sich das r. J. ein Zentrum für Kultus und Gesetzeslehre.
Innerjüd. Oppositionsbewegungen gegen das r. J. waren die Karäer (8. Jh. n. Chr.) und die Chassidim (18. Jh.). H. M.

Rabbuni → Rabbi.

Rabe → Tierwelt.

Rabschake, ein assyr. Wort, das »Obermundschenk« bedeutet und Titel eines hohen Würdenträgers im Assyrerreich war (2Kön 18,17–37). S.

Racha, aram. *reka,* (harmloses) Schimpfwort, etwa »Schwachkopf«, »Nichtsnutz« (Mt 5,22). R.

Rache. Das AT besitzt keinen Begriff, der unserem Wort »R.«, das die – meist affektgeladene – außergerichtliche Ahndung eines Schadens meint, genau entspricht. Vielfach wird der Vorgang der R. gar nicht ausdrücklich als solcher bezeichnet (z. B. 1Mose 34; 2Sam 13), und die hebr. Wortgruppe *nkm*, die das AT für »R.« und »rächen« in unserem Sinne (z. B. 1Mose 4,24; 3Mose 19,18; Spr 6,34), aber auch für die grundlose Anfeindung (z. B. Ps 44,17) verwenden kann, meint überwiegend das gerichtliche Strafen – so in dem Rechtssatz 2Mose 21,20f. und in den Aussagen von der R. Gottes an den Feinden des einzelnen (Jer 15,15; 20,12), am Volk Israel wegen seines Ungehorsams (3Mose 26,25; Jer 5,9) oder an den Feinden Israels (z. B. Richt 11,36; Jes 34,8; 35,4; Jer 46,10). Gottes R. erscheint hier als sein richterliches Handeln, das eine verletzte Ordnung wiederherstellt; deshalb heißt er »Gott der R.« (Ps 94,1; vgl. Nah 1,2) und gehört die R. ihm (5Mose 32,35). S.

Rafa. **1.** Bet-R., Ort in Juda (1Chr 4,12). **2.** Ein Benjaminit (1Chr 8,2). **3.** Ein anderer Benjaminit (1Chr 8,37; in 1Chr 9,43: Refaja). **4.** Sagenhafter Ahnherr der → Rafaiter (2Sam 21,16–22). S.

Rafael, einer der höchsten → Engel (1Hen 9,1), der im apokryphen → Tobitbuch (Tob 3,16–12,15) und anderem jüd. Schrifttum erwähnt wird. Die christl. Tradition sieht in ihm vornehmlich einen Beschützer der Reisenden. S.

Rafaiter. **1.** Legendäres Geschlecht oder Volk von Riesen, das vor den Israeliten in Palästina gewohnt haben soll (z. B. Jos 12,4; 17,15). **2.** Im hebr. Urtext Bezeichnung für die Toten in der Unterwelt (z. B. Jes 14,9; Ijob 26,5). Ob zwischen den beiden Namen ein Zusammenhang besteht, ist umstritten. S.

Rages, Stadt im Mederreich (z. B. Tob 1,14); die Ruinen wahrscheinlich im heutigen *Rai,* 13 km südöstl. von Teheran. S.

Ragma, nach 1Mose 10,7; Ez 27,22 Gegend oder Ort in Arabien. S.

Rahab. **1.** Eine Dirne in Jericho, die mit ihrer Familie bei der Eroberung der Stadt geschont wurde (Jos 2; 6,22–25). **2.** Ein mythisches Meerungeheuer, das Jahwe in der Urzeit besiegt haben soll (Ijob 9,13; Ps 89,11; vgl. → Drache, → Leviatan, → Meer), auch Bezeichnung für Ägypten (Jes 30,7 und im hebr. Urtext von Ps 87,4). S.

Rahel, nach 1Mose 29–31; 35,16–18 eine Tochter Labans, die, ebenso wie ihre Schwester Lea, Jakobs Frau wird und ihm zwei eigene Söhne (Josef und Benjamin) und zwei Magdsöhne (Dan und Naftali) zur Welt bringt. In dieser Überlieferung spiegelt sich die enge Zusammengehörigkeit des Stammes Benjamin mit dem »Haus Josef«. Das Grab R.s lag – wie man aus Jer 31,15 folgern darf, wo der Profet bildhaft die Stammutter R. über die Verbannten des Nordreiches klagen läßt – bei Rama nördl. von Jerusalem. Die spätere Tradition suchte das R.-Grab aufgrund der falschen Angabe von 1Mose 35,19 irrtümlich bei Betlehem. S.

Ram. **1.** Ein im Stammbaum Davids und Jesu genannter Mann (Rut 4,19; Mt 1,3f.). **2.** Name einer Sippe (Ijob 32,2). S.

Rama (hebr., »Höhe«), Name verschiedener Orte in Palästina, darunter R. in Benjamin, 8 km nördl. von Jerusalem (z. B. Jes 10,29; 1Kön 15,17–22). Von diesem R. zu unterscheiden ist wohl das R., in dem Samuel wirkte (z. B. 1Sam 7,17) und begraben wurde (1Sam 25,1) und das identisch sein dürfte mit Ramatajim, dem Geburtsort Samuels (1Sam 1,1), und mit dem neutest. Ort Arimathäa. S.

Ramot-Gilead, Ort im Ostjordanland, der zwischen Israel und dem Reich von Damaskus heftig umstritten war (1Kön 22,29; 2Kön 8,28); hier begann der Aufstand → Jehus (2Kön 9,1–14). S.

Ramses. **1.** Name mehrerer ägypt. Könige der 19. und 20. Dynastie. Ihr bedeutendster war R. II. (um 1290–25 v. Chr.); er war vermutlich der Pharao der Bedrückung Israels in → Ägypten (s. Abb. S. 416). **2.** Der im AT vorkommende Ort R. gehört mit → Pitom zu den Städten, die nach der Überlieferung von den Israeliten in Fronarbeit in Ägypten errichtet worden sind (2Mose 1,11; 12,37). Es handelt sich um eine verkürzte Namensform der Residenz Ramses' II. und seiner Nachfolger im östl. Nildelta. Ihre genaue Lokalisierung ist unsicher. Es dürfte sich um eine Großraumresidenz gehandelt haben, die u. a. die Stadt Tanis (alttest. → Zoan) einschloß. Die große Fläche mag erklären, warum in 1Mose 47,11 auch vom »Land R.« die Rede ist. J. E.

Rapha → Rafa.

Raphael → Rafael.

Raphidim → Refidim.

Ras Schamra → Ugarit.

Rasi, jüd. Ältester und Schriftgelehrter, der 161 v. Chr. seiner Verhaftung durch Selbstmord entging (2Makk 14,37–46). S.

Kolossalstatue Ramses' II. aus dem Ptah-Tempel in Memphis (13. Jh. v. Chr.)

Rat. Das hebr. Wort für »R.«, »raten« meint sowohl die Empfehlung, den Ratschlag, den man jemandem gibt (z. B. 2Sam 17,15), und allgemein die Fähigkeit, die rechten Mittel zu finden (Jer 49,7; Spr 21,30), als auch den Ratschluß (Plan, Entschluß), einen Gedanken in die Tat umzusetzen. Im letzteren Sinne wird das Wort verwendet für Gottes Geschichtshandeln (z. B. Jes 14,26; 28,29; Ps 33,11) – so spricht auch das NT vom »Ratschluß« Gottes, hier seinem Heilsplan (z. B. Apg 2,23; 20,27) – oder für die bösen Pläne (»Anschläge«) von Menschen (z. B. Jer 7,24; 11,19). S.

Rätsel. Das R.-Raten war nicht nur eine volkstümliche Beschäftigung (Richt 14,12–18; hier die einzigen ausgeführten R. in der Bibel), sondern auch eine Form der Weisheit (1Kön 10,1; Spr 1,6). Daher kann auch das Lehrgedicht (Ps 49,5) und die Bildrede (Ez 17,2) als »R.« bezeichnet werden. (→ Maschal.) S.

Ratte → Tierwelt.

Raubebald – Eilebeute, Name eines Sohnes des Profeten → Jesaja, der die Niederwerfung der Reiche Israel und Damaskus durch die Assyrer vorwegnimmt (Jes 8,1–4). S.

Räuber. Zur Zeit Jesu wurden in Palästina von den herrschenden Kreisen auch → Zeloten, die mit Gewalt die bestehende Ordnung bekämpften, als R. bezeichnet. Von daher ist wahrscheinlich, daß die beiden mit Jesus gekreuzigten R. (Mk 15,27 par) nicht anders als Jesus selbst wegen Aufruhrs verurteilt waren. Analoges könnte auch für → Barabbas (Joh 18,40) gelten. R.

Raubtier, Raubvogel → Tierwelt.

Räucheraltar → Räucherwerk.

Räucheropfer → Opfer.

Räucherwerk, eine Mischung wohlriechender Harze (2Mose 30,34–38), die im Kult von den Priestern auf Räucherpfannen (z. B. 4Mose 16,6.17f.) oder auf einem eigenen Räucheraltar – einen solchen gab es im Jerusalemer Tempel wahrscheinlich erst in der Zeit nach dem Exil (z. B. 2Chr 26,16.19) – als Opfer verbrannt wurde. Ursprünglich hatte das Räuchern wohl den

Zweck, die bösen Mächte aus dem Heiligtum zu vertreiben. S.

Rauschtrank, Wiedergabe eines hebr. Wortes (*schekar*) unbekannter Bedeutung (in der neuen Lutherbibel »R.« nur noch Jes 5,22, sonst »starkes Getränk«, z. B. Spr 31,4); vielleicht ist Gerstenbier gemeint. S.

Raute → Pflanzenwelt.

Re → Ägypten.

Reaja, Männername des AT (1Chr 4,2; 5,5; Esr 2,47). S.

Rebe → Weinstock.

Rebekka, Tochter Betuels und Frau → Isaaks, der sie durch Brautwerbung bei ihrem Bruder Laban gewann (1Mose 24). Sie gebar ihm die Zwillinge Esau und Jakob (1Mose 25,21–26). Da letzterer ihr Lieblingssohn war (1Mose 25,28), bewog sie ihn, seinen Vater um den Segen zu betrügen und daraufhin vor der Rache Esaus zu Laban zu fliehen (1Mose 27). Nach ihrem Tode wurde sie in der Höhle → Machpela begraben (1Mose 49,31). S.

Rebhuhn → Tierwelt.

Rechab. 1. Benjaminit, einer der Mörder Eschbaals (2Sam 4). **2.** Vater oder Stammvater → Jonadabs, der die Gemeinschaft der Rechabiter stiftete (Jer 35,6; 2Kön 10,15). **3.** Vater eines Zeitgenossen Nehemias (Neh 3,14). S.

Recht. 1. Arten von R.s-Sätzen – 2. R.s-Auffassung – 3. R.s-Instanzen – 4. R. im NT.

1. Schon im → Babylonien (und Assyrien) des 3. Jt.s v. Chr. wird kodifiziertes R. zu einem wichtigen Pfeiler nicht nur der Staatsauffassung, sondern auch der Religion. Der Einfluß dieses Keilschrift-R.s breitet sich im 2. Jt. v. Chr. über ganz Vorderasien, also auch über die Kanaanäer aus. Nach der → Landnahme greift Israel das Vorbild auf und interpretiert es aus der Verehrung des einen → Gottes und der sich daraus ergebenden neuen Einheitlichkeit menschlicher Verantwortung. Verwandtschaft und Veränderung läßt sich leicht bei einem Vergleich der einschlägigen Bestimmungen in der ältesten bibl. R.s-Sammlung, dem → Bundesbuch, mit dem Codex → Hammurabi (AOT, 380–410) erkennen; die Schranken zwischen den verschiedenen gesellschaftlichen Klassen fallen in Israel weitgehend dahin, der »Sklave« wird menschenwürdiger eingestuft, andererseits werden Blutdelikte strenger geahndet u. ä. Das Keilschrift-R. war von den Vorbewohnern Israels wohl größtenteils nur mündlich überliefert worden, es wird für die → Gerichtsbarkeit in Israels Ortschaften übernommen, wo jeweils die Versammlung der freien Bürger eine autonome R.s-Gemeinde bildet, die sich im → Tor zusammenfindet. Formuliert wird es als kasuistisches → Gesetz mit »Gesetzt den Fall . . . « und folgender Beschreibung des Vergehens; darauf werden mit »dann . . . « abgestufte Sanktionen eingeleitet. Neben solchen Gesetzen ist ein breiter Strom von Gewohnheitsrecht für die R.s-Pflege im Tor vorauszusetzen.

An den Heiligtümern werden im Laufe der Königszeit Kultsatzungen für den richtigen Vollzug von Opfer und Ritus als → Rituale mit Aufzählung der notwendigen Einzelhandlungen formuliert. Sie fassen Berufswissen für die → Priester zusammen. Auch sie enthalten gelegentlich Sanktionen für frevlerische Abweichung: »Ausgerottet werden soll ein solches Leben aus seinen Volksgenossen« (2Mose 12,15.19). Das mag dazu beigetragen haben, daß ab dem Exil die Rituale einen Rahmen nach Art kasuistischer Gesetze erhalten (3Mose 1–16).

Ebenfalls am Heiligtum, aber für Rezitation bei Festbegehungen vor der gesamten Kultgemeinschaft werden »Du sollst (nicht)«-Reihen ausgebildet als apodiktische Verbote, d. h. ohne ausdrückliche Nennung einer Sanktion, weil Übertretung in solchem Fall eigentlich für einen Israeliten unmöglich sein soll. Wo sie dennoch geschieht, ist wahrscheinlich sakrale Hinrichtung durch Steinigung vorausgesetzt. Für solche apodiktischen Gesetze sind vielleicht Grundsatzbestimmungen der Bündnisformulare der → Hetiter Vorbild gewesen. Sie werden aber so stark jahweisiert, daß sie auf die Ausschließlichkeit der Gottesbeziehung (z. B. 1. bis 3. oder 4. Gebot, 2Mose 20,2–11) und die Integrität der Bundesgemeinde (2Mose 20,12–17) konzentriert werden. Bekanntestes Beispiel für diese Art von R. sind die Zehn Gebote. Als man in Israel beginnt, R.s-Bücher schriftlich niederzulegen, wird es üblich, apodiktische Reihen als eine Art Präambel vor kasuistische Gesetze zu stellen und unter Umständen mit apodiktischen Sätzen zu schließen (vgl. 2Mose 20,1–17 und 23,6ff. als Vor- und Nachwort zum → Bundesbuch; 5Mose 5 und 27 als Vor- und Nachwort zum deuteronomischen Gesetzeskorpus 12–26). Die apodiktischen Sätze verlieren ihre Anwendung auf die sakrale Rechtspraxis, gewinnen aber als Grundsätze gottgewollter Sittlichkeit und → Gerechtigkeit große religiöse Bedeutung.

2. Während das von Priestern verkündete und gehandhabte R. Reinheit und Heiligkeit von Kultbereich und Bundesgemeinde sichern soll, wird das Ziel kasuistischen R.s hebr. mit *mischpat* bezeichnet. Der Begriff (in dt. Übersetzungen oft unkenntlich) bedeutet R.s-Ordnung wie Mittel zu ihrer Behauptung, also R.s-Sätze (2Mose 21,1) und R.s-Pflege (5Mose 25,1), außenpolitisch selbst Kriegszüge. R.s-Ordnung wird dabei mit Existenzordnung gleichgesetzt. Jeder Mensch, jede menschliche Gemeinschaft, ja jedes Tier, sollen ihren eigenen *mischpat* als Lebensweise eines erfüllten Daseins haben. Bei einem Profeten z. B. gehört selbst die standesgemäße Kleidung zu seinem *mischpat* und also seinem »R.« zum Leben (2Kön 1,7). Daraus entspringt jeweils ein R. des *mischpat*-Trägers als Anspruch gegenüber anderen, aber auch Pflichten zur Gerechtigkeit und Aufrechterhaltung des R.s der anderen inmitten vorgegebener Gemeinschaftsbindungen. Jeder R.s-Prozeß setzt Störung des *mischpat* voraus; Aufgabe ist es, ihn wiederherzustellen. Oft kann dies nur dadurch geschehen, daß die Gemeinschaft den Frevler beseitigt und dem Unschuldigen wieder zu seiner angemessenen Stellung verhilft. Aufgabe der Gerichtsbarkeit und Sinn der Gesetze ist also öffentliche Durchsetzung des → Tat-Ergehen-Zusammenhangs in strittigen Fällen, »Vollendung« (*schillem*) des unschuldigen Gemeinschaftstreuen wie des gemeinschaftswidrigen Frevlers. Letzte Quelle von allem *mischpat* ist Gott als Schöpfer. Als positive, dynamische Grundkraft alles Wirklichen setzt er das Existenzrecht für Personen, Gruppen und Dinge, läßt aber auch seinem Bundesvolk R.s-Sätze zur Erhaltung von R. kund werden und gibt den zuständigen Instanzen Weisheit und Kraft, R. durchzusetzen (Ps 99,4).

3. Instanzen der R.s-Übung sind vorexilisch neben der Ortsgemeinde im → Tor und der sakralen Gerichtsbarkeit der Priester auch die sog. Kleinen → Richter und hernach der König. Die rechtliche Funktion eines israelit. Königs ist schwer zu bestimmen. Einerseits ist er R.s-Patron für diejenigen, die keinen erwachsenen männlichen Vertreter in der Ortsgemeinde besitzen (Witwen und Waisen, vgl. 1Kön 3,16ff.), andererseits Appellationsinstanz (2Sam 14). Seine Zuständigkeit hat offenbar im Laufe der Jh.e zugenommen; in nachexilischer Zeit geht sie auf den → Hohenpriester und den → Hohen Rat über.

Doch weder König noch Hoherpriester gelten in Israel als Gesetzgeber. Da R. als *mischpat* in Gott gründet, Gott aber sich Israel durch den Bund am Sinai gültig zu erkennen gegeben hat, werden alle Arten von → Gesetz im Laufe der Zeit auf Mose zurückgeführt, den Mittler am Sinai. Er aber hat R. nicht selbst formuliert, sondern es aus dem Mund Gottes vernommen. Gott allein kann für Israel Gesetzgeber sein, sein Gesetz ist juristisch wie religiös gleich verbindlich. Bis zum 5. Jh. v. Chr. stellt das mosaische R. keinen fixierten Kanon dar, sondern wird laufend veränderten Zeitumständen angepaßt und im Geiste des Mose fortgeschrieben; im großen Stil geschieht das im → Deuteronomium und in der → Priesterschrift. Erst nach der Kanonisierung durch → Esra werden die schriftlich vorliegenden Grundsätze des R.s veränderlich (Einfluß der R.s-Auffassung pers. Könige?). Von diesem Zeitpunkt an wird dann R.s-Auslegung nötig, wie sie die → Schriftgelehrten in neutest. Zeit und im Judentum dann die → Rabbinen übernehmen.

4. Jesus hat diese R.s-Auslegung der Schriftgelehrten einer fundamentalen Kritik unterzogen: Sie verenge und verfälsche den ursprünglichen Willen Gottes des Schöpfers (Mt 5,21–48; Mk 7,1–23). Anstelle der israelit. R.s-Ordnung sollte als maßgebliche Norm für seine Jünger das Gebot der Gottes- und Nächstenliebe treten (Mt 22,35–40 par Lk 10,25–28), d. h. die Forderung des radikalen Gehorsams gegen Gott und der uneingeschränkten Zuwendung zum Mitmenschen. Grundlegend für die Ethik des Urchristentums wurde von daher die Überzeugung, daß der erhöhte Christus durch den Heiligen → Geist seiner Gemeinde je und je Weisung für die konkrete Anwendung des Liebesgebotes gebe.

Allerdings schloß dieses pneumatisch-charismatische Grundprinzip keineswegs die Entstehung eines neuen R.s aus. Vielmehr entwickelten sich schon bald R.s-Normen, in denen die Weisung des Geistes bindend für die Gemeinde fixiert wurde. Zunächst waren es vor allem die → Apostel und → Profeten, die Sätze heiligen R.s formulierten, wie z. B. die Ausschlußformel vom → Abendmahl: »Wenn einer den Herrn nicht lieb hat, der sei verflucht!« (1Kor 16,22; vgl. ferner 1Kor 14,13.28.30.35.37; Gal 1,9.) Der Geist gibt nicht der Willkür freie Bahn, sondern setzt neue rechtliche Ordnungen, die den Rahmen abstecken, innerhalb dessen das von Christus ermöglichte neue Sein in der Liebe praktiziert werden kann. Von hier aus entwickeln sich bereits in neutest. Zeit Gemeindeordnungen wie Mt 18; 1Tim 2–6 und 1Petr 2f.

Das staatliche R. wird im übrigen im NT ausdrücklich respektiert, sofern es als Ausdruck des Erhaltungswillens Gottes für seine Schöpfung gelten kann (Röm 13,1–7). Allerdings mißbilligt es Paulus, wenn Christen vor staatlichen Gerichten prozessieren (1Kor 6,1–8). K. / R.

Lit.: L. Köhler, Die hebr. Rechtsgemeinde, in: Der hebr. Mensch, 1953, 143ff.; A. Alt, Die Ursprünge des israelit. R.s, 1934, in: Kleine Schriften zur Geschichte des Volkes Israel I, 1953, 278–332; K. Koch, Was ist Formgeschichte?, [3]1974, §§ 1–5 [zu apodiktischen Verboten]; H. J. Boecker, R. und Gesetz im Alten Orient, 1976; E. Käsemann, Sätze heiligen R.s im NT, in: Exegetische Versuche und Besinnungen II, 1964, 69–82; H.-W. Bartsch, Die Anfänge urchristl. Rechtsbildungen, 1965.

Rechtfertigung. Die Lehre von der R. des Sünders durch Gottes Gnade um Christi willen allein aus Glauben, wie sie Paulus in seinen Briefen, vor allem im → Galaterbrief und → Römerbrief, vertritt, ist wohl die theologisch am weitesten greifende Interpretation des Vorgangs der Heilsaneignung, die das frühe Christentum hervorgebracht hat. In ihr findet einerseits die grundlegende Neuheitserfahrung, die mit dem Christentum verbunden war, ihren angemessenen Ausdruck. Zugleich wird sie der vertieften Einsicht in die Situation des Menschen gegenüber Gott und seiner Forderung gerecht, die Folge der Verkündigung Jesu gewesen war. Man nimmt der R.s-Lehre nichts von ihrer Bedeutung, wenn man erkennt, daß sie eine Kampflehre war; Paulus hat sich in ihr kritisch mit dem pharisäischen Judentum auseinandergesetzt, das der menschlichen Leistung entscheidende Bedeutung für das Gottesverhältnis einräumte, und er hat sich zugleich damit gegen Versuche judenchristl. Kreise gewehrt, solcher Gesetzes- und Leistungsfrömmigkeit in der Kirche Raum zu geben. Diese Kampfsituation wirkt sich sprachlich aus: Paulus übernimmt weithin die Begriffe seiner Gegner, um sie neu zu deuten. Diese aber sind vorwiegend rechtliche Begriffe. Vor allem der Begriff »R.« ist ein forensischer, d. h. ein dem Prozeßrecht entnommener Begriff. Seine ursprüngliche Bedeutung war nicht, wie in der neueren dt. Umgangssprache, »Entschuldigung«, »Verteidigung«, sondern »Urteilsspruch«, »Vollzug einer Rechtsnorm«. Wenn Paulus ihn benutzt (Röm 4,25; 5,18), so setzt er das Bild eines Gerichtsverfahrens voraus, in dem Gott als der Richter sein rechtsgültiges Urteil über den Menschen spricht. Während nach gängiger jüd. Überzeugung Gott in diesem Urteil unparteiisch feststellt, was an frommer Leistung und Gesetzeserfüllung auf seiten des Menschen vorhanden ist, um ihn daraufhin als Gerechten anzuerkennen oder nicht, bestreitet Paulus grundsätzlich die Möglichkeit einer vom Menschen beizubringenden → Gerechtigkeit. Denn der natürliche Mensch befindet sich in einem fundamentalen Widerspruch gegen Gott und seinen Willen; er ist ganz der Macht der → Sünde verfallen. Selbst wenn er einzelne Inhalte des → Gesetzes äußerlich erfüllt, tut er dies nicht, weil er Gottes heiligem Willen im Gesetz freudig zustimmte, sondern weil er durch eine Leistung sein Lebensrecht vor Gott erkaufen und so letztlich von Gott unabhängig werden will. So hat er vor Gottes Gesetz, das den ganzen, ungeteilten Gehorsam fordert, versagt, und die Folge ist, daß sich dieses Gesetz als Ankläger gegen ihn wendet und seine Verurteilung fordert. Gott müßte ihn darum verurteilen. Aber – und das ist nun die entscheidende Wendung – statt die vorhandene Ungerechtigkeit *festzustellen, stellt* er in seinem Rechtsverfahren die nicht vorhandene Gerechtigkeit des Menschen *her,* indem er ihn einbezieht in die Sphäre seiner heilvollen Gerechtigkeit. Gott rechtfertigt, indem er als barmherziger Richter den Sünder gerecht spricht und ihn zugleich gerecht macht. Gott tut dies um Jesu Christi willen, der durch seine Lebenshingabe für die Sünder eingetreten ist und, als der einzige Gehorsame, anstelle der Ungehorsamen am Kreuz den Fluch des anklagenden Gesetzes auf sich genommen hat (Gal 3,13). Spätestens hier zerbricht Paulus das Bild des Prozesses; denn der Richter ist zugleich der Schöpfer, der aus dem

Nichts der Ungerechtigkeit und Gottferne das neue Sein des gerechtfertigten Menschen entstehen läßt (2Kor 5,21).
Ist das neue Sein in diesem Sinne ganz Gottes Geschenk und Schöpfungstat, so ist die menschliche Leistung, das »Werk des Gesetzes« als Mittel des Heilserwerbs disqualifiziert. Es gilt, dem Heil ganz in der Haltung des bedingungslosen Empfangens zu begegnen, d. h. im → Glauben. Glaube ist dabei keineswegs als eine andere Form von Leistung verstanden, mit welcher der Mensch sich das Heil verdienen müßte, er ist vielmehr der äußerste denkbare Gegensatz zu aller Leistung, nämlich das Eingeständnis des totalen Angewiesenseins auf Gottes schenkendes Handeln (Röm 3,27). Glaube heißt, in der Weise Abrahams sich gegen die Evidenz des Sichtbaren und Vorweisbaren ganz auf die Macht des Schöpfers einlassen, »der die Toten lebendig macht und das Nicht-Seiende ins Dasein ruft« (Röm 4,17).
Die R.s-Lehre des Paulus hatte es wegen ihrer Radikalität schwer, sich in der Christenheit allgemein durchzusetzen. In den Ostkirchen spielte sie eine sehr geringe Rolle. Hingegen wurde sie in der lutherischen Reformation als Mitte des Evangeliums erkannt und herausgestellt, was zur Folge hatte, daß der konfessionelle Streit der Neuzeit weithin ein Streit um die R. war. Heute bahnt sich jedoch gerade an diesem Punkt eine Gemeinsamkeit des Verstehens zwischen ev. und kath. Christen an. R.

Lit.: P. Stuhlmacher, Gerechtigkeit Gottes bei Paulus, 1965; K. Kertelge, »R.« bei Paulus, 1967.

Rechts und links. Die rechte Seite gilt als glücklich, die linke als unglücklich (Pred 10,2); zur rechten Seite einer Person ist der Platz des Geehrten (z. B. Ps 110,1; Mt 25,33) und des Beschützers (Ps 73,23; Jes 63,12). Als → Himmelsrichtung bezeichnet »r.« den Süden und »l.« den Norden. S.

Rechtspflege → Gerichtsbarkeit in Israel.

Rechtssatzung → Recht.

Rechtsstreit → Gerichtsbarkeit in Israel.

Redaktionsgeschichte, die Untersuchung der Absichten und der schriftstellerischen Mittel, durch die Einzeltraditionen umgeformt (vgl. → Nachgeschichte) und zu neuen Einheiten zusammengefügt wurden. Dieser Prozeß erfolgte vielfach – vor allem bei zahlreichen Büchern des AT – etappenweise, als Werk verschiedener »Redaktoren«. Die R. stellt ein wichtiges Arbeitsfeld der → Exegese dar, weil nur mit ihrer Hilfe ein umfassendes Verstehen bibl. Aussagen möglich ist. (→ Bibelkritik, Bibelwissenschaft.) S.

Redegattungen und -stil. Zum Männerideal im AT gehört, »des Wortes mächtig zu sein« (1Sam 16,18). Eine wie große Rolle Reden spielen, zeigt sich bei vielen Erzählungen in den geschichtlichen Büchern, wo nicht durch Taten, sondern Gespräche die Handlung ausgelöst, vorwärtsgetrieben oder gewendet wird (schon 1Mose 3). Für → Priester, → Profeten und Menschen der → Weisheit ist eine rhetorische Erziehung vorauszusetzen, über deren Einzelheiten nichts mehr bekannt ist. Redekunst und Dichtung gehen oft ineinander über. Normalerweise redet der Israelit prosaisch, d. h. ohne → Parallelismus membrorum. Doch ein Überschreiten zu dichterischen Sätzen erfolgt häufiger als in unseren Kulturen. Auf dem Höhepunkt von Erzählungen wird oft ein Gedankenreim eingefügt (1Mose 2,23). Schon im Alltag sind → Fluch und → Segen wirksamer, wenn sie poetisch gefaßt werden (1Mose 27,27–29). Ein Klagegebet bringt der Laie prosaisch vor; besser ist es, wenn ein Sänger für ihn einen Klagepsalm vorträgt.
Wie Priester bei festlichen Anlässen zur Volksmenge geredet haben, wenn sie Daten der → Heilsgeschichte rezitierten, bei dem → Opfer eine deklaratorische Formel aussprachen oder eine → Tora über → »rein« und »unrein« kundtaten, wissen wir nicht. Ihr Vortrag des apodiktischen → Gesetzes geschah ursprünglich wohl in gehobener Sprache. Auch die vorexilischen Profeten haben ihre → Profezeiung und andere R.n als Gedichte vorgetragen. Jedes → Wort Gottes wird in gehobener, dichterischer Sprache laut. Ebenso sind Mahn- und Aussagesprüche der Weisen durchweg poetisch.
Ab der Zeit des → Exils werden jedoch prosaische R.n gebräuchlicher. Die jüngeren Profeten scheuen sich nicht, ihre Worte im alltäglichen Rhythmus niederzuschreiben, selbst Bittgebete durch Priester und Profeten am heiligen Ort (z. B. Esr 9; Neh 9) können auf poetische Fassung verzichten. Die → Apokalyptik verzichtet

fast ganz auf dichterischen Schmuck, selbst dort, wo sie Gottes Reden mitteilt. K.

Redenquelle → Evangelien.

Redner, in neutest. Zeit meist ein rhetorisch ausgebildeter Agitator, dessen man sich zur wirkungsvollen Vertretung eines Rechtsfalls vor Gericht zu bedienen pflegte. So wird in Apg 24,1–8 der Anwalt Tertullus, der die jüd. Anklage im Prozeß gegen Paulus vertrat, als »R.« bezeichnet. R.

Refaël, ein Türhüter am Tempel (1Chr 26,7). S.

Refaimtal → Jerusalem.

Refaiter → Rafaiter.

Refaja, ein Nachkomme des Königs Jojachin (1Chr 3,21) und andere Träger dieses Namens (z. B. Neh 3,9). S.

Refidim, Station auf der Wüstenwanderung Israels (z. B. 2Mose 17,1). S.

Reform des Kultes → Kultreformen.

Regel, bei Paulus meist Norm der apostolischen Lehre (z. B. Gal 6,16). In 2Kor 10,13–16 hat »R.« den Sinn von »Beurteilungsmaßstab«. R.

Regem. 1. Ein Kalebit (1Chr 2,47). **2.** R.-Melech, nach dem hebr. Text von Sach 7,2 ein Mann, der aus Bet-El zusammen mit Sarezer wegen einer Fastenfrage zu dem Profeten Sacharja gesandt wurde. Zahlreiche Ausleger ändern den Namen in einen Titel: »Rabmag des Königs«, womit ein Würdenträger am babylon. Hof bezeichnet würde. S.

Regen. Im wasserarmen → Palästina spielt der R. eine entscheidende Rolle. Die R.-Zeit – sie erstreckt sich über den Winter, und so ist dieser im AT, das kein eigenes Wort für »Winter« besitzt, »die Zeit des R.s« (Est 10,13) – beginnt dort mit dem Früh-R. (Mitte Oktober bis Mitte November); es folgt der kalte Winter-R. (Dezember bis Januar) und schließlich der Spät-R. (März und April). Der R. zur rechten Zeit ist Zeichen der Gnade Gottes (z. B. 3Mose 26,4; Jer 5,24; Jak 5,7), der ausbleibende R. Zeichen des Gerichts (Am 4,7f.; Offb 11,6). Andererseits kann der R., wenn er sintflutartig kommt, Gefahren mit sich bringen und daher Zeichen für den Zorn Gottes sein (z. B. Ez 13,11.13; 38, 22). S.

Regenbogen. Der R. gilt wegen seiner Farbenpracht als Kennzeichen der Herrlichkeit Gottes (Ez 1,28; Offb 4,3). Ursprünglich hielt man ihn für den Kriegsbogen der Gottheit; ein Nachklang davon ist wohl die Schilderung, daß Gott seinen Bogen, den R., auf die Wolken legt, um seines → Bundes, seines Friedenswillens, zu gedenken (1Mose 9,12–17). S.

Regium, Stadt in Kalabrien (Apg 28,13). R.

Regu, ein Vorfahr Abrahams (1Mose 11,18.20; Lk 3,35). S.

Reguël. 1. Ein Sohn Esaus (1Mose 36,4). **2.** Nach 2Mose 2,16–22 war R. – wie → Jitro – midianitischer Priester und Schwiegervater des Mose. S.

Reh → Tierwelt.

Rehabeam (926–910 v. Chr.), Sohn → Salomos und dessen Nachfolger als König über Juda, den Südteil des Reiches Salomos. Der Nordteil → Israel sagte sich von ihm los, weil er es ablehnte, die Lasten, die Salomo den Israeliten auferlegt hatte, zu erleichtern (1Kön 12,1–19). R. mußte dem Ägypterkönig Schischak, der auf einem Feldzug Jerusalem bedrohte, einen hohen Tribut zahlen (1 Kön 14,21–31). Nach 2Chr 11,5–12 sicherte R. sein Reich durch Festungsbauten. S.

Rehob. 1. Ort in Nordpalästina (z. B. Richt 1,31). **2.** Aramäerstaat (2Sam 10,8). **3.** Männername (Neh 10,12). S.

Rehobot. 1. Brunnenstätte bei Beerscheba (1Mose 26,22). **2.** Ort in Edom (1Mose 36,37). **3.** Stadt bei Ninive (1Mose 10,11). S.

Reich Gottes. 1. AT und Judentum – 2. Jesus – 3. Urchristentum.

1. Das → Königtum Gottes wird von Israel so weltförmig gedacht, daß sein Verhältnis zu menschlichen Herrschaftsinstitutionen als Problem empfunden wird. Die Erklärung dieser Spannung reicht von grundsätzlicher Ablehnung – wer ein israelit. Königtum bejaht, lehnt Jahwe als unsichtbaren König ab (1Sam 8) – bis zu weitgehender Identifizierung: Der davidische König sitzt auf dem Thron des R.es G. (1Chr 28,5 u. ö.). Der Untergang der Eigenstaatlichkeit und die Bedrückung und Ausbeutung durch fremde Großmächte seit dem 6. Jh. v. Chr. war von den → Profeten in ihrer Königskritik (z. B. Jes 7) als unausweichliche Folge entarteter israelit. Herrschaft bereits geweissagt worden. Doch die Ungerechtigkeiten der neuen Großkönige waren nicht geringer. Sie bewiesen, daß aller institutionalisierten menschlichen Herrschaft eine Quelle zum Machtmißbrauch und damit zum Bösen innewohnt. So erwachte die Hoffnung, daß Gott, der gegenwärtig hintergründig König der Welt ist, aber nur im Himmel offenkundig uneingeschränkt regiert, seine Königsherrschaft auf Erden eines Tages machtvoll durchsetzen wird. Deuterojesaja (→ Jesajabuch) kündet eine künftige Thronbesteigung Jahwes an, die Jerusalem und das Heilige Land von Grund auf erneuern wird (Jes 52,7–10). Spätere Stimmen verbinden damit die Hoffnung auf eine Umwertung aller Werte, ja auf kosmische Erschütterungen (Jes 24,18–23; Sach 14,6–21). Die → Apokalyptik schließlich verheißt die Ablösung der durchweg ungerechten Reiche dieser Erde durch ein Reich, das ewig besteht, in dem der → Menschensohn wirklich menschenwürdige Verfassung verbürgt. In seinem Reich aber setzt sich das bislang von Menschen nur gelegentlich wahrnehmbare R. G. für alle Menschen evident durch (Dan 7,13f.; vgl. 3,31; 4,34).

2. R. G. (griech. *basileia tu theu*) war der zentrale Schlüsselbegriff der Verkündigung Jesu. Er begegnet gleichermaßen häufig in allen Teilen der Jesus-Überlieferung sowie in allen Quellen der → synoptischen Evangelien (→ Synoptiker). Lediglich im Matthäusevangelium tritt an seine Stelle die bedeutungsgleiche Wendung »Reich der Himmel«; in ihr wird, jüd. Sprachgebrauch folgend, der Gottesname durch das Wort »Himmel« umschrieben. Jesus selbst dürfte diese Umschreibung jedoch kaum benutzt haben; sie scheint vielmehr vom Evangelisten zu stammen.

a) In einer Reihe von Jesusworten erscheint das R. G. ähnlich wie in der Apokalyptik als eine rein *zukünftige* Größe. Nach Mk 1,14f. begann Jesus seine öffentliche Verkündigung mit der Ankündigung: »Die Zeit ist erfüllt, das R. G. ist nahe herbeigekommen!« Hier ist eindeutig zeitliche Nähe gemeint. Das gleiche gilt von Mk 9,1: »Amen, ich sage euch, einige von denen, die hier stehen, werden den Tod nicht schmecken, ehe sie das R. G. kommen sehen werden mit Macht!« (Vgl. Mk 13,30; Lk 18,8.) Auch bei der Einsetzung des → Abendmahls kündigt Jesus im sog. »eschatologischen Wort« das R. G. als eine zukünftige Größe an (Mk 14,25).

b) Daneben stehen Äußerungen, die das R. G. als eine *gegenwärtige* Größe zu definieren scheinen. So sagt Jesus im Blick auf seine → Wunder: »Wenn ich aber durch den Finger Gottes die Dämonen austreibe, ist das R. G. schon zu euch gelangt« (Lk 11,20 par Mt 12,28; vgl. Lk 7,22 par Mt 11,4f.). Und ähnlich Lk 17,21: »Das R. G. ist mitten unter euch!«

c) Die Spannung zwischen beiden Aussagereihen läßt sich nicht auflösen, sie ist vielmehr für das Wesen der R.-G.-Verkündigung Jesu charakteristisch. Sicher hat Jesus eine zeitlich-geschichtliche Heilsvollendung im Sinne apokalyptischer → Naherwartung gelehrt. Der wesentliche Unterschied gegenüber der Apokalyptik besteht freilich darin, daß er keinen nachrechenbaren Zeitplan für den Ablauf der Endereignisse gibt. Das für die Apokalyptik charakteristische Rechnen mit Fristen wird von ihm abgelehnt (Lk 17,20f.; Mk 13,32). Andererseits scheiterten alle im Laufe der Theologiegeschichte unternommenen Versuche, das R. G. bei Jesus mystisch als Ort einer ungeschichtlichen Innerlichkeit oder idealistisch als durch menschliche Aktivität zu entfaltenden sittlichen Impuls zu interpretieren.

d) Beachtet man die Struktur der R.-G.-Aussagen Jesu, wie sie vor allem in seinen → Gleichnissen zutage tritt, so wird die Weise der Zuordnung von Gegenwart und Zukunft deutlich. Die Kontrastgleichnisse vom Senfkorn und Sauerteig (Mt 13,31–33) zeigen, wie ein denkbar unscheinbarer Anfang ein gewaltiges Endergebnis nach sich zieht. Auch das Gleichnis vom Säemann (Mk 4,1–9 par Mt 13,1–9; Lk 8,4–8) stellt einen nahezu hoffnungslos erscheinenden Beginn einem überwältigend großen Ende gegenüber. Beides steht zwar in einem naturhaft-wachstumsmäßigen Zusammenhang miteinander, so daß das Ende bereits im Anfang mit angelegt ist, aber

dieses Ende bleibt in der Zeit des Anfangs – die Jesus mit der Zeit seines eigenen Wirkens identifiziert – eben noch verborgen. Der Mensch kann das R. G. durch eigene Aktivität und Leistung nicht herbeizwingen; er kann es in der Gegenwart lediglich in seiner Verborgenheit entdecken und sich schenken lassen: Das besagen die Gleichnisse vom Schatz im Acker und von der kostbaren Perle (Mt 13,44–46). Allerdings darf die Konsequenz aus dieser Einsicht nicht eine distanzierte Zuschauerhaltung, ein bloßes Warten auf ein von außen kommendes Geschehen sein: Um des verborgenen »Schatzes« des R.es G. willen gilt es, jetzt schon alles andere daranzugeben. Es gilt, wie die Krisisgleichnisse (z. B. Lk 16,1–8) einschärfen, angesichts dessen, was jetzt schon in der Verkündigung der Botschaft vom R. G. geschieht, entschlossen alles auf eine Karte zu setzen und den radikalen Gehorsam zu wagen.
e) Die geheime Mitte des R.es G. ist, wie gerade die Gleichnisse deutlich machen, Jesus selbst. In seinem äußerlich unscheinbaren, von Erfolglosigkeit bedrohten Wirken begegnet den Menschen das R. G. Trotz seiner Verhülltheit ist es schon ganz da. Wenn Jesus zu Umkehr und Glauben aufruft, wenn er mit seinen Taten zeichenhaft Krankheit und Not beseitigt, so bahnt sich damit Gottes endzeitlicher Herrschaftsantritt über seine Geschöpfe an. Die umfassende sichtbare Vollendung des R.es G. bleibt zwar der Zukunft vorbehalten, aber von ihr ist nur ein quantitatives Mehr an Heil, nicht jedoch eine qualitative Andersartigkeit des Heils zu erwarten. Wenn ein Mensch sich der Botschaft Jesu öffnet, so wird er bereits jetzt und hier der neuen Welt Gottes teilhaftig. Wenn Jesus in den → Seligpreisungen (Mt 5,3–12) den Armen die Teilhabe am R. G. zuspricht, so ist dies nicht eine Vertröstung auf eine ferne Zukunft, sondern verbindliche Zusage, die den Menschen in eine jetzt schon beginnende, von Gott gesetzte und garantierte neue Wirklichkeit einbezieht.
3. Außerhalb der synoptischen Evangelien tritt der Begriff »R. G.« auffallend zurück. Das liegt daran, daß die nachösterliche Kirche das, was der vorösterliche Jesus mit dem R. G. angesprochen hatte, durch ihre Christologie zum Ausdruck brachte. An die Stelle der Botschaft vom R. G. trat nunmehr die Verkündigung von Jesus Christus als dem Bringer des Reiches. Bei Paulus (1Kor 6,9; 15,50; Gal 5,21; 1Thess 2,12) wird »R. G.« zum Terminus für die erwartete jenseitige Heilsvollendung. Das Johannesevangelium (Joh 3,3.5; 18,33–37) gebraucht »R. G.« stark spiritualisiert als Parallelbegriff zu → »Wahrheit« und → »Leben«. In den lukanischen Schriften hingegen ist »R. G.« eine stark formal gebrauchte Sammelbezeichnung für den Inhalt der urchristl. Verkündigung (Apg 14,22; 19,8; 20,25; 28,23.31). K. / R.

Lit.: Goppelt, Theologie I, 94–127; H. Merklein, Jesu Botschaft von der Gottesherrschaft, 1983.

Reichsaramäisch → Aramäisch.

Reichtum. Das AT neigt an sich zu einer positiven Beurteilung des R.s als einer lebenssteigernden Gabe Gottes (1Mose 49,25), mit der er die Gerechten belohnt. Es fehlt jedoch nicht an kritischen Stimmen. So geißeln die Profeten die satte Selbstzufriedenheit der Reichen, die keinen Blick für das Elend der Menschen haben, auf Kosten derer sie schmarotzen (Am 2,6f.; 5,11; Jes 5,23; vgl. Spr 28,8). Die → Weisheitsliteratur verweist auf verführerische Macht und Vergänglichkeit des R.s (Sir 13,1–14,15).
Diese kritische Linie setzt sich im NT fort. Es verurteilt R. zwar nicht pauschal, betont jedoch immer wieder die Gefahr, daß er zu eigenmächtigem, gottlosem Leben verleitet (Mk 10,23; Mt 6,19ff.). Besonders negativ sieht Lukas den R.: Er macht blind für die Not des Nächsten (Lk 16,19f.) und taub für den Anspruch Gottes (Lk 6,24; 12,20f.). R.

Reif, gefrorener Tau, in Ijob 38,29; Ps 147,16 unter den Wundern der Schöpfung genannt. S.

Reigen → Tanz.

Reiher → Tierwelt.

Rein und unrein, in der Bibel zugleich medizinisch-hygienische, kultische und sittliche Kategorien, wobei der jeweilige Schwerpunkt wechselt. Religionsgeschichtlich gehören die Begriffe »r.« und »u.« in die Nähe der Tabu-Vorstellung; der Kontakt mit Dingen, Lebewesen, Erscheinungen am menschlichen Körper, Krankheit und Tod kann den Menschen verunreinigen, d. h. zur Begegnung mit Gott unfähig machen.
Israel als Volk Gottes unterliegt der Forderung der Reinheit. Der Begriff »r.« kommt in die

Nähe von »heilig«. In frühen alttest. Texten bezieht sich »r.« und »u.« auf Hygiene- und Speisevorschriften (Richt 13,4; 2Sam 11,4). Bei den Profeten sind »r.« und »u.« umfassende religiös-sittliche Kategorien. Unrein macht vor allem der Kult fremder Götter (Hos 5,3; 6,10; oft bei Ezechiel, z. B. Ez 20,7). In der Exilzeit kann der Verfassungsentwurf Ez 40–48 Israels gesamte religiösen, aber auch politisch-sozialen Verfehlungen der Vergangenheit und die für die Zukunft geforderte radikale Veränderung unter die Kategorien »r.« und »u.« fassen.
Eine entscheidende Rolle spielen »r.« und »u.« in der → Priesterschrift. Eine Vielzahl von → Reinheitsgesetzen regeln die Vermeidung und Beseitigung der Unreinheit. Hier ist keine Reinheitskasuistik intendiert, sondern die ganzheitliche Erfassung der Bedingungen, unter denen sich Israel als heiliges Volk seinem heiligen Gott nahen kann (3Mose 19,2ff.). Doch enthalten die zahlreichen komplizierten Verordnungen (vgl. etwa die Differenzierung von reinen und unreinen Tieren in 3Mose 11) die Gefahr, zu rituellen Techniken verkürzt zu werden.
Im → Chronistischen Geschichtswerk dienen die Kategorien »r.« und »u.« der Absonderung von Fremdem (vgl. Esr 9f.). Dieser Aspekt bekam große Bedeutung in der Zeit der Abwehr hellenist. Überfremdung, gegen die das Judentum nur in heftigen Abwehrkämpfen seine Identität wahren konnte (→ Hasmonäer). Zur zentralen Kategorie wird die Reinheit auch in der Gemeinschaft von → Qumran. Sie lebt »in der Reinigung«. »Reinigung« bedeutet dabei die Tilgung der Sünde. Aus der besonderen Beachtung der Reinheitsvorschriften leitet sich auch die Sonderstellung der → Pharisäer her. Im → Talmud wurden schließlich die alttest. Vorschriften über r. und u. erweitert und kodifiziert. Für den gesetzestreuen Juden sind sie bis heute verbindlich.
→ Jesus kritisiert die Reinheitsvorschriften vor allem der Pharisäer (Mt 15,1–20; Mk 7,1–23), weil sie die alttest. Einheit von sittlicher und kultischer Reinheit auf den kultisch-rituellen Aspekt verkürzen. Aber die Kritik geht weiter. Allein das sittliche Tun entscheidet über r. und u. Unrein macht keine von außen kommende Speise (vgl. auch Apg 10,9ff.). Was den Menschen verunreinigt, sind vielmehr die von innen kommenden »bösen Gedanken, Unzüchtigkeiten, Diebereien, Mord, Ehebruch, Habgier, Bosheit, Hinterlist, Ausschweifung, böser Blick, Verleumdung, hochfahrendes Wesen, Dummheit« (Mk 7,21–23). Von hier aus sind für den Christen die einzelnen Vorschriften des AT über r. und u. außer Kraft gesetzt. J. E.

Reinheitsgesetze regeln die Vermeidung der Unreinheit oder die Wiedererlangung der Reinheit (→ Rein und unrein). Im engeren Sinne bezeichnet man als R. die Verordnungen von 3Mose 11–15, eine Sammlung priesterlichen Wissens, die in die → Priesterschrift eingefügt wurde. Es handelt sich dabei um Speisegesetze (Kap. 11), Verordnungen über Wöchnerinnen (Kap. 12), über Aussatz (Kap 13–14) und verschiedene Körperausflüsse (Kap. 15). (→ Reinigungswasser.) J. E.

Reinigung, in der Bibel nicht nur eine hygienische, sondern auch eine kultische Maßnahme, doch schließt kultische Reinheit die körperliche ein. Im AT finden wir etliche Verordnungen über Waschungen und R.s-Bäder, z. B. nach Krankheit, Ausfluß, Berührung mit Toten, aber auch vor kultischen Begehungen (3Mose 11,31f.; 14,51; 16,24). Eine R. geht im Judentum auch dem Gebet (vgl. Apg 16,13) und dem Essen (Mk 7,3f.) voran. Waschungen spielen eine wichtige Rolle in → Qumran. Jesus kritisiert, ja mißachtet R.s-Vorschriften, soweit sie äußerliche Riten sind (Mk 7,1–23 par Mt 15,1–20). (→ Rein und unrein.) J. E.

Reinigungswasser, im AT Mittel zur Entsühnung eines durch Berührung eines Toten unrein Gewordenen. Seine Herstellung aus Quellwasser und der Asche einer roten Kuh sowie anderer Stoffe schildert 4Mose 19. J. E.

Reisebericht, Bezeichnung des Mittelteils des → Lukasevangeliums (Lk 9,51–19,27), der Jesus auf der Reise von Galiläa nach Jerusalem zeigt. Diese »Reise«, deren geographische Stationen recht vage gehalten sind, dürfte jedoch nur kompositorisches Mittel des Lukas sein, um das Leiden in Jerusalem als Ziel des Weges Jesu zu kennzeichnen. Die Traditionen des R.s entstammen z. T. der → Logienquelle, weithin enthalten sie jedoch Material, zu dem keine synoptischen Parallelen vorliegen und das darum einer allein von Lukas benutzten Sonderüberlieferung entstammen dürfte. R.

Reiter wurden in Israel vor allem als Boten verwendet; im israelit. Heer gab es zwar von Pfer-

Assyrische Reiterdarstellung aus dem Palast Assurnasirpals II. in Kalchu/Kalach (9. Jh. v. Chr.)

den gezogene Streitwagen (→ Waffen), jedoch keine R. Voller Grauen erzählte man von den R.-Scharen ferner asiat. Völker (Jer 6,23). In profetischen Gesichten erscheinen R. als Gottesboten (Sach 1,8). Nach Offb 6,1–8 vollziehen sie das endzeitliche Strafgericht. R.

Rekem. 1. Stadt in Benjamin (Jos 18,27). **2.** Ein Midianiterfürst der Landnahmezeit (4Mose 31,8). **3.** Andere Träger dieses Namens (1Chr 2,43; 7,16). S.

Remalja, Vater des Königs Pekach von Israel (z. B. 2Kön 15,25). S.

Rempham/Remphan → Romfa.

Rephaim, Rephaiter → Rafaiter.

Reschef, kanaan. Gott der Pest und der Unterwelt. Sein Name ist verwandt mit dem hebr. Wort *räschäf,* das »Flamme« (Hld 8,6) und »Pest«, »Seuche« (Hab 3,5) bedeutet. S.

Reson, Befehlshaber im Heer des von David besiegten Königs Hadad-Eser von Zoba, machte sich nach → Davids Tod zum König in Damaskus (1Kön 11,23–25). S.

Rest, nach profanem Sprachgebrauch Israels diejenigen, die einer militärischen Katastrophe entronnen sind. In der Sprache der Profetie bilden den R. diejenigen, die nach dem Gericht Gottes übrig sein werden. Die Rede vom R. zeigt die Härte des Gerichts (Am 5,3), drückt aber auch die Gewißheit aus, daß Gott sein Volk nicht ganz vernichten wird. Zum R. zu gehören, setzt → Umkehr voraus (Zef 3,11). Nach dem Exil wird »R.« zur Selbstbezeichnung der der Katastrophe Entronnenen (Hag 2,2), im Judentum zur Bezeichnung der Frommen.
Jesus begnügte sich nicht damit, den R. Israels, die übriggebliebenen Frommen, zu sammeln, sondern sah sein Ziel in der Unterstellung ganz Israels unter die → Herrschaft Gottes (Mt 19,28). Die judenchristl. → Urgemeinde verstand sich jedoch gegenüber der Jesus ablehnenden Mehrheit ihrer Volksgenossen als heiliger R. (Röm 9,27; 11,4). Paulus hält demgegenüber daran fest, daß Gott in der Endzeit, nach der Bekehrung der Heiden, ganz Israel retten werde (Röm 11,25f.). (→ Mission.) J.E. / R.

Rettung, Herauslösung aus der lebenbedrohenden Sphäre des → Unheils. Die entsprechenden griech. und hebr. Begriffe für »herausreißen«, »losbinden«, »retten« werden vielfach im Deutschen mit → »Erlösung« bzw. »Erlöser« wiedergegeben, was leicht zu einem verengten, spiritualistischen Verständnis führt. Wenn aber im NT von der R. durch Gott die Rede ist, so hat dies stets eine leibliche Komponente. Entsprechendes gilt von den Aussagen über Christus als Retter (z. B. Apg 2,40; Röm 7,24; Gal 1,4). R.

Reue, der Schmerz, das Bedauern über etwas, das man getan oder unterlassen hat. Im AT bezeichnet das hebr. Wort für »bereuen« (*nicham*) überwiegend die R. Gottes, selten die des Menschen. So reut es Gott wegen der Verderbtheit der Menschen, daß er sie geschaffen (1Mose 6,6f.), und wegen Sauls Ungehorsam, daß er ihn zum König gemacht hat (1Sam 15,11); anderer-

seits kann es ihn eines »Unheils«, das er über Israel oder ein anderes Volk beschlossen hat, gereuen – aufgrund einer Fürbitte (2Mose 32,12.14; Am 7,3.6) oder wegen der Umkehr und Buße des Volkes (Jer 18,6; 26,3; Joel 2,13; Jon 3,9.10; 4,2). Neben den Aussagen von der R. Gottes steht die Bekräftigung, daß er eine konkrete Tat (Sach 8,14), Zusage (Ps 110,4) oder Drohung (Jer 4,28) und überhaupt sein endgültig ausgesprochenes Wort (4Mose 23,19; 1Sam 15,29) nicht bereut.
Die R. des Menschen kann sowohl furchtsame Wankelmütigkeit (2Mose 13,17) als auch die grundlegende Neuausrichtung auf Gott sein (Jer 8,6; 31,19; Ijob 42,6) und ist dann gleichbedeutend mit »Buße« – so übersetzt die Lutherbibel in Jer 31,19; Ijob 42,6 »Buße tun« statt »bereuen« – oder »Umkehr«. Wohl wegen dieses seines unklaren Charakters vermeidet das NT das Wort »R.«, wo es um die Kennzeichnung der durch Jesus und das Evangelium bewirkten Reaktion des Menschen geht: Es spricht statt dessen von Umkehr oder → Buße, d. h. von einer grundsätzlichen Veränderung der gesamten Lebensrichtung. S. / R.

Rezef, assyr. Stadt nördl. von Palmyra (2Kön 19,12). S.

Rezin, König von Damaskus, der sich im → syr.-efraimit. Krieg mit Israel gegen Juda verband (z.B. 2Kön 15,37). S.

Rhegion/Rhegium → Regium.

Rhode, Magd im Hause Marias, der Mutter des Johannes Markus (Apg 12,13). R.

Rhodos, ägäische Insel, auf der eines der 7 antiken Weltwunder, das kolossale Erzstandbild des Sonnengottes Helios, gestanden haben soll; von Paulus auf der 3. Missionsreise angelaufen (Apg 21,1). R.

Rhythmus → Dichtkunst.

Ribla, Ort am Orontes in Syrien, Hauptquartier des Pharaos Necho (2Kön 23,33) und des babylon. Königs Nebukadnezzar bei der Belagerung Jerusalems (2Kön 25,6.20f.). S.

Richter. In Israel lag das R.-Amt, die Rechtspflege – sowohl die Gesetzgebung als auch die Urteilsfindung –, in der Hand der → Ältesten, später auch des Königs und der von ihm eingesetzten Beamten (→ Gerichtsbarkeit). Außerdem nennt das AT aus der Frühzeit Israels die »R.« des → R.-Buches. Da sind einmal die sog. *Kleinen R.* (→ Tola, → Jair, → Ibzan, → Elon, → Abdon), von denen in einer knappen Listenüberlieferung (Richt 10,1–5; 12,7–15) gesagt wird, sie hätten »Israel gerichtet«, wobei an eine rechtsprechende Tätigkeit in einem begrenzten Gebiet zu denken ist. Daneben bestand ein militärisches Amt des charismatischen Heerführers, der als »Retter« galt; das sind im R.-Buch die sog. *Großen R.* (→ Otniël, → Ehud, → Schamgar, → Debora, → Gideon, → Jiftach, → Simson). Jiftach hatte sowohl das Amt des (Kleinen) R.s inne wie auch in einer militärischen Notsituation das eines Retters. Ebenso erscheint Debora als »R.in« (Richt 4,4) und Retterin aus Feindesnot. Der Endredaktor des R.-Buches faßte beide Gruppen als zwölf »R.« zusammen (Richt 2,16–19), indem er das von Debora, Jiftach und den »Kleinen R.n« ausgesagte »richten« im Sinne von »herrschen, befreien« verstand. S.

Richterbuch. Das R. erzählt in seinem Hauptteil (Richt 2,6–16,31) mehr oder weniger ausführlich von zwölf → »Richtern«, unter denen Ehud (Richt 3,12–30), Debora und Barak (Richt 4), Gideon (Richt 6–8) und Jiftach (Richt 10,6–12,6) bei der Abwehr auswärtiger Feinde sowie Simson (Richt 13–16) durch seine Krafttaten eine herausragende Rolle spielen. Dieser Hauptteil, der ferner das Deboralied (Richt 5) und zwei Listen der sog. »Kleinen Richter« (Richt 10,1–5;12,7–15) enthält, verdankt seine vorliegende Gestalt einer während des Exils oder danach erfolgten Bearbeitung (→ Deuteronomistisches Geschichtswerk), zu der u. a. das Vorwort (Richt 2,6–3,6) gehört. Diese Bearbeitung schildert die Richterzeit als eine Abfolge von Ungehorsam, Strafe und Rettung. Dem Hauptteil vorangestellt sind u. a. Notizen über Aktionen einzelner Stämme bei ihrer Landnahme und ein Verzeichnis der nicht eroberten Orte (Richt 1,1–2,5), und ihm folgen als Anhang zwei Erzählungen: Die erste handelt von der Entstehung des Heiligtums in → Dan (Richt 17–18), die zweite von einer Auseinandersetzung zwischen dem Stamm → Benjamin und den anderen Stämmen (Richt 19–21). S.

Lit.: H. W. Hertzberg, Die Bücher Josua, Richter, Ruth, [5]1974 (ATD 9).

Richtschnur → Meßschnur.

Richtstuhl → Thron.

Riegel, Holzbalken oder aus Eisen (Jes 45,2) oder Kupfer (1Kön 4,13) bestehende Stangen zum Verschluß von Stadttoren (z. B. Richt 16,3) und Haustüren. S.

Riese. Die Völker des Altertums stellten sich die Menschen der Vorzeit als besonders mächtig und darum in überragender Körpergröße vor. So erzählt das AT von einem vorzeitlichen R.n-Geschlecht, das durch die Verbindung von Engeln mit Menschenfrauen entstanden sei (1Mose 6,1–4), und als R.n dachte man sich die Urbevölkerung Palästinas, die → Rafaiter und die → Anakiter, ferner den Sagenheld → Simson. S.

Rimmon. 1. Hebr. Namensform für den akkad. Gott Ramman, der auch von den Aramäern – gewöhnlich unter dem Namen Hadad – verehrt wurde (2Kön 5,18). **2.** Name mehrerer Orte (von hebr. *rimmon* »Granatapfelbaum«), so R. in Sebulon (Jos 19,13); R. in Juda (Sach 14,10), sonst En-R. (z. B. Jos 15,32); der »Felsen R.« bei Bet-El (Richt 20,45); R.-Perez, eine Station auf der Wüstenwanderung Israels (4Mose 33,19). S.

Ring, ein → Schmuck, wurde von Frauen und Männern als Ohr- (2Mose 32,2; Richt 8,26), Arm- (1Mose 24,22; 2Sam 1,10) und Finger-R. (Jes 3,21) – dieser bei den Männern meistens als Siegel-R. (z. B. 1Mose 41,42) – und von Frauen auch als Nasen- (z. B. 1Mose 24,22) und Fuß-R. (Jes 3,18) getragen; abgesehen vom Finger-R., hatten die R.e wohl die Form einer gebogenen Spange.
Ferner verwendete man R.e zur Fesselung Gefangener (z. B. Jes 37, 29). S.

Ritual, kultisches. Kultbegehungen folgen meist einem uralten Muster, von dem bei Gefahr des Lebens nicht abgewichen werden darf. Im Alten Orient wird gelegentlich ihr Verlauf in R.en festgehalten, die mündlich oder schriftlich als Agende den Ablauf mit seinen unabänderlichen Elementen schildern (babylon. R.e: AOT, 295ff.; ANET, 331ff.). In Israel wurden Opfer- und Weiheakte in den Kreisen, aus denen die → Priesterschrift entstanden ist, in R.en festgehalten und dann mit der am Sinai offenbarten → Stiftshütte in 2Mose 25–40 verbunden. Andere R.e finden sich im → Deuteronomium und in Ez 43–46.
Im frühen Christentum erhielt der Bericht vom letzten Mahl Jesu (→ Abendmahl) schon bald die Form eines R.s, das auf den Nachvollzug im → Gottesdienst der Gemeinde abzielte (1Kor 11,23–27). (→ Kult.) K.

Ritus, Riten. R. ist eine menschliche Handlung, die weder nach arbeitstechnischen Regeln noch nach spielerischem Belieben abläuft, sondern nach altgeheiligtem Brauch, von dem abzuweichen als Frevel gilt. Im Altertum stellen außerhalb des bibl. Monotheismus schon alltägliche Tätigkeiten wie Feueranzünden, Waschen, Pflügen R. dar, die auf Mächte des → Polytheismus bezogen sind, erst recht natürlich Weihe- und Initiationsakte, aber auch Abwehraktionen (→ Apotropäische R.). Auch in Israel, das – verglichen mit seinen Nachbarn – erstaunlich unrituell lebt, bleibt auf vielen Gebieten das Leben durch R. geregelt, besonders beim → Sabbat und bei der Ernährung mit ihrer Betonung von → rein und unrein. Öffentliche, von gesellschaftlichen Gruppen begangene R., welche die Beziehung zur Welt der Gottheit meist ausdrücklich werden lassen, nennt man → Kult. Erst das Christentum hat, durch die R.-Kritik Jesu angeregt (»Nichts, was von außen in den Menschen kommt, kann ihn unrein machen«, Mk 7,15) und durch die für das NT herausgestellte Selbstverantwortung jedes Menschen gegenüber Gott, eine Notwendigkeit von R. für gelungenes Leben verneint und statt dessen ein Handeln in Glauben und Liebe gefordert. K.

Ritzen der Haut, Selbstverwundung, ein Trauerbrauch (z. B. Jer 16,6), ursprünglich wohl ein Opfer an den Toten oder ein Unheil abwehrendes Opfer, in 3Mose 19,28; 21,5; 5Mose 14,1 verboten; außerdem eine altertümliche Gebetssitte des Baalskultes (1Kön 18,28; Hos 7,14), mit der man die Aufmerksamkeit der Gottheit erregen wollte. S.

Rizinus → Pflanzenwelt.

Rizpa, Nebenfrau Sauls, dann Abners (2Sam 3,7), hielt ergreifende Totenwache an den Leichnamen ihrer Söhne (2Sam 21,8–14). S.

Rock → Kleidung.

Rohr → Pflanzenwelt.

Rohrdommel → Tierwelt.

Rom. Mit der Eroberung → Jerusalems durch Pompejus (63 v. Chr.) und dem Ende der Herrschaft der → Hasmonäer wurde Judäa ein Teil des → Römerreichs. Von dieser Zeit an gab es in der Hauptstadt eine stetig wachsende jüd. Kolonie, in der auch das Christentum schon sehr früh Eingang fand. Bereits der → Römerbrief (um 56) setzt die Existenz einer christl. Gemeinde in R. voraus.
Paulus wollte R. zur Ausgangsbasis seiner geplanten Spanienmission machen (Röm 15,24), kam jedoch nur als Gefangener in die Stadt (Apg 28) und scheint dort kurz vor oder in der neronischen Verfolgung das Martyrium erlitten zu haben. Nach 1Klem 5,7 starb auch → Petrus als Märtyrer in Rom, was durch 1Petr 5,13 (»Babylon« als Deckname für Rom) zumindest indirekt bestätigt wird. R.

Roman. Im Hellenismus erlebte die Literaturform des R.s – die breit angelegte Darstellung der wechselnden Schicksale eines Helden, mit Exotik, kriegerischen Abenteuern, Liebe, Historie und Religion als möglichen Zutaten – eine erste Blüte. Ein eindrucksvolles Beispiel ist → Josef und Asenat. Romanhafte Elemente enthalten die Paulus-Darstellung der Apostelgeschichte (z. B. die Schilderung von Seesturm und Schiffbruch in Kap. 27) sowie die apokryphen → Apostelakten. R.

Römer. 1. Einwohner der Stadt Rom (Apg 2,10; Überschrift des Römerbriefs). **2.** Inhaber des stadtröm. → Bürgerrechts. Dieses konnte von den Eltern (in besonderen Fällen auch nur vom Vater) geerbt werden; so war der kleinasiat. Jude Paulus R. (Apg 16,37f.). Es konnte aber auch an einzelne, ja sogar an ganze Städte (wie an die italische Militärkolonie Philippi, Apg 16,21) als Auszeichnung verliehen werden. **3.** Die röm. Weltmacht, ihre Administration und ihre Gerichte (Joh 11,48; → Römerreich). R.

Römerbrief, Schreiben des → Paulus an die christl. Gemeinde in → Rom, um 56 n. Chr. in Korinth entstanden. Der R. nimmt in mehrfacher Hinsicht eine Sonderstellung ein: Er ist der längste und am kunstvollsten gegliederte unter allen Paulusbriefen; er ist als einziger Paulusbrief an eine nicht von Paulus selbst gegründete, ihm bislang fremde Gemeinde gerichtet; damit dürfte zusammenhängen, daß sein Inhalt nur an wenigen Stellen (z. B. 14,1–15,13) durch die konkrete Situation der Empfänger bestimmt ist und weithin den Charakter eines theologischen Traktats hat, in dem Paulus wesentliche Gesichtspunkte aus seinen früheren Briefen (vor allem aus dem Galater- und dem 1. Korintherbrief) weiterführt und unter einem übergreifenden Leitgedanken verbindet, der in Röm 1,16f. in Form einer Themaangabe formuliert ist: Gottes Gerechtigkeit ist im Evangelium von Jesus Christus geoffenbart worden als das entscheidende endzeitliche Heilsgeschehen, das allen Menschen – Juden und Heiden – gilt und allein im Glauben seine Realisierung findet.
Der konkrete Anlaß für die Abfassung des R.s ergibt sich aus der Situation des Paulus und der von ihm betriebenen gesetzesfreien Heidenmission gegen Ende der 3. Missionsreise. Paulus sah sich in Kleinasien und Griechenland einer wachsenden Feindschaft von Juden und Judenchristen ausgesetzt, die ihn zwang, seinen bisherigen missionarischen Hauptstützpunkt Ephesus aufzugeben (Apg 20,3). Die geplante Reise nach Jerusalem zur Überbringung der Kollekte der heidenchristl. Gemeinden sollte zwar dem Versuch dienen, die Differenzen mit der Urgemeinde auszuräumen und die gefährdete Kirchengemeinschaft zwischen Juden- und Heidenchristen zu retten, doch hatte Paulus begründete Zweifel am Gelingen dieses Vorhabens (Röm 15, 25.30ff.). In dieser Situation wandte er sich nach Rom, um die dortige, vorwiegend heidenchristl. Gemeinde ganz auf seine Seite zu bringen und sie als neuen missionarischen Stützpunkt für die geplante Mission im Westen zu gewinnen (Röm 15,23f.). Er legt den röm. Christen zentrale Inhalte seiner Verkündigung dar, nicht nur um sich vor ihnen zu legitimieren, sondern um sie zur Klärung von in ihren eigenen Reihen noch kontroversen Fragen und damit zu einer rückhaltlosen Bejahung des gesetzesfreien Evangeliums als des ihnen geschenkten Heilsweges zu bringen.
Aufbau: Der *Eingangsteil* (Röm 1,1–17) besteht aus einem kunstvollen Präskript (Röm 1,1–7) und einer Danksagung mit Themaangabe (Röm 1,8–17). Der *1. Hauptteil* (Röm 1,18–8,39) be-

schreibt das Evangelium von der Gerechtigkeit Gottes als heilschaffende Kraft (Röm 1,18–4,25: das Evangelium von der Gerechtigkeit Gottes; Röm 5,1–8,39: die Gerechtigkeit Gottes schafft Heil). Im *2. Hauptteil* (Röm 9,1–11,36) wird in einem heilsgeschichtlichen Durchblick die Frage nach dem Schicksal Israels beantwortet: Gottes Gerechtigkeit ist seine Treue zu seiner Verheißung für sein Volk. Der *3. Hauptteil* (Röm 12,1–15,13) behandelt die ethischen Konsequenzen des Evangeliums (Röm 12,1–13,14: der Gehorsam der Christen als neuer Gottesdienst; Röm 14,1–15,13: das Zusammenleben der Starken und der Schwachen in der Gemeinde als konkretes Beispiel). Der *Briefschluß* (Röm 15,14–16,27) enthält Äußerungen über die Pläne des Paulus, Fürbitten und Grüße.

Vor allem in der Reformation gewann der R. eine erhebliche Wirkung. Luthers Vorlesung über den R. von 1515/16 war ein Meilenstein auf seinem theologischen Weg. Die erste evangelische Dogmatik, Philipp Melanchthons *Loci Communes* (1521), war eine Auslegung des R.s. Im 20. Jh. bildete der R.-Kommentar von Karl Barth (1919) den Ausgangspunkt der Dialektischen Theologie. R.

Lit.: M. Luther, Vorlesung über den R. (1515/16), übers. von E. Ellwein, [4]1957; K. Barth, Der R., [5]1926; W. G. Kümmel, Einleitung in das NT, [18]1976, 266–279; U. Wilckens, Der Brief an die Römer I–III, 1978–82; P. Stuhlmacher, Der Brief an die Römer, 1989.

Römerreich. Das R., das mit seiner politischen, militärischen, wirtschaftlichen und kulturellen Macht zwischen etwa 50 v. Chr. und 400 n. Chr. den gesamten Mittelmeerraum beherrschte, war das Ergebnis eines mehrere Jh.e dauernden Entwicklungsprozesses. Am Anfang stand der kleine, der Sage nach 753 v. Chr. gegründete röm. Stadtstaat, der zwischen 330 und 270 v. Chr. ganz Italien unter seine Herrschaft brachte. Die nächste Phase der Expansion galt dem westl. Mittelmeerraum. Karthago, die politische und wirtschaftliche Konkurrenzmacht, wurde durch die Punischen Kriege zurückgedrängt und schließlich unterworfen (264–146 v. Chr.). Spanien und Nordafrika wurden nunmehr dem R. eingegliedert. Im 2. Jh. v. Chr. begann Rom sich nach Osten zu wenden, zunächst allerdings nur zögernd, weniger dem eigenen imperialistischen Expansionsdrang folgend als durch bestimmte politische Konstellationen genötigt. Hier waren es die aus der Erbmasse des griech. Großreiches Alexanders d. Gr. hervorgegangenen Diadochenreiche (→ Griechenland), vor allem das mazedon. und das seleukid. Reich, durch die sich das R. bedroht fühlte. So kam es zunächst zu einer »Befreiung« Griechenlands von mazedon. Herrschaft (196 v. Chr.) und zu einem siegreichen Feldzug gegen den Seleukiden → Antiochus III. (191–188 v. Chr.), durch den → Kleinasien in den Herrschaftsbereich Roms gelangte. Als schließlich der König Attalus von Pergamon sein Reich den Römern vermachte (133 v. Chr.), wurde das westl. Kleinasien zur röm. Provinz Asien.

Obwohl das R. zwischen 133 und 31 v. Chr. durch innere Konflikte, die schließlich zum Zusammenbruch der republikanischen Staatsform führten, erschüttert wurde, machte seine Expansion im Osten in dieser Zeit weitere Fortschritte: So annektierte der Feldherr Pompejus 67–64 v. Chr. Syrien und Palästina und gründete die Provinz Syrien. Auch das östl. Kleinasien sowie Kreta und Zypern wurden gewonnen. Nachdem → Augustus zur Macht gekommen war, besiegte er Antonius und → Kleopatra und machte → Ägypten zur röm. Provinz (31 v. Chr.). Augustus beendete nicht nur die inneren Wirren, indem er alle Macht auf sich und seine Familie vereinigte und so zum Begründer des julischen Kaiserhauses wurde; er gab dem R. auch eine neue, straffe → Verwaltung, ließ die Verkehrswege ausbauen und förderte die innere Sicherheit. Die *Pax Romana,* der von Augustus programmatisch verkündete allgemeine innere Friede des R.s, setzte das Vorzeichen für einen beispiellosen wirtschaftlichen und kulturellen Aufschwung. Unter Augustus erstreckte sich das R. von Arabien im Osten bis nach Spanien im Westen, von Britannien und Germanien im Norden bis Marokko im Süden.

Von einer eigenen Kultur des R.s läßt sich nur bedingt sprechen. Seit der Expansion nach Osten im 2. Jh. v. Chr. waren nämlich im geistigen Leben griech. Einflüsse vorherrschend. Die griech. Sprache blieb nicht nur die allgemeine Verkehrssprache des Ostens, sondern setzte sich als Sprache der Gebildeten auch im Westen allgemein durch. Griech. Baukunst und Philosophie (Stoa) traten ihren Siegeszug durch das ganze R. an. Sogar die röm. Religion wurde weitgehend durch griech. Einflüsse umgeprägt.

Das Judentum hatte im R. die Möglichkeit freier religiöser Entfaltung. Es begegnete ihm deshalb zumindest in der → Diaspora in einer grundsätzlich loyalen Haltung, die auch vom werdenden Urchristentum geteilt wurde (Mk 12,17; Röm 13,1–7). Anders lagen die Dinge in Palästina, wo sich in nationalistischen Kreisen der Widerstand gegen die Römer bis zur Katastrophe von 70 n. Chr. zunehmend verstärkte. Als das Christentum im öffentlichen Bewußtsein des R.s als vom Judentum unabhängige eigenständige Religion in Erscheinung trat, zog es in den Kreisen der Herrschenden vielfach Abneigung auf sich, da man ihm, z. T. wegen seiner Ablehnung des Kaiserkults, subversive Neigungen unterschob. So kam es unter Nero (64) zur ersten Christenverfolgung. R.

Lit.: A. Heuss, Röm. Geschichte, [3]1971; K. Christ, Das röm. Weltreich. Aufstieg und Zerfall einer antiken Großmacht, 1973.

Romfa, (unklarer) Name einer von den Israeliten verehrten heidn. Gottheit (Apg 7,43). R.

Rompha(n) → Romfa.

Rose → Blumen.

Rosinenkuchen, aus getrockneten und zusammengepreßten Trauben, erwähnt das AT in zwei Arten: die eine diente als haltbarer Proviant (z. B. 1Sam 25,18), die andere (Luther meistens: »Traubenkuchen«) scheint Bestandteil kultischer Mahlzeiten (2Sam 6,19; Hos 3,1) und von erotisch anregender Wirkung (Hld 2,5) gewesen zu sein. S.

Rösten von Getreidekörnern, einfachste Zubereitung einer Mahlzeit (Rut 2,14; 1Sam 25,18; 2Sam 17,28); das R. im Feuer als Strafe für einen Menschen wird Jer 29,22 erwähnt. S.

Rot → Farben.

Rote Kuh → Reinigungswasser.

Rötel, ein Rotstift, mit dem der Handwerker die herauszuarbeitenden Umrisse kennzeichnete (Jes 44,13). S.

Rotes Meer, ein Nebenmeer des Indischen Ozeans, das in einen nordwestl. und einen nordöstl. Arm, den Golf von Akaba, ausläuft. Letzterer heißt im AT → Schilfmeer; das ganze R. M. erwähnt das AT nur in Jes 11,15 als »Meer von Ägypten«. S.

Ruben, einer der zwölf Stämme Israels. Nach der alttest. Überlieferung wohnte er zusammen mit dem Stamm Gad auf dem Bergland nordöstl. des Toten Meeres. Man vermutet, daß R. ursprünglich in Mittelpalästina gewohnt hat und von dort vertrieben wurde. – Als Ahnherr dieses Stammes gilt ein Sohn Jakobs und Leas mit Namen R. (1Mose 29,32), dem ein Vergehen mit einer Nebenfrau seines Vaters vorgeworfen wird (1Mose 35,22; 49,4). S.

Rufus (lat., »der Rothaarige«). **1.** Sohn des Simon von Zyrene, Bruder des Alexander (Mk 15,21). **2.** Röm. Christ (Röm 16,13). R.

Ruhe. Der mit »R.« übersetzte hebr. Ausdruck *m[e]nucha* bedeutet eigentlich den Inbegriff gelungenen Lebens. Er bezieht sich auf Personen, die auf angestammtem Boden ihren ausreichenden Lebensunterhalt finden, von Anfeindungen unbehelligt und in kultischer Verbindung mit ihrem Gott ihr Leben frei gestalten. »Sie wohnen, jeder unter seinem Weinstock und unter seinem Feigenbaum, und niemand stört sie auf« (Mich 4,4 u. ö.). »R.« meint also nicht ein Ausruhen, sondern stellt das israelit. Ideal von → Freiheit dar, das allein durch Einklang einer ökonomisch, sozial, politisch und kultisch konfliktfreien Existenz mit den Möglichkeiten der Selbstentfaltung gegeben ist. Israel als Ganzes findet im Gelobten Land seine R. (5Mose 12,9), die aber in Gefahr gerät, sobald die Verbindung zu Gott als Hort der R. abreißt (Ps 95,7ff.). R. von Arbeitszwang eröffnet der Sabbat, insbesondere für abhängige Menschen und Tiere (5Mose 5,14f.). Das → Sabbatjahr schenkt dem Boden R. vor den Menschen (3Mose 25). Aber selbst Gott, dessen R. am siebten Schöpfungstag grundlegend für alle menschliche und tierische R. fortan ist (1Mose 2,1–3), findet auf dieser Erde eine Stätte der R. und des zwanglosen Weilens unter Menschen am Tempel (Ps 132,8).

Im NT wird die R. zum eschatologischen Heilsgut. So wird Jesus unter Weiterentwicklung einer weisheitlichen Vorstellung (Sir 51,23–27) in Mt 11,29f. als Bringer von R. dargestellt; gemeint ist damit das endgültige gelungene Leben in der endzeitlichen Gottesgemeinschaft. Vom Bild der R. Israels nach dem Eingang in das Gelobte Land (Ps 95,11) ausgehend, spricht Hebr 3,7–4,11 von der R. des Gottesvolkes bei der zukünftigen Heilsvollendung. K. / R.

Ruhm, Rühmen. Das Rühmen Gottes und seiner großen Taten ist eines der zentralen Themen der Bibel. Bereits das AT warnt jedoch vielfach vor dem Selbst-R., d. h. dem Prahlen und Renommieren: Es gilt als Grundfehler des Toren und Gottlosen (Ps 52,3; 74,4; 94,3). Hieran anknüpfend, wird bei Paulus der Selbst-R. zum zentralen Kennzeichen des eigenmächtigen Lebensversuches, mit dem der Mensch sich gegen Gott und seine Gerechtigkeit behaupten möchte. Von Christus her wird aller R. jedoch ausgeschlossen (Röm 3,27); es bleibt nur das paradoxe Sich-Rühmen des Kreuzes Christi (Gal 6,14), d. h. das Vorweisen der menschlichen Schwäche und Armut, die in sich selbst nichts ist, deren sich aber der Gekreuzigte bedient, um seine Kraft in der Welt zu erweisen (2Kor 12,9f.). R.

Ruhr → Seuchen.

Rüsttag, Bezeichnung für den Vortag des Sabbats oder anderer Feste. Am R. des → Sabbats wurden z. B. die Sabbatspeisen bereitet und die Festkleider gewaschen. Am R. des → Pascha wurden die Lämmer geschlachtet und gebraten. Der Tag der Kreuzigung Jesu war nach Joh 19,14.31 zugleich R. des Sabbats und des Pascha, nach den Synoptikern nur R. des Sabbats (Mk 15,42; Mt 27,62; Lk 23,54). H. M.

Rüstung → Waffen.

Rut, Hauptgestalt des *Buches Rut.* Dieses erzählt, wie in der Richterzeit eine Frau namens Noomi mit ihrem Mann aus Betlehem nach Moab auswandert, wo ihre beiden Söhne Moabiterinnen – eine davon ist R. – heiraten. Nach dem Tode ihres Mannes und ihrer Söhne geht Noomi nach Betlehem zurück, R. begleitet sie und sorgt für sie und sich selbst durch Ährenlesen. Dabei begegnet ihr ein reicher Verwandter namens Boas, der ein → »Löser« der Familie Noomis ist und zugleich aufgrund des Gesetzes für eine Pflichtheirat mit der Witwe R. in Frage kommt (→ Leviratsehe). Boas ist gern bereit, R. zu heiraten. Aus ihrer Nachkommenschaft geht als Urenkel der König → David hervor.
Das Buch R., eine kunstvoll erzählte Novelle, schildert die helfende Führung Gottes, der alles zum guten Ende bringt. Vielleicht ist ihr Anlaß eine Tradition von Davids Herkunft aus Moab. S.

Lit.: G. Gerleman, Ruth/Hoheslied, 1965; H. W. Hertzberg, Die Bücher Josua, Richter, Ruth, [5]1974 (ATD 9).

Rute, Wiedergabe der bibl. Wörter für »Stab«, »Stock«, wenn diese als Strafwerkzeuge dienen (z. B. Ijob 9,34; Spr 10,13; Jes 10,5; 1Kor 4,21).

S

Saat, erfolgte in Palästina gewöhnlich als Winter-S. zwischen November und Dezember, nach dem Pflügen und vor Beginn der Regenzeit. Von der S. spricht die Bibel auch im übertragenen Sinne (z. B. für die Predigt, Mk 4,13–20), und mehrfach verwendet sie das Begriffspaar »S. und Ernte« für den Zusammenhang zwischen → Tat und Ergehen (z. B. Spr 22,8; Gal 6,7). (→ Akkerbau.) S.

Saba. 1. Land und Volk in Südarabien (vgl. 1Mose 10,28), das im AT vor allem wegen seines durch den Handel mit Gold und Weihrauch erworbenen Reichtums erwähnt wird (z. B. Jes 60,6; Jer 6,20; Ez 27,22). **2.** → Seba. S.

Sabbat. In vorexilischer Zeit wird der S. häufig neben dem Neumond genannt und bezeichnet wahrscheinlich ein Vollmondfest (wie das babylon. Wort *schabattu* schon im 17. Jh. v. Chr.). Am S. pflegte man zum Heiligtum zu wandern oder auch Profeten aufzusuchen und zu befragen. Unabhängig vom S. galt in dieser Zeit der siebte Tag als ein Tag der Ruhe von jeglicher Arbeit. Die älteste Angabe setzte dies vielleicht nur für die Zeit des Pflügens und Erntens, d. h. für sieben Wochen nach dem siebentägigen Mazzotfest im Frühling, wenn die Ernte in Palästina beginnt, und entsprechend nach dem siebentägigen Herbstfest zu Anfang der Regenzeit voraus, wenn die Feldarbeiten aufgenommen werden (2Mose 34,21; vgl. V. 18–23).

Aus nicht mehr durchsichtigen Gründen wurde nach der Zerstörung des Tempels und dem Aufhören des Kultes während des → Exils »S.« zum Namen für den siebten Tag. Um diese Zeit wurde die Siebenzahl überhaupt sehr eng mit dem Wesen des israelit. Gottes verbunden. Heiligung des Sabbats wurde dadurch neben Beschneidung und Enthaltung vom Blutgenuß zu einem Bekenntniszeichen ersten Ranges für Israel (2Mose 31,13–17). Israel aber gliederte sich damit einer verborgenen kosmischen Schöpfungsordnung ein (1Mose 2,1–3). Der Ablauf der Zeiten erfolgt nach göttlichem Plan von jeher derart, daß an jedem siebten Tag sich Gottes Heiligkeit und → Ruhe über seiner Schöpfung auswirkt. Wer sich dementsprechend verhält, gewinnt seinerseits Anteil an Heiligkeit und Ruhe. An jedem siebten Tag, erst recht in jedem siebten Jahr (→ S.-Jahr) und seinen Potenzen (49 = → Jobeljahr, → Siebzig), holt gleichsam der ganze Kosmos Atem. Eine der ersten Tabuisierungen in diesem Zusammenhang ist das Absehen von Holzsammeln, Feueranzünden (und Kochen) bei Todesstrafe (4Mose 15,32–35); auch Lasttragen (Jer 17,19ff.) und Reisen (Jes 58,13) entweihen den Sabbat.

Als die → Synagogen aufkamen, pflegte man sie am S. aufzusuchen. In spätisraelit. Zeit wurden die S.-Verbote so sehr vermehrt, daß der S. aus einer Wohltat für den Menschen zu einer schweren Last zu werden drohte. Ehelicher Verkehr war nicht erlaubt (Jub 50,8), Verteidigung am S. im Kriegsfall wurde zum schweren Problem (1Makk 2,37–41), ein Arzt durfte nur bei Todesgefahr eingreifen usw. Die → Essener gingen so weit, daß sie selbst die Verrichtung der Notdurft am S. untersagen.

Jesus hat in mehreren Fällen das S.-Gebot übertreten (Mk 2,23–28; 3,1–6; Lk 13,10–17; vgl. Joh 5,1–47) und dadurch in besonderem Maße die Feindschaft der Pharisäer auf sich gezogen (Mk 3,6). Diese Übertretungen waren keineswegs durch dringende Notfälle – für die das geltende Gesetz durchaus Ausnahmen zugestanden hätte – veranlaßt, sie hatten vielmehr den Charakter provokatorischer Demonstrationen (Lk 13,14), in denen modellhaft Jesu Kritik am Gesetzesverständnis seiner jüd. Zeitgenossen zum Ausdruck kam (→ Gesetz). Es ging ihm dabei nach allem, was sich erkennen läßt, nicht um die bloße Überwindung einer sich als lebensfeindlich und unvernünftig erweisenden S.-Gesetzgebung, sondern – weit grundsätzlicher – um die Freilegung des ursprünglichen Sinnes des S.s: Der S. war von Gott eingesetzt als Ausdruck seiner lebensfördernden, menschenfreundlichen Güte; ihn recht begehen, heißt dieser Güte Gottes Raum zu geben in der Welt (Mk 3,4), nicht jedoch in ängstlichem Perfektionismus auf die formale Einhaltung bestimmter äußerer Ordnungen zu achten. Insofern Jesus sich selbst als Vertreter der lebenschaffenden Güte Gottes über den S. stellte, waren seine S.-Übertretungen zugleich geheime Demonstrationen seiner Messianität (Mk 2,26ff.; Joh 5,17f.).

Das palästin. Judenchristentum hat die Freiheit Jesu gegenüber dem S. (wie überhaupt seine kritische Haltung gegenüber dem Gesetz) nicht durchhalten können, sondern den S. weiterhin gehalten. Hingegen wußte sich das Heidenchristentum von Anfang an nicht an den S. gebunden. Paulus setzte allen Versuchen, den S. in heidenchristl. Gemeinden neu einzuführen, entschiedenen und theologisch begründeten Widerstand entgegen (Gal 4,8–11; Kol 2,8–23). Bedeutsam ist vor allem, daß weder Juden- noch Heidenchristen den S. zum Gottesdiensttag machten; der Tag der christl. Mahlversammlung war nicht der siebte, sondern der erste Tag der Woche, der »Herrentag« (Offb 1,10), an dem man der → Auferstehung Jesu gedachte. Der → Sonntag galt in der Anfangszeit der Kirche nicht als Erbe und Fortsetzer des jüd. S.s. Später kam es zur Übertragung von Motiven der alttest. S.-Ordnung, u. a. der Forderung absoluter Arbeitsruhe, auf den Sonntag. K./R.

Lit.: W. Rordorf, S. und Sonntag in der alten Kirche, 1972.

Sabbatjahr, das letzte einer Reihe von sieben Jahren, in dem das Land weder bearbeitet noch abgeerntet werden durfte (3Mose 25,2–7). Parallel dazu enthält das AT die Bestimmung, daß in jedem siebten Jahr ein Schuldenerlaß zu erfolgen hat (5Mose 15,1–10) und dem »hebr.« Sklaven die Freiheit zu geben ist (2Mose 21,2–6; 5Mose 15,12–18); diese Bestimmung wird in 3Mose 25,8–54 abgewandelt, indem an die Stelle des S.s das → Jobeljahr tritt. S.

Sabbatweg, die am → Sabbat erlaubte Wegstrecke von etwa 900 m (Mt 24,20; Apg 1,12). R.

Sabdi, Männername des AT (Jos 7,1; 1Chr 8,19; 27,27; Neh 11,17 – 1Chr 9,15: *Sichri*). S.

Sacharja, Name mehrerer Gestalten des AT. **1.** Der bekannteste ist ein jud. Profet (vgl. → Berechja), der unter der Regierung des Perserkönigs Darius von 520 bis mindestens 518 v. Chr. wirkte und sich – ebenso wie der Profet Haggai – für den Wiederaufbau des 587/586 v. Chr. zerstörten Jerusalemer Tempels einsetzte. – An den Kommissar Serubbabel und den Hohenpriester Jeschua knüpfte er messianische Hoffnungen. Seine Verkündigung ist im → S.-Buch überliefert. **2.** → Secharja. S.

Sacharjabuch, profetisches Buch, dessen erster Teil (Kap. 1–8) Worte des → Sacharja enthält. Dieser Profet schildert nach einem einleitenden Mahnwort (Sach 1,1–6), wie er in acht Visionen (»Nachtgesichten«) den Anbruch der Heilszeit schaut (Sach 1,7–6,8), wie er dann beauftragt wird, für Serubbabel und Jeschua eine Krone anzufertigen (Sach 6,9–15), und eine Fastenfrage beantwortet (Sach 7,1–3; 8,18f.). In den letzteren Abschnitt sind – ebenso wie zwischen die Visionen – mehrere Einzelsprüche eingefügt, die vor allem das zukünftige Heil der Juden zum Gegenstand haben. Bei einigen dieser Sprüche ist die Verfasserschaft Sacharjas umstritten.
Den zweiten Teil des Buches bilden zwei Komplexe (Kap. 9–11 und 12–14) aus dem 4./3. Jh. v. Chr., deren unbekannte Verfasser man als »Deutero-« und »Trito-Sacharja« (»Zweiter« und »Dritter Sacharja«) bezeichnet. Hier wird u. a. der Untergang der Philister (Sach 9,1–8), die Rückkehr der Juden aus der Gefangenschaft und ihre Rache an den Feinden (Sach 9,11–17; 10,3–12), die Vernichtung des endzeitlichen Völkerheeres vor Jerusalem durch Jahwe (Sach 12,1–8; etwas anders 14,1–5), die Reinigung Jerusalems (Sach 13,1–6) und sein zukünftiges Glück (Sach 14,6–21) geweissagt. S.

Lit.: K. Elliger, Das Buch der zwölf Kleinen Propheten II, [7]1975 (ATD 25); A. Deissler, Zwölf Propheten III, 1988 (NEB).

Sack, grobes Tuch aus Ziegen- oder Kamelhaar (hebr. *sak;* darauf geht unser Wort »S.« zurück), diente als Behälter für Getreide (1Mose 42,25) und als Trauergewand, meistens in Form eines Lendenschurzes (z. B. Jer 48,37). S.

Sadduzäer, jüd. Religionspartei, die sich in der Mitte des 2. vorchristl. Jh.s konstituiert haben dürfte. Ihr gehörten die Priesteraristokratie und die Patrizierfamilien Jerusalems sowie der Landadel Judäas an. Bis zur Eroberung Jerusalems (70 n. Chr.) stellten sie die Mehrheit im → Hohen Rat. Dem hellenist. Kultureinfluß waren sie offen, in religiöser Hinsicht dagegen konservativ. Als religionsgesetzliche Autorität ließen sie nur die 5 → Mosebücher gelten; die »mündliche Tora« der → Pharisäer lehnten sie ab. Auch die Auferstehungshoffnung und die Annahme göttlicher Eingriffe in die Geschichte oder das Leben des einzelnen verneinten sie. Im Gegensatz zu den Pharisäern war ihre Glaubenshaltung rein innerweltlich. – In Mt 3,7; 16,1.11f. werden S. und Pharisäer als gemeinsame Gegner Jesu genannt. H. M.

Sadrach/Sedrach → Schadrach.

Safir → Edelsteine.

Safran → Pflanzenwelt.

Säge → Werkzeug.

Sage(n). Viele Zeitgenossen schockiert die Behauptung, daß sich in der Bibel S. finden, weil die Bibel nichts als Wahrheit vermitteln solle und eine S. Täuschung darstelle. Dahinter verbirgt sich jedoch eine theologisch unzutreffende Auffassung von bibl. Wahrheit und eine literaturwissenschaftlich falsche Einschätzung von S.

1. *Literaturgeschichtlicher Tatbestand.* Die in den Büchern 1. Mose bis 1. Samuel zusammengestellten Darstellungen der Vor- und Frühgeschichte Israels gehen auf zahlreiche, ehedem selbständige, mündlich (z. T. jahrhundertelang) überlieferte Erzählungen zurück, die ein Kapitel der dt. Bibel oder noch weniger umfassen. Diese Vorstufen lassen sich mit den Methoden der Überlieferungsgeschichte (→ Bibelkritik, Bibelwissenschaft) ausgrenzen. Fast durchweg zeigen sie eine vergleichbare Struktur mit Zweiheit der handelnden Personen (z. B. Kain und Abel, Saul und David), Aufbau und Lösung der Konflikte durch kurze Reden ebensosehr wie durch Taten, Höhepunkt am Ende (bisweilen poetisch) und nachfolgender kurzer Ausklang (etwa: Abraham kehrte nach Beerscheba zurück, 1Mose 22,19). Die Zeit des Geschehens bleibt unbestimmt (»Nach diesen Begebenheiten geschah es«), Orte sind dagegen genau angegeben und gehören in der Regel der Umwelt von Erzähler und Hörer an. Der Held vollbringt gelegentlich übermenschliche Leistungen, ohne daß dieses im Kontext außergewöhnlich wirkte (Mose läßt durch einen Stab das Meer auseinandertreten, 2Mose 14 u. ä.). Oft steht er nicht als individuelle historische Persönlichkeit im Mittelpunkt, sondern – insbesondere in den Vätersagen – als Groß-Ich, in dem sich wesentliche Erfahrungen seiner Nachkommen kristallisiert haben (die Abrahamgestalt läßt sich weithin als ein Kompendium der religiösen Erfahrungen Altisraels begreifen). Gott ruft durch Eingebung auf die Entschlüsse des Helden das Geschehen hervor. Daß er darüber hinaus mit Wundern eingreift, ist für den Zusammenhang der Erzählung »kein Wunder«; er erscheint nicht nur menschengestaltig vor Abraham (1Mose 18), sondern beschützt die schöne Sara im Harem des Pharao vor Harm usw. (1Mose 12,10ff.).

Solche Beobachtungen berechtigen dazu, da ein hebr. Begriff für solche Erzählungen nicht erhalten ist, von S. zu reden. Natürlich läßt sich der Begriff nur mit Einschränkung aus dem europ. Bereich auf den hebr. übertragen. Doch lassen sich gleiche Grundelemente nachweisen. Auch die Unterarten sind vergleichbar. Im dt. wie im alttest. S.-Gut lassen sich → Ätiologien von Helden-S. (diese insbesondere über David), ethnographische (wie Kanaan zum Knecht seiner Brudervölker wurde, 1Mose 9,20–27) von etymologischen S., die auffällige Begriffe erklären (wie Babel, 1Mose 11,9), unterscheiden. Die alttest. S., ursprünglich einzeln umlaufend, wurden oft nachträglich, aber lange vor der uns vorliegenden Verschriftung, zu S.-Kränzen zusammengestellt (Urgeschichte, Jakob/Esau, ägypt. Plagen, Josua erobert das Westjordanland usw.).

2. *Historischer und theologischer Wert.* Von den S. des AT ist keine einzige frei erfunden. Sie stammen in ihren frühen Stufen aus einer Zeit, in der die Geschichte nicht nur nachträglich sagenhaft überhöht, sondern von vornherein sagenhaft erlebt wurde. Einige S. in 1. Mose sind aus der Umwelt übernommen, wo sie als Mythen umliefen und durch Israel um seines einen Gottes willen zu S. reduziert wurden (Schöpfung, Sintflut). Sie werden dadurch zur Darstellung der Entstehung grundlegender Lebensverhältnisse, die von göttlichen Setzungen in der Urzeit und der Heilsgeschichte legitimiert werden (Sexualgemeinschaft von Mann und Frau, 1Mose 2,24; Zuverlässigkeit der Jahreszeiten als Basis für die Landwirtschaft, 1Mose 8,22). Von den Vätergeschichten ab nimmt der historische Kern in den S. immer mehr zu, er liefert dem modernen Forscher die Grundlagen für die Rekonstruktion der Geschichte → Israels in vorstaatlicher Zeit.

Für den Exegeten ebenso interessant ist jedoch das historische Gehäuse der S., d. h. die sich in den Texten implizit abzeichnende Religion der Erzähler. Ihnen geht es kaum je darum, bloß zu unterhalten. Auch wird im Unterschied zu europ. S. nicht der Ruhm der Vorväter in den Vordergrund gestellt. Vielmehr wird durch dichtende Preisung das göttliche Handeln in der → Heilsgeschichte in einer Weise transparent gemacht und zum Ansporn für Leben und Handeln, wie es ein nüchterner Geschichtsbericht nie vermöchte. Der religiöse Wert der S. in den ersten Büchern der Bibel ist deshalb erheblich größer als der der Geschichtserzählungen z. B. in den Königsbüchern. Zwar enthalten diese S. keine vordergründig auswertbaren Geschichtswahrheiten, doch sie sind zu Sprachgebärden für das Verhältnis des Menschen zu Gott geworden, die für christl. und jüd. religiöse Praxis immer unentbehrlich bleiben werden. K.

Lit.: K. Koch, Was ist Formgeschichte?, [3]1974, § 12.

Sakkur, Name mehrerer Personen des AT (z. B. 4Mose 13,4; 1Chr 24,27; 25,2). S.

Salamis, Hafenstadt auf Zypern, von Paulus auf der 1. Missionsreise besucht (Apg 13,5). R.

Salbe, Salböl. Grundsubstanz für S. war Olivenöl, dem je nach Verwendungszweck Aromastoffe oder Arzneimittel beigemischt wurden, so Myrrhe, Zimt und Kassia dem S. für die Kultgegenstände (2Mose 30,23f.). R.

Salbung. S. mit Öl, mit wohlriechenden Essenzen gemischt, wurde im Alten Orient zur Körperpflege, zu Heilzwecken, aber auch als Schönheitsmittel benutzt. Ein Israelit ist entzückt, wenn schönes Öl vom Salbkegel auf den Kopf über Haar und Bart herabrinnt bis zum Saum des Gewands (Ps 133,2). Den Gast ehrt man durch S. (Ps 23,5). Dagegen ist die anderwärts übliche Leichen-S. verpönt (Ausnahme 1Mose 50,2f.). Kultisch werden Heiligtümer und Personen auf Dauer durch S. geweiht. Eine besondere Art von S., für die hebr. ein anderes Wort verwendet wird (auch andere Substanzen?), geschieht bei Einsetzung eines Königs. Vom Profeten oder Priester gesalbt, ist er hinfort »der Gesalbte Jahwes«, d. h. der Messias (ursprünglich Titel jedes rechtmäßigen Königs). Er wird damit sakramental für den Empfang göttlichen → Geistes zubereitet und ein anderer Mensch (1Sam 10,1–7). Für gewöhnliche Menschen wird er unantastbar (1Sam 24,11). Nach dem Untergang des Königtums übertragen Kreise im → Exil mit anderen königlichen Emblemen auch die S. als Weiheakt auf den Hohenpriester (2Mose 29). Später wird sie auch auf die übrige Priesterschaft ausgedehnt.

Im NT wird mehrfach von S.en Jesu durch seine Anhänger berichtet (Mk 14,3–9 par Mt 26,6–13; Joh 12,1–8; Lk 7,36ff.). Es handelt sich dabei um Akte dankbarer Verehrung. Bei dem Versuch, den schon im Grabe liegenden Leichnam Jesu zu salben, finden Jesu Jüngerinnen am Ostermorgen das Grab leer (Mk 16,1 ff.). Hier handelt es sich nicht um einen noch nachzuholenden allgemeinen Bestattungsritus, sondern ebenfalls um einen Akt besonderer Huldigung, denn auch in neutest. Zeit wurde die Totensalbung nur in Ausnahmefällen vollzogen.
Wenn in 2Kor 1,21; 1Joh 2,20 die getauften Christen als »Gesalbte« bezeichnet werden, so handelt es sich um einen bildhaften Wortgebrauch, der den Geistempfang in der Taufe umschreibt. Der Brauch einer S. im Anschluß an die Taufe ist erst später entstanden. Hingegen wurde in judenchristl. Gemeinden bereits in neutest. Zeit eine sakramentale Krankensalbung mit Öl »im Namen des Herrn« (d. h. im Namen Jesu) durch die Gemeindeältesten geübt (Jak 5,14). Dabei handelt es sich wahrscheinlich um ein heilende Wirkung übertragendes Ritual; aus ihm entwickelte sich im Mittelalter – nicht ohne beträchtliche Sinnverschiebung – in der röm.-kath. Kirche das Sterbesakrament der »letzten Ölung«. K. / R.

Salem (hebr. *schalem*). **1.** Alte Bezeichnung für → Jerusalem (1Mose 14,18; Ps 76,3). **2.** Gott des vorisraelit. Jerusalem, nach dem diese Stadt benannt ist. In Ugarit repräsentieren Schalim die Abend- und sein Zwillingsbruder Schahar die Morgendämmerung. U. R.

Salim. Nach Joh 3,23 taufte → Johannes (3) der Täufer in → Änon bei S., das wahrscheinlich im nördl. Samarien, südl. von → Bet-Schean, lag. R.

Salisa → Schalischa.

Sallum → Schallum.

Salma → Salmon.

Salmanassar, Name mehrerer assyr. Könige (→ Babylonien und Assyrien); für das AT wichtig sind S. III. und S. V. **1.** S. III. (859–824 v. Chr.) festigte und erweiterte Assyrien. Ein Hauptziel, die Eroberung von Damaskus, gelang jedoch nicht. So hielt ihm eine Koalition syr.-palästin.

Fries vom »Schwarzen Obelisken« Salmanassars III. (Alabaster, um 829 v. Chr.). »Jehu, Sohn des Omri«, huldigt dem assyrischen König, während das Gefolge Jehus den Tribut entrichtet – laut Inschrift: »Silber, Gold, eine goldene Schale, einen goldenen Humpen, goldene Becher, goldene Krüge, einen Stab für einen König und einen hölzernen Gegenstand«

Könige, unter ihnen → Ahab von Israel, in der Schlacht bei Karkar (853 v. Chr.) stand. Ahabs Nachfolger → Jehu wurde jedoch S. III. tributpflichtig (841 v. Chr.; s. Abb.). **2.** S. V. (727–722 v. Chr.) schlug Aufstände in Syrien-Palästina nieder, darunter den des → Hoschea von Israel (2Kön 17,3 ff.). Darauf folgte die Eroberung Samarias und der Untergang des Nordreiches Israel im Jahre 722 v. Chr., wohl noch in der Regierungszeit S.s. V., vielleicht aber schon unter → Sargon II. J. E.

Salmon. 1. Ein Vorfahr Davids (Rut 4,20; Mt 1,4). **2.** Ein Kalebit (1Chr 2,51). S.

Salome. 1. S. Alexandra, Königin und Regentin von Judäa (76–67 v. Chr.). **2.** S., Stieftochter des → Herodes Antipas, forderte auf Anstiften ihrer Mutter Herodias die Enthauptung Johannes des Täufers (Mk 6,17–29; Mt 14,6; ihr Name wird allerdings an diesen Stellen nicht genannt). **3.** Jüngerin Jesu (Mk 15,40; 16,1), nach Joh 19,25 Schwester seiner Mutter. R.

Salomo (um 965–926 v. Chr.), Sohn → Davids und als dessen Nachfolger König über das von David geschaffene, aus dem Nordteil → Israel, dem Südteil → Juda und der Stadt → Jerusalem bestehende Reich. Gegen die Ansprüche seines älteren Halbbruders Adonija wurde er mit Hilfe seiner Mutter Batseba und seines Erziehers Natan von David als König eingesetzt (1Kön 1). Über S.s Regierung wird in 1Kön 2,12–11,43 berichtet. Es gelang S., den Bestand seines Reiches im wesentlichen zu sichern, indem er im Lande Festungsbauten errichtete (1Kön 9,15–19) und sich mit Dynastien des Auslandes – vor allem mit dem ägypt. Königshaus – und der unterworfenen Völker verschwägerte (z. B. 1Kön 11,1). Nur im Bereich von Damaskus und Edom gingen ihm durch Aufstandsbewegungen größere Gebiete verloren (1Kön 11,14–25).
Seine Haupttätigkeit entfaltete S. auf religiösem, kulturellem und wirtschaftlichem Gebiet. Er stattete Jerusalem mit einem prächtigen → Tempel und einem großen → Palast aus (1Kön 5,15–7,51) und pflegte ausgedehnte Handelsbeziehungen, vor allem mit der phöniz. Stadt Tyrus. Für seine eigene Handelsflotte baute er einen Hafen am Roten Meer (1Kön 9,26–28). Als Folge der internationalen Beziehungen spielte an S.s Hof die Beschäftigung mit der → Weisheit, in erster Linie naturkundlichen Fragen, eine bedeutsame Rolle (1Kön 5,9–14); die Erzählun-

gen vom »Salomonischen Urteil« (1Kön 3,16–28) und vom Besuch der Königin von Saba (1Kön 10,1–13) verherrlichen in sagenhafter Form S.s »Weisheit«. S.

Salomos Testament, christl. überarbeitete, ursprünglich jüd. Legendensammlung aus dem 3./4. Jh. n. Chr. Zentrales Thema ist die Macht, die der König Salomo kraft eines ihm vom Erzengel Michael übergebenen Zauberringes über die Dämonen gewinnt. R.
Text: Rießler, 1251–1268.

Salz, im AT als Zusatz zu Opfern wichtig (3Mose 2,13; 2Mose 30,35 u. ö.); im NT als bildlicher Ausdruck verwendet für den Einsatz der Jünger, die erhaltend auf die Welt wirken sollen (Mt 5,13), oder für ein treffendes Wort (Mk 9,49f.; Kol 4,6). H. M.

Salzmeer → Totes Meer.

Salzstadt, Ort in Juda (Jos 15,62). S.

Salztal, Tal südl. des Toten Meeres, wo David (2Sam 8,13) und später Amazja (2Kön 14,7) die Edomiter besiegten. S.

Samaria, Hauptstadt des Nordreiches → Israel. Die Stadt S. wurde um 875 v. Chr. von → Omri gegründet (1Kön 16,24). Zu der Anlage gehört der → Palast des Königs, später ein Tempel Baals (1Kön 16,32) und Jahwes. Dieses Heiligtum wird, da es kanaan. Religionsgut weit geöffnet ist, von profetischen Kreisen angegriffen (Hos 8,5; 10,5). Die luxuriöse Lebensweise führender Schichten von S. ist das Ziel der profetischen Sozialkritik. 722 v. Chr. wurde S. von den Assyrern erobert (→ Hoschea), und die Oberschicht der Stadt wurde deportiert (2Kön 17,5f.; 18,9ff.). Aufgrund der Sitte der Assyrer, ihre Provinzen nach der Hauptstadt zu benennen, wurde S. der Name der assyr., später auch der pers. und hellenist. → Provinz.
Als Sitz des pers. Statthalters und der Gegner Jerusalems war S. im nachexilischen Judentum ein Zentrum der → Samaritaner und für die Judäer ein Ärgernis (Esr 4,6ff.; Neh 4,2). → Alexander d. Gr. vertrieb nach einem Aufstand die Bewohner S.s, die sich in → Sichem ansiedelten. S. wurde zu einer hellenist. Veteranenkolonie. → Herodes baute in röm. Zeit S. großartig aus und benannte es zu Ehren seines kaiserlichen Gönners Augustus als *Sebaste.* In neutest. Zeit wirkten in S. → Philippus, → Petrus, auch → Simon (9) Magus (Apg 8,5,9,14). U. R. / O.

Samaritaner, Bewohner der Landschaft Samaria im westl. Mittelpalästina. Dort waren, nach der Einnahme der Stadt → Samaria durch die Assyrer (722 v. Chr.), von den Eroberern fremde Bevölkerungsteile angesiedelt worden, weshalb die S. von den übrigen Juden als kultisch unreines Mischvolk angesehen wurden. So nahmen die S. eine Sonderentwicklung. Sie errichteten auf dem Berg → Garizim einen eigenen Tempel. Als Heilige Schrift anerkannten sie nur die 5 Mosebücher. Ihre Messiaserwartung richtete sich auf einen »Profeten wie Moses« (5Mose 18,15ff.). Während in Mt 10,5f. ein (wohl judenchristl.) Wort ganz im Sinne der traditionellen Ablehnung der S. überliefert ist, zeigen Lk 10,30ff.; 17,11ff., Apg 1,8; 8,1ff.; 9,31 und Joh 4,4ff. eine positive Sicht. H. M.

Same, in der Bibel meist für »Nachwuchs«, »Nachkommenschaft« – so etwa beim »S.n Abrahams« (z. B. 1Mose 21,12; Lk 1,55) – und kann daher auch die Nachkommen Evas und der Schlange (1Mose 3,15), die »Brut der Bösewichter« oder die »Kinder der Lüge« (Jes 57,4) bezeichnen. S.

Samgar → Schamgar.

Samir → Schamir.

Samma → Schamma.

Sammai → Schammai.

Sammlung → Kollekte.

Sammua → Schammua.

Samos, ägäische Insel, Ephesus vorgelagert (Apg 20,15). R.

Samothrake, ägäische Insel (Apg 16,11). R.

Samuel. 1. Gestalt der Geschichte des Volkes Israel an der Wende von der Richter- zur Königszeit (11. Jh. v. Chr.). Nach der alttest. Darstellung ist S. ein Sohn Elkanas und seiner Frau Hanna, die den S. bei dem Priester Eli in → Schilo aufwachsen läßt (1Sam 1–2). Dort wird S. von Gott zum Profeten berufen (1Sam 3). Später

hat er das Amt eines Priesters und des → Richters über Israel inne; während seiner Amtszeit gelingt den Israeliten ein großer Sieg über die Philister (1Sam 7). Die Bitte des Volkes, einen König einzusetzen, lehnt S. in einer längeren Rede ab, doch Gott befiehlt ihm, dem Volk einen König zu geben (1Sam 8). In der anschließenden Erzählung ist S. ein wahrsagender »Gottesmann«; er salbt den jungen → Saul, der auf der Suche nach verlorenen Eselinnen zu ihm kommt, heimlich zum »Fürsten« über Israel (1Sam 9,1–10,16). Dann beruft er das Volk nach Mizpa und läßt Saul zum König wählen (1Sam 10,17–27). Nach Sauls Sieg über die Ammoniter fordert er das Volk auf, Saul als König zu bestätigen, und dieser wird in Gilgal zum König ausgerufen (1Sam 11). S. hält dem Volk eine Abschiedsrede, worin er es zum Gehorsam gegenüber Gott ermahnt (1Sam 12). Danach gerät er zweimal mit Saul in Konflikt, weil Saul seine Anweisungen nicht befolgt (1Sam 13; 15), was ihn veranlaßt, den jungen David zum zukünftigen König zu salben (1Sam 16,1–13). Später kommt David auf der Flucht vor Saul zu S., der jetzt Vorsteher einer ekstatischen Profetengruppe ist (1Sam 19,18–24). S. wird nach seinem Tode in seiner Heimatstadt Rama begraben (1Sam 28,3).
Diese Darstellung setzt sich aus Texten zusammen, die an verschiedenen Orten, zu verschiedenen Zeiten und mit unterschiedlicher Absicht verfaßt worden sind. Ein deutliches Bild des historischen S. liefern sie nicht, denn dieser kann unmöglich alle hier auf ihn vereinigten Ämter ausgeübt haben. Vielleicht war er als Richter tätig. Historisch zutreffend dürfte sein, daß er mit Saul in einen Konflikt geriet, dessen wahre Gründe für uns allerdings nicht mehr erkennbar sind.
2. → Schemuël. S.

Samuelbücher. Die beiden S. erzählen von → Samuels Jugend und erster Wirksamkeit (1Sam 1–7), von Samuel und Saul (Kap. 8–15), von Saul und David als Rivalen (Kap. 16–31), von Davids Regierungsantritt und Herrschaft (2Sam 1–8), von Auseinandersetzungen im Hause Davids (Kap. 9–20); dieser letzte Abschnitt, dem ein Anhang mit Stücken verschiedener Herkunft über David und seine »Helden« zugefügt worden ist (Kap. 21–24), findet seine Fortsetzung in 1Kön 1–2.
Die jüd. Tradition, wonach die S. von Samuel allein oder von ihm, Gad und Natan (nach 1Chr 29,29) stammen, wurde durch die wissenschaftliche Erforschung der S. widerlegt. Zahlreiche Widersprüche und Doppelungen (z. B. gibt es über die Königswahl Sauls in 1Sam 9,1–10,16; 11 eine königsfreundliche und in 1Sam 8; 10,17–27; 12 eine königsfeindliche Tradition; auf zwei verschiedene Weisen wird in 1Sam 16,14–18,5 Davids Kommen zu Saul und in 1Sam 24 und 26 sein Zusammentreffen mit Saul in der Wüste erzählt) zeigen, daß die S. in einem längeren, allerdings nicht mehr restlos durchschaubaren Wachstumsprozeß entstanden sind, bei dem Einzelüberlieferungen – hauptsächlich aus der Umgebung Sauls und Davids im Heer und am Hof, aus dem Bereich des Kultes und aus frühprofetischen Kreisen – und Traditionskomplexe stufenweise zusammengefügt wurden. So heben sich die – in ihrer Urform wohl gegen das Davidhaus gerichtete – »Geschichte von der Thronfolge Davids« (2Sam 9–20, vgl. mit 1Kön 1–2), die → Ladeerzählung (1Sam 4–6; 2Sam 6), ferner der Bericht von Davids Aufstieg (1Sam 16,14 – 2Sam 5; 8), der eine Komposition verschiedenartiger Überlieferungselemente darstellt, als ursprünglich selbständige Einheiten heraus, daneben die Jugendgeschichte Samuels (1Sam 1–3), einzelne Saul-Traditionen (1Sam 9–11; 13–15) und die → Natanweissagung (2Sam 7). Wahrscheinlich hat ein während des Exils oder danach wirkender Bearbeiter (oder eine Bearbeitergruppe) diese Überlieferungseinheiten miteinander verbunden und zugleich einige das Geschehen theologisch deutende Reflexionen eingeschaltet, vor allem 1Sam 12; vgl. ferner 1Sam 2,27–36; 8 (→ Deuteronomistisches Geschichtswerk). S.

Lit.: H. W. Hertzberg, Die S., [5]1973 (ATD 10); F. Stolz, Das erste und zweite Buch Samuel, 1981 (ZBKAT 9).

Sanballat, pers. Statthalter der Provinz Samaria zur Zeit Nehemias, stand diesem und seinem Werk, dem Wiederaufbau → Jerusalems, feindlich gegenüber. – Durch neue Papyrusfunde sind zwei weitere pers. Statthalter Samarias mit dem Namen S. aus dem 4. Jh. v. Chr. bekannt geworden. S.

Sand. Der S. – vor allem der S. am Ufer des Meeres – ist in der Bibel Inbegriff unermeßlicher

Menge (z. B. Nachkommen, 1Mose 22,17) und kann so auch als Bild für Schweres gebraucht werden (Ijob 6,3; Spr 27,3). S.

Sandale → Schuhwerk.

Sandelholz → Pflanzenwelt.

Sanhedrin → Hoher Rat.

Sanherib (705–681 v. Chr.), König von Assyrien. Seine Regierungszeit war gekennzeichnet durch ständige Kriege, vor allem in Babylonien und Elam. In Syrien-Palästina erneuerte er in grausamen Feldzügen die assyr. Macht. 701 v. Chr. zerstörte er einen großen Teil Judas, machte → Hiskija tributpflichtig und belagerte → Jerusalem, ohne es aber zu erobern. Die als wunderbar empfundene Rettung der Stadt berichtet 2Kön 18f.; Jes 36f. Unter S. wurde Ninive zur prachtvollen Residenz ausgebaut. 681 wurde S. (unter Beteiligung seines Sohnes → Asarhaddon?) ermordet. J. E.

Saphan → Schafan.

Saphat → Schafat.

Saphira (aram. *schappira* »die Schöne«), Frau des → Hananias (Apg 5,1). R.

Sara, die Frau → Abrahams. Wegen ihrer Kinderlosigkeit gibt sie ihm die Hagar zur Frau und begegnet wegen ihres hohen Alters der göttlichen Verheißung eines eigenen Sohnes mit Skepsis, wird aber Mutter → Isaaks. Sie stirbt in → Hebron und wird in der Höhle → Machpela begraben. Hier wird noch heute ihr Grab gezeigt. – Im NT erscheint S. als Vorbild des Glaubens (Hebr 11,11) und der Gattentreue (1Petr 3,6). S.

Sardes, Stadt in der Provinz → Asien, 80 km östl. von Smyrna. An die geistlich erschlaffte christl. Gemeinde von S. richtet sich eines der 7 Sendschreiben der Offenbarung (Offb 3,1–5). R.

Sarepta, phöniz. Stadt zwischen Tyrus und Sidon, wo Elija einer Witwe half (1Kön 17,9f.; Lk 4,26). S.

Sarezer (babylon.). **1.** Nach 2Kön 19,37 ein Sohn des → Sanherib. **2.** Nach Sach 7,2 Name eines Mannes, den die Stadt Bet-El mit Regem-Melech zum Profeten Sacharja sandte; die meisten Ausleger ändern aber den Text wie folgt: »Da sandte Bet-El-S., der Rabmag des Königs . . .« S.

Sarg. Die Toten wurden in Palästina gewöhnlich ohne S. bestattet (2Sam 3,31). Nach Ausweis der Archäologie benutzte man nur vereinzelt – zunächst unter ägypt., später hellenist.-röm. Einfluß – Särge aus Holz, Ton, Stein und Blei. Der einzige in der Bibel erwähnte S. war vermutlich ein hölzerner Mumien-Kasten (1Mose 50,26). S.

Sargon, Name mehrerer mesopotam. Herrscher, unter ihnen S. I. von Akkad (2340–2284 v. Chr.), der Begründer des ersten semit. Großreichs (s. Abb. S. 440; → Babylonien und Assyrien). Unter S. II. von Assyrien (722–705 v. Chr.) erreichte die assyr. Macht einen Höhepunkt. Er führte erfolgreiche Kriege gegen Ägypter und Urartäer, vor allem aber in Syrien. Er war der König der Deportation nach dem Fall → Samarias (722 v. Chr.), die das Nordreich Israel endgültig vernichtete. J. E.

Sarkophag → Sarg.

Saron → Scharon.

Satan, ursprünglich Bezeichnung für einen Widersacher oder Feind (1Sam 29,4; 1Kön 5,18 u. ö.). Schon früh, möglicherweise bereits in vorexilischer Zeit, findet sich die Vorstellung, daß ein solcher »Feind« der Menschen als Angehöriger des Hofstaates Jahwes existiere (Ijob 1–2; Sach 3,1f.). Hatte das vorexilische Judentum Gott als Verführer zur Sünde denken können (2Sam 24,1), so wird dies nachexilisch dem S. zugeschrieben (1Chr 21,1). Aber erst in den alttest. Apokryphen wird unter dem Einfluß dualistischen Denkens der S. zur Verkörperung des Bösen und zum selbständigen Widerpart Gottes, der die Heilsabsichten Gottes zu durchkreuzen sucht. S. oder Mastema oder → Belial oder → Beelzebub oder Sammael ist das Haupt der → Dämonen; mit ihnen liegt der Erzengel Michael samt seinen Engeln im Streit.

Das NT setzt diese keineswegs systematisch zusammengefaßten Vorstellungen voraus. Der S. (griech. *diabolos* »Verleumder«, »Feind«, davon

Sargon I. von Akkad. Bronzekopf aus Ninive (um 2290 v. Chr.)

dt. »Teufel«) ist Gegenspieler Jesu (Mk 1,13; Mt 4,1–10), wird aber abgewiesen und seiner Macht beraubt (Mk 3,22f.; Lk 11,20); der Verrat des Judas ist durch ihn veranlaßt (Lk 22,3; Joh 13,27). Bis zum Einbruch des neuen Äons hat der S. noch eine »kurze Zeit« (Offb 12,12). Er will das Missionswerk hindern und veranlaßt die Verfolgung der Gemeinde (1Thess 2,18; 1Petr 5,8f.; Offb 2,9f.; 12,13ff.). Aber der S. wird auch als Vollstrecker des göttlichen Gerichts verstanden (1Kor 5,5; 1Tim 1,20). Der Christ soll den Anschlägen S.s mit Hilfe der göttlichen Waffenrüstung widerstehen (Eph 6,11ff.). H. M.

Satrap, Titel der pers. Provinzstatthalter, die in den von → Darius geschaffenen Provinzen (Satrapien) die oberste administrative, richterliche und militärische Gewalt innehatten. Die Bibel erwähnt → Tattenai, den S. der Satrapie → Transeufrat (Esr 5,3). S.

Satzung → Recht.

Sauermilch → Butter.

Sauerteig, gärender Teig, der dem Brotteig beigemischt wird, um sein Aufgehen zu bewirken. Während des siebentägigen Mazzotfestes, das dem → Pascha verbunden war, wurde nur ungesäuertes Brot gegessen; vorher mußte der S. aus dem Haus geschafft werden (2Mose 12,18ff.). Von daher ist S. im NT Symbol des durch Jesu Kommen überwundenen alten Wesens (1Kor 5,6ff.; Mk 8,15 par). Dagegen deutet das Gleichnis Mt 13,33 par den S. positiv von seiner alles durchdringenden Kraft her als Symbol der Gottesherrschaft. R.

Saul. 1. Der erste König Israels (um 1000 v. Chr.), aus dem Ort Gibea in Benjamin. Über ihn berichtet das AT in 1Sam 9–31 folgendes: Auf der Suche nach den verlorenen Eselinnen seines Vaters wurde S. heimlich von Samuel zum »Fürsten« über Israel gesalbt (1Sam 9,1–10,16), dann in Mizpa durch das Los zum König bestimmt und vom »ganzen Volk« anerkannt (1Sam 10,17–27). Nachdem er sich durch den Sieg über die Ammoniter bei Jabesch als geistbegabter Heerführer erwiesen hatte, bestätigte das »ganze Volk« in Gilgal seine Königswahl (1Sam 11). Es gelang ihm, die Philister aus dem Gebiet Israels zu verdrängen (1Sam 13–14) und die Amalekiter zu besiegen (1Sam 15). Aber weil er dabei den Anweisungen Samuels nicht gehorchte, wandte sich dieser von ihm ab. Zu diesem Zerwürfnis kam bald die erbitterte Rivalität zu seinem jungen Gefolgsmann David (1Sam 16,14–18,9), wobei S., mehrfach in Raserei verfallend, David zu töten suchte (1Sam 18,10–19,17), dann die Priesterschaft des Ortes Nob wegen ihrer Hilfeleistung für David (1Sam 21,1–10) umbrachte (1Sam 22,6–23) und schließlich David ergebnislos verfolgte (1Sam 23,14–24,23; 26). Aus Furcht vor den Rüstungen der Philister suchte S. eine Totenbeschwörerin auf, bei der ihm der Geist Samuels eine Niederlage ankündigte (1Sam 28). So kam es auch: S.s Heer wurde von den Philistern in die Flucht geschlagen, und er gab sich selbst den Tod (1Sam 31).

Diese Darstellung, in der auf weite Strecken nicht die Gestalt S.s, sondern die Davids im Vordergrund steht, ist zum großen Teil sagen- und anekdotenhafter Art und liefert somit nur ein undeutliches Bild von S.s Person und Wirksamkeit. Sie läßt aber erkennen, daß S., der sicherlich allein aufgrund des Sieges über die Ammoniter zum König gewählt wurde und dessen Hauptaufgabe die Abwehr der Philister war, zwar Einzelaktionen gegen die Philister unternehmen konnte, aber in der Feldschlacht gegen sie scheitern mußte. Denn ihm stand nicht ein organisierter Staat, sondern lediglich das jeweils im Kriegsfall einberufene Heerbannaufgebot der nord- und mittelpalästin. Stämme zur Verfügung. Neben der Abwehr der Philister war es – wie sich aus 2Sam 4,3 und 21,1 ergibt – S.s Ziel, die kanaan. Landesbewohner zu vertreiben. Ferner ist die Darstellung über S. darin glaubhaft, daß er von schwermütig-depressivem Charakter war. Die Priesterschaft von Nob rottete S. wahrscheinlich deshalb aus, weil er befürchtete, sein Konkurrent David könnte durch sie eine kultische Legitimation erhalten. Nicht mehr greifbar sind die wahren Motive für das Zerwürfnis mit Samuel.

2. → Schaul. S.

Lit.: Herrmann, GI, 169–184; Donner, GI, 169–185.

Säule, meist ein tragendes architektonisches Element bei Privathäusern und öffentlichen Gebäuden. Die S. war meist aus Holz und stand auf einem Basisstein. S.n aus Stein wurden in der Spätbronzezeit unter ägypt. Einfluß in Palästina eingeführt. Die S.n des Tempels von Jerusalem, die den Namen → *Jachin* und → *Boas* trugen, waren aus Bronze gegossen und standen wohl frei vor der Tempelfront. Wenn die Leiter der Jerusalemer Urgemeinde (→ Jakobus, →Petrus, →Johannes) in Gal 2,9 als S.n bezeichnet werden, so mag dahinter das Bild der → Kirche als des endzeitlichen Tempels stehen. O./R.

Saulus → Paulus.

Schächten → Schlachten.

Schaddai, ein Gottesname, der seit der griech. Übersetzung des AT mit »Allmächtiger« wiedergegeben wird, dessen Bedeutung aber ungeklärt ist. Man hat u.a. an eine Verbindung mit dem akkad. Wort *schadu* »Berg« gedacht; es handelt sich wohl um den Namen eines kanaan. Gottes. Die → Priesterschrift verwendet den Ausdruck »El[Gott] S.« als Namen für Jahwe in der Väterzeit (z.B. 1Mose 17,1; 2Mose 6,3), und besonders häufig erscheint der Name »S.« im Ijobbuch (z.B. Ijob 5,17), sonst nur selten (z.B. Rut 1,20f.). S.

Schadrach, Name, der dem Hananja, einem der Gefährten Daniels, am babylon. Hof gegeben wurde (Dan 1,7). S.

Schadrachapokalypse, jüd. Apokalypse, die offenbar christl. überarbeitet worden ist. Sie handelt von der → Entrückung des Schadrach (Dan 1,7) und seiner Belehrung durch Gott über die → Theodizee. R.

Text: Rießler, 156–167.

Schaf, wegen der Vielfalt seiner Produkte und seiner Anspruchslosigkeit Basis des Wohlstands in nomadischen und halbnomadischen Kulturen. Das bibl. S. war das Fettschwanz-S., dessen Schwanz eine begehrte Delikatesse war.
Von Ez 34 her ist im NT die S.-Herde Bild des Gottesvolkes (z.B. Mt 18,12ff.; Joh 10; → Kirche). R.

Schafan, Schreiber (→ Hofbeamte) des Königs Joschija (2Kön 22), Vater Ahikams – und somit Großvater Gedaljas (z. B. Jer 40,5) und Gemarjas (Jer 36,10) –, vielleicht auch identisch mit dem Vater Elasas (Jer 29,3) und Jaasanjas (Ez 8,11). S.

Schafat, Vater des Elischa (1Kön 19,16) und andere Träger dieses Namens (4Mose 13,5; 1Chr 3,22; 27,29). S.

Schaftor → Jerusalem.

Schakal → Tierwelt.

Schalischa, eine Örtlichkeit unbekannter Lage (1Sam 9,4), möglicherweise identisch mit Baal-S. (2Kön 4,42). S.

Schallum, ein im AT mehrfach vorkommender Name, darunter: **1.** ein König des Nordreiches Israel (747/746 v. Chr.), der durch Ermordung des Königs → Secharja auf den Thron kam und nach einmonatiger Regierungszeit von Menahem ermordet wurde (2Kön 15,10–15); **2.** ein Onkel Jeremias (Jer 32,7). S.

Schalom → Heil.

Schaltmonat-Jahr → Jahr.

Scham. Ebenso wie ursprünglich im Deutschen wird auch im Hebräischen und Griechischen für »S.« – das subjektive Gefühl, die Reaktion auf eine Herabsetzung der eigenen Würde – und »Schande« – den objektiv festgestellten Tatbestand dieser Herabsetzung – derselbe Wortstamm verwendet (hebr. *bosch* und *klm* bzw. griech. *aischyno*), so daß sich beides oft nicht klar auseinanderhalten läßt. Im AT ist die Verwendung der Begriffe für »S.« und »Schande« fast ausnahmslos beschränkt auf die Gebetssprache und die Profetie. In der Gebetssprache handelt es sich vor allem um den Wunsch des Beters, seine Feinde möchten »zuschanden«, in ihrer Hoffnung enttäuscht oder vernichtet werden (z. B. Ps 6,11; 40,15f.), oder um die vertrauensvolle Gewißheit, daß Gott den Frommen nicht »zuschanden werden« läßt (z. B. Ps 22,6; 25,3; vgl. Röm 9,33; Phil 1,20), oder um das Schuldbekenntnis (Dan 9,7f.; Esr 9,6f.). In der Profetie kommen die Begriffe besonders häufig vor in der Gerichtsankündigung gegen Israel oder fremde Völker (z. B. Jes 1,29; 19,9; Jer 2,26; 46,24).
Das AT redet also von »S.« und »Schande« fast nur in der Beziehung zwischen Gott und Mensch, nicht aber im Hinblick auf das Geschlechtliche; ein Sonderfall ist die Aussage von 1Mose 2,25, daß Adam und Eva sich nicht schämten. Für die Herabsetzung im innermenschlichen Bereich wird gewöhnlich das hebr. Wort *chärpa*

»Schmach« gebraucht (z. B. 1Mose 34,14; 1Sam 11,2), das jedoch oft – ebenso wie unser Wort »Schmach« – gleichbedeutend mit den Begriffen für »Schande« ist. S.

Schamgar, ein Mann der Richterzeit, von dem die wohl erst nachträglich in ihren jetzigen Zusammenhang eingefügte Notiz Richt 3,31 eine Heldentat gegen die Philister mitteilt (→ Richter). S.

Schamir. 1. Ort in Juda (Jos 15,48) und in Efraim (Richt 10,1). **2.** Ein Levit (1Chr 24,24). S.

Schamma. 1. Ein Edomiterfürst (1Mose 36,13). **2.** Ein Bruder Davids (1Sam 16,9). **3.** Drei »Helden« Davids (2Sam 23,11.25.33). S.

Schammai, jüd. Schriftgelehrter um die Zeitenwende, Haupt einer bedeutenden Schule. Im Gegensatz zu → Hillel legte er das Gesetz meist streng aus. Da die Schule S.s den → Zeloten zuneigte, verlor sie nach der Tempelzerstörung (70 n. Chr.) ihren Einfluß. H. M.

Schammua, hebr. Männername, z. B. ein Sohn Davids (2Sam 5,14), ein Levit (Neh 11,17) und ein Priester (Neh 12,18). S.

Schande → Scham.

Schaphan → Schafan.

Scharlach, ein aus der Kermes-Schildlaus gewonnener roter Farbstoff (Karmesin), wurde u. a. verwendet für die Teppiche des Heiligtums (2Mose 26,1), den Priesterornat (2Mose 28,5) und für vornehme Kleidung (2Sam 1,24; Jer 4,30; Klgl 4,5; Luther hier: »Purpur«). S.

Scharon. 1. Die fruchtbare (1Chr 27,29; Jes 35,2), blumenreiche (Hld 2,1) Ebene an der Mittelmeerküste zwischen dem Karmel und Jafo. **2.** Eine Gegend im Ostjordanland (1Chr 5,16). S.

Schatten, einerseits Symbol des Schutz gewährenden Machtbereiches (z. B. Ps 80,9ff.), andererseits Bild des Flüchtigen und Vergänglichen (z. B. Ps 109,23; Hebr 8,5). R.

Schatz. Das Ansammeln, Aufbewahren und Vergraben von Schätzen war in der Antike weithin die einzige Möglichkeit, Kapital zu erhalten oder vor unbefugtem Zugriff zu schützen. Als Schätze galten neben Edelmetallen und Edelsteinen auch kostbare Stoffe, Gewürze und Aromastoffe (Mt 2,11). Ähnlich legendär wie die Schätze der Könige von Ninive und Babel war der S. des Jerusalemer Tempels. Jesus vergleicht einerseits die Faszination durch das Finden eines S.es mit der Wirkung der Gottesherrschaft (Mt 13,44ff.), warnt aber andererseits davor, sich von Schätzen innerlich gefangennehmen zu lassen (Mt 6,19). Übertragen gebraucht, ist »S.« vielfach ein bildlicher Ausdruck für unverlierbaren Besitz (Lk 12,33; 2Kor 4,7; Kol 2,3). R.

Schatzkammer (Magazin), Raum zur Aufbewahrung von kostbaren Geräten und Kleidern und von Einkünften an Geld und Naturalien. In Jerusalem besaß der königliche Palast zumindest eine S. (2Kön 20,13), der Tempel mehrere (z. B. Neh 10,39). S.

Schätzung (lat. *census*), Volkszählung mit Registrierung des Grundbesitzes zu steuerlicher Veranlagung. Die in Lk 2,2 als Anlaß der Reise von Jesu Eltern nach Betlehem erwähnte S. des syr. Statthalters → Quirinius ist historisch problematisch. Nach unserer Kenntnis kann sie erst 7 n. Chr., kurz nach der Eingliederung Judäas in die senatorische Provinz Syrien, erfolgt sein. Vielfach wird darum eine frühere S. etwa um 6–4 v. Chr. angenommen. Doch damals war Quirinius noch nicht Statthalter; auch sonst gibt es dafür keine greifbaren Anhaltspunkte. (→ Kindheitsgeschichten Jesu.) R.

Schaubrot. Die S.e waren Brot- oder Kuchenfladen, die im Heiligtum auf dem *S.-Tisch* niedergelegt wurden (vgl. 2Mose 25,23–30; 1Sam 21,7; 1Kön 7,48). Das hebr. Wort für »S.«, das eigentlich »Brot des Angesichts (Gottes)« bedeutet, läßt erkennen, daß ursprünglich an eine Götterspeise gedacht war. Der S.-Tisch aus dem Allerheiligsten des Jerusalemer Tempels ist auf dem Titusbogen (→ Titus 3) dargestellt. S.

Schauer → Seher.

Schaul. 1. Ein König Edoms (1Mose 36,37). **2.** Ein Sohn Simeons (4Mose 26,13). **3.** Ein Nachkomme Levis (1Chr 6,9). S.

Schealtiël, Sohn des Königs Jojachin und Onkel des Serubbabel (1Chr 3,17), wird auch – vermutlich aufgrund einer Leviratsehe – als Serubbabels Vater bezeichnet (z. B. Esr 3,2). S.

Schear-Jaschub (hebr., »Ein Rest kehrt um«), Name eines Sohnes des Profeten Jesaja (Jes 7,3), der wahrscheinlich als mahnende Drohung – »(Nur) ein → Rest kehrt (aus der verlorenen Schlacht) zurück« – zu verstehen ist. S.

Scheba, ein Mann aus Benjamin, der einen Aufstand gegen David entfesselte (2Sam 20,1–22). S.

Schebat → Monat.

Schebna, jud. → Schreiber – also hoher Beamter – unter König Hiskija (Jes 36), der vielleicht auch in Jes 22,15 gemeint ist. S.

Schechina (hebr., »das Wohnen«), im rabbinischen Schrifttum eine Bezeichnung für Gott, der inmitten seines Volkes wohnt. H. M.

Schefela (hebr., »Niederung«; Lutherbibel: »Hügelland«), die hügelige Zone zwischen dem Gebirge Juda und der Küstenebene (z. B. Jos 9,1); in bibl. Zeit war die S. reich an Maulbeerfeigenbäumen (1Kön 10,27). S.

Scheffel → Maße und Gewichte.

Scheidebrief → Ehescheidung.

Schekel → Münzen, → Maße und Gewichte.

Schelle. 1. S.n, Glöckchen am Efod des Hohenpriesters (2Mose 28,33f.) und als Behang für Pferde (Sach 14,20), waren ursprünglich wohl ein Mittel zur Abwehr von Unheil. **2.** Ein Musikinstrument, in 2Sam 6,5 wohl eine Rassel, in 1Kor 13,1 eine Zimbel. S.

Scheltwort, ein Begriff der → Formgeschichte, der den ersten Teil einer profetischen Weissagung bezeichnet (→ Profetenspruch). S.

Sch^{e}ma (hebr., »Höre, [Israel]!«), das von jedem Israeliten morgens und abends zu verrichtende Hauptgebet, bestehend aus 5Mose 6,4–9; 4Mose 15,37–41 und verschiedenen Lobsprüchen. R.

Schemaja, ein im AT häufig vorkommender Name, u. a. dreier Profeten (1Kön 12,22; Jer 29,24–32; Neh 6,10–14) und mehrerer Leviten (z. B. 1Chr 9,14). S.

Schemel, eine Fußbank, Fußstütze vor einem Thron (2Chr 9,8) oder Sessel (Jak 2,3); bildlich wird der Tempel (Ps 99,5) oder die ganze Erde (Jes 66,1; Mt 5,35) »S.« Gottes genannt, und nach Ps 110,1 (vgl. Apg 2,35; Hebr 1,13) sollen die Nacken der besiegt auf der Erde kauernden Feinde der S. des Königs sein. S.

Schemone Esre → Achtzehngebet.

Schemuël. 1. Ein Angehöriger des Stammes Simeon (4Mose 34,20). **2.** Ein Nachkomme → Issachars (1Chr 7,2). S.

Scheol → Hölle.

Scherben → Keramik, → Ostrakon.

Scheren. Das völlige S. des Körperhaares gehörte zur Levitenweihe (4Mose 8,7) und zur Reinigung eines Aussätzigen (3Mose 14,8f.), das des Haupthaares zur Vorbereitung der Heirat einer Kriegsgefangenen (5Mose 21,12). Das S. einer Glatze (→ Kahlköpfigkeit) war ein Trauerbrauch. S.

Scherflein, nach Luthers Übersetzung (Mk 12,42 par Lk 21,2) die kleinste Kupfermünze, etwa ½ Pfennig (→ Münzen). R.

Scheschach, Deckname für Babel (Jer 25,26; 51,41), entstanden wohl durch absichtliche Buchstabenvertauschung (*sch* für *b*, *ch* für *l*). S.

Scheschbazzar, babylon. Beamter, der um 535 v. Chr. im Auftrag des Perserkönigs Kyros die von Nebukadnezzar geraubten Tempelgeräte nach Jerusalem zurückbrachte (Esr 1,7–11; 5,14–16). S.

Scheusal → Greuel.

Schibbolet (hebr. *schibbolät* »Ähre«), das Wort, an dessen abweichender Aussprache (*sibbolät*) die Gileaditer die feindlichen Efraimiter erkannten (Richt 12,5f.); daher: Erkennungszeichen, Losungswort. S.

Schiff(e), Schiffahrt. Die Israeliten waren aufgrund der geographischen Lage kein seefahrendes Volk: Die Mittelmeerhäfen → Palästinas gehörten den → Philistern (so → Jafo, Jon 1,3–5) und den Phöniziern, dem bedeutendsten Seefahrervolk der Antike; lediglich der Hafen → Ezjon-Geber am Nordostende des Roten Meeres war zeitweilig im Besitz der Israeliten, aber zu einer selbständigen Seefahrt kam es nicht. Salomos Expeditionen nach → Ofir wurden auf phöniz. S.n mit phöniz. Besatzung ausgeführt (1Kön 9,26f.; 10,11.22), und ein ähnlicher Versuch Josafats schlug ohne Hilfe der Phönizier fehl (1Kön 22,49f.). Überhaupt erwähnt die Bibel fast nur phöniz. S. (z. B. 1Mose 49,13; Richt 5,17; Jes 23,1.14); eines wird recht ausführlich beschrieben in dem Leichenklagelied Ez 27, das die Handelsstadt Tyrus mit einem Pracht-S. vergleicht. In Apg 27 findet sich die Schilderung der Seereise des Paulus auf einem Getreide-S., das ägypt. Korn nach Rom bringen sollte, aber im Sturm – es war Winter – Schiffbruch erlitt. Weil diese Gefahr während des Winters auch wegen des oft bedeckten Himmels – die alten Seefahrer mußten ohne Kompaß steuern – häufiger drohte, beschränkte sich die Mittelmeer-Schiffahrt weitgehend auf die Zeit vom Frühlings- bis zum Herbstanfang.

Zur Flußschiffahrt hatten die Israeliten keine Gelegenheit, weil der Jordan dafür ungeeignet war; der See Gennesaret wurde von Fischerbooten befahren. S.

Schild → Waffen.

Schilf → Pflanzenwelt.

Schilfmeer. Der Ausdruck »S.« meint im AT mehrfach eindeutig den Golf von Akaba, den Nordostarm des Roten Meeres (z. B. 1Kön 9,26; Jer 49,21). Unklar ist aber, ob dies auch für die im AT bezeugte Überlieferung gilt, wonach die Rettung der Israeliten vor den Ägyptern am »S.« geschehen sein soll (z. B. 2Mose 13,18; 15,4.22). Denn daneben gibt es Überlieferungen, wonach jene Rettung bei den Bitterseen nördl. des heutigen Suez (2Mose 13,20) oder am Sirbonischen See nordwestl. davon (2Mose 14,2.9) geschah. Da das »S.« in 2Mose 10,19 anscheinend der Golf von Suez ist, könnte dieser oder ebenfalls das Gebiet der nicht weit entfernten Bitterseen auch in der Überlieferung von der Rettung am »S.« gemeint sein. S.

Schilfmeerlied, ein dem Mose und den Israeliten zugeschriebenes Lied, das die Rettung am Meer und die Hineinführung Israels nach Palästina preist (2Mose 15,1–18). Offenbar handelt es sich aber um eine verhältnismäßig späte Ausgestaltung des → Mirjamliedes (2Mose 15,21). S.

Schilo, in vorstaatlicher Zeit Israels ein bedeutendes Heiligtum, mit dem heutigen *chirbet selun* auf dem Gebirge → Efraim zu identifizieren. In S. ist der erste → Tempel Israels bereits im 11. Jh. v. Chr. belegt. In ihm stand eine → Lade, die, unter kanaan. Einfluß, mit der Vorstellung vom Gottesthron verbunden war. Dies sind Hinweise auf eine kanaan.-spätbronzezeitliche Vorgeschichte des israelit. Tempels. Die Grabungen in S. haben bislang noch nicht zur Freilegung des Tempels geführt, der am ehesten auf einem der westl. von S. aufsteigenden Hügel liegt (s. Abb. S. 446). Das Heiligtum war ein entscheidender Ort kanaan. Einflusses auf die Jahwe-Religion in vorstaatlicher Zeit.

Nachdem schon die Lade aus S. an die Philister verloren war (1Sam 4), wurde von diesen auch der Tempel von S. zerstört (Jer 7; 26; Ps 78). Doch konnte die Priesterschaft S.s in → Nob einen Ort neuer Wirksamkeit finden. In der Auseinandersetzung mit → Saul fand → David bei dieser Priesterschaft Hilfe; im Gegenschlag wurde sie von Saul ausgerottet bis auf → Abjatar, der zu David floh (1Sam 21f.). Auf Kreise um Abjatar geht wohl die Hoffnung zurück, David werde nach S. kommen, um von hier die Herrschaft über Israel anzutreten (1Mose 49,10). David aber übertrug mit der Einsetzung Abjatars als Priester und der Überführung der Lade von S. die Tradition S.s auf → Jerusalem. O.

Lit.: E. Otto, Silo und Jerusalem, in: Theologische Zeitschrift 32, 1976, 65–76.

Schiloach (»Kanal«), Bezeichnung für den Kanal, der das Wasser der Gihon-Quelle nach → Jerusalem leitete. Der Name ist in dem des heutigen Dorfes Silwan erhalten. S.

Schimi, mehrfach im AT vorkommender Männername. Am bekanntesten ist der Verwandte Sauls, der den David schmähte, später um Verzeihung bat und von Salomo getötet wurde (2Sam 16,5–13; 19,16–24; 1Kön 2,36–46). S.

Schinar, Bezeichnung für Babylonien (z. B. 1Mose 10,10; Jes 11,11; Dan 1,2). S.

Ebene von Schilo

Schischak, hebr. Namensform des ägypt. Königs Schoschenk I. (um 941–921 v. Chr.), zu dem Jerobeam floh (1Kön 11,40) und der später auf einem Feldzug nach Syrien-Palästina König → Rehabeam von Juda besiegte und → Jerusalem plünderte (1Kön 14,25); erhalten ist die Liste der auf diesem Feldzug eroberten Städte, die S. anfertigen ließ (s. Abb. S. 447). S.

Schittim (hebr., »Akazien«). **1.** S. oder Abel-S. (»Akazien-Aue«, 4Mose 33,49), Ort in der Nähe Jerichos (z. B. Jos 2,1). **2.** »Tal S.« (Joel 4,18), vielleicht Deckname für das Kidrontal. S.

Schlachten. Während in der Zeit der Erzväter noch unbekümmert reine Tiere – nur solche sind zum Verspeisen erlaubt – privat geschlachtet worden waren (1Mose 18,7f.), wurde nach der Landnahme jedes S. zum Opferakt. Mindestens ein Notaltar war nötig (1Sam 14,33). Gewöhnlich aber schlachtete der Israelit das Tier zum Mahl – was wohl nur ein- oder zweimal im Jahr vorkam – auf der örtlichen Kulthöhe. Die Reform des → Deuteronomiums profanisierte die Schlachtung (5Mose 12,15–21), verbot aber nach wie vor den Genuß jedes Tropfens → Blut. Daraus hat sich die jüd. Sitte des Schächtens entwickelt: Das nicht betäubte Tier wird mit einem raschen Schnitt quer durch Halsschlagader, Speise- und Luftröhre geschlachtet und blutet dadurch völlig aus. K.

Schlachtopfer → Opfer, → Schlachten.

Schlachtruf, ein vor und während des Kampfes angestimmter Ruf oder Gesang, wie das AT ihn in 2Mose 17,16; Richt 7,18.20 und vielleicht auch in den »Ladesprüchen« (4Mose 10,15f.) überliefert. S.

Schlaf, einerseits wohltätige Erquickung (Ps 3,6; Spr 3,24), andererseits Unterbrechung des aktiven, schöpferischen Lebens (Ps 121,4) und – von daher – sowohl Symbol der Passivität (1Thess 5,6) als auch des Todes (Ps 13,4; 1Thess 4,14). R.

Schlange → Tierwelt.

Schlauch, Beutel aus Ziegenhaut mit nach außen gekehrter Innenseite, diente als Behälter für Flüssigkeit, vor allem für Wein. Der dem Druck

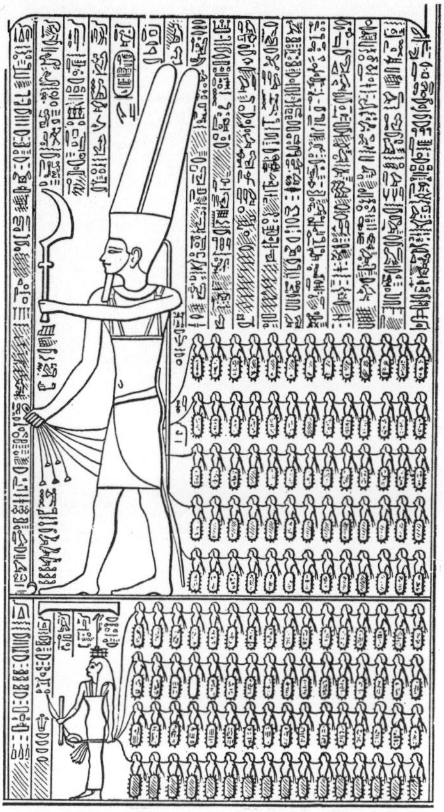

Siegesstele Schischaks (um 926 v.Chr.). Flachrelief aus dem Amun-Tempel in Karnak. Amun und die Göttin von Theben führen dem König an Stricken Gefangene zu, die je eine eroberte, im Schild genannte Stadt Syriens/Palästinas symbolisieren

gärenden Weins nicht mehr gewachsene alte S. wird ein bildlicher Ausdruck für die Gesetzesreligion des Judentums (Mk 2,22 par). R.

Schleier, ein kleines Tuch zum Verhüllen des Gesichts, wurde von der Frau während der Hochzeitstage in Gegenwart ihres Mannes (1Mose 24,65; Hld 4,1.3; 6,7; ebenso wohl Jes 47,2) und auch sonst (Jes 3,19) getragen. In späterer Zeit war es bei den Juden anscheinend üblich, daß die Frauen sich verschleierten, eine Sitte, die Paulus auch bei Griechen durchzusetzen suchte (1Kor 11,2–16). S.

Schlinge, ein zur Kleintierjagd auf den Boden gelegtes Seil mit einer S., in der sich das Tier verfing; die Bibel spricht von der S. nur im übertragenen Wortgebrauch (z. B. Ijob 18,9f.; Ps 140,6; 1Tim 6,9). S.

Schmach → Scham.

Schmelzofen, aus Steinen gesetzter oder mit Lehmziegeln dickwandig gemauerter Ofen mit Luftkanälen, in dem Metalle von Schlacken gereinigt wurden. Im AT erscheint der S. fast nur in bildhafter Redeweise als Mittel der Läuterung (z.B. Spr 17,3) und des Gerichts (Ez 22, 17–22). S.

Schmied → Handwerk.

Schmuck. S.-Stücke hatten häufig als → Amulette die Funktion der Dämonenabwehr. In diesem Sinne dienten kleine Sonnen als Kopfschmuck (Jes 3,18). Ohrringe wurden von Männern (4Mose 31,50) und Frauen (Ez 16,12) getragen, als Hals-S. mit Amulettcharakter wurden Ketten mit kleinen Monden verwendet (Jes 3,18). Als Arm-S. trug man Armspangen (1Mose 24,22) und Armketten (Jes 3,19). Als Finger-S. sind Ringe (Jes 3,21) belegt, als Fuß-S. Knöchelringe, an denen kleine Kettchen befestigt sein konnten, die zierliche Schritte bewirken sollten (Jes 3,20). Archäologisch ist S. für → Palästina schon in der Steinzeit belegt. In einer Karmelhöhle der mittleren Steinzeit (Mesolithikum) wurde ein Schädel gefunden, der mit einer Kette aus Muscheln geschmückt war. Muschel-S. ist auch aus dem steinzeitlichen → Jeri-

Elfenbeinkästchen mit Löwen- und Sphinxgestalten aus Megiddo (12. Jh. v. Chr.)

cho bekannt. Im jungsteinzeitlichen *telelat gassul* gegenüber von Jericho im Ostjordanland sind für das 4. Jt. Anhänger aus Knochen belegt. Für die Bronzezeit findet sich an zahlreichen Orten Palästinas Gold- und Silber-S. O.

Schnecke → Tierwelt.

Schnee, eine in Palästina seltene Erscheinung (z. B. 2Sam 23,20), zuweilen bildlicher Ausdruck für die weiße Farbe (Mt 28,3) und darum für die Reinheit (Jes 1,18; Ps 51,9). S.

Schnur → Lot, → Meßschnur.

Schönes Tor, das Nikanortor, das im Jerusalemer → Tempel vom Heiden- in den Frauenvorhof führte (Apg 3,2.10). R.

Schönheitspflege. Bereits in der Frühgeschichte der Menschheit beschäftigte man sich mit der Körperpflege und Kosmetik. Die S. dient der Hygiene, dem Bemühen, dem jeweiligen Schönheitsideal nahezukommen, auch kultischer Reinheit. Wichtige Elemente der S. in Israel waren Bäder (3Mose 14f.), Körperpflege mit Seife (Jer 2,22), Öl und Salben (Rut 3,3; Lk 7,38; vgl. auch Offb 3,18), Schminke (2Kön 9,30; Jer 4,30), Haarpflege und -färben (Ps 23,5; 133,2; Hld 7,6; vgl. auch 2Sam 14,25f.). Bei Ausgrabungen fand man zahlreiche Geräte der S., darunter Salbgefäße, Spiegel, Kämme. Wie jeden übertriebenen Luxus lehnt die Bibel übersteigerte S. ab (Jes 3,24; 1Tim 2,9). J. E.

Schöpfung. 1. Begriff – 2. Alter Orient – 3. AT – 4. NT.

1. Nahezu alle Religionen bildeten Vorstellungen über die Entstehung der Welt und des Menschen aus. Von S. spricht man dort, wo die Existenz der Welt auf das Handeln eines oder mehrerer Schöpfergötter zurückgeführt wird.

2. In → Sumer, → Babylonien und Assyrien, dem Bereich der Umwelt Israels, der neben → Ägypten alttest. S.s-Vorstellungen stark beeinflußte, wurde die Welt-S. als Ergebnis des Kampfes rivalisierender Göttergruppen erklärt. Im ausgeführtesten babylon. S.s-Text, der nach seinen Anfangsworten *enuma elisch* (»als oben«) heißt, setzt sich → Marduk im Kampf gegen die Chaosmacht Tiamat durch, zerreißt ihren Körper und macht daraus Himmel und Erde. Dieser → Mythos und das hinter ihm stehende Weltbild (eine Himmelsschale wölbt sich über der Erdscheibe und trennt die Urflut in obere und untere Wassermassen) war im gesamten Alten Orient verbreitet und wirkte sowohl auf Israel als auch auf griech. S.s-Vorstellungen ein.

Im Alten Orient wurde die Menschen-S. zunächst getrennt von der Welt-S. thematisiert. Texte aus Sumer, Babylonien und Assyrien entwickeln mehrere Theorien über die Menschen-S.: Aufsprießen der Menschen aus Samen, die ein Gott in einer Spalte des Heiligtums anbrachte – Formung des ersten Menschen aus Lehm und Blut – Entwicklung des Menschen aus dem Tierreich durch zivilisatorische → Arbeit. Alle Texte begründen die Menschen-S. übereinstimmend: Die Götter haben die Menschen erschaffen, damit sie die Arbeit tun, welche die Götter zuvor selbst tun mußten.

3. Bei der Welt- wie bei der Menschen-S. nahm Israel altoriental. Vorstellungen auf. Vor dem Hintergrund zahlreicher Anklänge und Gemeinsamkeiten werden aber auch charakteristische Differenzen deutlich. Nach den alttest. → S.s-Berichten erschafft Gott die Welt in planvollem Tun, indem er das nichtige → Chaos zum geordneten Kosmos, zum Lebensraum der Geschöpfe gestaltet. Dabei muß er sich nicht gegen feindliche Götter durchsetzen. Sowohl nach 1Mose 1,1–2,4a, dem S.s-Bericht der → Priesterschrift, als auch nach 1Mose 2,4b–3,24, der mit dem Thema der Menschen-S. einsetzenden Paradieserzählung des → Jahwisten, ist die S. auf den Menschen hin angelegt. Er ist Krone und Mittelpunkt der S.s-Ordnung; um seinetwillen wurde die Welt erschaffen. Ist nach altoriental. Vorstellung der Mensch als Ersatz für die Götter geschaffen, um sie von der Arbeit zu entlasten, so schafft der Gott der Bibel die Welt um des Menschen willen. Der Mensch ist nicht Ersatz Gottes; vielmehr ist die ganze S. für ihn als Gottes → Ebenbild da. Ihm zu Nutzen werden z. B. die → Sterne erschaffen (1Mose 1,16f.), Funktionsträger, denen nichts mehr anhaftet von der Größe altoriental. Gestirnsgötter.

Der S.s-Bericht 1Mose 1 entwirft ein Gesamtbild der Welt, und zwar in Übereinstimmung mit dem zeitgenössischen wissenschaftlichen Weltbild. 1Mose 1 beabsichtigt nicht, Theologie und Glauben gegen Naturwissenschaft auszuspielen. Wo in der europ. Geistesgeschichte bibl. S.s-Lehren gegen naturwissenschaftliche Erkenntnisse etwa eines Galilei oder Darwin gewandt wurden, da geschah das letztlich gegen die Intention der bibl. Texte. Ihnen geht es um das Bekenntnis, daß die Welt, wie sie sich dem beobachtenden, forschenden und interpretierenden menschlichen Geist darstellt, nicht zufällig entstanden ist, nicht als Ergebnis von Götterkämpfen, sondern des planvollen, auf den Menschen hin ausgerichteten Handelns des einen Gottes, welcher der Gott Israels ist. Dieses Bekenntnis steht nicht im Widerspruch zu naturwissenschaftlicher Forschung und ihren Ergebnissen. Es fragt nach dem »woher« und »woraufhin« der S. und läßt sich bei der Frage nach dem »wie«, wie 1Mose 1 mit seiner um naturwissenschaftliche Korrektheit bemühten Sprache zeigt, von der Naturwissenschaft bereichern.

Die S. spielt auch in anderen alttest. Texten eine Rolle, obwohl namentlich in den älteren Teilen des AT die Geschichte der Ort der Taten und der → Offenbarung Jahwes ist. Doch preisen unter den → Psalmen die → Hymnen Jahwe als Herrn der Geschichte und als Schöpfer (Ps 8; 33; 104 u. ö.). Daß sich Jahwe nicht nur in der Geschichte zeigt, wurde in Zeiten wichtig, in denen das geschichtliche Ergehen Israels keinen Trost und keine Zuversicht schenken konnte. So spricht im → Exil Deuterojesaja, der Verfasser der Kap. 40–55 des → Jesajabuches, von der S. Gerade in Babylonien, dem Ort des Exils, mit seinen Kosmologien und S.s-Mythen wurde das Nachdenken über die S. zu einer wichtigen Ergänzung des alttest. Gottesbildes.

Auch in der → Weisheitsliteratur wurde die S. zum Prüfstein einer lange bewährten Vorstellung. Gerade in der dem Menschen ungeordnet erscheinenden, ihm nur teilweise erkennbaren S. erweist sich Gott im → Ijobbuch (Ijob 38,1–42,6) als überlegen gegenüber jeder menschlichen → Weisheit.

4. Im NT fehlen Aussagen über Entstehung der Welt und des Menschen völlig. Sein Hauptinteresse gilt dem Bezug der S. auf die → Eschatologie. Dies ist nicht – wie oft fälschlich angenommen – im Sinne einer Abwertung der S. durch die Erwartung der als nahe bevorstehend geglaubten Endzeitereignisse zu verstehen. Eher läßt sich das Verhältnis beider als eine spannungsvolle Komplementarität bestimmen: Von der Enderwartung her fällt ein neues Licht auf Würde und Größe der vergehenden gegenwärtigen S. So verkündigt Jesus einerseits das → Reich Gottes und verbindet damit die Erwartung einer totalen Neuschöpfung, in der die gegenwärtigen irdischen Strukturen und Lebensformen aufgehoben sein werden (Mk 12,18–27; 14,25). Andererseits aber ruft er dazu auf, in den naturhaften Gegebenheiten der gegenwärtigen Welt vertrauensvoll das gute S.s-Handeln Gottes zu suchen (Mt 6,26ff.; 10,29). Ja, er setzt im Horizont des anbrechenden Neuen den heiligen Willen Gottes für die bestehende Welt wieder unverkürzt in Kraft, wenn er unter Berufung auf die S. die Unauflösbarkeit der → Ehe fordert (Mt 5,27–32; Mk 10,2–9). Was alte und neue S. miteinander verbindet, ist die Identität des Handelns Gottes als des Schöpfers und Erlösers. Wer das machtvolle endzeitliche Handeln Gottes erfährt, wird auch in Natur und Geschichte hinter allen durch die Mächte des Bösen und der Sünde gewirkten Entstellungen und Verwirrungen Spuren des guten Handelns des Schöpfers finden, und umgekehrt wird er die erwartete Neuschöpfung als Ausdruck der Treue des Schöpfers zu seiner S. verstehen.

Die positive Wertung der S. wird im ganzen NT durchgehalten (z. B. Röm 8,21; 1Kor 11,2–16; Hebr 11,3). Vor allem in der Heidenmissionspredigt wird, unter Aufnahme traditioneller jüd. Motive, der Glaube an den Schöpfergott, dessen Wirken in Natur und Geschichte aufweisbar ist (Apg 14,15–17; 17,24ff.; 1Thess 1,9) und der sich den Menschen von Anfang an bezeugt hat (Röm 1,20), stark betont. Der Gefahr einer Isolation des Christusgeschehens von der Schöpfung wird durch die Entwicklung des Motivs der → Präexistenz und Schöpfungsmittlerschaft Christi begegnet: Demnach war Christus bereits vor Anfang der Welt bei Gott. Er ist der *logos,* das machtvolle → Wort Gottes, durch das alle Dinge geworden sind (Joh 1,1ff.; Hebr 1,1f.; 1Kor 8,6; Kol 1,15f.). In ihm findet Gottes der Welt zugewandtes Handeln seine abschließende Verkörperung. Seine Menschwerdung kann von daher verstanden werden als ein Geschehen, durch das Gott seine Treue zu seiner S. bekräftigt, indem er sein Herrenrecht ihr gegenüber durchsetzt (Joh 1,14). Die erwartete Neue S., deren Erstling und Repräsentant Christus durch seine Erhöhung wird (Kol 1,18), wird aus dem gleichen Handeln Gottes hervorgehen, durch das auch die erste S. geworden ist.

Die schwerwiegenden Folgen eines Zerbrechens der Klammer zwischen S. und Heilsgeschehen zeigten sich erstmals in der → Gnosis des 2. Jh.s. Welt und Materie wurden nunmehr zum gottfeindlichen Bereich, aus dem Christus den Menschen herauslöst, um ihn zur (rein spirituell gedachten) ewigen Heimat zu führen. J. E. / R.

Lit.: G. v. Rad, Das erste Buch Mose, [12]1987 (ATD 2–4); C. Westermann, 1971; Goppelt, Theologie I, 124ff.

Schöpfungsberichte, die am Anfang der Bibel stehenden Texte über die Erschaffung der Welt und des Menschen. Dabei steht der jüngere, der → Priesterschrift angehörende Bericht, 1Mose 1,1–2,4a (d. h. bis zur Hälfte von V. 4 reichend) voran. Ihm folgt die Paradieserzählung des → Jahwisten, 1Mose 2,4b–3,24, die mit einer älteren Fassung der Menschen- und Weltschöpfung einsetzt. (→ Schöpfung.) J. E.

Schoschenk → Schischak.

Schoß, die Mitte des Körpers beim Sitzenden, der Unterleib und die Oberschenkel. Das hebr. Wort *chek*, das auch den Gewandbausch bezeichnet (z. B. 2Mose 4,6 f.) und das die Lutherbibel in 2Sam 12,3; 1Kön 17,19; Rut 4,16 mit »S.«, sonst meist mit »Arm« (z. B. 1Kön 3,20) oder »Arme« (z. B. 1Mose 16,5) wiedergibt, meint wohl eher den Oberkörper, den »Busen«. Zuweilen gibt die Lutherbibel auch die hebr. Wörter für »Knie« und »Mutterleib« mit »S.« (z. B. 1Mose 30,3) oder »Mutter-S.« (z. B. Ps 58,4) wieder. Im neutest. Sprachgebrauch ist der »S.« (eigtl. »Brust«, »Busen«) ein Ehrenplatz (Lk 16,22 f.; Joh 1,18). S.

Schrecken. Für »S.« – die Reaktion auf eine plötzliche, unerwartete Bedrohung – hat das Hebräische mehrere Wörter, die allerdings auch für »Angst« oder »Furcht« – also das andauernde Gefühl des Bedrohtseins – und ebenso für »Gefahr« oder »Unheil« verwendet werden und die man daher unterschiedlich übersetzen kann. Nach bibl. Glauben ist der S. meist unmittelbar von Gott gewirkt, was besonders deutlich in der Vorstellung des »Gottes-S.s« zum Ausdruck kommt, der die Feinde Israels ohne menschliches Zutun zur panikartigen Flucht veranlaßt (z. B. 2Mose 14,14) oder das Heer Israels mit plötzlicher Kraft erfüllt (1Sam 11,7). Unklar bleibt dagegen die altertümliche Gottesbezeichnung »S. Isaaks« (1Mose 31,42.53), die auch als »Verwandter Isaaks« gedeutet werden könnte. S.

Typische ägyptische Darstellung eines Schreibers. Kalkstein (um 2450 v. Chr.)

Schreiber. Im Alten Orient setzt das Erlernen der → Schrift eine besondere Schulung voraus; S. sind daher Gelehrte oder Beamte. Im AT ist als »S.« einer der höchsten Staatsbeamten bezeichnet (2Sam 8,17), dem die Aufsicht über alle Korrespondenz obliegt. Im → Judentum wird »S.« zum Terminus für den → Schriftgelehrten; so auch im NT (1Kor 1,20). U. R.

Schreibmaterial. In der Antike benutzte man für kurze Texte Stein (2Mose 24,12), → Ostraka, Holz (Ez 37,16) als Schriftträger, für längere Texte → Papyrus und → Pergament, in Babylonien und Assyrien → Tontafeln. Die Tinte wurde aus Ruß und Gummi hergestellt, die Schrift wurde, dem Träger entsprechend, mit Meißel, Griffel, Pinsel, Schilfrohr oder Feder aufgetragen. Das Schreibzeug trug man oft auf einer Palette (vgl. Ez 9,2.11). U. R.

Schrift. Am Anfang der Entwicklung der S. im Alten Orient steht die Bilder-S., so in → Ägypten und in → Sumer (um 3000 v. Chr.). Die ägypt. Hieroglyphen sind eine Wort-S. im Übergang zur Silben-S. Zur Erleichterung des Schreibens wurden die bildhaften Hieroglyphen in Kursivformen verwandelt: Hieratisch (etwa 1500–500 v. Chr.) und Demotisch (etwa 600–100 v. Chr.).

Die ursprünglich sumer. Keil-S. ist eine Wort- und Silben-S. Diese S. war vor allem in → Babylonien und Assyrien in Gebrauch; in ihr sind auch die Texte der → Elamiter, → Horiter, Urartäer (→ Urartu), → Achämeniden und → Hetiter geschrieben; die letzteren besaßen daneben eine eigene Hieroglyphen-S.

In → Phönizien erfolgte zu Beginn des 2. Jt.s v. Chr. der Übergang von der umständlichen Silben-S. mit ihren vielen Zeichen zur Buchstaben-S. Dabei wurden nur Konsonanten, aber keine Vokale geschrieben. Als Ersatz dafür benutzten später die → Aramäer die Konsonanten *h* (für *a*), *w* (für *o* und *u*), *j* (für *i*).

Hebräisch wurde von etwa 1000 bis 250 v. Chr. in der phöniz.-aram. S. geschrieben; um 300 gingen die Juden (nicht jedoch die → Samaritaner) zu der neu aufgekommenen aram. Quadrat-S. über, deren Zeichen bis heute in Handschriften und gedruckten Ausgaben des hebr. AT benutzt werden.

Aus der phöniz. S. entwickelte sich um 850 v. Chr. auch die griech. S., wobei überflüssige Konsonanten als Zeichen für griech. Vokale benutzt wurden. Neben dieser Majuskel-S., die nur aus Großbuchstaben besteht, entwickelten sich für den privaten S.-Verkehr kursive S.-Formen, aus denen um 800 n. Chr. in Byzanz die Minuskel-S. (Kleinbuchstaben) entstand, die noch heute im griech. Buchdruck verwendet wird.

Die lat. S. entwickelte sich aus der griech. Auch hier trat neben die Majuskel- später eine Minuskel-S., aus denen sich die heutige lat. S. sowie die verschiedenen S.-Typen entwickelten. U. R.

Schriften (hebr. *k^{e}tubim*), die dritte Gruppe des alttest. → Kanons neben der → Tora, dem »Gesetz« (1. bis 5. Mosebuch), und den »Profeten« (Josua bis Maleachi); sie umfassen – in wechselnder Anordnung – die Bücher Psalter, Ijob, Sprüche, Rut, Hoheslied, Prediger Salomo, Klagelieder, Ester, Daniel, Esra, Nehemia und die beiden Chronikbücher. Das NT bezeichnet den alttest. Kanon meistens als »das Gesetz und die Profeten« (z. B. Mt 5,17), übergeht also die S.; einmal sagt es: »das Gesetz, die Profeten und die Psalmen« (Lk 24,44). Die griech. Übersetzung des AT (→ Septuaginta) verteilte die S. auf die Sachgruppen der historischen (Chronikbücher, Esra, Nehemia, Ester, Rut), der poetischen (Ijob, Psalter, Sprüche, Prediger Salomo, Hoheslied) und der profetischen Bücher (Klagelieder, Daniel), und ihr sind die Bibelübersetzungen bis heute gefolgt. S.

Schriftgelehrte, jüd. Gesetzeslehrer. Nach vieljährigem Studium im Lehrhaus und einer Ordination wurde man Glied in der Zunft der S.n. Ein S.r durfte religionsgesetzliche Fragen entschei-

Erstes Alphabet aus Ugarit (14. Jh. v. Chr.). In drei Zeilen werden die 30 Buchstaben aufgeführt, beginnend mit 'alef-a, einem liegenden Keil mit Doppelansatz

den, in Strafprozessen als Richter mitwirken und in Zivilprozessen Kollegial- oder Einzelurteile fällen. S. konnten auch in den → Hohen Rat aufgenommen werden. Die Mehrzahl der S.n dürfte sich den → Pharisäern angeschlossen haben; aber es gab vor dem Fall Jerusalems auch sadduzäische S. Die Lehrentscheidungen der S.n wurden in den einzelnen Schulen nur mündlich tradiert; erst gegen Ende des 2. Jh.s n. Chr. wurden sie kodifiziert (→ Mischna).

Wenn auch einzelne S. ein positives Interesse an der Verkündigung Jesu gehabt haben dürften (Mk 12,28ff.), so gehörten die S.n doch zu den Gegnern Jesu und waren am Prozeß Jesu beteiligt (Mk 14,1.43.53). H. M.

Schriftrolle. Ursprünglich waren die bibl. Bücher auf Rollen aus → Papyrus und Leder geschrieben (Jer 36). Funde von S.n wurden in Ägypten und → Qumran gemacht, wo trockenes Klima die Erhaltung ermöglichte. U. R.

Schrittkettchen → Schmuck.

Schuhwerk, in Palästina allgemein verbreitet, obwohl man wegen des warmen Klimas häufig barfuß ging. Das S. bestand gewöhnlich aus Sandalen (einer Sohle mit Lederriemen, manchmal mit Fersenkappe); für Frauen gab es auch geschlossenes S., während der geschnürte Soldatenstiefel (Jes 9,4 bei den Assyrern) offenbar in Israel nicht eingeführt wurde. Das S. verwendete man symbolisch bei Besitzergreifung (Ps 60,10), -tausch (Rut 4,7f.) und -verzicht (5Mose 25,8f.). S.

Schulammit (hebr.), Bezeichnung oder Name eines Mädchens in Hld 7,1. Der Sinn des Wortes, das man z. B. auf die Schunemiterin (→ Schunem) Abischag bezog oder als Kosenamen deutete, ist dunkel. S.

Schuld. Mit »S.« werden zwei alttest. Worte übersetzt, die keineswegs gleichbedeutend sind: *ascham* und *awon*.

ascham ist ein rechtlicher S.-Begriff. Da aber das → Recht nicht von einer Güterwertung ausgeht, sondern Rechtsbruch in Störung einer Gemeinschaftsbindung besteht, meint *ascham* immer S. an Personen als Haft- oder S.-Pflicht zur Wiederherstellung, gleichgültig ob es sich um ein schweres Verbrechen, um Ehrverletzung oder Berührung eines unreines Tieres (3Mose 5,2) handelt und ob Wiedergutmachung möglich oder Ersatzleistung nötig ist. Auch wo Gottes Ehre oder Kult angegriffen wird, entsteht *ascham*. Darüber hinaus ist aber Gott an jedem Gemeinschaftsverhältnis beteiligt und jede rechtliche S. insofern auch S.-Pflicht gegenüber Gott (3Mose 5,14ff.).

awon ist S., die sich aus der hebr. Auffassung vom → Tat-Ergehen-Zusammenhang ergibt. Wer sich Menschen oder Gott gegenüber verfehlt, schafft durch seine Handlung um sich eine unsichtbare Hülle von S., die hinfort auf ihm lastet und ihn zu Boden beugt, sich über kurz oder lang in Unheil entlädt und durch göttliche → Heimsuchung verstärkt wird. Eine solche S. haftet nicht nur am individuellen Täter, sondern im Sinn des Ganzheitsdenkens von → Gemeinschaft und Individuum überträgt sie sich alsbald auf seine Gruppe. Nicht durch eigene Leistung, sondern nur durch gottgewirkte → Sühne kann solche S. abgenommen werden, indem dann ein anderer Mensch, ein Tier oder gar Gott selbst (2Mose 34,7) die Sünde übernimmt und »fortträgt«.

In den Psalmen drückt sich tief empfundenes S.- und deshalb Verlorenheits-Empfinden gegenüber Jahwe aus (Ps 51,6f.; 90,7f.), die → Profeten gründen ihre Voraussage vom Untergang der israelit. Gesellschaft auf der Überzeugung, daß Israels S. zu groß geworden ist, Gott wird oder kann sie nicht mehr sühnen. Die → Apokalyptik aber wartet auf eine eschatologische Wende, in der einmal alle S. der Welt durch Gott beseitigt wird (Dan 9,24).

Die griech. Entsprechung zu beiden Worten ist der Begriff *hamartia* (→ Sünde), der allerdings ihren Bedeutungsgehalt nicht voll aufzunehmen vermag. K.

Schuldbrief, Urkunde, durch die der → Schuldner dem Gläubiger gegenüber seine Schuld in rechtlich verpflichtender Weise dokumentierte (vgl. Phlm 19); in Kol 2,14 bildlich für die den Weg des Menschen zu Gott versperrende Sündenschuld gebraucht. R.

Schuldiger, Schuldner, eine mit einer rechtlich einklagbaren finanziellen Verpflichtung gegenüber einem Gläubiger belastete Person. Der Zins war im Alten Orient für moderne Begriffe sehr hoch: zwischen 20 und 40 %. Selbst im Römerreich betrug er noch 12 %. S. zu sein bedeutete meist eine unmittelbare Gefährdung der Existenz. Konnte der S. nicht zahlen, so durfte der Gläubiger ihn rücksichtslos pfänden (2Mose 22,25f.; Am 2,6ff.). Vielfach mußte er sich und seine Familie in Schuldknechtschaft verkaufen (3Mose 25,39.47). Im übertragenen Sinn beschreibt Jesus sowohl das Verhältnis Gottes zum Menschen als auch das des Menschen zu seinem Nächsten als ein Verhältnis zwischen Gläubiger und S. Gott hat dem Menschen seine große Schuld erlassen und ihm damit neue Lebensmöglichkeit geschenkt; ob sich der Mensch ihrer würdig erweist, hängt aber nun ganz davon ab, ob er bereit ist, denen zu vergeben, die in seiner Schuld stehen (Lk 11,4 par Mt 6,12; Mt 5,23–26; 18,23–35). R.

Schuldopfer → Opfer.

Schule → Synagoge.

Schunem, alte Stadt in der Ebene Jesreel am Gilboa-Gebirge (1Sam 28,4), zum Gebiet des Stammes → Issachar gerechnet (Jos 19,18), Heimat der Abischag (1Kön 1,3) und Wirkungsstätte Elischas (2Kön 4,8–37). S.

Schutzengel → Engel.

Schwachheit, neben körperlichem und geistigem Unvermögen auch soziale Geltungslosigkeit. Gottes Art ist es, sich des Schwachen anzunehmen; sie kommt in Christus, der sich im dienenden Dasein für die Schwachen bis zum Tode am Kreuz erniedrigt, zur Vollendung. Daß aufgrund des Kreuzes die, die sich für stark halten, vor Gott als schwach gelten, während die Schwachen, die alles von seiner Gnade erwarten, von ihm stark gemacht werden, ist ein zentrales Motiv paulinischer Theologie (1Kor 1,27; 2Kor 12,9). Als Schwache bezeichnet Paulus (Röm 14,1ff.; 1Kor 8,7–13) zuweilen auch im Glauben noch nicht gefestigte Gemeindeglieder. R.

Schwagerehe → Levirat.

Schwalbe → Tierwelt.

Schwan → Tierwelt.

Schwarz → Farben.

Schwefel, erscheint in der Bibel nur als Mittel des Strafgerichts über die Frevler, z. B. Regen von Feuer und S. (1Mose 19,24; Ps 11,6) oder ein von S. brennender See als Ort des endzeitlichen Verderbens (Offb 19,20; 20,10). S.

Schweigen. Das S. des Menschen ist Ausdruck der Ehrfurcht vor Gott (z. B. Ps 46,11; Hab 2,20) und der Ergebung in seinen Willen (z. B. Ps 39,10), auch ein Zeichen von Beschämung (Mk 9,34); das »S.« Gottes bedeutet, daß er nicht helfend oder strafend eingreift (z. B. Ps 28,1; 50,21). S.

Schwein → Tierwelt.

Schweißtuch, Tuch, das zum Abwischen des Gesichtes diente, aber darüber hinaus im alltäglichen Leben vielfältig verwendbar war (zur Aufbewahrung von Geld: Lk 19,20). Beim → Begräbnis umwickelte man den Kopf des Toten mit einem S. – Die spätere Legende erzählt vom S. der Veronika, in dem sich das Bild des zum Kreuz gehenden Jesus abgebildet habe. R.

Schwelle, Balken unter einer Tür (Richt 19,27) oder Toröffnung (Ez 40,6f.). Die S.n-Hüter des Tempels (z. B. 2Kön 23,4; Jer 52,24) waren vielleicht die Oberschicht der → Torhüter. Ein anderes hebr. Wort, das gewöhnlich mit »S.« wiedergegeben wird, meint vielleicht ein Podium oder Postament (z.B. 1Sam 5,4f.; Zef 1,9). S.

Schwert → Waffen.

Schwester. Die Ehe mit der Stief-S. war in Israel, wie bei den benachbarten Völkern, lange Zeit möglich (1Mose 20,12; 2Sam 13,13), wurde jedoch später durch das Gesetz verboten (3Mose 20,17; 5Mose 27,22). Im weiteren Sinne steht das Wort »S.« für die Geliebte (Hld 4,9), die Volksgenossin (4Mose 25,18), für benachbarte Städte (Ez 16,46) oder Staaten (Jer 3,7f.) und seit dem Urchristentum – entsprechend der Verwendung des Wortes → »Bruder« – für die Glaubensgenossin (z.B. Röm 16,1; 1Kor 7,15). S.

Schwur → Eid.

Sea → Maße und Gewichte.

Sealthiël → Schealthiël.

Seba. 1. Ein Volk, vielleicht in Nordostafrika (1Mose 10,7; Jes 43,3). **2.** → Scheba. S.

Sebach, ein Midianiterkönig, von Gideon besiegt (Richt 8,4–21). S.

Sebaste → Samaria.

Sebna → Schebna.

Sebul, von Abimelech eingesetzter Stadtvogt in Sichem, der eine Revolte gegen Abimelech unterdrücken half (Richt 9,26–41). S.

Sebulon, einer der zwölf → Stämme Israels. Er bewohnte ein kleines Gebiet auf den Bergen im Südwesten Galiläas, das im Westen an die von kanaan. Stadtstaaten beherrschte Küstenebene grenzte. Nach 1Mose 49,13 und 5Mose 33,19 hatte S. mit Schiffen und dem »Reichtum des Meeres« zu tun. Daher läßt sich vermuten, daß der Stamm Frondienst für die Stadtstaaten der Küstenebene leistete. – Als Ahnherr dieses Stammes gilt ein Sohn Jakobs und Leas mit Namen S. (1Mose 30,19f.). S.

Secharja. 1. Ein König des Nordreiches Israel (747 v.Chr.), der nach sechsmonatiger Regierung ermordet wurde (2Kön 15,8–10). **2.** Andere Träger dieses Namens, z.B. der Sohn des Priesters Jojada (2Chr 24,20–22) und ein Freund Jesajas (Jes 8,2). S.

Sechshundertsechsundsechzig → Apokalyptische Zahl.

Seder → Parasche.

See → Meer.

See Gennesaret, See in der oberen Jordansenke, 21 km lang, bis zu 12 km breit, 42–48 m tief; seine Oberfläche umfaßt 170 qkm und liegt 209 m unter dem Spiegel des Mittelmeeres. Er ist sehr fischreich und wird im Nordwesten und Süden von fruchtbaren, im Altertum dichtbevölkerten Ebenen begrenzt. Das Ufer des Sees und die Orte in seiner Nähe, wie → Kafarnaum, Chorazin und Betsaida, waren der Hauptschauplatz der Wirksamkeit Jesu. – Der Name »S. G.« erscheint in der Bibel nur in Lk 5,1; sonst heißt der See im NT »Meer von Galiläa« (z. B. Mt 4,18), »See (Meer) von Tiberias« (Joh 6,1; 21,1) oder einfach »Meer« (z. B. Mt 13,1), im AT »See → Kinneret«. S.

See Gennesaret. Blick vom Berg der Seligpreisungen

Seeb (hebr. *s^eeb* »Wolf«), Midianiterfürst, auf der Flucht von Gideon an der »Wolfskelter« getötet (Richt 7,25). S.

Seele. Das hebr. Wort *näfäsch,* das an einigen Stellen des AT mit »S.« übersetzt wird, hat einen sehr weitgespannten Bedeutungsinhalt, der von »Kehle«, »Gurgel« (z. B. Jes 5,14; Ps 69,2) über »verlangendes und empfindendes Lebendigsein« (z. B. Ps 35,25; 1Sam 1,10; Hld 1,7) und »Leben« (z. B. 2Sam 19,6) bis zu »Person« (z. B. 3Mose 2,1) und zum Ersatz für »ich«, »du« usw. (z. B. Jer 4,19; Ps 103,1f.) reicht. Schließlich kann dieses Wort – wohl von der Bedeutung »Person« her – auch den toten Körper meinen (z. B. 3Mose 19,28). Niemals bezeichnet es das

unvergängliche Lebensprinzip des Menschen, das nach dem Tode weiterbesteht.
Das NT übernimmt zwar das griech. Wort *psyche* (»S.«), das in der philosophischen Sprache der hellenist.-röm. Zeit den unvergänglichen Wesenskern oder die geistig-seelischen Funktionen des Menschen bezeichnet, gebraucht es aber fast durchweg im alttest. Sinn: Die S. ist das vom Schöpfer gegebene Leben (Mt 6,25; Röm 2,9 u. ö.). Das nach dem Tode erwartete Heil wird als Leben in einer neuen, verwandelten Leiblichkeit vorgestellt. Die Möglichkeit einer vom Leib gelösten S. ist ein Gedanke, den Paulus erschreckt abwehrt (2Kor 5,1ff.). S. / R.

Seevölker, Völkerschaften, die gegen Ende des 2. Jt.s v. Chr. von der Ägäis und dem östl. Mittelmeer her gegen Ägypten, Syrien-Palästina und Kleinasien vordrangen. Ihre Herkunft ist nicht sicher zu bestimmen, manches spricht für Mittel- oder Südosteuropa.
Mit dem S.-Sturm hängen wichtige Einschnitte in der Geschichte der östl. Mittelmeerwelt zusammen, so die Zerstörung → Ugarits und das Ende des → Hetiterreiches. Auch der Untergang Trojas und das Ende des kretisch-ägäischen Reiches wurden mit den S.n in Verbindung gebracht. Nach der Niederlage der S. vor → Ägypten (durch Ramses III., Anfang des 12. Jh.s v. Chr.) wurden einzelne S.-Gruppen seßhaft, so in → Palästina die → Philister. Auf die Richtung anderer S.-Bewegungen weisen die Namen einzelner S., die mit Lyzien, Sardinien, Sizilien und den Etruskern (Tyrseniern) in Verbindung gebracht werden können. Doch bleibt hier manches hypothetisch; die Rolle der S. in der Geschichte der alten Mittelmeerwelt ist noch nicht voll erfaßt. J. E.

Lit.: A. Strobel, Der spätbronzezeitliche Seevölkersturm, 1976.

Sefarad, ein Verbannungsort der Jerusalemer (Obd 20), der im Targum (→ Bibelübersetzungen 1) mit Spanien gleichgesetzt wird; aber wahrscheinlich ist die Provinz Sardes gemeint. – Von S. leitet sich die Bezeichnung »Sefardim« für das westl. Judentum ab. S.

Sefarwajim, eine Stadt unbekannter Lage in Syrien (2Kön 18,34), deren Bewohner nach der assyr. Eroberung Samarias (722 v. Chr.) dorthin umgesiedelt wurden (2Kön 17,24.31). S.

Segen. Jemanden segnen bedeutet, ihn mit lebensfördernder Kraft zu begaben. Der S. ist ein wirkungsmächtiges, Wirklichkeit schaffendes Wort, das jemandem zugesprochen und das von einer Handlung, einem S.s-Gestus, begleitet wird. So auch beim S. im AT, für den darüber hinaus gilt, daß allein Jahwe ihn geben kann. Menschen segnen als Mittler Gottes, zuzeiten sogar gegen ihren Willen, wie → Bileam, der Israel fluchen will und segnen muß (4Mose 22–24). Mit dem S. kann sich im AT die Verheißung verbinden (1Mose 12,1–3). So ist der S. ein Element der Heilsgeschichte. Im S. manifestiert sich der sein Volk begleitende und rettende Gott. Dabei verheißt der S. in erster Linie Kontinuität und Gedeihen des Lebens. Ein S. ist der in 1Mose 1,28 als erstes Wort an die erschaffenen Menschen ergehende Auftrag zur Vermehrung und zur Herrschaft über die Erde. Durch den S. wird zuvor (1Mose 1,22) auch Tieren die Kraft zur Fortpflanzung gegeben. Der S. geht dem → Bund mit → Noah voraus. Wenn in den Vätererzählungen (1Mose 12–50) ein Vater seinen Sohn segnet (z. B. 1Mose 27; 48), dann überträgt er auf ihn seine Lebenskraft. 1Mose 27 – die Erzählung von → Jakob, der den S. erlistet, der seinem älteren Bruder → Esau zusteht – zeigt, daß der S. ein wirksames Wort auch da ist, wo er gleichsam unter falscher Vorspiegelung empfangen wird.
Im Deuteronomium (5. Mose) erhebt sich der S. aus der Familienebene in den Bereich des → Volkes. Im Segen wird Fruchtbarkeit, Förderung und Gedeihen für Mensch und Natur zugesagt. Dem S. steht der → Fluch gegenüber, wie der S. wirkungsmächtiges Wort. Richt 17,1f. zeigt, wie man durch einen S. einen vorausgegangenen Fluch auszugleichen sucht. In der späteren Geschichte und Religionsgeschichte Israels gehört der S. zunehmend zum Amt des → Priesters (→ Segen des Aaron). Der S. ist fest im Ablauf des Gottesdienstes verankert – noch heute schließt er den prot. Gottesdienst ab. Doch blieb in Israel der S. auch weiterhin im Alltagsleben wichtig. Er gehört zum Gruß, bei dem der Zuspruch von → Frieden (*schalom*) den Wunsch nach S.s-Wirkung ausdrückt.
Das NT führt das alttest. Verständnis des S.s weiter. Jesus forderte von seinen Jüngern, den Fluch ihrer Feinde mit einem S. zu beantworten (Lk 6,28; vgl. Mt 5,44). Weil die christl. Gemeinde sich als das endzeitliche Gottesvolk versteht, das

in Gottes Heilsplan die Rolle Israels übernimmt (→ Kirche), darum weiß sie sich auch als Erbin des Israel verheißenen S.s (Gal 3,9.14; 1Petr 3,9). In besonderer Weise wird ihr die lebensfördernde Kraft des S.s zuteil durch Christi Wort, das durch seine Boten zu ihr kommt (Röm 15,29). Geläufiger jüd. Sprachgebrauch spiegelt sich in der Bezeichnung der Lobsprüche über Brot und Wein bei der Mahlzeit als »S.« (Mk 6,41 par; 8,7 par). So wird der mit Wein gefüllte Becher beim → Abendmahl, über dem der Lobspruch gesprochen worden ist, S.s-Becher genannt (1Kor 10,16). J. E. / R.

Lit.: C. Westermann, Der S. in der Bibel und im Handeln der Kirche, 1968.

Segen des Aaron, der in 4Mose 6,24–26 auf → Aaron und seine Söhne zurückgeführte priesterliche → Segen, der noch heute den prot. Gottesdienst abschließt. Er sagt als wirkendes Wort das Aufleuchten des Angesichts Jahwes, also eine Erscheinung Gottes (Theophanie, → Offenbarung), an und zielt auf den Zuspruch des umfassenden → Friedens Jahwes. J. E.

Segen des Mose → Moselied, Mosesegen.

Seher. Die beiden hebr. Ausdrücke *roä* und *chosä* werden dt. mit »S.« übersetzt. Beides bezieht sich auf Menschen mit der Begabung, zuverlässig Zukunft im Namen Jahwes zu künden. Der erste Titel wird fast nur für → Samuel verwendet (der auch als → Gottesmann und später als Profet bezeichnet wird, 1Sam 9,9). Der zweite Titel ist während der Königszeit mehrfach belegt und bezeichnet im Unterschied zu berufsmäßigen oder gruppengebundenen Profeten vermutlich Männer, die als Privatpersonen von einer inneren Stimme überfallen werden und daraufhin ein göttliches Orakel künden. Der berühmteste S. dieser Art ist → Amos (Am 7,12); auch bei den meisten anderen Schriftprofeten läßt sich fragen, ob sie nicht eher als S. denn als Profeten aufgetreten sind. Da *chosä* auch bei den → Aramäern belegt ist, hat man auf eine alte nomadische Herkunft solcher Zukunftsdeutung geschlossen und z. B. den Nichtisraeliten → Bileam (4Mose 22–24) als S. eingeordnet. K.

Seide, in Palästina erst seit hellenist.-röm. Zeit bekannt, wird in der Bibel nur in Offb 18,12 erwähnt, nicht jedoch in Ez 16,10.13, wo das hebr. Wort, das man vielfach mit »S.« übersetzt, eine nicht näher bekannte Art feiner Gewebe meint. S.

Seïr. 1. Gebirgszug südwestl. und möglicherweise nordwestl. des Toten Meeres, Kerngebiet der Edomiter und oft mit → Edom gleichgesetzt (z. B. 1Mose 32,4; Ez 25,8). Die Vorbewohner waren nach 5Mose 2,12.22 die → Horiter, deren Ahnherr ebenfalls S. genannt wird (1Mose 36,20f.). **2.** Gebirgszug in Juda (Jos 15,10). S.

Sektenregel → Qumranschriften.

Sela, ein musiktechnischer Ausdruck in 39 Psalmen und in Hab 3, dessen Bedeutung unklar ist. Vielleicht handelt es sich um einen Aufruf zu einem Zwischengesang oder um ein Pausenzeichen. S.

Selbstbezeichnung Jesu. Die Evangelien enthalten eine Reihe von Aussagen → Jesu über sein Wesen, seine Bedeutung und seine Funktion. Besonderes Gewicht haben dabei jene S.en, in denen Jesus vorgegebene Hoheitstitel auf sich selbst überträgt; doch ist gerade ihre Historizität weithin fraglich. Vielfach dürften sie erst vom nachösterlichen Christusbekenntnis der Gemeinde in die Überlieferung eingedrungen sein. Einiges spricht dafür, daß Jesus sich in geheimnisvoll andeutender Redeweise mit dem kommenden → Menschensohn gleichgesetzt hat; nicht ganz ausgeschlossen ist auch, daß er seine besondere Nähe zu Gott mit der S. »der Sohn« umschrieben hätte (Mt 11,27; Mk 13,32 par Mt 24,36). Gemeindebildungen sind jedoch ohne Zweifel die S.en → »Sohn Gottes« (Mk 14,62) und → »Messias« (Mk 9,41; Mt 16,16f.; 23,10).
Zu den S.en zählen auch die Ich-Worte, die die Funktion Jesu beschreiben, von denen Mk 2,17 (»Ich bin nicht gekommen, die Gerechten zu rufen, sondern die Sünder!«) und Lk 22,27 (»Ich bin in eurer Mitte als der Dienende!«) wohl im Kern authentisch sind. Für das Johannesevangelium charakteristisch sind die → Ich-bin-Worte, die jeweils die Bedeutung des erhöhten Christus für seine Gemeinde mit einem Bild aussprechen (z. B. Joh 6,35: »Ich bin das Brot des Lebens«; 8,12: »Ich bin das Licht der Welt«). R.

Selbstmord. Wahrscheinlich kam der S. in Israel nur selten vor und wird deshalb in der Bibel nicht ausdrücklich verboten. Die Bibel berichtet von S. nur in einigen Verzweiflungssituationen politisch-militärischer Art (Richt 9,54; 1Sam 31,4f.; 2Sam 17,23; 1Kön 16,18) und vom S. des Judas (Mt 27,5). S.

Seleukus, Seleukiden, mazedon. Dynastie, genannt nach König S. I. Nikator (312–281 v. Chr.), Gründer eines hellenist. Großreiches (→ Hellenismus) in der Nachfolge Alexanders d. Gr., das zur Zeit seiner größten Ausdehnung vom Hellespont bis an die ind. Grenze reichte. Die Seleukiden konnten ihren Machtbereich bis nach → Ägypten ausdehnen (um 200 v. Chr.; vgl. Dan 11,5ff.). Palästina war nach dieser Zeit Streitobjekt zwischen → Hasmonäern und Seleukiden (→ Antiochus). 64 v. Chr. wurde das Reich als Provinz → Syrien dem röm. Reich eingegliedert. U. R.

Seleuzia, Name mehrerer von → Seleukus I. gegründeter Städte. In der Bibel wird das als Hafenstadt → Antiochias 8 km nördl. der Mündung des Orontes angelegte S. erwähnt (1Makk 11,8; Apg 13,4). U. R.

Seligpreisung, formelhafte Wendung, die ein positives Urteil über einen Personenkreis verheißt, der sich einer vorgegebenen Wertordnung gemäß verhält: »Selig, glücklich, wer . . .!« Das AT kennt neben *weisheitlichen* S.en, die denen gelten, die nach den von Gott geschaffenen einsichtigen Ordnungen leben (z. B. Ps 1,1; Spr 3,33; 5,18), *apokalyptische* S.en, die von denen reden, die im Letzten Gericht gerettet werden und an der neuen Welt ihren Teil bekommen (Dan 12,12). Der zweiten Gruppe gehören auch die S.en Jesu an (Mt 5,3–11; Lk 6,20–23). In ihnen wird denen das Heil der Gottesherrschaft zugesagt, die als die »Armen«, d. h. als die, welche von sich aus nichts vorzuweisen haben, vor Gott stehen und von seiner gnädigen Zuwendung alles erwarten. Während Matthäus mit einer kunstvollen strophischen Komposition von 9 S.en die → Bergpredigt einleitet (Mt 5,3–11), bringt das Lukasevangelium nur 4 S.en, denen es 4 Weherufe gegenüberstellt (Lk 6,24–26). R.

Lit.: K. Koch, Was ist Formgeschichte?, ^{3}1974, §§ 1–5.

Sem, Gestalt der Vorzeit, ältester Sohn Noahs. Auf S. wird in 1Mose 10,1.21ff. eine Reihe von Völkern zurückgeführt, bei denen es sich weitgehend um die → *Semiten* handelt, wie die Völkergruppe seit dem Ende des 18. Jh.s genannt wird. S.

Semaja → Schemaja.

Semiten, seit A. Schlözer (1761) aufgrund der Völkertafel 1Mose 10 nach → *Sem* benannte Gruppe von Völkern mit untereinander eng verwandten Sprachen. Das Siedlungsgebiet der S. umfaßte im Altertum die arab. Halbinsel, von wo aus sie in mehreren Wanderungsschüben nach Mesopotamien und Syrien-Palästina kamen, das äthiop. Hochland und – durch die phöniz. Kolonisation – Randgebiete des westl. Mittelmeeres. Die Urheimat der S. ist nicht bekannt.

Die *semit. Sprachen* teilt man in Nord- und Südsemitisch. Unter Südsemitisch wird das Nord- und Südarabische (Äthiopisch u. a.) verstanden; das Nordsemitische unterteilt man in Ostsemitisch (Akkadisch, d. i. Assyrisch-Babylonisch) und Nordwestsemitisch; das Aramäische und Syrische sowie das Kanaanäische (Phönizisch, Punisch, Ugaritisch, → Hebräisch, Moabitisch u. a.). – Kennzeichnend für die semit. Sprachen sind die zahlreichen Kehllaute, ferner eine spezielle Form der Genitiv-Verbindung und daß die Bedeutung der Wörter an den Konsonanten (nicht den Vokalen) haftet, wobei die Wörter auf eine aus meistens drei (selten zwei) Konsonanten bestehende »Wurzel« zurückgehen. S.

Sendbote → Bote, → Mission.

Sendung → Mission.

Senfkorn, Same der schwarzen Senfpflanze (*Sinapis nigra*), außerordentlich klein: 1 g entspricht etwa 725 bis 760 Samenkörnern. Aus dem S. wächst eine Staude von 2,5 bis 3 m Höhe. Im *S.-Gleichnis* (Mk 4,30ff. par) liegt die Pointe im Kontrast zwischen der Kleinheit des S.s und der Größe der Pflanze: ebenso wird aus den äußerlich unscheinbaren Anfängen im Wirken Jesu am Ende das → Reich Gottes in seiner ganzen überwältigenden Macht hervorgehen. R.

Senir. Der S. wird in Hld 4,8; 1Chr 5,23 zusammen mit dem Hermon genannt und meint hier wohl den Nordteil des Antilibanon-Gebirges wie der Hermon den Südteil. Dagegen ist S. nach

5Mose 3,9 ein anderer Name für den Hermon, und in Ez 27,5 scheint S. den ganzen Antilibanon zu bezeichnen. Demnach war zur Zeit des AT die Bedeutung des Namens S. nicht genau festgelegt. S.

Senkblei → Lot.

Sense → Sichel.

Sepharad → Sefarad.

Sepharwa(j)im → Sefarwajim.

Sepphoris, Ort in Galiläa, 6 km nördl. von Nazaret, zur Zeit Jesu eine der hellenist. Städte des Landes, die von ihm gemieden wurden; S. wird deshalb im NT nicht erwähnt. R.

Septuaginta (Abkürzung: LXX), älteste und wichtigste griech. Übersetzung des AT, im 3. und 2. Jh. v. Chr. in Ägypten entstanden. Die Bezeichnung »S.« ist eine Verkürzung des vollen Titels »Übersetzung nach den siebzig [lat. *septuaginta*] Ältesten« und spielt auf die im → Aristeasbrief erzählte Entstehungslegende an: Demnach hätten auf Geheiß des ägypt. Königs Ptolemäus II. Philadelphus (285–246 v. Chr.), der für die berühmte Bibliothek von Alexandria eine Ausgabe der jüd. Gesetze benötigte, 72 jüd. Älteste (sechs von jedem Stamm) auf der Insel Pharos eine Übersetzung des Pentateuch (der 5 → Mosebücher) aus dem Hebräischen angefertigt. (→ Bibelübersetzungen.)
In Wirklichkeit hat die S. keineswegs eine einheitliche Entstehungsgeschichte. Sie wurde von zahlreichen, hinsichtlich ihrer Arbeitsweise und sprachlichen Fähigkeiten recht unterschiedlichen Übersetzern innerhalb eines längeren Zeitraumes geschaffen, und zwar zunächst für die Bedürfnisse der griech. sprechenden Judenschaft der alexandrinischen → Diaspora. In ihrer Endgestalt umfaßte die S. weitgehend die im Judentum des 2. Jh.s v. Chr. anerkannten und in religiösem Gebrauch stehenden Schriften. Sie ist wesentlich umfangreicher als der in nachchristl. Zeit (um 100 n. Chr.) von pharisäischen Schriftgelehrten festgelegte → Kanon der hebr. Bibel. So enthält sie u. a. die → Weisheit Salomos, das → Sirachbuch, die Bücher Tobit und Baruch, die Makkabäerbücher und eine gegenüber dem hebr. AT erweiterte Fassung des → Danielbuches.
Die S. ist für die Bibelwissenschaft in mehrfacher Hinsicht wichtig: Sie erlaubt Rückschlüsse auf die ihr zugrunde liegende Gestalt des hebr. Textes, die vielfach von der Fassung der uns bekannten, aus dem Mittelalter stammenden hebr. Handschriften abweicht; sie erschließt uns die kulturelle Situation und das theologische Denken des hellenist. Judentums; sie bildet die Brücke zwischen dem AT und dem NT, denn sie war weithin die Bibel des Urchristentums. Aus ihr gewannen die neutest. Schriftsteller ihr sprachliches und gedankliches Material. R.

Seraf. In Jes 6,2.6 werden die S.en (Serafim) als himmlische Wesen mit drei Flügelpaaren, Händen und einer menschlichen Stimme geschildert, die lobpreisend Jahwes Thron umgeben. Da das hebr. Wort S. auch »feurige«, d. h. giftige Schlangen oder Drachen bezeichnet (z. B. 4Mose 21,6; Jes 14,29), stellte man sich die himmlischen S.en vermutlich mit einem Schlangenleib vor. (→ Engel.) S.

Seraja, ein im AT mehrfach vorkommender Name; S. hießen z. B. ein → Schreiber Davids (2Sam 8,17), ein Quartiermeister Zidkijas (Jer 51,59), der Hohepriester, der 587/586 v. Chr. deportiert wurde (2Kön 25,18), und der Vater Esras (Esr 7,1). S.

Seraphim → Seraf.

Sergius Paulus, röm. Prokonsul von Zypern um 47 n. Chr.; Barnabas und Paulus predigten vor ihm auf der 1. Missionsreise (Apg 13,6–12). R.

Serpentin → Edelsteine.

Serubbabel, ein im → Exil aufgewachsener Judäer, der um 520 v. Chr. von den Persern als Bevollmächtigter (»Statthalter«) mit nicht näher bekanntem Auftrag nach Juda entsandt wurde und dort neben dem Hohenpriester Jeschua wirkte (z. B. Hag 1,1). Er soll mit Jeschua eine Heimkehrerschar angeführt haben (Esr 2,2 = Neh 7,7). Die Profeten → Haggai (Hag 2,20–23) und → Sacharja (Sach 4,6–10) knüpften an S. während des Wiederaufbaus des Jerusalemer Tempels messianische Hoffnungen. S.

Sesach → Scheschach.

Sesbazzar → Scheschbazzar.

Set, Gestalt der Urzeit, Sohn Adams und Vater des Enos. Der Stammbaum S.s, des Erstgeborenen Adams (1Mose 5), ist in einer anderen Überlieferung (1Mose 4,17f.25f.) auf zwei Stammbäume verteilt worden, so daß S. als dritter Sohn Adams erscheint. Dieser Stammbaum hat große Ähnlichkeit mit einer sumer. Liste der Könige vor der Sintflut und dürfte auf eine vorisraelit. Quelle zurückgehen. S.

Seuchen. Im gesamten Altertum ist unter den S. vor allem die Pest bekannt, die ganze Völker ausrotten kann und deshalb als Dämon oder Geißel Gottes gilt (z. B. bei Babyloniern oder Griechen). Im AT gilt die Pest als eine unmittelbar von Gott gesandte → Plage, die oft mit Krieg und Hungersnot zusammen auftaucht (2Sam 24,13) oder aber mit anderen Krankheiten wie Schwindsucht und Geschwüren als Schlag Gottes empfunden wird (5Mose 28,21f.27f.). Nicht in allen Fällen ist mit Sicherheit die Beulenpest gemeint, es könnte sich auch gelegentlich um eine andere S. handeln. K.

Sexualität → Ehe, → Ehelosigkeit, → Homosexualität.

Sibyllinische Orakel, auf eine heidn. Profetin zurückgeführte, 14 Bücher umfassende Sammlung von Weissagungen in griech. Hexametern. Der Grundstock ist jüd. (Buch 3–5), die übrigen Bücher sind christl. überarbeitet. Sie schildern den Geschichtsverlauf von den Anfängen bis zum Weltuntergang, dem ein Goldenes Zeitalter folgen wird. H. M.

Text: Kautzsch, 177–217.

Sichar → Sychar.

Sichel, ein Erntewerkzeug (z. B. 5Mose 16,9; Joel 4,13; Mk 4,29), oft ein mit Feuersteinspitzen besetztes, gekrümmtes Holz, später auch ein halbmondförmiges Messer mit Holzgriff. S.

Sichem. S. ist, wie die dt. Grabungen unter E. Sellin und G. Welter 1913/14 und 1926–34 sowie die amerikan., vornehmlich unter G. E. Wright, zwischen 1956 und 1973 zeigten, auf dem *tell balata* bei *nablus* zu lokalisieren. S. zeigt Besiedlungsspuren ohne Häuserfunde seit der Kupfersteinzeit des 4. Jt.s v. Chr. bis in die frühe Mittelbronzezeit. Im 18. Jh. v. Chr. wurde ein großes Erdplateau außerhalb einer möglichen Stadtmauer errichtet, das Wright mit dem Altar Abrahams (1Mose 12,6ff.) und Jakobs (1Mose 33,18–20) verbindet. Zwischen 1750 und 1650 umfaßten Mauern dieses Gelände, auf dem eine Anlage mit mehreren Höfen gebaut wurde, die von den Ausgräbern als Hoftempel (→ Tempel) gedeutet wurde, die aber eher als eine → Palastanlage zu verstehen ist. Zwischen 1650 und 1550 wurde nördl. davon ein großer Festungs-(Migdal-)Tempel in Verbindung mit einer Zyklopenstadtmauer und einem großen Nordwesttor errichtet. Diese Mauer wurde noch im Osten durch eine zweite verstärkt und durch eine Osttoranlage erweitert. Um 1550–40 wurde das S. der mittleren Bronzezeit wohl durch ein ägypt. Heer zerstört.

S. erblühte zwischen 1450 und 1200 zu neuem Leben. Die zerstörten Stadtmauern, Tore und der Migdaltempel wurden wiederaufgebaut. Durch die Korrespondenz von → Amarna ist belegt, daß S. das Gebiet von der Jesreelebene bis Jerusalem beherrschte. Vor den Toren S.s wurde im 14./13. Jh. die Sippe → Jakobs seßhaft, ebenso die Stämme der → Lea, die Stämme →

Sichem. Rekonstruktion des nordwestlichen Stadttores sowie der Mauer A (nach G. E. Wright)

Sichem. Rekonstruktion des mittelbronzezeitlichen Festungstempels (nach G. E. Wright)

Simeon und → Levi (1Mose 34), die sich hier auch mit der Auszugsgruppe der Stämme der → Rahel verbanden. Die spätbronzezeitliche Stadt wurde von → Abimelech im 12. Jh. zerstört (Richt 9). S. wurde damit israelitisch.
Schon in vorstaatlicher Zeit Israels wurde S. kultisch von → Bet-El überflügelt. Daß S. Zentralheiligtum eines Zwölfstämmebundes war, ist unwahrscheinlich, da es, abgesehen von der späten Überlieferung Jos 8,30–35, keinen Beleg für die → Lade in S. gibt. Unter → Salomo wurde S. wiederaufgebaut, möglicherweise in der Funktion einer Provinzhauptstadt im Gebirge Efraim. Nach der Reichsteilung auf dem Landtag von S. (926 v. Chr.; 1Kön 12) wurde S. für kurze Zeit Hauptstadt des Nordreiches unter → Jerobeam I., danach durch den ägypt. König → Schischak wieder zerstört. 722 v. Chr. wurde S. von den Assyrern abermals zerstört und bis in hellenist. Zeit (4. Jh.) nur sporadisch dörflich besiedelt. Im 4. Jh. nahm S. nach der Ansiedlung der von Alexander d. Gr. aus Samaria vertriebenen Menschen einen erneuten Aufschwung zur Stadt und wurde Zentrum der → Samaritaner. 128 v. Chr. wurde S. von Johannes Hyrkan I. (→ Hasmonäer) endgültig zerstört. → Vespasian (69–79 n. Chr.) gründete westl. davon die Stadt Neapolis, die im Bereich des heutigen *nablus* liegt. O.

Lit.: G. E. Wright, Shechem. The Biography of a Biblical City, 1965; E. Otto, Jakob in S., 1979.

Sichri, ein mehrfach im AT – hauptsächlich im → Chronistischen Geschichtswerk – vorkommender Männername (z. B. 2Chr 17,16; Neh 11,9). S.

Siddim, in der sagenhaften Erzählung 1Mose 14,1–11 Name einer Ebene an der Stelle des heutigen Toten Meeres. S.

Sidon, phöniz. Küstenstadt, heute *Saida* im Süden des Libanon. Im AT steht S. oft für → Phönizien insgesamt (so Jes 23,2.12f., vgl. auch 1Mose 10,15, wo S. der älteste Sohn → Kanaans ist). In ständiger Konkurrenz stand S. zu → Tyrus. Mit beiden Städten unterhielt Israel politische und wirtschaftliche Beziehungen. Nach 1Kön 16,31 heiratete → Ahab eine Tochter des Königs der Sidonier, doch dürfte ein König von Tyrus gemeint sein, der hier als Sidonier (d. h. Phönizier) bezeichnet ist (→ Isebel). Im Gebiet von S. und

Tyrus wirkte nach Mt 15,21 auch Jesus (vgl. auch Mt 11,20ff.). Paulus besuchte S. auf dem Weg nach Rom (Apg 27,3). J. E.

Sieben, galt vor allem bei den → Semiten als heilige Zahl; sie war die Zahl der → Planeten und der Wochentage, deren siebter im israelit. → Sabbat geheiligt wurde. Die Bibel läßt vielerorts die große Bedeutung der S. für fast alle Lebensbereiche erkennen – etwa beim Ritual (z. B. 3Mose 8,11; 4Mose 28,11; vgl. Jos 6), in der prophetischen Verkündigung (z. B. Jes 4,1; Jer 15,9) oder im Volksglauben (z. B. Richt 16,13; 2Kön 4,35; Mt 12,45). S.

Siebenarmiger Leuchter → Leuchter.

Siebzig, in der Bibel als große runde Zahl verwendet (ihre Bedeutung rührt wohl von der → Sieben her), so für die Nachkommen bedeutender Männer (1Mose 46,27; 2Mose 1,5; Richt 9,2), für die Dauer des Exils (Jer 25,11) oder für einen weiteren Jüngerkreis Jesu (Lk 10,1). S.

Siegel. Das S. dient bei der schriftlichen Beurkundung politischer, rechtlicher und wirtschaftlicher Vorgänge als Zeichen seines Besitzers, den es repräsentiert. Wegen dieser Bedeutung wird das S. sorgfältig aufbewahrt und entweder um den Hals (1Mose 38,18.25) oder mit einem Ring am Finger (1Mose 41,42) getragen. Archäologische Kategorisierung der S. Palästinas unterscheidet zwischen dem Roll-S. mesopotam. Ursprungs, dem ägypt. Skarabäus sowie dem ovalen Stempel-S., dem Knopf- und Kegel-S. kleinasiat.-syr. Ursprungs. Als Material wurden Fayence, Quarz, Glasspate, Stein, Ton, Keramik und andere Materialien verwendet.
Für das vorisraelit. Palästina sind insbesondere die gelegentlich mit mythologischen Bildern und darauf bezogenen keilschriftlichen Texten oder ägypt. Hieroglyphen versehenen Roll-S. kultur- und religionsgeschichtlich bedeutsam.
Israelit. ist das Stempel-S. vorherrschend, bei dem bis ins 8. Jh. v. Chr. die Verzierung durch Tiersymbole wie Löwe, Stier, Sphinx u. ä. geläufig ist, die später aber dann den reinen Namen-S.n wichen. Der im Dativ stehende Name wird oft ergänzt durch den Titel »Minister«, »Schreiber« oder »Krongutsverwalter« sowie den Vaternamen. Von besonderer Bedeutung sind Stempel-S. auf Krughenkeln mit der Aufschrift »dem

Stempel-Siegel aus Megiddo (Jaspis, 10./8. Jh. v. Chr.). Inschrift: »[Siegel] des Schema, des Dieners Jerobeams«

König« in Verbindung mit Ortsnamen, die auf königliche Besitzungen hindeuten, und aus pers. Zeit S. mit der Aufschrift *jehud* oder dem Namen eines pers. Statthalters auf Krügen, die wohl Abgaben der Provinz Juda enthielten. In übertragener Bedeutung ist S. im NT das dem Menschen aufgeprägte Eigentumszeichen Gottes, wobei ein Bezug dieser Vorstellung auf die Taufe anzunehmen ist (2Kor 1,22; Eph 1,13; 4,30; Offb 7,3ff.; 9,4). O./R.

Siegeslied, zusammenfassender Name für Lieder, in denen die Rettung aus Feindesnot besungen wird. Dabei steht neben dem → Hymnus (2Mose 15,21) oder hymnenartigen Liedern (Richt 5; 16,23–25; Ps 118,15f.; 78,65f.) der profane Triumphgesang auf den Sieger (1Sam 18,7). S.

Siegespreis, Belohnung für den Gewinner im sportlichen Wettkampf. Von Paulus (1Kor 9,24f.; Phil 3,14; 2Tim 4,7f.) bildlich für die Gewährung des Heils an den treu bewährten Christen gebraucht. R.

Sif. 1. Ort im südl. Juda (Jos 15,24). **2.** Ort in Juda bei Hebron (z. B. Jos 15,55; 1Sam 23,14), als dessen → Eponym ein Sohn Kalebs gilt (1Chr 2,42; 4,16). S.

Sihon, König des Stadtstaates → Heschbon und des umliegenden Gebietes, nach der alttest. Überlieferung von Mose besiegt (4Mose 21,21–31). An zahlreichen Stellen erscheint er neben → Og, wobei schematisch diesem das nördl., jenem das südl. Ostjordanland zugeschrieben wird (z. B. 1Kön 4,19). S.

Sikkut, unklares Wort in Am 5,26; wahrscheinlich handelt es sich um die entstellte Namensform eines akkad. Sterngottes. Die griech. Übersetzung des AT, die in Apg 7,43 zitiert wird, hatte den Ausdruck »S., euer König« fälschlich als »Hütte Molochs« gedeutet. S.

Sikarier → Zelot.

Silas, aram. Variante des Namens *Saul,* latinisiert zu *Silvanus.* S. war zunächst ein führendes Glied der judenchristl. Gemeinde in Jerusalem (Apg 15,22) und gehörte der Delegation an, welche die Entscheidung des → Apostelkonzils nach Antiochia überbrachte (Apg 15,27–30). Dort trat er in den Kreis der Mitarbeiter des Paulus ein und begleitete ihn auf der 2. Missionsreise (Apg 15,40; 18,5; 2Kor 1,19). In den → Thessalonicherbriefen wird er als Mitabsender erwähnt (1Thess 1,1; 2Thess 1,1). Nach 1Petr 5,12 wäre er später auch Begleiter und Sekretär des → Petrus gewesen, doch ist diese Angabe historisch umstritten. R.

Silber, in Israel aus Ägypten, Arabien und Spanien bezogen, war schon vor der Einführung von Münzen Zahlungsmittel. Das hebr. und griech. Wort für »S.« bedeutet daher auch »Geld«. Wie → Gold wird auch S. in zahlreichen sprachlichen Bildern verwandt. J. E.

Silo → Schilo.

Siloah → Schiloach.

Silpa, die von → Laban seiner Tochter Lea mitgegebene Sklavin, die dem → Jakob während Leas Kinderlosigkeit die Söhne Gad und Ascher gebar (1Mose 29,24; 30,9–13). S.

Simeï → Schimi.

Simeon (hebr. *schimon* »[Gott] hat gehört«), Stammesname und davon abgeleiteter männlicher Eigenname. Durch andere griech. Vokalisation ist daneben die Variante → *Simon* verbreitet worden. **1.** Der Stamm S. wird im AT als einer der zwölf Stämme Israels gezählt, war aber wohl in Wirklichkeit dem Stamm → Juda im Süden Palästinas angegliedert. Als sein Ahnherr gilt in der Überlieferung ein Sohn Jakobs und Leas mit Namen S. (1Mose 29,33). Er soll nach 1Mose 34 gemeinsam mit → Levi einen grausamen Rachefeldzug gegen die Stadt Sichem geführt haben; aufgrund dieser Erzählung vermutet man, daß der Stamm S. früher einmal seine Wohnsitze in der Gegend um Sichem hatte. **2.** Großvater des → Mattathias (1Makk 2,1). **3.** Ein greiser Profet, der das Jesuskind bei seiner Darstellung im Tempel mit einem Lobgesang (→ Nunc dimittis) begrüßt (Lk 2,25–35). **4.** Vorfahre Jesu im Stammbaum des Lukasevangeliums (Lk 3,30). **5.** Ein christl. Profet und Lehrer in Antiochia mit Beinamen *Niger* (»schwarz«; Apg 13,1). S. / R.

Simon, verbreiteter männlicher Eigenname, Variante von → *Simeon.* **1.** S., der Hohepriester (um 200 v. Chr.), Sohn Onias II. (Sir 50,1–21). **2.** S., der → Hasmonäer (1Makk 2,3.65), Bruder des Judas Makkabäus und Führer des Freiheitskampfes der Juden gegen die seleukid. Fremdherrschaft (143–134 v. Chr.), Begründer der hasmonäischen Dynastie. **3.** S., der Kanaanäer (aram., »Eiferer«?), Jünger Jesu und Glied des Zwölferkreises (Mk 3,18 par). **4.** S., Sohn des Jona (Mt 16,17) und Bruder des Andreas (Mk 1,16 par), Jünger Jesu, Glied und Sprecher des Zwölferkreises, bekannt unter dem ihm von Jesus verliehenen Beinamen → *Petrus.* An einigen Stellen (Apg 15,14; 2Petr 1,1) bringt das NT die abweichende Namensform *Simeon.* **5.** S., Bruder Jesu (Mk 6,3). **6.** S., der Aussätzige, in dessen Haus Jesus in Betanien einkehrte (Mk 14,3–9). **7.** S., der Pharisäer, Gastgeber Jesu, in dessen Haus eine Sünderin Jesus huldigte (Lk 7,36–50). **8.** S. von Zyrene, der Jesu Kreuz zur Richtstätte trug (Mk 15,21f.). **9.** S., der Magier, vermutlich ein hellenist. Wundertäter und Zauberer, mit dem Philippus und Petrus in Samaria in Konflikt gerieten (Apg 8,9–24). **10.** S., der Gerber, in dessen Haus in Jafo Petrus sich aufhielt (Apg 9,43; 10,6.17). R.

Simri, König des Nordreiches Israel (882/881 v. Chr.). S., der Kommandeur eines Streitwagenkorps war, kam durch Ermordung des Königs Ela auf den Thron, konnte sich aber nur sieben Tage halten, da das israelit. Heer → Omri zum König erhob, und beging, von Omri eingeschlossen, Selbstmord in den Flammen des Palastes (1Kön 16,8–20). S.

Simson, Held der Richterzeit, aus dem Stamme Dan. Die volkstümlich-sagenhaften Erzählungen über S. (Richt 14–16), denen eine Geburtsgeschichte vorangestellt ist (Kap. 13), schildern S.s Frauenabenteuer und seine Krafttaten und Streiche gegen die Philister. Seine Liebe zu → Delila bringt ihn in die Gewalt der Philister, die ihn blenden, aber in seinen Untergang hineingezogen werden. (→ Richter.) S.

Sin. 1. Nordöstl. Grenzfestung Ägyptens (Ez 30,15f.), die später *Pelusium* hieß; dagegen ist das »Land der Siniter« (Jes 49,12) die Gegend von Syene (→ Elefantine). **2.** Wüste nordwestl. des Sinai-Massivs (z. B. 2Mose 16,1). S.

Sinai. Der S. ist im AT (2Mose 19 – 4Mose 10) Ort des Jahwe-Bundes (→ Bund), der Gabe der Gebote (→ Dekalog, → Bundesbuch) und der Kultgründung. Historisch ist der S. einer der frühesten Haftpunkte der Jahwe-Verehrung und wohl ein Wallfahrtsheiligtum der → Midianiter gewesen. Die Lokalisierung dieses historischen S. ist in der Forschung umstritten und wird noch dadurch erschwert, daß das S.-Geschehen historisch und überlieferungsgeschichtlich vom Geschehen des → Auszugs aus Ägypten zu trennen ist (→ Mosebücher). Damit gewinnen die Argumente für eine Lokalisierung des S. in Arabien und eine mögliche Identifizierung mit dem vulkanischen Bergkegel *hala-el bedr* bei der Oase *el-gaw* etwa 325 km südöstl. des Golfes von Akaba an Bedeutung. Hier wurde → Jahwe als Gott verehrt, der in einer vulkanischen → Theophanie erscheint. Aus Arabien stammende nomadische Jahwe-Verehrer wurden in Palästina seßhaft und gingen im Stämmeverband der → Lea-Stämme auf. In Süd- und Mittelpalästina ansässige Protoisraeliten wallfahrteten wohl ursprünglich nach Arabien (4Mose 33), während nordpalästin. Sippen auf dem → Tabor den Berggott Jahwe als Theophaniegott, der vom S. kommt (Richt 5,4f.; Ps 68,18), verehrten.
Wohl noch in vorstaatlicher Zeit Israels wird der S. näher am Kulturland in → Seïr (1) im Gebiet von → Edom zwischen dem Toten Meer und dem Golf von Akaba gesucht (Richt 5,4f.). An großen Heiligtümern des Kulturlandes (→ Gilgal) wird die S.-Theophanieüberlieferung mit der davon unabhängigen Bundesüberlieferung verbunden. Die Quellenschriften der → Mosebücher, → Jahwist und → Elohist, die das Meer-

Sinai. Blick auf das Katharinenkloster (gegründet 557 vom byzantinischen Kaiser Justinian I.)

wunder des Exodus am → Schilfmeer, d. h. am Golf von Akaba, lokalisieren, rechnen noch mit einem S. im Gebiet zwischen dem Golf von Akaba und dem → Ostjordanland, d. h. im Gebiet von Seïr; ebenso die → Priesterschrift (2Mose 15,22a), die den S. zum Gründungsort des Sühne stiftenden Kultes macht. Noch → Paulus kennt die Tradition des arab. S. (Gal 4,24f.), während → Josefus von einem S. sowohl östl. des Golfes von Akaba als auch westl. davon auf der S.-Halbinsel weiß.
Die Lokalisierung des S. auf der südl. S.-Halbinsel und die Identifizierung mit dem *dschebel musa* ist erst eindeutig seit frühbyzantin. Zeit (4. Jh. n. Chr.) belegt. Inschriften der → Nabatäer in diesem Gebiet ist zu entnehmen, daß diese christl. Lokalisierung sich an ein Wallfahrtsheiligtum der Nabatäer anschloß. Mit dem 6. Jh. n. Chr. ist eine konkurrierende Tradition der Identifizierung des S. auf der südl. S.-Halbinsel mit dem *dschebel serbal* bei der Oase *feiran* belegt. O.

Sinear → Schinar.

Sintflut. Mit dem alt- und mittelhochdt. Wort *sin(t)vluot* »große, allgemeine Flut« bezeichnet man die urgeschichtliche Flutkatastrophe, von der das AT in 1Mose 6,5–9,17 erzählt. In dieser S.-Erzählung sind zwei Überlieferungen, die des → Jahwisten und die der → Priesterschrift, ineinandergearbeitet. Sie schildert, wie Gott nach seinem Entschluß, alles Leben zu vernichten, den rechtschaffenen Noah eine Arche für sich, seine Familie und Vertreter der Tierwelt bauen läßt, mit der sie der Vernichtung durch die dann einsetzende Flut entgehen, und wie Gott nach dem Ende der Flut zusagt, den natürlichen Kreislauf des Jahres zu erhalten, und der Menschheit einen neuen Bund gewährt.
Die S.-Erzählung ist eine der auf der ganzen Erde verbreiteten Flutsagen und besonders eng verwandt mit der des babylon. → Gilgamesch-Epos, ohne daß eine direkte literarische Abhängigkeit von diesem besteht. S.

Sion → Zion.

Siph → Sif.

Sippe. Die sozial und ökonomisch tragende Größe Israels war die S.; sie bestand aus mehreren miteinander verwandten Familien. In der Frühzeit bildeten die nomadischen S.n-Verbände den nahezu ausschließlichen Lebensbereich für den einzelnen. Die S. gewährte Schutz, Gastfreundschaft, Asyl, Rechtsbeistand bis hin zur Blutrache. Mehrere S.n bildeten einen → Stamm, doch scheinen die Grenzen fließend gewesen zu sein. So wird in Richt 17,7 der Stamm → Juda als S. bezeichnet, während in Richt 5,14 das sonst als S. bekannte → Machir unter die Stämme eingereiht ist. Nach der Seßhaftwerdung wohnten die Israeliten vor allem in Dörfern, doch blieb noch lange Zeit die S. ein wichtiges Element des → Gesellschaftsaufbaus. J. E.

Sirachbuch, voller griech. Titel: »Weisheit des Jesus, des Sohnes des Sirach«, den alttest. → Apokryphen zugehörige Schrift. Sie wurde von dem Jerusalemer Weisheitslehrer J^{e}hoschua ben-Sira (gräzisierte Namensform: Jesus [Sohn des] Sirach) zwischen 190 und 170 v. Chr. verfaßt und von seinem Enkel um 135 v. Chr. ins Griechische übersetzt. Unter der Bezeichnung »Ecclesiasticus« (griech.-lat., »Kirchenbuch«) wurde es Teil der lat. Bibel. Es fehlt jedoch in der hebr. Bibel, obwohl es im → Talmud mehrfach nach Art der Heiligen Schrift zitiert wird. Große Teile des lange für verschollen gehaltenen hebr. Textes wurden seit 1896 wiederentdeckt.
Das NT enthält zahlreiche Anspielungen auf das S. (vgl. Jak 1,19 mit Sir 5,13). Das S. ist das wohl eindrucksvollste Beispiel für die jüd. → Weisheitsliteratur. Im Unterschied zum Buch der → Sprüche, zu dem zahlreiche inhaltliche Beziehungen bestehen, ist es nicht eine Sammlung unterschiedlichen Materials, sondern das einheitliche Werk eines Verfassers, wahrscheinlich sogar der Niederschlag von dessen Lehrvorträgen und Diskussionen.
Inhalt: Das S. besteht größtenteils aus Mahnungen und Sprüchen, deren zentrales Thema die Weisheit ist. Eine eindeutige Gliederung ist nicht erkennbar. Zentrale Bedeutung kommt offensichtlich den beiden Hymnen auf die personifizierte Weisheit (Sir 24,1–21; 42,15–43,33) und dem »Lobpreis der Väter« (Sir 44,1–50,26) zu. R.

Sirjon, nach 5Mose 3,9 ein anderer – sidonischer – Name für den Hermon, den Südteil des Antilibanon-Gebirges. S.

Sisak → Schischak.

Sisera, Anführer einer Koalition kanaan. Könige in der Richterzeit, von → Debora und Barak besiegt (Richt 4–5). Er wird als Feldherr des Königs Jabin von → Hazor bezeichnet, war aber wohl König der Stadt Haroschet. S.

Sistrum → Musik, Musikinstrumente.

Sitte → Brauchtum.

Sitz im Leben, von der formgeschichtlichen Forschung geprägter Begriff für die soziokulturellen Bedingungen und Gegebenheiten, denen eine Gattung ihre Entstehung verdankt und innerhalb deren sie ihre Funktion hat. Die enge Wechselbeziehung zwischen Gattung und S. im L. gehört zu den fundamentalen Einsichten der → Formgeschichte. Jede Gattung ist durch institutionalisierte Handlungen und Vorgänge innerhalb eines bestimmten gesellschaftlichen Milieus (z. B. Kult, Rechtsprechung, Familienleben, Krieg, Arbeit) bedingt und dient umgekehrt deren Ermöglichung. So hat z. B. das → Leichenlied als S. im L. das Bestattungsritual, der → Tugend- bzw. → Lasterkatalog als S. im L. die ethische Unterweisung, der Christus-Hymnus (→ Hymnus) als S. im L. den urgemeindlichen Gottesdienst. S./R.

Siw, Siwan → Monat.

Skevas, jüd. → Hoherpriester in Ephesus, dessen 7 als Exorzisten tätige Söhne sich des Namens Jesu zu bemächtigen suchen, dabei aber unterliegen (Apg 19,13–16). R.

Sklave, Sklaverei. Wie in allen Gesellschaften des Altertums gab es auch in Israel S.n, z. B. Kriegsgefangene, verurteilte Diebe, in Schuldknechtschaft Geratene. Auch in Israel konnte der → Herr über den S.n verfügen. Ohne die Existenz der Sklaverei in Israel zu beschönigen, muß doch auf wichtige Unterschiede zur Umwelt hingewiesen werden. So gibt es keinen besonderen hebr. Begriff für den S.n; er wird als »Diener, → Knecht« (hebr. *äbäd*) bezeichnet, also mit dem gleichen Wort wie der Minister eines Königs oder der Verehrer einer Gottheit. Vor allem ist der S. in Israel, im Unterschied zur griech.-röm. Auffassung, keine Sache. Besonders der in Schuldknechtschaft geratene israelit. S. wird durch Gesetze geschützt. Während in Babylonien die S.n bei der Thronbesteigung des Königs ihre Freiheit erhalten, werden in Israel S.n alle sieben Jahre freigelassen (2Mose 21,2ff.). Der S. gehört zwar zum Besitz (1Mose 12,16 u. ö.), vor allem aber zur Familie, an deren täglichem und kultischem Leben er teilnimmt (1Mose 17,12; 2Mose 12,44; 20,10). So ist neben dem Gebrauch seiner Arbeitskraft, mindestens vom Anspruch der Gesetze her, ebensosehr der Schutz des S.n im Blick.
Auffällig im Vergleich zur Umwelt Israels ist die Humanität gegenüber dem S.n, in zunehmendem Maße auch gegenüber dem nichtisraelit. S.n. Gänzlich abgeschafft wird die Sklaverei auch im NT und im Urchristentum nicht. Dennoch ist sie dem Anspruch nach überwunden, wo der Herr den S.n »nicht mehr als einen S.n«, sondern als »geliebten Bruder« behandeln soll (Phlm 16; vgl. auch Gal 3,26ff., wo Paulus die Gleichheit aller Christen statuiert). Sachgemäßes Verständnis bibl. Texte über S.n muß bei diesen grundsätzlichen ethischen Forderungen einsetzen, ohne zu leugnen, daß die politischen und gesellschaftlichen Vorstellungen des AT und NT weithin den Auffassungen ihrer Zeit verhaftet sind. J. E.

Lit.: H. Gülzow, Christentum und Sklaverei in den ersten drei Jahrhunderten, 1969.

Skorpion → Tierwelt.

Skythen, reitendes Nomadenvolk im Don-Donau-Raum, das um 625 v. Chr. auf einem großen Plünderungszug bis nach Ägypten vorstieß. Auf diesen Zug der S. deutet man vielfach die Weissagungen über das »Volk aus dem → Norden« (Jer 4–6). S.

Skythopolis → Bet-Schean.

Smyrna, Hafenstadt an der Westküste → Kleinasiens, das heutige Izmir. An die Christengemeinde von S. richtet sich das zweite Sendschreiben der Offenbarung (Offb 2,8–11). Im 2. Jh. n. Chr. war → Polykarp (gest. um 156) Bischof von S. R.

So, nach 2Kön 17,4 ein König von Ägypten; da ein Pharao dieses Namens nicht bekannt ist, meint der Text vielleicht die ägypt. Stadt Sais. S.

Socho, Name zweier Orte in Juda (Jos 15,35. 48) und eines Ortes in Mittelpalästina (1Kön 4, 10). S.

Sodom, nach 1Mose 13,10–13; 19 eine Stadt in der Nähe des Toten Meeres, die wegen der Unzucht ihrer Bewohner nach der Überlieferung von Gott zerstört wurde. Dementsprechend ist »S.« ein Bild sowohl der Sündhaftigkeit als auch der Zerstörung (z. B. Jes 1,10; Zef 2,9; Mt 11,23f.), letzteres vor allem in der Rede, es würde einer Stadt oder einem Land ergehen, »wie Gott S. und → Gomorra zerstörte« (z. B. Am 4,11). S.

Sofer → Schreiber, → Verwaltung.

Sohn. Das hebr. Wort für »S.« *(ben)* wird weitgehend parallel zu dem für → »Vater« gebraucht. Es bezeichnet den leiblichen S. – dieser war von überragendem Wert, da der Israelit nach alttest. Glauben nur in einem S. weiterleben kann – wie auch den Enkel (z. B. 1Mose 31,28) oder das Junge eines Tieres (z. B. 1Mose 32,16). Darüber hinaus drückt es sehr oft die Zugehörigkeit zu einer Gruppe aus: So hießen etwa die Israeliten »Söhne Israels«, die Jünger eines Profeten »Profetensöhne« (z. B. 1Kön 20,35), die Fremden »Söhne der Fremde« (z. B. 2Mose 12,43), die himmlischen Wesen »Söhne Gottes« (z. B. 1Mose 6,2), und → »Menschen-S.« ist eine Umschreibung für »Mensch«, wobei meist der Unterschied zu Gott betont wird (z. B. 4Mose 23,19). Nur selten wendet das AT den Begriff »S.« auf das Verhältnis Gottes zu Israel (z. B. 2Mose 4,23; meist ist hierbei von den »Söhnen« Gottes die Rede, z. B. Jes 45,11) oder zum König an. S.

Sohn Gottes. Wie anderswo im Alten Orient galt auch in Israel der König als S. G. Mit diesem Ehrentitel (2Sam 7,14; Ps 2,7; 89,28) war jedoch keineswegs, wie bei den ägypt. Pharaonen, die Vorstellung einer leiblichen Zeugung durch Gott verbunden. Er war lediglich Ausdruck der durch Jahwe verliehenen Macht und des von ihm gewährten Schutzes. Es handelte sich also gleichsam um eine mit dem Akt der Inthronisation verbundene Adoption durch Jahwe. Zuweilen wird auch das Volk Israel S. G. genannt (5Mose 14,1; Jes 1,2; Hos 2,1 u. ö.). Dadurch wird sein besonderes Zugehörigkeitsverhältnis zu Jahwe, das es von allen Weltvölkern unterscheidet, zum Ausdruck gebracht.
Der Gedanke einer physischen Gottesverwandtschaft im Sinne der griech. Mythologie mit ihren von Göttern gezeugten Halbgöttern und Heroen war dem AT jedoch fremd. Das geht aus 1Mose 6,1–4 hervor, wo ein altes Mythenbruchstück, das ursprünglich von den Beziehungen von Götterwesen mit irdischen Frauen handelte, als Beispiel für äußerste menschliche Sündhaftigkeit eingeführt wird, die das Strafgericht der → Sintflut nach sich zieht.
Im NT wird »S. G.« neben → »Herr« der zentrale Hoheitstitel → Jesu Christi. In ihm wird die Zuordnung des Heilsbringers zu Gott zum Ausdruck gebracht. Jesus selbst hat sich zwar, nach allem, was wir wissen, weder selbst direkt als S. G. bezeichnet noch sich von seiner Umgebung so bezeichnen lassen (Aussagen wie Mt 16,16; Mk 14,61f. sind Rückprojektionen des Gemeindebekenntnisses), er hat jedoch sein besonderes Gottesverhältnis mit der im damaligen Judentum ganz ungewöhnlichen Gottesanrede »Abba«, lieber → Vater, angedeutet (Mk 14,36; Lk 11,2). Dieses besondere Gottesverhältnis Jesu sah die Urgemeinde durch die → Auferstehung und Erhöhung bestätigt, die deshalb, mit Hilfe eines Schriftbeweises von Ps 2,7 und 2Sam 7,12–16 her, als Einsetzung Jesu zum S. G. gedeutet wurde. So lautet eine alte judenchristl. Glaubensformel: »Jesus Christus, geworden aus dem Samen Davids nach dem Fleisch, bestellt zum Sohn Gottes in Kraft aus der Auferstehung der Toten« (Röm 1,3f.). »S. G.« ist demnach Umschreibung der himmlischen Machtstellung, die Gott Jesus durch die Erhöhung gewährte.
Einen Bedeutungswandel machte der Titel »S. G.« durch im Zusammenhang mit der Entwicklung der Präexistenzvorstellung, die Antwort zu geben versuchte auf die Fragen nach dem Verhältnis Jesu zu anderen Heilsbringern und nach seiner Bedeutung für das gesamte Weltgeschehen. Jesus galt nunmehr bereits in seinem uranfänglichen Gottesverhältnis als S. G.: Er war schon vor der Schöpfung bei Gott (Joh 1,1f.) und repräsentiert als der von Gott in die Welt Gesandte (Gal 4,4f.) in einzigartiger Weise den Willen Gottes des Schöpfers (Joh 1,14). Der entscheidende Leitgedanke dieser Konzeption ist allerdings, daß sich die Sohnschaft Jesu Christi gerade in seinem Gehorsam bis zum Tod am Kreuz ausweist und bewährt (Phil 2,8; Hebr 2,9; 5,8). So zeichnet das Markusevangelium mit großem Nachdruck den Weg des S.es G. als Weg des Leidens und der Erniedrigung: Erst vom Kreuz her wird Jesus als der S. G. erkennbar (Mk 15,39).

In einem weiteren Sinn gelten im NT alle Christen aufgrund ihrer durch Jesus ermöglichten Gemeinschaft mit Gott als Söhne G. (Röm 8,14f.; Hebr 12,5ff.). R.

Lit.: E. Schweizer, Jesus Christus im vielfältigen Zeugnis des NT, [4]1976; M. Hengel, Der S. G., 1975.

Soldat (Lutherbibel: »Kriegsknecht«). Neben einer dem röm. Prokurator unterstehenden Söldnertruppe – ihr gehörten die S.en an, die Jesus kreuzigten – gab es in Palästina zur Zeit des NT auch Truppen der einheimischen Machthaber, z. B. des Herodes Antipas in Galiläa (Mt 8,5 par Lk 7,2). (→ Krieg, → Waffen.) R.

Söller → Obergemach.

Sommer → Jahreszeiten.

Sommerhaus → Winterhaus.

Sonne (hebr. *schämäsch*). Die religiöse Verehrung der S. findet sich vor allem in → Ägypten. In den Religionen der → Semiten ist die Verehrung der S. neben der des Mondes gleichfalls bedeutend. Im AT gibt es Hinweise darauf, daß im vorisraelit. Palästina der Kanaanäer die S. religiös verehrt wurde. Darauf weist z. B. der Ortsname Bet-Schemesch hin. Darüber hinaus wurden auch Motive der ägypt. S.n-Verehrung in Jerusalem übernommen (Ps 104). Im Schöpfungsbericht der → Priesterschrift wird die religiöse Bedeutung der S. bewußt entmythologisiert; sie dient nur zur Beleuchtung und Festsetzung des Datums (1Mose 1,14). Daß die S. Jahwes Befehlen gehorcht, zeigt sich auch bereits in Jos 10,12 und Jes 38,8. U. R. / O.

Sonnenjahr → Jahr.

Sonnensäule (so Luther für hebr. *chamman*), ein kleiner Räucheraltar des Höhenkultes (3Mose 26,30; Ez 6,3ff.). U. R.

Sonnenuhr, neben der Wasser- und Sanduhr das übliche Mittel zur Zeitbestimmung, wird aber ebensowenig wie diese in der Bibel erwähnt; der hebr. Text von 2Kön 20,9; Jes 38,8 meint wohl nicht eine S., sondern »die Stufen des Ahas« und damit offenbar einen Teil der Palastanlage. S.

Sonntag, erster Tag der Woche, schon im Urchristentum als Gottesdienstttag gebraucht, wohl in Erinnerung an die Mahlgemeinschaft des Auferstandenen mit seinen Jüngern (vgl. Lk 24,28ff.). Im 2. Jh. begann man die Sonntagsfeier auch mit dem Gedächtnis der → Auferstehung zu begründen. In dieser Zeit kam auch die Bezeichnung »S.« auf, die heidn. Ursprungs ist (älterer christl. Name: Herrentag, Offb 1,10). Kaiser Konstantin d. Gr. stellte 321 n. Chr. den S. unter staatlichen Schutz. H. M.

Sopater, Christ aus Beröa, Mitarbeiter des Paulus (Apg 20,4). R.

Sorek, ein Tal südwestl. von Jerusalem, in dem Simsons Geliebte → Delila zu Hause war (Richt 16,4). S.

Sosipater, Mitarbeiter des Paulus (Röm 16, 21), vielleicht identisch mit → Sopater (Apg 20,4). R.

Sosthenes. 1. Synagogenvorsteher in Korinth (Apg 18,17). **2.** Mitarbeiter des Paulus und Mitverfasser des 1. Korintherbriefes (1Kor 1,1). R.

Spaltung, im Urchristentum kein die Gesamtkirche, sondern die Einzelgemeinde bedrohendes Phänomen. Die S. der Gesamtkirche war auf dem → Apostelkonzil verhindert worden; in einzelnen paulinischen Gemeinden drangen jedoch judenchristl. Missionare ein, die Beschneidung, Sabbatbefolgung u. a. einführen wollten (Galaterbrief; 2Kor 10–13; Phil 3); im 1. → Korintherbrief bedroht hellenist. Enthusiasmus die Einheit. Die → Gnosis als spaltendes Moment wird wohl erst in den → Pastoralbriefen, im 1. → Johannesbrief, → Judasbrief, 2. → Petrusbrief und in der → Offenbarung bekämpft. H. M.

Spangen → Schmuck.

Spanien, westlichstes Land der antiken Welt und äußerste Bastion röm. Macht (1Makk 8,3f.). Daher wollte auch → Paulus seinen Auftrag zu weltweiter Mission bis nach S. ausdehnen (Röm 15,24ff.); doch dazu scheint es nicht mehr gekommen zu sein. R.

Spanne → Maße und Gewichte.

Sparta, Hauptstadt von Lazedämonien auf der südöstl. Peloponnes, war in der Makkabäerzeit

(→ Hasmonäer) mit Judäa verbündet. Die Bundschließung erfolgte zwischen 152 und 143 v.Chr. durch einen Briefwechsel zwischen Jonatan, dem Bruder und Nachfolger des Judas Makkabäus, und den Spartanern (1Makk 12,5–18). R.

Speer → Waffen.

Speichel, meist Sinnbild von Ekel und Verachtung (z.B. Mk 14,65; 15,19). S. kann jedoch auch der magischen Kraftübertragung bei Heilungen dienen (Mk 7,33). R.

Speise → Speisegesetze, → Rein und Unrein.

Speisegesetze, die auf der Unterscheidung von → Rein und Unrein bei tierischen Produkten beruhten, wurden im AT (z. B. 3Mose 11; 17,10–16) festgelegt und im Judentum sehr streng beachtet. Verboten war u. a. der Genuß von verendeten und unreinen Tieren (→ Tierwelt), von Blut sowie von Fett von Opfertieren. Jesus hat sich über die S. kühn hinweggesetzt (Mk 7,18ff.), die judenchristl. Urgemeinde hielt jedoch weiter an ihnen fest (Apg 10,9–16). Daß die Heidenchristen sie nicht übernahmen, erschwerte die Tischgemeinschaft zwischen beiden Gruppen und war eine Quelle von Konflikten (Gal 2,12). Das sog. Aposteldekret (Apg 15,20; → Apostelkonzil) dürfte ein judenchristl. Kompromißvorschlag sein. R.

Speiseopfer → Opfer.

Speisung der Armen und der Fremden, ja sogar der Feinde (Spr 25,21; Röm 12,20) war in Israel sittliche Pflicht. Das Urchristentum rechnete die S. der Hungrigen zu den von Jesus gebotenen fundamentalen Werken der Barmherzigkeit (Mt 25,35ff.) und stellte sie in den Mittelpunkt der innergemeindlichen Liebestätigkeit (Witwen-S. in Jerusalem, Apg 6,2).
Das Wunder der S. mit Manna und Wachteln in der Wüste (2Mose 16; 4Mose 11) galt als Symbol der lebenspendenden Zuwendung Gottes zu seinem Volk und wurde von daher für das Urchristentum zum Urbild (→ Typologie) des → Abendmahls (1Kor 10,1–13). Auch das S.s-Wunder Jesu (Mk 6,30–44; 8,1–10; Joh 6) scheint, wie erzählerische Anklänge zeigen, als heilsgeschichtliches Gegenbild zur Manna-S. gedeutet worden zu sein. Sein geschichtlicher Kern liegt wohl in feierlichen Mahlzeiten Jesu mit seinen Anhängern. R.

Spelt → Getreidearten.

Sperber → Tierwelt.

Sperling → Tierwelt.

Spezerei → Pflanzenwelt.

Spiegel, in alttest. Zeit meist ein rundes oder ovales, mit einem Griff versehenes Metallstück, das an der Oberfläche glattgeschliffen war (2Mose 38,8). In röm. Zeit kamen Glas-S. auf. In der alttest. Weisheitsliteratur und im NT wird der S. ähnlich wie auch sonst in der antiken Literatur gern als Bild herangezogen. Er kann dabei Symbol der Klarheit (Sir 12,11), der Selbsterkenntnis (Jak 1,23f.), aber auch der Indirektheit und Beschränktheit menschlichen Erkennens (1Kor 13,12) sein. R.

Spiel, die zweckfreie, nur dem Vergnügen dienende Beschäftigung, die ein Grundbedürfnis sowohl des Kindes (ein Kinder-S. in Mt 11,16f.) als auch des Erwachsenen ist. Die Bibel erwähnt das Kampf-S. der jungen Krieger (2Sam 2,14) und – im Bild vom Kranz (→ Krone) – den in der griech.-röm. Welt beliebten Sportwettkampf. Bei Ausgrabungen sind auch Brett- und Würfel-S.e aufgetaucht. S.

Spieß → Waffen.

Spinne → Tierwelt.

Spinnen, das Zusammendrehen eines Fadens aus Wolle, aus Flachs oder aus Ziegen- oder Kamelhaar mit Hilfe der aus Wirbel und Schaft bestehenden Spindel (Spr 31,19), in Palästina seit frühester Zeit ausgeübt; in der Bibel nur selten erwähnt (2Mose 35,25f.; Mt 6,28). S.

Spottlied, zusammenfassende Bezeichnung für Lieder spottenden Inhalts, wie das AT sie im S. auf den König von Heschbon (4Mose 21,27–30), auf eine Dirne (Jes 23,15f.), auf Babylon (Jes 47) oder auf Ninive (Nah 3,7.18f.) bezeugt; dem S. nahe steht das → Leichenlied (Jes 14,4–21) (vgl. → Maschal). S.

Sprache. 1. Anthropologisch – 2. Alttest. S.n – 3. Das NT als Sprachphänomen.

1. Für das AT gehört Sprachlichkeit zu dem, was einen Menschen zum Menschen macht. Schon nach dem älteren → Schöpfungsbericht obliegt dem Menschen, die Erde zu bearbeiten (wörtlich: ihr zu »dienen«). Er beginnt damit, indem er seine S. gebraucht und den Tieren Namen gibt, sie damit in Ordnungen einteilt. Einer ähnlichen Auffassung gibt der jüngere Schöpfungsbericht Ausdruck. Der Mensch entsteht als Ebenbild eines Gottes, der durch sein schöpferisches Wort die Welt gestaltet, und erhält eine Segnung zur Herrschaft über diese Welt als dieses → Ebenbild. Seine Herrschaft vollzieht sich demnach mit sprachlichen Mitteln (1Mose 2,5.19–23; 1,26–28). Die entscheidende Rolle der S. für menschliche Weltgestaltung und -orientierung zeigen auch zahlreiche → Ätiologien in der erzählenden Literatur. Die Großen der Vorzeit geben dort aufgrund ihrer Erlebnisse einer Örtlichkeit einen sinnhaften Namen, und dieser bleibt als Zeuge ihrer Bedeutsamkeit für israelit. Lebenszusammenhang »bis zum heutigen Tag« (z. B. 1Mose 22,14). Bezeichnend ist weiter, daß Personennamen nicht nach Wohlklang gewählt werden, sondern durch Benennung mit einem theophoren Element den Träger in eine Zuordnung zur göttlichen Urkraft stellen (→ Name). Wo für modernes Rechtsempfinden schriftliche Abmachungen nötig sind, genügt für Israel in vielen Fällen der feierliche Ausspruch vor Zeugen.

Die Kraft einer sprachlichen Äußerung ist einerseits von der Stellung des Sprechers abhängig; das bannende Wort eines Königs oder Profeten kann unter Umständen schon den Tod herbeirufen (Jes 11,4; Jer 28); andererseits aber auch von den Umständen des Sprechakts, ob er mehr oder weniger feierlich geschieht, ob er wirksame Formen verwendet oder rituelle Gesten. Deshalb ist die S. von → Schwur, → Fluch und → Segen wirkungskräftiger als eine Äußerung im alltäglichen Gespräch. Wirksames Wort in ausgezeichnetem Sinn aber ist → Wort Gottes in seinen verschiedenen Arten. Die Wirkung sprachlicher Äußerungen ist auch von der Art des Hörers abhängig. Eine an Gott gerichtete Rede kann keinen zwingenden Charakter haben (das Gebot »Du sollst den Namen deines Gottes nicht mißbrauchen!« wehrt solcher Absicht). Die S. des → Gebets zielt auf Kommunikation. Für eine zwischen Menschen gebrauchte S. tritt der Gesichtspunkt der Kommunikation meist gegenüber einer auf gemeinsames Handeln zielenden Verständigung zurück (→ Erkennen, Erkenntnis); eine Ausnahme macht die S. der Liebenden etwa im → Hohenlied.

Demnach gilt S. nicht als ein beliebig gewähltes Zeichensystem für sprachunabhängige Realitäten, die nach eigenen Gesetzen verlaufen. Vielmehr decken Worte und Gattungen der S. die Strukturen der Wirklichkeit auf und greifen in sie ein, sofern es dem Sprecher um → Wahrheit und nicht um bloße »Lippenwörter« oder Lüge geht. S. interpretiert nicht nur die Welt, sie verändert sie. Gerade deshalb ist sie das entscheidende Kennzeichen menschlichen Daseins auf dieser Erde.

2. Die so beschriebene S. ist zunächst das Hebräische. Das AT setzt die hebr. S., obwohl »S. Kanaans« genannt, mit der S. Gottes selbst gleich und als Ur-S. der Menschheit voraus, ohne dies ausdrücklich zu fixieren. Die Wahrung der besonderen Gottesverehrung → Israels war aufgrund des »intellektuellen« Charakters der Jahwereligion eng mit der Beibehaltung der hebr. S. verbunden. Deshalb haben die Israeliten im babylon. → Exil an dieser S. durch Jahrzehnte festgehalten. → Nehemia schreitet im Mutterland gegen eine nachlässige Kindererziehung ein, die Nachbar-S.n hochkommen läßt (Neh 13,23ff.). Ab etwa 400 v. Chr. kann das als verwandt empfundene → Aramäische (das griech. meist auch als Hebräisch [hebraisti] bezeichnet wird) als Umgangs-S. in Palästina Fuß fassen und selbst zur S. des Gottesdienstes (→ Targum), heiliger Schriften (→ Daniel) und schließlich zur S. der Verkündigung Jesu werden. Doch regen sich seit dem → Hasmonäeraufstand im 2. Jh. v. Chr. Bestrebungen, das Aramäische zurückzudrängen oder zumindest auf profanen Umfang zu beschränken, das Hebräische zumindest für den sakralen Gebrauch als die heilige S. allein zuzulassen (→ Qumran). Im rabbinischen Judentum wird deshalb für den gottesdienstlichen Gebrauch jede andere S. verboten.

Die durch den Turmbau zu Babel eingetretene Spaltung der Menschheit in verschiedene Zungen = S.n wird als ein großes Unglück empfunden (1Mose 11). Profeten weissagen eine besonders schwere Katastrophe, wenn Palästina demnächst einem Volk unverständlicher, »stammelnder« S. unterworfen wird (Jes 28,9–13). Als Zeichen künftigen Heils dagegen gilt, wenn mit der Jahwereligion sich auch die hebr. S. in Ägypten ausbreitet (Jes 19,18). In der → Apokalyptik erwacht die Vision einer Menschheit, die im kommenden → Reich Gottes sich in einer einzigen S. verständigen wird (schon Zef 3,9 nach der → Septuaginta).

3. Seit Palästina im 3. Jh. v. Chr. in den politischen und geistigen Sog des → Hellenismus geraten war, fand die griech. Sprache eine immer größere Verbreitung. Zur Zeit Jesu war das Koine-Griechisch, eine weiterentwickelte Form des attischen Griechisch, in der östl. Hälfte des Römerreiches zur Amts-S. sowie zur S. der Gebildeten und der Literatur geworden. Auch der seit der Hasmonäerzeit andauernde Widerstand konservativer jüd. Kreise konnte gegen diese Entwicklung nichts ausrichten. Wir können davon ausgehen, daß damals jeder palästin. Jude, der lesen und schreiben konnte, auch des Griechischen mächtig war. Das galt nicht nur für Galiläa mit seinem hohen nichtjüd. Bevölkerungsanteil, sondern auch – wie zahlreiche aufgefundene griech. Inschriften beweisen – für Jerusalem. Sogar in die talmudische Literatur fanden viele griech. Fremdworte Eingang. Griech. Personennamen waren an der Tagesordnung; so trugen zwei der Jünger Jesu, Andreas und Philippus, griech. Namen (Mk 3,18). Ein Teil der Bevölkerung scheint zweisprachig aufgewachsen zu sein. Ob dies auch für Jesus und seine Jünger galt, ist zwar unsicher; mit weitgehender Sicherheit dürfen wir bei ihnen jedoch Kenntnisse des Griechischen voraussetzen.

Das Hebräische blieb zwar in Palästina die heilige S. der Bibel und des Gottesdienstes, aber faktisch mußte es an das Griechische die Funktion der Einheitsklammer für das weltweite Diaspora-Judentum abtreten. Die Juden aus verschiedenen Ländern und Provinzen, die zu den großen Festen in Jerusalem zusammenströmten oder die als Rücksiedler dort ansässig wurden (Apg 2,5), mußten sich auf griechisch verständigen. Literarische Werke, die weitere Kreise des Judentums erreichen sollten, mußten auf griechisch verfaßt werden.

Das NT, in dem sich diese Situation widerspiegelt, ist ein Sprachphänomen höchst komplexer Art. In ihm manifestiert sich einerseits die Entschlossenheit des frühen Christentums, die neue Heilsbotschaft unter Durchbrechung sprachlicher und kultureller Schranken universal zu Gehör zu bringen; das Evangelium konnte seine weltweite Wirkung nur durch das Medium der griech. Welt-S. gewinnen. Andererseits jedoch verweist das NT durch seine sprachliche Gestalt und Terminologie immer wieder zurück auf die sprachliche Welt des AT. Seine griech. schreibenden Verfasser wollen – teils bewußt, teils unbewußt – zentrale Elemente alttest. Gottes- und Welterfahrung für die griech. sprechende Welt verstehbar und nachvollziehbar machen. Diese Rückbindung an die bibl. Tradition findet ihren augenfälligsten Ausdruck in der Anlehnung an die S. der Septuaginta, die mit ihrem hebraisierenden Klang und Rhythmus für damalige Juden eine sakrale Sprachwelt konstituierte, vergleichbar jener Sprachwelt, wie sie die Lutherbibel bis in unsere Gegenwart hinein konstituierte.

Im einzelnen sind sprachliches Niveau und Profil der neutest. Schriften recht unterschiedlich. Am deutlichsten tritt der semit. Untergrund im ungelenken Judengriechisch der → Offenbarung des Johannes hervor. In den synoptischen Evangelien (→ Synoptiker) schimmert vielfach die aram. Urgestalt der verarbeiteten Jesus-Tradition durch. In dem stark persönlich geprägten Stil des → Paulus vermischen sich typische Sprach- und Denkformen jüd. Schriftgelehrsamkeit mit solchen hellenist. Rhetorik. Weltläufiges, geschliffenes Griechisch schreiben die Verfasser des → Hebräerbriefes und des lukanischen Geschichtswerkes, wobei der letztere jedoch sehr bewußt auch Elemente des Septuaginta-Stils einzusetzen versteht. In den → Pastoralbriefen sowie im 1. → Petrusbrief haben wir typische Zeugnisse der sich in der zweiten Generation herausbildenden christl. Gemeinde-S.

Ein keiner normalen menschlichen S. vergleichbares ekstatisches Stammeln war die → Zungenrede (Glossolalie), die vor allem in den hellenist. Gemeinden eine große Rolle spielte (1Kor 12,10; 14,2). Paulus bezeichnet sie als S. der Engel (1Kor 13,1), steht ihr jedoch im übrigen deutlich distanziert gegenüber. Von Glossolalie als einer Manifestation des der Gemeinde gegebenen endzeitlichen → Geistes (und nicht von einer Überwindung der sprachlichen Trennung der Menschheit) handelt in seiner vorliegenden Gestalt der Pfingstbericht Apg 2,1–14 (→ Pfingsten). K. / R.

Sprengwasser → Reinigungswasser.

Sprichwort, Spruch → Maschal.

Sprüche der Väter, Traktat der → Mischna, in dem von hohem sittlichem Ernst getragene Rabbinenworte gesammelt sind. Zugleich wird eine fortlaufende Traditionskette von Mose bis zu → Johanan ben-Zakkai und seinen Schülern postuliert, welche die pharisäische Lehre sanktionieren soll. H. M.

Sprüche Salomos, ein Buch des AT, in dem die altisraelit. → Weisheit ihren ausgeprägtesten Niederschlag gefunden hat. Es stellt eine Sammlung verschiedenartigsten Sprachgutes – vom volkstümlichen Sprichwort bis zur lehrhaften Dichtung – dar und besteht aus 9 Teilsammlungen: 1–9; 10,1–22,16; 22,17–24,22; 24,23–34; 25–29; 30,1–14; 30,15–33; 31,1–9; 31,10–31. Eine Sonderstellung nehmen die letzten vier Sammlungen ein (30,1–14: Reflexionen und Gebet; 30,15–33: Zahlensprüche; 31,1–9: eine Ermahnung für den König zur rechten Lebensführung; 31,10–31: ein alphabetisierendes Gedicht über die tugendsame Hausfrau) und ebenso die erste Sammlung (Kap. 1–9), die vornehmlich längere Mahnpredigten (ihr Hauptthema ist die Warnung vor dem Frevel und vor dem Ehebruch, dem Umgang mit der »fremden Frau«) enthält, wobei manchmal die Weisheit personifiziert als Sprecherin erscheint. Nach Form und Inhalt erweist sich diese Sammlung als die jüngste des Buches und dürfte in der Zeit nach dem → Exil entstanden sein. Daß ein großer Teil des übrigen Stoffes auf die Zeit Salomos – der als Verfasser des ganzen Buches nicht in Frage kommt – und Hiskijas (25,1) zurückgeht, ist möglich. Im Mittelteil des Buches (Kap. 10–29) stehen die einzelnen Sprüche – die Sammlung 10,1–22,16 enthält nur einzeilige, die Sammlung 22,17–24,22 überwiegend zweizeilige – meist ohne erkennbares Ordnungsprinzip nebeneinander, nur gelegentlich sind sie zu Sachgruppen geordnet (z. B. Königssprüche, 16,10–15; 25,1–7). Außerdem finden sich auch Dichtungen größeren Umfangs (z. B. 24,30–34 über den Acker des Faulen; 23,29–35 über das Weintrinken). S.

Lit.: K. Koch, Das Buch der Bücher, [2]1970, 19–22; H. Ringgren / A. Weiser / W. Zimmerli, Sprüche. Prediger. Das Hohe Lied. Klagelieder. Das Buch Esther, [4]1974 (ATD 16); A. Meinhold, Die Sprüche. Kap. 1–15, 1991 (ZBKAT 16,1); Kap. 16–31, 1991 (ZBKAT 16,2).

Stachel, in 1Sam 13,20; Richt 3,31; Sir 38,25 die eiserne Spitze des Steckens, mit dem der Pflügende den Ochsen antreibt. Von daher ist »wider den S. ausschlagen« (Apg 26,14) unnützer Widerstand gegen eine überlegene Macht. R.

Stadie → Maße und Gewichte.

Stadion → Kampfbahn.

Stadt. Im Alten Orient vollzog sich zwischen dem 7. und 3. Jt. v. Chr. der Übergang zu städtischer, d. h. arbeitsteilig organisierter Lebensweise (Bauern, Handwerker, Kaufleute, Beamte, Soldaten, Priester). Die S. war ökonomisches, politisches und kultisches Zentrum; neben dem → Palast stand oft der → Tempel.

In → Palästina gab es schon früh Städte; so ist → Jericho eine der ältesten Städte überhaupt. Im 3. und 2. Jt. standen zahlreiche feudalistisch strukturierte S.-Staaten nebeneinander (Kanaanäer). In diesen Bereich kanaan. S.-Kulturen wuchs das ursprünglich nomadische und bäuerliche Israel erst langsam hinein. Eine besondere Rolle in der Geschichte Israels spielten die Hauptstädte → Jerusalem und → Samaria, die eine eigene politische und rechtliche Stellung in den Reichen → Juda und → Israel hatten.

Israelit. Städte waren nicht groß. Für eine mittlere S. kann man mit etwa 2000–3000 Einwohnern rechnen. Samaria hatte allerdings im 8. Jh. v. Chr. etwa 10 000 Einwohner. Für das Jerusalem zur Zeit Jesu sind etwa 30 000 Einwohner anzunehmen. Erst in hellenist. und röm. Zeit wurden Städte reißbrettartig planmäßig angelegt (z. B. → Cäsarea Philippi). Sich kreuzende Hauptstraßen gliederten die S. in Viertel.

War in → Griechenland die S. (*polis*) Basis politischen und kulturellen Bewußtseins, so ist in bibl. Texten gegenüber der S. Abneigung, ja Grauen erkennbar. Dem frühen Israeliten gab nur das Leben auf dem ererbten Ackerland der Sippe Geborgenheit, während man im Übergang zur Stadtkultur ohne Zusammenhalt von Großfamilie und Sippe ungeschützt lebte. So ist es zu erklären, daß nach 1Mose 4,17 gerade der verfluchte, vom Ackerland vertriebene → Kain zum Gründer der ersten S. wird. Grauen empfand man vor Riesenstädten wie → Babylon (1Mose 11,1–9) und → Ninive (vgl. das → Jonabuch).

Das hellenist. Judentum hat solche Vorbehalte gegenüber der S. überwunden. Die Großstädte des → Römerreiches wurden bevorzugte Zentren jüd. Ansiedlung, vor allem → Alexandria, →

Antiochia und→ Rom. Wenn Jesus die größeren Städte Galiläas, vor allem Tiberias und Sepphoris mied, dann wohl nur wegen ihrer nichtjüd. Bevölkerung. Die frühe Ausbreitungsgeschichte des Christentums ist auf alle Fälle vorwiegend auf die Städte konzentriert: Aus den Kreisen der städtischen→ Diaspora-Juden und ihrer Sympathisanten, der→ Gottesfürchtigen, bildeten sich vielfach die ersten christl. Gemeinden. Darüber hinaus bot die S. mit ihren gesellschaftlichen Bedingungen einen günstigen Boden für das Wachstum der neuen Religion. Mehrfach wird im NT die erwartete Heilsgemeinde der Endzeit mit einem aus der Apokalyptik entlehnten Bild dargestellt als das himmlische Jerusalem, die Stadt, in der die Glaubenden Bürger- und Heimatrecht genießen (Phil 3,20; Hebr 11,13) und die einen von der Gottesgemeinschaft her geordneten Lebensraum bietet (Offb 3,12).
J. E. / R.

Stakte, wohlriechendes Harz (ungeklärten) pflanzlichen Ursprungs (2Mose 30,34; Sir 24,15). R.

Stall, in Palästina meist nur für Pferde üblich. Schafe und Ziegen wurden über Nacht in Pferchen gehalten (Lk 2,8). Ein solcher Pferch ist auch in Joh 10,1 (Lutherbibel: »Schafstall«) gemeint. R.

Stamm (Stämme) Israels. Der S. ist die politische Einheit nomadischer→ Sippen. Ihre Zugehörigkeit zu einem S. leitet sich oft von der Beziehung auf einen gemeinsamen Ahnherrn ab. So gelten im AT die S. I. als Nachkommen der zwölf Söhne → Jakobs (1Mose 35,22ff.; 49; 5Mose 33). Die Zwölfzahl wurde zur festen Größe; andere große Sippenverbände wie → Machir oder → Kaleb kamen nicht mehr in den Rang eines S.es.
Die → Landnahme der S. I. in Palästina vollzog sich in verschiedenen Schüben einzelner S.-Gruppen. Diese Differenzierung hält die Überlieferung durch die Zuordnung der Jakobsöhne zu verschiedenen Müttern fest. Als Söhne der→ Lea gelten → Ruben, → Simeon, → Levi, → Juda, → Issachar, → Sebulon, als Söhne der→ Rahel → Josef und → Benjamin, als Söhne der Magd → Bilha → Dan und → Naftali und der Magd→ Silpa→ Gad und→ Ascher. Da der S. Levi bald mit dem Priestergeschlecht der→ Leviten verbunden wurde, fehlt Levi in manchen S.es-Listen. Die Zwölfzahl bleibt erhalten, weil dann an die Stelle Josefs die S. → Efraim und→ Manasse treten, die mittelpalästin. S., die das »Haus Josef« bilden und deren Ahnherren nach 1Mose 48 die Söhne Josefs waren.
Umstritten ist, ob in der Frühzeit Israels die zwölf S. eine sakrale und politische Einheit bildeten (man spricht in Anlehnung an griech. Parallelen von einer Amphiktyonie) oder ob die Einheit Israels auf eine spätere Fiktion in programmatischer Absicht zurückgeht, also weniger eine historische als eine literarische Größe ist. Historisch war diese Einheit kaum je gegeben, weder in der Zeit der → Richter noch der getrennten Reiche → Israel und → Juda. Sie bestand nur unter→ David und→ Salomo, gleichsam als Personalunion.
Für keine Epoche der Geschichte Israels gelingt eine restlose Aufteilung des Landes in Territorien der einzelnen S. Die vielen Bibelausgaben beigegebenen Karten, die eine solche Aufteilung oft unter Angaben genauer Grenzen zeigen, beruhen weithin auf Spekulationen. Die Einheit Israels als Verband der zwölf S. wurde in nachexilischer Zeit und im Judentum zur utopischen Hoffnung (Ez 40–48; Sir 36,13). Die Zugehörigkeit zu einem S. verlor zunehmend an politischer Bedeutung, blieb aber für den einzelnen wichtig, vor allem im Blick auf den Priesterstamm Levi und auf Juda, den S., aus dem David und Jesus stammen. J. E.

Lit.: Herrmann, GI, bes. 97ff.

Stammbaum. Geschlechtsregister, Genealogien, S.e bekunden die Zugehörigkeit eines Menschen zu einer größeren Gruppe. Die Überlieferung eines S.s ist somit eine frühe Art der Geschichtsschreibung, zumal dort, wo – wie im AT – politische Geschichte als Familiengeschichte dargestellt wird (so in der Auffassung der→ Stämme Israels als Söhne→ Jakobs). S.e bilden das Gerüst der Geschichtsdarstellung vor allem der→ Priesterschrift und der → Chronikbücher. Sie zeigen die Verzweigung der Menschheit und Gliederung Israels in Völker, Stämme, Sippen, Familien (so in 1Mose 5; 10; 11; 25; 36; 1Chr 1–9). Sie betonen zugleich die Kontinuität des Lebens, das sich von Geschlecht zu Geschlecht fortsetzt und die Lebenden mit den Vorfahren verbindet. (→ Stammbaum Jesu.) J. E.

Stammbaum Jesu. Die beiden S.e J. in Mt 1,2–17 und Lk 3,23–38 haben keinen Geschichtswert,

sondern sind theologische Kompositionen voll tiefgründiger Symbolik. Matthäus führt den S. in absteigender Linie von Abraham, dem Stammvater Israels, auf Jesus und gliedert kunstvoll in 3 mal 14 Glieder: Auffällig ist die Nennung von Frauen an hervorgehobener Stelle (Tamar, Rahab, Rut, die Frau des Urija).
Der Heidenchrist Lukas führt den S. in aufsteigender Linie von J. zu Adam, dem Stammvater der Menschheit (Christus: zweiter Adam?; vgl. Röm 5,15f.; 1Kor 15,21ff.) und nennt 77 Glieder. Dahinter könnte ein altes Weltwochen-Schema stehen: 11 Weltwochen zu je 7 Gliedern vor Christus, mit dem die 12. und letzte Weltwoche anhebt. (→ Kindheitsgeschichte Jesu.) R.

Standbild. Ein S. bildet eine Gottheit oder einen Menschen plastisch ab (Dan 2,31f.). Wegen des Bilderverbotes (→ Bild und Bilderverbot) sind S.er im AT verboten (2Mose 20,4ff.; vgl. Ez 16,17). Das hebr. Wort für »S.«, *zäläm,* wird auch in 1Mose 1,26f. für die Erschaffung des Menschen als → Ebenbild Gottes verwendet. U. R.

Ständer → Kultgeräte.

Statthalter, übliche Bezeichnung für die obersten Repräsentanten einer fremden Macht in einem von ihr beherrschten Territorium, insbesondere für die Repräsentanten des → Römerreiches. Hier handelt es sich freilich um unterschiedliche Positionen, je nach der Stellung des zu verwaltenden Gebiets (→ Provinz, → Verwaltung): Senatorische Provinzen (wie Achaia und Zypern) unterstanden einem vom röm. Senat bestimmten, jährlich wechselnden *Prokonsul.* Kaiserliche Provinzen (wie Syrien) wurden durch einen vom Kaiser auf unbestimmte Zeit eingesetzten *Legaten* (z. B. → Quirinius; Lk 2,2) verwaltet. In Protektoraten mit eigenständiger Rechtsprechung (und z. T. auch Dynastie) wie Judäa (vor 70 n. Chr.) wurde die röm. Macht durch einen *Prokurator* (d. i. Geschäftsträger) vertreten.
Das NT erwähnt als Prokuratoren von Judäa Pontius → Pilatus (26–36), Antonius → Felix (52–58?) und Porcius → Festus (58–62?). R.

Staunen, Reaktion des Menschen auf die Begegnung mit dem Göttlichen. Seine Komponenten sind Faszination und Schrecken. Wegen der hinter ihnen stehenden göttlichen Vollmacht wekken Jesu Worte und Taten S. Vor allem in den formelhaften Schlußbemerkungen von Wundergeschichten (Chorschlüsse) ist vom S. des Volkes die Rede (z. B. Mk 2,12; 5,20; 6,51). R.

Stechfliege, Stechmücke → Tierwelt.

Stein. S.e dienen als Werkzeuge (→ Messer, → Mühle) und → Waffen. Vornehmlich in der Baukunst spielt S. eine große Rolle; in Babylonien und Assyrien sowie in Ägypten werden → Tempel und → Paläste vielfach aus S. gebaut. Neben S. werden vor allem Lehmziegel als Baumaterial benutzt (1Mose 11,3; 2Mose 1,14). Für seine Bauvorhaben verfügte → Salomo über eine große Anzahl von phöniz. S.-Metzen.
Im religiösen Bereich kommt dem S. seit der Steinzeit eine große Bedeutung oft als Wohnung einer Gottheit zu (→ Mazzebe). Die Zehn Gebote sind auf S.-Tafeln geschrieben (2Mose 31,18); der → Altar in vorstaatlicher Zeit wird aus unbehauenen S.en gebaut (2Mose 20,25); → Gräber werden aus S. ausgehauen, oder Felshöhlen werden als Gräber benutzt (Jos 10,18.27; Mt 27,60). In den Bereich des Rechts fällt der Vollzug der Todesstrafe durch → Steinigung. Im bildlichen Gebrauch wird die Schwere des S.s erwähnt (Spr 27,3); seine Härte wird verglichen mit der Härte des menschlichen Herzens (Ijob 41,16). Im NT wird Jesus mit dem → Eckstein, der dem Fundament eines Hauses Festigkeit gibt (Mk 12,10), oder mit dem den Bau bekrönenden Gewölbeschlußstein (Eph 2,20) verglichen. U. R.

Steinbock → Tierwelt.

Steinigung, die in Israel häufigste, sakrale Hinrichtungsart. Wieweit das in der → Mischna beschriebene Verfahren der S. – man stürzte den Verurteilten von einer Mauer oder einem Felsen herab und ließ, wenn er nicht auf der Stelle tot war oder im Sterben lag, schwere Steine auf ihn niederfallen – schon in alttest. Zeit angewandt wurde, ist nicht bekannt. Das alttest. Gesetz ordnete S. bei Gotteslästerung (3Mose 24,16), Götzendienst (z. B. 5Mose 17,5), Sabbatschändung (4Mose 15,35f.), Wahrsagerei (3Mose 20,27), Übertretung eines Tabugebotes (Jos 7,25), Ehebruch (5Mose 22,21) und Ungehorsam gegenüber den Eltern (5Mose 21,21) an. Daneben gab es die S. als Lynchjustiz (4Mose 14,10; 1Kön 12,18), von der nach den Schilderungen des NT auch Jesus und seine Anhänger bedroht waren (Joh 8,59; Apg 14,5; 2Kor 11,25), und um Lynchjustiz handelte es sich wohl auch bei der S. des Stephanus (Apg 7,56–58). S.

Steinzeit → Palästina.

Stempel → Siegel.

Stephanas, der erstbekehrte Christ in Korinth (1Kor 1,16); sein Haus war ein gemeindlicher Mittelpunkt (1Kor 16,15f.). R.

Stephanus (griech., »Kranz«), Glied des 7-Männer-Kollegiums, das der Gruppe der → Hellenisten in der Jerusalemer Urgemeinde vorstand (Apg 6,5f.). Seine entschiedene Kritik am → Tempel und am → Gesetz im Geiste Jesu trug ihm den Märtyrertod durch Steinigung ein und löste die Vertreibung der Hellenisten aus Jerusalem aus (Apg 7). R.

Sterben → Tod.

Stern. Im AT haben S.e keinen göttlichen Charakter; sie sind dem Willen Jahwes unterworfen, führen seinen Willen aus und verkünden seine Ehre (Ps 19,2). Als Geschöpfen Gottes (1Mose 1,16) kommt ihnen keine eigenständige Macht zu. Auf Jahwes Geheiß streiten sie gegen die Feinde Israels (Richt 5,20). Im bildlichen Gebrauch dient ihre Zahl zur Veranschaulichung einer unzählbaren Menge (1Mose 15,5; 22,17; 26,4; 5Mose 1,10). In einem Seherspruch (→ Seher) wird der S. aus Jakob genannt (4Mose 24,17; → Bileam). Der Spruch wurde messianisch gedeutet (→ Bar-Kochba); auf ihm beruht wahrscheinlich die Erwartung des S.s der Weisen aus dem Morgenland.
Im Judentum und NT wird mit dem Glänzen der S.e das Leuchten der Weisen in der Gemeinde oder in der zukünftigen Welt umschrieben (1Kor 15,41). Das kommende → Gericht ist begleitet von dem Untergang der S.e (2Petr 3,10). (→ Sterndeutung, → Planeten.) U. R.

Sternbild. Im AT sind folgende S.er belegt: Orion (Am 5,8; Ijob 9,9; 38,31), Plejaden (Am 5,8; Ijob 9,9; 38,31), Löwe (Ijob 9,9; 38,32), Gestirne des Tierkreises (2Kön 23,5), ferner ein S. unsicherer Identifikation in Ijob 38,32.
In → Babylonien und Assyrien entstammen die Namen der S.er oft der Mythologie; dasselbe gilt für die S.-Sagen der Antike; diese Züge treten im AT stark zurück (vgl. jedoch Ijob 38,32). U. R.

Sterndeutung. Die S. leitet aus der Beobachtung der → Sterne und → Sternbilder eine Schicksalsbestimmung ab. In → Babylonien und Assyrien ist die S. in den Bereich wissenschaftlicher Betätigung einzuordnen; Astronomie und Astrologie sind nicht getrennt. Im AT: Jes 47,13; Dan 2,2. S. wird im AT abgelehnt, da Gott seinen Willen nicht durch die Gestirne kundtut. U. R.

Steuer. Regelmäßige S.n wurden in Israel erst durch → Salomo eingeführt, der sein Land in zwölf Bezirke einteilte, die je einen Monat lang die S.n einzuliefern hatten (1Kön 4,7ff.), ein Verfahren, das im Volk als unbillig hart empfunden wurde (1Kön 12,4). Nach Verlust der staatlichen Selbständigkeit mußten den fremden Herrschern S.n entrichtet werden. Und zwar bezahlten Statthalter oder S.-Pächter dem Herrscher jährlich eine feste Summe, um diese dann wiederum durch Kopf- und Grund-S.n von den Untertanen einzutreiben (Esr 4,13.20). Der entscheidende Markstein für die Befreiung Judäas von der Herrschaft der → Seleukiden und die Herstellung der staatlichen Unabhängigkeit war die vom → Hasmonäer Simon erwirkte S.-Freiheit (142 v. Chr.).
In neutest. Zeit erhoben die röm. → Statthalter in den der röm. Herrschaft direkt unterstehenden Teilen Palästinas S.n für den kaiserlichen Fiskus. Die S.n waren an private Unternehmer verpachtet, die durch ihre Untergebenen, die verhaßten → Zöllner, für die Eintreibung sorgten. Im einzelnen gab es neben einer Grund- eine Kopf-S. (Mk 12,14) sowie verschiedene Zölle. Die herodianischen Herrscher (→ Herodes und seine Dynastie) hatten in ihren Gebieten eigene S.-Hoheit.
Unabhängig davon erhob die Jerusalemer Priesterschaft von allen jüd. Männern eine jährliche → Tempelsteuer (2Chron 24,6; Mt 17,24–27). Im Unterschied zu den → Zeloten, die zur Verweigerung der S. an Rom aufriefen, billigten Jesus (Mk 12,13–17) und das Urchristentum (Röm 13,6f.) grundsätzlich deren Entrichtung. R.

Steuermünze, der röm. Silberdenar, mit dem die Einwohner der unter röm. Verwaltung stehenden Länder die Kopfsteuer entrichteten (Mt 22,19; Mk 12,15). R.

Stier → Tierwelt.

Stiftshütte. »Hütte des Stifts« übersetzt Luther einen Ausdruck, der wörtlich wohl »Zelt der Begegnung« (von Gott und dem Führer Israels?) heißt. Moderne Übersetzungen schreiben »Offenbarungszelt« u. ä. Protoisraelit. Stämme besaßen vor der → Landnahme als Wanderheiligtum ein Zelt, wie es ähnlich bei arab. Nomaden bis zu Beginn unseres Jh.s gebraucht wurde. Dieses Zelt soll unter Salomo in den Jerusalemer → Tempel mit aufgenommen worden sein. An diese Überlieferung knüpft während des → Exils die Priesterschrift (→ Mosebücher) an, die sich um ein Programm für den Neubeginn des Jahwekultes in der Zukunft müht. Sie gibt den Standort des einzig legitimen Jahweheiligtums an einem festen Ort (z. B. Jerusalem) preis. Die alte Vorstellung des Wanderheiligtums wird wiederaufgegriffen und als der Religion Israels einzig adäquat dargestellt. Mose hatte die künftige S. visionär einst auf dem Berge Sinai erschaut (2Mose 25,40). Allerdings wird in die S. ein Blockhaus eingeplant, das die Einrichtungen des Jerusalemer Tempels nachbildet, wenngleich in verkleinertem Maßstab, und damit dessen Überlieferungen und Riten bewahrt. Diese S. wird der einzige Ort sein, an dem Gott seinem Volk wirklich erscheint, um es zu segnen. Damit wird die S. zum Ziel, auf das insgeheim die Geschichte seit Erschaffung der Welt zugelaufen ist (2Mose 29,43). K.

Stigma → Malzeichen.

Stirnband → Schmuck.

Stirnblatt → Hoherpriester.

Stoa, um 300 v. Chr. gegründete griech. Philosophenschule. Sie betrachtet das Weltganze als einen einheitlichen, vom göttlichen Logos bestimmten Organismus. Der Stoiker soll in Übereinstimmung mit dem Logos leben, d. h. nur nach dem Sittlich-Guten streben. Freiheit von allen Affekten und strenge Pflichterfüllung sind wesentlich.
Der lehrhafte Stil stoischer Wanderprediger hat auch im NT Spuren hinterlassen (Röm 2; 3; Jak 2; 3). H. M.

Storch → Tierwelt.

Strafe. Auf ein Vergehen hin, das mit rechtlichen Sanktionen belegt ist, verhängt die Gesellschaft S.n. Sie besteht heute in Ersatzhandlungen, d. h., dem Schuldigen wird etwas dem Bereich seiner Tat Fremdes auferlegt, wie Geldstrafen oder Gefängnishaft. Ein hebr. Wort für »S.« gibt es dagegen nicht, ein Anzeichen dafür, daß hier die Rechtsauffassung anders gestaltet ist. Das israe-

Denar des Tiberius (14–37 n. Chr.). Vorderseite (links): Ti[berius] CAESAR DIVI AVG[usti] F[ilius] AVGVSTVS. Rückseite (rechts): PONTIF[ex] MAXIM[us]. Als Steuermünze verwendet

lit. Recht kennt die Ersatz-S. wenig und verwendet sie nur für geringfügige Delikte. Wergeld z. B. bei Totschlag oder Mord wird ausdrücklich untersagt (4Mose 35,31). Dagegen ist Spiegel-S. (lat. *talio*), die dem Schuldigen am gleichen Körperteil oder Besitztum Eintrag tut, an dem er einen anderen Menschen geschädigt hat, als Straf-Folge in den Gesetzen häufig (»Leben um Leben, Auge um Auge, Zahn um Zahn, Hand um Hand . . .« – 2Mose 21,23f.), gilt jedoch nur bei Körperverletzungen und wird keineswegs genereller Rechtsgrundsatz. Grundsätzlich aber gilt, daß der Sinn von S. darin besteht, die dem Schuldigen insgesamt anhaftende unsichtbare Tatsphäre – nicht nur die zur Verhandlung stehende Tat – wie die dem Unschuldigen anhaftende unterdrückte Guttatsphäre kraft des → Tat-Ergehen-Zusammenhangs zur Vollendung zu bringen; d. h., die → Gerechtigkeit des Gerechten gerecht machen und den Frevel des Frevlers frevlerisch machen (also durch einen entsprechenden Gerichtsakt in seiner Negativität kundtun).
→ Gerichtsbarkeit hat demnach nur unterstützende Aufgabe für die jeder Übeltat schon immer innewohnenden, schleichenden automatischen Straf-Folge. – Zur Bestrafung von Menschen durch Gott → Gericht Gottes. K.

Straße → Verkehrsverhältnisse.

Strauß → Tierwelt.

Streitgespräch, kurze Szene, welche die Entscheidung einer strittigen Frage durch eine maßgebliche Autorität berichtet. Die S.e Jesu in den Evangelien setzen durchweg ein mit einer Frage oder einem Protest der Gegner und erreichen den Höhepunkt in einer pointierten Stellungnahme Jesu, die den Streitfall entscheidet und zugleich die Gegner zum Schweigen bringt (z. B. Mk 2,23–27; 3,1–6). R.

Streitwagen → Krieg.

Strom → Fluß.

Stufe → Treppe.

Stuhl (Sessel), wird als Gegenstand des Hausrats nur in 2Kön 4,10 erwähnt; die in bibl. Zeit gebräuchlichste Form des S.s war der → Thron, ihm verwandt der Richter-S. (Ps 94,20), der S. Elis (1Sam 1,9) und der Lehr-S. (Mt 23,2). Mit den »Stühlen« der Händler (Mt 21,12) sind wohl Verkaufsstände gemeint. S.

Stummheit, vielfach mit Taubheit zusammengesehen, ein Zustand, der zur Kommunikation unfähig macht, weitgehend aus der menschlichen Gemeinschaft ausschließt und auch das Gottesverhältnis bedroht: Der Stumme ist weder zum Lob noch zur Klage fähig. S. kann darum als dämonischen Ursprungs gelten (Mt 9,32 u. ö.), umgekehrt ist ihre Beseitigung Zeichen der Heilszeit (Jes 35,6). R.

Stunde. Nach jüd. Zeitrechnung zerfiel der Tag zwischen Sonnenaufgang und Sonnenuntergang in 12 je nach Jahreszeit unterschiedlich lange S.n; so ist die 3. S. etwa 12 Uhr (Mk 15,25), die 9. S. (Mk 15,34) etwa 15 Uhr.
Als »S.« wird ferner die für gewisse Vorgänge und Verrichtungen bestimmte Zeit bezeichnet, so vor allem in apokalyptischer Sprache die von Gott gesetzte Zeit der Endzeitereignisse (z. B. Offb 14,7.15). Das Johannesevangelium spricht häufig von der S. Jesu im Sinne der von Gott gesetzten Zeit des Handelns Jesu (z. B. Joh 13,1). R.

Suach. 1. Arab. Stamm (1Mose 25,2), dem Ijobs Freund Bildad angehörte (Ijob 2,11). **2.** Ein Nachkomme Aschers (1Chr 7,36). S.

Suchen, Hinwendung des Menschen zu Gott im Kultus. Das S. Gottes vollzieht sich im AT vorwiegend durch Opfer und Gebet. Griech. Sprachgebrauch folgend, kann im NT das Streben nach göttlicher Wahrheit und Weisheit als S. bezeichnet werden (Röm 2,7; 1Kor 1,22). R.

Sühne. »S.« wird in der Bibel nicht im juristischen Sinn als kompensatorische Bußhandlung für ein Vergehen gebraucht. Das hebr. Wort *kippär* hat vielmehr kultischen Sitz im Leben und bezeichnet eine Handlung am Heiligtum, durch die jemand, der sich gegen Gott oder Mitmenschen vergangen hat, von der Last einer unsichtbar über seinem Leben schwebenden und seine Lebenskraft vermindernden Schuldhülle befreit und damit von Todverfallenheit errettet wird (→ Tat-Ergehen-Zusammenhang). Der Schuldige stemmt seine Hände auf den Kopf eines Haustieres und überträgt seine Schuld auf das Tier, das dann anstelle des Menschen in den Tod geschickt wird. »Der Priester sühnt ihn wegen seiner Sünde, sie wird ihm dadurch vergeben« (3Mose 4,26ff.). S. wirken kann nur Gott oder der Priester als sein Vertreter. Handelt es sich um ein Vergehen einer Gemeinschaft, muß die zentrale Gestalt der körperschaftlichen Persönlichkeit (→ Gemeinschaft und Individuum) Sünde bekennen und übertragen, so der Hohepriester (3Mose 16,21).

Das bei der S. benutzte Tier wird von den Exegeten oft als S.- oder Sünd-Opfer bezeichnet, obwohl es sich nie um ein Opfer im Sinne einer Darbringung für Gott handelt. Doch werden (unter der Nachwirkung profetischer Kritik menschlicher Fehlsamkeit und Verlorenheit) in nachexilischer Zeit auch die mit anderem Zweck durchgeführten → Opfer zu S.-Handlungen. Der → Versöhnungstag wird aus dem Herbstfest ausgegliedert und zum höchsten Feiertag im Jahr (3Mose 1–16). In hellenist. Zeit wird neben der S. die Aufhebung der Entzweiung zwischen Gott und Mensch für den Sünder nötig (→ Versöhnung); gesühnt erscheint er zugleich als der, der wieder gerecht vor seinem Gott ist.

Amtsauffassung und Lebensführung vieler Priester am Jerusalemer Tempel in den letzten beiden Jh.en v. Chr. ließ Sondergruppen wie → Qumran und die → Apokalyptik den in Jerusalem geübten S.-Kult als unwirksam erscheinen und auf einen eschatologischen Versöhnungstag hoffen (Dan 9,24). Schon Deuterojesaja (→ Jesajabuch) setzte im letzten Jh. v. Chr. voraus, daß angesichts einer Schuld, die über den »vielen« lastet, übliche kultische Tierriten nicht mehr zureichen, sondern ein geheimnisvoller Knecht Gottes als zentrale Mitte der Menschheit und als »Schuldtier« für alle in den Tod gehen muß (Jes 53; vgl. 43,24f.).

Zentral für die christl. Heilsbotschaft ist die Vorstellung, daß Jesus Christus durch sein unschuldiges gehorsames Sterben am Kreuz S. für die Sünden der Menschheit vollbracht und ihr damit ein neues Gottverhältnis ermöglicht hat. Der Ansatz dafür ist vermutlich in der Deutung zu suchen, die Jesus selbst seinem Sterben bei der Einsetzung des → Abendmahls gegeben hat: Mit der Hingabe seines Lebens tritt er stellvertretend für die »vielen«, die durch ihre Sünde dem Tod verfallen wären, vor Gott ein (Mk 14,24) und erwirkt für sie das Recht, unter Berufung auf ihn in Gemeinschaft mit Gott zu leben (Mk 14,24; vgl. 10,45). Er übernimmt damit die Rolle des geheimnisvollen Gottesknechtes aus Jes 53.

Wenn zahlreiche formelhafte Wendungen im NT vom Sterben und der Selbsthingabe Jesu »für uns« sprechen (z. B. 1Kor 15,3; Röm 5,6; 14,15; Gal 2,21; 3,13), so ist damit stets auf die sühnende Bedeutung des Todes Jesu angespielt. Die ausführlichste Entfaltung innerhalb des NT findet die S.-Vorstellung bei Paulus und im Hebräerbrief. Paulus deutet Jesu Sterben als abschließende Überbietung des Geschehens am Versöhnungstag: War alle bisherige kultische S. hinsichtlich ihrer zeitlichen Wirkung und ihres Geltungsbereiches beschränkt, so ist dadurch, daß Gott selbst Jesus Christus zur S. gesetzt hat, eine für alle Menschen und für alle Zeiten geltende Sündenvergebung gewirkt worden (Röm 3,24ff.). Für den Hebräerbrief liegt der Akzent darauf, daß es sich bei Jesu Sterben, anders als bei allen kultischen S.-Riten, um ein ausschließlich von Gott ausgehendes Geschehen gehandelt habe: Christus ist nicht nur das S.-Opfer, er ist zugleich auch der es darbringende Hohepriester, den Gott selbst gesandt hat (Hebr 5,1–6; 7,26f.).

Man darf diese Aussagen nicht mit der Brille der späteren abendländ. Theologie lesen, wenn man ihnen gerecht werden will. Der im Mittelalter durch Anselm von Canterbury (1033–1109) in die Theologie eingebrachte Gedanke, daß Jesu Tod eine Gott zum Ausgleich für den Ungehorsam der Menschen dargebrachte Ersatzleistung sei, liegt ihnen denkbar fern. Es kommt ihnen nicht darauf an, daß Gott ein »Opfer« dargebracht wird, sondern darauf, daß den Menschen durch ein von Gott ausgehendes Geschehen S. und damit Lebensmöglichkeit zuteil wird. Gott gibt seinen Sohn, den einzigen Gerechten und Sündlosen, für die Sünder dahin; er wirkt damit für sie für alle Zeit Befreiung von Schuld und gibt ihnen einen untrüglichen Erweis seiner Liebe. Letztlich sprengt diese Aussage freilich den Rahmen des traditionellen kultischen Bildes; das in ihr Gemeinte kann eigentlich erst im personalen Bild der → Versöhnung voll zum Ausdruck gebracht werden (Röm 5,10; 2Kor 5,18). K./R.

Lit.: B. Janowski, S. als Heilsgeschehen, 1982; W. Kraus, Der Tod Jesu als Heiligtumsweihe, 1991.

Sukkot (*tell deir alla*). **1.** Ort nahe der Einmündung des Jabbok in den Jordan. Er wird mit Jakob in Verbindung gebracht (1Mose 33,17) und spielt in der Gideon-Erzählung Richt 8,4–17 eine Rolle. Nach 1Kön 7,46 unterhielt Salomo in S. eine Gießerei. **2.** Ort im östl. Grenzgebiet Ägyptens (2Mose 12,37). **3.** S.-Benot, nach 2Kön 17,30 Name eines Gottes; hier dürfte eine Textverderbnis vorliegen und ursprünglich der Name des babylon. Götterkönigs → Marduk und seiner Gemahlin Sarpanit gemeint sein. S.

Sulamith → Schulammit.

Sumer, der südlichste Teil Mesopotamiens (→ Babylonien und Assyrien), etwa seit dem 4. Jt. v. Chr. Gebiet der von Osten eingewanderten nichtsemit. Sumerer. S. war gegliedert als Verband von Stadtstaaten (die wichtigsten waren Ur, Uruk, Eridu, Larsa, Lagasch, Kisch, Eschnunna, Nippur). Kultzentrum war die Stadt Nippur, ihr Gott Enlil war sumer. Reichsgott. Andere Stadtgötter hatten im → Pantheon S.s besondere Funktionen, so der Himmelsgott An, der Gott des Süßwassers und der Weisheit Enki, der Sonnengott Utu, der Mondgott Nanna, der Kriegsgott Zababa; Hauptgöttin war Inanna, Vorbild der → Ischtar und der Venus.
Jede Stadt war nach dem Prinzip der Tempelwirtschaft zentral verwaltet; politisch-sakrales Oberhaupt war der *ensi* (Fürst) oder *lugal* (König). Privateigentum gab es nicht. Die Gesellschaft war in hohem Maße arbeitsteilig organisiert, schon wegen der Notwendigkeit der Anlage und Wartung umfangreicher Bewässerungsanlagen, die seßhaftes Leben in S. erst ermöglichten. S. bot wenig Rohstoffe; eine Hochkultur entstand auf der Basis umfangreichen Fernhandels, u. a. durch die Verarbeitung eingeführter Materialien zu wertvollen Produkten, die ihrerseits exportiert wurden. Aus den Bedürfnissen der Wirtschaft entstand auch die → Schrift (um 3000 v. Chr.), S.s nachhaltigster Beitrag zur Kulturgeschichte. Zunächst für Wirtschaftstexte gebraucht, erlaubte sie bald die Abfassung von Gesetzen, Königsinschriften, epischer, mythologischer, religiöser und wissenschaftlicher Literatur.
Sumer. Kultur, Religion und Literatur wurde von den Babyloniern aufgenommen und weiterentwickelt. Aber auch nach dem endgültigen Verlust der politischen Vorherrschaft an semit. Völker zu Beginn des 2. Jt.s v. Chr. (→ Babylonien und Assyrien) war die kulturelle Vorrangstellung S.s anerkannt. Sumer. verfaßte Texte gab es bis ins 1. Jh. n. Chr.
In der Bibel sind die Sumerer nicht erwähnt. Doch enthält vor allem die → Urgeschichte eine Fülle von Stoffen (→ Schöpfung), die (durch babylon. Vermittlung) letztlich auf die Sumerer zurückgehen. J. E.

Sünde. 1. Allgemeine Begriffsbestimmung – 2. S. im AT – 3. S. im NT.
1. Der Begriff »S.« stammt aus dem Sprachgebrauch der christl. Kirche und bezeichnet ganz allgemein die Störung des Verhältnisses zwischen Gott und Mensch.
2. Diese Störung kann nach dem Glauben des AT, das keinen einheitlichen Ausdruck, sondern mehrere Wörter für »S.« hat, in vielfältigster Weise verursacht werden, wobei durchaus nicht immer ein bewußt böser Wille des Menschen oder persönliche Schuld vorliegen muß. Denn das AT versteht S. – entsprechend der außerbibl. Umwelt – konkret-dinglich als eine Art Krankheitsstoff, der auch unwissentlich übertragen wird und mit dem der Täter sowohl sich selbst als auch andere infiziert. Hierbei wird also nicht zwischen der Tat und ihrer Folge unterschieden, und daher bedeuten die hebr. Wörter für »S.« sowohl »Schuld« als auch »Strafe« (z. B. 1Mose 4,13; 20,9). So kann jemand in S. und damit in eine Unheilssphäre geraten, indem er einen Fluch hört oder mit Unreinem in Berührung kommt (3Mose 5,1–6) oder einen Eid bricht, den ein anderer abgelegt hat (1Sam 14,24–44), und mehrfach spricht das AT davon, daß eine Gemeinschaft durch die Tat einzelner in die Unheilssphäre der S. verfällt (z. B. 3Mose 22,16; 5Mose 21,1–9; Jos 7).
3. Kennzeichnend für das neutest. Verständnis von S. (griech. *hamartia*) ist zweierlei: a) das unauflösbare Ineinander von Transsubjektivem und Individuellem, d. h. von S. als übergreifender Machtsphäre, in der sich der einzelne vorfindet und die sein Handeln bestimmt, und von S. als schuldhaftem Widerstand, den der einzelne gegen Gott leistet; b) die Totalität der S., die sie zur umgreifenden Charakteristik der Situation des Menschen in seiner Heillosigkeit werden läßt und die schon rein äußerlich dadurch zum Ausdruck gebracht wird, daß das NT fast durchweg

im Singular von der S. (und nur selten im Plural von S.n im Sinn von einzelnen gottwidrigen Verfehlungen) spricht.
Ein zentraler Zug des Wirkens Jesu war der Umgang mit Menschen, die seiner jüd. Umwelt als Sünder galten, nämlich mit→ Zöllnern (Mk 2,17 par; Lk 18,13; 19,7) und Dirnen (Lk 7,34.37ff.), die sich durch ihr unehrenhaftes Gewerbe nicht nur religiös, sondern auch gesellschaftlich disqualifiziert hatten. Denn als Sünder wurde angesehen, wer sich außerhalb der die jüd. Volks- und Kultgemeinschaft bestimmenden Norm des → Gesetzes stellte. Jesus gewährte diesen Sündern Heil, indem er sie, ohne Bedingungen zu stellen, in seine Tischgemeinschaft aufnahm und sie damit in ein neues Verhältnis zu Gott setzte (Mk 2,13–17). Damit ermöglichte er Heilung scheinbar hoffnungslos zerstörten Lebens. Er begründete dieses sein Handeln von Gott her: Gott selbst freut sich über das Wiederfinden des Verlorenen, der Schöpfer will seine Geschöpfe in seine Gemeinschaft zurückholen (Lk 15,1–32).
Eine umfassende Sicht der S. als der das Leben des vorchristl. Menschen bestimmenden Realität entwickeln Paulus und Johannes. Nach Paulus kam die S. durch den Ungehorsam des ersten Menschen (→ Adam) in die Welt, um zur alle Lebensbezüge beherrschenden Macht zu werden (Röm 5,12ff.). Zugleich aber unterstellt sich jeder einzelne willentlich ihrer Herrschaft (Röm 7,11), so daß sie zu der seine gesamte Existenz bestimmenden Kraft wird (Röm 7,14). Und zwar ist es Gottes heiliger Wille im → Gesetz, das den sündigen Widerstand des Menschen herausfordert. Unmittelbare Folge der S. ist der Tod (Röm 5,12; 6,23).
Diese Aussagen stehen nun allerdings ganz unter dem Vorzeichen der befreienden Erfahrung, daß Christus durch sein Sterben die Macht der S. gebrochen und den Sündern eine neue Lebensmöglichkeit erschlossen hat (Röm 5,18–21; Joh 1,29; 8,34–37). Für den Glaubenden, der durch die → Taufe in der Gemeinschaft Jesu Christi steht, hat die S. ihre Macht verloren (Röm 6,13f.). Mag ihn auch hin und wieder die S. noch bedrohen, so ist er doch, unter der Herrschaft des Geistes stehend, in der Lage, sie zu besiegen (Röm 8,10f.; 1Joh 3,9). S. / R.

Sündenbekenntnis. Das hebr. Wort *toda* enthält zwei Bedeutungskomponenten, deren Zusammengehörigkeit für das bibl. S. charakteristisch ist: dankbarer Lobpreis und Eingeständnis der Schuld. Auf dem Hintergrund der dankbaren Anerkennung des Heilshandelns Gottes erkennt und bekennt der Mensch seine Verfehlungen. Im AT steht das kultische S. im Vordergrund und hier wiederum das S. am → Versöhnungstag (3Mose 16,21). Da Gott der durch die Sünde Erzürnte war, richtete sich das S. immer an ihn, auch wenn es Priester (3Mose 5,5f.) oder andere (Jos 7,19) entgegennahmen. Johannes der → Täufer forderte ein S. als Bedingung für die Bußtaufe (Mk 1,5). Im Urchristentum entwickelte sich schon bald die Sitte des S.ses vor der versammelten Gemeinde (1Joh 1,9; 5,16; Did 14,1). R.

Sündenbock, volkstümliche Bezeichnung des Ziegenbocks, der am → Versöhnungstag in die Wüste zu dem Wüstendämon → Asasel hinausgeschickt wurde, nachdem der Hohepriester ihm durch Handauflegen und Sündenbekenntnis die Sünden des Volkes übertragen hatte (3Mose 16). Wahrscheinlich sind in diesem Kultakt zwei verschiedene Riten miteinander verknüpft worden, nämlich ein Unheil abwehrendes Opfer an einen Wüstendämon und die Beseitigung von → Sünde, die man – eine im Altertum sehr verbreitete Vorstellung – auf ein Tier übertragen zu können glaubte. S.

Sündenfall. Die kirchliche Auslegung versteht Evas und Adams Essen von der verbotenen Frucht im Paradies (1Mose 3) als den grundlegenden S., mit dem die Menschheit insgesamt aus dem Stand einer ursprünglichen Unschuld für immer herausgefallen ist. Für die alttest. Überlieferung trägt der Vorgang kein solches Gewicht, sondern ist der Anfang einer Serie von sich steigernden S.en in der Menschheitsgeschichte. Schon der Brudermord Kains (1Mose 4) wirkt schwerer. K.

Sündopfer → Opfer.

Sündwasser → Reinigungswasser.

Sunem → Schunem.

Susa, alte Hauptstadt des Reiches → Elam, heute Schusch im südl. Iran. Ende des 6. Jh.s v. Chr. wird S. als Verwaltungshauptstadt des Perserreiches ausgebaut. Nur die ausgegrabenen

Grundmauern lassen etwas von der Pracht der Stadt und ihres Palastes ahnen, dessen rauschende Feste im → Esterbuch farbig geschildert werden. → Nehemia amtierte hier als Mundschenk → Artaxerxes' I., bis ihn dieser 446 v. Chr. als Statthalter nach Juda entsandte. S. gilt weiter als Wohnsitz des Sehers Daniel (Dan 8,2), den heute noch die Moslems in S. in einer Gedenkmoschee verehren. Mit der Eroberung durch die Griechen 331 v. Chr. verliert S. seinen Rang. K.

Susanna (von hebr. *schoschanna* »Lilie«). **1.** Titelgestalt einer zu den alttest. → Apokryphen gehörenden Legende, die als Ergänzung zum → Danielbuch konzipiert war. Es geht in dieser spannenden Kriminalgeschichte um die Rehabilitierung der unschuldig verleumdeten S. durch Daniel. **2.** Jüngerin Jesu (Lk 8,3). R.

Sychar, nach Joh 4,5 Ort in Samaria, nahe dem Jakobsbrunnen, vermutlich identisch mit dem heutigen *askar* östl. des Berges Ebal. R.

Syene → Elefantine.

Sykomore → Pflanzenwelt.

Symbol (von griech. *symbolon* »Erkennungszeichen; Zusammengehöriges«), gegenständliches oder worthaftes Zeichen, das Erscheinungen der sakralen Sphäre darstellt und zugleich einen Bezug zu ihnen herstellt. Gegenständliche S.e sind in Israel aufgrund des alttest. Bilderverbots selten. Zu ihnen gehören der Deckel der → Lade als Thron Gottes und S. seiner Gegenwart (2Mose 25,22), das → Eherne Meer (1Kön 7,25) und der siebenarmige → Leuchter (2Mose 25,31ff.). Das Urchristentum hat schon früh das → Kreuz als S. gebraucht. Weitere S.e entwickelte die christl. → Malerei und Plastik aus bibl. Motiven (z. B. wurde der Gute Hirte zum Christus-S.). (→ Evangelistensymbole.) R.

Symbolhandlung(en). Profeten künden nicht nur durch ein → Wort Gottes letzte Hintergründe gegenwärtiger Lage und zukünftiges Geschehen, sie stellen beides bisweilen durch eine S. (Gleichnis-, Zeichenhandlung) dar und setzen damit vor die Augen ihrer Zuschauer ein sichtbares Zeichen, das nicht nur veranschaulicht, sondern in manchen Fällen auch die Zukunft »magisch« herbeiruft. So zerschmettert Jeremia (Jer 19) einen Krug und symbolisiert damit den bevorstehenden Untergang Jerusalems; oder Hosea heiratet ein »hurerisches Weib« und hält damit den Zeitgenossen, die sich in einem integren Bund mit ihrem Gott wähnen, ein Bild vor, wie es tatsächlich um das Verhältnis bestellt ist (Hos 1,2).
S. im NT sind Jesu Tempelreinigung (Mk 11,15–17 par) sowie die Fußwaschung (Joh 13,1–17). Auch die Wunder Jesu werden zuweilen im NT als gottgewirkte S. verstanden (Mt 12,28). Hingegen geht die Einsetzung des → Abendmahls über eine S. deutlich hinaus. K.

Symmachus, frühchristl. Übersetzer des AT ins Griechische (2. Hälfte des 2. Jh.s), vermutlich Ebionit. S. versucht, dem griech. Sprachgebrauch besser gerecht zu werden als die → Septuaginta (→ Bibelübersetzungen). R.

Synagoge, Versammlungshaus der jüd. Gemeinde. Die ältesten S.n finden wir in der ägypt. → Diaspora schon im 3. Jh. v. Chr. Sie heißen dort Gebetshaus (*proseuche*) und dienen einem opferlosen Kult mit Hymnengesang und Gebeten. Erst später kamen auch in Palästina S.n auf, und zwar unter pharisäischem Einfluß. Die → Pharisäer wollten das ganze Leben des Volkes vom → Gesetz bestimmt sein lassen und brauchten daher einen Ort zur Unterweisung in der Tora. In der palästin. S. waren Gesetzeslesung und -auslegung zentrale Stücke des Gottesdienstes. Nach der Zerstörung des → Tempels (70 n. Chr.) trat die S. an dessen Stelle; sie wurde mit dinglich-sakraler Heiligkeit ausgestattet und als Stätte der → *Schechina* angesehen.
Die Ruinen von antiken S.n, die in Palästina ausgegraben wurden (Kafarnaum, Chorazin, Bet-Alfa), stammen frühestens aus dem 3. Jh. n. Chr. Sie waren nach dem Vorbild der röm. Markthalle, der Basilika, gebaut; im Unterschied zur profanen Basilika hatte die S. nur an drei Seiten Säulenreihen. Diese Säulen trugen die Frauenempore; wo es keine Empore gab, mußten sich die Frauen in einem Nebenraum aufhalten. Seit dem Ende des 4. Jh.s wurden die S.n mit Apsiden gebaut. Oft befanden sich S.n in der Nähe von Flüssen (vgl. Apg 16,13), damit stets Wasser für kultische Waschungen zur Verfügung stand. Die S.n sollten nach Jerusalem hin ausgerichtet sein, was der im Judentum geforderten Gebetsrichtung (vgl. 1Kön 8,38ff.; Dan 6,11) entspricht. Zur

Einrichtung der S. gehören die alttest. Schriften und der Toraschrein, welcher der Aufbewahrung der Schriftrollen dient, in der Mitte eine Estrade, von der aus Gesetz und Profeten verlesen werden.
Neben ornamentalem Wandschmuck finden sich auch trotz des Bilderverbots (→ Bild und Bilderverbot) figürliche Darstellungen (→ Malerei). Außer den Sitzen für die Gemeinde gab es der Gemeinde zugewandte Sitze für die Ältesten und Lehrer der Gemeinde (vgl. Mt 23,6) und als Ehrensitz den sog. »Stuhl des Moses« (vgl. Mt 23,2). In der Vorhalle der S. befanden sich Waschgelegenheiten. Vor der S. lag meist ein offener Säulenhof; angebaut war gelegentlich eine Herberge für durchreisende Juden.
Der S.n-Gottesdienst bestand aus zwei Teilen: Der liturgische Teil begann mit einer von Benediktionen umrahmten Rezitation des Sch^{e}ma (»Höre Israel«; 5Mose 6,4–9; 11,13–21; 4Mose 15,37–41), es folgten das Achtzehnbittengebet (das zur Zeit Jesu nur sechs Bitten umfaßte) und der Priestersegen (4Mose 6,24–26). Der Wortteil enthielt die Verlesung eines Abschnittes aus dem Pentateuch (→ Mosebücher) und eines Profetentextes, die während der Verlesung ins Aramäische übersetzt wurden; er schloß mit einer Ansprache (vgl. Lk 4,16ff.; Apg 13,15f.).
H. M.

Lit.: K. Galling, S., in: RGG VI, 557–559; P. Billerbeck, Ein Synagogengottesdienst in Jesu Tagen, in: ZNW 55, 1964, 143–161; M. Hengel, Proseuche und S., in: Tradition und Glaube. Festgabe für K. G. Kuhn, 1971, 157–184.

Synagogenvorsteher → Ältester.

Synchronismus. S. im historischen Sinn heißt Gleichsetzung des Datums einer bestimmten Chronologie mit dem einer anderen. So läßt sich z. B. die erste Einnahme Jerusalems durch die Babylonier nach der alttest. Überlieferung auf die Zeit des Königs Jojachin (598/597 v. Chr.), nach der babylon. Chronik auf das 7. Jahr des Königs Nebukadnezzar (ANET, 764) festlegen. Als Synchronismen der Könige von Israel und Juda bezeichnet man das Schema der Zeitangaben in den Königsbüchern von folgender Art: »Im 18. Jahr des Königs Jerobeam [von Israel] . . . wurde Abija König über Juda« (1Kön 15,1).
Das NT enthält einen einzigen direkten S. in Lk 3,1f.: Das Auftreten Johannes des Täufers, dem nach kurzem Abstand der Beginn des öffentlichen Wirkens Jesu folgte, wird hier auf das 15. Regierungsjahr des röm. Kaisers → Tiberius datiert. Allerdings ist diese Angabe wenig genau, da es für die Feststellung des 15. Regierungsjahres mehrere Berechnungsweisen gibt. Am wahrscheinlichsten ist dafür der Zeitraum zwischen Herbst 27 und Herbst 28 n. Chr. K. / R.

Synedrium → Hoher Rat.

Synkretismus. Der Begriff »S.« stammt von Plutarch: Er bezeichnet das Zusammenhalten (*syn-*) der Kreter gegen einen äußeren Feind trotz innerer Uneinigkeiten. Das Moment der äußeren Geschlossenheit trotz innerer Spannungen wurde in der Geschichte der Forschung auf die Religionen zur Zeit des → Hellenismus übertragen. In dieser Ära strömen oriental. Kulte und Götter in den Westen ein; griech. und röm. Gottheiten werden mit diesen Gestalten identifiziert.
Hinter dem Begriff »S.« steht in der älteren Forschung die Vorstellung einer amorphen Vermengung religiöser Inhalte; neue Darstellungen versuchen dagegen die Assimilierungsprozesse und die dahinter stehenden sozialen Mechanismen differenzierter darzustellen. (→ Syrien.)
U. R.

Synoptiker, Bezeichnung der drei ersten → Evangelien (→ Matthäus-, → Markus-, → Lukasevangelium), die wegen ihrer weitgehenden Übereinstimmung in einer »Synopse« (griech., »Zusammenschau«) nebeneinandergedruckt werden können. Die Übereinstimmung betrifft den erzählerischen Aufriß, der mit Johannes dem Täufer und Jesu Taufe einsetzt, Berichte über Jesu Wirken in Galiläa seinen Weg nach Jerusalem folgen läßt und mit der Leidensgeschichte schließt. Sie betrifft aber auch die einzelnen Stoffe, die weithin bis in den Wortlaut hinein gleich sind: Von den 661 Versen des Markusevangeliums stehen 600 auch bei Matthäus, etwa 350 auch bei Lukas. Ferner haben Matthäus und Lukas untereinander noch etwa 240 Verse über Markus hinaus gemeinsam. Welcherart die durch diese Übereinstimmungen erwiesene literarische Abhängigkeit der S. voneinander ist, das ist Gegenstand der sog. Synoptischen Frage, welche die Forschung seit dem

Ende des 18. Jh.s stark beschäftigt hat. Ein weithin akzeptierter Lösungsversuch ist die Zweiquellentheorie: Matthäus und Lukas haben Markus als Quelle benutzt; daneben hatten sie als zweite Quelle eine Sammlung von → Worten Jesu (→ Logienquelle) sowie Sondergut unterschiedlicher Art. R.

Lit.: C.-H. Peisker, Zürcher Evangelien-Synopse, [14]1973; R. Bultmann, Die Erforschung der synoptischen Evangelien, [5]1966; W. G. Kümmel, Einleitung in das NT, [18]1976, 13–52.

Syrakus, Hafenstadt auf Sizilien, alte griech. Kolonie. Das Schiff, das Paulus als Gefangenen nach Rom brachte, legte dort für drei Tage an (Apg 28,12). R.

Syrien. 1. Geographie – 2. Geschichte – 3. Religion – 4. S. und Israel.

1. Ältere griech. Historiker bezeichneten Assyrien als S.; seit dem → Hellenismus ist S. der Raum zwischen Anatolien im Norden, dem Mittelmeer im Westen, Ägypten im Süden und der syr.-arab. Wüste und Mesopotamien im Osten, also das Gebiet der heutigen Staaten S., Libanon, Israel und der Südtürkei. Diesen Großraum nennen Historiker heute auch S.-Palästina; S. im engeren Sinne meint dann diesen Raum ohne Palästina und das Küstenland → Phönizien.

S. gliedert sich in Gebirge (→ Libanon, → Antilibanon, Amanus), Hochebenen (um Aleppo und → Damaskus) und Flußtäler (Orontes, Leontes, oberer Eufrat). Wichtige Städte sind am Mittelmeer → Antiochia, → Ugarit, im Landesinneren Alalach, Aleppo, Karkemisch, Damaskus, dazu in der östl. Wüste Palmyra (Tadmor).

2. Der geographischen Vielfalt entspricht die wechselvolle Geschichte. Vom 3. Jt. v. Chr. bis zum Ende des Altertums war S. Kampfplatz und Streitobjekt der Großreiche, oft deren Provinz. Selten nur konnten sich selbständige Staaten bilden und halten. Seit dem 3. Jt. gab es regen Handel mit Ägypten (besonders Libanonholz); Haupthafen war → Byblos. Im 2. Jt. bildeten sich in S. einzelne Reiche, vor allem Jamchad mit dem Zentrum Aleppo. Die Jahrtausendmitte ist gekennzeichnet durch eine semit. Einwanderungswelle (→ Amoriter) und durch starken Einfluß der Churriter (→ Horiter), die mit ihrem Staat Mitanni zwischen Ägypten, Mesopotamien und den Hetitern ein Großreich bildeten. Nach dessen Zusammenbruch beherrschte der in der 2. Hälfte des 2. Jt.s zunehmende ägypt.-hetit. Konflikt die Geschichte S.s. Die sich mehrfach ändernden Einflußsphären sind an der Geschichte → Ugarits gut erkennbar. Um 1270 v. Chr. kam es nach der Schlacht bei Kadesch am Orontes zum Ausgleich. Der Orontes wurde als Grenze zwischen Ägypten und dem Hetiterreich bestimmt.

Zu Beginn der Eisenzeit um 1200 ging unter den Auswirkungen des Sturms der → Seevölker für einige Zeit der Einfluß der Großmächte zurück. Das Hetiterreich brach zusammen, in S. bildeten sich kleinere Nachfolgestaaten. Auch Ägypten büßte an Macht ein. In diesem ›Vakuum‹ bildete sich in Palästina das Reich Davids, in S. konnten die einwandernden → Aramäer ein Reich mit dem Mittelpunkt Damaskus errichten, das im 9. Jh. zum Gegner Israels wurde.

Die Selbständigkeit währte nicht lange. Im 8. Jh. verstärkte sich der Zugriff der Assyrer, die unter → Tiglat-Pileser III. S. eroberten (Ende des 8. Jh.s v. Chr.). Den Assyrern folgten nach kurzem ägypt. Zwischenspiel (→ Necho) die Neubabylonier unter → Nebukadnezzar (605 v. Chr.), nach der Eroberung Babylons (539 v. Chr.) die Perser. → Darius I. machte um 520 v. Chr. S. einschließlich Phöniziens und Palästinas zur Satrapie mit der Hauptstadt Damaskus. Palästin. Verwaltungssitz war → Samaria. Den Persern folgten nach → Alexanders Sieg bei Issus (333 v. Chr.) die Griechen. Nach Alexanders Tod wurde S. zum Feld der Auseinandersetzungen zwischen den Diadochendynastien der → Ptolemäer und → Seleukiden. Letztere brachten im 2. Jh. v. Chr. ganz S. in ihre Hand, konnten aber die Bildung selbständiger Kleinstaaten nicht verhindern.

S.s wechselvolle Geschichte ging weiter. 83 v. Chr. eroberte der Armenierkönig Tigranes ganz S., 64 v. Chr. wurde es römisch. S. war militärisch wichtiges Grenzland gegen die Nachbarn im Osten, die Parther, später die Sassaniden (→ Iran). Zur Metropole wurde neben Damaskus und Antiochia das weit im Osten gelegene Palmyra. Dort richtete im 3. Jh. n. Chr. die Königin Zenobia für kurze Zeit ein Großreich auf, das neben S. auch Teile Ägyptens und Kleinasien umfaßte. Nach der Wiederherstellung der röm. Macht durch Aurelian (273 n. Chr.) blieb S. Teil des röm., später byzantin. Reiches, bis es im 6. und 7. Jh. islamisch wurde.

3. In diesem Kampf- und Durchgangsland der Großmächte, unter zahlreichen Völkern und Sprachen, vollzog sich eine einzigartige Entwicklung zum Monotheismus (→ Gott). Immer neue Völkerwellen aus der Wüste gestalteten nicht nur die Geschichte S.s mit, sondern brachten auch Impulse, die im Süden des Großraumes S., in Palästina, die Einzigartigkeit der Jahwereligion mit bestimmten. Der mit seinem Volk gehende, es helfend und rettend begleitende Gott traf auf die seßhaften Götter des Kulturlandes. Dieser für die Religionsgeschichte des AT so entscheidende Gegensatz gilt in S. weithin. Die religiöse Besonderheit des Raumes ist hier zu suchen, in Konflikt und Verbindung verschiedener Gottheiten und Gottesvorstellungen. In → Ugarit ist es der Gegensatz zwischen → El und → Baal, in S. insgesamt die Entwicklung der zunächst lokalen Wettergötter (→ Dagon, → Hadad, → Baal) zum Reichs- und Universalgott. (Für weitere Gottheiten S.s → Anat, → Aschera, → Astarte, → Reschef.) Es dürfte theologisch sehr wichtig sein, daß der Monotheismus nicht in stetiger Weiterentwicklung einer Hochkultur (etwa Babylonien, Ägypten) entstand, sondern in S., im Bereich des → Synkretismus, im Zusammenspiel ganz unterschiedlicher Einflüsse aus allen Himmelsrichtungen.

4. Israel wußte um seine Verwandtschaft mit Völkern S.s. So ist Aram, der Stammvater der → Aramäer, nach 1Mose 10,21f. Sohn → Sems, der auch der Vater aller Hebräervölker ist. Der Aramäerstaat stand in enger Beziehung zu Israel, besonders zum Nordreich. Neben Konflikten gab es auch Koalitionen gegen die Assyrer – letztlich erfolglos. Über den Staat hinaus behielt → Aramäisch als Sprache Geltung. Es löste als Weltsprache das Akkadische (Assyrisch-Babylonische) ab, wurde Sprache des pers. Reiches und so Sprache Jesu. (*Syrisch* ist ein Dialekt des Ostaramäischen mit reicher christl. Literatur seit dem 2. Jh. n. Chr.) In pers. und hellenist. Zeit war Palästina ein Teil S.s. Nach kurzer Selbständigkeit unter den → Hasmonäern gehörte es zum → Römerreich. Die Militärverwaltung saß in Antiochia; Sitz des Prokurators in Palästina war → Cäsarea am Meer. S. wurde zum Wirkungsfeld sowohl der Juden (im 1. Jh. n. Chr. trat das Königshaus von Adiabene zum Judentum über; Metropolen jüd. Kultur waren u. a. Nisibis und Nehardea) als auch der Christen. S. wurde zu einem Zentrum der Heidenmission; Damaskus und Antiochia waren entscheidende Stationen im Leben des → Paulus. J. E.

Lit.: Fischer Weltgeschichte III, 177ff., IV, 135ff., VI, 129ff.; H. Gese, Die Religionen Altsyriens, in: Die Religionen der Menschheit X, 2, 1970.

Syrisch-efraimitischer Krieg, die Auseinandersetzung der verbündeten Könige Rezin von Damaskus (Syrien) und Pekach von Israel (Efraim) mit Ahas von Juda im Jahre 733 v. Chr., bei der Rezin und Pekach vergeblich Ahas zum Beitritt in eine antiassyr. Koalition zwingen wollten und Jerusalem belagerten (2Kön 16,5). Sie bildet den Hintergrund für Jes 7,1–17 und wohl auch für Hos 5,8–6,6. S.

Syrophönizierin, Kombination eines Volks- mit einem Provinznamen: eine Phönizierin aus der Provinz Syrien (Mk 7,26). R.

Syrte, flache Meeresbucht mit Sandbänken an der nordafrikan. Küste (Apg 27,17). R.

Syzygus (griech., »Arbeits-, Jochgenosse«; Lutherbibel: »Gefährte«), vermutlich Eigenname eines in → Philippi ansässigen ehemaligen Mitarbeiters des Paulus, den dieser auf seinen Wortsinn hin deutet (Phil 4,3). R.

Szepter → Zepter.

T

Taanach, alte Stadt am Südrand der Jesreelebene (z. B. Richt 1,27), kam wohl unter David an Israel. Von den Ausgrabungsfunden in T. sind keilschriftliche Briefe und Listen besonders wichtig. S.

Tabea → Tabita.

Tabera, eine nicht näher bestimmbare Örtlichkeit in der Wüste (4Mose 11,3); der Name T. wurde von dem hebr. Wort für »brennen« her gedeutet. S.

Tabernakel → Stiftshütte.

Tabita (aram., »Gazelle«), von Petrus nach einer legendarischen Überlieferung in → Jafo vom Tod erweckte Christin (Apg 9,36ff.). Luther gibt den Namen irrtümlich als »Tabea« wieder. R.

Tabor, Bergkegel am Nordostrand der Jesreelebene, 588 m hoch. Der imponierende Berg (Ps 89,13; Jer 46,18) wird in 5Mose 33,19 – ohne Namensnennung – als Kultstätte der Lea-Stämme Sebulon und Issachar erwähnt, deren Grenze sich hier mit der von Naftali berührte. Auf den T. wurde wohl bereits in früher Zeit Israels die Verehrung des ursprünglichen Berggottes → Jahwe übertragen (Ps 68,9.18; Richt 5,4). Auf dem T. versammelte Barak das Aufgebot Naftalis und Sebulons gegen Sisera (Richt 4,6).
Die christl. Tradition sah im T. den Berg der Verklärung Jesu (Mk 9,2–9), später auch den Berg der Erscheinung des Auferstandenen (Mt 28,16–20). S.

Tabu, ursprünglich polynes. Wort, etwa mit der Bedeutung »sorgfältig gekennzeichnet«, bezeichnet Orte, Gegenstände, Menschen oder Handlungen, vor denen man sich hüten muß, weil von ihnen eine besondere Macht ausgeht. Die Aspekte des Heiligen und des Gefährlichen

Der Berg Tabor

gehören beim T. eng zusammen. Die Übertretung eines T.s zieht Folgen nach sich (z. B. → Krankheit). Ihrer Meidung dienen T.-Vorschriften, die zugleich zum sozialen Regelungssystem gehören.
Beispiele für T.-Vorstellungen finden sich auch in der Bibel, so bei heiligen Orten (2Mose 3,5), bei Speisevorschriften (→ Rein und Unrein), beim → Bann (Jos 6,17ff.; 7), bei der Berührung heiliger Dinge, z. B. der → Lade (2Sam 6). Auch die jüd. Meidung des Landes der → Samaritaner gehört in diesen Zusammenhang. J. E.

Tachpanhes, ägypt. Stadt im Osten des Nildeltas (Ez 30,18), wohin Judäer nach der Ermordung → Gedaljas mit Jeremia flohen (Jer 43,7–44,1). S.

Taddäus → Thaddäus.

Tadmor → Syrien.

Täfelung, die Bekleidung eines Innenraumes mit Holz: im Tempel (1Kön 6,9; Ez 41,16), im Palast (1Kön 7,3.7; Jer 22,14) oder im Privathaus (Hag 1,4). S.

Tag. Auch in der Bibel hat »T.« neben der engeren, ursprünglicheren Bedeutung – »T.« als die helle Zeit vom Sonnenaufgang bis zum Sonnenuntergang (im Gegensatz zur Nacht) – die erweiterte: »T.« als kalendarische Einheit, die auch die Nacht umfaßt. Der israelit.-jüd. T. beginnt nach der Ordnung des Kultus am Abend (4Mose 23,32; Neh 13,19), im Alltag am Morgen. (In der Schöpfungsgeschichte 1Mose 1,1–2,4a soll der stereotyp wiederkehrende Ausdruck »Abend und Morgen« vielleicht anzeigen, daß nach dem Dunkel jeder Nacht ein neuer Morgen beginnt, daß die Schöpfung also Bestand hat.) Eingeteilt wurde der T. zunächst nur in Morgen, Mittag und Abend (die Nacht in drei → Nachtwachen), später auch in → Stunden. S.

Tag des Herrn. Israel erwartete den T. des H. als Tag des Sieges Jahwes über alle seine Feinde, während er für Israel Heil bringen sollte. Diese nationale Heilserwartung haben die Profeten umgeprägt: Der T. des H. ist nicht Licht (= Heil), sondern Finsternis (= Unheil) für das von Jahwe abgefallene Volk (Am 5,18–20). Auch Jesaja (Jes 2,12ff.), Ezechiel (Ez 7,5ff.) und Zefanja (Zef 1,2ff.) erwarten den T. des H. als Unheilstag für Israel oder Juda; sie sprechen vom »bitteren T. des H.« (Zef 1,14) oder vom »Tag des Jammers« (Ez 7,7). Das Vernichtungsgericht erhält kosmische Ausmaße (Zef 1; Joel 2,10). In nachexilischer Zeit wurde aber auch die Heilserwartung für den → Rest Israels wieder erneuert (Jes 13; 24; 34; Joel; Sach 14). Die Apokalyptik sprach von den »Tagen des Messias«, die Rabbinen apostrophierten den Gerichtstag als »jenen Tag«.
Das urchristl. Bekenntnis zu Jesus als dem Herrn (Phil 2,11; 1Kor 8,6 u. ö.) ließ die Erwartung des T.es des H. zur Erwartung des »Tages Jesu Christi« (Phil 1,6.10) oder des Tages »unseres Herrn Jesus« (1Kor 1,8; 2Kor 1,14), d. h. des Tages der → Parusie, werden; aber auch die Stellen, die nur vom T. des H. sprechen, meinen den Tag Jesu Christi (Ausnahme: 2Petr 3,10). Auch »jener Tag« (Mt 7,22; 24,36; Lk 10,12 u. ö.) oder nur »der Tag« (1Kor 3,13; Hebr 10,25) verweisen auf das Endgeschehen. H. M.

Tagelöhner → Lohnarbeiter.

Tagereise, unbestimmt gehaltene Entfernungsangabe (1Mose 30,36; 1Kön 19,4; Lk 2,44), etwa 30 bis 40 km. S.

Tagklasse → Priesterordnungen.

Tal. Das stark zerfurchte Palästina weist eine Vielzahl von Tälern auf, und dementsprechend besitzt das Hebräische mehrere Wörter für »T.«; oft handelt es sich um ein von einem Winterbach durchflossenes Wadi. S.

Tal der Leichen und der Asche, eine Örtlichkeit bei Jerusalem (Jer 31,40), wohl das → Hinnomtal. S.

Tal der Zimmerleute, wahrscheinlich ein Wadi in der Küstenebene östl. der Hafenstadt Jafo (Neh 11,35). S.

Tal Joschafat, nach Joel 4,2.12 der Ort des endzeitlichen Gerichts, wobei wahrscheinlich nicht an ein bestimmtes Tal gedacht ist, sondern der Name J. (»Jahwe richtet«) – er wird in Joel 4,14 zu »Tal des Strafurteils« abgewandelt – rein symbolische Bedeutung hat. S.

Talent → Münzen, → Maße und Gewichte.

Talionsgebot (von lat. *talio* »gleiche Wiedervergeltung«), moderne Bezeichnung für den Rechtssatz 2Mose 21,23–25 (vgl. 3Mose 24, 19f.; 5Mose 19,21), wonach jemandem, der einen Körperschaden verursacht hat, genau derselbe Körperschaden zugefügt werden soll (»Leben um Leben, Auge um Auge, Zahn um Zahn, Hand um Hand . . .«). Es handelt sich keineswegs um einen Grundsatz für das persönliche Verhalten von Mensch zu Mensch, sondern nur für das Rechtsverfahren im Falle von Körperverletzung. Da jedoch das israelit. Recht weitgehend anstelle der Vergeltung die Ersatzleistung vorsieht, konnte möglicherweise auch die im T. verfügte Körperstrafe durch irgendeine Leistung ersetzt werden. S.

Talita kumi, (aram.) »Mädchen, steh auf!«, wunderwirkendes Befehlswort Jesu (Mk 5,41), als heilige Formel bewahrt. R.

Talmai. 1. Ein Riese aus dem Geschlecht Anaks (4Mose 13,22). **2.** Schwiegervater Davids (2Sam 3,3). S.

Talmud, religionsgesetzliches Sammelwerk des → rabbinischen Judentums. Der T. besteht aus → Mischna und Gemara. Der ältere Teil ist die *Mischna,* in der die Gesetzesdiskussionen und -entscheidungen der Schule Akibas und Meirs zusammengefaßt sind. Die Mischna umfaßt 6 »Ordnungen«: 1. »Saaten« (Ackerbaugesetze), 2. »Fest« (Festzeiten), 3. »Frauen« (Ehe- und Familienrecht), 4. »Beschädigungen« (Zivil- und Strafrecht), 5. »Opfer« (Opferwesen, Kultgesetze), 6. »Reinigkeiten« (Reinheitsgesetze). Der Stoff der Mischna ist nach bestimmten Gesichtspunkten angeordnet, die das Auswendiglernen erleichtern sollen: Stichwortanschluß, Sachzusammenhänge, Autoritäten, die für die Entscheidungen bürgen.
Die Rabbinen des 3. und 5. Jh.s n. Chr. legten ihren neuen lehrgesetzlichen Entscheidungen die Mischna zugrunde; daher nennen sie deren Sammlung *Gemara* »Vervollständigung«. Dabei unterscheidet sich die in Palästina entstandene von der babylon. Gemara. Weil die in Babylonien wirkenden Rabbinen die bedeutenderen waren, setzte sich der Ende des 5. Jh.s kodifizierte *babylon. T.* als kanonisch durch.
Der T. enthält zwar hauptsächlich kasuistische Gesetzesauslegung, aber auch Elemente der → *Haggada.* Der T. dokumentiert die Traditionsgebundenheit des rabbinischen Judentums ebenso wie seine schöpferische Freiheit angesichts neuer Situationen. H. M.

Text: Der Babylon. T., neu übertr. von L. Goldschmidt, I–XII, [2]1964–67. – *Lit.:* G. Stemberger, Geschichte der jüd. Literatur, 1977.

Taltor → Jerusalem.

Tamar (»Palme«). **1.** Hebr. Frauenname; T. hießen die Schwiegertochter Judas (1Mose 38) und Abschaloms Schwester (2Sam 13) und Tochter (2Sam 14,27). **2.** Stadt in Juda (1Kön 9,18). S.

Tamariske → Pflanzenwelt.

Tammus. 1. Alter sumer. Hirtengott. Mit T. ist zunächst die Vorstellung des Hirten verbunden, der von wilden Tieren zerrissen und von seiner Schwester beweint wird. Später wandelt sich T. zum Typus der sterbenden und auferstehenden Götter; zu seinen Riten gehört die → Heilige Hochzeit. In den Rahmen dieser späten Entwicklung zum Gott der → Fruchtbarkeit gehört auch das Beweinen des T. in Ez 8,14. **2.** → Monat. U. R.

Tanach/Tenach, moderne jüd. Bezeichnung für das AT, aus den Anfangsbuchstaben der hebr. Bezeichnungen für die drei Teile des → Kanons – *tora, n^{e}biim, k^{e}tubim* (Gesetz, Profeten, Schriften) – abgeleitet. K.

Tanis → Zoan.

Tannaiten, Bezeichnung für die → Schriftgelehrten, die zwischen der Zeitenwende und 200 n. Chr. wirkten. Ihre Lehrmeinungen wurden in die → Mischna aufgenommen. Die späteren Schriftgelehrten heißen *Amoräer.* H. M.

Tannin → Drache.

Tanz, die rhythmische, von Musik begleitete Körperbewegung, meist wohl als – nach Geschlechtern getrennter – Reigen, so im Kult (z. B. Ps 149,3; 150,4; vgl. den T. der Jungfrauen beim Herbstfest in den Weinbergen, der ohne männliche Zuschauer stattfand, Richt 21,21) oder nach einem Sieg (Richt 11,34; 1Sam 18,6; vgl. 2Mose 15,20); eine besondere Form des Kult-T.es war das »Hinken« der Baalsprofeten

(1Kön 18,21.26) und vermutlich auch der T. Davids vor der Lade (2Sam 6,14–16). Der Einzel-T. einer Frau vor männlichen Zuschauern (Salome, Mk 6,22) geht auf hellenist. Einfluß zurück. S.

Tarach. 1. Vater Abrahams, Nahors und Harans (1Mose 11,24–32). **2.** Ort unbekannter Lage in der Wüste (4Mose 33,27). S.

Targume. Um 400 v. Chr. wird in Palästina das → Aramäische zur Umgangssprache. Da die Heilige Schrift im hebr. Urtext dadurch von vielen Israeliten nicht mehr verstanden werden kann, entstehen um die Zeit Christi für den Vortrag in den Synagogen T., d. h. aram. Übersetzungen des AT. Sie spiegeln die religiösen Auffassungen jener Zeit wider und liefern deshalb wichtige Parallelen für die neutest. Auslegung alttest. Stellen. Die ältesten nachweisbaren T. sind Fragmente zum 3. Mosebuch und zum Ijobbuch in den → Qumranschriften. K.

Tarschisch, eine Gegend weit westl. von Palästina (Jon 1,3), aus der Metalle eingeführt wurden (Jer 10,9; Ez 27,12). »T.-Schiffe« waren Schiffe, die auf Fernrouten verkehrten (z. B. 1Kön 22,49; Jes 60,9). Mit »T.« ist wohl eine Gegend in Südspanien gemeint, die bei den Griechen *Tartessos* hieß. S.

Tarsus, Hauptstadt der südkleinasiat. Provinz Zilizien, berühmtes Zentrum von Kultur und Wissenschaft, Heimat des → Paulus (Apg 9,11.30; 11,25; 21,39; 22,3). R.

Tartak, nach 2Kön 17,31 Name einer assyr. Gottheit, die von den nach 721 v. Chr. in → Samaria angesiedelten Kolonisten verehrt wurde. Vielleicht ist die Göttin Atargatis gemeint. S.

Tartan (assyr., »Folgender«, »Zweiter« oder »General«), Titel des obersten assyr. Feldherrn (2Kön 18,17; Jes 20,1). S.

Tat-Ergehen-Zusammenhang. 1. Grundsätzliches – 2. Semantik und Anthropologie – 3. Göttliche Einwirkung – 4. Nachexilische Krise – 5. Neuorientierung im NT.

1. Die abendländ. Theologie und Philosophie stellen sich das Verhältnis zwischen sittlichem Tun und irdischem (oder jenseitigem) Schicksal eines Menschen so vor, daß über der Welt → Gott als höchstes Wesen thront, alles menschliche Verhalten ständig registriert und von Zeit zu Zeit entsprechend reagiert, indem der gute Mensch mit Lohn, der böse mit zeitlichen oder ewigen → Strafen belegt wird. Diese Auffassung von Gott, der als Weltenrichter über alle menschlichen Wesen sein Urteil fällt, hat bereits in die alten Bibelübersetzungen, die griech. (→ Septuaginta) und noch mehr die lat., durch eine Vielzahl von Worten, die Gericht, Strafe, Vergeltung u. ä. ausdrücken, Eingang gefunden. Vorausgesetzt wird eine Weltansicht, nach der neben einem Bereich von Natur, der ethisch neutral nach Ursache und Wirkung verläuft, es einen gesonderten Bereich der Sittlichkeit und Werturteile gibt; nur mit dem zweiten hat es die Religion insbesondere zu tun. Dagegen kennt altoriental. Denken solche Scheidungen nicht. Sittliche Größen wie Rechtschaffenheit oder Frevel sind natürlich wirkende Kräfte oder Schwächung von Naturkräften. Die Bibel hat zwar den altoriental. → Polytheismus beseitigt, nicht aber die Zusammenschau von Natur und Sittlichkeit, Natur und Geschichte. Sie hat vielmehr die Verflechtung in diesem Bereich noch verstärkt. Der bibl. Gott ist gerade mit seiner Gestaltung menschlicher Schicksale entsprechend positivem oder negativem menschlichen Verhalten nicht als ein von außen auf die Welt einwirkendes höheres Wesen gedacht, sondern als der sittlich bestimmte Grund alles Wirklichen und die positive Kraft des Wirklichkeitsprozesses. Sie wirkt durch menschliches Handeln hindurch, wenngleich sie in anderer Weise sich bei bösen Taten auswirkt als bei guten.

2. Wie Gott seinen → Weg beschreitet, indem er Geschichte gestaltet, so findet sich auch der Mensch auf einem individuellen (Lebens-)Weg vor, den er sich durch seine Taten bahnt oder den er verfehlt, so daß er strauchelt und fällt. Sämtliche hebr. Wörter für sittlich positives Handeln wie Rechtschaffenheit, Gerechtigkeit, Treue bedeuten zugleich auch Wohlfahrt, Heil, dauerhafte Gesundheit; entsprechende Gegenbegriffe wie Bosheit, Sünde, Schuld begreifen zugleich Krankheit, Unheil, Untergang in sich. Zugrunde liegt die Überzeugung vom T.-E.-Z. auf jedem menschlichen Weg. Jede sittlich qualifizierte Tat wirkt auf den Täter zurück, läßt um seine Person, besonders um sein Haupt, eine unsichtbare Hülle entstehen, die mit ihm wandert und eines

Tages auf ihn in einem entsprechenden Ergehen zurückschlägt, also schicksalwirkende Tatsphäre darstellt. Grundsätzlich formulieren das Aussagen wie Spr 21,21: »Wer Gerechtigkeit [d. h. Tat] und Treue nachjagt, der findet Leben, Gerechtigkeit [d. h. Heil] und Ehre.« Oder Spr 26,27: »Wer anderen eine Grube gräbt, fällt selbst hinein.« Häufig wird das Bild von Saat und Ernte gebraucht; das Ausreifen des T.-E.-Z.s führt dazu, daß der Täter die Frucht seiner Taten genießt. Da solche Zusammenhänge in modernen Sprachen kaum ausdrückbar sind, geben die Bibelübersetzungen einen nur unzureichenden Eindruck von einer Anthropologie, die für jeden Hebräer selbstverständlich war. Ihr Verkennen hat zu der irreführenden Meinung geführt, daß Gott insbesondere im AT der Gott einer schrankenlosen oder gar gnadenlosen → Vergeltung sei.

Die Hülle des T.-E.-Z.s liegt nicht nur um den Täter selbst. Sie breitet sich über seine Angehörigen und Nachkommen, über sein Dorf und seine Äcker (die dadurch fruchtbar oder unfruchtbar werden), in schwerwiegenden Fällen (insbesondere bei Taten des Königs) über Volk und Land aus. Die Unheilsweissagungen der → Profeten gründen in der Überzeugung, daß Volk und Land ihrer Zeit unrettbar von bösen Taten eingehüllt sind. Auch das israelit. → Recht wird nach diesen Grundsätzen praktiziert. Rechtsbruch bedeutet in jedem Fall Störung eines Gemeinschaftsverhältnisses zwischen Dorf- und Volksgenossen. Dadurch liegt der Tatbestand eines negativen T.-E.-Z.s zutage. Die Öffentlichkeit als Rechtsgemeinde hat die schwärende Untat-Unheil-Hülle zu beseitigen. Sie tut es, indem sie dem Unheilstifter das Schicksal des gemeinschaftswidrigen Frevlers angedeihen läßt, d.h. den Frevler frevlerisch werden läßt, hingegen den unschuldigen, gemeinschaftstreuen, aber geschädigten Mitbürger als gerecht durch Freispruch oder Wiedergutmachung herausstellt, d.h. den Gerechten gerecht werden läßt (so 5Mose 25,1 nach dem Urtext; vgl. auch das außerhalb des T.-E.-Z.s unbegreifliche Gotteswalten nach Ps 18,27: »du verfährst verkehrt mit dem Verkehrten«). Ein besonderer Ausdruck dieses Zusammenhangs ist der Brauch der → Steinigung, mit dem die Rechtsgemeinde symbolisch die auf sie ausgebreitete Frevelhülle auf den eigentlichen Täter zurückwirft.

3. Jeder T.-E.-Z. ist mit göttlichem Wirken verbunden. Gottes Verbindung mit gutem oder bösem Tun der Menschen weist verschiedene Ebenen auf:

a) Zunächst ist es Gott, der Menschen mit der Fähigkeit zum Tun des Guten und also zu einem entsprechenden heilvollen Geschick begabt, indem er sakramental bei Kultbegehungen → Gerechtigkeit übereignet (Ps 24,5) oder zumindest durch sein Näherkommen → Furcht Gottes erzeugt, die handlungsleitend wirkt (1Mose 20, bes. V. 11). Dazu treten Weisungen über das, was Gemeinschaft erhält und was ihr schadet in Ge- und Verboten, die als wirksames → Wort Gottes gedacht sind.

b) Wo Menschen kraft eines anthropologischen Hanges zum Bösen in Schuldhüllen hineingeraten, wirkt Gott unter Umständen → Sühne, indem er durch einen Akt am Heiligtum dem Menschen die Hülle endgültig abnimmt und ihn so zu neuem, heilvollem Weg befähigt.

c) Wenn Gott sich einzelnen Menschen oder Gruppen nähert (→ Heimsuchung), so setzt sich kraft göttlicher Heiligkeit die entsprechende Tathülle sofort in Ergehen um. Aber auch abgesehen von solchen akuten Anlässen, sorgt Gott kraft seiner durchdringenden Anwesenheit in allem Wirklichen dafür, daß Taten sich vollenden, sich auf das Haupt des Täters zurückwenden, in Kraft treten u. ä. (die Ausdrücke werden dt. meist alle mit »vergelten« wiedergegeben). Bei hartnäckigen Frevlern ist Gott darauf aus, daß sich die Hülle der Untat alsbald in Krankheit und Tod bei ihnen materialisiert. Das Vernichten böser Täter hat für ihre Umgebung einen heilsamen Effekt, weil es weitere Ausbreitung unheilstiftenden Schicksals verhindert (→ Profeten).

4. Mit dem Zerbrechen der naturwüchsigen Gemeinschaftsbindungen in der Zeit des → Exils wird die alte Auffassung für viele Israeliten fraglich. Ezechiel versucht einer skeptischen Kritik zu begegnen, indem er einen strikt individuellen, ja auf Lebensabschnitte begrenzten T.-E.-Z. als göttliche Ordnung aufweisen will (Ez 18). Der Zwiespalt zwischen der Theorie des T.-E.-Z.s und der alltäglichen Erfahrung (wo es Ungerechten oft besser ergeht als Anständigen) wird zum Grundproblem Ijobs, Kohäläts und mancher Psalmen (z. B. Ps 73). Die → Apokalyptik sucht eine Lösung in der Auffassung von einem Schatz im Himmel, in den alle positiven menschlichen Taten aufsteigen, um bei der eschatologischen → Auferstehung wieder herabzukommen, sich mit der Person des Täters zu vereinigen und ihn zu verklären.

5. Im NT wird das Schema des T.-E.-Z.s weder durchbrochen noch aufgehoben; im Gegenteil: es bleibt auch hier tragende Voraussetzung. Es wird jedoch von der Eschatologie her radikalisiert und erhält von der Christologie her eine neue Orientierung.

a) Die *eschatologische Radikalisierung* äußert sich darin, daß die gesamte vorfindliche Wirklichkeit der gegenwärtigen Welt als übergreifender negativer T.-E.-Z. gesehen wird, der nicht durch die sittliche Wandlung einzelner, sondern nur durch ein schöpferisches Eingreifen Gottes überwunden werden kann. Jesus verwehrt Rückschlüsse von konkretem Unheil, das einzelne getroffen hat, auf deren individuelle Schuld und fordert statt dessen, daß dieses Unheil als Symptom des die Gesamtheit aller Menschen bestimmenden T.-E.-Z.s verstanden und darum zum Anlaß für die Umkehr aller genommen werde: »Meint ihr, daß jene achtzehn, auf die der Turm von Schiloach fiel und sie tötete, Schuldner geworden sind über all die Menschen, die Jerusalem bewohnten, hinaus? Nein, sage ich euch, aber wenn ihr nicht umkehrt, werdet ihr alle ebenso umkommen!« (Lk 13,4f.) Die hier geforderte Umkehr ist mehr als die sittliche Neuorientierung des einzelnen, nämlich die Unterstellung unter die von Jesus angebotene Gottesherrschaft. In ihr wird eine neue, endzeitliche Heilssphäre gesetzt, welche die Folgen des die gegenwärtige Welt bestimmenden T.-E.-Z.s unwirksam macht. In diesem Sinn sind Jesu → Wunder auf das Eschaton vorausweisende Zeichen einer neuen, heilen Welt, in der von einem neuen Gottesverhältnis her auch das Verhältnis des Menschen zu Geschichte, Natur und eigener Leiblichkeit heil wird. Glaube, Sündenvergebung und körperliches Heilwerden gehören untrennbar zusammen (Mk 2,10f.; Joh 5,14). Die neue, endzeitliche Heilssphäre ist freilich so übermächtig, daß ihr gegenüber die alte Unheilssphäre alles Gewicht verliert: Wenn Jesus sich einem Kranken zuwendet, so ist die Frage nach dem Zusammenhang von Schuld und Schicksal in dessen Existenz gegenstandslos geworden; Krankheit und Unheil haben ihren Sinn nur noch darin, daß sich an ihnen die Übermacht des hereinbrechenden Heils erweisen kann (Joh 9,3).

b) Die *christologische Neuorientierung* geht von der Einsicht aus, daß der neue, endzeitliche T.-E.-Z. durch Jesu Weg und Schicksal entscheidend bestimmt ist: Jesus ist durch sein gehorsames Leiden und durch seine Auferweckung als der eine, mit Gott in Einklang befindliche und von ihm darum ganz bejahte Mensch ausgewiesen worden. Er hat stellvertretend für die Sünder die Unheilsmächte – Tod, Gesetz und Sünde – niedergerungen (Gal 3,13f.) und Versöhnung mit Gott bewirkt (2Kor 5,19). In einem großen heilsgeschichtlichen Panorama stellt Paulus den ersten Menschen → Adam samt dem von ihm verursachten unheilvollen T.-E.-Z. dem »letzten« Menschen Christus samt der von ihm geschaffenen Heilssphäre gegenüber (Röm 5,12–21). Es handelt sich dabei um zwei durch menschliches Verhalten ausgelöste, sich transpersonal auf Natur und Geschichte auswirkende Geschehenszusammenhänge, die in der gegenwärtigen Weltzeit noch nebeneinander existieren. Der natürliche Mensch findet sich zwar durch Herkunft und Geschichte in der von Adam bestimmten Unheilssphäre vor, er hat jedoch die Möglichkeit, durch Anschluß an Christus in die von diesem bestimmte Heilssphäre zu gelangen. Dieser Anschluß geschieht in der → Taufe, die den Menschen nicht nur mit Jesu Geschick verbindet, sondern ihm auch Anteil an dessen geschichtlichen Auswirkungen gibt: Für den Getauften sind die Unheilsmächte vernichtet (Röm 6,1ff.), ihm ist der → Geist als Unterpfand der durch Jesus erschlossenen neuen geschichtlichen Lebensmöglichkeit gegeben (Röm 8). Häufig beschreibt Paulus die Teilhabe an diesem durch Christus bestimmten T.-E.-Z. als »Sein in Christus«: »Ist jemand in Christus, so ist er eine neue Kreatur; das Alte ist vergangen, siehe, Neues ist geworden« (2Kor 5,17). Dieses In-Christus-Sein ist nicht im Sinn einer ungeschichtlichen mystischen Vereinigung mit Christus, sondern als geschichtliches Bestimmtsein durch die von Christus gewirkte Heilssphäre zu verstehen.

K./R.

Lit.: Um das Prinzip der Vergeltung in Religion und Recht des AT, hrsg. von K. Koch, 1972.

Tatian, syr. Christ des 2. Jh.s, Verfasser der ersten → Evangelienharmonie, des *Diatessaron*.

R.

Tatnai → Tattenai.

Tattenai, ein Statthalter der pers. Satrapie Transeufrat, der 519/518 v. Chr. eine Untersuchung über den Tempelbau in Jerusalem vornahm (Esr 5,3–6,13). S.

Tau. In Palästina bewirken die westl. Seewinde während der regenlosen Zeit reichlichen T.-Fall, der als Zeichen der Gnade angesehen wurde (z. B. 5Mose 33,15) und ein Bild des Segens ist (z. B. Ps 110,3). S.

Taube → Tierwelt.

Taufe. 1. Vorformen – 2. Die Johannes-T. – 3. Die Entstehung der christl. T. – 4. Deutungen der T. im NT.

1. Zur T., dem durch Untertauchen oder Besprengen vollzogenen Aufnahmeritus in die christl. Gemeinde, bietet die antike Religionsgeschichte eine Reihe von äußeren Entsprechungen, die jedoch durchweg keine direkte Ableitung erlauben: Waschungen zur Erlangung kultischer Reinheit finden sich bei Pythagoreern und in den hellenist. → Mysterienreligionen (z. B. im Demeter-Kore-Tempel von Eleusis) ebenso wie im Judentum (→ Reinigung). Aus alttest. Reinigungsriten ist das Proselytentauchbad entstanden, das seit Ende des 1. Jh.s n. Chr. bei der Aufnahme von Heiden ins Judentum vollzogen wurde. Die → Qumran-Gemeinde kannte verschiedene sakrale Waschungsriten, die z. T. bei der Aufnahme von Novizen (1QS 3,4–9), z. T. auch als wiederkehrende kultische Handlungen geübt wurden.

2. Die unmittelbare Wurzel der christl. T. liegt in der T. Johannes' des → Täufers (Mk 1,2–8; Mt 3,1–12). Denn in ihr tritt das Motiv der kultischen Reinigung ganz zurück gegenüber den Motiven der Sündenvergebung und der Vorbereitung auf das endzeitliche Handeln Gottes. Die Johannes-T. ist »Buß-T. zur Vergebung der Sünden« (Mk 1,4); wer sich von Johannes im Jordan taufen läßt, scheidet sich vom sündigen Volk und bekundet seine Bereitschaft, sich durch eine vollständige Lebensänderung auf das nahe Kommen Gottes bzw. des → Menschensohnes zum Gericht (Mt 3,11) vorzubereiten. Der Akt des Untertauchens im Wasser scheint den Sinn einer symbolischen Vorwegnahme des Gerichts (der »Feuer-T.«) und damit zugleich einer Bewahrung vor ihm gehabt zu haben.

3. Jesus hat sich zwar von Johannes taufen lassen (Mk 1,9ff.; Mt 3,13–17) und dabei von Gott den Auftrag zu eigenem Wirken empfangen; aber weder er selbst noch seine Jünger haben während der Zeit dieses Wirkens getauft (Joh 3,22; 4,1f. beziehen sich allenfalls auf eine kurze Übergangszeit nach der T. Jesu). Die Vorbereitung auf Gottes nahes Kommen erfolgt nun nicht mehr durch den vorweggenommenen Vollzug des Gerichts, sondern durch die glaubende Annahme der Verkündigung Jesu von der Gottesherrschaft und durch den Eintritt in seine Gemeinschaft.

Um so erstaunlicher ist die Tatsache, daß die Urgemeinde unmittelbar nach Ostern die T. wiederaufgenommen hat, offensichtlich in der Überzeugung, damit dem Willen des Auferstandenen zu entsprechen. Der sog. Taufbefehl (Mt 28,18–20) bietet einen sehr späten, theologisch reflektierten Niederschlag dieser Überzeugung und ist in seiner vorliegenden Gestalt sicher nicht historisch; das gleiche gilt erst recht vom Taufbefehl im später angefügten Schluß des Markusevangeliums (Mk 16,15f.). Es ist jedoch anzunehmen, daß eine entsprechende Weisung des Auferstandenen schon sehr früh in der Gemeinde gehört worden ist.

Die christl. T. war keineswegs eine Fortführung der Johannes-T. Sie nahm zwar aus ihr die Motive der Buße und Sündenvergebung sowie die eschatologische Ausrichtung auf, verknüpfte diese aber mit zwei entscheidenden neuen Motiven: a) Sie war T. »auf den Namen Jesu Christi« (Apg 2,38; 8,16), d. h., Jesus Christus galt als der in ihr Wirkende, ihren Vollzug Verantwortende – und zugleich als der, dessen Macht der Getaufte überantwortet wird. b) Durch sie erfolgte der Empfang des »heiligen Geistes«, d. h., der Getaufte nahm teil an den Wirkungen der endzeitlichen Gegenwart Gottes, welche die christl. Gemeinde als Erfüllung der Verheißung Joel 3,1–5 (vgl. Apg 2,16–21) in ihrer Mitte erfuhr.

Die T. wurde bei der Aufnahme in die Gemeinde vollzogen, und zwar in der Regel durch Untertauchen in fließendem Wasser (Did 7,1f.). Als Voraussetzung scheint zunächst eine einfache Willenserklärung des Täuflings, durch die er sich der Macht Christi unterstellte, genügt zu haben (Apg 8,36). Die Institution einer vorbereitenden Unterweisung hat sich erst allmählich entwikkelt. Daß beim Übertritt ganzer Familien (»Häuser«; Apg 16,33) gelegentlich auch Kleinkinder mitgetauft wurden, erscheint nicht ausgeschlossen, war jedoch in neutest. Zeit nicht der Normalfall (→ Kindertaufe).

4. Innerhalb des NT erfährt die T. eine Reihe von Deutungen, die je verschiedene Aspekte herausarbeiten. Daß die T. Sündenvergebung schenkt, wird vom – nunmehr allerdings übertragen gebrauchten – Bild der kultischen Reinigung veranschaulicht: Sie ist »Abwaschung« der Sünde (Apg 22,16; 1Kor 6,11). Die mit ihr verbundene Erfahrung des totalen Neubeginns kleidet sich in die symbolische Rede von »Wieder- und Neugeburt« (Tit 3,5; Joh 3,3.5). Ihr eschatologischer Charakter kommt im Bild der »Versiegelung« (nämlich vor den Wehen der Endzeit) zum Ausdruck (2Kor 1,22; Eph 1,13; Offb 7,3). Daß sie mit Christus verbindet, wird durch das an die Gedankenwelt der Mysterienkulte anklingende Bild vom »Mitbegrabenwerden mit Christus« (Röm 6,4) herausgestellt. Theologisch am weitesten greift die an dieses überlieferte Bild anknüpfende T.-Deutung des Paulus (Röm 6,5–14): Die T. ist ein »Zusammenwachsen mit der Gestalt des Todes Christi«, d. h., der Getaufte wird hineingestellt in den Wirkungsbereich der im Kreuzestod kulminierenden Geschichte Jesu; an ihm vollzieht sich damit ein Macht- und Herrschaftswechsel, so daß er nicht mehr der versklavenden Macht der Sünde, sondern der befreienden Herrschaft Christi untersteht. Paulus hat auch, indem er auf die strukturelle Entsprechung von T. und → Abendmahl hinwies (1Kor 10,1–13), das Verständnis beider Handlungen als der zentralen kirchlichen Sakramente, das bis heute allen großen christl. Kirchen gemeinsam ist, vorbereitet, obwohl die Bezeichnung »Sakrament« im NT selbst noch fehlt. R.

Lit.: O. Cullmann, Die Tauflehre des NT, 1948; G. Delling, Die T. im NT, 1963; H. Thyen, Studien zur Sündenvergebung, 1970; U. Schnelle, Gerechtigkeit und Christusgegenwart, [2]1989.

Täufer, Täuferbewegung. Gesteigerte apokalyptische Endzeiterwartung und das Bedürfnis, sich an den Idealen der Frühzeit Israels neu zu orientieren, waren die beiden Faktoren, die im Judentum der Zeit Jesu zur Entstehung einer mächtigen Buß- und Erneuerungsbewegung führten. Ihr wichtigster Exponent war → Johannes (3) der T., der am Jordan, nahe Jericho, durch seine Predigt von der Nähe der Gottesherrschaft die Umkehrwilligen sammelte und sie durch eine → Taufe zur Vergebung der Sünden auf das nahe Gericht Gottes vorbereitete (Mk 1,4; Mt 3,11).

Der Jordan bei Jericho, nahe der sogenannten Taufstelle

Johannes der T. war von einem Kreis von Jüngern umgeben (Mk 2,18), zu dem auch Jesus zeitweilig vor Beginn seines öffentlichen Auftretens gehört haben dürfte. Nach seinem gewaltsamen Tode (Mk 6,14–29) wirkten seine Jünger missionarisch weiter, so daß eine sich auf Johannes berufende T.-Bewegung entstand, die ihren Schwerpunkt im Ostjordanland hatte und weithin in Konkurrenz mit der christl. Mission stand (Apg 19,1–7). Wieweit ein Zusammenhang zwischen dieser T.-Bewegung und den → Mandäern besteht, ist umstritten. R.

Lit.: J. Becker, Johannes der Täufer und Jesus von Nazareth, 1972.

Taumelbecher (Taumelkelch), ein profetisches Bild, mit dem das Gericht Gottes an den Fremdvölkern als Trinken aus einem Becher mit berauschendem oder giftigem Inhalt beschrieben wird (Jes 51,22; Sach 12,2; vgl. Jer 25,15f). S.

Tausend, in der Bibel oft nicht genaue Zahlenangabe, sondern Bezeichnung für eine große Zahl (z. B. Richt 15,15; Ps 84,11; Dan 7,10), daher auch Umschreibung der Güte (5Mose 5,10; 7,9) und der Weisheit (Ijob 9,3) Gottes. S.

Tausendjähriges Reich, Teil der Endzeiterwartung in Offb 20,1–6. Nachdem Christus über die Verfolger der Gemeinde Gericht gehalten hat, wird der Satan für tausend Jahre gebunden. Die Blutzeugen Christi werden auferstehen und, zusammen mit den treu Gebliebenen, als Richter, Priester und Könige herrschen. Danach wird der Satan nochmals losgelassen und endgültig besiegt.

Es handelt sich wohl um christl. Umprägung einer jüd. Vorstellung, wonach der Gottesherrschaft ein messianisches Zwischenreich vorangehen solle. Immer wieder hat sich an Offb 20 die schwärmerische Hoffnung auf ein weltliches Reich der Frommen entzündet; diese Auslegung wurde von der Reformation (*Augsburgische Konfession,* Art. 17) mit Nachdruck verworfen. H. M.

Tebach, Ort in Syrien (1Chr 18,8: *Tibhat*; im hebr. Text von 2Sam 8,8 irrtümlich *Betach*), als dessen Ahnherr ein Sohn Nahors gilt (1Mose 22,24). S.

Tebet → Monat.

Tebez, Ort in Mittelpalästina, bei dessen Eroberung Abimelech ein unrühmliches Ende durch die Hand einer Frau fand (Richt 9,50; 2Sam 11,21). S.

Te Deum, nach den lat. Eingangsworten *Te Deum (laudamus)* »Dich, Gott (loben wir)« benannter altkirchlicher Hymnus auf Gott und Christus. R.

Tefilim → Gebetsriemen.

Tehom → Urflut, Urmeer.

Teich, künstlicher offener Wasserspeicher. Bekannt sind in → Jerusalem der monumental ausgebaute → Schiloach-T. (Neh 3,15; Joh 9,7) sowie der T. → Betesda (Joh 5,2). R.

Teil. Wenn im AT Gott mehrfach als »T.« oder »Erb-T.« des Menschen bezeichnet wird (z. B. Ps 73,26; 142,6), so steht dahinter der Gedanke an die Zuteilung von Land durch das → Los: Der Mensch darf eine so enge Beziehung zu Gott haben wie der Besitzer zu dem Land, das ihm zugeteilt wurde. Allgemeiner an die Zuteilung von Gütern durch das Los ist im → Prediger Salomo gedacht, wo »T.« den »Anteil« des Menschen am Leben meint, das für ihn erreichbare Glück (z. B. Pred 3,22; 9,9). S.

Tekoa, Ort 8 km südl. von Betlehem, der von Rehabeam zur Festung ausgebaut wurde (2Chr 11,6) und als solche in Jer 6,1 erscheint. Aus T. stammten u. a. Amos (Am 1,1) und die kluge Frau, die Joab zu David schickte (2Sam 14,2). S.

Tel-Abib, Wohnort Ezechiels während seines Exils in Babylonien (Ez 3,15); der hebr. Name *T.-A.* »Ährenhügel« ist eine Umdeutung des akkad. Namens *til-abubi* »Sintfluthügel«, d. h. uralter Ruinenhügel (→ Tell). S.

Tell (arab., »Ruinenhügel«), Bezeichnung für den Ruinenhügel antiker Siedlungen, deren Name sich oft noch in Verbindung mit dem Wort »T.« erhalten hat (z. B. *tell ta-annek,* bibl. Taanach). Derartige Hügel finden sich im gesamten Vorderen Orient; sie sind heute nur noch selten besiedelt. S.

Tell el-Amarna → Amarna.

Tema, Oase und Handelsplatz in Nordwestarabien (Jes 21,14; Jer 25,23; Ijob 6,19). Hier hielt der letzte babylon. König Nabonid zehn Jahre lang Hof. S.

Teman. 1. Ein Enkel Esaus (1Mose 36,11 u.ö.). **2.** Landschaft in Edom (z.B. Jer 49,7.20; Ez 25,13), deren genaue Lage unbekannt ist. S.

Tempel. 1. Einleitung: a) Terminologie; b) Ursprung; c) Politische und religionsgeschichtliche Einflüsse auf den T.-Bau – 2. T. im vorisraelit. Palästina: a) Palästin. T.-Typologie; b) Entwicklung des vorisraelit. T.-Baus – 3. T. im israelit. Palästina: a) Der T. Salomos; b) Israelit. T. außerhalb Jerusalems in vorexilischer Zeit; c) Die nachexilischen T. in Jerusalem.

1. a) »T.« (lat. *templum*) bezeichnet in seiner Grundbedeutung den von der Alltagswirklichkeit ausgegrenzten, heiligen Raum und kommt darin dem hebr. Ausdruck *kadosch* (»Heiligtum«) nahe. Die hebr. Begriffe *hekal* (»Palast«), *bajit* (»Haus«) und *bet haälohim* (»Haus Gottes«) schließen ein, daß das »Heiligtum« als ausgegrenzter Bezirk nicht nur eine offene Stätte, zu kultischen Zwecken hergerichtet (hebr. *bama* »Höhe«), sondern ein haus- oder palastähnliches Bauwerk ist.

b) Der wohl älteste bekannte T. der Welt ist eine in → Jericho ausgegrabene, in die mittlere Steinzeit etwa 8000 v. Chr. zu datierende Anlage, die aus einer 3,5 m breiten und 6,5 m langen rechteckigen Lehmbodenplattform besteht, die von einer wuchtigen Mauer und von Holzpfosten umringt war. Die Auswirkung der Ausgrenzung als heiliger Bezirk wird daran deutlich, daß die Oberfläche der Lehmplattform peinlich sauber gehalten wurde, während das angrenzende Terrain mit Abfällen verunreinigt war.

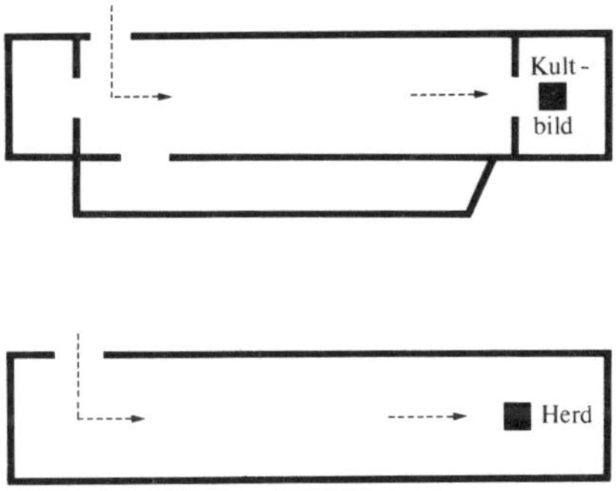

Ischtar-Tempel (Schicht H; G) in Assur

Läßt sich diese älteste T.-Anlage in ihren Bauelementen noch nicht ableiten, so spricht doch vieles für die Annahme, daß die T. sich architektonisch aus dem Wohnhausbau durch Steigerung der Dimensionen und durch Hinzufügung kultarchitektonisch begründeter Variationen entwickelt haben. Als Beispiel sei die begründete Vermutung angeführt, daß der Typ des assyr. Knickachs-T.s auf das assyr. Herdhaus zurückzuführen ist.

c) Darüber hinaus spiegelt die Entwicklung des T.-Baus die begleitende religionsgeschichtliche Entwicklung des zu den jeweiligen T.n oder der Baustufe gehörenden Kultes wider und kann Spiegelbild der Assimilation fremder Religionselemente sein, die wiederum in der politisch-zeitgeschichtlichen Situation begründet ist. Altoriental. T.-Grundrisse sind Stein gewordene Konkretionen der religionshistorischen und politischen Situation des Baues.

2. a) Eine Ableitung der palästin. T.-Bauentwicklung aus Einflüssen des Zweistromlandes oder Ägyptens ist bislang nicht überzeugend gelungen, so daß sich eine T.-Typologie an den in Palästina ausgegrabenen T.-Grundrissen zu orientieren hat. Wir unterscheiden folgende palästin. T.-Typen: Langbau-T. (A), Breitbau-T. (B), Knickachs-T. (C), Megaron-T. (D), Hof-T. (E).

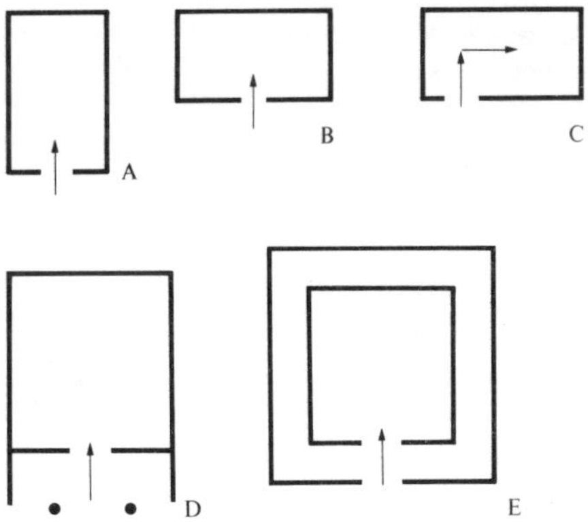

Von den kanaan. Höhenheiligtümern sind diese T. archäologisch durch eine überdachte Raumkonstruktion geschieden. Übergänge vom Höhenheiligtum zur T.-Anlage sind vielfältig zu beobachten. Die ins 4. Jt. v. Chr. zu datierende chalkolithische Kultanlage der Oase von → En-Gedi, die durch einen Hof und drei an der Ummauerung liegende Gebäude gebildet wird, ist als Höhenheiligtum mit kultischen Gebäuden zu interpretieren. Ein typologisch weiterentwickeltes Stadium kann in der Anlage der Hof-T. gesehen werden, wie sie spätbronzezeitlich in → Bet-Schean (Schicht IX) nachgewiesen sind.

b) In der Spätbronzezeit (1550–1200 v. Chr.) sind T. u.a. nachgewiesen in → Lachisch (Foss-T. I: Knickachs-T.; Foss-T. II/III: gegliederter Langhaus-T.), Amman (Flughafen: Hof-T.), → Bet-Schean (Schicht IX: Hof-T.; Schicht VII: gegliederter Langhaus-T.), → Hazor (H-Schicht 2/1: gegliederter Langhaus-T.), *tell el-fara* (Nord; gegliederter Langhaus-T.), *tell abbu hawam* (Schicht V: Langhaus-T.). Für die Vorgeschichte des Jerusalemer T.s, dessen Errichtung in die Eisenzeit fällt, ist der gegliederte Langhaustyp der Spätbronzezeit von besonderer Bedeutung, da sich darin der »syr. T.-Bautypus« (A. Alt), der durch die Dreigliederung in Vorhalle, Haupthalle und Allerheiligstes gekennzeichnet ist, ankündigt.

3. a) Der T. → Salomos läßt kanaan.-jebusit. und phöniz. Einfluß erwarten. Einerseits ist der prägende Einfluß der kanaan. Religion der vorisraelit. Jebusiter Jerusalems auf die davidisch-israelit. Religion beträchtlich, andererseits hat sich Salomo die Hilfe des Königs → Hiram von Tyrus gesichert. Die Beschreibung des T.s in 1Kön 6; 7 bestätigt diese Erwartung; dies ist das wichtigste Dokument für die Rekonstruktion des T.s, da eine archäologische Klärung unter dem arab. *haram esch-scherif* im heutigen → Jerusalem nicht möglich ist. Danach besteht der salomonische T. aus drei hintereinanderliegenden Räumen, einer Vorhalle (*ulam*; 5 × 10 × 15 m – stets lichte Maße), einer Haupthalle (*hekal*; 20 × 10 × 15 m) und einem Allerheiligsten (*d*[e]*bir;* 10 × 10 × 10 m). Der Debir war vom Hekal durch eine hölzerne Zwischenwand abgetrennt. Da die Höhe des Debir nur 10 m, die des Tempels aber 15 m beträgt, ist zu erwägen, ob der Debir auf einem Podest steht oder aber eher mit 1Kön 6,15b als kastenartiger Holzbau, der ebenerdig innerhalb des T.s steht, zu verstehen ist. Es ist kaum angebracht, von der Kultarchitektonik des Debirs die Beziehung des salomonischen T.s zum dreigegliederten syr. T.-Bautypus in Frage zu stellen. Im Debir stand unter den Flügeln zweier → Keruben die von David nach Jerusalem überführte → Lade. Der Hekal war von der Vorhalle durch zwei Flügeltüren abgegrenzt. In der oberen Hälfte der Außenwände waren Fenster angebracht. Im Hekal befanden sich Räucheraltar, Schaubrottisch und zweimal fünf Leuchter. Vor dem Ulam standen die beiden Säulen → Jachin und → Boas. Um Hekal und Debir waren drei Stockwerke übereinander Umgänge gelegt, die als Nebenräume dienten.

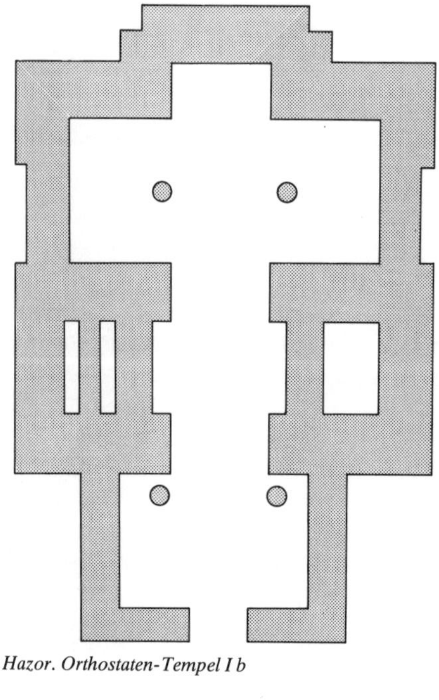

Hazor. Orthostaten-Tempel I b

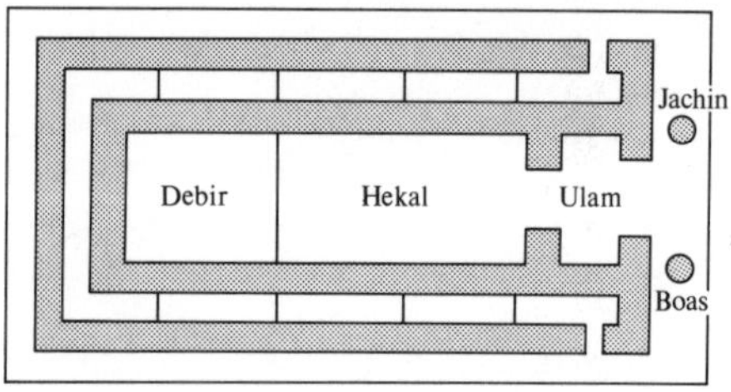

Salomonischer Tempel (nach C. Watzinger)

Der salomonische T. lag auf dem Felsenrücken im Norden des Ofel (→ Jerusalem), mit dem Eingang nach Osten gerichtet. Umstritten aber ist, ob der heute unter der Kuppel des Felsendoms liegende »heilige Fels« die Lage des Aller-

heiligsten oder des Brandopferaltars im T.-Vorhof markiert. Der T. bildete mit dem salomonischen → Palast eine architektonische Einheit, worin sich über die Feststellung, daß der T. ein königliches Heiligtum ist, die Beziehung zwischen dem Königtum Jahwes und dem der Davididen (Ps 110) ausdrückt. Religionsgeschichtlich ist der T.-Bau Salomos in der Übertragung des göttlichen Königtums des kanaan. El von Jerusalem auf den israelit. Jahwe begründet: Der göttliche König bedarf eines Palastes (Hekal).
Der salomonische T. wurde 587/586 v. Chr. durch → Nebukadnezzar zerstört.

b) Bereits → Schilo hatte in vorstaatlicher Zeit einen T. (Hekal; 1Sam 1–3), der von den → Philistern zerstört wurde (Jer 7,14). Dän. Grabungen haben nicht zur Freilegung dieses T.s geführt. Nach der Reichsteilung erhob → Jerobeam I. den T. von → Bet-El neben dem Höhenheiligtum von → Dan zum Reichsheiligtum (1Kön 12,28ff.). Der T. von Bet-El, an dem → Amos verkündete (Am 7,10ff.), wurde durch → Joschija zerstört (2Kön 23,15ff.). Ein bis in die Zeit Salomos zurückzuführender T. wurde in → Arad ausgegraben. Während der Ausgräber Y. Aharoni darin eine direkte Parallele zum dreigliedrigen T. Salomos sehen will, wird man doch eher den Breitraumtyp als konstitutiv ansehen, dem ein Hof vorangestellt wurde.

c) Schon im → Exil wurden, wie der »Verfassungsentwurf« des → Ezechiel zeigt, Vorstellungen eines neuen T.s ausgebildet (Ez 40,1–44,9). Dennoch dauerte es nach der Rückkehr aus dem Exil einige Jahre, bis 520 v. Chr. der Bau des 2. T.s unter → Serubbabel begann und fünf Jahre später abgeschlossen wurde (Esr 6). Maße und Bauweise entsprachen wohl denen des 1. T.s. Das Allerheiligste war jetzt aber durch einen

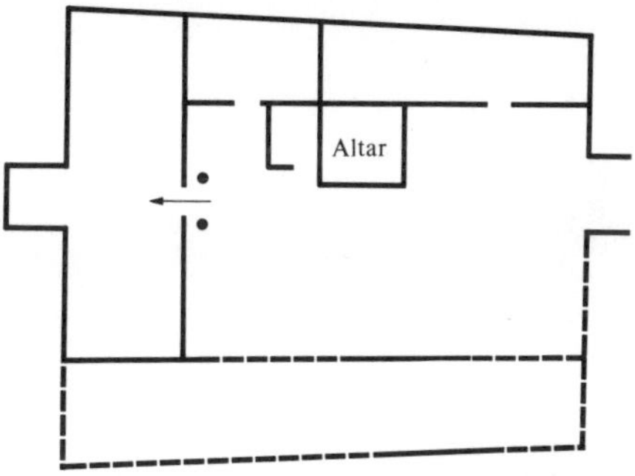

Arad. Tempel aus Schicht X

Modell des herodianischen Tempels in Jerusalem

Vorhang vom Hekal abgetrennt. Auch fehlte die Lade. Die zehn Leuchter im Hekal wurden durch einen siebenarmigen → Leuchter ersetzt. Die beiden Säulen vor dem Ulam wurden nicht erneuert.
Einschneidend für das Schicksal dieses T.s war die Plünderung 169 v. Chr. durch → Antiochus IV. 20/19 v. Chr. begann → Herodes d. Gr. mit einem Neubau des T.s, der zehn Jahre später geweiht und 64 n. Chr. endgültig fertiggestellt wurde. Der T. Serubbabels wurde als Kernstück in die neue Anlage einbezogen. Durch gewaltige Aufschüttungen wurde die Gipfelfläche des T.-Berges auf die Größe des heutigen *haram esch-scherif* gebracht. Um den T. Serubbabels wurden zahlreiche Höfe angelegt. Von einem inneren T.-Bezirk war der Vorhof der Heiden abgetrennt (Apg 21,27ff.). Den T. umgaben der Israeliten- und der Priesterhof, der Altar und Schlachthaus beherbergte. Daran grenzte der Vorhof der Frauen. Der T. selbst wies die klassische Dreiteilung auf, wobei die Vorhalle um der Fassadenwirkung willen auf 50 m Breite und Höhe erweitert wurde. Hekal und Debir wurden in der Höhe auf 25 m erweitert.
Der herodianische T. wurde 70 n. Chr. durch → Titus (3) zerstört. O.

Lit.: W. Andrae, Das Gotteshaus und die Urformen des Bauens im Alten Orient, 1930; A. Alt, Verbreitung und Herkunft des syr. Tempeltypus, in: Kleine Schriften zur Geschichte des Volkes Israel II, ³1964, 100–115; Th. A. Busink, Der T. von Jerusalem I/II, 1970/80.

Tempelgeräte → Kultgeräte.

Tempeloberst (Lutherbibel: »Hauptmann des Tempels«), höchster, nur dem → Hohenpriester unterstehender Tempelbeamter, dem die Aufsicht über die Ordnung des Tempels oblag und der die → Tempelwache befehligte (Apg 4,1; 5,24.26; Lk 22,4.52). R.

Tempelprostitution, der in den Fruchtbarkeitskulten des Vorderen Orients übliche Brauch, daß zum Kultpersonal gehörende Frauen und Männer – sie heißen hebr. *k^edescha* »Heilige« und *kadesch* »Heiliger«, griech. *Hierodule* – sich den Priestern und auch den Besuchern des Tempels hingaben; eine Sonderform der T., durch die man dem Land die Fruchtbarkeit sichern wollte, war die → Heilige Hochzeit. Die T., die wohl nicht immer deutlich von der gewerbsmäßigen → Prostitution zu trennen war (in 1Mose 38 wird Tamar als *k^edescha* bezeichnet), fand auch in Israel Eingang (z. B. 1Kön 14,24; 2Kön 23,7), wurde aber von den Profeten (Hos 4,14) und vom Gesetz (5Mose 23,18) verurteilt. Zu unterscheiden von der T. ist die einmalige Hingabe als Brautritus (→ Initiationsritus). S.

Tempelquelle, ein für die Heilszeit erwarteter Segensstrom, der unter dem Jerusalemer Tempel entspringt (Ez 47,1–12; Joel 4,18; Sach 14,8; Offb 22,1); im Hintergrund dieser Vorstellung steht die Tradition vom wasserreichen → Gottesberg, der mit dem Jerusalemer Tempelberg gleichgesetzt wurde (Ps 46,5), und wohl auch das Bild von dem das Handeln Jahwes verkörpernden → Schiloach (Jes 8,6). S.

Tempelreinigung, Bezeichnung des demonstrativen Aktes Jesu im Jerusalemer Tempel, der nach Mk 11,15–17 par Mt 21,12f.; Lk 19,45f. die Konfrontation mit seinen Gegnern auf die Spitze trieb und so zu seiner Festnahme führte: → Jesus vertrieb die Geldwechsler und Opfertier-Verkäufer, die zur ordnungsgemäßen Abwicklung des Tempelbetriebs unbedingt notwendig waren und die ihre Stände in den Säulenhallen des äußeren Tempelvorhofs aufgeschlagen hatten (→ Tempel). Die T. war, historisch gesehen, weder – wie zuweilen vermutet – ein bewaffneter Handstreich Jesu und seiner Anhänger zur Inbesitznahme des Tempels noch ein Protest gegen dessen Profanierung durch die Händler, sondern vermutlich eine Zeichenhandlung, die das Ende des Tempels und seines Kultes ankündigen sollte: An die Stelle des Tempelbetriebs tritt nunmehr das neue Gottesverhältnis, das Jesus vermittelt. Diesen theologischen Bezug verstärkt das Johannesevangelium, indem es die T. an den Beginn des öffentlichen Wirkens Jesu stellt (Joh 2,13–22) und mit dem Hinweis auf den »Tempel« des Leibes Jesu verbindet (Joh 2,21). R.

Tempelsteuer, in nachexilischer und neutest. Zeit eine Abgabe, die jeder männliche Israelit vom 20. Lebensjahr an für den Unterhalt des Tempelkultes zu zahlen hatte (2Chr 24,6.9; vgl. Mt 17,24–27). Sie betrug zur Zeit Nehemias $^1/_3$ Schekel, später $^1/_2$ Schekel (2Mose 30,11–16; hier wird die Einrichtung der T. in die Mosezeit zurückverlegt) und wurde in tyrischer Währung bezahlt; darum tauschten die → Wechsler im Tempelvorhof die jüd., griech. und röm. Münzen gegen tyrische ein. S.

Tempelwache, dem → Tempelobersten unterstehende Aufsichtstruppe, die den herodianischen → Tempel gegen das Eindringen Unbefugter bewachte. R.

Tempelweihfest → Fest.

Tenne, ein felsiger oder gestampfter (Jer 51,33) Platz in erhöhter Lage zum Dreschen und Worfeln des Getreides; auch als Bild gebraucht für das Gericht Gottes (Mich 4,12; Mt 3,12). S.

Teppich. Das hebr. Wort, das zuweilen mit »T.« wiedergegeben wird, meint das Zelttuch (Hld 1,5), das bildlich die Weite des Himmels veranschaulicht (Ps 104,2), und den zelttuchartigen Schutzbehang der Stiftshütte (2Mose 26); außerdem erwähnt die Bibel Sitz-T.e (Richt 5,10), aber nicht den T. als Bodenbelag. S.

Terach → Tarach.

Terafim, Kultgegenstände, deren Aussehen und Funktion aus dem AT nicht eindeutig hervorgeht. Mehrfach erscheinen sie als zum häuslichen Kult gehörig, so 1Mose 31,19.34.35, wo es sich um kleine Götterfiguren handeln dürfte, und 1Sam 19,13.16, wo mit »T.« offenbar eine einzelne Kultmaske gemeint ist (ebenso wohl Richt 17,5; 18,14–20). Im übrigen läßt sich nur erkennen, daß man die T. als Orakelspender benutzte (z. B. 2Kön 23,24; Ez 21,26). S.

Terebinthe → Pflanzenwelt.

Tertius, Christ in Korinth, Schreiber des Römerbriefes (Röm 16,22). R.

Tertullus, Rechtsanwalt, den das Jerusalemer Synedrium (→ Hoher Rat) mit der Anklage gegen Paulus zum Prokurator → Felix nach Cäsarea sandte (Apg 24,1). R.

Testament. Der griech. Begriff *diatheke* hat einen weiteren Bedeutungsradius als das dt. Wort »Testament«: Er bezeichnet nämlich nicht nur die letztwillige schriftliche Verfügung eines Menschen, sondern darüber hinaus auch eine rechtsgültige Anordnung, eine verbindliche autoritative Setzung oder einen Vertragsschluß zwischen zwei Partnern. Er konnte deshalb im griech. AT (Septuaginta) als Übersetzung von *b^{e}rit* (»Verfügung Gottes«; → Bund) Verwendung finden (z. B. Jer 31,31). Von daher übernahm ihn dann auch das NT als Bezeichnung für die von Gott gegenüber seinem Volk getroffene, heilschaffende verbindliche Anordnung, seinen »Bund«. Das Becherwort beim → Abendmahl wäre von daher sinngemäß zu übersetzen: »Dies ist mein Blut, durch das, indem es für viele vergossen wird, die neue Heilsordnung hergestellt wird« (Mk 14,24), oder: »Dieser Becher ist die neue Heilsordnung in meinem Blut« (1Kor 11,25).
Paulus traf als erster die theologische Unterscheidung zwischen der »alten«, für Israel gültigen, und der »neuen«, durch Christus für die Kirche aus Juden und Heiden erlassenen Heilsordnung (2Kor 3,6–13); er bezeichnete auch erstmals die alttest. Gesetzesbücher, auf die sich Gottes Bund mit Israel gründete, als die »alte *diatheke*« = das »Alte Testament« (2Kor 3, 14f.). Später wurde diese Bezeichnung auf die gesamte jüd. Bibel ausgeweitet, während die neuen christl. Schriften, die von der neuen, durch Jesus erlassenen Heilsordnung handelten, als die »neue *diatheke*« = das »Neue Testament« bezeichnet wurden.
Zuweilen erscheint jedoch im NT auch der engere Sprachgebrauch von T. als letztwilliger Verfügung (Gal 3,15ff.; Hebr 9,16). R.

Testamente, pseudepigraphe. Fiktive letzte Äußerungen großer Gottesmänner der Vergangenheit mit Mahnungen, Warnungen und Ausblikken auf die Zukunft waren im Judentum eine verbreitete Literaturform, deren früheste Ausprägungen in 1Mose 49 und 5Mose 33 vorliegen. Gattungsmäßig handelt es sich dabei um → Abschiedsreden. So gab es T. Adams, Abrahams, Isaaks, Jakobs. Am bekanntesten sind die etwa zur Zeit des NT entstandenen T. der zwölf Patriarchen, Abschiedsreden der 12 Jakobssöhne. Sie stehen der geistigen Welt der → Essener nahe und berühren sich auch vielfach, vor allem in den messianischen Vorstellungen, mit dem NT. R.

Texte: Rießler, 1149–1250.

Tetradrachme → Münzen.

Tetragramm (aus griech. *tetra* »vier« und *gramma* »Buchstabe«), wissenschaftliche Bezeichnung für den Gottesnamen → Jahwe, der aus vier Konsonanten (*jhwh*) besteht. Die falsche Aussprache des T.s als → »Jehova« kam im Mittelalter auf. S.

Tetrarch (griech., »Vierfürst«), eigentlich Bezeichnung für den Statthalter eines viergeteilten Landes, im Römerreich, daneben aber auch Titel der von Rom abhängigen Regenten in Kleinasien und Syrien. T.en waren → Herodes Antipas (Mt 14,1 par; Apg 13,1); Philippus (Lk 3,1) und Lysanias (Lk 3,1). R.

Tetrateuch → Mosebücher.

Teufel → Satan, → Widersacher.

Text → Bibeltext.

Textkritik, Teildisziplin der Bibelwissenschaft (→ Bibelkritik). Ihre Aufgabe ist es, im Falle des Vorliegens textlicher Varianten in verschiedenen alten Handschriften durch kritischen Vergleich die ursprüngliche Textgestalt zu rekonstruieren, d. h. die Gestalt, die der Intention des Verfassers oder letzten Bearbeiters entspricht. Man unterscheidet zwischen *äußerer Kritik,* die nach Zahl, Bedeutung und Güte der eine Lesart bezeugenden Handschriften fragt, und *innerer Kritik,* die durch sachliche Wertung der jeweiligen Lesart zu einer Entscheidung über deren Ursprünglichkeit zu kommen sucht. Darüber hinaus ist vor allem in der alttest. T. vielfach *Konjekturalkritik* nötig: Diese sucht die ursprüngliche Gestalt eines offenkundig fehlerhaft überlieferten Textes, für den die Handschriftentradition keine brauchbaren Alternativen bietet, durch methodisch und sachlich reflektierte Änderungsvorschläge zu rekonstruieren. R.

Lit.: E. Würthwein, Der Text des AT, 1952; K. und B. Aland, Der Text des NT, 1982.

Thaanach → Taanach.

Thabera → Tabera.

Thabor → Tabor.

Thaddäus, Name eines Gliedes des Zwölferkreises um Jesus (Mk 3,18; Mt 10,3); in der altkirchlichen Tradition mit → Judas, dem Sohn des Jakobus (Lk 6,16; Apg 1,13), identifiziert und darum Judas Thaddäus benannt. R.

Thalmai → Talmai.

Thamar → Tamar.

Tharah → Tarach.

Tharsis/Tarsis → Tarschisch.

Tharthak → Tartak.

Tharthan → Tartan.

Thatnai/Thatthenai → Tattenai.

Theater. Das einzige in der Bibel erwähnte T. in Ephesus (Apg 19,29–40) hatte einen halbkreisförmigen Zuschauerraum von 140 m Durchmesser mit 24 500 Sitzen in 66 Reihen. R.

Theben, griech. Name einer im AT (Jer 46,25; Ez 30,14ff.; Nah 3,8) *No* oder *No-Amon* genannten Stadt in Oberägypten. Hier wurde der Reichsgott Amun verehrt. Im Neuen Reich (→ Ägypten) zur Metropole aufgestiegen, war T. zur Zeit der 18. Dynastie Reichshauptstadt und behielt auch später noch entscheidende Bedeutung als Heiligtum und Totenstadt der Könige. So ist es zu erklären, daß T. im AT als wichtige ägypt. Stadt erscheint, obwohl seine politische Bedeutung im 1. Jt. v. Chr. sank. Noch heute zeigt das an beiden Nilufern gelegene T. mit seinen Ortsteilen (u. a. Karnak, Luxor, Medinet, Habu, Tal der Könige) großartige Zeugnisse der ägypt. Baukunst. J. E.

Thebez → Tebez.

Thekoa → Tekoa.

Thema → Tema.

Theman → Teman.

Theodizee (»Rechtfertigung Gottes«; von griech. *theos* »Gott« und *dike* »Recht«), moderne Bezeichnung für den Versuch, das Übel und Leiden in der Welt mit dem Glauben an einen gütigen und gerechten Gott zu vereinen,

Das Theater von Ephesus

d. h. eine Antwort auf die Frage nach dem Sinn des Leidens und nach dem Ursprung des Bösen zu finden. Israel suchte mit dem T.-Problem – das erst auftauchte, als das elementare Vertrauen auf einen → Tat-Ergehen-Zusammenhang geschwunden war – fertig zu werden, indem es das Leiden des Menschen als Reaktion Gottes auf die Sünde betrachtete. Zunehmend bricht im AT die Erkenntnis durch, daß Tun und Ergehen sich keineswegs immer entsprechen, daß dem Menschen der Einblick in das Handeln Gottes verwehrt ist und daß er sich diesem nur demütig unterwerfen kann (Jer 12,1–5; Ps 73; → Ijobbuch, → Prediger Salomo).

Diese Erkenntnis hat Jesus auf eine breite Basis gestellt, indem er sie mit seiner eschatologischen Botschaft verband: Gottes Herrschaft, seine heilvolle Selbstdurchsetzung, ist das Ziel der Geschichte; sie ist jedoch im gegenwärtigen Weltbestand noch nicht sichtbar realisiert. Hier haben Leid und Tod als widergöttliche Mächte noch Raum. Ja, wer – wie Jesus selbst und seine Jünger – die Sache der Gottesherrschaft in der Welt vertritt, bekommt in besonderer Weise den Widerstand der vorfindlichen Welt gegen Gott zu spüren, indem er Verfolgung, Leid und Tod ausgesetzt wird (Mk 8,34; Mt 10,22ff. u. ö.). Jesus verweigert darum auch ein Aufrechnen von Unglück und Schuld (Lk 13,1–5; Joh 9,3) und fordert statt dessen, daß man sich durch eigenes und fremdes Unglück um so fester an Gott und das von ihm zugesagte Heil binden lasse.

Die konsequenteste Überwindung der T.-Frage im NT liegt in der paulinischen Theologie des → Kreuzes vor. Nach ihr ist Gott in dieser Welt nirgends anders zu finden als in der Gestalt des Gekreuzigten (1Kor 2,2ff.), d. h. in der Erscheinungsweise äußerster Schwachheit und Not.

In Röm 9–11, wo Paulus das Schicksal Israels behandelt, geht es letztlich nicht um die T., sondern um die Frage der Identität des Handelns Gottes in der Geschichte. S. / R.

Theodotion, Verfasser einer griech. Übersetzung des AT, die eine Revision der → Septuaginta anhand des hebr. Textes darstellt; er lebte im 2. Jh., wahrscheinlich in Ephesus. S.

Theodotus, Gesandter des → Nikanor (2Makk 14,19). R.

Theogonie (Theogonia), Titel eines Werks des griech. Dichters Hesiod (um 700 v. Chr.), das die

Abstammung und Geburt der Götter und die Abfolge ihrer Herrschaft darstellt. Diese T. geht auf altoriental. Vorbilder zurück, wie sie in Schöpfungsmythen aus → Babylonien, der → Horiter, → Hetiter und Phönizier überliefert sind. Altoriental. Lehren über die → Schöpfung finden sich auch im AT, doch ist die Vorstellung eines → Pantheon, mehrerer Götter oder Göttergeschlechter und ihrer Konflikte, mit dem im Laufe der Religionsgeschichte Israels entwickelten Monotheismus nicht vereinbar. Dennoch zeigt das AT Spuren solcher Auffassungen, wenn nicht mehrerer Götter, so doch himmlischer Wesen, die Jahwes Hofstaat bilden (vgl. 1Mose 1,26: »Laßt *uns* Menschen machen«; 1Kön 22,19ff.; Ijob 1,6ff.). An ein Thema der T., nämlich die Entstehung von Riesen und Heroen, die zwischen Gott und Mensch stehen, erinnert 1Mose 6,1–4. J. E.

Theokratie (griech., »Gottesherrschaft«), Staatsform, bei der die Leitung in den Händen von Priestern liegt. → Josefus hat als erster diesen Begriff auf das nachexilische Israel angewandt. Daß Gott der König Israels sei, ist schon alttest. Überzeugung (4Mose 23,21; 5Mose 33,5; Jes 41,21 u. ö.). In der → Apokalyptik wird Jahwes Königtum dann eschatologisch verstanden und hat die Beseitigung der irdischen Mächte zur Voraussetzung (Dan 2,44; 7,11ff.). Die → Zeloten gründeten sich auf die Idee der T. bei ihrem aktiven Widerstand gegen die röm. Herrschaft. H. M.

Theologie. 1. Begriff – 2. T. des AT und NT.

1. Der Begriff »T.« (von griech. *theologia* »Reden von Gott«) kommt in der Bibel nicht vor. Er entstammt der altgriech. Philosophie und bezeichnet dort den Göttermythos oder die ihn interpretierende Rede. Im christl. Sprachgebrauch, in dem er seit dem 3. Jh. heimisch wurde, bedeutete er zunächst das Bekenntnis zu Gott, später – im Mittelalter – gewann er den noch heute geläufigen Sinn: T. ist die kritische Besinnung auf die Sache des christl. Glaubens in ihrer Gesamtheit und ihre jeweils situationsgemäße Interpretation. Das Bewußtsein der Notwendigkeit solcher Besinnung war dem Christentum, im Unterschied zu den meisten anderen Religionen, von Anfang an mitgegeben, und in diesem Sinn ist das NT voll von T., auch wenn das Wort selbst noch fehlt. Große theologische Entwürfe mit je eigener Begrifflichkeit und gedanklicher Struktur bieten vor allem die Briefe des → Paulus, das → Johannesevangelium, das Doppelwerk des Lukas (→ Lukasevangelium und → Apostelgeschichte) sowie der → Hebräerbrief.

2. T. des AT und des NT sind seit dem Ende des 18. Jh.s wichtige Teildisziplinen der → Bibelwissenschaft. Hatte man zunächst ihre Aufgabe darin gesehen, die theologischen Aussagen des AT und NT (z. B. die Aussagen über Gott, Welt, Mensch, Sünde und Erlösung) zu erheben und systematisch darzustellen, so machte die wachsende Einsicht in die geschichtliche Vielfalt der Bibel schon bald ein differenzierteres Vorgehen erforderlich: Es galt, die Botschaft der verschiedenen bibl. Schriften und Schriftengruppen jeweils von ihren historischen und sprachlichen Voraussetzungen her zu erheben und in ihrer Besonderheit im Rahmen des Ganzen von AT und NT zu erfassen. Vielfach wurde in der Forschung die Forderung erhoben, die alt- und neutest. Theologie ganz durch jüd. und frühchristl. Religionsgeschichte zu ersetzen und das Augenmerk nicht mehr auf die Interpretation der bibl. Schriften, sondern auf die historische Rekonstruktion der altoriental.-jüd. und spätantik-hellenist. Gedankenwelt, deren Exponenten sie seien, zu richten (W. Wrede, H. Köster, J. M. Robinson). Dieses Programm verkennt jedoch, daß die Bibelwissenschaft als theologische Disziplin zunächst an die Interpretation der für die Kirche normativen Texte gewiesen ist. Heute maßgebliche Darstellungen der T. des AT (G. v. Rad) wie auch der T. des NT (R. Bultmann, H. Conzelmann, L. Goppelt) bemühen sich denn auch durchweg um ein Ineinander von historischer Rekonstruktion und theologischer Interpretation, d. h., sie wollen zugleich das Zeugnis der bibl. Schriften auf seinem jeweiligen historischen Hintergrund erfassen und zu seinem Verstehen unter den Voraussetzungen gegenwärtigen Denkens anleiten. R.

Lit.: O. Merk, Bibl. T. des NT in ihrer Anfangszeit, 1972 [Darstellung der Problemgeschichte der Bibl. T.]; H.-J. Kraus, Die Bibl. T. Ihre Geschichte und Problematik, 1970; G. v. Rad, T. des AT I/II, [5]1968; R. Bultmann, T. des NT, [7]1977; H. Conzelmann, Grundriß der T. des NT, 1967; W. G. Kümmel, Die T. des NT nach seinen Hauptzeugen Jesus, Paulus, Johannes, 1969 (NTD Erg.-Bd. 3); L. Goppelt, T. des NT I/II, 1975/76.

Theophanie (griech., »Gotteserscheinung«). Den Begriff »T.«, der in der Religionsgeschichte als zusammenfassender Ausdruck für jede Art der Selbstkundgabe einer Gottheit dienen kann und oft gleichbedeutend mit »Epiphanie« verwendet wird, pflegt die alttest. Wissenschaft einzuschränken auf das von gewaltigen Naturerscheinungen wie Erdbeben und Gewitter begleitete Kommen Gottes, wobei Gott selber unsichtbar bleibt (z. B. 2Mose 19,16–19; Richt 5,4f.; 1Kön 19,11–13; Mich 1,3f.; Ps 18,8 bis 16). S.

Theophilus (griech., »Gottlieb«), Widmungsträger des lukanischen Doppelwerkes – → Lukasevangelium und → Apostelgeschichte – (Lk 1,3; Apg 1,1), vermutlich ein wohlhabender Christ, der das Patronat für die Verbreitung des Werkes zu übernehmen bereit war. R.

Thessalonich, bedeutende Hafenstadt in Mazedonien, um 315 v. Chr. gegründet, seit 148 v. Chr. Hauptstadt der röm. Provinz Mazedonien (das heutige Saloniki). Es gab dort auch eine starke jüd. Kolonie. Paulus kam etwa 49/50 von Philippi nach T. und gründete dort eine überwiegend heidenchristl. Gemeinde (Apg 17,1ff.; 1. → Thessalonicherbrief). H. M.

Thessalonicherbrief(e). Der *1. T.* ist die Reaktion des Paulus auf Nachrichten, die sein Mitarbeiter Timotheus aus Thessalonich gebracht hat. In Form einer sehr ausführlichen Danksagung an Gott (1Thess 1,2–3,13) spricht Paulus von dem guten Verhältnis zur Gemeinde, die seine Verkündigung in rechter Weise als Gottes Wort angenommen hat; ihr Glaubensstand ist vorbildlich und bewährt sich in der – wohl von heidn. Mitbürgern ausgehenden – Verfolgung. Sodann tröstet Paulus die über den Tod einiger Mitchristen beunruhigte Gemeinde: Die Auferweckung Jesu garantiert die Teilhabe der verstorbenen Christen am Triumph Christi (1Thess 4,13–18). Der Tag des Herrn wird überraschend und unberechenbar kommen; angesichts dessen sollen die Christen stets wachsam und gerüstet sein (1Thess 5,1–11).
Der *2. T.* dagegen will die Gemeinde vor Schwärmern warnen, die wegen des nahen Endes die Ordnungen der Welt mißachten. Die Wiederkunft Christi (→ Parusie) wird keineswegs so schnell erfolgen, wie diese Leute meinen; vielmehr muß erst eine Reihe von vorbereitenden Ereignissen statthaben (2Thess 2,1–12): Es muß der große Abfall kommen, der Mensch der Gesetzlosigkeit offenbart werden und eine Person (oder Sache?) beseitigt werden, die den Frevel noch aufhält (2Thess 2,6) – erst dann wird der Frevel auftreten und vom Herrn Jesus vernichtet werden. Die Naherwartung des Endes im 1. T. ist hier also zu einer Fernerwartung geworden. Man versteht den 2. T. am besten, wenn man annimmt, ein Paulusschüler habe ihn – z. T. mit wörtlichen Zitaten aus dem 1. T. – im Geist des Paulus verfaßt. H. M.

Lit.: J. Becker / H. Conzelmann / G. Friedrich, Die Briefe an die Galater, Epheser, Philipper, Kolosser, Thessalonicher und an Philemon, [14]1976 (NTD 8); W. G. Kümmel, Einleitung in das NT, [18]1976, 219–232.

Theudas, nach Apg 5,36 Anführer eines gescheiterten jüd. Aufstandes. Sollte der von Josefus (*Antiquitates Iudaicae* 20,97f.) erwähnte T. gemeint sein, der 44 n. Chr. auftrat, so hätte sich Lukas in der Datierung geirrt. R.

Thibni → Tibni.

Thiphsah → Tifsach.

Thisbe → Tisbe.

Thogarma → Togarma.

Thola → Tola.

Thomas, griech. Name, vielfach gleichgesetzt mit aram. *t^{e}oma* »Zwilling« (so Joh 11,16; 21,2). Mk 3,18 par nennt T. als Glied des Zwölferkreises; Johannes schildert ihn als zur Verzagtheit neigenden (Joh 11,16; 14,5), aber von Jesus zum Glauben überwundenen Jünger (Joh 20, 24–29). R.

Thomasakten, der → Gnosis zugehöriger romanhafter Bericht über das Wirken des Apostels Thomas in Indien. H. M.
Text: Schneemelcher II, 289–367.

Thomasevangelium. 1. Apokryphes Evangelium, das märchenhafte Wundererzählungen über das Jesuskind bietet. **2.** Koptisch überlieferte Sammlung von Aussprüchen Jesu, die teilweise Weiterbildungen synoptischer Jesusworte, teilweise aber apokrypher Herkunft sind. Ein weltfeindliches, asketisches Christentum zeigt sich hier, das mancherlei Anklänge an die → Gnosis bietet; die typisch gnostische Mythologie fehlt allerdings. H. M.

Texte: Schneemelcher I, 93–113.

Thopheth → Tofet.

Thrakien/Thrazien, östl. an Mazedonien angrenzende Landschaft, die den Kriegsheeren der Antike vorzugsweise Söldner lieferte (2Makk 12,35). R.

Thron. Der T. ist von einem Stuhl in der Regel durch Podium und Fußschemel geschieden. Er ist Herrschaftszeichen königlicher Gestalten unter Göttern und Menschen. Charakteristisch für die T.e in Palästina sind die seitlich den T. stützenden Trägertiere als Ausdruck der vom T. ausgehenden Herrschermacht des Königs. Am häufigsten sind Mischwesen mit ausgebreiteten Flügeln belegt. Auch der T. Salomos, der auf einem Podium von sechs Stufen stand, war von zwei Löwengestalten flankiert. Die in Schilo von den kanaan. Landesbewohnern übernommene → Lade ist mit der T.-Vorstellung verbunden: Die Lade ist in ihrem Ursprung den im Alten Orient häufig belegten leeren Gottes-T.en zuzurechnen. Die → Keruben waren als Trägertiere an der Seite der Lade angebracht. In Jerusalem ändert sich die Gestalt. Die Keruben werden verselbständigt und beschützen nunmehr die Lade von oben. Damit verliert sie ihre ursprüngliche Bedeutung eines Gottessitzes, während der Gottes-T. nunmehr als unsichtbar über den Keruben in den Himmel ragend gedacht war. So besteht kein Widerspruch zwischen der Bindung des Gottes-T.s an den → Tempel von Jerusalem und der Aussage, der T. Gottes stehe im Himmel (Ps 103,19). O.

Thronbesteigungsfest → Fest.

Thronbesteigungslieder → Psalmen.

Thubal → Tubal.

Thubal-Kain → Tubal-Kajin.

Thutmosis → Palästina.

Thyatira, Stadt in der kleinasiat. Landschaft Lydien. An die dortige Christengemeinde richtet sich das 4. Sendschreiben der Offenbarung (Offb 2,18–29). R.

Tiberias, Stadt am Südwestufer des Sees Gennesaret, der auch See von T. heißt (Joh 6,1; 21,1). T. wurde von → Herodes Antipas 26/27 n. Chr. als Hauptstadt seiner Tetrarchie Galiläa-Peräa erbaut und zu Ehren des Kaisers → Tiberius benannt. Es war eine hellenist. Stadt, die von frommen Juden gemieden wurde. R.

Tiberius, Claudius Nero, röm. → Kaiser (14–37 n. Chr.), Stiefsohn und Nachfolger des Augustus. In seine Herrschaftszeit fällt das Wirken Jesu. Nach Lk 3,1 trat → Johannes (3) der Täufer im 15. Regierungsjahr des T. (28 n. Chr.) an die Öffentlichkeit. R.

Tibhat(h) → Tebach.

Tibni, Gegner des → Omri im Kampf um die Herrschaft über das Nordreich Israel (1Kön 16,21f.). S.

Tiefe, Umschreibung für die Bedrängnis, wobei an Wasser-T. gedacht ist (z. B. Ps 69,15–16; 130,1), für die Unterwelt (Ps 88,7; Röm 10,7), für die Verborgenheit des göttlichen Handelns (Röm 11,33; 1Kor 2,10) und die Geheimnisse des satanischen Wesens (Offb 2,24). In der Lutherbibel wird mit »T.« auch die → Urflut bezeichnet (z. B. 1Mose 1,2; 8,2). S.

Tiefenpsychologische Auslegung will dem heutigen Menschen einen unmittelbaren Zugang zur Bibel eröffnen, indem sie deren Aussagen und Bilder als überzeitlich-allgemeine Symbole menschlicher Erfahrungen und Grundbefindlichkeiten – einerseits Angst und Ausgesetztsein, andererseits Hoffnung und Urvertrauen – deutet. Bei *E. Drewermann,* dem führenden Vertreter der t. A., bildet die Archetypenlehre von *C. G. Jung* die Ausgangsbasis dieses Verfahrens. Während historisch-kritische Auslegung nach dem Sinn eines Textes in seiner Ursprungssituation fragt und dadurch verfremdend wirkt, stellt t. A. die Frage in den Mittelpunkt: Was sagt der Text mir? Hierauf beruht ihre Attraktivität für ein größeres Publikum. Ihre theologische Problematik besteht vor allem darin, daß sie die Geschichtlichkeit des biblischen Zeugnisses auflöst und damit die Stellung der Schrift als eines kritischen Gegenübers zum glaubenden Menschen nicht mehr erkennbar werden läßt. R.

Tiegel, ein Tongefäß, das beim Schmelzen und Läutern der Edelmetalle benutzt wurde (Spr 17,3; 27,21). S.

Tierwelt. Als statistischer Hinweis sei vorausgeschickt, daß fast ein Drittel der etwa 130 in der Bibel vorkommenden Tierarten in dem Katalog reiner und unreiner Tiere 3Mose 11; 5Mose 14 aufgeführt wird (manche nur hier) und daß die Bibel Tiere – ausgenommen die Haustiere – vor allem in poetischen Texten und bildhaften Vergleichen erwähnt. Die folgende Übersicht über die T. der Bibel hält sich im wesentlichen an das Ordnungsschema der Zoologie.

Am häufigsten werden – entsprechend ihrer Bedeutung für das alte Israel – die Haustiere *Rind, Schaf, Ziege* und *Esel* erwähnt. Der Wert von Rind, Schaf und Ziege lag in den von ihnen gewonnenen Produkten (Fleisch, Milch, Fell, Wolle), und sie waren die bevorzugten Opfertiere. Das Rind verwendete man auch als Arbeitstier zum Pflügen, Dreschen und Ziehen. Für das männliche Rind, den *Stier* – die *Kuh* wird seltener erwähnt (z. B. 1Mose 41) –, hat das Hebräische – ebenso wie für das *Lamm* und den Ziegen-*Bock* – mehrere Begriffe, die weitgehend miteinander austauschbar sind; die Bibelübersetzungen nennen den Stier willkürlich manchmal »*Ochsen*« (z. B. Jes 1,3). Der Stier war im Altertum Symbol von Kraft und Fruchtbarkeit, daher auch das Kultbild des Vegetationsgottes Baal. Die Stierbilder in Bet-El und Dan (1Kön 12,28f.) – sie werden herabsetzend als »*Kälber*« bezeichnet – stellten wohl Postamente für den unsichtbar thronenden Jahwe dar. Symbole der Kraft waren auch der *Widder* und der Ziegenbock, z. B. Dan 8, wo der Widder Persien und der Ziegenbock das Reich Alexanders d. Gr. vertritt; mehrfach werden beide Tiernamen auch für »Mächtige« oder »Helden« gebraucht (z. B. 2Mose 15,15; Jes 14,9). Das (Mutter-)Schaf und das Lamm dienen als Bild für unschuldiges Leiden (Jes 53,7; Jer 11,19) und für das stellvertretende Leiden Christi (z. B. Joh 1,29). Den Esel und das – seltenere – *Maultier* gebrauchte man als Last-, Zug- und Reittier. Das *Pferd* lernte Israel als Zugtier des Streitwagens bei seinen Feinden kennen (z. B. 1Sam 13,5); erst Salomo legte sich eine Streitwagenmacht mit Pferden zu (1Kön 5,6). Reittier – und zwar militärisches – war das Pferd in Israel nur vereinzelt (2Kön 9,18). Für die Bewohner der Wüste besaß das *Kamel* – in der Bibel ist immer das einhöckerige, das *Dromedar* gemeint – wegen seiner Ausdauer und Schnelligkeit eine überragende Bedeutung als Last- und Reittier, sei es zu kriegerischen Zwecken, wie bei den Midianitern (Richt 6,5; 7,12), oder zum friedlichen Warentransport (1Kön 10,2; 2Kön 8,9). Da das Kamel vielleicht erst gegen Ende des 2. Jt.s v. Chr. gezähmt wurde, könnte die Erwähnung von Kamelen im Besitz der → Erzväter (z. B. 1Mose 24,10; 30,43) anachronistisch sein.

Aus den wild lebenden Tieren hebt sich vor allem die Gruppe der Landraubtiere heraus, von denen in der Bibel der *Löwe,* für den das Hebräische mehrere Namen hat, besonders häufig erwähnt wird. Er ist Symbol der Kraft und des Mutes (z. B. 2Sam 17,10), der Raubgier (z. B. Ez 22,25) und – wegen seiner Gefährlichkeit und Hinterlist – des »Feindes« in den Klageliedern (z. B. Ps 10,9). Des öfteren dient das Bild des Löwen auch dazu, Jahwes Tun zu beschreiben (z. B. Jes 31,4; Jer 49,19). Andere gefährliche Raubtiere sind – meist zusammen mit dem Löwen genannt – der *Panther* (in der älteren Lutherbibel: »*Parder*«) oder *Leopard,* der *Bär* und der *Wolf* (z. B. Jes 11,6; Jer 5,6). Für den *Schakal,* der – überwiegend in profetischen Texten des AT – als Bewohner des wüsten und öden Landes erscheint (z. B. Jes 13,22; 34,13.14; Jer 50,39), hat das Hebräische zwei Wörter, von denen das eine in der Lutherbibel mit »wilder Hund«, in der Zürcher Bibel einmal mit »*Hyäne*« (Jes 34,14) übersetzt wird. Der *Fuchs,* der in den Trümmern haust (Klgl 5,18; Ez 13,4) und die Weinberge schädigt (Hld 2,15), gilt auch in der Bibel als verschlagenes Tier (Lk 13,32). Den *Hund* kennt die Bibel als Begleittier des Hirten (Ijob 30,1; Jes 56,10f.), vor allem aber als herrenlos herumstreunend und darum als Bild für eine niedrige Kreatur (z. B. Pred 9,4) und als Schimpfwort (z. B. 2Sam 3,8). Die *Katze* wird nur einmal, und zwar in einer apokryphen Schrift, erwähnt (Bar 6,22).

Horntragende Tiere sind der *Hirsch* und die *Gazelle* (Lutherbibel: »*Reh*«); beide erscheinen mehrfach als Bild für Schnelligkeit (z. B. Hld 2,9.17). Daneben werden in 5Mose 14,5 genannt der *Damhirsch* (in der älteren Lutherbibel: »*Büffel*«), die *Gemse,* die *Antilope,* die

Wildziege (Lutherbibel: »Steinbock«) – mit ihr verwandt ist der *Steinbock* (Ps 104,18) – und der *Auerochse* (oder Wisent). Außerdem erwähnt das AT mehrfach den *Wildstier* als Bild der Kraft (z. B. Ps 22,22).

Alle bisher genannten Tiere sind Säugetiere. Zu ihnen gehören außerdem noch der *Affe* (1Kön 10,22), der in der Steppe lebende *Wildesel* (z. B. Ijob 24,5; 39,5), das *Schwein,* das gezähmte (z. B. Spr 11,22) und das *Wildschwein* (Ps 80,14), der *Hase* (3Mose 11,6), der *Klippdachs,* ein auf Felsen lebendes kaninchengroßes Huftier (3Mose 11,5; Ps 104,18), der *Maulwurf* (3Mose 11,29; Lutherbibel: »*Wiesel*«), der *Igel,* ein Bewohner des öden Landes (z. B. Jes 34,11), die *Maus* (3Mose 11,29; 1Sam 6,4–5.11.18), die *Ratte* (Jes 2,20; so die Zürcher Bibel) und die *Fledermaus* (3Mose 11,19; Jes 2,20).

Von den Vogelarten erscheint in der Bibel am häufigsten der *Adler,* der hoch auf den Felsen nistet (Ijob 39,27; Jer 49,16), als Bild eines machtvollen Herrschers (Ez 17,3.7), als Bild der Schnelligkeit (z. B. 5Mose 28,49) und auch der Fürsorge für seine Jungen (z. B. 5Mose 32,11). Das hebr. und griech. Wort für »Adler« bezeichnet auch den *Geier* (Mich 1,16; Mt 24,28). Weitere Raubvögel werden 3Mose 11; 5Mose 14 aufgeführt: Die Vögel, die in der Lutherbibel »Habicht«, »Fischaar« und »Storch« (3Mose 11,13.18; 5Mose 14,12.17), »Geier«, »Weihe« und »Taucher« (3Mose 11,14; 5Mose 14,13) heißen, sind wahrscheinlich verschiedene Arten des Geiers und der *Weihe* oder des *Milans.* Ferner werden der *Sperber* oder *Habicht* und vielleicht der *Falke* (Lutherbibel: »Nachteule«) genannt (3Mose 11,16; 5Mose 14,15). Der im selben Vers erwähnte Vogel, den die Lutherbibel »*Kuckuck*«, die Zürcher Bibel »*Möwe*« nennt, ist nicht zu bestimmen. Der anschließende Vers zählt vermutlich einige Arten der *Eule,* von der es in Palästina mehr als zehn Arten gibt, auf (Lutherbibel: »*Käuzchen*«, »*Schwan*«, »*Uhu*«, »Fledermaus«, »*Rohrdommel*«); bei den von Luther »Käuzchen«, »Uhu« und »Rohrdommel« genannten Vögeln handelt es sich um Bewohner des öden Landes (Jes 34,11; Ps 102,7), ebenso bei der in Jes 13,21 erwähnten Eulenart, dem schnell laufenden (Ijob 39,18) *Strauß* (Jes 13,21; 34,11) und dem *Raben* (Jes 34,11), der als Beispiel für die Fürsorge Gottes dient (Ijob 38,41; Ps 147,9). Mehrere Zugvögel werden in Jer 8,7 wegen ihrer pünktlichen Wiederkehr als Vorbilder des Gehorsams hingestellt: der *Storch,* der *Kranich,* die *Turteltaube* und die *Schwalbe* (ein anderes hebr. Wort für »Schwalbe« findet sich in Ps 84,4; Spr 26,2). Mit dem Storch verwandt ist der nur einmal – neben dem *Wiedehopf* – erwähnte *Reiher* (3Mose 11,19; 5Mose 14,18f.; Lutherbibel: »*Häher*«). Den *Sperling* nennt Jesus als Beispiel eines wertlosen Handelsgegenstandes (Mt 10,29.31). Die *Taube* war – neben der Turteltaube – ein Opfertier (z. B. 3Mose 1,14). Sie galt als sanft (Mt 10,16) und war ein Kosename für die Braut (z. B. Hld 2,14). Sie spielt eine Rolle in der Sintfluterzählung (1Mose 8,8–12), und sie versinnbildlicht den Heiligen Geist (Mt 3,16). Schließlich nennt die Bibel noch einige Hühnerarten: das *Rebhuhn* (1Sam 26,20; Jer 17,11); die *Wachtel,* die den Israeliten nach 2Mose 16,13; 4Mose 11,31f. als Speise in der Wüste diente; den *Hahn* bei der Verleugnung des Petrus (Mt 26,34.74) und den *Pfau* (1Kön 10,22). Der sagenhafte Vogel *Phönix* ist wahrscheinlich in Ijob 29,18 genannt.

Das in der Bibel am häufigsten vorkommende Kriechtier ist die *Schlange.* Neben dem Allgemeinbegriff »Schlange« nennt das AT sechs verschiedene, für uns nicht mehr bestimmbare und daher in den Bibelübersetzungen willkürlich mit »*Natter*« oder »*Otter*« wiedergegebene Arten der Schlange (in der älteren Lutherbibel manchmal »*Basilisk*«, z. B. Jes 11,8), die wohl alle giftig sind (z. B. 1Mose 49,17; 5Mose 32,33; Ijob 20,16; Ps 140,4; Jer 8,17). Die Schlange, die in Gemäuern (Am 5,19), in der Wüste (5Mose 8,15) und auf Felsen (Spr 30,19) lebt, galt als listig (1Mose 3,1) und dient in der Bibel als Bild für Klugheit (Mt 10,16), Tücke (z. B. Ps 58,5) und Heuchelei (Mt 23,33). Auf einen Schlangenkult weist das Jerusalemer Kultbild der »Ehernen Schlange« (2Kön 18,4; vgl. 4Mose 21,4–9). Außerdem nennt das AT sieben verschiedene Arten der *Eidechse:* eine in Spr 30,28 und sechs in 3Mose 11,29f. (Lutherbibel: »*Kröte*«, »*Gecko*«, »*Molch*«, »Eidechse«, »*Blindschleiche*« und »Maulwurf«); bei der letzten könnte es sich um das *Chamäleon* handeln. Das *Krokodil,* das bis ins vorige Jh. auch in Palästina vorkam, ist wohl mit dem »Leviatan« von Ijob 40,25–41,26 gemeint, wie mit dem »Behemot« von Ijob 40,5–24 das *Nilpferd.*

Aus der Gruppe der Lurche oder Amphibien erscheint in der Bibel nur der *Frosch,* und zwar als die zweite ägypt. Plage (2Mose 7,26–8,10).

Recht häufige Erwähnung finden in der Bibel die Insekten, allen voran die *Heuschrecke,* die wegen ihrer Gefräßigkeit sehr schädlich ist – sie bildet die achte ägypt. Plage (2Mose 10,4–19) – und als Bild für eine große Menschenmenge (z. B. Richt 6,5; Nah 3,15–17), für Beutegier (Jes 33,4) oder für die Kleinheit der Menschen (Jes 40,22) dient. Im AT kommen neun verschiedene Namen der Heuschrecke vor; wir wissen aber nicht, um welche Arten (oder Entwicklungsstufen) es sich handelt. Die Wiedergabe der Namen in den Bibelübersetzungen ist willkürlich; so heißen die vier verschiedenen Heuschrecken von Joel 1,4; 2,15 in der Lutherbibel »Raupe«, »Heuschrecke«, »Käfer« und »Geschmeiß«, und bei den vier Namen in 3Mose 11,22 beschränkt sich die Lutherbibel auf die Umschrift der hebr. Wörter (»Arbe«, »Solam«, »Argol« und »Hagab«). Andere lästige und schädliche Insekten sind die *Stechmücke* der dritten und die *Stechfliege* der vierten ägypt. Plage (2Mose 8,12–14.17–27), die *Fliege* (Jes 7,18), der *Floh* (1Sam 24,15), die *Wespe* (z. B. 5Mose 7,20; Zürcher Bibel: »*Hornisse*«), die *Bremse* (so die Zürcher Bibel in Jer 46,20) und die *Motte,* von der es zwei Arten gibt (z. B. Jes 51,8). Auch die *Biene* erscheint als ein gefährliches Insekt (z. B. Ps 118,12). Die *Ameise* wird wegen ihres Fleißes gerühmt (Spr 6,6; 30,25).
Andere wirbellose Tiere neben den Insekten sind die *Spinne* (Ijob 8,14), der *Skorpion* (5Mose 8,15), der *Blutegel* (Spr 30,15; das hier stehende Wort könnte auch ein Eigenname sein), die *Schnecke* (so die Zürcher Bibel in Ps 58,9) und der *Wurm.* Für diesen gibt es im Hebräischen zwei Wörter; das eine davon übersetzt die Lutherbibel an einer Stelle (Ijob 25,6) mit »*Made*«. Der Wurm ist wegen seiner Wehrlosigkeit Inbegriff der Ohnmacht des Menschen (Ps 22,7; Jes 41,14) und wegen seiner zerstörenden Wirkung (2Mose 16,20.24) ein Bild des Todes (Jes 14,11).
Einzelne Fischarten werden in der Bibel nicht genannt. Das hebr. Wort, das in der Lutherbibel als »*Walfisch*« erscheint (1Mose 1,21), bezeichnet eigentlich den »Drachen« der mythischen Vorzeit (z. B. Jes 51,9) und wird auch für das Krokodil (Ez 29,3) und die Schlange (2Mose 7,9–12) verwendet. S.

Tifsach, Stadt am Eufrat (1Kön 5,4). S.

Tiglat-Pileser, Name assyr. Könige (→ Babylonien und Assyrien). Für die Geschichte Israels wichtig wurde T. III. (745–727 v. Chr.), den das AT auch nach einem seiner Thronnamen *Pul* (*Phul*) nennt. Er war einer der mächtigsten Organisatoren und grausamsten Kriegsherren Assurs. Nach einem Aufstand Rezins von Damaskus und → Pekachs von Israel, zu dem auch → Ahas von Juda gezwungen werden sollte (syr.-efraimit. Krieg), eroberte T. Damaskus und reduzierte Israel auf → Samaria und seine enge Umgebung (2Kön 15–16). J. E.

Tigris, nach dem Eufrat der bedeutendste Fluß Vorderasiens (1800 km lang), an dessen Ufer u. a. die wichtigen Städte Ninive, Assur und Ktesiphon lagen. Südl. von Bagdad war der Flußlauf im Altertum ein anderer als heute. Die Bibel erwähnt ihn nur als Paradiesesstrom (1Mose 2,14) und in Dan 10,4. S.

Timäus, Vater des → Bartimäus (Mk 10,46). R.

Timna. 1. Ort zwischen Ekron und Bet-Schemesch an der Grenze zu philistäischem Gebiet (heute *tell el-batasi*). Die Erzählung von → Simsons Löwenkampf (Richt 14) wurzelt in der Auseinandersetzung des Stammes Dan mit den Philistern in diesem Gebiet. **2.** Ort im Süden Judas (Jos 15,57), dessen genaue Lage unbekannt ist. **3.** Ort in Efraim (*chirbet tibne*), in dem → Josua begraben wurde. **4.** Wadi T. am Nordende des Golfes von Akaba, erlangte Bedeutung durch antiken Abbau von Kupfererzen. Neuere Grabungen zeigen die Anfänge der Kupfergewinnung in diesem Gebiet im 4. Jt. v. Chr. Zwischen dem 14. und 12. Jh. v. Chr. wurde von den ägypt. Königen der Ramses-Dynastie Kupferabbau und -verarbeitung im Wadi T. betrieben. Zu den Funden dieser Zeit gehört ein der Göttin Hathor geweihter Tempel. Gegen Ende des 12. Jh.s wurden die ägypt. Anlagen von einem Erdbeben zerstört und anschließend von → Midianitern übernommen. Im 2. Jh. v. Chr. nahmen die Römer die Metallgewinnung im Wadi T. nach langer Unterbrechung wieder auf. O.

Timotheus (griech., »Fürchtegott«). **1.** Seleukid. Offizier, von Judas Makkabäus mehrfach besiegt (2Makk 8,30; 10,24; 1Makk 5ff.). **2.** Enger Mitarbeiter des → Paulus, Heidenchrist aus Lykaonien (Apg 16,1–3), Sohn eines griech. Vaters und einer jüd. Mutter (die in 2Tim 1,5 als Christin erwähnt wird). Die Angabe von Apg 16,3, daß Paulus ihn nach seiner Bekehrung auf der 1. Missionsreise beschnitten habe, ist historisch unsicher. T. wurde von Paulus mehrfach mit schwierigen Aufgaben betraut (1Thess 3,2f.; 1Kor 4,17; 16,10f.) und war Mitverfasser des 1. Thessalonicher- und des Philipperbriefes. Die → Timotheusbriefe lassen, obwohl unecht, den Schluß zu, daß T. nach dem Tod des Paulus als Gemeindeleiter in Ephesus längere Zeit tätig gewesen ist. **3.** Nach Hebr 13,23 Mitarbeiter des Verfassers des Hebräerbriefes, mit T. (2) schwerlich identisch. R.

Timotheusbrief(e). Die zwei T. gehören, zusammen mit dem → Titusbrief, zur Gruppe der → Pastoralbriefe. Sie wollen von → Paulus an seinen Schüler und Mitarbeiter → Timotheus geschrieben sein, der in der Provinzhauptstadt → Ephesus als selbständiger Leiter eines größeren Kirchengebietes wirkte. Als Entstehungssituation ist für den *1. T.* eine Reise des Paulus durch Mazedonien (1Tim 1,3), für den *2. T.* eine Gefangenschaft in Rom (2Tim 1,8.16f.; 2,9) vorausgesetzt.

Eine Reihe von Gründen sprechen jedoch gegen die Echtheit: Die vorausgesetzte Situation – Paulus müßte nach der röm. Gefangenschaft von Apg 28 nochmals freigekommen und nach Osten gereist sein – läßt sich in der Biographie des Paulus nicht unterbringen; die → Kirchenorganisation hat ein gegenüber der Zeit des Paulus sehr fortgeschrittenes Entwicklungsstadium erreicht; Sprache und Stil weichen erheblich von den anderen Paulusbriefen ab, und die Zentralgedanken der paulinischen Theologie erscheinen nur in einer sehr verflachten Form. Die zahlreichen persönlichen Mitteilungen (z. B. 2Tim 4,11.13) können diese Bedenken keineswegs zerstreuen, denn hier handelt es sich um ein beliebtes Mittel literarischer Fiktion. So ist anzunehmen, daß die T. kurz nach 100 n. Chr. von einem Paulusschüler in der Absicht verfaßt worden sind, die weitere Entwicklung der von Paulus gegründeten Gemeinden im Geiste des Apostels zu beeinflussen und seine Autorität zu stärken.

Inhaltlich ist der 1. T. im wesentlichen eine Kirchenordnung. Neben Anweisungen für die innere Ordnung der Gemeinde treten Auseinandersetzungen mit Irrlehrern. Der 2. T. gibt sich als Testament des Paulus, der dem Märtyrertod entgegensieht und seinem Schüler sein Erbe anvertraut. R.

Lit.: W. G. Kümmel, Einleitung in das NT, [18]1976, 321–341; N. Brox, Die Pastoralbriefe, [4]1969; J. Roloff, Der erste Brief an Timotheus, 1988; H. Merkel, Die Pastoralbriefe, 1991.

Tinte. Bei der in der Bibel erwähnten T. (z. B. Jer 36,18; 2Kor 3,3) handelt es sich um eine zähflüssige schwarze Tusche, deren Hauptbestandteil Ruß bildete. S.

Tirza (*tell el-fara*), ursprünglich kanaan. Stadt auf dem mittelpalästin. Gebirge, in der in vorisraelit. Zeit ein Stadtkönig herrschte (Jos 12,24). T. fiel in das von dem Stamm → Manasse beanspruchte Gebiet (4Mose 26,33). Der Zeitpunkt der israelit. Besiedlung ist weder durch die Überlieferung des AT fixiert noch archäologisch näher zu bestimmen; sie fällt spätestens in die frühe Königszeit. Nach der Reichsteilung wählte → Jerobeam I. T. nach → Sichem und → Penuel zur Hauptstadt des Reiches Israel (1Kön 14,17). König → Omri verlegte in seinem 6. Regierungsjahr die Residenz von T. nach → Samaria.

T. wurde 1946–60 ausgegraben. Die älteste Besiedlung der Ortslage führt in die jüngere Steinzeit (Neolithikum) zurück. In der frühen Bronzezeit (3. Jt. v. Chr.) wird T. zu einer befestigten Stadt ausgebaut. Aus der mittleren Bronzezeit (2. Jt.) stammt ein für Palästina einzigartiges unterirdisches Heiligtum mit einem darüber errichteten Tempel. Der Ausgräber R. de Vaux interpretiert das Heiligtum als einer erdverbundenen Gottheit geweiht. Eine gewaltsame Eroberung T.s im Umbruch von später Bronzezeit zu früher Eisenzeit, die auf eine Eroberung durch Israeliten zurückgeführt werden könnte, ließ sich für T. nicht nachweisen. Eine Zerstörungsschicht des 9. Jh.s kann auf Omri zurückgeführt werden. Die folgende Schicht zeigt deutlich einen abgebrochenen Wiederaufbau, der wohl durch die Verlegung der Residenz von T. nach Samaria zu erklären ist. Die Stadt der späten Eisenzeit zeigt seit der Mitte des 9. Jh.s eine zunehmende soziale Differenzierung von Oberschicht und sozial deklassierter Unterschicht, die deutlich erkennbar in engen und schlecht gebauten Slum-Bezirken wohnte. Dieser archäologische Befund konkretisiert profetische Sozialkritik. Nach der Eroberung durch assyr. Truppen (723 v. Chr.) war in T. eine Garnison der Assyrer stationiert, bis um etwa 600 v. Chr. die Stadt endgültig aufgegeben wurde. O.

Tisbe, Heimatort des Profeten Elija, im Ostjordanland (1Kön 17,1); die genaue Lage ist nicht bekannt. S.

Tisch. Das hebr. Wort für »T.« meint eigentlich eine Ledermatte, die man zum Danebenhocken auf dem Boden ausbreitete und die bei den Nomaden und wohl auch beim einfachen Volk üblich blieb (Ps 78,19; Jes 21,5), während sich im Königs- (Richt 1,7; 1Sam 20,24) und im reichen Bürgerhaus (2Kön 4,10) ein Eß-T. findet, an dem man auf einem → Stuhl saß; später kam die Sitte auf, beim Essen auf Teppichen und Polstern zu liegen (Am 6,4; Ez 23,41), wie es in neutest. Zeit anscheinend gebräuchlich war. Ferner gab es im Tempel den → Schaubrot-T. und die Schlacht-T.e (Ez 40,39–43). S.

Tischgebet, Worte des Lobes, Segnens und Dankes bei einer Mahlzeit. Zu deren Beginn sprach der Hausvater einen Lobspruch über dem Brot (Mk 6,41; 8,6; 14,22). Er lautete in neutest. Zeit: »Gepriesen sei der Herr, unser Gott, der König der Welt, der Brot aus der Erde hervorgehen läßt!« (*Mischna Berachot* 6,1.) Wurde – was nur beim Festmahl geschah – Wein gereicht, so erfolgte ein weiterer Lobspruch über dem Becher: »Gepriesen sei der Herr . . ., der die Frucht des Weinstocks schafft.« Das Mahl wurde beschlossen mit einem Dankgebet, das von den Anwesenden gemeinsam gesprochen wurde. Besonders reich gestaltet waren die T.e beim → Paschamahl. (→ Abendmahl.) R.

Tischri → Monat.

Titus. **1.** T. Manius, röm. Legat im Orient 164 v. Chr. (2Makk 11,34). **2.** Mitarbeiter des → Paulus, Heidenchrist. T. war Glied der Delegation der antiochenischen Gemeinde zum → Apostelkonzil nach Jerusalem (Gal 2,1–5), wo Paulus sich demonstrativ weigerte, der Forderung der Judenchristen nach seiner Beschneidung nachzukommen. Auf der sog. 3. Missionsreise gelang es Titus, in der Auseinandersetzung zwischen Paulus und der Gemeinde von → Korinth zu vermitteln (2Kor 2,13; 12,17f.); er führte auch in Korinth die Kollekte für Jerusalem zu Ende (2Kor 8,6). Nach den Angaben des → Titusbriefes hat T. später als selbständiger Gemeindeleiter auf Kreta gewirkt. **3.** Flavius T., röm. → Kaiser (79–81), Eroberer von Jerusalem im jüd. Krieg (70). Die Einholung der erbeuteten Tempelgeräte, darunter der siebenarmige Leuchter und der Schaubrottisch, ist auf dem ihm zu Ehren errichteten T.-Bogen in Rom dargestellt. R.

Titusbrief. Der seit alters zusammen mit den zwei → Timotheusbriefen zur Gruppe der → Pastoralbriefe gerechnete T. ist wie jene unecht und hat vermutlich gleichen Verfasser und gleiche Entstehungszeit wie sie. Er gibt vor, an den Paulusschüler → Titus (2) gerichtet zu sein, der auf Kreta mit dem Aufbau und der Organisation von Gemeinden beschäftigt ist. Der T. ist, wie der 1. Timotheusbrief, eine Kirchenordnung. Auch hier geht es um Fragen der Gemeindeordnung und Abwehr von Irrlehrern. R.
Lit.: → Timotheusbriefe.

Tob, aram. Kleinstaat im nördl. Ostjordanland (Richt 11,3.5; 2Sam 10,6.8). S.

Tobija (hebr.), **Tobias** (griech.). **1.** Ein Levit (2Chr 17,8). **2.** Ein reicher Jude aus Babylonien (Sach 6,10.14). **3.** Stammvater einer Rückwandererfamilie, die als nur halbjüd. galt (Esr 2,60). **4.** Ein Statthalter von Ammon (vielleicht verwandt mit T. 3), der zusammen mit Sanballat, dem Statthalter von Samaria, als Gegner des Nehemia auftrat. **5.** Von T. (4) stammte das Finanzhaus der Tobiaden ab; erwähnt wird T., der Vater eines Hyrkanos, dessen Geld auch die Tempelbank in Jerusalem verwaltete (2Makk 3,11). **6.** Der alte T. (Tobit) und sein Sohn, der junge T., die Hauptgestalten des → Tobitbuches. S.

Tobitbuch, zwischen 200 und 170 v. Chr. entstandener jüd. Roman, der zu den alttest. Apokryphen gerechnet wird. Er erzählt die Geschichte Tobits, eines frommen Juden im Exil von Ninive, der, nach manchen unheilvollen Schicksalsschlägen (u. a. Erblindung und Verarmung), auf wunderbare Weise Gottes Hilfe erfährt. Deren Vermittler ist der Engel Rafael: Er geleitet Tobias, Tobits Sohn, durch seltsame Abenteuer, aus denen sich eine glückhafte Wende für das Schicksal Tobits und seiner ganzen Familie entwickelt. Das T. gibt Einblick in

Aspekte jüd. Frömmigkeitslebens in der Zeit kurz vor der Entstehung des Christentums; es ermahnt besonders nachdrücklich zum Gebet und Almosengeben. R.

Tochter. Der Bedeutungsumfang des hebr. Wortes für »T.« (*bat*) deckt sich weitgehend mit dem für → »Sohn«. Es kann auch für »Enkelin« (2Kön 8,26), »Schwieger-T.« (1Mose 37,35) und ganz allgemein für »junge Frau« (z. B. 1Mose 24,13) stehen, ferner für eine Stadt (vor allem »T. Zion«, z. B. Jes 1,8); die »Töchter« einer Stadt oder eines Landes können sowohl die Bewohnerinnen (z. B. Richt 21,21) als auch Städte (z. B. 4Mose 21,25; Ps 48,12) sein. S.

Tod. Für den Hebräer meint »T.« nicht den Augenblick eines *exitus,* auch nicht die Trennung einer Seele vom Leib, sondern Verlust der Vitalität und Bewegungsfähigkeit, Wegfließen von Lebensstoff. T. vollzieht sich oft als allmählicher Verfall. Er kann schon zeitweise während der biologischen Lebenszeit eintreten durch öffentliche Entehrung oder schwere Erkrankung. Endgültig wird er, wo der Atem mit dem letzten Seufzer entweicht oder das Blut ausströmt; denn Atem und Blut sind Träger des → Lebens. Ein solcher Vorgang ist stets göttlich gesteuert; niemand stirbt ohne göttliche Zulassung. Bisweilen wird T. als eigenständige Macht vorgestellt, die sich aus Gott herausbildet und sich selbsttätig bewegt (Jer 9,20); doch göttlicher Rang, wie ihn der T. in den Umweltreligionen oft hat, wird ihm nie beigelegt. Auch das eigene Verhalten des Menschen gemäß der Auffassung vom → Tat-Ergehen-Zusammenhang spielt eine wesentliche Rolle. Der Frevler bereitet sich selbst frühzeitigen T., während der Rechtschaffene sich durch seine Taten vor dem T. rettet (Ps 55,24; Spr 10,2).

Einem toten Menschen wird ein → Begräbnis zuteil. Danach ist er auch für seine Angehörigen endgültig entschwunden, denn der Bereich des T.es ist unrein und für die Umgebung gefährlich. Der Tote wird nach alttest. Ansicht zuerst zu seinen Vätern im Familiengrab versammelt, dann, nach völliger Verwesung, zu einem Schatten in der Unterwelt, wo er, ohne die Fähigkeit zu freier Bewegung oder zu menschlicher Sprache, weitervegetiert und von Gott für immer entfernt weilt (Ps 88,6.12ff.; → Hölle). Erst die → Apokalyptik im 2. Jh. v. Chr. beginnt zu hoffen, daß diejenigen, die im Staub der Erde schlafen, am Jüngsten Tag auferweckt werden und der T. dann endgültig beseitigt wird (Jes 25,8; Dan 12,1–3).

Im NT wird das Verständnis des T.es ganz von der theologischen Sicht bestimmt: T. ist die Trennung des Menschen von Gott, der Ausschluß aus der Sphäre heilvoller Gemeinschaft mit ihm. Gott ist selbst das Leben; er ist darum nicht ein Gott der Toten, sondern der Lebendigen (Mk 12,27). Diese Sicht war bereits im AT vorbereitet (z. B. Ps 6,6; 30,10; 88,13). Sie wird nunmehr ausgebaut und vertieft, und zwar nach zwei Seiten hin: a) Der T. wird als Folge der Gottesferne des Menschen verstanden. Daß der Mensch während seiner ganzen irdischen Existenz vom T. gezeichnet ist (Hebr 2,15), hängt mit seinem Ungehorsam und seinem Abfall von Gott zusammen. Durch die Sünde des ersten Menschen ist der T. in die Welt gekommen (Röm 5,12), keiner kann sich darum mehr seiner Herrschaft entziehen. »Der T. ist der Sünde Sold« (Röm 6,23). b) Umgekehrt ergibt sich aus dieser Sicht, daß nicht nur das physische Verlöschen und seine Vorbereitung als T. gilt; tot im weiteren Sinn ist der Mensch, sofern er sich von Gott gelöst hat, um eigenmächtig aus sich selbst zu existieren.

Ein Leben in Entfremdung und Sinnleere gilt demnach bereits als T., und die physische Beendigung solcher Existenz ist nichts weiter als die letzte Bestätigung dieses T.es. In diesem Sinn sind die Unglaubenden »tot durch ihre Übertretungen« (Eph 2,1.5). Durch Jesu T. und Auferstehung wurde nach neutest. Glauben der T. in diesem umfassenden Sinn entmächtigt (2Tim 1,10). Nachdrücklich wird betont: Jesu Sterben war nicht nur ein physisches Auslöschen, sondern ein Erleiden der vollen Macht des T.es mit seiner Gottesferne (Mk 15,34; Hebr 5,7f.). Jesus hat stellvertretend für alle das ganze Verhängnis menschlicher T.es-Verfallenheit auf sich genommen. Da aber Gott mit seiner Lebensmacht an ihm handelte, »konnte ihn der T. nicht festhalten« (Apg 2,24). Jesus durchbrach als »Erstling der Entschlafenen« (1Kor 15,20) den Machtbereich des T.es und gab damit allen ihm zugehörigen Menschen die Gewißheit der endzeitlichen Errettung vom T. Zwar bleibt auch für die Christen der T. noch eine Realität, ein Feind, dem es standzuhalten gilt (1Kor 15,26), aber er hat nicht mehr die Macht, sie von Christus zu trennen (Röm 8,38). Am radikalsten betont das Johannesevangelium die gegenwärtige Entmachtung des Todes: Wer an Christus glaubt, »ist bereits vom T. in das Leben hinübergegangen« (Joh 5,24). K. / R.

Lit.: C. Barth, Die Errettung vom T.e in den individuellen Klage- und Dankliedern des AT, 1947.

Todesstrafen. Eine Zusammenstellung todeswürdiger Vergehen bietet das alttest. Gesetz in 2Mose 21,12–17; 22,17–19; 3Mose 20,1–18.27; dazu kommen Gotteslästerung (3Mose 24,15f.), Sabbatschändung (2Mose 31,14f.), Unzucht einer Priestertochter (3Mose 21,9). Bei Mord wurde die Strafe vom Bluträcher vollzogen. Die häufigste Hinrichtungsart war die → Steinigung. Daneben gab es das Lebendigverbrennen (1Mose 38,24; 3Mose 20,14; 21,9) und die → Pfählung; in der Römerzeit kamen das Enthaupten (Apg 12,2; Mk 6,14–29) und die → Kreuzigung hinzu. Die → Seleukiden warfen nach pers. Art die zum Tode Verurteilten in glühende Asche (2Makk 13,5f.). S.

Todsünde. Nach 1Joh 5,16f. gibt es »Sünde, die zum Tode führt«, d. h. T., die aus der lebenschaffenden Gemeinschaft mit Gott und der christl. Gemeinde ausschließt. Die älteste Kirche kannte drei T.n: Götzendienst, Unzucht oder Hurerei und Mord. Nach einer sicher nicht ursprünglichen Lesart abendländ. Bibelhandschriften werden sie bereits im Aposteldekret (Apg 15,20) erwähnt (→ Apostelkonzil). Die Frage, ob und unter welchen Umständen von Christen begangene T.n vergebbar seien, hat die Kirche jahrhundertelang stark beschäftigt und fand bis in die Neuzeit unterschiedliche Antworten. R.

Tofet, eine Kultstätte von unbekannter Gestalt im → Hinnomtal, an der Kinderopfer dargebracht wurden (2Kön 16,3; 23,10; Jer 7,31ff.; 19,5ff.). S.

Togarma, Volk nördl. von Palästina (1Mose 10,3; Ez 27,14; 38,6), wahrscheinlich im Osten der heutigen Türkei. S.

Tohuwabohu, sprichwörtlicher Ausdruck für »Wirrwarr«, »Durcheinander«, übernommen aus dem hebr. Text von 1Mose 1,2, wo es von der Erde heißt, sie sei *tohu wa-bohu* »wüst und leer« gewesen. S.

Tola. 1. Ahnherr einer Sippe des Stammes Issachar (4Mose 26,23). **2.** Ein »Kleiner → Richter« (Richt 10,1f.). S.

Toledot → Stammbaum.

Ton, Tongefäß. Die reine T.-Erde ist aus Silizium und Aluminium gebildet, die bei der Zersetzung von Feldspat freigesetzt werden. Mit organischen und mineralischen Stoffen beladen, wird die T.-Erde Material zur Herstellung von Keramik, da T., mit Wasser verdünnt, eine leicht formbare Masse bildet, die durch Brennen hart wird. Vor der Verarbeitung wird die T.-Erde gereinigt und durch sprödes Material wie gehäckseltes Stroh, Quarzsand usw. angereichert, damit der T. nicht zu schnell trocknet oder beim Brennen springt. Aus dem T. werden dann T.-Gefäße, aber auch Terrakottafigurinen, Räucherständer usw. geformt. Die T.-Gefäße werden in der Frühzeit mit der Hand, seit der frühen Bronzezeit auf der Töpferscheibe geformt (→ Keramik). Durch chemische Analyse und Spektralanalyse ist die Herkunft von T. zu bestimmen und damit auch der Herstellungsbereich der T.-Gefäße. Dadurch ist ein wichtiges Mittel zur Erhellung von Kultur- und Handelsbeziehungen an die Hand gegeben. O.

Tonscherbe → Ostrakon.

Tontafel, ein Träger der Keilschrift (→ Schrift). Im Gegensatz zu Texten, die auf vergänglichen Trägern wie Papyrus, Holz oder Leder geschrieben waren, haben T.n Jt.e überdauert; wichtig sind die T.-Archive von → Ninive, → Mari, → Amarna und → Ugarit. U. R.

Töpfersacker → Blutacker.

Topheth → Tofet.

Topographie → Palästina.

Tor. Die kanaan. und israelit. Städte hatten normalerweise nicht mehr als ein oder zwei T.e, die gewöhnlich beiderseits des Durchgangs Nischen (T.-Kammern), durch Mauervorsprünge abgetrennt, besaßen. Die T.-Anlage mit dem freien Platz vor der Innenseite des T.es war in der sonst engen Stadt der einzige Raum, auf dem die Stadtbewohner sich versammeln konnten, wo

Tora-Schrein mit den Mosebüchern in Rollenform

der Markt (z. B. 2Kön 7,1) und die Gerichtsverhandlung (z. B. 5Mose 21,19) stattfand. S.

Tor, Narr, nach alttest. Sprachgebrauch ein Mensch, der die rechte Ordnung, die Wirklichkeit verfehlt; deshalb wird als »T.« oder »N.« nicht nur bezeichnet, wer dumm oder unbesonnen (z. B. Spr 12,16; 17,28), sondern auch, wer frevlerisch, gottlos ist (z. B. Ps 14,1; Spr 10, 23). S.

Tora. Das hebr. Wort *tora* bedeutet »Belehrung«, »Anweisung« und wird im AT auf die elterliche Belehrung (z. B. Spr 1,8), die Lehre des Weisen (z. B. Spr 13,14), das Wort des Profeten (Jes 8,16) und vor allem auf die Belehrung durch die Priester (→ Priestertora) angewendet. Im späteren Sprachgebrauch des AT bezeichnet es das Einzelgebot (z. B. 3Mose 6,2) und auch das ganze → Gesetz des Mose (z. B. 1Kön 2,3) und wird so im Judentum zur Bezeichnung der 5 → Mosebücher (s. Abb. 516). S.

Torhüter, Wächter an den Toren der Stadt (2Kön 7,10) und des Tempels (z. B. Esr 2,42; 1Chr 23,5), am Eingang des königlichen Palastes (Est 2,21) und des reichen Privathauses; letzterer Dienst wurde von Sklaven (Mk 13,34) oder Sklavinnen (Joh 18,16) ausgeübt. S.

Torliturgie, ein aus Ps 15 und 24 erschließbarer Akt vor dem Eintritt der Kultteilnehmer in den Tempelbereich; er bestand aus der Frage der Kultteilnehmer nach den Einlaßbedingungen und der Antwort des Kultpersonals. S.

Tosefta, rabbinisches Sammelwerk, das Lehrentscheidungen von → Tannaiten überliefert, die nicht in die normative → Mischna aufgenommen wurden. Die T. gibt somit Einblick in die schriftgelehrten Diskussionen des 1. und 2. Jh.s n. Chr. (→ Talmud.) H. M.

Totemismus, der Glaube an die Abstammung einer menschlichen Gruppe von einer bestimmten Tiergattung (seltener von Pflanzen oder Himmelskörpern), die als Ahnherr verehrt und geschont wird. Möglicherweise sind einzelne Stammesnamen wie → Rahel (»Mutterschaf«) oder Kaleb (»Hund«?) totemistischer Herkunft. S.

Totenbeschwörung, der Versuch, mit den Toten in Verbindung zu treten, um Auskunft oder Weisung zu erhalten. Anscheinend hielt man nur bestimmte Personen für fähig zur T. (1Sam 28,7), die wohl gewöhnlich an Gräbern ausgeübt wurde (Jes 65,4). In Israel war die T., die als schwere Versündigung gegen den Willen Gottes galt (5Mose 18,11f.; 2Kön 21,6), unter Androhung der Todesstrafe verboten (z. B. 3Mose 20,6.27). S.

Totenerweckung → Wunder.

Totengeist (hebr. *ob*), die Erscheinungsform eines Toten, die man durch → Totenbeschwörung herbeirufen zu können glaubte. Man stellte sich den T. mit zirpender Stimme (Jes 8,19; 29,4) und zumindest für den Beschwörenden sichtbar (1Sam 28,13) vor und glaubte auch, daß er sich im Beschwörenden manifestiert (3Mose 20,27). S.

Totenklage → Leichenklage.

Totenreich → Hölle.

Totentaufe, in der korinth. Gemeinde geübter Brauch (1Kor 15,29): Christen ließen sich für verstorbene Verwandte taufen, um diesen so die Christuszugehörigkeit zu vermitteln. Paulus enthält sich einer Stellungnahme zur T., obwohl sie seinem Taufverständnis nicht entspricht (→ Taufe). R.

Totes Meer, ein 945 qkm großer, 85 km langer Salzsee in Palästina, vom Jordan und anderen Zuflüssen gespeist, aber ohne Abfluß. Wegen der starken Verdunstung weist das T. M. einen ungewöhnlich hohen Salzgehalt auf, der jegliches Leben unmöglich macht; daher im AT der Name »Salzmeer« (z. B. 5Mose 3,17) und seit Hieronymus (um 347–419/420) der Name »T. M.«. Das T. M., das 390 m u. d. M. liegt, erreicht in seinem Nordteil eine Tiefe von 400 m und stellt damit als Teil eines vom Libanon bis nach Ostafrika reichenden Grabenbruches die tiefste Festlandsenke der Erde dar. S.

Tötung. Nicht nur der → Mord, sondern jede T. eines Menschen ist eine schwere Störung der Gemeinschaft, die letztlich auf den Täter zurückfällt. Obwohl 1Mose 9,5f. (vgl. Mt 26,52) das Blutvergießen und das 5. Gebot (2Mose 20,13; 5Mose 5,17) die T. verbieten, ist die Geschichte Israels voll von Mord und T., von Krieg, → Blutrache, Totschlag (zur »fahrlässigen T.« → Asyl-Recht), Hinrichtung und Justizmord (1Kön 21). Leitgedanke der ethischen Bewertung der T. ist im AT der Schutz von → Familie, → Sippe, → Volk. Eine T., die diese Gemeinschaft zerstört, wird streng geahndet, eine T., die sie schützt oder rächt, gebilligt. Diese vorwiegend auf die eigene Gemeinschaft bezogene Wertung wird durch die auf alle Menschen bezogene → Ethik des NT überwunden. J. E.

Trajan, Marcus Ulpius, röm. → Kaiser (98–117). T. führte den zweiten jüd. Krieg (115–117). Mit Plinius, dem → Statthalter von Bithynien, führte er einen Briefwechsel, in dem er die Christen als Staatsfeinde beurteilte. R.

Trankopfer → Opfer.

Transeufrat, moderne Bezeichnung für das Gebiet westl. des Eufrat, das im Perserreich die fünfte → Satrapie (mit Syrien, Phönizien und Palästina) bildete und – im Anschluß an assyr. Sprachgebrauch – den aram. Namen *abar nah^{a}ra* »jenseits des Flusses« (d.h. des Eufrat) trug. S.

Transjordanien → Palästina.

Transzendenz → Gott.

Traubenkuchen → Rosinenkuchen.

Trauerbräuche. Bei einem Todesfall vollzogen die Angehörigen und Freunde des Verstorbenen eine Reihe von T.n, wozu insbesondere die → Leichenklage und das → Weinen gehörte. Ferner riß man seine Kleider ein (z. B. 2Sam 3,31) und zog ein Trauergewand, den → Sack, an, legte den Kopfbund – um die Haare ungeordnet flattern zu lassen – und die Sandalen ab und verhüllte den Lippenbart, d. h. die Nase-Mund-Partie (Ez 24,17.22f.), schor sich eine Glatze (→ Kahlköpfigkeit) und stutzte seinen Bart (in 3Mose 19,27; 21,5 verboten), streute sich Staub (oder Asche) aufs Haupt und wälzte sich darin (Ez 27,30), machte sich Einschnitte (→ Ritzen der Haut) und schlug sich an die Brust. Ein großer Teil dieser T. geschah ursprünglich wohl in der Absicht, daß sich die Hinterbliebenen dem Toten gegenüber, dessen Rückkehr als Gespenst man befürchtete, unkenntlich machten, und die Leichenklage mit ihrem Geheul wird vermutlich die Vertreibung des Totengeistes bezweckt haben; aber in alttest. Zeit war dieser ursprüngliche Sinn der T. sicherlich längst verblaßt. Neben die eigentlichen T. trat zuweilen das von → Klageweibern gesungene → Leichenlied. – Auch bei einer öffentlichen Notlage kamen die T. zur Anwendung, und hier vor allem unterzog man sich dem Brauch des → Fastens (z. B. Est 4,3; Jes 22,12; Joel 1,13f.; 2,12f.). S.

Trauerklage → Leichenklage.

Traum. Nach antiker Auffassung hat jeder T. eine Bedeutung. Sie erschließt sich durch Vermittlung kundiger T.-Deuter oder durch T.-Bücher, die einzelne Elemente eines T.s interpretieren. So gibt der T. Aufschluß über das zukünftige Ergehen des Träumenden. Auch in der Bibel können Träume die Zukunft weisen. Im T. offenbart sich Gott (vor allem im Geschichtswerk des → Elohisten) und tut seinen Willen kund, z. B. 1Mose 20,3ff.; 46,1ff.; Richt 7,13f.; Mt 1,20.24; 27,19. Im Altertum suchte man auch bestimmte Orte auf, um dort zu träumen (vgl. 1Kön 3,4ff.); man spricht dann von einem »Inkubations-T.«. Neben dem T., der einen Blick in eine dem Menschen sonst verborgene Wirklichkeit erlaubt (so → Jakobs T. in → Bet-El, 1Mose 28,10ff., vgl. auch → Vision), steht der symbolische T., welcher der Deutung bedarf, so in der → Josefserzählung (1Mose 37,5ff.; 40,6ff.; 41) und im → Danielbuch (Dan 2,1ff.; 3,31–4,34). Dabei wird betont, daß Träume wie ihre Deutung von Gott stammen (1Mose 40,8).
Doch fehlt es im AT auch nicht an kritischer Haltung gegenüber T. und T.-Deutung (5Mose 13,2; Pred 5,6; Sir 31,1 ff.). Vor allem → Jeremia wendet sich gegen falsche Profeten, die sich auf Träume berufen (Jer 23,25 ff.). Dagegen stellt er den Empfang eines Gotteswortes.
Im NT stehen neben wenigen zukunftweisenden Träumen solche, in denen dem Träumenden Trost zuteil wird (Apg 18,9; 23,11; 27,23f.). J. E.

Lit.: E. L. Ehrlich, Der T. im AT, 1953.

Treppe. Die Bibel erwähnt hölzerne T.n (2Chr 9,11) und vielleicht eine Wendel-T. (1Kön 6,8) im Tempel; steinerne T.n bezeichnet sie als »Stufen« – so die T.n, die zum Thron (1Kön 10,19), zum Altar (Ez 43,17), zum Tor und zur Vorhalle des Tempels (Ez 40,6.49), vom Kidrontal zur Davidstadt (Neh 3,15) und – in herodianischer Zeit – vom Tempelplatz zur Burg Antonia (Apg 21,35.40) hinaufführten. S.

Tres Tabernae (lat., »drei Kneipen«), Ort an der Via Appia, 50 km südöstl. von Rom (Apg 28.15). R.

Treue. Die hebr. Wörter, die man meist – durchaus zutreffend – mit »T.« wiederzugeben pflegt, dienen im AT überwiegend dazu, Gottes helfende Zuwendung zum Menschen, seine → Gnade zu umschreiben; sie sind dabei kaum von sinnverwandten Wörtern wie »Güte« oder → »Gerechtigkeit« abgrenzbar und lassen deshalb mehrere Übersetzungsmöglichkeiten zu. So steht bei Luther für »T.« des öfteren »Wahrheit« (z. B. Ps 96,13), und für die T. des Menschen zu Gott sagt er → »Glauben« (Hab 2,4). Verhältnismäßig selten spricht das AT von der »T.« der Menschen zueinander, womit die Wahrhaftigkeit, die Redlichkeit im Gegensatz zur Lüge und zum Betrug gemeint ist (z. B. Jer 5,1; Spr 12,22).
An einigen Stellen des NT hat das griech. Wort *pistis* nicht die – sonst vorwiegende – Bedeutung »Glauben«, sondern ist mit »T.« zu übersetzen. So ist von T. als menschlicher Tugend die Rede in Gal 5,22; 2Thess 1,4; 2Tim 4,7; Tit 2,10 und (vermutlich) auch in Mt 23,23. Die T. Gottes zum Menschen ist gemeint in Röm 3,3. S. / R.

Triadische Formeln → Trinität.

Tribut, die Abgabe (in Geld oder Naturalien) eines besiegten Staates an den Sieger, war meist regelmäßig zu entrichten und somit Ausdruck eines Vasallen-(Abhängigkeits-)Verhältnisses. Solche T.-Zahlungen sind zur Zeit des Großreiches Davids von den benachbarten Aramäerstaaten geleistet worden (2Sam 8,2.6; 1Kön 5,1), später von Israel und Juda an die jeweiligen Großmächte (z. B. 2Kön 17,3f.; 23,33). S.

Trinität, wesenhafte Einheit der drei göttlichen »Personen« Vater, Sohn und Heiliger Geist. Die T.s-Lehre wurde erst auf dem Konzil zu Konstantinopel 381 n. Chr. endgültig fixiert. Das NT liefert dazu nur gewisse Ansätze, wenn es gelegentlich triadische Formeln bietet, in denen Vater, Sohn und Geist nebeneinander genannt werden (Mt 28,19; 2Kor 13,13; 1Petr 1,2; Eph 4,4–6).

Die trinitarische Stelle 1Joh 5,7 (→ *Komma Johanneum*) ist frühestens im 3. Jh. in die lat. Bibelübersetzung eingedrungen, also nicht ursprünglich. In den triadischen Formeln ist die Einheit Gottes noch kein Problem; erst in Auseinandersetzung mit dem philosophischen Denken der Griechen wurde diese Frage Gegenstand theologischer Reflexion. H. M.

Tripolis (griech., »Dreistadt«), phöniz. Hafenstadt (2Makk 14,1). S.

Trishagion (griech., »dreimal heilig«), kirchlicher Name für die dreimalige Anrufung Gottes in Jes 6,3; auf dieses T. geht das »Sanctus« der Abendmahlsliturgie zurück. S.

Tritojesaja → Jesajabuch.

Tritosacharja → Sacharjabuch.

Triumphlied → Siegeslied.

Troas, Hafenstadt an der Westküste der Provinz Asia, von Paulus mehrfach besucht. Einer in T. empfangenen Vision folgend, reiste er auf der 2. Missionsreise weiter nach Europa (Apg 16, 8ff.). R.

Trommel, Trompete → Musik, Musikinstrumente.

Trophimus, Heidenchrist aus Ephesus, Begleiter des Paulus (Apg 20,4; 21,29; 2Tim 4,20). R.

Tröster → Paraklet.

Trug → Lüge.

Trunkenheit. Der Genuß berauschender Getränke war bei der fröhlichen Feier durchaus üblich (Richt 9,13), allerdings in bestimmten Situationen, besonders bei Gelübden und kultischen Handlungen, untersagt (z. B. 3Mose 10,9; 4Mose 6,3). Verurteilt wird hingegen das Übermaß des Genusses (z. B. Spr 20,1; 23,30; 1Kor 5,11; 6,10). S.

Tryphon, seleukid. Usurpator, ließ → Antiochus VI. ermorden (1Makk 13,31), unterlag jedoch Demetrius II. und Antiochus VII. bei Apamea (139 v. Chr.) (1Makk 15). R.

Tubal, Name eines Volkes (z. B. 1Mose 10,2; Ez 27,13); wahrscheinlich sind die Tibarener (keilschriftlich *Tabal*) im Südosten der heutigen Türkei gemeint. S.

Tubal-Kajin, Sohn des Lamech, gilt als Ahnherr aller Schmiede (1Mose 4,22). S.

Tuch → Kleidung, → Leinwand.

Tugend. Ein entsprechendes Wort fehlt im hebr. AT. In der griech. Bibel und im NT erscheint das griech. Wort *arete* (»T.«) vielfach auf Gott angewandt; gemeint sind Gottes Ruhmestaten (z. B. 2Mose 5,11; Jes 42,8.12; 1Petr 2,9; 2Petr 1,3).
Im klassischen Griechentum ist T. der Inbegriff ausgewogenen, maßvollen menschlichen Verhaltens; Weisheit, Tapferkeit, Besonnenheit, Gerechtigkeit sind die den idealen Menschen kennzeichnenden Kardinal-T.en. Dieser T.-Begriff wird in der griech. Bibel vor allem auf die Helden der Hasmonäerzeit angewandt (2Makk 6,31; 10,28; 15,12); nur noch im abgeflachten Sinn von »Wohlverhalten, Anständigkeit« erscheint er in Phil 4,8; 2Petr 1,5. R.

Tugendkatalog, Aufzählung fundamentaler → Tugenden zum Zweck der Unterweisung und Ermahnung, vor allem im stoischen Schrifttum weit verbreitet. Das NT enthält T.e in Gal 5,22; Phil 4,8; 1Tim 6,11; 2Petr 1,5–7. (→ Laster, Lasterkatalog.) R.

Tummim → Urim und Tummim.

Tür, im AT wie im NT oft als Eingang zum Zelt, Haus oder Pferch genannt. Im übertragenen Sinn spricht Jesus von der »engen T.« zum Himmelreich (Mt 7,13f.; Lk 13,24). In der »Hirtenrede« Joh 10,1ff. bezeichnet Jesus sich selbst als die »T. der Schafe« (V. 7–9), womit er seinen absoluten Anspruch als Heilsbringer ausdrückt.
Das Motiv der wunderbaren T.-Öffnung (Apg 5,19; 12,6ff.; 16,26f.) findet sich auch in außerbibl. Legenden. H. M.

Türhüter → Torhüter.

Turiner Grabtuch, Leinwand (436 × 109 cm), die Konturen der Vorder- und Rückseite eines nackten, mit zahlreichen Wunden bedeckten männlichen Leichnams zeigt, wird seit dem 14. Jh. als G. Jesu verehrt. Auch wenn das T. G., wogegen in der Tat einiges spricht, keine Fälschung sein sollte, bleibt unbeweisbar, daß es das G. Jesu gewesen sei. R.

Türkis → Edelsteine.

Turm, in Palästina als Wach- und Befestigungs-T., z. B. an den Ecken einer Maueranlage. In → Jerusalem sind zur Zeit des → Nehemia und → Herodes Namen der Türme belegt (vgl. Neh 3,1). Türme dienten auch als Zitadellen und Fluchtburgen (Richt 8). Auf den Feldern gab es Beobachtungstürme gegen Diebe (Jes 5,2; Mt 21,33).
Der → Babylon. T. hat sein Vorbild in den Tempeltürmen Mesopotamiens. J. E.

Turmbau von Babel → Babylonischer Turm.

Turteltaube → Tierwelt.

Tychikus, Mitarbeiter des Paulus auf der 3. Missionsreise (Apg 20,4), wird im Epheser- und Kolosserbrief als Überbringer genannt (Eph 6,21f.; Kol 4,7–9). R.

Typologie (von griech. *typos* »Prägestempel«, »Prägung [eines Siegels]«), in der Bibel verbreitet anzutreffende Weise eschatologischer Geschichtsschau: Personen, Einrichtungen und Vorgänge der Vergangenheit werden als »Typen« mit Personen und Ereignissen der (als Endzeit verstandenen) Gegenwart oder der Zukunft in Verbindung gebracht. Dabei kann der Antityp als Steigerung, Vollendung oder auch als Antithese des Typus aufgefaßt werden. T.n sind nicht innergeschichtliche Analogien im Sinne moderner Geschichtsbetrachtung; sie setzen vielmehr ein Verständnis von Geschichte als Raum des freien Handelns Gottes voraus: In bestimmten Ereignissen der Vorzeit kündigt Gott sein Handeln in der Endzeit an. So wird im AT der erste Auszug Typus des kommenden zweiten Auszugs (Jes 43,18f.); Mose wird Typus des endzeitlichen Profeten (5Mose 18,18) und David Typus des kommenden Heilskönigs (2Sam 7,12).
Bekannte T.n im NT sind 1Kor 10,1–13 (Israel in der Wüste als Typus der Kirche); Röm 4 (Abraham als Typus der aus Glauben Gerechtfertigten) und Röm 5,12–21 (Adam als Typus Christi). (→ Heilsgeschichte, → Eschatologie.) R.

Lit.: L. Goppelt, Typos. Die typologische Deutung des Alten Testaments im Neuen, [2]1966.

Tyrannus, Besitzer oder Hauptbenutzer des Hörsaals, den Paulus in Ephesus für seine missionarischen Lehrvorträge mietete, als man ihn aus der Synagoge verdrängte (Apg 19,9). R.

Tyropoiontal → Jerusalem.

Tyrus, phöniz. Inselstadt 55 km nördl. des Karmel. Nach 1200 v. Chr. wurde T. eine der führenden Städte Phöniziens, gründete Kolonien in Zypern und Nordafrika (u. a. Karthago) und gewann im 9. Jh. die Vorherrschaft auch über → Sidon. T. widerstand den Assyrern und den Babyloniern, die es 13 Jahre belagerten, bis → Alexander d. Gr. es 332 v. Chr. eroberte. Er hatte dabei vom Festland her einen Damm aufwerfen lassen, wodurch T. seine Insellage verlor. S.

U

Übel → Böses, Bosheit und Übel, → Unheil.

Überlieferungsgeschichtliche Methode → Bibelkritik, Bibelwissenschaft.

Übermut, das Trachten des Menschen, die ihm von Gott gesetzten Grenzen zu überschreiten, um sich selbst an Gottes Stelle zu setzen. Von daher gilt Ü. als zentrales Merkmal der Gottlosen (z. B. Ps 10,2; 17,10; Lk 1,51) und erscheint als solches auch in frühchristl. Lasterkatalogen (Röm 1,30; 2Tim 3,2). R.

Übersetzungen → Bibelübersetzungen.

Ugarit. 1. Ausgrabungen und Funde – 2. Die Archive – 3. Mythische und epische Texte aus U.

1. U. ist der Name der seit 1929 ausgegrabenen kanaan. Stadt auf dem *Ras Schamra* (»Fenchelkap«), nördl. von *Ladakije* in Syrien gelegen. Die Spuren der Besiedlung reichen zurück in das 7. Jt. v. Chr. Im 2. Jt. v. Chr. reichte der kulturelle und politische Einfluß → Ägyptens bis nach U.; in der → Amarna-Zeit unterstützten die Könige von U. die → Hetiter.

U. war eine bedeutende Handelsstadt; es bestanden Beziehungen zum gesamten Vorderen Orient und zur Ägäis. Die Ausgrabungen brachten zwei bronzezeitliche Paläste, darunter einen größeren mit 90 Räumen, sowie den → Baal- und → Dagon-Tempel ans Licht. Um 1200 v. Chr. zerstörten die → Seevölker U.; seitdem ist die Stadt nicht wieder bewohnt.

2. Bei den Ausgrabungen stieß man auf beschriftete → Tontafeln aus einem Tempelarchiv sowie mehreren Palast- und Privatarchiven, die aus der Zeit zwischen 1500 und 1200 v. Chr. stammen. Viele Texte, vor allem Verwaltungstexte und juristische Dokumente, Briefe und Verträge sind in akkad. Sprache und Keilschrift (Silbenschrift) geschrieben; daneben gibt es Zeugnisse der Sprachen der Hetiter und → Horiter.

Von Bedeutung für die Exegese des AT sind die dort gefundenen Texte in alphabetischer Keilschrift und in Ugaritisch, einer semit. Sprache, die eine große Nähe zum Phönizischen und alttest. → Hebräisch zeigt (→ Semiten). In dieser Sprache sind Gebete, Hymnen und Klagelieder erhalten, die mit den entsprechenden alttest. Gattungen verglichen werden.

3. Unter den erhaltenen literarischen Texten ist das Keret-Epos von Bedeutung. Keret, ein König, hat seine ganze Familie verloren. Im Traum erscheint ihm der Gott → El, der ihn auffordert, eine Stadt zu belagern, um die dortige Königstochter zu heiraten. Dies geschieht dann auch; es findet ein Hochzeitsmahl statt, bei dem die Göttin → Aschera gegen Keret Drohungen ausstößt, weil er ein Gelübde nicht eingehalten hat. Keret wird schwer krank, aber von seiner Tochter geheilt. Nach seiner Genesung erhebt sich sein Sohn gegen ihn und macht ihm Vorwürfe wegen mangelhafter Regierungsführung. Hier endet der Text.

Im Baal-Mythos geht es um die Anerkennung des Wettergottes → Baal als König und die damit verbundenen Auseinandersetzungen mit anderen Aspiranten. Der erste dieser Kämpfe richtet sich gegen den Meeresgott Jam, den Baal schließlich mit Hilfe zweier von Kothar-Hasis, dem Handwerksgott, angefertigter Keulen niederschlägt. Danach baut Kothar-Hasis einen Palast für Baal. Der Palastbau und der damit verbundene Anspruch auf Königsherrschaft wiederum ist Grund für die Auseinandersetzung mit dem Todesgott Mot, der Baal im Laufe der Handlung verschlingt. Das Verschwinden des Wettergottes hat eine katastrophale Dürre zur Folge. Anat trauert um ihren Bruder. Danach vernichtet sie Mot. Baal ersteht wieder und wird von Mot zu einem Kampf herausgefordert; da verkündet Schapasch, die Sonne, den Willen Els, des Herrschers des ugarit. → Pantheons, daß auch Baal als König herrschen soll. Ein Hymnus auf Schapasch beendet den Mythos.

Von Bedeutung ist auch das – nur fragmentarisch erhaltene – Akat-Epos. Hier tritt ein weiser König namens Danel auf, der von einigen Forschern mit → Daniel (Ez 14,14) in Verbindung gebracht wird.

Für das Verständnis der Religion der → Kanaanäer sind die Texte (RTAT, 205–243) von großer Bedeutung. Einige der Beinamen der dort auftretenden Götter sind im AT auch für Jahwe genannt; auch einige Wendungen aus diesen Texten treten entsprechend im AT auf. U. R.

Uhr → Sonnenuhr.

Uhu → Tierwelt.

Unbefleckt → Maria.

Unbekannter Gott. Einem unbekannten Gott ist die heidn. Altarinschrift gewidmet, die Paulus nach Apg 17,23 in Athen findet und zum Anknüpfungspunkt für seine Verkündigung des einen wahren Gottes in der Areopagrede macht. Die Archäologie entdeckte in der Tat Altarwidmungen an »unbekannte Götter«, d. h. für namentlich noch nicht bekannte Gottheiten. Der Singular ist jedoch nirgends bezeugt; er dürfte um der Pointe willen von Lukas, dem Verfasser der → Apostelgeschichte, gebildet worden sein. R.

Ungerechtigkeit. In der griech. Übersetzung des AT werden Unredlichkeit, Untreue und Unzuverlässigkeit (Ez 18,18.24; 28,18; Ps 118,29), aber ganz betont auch Sünde gegen Gott als »U.« bezeichnet (Jes 43,24f.; Jer 31,34; 33,8; Ez 28,18). Das NT knüpft an dieses breite Spektrum von Verwendungsweisen an. Der Ungerechte ist der Unredliche (Lk 16,10; 18,11). Insbesondere ist U. aber Ungehorsam gegen Gott (Röm 1,18ff.). U. ist Sünde (1Joh 5,17). Nach Joh 7,18 ist demjenigen U. eigen, der seine eigene Ehre sucht. In 2Tim 2,19 ist U. mit Verleugnung der rechten Lehre gleichgesetzt. Eine speziell apokalyptische Vorstellung ist in 2Thess 2,10.12 enthalten: Die Zeit vor der Ankunft des Messias ist eine Zeit der U. H. M.

Unglaube. Ähnlich wie der Begriff → »Glaube« hat auch das Wort »U.« im NT eine weitgespannte Bedeutung (im AT fehlt es). Als ungläubig gilt zunächst, wer sich der personhaften Bindung an Jesus entzieht und sein Heilsangebot zurückweist (Mk 6,6; Joh 20,27; Apg 28,24). Davon ist wiederum der Kleingläubige (*oligopistos*) zu unterscheiden (Mt 6,30; 8,26; 16,8; Lk 12,28), d. h. derjenige, der die geforderte ungeteilte Hingabe an Jesus verweigert. – In einem weiteren, allgemeinen Sinn können alle Menschen, die außerhalb der Gemeinschaft der an Christus Glaubenden, der Kirche, stehen, als »Ungläubige« bezeichnet werden (z. B. 1Kor 6,6; 7,12–15; 14,22ff.). R.

Unheil ist in der Bibel kein punktuelles, sondern ein dynamisches, kein individuell eingrenzbares, sondern ein die ganze Gemeinschaft betreffendes Geschehen. Wie ein ins Wasser geworfener Stein, so löst die böse Tat einen Prozeß des U.s aus, der auf den Täter und seine soziale Gruppe zurückwirkt; es entsteht eine »schicksalwirkende Tatsphäre« (K. Koch). Die U.s-Profeten verweisen nicht nur auf Jahwe als den, der das U. verhängt hat (Am 3,6; 6,8ff. u. ö.), sondern zeigen auch seine Wurzeln im Leben der Gemeinschaft auf und weisen den Weg zur Heilung. Später gewinnt auch der Gedanke Raum, daß U. eine Prüfungs- und Erziehungsmaßnahme Gottes sei (Ijob 5,17–19; Spr 3,11f.). Er bildet den Ansatz für den weiterführenden neutest. Gedanken, daß für den in der Gemeinschaft Jesu Christi Stehenden das U. seine Schrecken verloren hat (Röm 8,31–39; Hebr 12,4ff.). (→ Tat-Ergehen-Zusammenhang.) R.

Unkraut, zumeist »Dornen und Disteln« (1Mose 3,18), kann in Palästina große Dichte und Höhe erreichen. Verbreitet ist auch der wohl in Mt 13,25 gemeinte, äußerlich dem Weizen ähnelnde giftige Taumellolch. R.

Unrein → Rein und unrein.

Unschuld, im AT das Freisein von Blutschuld und anderen Freveln, die nach dem → Tat-Ergehen-Zusammenhang Unheil für den Täter und seine Umgebung erwirken würden. Solche U. ist Voraussetzung für die Teilnahme am Kult (Ps 24,3f.). Einige Psalmen (Ps 7; 17; 26) betonen die U. des Beters so stark, daß es christl. Leser befremdet. Vielleicht handelt es sich hier um Gebete von Angeklagten, die einem Gottesurteil (Ordal) entgegensehen. In anderen Psalmen und im Ijobbuch wird das Leiden des Unschuldigen beklagt und als Anfechtung erfahren, weil es der gängigen Auffassung vom Tat-Ergehen-Zusammenhang widerspricht. Das Thema solchen Widerspruchs wird bis in neutest. Zeit häufig behandelt (Lk 13,1–5). Bei der Betrachtung von Leiden und Tod Jesu erhält es seine letzte Zuspitzung (Mt 27,4 u. ö.). K.

Unsichtbarkeit gehört nach der Bibel nicht zu den grundlegenden Eigenschaften Gottes. Gott ist sichtbar – aber ihn sehen zu wollen ist für den Menschen tödlich, weil er als Sünder seiner Heiligkeit (→ Heilig) nicht standzuhalten vermag (2Mose 33,18–23; Jes 6,5; Hebr 12,14). Von daher versteht das NT das Werk Jesu als Eröffnung des bisher verschlossenen Zugangs zu Gott (Joh 1,18; 2Kor 4,4). Die von ihm Erwählten dürfen »Gott schauen« (Mt 5,8). Nur vereinzelt finden sich im NT stärker von hellenist. Metaphysik geprägte Aussagen wie 1Tim 1,17 und Hebr 11,27, die U. als dem Wesen Gottes gemäß voraussetzen. R.

Unsterblichkeit. Das AT spricht zwar von der Ewigkeit und Lebendigkeit Gottes, es kennt jedoch U. zunächst weder als theologischen noch als anthropologischen Begriff. Der Mensch lebt, weil und solange ihn Gott mit seinem Lebensodem erfüllt (1Mose 2,7) und ihm seine Gemeinschaft gewährt; er stirbt, wenn ihm beides entzogen wird. Die Schattenexistenz der Toten im Totenreich läßt sich darum nicht positiv als U., sondern nur negativ als Mangel an Leben und Gottesgemeinschaft bestimmen (z. B. Ps 115,17; Jes 38,18f.). (→ Hölle.)
Für das Griechentum hingegen ist U. zentrales Gottesprädikat und zugleich wichtigster Inhalt der religiösen Hoffnung: Man versucht, sich durch philosophische Spekulation (Platonismus) oder durch religiöse Riten (→ Mysterienkulte) der Teilhabe am ewigen göttlichen Sein und damit der U. der Seele zu versichern. Von daher erlangte die U.s-Vorstellung auch in die Bibel Eingang (z. B. Weish 2,23; 6,19; 4Makk 17,12), ohne jedoch eine beherrschende Stellung zu gewinnen. Im NT ist sie durchweg der Auferstehungshoffnung untergeordnet: U. und Unvergänglichkeit gelten nicht als Möglichkeiten, die der Mensch von sich aus hat, die in seinem Wesen angelegt sind, sondern als Folge der durch Gott geschenkten neuen Auferstehungsleiblichkeit (1Kor 15,53f.; → Auferstehung). R.

Untergang → Vernichtung.

Unterwelt → Hölle.

Unvergänglichkeit → Unsterblichkeit.

Unzucht. Im AT findet sich der Begriff »U.« nicht, wohl aber eine ausführliche Gesetzgebung gegen sexuelle Vergehen (besonders im »Heiligkeitsgesetz« 4Mose 18 und 20). Dort wird der Verkehr mit verwandten und verschwägerten Frauen untersagt, ebenso → Homosexualität, Ehebruch usw. – Im übertragenen Sinn wird der Abfall Israels von Jahwe als U. verstanden (Hos 1–3; Jer 2,23ff.; Ez 16,23ff.).
Im NT wird U. vornehmlich mit den Begriffen »Unreinheit« und »Schwelgerei« bezeichnet. So greift Paulus die Entartungen seiner Zeit scharf an (Röm 1,24ff.), sieht die U. aber auch als Gefahr für die christl. Gemeinde an (Röm 13,13; 2Kor 12,21; Gal 5,19; vgl. Eph 5,3ff.). Ehebruch wird ebenso als U. gewertet (Mt 5,32; 19,9) wie der Verkehr mit Dirnen (1Kor 6,13ff.). So hat das NT in einer sittlich sehr laxen Umwelt mit seiner Bewertung der U. neue Maßstäbe gesetzt. – Im übertragenen Sinn wird, analog dem alttest. Sprachgebrauch, Götzendienst als U. bezeichnet (Joh 8,41; Offb 17,1ff.). H. M.

Ur (heute *el-muqajjar*), Ort im südlichsten Mesopotamien, Zentrum sumer. Kultur (→ Babylonien und Assyrien 2a). 1Mose 11,28.31; 15,7 nennen »Ur der Chaldäer« als Heimat → Abrahams. Von dort sei er nach → Haran, hoch im Norden Mesopotamiens, gewandert. Derart weiträumige Wanderungen der Patriarchen sind historisch schwer vorstellbar. Vielleicht soll die Nennung von Ur zeigen, daß im Bereich des Endes der → Urgeschichte, in Babylonien (vgl. 1Mose 11,1–9), die Vätergeschichte ihren Ausgang nimmt. J. E.

Urartu, im AT → *Ararat* (2Kön 19,37 u. ö.), Land und Reich nördl. von Assyrien um den Wansee. Im 9. und 8. Jh. v. Chr. zeitweise Assurs mächtigster Gegner, wurde U. um 600 v. Chr. von → Medern und Skythen vernichtet. U.s reiche Kultur wurde in jüngster Zeit namentlich durch türk. und russ. Archäologen erschlossen. J. E.

Urchristentum. 1. Bezeichnung – 2. Die Jerusalemer Urgemeinde – 3. Antiochia und die Anfänge der Heidenmission – 4. Die Kirche aus Juden und Heiden.
1. Als U. bezeichnet man meist das Christentum des Zeitraumes zwischen etwa 30 und 100, in dem die wichtigsten Schriften des NT entstanden sind, d. h. die Kirche der ersten zwei Generationen, die zumindest noch indirekt unter dem Einfluß der prägenden Gestalten der Anfangszeit stand.
2. Kurz nach Jesu Tod (um 30) sammelte sich in Jerusalem, wo sie die Wiederkunft Jesu und den Anbruch der Endzeitereignisse als unmittelbar

bevorstehend erwartete, die Schar der versprengten Jesusjünger. So entstand die Urgemeinde, unter der Leitung des → Petrus und der → Zwölf. Sie stand noch ganz innerhalb des Judentums, nahm am Tempelkult teil und hielt das Gesetz. Mit ihrer Mission richtete sie sich ausschließlich an Juden. Ihr Leben wird in Apg 2–6 stark idealisierend dargestellt. Vielfach wird vermutet, daß es daneben auch noch Gruppen von Jesusanhängern in Galiläa gab, doch bietet das NT dafür kein eindeutiges Zeugnis.

Schon bald bildete sich in Jerusalem aus Kreisen von Diasporajuden eine griech. sprechende Gruppe von Christen – Lukas nennt sie → »Hellenisten« (Apg 6,1) –, welche die kritische Einstellung Jesu gegen Gesetz und Tempel erneuerte und deshalb von strengen Juden verfolgt und vertrieben wurde, während die hebr. sprechende Urgemeinde unbehelligt blieb (Apg 8,1–3). Versprengte Glieder dieser Gruppe begannen mit der Mission außerhalb Jerusalems; so wirkte der Hellenist Philippus in Samaria und den Küstengebieten (Apg 8,4 ff.), und andere stießen nach Damaskus und Antiochia (Apg 11,20) vor.

3. In der hellenist. Metropole Antiochia in Syrien entstand Ende der 30er Jahre eine gemischte Gemeinde aus Juden und Heiden (Apg 11,20), die bald zum zweiten Zentrum des U.s wurde und hinsichtlich ihrer Austrahlungskraft Jerusalem überflügelte. Von hier wurde unter der Führung von Barnabas und Paulus die Heidenmission in Angriff genommen – zunächst in Syrien und im südl. Kleinasien (Apg 13–14). Hier wurde auch erstmals die christl. Verkündigung in die Gedanken- und Vorstellungswelt griech. Menschen übertragen.

4. Einen Markstein in der Geschichte des U.s bildet das sog. → Apostelkonzil (48 n. Chr.). Bei diesem Treffen der führenden Männer der Gemeinden von Jerusalem und Antiochia billigten die Jerusalemer nicht nur die von Paulus und Barnabas betriebene gesetzesfreie Heidenmission, welche die Bekehrten nicht mehr unter die jüd. Lebensordnungen nötigte, sondern sie erkannten auch grundsätzlich die Einheit der Kirche aus Juden und Heiden an (Gal 2,7ff.; vgl. Apg 15). Die Heidenchristen sollten lediglich durch eine Kollekte die äußere Notlage der Jerusalemer Gemeinde lindern und damit zugleich deren Vorrang anerkennen (Gal 2,10). Damit war freie Bahn geschaffen für die weitgespannte missionarische Aktivität des → Paulus, die in den folgenden Jahren den ganzen östl. Mittelmeerraum erfaßte und zur Gründung neuer Zentren in Ephesus, Korinth und Rom führte. Trotz der Entscheidung des Apostelkonzils kam es jedoch immer wieder zu Spannungen zwischen dem am jüd. Gesetz festhaltenden Judenchristentum und dem Heidenchristentum, wobei vor allem das Zusammenleben von Juden- und Heidenchristen innerhalb der gleichen Gemeinde Probleme aufwarf (Gal 2,11–14).

Die Jerusalemer Urgemeinde, deren Leitung inzwischen von Petrus auf den Herrenbruder → Jakobus (3) übergegangen war, beharrte bei ihrer gesetzesstrengen Haltung; dennoch wurde sie im Zeichen des sich steigernden jüd. Nationalismus in zunehmendem Maße zum Opfer jüd. Verfolgungen; Jakobus selbst wurde um 64 durch Zeloten getötet, die Glieder der Urgemeinde flohen kurz vor dem jüd. Krieg (66) nach Pella im Ostjordanland und wurden in der Folgezeit über ganz Syrien und Palästina verstreut, wo sich ihre Spuren verlieren. R.

Lit.: L. Goppelt, Die apostolische und nachapostolische Zeit, 1962; H. Conzelmann, Geschichte des U.s, 1969.

Urflut, Urmeer. Das hebr. Wort *t^ehom* (zuweilen mit »U.«, in der Lutherbibel sehr oft mit »Tiefe« wiedergegeben) bezeichnet im AT, entsprechend dem Weltbild der Antike, meist den Ozean rings um die Erde und unter der Erde (z. B. 1Mose 7,11; 8,2; 49,25; Ijob 38,30; Spr 8,27), der nach 1Mose 1,2; Ps 104,6 vor der Schöpfung die Erde bedeckte. Weil er als ungeheuer tief vorgestellt wurde, kann das Wort *t^ehom* auch für »Meerestiefe« im eigentlichen (2Mose 15,5; Ps 107,26) und übertragenen Sinn – als lebensfeindliche Machtsphäre (Ps 42,8) und somit fast gleichbedeutend mit »Totenreich« (Ps 71,20; Ez 26,19; Jon 2,6) – stehen.

Sprachlich ist hebr. *t^ehom* verwandt mit *Tiamat,* dem Namen einer Meeresgottheit der babylon. Mythologie, die vom Gott → Marduk gespalten wird. (→ Meer, → Chaosdrachenkampf.) S.

Urgemeinde, die christl. Gemeinde in Jerusalem von den Anfängen nach Ostern bis zum jüd. Krieg (66) (→ Urchristentum 2 und 4.) R.

Urgeschichte. Bevor in 1Mose 12 mit den Erzählungen um → Abraham die Geschichte Israels einsetzt, erzählt die U., 1Mose 1–11, von den Anfängen der Menschheit. In der Verbindung einer älteren (→ Jahwist) und einer jüngeren Quelle (→ Priesterschrift) handelt die U. von der → Schöpfung (1Mose 1,1–2,4a), vom ersten Menschenpaar und seiner Vertreibung aus dem Paradies (1Mose 2,4b–3,24), vom ersten Bruderpaar und dem Mord des → Kain (1Mose 4,1–16), von der Bosheit der Menschen und von → Noah, der allein sich bewährt und mit seiner Familie in der → Sintflut gerettet wird (1Mose 6–9), vom → Babylon. Turm und der Zerstreuung der Menschheit (1Mose 11,1–9). Neben den Erzählungen stehen in der U. → Stammbäume (Genealogien), die den Fortgang des Lebens und die Verzweigung der Menschheit in Familien und Völker darstellen (1Mose 4,17–24.25f.; 5; 10; 11,10–32); sie bilden das Gerüst der U. Einige Genealogien nennen nur Namen und Daten, andere Stellen teilen etwas über Tun und Ergehen einzelner Gestalten der U. mit (1Mose 5,24; 10,9).

Mit Kains Nachkommen verbinden sich Errungenschaften der Kultur (1Mose 4,17ff.). Die U. erklärt, wie es zu den vorfindlichen Lebensbedingungen des Menschen gekommen ist, zu Mühsal der → Arbeit, → Sünde und Entfremdung, Konflikt, frühem Tod, Teilung der Menschheit. Wenn der Mensch – das sagt vor allem der Jahwist in der U. – selbst entscheidet, was für ihn gut und schädlich ist, dann führt diese angemaßte Autonomie stets zu Lebensminderungen. Erst die Zuwendung Gottes zu Abraham und Abrahams Sicheinlassen auf Gottes Willen ermöglichen einen Neubeginn. So zeigte die U. die Besonderheit des von Kap. 12 an Berichteten: Auf die Geschichte des Scheiterns der Autonomie der Menschheit folgt die Heilsgeschichte als Geschichte Gottes mit Israel. J. E.

Uri, hebr. Männername, z. B. ein Torhüter des zweiten Tempels (Esr 10,24). S.

Uria → Urija.

Uriël, hebr. Männername (z. B. 1Chr 6,9; 2Chr 13,2); in der Apokalyptik einer der höchsten Engel (z. B. 1Hen 75,3). S.

Urija, hebr. Männername, z. B. ein Profet zur Zeit Jeremias (Jer 26,20–23). Am bekanntesten ist der Hetiter U., mit dessen Frau Batseba David Ehebruch beging und den David mit dem »U.-Brief« in den Tod schickte (2Sam 11). S.

Urim und Tummim, Kultgegenstände, mit denen die Priester Orakel einholten (z. B. 5Mose 33,8; Esr 2,63); sie befanden sich in der Brusttasche des Hohenpriesters (2Mose 28,30). Unbekannt ist sowohl ihr Aussehen – man denkt an Stäbchen oder Steinchen – als auch die Bedeutung der Namen »U.« und »T.« (Lutherbibel: »Licht und Recht«). S.

Urmeer → Urflut, Urmeer.

Urmensch. Zwar läßt sich, trotz mancher früherer Versuche, ein einheitlicher altoriental. U.-Mythos nicht nachweisen, doch gab es im Alten Orient eine Fülle von eng miteinander verbundenen Spekulationen über Herkunft und Gestalt des ersten Menschen, die auch in der Bibel ihre Spuren hinterlassen haben. So begegnet uns in 1Mose 2 die Vorstellung von der Vollkommenheit und dem paradiesischen Leben des ersten Menschen. In Ez 28,12ff. wird er als Paradieskönig dargestellt. Im NT erscheint Christus als der U. (Kol 1,15ff.) bzw. als dessen antitypisches Gegenbild (Röm 5,12ff.; 1Kor 15,44ff.). R.

Uruk → Erech.

Urzeit, die fernste Zeit, die nicht mehr durch Daten, sondern nur durch älteste Überlieferungen erfaßbar ist (5Mose 32,7; Am 9,11; Ps 24,7.9). Sie kann im → Kult aktualisiert werden. Der U. entspricht die Endzeit; beide können mit demselben hebr. Wort (*olam*) bezeichnet werden. Im NT wird die U. mit Christus verbunden. Er kennt ihre Geheimnisse (Mt 13,35), er umfaßt Anfang und Ende (Offb 1,8.17; 21,6). J. E.

Usa, hebr. Männername, z. B. ein Begleiter der Lade (2Sam 6,3–8); auch Kurzform für *Usija,* daher der »Garten U.s« am Königspalast in Jerusalem (2Kön 21,18.26). S.

Usi, hebr. Männername, z. B. ein Vorfahre Esras (Esr 7,4), ein Vorsteher der Leviten (Neh 11,22), ein Priester (Neh 12,19), ein Tempelsänger (Neh 12,42). S.

Usia → Usija.

Usiël, hebr. Männername, z. B. ein Ahnherr einer Levitengruppe (1Chr 5,28 u. ö.) und ein Vorsteher einer Abteilung der Tempelsänger (1Chr 25,4). S.

Usija, König des Südreiches Juda (787–736 v. Chr.), der im AT auch *Asarja* genannt wird (2Kön 15,1 u. ö.). Da er aussätzig wurde, übernahm sein Sohn → Jotam die Regentschaft (2Kön 15,1–7; 2Chr 26). – Andere Träger des Namens werden z. B. in 1Chr 6,9; 27,25 erwähnt. S.

Utopie (aus griech. *ou* »nicht« und *topos* »Ort«), eine künstliche Wortbildung etwa mit der Bedeutung »Nirgendwoland«, die zurückgeht auf den Titel des 1516 erschienenen Buches *De optimo rei publicae statu sive de nova insula U-topia,* in dem Thomas Morus den idealen Staat der (fiktiven) Insel Utopia schildert. Von daher bezeichnet man als U. den Entwurf einer noch nicht realisierten idealen Gesellschaftsordnung, die in ihren Grundprinzipien der bestehenden Ordnung entgegengesetzt ist.
Entwürfe für eine gegenüber der bisherigen Geschichte Israels ganz neue Wirklichkeit finden sich auch im AT, z. B. Jes 2,2–4; 11,1–10; Jer 31,31–34 oder – ein bis in Einzelheiten ausgeführter Entwurf für eine neue Ordnung nach dem → Exil – Ez 40–48. Gemeinsam mit den U.n der Neuzeit haben diese alttest. Entwürfe, daß sie das, was in der Vergangenheit nicht war, aber hätte sein sollen – in Israel eine wirklich auf Recht und Gemeinschaftstreue (→ Gerechtigkeit) gründende Ordnung –, der tatsächlichen Geschichte und der schlechten Gegenwart als Alternative für die Zukunft entgegenstellen. Jede U. ist also immer auch Kritik am Bestehenden. Von daher kann man auch die großen programmatischen Entwürfe des AT, wie → Deuteronomium und → Priesterschrift, die in die Vergangenheit verlegen, was in der Zukunft gelten soll, als U.n bezeichnen. Im Unterschied zu den U.n der Neuzeit aber erwartet die Bibel die Realisierung der endgültigen guten Ordnung letztlich von Gott. Hier liegt auch die Differenz von U. und → Reich Gottes. J. E.

Uz, die Heimat des → Ijob, Name einer Gegend und eines Stammes östl. von Palästina, der im AT teilweise mit Edom (Klgl 4,21; 1Mose 36,28), teilweise mit Aram (1Mose 10,23; 22,21) in Verbindung gebracht wird. S.

V

Varianten → Textkritik.

Varus, Publius Quintilius, schlug als Legat der Provinz Syrien (6–4 v. Chr.) einen jüd. Aufstand nieder. 6 n. Chr. nach Germanien versetzt, starb er in der Schlacht im Teutoburger Wald. R.

Vasthi → Waschti.

Vater. Im AT wird das hebr. Wort für »V.« (*ab*) als Ausdruck vielfältiger Formen der Verbundenheit gebraucht. Es bezeichnet den leiblichen V. ebenso wie den Groß-V. (z. B. 2Sam 16,3); dies hängt wohl damit zusammen, daß als »V.« im rechtlichen Sinne der älteste V. der Großfamilie galt, der nicht nur über die Söhne, sondern auch über die Enkel gebot und dessen fast unbegrenzte Autorität sogar die Möglichkeit, eine Tochter in die Sklaverei zu verkaufen (2Mose 21,7), einschloß. »V.« heißt auch der Ahnherr einer Dynastie (z. B. 2Kön 16,2), eines Stammes (Jos 19,47) und eines Volkes (z. B. Jos 24,3), ferner der Begründer eines Berufsstandes (1Mose 4,21f.) oder einer religiösen Gemeinschaft (Jer 35,6). Außerdem erscheint das Wort »V.« im bildlichen Vergleich (Ijob 38,28), als ehrerbietige Anrede (z. B. 1Sam 24,12; 2Kön 5,13) und als Ehrentitel (Jes 9,5).
Zugleich verwendet das AT sehr häufig die Pluralform »Väter«, um den Begriff »Vorfahren« auszudrücken – so in dem urtümlichen, später bestrittenen (Jer 31,29f.) Grundsatz von der Haftung der Söhne für die Sünden der Väter (2Mose 20,5) und in der Formel »sich zu seinen Vätern legen« = »sterben« sowie in der theologischen Geschichtsbetrachtung, die Gottes Wohltaten an den »Vätern« (den Generationen der Frühzeit Israels), aber auch die Solidarität der »Väter« (der Generationen, die sich dem Götzendienst zugewandt haben) mit den Späteren in der Sünde (z. B. Jer 3,25; Ps 106,6) herausstellt.
Dagegen wird Gott im AT verhältnismäßig selten »V.« genannt, wobei der V.-Name die liebevolle Zuwendung Gottes zu seinem Volk (z. B. Jer 31,9) und seinen Anspruch auf Gehorsam (Jes 64,7) unterstreicht; im Hintergrund dieser Aussagen vom V.-Sein Gottes steht der Gedanke an ein Adoptivverhältnis, der besonders deutlich in der Bezeichnung des Königs als Gottes Sohn (Ps 2,7; vgl. 2Sam 7,14) hervortritt. Daß Gott auch V. für den einzelnen Gläubigen ist, kommt bestenfalls in den → Personennamen mit dem Bestandteil *ab* zum Ausdruck (z. B. *Joab* oder *Abija* »Jahwe ist V.«), wird aber direkt nirgendwo im AT gesagt.
Im NT wird V. zur ehrenden Bezeichnung älterer bewährter Glieder der christl. Gemeinde, die den Jüngeren den Glauben bezeugt und vorgelebt haben (1Joh 2,13f.; 2Petr 3,4). Auch Paulus weiß sich durch seinen Apostelдienst als V. der Gemeinde (1Kor 4,14ff.; Gal 4,19).
Die Gottesbezeichnung »V.« bringt die durch Jesus vermittelte vertrauensvolle Nähe der Christen zu Gott zum Ausdruck. Ihren ältesten Ort hat sie wohl in der Gebetsanrede → *Abba* (Röm 8,15; Gal 4,6) und im Eingang des → Vaterunsers.
Am häufigsten erscheint jedoch das Wort »V.« im NT zur Bezeichnung des einzigartigen Verhältnisses Gottes zu seinem Sohn Jesus Christus (→ Sohn Gottes). S. / R.

Vaterunser, Gebet, das Jesus seine Jünger lehrte und das zum grundlegenden Gebet der Kirche wurde. Das V. wird in zwei voneinander abweichenden Fassungen überliefert. Die längere Fassung, die in der → Bergpredigt erscheint (Mt 6,9–13), besteht aus einer ausführlichen Anrede (»unser Vater!«), die dem Gebet den Namen gegeben hat, und sieben Bitten. Sie ist in den Gebrauch der Kirche eingegangen. Die kürzere Fassung (Lk 11,2–4) hat eine knappere Anrede (»Vater!«) und lediglich fünf Bitten. Sie dürfte der aram. Urfassung näherkommen, die sich aufgrund formaler und sprachlicher Kriterien mit relativer Sicherheit rekonstruieren läßt und die (übersetzt) so gelautet zu haben scheint:

(Anrede)	Vater!
(I)	Dein Name werde geheiligt!
(II)	Dein Reich komme!
(III)	Gib uns heute unser tägliches Brot.
(IV)	Und vergib uns unsere Schuld, wie auch wir unseren Schuldnern vergeben haben!
(V)	Und führe uns nicht in Versuchung.

Die betont einfache Anrede »Vater« (aram. *abba*) ist charakteristisch für das Beten Jesu und seiner Jünger, denn sie konstituiert ein unmittelbares Vertrauensverhältnis zu Gott. Die beiden Du-Bitten (I/II) wachsen unmittelbar aus der Verkündigung Jesu von der Nähe des→ Reiches Gottes heraus; die Jünger stellen sich durch sie hinein in den Prozeß der eschatologischen Selbstdurchsetzung Gottes. Die drei Wir-Bitten (III–V) artikulieren elementare Bedürfnisse der Jünger: Befreiung des irdischen Lebens von unmittelbaren Existenznöten, Befreiung von Schuld gegenüber Gott und dem Nächsten, Bewahrung in den Gefährdungen der Endzeit. In der Matthäus-Fassung sind die Du-Bitten durch eine weitere Bitte ergänzt, die jedoch sachlich nichts Neues hinzufügt: »Dein Wille geschehe im Himmel wie auf Erden!« Auch die Reihe der Wir-Bitten wird um ein Glied verlängert, indem die Bitte um Bewahrung vor der Versuchung ein positives Gegenstück erhält: ». . . sondern erlöse uns von dem Bösen!« Die sog. Doxologie (»Denn dein ist das Reich und die Kraft und die Herrlichkeit in Ewigkeit«) wird lediglich in einigen späten Handschriften der Matthäus-Fassung angefügt, doch dürfte sie (wie Did 8,2 bestätigt) frühchristl. Gebetspraxis entsprechen. R.

Lit.: J. Jeremias, Das V. im Lichte der neueren Forschung, [3]1965; H. Schürmann, Das Gebet des Herrn erläutert aus der Verkündung Jesu, 1961; U. Luz, Das Evangelium nach Matthäus I, [2]1989, 332–353.

Vaticinium ex eventu (lat., »Weissagung vom Ausgang her«), eine vor allem in der → Apokalyptik beliebte Darstellungsform (bes. Dan 10,1–11,39), mit der ein vergangenes – dem Verfasser also bekanntes – Ereignis in die Form einer Weissagung gekleidet, d. h. als zukünftig geschildert wird. Weitere Vaticinia e. e. finden sich unter den → Bileamsprüchen und wohl auch in der → Leidensgeschichte Jesu. S.

Vegetation → Palästina, → Pflanzenwelt.

Ventidius, Legat der Provinz Syrien (39/38 v. Chr.), unterstützte → Herodes d. Gr. im Kampf gegen Antigonus. R.

Verbalinspiration → Inspiration.

Verbot → Gebot, Verbot.

Verbrennung → Begräbnis, → Todesstrafen.

Verdammnis, in der Lutherbibel in zweifacher Bedeutung gebraucht: **1.** V., d. i. Urteil, Todesurteil (Lk 23,40; 24,20); **2.** V. als Gegensatz zum ewigen Heil (Mt 7,13; Röm 3,8). V. ist das Los der von Adam bestimmten Menschheit (Röm 5,16); selbst Mose kann kein Heil vermitteln, hat er doch das »Amt, das die V. predigt«, inne (2Kor 3,9); auch christl. Irrlehrer, die sich als »Feinde des Kreuzes Christi« erweisen, verfallen der V. (Phil 3,19; 2Petr 2,1.3; 3,7.16). Demgegenüber ist V. als Folge moralischer Schäden in 1Tim 6,9 angedroht. H. M.

Verderben, im AT die Auslöschung der physischen Existenz eines einzelnen, eines Geschlechts oder eines Volkes. Im NT greift der Begriff tiefer, geht es doch im Christusereignis um ewiges Heil oder Unheil. »V.« meint daher den Verlust des Heils (Apg 3,23; Gal 6,8; 1Thess 5,3 u. ö.). Nur in 1Kor 5,5 ist das V. des Fleisches der Rettung des Geistes gegenübergestellt. H. M.

Verderber, Bezeichnung für die Strafengel Jahwes im AT, z. B. für den → Würgeengel, der Ägyptens Erstgeburt tötet (2Mose 12,23); aber auch Israels Feinde können als V. auftreten (Jes 49,19; Jer 6,26). Im NT ist »V.« als Eigenname des Gegenspielers Gottes (→ Satan) gebraucht (1Kor 10,10; Hebr 11,28) wie schon im nachbibl. Judentum. H. M.

Verdienst, als theologisch qualifizierter Begriff der Bibel fremd. Im nachbibl. Judentum wurde dagegen dem V. des Menschen eine wichtige Rolle bei der Erlangung des Heils zugeschrieben. Jesus lehnte den V.-Gedanken schroff ab: Der göttliche → Lohn ist immer Gnadenlohn (Mt 20,1ff.; Lk 17,7ff.). Ebenso betonte Paulus, daß das Heil nicht auf V.en beruht, sondern auf der → Gnade Gottes aufgrund des Glaubens an Jesus Christus (Röm 3,24ff.). Erst Tertullian (um 160 – um 225) hat den V.-Begriff in die Dogmengeschichte eingebracht (→ Rechtfertigung). H. M.

Verfügung → Testament.

Verführung, Irreführung, Verleitung zum Abweichen von der durch Gott geforderten Lebens- und Erkenntnishaltung. V. ist niemals nur punktuell, sondern betrifft immer das Ganze der Existenz; sie ist letztlich das trügerische Angebot einer Lebensmöglichkeit außerhalb der Gemeinschaft mit Gott (1Mose 3,1–7). Darum ist Götzendienst die klassische V. schlechthin (2Kön 21,1–9; 5Mose 4,19; Offb 13,4 u. ö.). Drastisch wird in Spr 9,10–18 die V. zur Abweichung von Weisheit und Gottesfurcht mit der V. durch eine Dirne verglichen.

Im NT gilt V. als von widergöttlichen Mächten gewirktes Zeichen der Endzeit (2Thess 2,3ff.; Offb 13,11ff. u. ö.). Die Glaubenden vermögen ihr jedoch in der Gewißheit des kommenden Heils standzuhalten. R.

Vergänglichkeit. Daß Welt und Mensch vergänglich sind, ist eine fundamentale Einsicht, die sich in der Bibel in zahlreichen bildkräftigen Aussagen (z. B. 1Mose 18,27; Ps 39,6f.; 90,10; Lk 12,16–21; Jak 1,9ff.) niedergeschlagen hat. Als Ursache der V. gilt die von Gott wegen des menschlichen Ungehorsams verhängte Strafe (1Mose 3,19). Im Judentum und NT gewinnt die Hoffnung auf eine unvergängliche, neue Schöpfung Raum, die in der Endzeit an die Stelle der alten, vergänglichen treten wird (Röm 8,21; Offb 21,4). R.

Vergebung. Für die Bibel ist V. nicht nur ein geistiges Geschehen, sondern ein konkreter, sich auf alle Lebensbezüge auswirkender Vorgang. Gottes V. bedeutet für Israel als Ganzes wie auch für jedes einzelne Glied des Volkes die Wiederherstellung der gebrochenen Gemeinschaft mit Gott (→ Versöhnung) und damit zugleich die äußere Rettung und die Möglichkeit heilen, sinnvollen Lebens. Gott ist bereit zur V. (Ps 86,5; 130,4; Dan 9,9). Der von ihm gestiftete Weg, sie zu erlangen, ist im AT der der → Sühne durch das kultische Opfer. Allerdings muß die Sühne von Umkehr und Erneuerung begleitet sein (Ps 51,12).

Johannes der → Täufer rief auf zu einer »Bußtaufe zur V. der Sünden« angesichts des drohenden Gerichts Gottes (Mk 1,4). Demgegenüber gewährte Jesus V. unter Berufung auf Gottes suchende Liebe für die Verlorenen (Lk 15,1–10). Indem er den Sündern seine Gemeinschaft schenkte, geschah V. von Gott her, d. h. Wiederherstellung der Gemeinschaft zwischen Schöpfer und Geschöpf. Zugleich verwies Jesus auf die Ausstrahlung der V. Gottes auf das Verhältnis der Menschen zueinander: Wer nicht bereit ist, seinem Bruder zu vergeben, hat auch Gottes V. verscherzt (Mt 6,12; 18,21–35). Jesu die Sünden der Menschen sühnendes Sterben (Mk 14,24; 1Kor 15,3) begründet nach der Überzeugung des NT für die Kirche die bleibende Möglichkeit zur V. in seinem Namen, wie sie vor allem an die Sakramente → Taufe (Apg 2,38) und → Abendmahl (Mt 26,28) gebunden ist. R.

Vergeltung. Die dt. Bibelübersetzungen erwekken den Eindruck, daß nach dem AT Gott vor allem mit V. auf gute oder böse menschliche Taten reagiert. Der Eindruck trügt. Die hebr. Texte setzen kaum je voraus, daß Gott dem Menschen mit V. gegenübertritt in dem Sinne, daß er aus dem Jenseits als Richter unvermittelt in diesseitige Zusammenhänge eingreift und den Menschen ein ihrer Tat fremdes Geschick als Lohn oder → Strafe zudiktiere. Vielmehr wird unter der Voraussetzung des → Tat-Ergehen-Zusammenhangs als einer Schöpfungsordnung erwartet, daß der Mensch sich durch seine Guttat oder Übeltat Heil oder Unheil selbst erwirkt. Gott läßt durch seine → Heimsuchung diesen Tat-Folge-Zusammenhang sich vollenden, setzt ihn in Kraft, wirkt mit unter den geschichtlichen Prozessen. Bei den Profeten zeigt sich Gottes Freiheit vor allem darin, daß er den Zeitpunkt der Ernte für die Taten des einzelnen oder des Volkes von sich aus festsetzt. In spätisraelit. Zeit wird der Zusammenhang menschlicher Taten über das diesseitige Leben hinaus ausgedehnt gedacht. Die Werke folgen den Toten nach, sind ihr »Schatz im Himmel«, den sie zu Lebzeiten gesammelt haben. Gott führt den Tag der Auferstehung herauf, an dem dann diese Taten auf die Täter zurückwirken. K.

Vergleich → Gleichnis.

Vergottung, Erhebung eines Menschen zu göttlicher Würde, vor allem im Rahmen des oriental. Herrscherkults sowie – von daher beeinflußt – im röm. → Kaiserkult. Bibl. Denken ist die V.s.-Vorstellung fremd (Apg 13,12ff.). R.

Verheißung und Erfüllung. 1. Im AT – 2. Im NT.

1. V. meint eine Zusage Gottes an sein Volk über ein künftig in der Geschichte sich verwirklichendes Heil, dessen E. eines Tages festzustellen ist. Im AT fehlen entsprechende Begriffe, doch ist die Vorstellung insofern vorhanden, als mit einer

Art von → Wort Gottes gerechnet wird, das – Erzvätern, Mose oder Profeten mitgeteilt – den Lauf der Heilsgeschichte grundlegend bestimmt und sich im Laufe der Zeit mit oder gegen menschlichen Willen durchsetzt.

Die Exegeten entnehmen gewöhnlich dem 1. Buch Mose drei V.en an die Erzväter: Nachkommens-V., Land-V., V. einer Segenswirkung für die Völker. Die erste wird in der Weise eines Orakels an ein Individuum (1Mose 15,1–6; 18,10), die zweite als promissorischer Eid innerhalb eines → Bundes (1Mose 15,17ff.; vgl. 2Mose 34,6–11), die dritte als andauernder Segen (1Mose 12,3) geäußert. Diese V.en liegen also für den Hebräer nicht auf einer Linie. Nichtsdestoweniger sind sie für den → Jahwisten Ursprung und Triebkraft der Heilsgeschichte, deren Dramatik von Abraham bis zur Landnahme durch ein jahrhundertelanges Ringen um die Erfüllung dieser V.en geprägt ist.

Einen etwas anderen Sinn hat es, wenn der Begriff »V.« für die Königsorakel (Ps 2) und die Natanweissagung (2Sam 7) benutzt wird, welche den immerwährenden Bestand einer Dynastie Davids in Jerusalem künden. Allein in den Tagen Davids (Aufstiegsgeschichte 1Sam 16 – 2Sam 5) und Salomos (Thronfolgegeschichte 2Sam 7 – 2Kön 2) war hier noch eine Dramatik im Lauf von V. zu E. zu spüren. Über späteren Königen steht diese V. als immer schon erfüllt. Erst die eschatologische Uminterpretation Jes 9; 11; Mich 5 macht daraus wieder eine echte V., nach deren E. bestimmte Kreise in Israel in den nachfolgenden Jh.en immer sehnsüchtiger Ausschau halten.

V.en pflegt die Bibelwissenschaft auch die Weissagungen der Profeten des 8. bis 5. Jh.s zu nennen, sofern sie nicht Unheil, sondern Heil künden. Die sehr verschiedenartigen aphoristischen V.en werden ab etwa 200 v. Chr. durch die → Apokalyptik systematisiert und zur V. einer großen eschatologischen Wende mit kommendem Äon und einer Regierung des → Menschensohns zusammengefaßt. Das AT wird dadurch an seinem Ende zum »Buch einer ins Ungeheure anwachsenden Erwartung« (v. Rad).

2. Daß diese Erwartung durch Christus erfüllt ist, ist zentrale Glaubensüberzeugung des NT. Christus ist das »Ja« zu allen Verheißungen (*epangeliai*) Gottes (2Kor 1,20). Das → Urchristentum hat das AT als das Buch der in Christus erfüllten V. gelesen, und es tat dies in der Überzeugung, damit seinen eigentlichen und einzigen Sinn zu erfassen. Dabei ging es nicht darum, die Bedeutsamkeit des Christusgeschehens durch den Nachweis abzusichern, daß es in allen seinen Einzelheiten bereits im AT vorhergesagt sei – auch wenn manche »Schriftbeweise« beim modernen Leser diesen Eindruck erwecken mögen. Das primäre Anliegen war vielmehr, das Christusgeschehen als Teil und Abschluß des Geschichtshandelns Gottes zu begreifen und so seine heilsgeschichtliche Dimension herauszustellen.

Zwischen V. und E. besteht ein Zirkel: Nicht nur das E.s-Geschehen erhält durch seinen Rückbezug auf die V. klare Kontur, auch die V. enthüllt von der E. her erst ihre eigentliche Struktur. Das gilt z. B. von der Abrahams-V. (1Mose 15,6). Indem Paulus sie von der E. in Christus her deutet, vermag er sie nicht mehr, wie das Judentum, als eine V. des Lohns für die Treue zum Gesetz zu verstehen, sondern als eine V. der Rechtfertigung des Gottlosen allein aus Glauben. Gottes Handeln an Abraham wird ihm zur verheißenden Vorausdarstellung seines Handelns in der Auferweckung Jesu: »Abraham glaubte Gott, der die Toten lebendig macht und das Nichtseiende ins Dasein ruft« (Röm 4,17). Weitere für das NT wichtige V.en sind die der Erneuerung des → Bundes Gottes mit Israel (Mk 14,24; Hebr 8,6; 9,15) und des Eingangs in die → Ruhe des V.s-Landes (Hebr. 4,11).

Wäre das Christusgeschehen nicht im Einklang mit den V.en des AT, so wäre die Identität des Handelns Gottes in der Geschichte widerlegt und damit zugleich sein Gott-Sein in Frage gestellt. Deshalb ist für Paulus der Nachweis wichtig, daß die V.en, die das Volk Israel empfangen hat, trotz seines gegenwärtigen Unglaubens und des Übergangs des Bundes auf die Heiden, nicht hinfällig geworden sind (Röm 9–11).

Obwohl alle V.en in Christus erfüllt sind, sind sie für die Christen nicht gegenstandslos geworden, sondern gelten bis zur eschatologischen Vollendung weiter. Sie werden für die Existenz der Christen in Welt und Geschichte zu bestimmenden Strukturelementen (vgl. z. B. Hebr 11).

K. / R.

Lit.: v. Rad, Theologie II, 380–412; Goppelt, Theologie II, 376–388.

Verkehrsverhältnisse. Bereits seit dem 4. und 3. Jt. v. Chr. verbanden internationale Handels-

Römische Straße

und Verkehrsbeziehungen die altoriental. Reiche. Ihr Fernhandel ist durch Texte, aber auch durch archäologische Funde bezeugt. Israel war am internationalen → Handel erst seit der Zeit → Salomos in stärkerem Maße beteiligt (1Kön 10,28f.; 20,34).

Die Verkehrswege wurden vor allem von Handelskarawanen benutzt, doch spielte auch diplomatische Reisetätigkeit eine Rolle. Als Beförderungsmittel auf den beschwerlichen Reisen dienten Reit- und Lasttiere (zunächst Esel, später – vor allem als Zugtiere – auch Pferde), in jüngerer Zeit auch Wagen. Im 1. Jt. v. Chr. wurde das Kamel (Dromedar) zum wichtigsten, weil für große Strecken geeigneten Reit- und Lasttier. Lastkarren wurden von Ochsen, Eseln und Maultieren gezogen. In röm. Zeit kamen in größerem Maße Pferdewagen hinzu. Unter den Straßen muß man sich passierbare Wege vorstellen. Befestigte (im Palästina der Römerzeit auch gepflasterte) Straßen wurden erst mit zunehmendem Wagenverkehr angelegt.

Durch Palästina führten die Hauptverkehrswege von Ägpypten nach Mesopotamien. In Aleppo kreuzten sie die West-Ost-Verbindungen von Kleinasien nach Babylonien. Durch Palästina verlief die »Meeresstraße« (*via maris,* Jes 8,23), die von Ägypten durch die Sinaiwüste, entlang der philistäischen Küste, über Megiddo und Hazor nach Damaskus und weiter nach Babylon führte. Die »Königsstraße« (4Mose 20,17) verlief östl. des Jordan und verband ebenfalls Ägypten und Arabien mit Damaskus. Mitten durch Palästina auf dem Kamm der Gebirge Efraim und Juda führte eine Straße von Sidon und Tyrus über Megiddo, Sichem, Jerusalem, Beerscheba nach Ägypten. Neben den großen Nord-Süd-Verbindungen durchzogen zahlreiche kleinere Straßen Palästina in west-östl. Richtung. Sie gewannen in der Römerzeit an Bedeutung, als Orte der syr.-arab. Wüste, vor allem Palmyra und Petra, zu Metropolen wurden.

Neben dem Straßenverkehr spielte in den Küstenländern des Mittelmeers seit alters der Seeverkehr eine wichtige Rolle. Ausgedehnter Seehandel verband die syr.-phöniz. Küste bereits mit dem Ägypten des Alten Reiches (3. Jt.

Römischer Meilenstein

v. Chr.). Führend wurden in der Folgezeit die Phönizier, die mit ihrer Flotte ein Welthandelsreich begründeten. Israels Einstellung zum → Meer war dagegen weithin von Furcht und Grauen bestimmt (vgl. z. B. Jon 1; Ps 104,2f.). Internationale Schiffahrt gab es im Israel Salomos (Bau des Hafens → Ezjon-Geber am Golf von Akaba, vgl. 1Kön 9,26ff.; 10,11.22). Ausgedehnter Seehandel kam aber erst in der Zeit der → Hasmonäer auf. So baute Herodes zwischen 20 und 10 v. Chr. den Hafen → Cäsarea am Meer. J. E.

Verkehrt, d. h. in einer verfehlten Grundausrichtung des Lebens gefangen, ist nach der Bibel der Mensch, der sich von Gott abgewandt hat (z. B. 5Mose 32,5; Mt 17,17). Abhilfe kann nur die → Buße schaffen, d. h. die sich in einer totalen Richtungsänderung der gesamten Existenz vollziehende Umkehr zu Gott. R.

Verklärung. Als V. Jesu bezeichnet man die Szene Mk 9,2–10 par Mt 17,1–9; Lk 9,28–36 (vgl. 2Petr 1,16–18): Jesus wird auf einem Berg vor den Augen seiner Jünger in göttliche Gestalt verwandelt. Die V. steht in unmittelbarem Zusammenhang mit der Leidensankündigung (Mk 8,31–33) und dem Aufruf zur Nachfolge (Mk 8,34–9,1): Die Jünger sollen wissen, daß Jesus, dem sie auf dem Leidensweg folgen, der ist, den Gott in der Auferstehung verherrlichen wird. – Das hier gebrauchte griech. Wort *metamorphusthai* bezeichnet in Röm 12,2 und 2Kor 3,18 die innere → Verwandlung der Christen zu göttlicher Art. R.

Verkündigung, öffentliche Mitteilung einer von Gott ausgehenden Botschaft durch einen dazu von Gott bevollmächtigten Boten. Mit »V.« oder »Predigt« (so meist Luther) werden im Deutschen verschiedene hebr. und griech. Wörter wiedergegeben, die sich z. T. in ihren Bedeutungsnuancen unterscheiden. Allgemein läßt sich jedoch sagen, daß die große Bedeutung der öffentlichen V. unmittelbar zusammenhängt mit dem Wort-Charakter der bibl. Gottesoffenbarung (→ Wort Gottes). So treten im AT die Profeten als Boten Gottes auf, um in seinem Namen Gericht (z. B. Am 3,9; Jer 2,2), Buße (z. B. Jer 7,2; 11,6) und Heil (z. B. Jer 3,12; Jes 40,2ff.) zu verkündigen.
Im NT bildet sich ein spezifischer Sprachgebrauch heraus, nach dem V. die öffentliche Ausrufung des in Christus verwirklichten Heilsgeschehens, d. h. die Kundgabe des → Evangeliums ist (→ Kerygma). Der Ansatzpunkt dafür dürfte in Jes 52,7ff. zu suchen sein, denn bereits hier ist V. als Proklamation des vollzogenen endzeitlichen Herrschaftsantritts Gottes verstanden. Ganz in diesem Sinn wird im NT Jesus als der messianische Herrscher verkündigt, durch den Gott seine Schöpfung wieder in Besitz nimmt (Mt 28,18ff.; 1Tim 3,16). R.

Verleugnung. Im AT meint V. Jahwes die Haltung dessen, der Jahwe nichts zutraut, nicht mit ihm rechnet (Jer 5,12), oder die Haltung dessen, der Jahwe ablehnt und verwirft (Ijob 31,28). Im NT ist der Begriff christologisch ausgerichtet: V. ist Abkehr von der persönlichen Bindung an Jesus, ist Untreue in der Situation der Verfolgung, wie an der V. des Petrus sichtbar wird (Mk 14,66ff.). Jesus fordert von den Seinen, daß sie ihn nicht verleugnen (Mt 10,33 par Lk 12,9). Der wiederkehrende → Menschensohn wird diejenigen verleugnen, die den Irdischen verleugnet haben, d. h., er wird ihnen das ewige Heil versagen (Mk 8,38; vgl. 2Tim 2,12). Schließlich fordert Jesus von seinen Nachfolgern die Selbstverleugnung, d. h. die Bereitschaft zur vollständigen Hingabe (Mk 8,34). H. M.

Verlobung, ein Rechtsakt, dessen wesentliches Element die Bezahlung der → Brautgabe war und durch den der Bräutigam Besitzer der Braut wurde. Da die V. – und nicht erst die Hochzeit – die Ehe rechtlich in Kraft setzte, stand auf Untreue oder Schändung einer Verlobten dieselbe Strafe wie auf Ehebruch (5Mose 22,23–27) und konnte der Begriff »sich verloben« im Sinne von »heiraten« gebraucht werden (Hos 2,21f.; vgl. Lk 2,5). S.

Vermessenheit → Übermut.

Vernichtung, im AT auf die physische V. der Feinde Israels (Jos 8,24; Jes 14,23 u. ö.) oder Israels selbst (Jes 5,5f.; Jer 4,27 u. ö.) gerichtete Tat Jahwes. Im NT ist V. ein endzeitliches Handeln Gottes, das die Ungläubigen betrifft (2Thess 2,3; 2Petr 3,7). (→ Verdammnis.) H. M.

Verrat, als menschliche Treulosigkeit (2Sam 15,6; Jer 9,3; Spr 11,3) oder als Gericht Gottes

(Obd 7) im AT genannt. Im NT steht der V. des Judas, einer der zwölf Jünger (Mk 3,19), im Vordergrund. Während in Mk 14,10f.43ff. lediglich das Faktum des V.s berichtet wird, will Mt 26,15 dies mit der Geldgier des Judas motivieren, Lk 22,3 und Joh 13,2 dagegen den Satan als Urheber des V.s sehen. Eine neuere Hypothese meint, das Motiv zum V. sei des Judas Enttäuschung über Jesus gewesen; er habe ihn zur Offenbarung seiner Messianität zwingen wollen. H. M.

Vers → Dichtkunst.

Verschnittener. Die Kastration (→ Entmannung) war ein von Israel verabscheuter heidn. Brauch. In Mt 19,12c gebraucht Jesus das Wort »V.« übertragen für die freiwillige Ehelosigkeit um der Gottesherrschaft willen. R.

Verschwörung, die heimliche Übereinkunft zum Sturz eines Herrschers (Hochverrat), leitete vor allem im Nordreich Israel nicht selten einen Herrscherwechsel ein (1Kön 15,27; 16,9; 2Kön 15,10.25.30); auch die Treulosigkeit des Volkes gegenüber Jahwe (Jer 11,9) und Jahwes Abwendung von seinem Volk kann »V.« genannt werden (so wohl im ursprünglichen Text von Jes 8,13f.). S.

Versiegelung, im wörtlichen Sinne: etwas durch Anbringung eines Siegels ab- oder einschließen, um es zu sichern und unbefugtem Zugriff zu entziehen. Versiegelt werden Schriftstücke (1Kön 21,8; Jer 32,10ff. u. ö.), aber auch das Grab Jesu (Mt 27,66). Häufig findet sich in der Bibel ein übertragener Gebrauch, und zwar in unterschiedlicher Bedeutung: etwas fest verschließen, geheimhalten (Offb 10,4; 22,10); etwas rechtsgültig unter die Macht eines Besitzers stellen – in diesem Sinne gilt die → Taufe als V. (2Kor 1,22; Eph 1,13; 4,30); etwas beglaubigen oder bestätigen (Joh 3,33) – in diesem Sinne sind die Korinther für Paulus das Siegel seines Apostelamtes (1Kor 9,2). R.

Versöhnung, Wiederherstellung von Frieden und Gemeinschaft zwischen zwei Partnern durch objektiven Ausgleich und Beseitigung des Trennenden. Da die Bibel das Verhältnis zwischen Gott und Mensch als personhafte Gemeinschaft versteht, die durch des Menschen → Sünde gestört ist, ist die Frage nach der Möglichkeit von V. zwischen Gott und Mensch für sie schlechthin fundamental. Im AT erfolgt V. hauptsächlich durch kultische → Opfer: Indem das Blut des Opfertieres vergossen wird, wird → Sühne geschaffen; denn → Blut als Sitz des Lebens ist vor Gott heilig und daher geeignet, von der Beflekkung durch die Sünde zu reinigen (3Mose 17,10ff.; Ez 43,18–26). Die Vorstellung, daß das Opferblut eine Gott dargebrachte Ersatzleistung sei, durch die er umgestimmt werde, mag zwar ursprünglich eine Rolle gespielt haben, wurde jedoch schon bald durch die Einsicht verdrängt, daß Gott selbst es ist, der durch die Stiftung des Kultes dem Menschen eine Möglichkeit geschenkt hat, der Sphäre der Sünde zu entrinnen und V. zu erlangen; letztlich ist die kultische V. seine Gabe und Erweis seiner Gnade (3Mose 17,11). – Im Judentum der Makkabäerzeit gewinnt der Gedanke an Boden, daß das Blut der Märtyrer (2Makk 7,37f.; 4Makk 6,29) und der Gerechten stellvertretende Sühne für die Sünde des Volkes leiste und so V. bewirkte.
Das Wirken Jesu stand ganz im Dienst der V., auch wenn der Begriff selbst in diesem Zusammenhang nicht erscheint: Wenn Jesus im Namen Gottes Vergebung gewährte (Mk 2,5), wenn er Tischgemeinschaft mit den Sündern im Vorblick auf die endzeitliche Mahlgemeinschaft hielt (Mk 2,15) und wenn er in Gottes Auftrag Umkehr ermöglichte (Lk 15,11ff.), so richtete er damit den endzeitlichen Frieden zwischen Gott und Mensch auf. Weil er im Vollzug dieses Dienstes an der V. starb, darum war es sachgemäß, wenn das Urchristentum – vor allem Paulus – seinen Tod als ein Geschehen deutete, in dem Gott selbst die endgültige V. vollzog: Gott hat in freiem Entschluß den Zustand der Feindschaft zu den Menschen aufgehoben (Röm 5,10f.); deshalb kann nun durch Christi Boten an alle das Angebot ergehen: »Laßt euch versöhnen mit Gott!« (2Kor 5,20.) Diese V. gilt ein für allemal; sie bedarf weder einer Erneuerung noch einer Ergänzung durch kultische Opfer. So ist der Karfreitag gleichsam der eschatologische → Versöhnungstag (Röm 3,25ff.). R.

Lit.: L. Goppelt, V. durch Christus, in: Christologie und Ethik, 1968, 147–164.

Versöhnungstag, der große Sühne- und Bußtag Israels, der jährlich am 10. Tag des 7. Monats begangen wurde (3Mose 23,26–32). Das alttest.

Ritual in 3Mose 16, das die Einrichtung des V.es historisch unzutreffend auf Mose zurückführt, hat sich durch das – wahrscheinlich etappenweise – Zusammenwachsen verschiedener Kultriten und -bräuche entwickelt und ist daher recht unübersichtlich. Es verbindet den sehr altertümlich wirkenden Ritus, einem Ziegenbock die Sünden des Volkes zu übertragen und ihn dann in die Wüste hinauszuschicken (V. 7f.10.21f.; → Sündenbock), mit einem Sühneopfer des Hohenpriesters für sich und seine Familie (V. 6) und mit einem ausführlichen Sühne-Zeremoniell für das Heiligtum (V. 12–20). Dazu kam ferner die Bestimmung, daß der V. ein allgemeiner Fasten- und Ruhetag sein soll (V. 29–31). S.

Verstockung, bedeutet im Hebräischen eine Unempfänglichkeit des Herzens, d. h. des geistigen Vermögens, für den Hintergrund der Geschichte und den Sinn des Lebens. V. führt in den Untergang. Gott verhängt V. nach 2Mose 10,20 über den Pharao, der sich hartnäckig gegen Anerkennung der berechtigten Interessen Israels und seines Gottes wehrt; nach Jes 6,10 aber auch über Israel, das sich von seinem heiligen Gott abgewendet hat.

Im NT wird Jes 6,10 zur Erklärung der rätselhaften Tatsache herangezogen, daß sich Menschen der Predigt Jesu verschließen (Mk 4,12). In dem Unglauben, der Jesus begegnet, wirkt Gott selbst V. Diese ist nicht Willkür, sondern Tat des → Gerichts, die Menschen bei ihrer negativen Entscheidung behaftet und in ihr festhält.

In Röm 9–11 ringt Paulus mit dem Problem des Unglaubens Israels, das er ebenfalls als V. deutet. Und zwar wird diese V. nicht endgültig sein, sondern sie dient einem heilsgeschichtlichen Zweck: Erst wenn die Heiden zum Glauben gekommen sind, wird Gott Israel heimholen (Röm 11,25–32). K. / R.

Lit.: J. Gnilka, Die V. Israels, 1961.

Verstümmelung, im AT als → Strafe nur bei schweren Körperverletzungen (→ Talionsgebot) erwähnt sowie bei einer schamlosen Handlung (5Mose 25,11f.) und nur selten als Racheakt am gefangenen Feind (Richt 1,6f.; vgl. → Blendung); als Selbst-V. kam das → Ritzen der Haut vor. S.

Versuchung, Prüfung menschlichen Glaubens oder Gehorsams im AT und NT. Alttest. wird Gott in Ausnahmesituationen als Versucher vorgestellt (1Mose 22,1; 2Mose 20,20; 5Mose 8,2.16 u. ö.), wenn er die Treue des Menschen auf die Probe stellt. Für die nachexilische Zeit kann (in Gottes Auftrag) auch der → Satan versuchen (Ijob 1–2; 1Chr 21,1). Sehr viel häufiger wird umgekehrt das → Murren Israels gegen Jahwe als V. Jahwes bezeichnet (2Mose 17,2ff.; 4Mose 14,22; Ps 78,17f. u. ö.); Unzufriedenheit und Unglaube sind eine Herausforderung Gottes.

Beide Bedeutungen sind auch im NT belegt: V. als Erprobung des menschlichen Glaubens (Lk 8,13; 1Petr 4,12; Hebr 11,17.37) oder als Herausforderung Gottes (1Kor 10,9; Apg 5,9; 15,10; Hebr 3,8f.). Dabei wird im NT die V. meist nicht auf Gott zurückgeführt (1Thess 3,5; 1Kor 10,13; Jak 1,13f.); die 6. Bitte des → Vaterunsers (Mt 6,13; Lk 11,4) ist die Ausnahme.

Eine besondere Rolle spielt die V. Jesu. Die Fassung in Mk 1,12f. zeigt Jesus als Überwinder der satanischen V., wodurch der Paradiesfrieden wiederhergestellt wird. Die → Logienquelle dagegen zeigt Jesus als Überwinder diesseitig-politischer V.en (Mt 4,1ff.; Lk 4,1ff.). H. M.

Vertrag (hebr. *b^{e}rit* »Bund«), Vereinbarung zwischen Personen oder Staaten, die in Israel nur unter religiösen Formen vorstellbar ist (Gottheit als Schwurzeuge). So schließen Laban und Jakob einen Grenz-V. (1Mose 31,48ff.), Isaak schließt mit Abimelech einen V. über die Nutzung von Zisternen (1Mose 26,26ff.). Die Grundlage des in Israel und Juda aufkommenden Königtums wurde in einem V. zwischen den Stämmen und dem → König gesehen (2Sam 5,1ff.), der auch aufgekündigt werden konnte (1Kön 12). – In den Rahmen internationaler Vereinbarungen gehört der Handels-V. zwischen Hiram von Tyrus und Salomo (1Kön 5,24–26); ein Beispiel für ein außenpolitisches Abkommen liegt in 1Kön 20,34 vor.

Die Gattung des V.s ist in → Babylonien und Assyrien belegt, von Bedeutung sind die Vasallitätsverträge, eine V.s-Form, die auch die Könige von Israel und Juda in den Endphasen ihrer Reiche unterzeichnen mußten. Auch auf das Verhältnis zwischen Gott und Mensch wurde der V.s-Begriff übertragen; dabei wurden Elemente altoriental. V.s-Vorstellungen übernommen (→ Bund). U. R.

Vertrauenslieder → Psalmen.

Verwalter, mit der Haushalts- bzw. Betriebsführung beauftragter Angestellter. Zu seinen Obliegenheiten gehörte vor allem die Aufsicht über die Sklaven und Knechte, die Eintreibung von Pachtgeldern und Zinsen sowie die Kassenführung. Zur Zeit Jesu spielten, wie aus seinen → Gleichnissen (Mt 20,8; Lk 16,1–8) hervorgeht, die V. großer Güter im ökonomischen Leben Palästinas eine wichtige Rolle. Im übertragenen Sinne bezeichnet das NT die → Apostel und Träger kirchlicher Ämter als V., denen Gott bzw. Christus die Verantwortung über sein Hauswesen, die Kirche, anvertraut hat (1Kor 4,1; Eph 3,2; Tit 1,7; 1Petr 4,10). R.

Verwaltung. Eine ausgeprägte V. tritt im AT erst im Zusammenhang mit dem Königtum auf (→ König). Sie liegt in den Händen der königlichen → Hofbeamten wie → Schreiber, → Freund des Königs, Gauvogt. Dem für die Versorgung des Hofes notwendigen Krongut stand der Palastvorsteher vor, der eines der höchsten Regierungsämter bekleidete. Unter → Salomo waren Israel und Juda in zwölf Gaue eingeteilt, die im monatlichen Wechsel den Hof zu versorgen hatten (1Kön 4,7–19). Einen Einblick in die Größe der V. des königlichen Besitzes gibt die Auflistung 1Chr 27,25ff.
Die Eingriffe des V.s-Apparats in Wirtschaft und → Gesellschaftsaufbau boten Anlaß zur Kritik (1Sam 8,14ff.). Nach dem Untergang der israelit. Königreiche regierten Statthalter im Auftrag der Besatzungsmächte (2Kön 25,22ff.). In der Perserzeit (539–332 v. Chr.) unterstand Juda dem Satrapen von Transeufrat, der in Syrien und Phönizien residierte. Verantwortlich für Palästina war sein Statthalter in → Samaria. Ab etwa 320 v. Chr. wurde Juda vom → Hohen Rat unter Vorsitz des → Hohenpriesters verwaltet. Unter den → Hasmonäern wurde Judäa für kurze Zeit wieder zum selbständigen Staat (132–63 v. Chr.). Seit 104 v. Chr. war es sogar Königreich. Als Gegengewicht zu den autokratischen Tendenzen der Herrscher gewannen die Religionsparteien der → Sadduzäer und → Pharisäer an Einfluß. Außerdem gab es in Jerusalem einen Rat von Ältesten (1Makk 12,6), dem die Vertreter führender Familien angehörten. Nach der Eroberung durch die Römer (63 v. Chr.) wurde Judäa zunächst als »Tempelland« der röm. Provinz Syrien zugeschlagen, deren Hauptorte → Antiochia und → Damaskus waren.
In der Folgezeit gelang es jedoch → Herodes und seiner Familie, ein Vasallenkönigtum im Schatten der röm. Weltmacht zu etablieren. So war Herodes d. Gr. 37–4 v. Chr. König von Judäa. Er trug den Titel »Freund und Bundesgenosse des Kaisers« und hatte weitgehende innen- und außenpolitische Befugnisse. Er mußte lediglich den Römern Truppen zur Verfügung stellen und Abgaben entrichten. Nach seinem Tode wurde das Land unter seine drei überlebenden Söhne aufgeteilt, von denen Herodes Antipas 4 v. – 39 n. Chr. in Galiläa-Peräa und Philippus 4 v. – 34 n. Chr. in Nordtransjordanien herrschte. Das jud. Kerngebiet unterstand Archelaus, wurde aber nach dessen Entmachtung (6 n. Chr.) wieder direktes röm. Herrschaftsgebiet, nämlich kaiserliche → Provinz. Das Königtum des Herodes-Enkels Agrippa I. (41–44 n. Chr.) in Judäa-Samaria bildete lediglich ein kurzes Intermezzo. Insgesamt blieb während dieser Epoche trotz der wechselnden Oberherrschaft das V.s-System im wesentlichen identisch.
Innenpolitisch behielten die Juden bis 70 n. Chr. weitgehende Selbständigkeit. Die V. religiöser und rechtlicher Angelegenheiten oblag, bis auf Ausnahmen (Joh 18,31), dem Hohen Rat in Jerusalem, dessen Einfluß sich auf das gesamte Land erstreckte. Nur die hellenist. Städte, z. B. das von Herodes d. Gr. gegründete Cäsarea, hatten eine eigene V. – Für die kaiserliche Provinz Judäa galt im übrigen Militär-V., wobei der Kaiser selbst Befehlshaber der in ihr stationierten Legionen war. Die von Rom eingesetzten Prokuratoren (→ Statthalter) waren in erster Linie für die V. der → Steuern und Abgaben zuständig, deren Erhebung im einzelnen privaten Steuerpächtern übertragen war.
Alle innenpolitischen Sonderrechte der Juden endeten mit der Katastrophe von 70 n. Chr. Der Hohe Rat verschwand von der Bildfläche, und die gesamte V. wurde nunmehr von den Römern wahrgenommen, die nun auch die Gründung röm. Kolonialstädte und die Ansiedlung röm. Bürger in Palästina vorantrieben. U. R. / R.

Verwandlung. Nach Paulus wird sich an den Christen bei der endzeitlichen Totenauferwekkung eine V. zu einer neuen Leiblichkeit vollziehen (1Kor 15,51), die der Auferstehungsleiblichkeit Christi entspricht. Diese V. ist jedoch nicht nur zukünftig, sondern wird bereits jetzt teilweise dadurch vorweggenommen, daß die Christen kraft der durch die → Taufe gewonnenen Gemeinschaft mit Christus (Röm 6,4) innerlich verwandelt und zu einem neuen Verhalten befähigt werden (Röm 12,2; 2Kor 3,18). (→ Verklärung.) R.

Verwandtschaft. In der auf → Familie, → Sippe und → Stamm basierenden Gesellschaft des AT und des Judentums ist V. ein wichtiges Element sozialer und politischer Bindung. Sie wird in → Stammbäumen festgehalten. In der V. suchte man den Ehepartner (1Mose 24), damit der Zusammenhalt der Sippe erhalten blieb.
Im NT wird dagegen betont, daß die Beziehung auf Christus wichtiger ist als jede andere Zusammengehörigkeit (Gal 3,28), auch als die leibliche V. mit Jesus selbst (Mt 12,49f.; Lk 11,28). J.E.

Verwerfung, Ausstoßung aus einem Gemeinschaftsverhältnis und damit Gegensatz zur → Erwählung. Innerhalb des Bundes Gottes mit Israel ist die Möglichkeit der V. auf beiden Seiten gegeben: Das Volk oder einzelne seiner Glieder verwerfen Gott, indem sie ihm den Gehorsam aufkündigen und sein Gesetz mißachten; als Reaktion Gottes darauf droht die V. dieser Menschen oder – als äußerste Möglichkeit – die des gesamten Volkes.
Das NT deutet Jesu Tötung in diesem Sinn als V. Gottes durch sein Volk (Mk 8,31; Apg 13,46; vgl. Joh 19,14f.), die Israels V. durch Gott zur Folge hat. Nach Paulus (Röm 9–11) ist diese V. jedoch nicht endgültig: Gottes Erwählungstreue wird gegenüber Israels Ungehorsam das letzte Wort haben (Röm 11,25–32). R.

Verwünschung → Fluch.

Verwüstung → Greuel.

Verzögerung → Parusie.

Verzückung → Ekstase.

Vespasian, Titus Flavius V.us, röm. Feldherr im jüd. Krieg (67–70 n. Chr.), Kaiser (69–79); sein Sohn und Nachfolger war → Titus (3). R.

Vetus Latina → Bibelübersetzungen.

Viehzucht. Als die Israeliten noch auf der Stufe des Nomadentums lebten, beschränkte sich ihr Viehbesitz weitgehend auf Schafe, Ziegen und Esel; Rinder dürften seltener gewesen sein. Mit ihrer Seßhaftwerdung gingen sie nach dem Vorbild der bereits im Lande wohnenden Kanaanäer auch zur ausgedehnten Rinderzucht über, besonders in der Ebene Scharon, in der Jesreelebene und im Basan. Viehzüchter und Bauern waren meist verschiedene Gruppen; Könige und Großgrundbesitzer vereinigten beide Wirtschaftsformen. – Gewöhnlich blieben die Herden unter freiem Himmel, nachts nahm man sie hinter Hürden, niedrige Mauern zum Schutz gegen wilde Tiere und Räuber; zur besseren Übersicht errichtete man zuweilen Wachttürme bei den Hürden. S.

Vier, die Zahl der Ganzheit; daher zählt man 4 Himmelsrichtungen, 4 Paradiesesströme (1Mose 2,10), 4 → Weltreiche und 4 Hörner als Sinnbild der Weltmacht des Perserreiches (Sach 2,1–4). S.

Vierdrachmenstück → Münzen.

Vierfürst → Tetrarch.

Vierzig, runde Zahl, die in der Bibel vor allem als Zeitabschnitt eine Rolle spielt: 40 Jahre – die Dauer einer Generation – Wüstenwanderung (4Mose 14,33f.), Philisternot (Richt 13,1), Friedensepoche (z. B. Richt 3,11) oder Regierungszeit (2Sam 5,4; 1Kön 11,42); 40 Tage war Mose auf dem Sinai (2Mose 24,18), wanderte Elija zum Horeb (1Kön 19,8), fastete Jesus in der Wüste (Mt 4,2) und erschien er den Jüngern (Apg 1,3). S.

Vision. Für das Bemühen der → Profeten um Erhellung der Zukunft spielt die V. eine große Rolle. Ein solches zweites Gesicht mag sich an alltäglichen Erscheinungen entzünden, etwa einem Mandelzweig oder an Feigenkörben (Jer 1,11; 24), die dem Betrachter plötzlich zum Symbol für hintergründige Vorgänge werden. Doch wird nie nur »geschaut«, es wird gelegentlich im Munde geschmeckt (Ez 3,3), der Tastsinn berührt (Jer 1,29), und in jedem Falle wird gehört. Audition ist so sehr Zielpunkt jeder V. im AT, daß man geradezu von einer Wortschau bei den Profeten reden kann.

Inhalt der V. sind nicht überirdische Erscheinungen als solche wie später in der christl. Mystik, sondern hintergründige Wirklichkeiten, die jeder Israelit existent weiß, die aber dem normalen Sterblichen unsichtbar bleiben, wie z.B. Jahwes Gewand, Thron und Hofstaat, über dem Tempelgebäude in Jerusalem aufragend (Jes 6), oder eine → Theophanie, die im Sturm heranbraust (Ez 1). Aber auch vordergründige Vorgänge, die an sich jedermann sehen kann, werden vom visionär begabten Menschen über Tausende von Kilometern hinweg (Ez 8–11) oder in Vergangenheit (Jer 3,6ff.) und Zukunft (Ez 40ff.) erschaut.

Die V.s-Berichte der Profeten, mehr noch der → Apokalyptik, zeigen einen typisierten Stil, der Exegeten fragen läßt, wieweit die V.en »erlebnisecht« wiedergegeben, wieweit sie literarischem Brauch gemäß stilisiert sind. Doch bei bibl. V.en kommt es nicht auf Originalität an. Vielmehr wird gerade ein gewisses Maß an Übereinstimmung mit visionären Vorgängen zum Beweis der Echtheit; die V. ist danach nicht der eigenen Phantasie entquollen, eine Gefahr, deren sich die Profeten durchaus bewußt sind (Jer 23). Wie immer man die V.s-Schilderungen psychologisch beurteilen mag (→ Ekstase), in profetischen V.en und Auditionen eröffnet sich oft ein so treffsicheres Urteil über künftige Entwicklungen, die jenseits einer Wahrnehmungsmöglichkeit durch die fünf Sinne liegen und die doch durch die nachfolgende Geschichte überraschend bestätigt worden sind, daß sich hier eine Erklärung mit Theorien der Parapsychologie nahelegt.

Die im NT berichteten V.en bleiben durchweg den vom AT her bekannten Mustern verhaftet. So entspricht die V. Jesu bei seiner Taufe (Mk 1,10f.) profetischen Berufungs-V.en; die Verklärungsszene (Mk 9,2–13) nimmt Elemente der Theophanieschilderung auf. Auch die Berichte von den Erscheinungen des Auferstandenen sind z. T. nach dem Muster der alttest. Theophanieschilderung gestaltet worden (z.B. Mt 28,16–20; Joh 20,19–23; 21,1–14; → Auferstehung), wobei im übrigen fraglich bleibt, ob die ursprünglichen Erscheinungen des Auferstandenen selbst, wie sie sich u. a. aus 1Kor 15,5 erschließen lassen, unter die religionsphänomenologische Kategorie der V. fallen. Eine Reihe von literarisch stilisierten V.s-Schilderungen enthält die Apostelgeschichte (z.B. Apg 9,10; 10,1–11,18; 26,19). Die Stilform apokalyptischer V.en wird in der → Offenbarung des Johannes in den Dienst einer übergreifenden Geschichtsschau gestellt. K. / R.

Vitae Prophetarum → Profetenleben.

Vogelwelt → Tierwelt.

Vogt → Hofbeamte.

Volk. Das AT kennt zwei unterschiedlich gebrauchte Worte für »V.«: *goj* bezeichnet eine geographisch, politisch und sprachlich geschlossene Bevölkerung. Für Israel selten gebraucht (Jes 1,4; Ps 33,12), wird *goj* zunehmend zur Bezeichnung fremder, andersreligiöser Völker, der Heiden (3Mose 26,33; Jes 14,26; Ps 2,1). Von diesen Völkern weiß sich Israel als Gottes-V. unterschieden. Dagegen wird *am* (zunächst: Onkel, dann allgemein: Verwandter) zur Bezeichnung ausschließlich für das V. Israel. »V. des Landes« ist der Terminus für die Gesamtheit der ökonomisch, militärisch, rechtlich und kultisch vollberechtigten Bürger. Dieser Begriff erfuhr parallel zur ökonomischen Entwicklung manchen Bedeutungswandel. So kann er die Oberschicht meinen (2Kön 21,23; 23,30), dann die von der Feudalisierung selbst betroffene, verarmte ehemalige Oberschicht (2Kön 24,14). Er wird schließlich im Judentum (vgl. auch Joh 7,49) zum geringschätzigen Ausdruck für religiös Unzuverlässige.

Im NT setzt sich die Bedeutungsdifferenz der hebr. Bezeichnungen für »V.« fort, wobei *goj* griech. *ethnos* und *am* griech. *laos* ähnlich ist. Die christl. Gemeinde versteht sich als Erfüllung des alttest. Gottes-V.s (Apg 15,14; 1Petr 2,9f.); durch den Glauben an Christus werden Israel und alle Völker zu einem neuen Gottes-V. werden (Mt 10,5f.; Apg 10,34ff.). (→ Kirche.) J.E.

Völkerspruch → Fremdvölkerspruch.

Völkertafel, die Liste in 1Mose 10, in der 71 Völker, Stämme und Städte genealogisch von den drei Noah-Söhnen → Jafet, → Ham und → Sem abgeleitet werden. Der Hauptteil der V. stammt aus der → Priesterschrift (1Mose 10,1a.4–7.20.22f.31); darin eingearbeitet sind Bruchstücke aus dem Werk des → Jahwisten. Die V., die eine Aufzählung der damals Israel bekannten Völkerwelt geben will, führt die Völker des Nordens auf Jafet, die des Südens auf Ham und die des Westens auf Sem zurück; allerdings ist die Zuordnung in der Priesterschrift teilweise anders als beim Jahwisten. S.

Lit.: G. Hölscher, Drei Erdkarten, 1949.

Volksklagelied → Klagelied.

Vollkommen. Im AT bezeichnet »v.« das Unversehrte, Vollständige, besonders bei Opfertieren (2Mose 12,5; 29,1 u. ö.). »v.« ist dann auch Inbegriff der gottesfürchtigen Haltung (1Mose 6,9; 17,1; Ijob 2,3; 8,20). Schließlich ist auch Gottes Gesetz v. (Ps 19,8), und in seinen Satzungen kann der Mensch v. wandeln.
Im NT greift Mt 5,48 auf alttest. Sprachgebrauch zurück: v. ist, wer das → Gesetz in der von Jesus freigelegten Intention hält. Vor einem falschen Vollkommenheitsbewußtsein warnt Paulus in Phil 3,12ff. – Nach Hebr 10,14 kann der alttest. Kult nicht v. machen, d. h. in die Gegenwart Gottes treten lassen, sondern nur Christus. H. M.

Vorbild, zur Nachahmung bestimmtes Verhaltensmodell. Gott ist im AT niemals direktes V. für menschliches Verhalten. Die Weisung, daß Israel heilig sein solle, weil Jahwe heilig ist (3Mose 11,44; 19,2; 20,8), meint vielmehr, daß Jahwes Heiligkeit als die alle Lebensvollzüge seines Volkes umgreifende vorgegebene Realität anzuerkennen sei. Als V.er gelten jedoch Gestalten der Vergangenheit wie z. B. → Abraham.
Im NT ist Jesus insofern V., als die zentralen Züge seines Verhaltens für die Christen normativ sind: der Verzicht auf Macht und Recht (Mk 10,42ff.), das dienende Dasein für andere (Lk 22,27; Joh 13,12ff.); die bedingungslose Annahme der Mitmenschen (Röm 15,7); der Gehorsam gegen Gottes Willen (Phil 2,8). Allerdings kann dieses V. nicht durch bloße Nachahmung, sondern allein durch den Eintritt in die → Nachfolge, d. h. in die persönliche Bindung an Jesus, die Dienst- und Schicksalsgemeinschaft mit ihm, wirksam werden. – Paulus stellt sich mehrfach seinen Gemeinden als V. dar (1Kor 4,16; 11,1; 1Thess 1,7): In der Existenz des Apostels findet die von Jesus gesetzte Verhaltensnorm ihre geschichtliche Verwirklichung. R.

Lit.: E. Larsson, Christus als V., 1962.

Vorhalle → Palast, → Tempel.

Vorhang. Der Jerusalemer → Tempel hatte zwei Vorhänge; einer trennte den Tempel vom Vorhof (2Mose 26,36f. u. ö.), der andere – wichtigere – sonderte das Allerheiligste vom Heiligen ab (2Mose 26,31–35 u. ö.); nur am jährlichen → Versöhnungstag durfte ihn der Hohepriester durchschreiten. – Im NT ist dieser V. Symbol für den durch Christi Tod geöffneten Zugang zu Gott (Mk 15,38; Hebr 10,20). R.

Vormund, Erzieher und Verwalter für ein vaterloses Kind bis zu dessen Mündigkeit (Est 2,7; wohl auch Gal 4,2); im weiteren Sinne nur Erzieher eines unmündigen Kindes (2Kön 10,1). S.

Vorsehung, Gottes erhaltendes und regierendes Handeln an der von ihm geschaffenen Welt. Der Gedanke der V. als der dem Kosmos eingestifteten, an allen Erscheinungen von Natur und Geschichte erkennbaren Weltvernunft, wie ihn die → Stoa entwickelte, ist der Bibel fremd. Sie versteht unter V. Gottes personhaftes, geschichtsmächtiges Handeln an der Welt (Weish 8,8; 17,2), dem sich der Mensch – trotz allen bösen und rätselhaften Geschehens – vertrauensvoll anheimgeben darf (Mt 6,25–34). So ist für das NT Christus das Unterpfand der V. Gottes; auf sein Kommen gründet sich die Gewißheit, daß Gottes Geschichtshandeln ein heilvolles Ziel hat (Röm 8,28). R.

Vorzeichen. Nach apokalyptischem Denken lassen sich die Endereignisse anhand bestimmter, den Eingeweihten bekannter V. vorausberechnen. Im Unterschied dazu hat Jesus eine Vorausberechnung abgelehnt (Lk 17,20). Die Aufzählungen von V. des Endes in Mk 13 par Mt 24; Lk 21 dürften auf Gemeindebildung zurückgehen. R.

Vulgata (lat., »die volkstümliche [Version]«), seit dem 4. Jh. die in der westl. Kirche allgemein gebräuchliche lat. → Bibelübersetzung. Das Konzil von Trient erklärte 1546 die V. zur maßgeblichen Bibel der röm.-kath. Kirche. R.

Vulkan. Auf dem Boden Palästinas gab es in bibl. Zeit nur noch erloschene V.e, und zwar östl. des Jordan. Bildhaft verwendet die Bibel Züge eines V.-Ausbruchs bei Theophanie- (2Mose 19,18) und Gerichtsschilderungen (1Mose 19,24). S.

W

Waage. Vor dem Aufkommen der → Geldwirtschaft mußten die Zahlungsmittel, etwa Silberbarren, gewogen werden (z. B. Jer 32,10); der Kaufmann brachte die W. mit, deren Gewichtsteine er im Gürtel trug (z. B. Spr 16,11). Außerdem brauchte man die W. besonders für Aromata (z. B. Joh 12,3). Die in Palästina übliche Art war die gleicharmige Hand- oder Stand-W. mit zwei Waagschalen. S.

Wacholder → Pflanzenwelt.

Wachs, Bild für das Sichauflösen, das Vergehen (z. B. Ps 22,15; 97,5). S.

Wachtel → Tierwelt.

Wächterlied → Lied.

Wadi (arab.), »Lügenbach« im AT, das meist tief eingeschnittene Bett eines Wüstenflusses, das nur episodisch nach Regenfällen Wasser führt und rasch wieder austrocknet. S.

Waffe(n). Der gewöhnliche israelitische Soldat schon des Bauernheeres vorstaatlicher Zeit war entweder mit Pfeil und Bogen oder Schild und Schwert ausgerüstet. Dazu kommt als Stoß-W. die Lanze (1Sam 19,9f.) und als Fern-W. der Wurfspeer (Jos 8,18) sowie als Nahkampf-W. der Dolch. Eine Ausrüstung mit Helm und Panzer aus Leder oder Leinen wird in der frühen Königszeit zunächst wohl nur für die Elitetruppen, insbesondere die Streitwagenabteilungen, eingeführt worden sein, während unter → Usija von Juda das ganze Heer mit Schild, Speer, Helm, Panzer, Bogen und für die Verteidigung der Städte mit Wurfmaschinen ausgerüstet wurde (2Chr 26,14f.).
Die W.n-Rüstung des röm. Legionärs (Gürtel, Panzer, Schuhe, Schild, Helm, Schwert) ist die Basis des berühmten Bildes in Eph 6,10–17, das die geistliche W.n-Rüstung des Christen beschreibt. Es geht dabei um eine Beschreibung der durch die Taufe verliehenen Gaben hinsichtlich ihrer Wirkung: Der Christ soll von der ihm geschenkten Kraft Gottes Gebrauch machen, indem er das neue Sein in Christus anzieht, das ihn zum Widerstand gegen die Gott feindlichen Mächte befähigt. Der Gedanke des Heiligen → Krieges, in dem die Glaubenden am Kampf der Gottheit teilhaben, liegt hier ebenso fern wie das mythische Motiv des Götterkampfes. O. / R.

Assyrische Krieger und Waffen

Wahl → Erwählung.

Wahrheit. Die hebr. Auffassung von W. richtet sich nicht auf die Übereinstimmung von Aussage und Sachverhalt (wie der wissenschaftliche W.s-Begriff), sondern zielt auf verläßliche Tatsachen, die als Ausgang und Orientierung menschlichen Handelns dienen können und als solche vom Menschen für andere Menschen zu schaffen sind. Auf zwischenmenschliche Interaktion bezogen, ist W. ebensosehr zu »tun« wie zu reden. Alle W. ist deshalb Geschichts-W. und nicht zeitlose Vernunft-W. Sosehr Vernunft zur Erfassung von W. notwendig ist, stehen doch Zukunftsaspekte und Verankerung in gegenwärtiger Existenz im Vordergrund. Im Zweifelsfall wird nicht rationales Schlußverfahren, sondern geschichtliche Erfahrung erweisen, was W. ist und was nicht (1Kön 10,6; Jer 28,9). Israels Erfahrungen in seiner Geschichte haben erwiesen,

daß Gott in seinem Wirken und seinem Wort ständig W. begründet, beides gehört zu seinem Weg, d. h. der von ihm gewirkten und gesteuerten Geschichte, die ihrerseits W. ist (Ps 111,7; 25,10). Der Mensch ist aufgerufen, sich diesem Weg einzugliedern und göttliche W. als eigene zu übernehmen und weiterzuführen (Ps 25,5). Das hebr. Wort für W. (*ämät*) wird deshalb vom gleichen Wortstamm abgeleitet wie der Begriff »Vertrauen, Glaube« (*ämuna*). Während in vorexilischen hebr. Texten W. gegenüber → Gerechtigkeit untergeordnet erscheint, wird in nachexilischen aram. Texten W. zum höchsten Wert göttlicher Seins- und Sollensordnung, vielleicht unter iran. Einfluß (3Esr 3f.).
In der Gemeinde von → Qumran erhält der Begriff »W.« eine dualistische Ausprägung: Die Gemeindeglieder verstehen sich als »Söhne der W.« bzw. »Söhne des Lichtes«, die von Anbeginn der Welt von den Gottlosen, den »Söhnen der Lüge« bzw. den »Söhnen der Finsternis«, geschieden sind. Im NT erscheint nur an einigen ganz peripheren Stellen (z. B. Mk 5,33; Lk 4,25) das griech. Verständnis von W. (Übereinstimmung von Aussage und Sachverhalt); in theologischen und christologischen Zusammenhängen herrscht hingegen durchweg das alttest. Verständnis von W. So heißt das Evangelium »Wort der W.« (2Kor 6,7; Kol 1,5) nicht etwa, weil es bestimmte Aussagen enthielte, die als zutreffend nachgewiesen werden könnten, sondern weil es von Gott her eine zuverlässige Wirklichkeit setzt. »Gehorsam der W.« (1Petr 1,22) meint das Sicheinlassen auf diese Wirklichkeit im Glauben.
Besondere Bedeutung gewinnt der Begriff »W.« in den johanneischen Schriften, wobei gewisse Anklänge an den Dualismus von Qumran unverkennbar sind. Jesus selbst ist hier die W. (Joh 14,6), weil durch ihn die göttliche W. in der Welt präsent wird, und zwar weder im Sinne der Enthüllung apokalyptischer Geheimnisse noch in dem der rationalen Belehrung; vielmehr ist die W., die Jesus vertritt, eine von Gott ausgehende Wirklichkeit, welche die Menschen in der W. »heiligt« (Joh 17,17ff.), d. h. sie mit dem Leben Gottes erfüllt. Die W. stellt darum auch Ansprüche an den Menschen: Sie muß »getan« werden (Joh 3,21), d. h., sie muß sich in einer nach dem Willen Gottes gestalteten Existenz auswirken. In diesem Sinn vollzieht sich rechter Gottesdienst »in Geist und W.« (Joh 4,23f.). Das Kommen der W. in die Welt bedeutet Scheidung und Gericht: Wer Jesus ablehnt, erweist damit, daß er nicht »aus der W.«, sondern aus der Lüge ist, d. h. daß er Teil der gottfeindlichen Welt ist (Joh 18,37). Freilich kann die W. nicht ein für allemal erworben werden; die Glaubenden bedürfen vielmehr des ständigen Beistandes des → Paraklet, des »Geistes der W.« (Joh 16,13), der ihnen die W. immer neu in ihrer konkreten geschichtlichen Lebenssituation erschließt.
Die berühmte Pilatusfrage »Was ist W.?« (Joh 18,38) soll wohl die Unangemessenheit des griech. W.s-Verständnisses gegenüber Jesus veranschaulichen: Pilatus fragt nach einer sagbaren Vernunft-W., verkennt jedoch, daß er es in Jesus mit der geschichtlichen W. Gottes zu tun hat. K. / R.

Lit.: K. Koch, Der hebr. Wahrheitsbegriff im griech. Sprachraum, in: Was ist W.?, hrsg. von K. Müller-Schwefe, 1965, 47–65; K. Koch, Die drei Gerechtigkeiten, in: Festschrift E. Käsemann, 1976, 245–268. – R. Schnackenburg, Das Johannesevangelium II, 1971, 265–281.

Wahrsager, Menschen, die Zukünftiges oder Verborgenes erfassen ohne Bezugnahme auf das sittlich-religiöse Verhalten der Betroffenen (anders → Weissagung). Wahrsagerei kann durch → Magie oder → Orakel geschehen; andere Praktiken sind: → Sterndeutung, Traumdeutung (1Mose 41,8; → Traum), Befragung der → Terafim, → Beschwörung von Totengeistern. Diese Techniken sind im Alten Orient weit verbreitet, werden im AT jedoch abgelehnt (5Mose 18,9ff.), weil Jahwe selbst bestimmt, ob und wie er seinen Willen kundtut. Das Verbot wurde nicht immer befolgt (2Kön 21,6). U. R.

Waise. Im AT meint der Begriff »W.« das vaterlose Kind (vgl. z. B. 2Mose 22,23; Ijob 24,9) und erscheint – meist mit dem Begriff → »Witwe« verbunden – als Bezeichnung der hilfsbedürftigsten und am stärksten von Ausbeutung bedrohten Gruppe des Volkes Israel. Nirgendwo im AT wird eine konkrete Einzelperson als W. genannt. S.

Wald. Das hebr. Wort für »W.« (*jaar*) meint nicht nur den höheren Baumbewuchs (z. B. Jes 10,33f.), sondern auch das buschige Gestrüpp (z. B. Jes 29,17; 32,15), das – als nur vereinzelt mit Bäumen durchsetzte *Macchia* – die heute in Palästina vorherrschende W.-Form ist. Die einstigen geschlossenen Wälder Palästinas fielen (z. B. im → Basan, am → Libanon, am → Karmel) bis auf geringe Reste der Rodung (Jos 17,14–18) und dem Abholzen für Bauvorhaben (z. B. 1Kön 5,20), für den Schiffbau und für den Bedarf an Brennmaterial zum Opfer. S.

Walfisch → Tierwelt.

Walkmüller (Walker), Handwerker, dessen Aufgabe das Reinigen, Verfilzen, Geschmeidigmachen und Färben alter und neuer Stoffe war (Mal 3,2; Mk 9,3). S.

Wallfahrt, die aus religiösen Motiven unternommene Reise zu einem heiligen Ort. Das alttest. Gesetz schreibt vor, daß jeder männliche Israelit dreimal im Jahr – am Mazzot-, Wochen- und Lese-Laubhüttenfest (→ Fest) – eine W. zum Heiligtum zu unternehmen habe, wobei ursprünglich an größere Heiligtümer des Landes gedacht war (2Mose 23,14–19; 34,18.22f.), während das → Deuteronomium den Tempel zu Jerusalem, der durch die Reform des → Joschija das alleinige Heiligtum wurde, als Ziel dieser W.en nennt (5Mose 16,16) und darüber hinaus das → Pascha in den Rang eines W.s-Festes erhebt (5Mose 16,1–8). Die Bedeutung Jerusalems als W.s-Ort war schon früher so groß, daß Jerobeam I. für das Nordreich Israel eigene W.s-Heiligtümer einrichtete (1Kön 12,26–32). Nach dem Exil kam die Erwartung einer W. aller Völker zum Jerusalemer Tempel auf (Jes 2,2–5; 60).

Jesu Eltern scheinen nur das Pascha in Jerusalem regelmäßig besucht zu haben (Lk 2,41). Für Jesus selbst wurde eine W. zum Pascha nach Jerusalem Anlaß seiner Hinrichtung (→ Leidensgeschichte). S.

Wallfahrtslied → Psalmen, → Prozession.

Wand → Mauer.

Waschbecken → Kultgeräte.

Waschti, angebliche Gemahlin des Perserkönigs → Xerxes, die sich weigerte, vor den Gästen des Königs zu erscheinen, und deshalb verstoßen wurde (Est 1). S.

Waschung. Nach hebr. und altoriental. Auffassung haften Sünde und kultische Unreinheit wie unsichtbarer Schmutz an Personen und Gegenständen. W.en sind deshalb vor (und auch nach) kultischen Handlungen nötig, insbesondere für Priester. Darüber hinaus hat jeder Israelit die Pflicht, sich oder seine Kleider zu waschen beim Umgang mit den Bereichen von Geburt und Tod oder bestimmten Krankheiten, also z. B. bei Samenfluß, Menstruation, Leichenberührung, Aussatz. Für schwerere Fälle gibt es ein besonderes Reinigungswasser (4Mose 19). Spätisraelit. bürgerte sich die W. der Hände vor jeder → Mahlzeit ein, die als Segenshandlung vor Gott begriffen wird. Will der Frevler aber sein Verbrechen abwaschen, so wird es ihm nicht gelingen, vielmehr wird die W. die Wirkung des durch seine Untat ihm anhaftenden Unheils noch mehren. Von daher ist zu begreifen, wenn einer, der in Verdacht geraten war, durch eine W. seiner Hände seine Unschuld betont (Ps 26,6; Mt 27,24). K.

Wasser, Wasserversorgung. Da in Palästina Flüsse für die W.-Versorgung kaum in Betracht kommen und der überaus wichtige → Regen meist sehr heftig niederfällt und vom Boden nicht voll aufgesogen wird (auch die in der Regenzeit sich bildenden Winterbäche trocknen rasch wieder aus; → Wadi), ist der Mensch sehr stark angewiesen auf die W.-Vorräte des Bodens, die ihm durch → Quellen und durch gegrabene Grundwasser-Brunnen (→ Brunnen) zugänglich sind. Diese lagen normalerweise außerhalb der Städte, die in vorhellenist. Zeit aus wehrtechnischen Gründen vorwiegend auf Bergkuppen errichtet wurden. Um deren W.-Versorgung auch in Belagerungszeiten sicherzustellen, trieb man – und zwar schon seit der Frühbronzezeit – in den Naturfelsen des Stadthügels einen Schacht als Zugang zur Quelle, später einen Kanal mit leichter Neigung, der das W. zur Stadt hin leitete; das bekannteste Beispiel dieser Art ist der Schiloach in → Jerusalem. Zur intensiveren Nutzung des Regen-W.s diente – seit der Spätbronzezeit – die → Zisterne, in der man es auffängt und speichert.

Im NT ist von W. vorwiegend in bildlich-übertragenem Sinne die Rede. Dabei sind mehrere Bedeutungszusammenhänge zu unterscheiden: a) W. als bedrohliche Flut ist Symbol für die dem Menschen feindlichen Mächte (Mk 9,22; Mt 14,28f.; Lk 8,24f.). Von daher ist wohl auch das W., mit dem Johannes der → Täufer tauft, symbolische Vorwegnahme des die Sünder vernichtenden Gerichtes Gottes (Mk 1,8 par). b) W. als Element der Reinigung symbolisiert Reinheit und Sündlosigkeit (Mt 27,24f.). Ihrer bedarf der Mensch, um der Gemeinschaft mit Gott teilhaftig werden zu können. Sie werden jedoch nicht durch jüd.-rituelle Waschungen, sondern allein durch Jesu Tat und Wort bewirkt (Joh 2,6f.; 13,10); und zwar ist in der→ Taufe die von Jesus ausgehende reinigende Kraft weiter wirksam (Tit 3,5; Hebr 10,22). c) W. als Trink-W. ist Symbol für das zum Leben absolut Notwendige, das im religiösen Sinn dem Menschen nicht aus der ihm verfügbaren Welt, sondern allein aus dem Wort Jesu zukommt. Diese Bedeutung von W. findet sich vor allem in den johanneischen Schriften. So bezeichnet sich Jesus in Joh 4,10–14 als »lebendiges W.« (vgl. Joh 3,5; 7,37f.; 19,34; Offb 7,17; 22,17 u. ö.). S. / R.

Wassersucht, krankhafte Ansammlung von Blutserum im Körpergewebe. Nach Lk 14,2 hat Jesus einen Wassersüchtigen geheilt. H. M.

Webeopfer → Opfer.

Weberei, die – auf das Spinnen folgende – Verarbeitung von Wolle, Flachs und Ziegen- oder Kamelhaar zu Tüchern und Decken; sie war zunächst Arbeit der Hausfrau, wurde dann aber auch handwerklich geübt (1Chr 4,21; Apg 18,3). Beim Webstuhl waren die Längsfäden (Kettgarn), durch die das Schußgarn mit einem Weberschiffchen durchgezogen wird, ursprünglich horizontal zwischen zwei Stäbe gespannt (Richt 16,13f.); später wurde der aufrecht stehende Rahmen-Webstuhl üblich, bei dem die Längsfäden von einem Querbalken (Weberbaum, 1Sam 17,7) herabhingen und mit Gewichten beschwert waren. S.

Wechsler. Die Tempelsteuer mußte in alter tyrischer Währung bezahlt werden (2Mose 30,11–16), auch als diese schon längst als offizielles Zahlungsmittel außer Kurs war. Deshalb waren W. erforderlich, deren Stände im Heidenvorhof des → Tempels waren (Mk 11,15). R.

Weg. Von der hebr. Überzeugung her, daß ein Mensch zeit seines Lebens unterwegs ist, um aus von Gott gestifteten Rahmenbedingungen den → Tat-Ergehen-Zusammenhang seines Lebens »vollständig« werden zu lassen, wird »W.« zu einer anthropologischen Grundkategorie. Sie schließt sowohl Lebenswandel wie -lauf in sich, auf sie werden religiöses und sittliches Verhalten bezogen. Das hebr. Wort für »sündigen« z. B. heißt wohl wörtlich »den Weg verfehlen«. Die Häufungen von Hinweisen auf Irregehen, Fallen, Straucheln bei Fehlverhalten lassen den W. (eines Menschen) mit »Leben« gleichbedeutend erscheinen. Doch kann der wesentliche W. auch als gerecht, rein, heilsam klassifiziert und vom gegensätzlichen W. der Frevler oder des Todes abgehoben werden (Ps 1; Spr 14,2). Daraus entsteht in spätisraelit. Zeit – unter Einfluß einer griech. Sage von Herakles am Scheidewege? – die Rede von den zwei W.en des Lichtes und der Finsternis, vor die jeder Mensch gestellt werde.

Auch Gott schafft sich seinen W., der mit der Geschichte seiner Schöpfung gleichbedeutend ist. Der W. Gottes ist bei manchen alttest. Schriftstellern fast mit unserem Begriff »Universalgeschichte« wiederzugeben. Durch Weisung und Gebote gibt Gott seinen W. Menschen kund, damit sie falsche eigene W.e verlassen und fortan auf Gottes W. überwechseln (2Kön 21,22). Im NT wird die christl. Lehre (Apg 9,2) oder Christus in Person (Joh 14,6) zum W., auf den sich ein Mensch begeben darf und auf dem er Heil findet. Doch tritt dabei der Gedanke eines eschatologischen Zieles hervor, den das AT noch nicht kennt (Joh 14,1–6). K.

Weg am Meer, in Jes 8,23 Bezeichnung für das Küstengebiet, das der Assyrerkönig→ Tiglat-Pileser III. 732 v. Chr. vom Nordreich Israel abtrennte und zu einer assyr. Provinz machte. S.

Weheruf, eine von den Profeten gebrauchte Redeform, die fast immer das Fehlverhalten einer bestimmten Gruppe oder eines ganzen Volkes anprangert und mit dem hebr. Ruf *hoj* (»wehe«) eingeleitet wird. Dieser Ruf war Bestandteil der → Leichenklage beim Begräbnis (1Kön 13,30; Jer 22,18; 34,5; hier gewöhnlich mit »ach« übersetzt). Somit bringt der W. die Überzeugung der Profeten zum Ausdruck, daß die Angeredeten sich in der Sphäre des Todes befinden, bereits dem Tode verfallen sind. Der W. richtet sich vor allem gegen die Oberschicht in Juda (z. B. Jes 5,8–13.18–22; Hab 2,6–19; Zef 3,1–4), aber auch gegen einen König (Jer 22,13–17), gegen

falsche Profeten (Ez 13,3–9) und gegen fremde Völker (Jes 10,5–15; Zef 2,5f.). – Vom W. zu unterscheiden ist der mit dem hebr. Wort *oj* eingeleitete »Angstruf«: »Wehe mir« (z. B. Jes 6,5; 24,16) oder »Wehe uns« (1Sam 4,7f.; Klgl 5,16), der auch drohenden Charakter annehmen kann (z. B. »Wehe ihnen«, Hos 7,13; 9,12).
Das NT übernimmt die Form des W.s mit dem einleitenden Ausruf *uai,* der bereits im griech. AT zur Wiedergabe des hebr. *hoj* gedient hatte. Im übrigen stellt es den W. in einen eschatologischen Bezugsrahmen: Er gilt den Menschen, die sich dem Heilsangebot verschließen, und bringt zum Ausdruck, daß sie dem Gericht Gottes verfallen sind. In Lk 6,24–26 bilden vier W.e Jesu das negative Gegenstück zu vier → Seligpreisungen, in denen Menschen das endzeitliche Heil zugesagt wird. Wichtig sind ferner die sieben W.e Jesu über die Pharisäer (Mt 23,13–29) sowie die W.e der Offenbarung (Offb 8,13; 18,10.16.19). S. / R.

Weib → Frau.

Weide → Pflanzenwelt.

Weidenbach, ein Wasserlauf im Bereich Moabs (Jes 15,7), den man gewöhnlich am Südende des Toten Meeres lokalisiert. S.

Weihe → Heiligung, → Bann, → Tierwelt.

Weihnachten, Fest der → Geburt Jesu, das jüngste der großen christl. Feste, wurde erstmals im 4. Jh. in Rom am 25. Dezember begangen. Dabei wurde das auf diesem Tag liegende Fest des Sonnengottes (*sol invictus*), dessen Kult damals weit verbreitet war, unter Berufung auf Mal 3,20 (»aufgehen wird euch die Sonne der Gerechtigkeit«) auf Christus, die wahre Sonne, umgedeutet. R.

Weihrauch → Pflanzenwelt.

Weihwasser, vom Priester unter Beimischung von Salz gesegnetes Wasser, findet im christl. Gottesdienst erst seit dem 5. Jh. für Waschungen vor Gebet und Eucharistieempfang Verwendung. R.

Wein. Der W. bildete in Palästina und den umliegenden Ländern ein Hauptnahrungs- und Genußmittel (allerdings mußte zuweilen vor seinem Mißbrauch gewarnt werden; → Trunkenheit), wie auch der W.-Bau allgemein verbreitet war; erst der Islam hat ihm ein fast völliges Ende bereitet. Zur W.-Gewinnung waren zahlreiche Arbeitsvorgänge notwendig, von denen die Bibel ein recht deutliches Bild vermittelt. Der mit einer Hecke oder Mauer aus Feldsteinen umgebene W.-Garten oder W.-Berg bedurfte ebenso wie der W.-Stock regelmäßiger Pflege, bis im Herbst (September/Oktober) die W.-Ernte (W.-Lese), eine Zeit der Freude, kam und die gepflückten W.-Beeren in der → Kelter ausgepreßt wurden; den Saft füllte man in Krüge oder Schläuche, damit er, sofern er nicht unvergoren als Most getrunken wurde, in Gärung gerate. Manchmal ließ man den W. auf dem Bodensatz stehen (Jer 48,11f.) und filterte ihn dann, so daß man einen besonders starken W. erhielt. Häufiger wurde der W. mit Wasser gemischt oder durch Beigabe duftender Kräuter gewürzt.
Im NT ist W. vorwiegend Symbol festlicher Freude. Während Johannes der → Täufer als Asket auf W. verzichtet, ist W. selbstverständlicher Bestandteil jener festlichen Mahlzeiten, die Jesus zum Zeichen der Nähe der Gottesherrschaft mit seinen Jüngern und Anhängern feiert (Mt 11,19), und von da her auch des letzten → Abendmahls. S./R.

Weinberglied, der Text Jes 5,1–7, in dem Jesaja das Verhalten Jahwes gegenüber Israel bildhaft mit dem Verhalten eines Weinbergbesitzers gegenüber seinem Weinberg darstellt, wobei er offenbar ein Motiv der Liebesdichtung, den Vergleich der Geliebten mit einem Weinberg (z. B. Hld 8,11f.), aufnimmt. S.

Weinen. In Israel brechen Menschen viel häufiger als in unserer Kultur spontan in W. aus, so z. B. Gottesmänner beim Nachsinnen über den Zustand ihres Volkes (Jer 13,17; Lk 19,41). W. ist auch bei einem Begräbnis wie bei einer Volksklage und der Begehung eines Fasttages Pflicht, wird dann absichtlich hervorgerufen. In der eschatologischen Heilszeit soll alles W. aufhören (Offb 21,4). K.

Weinstock, als edelstes Produkt des palästin. Kulturlandes (→ Pflanzenwelt) Träger vielfältiger religiöser Symbolik: So ist der W. einerseits Bild für Israel (Ps 80,9ff.), andererseits Bild der messianischen Heilszeit (Mk 14,25). In Joh

15,1ff. schließlich trägt er Züge des mythischen → Lebensbaumes: Die organische Einheit der Reben mit ihm ist Bild für die Christusgemeinschaft der Glaubenden. R.

Weise aus dem Morgenland (so die Lutherbibel), eigtl. »Magier«, d. h. Astrologen aus dem Osten, die nach der Legende Mt 2 dem neugeborenen Jesuskind huldigen und dabei die heidn. Welt symbolisieren. Spätere Überlieferung machte sie aufgrund von Ps 72,10 und Jes 60,6 zu Königen und schloß aus der Zahl ihrer Geschenke (Gold, Weihrauch, Myrrhe) auf ihre Dreizahl. Seit dem 6. Jh. werden als ihre Namen Melchior, Balthasar und Kaspar angegeben; zugleich galten sie als Vertreter Europas, Asiens und Afrikas (weshalb Kaspar dunkelhäutig dargestellt wurde). R.

Weisheit. 1. Im AT – 2. Im NT.

1. Weise sein bedeutet im AT: etwas richtig, meisterhaft tun, kundig sein. Damit bezieht sich »W.« auf geistige und auf handwerkliche Fähigkeiten. So spricht 2Mose 35,25 von der W. der Textilbearbeitung, Jes 40,20 vom weisen, d. h. geschickten Bildhauer, Jes 3,3 von der W. der Zauberer. Vor allem zum Regierungsamt gehört W. (Spr 20,26); als der weise Regent schlechthin gilt → Salomo (1Kön 2,9 u. ö.), der Regierungskunst, Scharfsinn, List, Naturkenntnis, Bildung, kurz: alle Elemente der W. vereint. Der W. bedürfen auch Erzieher und Lehrer (Spr 11,30). Weise wird man durch Erfahrung und Belehrung. Von daher ist W. ein Bildungsideal. Es zielt auf die Vermittlung theoretischer und praktischer Klugheit, derer man zur Bewältigung der Lebensprobleme bedarf. Weise ist, wer diesem Bildungsideal entspricht. Ihren Sitz im Leben hat die W. vielleicht in der Erziehung der → Sippe. Hier lernt der junge Israelit ethisches und praktisches solidarisches Verhalten. Wichtig ist die W. in der höfischen Erziehung. Hier baut das AT auf der W. Ägyptens auf, wo Beamten- und Prinzenerziehung auf W.s-Lehren fußt. Ägypt. W. wurde vor allem im Buch der → Sprüche Salomos aufgenommen.

Doch geht die W. im Alten Orient und im AT über die Vermittlung praktischer Lebensregeln hinaus. Sie zielt letztlich auf die Integration des Menschen in die Weltordnung. Die W. lehrt, wie Wirklichkeit konstituiert ist. Sie vermittelt die Erfahrung, daß das Tun des Menschen Folgen hat, die auf ihn selbst zurückfallen (→ Tat-Ergehen-Zusammenhang). Von daher verstehen sich bekannte Sentenzen des Sprüchebuches wie: »Wer (andern) eine Grube gräbt, fällt (selbst) hinein« (Spr 26,27). Die ältere W. baut darauf, daß auf gute Taten gutes Ergehen folgt. Den Zusammenhang von Tun und Ergehen garantiert Gott, der aber auch das Verhängnis von bösem Tun und bösem Ergehen rettend und bewahrend durchbrechen kann (→ Urgeschichte). Diese Auffassung gerät in späterer Zeit (→ Weisheitsliteratur) in eine tiefe Krise.

Späte alttest. Texte setzen die W. in eins mit dem → Gesetz, das alleinige Richtschnur des Handelns wird. Sie erhält dabei personhafte Züge: So erscheint sie in der → Weisheit Salomos (Weis 7,27; 10,1ff.) und im → Sirachbuch als Botin Gottes, welche die Menschen den Willen des Schöpfers lehrt, und als präexistente Gestalt, durch die Gott sein Schöpfungswerk vollzog (Sir 24).

2. Das NT führt vielfach W. unter den erstrebenswerten menschlichen Eigenschaften auf und versteht darunter eine ganzheitliche Ausrichtung auf Gott und seinen Willen (Mk 6,2; Lk 2,40; Apg 6,3.10; Röm 16,19). Der weisheitlichen Geschichts- und Lebensauffassung steht es jedoch weithin kritisch gegenüber: Grundlage des Glaubens ist nicht die rationale Durchdringung und Beherrschung naturhaft-weltlicher Gegebenheiten, sondern die Hingabe an Jesus Christus, dessen Kommen die endzeitliche Überwindung dieser Gegebenheiten bedeutet (Mt 11,25). So hat Paulus den gekreuzigten Christus als äußersten Gegensatz zu aller W. und zugleich als deren Ablösung verkündet (1Kor 1,17–25).

In frühen Traditionsschichten finden sich vereinzelt Aussagen, die, an die W.s-Spekulation der spätalttest. Zeit anknüpfend, Jesus als Boten der W. Gottes (Lk 11,49 par Mt 23,34) oder als menschgewordene Verkörperung dieser W. selbst (Mt 12,42 par Lk 11,31) zeichnen.

J. E. / R.

Lit.: G. v. Rad, W. in Israel, 1970. – F. Christ, Jesus Sophia, 1970.

Weisheit Salomos, zu den alttest. → Apokryphen gehörende hellenist.-jüd. Schrift, vermutlich um 150 v. Chr. in Alexandria von einem unbekannten Verfasser geschrieben. Ihr Thema ist der Lobpreis der → Weisheit. Weil König Salomo nach alter Tradition als der weiseste aller

Menschen galt, werden ihm einzelne Abschnitte der W. S. (z.B. Weish 7,1–6; 9,1–12) in den Mund gelegt. Sie ist griech. geschrieben; in Kap. 1–6 wurde jedoch möglicherweise eine hebr. Vorlage benutzt. Im Unterschied zur älteren → Weisheitsliteratur herrschen nicht mehr Einzelsprüche, sondern längere kompositorische Einheiten vor. Inhaltlich bietet die W. S. eine Synthese von jüd. Traditionen mit hellenist.-stoischen Gedanken.
Inhalt: das Geschick der weisen Gerechten und der törichten Gottlosen (Kap. 1–5); Mahnung, Weisheit zu erwerben (Kap. 6–9); das Walten der Weisheit in der Geschichte (Kap. 10–19). R.

Weisheitsliteratur. Im Alten Orient und im AT finden sich Gattungen einer Literatur, welche die Erziehung zur→ Weisheit zum Ziel hat. In→ Ägypten diente die meist als »Lehre« bezeichnete W. in der Form von Lehrerzählungen und didaktischen Dialogen der Weisung zu rechtem Handeln und Denken. Die W. spielte eine wichtige Rolle in der Prinzen- und Beamtenerziehung. Die Ausbildung und Abfassung der W. erfolgte in Schulen. Auch in → Babylonien und Assyrien gab es eine Fülle didaktischer Literatur, Fabeln, Sprichwörter, lehrhafte Erzählungen, Briefe pädagogischen Inhalts. Zur W. gehören aber auch Texte, in denen Wissen über Kosmos, Natur und Geschichte gesammelt und geordnet wird. Die W. Ägyptens und Mesopotamiens strahlte auch nach → Kanaan und Israel aus.
Im AT zählen einige Bücher, die→ Sprüche Salomos, der→ Prediger Salomo und das→ Ijobbuch, zur W. Ferner werden lehrhafte Erzählungen (→ Josefserzählung) und einige→ Psalmen (z. B. Ps 37; 73; 119) dazugerechnet. Unter den → Apokryphen und Pseudepigraphen des AT gehören zur W. die Bücher→ Weisheit Salomos, Jesus→ Sirach, → Tobit, 4. → Makkabäer und die→ Testamente der zwölf Patriarchen.
Von der Königszeit an, der die älteren Teile der Sprüche Salomos zuzuweisen sind (daß → Salomo die Sprüche und den Prediger verfaßt habe, ist eine Fiktion später Überlieferung), bis in die spätesten Phasen alttest.-jüd. Überlieferung reicht die Tradition der W. Stets geht es um die Integration des Menschen in die Weltordnung (→ Weisheit). Im Gefolge altoriental. Listenweisheit steht die Erfassung der den Menschen umgebenden Natur (1Kön 5,13; Spr 30). Um alle möglichen Arten menschlichen Verhaltens geht es in Sprichwörtern und Sentenzen. Ein großer Teil der Sprüche Salomos besteht aus ein- oder zweizeiligen Sätzen, in denen das Verhalten des Weisen dem des Toren entgegengesetzt wird. Auch Dialoge und Streitreden finden sich in der W., vor allem im Ijobbuch. In der späten W. kommen neue Formen hinzu: der lehrhafte Brief (→ Aristeasbrief), die belehrende Erzählung (Tobit), das Lob bewährter Männer (Sir 44–50).
Für die Entwicklung des Menschen-, Welt- und Wirklichkeitsverständnisses Israels bezeichnend ist ein Bruch in der Tendenz der W. Die frühe W., die sich vor allem in den Sprüchen Salomos manifestiert, ging von der Überzeugung aus, daß auf gute Taten gutes Ergehen, auf böse Taten böses Ergehen folge (→ Weisheit). Diese Gewißheit ließ sich sowohl im Blick auf die leidvollen Erfahrungen der Geschichte als auch der Erfahrungen einzelner nicht halten. So trat an die Stelle der optimistischen frühen W. in nachexilischer Zeit die Skepsis, fast Resignation des Predigers Salomo (z. B. Pred 9,2f.) und das Aufbegehren Ijobs, der im Rechtsstreit mit Gott selbst die Garantie des → Tat-Ergehen-Zusammenhangs einklagt. Gott antwortet (Ijob 38–41), daß dem Menschen das Erkennen der Schöpfungs- und Weltordnung versagt ist, daß Wirklichkeit nicht aufgeht in Erfahrung und auch nicht in einer Lehre.
Doch endet die W. nicht in der Resignation, sondern in der Verbindung von Weisheit und → Gesetz. Weisheitslehrer und Lehrer der Tora werden eins. Als jüd. W. können Teile des → Talmuds verstanden werden (z.B. der Traktat → *Sprüche der Väter*). J.E.

Weiß → Farben.

Weissagung, profetische Voraussagen, die Gott im Lauf der Zeiten erfüllen wird, z. B. messianische W.en (→ Messias). Von Wahrsagung unterscheidet sich W. dadurch, daß sie eine Begründung aufweist, die sich auf Gottes Treue oder menschliche Sünde bezieht. Eine Heils-W. wird auch→ Verheißung genannt. – »W.« im engeren Sinn heißt der Zukunftsteil der Gattung *Profezeiung* (→ Profetenspruch). K.

Weizen → Getreidearten.

Welt. Das hebr. AT kennt keinen einheitlichen Begriff für »W.« Es umschreibt das Ganze des Seienden mit »Himmel und Erde« (1Mose 1,1) oder mit »All« (Ps 8,7; Jes 44,24). In den griech. geschriebenen Schriften des AT sowie im NT erscheint dagegen der Begriff *kosmos*. Er bedeutet seinem ursprünglichen Sinn nach »das Geordnete« und bezeichnet demgemäß die W. als sinnvolles, harmonisch gegliedertes Ganzes, dessen Teile organisch aufeinander bezogen sind. Die Bibel betont demgegenüber stärker den zwiespältigen Charakter der W., die einerseits Schöpfung Gottes ist (Apg 17,24; Röm 1,20; Hebr 4,3), andererseits aber durch den Einbruch der Sünde der Macht des Bösen unterstellt worden ist (Röm 5,12ff.). Vielfach wird »W.« (*kosmos*) im Sinne von »Menschenwelt«, »Menschheit« gebraucht (z. B. Mk 14,9; 16,15; 1Kor 4,13). Hier knüpfen die stark negativ akzentuierten Aussagen des Johannesevangeliums an, die unter »W.« die gottfeindliche Menschheit verstehen, die sich dem Wort Christi verschlossen hat (Joh 1,10; 7,7; 8,23; 12,31). R.

Weltbild. Das W. des AT läßt sich als systematische Fassung von unverstellten Sinneswahrnehmungen begreifen. Die Gesamtheit »Himmel und Erde«, später »das All« (*ha-kol*) oder die→ Schöpfung genannt, wird dreistöckig erlebt. Oben der sichtbare → Himmel, der sich als Halbkugel unerschütterlich über der Erde wölbt. Das läßt auf einen festen Stoff schließen, der entweder als »Feste« aus festgestampfter Erde oder Metall gedacht wird (1Mose 1,6–8) – dann sind die Gestirne außen an ihm befestigt – oder als Zeltbahn (durch die von innen her die Himmelslichter hindurchscheinen?). Auch die Wolken, aus denen der Regen strömt, laufen am Himmelsgewölbe entlang. Darüber hinaus aber gibt es die verheerende → Sintflut, bei der sich Himmelsschleusen öffnen, was auf einen unsichtbaren Ozean über dem Himmelsgewölbe schließen läßt (1Mose 1,6–8; 7,11). Da der Himmel lichter erscheint als die Erde und das Leben der Himmelskörper geordneter als jedes irdische, wird dieser Bereich als allem Unteren überlegen empfunden und mit dem Aufenthalt Gottes verbunden. Über dem Himmelsozean ist mit Pfeilern Jahwes Palast gebälkt, darin in der Mitte der Thron mit dem überirdischen Glanz des Allmächtigen (Ps 104,3; Ez 1).
Der Mensch aber lebt auf der → Erde. Quadratisch (vier Ecken) oder kreisrund gedacht, scheint sie von Weltmeeren umgeben zu sein. Aber auch unter ihr befindet sich Wasser, da Quellen emporsteigen, was auf einen unterirdischen Ozean schließen läßt, der als → Urflut mit den sichtbaren Meeren in Verbindung steht. Daraus ergibt sich, daß die Erde eine Scheibe ist, die mit Pfeilern im Zentrum des Urmeeres verankert oder aber an vier Ecken am Himmelsgewölbe aufgehängt ist (Ijob 26,7). Zum irdischen Bereich gehören (jenseits des Weltmeeres?) weit im Norden ein → Gottesberg *Zafon*, im Osten zwei Myrtenbäume oder Berge, durch welche die Sonne morgens hindurchschreitet (Sach 1,8). Außerdem besitzt die Erde einen Mittelpunkt in

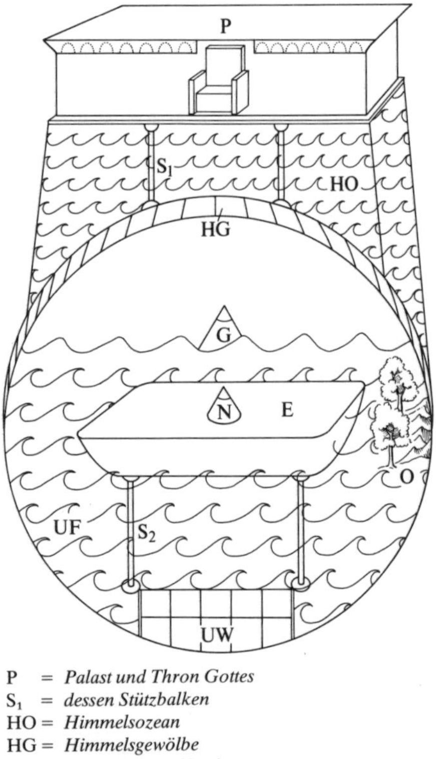

P = *Palast und Thron Gottes*
S_1 = *dessen Stützbalken*
HO = *Himmelsozean*
HG = *Himmelsgewölbe*
G = *Gottesberg im Norden*
O = *Bäume/Berge des Sonnenaufgangs*
E = *Erdscheibe*
N = *Nabelberg*
UF = *Urflut*
S_2 = *Stützpfeiler der Erde*
UW = *Unterwelt*

ihrem Nabel. Es ist dies ein heiliger Berg, der zeitweise im → Garizim (Richt 9,37) oder im → Zion (Ez 38,12) gesucht wurde. Er verschließt das unterirdische Urmeer, und über ihm ragt unsichtbar der göttliche Thron bis hinein in den Himmel (Jes 6,1).

Was sich auf Erden abspielt, ist ungeordneter, düsterer und vergänglicher als das, was droben vor sich geht. Finsterer noch und lebensfeindlicher aber ist, was sich unter der Erde befindet. Unter der Erde werden die Toten begraben, sie wandern vom Grab abwärts als Schatten in die Unterwelt, die wohl noch unterhalb des Urmeeres angesiedelt wird. In spätisraelit. Zeit wird tief unten zusätzlich die → Hölle gesucht, die ihren Eingang im Hinnomtal bei Jerusalem besitzt. Dafür scheint dann die Vorstellung vom unterirdischen Ozean auszufallen. Weit droben schließt man auf mehrere (drei oder sieben) Himmel.

Das W. gleicht weithin dem babylon., nur daß es monotheistisch reduziert wird. Wie jenes ist es während des Jt.s, in dem das AT entstanden ist, mehrfach erweitert worden. Bis zur spätisraelit. Zeit dürfte etwa das auf S. 539 wiedergegebene Schema gelten. K.

Lit.: H. Gese, Die Frage des W.es, in: Zur bibl. Theologie, 1977, 202–222.

Weltenbaum. Der W. ist aus der germ. Religion bekannt (*Yggdrasil*). Ob der Baum im → Paradies (1Mose 2–3) ein W. ist, ist umstritten. Doch wird der altoriental. Großkönig mehrfach als W. dargestellt, unter dessen Schatten alle Lebewesen der Erde Schutz finden (Ez 31; Dan 4). (→ Lebensbaum.) K.

Weltende, Weltgericht → Eschatologie.

Weltherrschaft, Weltreich. Von der Überzeugung her, daß jede Autorität auf Erden sich von einer Autorität Gottes ableiten lassen müsse, hatte Altisrael entweder jedes menschliche Königtum abgelehnt (1Sam 8) oder dem eigenen davidischen Königtum, das man von einem → Sohn Gottes als dessen Stellvertreter auf Erden geleitet glaubte, W. zugesprochen (Ps 2,8; 72,8), ohne dies je zum politisch-militärischen Programm zu erheben. Als mit den Assyrern im 8. Jh. v. Chr. die erste, viele Nationen umspannende Großmacht der Menschheitsgeschichte auf den Plan trat, erkannten die Profeten in ihnen eine Zuchtrute Jahwes gegen »die Königreiche der Götzen« und gegenüber ihrem eigenen Volk, billigten ihnen jedoch keinen Anspruch auf dauernde Herrschaft über Jerusalem zu (Jes 10,5ff.). Erst dem neubabylon. Reich → Nebukadnezzars wird durch Jeremia im Namen seines Gottes »die ganze Erde in die Hand« gegeben (Jer 27,6) – auch Israel. Später weissagt Deuterojesaja (→ Jesajabuch) dem Perserkönig → Kyros, daß Jahwe ihn von Sonnenaufgang bis -untergang siegreich sein lassen werde (Jes 45,1–6).

Solche vereinzelten profetischen Weissagungen systematisierend, hat die → Apokalyptik eine Theorie von der gottgewollten Sukzession von vier Weltreichen (Vier-Monarchien-Lehre) ausgebildet. Nach dem Untergang des Königreiches Israel/Juda werden danach aufeinanderfolgen: (1) ein babylon., (2) ein med., (3) ein pers. und (4) ein griech.-mazedon. Weltreich; dann tritt das Weltende ein (Dan 2; 7). Später, nach dem Aufkommen der Römer, wurden (2) und (3) zu einem Weltreich zusammengefaßt, als (3) galt das Reich Alexanders d. Gr. und der Diadochen, und an die Stelle (4) rückte nunmehr das röm. Weltreich (4Esr 12,10ff.; Offb 13). K.

Weltschöpfung → Schöpfung.

Weltuntergang → Eschatologie.

Werg, beim Flachskämmen gewonnene Kurzfäden (Richt 16,9), die im Feuer rasch verbrennen (Jes 1,31). S.

Werk. 1. Als W. Gottes wird sein Handeln als Schöpfer (1Mose 2,2f.; Ps 8,4) sowie als Erhalter und Lenker von Welt und Geschichte (Jes 5,12.19; 60,21) bezeichnet. **2.** Gott fordert vom Menschen W.e, d. h. Taten des Gehorsams, die seinem im → Gesetz geoffenbarten Willen entsprechen (3Mose 18,5), und er vergilt ihm nach seinen W.en (Ps 62,13; Röm 2,6; 1Petr 1,17; Offb 2,23; 20,12f.; 22,12 u. ö.). Zu dieser allgemeinbibl. Vorstellung scheint sich Paulus auf den ersten Blick in Widerspruch zu befinden, wenn er behauptet, daß der Mensch nicht aus W.en des Gesetzes, sondern aus Glauben gerecht werde (Röm 3,28; 4,2; Gal 2,16 u. ö.), und wenn er W.-Gerechtigkeit geradezu als Inbegriff eigenmächtiger, gottloser Lebenshaltung des Menschen darstellt. Aber der Widerspruch ist nur scheinbar: Paulus wendet sich nicht gegen das W.

als Tat des Gehorsams, sondern nur gegen das W. als Versuch des Menschen, Gott gegenüber durch das Erheben eines ihn bindenden Anspruchs im Recht zu bleiben und sich gegen ihn eigenmächtig zu behaupten. R.

Werkzeug. Mit zunehmender Arbeitsteilung in der königlich-staatlichen Geschichte Israels nimmt auch die Differenzierung des W.s zu. Waren in der Frühzeit noch einfache W.e in der Hand eines jeden freien Israeliten selbstverständlich, so ist für das staatliche Israel zahlreiches Spezial-W. belegt. Baumeister, Maurer, Steinmetze und Zimmerleute benutzten Axt, Hammer, Meßschnur und Säge. Der Schmied gebrauchte Hammer, Amboß und Blasebalg. Der Goldschmied kannte darüber hinaus Zange, Meißel, Grabstichel und Schmelztiegel. Töpfer benutzten die schnelldrehende Töpferscheibe. O.

Wermut → Pflanzenwelt.

Wesen, in der Lutherbibel Übersetzung unterschiedlicher Wendungen: »Erscheinungsweise« (1Kor 7,31); »Urbild«, »Gestalt« (Hebr 10,1); »Lebendigkeit« (Offb 4,11). Vom W. Gottes im eigentlichen Sinne, d. h. von seinem Sein in unwandelbarer Heiligkeit, ist nur in Hebr 1,3 die Rede: Christus ist der »Abglanz« von Gottes W., d. h., er macht in seinem Reden und Handeln Gottes W. den Menschen zugänglich. R.

Wespe → Tierwelt.

Westjordanland → Palästina.

Wetter → Palästina.

Wettkampf, verbreitetes Bild für den Lebensweg des Christen (1Thess 2,2; 1Kor 9,24ff.; Phil 1,30; Kol 2,1; 1Tim 6,12). Es soll die nötigen Anstrengungen des Christen herausstellen. H. M.

Wicke → Pflanzenwelt.

Widder → Tierwelt.

Widersacher, Prozeßgegner (Mt 5,25 par Lk 12,58; Lk 18,3) oder, ganz allgemein, Feind. In zahlreichen Psalmen bitten angefochtene Beter (gerichtlich Angeklagte?) Gott um Errettung vor ihren W.n (z. B. Ps 17; 22; 69; 109), wobei diese zugleich als W. Gottes gesehen werden (→ Feind). Jesus gebietet die → Versöhnung mit dem W. (Mt 5,23–26); Ausgleich und → Vergebung zwischen Menschen wird von ihm als notwendige Folge der von Gott gewährten Vergebung bezeichnet (Mt 6,12; 18,21–35). Allerdings sieht sich die christl. Gemeinde in einem ständigen Kampf gegen menschliche W. (Lk 21,15) und widrige Gewalten (1Kor 16,9), hinter denen der → Satan steht, der Gottes Heilswerk einen letzten Widerstand entgegensetzen möchte (1Thess 2,4; 1Petr 5,8). Die Gemeinde weiß, daß dieser letzte W. bereits durch Christus bezwungen ist. Das gibt ihr Standhaftigkeit. R.

Wiedehopf → Tierwelt.

Wiederbringung aller, in Apg 3,21 die Wiederherstellung der paradiesischen Zustände als Erfüllung profetischer Weissagungen. → Origenes hat dies – nicht ohne neuplatonischen Einfluß – auf die endgültige Erlösung aller gefallenen geistigen Wesen bezogen, so daß es für keinen Menschen eine endgültige → Verdammnis gibt. Auf dem 5. Ökumenischen Konzil (553) wurde diese Auffassung verurteilt. Nichtsdestoweniger wird diese Auslegung bis heute von christl. Gruppen vertreten. H. M.

Wiedergeburt. Die alttest. Verheißung von der zukünftigen Erneuerung von Welt und Schöpfung durch Gott in der messianischen Zeit wird in Mt 19,28 mit dem griech. Begriff *palingenesia* »W.« aufgenommen. Aufgrund der Auferstehung Jesu sieht das → Urchristentum die W. bereits in der Gegenwart an den Christen durch die Verleihung des Geistes vollzogen (1Petr 1,3.23; 1Joh 2,29 u. ö.); und zwar wird die W. mit der → Taufe in Verbindung gebracht (Joh 3,3ff.), die nach Tit 3,5 als »Bad der W.« gilt. Die Anklänge dieser Aussagen an Vorstellungen der → Mysterienkulte sind sicher nicht ganz zufällig. R.

Wiederkunft Christi → Parusie.

Wiesel → Tierwelt.

Wild → Jagd.

Wildesel → Tierwelt.

Wildschwein → Tierwelt.

Wildstier → Tierwelt.

Wildziege → Tierwelt.

Wille. Die Bibel versteht unter »W.« nicht nur den gedanklichen Impuls zur Tat, sondern auch das zielgerichtete Handeln zu ihrer Verwirklichung. So ist Gottes W. immer der Ratschluß, der sich im Tun Gottes ausprägt und der darum sowohl an seinen Worten als auch an seinem Handeln abgelesen werden kann (z. B. Ps 33,11; Jes 5,19; 46,10ff.; Lk 7,30; Apg 2,23). Gottes Reich, das Jesus verkündigt, ist letztlich nichts anderes als die endgültige Durchsetzung seines W.ns (Mt 6,10). Aufgabe der Glaubenden ist es, durch Vollzug der Umkehr (→ Buße) die bisherige gottfeindliche Ausrichtung ihrer Existenz aufzugeben und sich zu Werkzeugen des Vollzugs des W.ns Gottes machen zu lassen, d.h. Gottes W.n zu tun (Apg 21,14; 1Petr 3, 17). R.

Windel, ein quadratisches Tuch mit einem Wikkelband, in welches das neugeborene Kind während der ersten sieben Tage fest gewickelt wurde (Lk 2,7.12; Ez 16,4). R.

Winter → Jahreszeiten.

Winterhaus, in Jer 36,22 als Teil der Palastanlage erwähnt; welche Gebäude mit dem in Am 3,15 genannten Sommerhaus und W. gemeint sind, bleibt unklar. S.

Wir-Bericht → Apostelgeschichte.

Wirtschaft. Vor der Seßhaftwerdung betrieben die Protoisraeliten als Kleinvieh-Nomaden (wie die → Erzväter) eine Eigen-W.: Schafe und Ziegen lieferten Milch, Wolle, Felle und Fleisch; der gesamte Lebensbedarf wurde selbst produziert. Nach der → Landnahme ist die israelit. W. im wesentlichen eine Agrar-W. Neben Ackerbau wurden Weinbau und Obstzucht betrieben. Auch diese W.s-Form war Eigen-W., bei der Produzent und Konsument identisch waren; dies gilt auch für die Herstellung der → Kleidung.
Die über den Eigenbedarf hinaus erzeugten Mehrprodukte wurden in den Städten verkauft. In der Königszeit erforderten die Hofhaltung und die sich allmählich vergrößernden Städte eine ständige Steigerung dieser Mehrprodukte. Teils wurden sie vom Staat in Form von Steuern und Abgaben eingezogen (1Kön 4,7ff.; 1Sam 8,15), teils gelangten sie über den Handel an den Verbraucher. Im Lauf dieser Entwicklung wird die Selbstversorger-W. aufgesprengt, und es entsteht eine Aufteilung zwischen Konsumenten und Produzenten, oft Großgrundbesitzern, welche die ersteren oft zu übervorteilen suchen (Am 8,5), um sich – verbunden mit anderen Maßnahmen – einen ständig wachsenden Marktanteil auf Kosten der Kleinbauern zu sichern.
Neben der Agrar-W. ist vor allem in den Städten das → Handwerk von Bedeutung: Töpferei (Jer 18,2ff.), Metallbearbeitung, daneben, wie Ausgrabungen zeigen, auch gewerbliche Weberei. Diese Spezialisierungen erforderten Güteraustausch und Handel, der auch im staatlichen Rahmen (1Kön 10,25ff.; 20,34) stattfand.
In hellenist. Zeit blieb die agrarisch-handwerkliche W.s-Ordnung im wesentlichen erhalten; nur der Flachsanbau im Jordantal, die Fischerei im See Gennesaret sowie der internationale Handel wurden stark intensiviert.
Der Umlauf der verschiedenen Währungen seit Aufkommen der → Geldwirtschaft und ihre durch Inflation stets schwankenden Kurse lassen eine Art Bankwesen entstehen (Mt 25,27; vgl. auch die → Wechsler am Tempel, Mt 21, 12). Vor allem die → Gleichnisse Jesu spiegeln die agrarischen W.s-Verhältnisse Palästinas wider. U.R.

Wissen → Erkennen, Erkenntnis.

Wissenschaft. Abstrakte W. wurde – anders als in Griechenland – in Israel nicht entwickelt. Das lag nicht an geistigem Unvermögen, sondern an einer anderen, nämlich ganzheitlichen Konzeption der sinnlichen Fähigkeiten des Menschen. → Erkennen ist im AT keine auf das Denken beschränkte Fähigkeit, sondern schließt alle sinnlichen Wahrnehmungsmöglichkeiten ein. So fehlt in der Bibel die für die Ausbildung der griech. Wissenschaft konstitutive Trennung von geistiger und körperlicher → Arbeit. Innerhalb der Totalität sinnlicher Wahrnehmung hat in Israel aber auch das beobachtende, sich erinnernde, klassifizierende Denken seinen Ort. So zeigt 1Mose 1 (→ Schöpfung) Interesse an klarer Differenzierung der Pflanzen und Tiere. Naturkunde ist auch ein wichtiges Element der → Weisheit, und zwar als Teil der Erfassung der den Menschen umgebenden, von Gott her zu verstehenden Weltordnung. Während Israel im Bereich der Natur beobachtend, ordnend, aber nicht kausal fragte, kam es im AT – lange vor den Griechen – zu einer → Geschichtsschreibung, die streng nach Ursachen und Wirkungen fragt. Doch geht es auch hier nicht um abstrakte oder gar wertfreie W., sondern um das Festhalten, Tradieren, Interpretieren konkreter Erfahrungen handelnder, leidender, schuldig werdender Menschen in der Geschichte Israels mit seinem Gott. J. E.

Witwe. Im AT wird nur selten eine konkrete Einzelperson als W. genannt (z. B. 1Mose 38,11); vielmehr ist der Begriff »W.« – sehr oft mit dem Begriff → »Waise« verbunden – eine Bezeichnung für die hilfsbedürftigste und am stärksten von Ausbeutung bedrohte Gruppe des Volkes Israel. Deshalb wird in Gesetzestexten der Schutz von W.n und Waisen gefordert (z. B. 2Mose 22,21), ebenso von den Profeten (z. B. Jes 1,17; Jer 22,3), die zugleich deren Vernachlässigung anprangerten (z. B. Jes 10,2; Ez 22,7). Im Gebet wird Gott als Schützer der W.n und Waisen angerufen (z. B. Ps 68,6). – Zuweilen ist »W.« ein Bild für eine zerstörte Stadt (Jes 47,8). S.

Woche, ein ohne Rücksicht auf die Monats- und Jahresanfänge fortlaufender Sieben-Tage-Zyklus. In Israel hat es ihn wohl erst in nachexilischer Zeit gegeben. Vorher beginnt der Sieben-Tage-Rhythmus am Neujahrstag von vorn (2Mose 34,18.21f.). Das AT hat nur für den siebten Tag, den → Sabbat, einen Namen (im NT wird das Wort »Sabbat« für »W.« gebraucht, z. B. Mk 16,2; 1Kor 16,2); in hellenist. Zeit kam die Bezeichnung → »Rüsttag« für den sechsten Tag auf. Eigentliche Wochentagsnamen – indem jedem Tag ein Planet als Regent zugeordnet wurde – sind erst seit dem 1. Jh. n. Chr. bei den Römern bezeugt. S.

Wochenfest, eintägiges Fest zum Abschluß der Weizenernte (2Mose 23,16; 34,22; 5Mose 16,9), an dem man die Erstlinge der Feldfrüchte darbrachte (3Mose 23,17). Von seinem Termin: 7 Wochen nach dem Pascha- und Mazzotfest, stammt auch die Bezeichnung »W.« (hebr. *chag-haschabuot* »Fest der Wochen«, 2Mose 34,22). Das W. hing eng mit dem → Pascha zusammen; es war wie dieses ein Wallfahrtsfest und schloß die Paschazeit ab. Wie das Pascha konnte es auf jeden Wochentag fallen. Nach 70 n. Chr. verschob sich der Festinhalt; das W. wurde zum »Schwurfest« (*chag-hasch*ᵉ*buot*), an dem man die Erneuerung des → Bundes vom Sinai feierte (Jub 6,17–22; 1QS 1,8–2,18). Manches spricht darüber hinaus dafür, daß schon zur Zeit Jesu die Sinaigesetzgebung besonderer Inhalt des W.es gewesen ist. Die griech. Bezeichnung *pentekoste* »fünfzigster (Tag nach dem Pascha)« setzte sich in hellenist. Zeit durch (Tob 2,1; 2Makk 12,32). Sie wurde zugleich Bezeichnung des neuen christl. Festinhalts (→ Pfingsten, → Ernte, Erntefest). R.

Wolf → Tierwelt.

Wolke. Die Bibel erwähnt W.n, abgesehen von ihrer meteorologischen Bedeutung, häufig im bildhaften Vergleich – etwa zur Kennzeichnung der Höhe (Ps 36,6) oder des Vergänglichen (Jes 44,22) – und in Schilderungen der → Theophanie und des Gerichtshandelns Gottes (z. B. Ps 18,10; Zef 1,15). Hinter der Tradition von der W.n- und Feuersäule bei der Wüstenwanderung Israels (z. B. 2Mose 13,21f.) könnte die Vorstellung eines Vulkanausbruchs stehen. S.

Wolle, mit Ausnahme der Priesterkleidung, die aus Leinen bestand, bevorzugtes Material für Kleidungsstücke und begehrte Tributleistung (2Kön 3,4). Das Weiß der W. (Ps 147,16) konnte als Bild der Unschuld dienen (Jes 1, 18). S.

Worfel → Wurfschaufel.

Wort Gottes. 1. In vorexilischer Zeit – 2. In nachexilischer Zeit – 3. Im NT.

1. Nach dem AT offenbart sich Gott als Grund alles Wirklichen dem Menschen durch bestimmte sprachliche Äußerungen, die Priestern oder Profeten eingegeben worden sind (→ Inspiration) und seitdem in Israel überliefert werden, um dem Menschen die Wahrheit seiner Existenz offenzulegen (→ Gott 3). Sosehr die sprachliche Selbstbekundung Gottes wesentlich ist, so wenig reicht sie aus, um Gott zu offenbaren. Der göttliche Ausspruch ist vielmehr mit dem geschichtli-

chen Ablauf in Beziehung zu setzen; erst aus der Zusammenschau beider ergibt sich für religiöse → Erfahrung, was Gott ist und will.
Einen alle sprachlichen Kundgaben Gottes umfassenden Begriff »W. G.« kennt das vorhellenist. AT noch nicht. Je nach der Weise des Geschichtsbezuges werden verschiedene Ausdrucksweisen gebraucht:
a) Hebr. *d^ebar jahwä* »das Wort [d. i. feierliche Rede] Jahwes« in der Einzahl meint die von den Profeten gern benutzte Gattung der Profezeiung sowie darüber hinaus jede Äußerung Gottes, die zukünftige geschichtliche Entwicklungen nicht nur vorhersagt, sondern »hervor«sagt. Der Ausdruck bedeutet nicht nur Information, sondern Dynamik. Das Wort Jahwes bewirkt, was es kündet (Jes 55,10f.; Jer 23,29). Gott selbst sorgt dafür, daß es sich »aufrichtet«, d. h. daß es sich in äußeren Ereignissen durchsetzt, »materialisiert«. Der vielzitierte Satz »Das W. G. bleibt in Ewigkeit« (Jes 40,8) meint eigentlich: Das W. G. setzt sich noch in ferner Zukunft durch. *d^ebar jahwä,* als Einheit verstanden, wird allmählich zum Inbegriff der Verheißung der eschatologischen Wende; nach dem Eintritt der endzeitlichen Erfüllung werden an ihrer Übereinstimmung mit dem vorausgegangenen W. G. nicht nur Israel, sondern die Völker »erkennen, daß ich der Herr bin«, wie es insbesondere Gott bei Ezechiel betont.
b) »Die Worte« oder »Worte Jahwes« in der Mehrzahl weisen auf apodiktische Verbote wie die Zehn Gebote hin (2Mose 20,1), die Grenzen um göttliche Stiftungen markieren, welche Menschen nicht übertreten dürfen, wenn sie aus dem »Weg« der Heilsgeschichte nicht herausfallen wollen. Diese Art von W. G. gehört eng mit dem → Fluch zusammen; dessen Intention ist es ebenfalls, möglichst nie geschichtliche Realität zu werden; es sei denn, die Menschen verfehlen sich und lösen dadurch die Fluchwirkungen für sich aus.
c) Rechtssätze für das Alltagsleben (*mischpatim*) oder die rituelle Weisung (*tora*) bringen ein W. G., das Menschen aufzurichten, zu tun und geschichtlich durchzusetzen haben, um damit ihr Leben gelingen zu lassen, aber auch den Weg Gottes auf Erden weiterzuführen. Seit dem → Deuteronomium wird hiermit der → Segen verbunden (der vorher in die Nähe von a) gehörte).
d) Die Sprüche der → Weisheit stammen ebenfalls von Gott, sind aber (in vorexilischer Zeit) Ratschläge, die der Mensch befolgen mag, wenn er Erfolg haben will, die er aber auch lassen mag, ohne dadurch Sünde zu begehen.
2. In nachexilischer Zeit bildet sich ein Begriff → *tora* als »Willensoffenbarung Gottes« aus, der 1 b) und 1 c) vereinheitlicht, aber auch jene Elemente aus 1 a) aufnimmt, die in die Frühzeit der Heilsgeschichte gehören. *tora* wird Name für den Pentateuch (→ Mosebücher) und darüber hinaus für das Gesetz Gottes überhaupt. Vom → Sirachbuch an wird *tora* auch mit 1 d) verbunden, aber so, daß die hebr. Tora als eine, wenn auch die wichtigste, Ausprägung der schöpfungsumspannenden Weisheit verstanden wird (Sir 24). Erst bei den Rabbinen kehrt sich das Verhältnis um, und Weisheit wird zu einer Ausprägung der Tora. Anders läuft die Entwicklung in der → Septuaginta und der israelit. Diaspora, wo sowohl das profetische wie das gesetzliche und weisheitliche W. G. mit dem (bei den Philosophen beliebten) griech. Begriff → *logos* übersetzt werden, was vernünftige menschliche Rede und Weltvernunft in einem bedeutet.
3. a) Im NT wird zunächst der nachexilische alttest. Sprachgebrauch weitergeführt, wonach »W. G.« die in der Tora und den profetischen Schriften niedergelegte Willensoffenbarung Gottes ist. So ist vielfach von einem Sprechen Gottes in der Schrift oder in einzelnen alttest. Büchern die Rede (z. B. Mt 1,22; 2,15; 2Kor 6,2; Hebr 1,5; Jak 2,11). Hingegen werden weder die Schrift als ganze noch einzelne bibl. Bücher als W. G. bezeichnet.
b) Zentraler und theologisch bedeutsamer ist jedoch die Bezeichnung der eschatologischen Heilsbotschaft als »W. G.« oder, was sachlich gleichbedeutend ist, als »das Wort«. Hier wird das schöpferisch-dynamische Verständnis des W.es G. bei den Profeten (1 a) wiederaufgenommen und auf einer neuen Ebene weitergeführt. Als die Kundgabe Gottes, durch welche die neue, endzeitliche Wirklichkeit des → Reiches Gottes heraufgeführt wird, ist »W. G.« inhaltlich gleichbedeutend mit → *Evangelium.* Jesus selbst verkündigt »das W.« (Mk 2,2; 4,33), er ist aber vor allem, indem sich durch ihn das Heilsgeschehen verwirklicht, selbst Inhalt des W.es G. (1Thess 2,13).
c) Von daher entwickelt sich im Urchristentum ein mehr technischer Sprachgebrauch: »W. G.« oder »das W.« wird zur pauschalen Bezeichnung

für die christl. Heilsbotschaft (Apg 4,31; 6,7). »Das W. annehmen« kann so gleichbedeutend werden mit »Christ werden« (Apg 8,14), und der durch bestimmte Amtsträger vollzogene Verkündigungsdienst kann »Dienst des W.es« heißen (Apg 6,4).

d) Eine Sonderstellung innerhalb des NT nehmen die Aussagen über Christus als das präexistente, bei der Weltschöpfung beteiligte W. G. im Prolog des Johannesevangeliums (Joh 1,1–18) ein. Sie nehmen jene Traditionslinie des hellenist. Judentums auf, welche die → Weisheit oder das W. G., den → Logos, als neben Gott stehendes, seinen Schöpferwillen repräsentierendes Mittlerwesen verstanden hatte. Indem Johannes Christus mit dem Logos identifiziert, will er deutlich machen: Durch ihn vollzieht sich in personhafter Weise sowohl Gottes Selbstzuwendung zur Welt im anfänglichen Akt der Schöpfung als auch im endzeitlichen Geschehen der Heilsoffenbarung. Die dt. Übersetzung mit »Wort« ist, wie Goethes *Faust* mit Recht bemängelt, diesem Sachverhalt nicht adäquat. K./R.

Lit.: G. Delling, W. G. und Verkündigung im NT, 1971.

Worte Jesu. Die Sammlung und Überlieferung von W.n J. setzte schon sehr früh ein, möglicherweise sogar schon während seines Erdenwirkens. Jesus hat zwar, anders als die jüd. Schriftgelehrten, seine Jünger seine Lehren und W. nicht wörtlich memorieren lassen, doch galten diese im Kreise seiner Anhänger als verbindlicher Ausdruck seiner Autorität und wurden darum, so gut es ging, aufbewahrt und weitergegeben. So verweist Paulus zur Entscheidung strittiger Fragen auf W. J. als auf letzte Instanzen (1Kor 7,10; 9,14; 11,23; 1Thess 4,15). Bindung an die Autorität J. und Freiheit gegenüber der Überlieferung schlossen sich dabei nicht aus: Vielfach hat das Urchristentum W. J. so abgewandelt, daß sie auf inzwischen neu entstandene Probleme und Situationen anwendbar wurden, die dadurch der Autorität J. unterstellt wurden.

Bei der Sammlung von W.n J. reihte man meist W. zu bestimmten Themen unmittelbar aneinander. Häufig ist auch der Stichwortanschluß: Ein Wort, in dem ein zentraler Begriff erscheint, wird an ein anderes mit dem gleichen Begriff angefügt. Nur indirekt, wenn auch mit großer Wahrscheinlichkeit, läßt sich die Existenz einer umfangreichen Sammlung von W.n J. in Palästina und Syrien in der Zeit nach 50 erschließen. Diese Spruch- oder → Logienquelle, die in verschiedenen Fassungen umgelaufen sein dürfte, lag als Quelle dem Matthäus- und Lukasevangelium zugrunde; vor allem in den großen Redenkompositionen Mt 5–7 (→ Bergpredigt); 9,35–10,42; 24–25 schimmern ihr Stil und ihre Eigenart noch durch. Erst Matthäus und Lukas haben die Überlieferung der W. J. mit der der Taten J. verbunden, die sie hauptsächlich dem Markusevangelium entnahmen. Die Überlieferung der Taten J. ging nämlich andere Wege und folgte anderen Gesetzmäßigkeiten. Nur so ist es zu erklären, daß das Markusevangelium wenige W. J. enthält. R.

Lit.: H. Schürmann, Traditionsgeschichtliche Untersuchungen zu den synoptischen Evangelien, 1968.

Wortspiel, die Zusammenstellung ähnlich lautender Wörter von unterschiedlicher Bedeutung (z. B. Jes 5,7). Besonders häufig erscheint im AT das W. mit Orts- und Personennamen – einerseits in den erzählenden Büchern als Namensätiologie, durch die der Name eines Menschen oder Ortes erklärt werden soll (z. B. 1Mose 11,9; 17,5), andererseits bei den Profeten, für die sich im Namen das böse Schicksal eines Ortes enthüllt (z. B. Jer 48,2; Mich 1,10–15). S.

Wucher, unerlaubtes Nehmen von → Zins. Da es im alten Israel verboten war, vom Volksgenossen Zins zu nehmen, galt dieser als W. und wird in den Bibelübersetzungen auch manchmal so bezeichnet (Neh 5,7; Ps 109,11). Außerdem übersetzte die ältere Lutherbibel mit »W.« ein hebr. Wort, das eine spezielle, nicht näher bekannte Form des Zinses (»Aufschlag«, »Zuschlag«) meint (z. B. 3Mose 25,36f.). – In den christl. Kirchen galt es aufgrund dieser Gebote bis in die Neuzeit hinein für verboten, daß Christen bei Geldgeschäften voneinander Zins forderten. S.

Wunder. 1. Begrifflichkeit – 2. AT – 3. NT.

1. Die Bibel hat keine einheitliche Bezeichnung für »W.« Sie spricht u. a. von »Zeichen«, »Machttaten«, »Großtaten« und »staunenerregenden Dingen«.

Wenn der moderne Mensch von W.n spricht, so denkt er zunächst an Vorgänge, welche die Naturgesetze durchbrechen und die darum für ihn, soweit er dem Kausalitätsdenken des modernen

Weltbildes verpflichtet ist, letztlich undenkbar sind. Will man bibl. W.-Berichte verstehen, so muß man sich klarmachen, daß hinter ihnen eine Wirklichkeitserfahrung steht, die nicht durch den Kanon der Naturgesetze eingegrenzt war. Dem antiken Menschen galten alle Ereignisse als W., in denen er das Wirken göttlicher oder dämonischer Kräfte zu spüren meinte. Er fragte nicht nach der naturwissenschaftlichen Möglichkeit oder Unmöglichkeit dieser Ereignisse, sondern nach dem Wesen der sich in ihnen manifestierenden Kräfte und Mächte. Die Bereitschaft, ihm begegnende Vorgänge so als Hinweise auf übernatürliche Mächte zu begreifen, mußte notwendig zu einer Qualität des Erlebens führen, die sich grundsätzlich von der des modernen Menschen unterscheidet. Mit diesem Hinweischarakter des W.s hängt es aber auch zusammen, daß der antike Mensch mit einer für uns erstaunlichen Unbefangenheit das W. als erzählerisches Darstellungsmittel einsetzen konnte, wenn es ihm um die Veranschaulichung des Göttlichen ging.

2. Unter den W.-Taten Jahwes, die das AT nennt, stehen an erster Stelle die großen Ereignisse des→ Auszugs und der Wüstenzeit: So sind die → Plagen, mit denen Jahwe die Ägypter schlägt, und die Errettung am → Schilfmeer (2Mose 7–14) Erweise seiner Überlegenheit über die Götter Ägyptens; die → Manna-Speisung in der Wüste (2Mose 16) gilt als Zeichen für Jahwes Treue gegenüber seinem Volk. Mit der Vorstellung von der alleinigen Wirksamkeit Gottes in Natur und Geschichte hängt es zusammen, daß das AT nur selten und mit großer Zurückhaltung von menschlichen W.-Tätern spricht. Die einzige nennenswerte Ausnahme bilden die volkstümlichen → Legenden von den Profeten → Elija und → Elischa (1Kön 17–20; 2Kön 1–2; 4–8).

3. Das NT enthält eine große Zahl von Berichten über W. Jesu in allen vier Evangelien. Darüber hinaus erzählt die→ Apostelgeschichte von W.n der Apostel. Aufgrund formaler und thematischer Kriterien lassen sich im NT folgende Gruppen von W.-Geschichten unterscheiden: a) *Exorzismen* (Mk 1,23–27; 5,1–20; 9,14–27), die vom Kampf Jesu mit einem Dämon handeln und ihre Pointe im Sieg Jesu über widergöttliche Mächte haben. b) *Heilungen* (z. B. Mk 1,29–31.40–45; Mt 8,5–13), bei denen der Akzent auf der helfenden Zuwendung Jesu zu leidenden Menschen liegt. c) *Rettungswunder* (z. B. Mk 4,36–41; 6,31–44; 8,1–9), deren Thema die Rettung von Menschen aus akuten äußeren Notlagen und vor feindlichen Naturgewalten ist, wobei sich das W. an sachlichen Gegenständen wie Wind, Wellen, Schiffen und Nahrungsmitteln vollzieht. Darüber hinaus ergibt die literarkritische, formgeschichtliche und religionsgeschichtliche Analyse, daß die neutest. W.-Erzählungen weithin von zeitgenössischen volkstümlichen Vorstellungen beeinflußt und durch bestimmte Gesetzmäßigkeiten mündlicher Überlieferung geprägt worden sind. So hat man Motive der Elija- und Elischageschichten aus dem AT (vgl. Mk 6,41–44 mit 1Kön 17,8–16), Züge aus hellenist. W.-Geschichten sowie auch mythische Motive auf Jesus übertragen. Vielfach hat die Überlieferung W. gesteigert (vgl. Mt 20,30 mit Mk 10,46) oder ursprünglich nicht wunderhafte Vorgänge in W. verwandelt (vgl. Lk 22,51 mit Mk 14,47).

Dennoch bleibt ein historisch faßbarer fester Kern. Es ist unbestreitbar, daß Jesus Taten vollbrachte, die von den Zeitgenossen als W. erlebt wurden; man wird in erster Linie an psychosomatische Heilungsphänomene zu denken haben. Jesus stellte sie in den Zusammenhang seiner Botschaft von der Nähe der → Herrschaft Gottes; sie sollten Zeichen sein für die Entmachtung der Mächte des Bösen in der Endzeit (Mt 12,28 par Lk 11,20) und für das verheißene Heilwerden der gesamten Schöpfung (Mt 11,5). Jesus setzte sie jedoch nicht propagandistisch ein: W. können seine Vollmacht nicht beweisen (Mk 8,11ff.), denn sie sind in sich zweideutig und können vom Unglauben auch auf dämonische Mächte zurückgeführt werden (Mk 3,22). Ihr Sinn erschließt sich allein vom Glauben an Jesu Wort her. – Analog galten dem Urchristentum W. als Zeichen für das die Endzeit vorwegnehmende Wirken des Geistes in der Gemeinde (Gal 3,5; Hebr 2,4). R.

Lit.: G. Delling, Das Verständnis des W.s im NT, in: Studien zum NT und zum hellenist. Judentum, 1970, 146–159; G. Theißen, Urchristl. Wundergeschichten, 1974; J. Roloff, Neukirchener Arbeitsbücher – NT, 1977, § 6.

Wurfmaschine → Waffen.

Wurfnetz → Netz.

Wurfschaufel, Handwerkszeug des Landmanns, womit er nach der Ernte das Getreidekorn von der Spreu schied (Jes 30,24). Sie ist – wie auch der Vorgang des → Worfelns – ein Bild des Gerichts (Jer 15,7; Mt 3,12). S.

Würgeengel. Als »W.« bezeichnet die Zürcher Bibel den »Verderber« von 2Mose 12,23, der die Erstgeburt Ägyptens tötet, und den Engel von 2Sam 24,16, »der unter dem Volk von Jerusalem würgte«. In ähnlicher Rolle erscheint z. B. der Engel, der das assyr. Heerlager vernichtet (2Kön 19,35). Ursprünglich war der W. wohl als ein Mitternachtsdämon vorgestellt. S.

Wurm → Tierwelt.

Würze → Pflanzenwelt.

Wurzel. Die Bibel spricht von der W. oft im übertragenen Sinne (z. B. Jes 5,24; Röm 11,16–18); so wird in Jes 11,1 die Dynastie Davids mit einer W., einem abgehauenen Stumpf, aus dem neues Leben erwächst, verglichen. S.

Wüste. Das Hebräische macht keinen klaren Unterschied zwischen der Steppe, deren Vegetation noch als Viehweide genutzt werden kann (z. B. 1Mose 37,22; Jer 9,9), und der an diese angrenzenden W. (z. B. Jer 2,2), die im Umkreis Palästinas fast nirgends eine Sand-W. ist, sondern meist ein Kalksteingebiet mit einer dünnen Humusschicht und vereinzelten Sträuchern. Es handelt sich dabei um die syr.-arab. W. im Osten (z. B. 4Mose 21,11) und die Sinai-W. im Süden (z. B. 1Mose 14,6), die nach Norden von der »W. Juda« (z. B. Richt 1,16; Mt 3,1) fortgesetzt wird. S.

Wüstentiere → Tierwelt.

Wüstenwanderung. Die Überlieferung der W. in 2Mose 15,22–19,2; 4Mose 10,11–21,20 ist das Ergebnis überlieferungsgeschichtlicher Kombinationen und setzt in den Verzeichnissen der im einzelnen kaum noch zu identifizierenden Stationen die Verbindung der Überlieferung des → Auszugs mit der vom → Sinai voraus.
Historisch ist noch zu erkennen, daß die Auszugsgruppe nicht entlang des von den Ägyptern befestigten und bewachten Weges an der Küste zog (2Mose 13,17f.), sondern weiter südl. durch die Sinaiwüste zur Oase von → Kadesch. Vermittelt durch → Mose, den Führer auf der W., kam es hier zu einer Begegnung mit den Jahwe verehrenden → Midianitern und zur Übernahme der Jahweverehrung durch die Auszugsgruppe. Von Kadesch aus zog die Gruppe ins Gebiet östl. des Wadi Araba, durch das Ostjordanland ins Westjordanland.
Die Überlieferung der W. ist aufgefüllt worden durch Erzählungen, die mit der historischen W. nichts zu tun haben, sondern Erfahrungen halbnomadischer Vorfahren Israels in der Wüste widerspiegeln oder durch den Kontakt seßhafter israelit. Sippen mit Halbnomaden vermittelt wurden. Dazu sind vor allem die Erzählungen der wunderhaften Speisungen durch → Manna und → Wachteln (2Mose 16; 4Mose 11) und der Hervorbringung von Wasser aus Felsen (2Mose 17,1ff.) zu rechnen. Hinzu kommen Erzählungen, die Erfahrungen von Sippen des Stammes → Juda mit nomadisierenden Bewohnern der Wüste wie den → Amalekitern (2Mose 17,8ff.) als Kern haben, und ursprüngliche Erzählungen von Aktionen der → Landnahme (4Mose 13f.; 21,1–3). Der → Jahwist hat durch Verbindung mit einem Itinerar diese Überlieferungen zu Erzählungen der W. uminterpretiert. O.

Lit.: V. Fritz, Israel in der Wüste, 1970.

X

Xenios (griech., »der Gastfreundliche«), Beiname des Zeus. Nach 2Makk 6,2 wurde der Tempel der Samaritaner dem Zeus X. geweiht. R.

Xerxes, hebr.(-griech.) *Ahasver(os),* X. I. (486–465 v. Chr.), pers. Großkönig aus dem Geschlecht der → Achämeniden. X. schlug alsbald nach seiner Thronbesteigung die schon unter seinem Vater → Darius I. ausgebrochenen Aufstände in Ägypten (485 v. Chr.) nieder und drei Jahre später auch eine Empörung in Babylonien. Sein Versuch, das pers. Weltreich bis nach Griechenland auszuweiten, mißlang (Niederlagen bei Salamis und Mykale, 480 und 479 v. Chr.). X. zog sich danach ins pers. Susa zurück. Dort und vor allem in Persepolis (u. a. Vollendung des Palastbaues) entfaltete er in den folgenden Jahren eine reiche Bautätigkeit. Die Religion des Königs scheint von Zarathustra beeinflußt gewesen zu sein (→ Iranische Religion). Nach dem Buch → Ester heiratete X. eine Judäerin als Hauptfrau, was sich aus pers. Nachrichten nicht belegen läßt. – Erst seit dem 17. Jh. wird Ahasveros zum Inbegriff für den ruhelos wandernden Ewigen Juden. K.

Y

Ysop, beim Reinigungsopfer verwendetes Pflanzenbüschel (3Mose 14,4.6; → Pflanzenwelt). Nach Joh 19,29 wurde ein mit Wein getränkter Schwamm auf einen Y.-Stengel gesteckt, um den am Kreuz hängenden Jesus mit Essig zu tränken. H. M.

Z

Zabulon → Sebulon.

Zacharias, griech. Form des hebr. Namens → *Sacharja.* **1.** Vater Johannes' des Täufers, Angehöriger einer der 24 Priesterklassen, die je eine Woche Tempeldienst verrichteten (Lk 1,5ff.). Er wird als gesetzesstrenger Mann geschildert. **2.** Nach Mt 23,35 par Lk 11,51 wurde ein Profet Z. im Tempel ermordet; seine Identifikation ist unsicher (→ Berechja). H. M.

Zachäus (von aram. *sakkaj* »der Reine«). **1.** Offizier des Judas Makkabäus (2Makk 10,19). **2.** Oberzöllner aus Jericho, in dessen Haus Jesus einkehrte (Lk 19,1–10). R.

Zadok, Oberpriester in Jerusalem unter David und Salomo. Er taucht im alttest. Bericht sehr überraschend neben dem altgedienten Ladepriester Abjatar auf und scheint diesem sogar vorgeordnet zu sein (2Sam 15,24–29). Seine Herkunft wird nicht genannt – vermutlich weil er Oberpriester des kanaan. Stadtgottes von Jerusalem gewesen, dann aber zum Jahweglauben übergetreten war. Bei den Streitigkeiten um die Thronnachfolge Davids stellte er sich – im Gegensatz zu Abjatar – auf die Seite Salomos und wurde dadurch der oberste Priester (1Kön 1; 2,35). Später galt er als Ahnherr der Jerusalemer Priesterschaft, die sich »Söhne Z.s« nannte (Ez 40,46; 44,15). Deshalb erhielt Z. nachträglich die Legitimation als echter Israelit, indem man ihn zum Sohn Ahitubs und damit zum Nachkommen Elis machte (2Sam 8,17) und schließlich seinen Stammbaum auf Eleasar, den Sohn Aarons, zurückführte (1Chr 5,34). – Andere Träger des Namens Z. werden z. B. 2Kön 15,33; 1Chr 5,38 erwähnt. S.

Zafon. 1. Ort im Ostjordanland (Jos 13,27), nach dem vielleicht die Sippe der Zifjoniter benannt ist (1Mose 46,16; 4Mose 26,15). **2.** → Gottesberg. S.

Zahlenspruch, Stilform der altoriental. → Weisheit. Die Nebeneinanderstellung bedeutungsvoller Zahlen »drei Dinge, ja vier«, »sieben Male, ja acht« u. ä. bringt zusammengehörige oder vergleichbare Vorgänge in ein Ordnungsgefüge (Am 1; Spr 30,15ff.). K.

Zahlensymbolik. Über den Zählwert hinaus hat die Zahl in der Bibel oft eine übertragene Bedeutung: → Vier, → Sieben, → Zehn, → Zwölf (Dreizehn ist in der Bibel keine Unglückszahl), → Vierzig, → Siebzig. Im Alten Orient und in der griech. Antike ist die Z. stärker verbreitet als in Israel, weil Glücks- und Unglückszahlen im → Polytheismus eine größere Rolle spielen. U. R.

Zahlungsmittel. In der Naturalwirtschaft dienen als Z. Tauschgüter (auch im internationalen → Handel, vgl. 1Kön 5,24f.). In der → Geldwirtschaft sind Z. allgemeine Wertmesser für Waren und Leistungen. Als Z. waren im Alten Orient zunächst → Metalle (→ Gold, → Silber, → Kupfer) in Gebrauch, erst seit dem 7. Jh. v. Chr. → Münzen. J. E.

Zahn. Die Bibel erwähnt den Z. fast durchweg im bildlich-übertragenen Wortgebrauch. Das Bild vom »Zähneklappern« (z. B. Mt 8,12; 13,42) beschreibt die Hölle als einen Ort schauriger Kälte, während das danebenstehende »Heulen« auf die Vorstellung zurückgehen dürfte, in der Hölle sei es furchtbar heiß. S.

Zalmon. 1. In Richt 9,48 Name eines sonst unbekannten Berges bei Sichem. **2.** Name eines – vielleicht anderen – Berges in Ps 68,15. **3.** Einer der Helden Davids (2Sam 23,28). S.

Zalmunna, ein von Gideon besiegter und getöteter Fürst der → Midianiter (Richt 8,4–21). S.

Zaphon → Zafon.

Zarathustra → Iranische Religion.

Zarpath → Sarepta.

Zauberei, Praktiken »schwarzer« → Magie, die illegitim zu subjektivem Eigennutz verwendet werden, aber der menschlichen Gemeinschaft schaden und von den Gottheiten verabscheut werden (im Unterschied zur weißen, legitimen Magie). Z. ist im AT verboten (2Mose 22,17, vgl. Jes 47,8ff.), da ihre zwingend gedachte Wir-

kung in Gegensatz zu Jahwes Anspruch auf Allmacht steht. Israel ist aufgrund seiner Verbindung mit Jahwe überzeugt, daß jede Z. am Volk unwirksam abprallt (4Mose 23,23).
Auch das NT lehnt Z. strikt ab. Einen plastischen Eindruck von der Wirkung, die der Einbruch des Christentums in die der Faszination zauberischer Praktiken verfallene spätantike Welt hatte, gibt die Szene Apg 19,18f.: Die durch Paulus zum Glauben gekommenen Einwohner von Ephesus verbrennen ihre Zauberbücher (vgl. auch Offb 21,8; 22,15). Auseinandersetzungen mit Z. und Zauberern scheinen in der frühen Missionsgeschichte eine große Rolle gespielt zu haben. So erscheinen im NT→ Simon Magus (Apg 8,9–25) und Elymas (Apg 13,6–12) als Kontrahenten der christl. Missionare. U. R. / R. / K.

Zebaot, ein hebr. Wort, das »Heere«, »Heerscharen« bedeutet und im AT sehr oft als Bestandteil einer Gottesbezeichnung – meist »Jahwe (Gott) Z.« – erscheint. Umstritten ist, ob sich dabei das Wort »Z.« auf die Heere Israels oder auf überirdische Heerscharen (Gestirne, Engel, Dämonen oder mythische Naturmächte) bezieht oder ob es hier die Sonderbedeutung »Mächtigkeit« hat (»Jahwe der Mächtigkeit«, d. h. Jahwe der Allmächtige). Der Name »Jahwe Z.«, der ursprünglich mit der→ Lade verbunden war (z. B. 1Sam 4,4), dient in profetischen Texten vor allem dazu, die ganze Machtfülle Jahwes herauszustellen. Das NT nimmt »Herr (Gott) Z.« in die liturgische Sprache auf; von da geht die Gottesanrufung in den kirchlichen Brauch über. S.

Zebedäus (von hebr. *zabdiel* »Geschenk Gottes«), Vater der sog. Zebedäussöhne (Zebedaiden) Johannes und Jakobus d. Ä., die Jünger Jesu und Glieder des Zwölferkreises waren (Mk 1,19 par). Die Mutter der Zebedäussöhne wird in Mt 20,20; 27,56 erwähnt; sie ist jedoch schwerlich mit der in Mk 15,40 genannten Salome identisch. R.

Zeboïm. 1. Tal in der Wüste Juda (2Sam 13,18). **2.** Ort in Benjamin (Neh 11,34). S.

Zebojim, Ort in der Gegend des Toten Meeres (z. B. 1Mose 10,19). S.

Zedekia → Zidkija.

Zeder → Pflanzenwelt.

Zefanja. 1. Profet, der im letzten Drittel des 7. Jh.s v. Chr. in Juda zur Zeit des Königs Joschija wirkte (Zef 1,1) und zwar wird er vor der Kultreform Joschijas aufgetreten sein, denn seine im→ Zefanjabuch überlieferte Verkündigung setzt voraus, daß in Juda noch die unter Joschijas Großvater Manasse eingerissenen Mißstände herrschten. **2.** Einflußreicher Priester zur Zeit Zidkijas, des letzten Königs von Juda (z. B. Jer 21,1; 2Kön 25,18). S.

Zefanja-Apokalypse, fragmentarisch überlieferte jüd. Apokalypse, inhaltlich mit der→ Petrus-Apokalypse verwandt. R.

Text: Rießler, 168–177.

Zefanjabuch, in drei Abschnitte gegliedertes profetisches Buch: Der erste (Zef 1,1–2,3) enthält Drohworte gegen Juda und Jerusalem, der zweite (Zef 2,4–15) Drohworte gegen andere Völker, der dritte (Zef 3) hauptsächlich Verheißungen. Dieser Aufbau stammt nicht von dem Profeten → Zefanja, sondern aus späterer Zeit. Auch gehen die im Z. gesammelten Aussprüche nur z. T. auf Zefanja selbst zurück, so u. a. die Drohworte gegen den Götzendienst in Juda, gegen die Ausländerei am Königshof, gegen die kaufmännische Oberschicht, gegen die satten Spötter (Zef 1,4f.8f.10f.12f.) und gegen die Beamten und Priester in Jerusalem (Zef 3,1–4). Wegen ihrer Taten, so verkündet Zefanja, wird Jahwe Unheil über die Bewohner Jerusalems und Judas bringen; diese Unheilsverkündigung gipfelt in dem hymnischen Lied vom »Tag Jahwes« (Zef 1,14–16), das zum Vorbild für den altkirchlichen Gesang *Dies irae* wurde. Hoffnung gibt es, wie der Profet in dem Mahnwort Zef 2,1–3 verkündet, nur für die Demütigen. – Andere Abschnitte des Z.es sind erst später, in der Zeit des Exils oder danach, entstanden. Dazu gehört die Ankündigung weltweiten, über alle Menschen ergehenden Unheils (Zef 1,2f.17f.; 2,11) und die das Buch abschließende Heilsbotschaft für Jerusalem (Zef 3,14–20). S.

Lit.: K. Elliger, Das Buch der zwölf kleinen Propheten II, ^{7}1975 (ATD 25); A. Deissler, Zwölf Propheten III, 1988 (NEB); K. Seybold, Nahum. Habakuk. Zefanja, 1991 (ZBKAT 24,2).

Zehn, wegen der 10 Finger Merkzahl, so bei den Z. Geboten; außerdem oft runde Zahl (z. B. die → Plagen in 2Mose 7–10; die Tage der Verfolgung in Offb 2,10; vgl. ferner 1Mose 31,7; Lk 15,8; 19,13). S.

Zehn Gebote → Dekalog.

Zehnstädte → Dekapolis.

Zehnte. Das AT enthält mehrere voneinander abweichende Vorschriften über den Z.n. Nach der einen mußte der zehnte Teil des Getreide-, Wein- und Ölertrags am Tempel zu Jerusalem verzehrt werden (z. B. 5Mose 14,22f.); vorausgesetzt ist wohl, daß man einen Teil an das Tempelpersonal abzuzweigen hatte. In jedem dritten Jahr kam der Z. den Armen des jeweiligen Ortes zugute (5Mose 14,20). Nach einer anderen Vorschrift war der Z. den am Tempel tätigen Leviten zu entrichten, die ein Zehntel davon den Priestern abgaben (4Mose 18,21–28). S.

Zehntel → Maße und Gewichte.

Zeichen, anschaulicher Hinweis auf einen Gegenstand oder ein Geschehen. Im AT: Feld-Z. (4Mose 2,2), Denkmal (Jos 4,6), Machttat Jahwes (2Mose 10,1f.; Richt 6,17ff.; 5Mose 4,34), Orakel-Z. (1Sam 14,10). In der profetischen → Symbolhandlung tritt das Z. neben das Wort (Ez 12). Das NT nennt die → Wunder Jesu und der Apostel »Z«., denn es versteht sie als Taten, die hinweisen auf den sich durch Jesus und seine Boten vollziehenden Einbruch der endzeitlichen Herrschaft Gottes, seines → Reiches. Allerdings bleiben diese Z., für sich selbst genommen, mehrdeutig; ihr Sinn erschließt sich nur innerhalb der personalen Beziehung des → Glaubens. So lehnt Jesus die Z.-Forderung seiner Gegner, d. h. ihre Forderung nach einem eindeutig seine Vollmacht legitimierenden Beweis, ab (Mk 8,11f.; Lk 11,29f.): Das einzige Z., das dem Unglauben gegeben wird, ist der Bußruf Jesu (Lk 11,30). Umgekehrt stellt das → Johannesevangelium nachdrücklich die Bedeutung der Taten Jesu als Z., die dem Glauben gegeben sind, heraus (Joh 2,11; 6,2.26; 20,30). U. R. / R.

Zeichendeuter (so die Lutherbibel für hebr. *jidd^{e}oni*), Wort unsicherer Bedeutung, das nur im Zusammenhang der → Totenbeschwörung auftritt (2Kön 21,6; 23,24; Jes 8,19; 19,3). Indem das AT sie verbietet (3Mose 19,31), grenzt es sich gegen eine in anderen Völkern übliche Art von → Zauberei ab (5Mose 18,10). U. R.

Zeit. 1. Erlebte Z. – 2. Z., Gott und Geschichte im AT.

1. Für modernes Bewußtsein ist Z. eine aus dem Unendlichen kommende und ins Unendliche laufende gleichmäßige Linie, auf der sich ein grundsätzlicher Unterschied dadurch ergibt, daß der Betrachter seinen Standort als (punktuelle) Gegenwart von einer Vergangenheitslinie nach rückwärts und einer Zukunftslinie nach vorwärts scheidet. Die hebr. Auffassung von Z. gründet dagegen nicht in physikalischer Zeitmessung, sondern im Z.-Erleben. Für jeden von uns hat die Lebens-Z. einmal angefangen; seitdem gibt es in der Vergangenheit Jahre und Jahrzehnte, die für unsere Erinnerung zusammenschrumpfen, mehr oder minder belanglos scheinen, während uns andere Epochen wie die Schul- oder Kriegs-Z. belangreich vorkommen und deshalb viel nachhaltigere Spuren in unserem Gedächtnis hinterlassen. Gleiches gilt für gesellschaftliche Gruppen und das Bewußtsein der Völker. Von solchen Beobachtungen her begreift sich, daß Z. für das AT eine qualitativ erfüllte Größe und nicht eine homogene Quantität ist. Der Tag wird durch Licht konstituiert, die Nacht durch Finsternis, nicht durch ein abstraktes Maß von Stunden. Das Jahr läuft aus im Herbst, im Frühjahr kehrt es wieder, lebt neu auf (1Mose 18,10). Die Tage aber sind funktional in ihrem Gehalt zu ihrer Stellung im Jahr, bündeln sich zu Z.en des Regens, der Ernte, wechseln gegensätzlich ab: Z. für Geburt, Z. für Tod. Das Z.-Ganze (hebr. *olam*; → Zeitalter) ist mit der als Prozeß verstandenen → Welt identisch (Pred 3,1–11). Es enthält in sich gute und böse Z.en und bringt sie hervor. Z. insgesamt hat deshalb einen Anfang (1Mose 1,1), später wird auch ihr Ende vorausgesetzt (→ Eschatologie). Zur menschlichen Erfahrung gehört, daß Z. in Rhythmen verläuft. Auf Wachsein folgt Müdigkeit, auf Tag Nacht, auf Winter Frühling, auf Jugend Alter. Jeder Mensch hat seine Z.en und Rhythmen in sich. Gleiches gilt für kollektive Größen, ja auch für die Gestalten der Natur.

2. Alle solche Z. ist von Gott gesetzt und strukturiert, vornehmlich als Rahmenbedingung für den menschlichen → Tat-Ergehen-Zusammenhang. Der Mensch seinerseits vermag Z.-Inhalte nur bis zu einem gewissen Grade zu ändern. So versucht Ijob (Ijob 3,3–19) den Tag seiner Geburt zu verfluchen und dadurch für künftige Jahre inhaltlich zu schädigen. Doch besitzt auch Gott

seine Z.en für Wohlgefallen wie für Zorn (Ps 69,14; 21,10), vor allem aber für die → Heimsuchung der Menschen. Seine Z.en sind verläßlich (Jes 33,6), wenngleich dem Menschen nur unvollkommen bekannt. In der oberen Welt läuft die Z. schneller als unten auf Erden (Ps 90,4; so auch die babylon. Auffassung). Eine Grundlage des göttlichen Z.-Rhythmus meint Israel früh im Gesetz der Sieben-Zahl gefunden zu haben. Das wird zur Feier von → Sabbat, → Wochenfest, → Sabbatjahr, → Jobeljahr und schließlich zum Rechnen mit Weltzeitaltern. Gewiß bleibt Jahwe zeitüberlegen, bringt Z. allenthalben hervor. Aber er wird andererseits so sehr dynamisch, geschichtlich verstanden, daß die Vorstellung einer → Ewigkeit als Zeitlosigkeit im vorhellenist. Israel undenkbar bleibt.
Altoriental. → Mythos entsprechend, wird vorexilisch eine erste Z. als Epoche der Ur.-Z. (*kädäm*) qualitativ über alle folgenden Z.en hervorgehoben, sie reicht als abgegrenzte → Heilsgeschichte von der Erzväterwanderung bis zur Landnahme unter Josua, später von der Erschaffung der Menschen bis zur Erwählung des Zion als Kultzentrum und Sitz des Königtums unter → David. Damals sind durch ein längerwährendes Werk Gottes alle für das Leben wesentlichen Institutionen entstanden. Seitdem läuft die Jetzt-Z., die minderer Art ist. Doch zu bestimmten Z.en, für welche die Gestirne als gottgesetzte Weiser dienen (1Mose 1,14–18), kehren Kraft, Segen und Gerechtigkeit der Ur-Z. samt der sie jeweils stiftenden → Verheißung wieder in überaus positiv gefüllten Tagen. Sie werden von Israel als → Kult und → Fest begangen und vergegenwärtigen die Errungenschaften der Heilsgeschichte. Schematisch dargestellt:

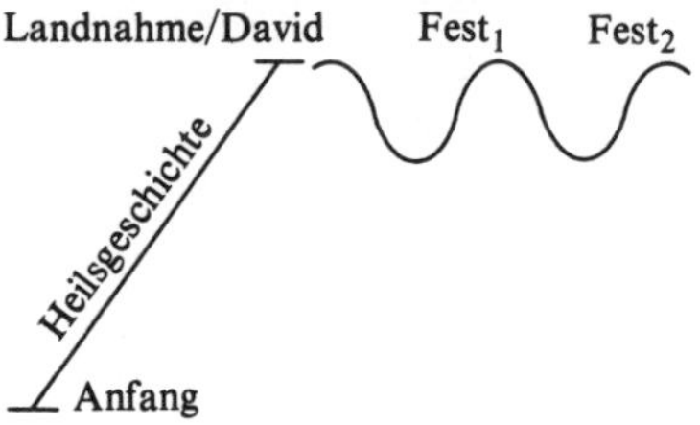

Vom 8. Jh. v. Chr. an entdeckten die vorexilischen → Profeten angesichts der Schäden ihrer Gesellschaft, daß den kultischen Begehungen keine Kraft mehr zu steter Vergegenwärtigung von Heilsgeschichte eignet. Sie führen das auf die kollektive → Sünde Israels zurück, die durch Generationen hindurch die Z. verschlechtert hat. Die Profeten künden deshalb den bevorstehenden Untergang, der jene Sünde im verdienten Geschick vollendet und die Heilsgeschichte auf einen Nullpunkt zurückführt. Sie erwarten danach ein neuartiges, machtvolles Eingreifen Gottes, das eine andere Heilsgeschichte heraufführt, die dauerhafter bleiben wird in ihren Ergebnissen als die erste (→ Eschatologie). So ergibt sich eine zweifach gebrochene Linie:

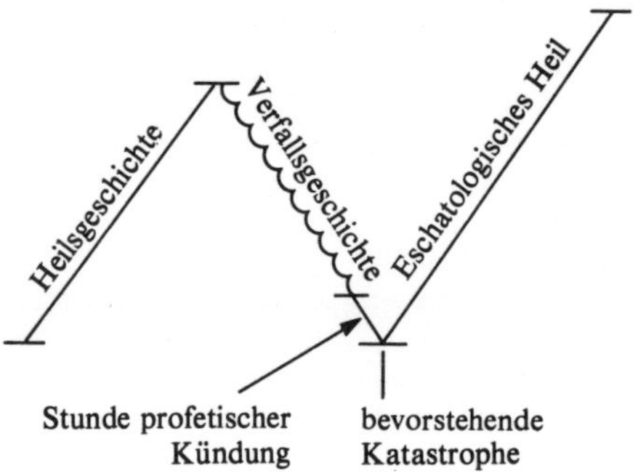

In nachexilischer Z. wird die Neukonstituierung des Tempels und der Kultgemeinde sowie die (Wieder-)Einführung der → Tora Moses als Fortsetzung der → Heilsgeschichte und partielle Erfüllung profetischer Eschatologie verstanden. Da jedoch diese Wende nicht so einschneidend empfunden werden kann wie früher Landnahme oder Davids-Z., nivelliert das Bewußtsein vom Unterschied der Heilsgeschichte und der Geschichte überhaupt. Das führt zu einer mehr linearen Z.-Auffassung, bei der jedoch die hervorgehobenen Z.en des Siebener-Rhythmus nach wie vor das Z.-Erleben religiös bestimmen und in der apokalyptischen Erwartung eines eschatologischen Jobeljahres oder eines Weltsabbats ihre letzte Zuspitzung finden. K.

Lit.: T. Boman, Das hebr. Denken im Vergleich mit dem griech., [5]1968, T. 3; J. Barr, Biblical Words for Time, 1962.

Zeitalter. Da die israelit. Geschichte von deutlichen Wenden markiert war, prägte sich bald die Vorstellung von aufeinanderfolgenden Volks-Z.n aus: Patriarchenwanderungen, Mose-, Richter-, Königszeit, Exil. Als Inbegriff dieser geschlossenen Z. und eines sinnvollen Lebens schienen sich feste Zahlenverhältnisse zu ergeben. Große Könige wie David und Salomo regierten jeweils 40 Jahre; das aber ist die Zahl einer Generation im hebr. Sinn, d. h. die Frist, innerhalb deren ein Mann in die Volksgemeinde als Erwachsener eintritt und wieder ausscheidet (20. bis 60. Lebensjahr). Dadurch werden 40 Jahre zur idealen Herrscherzeit. Andererseits währte das Exil von der Zerstörung des ersten bis zur Weihe des zweiten Tempels (586–515) 70 Jahre, was Weissagungen Jeremias (Jer 25,11f.; 29,10) überraschend entsprach. Durch diese und ähnliche Erfahrungen bildet sich die Gewißheit von Z.n aus, die durch Regeln wie 12 mal 40 (1Kön 6,1) oder (7 mal) 70 Jahre bestimmt werden. In nachexilischer Zeit lernt Israel bei den Persern Weltären von 4 oder 7 durch Mythen gedeuteten Zeiträumen kennen und bildet eigene Vorstellungen von Welt-Z.n aus, für welche die Sukzession von → Weltreichen zum Erkennungszeichen wird (Dan 2). Die Z. werden einer Gesamtweltzeit, dem → Aion, eingeordnet, der von einem anderen, künftigen Aion abgehoben werden kann. K.

Zeitrechnung. Seit alters zählen Menschen nicht nur Tage, sondern auch ihre Jahre. Der natürliche Jahreslauf regt dazu an, den Kalender an dieser Größe auszurichten, obgleich die Orientierung an der Sonne (so die Ägypter) oder stärker am Mond (so die Babylonier) je verschiedene Jahreslängen ergibt. Wieweit im AT der Kalender mehr nach dem einen oder anderen bestimmt wurde, bleibt unsicher. Sicher aber ist, daß der Anfang des Jahres vorexilisch mit dem Beginn der Regenzeit im September/Oktober (so noch heute das jüd. Neujahrsfest) zusammenfiel, während er später unter babylon. Einfluß auf das Frühjahr verlegt wurde. – Unsere Z. mit der Zeitenwende vor/nach Christus war dem AT selbstverständlich unbekannt. Unbekannt war ebenso eine Z. ab Erschaffung der Welt (so die Juden seit dem Mittelalter, die Byzantiner schon einige Jh.e früher).

Gezählt wird nach Jahren der Könige. In vorexilischer Zeit nach den eigenen, später nach den pers. (Haggai- und Sacharjabuch) und seleukid. Großkönigen (Makkabäerbücher), im NT nach den röm. Kaisern (Lk 3,1). Dies gründet in dem Gefühl, daß ein König die → Zeit seiner Regierung so sehr inhaltlich füllt, daß die Zeit aller seiner Untertanen davon abhängig wird.

So werden die Königsjahre mit Naturjahren in Beziehung gesetzt, wobei im AT das Neujahrsfest in jedem Fall den Übergang zu einem neuen Königsjahr markiert. Da Könige ihre Herrschaft normalerweise während des Jahres aufnehmen, wird die Zeit vom Herrschaftsbeginn bis zum ersten Neujahrsfest, unbeschadet ihrer Länge, entweder als Jahr 1 des Königs X gezählt (vordatierend) oder aber gleichsam als Jahr 0 verstanden, was altoriental. »Anfang der Königsherrschaft« lautet (nachdatierend, z. B. Jer 26,1). Aus dem nicht mehr genau erkennbaren Wechsel von Vor- und Nachdatierung und der erwähnten Verschiebung des Jahresanfangs erklären sich die Unklarheiten, die sich im Blick auf Einzelheiten der Chronologie der Geschichte → Israels für die Königszeit ergeben.

Um über die Regierungszeit eines einzelnen Herrschers hinauszugelangen, werden → Synchronismen israelit. und jud. Könige erstellt und sorgsam überliefert. Später versucht man, von der Überzeugung grundlegender Zahlenverhältnisse wie 7, 12, 40 her Epochen auszugliedern. Das → deuteronomistische Geschichtswerk (1Kön 6,1) rechnet mit 480 Jahren vom Auszug aus Ägypten bis zum Tempelbau unter Salomo und vielleicht mit der gleichen Zeit (12 mal 40) bis zum Bau des zweiten Tempels. Die → Apokalyptik setzt 490 Jahre (7 mal 70) für solche Epochen voraus (Dan 9,24). Mittels der vorausgesetzten Gesetzmäßigkeit solcher Epochenabläufe sucht man zu berechnen, wann »die Zeit erfüllt« ist und das eschatologische Heil anbricht.

Unklar bleibt aufgrund zahlreicher Textvarianten in den Handschriften die Chronologie der → Priesterschrift, die als erste ein geschichtliches Zahlengerüst von Adam an (1Mose 5) erstellt (rechnet sie mit 4000, 6000 oder 7000 Jahren Weltzeit?) und die den Anstoß zu vielen späteren Versuchen ähnlicher Art (z. T. bis in unsere Gegenwart) gegeben hat. K.

Zela, Stadt in Benjamin (Jos 18,28), Begräbnisort der Familie Sauls (2Sam 21,14). S.

Zelofhad, Mann der Frühzeit Israels, der nur Töchter hinterließ; diese erhielten – als Präzedenzfall für das israelit. Recht – erblichen Grundbesitz (4Mose 27,1–11). S.

Zelot (»Eiferer«), Angehöriger einer jüd. Widerstandsbewegung gegen die Römer. Als Judäa

6 n. Chr. in eine röm. Provinz verwandelt wurde, rief Judas der Galiläer zum bewaffneten Widerstand auf: Gott allein sei der Herr Israels, jede Steuerpflicht müsse verweigert werden, da sie die Herrschaft des Kaisers anerkenne. Ebenso entschieden wie das 1. Gebot wollten die Z.en auch das Bilderverbot eingehalten wissen, so daß sie keine röm. Münzen, die das Kaiserbild trugen, in die Hand nahmen (vgl. Mk 12,13–17). Vorbilder für das gewaltsame Eintreten für die väterliche Religion waren Pinhas (4Mose 25) und Elija (1Kön 18f.), die gegen den Abfall Israels »geeifert« hatten. Daneben gehörte wohl auch ein soziales Motiv, die Neuverteilung des Grundbesitzes, zu den Idealen der Z.en. Sie führten einen langen Guerillakrieg gegen die Besatzungsmacht, der schließlich zum jüd. Krieg 66–70 n. Chr. führte. – Eine besonders militante Gruppe der Z. waren die Sikarier (»Dolchleute«; vgl. Judas → Iskariot). H. M.

Zelt, eine nicht ortsgebundene Unterkunft für verschiedene Zwecke (für Soldaten, 2Kön 7,8; Jer 37,10, Stallung für Vieh, 2Chr 14,14), vor allem Wohnung der → Nomaden, bestehend aus Ziegenhaar-Planen, die mit Hilfe von Stangen, Stricken und Pflöcken aufgestellt und befestigt wurden. Von der Nomadenzeit der Vorfahren des Volkes Israel her blieb das Wort »Z.« in bildlicher Redeweise und in formelhaften Wendungen als feierlicher Ausdruck für den »heimischen Herd« erhalten (z. B. 1Kön 8,66; 12,16; Ijob 18,6). – Einige Notizen des AT legen die Vermutung nahe, daß es in der Frühzeit Israels ein Z. als Wanderheiligtum gab, das im jetzigen Text »Z. der Begegnung« (Lutherbibel: »Stiftshütte«) genannt wird (z. B. 2Mose 33,7–11), ursprünglich aber wohl nur »Z.« hieß; dieses Z. dürfte der → Priesterschrift als Vorlage für das von ihr entworfene Bild des »Z.es der Begegnung«, der → »Stiftshütte«, gedient haben.
Wenn im NT der menschliche Leib zuweilen als Z. bezeichnet wird, so soll damit der provisorische Charakter der irdischen Existenz veranschaulicht werden (2Kor 5,1.4; 2Petr 1,13f.). S. / R.

Zentner → Maße und Gewichte.

Zephanja → Zefanja.

Zepter. Die hebr. Wörter für »Stab« werden, wenn sie ein Herrschersymbol bezeichnen, oft mit »Z.« wiedergegeben (z. B. Est 4,11; Ps 45,7; 110,2). S.

Zereda, Stadt in Mittelpalästina, Geburtsort Jerobeams I. (1Kön 11,26); sie ist wohl auch in Richt 7,22 gemeint. S.

Zerstreuung → Diaspora.

Zeruja, Schwester Davids und Mutter Joabs, Abischais und Asaëls (z. B. 2Sam 2,18; 1Chr 2,16). S.

Zeuge. 1. Im Rechtsleben ist Z., wer durch seine Aussage den Wahrheitsbeweis für einen bestimmten Sachverhalt antreten kann. Das jüd. Recht kannte sowohl Belastungs- wie auch Entlastungs-Z.n. Ein wichtiger Grundsatz war, daß zum Beweis einer Anklage drei, mindestens jedoch zwei Z.n erforderlich waren (5Mose 19,15; Mt 18,16; Hebr 10,28). Auch Gott kann bei einem Vertrag oder einem Eid als Z. angerufen werden (1Mose 31,50; Röm 1,9). **2.** Z. im übertragenen Sinn ist, wer werbend und überzeugend für eine von ihm als richtig erkannte Sache oder Ansicht eintritt. Dieser Sprachgebrauch gewinnt, vermutlich von Jesu Wort Mt 10,18 her, im NT großes Gewicht, wobei allerdings z. T. auch die erste Bedeutung mitschwingt. So sind die Apostel Z.n Christi, weil sie die Tatsache seiner Auferstehung bekunden und zugleich mit ihrer ganzen Existenz für deren Wahrheit eintreten (Apg 2,32; 3,15; 1Kor 15,15 u. ö.). Solches Wahrheitszeugnis kann im Grenzfall bis zur Hingabe des Lebens, d. h. bis zum Zeugentod, dem Martyrium, gehen (→ Märtyrer). R.

Zeugnis, ein ursprünglich juristischer Begriff, der weithin religiös verwendet wird. Z. ist das ein Geschehen oder einen Sachverhalt eindeutig bekundende Wort oder Zeichen. Im AT gilt das Gesetz als Z. (hebr. *edut*). So werden die Gesetzestafeln, die nach priesterlicher Tradition in der → Lade liegen, als Z. bezeichnet (2Mose 25,16.21; 4Mose 4,5 u. ö.). Das Wanderheiligtum, in dem sich die Lade befand, heißt »Wohnung des Z.ses« (2Mose 38,21; 4Mose 1,50 u. ö.). Dahinter steht der Gedanke, daß das Gesetz für Israel Gottes Heilshandeln und seinen Willen bindend bezeuge (Ps 19,8; 78,5). – Im NT ist Z. (griech. *martyria*) vor allem in den johanneischen Schriften ein Wechselbegriff für → Evangelium und → Verkündigung. R.

Zeus, höchste griech. Gottheit (→ Griechenland 3). Nach Apg 14,12 hielten die Einwohner von Lystra → Barnabas für Z. und Paulus für den Götterboten → Hermes. R.

Ziba, Vogt über → Sauls Krongut, das er später im Auftrag → Davids für Sauls Sohn Merib-Baal verwaltete (2Sam 9) und danach wegen seiner Treue zu David als Lehen erhielt (2Sam 19,30f.). S.

Zidkija, der letzte König des Südreiches Juda (597–587 v. Chr.; 2Kön 24,18–25,21). Er wurde als Nachfolger seines Neffen Jojachin vom Babylonierkönig Nebukadnezzar, der seinen ursprünglichen Namen *Mattanja* in Z. änderte, zum König eingesetzt. Nach einigen Regierungsjahren empörte er sich gegen Nebukadnezzar (trotz des energischen Protestes des Profeten → Jeremia), vielleicht im Vertrauen auf Hilfsversprechen der Ägypter. Die Folge war, daß ein babylon. Heer Juda eroberte und Jerusalem nach zweijähriger Belagerung einnahm (587/586 v. Chr.). Z. versuchte zu fliehen, wurde aber von den Babyloniern gefangen. Nebukadnezzar bestrafte ihn hart: Er ließ ihn blenden und seine Söhne hinrichten. S.

Ziege → Tierwelt.

Ziegel, Material für den → Mauer-Bau, hergestellt aus einem Brei von Wasser, Lehm und Häcksel (2Mose 5,7), der mit der Hand oder in Holzrahmen rechteckig geformt und an der Sonne getrocknet wurde; seltener war der im Feuer gebrannte Backstein (1Mose 11,3). S.

Zikkurat → Babylonischer Turm.

Ziklag (*tell el-chuwelife*), Ort im Gebiet der Philisterstadt Gat, der dem David als Lehen zugewiesen wurde und darum später zu seinem Krongut gehörte (1Sam 27,6). S.

Zilizien, Landschaft im südöstl. → Kleinasien, seit 66 v. Chr. röm. Provinz mit der Hauptstadt → Tarsus. Paulus, der dort beheimatet war, besuchte Z. auf der 1. und 2. Missionsreise (Gal 1,21; Apg 15,41). R.

Zilla, eine der beiden Frauen → Lamechs, Mutter des Tubal-Kajin und der Naama (1Mose 4,19.22). S.

Zimbel → Musik, Musikinstrumente.

Zimmermann, in der Bibel allgemein der Handwerker, der mit Holz zu tun hat, vom Bildschnitzer (z. B. Jes 44,13) über den Schreiner bis hin zum Baumeister (2Sam 5,11; Jer 24,1). Auch Jesus hatte vor seinem öffentlichen Auftreten den Beruf eines Z.s ausgeübt (Mk 6,3). R.

Zimt → Pflanzenwelt.

Zin, Wüste südl. von Palästina mit dem Hauptort → Kadesch (z. B. 4Mose 20,1; 33,36). S.

Zinn, in der Bibel selten erwähnt (4Mose 31,22; Ez 22,18; 27,12), wurde im Altertum fast nur in Europa gewonnen (seit dem 2. Jt. v. Chr.), so in Spanien, von wo es Israel bezog. J. E.

Zins. Den Israeliten war es verboten, vom Volksgenossen Z. zu nehmen (2Mose 22,24; 3Mose 25,36; 5Mose 23,21). Denn in der damaligen Wirtschaftsform konnte der Schuldner das Geliehene lediglich zur Bedarfsdeckung, nicht aber zur Kapitalbildung verwenden, so daß der Z. zu einer ungerechtfertigten Bereicherung des Gläubigers geführt hätte. (→ Geldwirtschaft, → Schuldiger, Schuldner, → Wucher.) S.

Zinsgroschen, die griech. Doppeldrachme zur Bezahlung der → Tempelsteuer (Mt 17,24) oder der röm. Silberdenar als staatliche Steuermünze (Mk 12,15). (→ Steuer.) R.

Zion, bezeichnet ursprünglich den karstigen Bergrücken des Südosthügels von → Jerusalem und entsprechend in vorisraelit. Zeit die jebusitische Stadt Jerusalem auf dem → Ofel. Israelit. wird »Z.« zur Bezeichnung des nördl. anschließenden Tempelbezirkes, um dann in poetischem Kontext auf die ganze Stadt Jerusalem ausgedehnt zu werden. In der Kreuzfahrerzeit wird dann der Name Z. irrtümlich auf den Westhügel Jerusalems übertragen. Der Z. gilt in der israelit. Kultlyrik als Gottessitz und Gottesberg, der Mittelpunkt der Welt und Berührungspunkt von himmlischer und irdischer Welt ist (Ps 48). Vom Z. fließen die himmlischen Segenskräfte in die Welt (Ps 14,7). In profetischer Verkündung wird der Z. zu einem Motiv der Heilshoffnung Israels und der Welt, das dann auch in die christl. Überlieferung eingeht (Hebr 12,22; Offb 14,1). O.

Zionslied → Psalmen.

Zippora, Frau des → Mose, Mutter des Gerschom und des Eliëser (2Mose 2,21f.; 4,25; 18,2–4). S.

Zisterne, eine im Felsen ausgehauene oder im Boden mit Mörtel verkleidete Grube, in der das Regenwasser der Wintermonate für die trockene Zeit gespeichert wurde. S.

Zitat. Das AT war die Heilige Schrift der ersten Christen; es wurde von ihnen als die in Jesus erfüllte Verheißung verstanden. Dies ist der Grund für die überaus zahlreichen AT-Z.e im NT. Zitiert wird meist nach dem griech. AT (→ Septuaginta), zuweilen aber auch nach dem hebr. Text. Um den gemeinten Bezug klarer herauszustellen, kommt es vielfach zu Umstellungen, zu Veränderungen einzelner Wörter und zu kommentierenden Zusätzen. Häufig sind Zitationsformeln (z. B. »wie geschrieben steht« – »wie die Schrift sagt«). Z.e außerbibl. Literatur erscheinen nur selten (Apg 17,28; Tit 1,12). R.

Zither → Musik, Musikinstrumente.

Zoan, ägypt. Stadt im östl. Nildelta (z. B. Jes 19,11.13). S.

Zoar, moabit. Stadt in der Nähe des Toten Meeres (Jes 15,5). Der Name wird in 1Mose 19,17–22 mit dem hebr. Wort für »klein« gedeutet. S.

Zoba, aram. Stadtstaat im Bereich des Antilibanon, von David besiegt (2Sam 8,3–12; 10, 6–19). S.

Zofar, einer der Freunde des → Ijob (Ijob 2, 11). S.

Zölibat, rechtlich geforderte → Ehelosigkeit der Geistlichen in der röm.-kath. Kirche. Erste Ansätze für das Z. liegen im 3. Jh.; im NT ist es jedoch noch nicht vorausgesetzt (vgl. 1Kor 9,4f.; 1Tim 3,4f.). R.

Zoll, Straßenbenutzungsgebühr, Grenzabgabe für eingeführte Waren oder – allgemein – die auf Waren und Dienstleistungen erhobene indirekte → Steuer (z. B. 1Makk 10,31; Röm 13,7b). Jede röm. → Provinz war Zollgebiet. Z. erheben konnten auch Städte und mit Rom verbundene Fürsten wie → Herodes Antipas. Kafarnaum war Sitz eines Zollamtes (Mk 2,14). R.

Zöllner. → Zoll wurde in Palästina in neutest. Zeit nicht durch staatliche Beamte erhoben, sondern an Privatpersonen und Firmen verpachtet, die ihn durch Angestellte, die Z., eintrieben. Dieses privatwirtschaftliche System gab einen Anreiz zur Erwirtschaftung möglichst hoher Gewinne durch willkürliche und betrügerische Handhabung der Tarife. Z. galten deshalb als unehrenhaftes Gewerbe, waren bei der Bevölkerung verhaßt und wurden mit Sündern, Heiden und Dirnen gleichgestellt. (→ Steuer.) R.

Zophar → Zofar.

Zora, Ort 23 km westl. von Jerusalem, wurde ursprünglich von Dan (z. B. Richt 18,2), später von Juda (z. B. Jos 15,33) besiedelt. S.

Zorn Gottes. In der Rede vom Z. G. kommt sehr deutlich die Überzeugung zum Ausdruck, daß hinter dem Unheil, das Menschen widerfährt, ein bewußter, personaler Wille steht, d. h., Unheil wird als Willenskundgebung Gottes gedeutet. Nach alttest. Verständnis ist der Z. G. Reaktion auf menschliches Fehlverhalten wie Mißachtung seiner Zusagen und Gebote. Er kann aber auch unbegreiflich und überraschend hervorbrechen (z. B. 2Sam 24,1).

Während Johannes der → Täufer seinen Bußruf mit der Ankündigung des kommenden Z.es G. begründet (Mt 3,7), spricht Jesus nicht direkt vom Z. G., sondern stellt Gottes helfende Nähe in den Vordergrund. Dennoch weiß auch die Botschaft des NT vom Z. G., ja, man kann sagen, daß die Spannung zwischen Z. und Liebe konstitutiv für das neutest. Gottesbild ist. Dabei ist der Z. der Liebe untergeordnet; er ist auch nicht ein rätselhafter Affekt, sondern Gottes Widerstand gegen die Sünde und das Böse in der Welt, der in seinem richterlichen Handeln zum Ziel kommt. Erst aufgrund der Offenbarung des Heils in Christus wird der Z. G. über alle menschlichen Verirrungen und Verfehlungen in seiner ganzen Tragweite sichtbar (Röm 1,18–32); aber umgekehrt wird auch erst von der Größe des Z.es her die Größe des Heils und Erbarmens erkennbar. Daß für die Welt, soweit sie sich dem Heilsangebot versagt, das Z.es-Gericht Gottes letztes Wort ist, wird in Offb 15,7 mit dem eindrucksvollen Bild vom Ausgießen der Z.es-Schalen zum Ausdruck gebracht. S. / R.

Lit.: G. Bornkamm, Die Offenbarung des Z.es G., in: Das Ende des Gesetzes, 1952, 9–33.

Zucht. 1. Im AT bezeichnet »Z.« die väterliche Ermahnung oder Belehrung (Spr 1,8; 4,1), ebenso göttliche Erziehungsmaßnahmen (Spr 3,11); »Z.« meint schließlich auch eine menschliche Haltung als Ergebnis von Erziehung (Spr 1,8; 10,17). **2.** Im NT knüpft Hebr 12,5ff. an das AT an: Leiden ist Züchtigung durch den Herrn. In Eph 6,4 wird dagegen das griech. Ideal der Bildung verchristlicht (vgl. 2Tim 2,25; 3,16; Tit 2,12). H. M.

Zuchtmeister, Haussklave, der die unmündigen Söhne zu beaufsichtigen und auf der Straße zu begleiten hatte, um sie vor Unfällen und Nachstellungen zu beschützen. Paulus vergleicht in Gal 3,24f. das alttest. → Gesetz mit einem solchen Aufpasser; damit soll die untergeordnete Bedeutung des Gesetzes und seine zeitlich begrenzte Geltung herausgestellt werden. In 1Kor 4,15 hebt Paulus seine Stellung als Vater der Gemeinde von der eines Z.s ab. H. M.

Zuflucht → Asyl.

Zunge. Als »Z.« wird nicht nur das Sprechorgan, sondern auch die Sprache bezeichnet. Die Z. gilt als Urheberin vieler Sünden, vorab der Lüge, Verleumdung und Prahlerei. Deshalb mahnt die → Weisheit eindringlich, die Z. in Zucht zu nehmen (z. B. Sir 28,13–26). Im NT nimmt der → Jakobusbrief diese Mahnungen auf (Jak 1,26; 3,1–12). R.

Zungenreden (*Glossolalie,* von griech. *glossa* »Zunge«, »Sprache«), ekstatisches Reden in unverständlicher, stammelnder Sprache. Ekstatische, geistgewirkte Sprachphänomene sind in der Religionsgeschichte weit verbreitet, vom geistgewirkten Stammeln der Pythia von Delphi bis zu Sauls Begegnung mit den Profeten in Gibea (1Sam 10,5). Die Neuheitserfahrung der ersten Christen äußerte sich vielfach in einem Aufbruch ekstatischen Z.s (Apg 10,46; 19,6), der zu den Erscheinungsformen des der Gemeinde gegebenen → Geistes der Endzeit gerechnet wurde (1Kor 14,39). Paulus ist allerdings dem Z. gegenüber sehr skeptisch und wertet es betont gegenüber der auch für Außenstehende verständlichen profetischen Rede ab (1Kor 13,1; 14,1–12).
Besondere Probleme bietet der Pfingstbericht Apg 2,1–13 (→ Pfingsten). Eine ältere Fassung der Erzählung scheint von einem Hörwunder berichtet zu haben: Die Anwesenden verstehen das Z. je in ihrer Sprache (V. 8). Lukas machte daraus ein Sprachenwunder: Die Apostel reden, gleichsam die weltweite Mission vorwegnehmend, in verschiedenen Sprachen (V. 4). R.

Zweistromland → Mesopotamien.

Zwiebel → Pflanzenwelt.

Zwilling. Die in Apg 28,11 als Galionsfigur an einem Schiff erwähnten »Z.e« sind die Z.s-Götter Kastor und Pollux, die als Beschützer der Seefahrt galten. S.

Zwölf, symbolische Zahl für Ganzheit, in der Bibel meist direkt oder indirekt auf die 12 Stämme Israels bezogen; so symbolisiert die Z.-Zahl des engsten Jüngerkreises Jesu die endzeitliche Wiederherstellung des Gottesvolkes (Mt 19, 28). R.

Zwölfprofetenbuch, in der jüd. und griech. Tradition gebräuchliche Bezeichnung für die den Profeten → Hosea, → Joel, → Amos, → Obadja, → Jona, → Micha, → Nahum, → Habakuk, → Zefanja, → Haggai, → Sacharja und → Maleachi zugeschriebenen Bücher; die lat. Tradition spricht von den → *Kleinen Profeten.* Sie sind im jüd. Kanon zu *einem* Buch zusammengefaßt. Die Anordnung der einzelnen Bücher im jüd. Kanon sollte zweifellos in erster Linie chronologisch sein, was auch weitgehend zutrifft. Die griech. → Bibelübersetzung hat bei den ersten sechs Profeten die Reihenfolge: Hosea, Amos, Micha, Joel, Obadja, Jona; dies zeigt, daß im 3. Jh. v. Chr. die Redaktion noch nicht abgeschlossen war. S.

Zyperblume → Pflanzenwelt.

Zypern, Insel im Ostmittelmeer, seit ältester Zeit wirtschaftliche und kulturelle Brücke zwischen Orient und ägäisch-griech. Raum mit Beziehungen zu → Syrien, → Kleinasien, → Ägypten, → Kreta und → Griechenland. Z.s wichtigstes Handelsgut ist Kupfer (lat. *aes cyprium*). Seit der Mitte des 2. Jt.s v. Chr. wächst frühgriech. Einfluß in Z. Die Insel gilt als Heimat der Göttin Afrodite.

Seit 22 v. Chr. war Z. senatorische → Provinz des Römerreiches, von einem Prokonsul verwaltet (Apg 13,7: Sergius Paulus). In neutest. Zeit gab es eine große jüd. Kolonie (1Makk 15,23), der → Barnabas (Apg 4,36f.) und → Mnason (Apg 21,16) entstammten. Die ersten Christen auf Z. waren aus Jerusalem geflüchtete → Hellenisten (Apg 11,19f.). Barnabas und Paulus wirkten auf der von Antiochia ausgehenden 1. Missionsreise auf Z. (Apg 13,4–12). Nach der Trennung von Paulus widmete sich Barnabas, zusammen mit Johannes → Markus, nochmals der Mission auf Z. (Apg 15,39). J. E. / R.

Zypresse → Pflanzenwelt.

Zyrene, Hauptstadt der Landschaft Cyrenaica, des heutigen Libyen, seit 67 v. Chr. Teil der röm. Provinz Kreta. Z. war Sitz einer starken jüd. Bevölkerungsgruppe, die – wie andere diasporajüd. Gruppen – in Jerusalem eine eigene Synagoge unterhielt (Apg 6,9). Aus Z. stammende Juden spielten sowohl in der Jerusalemer → Urgemeinde (Mk 15,21: Simon von Z.) als auch bei der Entstehung der Gemeinde von → Antiochia (Apg 11,20) eine entscheidende Rolle. R.

Zeittafel I: Alttestamentliche Epoche

v. Chr.	**Ägypten**	**Israel – äußere Geschichte**
	seit Vertreibung der Hyksos ab 1570 Neues Reich	15./14. Jh.? Erzväter Abraham, Isaak, Jakob
1300	19. Dynastie. Ramses II. um 1290–1225, »Pharao der Bedrückung« Merneptah um 1225–1215, »Pharao des Auszugs«	Hebräer in Ägypten. Lea-Stämme in Palästina Merneptah-Stele: »Israel« vernichtet Flucht unter Mose
1200	Ansturm der Seevölker von Ramses III. um 1170–1138 abgewehrt	Abschluß der Landnahme. Josua eint Stämme Landnahme der Philister. Israelit. »Richter«
1050	21. Dynastie in Tanis	Kämpfe mit Philistern Saul 1. König um 1020–1000
1000	22./23. Dynastie um 941–719 Schoschenk I. = Schischak um 941–921	David um 1005–965, Ausdehnung bis zum Eufrat Salomo um 965–926. Bau des Zion-Tempels 926 Reichsspaltung

v. Chr.	Ägypten	*Juda*		*Israel*	
		Rehabeam	926–910	Jerobeam I.	926–907
		Abija	910–908	Nadab	907–906
900		Asa	908–868	Bascha	906–883
				Ela	882–881
				Omri	878–871
				gründet Samaria	
		Joschafat	868–847	Ahab	871–852
				Ahasja	852–851
		Joram	847–845	Joram	851–845
		Ahasja	845	845 Revolution des	
		Atalja	845–840	Jehu (bis 818)	
		Joasch	840–801	841 Tribut an Salmanassar III.	
				Joahas	818–802
800		Amazja	801–773	Joasch	802–787
		Usija	787–736	Jerobeam II.	787–747
		Jotam	756–741	Secharja, Schallum	747
				Menahem	746–737
				738 Tribut an Assur	
				Pekachja	736–735
		Ahas	741–725	734 Revolution des Pekach (bis 733)	
		733 Syr.-efraimit. Krieg			
				732 Revolution des	
		Hiskija	725–697	Hoschea (bis 723)	
	728 Pianchi, nubischer Söldnerführer, erobert Ägypten, 720 von Assur bei Rafia geschlagen			725 Samaria von Salmanassar V. belagert und 722 erobert. Deportation	
	24. Dynastie. Bokchoris 719–714	712 Tribut an Sargon II.		*Ende des Nordreiches*	
				Samaria assyr. Provinz	

Israel – Religions- und Literaturgeschichte	**Philister – Syrien**	**Zweistromland**	v. Chr.
Jahwe-Verehrung am Sinai und bei Lea-Stämmen	um 1285 Schlacht bei Kadesch, Syrien zwischen Ägypter und Hetiter geteilt		1300
Jahwe-Verehrung aller israelit. Stämme Mündliche Überlieferungen: Sagen, Lieder, Gottesgebote	Seevölker zerstören Hetitien und Ugarit	Tukulti-Ninurta I. von Assyrien, ab 1244 (Nimrod?)	1200
			1050
Profet Natan, Priester Zadok. Thronnachfolgebuch. Beginn von Psalmen- und Weisheitsdichtung, Liebeslyrik (Hohes Lied)	Hiram von Tyrus 973–942		1000
		Adadnirari II. 911–891	
Bücher der Tage der Könige			
	Ben-Hadad von Damaskus, gest. um 875	Assurnasirpal II. 883–859	900
Jahwist	Ittobal von Tyrus ab 873 bis 842, Vater der Isebel	Salmanassar III. 859–824	
Elija	853 Sieg bei Karkar über Assyrien		
Elischa			
Elohist	842 Revolution des Hasaël in Damaskus		
	818 Hasaël greift Juda an	Schamschiadad V.	
		Adanirari III.	800
Amos, Hoschea im Nordreich			
		Tiglat-Pileser III. 745–727	
Jesaja (2. Epoche?) in Jerusalem	734–732 Assyr. Feldzüge gegen den Westen		
		Salmanassar V. 727–722	
Micha		Sargon II. 722–705	
	714–711 Aufstand von Philisterstädten	Sanherib 705–681	

v. Chr.	**Ägypten**	**Israel – äußere Geschichte**
700	25. Dynastie 715–664	701 Belagerung Jerusalems durch Sanherib
	ab 671 Assur erobert Ägypten	Manasse 696–642
	26. Dynastie. Psammetich I. 664–610	Amon 641–640
		Joschija 639–609
	Necho 610–595	
	609 Feldzug am Eufrat. Joschija fällt	
		Joahas 609
	605 Necho von Nebukadnezzar bei Karkemisch besiegt	Jojakim 608–598
		601 Abfall Judas von Nebukadnezzar
600		Jojachin 598/597
		16. 3. 597 Einnahme Jerusalems, Gefangennahme Jojachins, 1. Deportation
	Psammetich II. 595–589	Zidkija 597–587
		594 Syr.-palästin. Koalition gegen Babylonien
	Hofra (Apries) 589–570	589 Aufstand Judas
	588 Ägypten von Nebukadnezzar geschlagen	587/586 Jerusalem erobert, zerstört, 2. Deportation. Gedalja, als Statthalter eingesetzt, von Nationalisten ermordet
	Amasis 570–526	*Ende des Südreiches*
		561 Jojachin in Babylon aus Haft entlassen
		538 Kyros-Edikt: Erlaubnis zum Neubau des Tempels
	525 Ägypten von Kambyses erobert	
		520 Rückkehr aus Exil unter Serubbabel und Jeschua
500		
		445 Nehemia Statthalter über Juda. Mauerbau
		Judäische Militärkolonie in Elefantine
400		Bigwai (Bagoas) Statthalter in Judäa
300	*Ptolemäer in Ägypten*	
	Ptolemäus I. 305–285	*Palästina ptolem. Provinz*
	Ptolemäus II. 285–246	
	Ptolemäus III. 246–221	
	Ptolemäus IV. 221–204	

Israel – Religions- und Literaturgeschichte	**Syrien – Medien – Persien**	**Zweistromland**	v. Chr.
			700
		Asarhaddon 681–669	
Joel?		Assurbanipal 669–630	
Jeremia, Nahum, Zefanja		ab 625 Nabopolassar König von Babel	
622 Auffindung des Deuteronomiums und Kultreform		612 Ninive von Medien und Babylonien erobert	
		Assuruballit II. in Haran	
		609 *Ende Assyriens*	
Habakuk		*Neubabylon. Reich* (bis 539)	
		Nebukadnezzar II. 605–562	
	604 *Syrien-Palästina von Babylonien unterworfen*		
	Medien – Persien		600
	Kyaxares II. von Medien 625–585		
Berufung Ezechiels im Exil			
Klagelieder. Obadja	Astyages 585–550		
Jeremia von Judäern nach Ägypten verschleppt			
Deuteronomistisches Geschichtswerk		Ewil-Merodach 562–560	
Priesterschrift (im Exil) (und Rückkehr aus Exil?)	Kyros II. seit 558 König in Persien	Neriglissar 559–556	
	553 Medien erobert	Nabonid 556–539	
Deuterojesaja im babylon. Exil	546 Lydien erobert	539 Babel von Kyros erobert *Pers. Reich* (bis 332)	
		529 Kyros fällt	
		Kambyses 529–522	
		522 nach Aufständen Darius I. (bis 486)	
Haggai und Sacharja in Jerusalem			
515 Weihe des 2. Tempels in Jerusalem	500–479 Pers.-griech. Kriege	Xerxes I. 486–465	
nach 500 Maleachi. Job (?)			500
458 Esra führt Tora in Judäa in pers. Auftrag ein		Artaxerxes I. 465–424	
Pentateuch zusammengestellt und kanonisiert		Darius II. 424–404	
Chronistisches Werk		Artaxerxes II. 404–358	400
Jona	338 *Philipp II. von Mazedonien unterwirft Griechenland*	Artaxerxes III. 358–338	
		Darius III. 335–331	
Jesaja-Apokalypse? Deuterosacharja?	Alexander d. Gr. 336–323	333 Schlacht bei Issos *Ende des pers. Reiches*	
Trennung der Samaritaner von Jerusalem	*Seleukiden in Syrien*		300
	Seleukus I. 312–281		
Septuaginta-Übersetzung in Alexandria	Antiochus I. 280–261		
Ester, Tobit	Antiochus II. 261–246		
	Seleukus II. 246–225		
	Seleukus III. 225–223		

v. Chr.	Ägypten		Israel – äußere Geschichte	
200	Ptolemäus V.	204–180	200 *Palästina von Seleukiden erobert*	
			166 Judas Makkabäus führt Aufstand an	
			160 Judas fällt	
			Jonatan	160–143
			Simon Hoherpriester	143–134
			Johannes Hyrkan I.	134–104
			Aristobul I.	104–103
			Alexander Jannäus	103–76
100			Salome Alexandra	76–67
			Aristobul II.	67–63
			63 Pompejus erobert Jerusalem	
			Hyrkan II.	63–40
50				
			40 Parthereinfall	
			Herodes d. Gr.	37–4
	31 *Ägypten römisch* nach Kleopatras Tod			

Israel – Religions- und Literaturgeschichte	**Syrien**	**Rom**	v. Chr.
	Antiochus III. 223–187	202 Hannibal besiegt	200
Jesus Sirach. Grundstock des 1. Henoch	190 Niederlage gegen Römer bei Magnesia		
	Seleukus IV. 187–175		
168 Religionsedikt und -verfolgung in Judäa	Antiochus IV. 175–164	168 *Griechenland römisch*	
164 Wiederweihe des Tempels			
Buch Daniel	Antiochus V. 163		
Lehrer der Gerechtigkeit (Gemeinde später in Qumran)	Demetrius I. 162–150	146 Karthago zerstört	
Makkabäerbücher			
Pharisäer formieren sich			
			100
		66 Pompejus in Kleinasien	
	64 *Ende des Seleukidenstaates. Syrien römisch*	60 Triumvirat Pompejus, Crassus, Cäsar	
			50
		46–44 Cäsar Diktator	
Neubau des Tempels		31 Oktavian-Augustus siegt über Antonius	
		Entstehung des Kaisertums	
		Augustus 31 v. – 14 n. Chr. »Pax Romana«	

Klaus Koch

Zeittafel II: Neutestamentliche Epoche

n. Chr.	**Rom**	**Israel**
	Augustus 31 v. – 14 n. Chr. »Pax Romana«	4 v. – 39 n. Chr. Herodes Antipas Tetrarch von Galiläa und Peräa 4 v. – 6 n. Chr. Archelaus Ethnarch in Judäa, Idumäa, Samaria
5		
		6–41 erste Prokuratur in Judäa, Idumäa, Samaria (Schätzung des Quirinius?)
10		
	Tiberius 14–37	
15		
20		
25		
		Pontius Pilatus Prokurator in Judäa 26–36 Taufbewegung Johannes des Täufers um 28 Beginn des Wirkens Jesu
30		um 30 Kreuzigung Jesu
35		
	Caligula 37–41	
40		
	Claudius 41–54	(Herodes) Agrippa I. König von Judäa-Samaria 41–44 ab 44 zweite Prokuratur in Judäa Cuspius Fadus Prokurator 44–46
45		Tiberius Alexander Prokurator 46–48 Ventidius Cumanus Prokurator 48–52
	49 Claudius-Edikt: Vertreibung der Juden aus Rom	
50		
	Nero 54–68	Antonius Felix Prokurator 52–58 Zeit wachsender zelotischer Unruhen
55		
		Porcius Festus Prokurator 58–62
60		
	64 Brand Roms. Neronische Christenverfolgung	Lucceius Albinus Prokurator 62–64 Gessius Florus Prokurator 64–66
65		
	Galba, Otho, Vitellius 68/69	66–73 Jüd. Krieg
70		70 Eroberung und Zerstörung Jerusalems durch Titus
	Vespasian 69–79	
		73 Eroberung der Festung Masada

Urchristentum – äußere Geschichte in Palästina	**außerhalb Palästinas**	**Urchristentum – Literaturgeschichte**	n. Chr.
			5
			10
			15
			20
			25
Entstehung der Urgemeinde			30
Verfolgung der hellenist. Judenchristen und Tod des Stefanus	um 34 Berufung des Paulus		35
Mission in Samarien (Philippus)	Anfänge der Mission in Syrien		
	Entstehung der Gemeinde in Antiochia	Sammlung von Jesusworten	40
Verfolgung durch Agrippa I. Tod des Zebedaiden Jakobus Der Herrenbruder Jakobus Leiter der Urgemeinde			
			45
	um 46/47 Paulus und Barnabas missionieren im südl. Kleinasien (sog. 1. Missionsreise)	Entstehung der Logienquelle	
48 Apostelkonzil	um 48–56 Missionstätigkeit des Paulus (sog. 2. und 3. Missionsreise) in Kleinasien und Griechenland (Ephesus, Thessalonich, Philippi, Korinth)		50
		1. Thessalonicherbrief Galaterbrief Korintherbriefe	55
	um 56–58 Paulus in Gefangenschaft in Cäsarea	Römerbrief Philipperbrief	
	Überführung des Paulus nach Rom		60
	um 60 Tod des Paulus in Rom		
um 64 Tod des Herrenbruders Jakobus	um 64 Tod des Petrus in Rom (?)		
			65
66 Flucht der Urgemeinde nach Pella			
		Markusevangelium (Rom?)	70

v. Chr.	Rom	Israel
75		
	Titus 79–81	
80		
	Domitian 81–96	
85		
90		
	94 Christenverfolgung	
95		
	Nerva 96–98 Trajan 98–117	
100		
105		
110		
115		
	Hadrian 117–138	
120		
125		
130		
		132–135 Bar-Kochba-Aufstand. Letztes Aufflackern des jüd. Widerstands gegen Rom
135		135 Hinrichtung des Akiba Jerusalem röm. Militärkolonie »Aelia Capitolina«

Urchristentum – äußere Geschichte in Palästina	Urchristentum – äußere Geschichte außerhalb Palästinas	Urchristentum – Literaturgeschichte	n. Chr.
			75
		1. Petrusbrief (Kleinasien) Matthäusevangelium (Syrien) Jakobusbrief (Syrien)	80
		Lukasevangelium, Apostelgeschichte (Rom? Kleinasien?)	85
		Epheserbrief (Paulusschule) Offenbarung des Johannes (Kleinasien) Johannesevangelium (Kleinasien)	90
		Johannesbriefe 1. Klemensbrief (Rom) Hebräerbrief (Ägypten)	95
		Pastoralbriefe (Paulusschule Kleinasien)	100
	um 107/108 Märtyrertod des Ignatius von Antiochia	Ignatiusbriefe (Kleinasien)	105
		Hirt des Hermas (Rom)	110
			115
		Barnabasbrief (Ägypten) 2. Klemensbrief (Rom)	120
			125
			130
			135

Jürgen Roloff

Abbildungsnachweis

Im Quellennachweis verwendete Abkürzungen

BHH Biblisch-Historisches Handwörterbuch. Hrsg. von Bo Reicke und Leonhard Rost. Bd. 1: A–G, Göttingen: Vandenhoeck & Ruprecht, 1962. Bd. 2: H–O. Ebd. 1964. Bd. 3: P–Z. Ebd. 1966.
Guthe Kurzes Bibelwörterbuch. Hrsg. von Hermann Guthe. Tübingen/Leipzig: Mohr, 1903.
Haag Bibel-Lexikon. Hrsg. von Herbert Haag. Zürich/Köln: Benziger, 1951. 2., neu bearb. und verm. Aufl. Ebd. 1968.

201 Basaltstelen. Foto: The Israel Museum, Jerusalem.
202 Überreste eines Lagerhauses, Hazor. Foto: Eckart Otto.
204 Große Moschee, Hebron. Foto: Johannes Lehmann.
206 Heilige Welt – Reine Welt – Profane Welt – Unreine Welt. Entw.: Klaus Koch. Zeichn.: Theodor Schwarz.
217 Himmelfahrt Christi. Foto: Bayerisches Nationalmuseum, München.
218 Christus als guter Hirte. Foto: Max Hirmer.
229 Das persische Reich. Karte: Klaus Koch. Zeichnung: Theodor Schwarz.
232 Stele des Merneptah. Nach einem Foto des Ägyptischen Museums, Kairo.
241 Tell es-sultan, Jericho. Foto: Jürgen Roloff.
242 Jerusalem. Foto: Pictorial Archive Near Eastern History, Jerusalem.
244 Felsendom, Jerusalem. Foto: Jürgen Roloff.
245 Via Dolorosa, Jerusalem. Foto: Jürgen Roloff.
Klagemauer, Jerusalem. Foto: Johannes Lehmann.
246/247 Grabeskirche, Jerusalem. Foto: Jürgen Roloff.
248 Jerusalem in neutestamentlicher Zeit. Nach: BHH II (1964) Sp. 834.
259 Jordan-Graben. Foto: Pictorial Archive Near Eastern History, Jerusalem.
261 Wüste Juda. Foto: Pictorial Archive Near Eastern History, Jerusalem.
266 Synagoge, Kafarnaum. Foto: Johannes Lehmann.
267 »Gemma Augustea«. Foto: Alinari, Florenz.
271 Ölkrug. Foto: Ceramics Museum (Museum Haaretz), Tel Aviv.
272 Öllampen. Foto: Ceramics Museum (Museum Haaretz), Tel Aviv.
280 Männliche Kleidung. Nach: BHH II (1964) Sp. 963/964.
Weibliche Kleidung. Nach: BHH II (1964) Sp. 965/966.
286 Lechaion-Straße, Korinth. Foto: Jürgen Roloff.
287 Plan des antiken Korinth. Nach: G. Ernest Wright: Biblische Archäologie. Göttingen: Vandenhoeck & Ruprecht, 1958, S. 265.
288 Apollo-Tempel, Korinth. Foto: Jürgen Roloff.
290 Spottkruzifix. Foto: Alinari, Florenz.
292 Holztruhe mit Kriegsdarstellung. Foto: Max Hirmer.
296 Räuchergeräte. Nach: BHH III (1966) Sp. 1556.
298 Die »Löwenplakette« von Bet-Schean. Foto: The Israel Museum, Jerusalem.
300 Lachisch-Briefe. Nach: Haag (1968) Sp. 1011.
306 Der »Sündenfall-Zylinder«. Nach: BHH I (1962) Sp. 207.
310 Titus-Bogen, Rom. Foto: Alinari, Florenz.
321 Wandmalerei aus der Synagoge von Dura-Europos. Nach einem Foto des Nationalmuseums, Damaskus.
324 Byzantinische Mariendarstellung. Foto: The Israel Museum, Jerusalem.
327 Masada. Foto: Jörg Zink.
328 Herodes-Palast, Masada. Foto: Johannes Lehmann.
331 Mazzebe aus Arad. Foto: Eckart Otto.
Mosaikkarte aus Medeba. Foto: Eckart Otto.
332 Modell von Megiddo. Foto: Johannes Lehmann.
335 Mescha-Stele. Nach einem Foto des Louvre, Paris.
349 Münzen aus dem Bar-Kochba-Krieg. Foto: Kadman Numismatic Museum (Museum Haaretz), Tel Aviv.
350 Ägyptische Musikinstrumente. Foto: Jürgen Liepe.
351 Blinder Harfner. Foto: Max Hirmer.
363 Codex Sinaiticus. Nach: Oscar Paret: Die Überlieferung der Bibel. Stuttgart: Württembergische Bibelanstalt, ^{3}1963. Taf. 17.
368 Nuzi-Tafel. Nach: BHH II (1964) Sp. 1323.
370 Backofen der Fellachen. Nach: Guthe (1903) S. 480.
373 Ölberg. Nach einem Foto von Willem van de Poll, Amsterdam.
375 Assyrische Opferszene. Nach: BHH II (1964) Sp. 1345/46.
377 Osiris. Nach: Hermann Ziock: Ägypten. Tübingen/Basel: Erdmann, 1976. S. 62.
379 Megiddo, Südpalast – Assyrischer Königspalast – Megiddo, Nordpalast. Zeichnungen: Theodor Schwarz (nach Skizzen von Eckart Otto).
380 Palastanlage Omris und Ahabs, Samaria. Nach: Kathleen M. Kenyon: Archäologie im Heiligen Land. Neukirchen: Neukirchener Verlag, ^{2}1976. S. 253.
381 Topographischer Querschnitt Palästinas. Zeichnung: Theodor Schwarz (nach einer Skizze von Eckart Otto).
384 Gabenbringer mit Papyrus. Foto: Max Hirmer.

385 Papyrus-Codex Chester Beatty II. Nach: Oscar Paret: Die Überlieferung der Bibel. Stuttgart: Württembergische Bibelanstalt, ^{3}1963. Taf. 9.
393 Sogenanntes Schatzhaus des Pharao, Petra. Foto: Jürgen Roloff.
395 Pfählung judäischer Gefangener. Nach: BHH III (1966) Sp. 1435.
416 Quamran. Foto: Jörg Zink.
417 Plan von Qumran. Nach: Haag (1968) Sp. 1431/32.
418 Treppe in einem der Wasserbecken von Qumran. Foto: Johannes Lehmann.
419 Höhle 4, Qumran. Foto: Johannes Lehmann.
422 Kolossalstatue Ramses' II. Foto: Max Hirmer.
431 Assyrische Reiterdarstellung. Nach: Guthe (1903) S. 52.
442 Fries vom »Schwarzen Obelisken« Salmanassars III. Foto: Max Hirmer.
446 Sargon I. von Akkad. Foto: Max Hirmer.
452 Ebene von Schilo. Foto: Theologisches Seminar der Universität Hamburg.
453 Siegesstele Schischaks. Nach: BHH I (1962) Sp. 46.
Elfenbeinkästchen. Foto: The Israel Museum. Jerusalem.
456 Schreiber. Foto: Jürgen Liepe.
457 Erstes Alphabet, Ugarit. Foto: A. Chahinian, Damaskus.
460 See Gennesaret. Foto: Jürgen Roloff.
465/466 Rekonstruktion des nordwestlichen Stadttores sowie der Mauer A von Sichem – Rekonstruktion des samaritanischen Tempels. Nach: G. Ernest Wright: Shechem, the biography of a Biblical city. London: Duckworth, 1965. Abb. 21, 47.
467 Siegel des Schema. Nach: BHH III (1966) Sp. 1787/88.
469 Katharinenkloster, Sinai. Foto: Jürgen Roloff.
481 Denar des Tiberius. Nach: Haag (1968) Sp. 1749/50.
490 Berg Tabor. Foto: Johannes Lehmann.
497 Jordan bei Jericho. Foto: Johannes Lehmann.
499–501 Ischtar-Tempel, Assur – Assyrisches Herdhaus – Palästinische Tempeltypen – Orthostaten-Tempel Ib, Hazor – Salomonischer Tempel, Jerusalem – Tempel, Arad. Zeichnungen: Theodor Schwarz (nach Skizzen von Eckart Otto).
501 Modell des herodianischen Tempels, Jerusalem. Foto: Holy Land Corporation, Jerusalem.
505 Theater, Ephesus. Foto: Jürgen Roloff.
516 Tora-Schrein. Foto: Johannes Lehmann.
531 Römische Straße. Foto: Eckart Otto.
Römischer Meilenstein. Foto: Eckart Otto.
539 Assyrische Krieger. Nach: Othmar Keel: Die Welt der altorientalischen Bildsymbolik und das Alte Testament. Neukirchen: Neukirchener Verlag, 1972. S. 203. Mit Genehmigung des Benziger Verlags, Zürich.
546 Weltbild. Entwurf: Klaus Koch. Zeichnung: Theodor Schwarz.
582 Karte I: Palästina in alttestamentlicher Zeit. Karte: Eckart Otto. Zeichnung: Theodor Schwarz.
583 Karte II: Palästina zur Zeit Jesu. Karte: Jürgen Roloff. Zeichnung: Theodor Schwarz.
584 Karte III: Der östliche Mittelmeerraum in neutestamentlicher Zeit. Karte: Jürgen Roloff. Zeichnung: Theodor Schwarz.

Der Verlag dankt den genannten Fotografen, Institutionen und Verlagen für die Genehmigung zur Reproduktion der Abbildungen.

Register zu den Karten I–III

Karte I: Palästina in alttestamentlicher Zeit

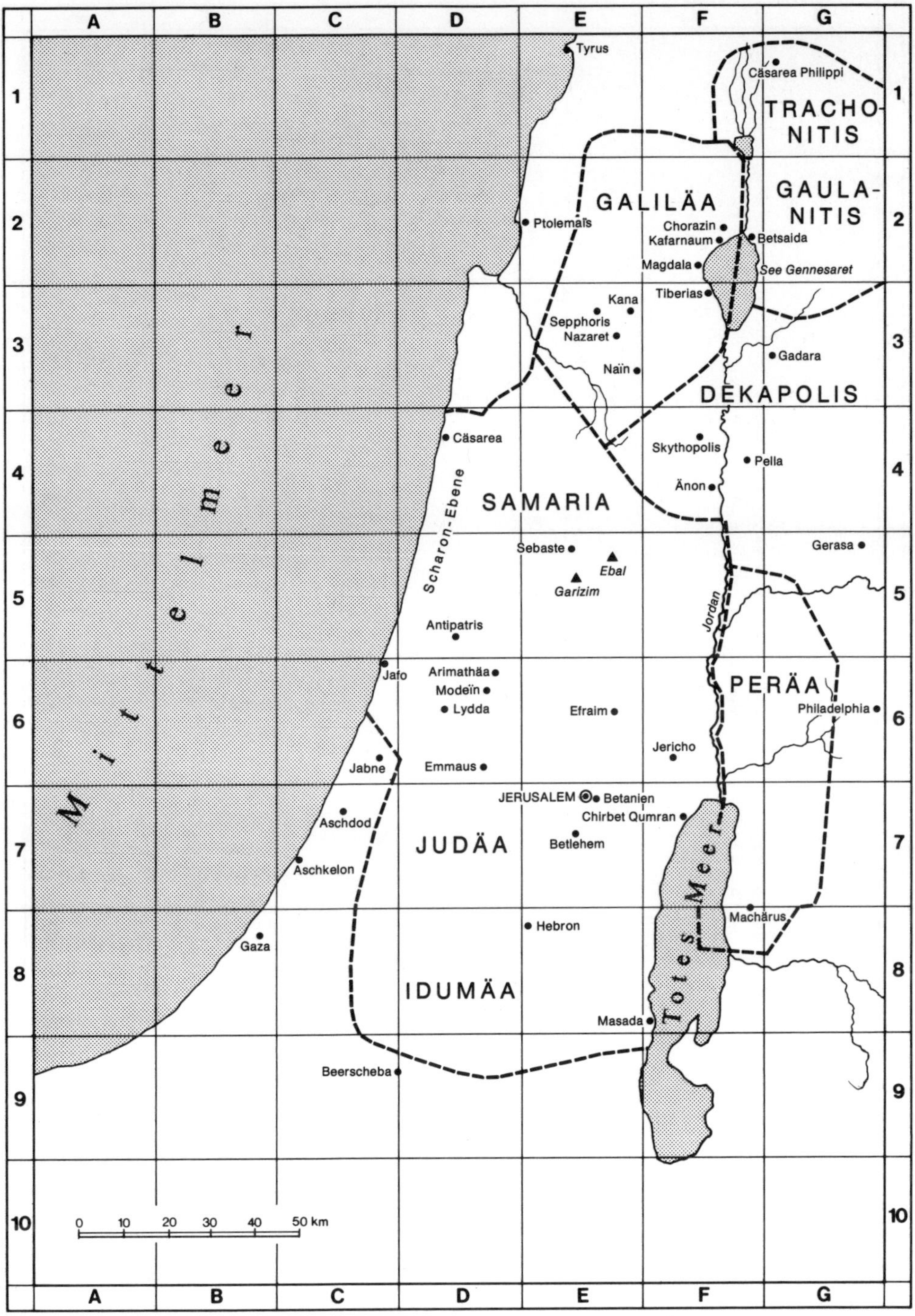

Karte II: Palästina zur Zeit Jesu

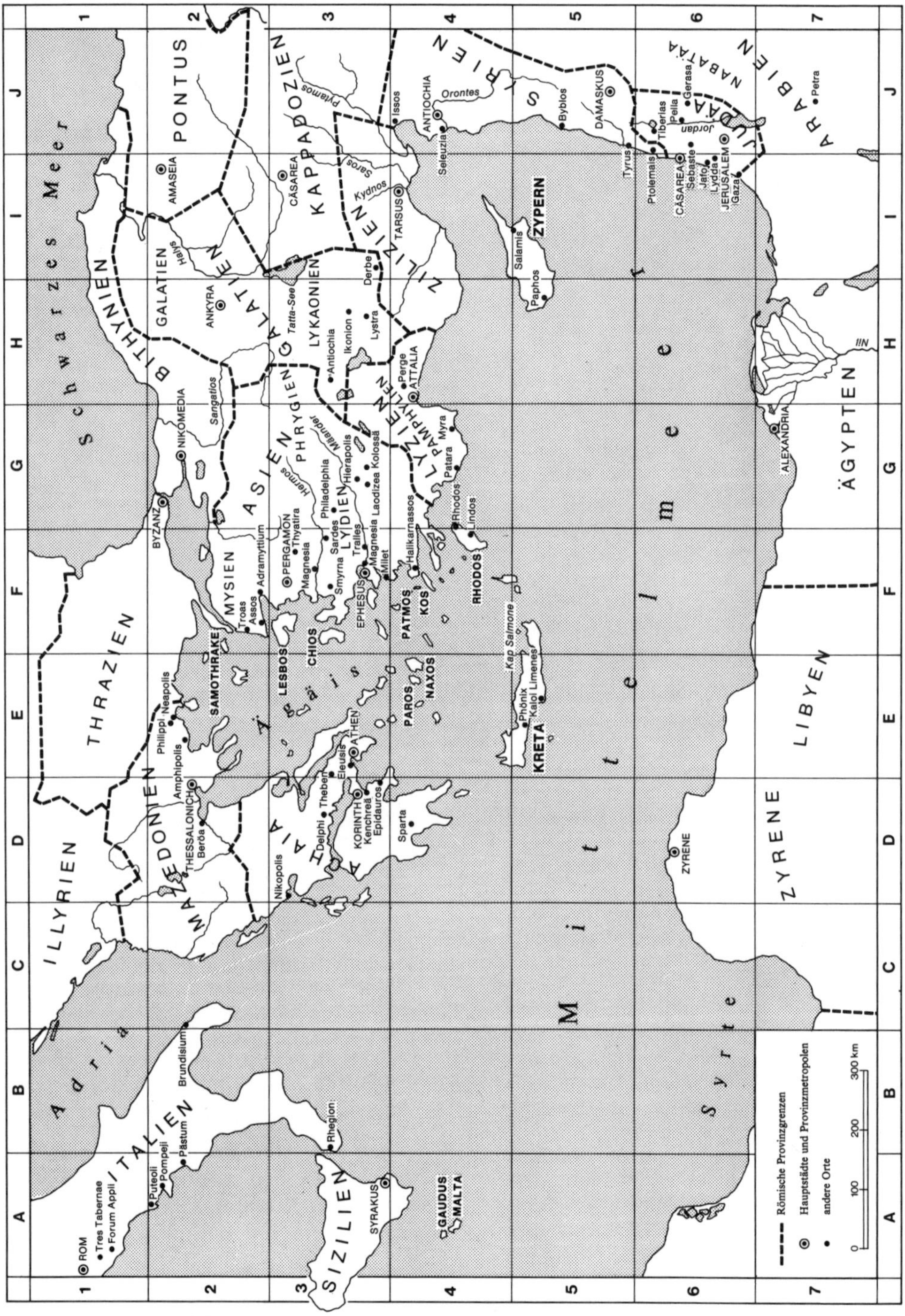

Karte III: Der östliche Mittelmeerraum in neutestamentlicher Zeit